ALLE EHRE SEI ŚRĪ GURU UND GAURĀṄGA!

ŚRĪMAD BHĀGAVATAM

von

KṚṢṆA-DVAIPĀYANA VYĀSA

कृष्णे स्वधामोपगते धर्मज्ञानादिभिः सह ।
कलौ नष्टदृशामेष पुराणार्कोऽधुनोदितः ॥४३॥

kṛṣṇe sva-dhāmopagate
dharma-jñānādibhiḥ saha
kalau naṣṭa-dṛśām eṣa
purāṇārko 'dhunoditaḥ
(S.162)

Werke von
His Divine Grace
A. C. Bhaktivedanta Swami Prabhupāda

Bhagavad-gītā wie sie ist
Śrīmad-Bhāgavatam, Canto 1-10 (12 Bände)
Śrī Caitanya-caritāmṛta (11 Bände)
Kṛṣṇa – die Quelle aller Freude (2 Bände)
Der Nektar der Hingabe
Die Lehren Śrī Caitanyas
Die Lehren Königin Kuntīs
Die Lehren Śrī Kapilas
Die Schönheit des Selbst
Bewußte Freude
Leben kommt von Leben
Im Angesicht des Todes
Bhakti-Yoga – der Pfad des spirituellen Lebens
Der Nektar der Unterweisung
Śrī Īśopaniṣad
Jenseits von Raum und Zeit
Vollkommene Fragen – vollkommene Antworten

ŚRĪMAD BHĀGAVATAM

Erster Canto

„Die Schöpfung“

(Erster Teil – Kapitel 1-9)

mit Originalsanskrittexten,
lateinischer Umschrift,
deutschen Synonymen, Übersetzungen
und ausführlichen Erläuterungen

His Divine Grace
A.C. Bhaktivedanta Swami Prabhupāda
Gründer-Ācārya der Internationalen Gesellschaft für Krischna-Bewußtsein

THE BHAKTIVEDANTA BOOK TRUST

Śrīmad-Bhāgavatam, First Canto, Part One (German)

Für weitere Informationen stehen Ihnen
die folgenden Zentren gern zur Verfügung:

ISKCON
Taunusstraße 40
D-51105 Köln-Gremberg
Tel.: 0221 / 830 3778
Fax: 0221 / 837 0485

Krishna-Tempel
Bergstrasse 54
CH-8030 Zürich
Tel.: 01 / 262 33 88

Govindas Kulturtreff
Lindengasse 2a
A-1170 Wien
Tel.: 02 22 / 5 22 28 17

---

e-mail (Deutschland): hkd@com.bbt.se
e-mail (Schweiz): hkch@com.bbt.se
e-mail (Österreich): hka@com.bbt.se

World Wide Web: http://www.algonet.se/~krishna

ISBN 91-7149-275-5

WIDMUNG

Meinem spirituellen Meister,
Śrīla Prabhupāda
Bhaktisiddhānta Sarasvatī
Gosvāmī Mahārāja

am 26. Jahrestag
seines Verscheidens

Er lebt für immer durch seine göttlichen Unterweisungen,
und wer ihm folgt, lebt mit ihm.

ERKLÄRUNG DES UMSCHLAGBILDES

Das *Śrīmad-Bhāgavatam,* ein episch-philosophischer Klassiker, ist eine der bedeutendsten spirituellen Schriften des alten Indien. Die zeitlosen indischen Weisheiten sind in den *Veden* niedergelegt, in uralten Sanskrittexten, die alle Bereiche menschlichen Wissens berühren. Die ursprünglich mündlich überlieferten *Veden* wurden zum ersten Mal von Śrīla Vyāsadeva, der „literarischen Inkarnation Gottes", schriftlich festgehalten. Nachdem Śrīla Vyāsadeva die *Veden* zusammengestellt hatte, wurde er von seinem spirituellen Meister angeregt, ihre tiefgründige Essenz in Form des *Śrīmad-Bhāgavatam* darzulegen. Das *Śrīmad-Bhāgavatam,* „die reife Frucht am Baum der vedischen Literatur", ist die umfassendste und autoritativste Darstellung des vedischen Wissens.

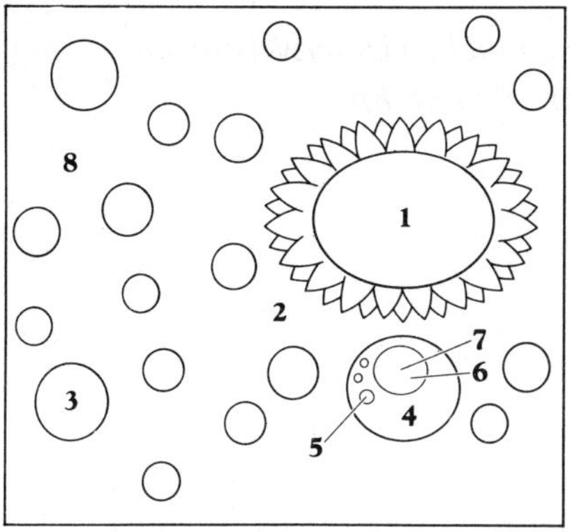

1. Der höchste spirituelle Planet, der einer riesigen Lotosblüte gleicht, heißt Goloka Vṛndāvana. Er ist das Reich Śrī Kṛṣṇas, der ursprünglichen Persönlichkeit Gottes.

2. Von diesem spirtuellen Planeten geht ein strahlender Glanz aus, das *brahmajyoti.* Diese Ausstrahlung ist das Ziel der Unpersönlichkeitsphilosophen.

3. Im *brahmajyoti* schweben unzählige spirituelle Planeten, ebenso wie in den Sonnenstrahlen der materiellen Universen zahllose materielle Planeten schweben. Auf diesen spirituellen Planeten residieren vollständige Erweiterungen Śrī Kṛṣṇas, und die Bewohner dieser Planeten sind ewig befreit. Sie alle haben vier Arme. Der Herr ist dort als Nārāyaṇa bekannt, und die Planeten werden als Vaikuṇṭhalokas bezeichnet.

4. Von Zeit zu Zeit bedeckt eine spirituelle Wolke einen Teil des *brahmajyoti,* des spirituellen Himmels, und dieser bedeckte Teil wird *mahat-tattva* genannt. Zu dieser Zeit erweitert Sich der Herr in Mahā-Viṣṇu und legt Sich in das Wasser innerhalb des *mahat-tattva.* Dieses Wasser nennt man *karaṇa-jala,* „das Meer der Ursachen".

5. Während Mahā-Viṣṇu auf dem Meer der Ursachen schläft, bringt Er bei jedem Ausatmen unzählige Universen hervor. Diese Universen schwimmen überall verteilt auf dem Meer der Ursachen. Sie existieren für die Dauer eines Atemzuges Mahā-Viṣṇus.

6. In jedes einzelne Universum geht Mahā-Viṣṇu als Garbhodakaśāyī Viṣṇu ein und legt Sich auf die Schlangen-Inkarnation, Śeṣa, im Garbha-Meer. Aus Seinem Nabel sprießt ein Lotos, und auf der Blüte dieses Lotos wird Brahmā, der Herr des Universums, geboren. Brahmā erschafft die verschiedenen Körper der Lebewesen im Universum gemäß ihren Wünschen. Auch die Sonne, der Mond und die Halbgötter werden von Brahmā erschaffen.

7. Die Sonne befindet sich ungefähr in der Mitte eines jeden Universums und erfüllt es mit Licht und Wärme. Es gibt Millionen und Abermillionen von Sonnen in den Millionen und Abermillionen von Universen im *mahat-tattva.* Sonne und Mond werden im Universum benötigt, weil es von Natur aus dunkel ist. Die *Veden* fordern uns auf, die dunklen Universen zu verlassen und die leuchtende Ausstrahlung, das *brahmajyoti,* zu erreichen.

8. Das *brahmajyoti* geht nicht nur von Goloka Vṛndāvana aus, sondern auch von den leuchtenden Vaikuṇṭha-Planeten, die weder Sonne noch Mond, noch Elektrizität benötigen.

Das *Śrīmad-Bhāgavatam* weist uns den Weg zum höchsten aller Planeten, Goloka Vṛndāvana. Die Tür steht jedem offen. Dieses Ziel, die höchste Vollkommenheit, zu erreichen – das ist die Bestimmung des menschlichen Lebens.

Inhalt

Vorwort *xiii*

Einleitung **1**

Die Begriffe „Gott“ und „Absolute Wahrheit“ 1
Der Ursprung der Materie 1
Die Wissenschaft von Kṛṣṇa und ihre Notwendigkeit 2
Śrī Caitanya Mahāprabhu 3
Seine Geburt 3
Seine Mission 5
Seine frühe Kindheit 6
Sein Leben als Schüler 7
Sein Ungehorsam gegenüber dem Kazi 8
Die Begnadigung der Sünder 9
Śrī Caitanya nimmt *sannyāsa* an 11
Kṣīra-corā-gopīnātha 13
Die Begegnung mit Bhaṭṭācārya 13
Seine Darlegung des *Vedānta* 15
Seine Begegnung mit Rāmānanda Rāya 21
Die Wichtigkeit des ergebenen Hörens 23
Die lehrreiche Geschichte von Haridāsa dem Jüngeren 24
Die Macht der *saṅkīrtana*-Bewegung 25
Seine Gespräche mit dem Māyāvādī-*sannyāsī* Prakāśānanda 27
Der Herr besucht Mathurā und Vṛndāvana 29
Er bekehrt Afghanen zum Vaiṣṇava-Glauben 29
Hindernisse auf dem Weg der Hingabe 30
Acht Gebete eines reinen Gottgeweihten 31

1. Kapitel
Fragen der Weisen **35**

Parameśvara, der Höchste Herr 37
Bedeutung des Gāyatrī-*mantra* 38
Drei verschiedene vedische Pfade 44

Austausch von *rasas* zwischen zwei Gleichstehenden 47
Das Begießen der Wurzel des Baumes 50
Merkmale der Menschen im Zeitalter des Kali 56
Eine Zusammenfassung der Schriften 57
Die Herrlichkeit von Gottes Namen 60
Der wirkliche Weg zum Frieden in der Welt 62
Die Inkarnationen Gottes werden aufgeführt 66

2. Kapitel
Göttlichkeit und göttlicher Dienst **71**
Ehrerbietungen an den spirituellen Meister und den Herrn 73
Zusammenfassung des *Śrīmad-Bhāgavatam* 74
Ausmaß des Sinnengenusses 83
Die Definition der Absoluten Wahrheit 84
Der Vorgang der Erkenntnis 86
Die Pflicht aller Klassen von Menschen 88
Dienst für die Gottgeweihten 91
Das Buch und die Person *Bhāgavata* 94
Den Herrn sehen 96
Formen des Herrn und der Lebewesen 101
Art der Verehrung und die Halbgötter 104
Śrī Kṛṣṇa, Vāsudeva, ist alles 107
Er ist alldurchdringend 112

3. Kapitel
Kṛṣṇa ist der Ursprung aller Inkarnationen **117**
Puruṣa-Inkarnationen: Die Ursache der Materie und der materiellen Welt 117
Das Erscheinen Brahmās 119
Beschreibung der universalen Form 120
Kurze Beschreibung der verschiedenen Inkarnationen 123
1. Kumāras 125
2. Sūkara 126
3. Nārada 126
4. Nara und Narāyaṇa 128
5. Kapila, der Begründer der *saṅkhya*-Philosophie 128
6. Dattātreya 129

7. Yajña 130
8. Ṛṣabha 131
9. Pṛthu 132
10. Matsya 133
11. Kurma 134
12. Dhanvantari 134
13. Mohinī 134
14. Nṛsiṁha 135
15. Vāmana 135
16. Bhṛgupati (Paraśurāma) 136
17. Vyāsadeva 136
18. Rāma 137
19. Balarāma 139
20. Kṛṣṇa 139
21. Buddha 139
22. Kalki 142
Śrī Kṛṣṇa, die ursprüngliche Persönlichkeit Gottes 144
Seine *virāṭ-rūpa,* eine Einbildung 148
Der Herr wie auch die Lebewesen sind spirituelle Wesen 149
Selbstverwirklichung bedeutet, den Herrn zu sehen 151
Er ist durch gedankliche Spekulation nicht zu erkennen 155
Das *Śrīmad-Bhāgavatam* ist die Essenz aller Erzählungen 160
Die Art, wie man es empfängt 161
Das *Śrīmad-Bhāgavatam* ist die Repräsentation Śrī Kṛṣṇas 162
Das *Śrīmad-Bhāgavatam* und das, was ihm entgegensteht 164

4. Kapitel
Das Erscheinen Śrī Nāradas 167
Paramahaṁsa Śukadeva Gosvāmī 171
Mahārāja Parīkṣit, der vorbildliche König 177
Der Tag der Geburt Vyāsadevas 179
Die Zusammenstellung transzendentaler Werke 183
Die *Veden* werden verschiedenen Gelehrten anvertraut 184
Die *Veden* werden für die weniger intelligente Klasse leichter verständlich gemacht 186
Die Gnade Vyāsadevas 187
Unwürdige Söhne der höheren Kasten 188
Die Unzufriedenheit Vyāsadevas und ihre Ursache 191

5. Kapitel
Nārada unterweist Vyāsadeva im Śrīmad-Bhāgavatam 195
Geist und Körper 196
Identifizierung des Selbst mit Körper oder Geist ist die Ursache von Hoffnungslosigkeit 198
Die Ursache wird geklärt 200
Blumige Sprache ohne Göttlichkeit wird verurteilt 202
Die Notwendigkeit, das *Śrīmad-Bhāgavatam* zu predigen 205
Nichts ist gut ohne Gott 207
Alles in Beziehung zum Höchsten 210
Menschliche Schwächen 211
Ein Segen für den Unerfahrenen 213
Die vornehmste Pflicht 216
Der immerwährende Gewinn 217
Persönliche und unpersönliche Erscheinungen des Herrn 219
Der Zweck aller kulturellen Errungenschaften 222
Die *bhakti-vedāntas* 225
Prinzipien heiliger Gemeinschaft 226
Das wunderbare Ereignis, das *Bhāgavatam* zu hören 228
Ergebnisse spiritueller Gemeinschaft 230
Pflichten eines neuen Gottgeweihten 231
Der wirkliche spirituelle Meister 232
Die Bedeutung der Hingabe 234
Die Ursache der Leiden 236
Die Bedeutung des *bhakti-yoga* 237
Völlige Beschäftigung 239
Klang als Form 242
Abschließende Unterweisung von Nārada an Vyāsadeva 244

6. Kapitel
Gespräch zwischen Nārada und Vyāsa 247
Weitere Fragen Vyāsadevas 247
Die Geschichte von Nāradas vorangegangenem Leben 249
Sein Umherwandern 253
Wie er den Herrn sah 257
Wie der Herr seiner Sicht entschwand 259
Die Botschaft Gottes 263

Nāradas ewige Beschäftigung 266
Sein transzendentaler Körper 268
Sein Wiedererscheinen 269
Seine Bewegungsfreiheit auf allen Planeten 270
Der Herr, sein ständiger Begleiter 272
Vergleich von *bhakti-yoga* und mystischen Kräften 275

7. Kapitel
Der Sohn Droṇas wird bestraft **279**
Vyāsadevas Meditation 281
Seine klare Sicht 281
Handlungen *māyās,* der täuschenden Energie 283
Wirkungen des *bhakti-yoga* 285
Wirkungen des Hörens aus dem *Śrīmad-Bhāgavatam* 286
Der erste Empfänger des *Śrīmad-Bhāgavatam* 288
Die besondere Anziehungskraft dieses großen Werkes 290
Das Herz und die Seele der Gottgeweihten 293
Fortsetzung bei der Schlacht von Kurukṣetra 296
Der Mord an den fünf Söhnen Draupadīs 297
Der Einsatz des *brahmāstra* 300
Śrī Kṛṣṇa, der transzendentale Herr 304
Das Wesen Seines Erscheinens 305
Die Gefangennahme Aśvatthāmās 311
Brāhmaṇa und *brahma-bandhu* 312
Tierschlächter werden verurteilt 314
Śrī Kṛṣṇa befiehlt die Hinrichtung Aśvatthāmās 316
Schwächen der Frauen 318
Śrī Kṛṣṇa hilft aus dem Dilemma 327

8. Kapitel
Gebete der Königin Kuntī und Parīkṣits Rettung **331**
Nach der Schlacht von Kurukṣetra 331
Der Versuch, Uttarās ungeborenes Kind zu ermorden 337
Śrī Kṛṣṇa rettet Parīkṣit vor dem Tod im Mutterleib 341
Die Gebete der Königin Kuntī an Śrī Kṛṣṇa 345
Warum Gottgeweihte Unheil begrüßen 354
Die Menschen glauben nur, Gott sei voreingenommen 360

Wie man Geburt und Tod vermeidet 368
Natürlicher Wohlstand im Gegensatz zu industrieller Hölle 373
Kṛṣṇa vernichtet dämonische politische Parteien 377
König Yudhiṣṭhira beklagt die 640 Millionen Gefallenen 380

9. Kapitel
Bhīṣmadevas Verscheiden im Beisein Śrī Kṛṣṇas **387**
Bhīṣma bereitet sich auf das Verlassen seines Körpers vor 387
Alle großen Seelen versammeln sich an Bhīṣmas Totenbett 390
Der beste Schutz: Gott, *brāhmanas* und Religion 399
Toren halten Kṛṣṇa für ein gewöhnliches Wesen 404
Wirklicher *yoga:* die Persönlichkeit Gottes sehen 410
Bhīṣma beschreibt die vollkommene Zivilisation 414
Der transzendentale Körper des Herrn 422
Eine Beschreibung der schönen Gestalt des Herrn 427
Der Höchste Herr wurde Arjunas Wagenlenker 430

ANHANG
Der Autor 453
Quellennachweis 455
Glossar 457
Anleitung zur Aussprache des Sanskrit 461
Verzeichnis der Sanskritverse 465
Stichwortverzeichnis 473

Vorwort

Wir müssen das gegenwärtige Bedürfnis der menschlichen Gesellschaft erkennen. Worin besteht dieses Bedürfnis? Die menschliche Gesellschaft wird nicht mehr durch geographische Grenzlinien auf bestimmte Länder oder Gemeinden beschränkt. Sie ist weitläufiger als im Mittelalter, und die allgemeine Tendenz geht heute dahin, daß sich die Welt zu einem Staat oder einer Gesellschaft zusammenschließt. Die Ideale des spirituellen Kommunismus beruhen dem *Śrīmad-Bhāgavatam* gemäß auf der Einheit der gesamten menschlichen Gesellschaft, ja der gesamten Energie der Lebewesen. Große Denker verspürten den Drang, dies zu einer erfolgreichen Ideologie zu machen. Das *Śrīmad-Bhāgavatam* wird dieses Bedürfnis der menschlichen Gesellschaft erfüllen. Es beginnt daher mit dem Aphorismus der *Vedānta*-Philosophie (*janmādy asya yataḥ*), um das Ideal einer gemeinsamen Grundlage festzulegen.

Die Menschheit ist heute nicht mehr in die Finsternis der Unwissenheit gehüllt. Weltweit hat sie auf den Gebieten der materiellen Annehmlichkeiten, der Bildung und der wirtschaftlichen Entwicklung rasche Fortschritte gemacht. Doch irgend etwas stimmt nicht im sozialen Gefüge der Welt, und so entstehen selbst um unbedeutende Sachverhalte großangelegte Auseinandersetzungen. Es bedarf eines Schlüssels, wie die Menschheit auf einer gemeinsamen Grundlage in Frieden, Freundschaft und Glück vereint werden kann. Das *Śrīmad-Bhāgavatam* wird dieses Bedürfnis erfüllen, denn es bietet eine kulturelle Vorlage zur Respiritualisierung der gesamten Menschheit.

Das *Śrīmad-Bhāgavatam* soll auch an Schulen und Universitäten gelehrt werden, denn es wurde von dem großen Gottgeweihten Prahlāda Mahārāja, der selbst ein Schüler war, empfohlen, um das dämonische Gesicht der Gesellschaft zu verändern.

kaumāra ācaret prājño
dharmān bhāgavatān iha
durlabhaṁ mānuṣaṁ janma
tad apy adhruvam arthadam
(*SB.* 7.6.1)

Uneinigkeit in der menschlichen Gesellschaft ist darauf zurückzuführen, daß es in einer gottlosen Zivilisation an religiösen Prinzipien mangelt. Die Existenz Gottes ist eine Tatsache – Er ist der Allmächtige, von dem alles ausgeht, von dem alles erhalten wird und in den alles zur Ruhe eingeht. Die materialistische Wissenschaft hat nur sehr unzureichend versucht, den letztlichen Ursprung der Schöpfung herauszufinden, doch es ist eine Tatsache, daß es einen letztlichen Ursprung alles Bestehenden gibt. Dieser letztliche Ursprung wird rational und autoritativ im *Śrīmad-Bhāgavatam*, dem „herrlichen *Bhāgavatam*", erklärt.

Die transzendentale Wissenschaft des *Śrīmad-Bhāgavatam* hilft uns nicht nur, den letztlichen Ursprung aller Dinge zu erkennen, sondern auch, unsere Beziehung zu Ihm und unsere Pflicht der Vervollkommnung der menschlichen Gesellschaft auf der Grundlage dieser Erkenntnis zu verstehen. Das *Śrīmad-Bhāgavatam* ist ein gewaltiger Lesestoff in der Sanskritsprache und wird jetzt mit großer Sorgfalt ins Englische und andere Sprachen übertragen. Wenn man das *Bhāgavatam* einfach aufmerksam liest, wird man zu einem vollkommenen Gottesverständnis gelangen, und dem Leser werden genügend Kenntnisse vermittelt, daß er sich gegen Angriffe von Atheisten verteidigen kann. Darüber hinaus wird er imstande sein, andere dazu zu bringen, Gott als konkretes Prinzip anzuerkennen.

Das *Śrīmad-Bhāgavatam* beginnt mit der Definition des letztlichen Ursprungs. Es ist ein authentischer Kommentar zum *Vedānta-sūtra* vom gleichen Verfasser, Śrīla Vyāsadeva, und führt den Leser Schritt für Schritt, durch neun Cantos, zur höchsten Stufe der Gotteserkenntnis. Die einzige Vorbedingung zum Studium dieses bedeutenden Werkes transzendentalen Wissens besteht darin, behutsam Schritt für Schritt vorzugehen und es nicht wie ein gewöhnliches Buch planlos zu überfliegen. Man soll es also Kapitel für Kapitel (eines nach dem anderen) studieren. Der Lesestoff ist mit dem Originalsanskrittext, der lateinischen Transliteration, den Synonymen, der Übersetzung und Erläuterung so aufgebaut, daß man sicher sein kann, am Ende der ersten neun Cantos eine gottesbewußte Seele zu sein.

Der Zehnte Canto unterscheidet sich von den ersten neun, denn er handelt unmittelbar von den transzendentalen Taten und Spielen der Höchsten Persönlichkeit Gottes, Śrī Kṛṣṇa. Man wird die Wirkungen des Zehnten Cantos nicht erfahren können, ohne durch die ersten neun Cantos gegangen zu sein. Das Werk besteht insgesamt aus zwölf in sich abgeschlossenen Cantos, doch jedem ist zu empfehlen, sie in kleinen Abschnitten nacheinander zu lesen.

Ich muß meine Schwächen bei der Vorlage des *Śrīmad-Bhāgavatam* eingestehen, doch ich hoffe trotzdem, daß es bei den Denkern und Führern der Gesellschaft guten Anklang finden wird, wobei ich auf folgende Aussage des *Śrīmad-Bhāgavatam* (1.5.11) vertraue:

tad-vāg-visargo janatāgha-viplavo
yasmin prati-ślokam abaddhavaty api
nāmāny anantasya yaśo 'ṅkitāni yac
chṛṇvanti gāyanti gṛṇanti sādhavaḥ

„Auf der anderen Seite aber ist Literatur, die voller Beschreibungen der transzendentalen Herrlichkeit des Namens, des Ruhms, der Gestalt und der Spiele des unbegrenzten Höchsten Herrn ist, eine transzendentale Schöpfung, die zu dem Zweck entstand, eine Umwälzung im gottlosen Dasein einer irregeführten Zivilisation einzuleiten. Selbst wenn solche transzendentalen Schriften Unregelmäßigkeiten aufweisen, werden sie von geläuterten, völlig rechtschaffenen Menschen gehört, gesungen und angenommen."

Oṁ tat sat

A.C. Bhaktivedanta Swami

Einleitung

Der Begriff „Gott“ und der Begriff „Absolute Wahrheit“ befinden sich nicht auf der gleichen Ebene. Das *Śrīmad-Bhāgavatam* führt zum höchsten Aspekt der Absoluten Wahrheit. Der Begriff „Gott“ bezeichnet den Herrscher, wohingegen der Begriff „Absolute Wahrheit“ das *summum bonum* oder den ersten Ursprung aller Energien bezeichnet. Es kann keine Meinungsverschiedenheit über den persönlichen Aspekt Gottes als den Herrscher geben, da ein Herrscher nicht unpersönlich sein kann. Natürlich sind moderne Regierungen, insbesondere demokratische, bis zu einem gewissen Grade unpersönlich, doch letztlich ist das höchste ausführende Organ eine Person, und der unpersönliche Aspekt der Regierung ist dem persönlichen untergeordnet. Es steht also außer Zweifel, daß wir, wann immer wir von Herrschaft über andere sprechen, das Vorhandensein eines persönlichen Aspekts zugeben müssen. Da es verschiedene Herrscher für verschiedene zu verwaltende Positionen gibt, kann es viele kleine „Götter“ geben. Nach der *Bhagavad-gītā* wird jeder Herrscher, der eine bestimmte, außergewöhnliche Macht besitzt, *vibhūtimat-sattva* genannt, ein vom Herrn ermächtigter Herrscher. Es gibt viele *vibhūtimat-sattvas*, Herrscher oder Götter mit verschiedenen besonderen Fähigkeiten, doch die Absolute Wahrheit ist einer ohne einen zweiten. Das *Śrīmad-Bhāgavatam* bezeichnet die Absolute Wahrheit oder das *summum bonum* als den *paraṁ satyam.*

Der Verfasser des *Śrīmad-Bhāgavatam*, Śrīla Vyāsadeva, erweist als erstes dem *paraṁ satyam* (der Absoluten Wahrheit) seine achtungsvollen Ehrerbietungen, und weil der *paraṁ satyam* die ursprüngliche Quelle aller Energien ist, ist der *paraṁ satyam* die Höchste Person. Auch die Götter und Herrscher sind Personen, doch der *paraṁ satyam*, von dem die Götter die Fähigkeit zu beherrschen bekommen, ist die Höchste Person. Das Sanskritwort *īśvara* (Herrscher) ist gleichbedeutend mit dem Wort „Gott“, doch die Höchste Person wird *parameśvara* genannt, was soviel bedeutet wie „der höchste *īśvara*“. Dieser *parameśvara*, die Höchste Person, ist die Persönlichkeit mit dem höchsten Bewußtsein, und weil Er Seine Kräfte von keiner anderen Quelle bezieht, ist Er völlig unabhängig. In den vedischen Schriften wird Brahmā als der höchste Gott, als das Oberhaupt aller anderen Götter, wie Indra, Candra und Varuṇa, beschrieben; doch das *Śrīmad-Bhāgavatam* erklärt, daß selbst Brahmā, in bezug auf sein Wissen und seine Macht, nicht unabhängig ist. Er empfing Wissen in Form der *Veden* von der Höchsten Person, die im Herzen eines jeden Lebewesens wohnt. Diese Höchste Persönlichkeit weiß alles — sowohl direkt als auch indirekt. Individuelle, winzig kleine Personen, die Teile der Höchsten Persönlichkeit sind, mögen direkt und indirekt alles über ihren Körper und seine äußerlichen Eigenschaften wissen, doch die Höchste Persönlichkeit weiß alles über Ihre äußeren sowie Ihre inneren Eigenschaften.

Die Worte *janmādy asya* weisen darauf hin, daß die Quelle jeder Schöpfung, Erhaltung und Vernichtung die gleiche, höchste bewußte Person ist. Selbst aus unseren gegenwärtigen, begrenzten Erfahrungen können wir ersehen, daß nichts von lebloser Materie erzeugt wird, daß aber umgekehrt leblose Materie von Lebewesen erzeugt werden kann. Zum Beispiel entwickelt sich der materielle Körper durch die Berührung mit dem Lebewesen zu einer funktionierenden Maschine. Menschen mit einem geringen Maß an Wissen halten die körperliche Maschinerie fälschlich für das Lebewesen, doch in Wirklichkeit ist das Lebewesen die Grundlage für die körperliche Maschine. Die körperliche Maschine ist wertlos, sobald der lebendige Funke sie verlassen hat. In ähnlicher Weise ist die ursprüngliche Quelle aller materiellen Energie die Höchste Person. Diese Tatsache wird in allen vedischen Schriften zum Ausdruck gebracht, und alle Vertreter der transzendentalen Wissenschaft haben diese Wahrheit bejaht. Die Lebenskraft wird Brahman genannt, und einer der größten *ācāryas* (Lehrer), nämlich Śrīpāda Śaṅkarācārya, predigte, das Brahman sei die Substanz, wohingegen die kosmische Welt die untergeordnete Einheit bilde. Die ursprüngliche Quelle aller Energien ist die Lebenskraft, und Sie wird folgerichtig als die Höchste Person anerkannt. Sie ist Sich deshalb alles Vergangenen, Gegenwärtigen und Zukünftigen wie auch jedes Winkels Ihrer Manifestationen, seien diese materieller oder spiritueller Natur, bewußt. Ein unvollkommenes Lebewesen weiß nicht einmal, was in seinem eigenen Körper geschieht. Es nimmt Nahrung auf, doch es weiß nicht, wie sie in Energie umgewandelt wird oder wie sie seinen Körper erhält. Ist ein Lebewesen vollkommen, ist es sich aller Geschehnisse bewußt, und da die Höchste Person allvollkommen ist, kennt Sie natürlich alles bis in alle Einzelheiten. Deshalb wird die vollkommene Persönlichkeit im *Śrīmad-Bhāgavatam* als Vāsudeva angesprochen, als einer, der im vollen Bewußtsein und im völligen Besitz Seiner ganzen Energie überall gegenwärtig ist. All das wird ausführlich im *Śrīmad-Bhāgavatam* erklärt, und dem Leser bieten sich genügend Möglichkeiten, es kritisch zu studieren.

In neuerer Zeit predigte Śrī Kṛṣṇa Caitanya Mahāprabhu das *Śrīmad-Bhāgavatam* durch Sein praktisches Beispiel. Durch Seine grundlose Barmherzigkeit ist es viel leichter, in die Themen des *Śrīmad-Bhāgavatam* einzudringen. Deshalb sei an dieser Stelle eine kurze Schilderung Seines Lebens und Seiner Lehren eingefügt. Möge dem Leser dadurch geholfen werden, die wahre Bedeutung des *Śrīmad-Bhāgavatam* zu erfassen.

Es ist unbedingt erforderlich, das *Śrīmad-Bhāgavatam* von der Person *Bhāgavatam* zu hören. Die Person *Bhāgavatam* ist jemand, dessen Leben in die Praxis umgesetztes *Śrīmad-Bhāgavatam* ist. Da Śrī Caitanya Mahāprabhu die Absolute Persönlichkeit Gottes ist, ist Er gleichzeitig *Bhagavān* und *Bhāgavatam* in Person und in Klang. Aus diesem Grunde ist der Vorgang, das *Śrīmad-Bhāgavatam* zu verstehen, wie Er ihn lehrte, für alle Menschen durchführbar. Es war Sein Wunsch, daß diejenigen, deren Heimat Indien ist, in jedem Winkel der Welt das *Śrīmad-Bhāgavatam* verkünden.

Das *Śrīmad-Bhāgavatam* ist die Wissenschaft von Kṛṣṇa, der Absoluten Persönlichkeit Gottes, über den wir schon in der *Bhagavad-gītā* einige Informationen erhalten. Śrī Caitanya Mahāprabhu sagte, daß jeder, wer er auch sein mag, der in der Wissenschaft von Kṛṣṇa (*Śrīmad-Bhāgavatam* und *Bhagavad-gītā*) wohlbewandert ist, ein autorisierter Prediger oder Lehrer der Wissenschaft von Kṛṣṇa werden kann.

Der menschlichen Gesellschaft fehlt die Wissenschaft von Kṛṣṇa, die der leidenden Menschheit auf der ganzen Welt zugute kommen wird. Wir bitten deshalb die Führer aller Nationen um nichts anderes, als die Wissenschaft von Kṛṣṇa anzunehmen – zu ihrem eigenen Wohl, zum Wohl der Gesellschaft und zum Wohl der gesamten Menschheit.

Ein kurzer Abriß des Lebens und der Lehren Śrī Caitanyas, des Predigers des Śrīmad-Bhāgavatam

Śrī Caitanya Mahāprabhu, der große Apostel der Gottesliebe und Vater des gemeinsamen Chantens der Heiligen Namen des Herrn, erschien in dieser Welt in Śrīdhāma Māyāpura, einem Viertel der Stadt Navadvīpa in Bengalen, am Phālgunī-Pūrṇimā-Abend des Jahres 1407 Śakābda (was dem Februar 1486 in christlicher Zeitrechnung entspricht).

Sein Vater, Śrī Jagannātha Miśra, ein gelehrter *brāhmaṇa* aus Sylhet, kam als Studierender nach Navadvīpa, das zu jener Zeit als Zentrum der Bildung und Kultur galt. Er wurde am Ufer der Gaṅgā wohnhaft, nachdem er Śrīmatī Śacīdevī, eine Tochter des großen Gelehrten Śrīla Nīlāmbara Cakravartī aus Navadvīpa, geheiratet hatte.

Jagannātha Miśra wurden von seiner Frau Śrīmatī Śacīdevī eine Anzahl von Töchtern geboren, von denen die meisten in jungen Jahren verstarben. Seine väterliche Zuneigung richtete sich somit auf zwei am Leben gebliebene Söhne, Śrī Viśvarūpa und Viśvambhara. Der zehnte und jüngste Sohn, Viśvambhara genannt, wurde später als Nimāi Paṇḍita und dann, nachdem Er in den Lebensstand der Entsagung getreten war, als Śrī Caitanya Mahāprabhu bekannt.

Śrī Caitanya Mahāprabhu offenbarte achtundvierzig Jahre lang Seine transzendentalen Tätigkeiten und verließ die Erde dann im Jahre 1455 Śakābda in Purī.

Die ersten vierundzwanzig Jahre Seines Lebens verbrachte Er als Studierender und Haushälter in Navadvīpa. Seine erste Frau, Śrīmatī Lakṣmīpriyā, verstarb in jungen Jahren, als Sich der Herr gerade auf einer Reise durch Ostbengalen befand. Nach Seiner Rückkehr wurde Er von Seiner Mutter gebeten, ein zweites Mal zu heiraten. Er war damit einverstanden und heiratete Śrīmatī Viṣṇupriyā Devī, die sich ihr ganzes Leben lang mit der Trennung vom Herrn abfinden mußte, da Er im Alter von vierundzwanzig Jahren in den *sannyāsa*-Stand trat, als sie gerade sechzehn Jahre alt war. Nachdem der Herr *sannyāsī* geworden war, wählte Er Sich auf Wunsch Seiner Mutter, Śrīmatī Śacīdevī, Jagannātha Purī zum Hauptsitz. Der Herr blieb vierundzwanzig Jahre lang in Purī. Während dieser Zeit reiste Er sechs Jahre lang ständig durch ganz Indien, besonders durch den Süden des Landes, und predigte das *Śrīmad-Bhāgavatam*.

Śrī Caitanya predigte nicht nur das *Śrīmad-Bhāgavatam*, sondern verbreitete außerdem die Lehre der *Bhagavad-gītā*, so daß sie jedem zugänglich wurde. In der *Bhagavad-gītā* wird Śrī Kṛṣṇa als die Absolute Persönlichkeit Gottes beschrieben, und Seine letzten Lehren in diesem bedeutenden Buch transzendentalen Wissens fordern dazu auf, alle Arten von Religionen aufzugeben und Ihn (Śrī Kṛṣṇa) als den einzig zu verehrenden Herrn anzunehmen. Der Herr versicherte zugleich, daß Er Seine Geweihten vor allen Arten sündhafter Handlungen beschützen werde und daß es für sie keinen Anlaß zur Furcht gebe. Unglücklicherweise hielten weniger intelligente Menschen Śrī Kṛṣṇa trotz Seiner direkten Unterweisungen und entgegen den Lehren der *Bhagavad-gītā* für nicht mehr als eine bedeutende historische Persönlichkeit, und daher konnten sie Ihn nicht als die ursprüngliche Persönlichkeit Gottes anerkennen. Solche Menschen mit geringem Wissensumfang wurden von vielen Nichtgottgeweihten irregeführt. Somit wurden die Lehren der *Bhagavad-gītā* selbst von großen Gelehrten falsch ausgelegt. Nachdem Śrī Kṛṣṇa nicht mehr persönlich anwesend war, gab es Hunderte von Kommentaren zur *Bhagavad-gītā*, von vielen belesenen Gelehrten verfaßt, die alle nur ihre eigenen Ziele verfolgten.

Śrī Caitanya Mahāprabhu ist derselbe Śrī Kṛṣṇa. Dieses Mal erschien Er jedoch als großer Geweihter des Herrn, um den Menschen im allgemeinen, den Religionswissenschaftlern und den Philosophen über die transzendentale Stellung Śrī Kṛṣṇas, des urersten Herrn und der Ursache aller Ursachen, zu predigen. Die Essenz Seines Predigens ist, daß Śrī Kṛṣṇa, der in Vrajabhūmi (Vṛndāvana) als der Sohn des Königs von Vraja (Nanda Mahārāja) erschien, die Höchste Persönlichkeit Gottes ist und deshalb von allen verehrt werden muß. Vṛndāvana-dhāma ist nicht verschieden vom Herrn, weil der Name, der Ruhm, die Gestalt des Herrn und der Ort, an dem Er Sich offenbart, mit dem Herrn als absolutes Wissen identisch sind. Deshalb ist Vṛndāvana-dhāma ebenso verehrenswert wie der Herr Selbst. Die höchste Form transzendentaler Verehrung wurde von den Mädchen von Vrajabhūmi in Form von reiner Zuneigung zum Herrn gezeigt, und Śrī Caitanya Mahāprabhu empfiehlt diesen Vorgang als die vortrefflichste Art der Verehrung. Er erkennt das *Śrīmad-Bhāgavata-Purāṇa* als die makellose Schrift an, die zum Verständnis des Herrn führt, und verkündete, daß das endgültige Ziel des Lebens für alle Menschen darin besteht, die Stufe der *prema*, der reinen Liebe zu Gott, zu erreichen.

Viele Geweihte Śrī Caitanyas, wie Śrīla Vṛndāvana dāsa Ṭhākura, Śrī Locana dāsa Ṭhākura, Śrīla Kṛṣṇadāsa Kavirāja Gosvāmī, Śrī Kavikarṇapūra, Śrī Prabodhānanda Sarasvatī, Śrī Rūpa Gosvāmī, Śrī Sanātana Gosvāmī, Śrī Raghunātha Bhaṭṭa Gosvāmī, Śrī Jīva Gosvāmī, Śrī Gopāla Bhaṭṭa Gosvāmī, Śrī Raghunātha dāsa Gosvāmī, und in späterer Zeit, in den letzten zweihundert Jahren, Śrī Viśvanātha Cakravartī Ṭhākura, Śrī Baladeva Vidyābhūṣaṇa, Śrī Śyāmānanda Gosvāmī, Śrī Narottama dāsa Ṭhākura, Śrī Bhaktivinoda Ṭhākura und schließlich Śrī Bhaktisiddhānta Sarasvatī Ṭhākura (unser spiritueller Meister) und viele andere große und berühmte Gelehrte und Geweihte des Herrn, haben umfangreiche Bücher und Schriften über das Leben und die Unterweisungen des Herrn geschrieben. Diese Schriften beruhen alle auf den *śāstras*, wie den *Veden*, den *Purāṇas*, den *Upaniṣaden*, dem *Rāmāyaṇa*, dem *Mahābhārata* und anderen authentischen Schriften, die von den anerkannten *ācāryas* akzeptiert werden. Sie sind von einzigartigem Aufbau und unerreichter Darstellungskraft und voll transzendentalen Wissens. Unglücklicherweise sind diese Schriften, die größtenteils in Sanskrit und Bengali verfaßt sind, den meisten Menschen unbekannt, aber wenn sie schließlich das Licht der Welt erblicken und der denkenden Menschheit vorgelegt werden, dann wird Indiens Ruhm und die Botschaft der Liebe diese kranke Welt überfluten, die mit verschiedenen illusorischen Methoden, die nicht von den *ācāryas* in der Schülernachfolge empfohlen werden, vergeblich nach Frieden und Wohlstand sucht. Die Leser dieser kleinen Schilderung des Lebens und der Lehren Śrī Caitanyas werden großen Nutzen daraus ziehen, die Bücher Śrīla Vṛndāvana dāsa Ṭhākuras (*Śrī Caitanya-bhāgavata*) und Śrīla Kṛṣṇadāsa Kavirāja Gosvāmīs (*Śrī Caitanya-caritāmṛta*) zu studieren. Die Jugendzeit des Herrn wird am faszinierendsten vom Verfasser des *Śrī Caitanya-bhāgavata* dargestellt, und was die Lehren betrifft, so werden sie anschaulicher im *Śrī*

Caitanya-caritāmṛta dargelegt. In geraffter Form sind sie der englisch sprechenden Öffentlichkeit in unserem Werk *Teachings of Lord Caitanya* zugänglich. Die Jugendzeit des Herrn wurde von einem Seiner bedeutendsten Geweihten und Altersgenossen, dem Arzt Śrīla Murāri Gupta, aufgezeichnet, und der spätere Teil des Lebens Śrī Caitanya Mahāprabhus wurde von Seinem Privatsekretär, Śrī Dāmodara Gosvāmī, auch Śrīla Svarūpa Dāmodara genannt, niedergeschrieben, der in Purī praktisch ein ständiger Begleiter des Herrn war. Diese beiden Gottgeweihten zeichneten so gut wie alle Ereignisse im Leben des Herrn auf, und später wurden alle oben genannten Bücher über den Herrn auf der Grundlage der *kaḍacās* (Aufzeichnungen) von Śrīla Dāmodara Gosvāmī und Murāri Gupta zusammengestellt.

Der Herr erschien also am Phālgunī-Pūrṇimā-Abend des Jahres 1407 Śakābda, und es geschah durch den Willen des Herrn, daß an jenem Abend eine Mondfinsternis herrschte. Unter der Hindubevölkerung ist es Brauch, während der Stunden der Mondfinsternis ein Bad in der Gaṅgā oder in einem anderen heiligen Fluß zu nehmen und zur Läuterung vedische *mantras* zu chanten. Als Śrī Caitanya während der Mondfinsternis geboren wurde, hallte ganz Indien vom heiligen Klang „Hare Kṛṣṇa, Hare Kṛṣṇa, Kṛṣṇa Kṛṣṇa, Hare Hare / Hare Rāma, Hare Rāma, Rāma Rāma, Hare Hare" wider. Diese sechzehn Namen des Herrn werden in vielen *Purāṇas* und *Upaniṣaden* erwähnt, und sie werden als das *Tāraka-brahma nāma* des gegenwärtigen Zeitalters bezeichnet. Es wird in den *śāstras* gesagt, daß das Chanten dieser Heiligen Namen ohne Vergehen eine gefallene Seele aus der Gefangenschaft in der Materie befreien kann. Es gibt unzählige Namen des Herrn, in Indien wie auch außerhalb, und jeder dieser Namen ist gleichermaßen gut, weil sie alle die Höchste Persönlichkeit Gottes bezeichnen. Aber weil die obengenannten sechzehn besonders für das jetzige Zeitalter empfohlen sind, sollten die Menschen ihren Nutzen aus ihnen ziehen und dem Pfad der großen *ācāryas* folgen, die durch Befolgen der in den *śāstras* niedergelegten Regeln erfolgreich waren.

Daß der Herr während einer Mondfinsternis erschien, deutet auf Seine besondere Mission hin, die darin bestand, die Bedeutsamkeit des Chantens der Heiligen Namen Gottes im Zeitalter des Kali (des Zankes) zu predigen. Im gegenwärtigen Zeitalter streitet man sich sogar wegen Kleinigkeiten, und deshalb haben die *śāstras* für dieses Zeitalter einen allgemeingültigen Weg zur Selbstverwirklichung empfohlen — das Chanten der Heiligen Namen des Herrn. Die Menschen können Treffen veranstalten, um den Herrn in ihren jeweiligen Sprachen und mit wohlklingender Musik zu lobpreisen. Wenn solche Veranstaltungen ohne Vergehen abgehalten werden, ist es sicher, daß die Teilnehmer allmählich die spirituelle Vollkommenheit erreichen werden, ohne sich härteren Methoden unterziehen zu müssen. Der Gelehrte und der Narr, der Reiche wie der Arme, Hindus wie Moslems, Engländer und Inder, der *caṇḍāla* wie auch der *brāhmaṇa* — sie alle können bei solchen Treffen die transzendentalen Klänge hören und so den Staub, der sich durch die Verbindung mit der Materie angesammelt hat, vom Spiegel des Herzens wischen. Um die Botschaft des Herrn zu bestätigen, werden alle Menschen der Welt den Heiligen Namen des Herrn als die gemeinsame Grundlage für die universale Religion der Menschheit annehmen. Die Ankunft des Heiligen Namens also fand, mit anderen Worten, mit der Ankunft Śrī Caitanya Mahāprabhus statt.

Wenn der Herr auf dem Schoß Seiner Mutter saß, hörte Er sofort auf zu weinen, sobald die Frauen, die um Ihn herumstanden, den Heiligen Namen chanteten und dazu in die Hände klatschten. Dieser eigentümliche Umstand wurde von den Nachbarn mit Scheu und Ehrfurcht beobachtet. Manchmal fanden die jungen Mädchen Gefallen daran, den Herrn zum Weinen zu bringen und Ihn dann durch das Chanten des Heiligen Namens zu beruhigen. Schon von Seiner frühen Kindheit an predigte der Herr die Bedeutsamkeit des Heiligen Namens. In Seinen frühen Jahren war Śrī Caitanya als Nimāi bekannt. Dieser Name wurde Ihm von Seiner geliebten Mutter gegeben, weil Er unter einem *nimba*-Baum im Hof Seines Elternhauses geboren wurde.

Als dem Herrn im Alter von sechs Monaten bei der *anna-prāśana*-Zeremonie feste Nahrung angeboten wurde, deutete Er auf Sein zukünftiges Wirken hin. Zu dieser Zeit war es nämlich gebräuchlich, einem Kind Münzen und Bücher anzubieten, um einen Hinweis auf seine zukünftige Neigung zu bekommen, und als dem Herrn auf der einen Seite Münzen und auf der anderen Seite das *Śrīmad-Bhāgavatam* angeboten wurden, nahm Er das *Bhāgavatam* statt der Münzen.

Als Er noch ein Kleinkind war und im Hof herumkroch, erschien eines Tages eine Schlange vor Ihm, mit der der Herr zu spielen begann. Alle Hausbewohner waren von Furcht und Schrecken erfüllt, aber nach einer Weile entfernte sich die Schlange wieder, und das Baby wurde von Seiner Mutter weggebracht.

Einmal wurde Er von einem Dieb gestohlen, der Ihm Seine Schmuckstücke rauben wollte, aber der Herr machte einen vergnügten Ausflug auf den Schultern des verwirrten Diebes, der nach einem abgelegenen Ort suchte, um das Baby zu berauben. Es geschah indessen, daß der umherirrende Dieb schließlich wieder vor dem Haus Jagannātha Miśras ankam, wo er, aus Angst, entdeckt zu werden, das Baby sofort absetzte. Natürlich waren die verängstigten Eltern und Verwandten glücklich, das verlorene Kind wiederzusehen.

Einst wurde ein pilgernder *brāhmaṇa* im Hause Jagannātha Miśras aufgenommen, und als er dabei war, Gott Speisen zu opfern, erschien der Herr vor ihm und nahm etwas von der Opferung zu Sich. Die Speisen mußten zurückgewiesen werden, weil das Kind sie berührt hatte, und so mußte der *brāhmaṇa* eine neue Mahlzeit zubereiten. Das nächste Mal geschah das gleiche, und als sich dies zum drittenmal wiederholte, wurde das Baby zu Bett gebracht. Gegen Mitternacht, als alle Hausbewohner hinter verschlossenen Türen fest schliefen, opferte der pilgernde *brāhmaṇa* der Bildgestalt Gottes noch einmal seine besonders zubereiteten Speisen, und wieder erschien der Herr als Säugling vor dem Pilger und vereitelte die Opferung. Der *brāhmaṇa* begann zu rufen, aber da alle fest schliefen, hörte ihn niemand. Der Herr offenbarte daraufhin dem vom Glück begünstigten *brāhmaṇa* Seine Identität als Kṛṣṇa Selbst. Dem *brāhmaṇa* wurde es verboten, über diesen Vorfall zu sprechen, und das Baby kehrte zum Schoß Seiner Mutter zurück.

Es gibt noch viele ähnliche Vorkommnisse in der Kindheit Śrī Caitanyas. Als unartiger Junge neckte Er so manches Mal die strenggläubigen *brāhmaṇas*, die in der Gaṅgā zu baden pflegten. Wenn die *brāhmaṇas* sich daraufhin bei Seinem Vater darüber beschwerten, erschien der Herr vor Seinem Vater, als komme Er gerade aus der Schule.

Am Bade-*ghāṭa* pflegte Er auch den Nachbarsmädchen Streiche zu spielen, wenn sie, in der Hoffnung, gute Ehemänner zu bekommen, Śiva verehrten. Die Verehrung Śivas ist bei unverheirateten Mädchen in Hindufamilien Brauch, und so erschien der Herr vor ihnen und sagte frech: „Meine lieben Schwestern, bitte gebt Mir all die Opfergaben, die ihr für Śiva hierhergebracht habt. Śiva ist Mein Geweihter, und seine Frau Pārvatī ist Meine Dienerin. Wenn ihr Mich verehrt, werden Śiva und alle anderen Halbgötter noch zufriedener mit euch sein." Einige weigerten sich, dem unartigen Herrn zu gehorchen, worauf Er sie dazu verwünschte, einmal mit alten Männern, die von ihren früheren Frauen bereits sieben Kinder hätten, verheiratet zu werden. Aus Furcht, und ein wenig auch aus Zuneigung, brachten die Mädchen auch Ihm manchmal verschiedene Gaben dar. Der Herr segnete sie darauf und versicherte ihnen, daß sie sehr gute, junge Ehemänner und Dutzende von Kindern bekommen würden. Diese Segnung erheiterte die Mädchen, obwohl sie sich oft auch bei ihren Müttern über Vorkommnisse dieser Art beklagten.

So verbrachte der Herr Seine frühe Jugend. Als Er kaum sechzehn Jahre alt war, eröffnete Er Seine eigene *catuṣpāṭhī* (Dorfschule, die von einem erfahrenen *brāhmaṇa* geleitet wird). In dieser Schule wollte Er nichts weiter als Kṛṣṇa verständlich machen, sogar beim Grammatikunterricht. Śrīla Jīva Gosvāmī stellte später, um den Herrn zu erfreuen, eine Grammatik in Sanskrit zusammen, in der alle grammatischen Regeln mit dem Heiligen Namen des Herrn erklärt werden. Diese Grammatik ist heute noch im Gebrauch. Sie ist als *Hari-nāmāmṛta-vyākaraṇa* bekannt und im Lehrplan der Schulen in Bengalen vorgeschrieben.

Während dieser Zeit kam ein großer Gelehrter aus Kaschmir namens Keśava Kāśmīri nach Navadvīpa, um Diskussionen über die *śāstras* abzuhalten. Der *paṇḍita* aus Kaschmir war ein meisterhafter Gelehrter, der alle Bildungsstätten Indiens bereist hatte. Schließlich kam er auch nach Navadvīpa, um die dortigen Gelehrten herauszufordern. Die *paṇḍitas* von Navadvīpa beschlossen, Nimāi Paṇḍita dem *paṇḍita* aus Kaschmir gegenübertreten zu lassen, weil sie dachten, daß sich ihnen, wenn Nimāi Paṇḍita geschlagen würde, eine weitere Gelegenheit bieten werde, mit dem Gelehrten zu debattieren, denn Nimāi Paṇḍita war ja noch ein Knabe. Und wenn der *paṇḍita* aus Kaschmir geschlagen werden sollte, würde das ihren Ruhm nur vergrößern, da die Leute verkünden würden, ein Knabe aus Navadvīpa habe einen Meistergelehrten besiegt, der in ganz Indien berühmt ist. Es geschah zufällig, daß Nimāi Paṇḍita Keśava Kāśmīri traf, als dieser am Ufer der Gaṅgā spazierenging. Der Herr bat ihn, eine Sanskritdichtung zu Ehren der Gaṅgā zu verfassen, worauf der *paṇḍita* innerhalb kurzer Zeit hundert *ślokas* ersann, die er wie ein Sturmgewitter vortrug, um das Ausmaß seiner ungeheuren Gelehrsamkeit zu zeigen. Nimāi Paṇḍita konnte sofort alle *ślokas* ohne einen Fehler auswendig. Er zitierte den 64. *śloka* und machte auf bestimmte rhetorische und literarische Unregelmäßigkeiten aufmerksam. Er bemängelte besonders, daß der *paṇḍita* das Wort *bhavānī-bhartuḥ* gebraucht hatte. Der Herr wies darauf hin, daß der Gebrauch dieses Wortes überflüssig sei. *Bhavānī* heißt „die Frau Śivas", und wer sonst kann ihr *bhartā* oder Ehemann sein? Er machte auch auf mehrere andere Widersprüche aufmerksam, und der *paṇḍita* aus Kaschmir wurde von Verwunderung ergriffen. Er war erstaunt, daß ein einfacher Schüler der Grammatik auf literarische Schwächen eines belesenen Gelehrten hinweisen konnte. Obwohl sich dieses zutrug, ehe es zu einem öffentlichen Treffen kam, verbreitete sich die Nachricht wie ein Lauffeuer in Navadvīpa. Kurze Zeit später gab Sarasvatī, die Halbgöttin des Lernens, Keśava Kāśmīri im Traum die Anweisung, sich dem Herrn zu fügen, und so wurde der *paṇḍita* aus Kaschmir ein Anhänger des Herrn.

Der Herr wurde bald darauf mit großer Pracht und Festlichkeit vermählt, und zu dieser Zeit begann Er, das gemeinsame Chanten der Heiligen Namen Gottes in Navadvīpa zu predigen. Einige der *brāhmaṇas* wurden auf Seine Beliebtheit neidisch und legten Ihm viele Hindernisse in den Weg. Sie waren so eifersüchtig, daß sie die Angelegenheit schließlich vor den mohammedanischen Magistrat von Navadvīpa brachten. Bengalen wurde zu jener Zeit von den Afghanen regiert, und der König der Provinz war Nawab Hussain Shah. Der mohammedanische Magistrat von Navadvīpa nahm die Beschwerden der *brāhmaṇas* sehr ernst, doch vorerst ermahnte er die Anhänger Nimāi Paṇḍitas nur, den Namen Haris nicht in der Öffentlichkeit laut zu chanten. Śrī Caitanya aber bat Seine Anhänger, den Anordnungen des Kazi nicht zu folgen, und so setzten sie ihren *saṅkīrtana* wie gewohnt fort. Der Magistrat sandte daraufhin Beamte aus, die den *saṅkīrtana* unterbrachen und einige der *mṛdaṅgas* zerbrachen. Als Nimāi Paṇḍita von diesem Vorfall hörte, organisierte Er eine bürgerliche Widerstandsgruppe und wurde damit zum Wegbereiter der bürgerlichen Widerstandsbewegung für die gerechte Sache in Indien. Er veranstaltete einen Umzug von hunderttausend Menschen mit Tausenden von *mṛdaṅgas* und *karatālas*, der sich entgegen der Anordnung des Kazi durch die Straßen von Navadvīpa bewegte. Endlich erreichte der Umzug das Haus des Kazi, der aus Furcht vor der Menge die Treppen hinauflief. Die Menschen versammelten sich vor dem Haus und zeigten heftigen Unmut, aber der Herr bat sie, friedlich zu bleiben. Daraufhin kam der Kazi herunter und versuchte den Herrn zu besänftigen, indem er Ihn als seinen Neffen begrüßte. Er erinnerte Ihn daran, daß Nīlāmbara Cakravartī im Verwandtschaftsverhältnis eines Onkels zu ihm stehe und infolgedessen Śrīmatī Śacīdevī, die Mutter Nimāi Paṇḍitas, seine Schwester sei. Er fragte den Herrn, ob der Sohn seiner Schwester auf seinen Onkel mütterlicherseits böse sein könne, worauf ihm der Herr erwiderte, der Onkel mütterlicherseits solle seinen Neffen in seinem Haus gebührend empfangen. Auf diese Weise wurde die Auseinandersetzung gemäßigt, und es entspann sich zwischen den beiden großen Gelehrten eine lange Diskussion über den Koran und die Hindu-*śāstras*. Der Herr griff das Problem des Tötens von Kühen auf, und der Kazi antwortete korrekt, indem er sich auf den Koran berief. Der Kazi wiederum befragte den Herrn über das Opfern von Kühen in den *Veden*, worauf der Herr antwortete, daß eine solche Opferung, wie sie in den *Veden* erwähnt wird, kein wirkliches Töten bedeute. Bei solchen Opfern brachte man eine alte Kuh dar, um ihr durch die Kraft vedischer *mantras* ein neues, frisches Leben zu geben. Für das Kali-yuga sind solche Kuhopfer untersagt, weil es keine befähigten *brāhmaṇas* gibt, die eine Opferung dieser Art durchführen können. Aus diesem Grunde sind im Kali-yuga so gut wie alle *yajñas* untersagt, da sie nur nutzlose Versuche törichter Menschen sein würden. Für das Kali-yuga ist nur der *saṅkīrtana-yajña* empfohlen, mit dem alle Ziele aller anderen Opferhandlungen erfüllt werden. So überzeugte der Herr schließlich den Kazi, der darauf ein Anhänger des Herrn wurde. Er ließ bekanntmachen, daß niemand die *saṅkīrtana*-Bewegung Śrī Caitanyas behindern solle, und der Kazi hinterließ diese Anordnung in seinem letzten Willen zum Wohl seiner Nachfahren. Das Grab des Kazi ist noch heute in der Gegend von Navadvīpa zu sehen, und viele Hindupilger wandern dorthin, um ihre Ehrerbietungen darzubringen.

Auch die Nachfahren des Kazi leben noch heute in dieser Gegend, und sie hatten niemals etwas gegen den *saṅkīrtana* einzuwenden, nicht einmal während der Hindu-Aufstände.

Dieser Vorfall zeigt deutlich, daß der Herr kein sogenannter „zaghafter Vaiṣṇava" war. Ein echter Vaiṣṇava ist ein furchtloser Geweihter des Herrn, und für die richtige Sache kann er jeden Schritt unternehmen, der zum Ziel führt. Arjuna war ebenfalls ein Vaiṣṇava-Geweihter Śrī Kṛṣṇas, und er kämpfte heldenhaft, um den Herrn zu erfreuen. In ähnlicher Weise war Vajrāṅgajī, Hanumān, ein Geweihter Śrī Rāmas, und er strafte die Gefolgsleute Rāvaṇas, die alle Nichtgottgeweihte waren. Es ist ein Prinzip des Vaiṣṇavas, den Herrn um jeden Preis zufriedenzustellen. Ein Vaiṣṇava ist von Natur aus gewaltlos und friedfertig, und er besitzt alle guten Eigenschaften Gottes, aber wenn ein Nichtgottgeweihter den Herrn oder Seine Geweihten beleidigt, wird der Vaiṣṇava eine solche Unverschämtheit niemals dulden.

Nach diesem Ereignis begann der Herr Sein *Bhāgavata-dharma*, das heißt die *saṅkīrtana*-Bewegung, noch kraftvoller zu predigen und zu verbreiten, und wer immer sich gegen die Verbreitung des *yuga-dharma*, der Pflicht dieses Zeitalters, stellte, wurde durch verschiedene Strafen gebührend bestraft. Zwei *brāhmaṇas* namens Cāpala und Gopāla, die ebenfalls Onkel des Herrn von seiten der Mutter waren, wurden zur Bestrafung vom Aussatz heimgesucht, doch später, als sie reuig wurden, nahm der Herr sie in Gnaden an. Im Rahmen Seiner Arbeit als Prediger pflegte Śrī Caitanya täglich alle Seine Anhänger, auch Śrīla Nityānanda Prabhu und Śrīla Ṭhākura Haridāsa, zwei Hauptstützen Seiner Anhängerschaft, von Tür zu Tür zu schicken, das *Śrīmad-Bhāgavatam* zu predigen. Ganz Navadvīpa wurde von Seiner *saṅkīrtana*-Bewegung überflutet, und Seine Hauptquartiere wurden im Haus Śrīvāsa Ṭhākuras und Śrī Advaita Prabhus, die zwei der bedeutendsten Haushälter unter Seinen Schülern waren, eingerichtet. Diese beiden erfahrenen Oberhäupter der *brāhmaṇa*-Gemeinde waren die eifrigsten Anhänger der Bewegung Śrī Caitanyas. Śrī Advaita Prabhu trug hauptsächlich zum Erscheinen des Herrn bei. Als Advaita Prabhu sah, daß die gesamte menschliche Gesellschaft nur noch materialistischen Tätigkeiten nachging und nichts vom hingebungsvollen Dienen wußte, das der einzige Weg ist, die Menschheit vom dreifachen Leiden des materiellen Daseins zu befreien, betete Er aus Seinem grundlosen Mitleid mit der kranken menschlichen Gesellschaft zum Herrn inbrünstig, Er möge erscheinen, und verehrte Ihn unablässig mit dem Wasser der Gaṅgā und den Blättern des heiligen *tulasī*-Baumes. Was die Predigerarbeit der *saṅkīrtana*-Bewegung betrifft, so wurde von jedem erwartet, daß er nach der Anweisung des Herrn seinen täglichen Beitrag leistete.

Einmal gingen Nityānanda Prabhu und Śrīla Haridāsa Ṭhākura eine Hauptstraße entlang, als sie plötzlich eine lärmende Menschenmenge sahen. Von Vorübergehenden erfuhren sie, daß zwei Brüder namens Jagāi und Mādhāi im betrunkenen Zustand einen öffentlichen Aufruhr verursachten. Man sagte ihnen, die beiden Brüder seien in einer angesehenen *brāhmaṇa*-Familie geboren worden, hätten sich aber durch schlechten Umgang in Wüstlinge der schlimmsten Sorte verwandelt. Sie waren nicht nur Trinker, sondern auch Fleischesser, Schürzenjäger und Banditen – Sünder, die jeder Beschreibung spotteten. Als Śrīla Nityānanda Prabhu dies alles hörte, kam Er zu dem Entschluß, daß diese beiden gefallenen Seelen die ersten sein müßten, die zu befreien seien. Wenn es gelänge, sie von ihrem sündigen Dasein zu befreien, würde der Ruhm Śrī Caitanyas noch mehr verherrlicht werden. Mit diesen Gedanken bahnten sich Nityānanda Prabhu und Haridāsa Ṭhākura einen Weg durch die Menge und baten die beiden Brüder, den Namen Śrī Haris zu chanten. Die betrunkenen Brüder wurden über diese Bitte sehr wütend, griffen Nityānanda Prabhu mit unflätigen Worten an und verfolgten Ihn und Haridāsa, als diese flohen, eine ansehnliche Strecke. Am Abend wurde dem Herrn über die Predigerarbeit berichtet, und Er war sehr erfreut, als Er erfuhr, daß Nityānanda Prabhu und Haridāsa versucht hatten, solch stumpfsinnige Kerle zu befreien.

Am folgenden Tag machte Sich Nityānanda Prabhu auf, die beiden Brüder aufzusuchen, doch sobald Er Sich ihnen näherte, warf einer von ihnen mit einer Tonscherbe nach Ihm, die Ihn an der Stirn traf. Nityānanda Prabhu blutete, doch anstatt Sich wegen dieser abscheulichen Tat zu empören, sagte Er in Seiner Güte: „Es macht nichts, daß ihr diesen Stein nach Mir geworfen habt. Ich bitte euch immer noch, den Heiligen Namen Śrī Haris zu chanten."

Einer der Brüder, Jagāi, war über dieses Verhalten Nityānanda Prabhus von Staunen ergriffen. Er fiel Ihm zu Füßen und bat Ihn um Vergebung für seinen sündigen Bruder. Als Mādhāi wieder versuchte, Nityānanda Prabhu etwas anzutun, hielt ihn Jagāi mit Gewalt zurück und flehte ihn an, ebenfalls zu Füßen Nityānandas niederzufallen. In der Zwischenzeit erreichte die Nachricht von Nityānandas Verletzung den Herrn, der sofort erzürnt und aufgebracht zum Ort des Geschehens eilte. Augenblicklich rief Er Sein Sudarśana-*cakra* herbei, um die Sünder zu töten, doch Nityānanda Prabhu erinnerte Ihn an Seine Mission. Es war die Mission des Herrn, die hoffnungslos gefallenen Seelen des Kali-yuga zu befreien, und die Brüder Jagāi und Mādhāi waren typische Beispiele für solche gefallenen Seelen. Neunzig Prozent der Bevölkerung des gegenwärtigen Zeitalters gleichen diesen Brüdern – trotz hoher Herkunft und weltlichen Ansehens. Nach Aussage der offenbarten Schriften wird die gesamte Weltbevölkerung im gegenwärtigen Zeitalter von niedrigstem *śūdra*-Wesen oder sogar noch niedriger sein. Es ist zu beachten, daß Śrī Caitanya Mahāprabhu niemals das unveränderliche Kastensystem durch Geburtsrecht anerkannte; vielmehr folgte Er streng den Aussagen der *śāstras* hinsichtlich der wirklichen Identität oder *svarūpa* der Lebewesen.

Als der Herr Sein Sudarśana-*cakra* herbeirief und Śrīla Nityānanda Prabhu Ihn anflehte, den beiden Brüdern zu verzeihen, fielen Jagāi und Mādhāi zu den Lotosfüßen des Herrn nieder und baten Ihn um Vergebung für ihr grobes Verhalten. Der Herr wurde auch von Nityānanda Prabhu gebeten, den reuigen Seelen zu verzeihen, und so erklärte Er Sich unter der Bedingung dazu bereit, daß sie fortan alles sündige Tun und alle wüsten Gewohnheiten aufgäben. Die Brüder waren einverstanden und versprachen, alle sündhaften Gewohnheiten abzulegen. Der gütige Herr verzieh ihnen und sprach nie wieder von ihren früheren Missetaten.

Das ist die besondere Barmherzigkeit Śrī Caitanyas. Im gegenwärtigen Zeitalter kann niemand von sich behaupten, er sei frei von Sünde. Das ist einfach nicht möglich. Trotzdem nimmt Śrī Caitanya alle Arten sündiger Menschen unter der einen Bedingung an, daß sie versprechen, nach ihrer Einweihung durch den echten spirituellen Meister ihre sündhaften Gewohnheiten abzulegen.

Es gibt einige wichtige Punkte, die in Verbindung mit den beiden Brüdern Jagāi und Mādhāi zu beachten sind. Im Kali-yuga sind nahezu alle Menschen wie Jagāi und Mādhāi, und deshalb müssen sie, wenn sie von den Reaktionen auf ihre Missetaten befreit werden wollen, bei Śrī Caitanya Mahāprabhu Schutz suchen und nach der spirituellen Einweihung die Dinge, die in den *śāstras* verboten sind, vermeiden. Die einschränkenden Regeln werden in den Lehren des Herrn an Śrīla Rūpa Gosvāmī behandelt.

Während Seines Haushälterlebens offenbarte der Herr nicht viele der Wunder, wie sie gewöhnlich von Persönlichkeiten Seiner Art erwartet werden, aber einmal vollbrachte Er im Hause Śrīnivāsa Ṭhākuras ein herrliches Wunder, während der *saṅkīrtana* in vollem Gange war. Er fragte die Gottgeweihten, was sie zu essen wünschten, und als Er hörte, daß sie Mangofrüchte essen wollten, bat Er um den Samen einer Mangofrucht, obwohl diese Frucht in dieser Jahreszeit gar nicht wuchs. Als Ihm der Samen gebracht wurde, setzte Er ihn im Hof Śrīnivāsas in den Boden, und augenblicklich begann ein Sprößling aus dem Samen zu wachsen. In kürzester Zeit wurde dieser Sprößling zu einem voll ausgewachsenen Mangobaum, schwer beladen mit mehr reifen Früchten, als die Gottgeweihten essen konnten. Der Baum blieb in Śrīnivāsas Hof, und von da an pflegten die Gottgeweihten so viele Mangofrüchte vom Baum zu nehmen, wie sie nur wollten.

Der Herr hatte sehr große Achtung vor der Zuneigung der Mädchen von Vrajabhūmi (Vṛndāvana) zu Kṛṣṇa, und um ihr lauteres Dienen für den Herrn zu würdigen, chantete Śrī Caitanya Mahāprabhu einmal sogar die heiligen Namen der *gopīs* (Kuhhirtenmädchen) statt der Namen des Herrn. Gerade in diesem Augenblick kamen einige Seiner Schüler zu Besuch, und als sie hörten, daß der Herr die Namen der *gopīs* chantete, wunderten sie sich sehr. Aus reiner Torheit fragten sie den Herrn, warum Er die Namen der *gopīs* chante, und meinten, Er solle den Namen Kṛṣṇas chanten. Der Herr, der Sich in Ekstase befand, fühlte Sich durch diese törichten Schüler sehr gestört, und deshalb tadelte Er sie und jagte sie davon. Die meisten der Schüler waren im gleichen Alter wie der Herr, und daher hielten sie Ihn fälschlich für ihresgleichen. In einer Beratung beschlossen sie, den Herrn anzugreifen, falls Er es wagen sollte, sie nochmals auf solche Weise zu strafen. Dieser Vorfall rief einiges boshaftes Gerede über den Herrn seitens der Öffentlichkeit hervor.

Als der Herr davon unterrichtet wurde, dachte Er über die verschiedenen Arten von Menschen in der Gesellschaft nach und stellte fest, daß besonders Studenten, Professoren, fruchtbringende Arbeiter, *yogīs*, Nichtgottgeweihte und verschiedene Klassen von Atheisten gegen den hingebungsvollen Dienst für den Herrn eingestellt seien. „Meine Mission ist es, all die gefallenen Seelen dieses Zeitalters zu befreien", überlegte Er, „aber wenn sie Vergehen gegen Mich begehen und Mich für einen gewöhnlichen Menschen halten, wird es sich nicht günstig für sie auswirken. Wenn sie dazu kommen sollen, ein Dasein der spirituellen Verwirklichung zu beginnen, müssen sie Mir auf irgendeine Weise Ehrerbietungen erweisen." Also beschloß der Herr, den Lebensstand der Entsagung (*sannyāsa*) anzunehmen, weil die Menschen im allgemeinen dazu neigten, einem *sannyāsī* Respekt entgegenzubringen.

Vor fünfhundert Jahren war die Gesellschaft noch nicht so tief gesunken wie heute. Zu jener Zeit erwiesen die Leute einem *sannyāsī* Achtung, und der *sannyāsī* folgte strikt den Regeln und Regulierungen des Lebensstandes der Entsagung. Śrī Caitanya Mahāprabhu war von dem Gedanken, im Zeitalter des Kali in den Lebensstand der Entsagung zu treten, nicht sehr angetan, denn nur wenige *sannyāsīs* sind in diesem Zeitalter dazu imstande, die Regeln und Vorschriften des *sannyāsī*-Lebens zu befolgen; doch Śrī Caitanya Mahāprabhu beschloß, trotzdem in diesen Stand zu treten und ein vorbildlicher *sannyāsī* zu werden, damit die Allgemeinheit Ihm Respekt erweisen würde. Jeder ist dazu verpflichtet, einem *sannyāsī* seine Ehrerbietungen darzubringen, weil der *sannyāsī* als der spirituelle Meister aller *varṇas* und *āśramas* angesehen wird.

Während Śrī Caitanya erwog, in den *sannyāsa*-Stand zu treten, geschah es, daß Keśava Bhāratī, ein *sannyāsī* der Māyāvādī-Schule aus Katwa in Bengalen, Navadvīpa besuchte und eingeladen wurde, mit dem Herrn zu speisen. Als Keśava Bhāratī in das Haus Śrī Caitanyas kam, bat der Herr ihn, Ihm die *sannyāsa*-Stufe des Lebens zuzuerkennen. Dies war nur eine Formsache. Diese *sannyāsa*-Stufe muß man von einem anderen *sannyāsī* annehmen. Obwohl der Herr in jeder Hinsicht unabhängig war, ließ Er Sich, um die Formen der *śāstras* zu wahren, von Keśava Bhāratī zum *sannyāsī* weihen, obwohl Keśava Bhāratī nicht der Vaiṣṇava-sampradāya angehörte.

Nachdem der Herr Sich mit Keśava Bhāratī besprochen hatte, verließ Er Navadvīpa, um nach Katwa zu gehen und in aller Form in den Stand des *sannyāsa* einzutreten. Er wurde von Śrīla Nityānanda Prabhu, Candraśekhara Ācārya und Mukunda Datta begleitet. Diese drei halfen Ihm bei der Vorbereitung und Durchführung der Einweihungszeremonie. Die *sannyāsa*-Einweihung des Herrn wird sehr ausführlich im *Caitanya-bhāgavata* von Śrīla Vṛndāvana dāsa Ṭhākura beschrieben.

Der Herr trat also am Ende Seines vierundzwanzigsten Lebensjahres im Monat Māgha in den Lebensstand der Entsagung und widmete Sich voll und ganz dem Predigen des *bhāgavata-dharma*. Obwohl Er die gleiche Arbeit des Predigens in Seinem Leben als Haushälter ausgeführt hatte, gab Er, als Er auf Hindernisse für Sein Predigen stieß, den gefallenen Seelen zuliebe sogar die Annehmlichkeiten des Haushälterlebens auf. Während jener Zeit waren Seine wichtigsten Helfer Śrīla Advaita Prabhu und Śrīla Śrīvāsa Ṭhākura gewesen. Nachdem Er in den *sannyāsa*-Stand getreten war, wurden Seine Hauptstützen Śrīla Nityānanda Prabhu, dem aufgetragen wurde, besonders in Bengalen zu predigen, und die sechs Gosvāmīs (Rūpa Gosvāmī, Sanātana Gosvāmī, Jīva Gosvāmī, Gopāla Bhaṭṭa Gosvāmī, Raghunātha dāsa Gosvāmī und Raghunātha Bhaṭṭa Gosvāmī), angeführt von Śrīla Rūpa und Sanātana, denen aufgetragen wurde, nach Vṛndāvana zu gehen, um die dortigen Pilgerstätten ausfindig zu machen. Die heutige Stadt Vṛndāvana und die Bedeutung von Vrajabhūmi wurden somit durch den Willen des Herrn, Śrī Caitanya Mahāprabhu, offenbart.

Gleich nachdem der Herr in den *sannyāsa*-Stand getreten war, wollte Er Sich nach Vṛndāvana begeben. Drei Tage lang reiste Er ohne Unterbrechung durch das Gebiet von Rāḍha-deśa, wo die Gaṅgā nicht fließt. Er befand Sich bei dem Gedanken, nach Vṛndāvana zu gehen, in völliger Ekstase. Doch Śrīla Nityānanda Prabhu brachte Ihn von Seinem geplanten Weg ab und führte Ihn statt dessen zum Hause Advaita Prabhus in Śāntipura. Der Herr verweilte einige Tage in Śrī Advaita Prabhus Haus, und da dieser genau wußte, daß der Herr Heim und Herd für immer verlassen wollte, sandte Er einen Boten nach Navadvīpa, Mutter Śacī zu holen, damit sie sich ein letztes Mal mit ihrem Sohn treffen konnte. Gewissenlose Leute behaupten, Śrī Caitanya habe auch Seine Frau noch einmal getroffen, nachdem Er bereits *sannyāsī* geworden war, und ihr Seine hölzernen Schuhe gegeben, damit sie diese verehre, doch die authentischen Quellen berichten nicht von einem solchen Treffen. Als Seine Mutter Ihn im Hause Advaita Prabhus traf und im Gewand des *sannyāsī* sah, jammerte sie. Sie bat ihren Sohn, als Seinen Hauptsitz Purī zu wählen, damit sie leicht Nachricht von Ihm erhalten könne, und der Herr erfüllte Seiner geliebten Mutter diesen letzten Wunsch. Danach begab Er Sich nach Purī und ließ die Bewohner von Navadvīpa in einem Meer des Klagens über Sein Fortgehen zurück.

Der Herr besuchte auf dem Wege nach Purī viele bedeutende Orte. Als erstes besuchte Er den Tempel Gopīnāthajīs, der einmal für Seinen Geweihten Śrīla Mādhavendra Purī eingedickte Milch gestohlen hatte. Seitdem ist die Bildgestalt Gopīnāthajīs wohlbekannt als Kṣīra-corā-gopīnāthajī. Der Herr hörte diese Geschichte mit großem Vergnügen. Die Neigung zu stehlen existiert sogar im absoluten Bewußtsein, aber weil diese Neigung vom Absoluten gezeigt wird, verliert sie ihre boshafte Natur und wird daher selbst für Śrī Caitanya verehrenswert — in der absoluten Betrachtungsweise, daß der Herr und Seine Neigung zum Stehlen ein und dasselbe sind. Diese spannende Geschichte wird im *Śrī Caitanya-caritāmṛta* von Kṛṣṇadāsa Kavirāja Gosvāmī sehr lebendig geschildert.

Nach dem Besuch des Tempels Kṣīra-corā-gopīnāthas von Remuṇā in Balasore, Orissa, reiste der Herr weiter nach Purī. Unterwegs besuchte Er den Tempel Sākṣi-gopālas, der als Zeuge bei einem Streit zwischen den Familien zweier *brāhmaṇa*-Gottgeweihter erschienen war. Der Herr hörte die Geschichte Sākṣi-gopālas mit großem Vergnügen, denn es war Sein Wunsch, den Atheisten klarzumachen, daß die zu verehrenden Bildgestalten Gottes in den Tempeln, die von den großen *ācāryas* anerkannt sind, keine Götzenbilder sind, wie dies Menschen mit geringem Wissen behaupten. Die Bildgestalt Gottes im Tempel ist die *arcā*-Inkarnation der Höchsten Persönlichkeit Gottes, und daher ist die Bildgestalt in jeder Hinsicht mit dem Herrn identisch. Sie kommt dem Gottgeweihten je nach dem Maße seiner Zuneigung entgegen. Sākṣi-gopāla sollte als Zeuge bei einem Familienstreit zwischen zwei Geweihten des Herrn aussagen, und so kam Er, um die Auseinandersetzung beizulegen, wie auch, um Seinen Dienern besondere Gunst zu erweisen, von Vṛndāvana nach Vidyānagara, einem Dorf in Orissa, und zwar in der Gestalt Seiner *arcā*-Inkarnation. Von dort wurde die Bildgestalt nach Cuttack gebracht, und dort wird der Tempel Sākṣi-gopālas noch heute von Tausenden von Pilgern auf dem Weg nach Jagannātha Purī besucht. Śrī Caitanya blieb dort über Nacht und setzte dann Seine Reise nach Purī fort. Unterwegs wurde Sein *sannyāsa*-Stab von Nityānanda Prabhu zerbrochen. Der Herr wurde deswegen zum Schein ärgerlich auf Ihn und ging, Seine Gefährten zurücklassend, allein nach Purī.

In Purī wurde Er, als Er den Tempel Jagannāthas betrat, sofort von transzendentaler Ekstase ergriffen und sank bewußtlos zu Boden. Die Tempelwächter konnten den transzendentalen Zustand des Herrn nicht begreifen, aber es gab einen großen *paṇḍita* namens Sārvabhauma Bhaṭṭācārya, der zum obersten *paṇḍita* am Hofe des Königs von Orissa, Mahārāja Pratāparudra, ernannt worden war. Sārvabhauma Bhaṭṭācārya fühlte sich durch die jugendliche Ausstrahlung Śrī Caitanya Mahāprabhus angezogen, und ihm war klar, daß es keine gewöhnliche Begebenheit war, als der Herr beim Betreten des Jagannātha-Tempels das Bewußtsein verlor. Diese transzendentale Trance kommt nur selten vor, und dann auch nur bei den größten

Gottgeweihten, die sich schon auf der transzendentalen Ebene, jenseits der materiellen Existenz, befinden. Nur eine befreite Seele konnte in einen solchen transzendentalen Zustand geraten, und der hochgelehrte Bhaṭṭācārya konnte dies im Licht der transzendentalen Literatur verstehen, mit der er wohlvertraut war. Er bat deshalb die Wächter des Tempels, den unbekannten *sannyāsī* nicht zu stören, und trug ihnen auf, den Herrn in sein Haus zu bringen, damit Er in Seinem bewußtlosen Zustand weiterhin beobachtet werden konnte. Śrī Caitanya wurde also in das Haus Sārvabhauma Bhaṭṭācāryas gebracht, der zu jener Zeit genügend Macht und Autorität besaß, da er der *sabhā-paṇḍita*, der Leiter der staatlichen Fakultät für Sanskrit-Schrifttum, war. Der gelehrte *paṇḍita* wollte den transzendentalen Zustand des Herrn auf das genaueste untersuchen, da gewissenlose Gottgeweihte oft körperliche Zustände vortäuschen, um mit transzendentalen Vollkommenheiten zu prahlen und damit die Aufmerksamkeit unschuldiger Menschen auf sich zu ziehen und sie auszunutzen. Ein erfahrener Gelehrter wie der Bhaṭṭācārya kann solche Betrügereien aufdecken, und wenn er sie bemerkt, weist er sie sofort zurück.

Im Fall Śrī Caitanya Mahāprabhus überprüfte Sārvabhauma Bhaṭṭācārya alle Symptome im Licht der *śāstras*. Er prüfte wie ein Wissenschaftler, nicht wie ein törichter Sentimentalist. Er beobachtete die Bewegung des Magens, den Herzschlag und die ein- und ausströmende Luft an den Nasenlöchern. Er fühlte auch den Puls des Herrn und sah, daß alle Seine körperlichen Tätigkeiten zum völligen Stillstand gekommen waren. Als er einen kleinen Baumwollbausch vor die Nasenlöcher hielt, entdeckte er eine kaum wahrnehmbare Atmung, da die feinen Baumwollfädchen sich leicht bewegten. So kam er zu dem Schluß, daß der bewußtlose Trancezustand des Herrn echt war, und er begann, Ihn nach dem entsprechenden Verfahren zu behandeln. Aber Śrī Caitanya Mahāprabhu konnte nur auf eine besondere Weise behandelt werden. Er reagierte nur auf das Chanten der Heiligen Namen Gottes durch Seinen Geweihten. Diese besondere Behandlung war Sārvabhauma Bhaṭṭācārya nicht bekannt, da der Herr für ihn ein Fremder war. Als er Ihn zum ersten Mal im Tempel gesehen hatte, hatte er Ihn für einen der vielen Pilger gehalten.

In der Zwischenzeit hörten die Begleiter des Herrn, die den Tempel etwas später als Er erreicht hatten, von dem transzendentalen Zustand des Herrn und daß Bhaṭṭācārya Ihn in sein Haus gebracht hatte. Die Pilger im Tempel unterhielten sich immer noch über den Vorfall. Aber durch Zufall hatte einer dieser Pilger Gopīnātha Ācārya getroffen, der Gadādhara Paṇḍita bekannt war, und von ihm erfuhr man, daß der Herr bewußtlos im Hause Sārvabhauma Bhaṭṭācāryas lag, der zufällig der Schwager Gopīnātha Ācāryas war. Gadādhara Paṇḍita stellte allen Mitgliedern der Gruppe Gopīnātha Ācārya vor, und dieser brachte sie zum Hause Bhaṭṭācāryas, wo der Herr bewußtlos in spiritueller Trance lag. Sie chanteten wie gewöhnlich mit lauter Stimme die Heiligen Namen Haris, worauf der Herr Sein Bewußtsein wiedererlangte. Daraufhin empfing Bhaṭṭācārya sie alle, Nityānanda Prabhu nicht ausgenommen, und bat sie, seine Ehrengäste zu sein. Während die Gruppe zusammen mit dem Herrn ans Meer ging, um ein Bad zu nehmen, sorgte der Bhaṭṭācārya für ihre Unterkunft und Verpflegung im Hause Kāśī Miśras. Sein Schwager, Gopīnātha Ācārya, half ihm dabei. Es entspann sich zwischen beiden ein freundliches Gespräch über das göttliche Wesen des Herrn, währenddessen Gopīnātha Ācārya, der den Herrn von früher kannte, versuchte, Ihn als die Höchste Persönlichkeit Gottes darzustellen, wohingegen der Bhaṭṭācārya bemüht war, in Ihm den großen Gottgeweihten zu sehen. Beide argumentierten aus dem Blickwinkel der authentischen *śāstras*, und nicht, indem sie sich auf die Überzeugungskraft der *vox populi* stützten. Die Inkarnationen Gottes werden von den authentischen *śāstras* bestimmt, nicht von den Stimmen verblendeter Fanatiker aus dem Volke. Śrī Caitanya war tatsächlich eine Inkarnation Gottes, aber verblendete Fanatiker haben in diesem Zeitalter so viele gewöhnliche Menschen als Inkarnationen Gottes hingestellt, ohne sich auf die authentischen Schriften zu berufen. Sārvabhauma Bhaṭṭācārya und Gopīnātha Ācārya ergaben sich nicht solch törichtem Gefühlsüberschwang. Im Gegenteil, jeder versuchte, die Göttlichkeit Śrī Kṛṣṇa Caitanyas, gestützt auf die Autorität der authentischen *śāstras*, nachzuweisen bzw. abzulehnen.

Später stellte sich heraus, daß auch Bhaṭṭācārya aus der Gegend von Navadvīpa stammte, und man erfuhr von ihm, daß Nīlāmbara Cakravartī, Śrī Caitanyas Großvater mütterlicherseits, ein Mitschüler des Vaters von Sārvabhauma Bhaṭṭācārya gewesen war. Dadurch rief der junge *sannyāsī* Śrī Caitanya väterliche Zuneigung im Bhaṭṭācārya hervor. Sārvabhauma Bhaṭṭācārya war der Lehrer vieler *sannyāsīs* der Śaṅkarācārya-sampradāya, und er selbst gehörte ebenfalls dieser Richtung an. Er wünschte sich daher, daß auch der junge *sannyāsī* Śrī Caitanya von ihm über die Lehren des *Vedānta* höre.

Die Anhänger der Śaṅkara-Schule sind allgemein als Vedāntisten bekannt. Das bedeutet jedoch nicht, daß der *Vedānta* eine der Śaṅkara-sampradāya vorbehaltene Studie ist. Der *Vedānta* wird von allen echten *sampradāyas* studiert, aber sie alle haben ihre eigenen Interpretationen. Diejenigen, die der Śaṅkara-sampradāya angehören, sind allgemein bekannt dafür, daß sie im Wissen der Vaiṣṇava-Vedāntisten nicht bewandert sind, und deshalb wurde dem Autor des vorliegenden Werkes der Titel „Bhaktivedanta" zuerst von den Vaiṣṇavas verliehen.

Der Herr war einverstanden, Sich vom Bhaṭṭācārya in der Philosophie des *Vedānta* unterweisen zu lassen, und so setzten sie sich in den Tempel Śrī Jagannāthas. Sārvabhauma Bhaṭṭācārya sprach sieben Tage lang ununterbrochen, und der Herr hörte ihm mit ganzer Aufmerksamkeit zu, ohne ihn zu unterbrechen. Das Schweigen des Herrn ließ einige Zweifel in dem Bhaṭṭācārya aufkommen, und so fragte er Ihn, wie es komme, daß Er zu seinen Erklärungen des *Vedānta* weder Fragen gestellt noch irgendeinen Kommentar gegeben habe.

Der Herr gab Sich vor dem Bhaṭṭācārya wie ein törichter Student und tat so, als höre Er den *Vedānta* von ihm, weil der Bhaṭṭācārya dies für die Pflicht eines *sannyāsī* hielt. Aber der Herr war mit seinen Ausführungen nicht einverstanden. Davon abgesehen, habe Er dem Vortrag kaum folgen noch ihn verstehen können. Er wies damit darauf hin, daß die sogenannten Vedāntisten der Śaṅkara-sampradāya oder einer anderen *sampradāya*, die nicht den Unterweisungen Śrīla Vyāsadevas folgt, den *Vedānta* nur mechanisch studieren. Sie sind in dieser großen Wissenschaft nicht richtig bewandert. Die Erklärung zum *Vedānta-sūtra* wird vom Verfasser selbst im *Śrīmad-Bhāgavatam* gegeben. Einer, der das *Bhāgavatam* nicht kennt, wird schwerlich verstehen können, was der *Vedānta* aussagt.

Sārvabhauma Bhaṭṭācārya konnte als hochgelehrter Mann den spöttischen Bemerkungen des Herrn über die herkömmlichen Vedāntisten folgen. Deshalb fragte er Ihn, weshalb Er nicht bei jedem Punkt, der Ihm nicht verständlich gewesen sei,

Fragen gestellt habe. Der Bhaṭṭācārya konnte den Zweck Seines völligen Schweigens während der Tage, an denen er dem Herrn den *Vedānta* erklärt hatte, verstehen – das zeigte nämlich deutlich, daß der Herr noch etwas anderes im Sinn hatte –, und daher bat er Ihn, Seine Gedanken zu offenbaren.

Der Herr sprach daraufhin wie folgt: „Mein werter Herr, Ich kann die Bedeutung der *sūtras* des *Vedānta*, wie *janmādy asya yataḥ, śāstra-yonitvāt* und *athāto brahma-jijñāsā* begreifen, aber wenn du sie auf deine eigene Weise erklärst, wird ihre Aussage unverständlich. Der Sinn der *sūtras* wird schon in ihnen selbst erklärt, aber deine Auslegungen verdecken sie mit etwas anderem. Du gibst nicht die direkte Bedeutung der *sūtras* wieder, sondern interpretierst sie auf deine eigene Weise."

Der Herr griff mit diesen Worten alle Vedāntisten an, die das *Vedānta-sūtra* je nach Laune gemäß ihrem begrenzten Denkvermögen auslegen, um ihren eigenen Absichten zu dienen. Diese ungenauen Auslegungen der authentischen Schriften, wie des *Vedānta*, werden hiermit vom Herrn verurteilt.

Der Herr fuhr fort: „Śrīla Vyāsadeva hat die direkten Bedeutungen der *mantras* der *Upaniṣaden* im *Vedānta-sūtra* zusammengefaßt. Unglücklicherweise gibst du nicht ihre direkte Bedeutung wieder, sondern legst sie indirekt auf eine andere Weise aus."

„Die Autorität der *Veden* ist unanfechtbar und steht außer Zweifel. Was immer in den *Veden* festgestellt wird, muß bedingungslos anerkannt werden, sonst stellt man die Autorität der *Veden* in Frage."

„Das Muschelhorn und der Kuhdung sind die Knochen bzw. der Kot zweier Lebewesen; aber weil sie von den *Veden* als rein bezeichnet werden, betrachtet man sie aufgrund der Autorität der *Veden* als rein."

Der Gedanke hierbei ist, daß man seinen unvollkommenen Verstand nicht über die Autorität der *Veden* stellen darf. Die Anweisungen der *Veden* müssen so, wie sie sind, ohne weltliche Schlußfolgerungen, befolgt werden. Die sogenannten Befolger der vedischen Gebote geben ihre eigenen Auslegungen zu den vedischen Anweisungen und bilden somit verschiedene Gruppen und Sekten der vedischen Religion. Buddha verneinte offen die Autorität der *Veden* und schuf seine eigene Religion. Nur aus diesem Grunde wurde die buddhistische Religion von den strikten Befolgern der *Veden* nicht angenommen. Die sogenannten Befolger der *Veden* sind noch schädlicher als die Buddhisten, da die letzteren wenigstens den Mut haben, die *Veden* unverhohlen zu verneinen, wohingegen die sogenannten Befolger der *Veden* diesen Mut nicht haben, obwohl sie indirekt alle Gebote der *Veden* mißachten. Śrī Caitanya verurteilte dies. Das Beispiel von dem Muschelhorn und dem Kuhdung, das vom Herrn gegeben wurde, ist in diesem Zusammenhang sehr passend. Das Argument, da Kuhdung rein sei, müsse der Kot eines gelehrten *brāhmaṇa* noch reiner sein, kann nicht als richtig anerkannt werden. Nur Kuhdung wird als rein bezeichnet, während der Kot eines hochgestellten *brāhmaṇa* zurückgewiesen wird.

Der Herr fuhr fort: „Die vedischen Weisungen sind in sich selbst autorisiert, und wenn ein weltliches Geschöpf die Erklärungen der *Veden* korrigiert, stellt es ihre Autorität in Frage. Es ist töricht, sich intelligenter zu dünken als Śrīla Vyāsadeva. Er hat sich bereits in seinen *sūtras* geäußert, und es besteht keine Notwendigkeit für Hilfe von Personen geringerer Bedeutung. Sein Werk, das *Vedānta-sūtra*, ist gleißend wie die Mittagssonne, und wenn jemand versucht, seinen eigenen Kommentar zum selbstleuchtenden, sonnengleichen *Vedānta-sūtra* zu geben, versucht er die Sonne mit der Wolke seiner Einbildungskraft zu verdecken."

„Der Sinn der *Veden* und der *Purāṇas* ist ein und derselbe. Sie bekunden die Absolute Wahrheit, die alles andere an Größe übertrifft. Die Absolute Wahrheit wird letztlich als der Absolute Persönliche Gott mit absoluter Herrschaftsgewalt erkannt. Als solcher muß die Absolute Persönlichkeit Gottes gänzlich voll von Reichtum, Stärke, Ruhm, Schönheit, Wissen und Entsagung sein. Dennoch wird die transzendentale Persönlichkeit Gottes erstaunlicherweise als unpersönlich dargestellt."

„Die unpersönliche Darstellung der Absoluten Wahrheit wird in den *Veden* gegeben, um die weltliche Auffassung vom absoluten Ganzen zu widerlegen. Die persönlichen Eigenschaften des Herrn sind völlig verschieden von allen Arten weltlicher Eigenschaften. Die Lebewesen sind alle individuelle Personen, und sie sind alle Teile des höchsten Ganzen. Wenn die Teile individuelle Personen sind, kann der Ursprung ihrer Emanationen auf keinen Fall unpersönlich sein. Er ist die Höchste Person unter all den relativen Personen."

„Die *Veden* erklären, daß von Ihm (Brahman) alles ausgeht und daß alles in Ihm ruht und nach der Vernichtung wieder in Ihn eingeht. Daher ist Er die schaffende, erhaltende und zerstörende Ursache aller Ursachen. All diese Ursachen können nicht auf etwas Unpersönliches zurückgeführt werden."

„Die *Veden* teilen uns mit, daß Er allein Sich vervielfachte, und wenn es Ihm beliebt, wirft Er einen Blick über die materielle Natur. Bevor Er die materielle Natur überblickte, gab es keine materielle kosmische Schöpfung. Deshalb ist Sein Blick nicht materiell. Als der Herr über die materielle Natur blickte, waren der materielle Geist und die materiellen Sinne noch ungeboren. Diese Äußerungen der *Veden* zeigen einwandfrei, daß der Herr transzendentale Augen und einen transzendentalen Geist hat. Sie sind nicht materiell. Seine Unpersönlichkeit ist deshalb lediglich eine Negation Seiner materiellen Natur, nicht aber eine Verleugnung Seiner transzendentalen Persönlichkeit."

„Brahman bedeutet letztlich die Persönlichkeit Gottes. Unpersönliche Brahman-Erkenntnis ist nur die negative Auffassung der irdischen Schöpfungen. Paramātmā ist der lokalisierte Aspekt des Brahmans in allen Arten materieller Körper. Letzten Endes ist, nach allen Aussagen der offenbarten Schriften, die Erkenntnis des Höchsten Brahmans die Erkenntnis der Persönlichkeit Gottes. Śrī Kṛṣṇa ist diese Höchste Persönlichkeit Gottes. Er ist der erste Ursprung der *viṣṇu-tattvas*."

„Die *Purāṇas* bilden ebenfalls eine Ergänzung zu den *Veden*. Die vedischen *mantras* sind für einen gewöhnlichen Menschen zu schwierig. Frauen, *śūdras* und die sogenannten Zweimalgeborenen der höheren Kasten sind unfähig, den Sinn der *Veden* zu erfassen. Daher sind sowohl das *Mahābhārata* wie auch die *Purāṇas* leicht verständlich geschrieben, um die Wahrheiten der *Veden* zu erklären. In seinen Gebeten vor dem Knaben Śrī Kṛṣṇa sagte Brahmā, daß es für das Glück der Einwohner von Vrajabhūmi, vor allem für Śrī Nanda Mahārāja und Yaśodāmayī, keine Grenzen gebe, weil die ewige Absolute Wahrheit ihr enger Verwandter geworden sei."

„Der vedische *mantra* beschreibt, daß die Absolute Wahrheit keine Beine und keine Hände hat und Sich dennoch schneller als alles andere fortbewegt und alles annimmt, was Ihm in Hingabe dargebracht wird. Die letzteren Feststellungen weisen unmißverständlich auf die persönliche Erscheinung des Herrn hin, obwohl Seine

Hände und Beine von materiellen Händen und Beinen oder anderen Körperteilen völlig verschieden sind."

„Brahman ist deshalb niemals unpersönlich, aber wenn solche *mantras* indirekt ausgelegt werden, kommt man zu der falschen Schlußfolgerung, die Absolute Wahrheit sei unpersönlich. Die Absolute Wahrheit, der Persönliche Gott, ist der Besitzer aller Füllen, und deshalb hat Er eine transzendentale Gestalt voller Existenz, Wissen und Glückseligkeit. Wie kann man dann behaupten, die Absolute Wahrheit sei unpersönlich?"

„Brahman besitzt alle Füllen und beinhaltet mannigfache Energien, und all diese Energien werden von der Autorität des *Viṣṇu Purāṇa* [6.7.60] in drei Hauptarten unterteilt, da die transzendentalen Energien Śrī Viṣṇus ursprünglich drei an der Zahl sind. Seine spirituelle Energie wie auch die Energie der Lebewesen werden als höhere Energie eingestuft, wohingegen die materielle Energie eine untergeordnete ist, die der Unwissenheit entspringt."

„Die Energie der Lebewesen wird technisch *kṣetrajña*-Energie genannt. Diese *kṣetrajña-śakti* wird, obwohl sie qualitativ mit dem Herrn gleich ist, aus Unwissenheit von materieller Energie überwältigt und erleidet somit alle Arten materieller Leiden. Mit anderen Worten, die Lebewesen werden der mittleren oder am Rande verlaufenden Energie zugeordnet, die zwischen der höheren, spirituellen und der niederen, materiellen Energie liegt, und je nach der Stärke der Verbindung des Lebewesens mit der materiellen oder der spirituellen Energie befindet es sich auf entsprechend höheren bzw. niederen Stufen des Daseins."

„Der Herr befindet Sich jenseits der niederen und mittleren Energie, wie oben erwähnt wurde, und Seine spirituelle Energie manifestiert sich in drei verschiedenen Erscheinungsformen: als ewiges Dasein, ewige Glückseligkeit und ewiges Wissen. Was das ewige Dasein anbelangt, so wird es von der *sandhinī*-Kraft gelenkt; ähnlich werden Glückseligkeit und Wissen jeweils von der *hlādhinī*- bzw. *saṁvit*-Kraft gelenkt. Als der höchste aktive Herr ist Er der höchste Beherrscher der spirituellen, mittleren und materiellen Energien, und all diese verschiedenen Formen der Energien werden durch ewigen hingebungsvollen Dienst mit dem Herrn in Verbindung gebracht."

„Die Höchste Persönlichkeit Gottes genießt somit in Ihrer transzendentalen ewigen Gestalt. Ist es nicht erstaunlich, daß man es wagt, den Höchsten Herrn als untätig zu bezeichnen? Der Herr ist der Beherrschende aller Energien, und die Lebewesen sind Teile einer dieser Energien. Deshalb besteht ein gewaltiger Unterschied zwischen dem Herrn und den Lebewesen. Wie kann man also sagen, der Herr und die Lebewesen seien ein und dasselbe. Auch in der *Bhagavad-gītā* heißt es, daß die Lebewesen zur höheren Energie des Herrn gehören. Nach dem Prinzip einer engen Wechselbeziehung zwischen der Energie und dem Energieursprung sind beide nicht voneinander verschieden. Deshalb sind der Herr und die Lebewesen als die Energie und der Energieursprung nicht verschieden."

„Erde, Wasser, Feuer, Luft, Äther, Geist, Intelligenz und falsches Ego bilden die niedere Energie des Herrn, aber die Lebewesen sind als höhere Energie davon verschieden. Dies ist die Darstellung der *Bhagavad-gītā*."

„Die transzendentale Gestalt des Herrn ist ewig existent und voll transzendentaler Glückseligkeit. Wie kann eine solche Gestalt ein Produkt der materiellen Erscheinungsweise der Tugend sein? Deshalb muß jeder, der seinen Glauben nicht in die Gestalt des Herrn setzt, ein glaubensloser Dämon sein. Eine solche *persona non grata* sollte man weder berühren noch anschauen, und sie verdient es, vom König des Pluto bestraft zu werden."

„Die Buddhisten werden Atheisten genannt, weil sie keine Achtung vor den *Veden* haben, aber diejenigen, die die oben erwähnten vedischen Lehren unter dem Vorwand, Anhänger der *Veden* zu sein, in Frage stellen, sind ohne Zweifel noch gefährlicher als die Buddhisten."

„Śrī Vyāsadeva faßte in seiner Güte das vedische Wissen im *Vedānta-sūtra* zusammen, aber wenn jemand den Kommentar der Māyāvādī-Schule (wie er von der Śaṅkara-sampradāya gegeben wird) hört, wird er sicherlich auf dem Pfade spiritueller Erkenntnis fehlgeleitet."

„Die Theorie der Emanationen ist das Anfangsthema des *Vedānta-sūtra.* Alle kosmischen Manifestationen sind Emanationen des Absoluten Persönlichen Gottes, die durch Seine unfaßbaren verschiedenen Energien geschaffen wurden. Das Beispiel von dem Stein der Weisen kann mit der Theorie der Emanation verglichen werden. Der Stein der Weisen kann eine unbegrenzte Menge Eisen in Gold verwandeln, doch der Stein der Weisen bleibt, wie er ist. In ähnlicher Weise kann der Höchste Herr durch Seine unfaßbaren Energien alle manifestierten Welten erzeugen und bleibt dennoch vollkommen und unverändert. Er ist *pūrṇa* (vollkommen), und obgleich eine unbegrenzte Anzahl von *pūrṇas* von Ihm ausgeht, ist Er immer noch *pūrṇa.*"

„Die Illusionstheorie der Māyāvāda-Schule wird auf der Grundlage verfochten, daß die Theorie der Emanation eine Umwandlung der Absoluten Wahrheit bedeutet. Wenn das der Fall ist, muß Vyāsadeva sich irren. Um dies zu umgehen, haben sie geschickt die Theorie der Illusion eingeführt. Aber die Welt oder vielmehr die kosmische Schöpfung ist nicht Trug, wie von der Māyāvāda-Schule behauptet wird. Sie hat nur keine beständige Existenz. Etwas Unbeständiges kann nicht im eigentlichen Sinne des Wortes als Täuschung bezeichnet werden. Aber die Auffassung des Lebewesens, der materielle Körper sei das Selbst, ist sicherlich falsch."

„*Praṇava* [*oṁ*], das heißt das *oṁkāra* in den *Veden*, ist die urerste Hymne. Dieser transzendentale Laut ist mit der Gestalt des Herrn identisch. Alle vedischen Hymnen beruhen auf diesem *praṇava oṁkāra. Tat tvam asi* ist in den vedischen Schriften nur von untergeordneter Bedeutung, und daher kann diese Wortfolge nicht die urerste Hymne der *Veden* sein. Śrīpāda Śaṅkarācārya hat dem *tat tvam asi* mehr Bedeutung beigemessen als dem urersten Prinzip *oṁkāra.*"

Der Herr sprach also über das *Vedānta-sūtra* und widersprach allen Lehren der Māyāvāda-Schule. (In unserem Buch *Die Lehren Śrī Caitanyas* haben wir diese philosophischen Unterschiede näher ausgeführt, und im Verlauf des *Śrīmad-Bhāgavatam* werden sie vollständig erklärt.) Sārvabhauma Bhaṭṭācārya versuchte, sich und die Māyāvāda-Schule zu verteidigen, indem er mit Logik und Grammatik jonglierte, aber der Herr war imstande, all diese Wortklaubereien durch Seine kraftvollen Argumente zu schlagen. Er versicherte, daß wir alle ewig mit der Persönlichkeit Gottes verbunden sind und daß der hingebungsvolle Dienst unsere ewige Beschäftigung ist, durch die der Austausch unserer Beziehung zu Ihm ermöglicht wird. Als Ergebnis solchen Austausches erlangt man *prema* oder Liebe zu Gott. Hat man

Liebe zu Gott erreicht, folgt ganz von selbst Liebe zu allen anderen Lebewesen, weil der Herr die Gesamtsumme aller Lebewesen ist.

Der Herr sagte, daß außer diesen drei Dingen — der ewigen Beziehung zu Gott, dem gegenseitigen Austausch mit Ihm und dem Erreichen der Liebe zu Ihm — alles, was in den *Veden* gelehrt wird, unnötig ist und nur in der Vorstellung existiert.

Der Herr fügte weiter hinzu, daß die von Śrīpāda Śaṅkarācārya gelehrte Māyāvāda-Philosophie eine erdachte Erklärung der *Veden* ist, die aber von ihm (Śaṅkarācārya) gelehrt werden mußte, weil es ihm die Persönlichkeit Gottes so befohlen hatte. Im *Padma Purāṇa* wird festgestellt, daß die Persönlichkeit Gottes dem Halbgott Śiva befahl, die Menschen von Ihm (der Persönlichkeit Gottes) abzubringen. Die Persönlichkeit Gottes sollte so verdeckt werden, daß die Leute ermutigt würden, sich immer stärker zu vermehren. Śiva sagte zu Devī: „Im Kali-yuga werde ich in der Gestalt eines *brāhmaṇa* die Māyāvāda-Philosophie verkünden, die nichts anderes ist als verhüllter Buddhismus."

Nachdem Sārvabhauma Bhaṭṭācarya alle diese Erklärungen von Śrī Caitanya Mahāprabhu vernommen hatte, wurde er mit Verwunderung und Scheu erfüllt und betrachtete den Herrn mit völligem Schweigen. Dieser versicherte ihm daraufhin sehr nachdrücklich, daß es keinen Anlaß zur Verwunderung gebe. „Der hingebungsvolle Dienst für die Persönlichkeit Gottes ist das höchste Ziel des menschlichen Lebens", sagte Er und zitierte alsdann einen *śloka* aus dem *Bhāgavatam*, wobei Er dem Bhaṭṭācārya versicherte, daß sogar die befreiten Seelen, die in die spirituelle Natur und die spirituelle Verwirklichung vertieft sind, ebenfalls im hingebungsvollen Dienst Śrī Haris Zuflucht nehmen, weil die Persönlichkeit Gottes solch transzendentale Eigenschaften besitzt, daß Sie auch auf die Herzen der befreiten Seelen anziehend wirkt.

Dann wünschte der Bhaṭṭācārya die Erklärung des *„ātmārāma"-śloka* aus dem *Bhāgavatam* (1.7.10) zu hören. Der Herr bat zuerst den Bhaṭṭācārya, Ihm diesen Vers zu erklären, und sagte, daß Er ihn danach erläutern werde. Der Bhaṭṭācārya gab darauf gelehrte, besonders auf Logik aufgebaute Erläuterungen zu diesem *śloka*. Er erklärte den *śloka* auf neun verschiedene Arten, die größtenteils logisch begründet waren, da er zu jener Zeit der berühmteste Logiker war.

Der Herr dankte dem Bhaṭṭācārya, als Er ihn angehört hatte, für die gelehrte Darstellung des *śloka* und erklärte dann, auf Bitten des Bhaṭṭācārya, den *śloka* auf vierundsechzig verschiedene Arten, ohne die neun vom Bhaṭṭācārya gegebenen Erklärungen auch nur zu berühren.

Als er die Erklärung des *ātmārāma-śloka* vom Herrn vernommen hatte, war der Bhaṭṭācārya überzeugt, daß eine solch überragende Darstellung von einem irdischen Wesen nicht zu vollbringen sei*. Zuvor schon hatte Śrī Gopīnātha Ācārya versucht, ihn von der Göttlichkeit des Herrn zu überzeugen, der Bhaṭṭācārya jedoch hatte Ihn damals nicht so richtig akzeptieren können. Doch durch die Auslegungen des *Vedānta-sūtra* und die Erklärungen des *ātmārāma-śloka*, die der Herr gab, wurde

---

* Die vollständigen Erklärungen des Herrn würden ein ganzes Buch füllen; deswegen haben wir versucht, sie in einem Kapitel des Buches *Die Lehren Śrī Caitanyas* darzustellen.

Sārvabhauma Bhaṭṭācārya in Staunen versetzt und sah ein, daß er ein großes Vergehen gegen die Lotosfüße des Herrn begangen hatte, als er Ihn nicht als Kṛṣṇa persönlich erkannte. Er ergab sich Ihm und bedauerte die Art, in der er Ihn zuvor behandelt hatte, und der Herr war so gütig, den Bhaṭṭācārya in Gnaden aufzunehmen. Aus Seiner grundlosen Barmherzigkeit offenbarte Sich der Herr ihm zuerst als vierhändiger Nārāyaṇa und dann als zweihändiger Kṛṣṇa mit einer Flöte in den Händen.

Sārvabhauma Bhaṭṭācārya fiel sogleich zu den Lotosfüßen des Herrn nieder und verfaßte viele passende *ślokas* zur Lobpreisung der Gnade des Herrn. Er verfaßte annähernd einhundert *ślokas* zu Ehren des Herrn. Da umarmte ihn der Herr, und in transzendentaler Ekstase verlor Sārvabhauma Bhaṭṭācārya das Bewußtsein. Tränenausbrüche, Zittern, rasendes Herzklopfen, Schweißausbrüche, Gefühlsaufwallungen, Tanzen, Singen und Weinen – alle acht Symptome der Ekstase wurden am Körper des Bhaṭṭācārya sichtbar. Śrī Gopīnātha Ācārya war sehr froh und überrascht über diese wunderbare Wandlung seines Schwagers durch die Gnade des Herrn.

Von den hundert berühmten *ślokas*, die von Sārvabhauma Bhaṭṭācārya zu Ehren des Herrn verfaßt wurden, sind die folgenden beiden am bedeutendsten, und diese beiden *ślokas* erklären die Mission des Herrn im wesentlichen. Sie lauten:

1. Ich will mich der Persönlichkeit Gottes, die nun als Śrī Caitanya Mahāprabhu erschienen ist, hingeben. Er ist der Ozean aller Barmherzigkeit und ist gekommen, um uns Loslösung von der Materie, Wissen und Seinen hingebungsvollen Dienst zu lehren.

2. Weil der reine hingebungsvolle Dienst für den Herrn mit der Zeit in Vergessenheit geraten ist, ist der Herr erschienen, um diese Prinzipien wiederherzustellen, und daher bringe ich Seinen Lotosfüßen meine Ehrerbietungen dar.

Der Herr erklärte, daß das Wort *mukti* gleichbedeutend mit dem Wort Viṣṇu, der Persönlichkeit Gottes, ist. *Mukti* oder Befreiung von der Fessel der materiellen Existenz zu erlangen heißt, den hingebungsvollen Dienst für den Herrn zu erreichen.

Der Herr reiste dann eine Zeitlang weiter in Richtung Südindien und brachte jeden, den Er unterwegs traf, dazu, ein Geweihter des Herrn, Śrī Kṛṣṇa, zu werden. Diese Gottgeweihten brachten wiederum viele andere zum hingebungsvollen Dienst (*bhāgavata-dharma*) für den Herrn, und somit erreichte Er das Ufer der Godāvarī, wo Er Śrīla Rāmānanda Rāya traf, der im Auftrag Mahārāja Pratāparudras, des Königs von Orissa, das Amt des Gouverneurs von Madras innehatte. Seine Unterredungen mit Rāmānanda Rāya sind für eine höhere Verwirklichung transzendentalen Wissens sehr bedeutsam, und das Gespräch selbst würde ein ganzes Buch füllen. Wir werden hier eine kurze Zusammenfassung dieser Unterredung geben.

Śrī Rāmānanda Rāya war eine selbstverwirklichte Seele, obwohl er nach außen hin zu einer niedrigeren Kaste als der der *brāhmaṇas* gehörte. Er gehörte nicht dem Lebensstand der Entsagung an, und außerdem bekleidete er ein hohes Regierungsamt im Staate. Dennoch nahm Śrī Caitanya Mahāprabhu ihn aufgrund des hohen Grades seiner Verwirklichung transzendentalen Wissens als eine befreite Seele auf. Ebenso nahm der Herr Śrīla Haridāsa Ṭhākura an, einen erfahrenen Geweihten des Herrn aus einer mohammedanischen Familie, und es gibt viele andere große Geweihte, die aus verschiedenen Gemeinschaften, Religionen und Kasten des damaligen Gesellschaftslebens kamen. Der einzige Prüfstein des Herrn war der Standard des hingebungsvollen Dienstes der einzelnen Personen. Er kümmerte Sich nicht um die äußere Erscheinung eines Menschen; für Ihn war die Seele im Innern und deren Tätigkeit entscheidend. Daraus muß man schließen, daß die gesamten missionarischen Tätigkeiten des Herrn sich auf der spirituellen Ebene befanden, und somit hat die Lehre Śrī Caitanya Mahāprabhus, das heißt die Lehre des *bhāgavata-dharma*, nichts mit weltlichen Angelegenheiten wie Soziologie, Politik, wirtschaftlicher Entwicklung oder irgendeinem anderen derartigen Lebensbereich zu tun. Das *Śrīmad-Bhāgavatam* ist der reine transzendentale Drang der Seele.

Als der Herr Śrī Rāmānanda Rāya am Ufer der Godāvarī traf, erwähnte Er den von den Hindus befolgten *varṇāśrama-dharma*. Śrīla Rāmānanda Rāya sagte, daß jeder das *varṇāśrama-dharma*-System der vier Kasten und der vier Stufen des menschlichen Lebens befolgen sollte, um die Transzendenz zu erkennen. Nach dem Urteil des Herrn ist das System des *varṇāśrama-dharma* nur etwas Oberflächliches und hat sehr wenig mit der höchsten Verwirklichung spiritueller Werte zu tun. Die höchste Vollkommenheit des Lebens besteht darin, von den materiellen Anhaftungen frei zu werden und gleichzeitig den transzendentalen liebenden Dienst für den Herrn zu verwirklichen. Die Persönlichkeit Gottes hilft einem Lebewesen, das auf diesem Wege fortschreitet. Hingebungsvoller Dienst ist deshalb der Gipfel allen Wissens. Als Śrī Kṛṣṇa, die Höchste Persönlichkeit Gottes, zur Befreiung aller gefallenen Seelen erschien, empfahl Er folgenden Weg zur Befreiung aller Lebewesen: Die Höchste Absolute Persönlichkeit Gottes, von der alle Lebewesen ausgegangen sind, muß von den Lebewesen bei all ihren jeweiligen Tätigkeiten verehrt werden, weil auch all das, was sie sehen, die Erweiterung der Energie Gottes ist. Das ist der Weg zu wirklicher Vollkommenheit, und er wird von allen echten *ācāryas* der Vergangenheit und der Gegenwart bestätigt. Das System des *varṇāśrama* beruht mehr oder weniger auf moralischen und ethischen Grundsätzen. Es enthält jedoch nur sehr wenig von der Erkenntnis der Transzendenz als solcher, und daher lehnte Śrī Caitanya Mahāprabhu dieses System als zu oberflächlich ab und bat Rāmānanda Rāya, weiter in die Angelegenheit zu dringen.

Śrī Rāmānanda Rāya erwähnte daraufhin die Entsagung fruchtbringender Handlungen zugunsten des Herrn. Die *Bhagavad-gītā* (9.27) unterweist uns in diesem Zusammenhang: ,,Alles, was du tust, alles, was du ißt, alles, was du fortgibst, sowie alle Bußen, die du dir auferlegst, opfere Mir allein.“ Diese Stelle gibt zu verstehen, daß die Persönlichkeit Gottes eine Stufe höher steht als die unpersönliche Auffassung des *varṇāśrama*-Systems, doch immer noch nicht wird die Beziehung zwischen dem Lebewesen und dem Herrn deutlich. Der Herr lehnte deshalb diesen Vorschlag ab und bat Rāmānanda Rāya fortzufahren.

Rāya empfahl daraufhin, den *varṇāśrama-dharma* zurückzuweisen und dafür hingebungsvollen Dienst aufzunehmen. Der Herr billigte auch diesen Vorschlag nicht, mit der Begründung, man solle seine Stellung nicht unvermittelt aufgeben, da dies nicht zum gewünschten Ergebnis führe.

Rāya brachte daraufhin vor, das Erreichen spiritueller Erkenntnis, frei von der materiellen Auffassung des Lebens, sei die höchste Errungenschaft eines Lebewesens. Der Herr verwies auch diesen Vorschlag, weil unter dem Vorwand solch spiritueller Verwirklichung von gewissenlosen Personen großer Schaden angerichtet werden könnte; deshalb ist dies nicht so unvermittelt möglich. Rāya empfahl als nächstes die ernsthafte Gemeinschaft mit selbstverwirklichten Seelen und das ergebene Hören der transzendentalen Botschaft von den Spielen der Persönlichkeit Gottes. Dieser Vorschlag wurde vom Herrn begrüßt. Rāmānanda Rāya folgte damit den Fußstapfen Brahmājīs, der sagte, die Persönlichkeit Gottes sei als *ajita* bekannt, als derjenige, der von niemandem bezwungen werden und dem niemand gleichkommen kann. Aber dieser *ajita* kann auch *jita* (besiegt) werden, und zwar durch eine Methode, die sehr leicht und einfach ist. Diese einfache Methode besteht darin, die Vermessenheit aufzugeben, sich selbst für Gott zu halten. Man muß sehr bescheiden und demütig sein und versuchen, friedvoll zu leben, während man aufmerksam den Worten der transzendental selbstverwirklichten Seele zuhört, die über die Botschaft des *bhāgavata-dharma* spricht, das heißt über die Religion der Verherrlichung des Herrn und Seiner Geweihten. Einen bedeutenden Mann zu verherrlichen ist für Menschen ein natürlicher Impuls, doch künstlich haben sie gelernt, den Herrn nicht zu verherrlichen. Die Vollkommenheit des Lebens wird einfach durch Lobpreisung des Herrn in der Gemeinschaft eines selbstverwirklichten Geweihten des Herrn erlangt*. Ein selbstverwirklichter Gottgeweihter ist derjenige, der sich völlig dem Herrn ergibt und dem materieller Wohlstand nichts bedeutet. Materieller Wohlstand und Sinnengenuß und deren Förderung sind Formen der Unwissenheit in der menschlichen Gesellschaft. Frieden und Freundschaft sind in einer Gesellschaft, die sich von der Gemeinschaft mit Gott und Seinen Geweihten losgesagt hat, nicht möglich. Es ist deshalb dringend nötig, daß man aufrichtig die Gemeinschaft mit reinen Gottgeweihten sucht und ihnen, ganz gleich, in welcher Position man sich befindet, geduldig und ergeben zuhört. Die Zugehörigkeit zu einem höheren oder niederen Lebensstatus hindert einen nicht am Fortschritt auf dem Pfad der Selbstverwirklichung. Man braucht nur nach einem festgelegten Programm von einer selbstverwirklichten Seele zu hören. Der Lehrer kann Vorträge aus den vedischen Schriften halten, indem er den Fußstapfen der vorangegangenen *ācāryas* folgt, die die Absolute Wahrheit erkannt haben. Śrī Kṛṣṇa Caitanya Mahāprabhu empfahl diese einfache Methode der Selbstverwirklichung, die allgemein als *bhāgavata-dharma* bekannt ist. Das *Śrīmad-Bhāgavatam* ist für diesen Zweck die vollkommene Anleitung.

Neben diesen Themen, die vom Herrn und Śrī Rāmānanda Rāya erörtert wurden, fanden noch erhabenere spirituelle Gespräche zwischen den beiden großen Persönlichkeiten statt. Wir übergehen jene Erörterungen einstweilen absichtlich, weil man zuerst auf die spirituelle Ebene gelangen muß, ehe man weitere Gespräche zwischen Rāmānanda Rāya und Śrī Caitanya verstehen kann. Wir haben weitere Gespräche Śrīla Rāmānanda Rāyas mit dem Herrn in einem anderen Buch (*Die Lehren Śrī Caitanyas*) wiedergegeben.

Zum Abschluß dieses Treffens wurde Śrī Rāmānanda Rāya vom Herrn empfohlen, sich vom Staatsdienst zurückzuziehen und nach Purī zu kommen, so daß sie zusammen leben und eine transzendentale Beziehung genießen könnten. Kurze Zeit später zog sich Śrī Rāmānanda Rāya vom Regierungsdienst zurück und empfing ein Ruhegehalt vom König. Er kehrte zu seinem Wohnsitz nach Purī zurück, wo er

* Die Internationale Gesellschaft für Krischna-Bewußtsein ist zu diesem Zweck gegründet worden.

einer der vertrautesten Geweihten des Herrn war. In Purī lebte noch ein Mann namens Śikhi Māhiti, der ebenfalls, wie Rāmānanda Rāya, ein vertrauter Geweihter des Herrn war. Der Herr pflegte in Purī mit vier oder fünf Freunden höchst vertrauliche Gespräche über spirituelle Werte zu führen. So verbrachte Er achtzehn Jahre in spiritueller Trance. Diese Gespräche wurden von Seinem Privatsekretär Śrī Dāmodara Gosvāmī, einem der vier vertrautesten Geweihten, aufgezeichnet.

Der Herr unternahm ausgedehnte Reisen durch ganz Südindien. Auch der große Heilige von Mahārāṣṭra, bekannt als der heilige Tukārāma, wurde vom Herrn eingeweiht. Der heilige Tukārāma überflutete nach der Einweihung durch den Herrn die ganze Provinz Mahārāṣṭra mit der *saṅkīrtana*-Bewegung, und diese transzendentale Woge rollt noch heute im südwestlichen Teil der großen indischen Halbinsel. Der Herr entdeckte in Südindien zwei sehr bedeutende alte Schriften wieder, und zwar die *Brahma-saṁhitā** und den *Kṛṣṇa-karṇāmṛta*, und diese beiden wertvollen Bücher sind autorisierte Studien für den, der sich dem hingebungsvollen Dienst widmet. Der Herr kehrte dann nach Seiner Südindienreise wieder nach Purī zurück.

Bei der Rückkehr nach Purī kamen alle Gottgeweihten, die schon ganz verängstigt waren, zu neuem Leben, und der Herr blieb dort und offenbarte ständig Spiele Seiner transzendentalen Verwirklichung. Das bedeutendste Ereignis während jener Zeit war die Audienz, die Er König Pratāparudra gewährte. König Pratāparudra war ein großer Geweihter des Herrn, und er betrachtete sich als einen der Diener des Herrn, mit der Aufgabe, den Tempel des Herrn zu fegen. Diese demütige Haltung des Königs wurde von Śrī Caitanya Mahāprabhu sehr geschätzt. Der König bat sowohl Sārvabhauma Bhaṭṭācārya als auch Rāmānanda Rāya, ein Zusammentreffen mit dem Herrn vorzubereiten. Als jedoch der Herr von Seinen beiden treuen Geweihten gefragt wurde, lehnte Er es entschieden ab, die Bitte des Königs zu erfüllen, obwohl sie von persönlichen Gefährten wie Rāmānanda Rāya und Sārvabhauma Bhaṭṭācārya vorgetragen wurde. Der Herr beharrte darauf, daß es für einen *sannyāsī* gefährlich sei, in engem Kontakt mit weltlichen, in Geldangelegenheiten verwickelten Männern und Frauen zu stehen. Der Herr war ein vorbildlicher *sannyāsī*. Keine Frau durfte sich Ihm nähern, nicht einmal, um Ihm Ehrerbietungen zu erweisen. Die Sitzplätze der Frauen wurden mit großem Abstand vom Herrn aufgestellt. Als vorbildlicher Lehrer und *ācārya* war Er sehr genau darin, die vorgeschriebenen Pflichten eines *sannyāsī* zu erfüllen. Abgesehen davon, daß Er eine göttliche Inkarnation war, besaß der Herr als Mensch die Züge einer vorbildlichen Persönlichkeit. Auch Sein Verhalten gegenüber anderen Personen war über jeden Argwohn erhaben. In Seiner Eigenschaft als *ācārya* war Er härter als ein Blitzstrahl und sanfter als eine Rose. Einer Seiner Gefährten, Haridāsa der Jüngere, beging einen großen Fehler, als er lüstern nach einer jungen Frau blickte. Der Herr als Überseele konnte diese Lust im Geiste Haridāsas des Jüngeren entdecken und verbannte ihn sofort aus Seiner Gemeinschaft. Er nahm ihn niemals wieder auf, nicht einmal, als man Ihn anflehte, Haridāsa den Fehler zu verzeihen. Haridāsa der Jüngere beging später, aus Schmerz über die Trennung von der Gemeinschaft des Herrn, Selbstmord, und die Nachricht von dem Selbstmord wurde dem Herrn umgehend überbracht. Selbst zu

* Zusammenfassung des *Śrīmad-Bhāgavatam.*

dieser Zeit war der Herr nicht bereit, das Vergehen zu vergessen, und Er sagte, Haridāsa habe eine angemessene Strafe erhalten.

Hinsichtlich der Prinzipien und der Disziplin des Lebensstandes der Entsagung kannte der Herr keinen Kompromiß, und deshalb lehnte Er es ab, den König zu sehen – obwohl Er wußte, daß der König ein großer Gottgeweihter war –, nur weil der König ein Mann war, der mit Geld umging. Durch dieses Beispiel wollte der Herr die Wichtigkeit eines angemessenen Betragens für den Transzendentalisten hervorheben. Ein Transzendentalist hat mit Frauen und Geld nichts zu tun. Er muß sich von vertraulichen Beziehungen dieser Art stets fernhalten. Der König wurde jedoch durch die geschickten Vorkehrungen der Gottgeweihten vom Herrn gesegnet. Das bedeutet, daß der geliebte Geweihte des Herrn einem Novizen gegenüber großzügiger sein kann als der Herr Selbst. Reine Gottgeweihte begehen deshalb niemals ein Vergehen gegen die Füße eines anderen reinen Gottgeweihten. Ein Vergehen gegen die Lotosfüße des Herrn wird manchmal vom barmherzigen Herrn verziehen, aber ein Vergehen gegen die Füße eines Gottgeweihten ist für einen, der wirklich Fortschritt im hingebungsvollen Dienst machen will, sehr gefährlich.

Solange der Herr in Purī blieb, kamen gewöhnlich Tausende Seiner Geweihten, um Ihn während des Ratha-yātrā-Wagenfestes Śrī Jagannāthas zu sehen. Während des Wagenfestes war das Reinigen des Guṇḍicā-Tempels unter der direkten Oberaufsicht des Herrn eine wichtige Handlung. Die *saṅkīrtana*-Bewegung des Herrn in Purī war ein einzigartiges Bild für die Volksmenge. Das ist der Weg, den Geist der Massen auf spirituelle Verwirklichung zu lenken.

Der Herr führte die Methode des Massen-*saṅkīrtana* ein, und die Führer aller Länder können Nutzen aus dieser spirituellen Bewegung ziehen, um jenen reinen Zustand des Friedens und der Freundschaft zwischen den Volksmassen zu gewährleisten, dessen die gegenwärtige menschliche Gesellschaft auf der ganzen Welt dringend bedarf.

Nach einiger Zeit brach der Herr wieder zu einer Reise auf, diesmal nach Nordindien, wo Er beabsichtigte, Vṛndāvana und benachbarte Orte zu besuchen. Er durchquerte den Dschungel von Jharikhaṇḍa (Madhya Bhārata), und alle Tiere schlossen sich Seiner *saṅkīrtana*-Bewegung an. Die wilden Tiger, Elefanten, Bären und Hirsche begleiteten den Herrn, der sie im *saṅkīrtana* anführte. Damit bewies Er, daß durch die Verbreitung der *saṅkīrtana*-Bewegung (gemeinsames Chanten und Ruhmpreisen der Namen des Herrn) selbst die wilden Tiere miteinander in Frieden und Freundschaft leben können. Wieviel wirkungsvoller ist dieser Vorgang dann erst für die Menschen, die als zivilisiert gelten! Niemand auf der Welt wird es abschlagen, sich der *saṅkīrtana*-Bewegung anzuschließen. Diese Bewegung des Herrn ist auch nicht auf irgendwelche Kasten, Konfessionen, Hautfarben oder Rassen beschränkt. Dies ist ein direktes Zeugnis Seiner großen Mission: Er erlaubte sogar den Tieren, an Seiner großen Bewegung teilzunehmen.

Auf dem Rückweg von Vṛndāvana kam Er zuerst nach Prayāga, wo Er Rūpa Gosvāmī mit seinem jüngeren Bruder Anupama traf. Dann reiste Er weiter nach Benares, wo Er zwei Monate lang Śrī Sanātana Gosvāmī in der transzendentalen Wissenschaft unterwies. Die Unterweisung Śrī Sanātana Gosvāmīs ist eine lange Geschichte, und ihre vollständige Darstellung ist an dieser Stelle nicht möglich. (Näheres findet man in unserem Buch *Die Lehren Śrī Caitanyas*). Sanātana Gosvāmī, vor seiner Einweihung als Sākara Mallika bekannt, stand im Ministerialdienst der bengalischen Regierung unter der Herrschaft Nawab Hussain Shahs. Er beschloß, sich dem Herrn anzuschließen, und kündigte daher den Dienst. Auf Seinem Rückweg von Vṛndāvana war der Herr, als Er Vārāṇasī (Benares) erreichte, zu Gast bei Śrī Tapana Miśra und Candraśekhara, bei denen sich ein *brāhmaṇa* aus Mahārāṣṭra aufhielt. Zu jener Zeit wurde Vārāṇasī von einem großen *sannyāsī* der Māyāvāda-Schule namens Śrīpāda Prakāśānanda Sarasvatī geleitet. Als der Herr in Vārāṇasī war, wurden die meisten Leute von Śrī Caitanya Mahāprabhus gemeinsamem *saṅkīrtana* mehr angezogen. Wo Er auch erschien, besonders im Viśvanātha-Tempel, folgten Ihm Tausende von Pilgern. Einige waren durch Seine körperliche Erscheinung und andere durch Seine melodischen Lieder, die den Höchsten Herrn verherrlichten, angezogen.

Die Māyāvādī-*sannyāsīs* bezeichnen sich selbst als Nārāyaṇa. Vārāṇasī ist immer noch von vielen Māyāvādī-*sannyāsīs* überflutet. Einige Leute, die den Herrn inmitten Seiner *saṅkīrtana*-Gruppe sahen, hielten Ihn tatsächlich für Nārāyaṇa, und diese Nachricht erreichte das Lager des großen *sannyāsī* Prakāśānanda.

In Indien herrscht immer eine Art spiritueller Rivalität zwischen den Māyāvāda- und den Bhāgavata-Schulen, und so wußte Prakāśānanda, als ihn die Kunde vom Herrn erreichte, daß der Herr ein Vaiṣṇava-*sannyāsī* war, und versuchte daher vor denen, die ihm die Kunde überbrachten, das Ansehen des Herrn herabzusetzen. Er bemängelte, daß der Herr den *saṅkīrtana* verkündete, der in seinen Augen nichts weiter war als religiöser Gefühlsüberschwang. Prakāśānanda war ein erfahrener Gelehrter des *Vedānta*, und er empfahl seinen Anhängern, ihre Aufmerksamkeit auf den *Vedānta* zu richten und nicht am *saṅkīrtana* teilzunehmen.

Ein ergebener *brāhmaṇa*, ein Geweihter des Herrn, war über die Kritik Prakāśānandas aufgebracht, und er ging zum Herrn, um Ihm seinen Schmerz mitzuteilen. Er erzählte dem Herrn, daß, wenn er den Namen des Herrn in Anwesenheit des *sannyāsī* Prakāśānanda ausspreche, dieser ihn heftig tadele, obwohl er ihn mehrere Male den Namen „Caitanya" habe aussprechen hören. Der *brāhmaṇa* war erstaunt zu sehen, daß der *sannyāsī* Prakāśānanda den Laut „Kṛṣṇa" nicht ein einziges Mal hervorbringen konnte, obwohl er den Namen „Caitanya" mehrere Male geäußert hatte.

Der Herr erklärte dem *brāhmaṇa*-Gottgeweihten lächelnd, weshalb ein Māyāvādī die Heiligen Namen Kṛṣṇas nicht aussprechen kann: „Die Māyāvādīs lassen sich Vergehen gegen die Lotosfüße Kṛṣṇas zuschulden kommen, obgleich sie immerzu Wörter wie *brahma, ātmā, caitanya* usw. von sich geben. Und weil sie die Lotosfüße Kṛṣṇas beleidigen, sind sie tatsächlich nicht imstande, den Heiligen Namen ‚Kṛṣṇa' auszusprechen. Der Name ‚Kṛṣṇa' und die Persönlichkeit Gottes Kṛṣṇa sind identisch. Im absoluten Reich gibt es keinen Unterschied zwischen dem Namen, der Gestalt und der Person der Absoluten Wahrheit, weil im absoluten Reich alles transzendentale Glückseligkeit ist. Dort gibt es keinen Unterschied zwischen dem Körper und der Seele der Persönlichkeit Gottes, Kṛṣṇa. Daher ist Er vom Lebewesen verschieden, das immer von seinem äußerlichen Körper verschieden ist. Aufgrund der transzendentalen Stellung Kṛṣṇas ist es für einen Laien sehr schwierig, die Persönlichkeit Gottes, Kṛṣṇa, Seinen Heiligen Namen, Seinen Ruhm usw. wirklich kennenzulernen. Sein Name, Sein Ruhm, Seine Gestalt und Seine Spiele sind alle von der gleichen transzendentalen Identität, und sie sind nicht mit materiellen Sinnen zu begreifen."

„Die transzendentale Beziehung in den Spielen des Herrn ist die Quelle noch größerer Glückseligkeit, als man sie durch die Erkenntnis des Brahmans oder durch das Einswerden mit dem Höchsten erfahren kann. Wäre dem nicht so, dann wären diejenigen, die bereits die transzendentale Glückseligkeit des Brahmans erfahren hatten, nicht von der transzendentalen Glückseligkeit der Spiele des Herrn angezogen worden."

Nach diesem Gespräch wurde von den Geweihten des Herrn ein großes Treffen vorbereitet, zu dem alle *sannyāsīs*, auch der Herr und Prakāśānanda Sarasvatī, eingeladen wurden. Bei diesem Treffen führten die beiden Gelehrten (Śrī Caitanya und Prakāśānanda) ein langes Gespräch über die spirituelle Bedeutung der *saṅkīrtana*-Bewegung. Nachstehend wird eine Zusammenfassung gegeben.

Der große Māyāvādī-*sannyāsī* Prakāśānanda stellte dem Herrn die Frage, aus welchem Grunde Er die *saṅkīrtana*-Bewegung dem Studium des *Vedānta-sūtra* vorziehe. Er sagte, es sei die Pflicht eines *sannyāsī*, das *Vedānta-sūtra* zu lesen. Was veranlasse Ihn also, *saṅkīrtana* abzuhalten? Auf diese Frage antwortete der Herr bescheiden: „Ich habe anstelle des *Vedānta*-Studiums die *saṅkīrtana*-Bewegung begonnen, weil Ich ein großer Narr bin." Der Herr gab Sich somit als einer der zahllosen Dummköpfe dieses Zeitalters aus, die absolut unfähig sind, die *Vedānta*-Philosophie zu studieren, denn die Versuche der Dummköpfe, den *Vedānta* zu studieren, haben sehr viel Schaden in der Gesellschaft angerichtet. Der Herr fuhr fort: „Und weil Ich ein großer Dummkopf bin, verbot Mir Mein spiritueller Meister, mit der *Vedānta*-Philosophie herumzuspielen. Er sagte, es sei besser für Mich, den Heiligen Namen des Herrn zu chanten, da Mich das von der Fessel der Materie befreien werde. Im gegenwärtigen Zeitalter des Kali gibt es keine andere Religion als das Ruhmpreisen des Herrn durch das Singen Seines Heiligen Namens, und das ist die Aussage aller offenbarten Schriften. Mein spiritueller Meister hat Mich einen *śloka* [aus dem *Bṛhannāradīya Purāṇa*] gelehrt, der lautet:

harer nāma harer nāma
harer nāmaiva kevalam
kalau nāsty eva nāsty eva
nāsty eva gatir anyathā

‚Chantet den Heiligen Namen des Herrn; chantet den Heiligen Namen des Herrn; chantet den Heiligen Namen des Herrn, denn im gegenwärtigen Zeitalter des Kali (des Streites und der Heuchelei) gibt es keinen anderenWeg, gibt es keinen anderen Weg, gibt es keinen anderen Weg zur Gotteserkenntnis.'

Also chante Ich auf Anweisung Meines spirituellen Meisters den Heiligen Namen Haris, und Ich bin jetzt ganz verrückt nach diesem Heiligen Namen. Wann immer Ich den Heiligen Name chante, vergesse Ich Mich völlig, und manchmal lache, weine und tanze Ich wie ein Verrückter. Ich dachte, daß Ich durch diesen Vorgang des Chantens tatsächlich verrückt geworden sei, und daher befragte Ich Meinen spirituellen Meister darüber. Er machte Mir klar, daß dies die wahre Wirkung des Chantens der Heiligen Namen sei, das eine transzendentale Gemütsbewegung hervorruft, die eine seltene Erscheinung ist. Sie ist das Zeichen der Liebe zu Gott, die das endgültige Ziel des Lebens ist. Liebe zu Gott ist transzendental zur Befreiung (*mukti*), und daher wird sie die fünfte Stufe spiritueller Verwirklichung genannt und steht über der Stufe der Befreiung. Durch das Chanten der Heiligen Namen Kṛṣṇas erreicht man diese Stufe der Liebe zu Gott, und glücklicherweise wurde Ich mit diesem Geschenk gesegnet."

Nachdem der Māyāvādī-*sannyāsī* diese Erklärung des Herrn gehört hatte, fragte er Ihn, was daran auszusetzen sei, den *Vedānta* zu studieren und gleichzeitig den Heiligen Namen zu chanten. Prakāśānanda Sarasvatī wußte sehr wohl, daß der Herr früher als Nimāi Paṇḍita, als großer Gelehrter aus Navadvīpa, bekannt war und daß Er, als Er Sich als großer Dummkopf ausgab, sicherlich eine Absicht verfolgte. Als der Herr diese Frage des *sannyāsī* hörte, lächelte Er und sagte: „Mein lieber Herr, wenn du nichts dagegen einzuwenden hast, werde Ich deine Frage beantworten."

Alle *sannyāsīs*, denen der Herr durch Sein ehrenhaftes Verhalten gefiel, bekundeten einstimmig, daß sie über das, was auch immer Er entgegnen werde, nicht verärgert sein würden. Der Herr sprach wie folgt:

„Das *Vedānta-sūtra* besteht aus transzendentalen Worten oder Lauten, die von der transzendentalen Persönlichkeit Gottes offenbart wurden. Deswegen kann es im *Vedānta* keine menschlichen Unzulänglichkeiten wie Fehler, Täuschung, Betrug und Unvollkommenheit geben. Die Botschaft der *Upaniṣaden* wird im *Vedānta-sūtra* verkündet, und was dort direkt gesagt ist, wird ohne Zweifel überall verehrt. Doch alle Auslegungen, die von Śaṅkarācārya gegeben wurden, haben keinen direkten Bezug zu den *sūtras*, und daher schaden solche Erläuterungen nur."

„Das Wort ‚Brahman' bezeichnet das Größte von allem, das voll von transzendentalen Füllen ist, die alles überragen. Das Brahman ist im Grunde die Höchste Persönlichkeit Gottes, die indessen durch indirekte Darstellungen übergangen und als unpersönlich dargestellt wird. Alles in der spirituellen Welt ist von transzendentaler Glückseligkeit erfüllt, auch die Gestalt, der Körper, die Orte und das Zubehör des Herrn. All dies ist ewig, voller Wissen und glückselig. Es ist nicht die Schuld Ācārya Śaṅkaras, daß er den *Vedānta* auf diese Weise ausgelegt hat, aber wenn jemand ihn anerkennt, geht er mit Sicherheit in die Verdammung. Jeder, der den transzendentalen Körper der Persönlichkeit Gottes als etwas Weltliches ansieht, begeht zweifelsohne die größte Gotteslästerung."

Der Herr sprach zu den *sannyāsīs* fast in der gleichen Weise, wie Er zu Sārvabhauma Bhaṭṭācārya in Purī gesprochen hatte, und durch kraftvolle Argumente widerlegte Er die Māyāvāda-Interpretation des *Vedānta-sūtra*. Alle *sannyāsīs* waren sich darin einig, daß der Herr die *Veden* in Person und die Persönlichkeit Gottes sein müsse. Sie alle wurden zu Anhängern der *bhakti*, und jeder von ihnen nahm den Heiligen Namen des Herrn, Śrī Kṛṣṇa, an, und sie speisten zusammen mit dem Herrn in ihrer Mitte. Nach diesem Übertritt der *sannyāsīs* wuchs die Beliebtheit des Herrn in Vārāṇasī, und Tausende von Menschen versammelten sich, um den Herrn persönlich zu sehen. Der Herr stellte somit die vorrangige Bedeutung des *Śrīmad-Bhāgavata-dharma* fest und bereitete allen anderen Systemen spiritueller Verwirklichung eine Niederlage. Seitdem war jeder in Vārāṇasī von der transzendentalen *saṅkīrtana*-Bewegung überwältigt.

Während der Herr in Vārāṇasī weilte, traf auch Sanātana Gosvāmī ein, der inzwischen sein Amt niedergelegt hatte. Er war zuvor einer der Staatsminister in der Regierung Bengalens unter der Herrschaft Nawab Hussain Shahs gewesen. Als solcher hatte er einige Schwierigkeiten, sich vom Staatsdienst zu lösen, da Nawab Hussain Shah ihn nur widerwillig gehen ließ. Trotzdem kam er nach Vārāṇasī, und der Herr lehrte ihn die Prinzipien des hingebungsvollen Dienstes. Er erteilte ihm Lehren über die wesenseigene Position des Lebewesens, die Ursache seines Gefesseltseins unter materiellen Bedingungen, seine ewige Beziehung zur Persönlichkeit Gottes, die transzendentale Stellung des Herrn, der Höchsten Persönlichkeit Gottes, Seine Erweiterung in verschiedene vollständige Teile von Inkarnationen, Seine Kontrolle über verschiedene Teile des Universums, die Natur Seines transzendentalen Reiches, hingebungsvolle Tätigkeiten, ihre verschiedenen Entwicklungsstufen und die Regeln und Regulierungen zur Erlangung der allmählichen Stufen spiritueller Vervollkommnung, die Merkmale verschiedener Inkarnationen in verschiedenen Zeitaltern und wie man sie durch die offenbarten Schriften erkennt.

Die Lehren des Herrn an Sanātana Gosvāmī bilden ein umfangreiches Kapitel im *Śrī Caitanya-caritāmṛta*, und die gesamten Lehren in näheren Einzelheiten zu erläutern würde Bände füllen. Sie wurden in unserem Buch *Die Lehren Śrī Caitanyas* im einzelnen behandelt.

In Mathurā besuchte der Herr alle bedeutenden Stätten; dann erreichte Er Vṛndāvana. Śrī Caitanya war in der Familie eines hochgestellten *brāhmaṇa* erschienen und war überdies als *sannyāsī* der Lehrer aller *varṇas* und *āśramas*. Aber Er nahm gewöhnlich Einladungen zu Festmählern bei allen Klassen von Vaiṣṇavas an. In Mathurā werden die Sanoḍiā-*brāhmaṇas* zur unteren Gesellschaftsschicht gerechnet, aber der Herr nahm auch in einer ihrer Familien Einladungen zum Essen an, weil Sein Gastgeber ein Schüler der Familie Mādhavendra Purīs war.

In Vṛndāvana badete der Herr an vierundzwanzig wichtigen Badestellen. Auch bereiste Er alle zwölf wichtigen *vanas* (Wälder). In diesen Wäldern hießen Ihn alle Kühe und Vögel freudig willkommen, als sei Er ihr guter alter Freund. Der Herr begann auch alle Bäume jener Wälder zu umarmen, und während Er dies tat, verspürte Er die Anzeichen transzendentaler Ekstase. Manchmal wurde Er bewußtlos, aber durch das Chanten der Heiligen Namen Kṛṣṇas wurde Er wieder zu Bewußtsein gebracht. Die transzendentalen Merkmale, die auf dem Körper des Herrn während Seiner Reise durch die Wälder von Vṛndāvana sichtbar wurden, waren alle einzig und unbegreiflich, und wir haben nur einen Bruchteil von ihnen wiedergegeben.

Einige der bedeutenden Stätten, die vom Herrn in Vṛndāvana besucht wurden, waren Kāmyavana, Ādīśvara, Pāvana-sarovara, Khadiravana, Śeṣaśāyī, Khela-tīrtha, Bhāṇḍīravana, Bhadravana, Śrīvana, Lauhavana, Mahāvana, Gokula, Kāliya-hrada, Dvādaśāditya und Keśī-tīrtha. Als Er den Ort sah, an dem der *rāsa*-Tanz stattgefunden hatte, fiel Er sogleich in Trance. Solange Er in Vṛndāvana blieb, hatte Er Seinen Hauptsitz am Akrūra-ghāṭa.

Sein persönlicher Diener, Kṛṣṇadāsa Vipra, bewegte Ihn, Sich von Vṛndāvana zurück nach Prayāga zu begeben, um während der Māgha Mela dort zu baden. Der Herr willigte auf seinen Vorschlag ein, und sie brachen nach Prayāga auf. Unterwegs trafen sie einige Afghanen, unter denen ein gelehrter Moulana war. Der Herr führte mit dem Moulana und seinen Begleitern einige Gespräche und überzeugte ihn davon, daß es auch im Koran Beschreibungen des *bhāgavata-dharma* und Kṛṣṇas gibt. Alle Afghanen wurden zum hingebungsvollen Dienst bekehrt.

Als der Herr nach Prayāga zurückkehrte, begegneten Ihm Śrīla Rūpa Gosvāmī und dessen jüngster Bruder in der Nähe des Bindu-mādhava-Tempels. Diesmal wurde der Herr von den Bewohnern Prayāgas mit mehr Achtung empfangen. Vallabha Bhaṭṭa, der am jenseitigen Ufer von Prayāga im Dorf Āḍāila wohnte, sollte Ihn vor seiner Wohnung empfangen, aber auf dem Weg dorthin sprang der Herr in den Yamunā-Fluß. Unter großen Schwierigkeiten wurde Er im bewußtlosen Zustand geborgen. Schließlich besuchte Er den Wohnsitz Vallabha Bhaṭṭas. Vallabha Bhaṭṭa war einer Seiner Hauptverehrer, aber später gründete er seine eigene Anhängerschaft, die Vallabha-sampradāya.

Am Ufer des Daśāśvamedha-ghāṭa in Prayāga unterwies der Herr Rūpa Gosvāmī zehn Tage lang fortlaufend in der Wissenschaft des hingebungsvollen Dienstes für den Herrn. Er lehrte den Gosvāmī die Unterteilungen der Lebewesen in die 8 400 000 Arten des Lebens. Dann belehrte Er ihn über die menschlichen Gattungen. Von diesen behandelte Er die Befolger der vedischen Prinzipien, von diesen die fruchtbringenden Arbeiter, von diesen die empirischen Philosophen und von diesen die befreiten Seelen. Er sagte, daß es nur wenige gebe, die wirklich reine Geweihte des Herrn Śrī Kṛṣṇa seien.

Śrīla Rūpa Gosvāmī war der jüngere Bruder Sanātana Gosvāmīs, und als er aus dem Amt schied, brachte er zwei Bootsladungen von Goldstücken mit. Das heißt, daß er einige hunderttausend Rupien, die er sich durch die Arbeit in seinem Amt zusammengespart hatte, mitbrachte. Bevor er von Hause aufbrach, um Śrī Caitanya Mahāprabhu zu treffen, teilte er den Reichtum folgendermaßen auf: fünfzig Prozent für den Herrn und Seine Gottgeweihten, fünfundzwanzig Prozent für seine Verwandten und fünfundzwanzig Prozent für den Notfall. Auf diese Weise setzte er ein Beispiel für alle Haushälter.

Der Herr belehrte den Gosvāmī über den hingebungsvollen Dienst, indem er ihn mit einem Pflänzchen verglich, und Er legte ihm nahe, das *bhakti*-Pflänzchen sehr sorgfältig vor dem verrückten Elefanten des Vergehens gegen reine Gottgeweihte zu schützen. Zusätzlich muß das Pflänzchen vor den Wünschen nach Sinnengenuß, monistischer Befreiung und der Vervollkommnung des *haṭha-yoga*-Systems geschützt werden. Alle diese Punkte sind Hindernisse auf dem Pfad des hingebungsvollen Dienstes. Ebenso sind Gewalt gegen Lebewesen, Streben nach weltlichem Gewinn, weltlicher Umgang und weltliches Ansehen für den Fortschritt in der *bhakti*, dem *Bhāgavata-dharma*, hinderlich.

Reiner hingebungsvoller Dienst muß von allen Wünschen nach Sinnenbefriedigung, fruchtbringendem Streben und der Pflege monistischen Wissens frei sein. Man muß von allen Arten von Bezeichnungen frei sein, und wenn man dadurch auf die Stufe der transzendentalen Reinheit erhoben wird, kann man dem Herrn mit geläuterten Sinnen dienen. Solange noch der Wunsch vorhanden ist, auf der sinnlichen Ebene zu genießen oder mit dem Höchsten eins zu werden oder über mystische Kräfte zu verfügen, ist es unmöglich, die Stufe reinen hingebungsvollen Dienstes zu erreichen.

Hingebungsvoller Dienst wird in zwei Kategorien unterteilt: zuerst nach Regeln und Vorschriften und dann in spontaner Empfindung. Wenn jemand zur Ebene der spontanen Empfindung emporsteigt, kann er weiteren Fortschritt machen, und zwar durch spirituelle Anhaftung, Gefühle, Liebe und viele andere höhere Stufen des Lebens im hingebungsvollen Dienst, für die es im Deutschen keine Ausdrücke gibt. Wir haben versucht, die Wissenschaft vom hingebungsvollen Dienst in unserem Buch *Der Nektar der Hingabe* zu erklären, das auf der Autorität des *Bhakti-rasāmṛta-sindhu* von Śrīla Rūpa Gosvāmī beruht.

Im transzendentalen hingebungsvollen Dienst gibt es fünf Stufen des wechselnden Austausches:

1. Die Stufe der Selbstverwirklichung kurz nach der Befreiung von der Fessel der Materie wird *śānta* oder neutrale Stufe genannt.
2. Danach betätigt sich der Gottgeweihte, wenn er transzendentales Wissen über die inneren Füllen des Herrn entwickelt hat, auf der *dāsya*-Stufe.
3. Durch Weiterentwicklung der *dāsya*-Stufe entwickelt sich eine achtungsvolle Brüderlichkeit zum Herrn, und auf einer höheren Stufe kommt das Gefühl der Freundschaft auf gleicher Ebene zum Ausdruck. Diese beiden Stufen werden *sākhya*-Stufe genannt, das heißt hingebungsvoller Dienst in Freundschaft.
4. Über dieser Stufe steht die Stufe elterlicher Zuneigung zum Herrn, und dies wird die *vātsalya*-Stufe genannt.
5. Über dieser Stufe wiederum steht die Stufe ehelicher Liebe, und diese Stufe wird die höchste Stufe der Liebe zu Gott genannt, obgleich es qualitativ keinen Unterschied zwischen den oben genannten Stufen gibt. Die letzte Stufe der ehelichen Liebe zu Gott wird *mādhurya*-Stufe genannt.

Auf diese Weise unterrichtete der Herr Rūpa Gosvāmī in der Wissenschaft vom hingebungsvollen Dienst und sandte ihn nach Vṛndāvana, damit er die verschwundenen Orte entdecke, an denen der Herr Seine transzendentalen Spiele offenbart hatte. Danach kehrte der Herr nach Vārāṇasī zurück, befreite die *sannyāsīs* und unterwies den älteren Bruder Rūpa Gosvāmīs. Wir haben dies bereits erwähnt.

Von Seinen Unterweisungen in schriftlicher Form hinterließ der Herr nur acht *ślokas*, die als *Śikṣāṣṭaka* bekannt sind. Alle anderen Schriften Seiner göttlichen Philosophie wurden weitgehend von den ersten Anhängern des Herrn, den sechs Gosvāmīs von Vṛndāvana und deren Nachfolgern, geschrieben. Die Religion und Philosophie Śrī Kṛṣṇa Caitanyas ist wertvoller als jede andere und ist dazu ausersehen, die lebendige Religion der Gegenwart zu sein, mit der Macht zur Verbreitung des *viśva-dharma*, der universalen Religion. Wir sind froh, daß einige enthusiastische Gottgeweihte, wie Bhaktisiddhānta Sarasvatī Gosvāmī Mahārāja und seine Schüler, sich dieser Aufgabe gewidmet haben. Wir sollten ungeduldig den glücklichen Zeiten des *Bhāgavata-dharma* oder *prema-dharma* entgegensehen, für die Śrī Caitanya Mahāprabhu den Anfang setzte.

Die acht *ślokas*, die vom Herrn verfaßt wurden, lauten:

Śrī-Śrī-Śikṣāṣṭaka

ceto-darpaṇa-mārjanaṁ bhava-mahādāvāgni-nirvāpaṇaṁ
śreyaḥ kairava-candrikā-vitaraṇaṁ vidyā-vadhū-jīvanam

ānandāmbudhi-vardhanaṁ prati-padaṁ pūrṇāmṛtāsvādanaṁ
sarvātma-snapanaṁ paraṁ vijayate śrī-kṛṣṇa-saṅkīrtanam

Höchster Ruhm dem Śrī-Kṛṣṇa-*saṅkīrtana*, der das Herz von allen seit unvordenklichen Zeiten angesammelten Unreinheiten befreit und das Feuer des bedingten Daseins, der sich wiederholenden Geburten und Tode, löscht. Die *saṅkīrtana*-Bewegung ist die größte Segnung für die Menschheit, da sie die Strahlen des segenspendenden Mondes verbreitet. Sie ist das Leben allen transzendentalen Wissens; sie läßt den Ozean der transzendentalen Glückseligkeit ständig anschwellen und befähigt uns, den reinen Nektar zu kosten, nach dem wir uns seit Ewigkeiten sehnen.

nāmnām akāri bahudhā nija-sarva-śaktis
tatrārpitā niyamitaḥ smaraṇe na kālaḥ
etādṛśī tava kṛpā bhagavan mamāpi
durdaivam īdṛśam ihājani nānurāgaḥ

O mein Herr, Dein Heiliger Name allein kann den Lebewesen allen Segen spenden, und deshalb hast Du Millionen und Abermillionen von Namen, wie Kṛṣṇa, Govinda und Vāsudeva. In diese transzendentalen Namen hast Du all Deine transzendentalen Energien eingehen lassen. Es gibt nicht einmal starre Regeln für das Chanten dieser Namen. O mein Herr, in Deiner Güte hast Du es uns durch Deinen Heiligen Namen so leicht gemacht, Dir näherzukommen, aber unglückselig, wie ich bin, verspüre ich keine Anziehung zu ihnen.

tṛṇād api sunīcena
taror iva sahiṣṇunā
amāninā mānadena
kīrtanīyaḥ sadā hariḥ

Man soll den Heiligen Namen des Herrn in aller Demut chanten, sich niedriger dünkend als das Stroh in der Gasse, duldsamer als ein Baum, frei von allem falschen Geltungsbewußtsein und immer bereit, anderen Ehre zu erweisen. In solcher Geisteshaltung kann man den Namen des Herrn ohne Unterlaß chanten.

na dhanaṁ na janaṁ na sundarīṁ
kavitāṁ vā jagadīśa kāmaye
mama janmani janmanīśvare
bhavatād bhaktir ahaitukī tvayi

O allmächtiger Herr, ich trachte weder nach Reichtum, noch begehre ich schöne Frauen, noch ersehne ich eine große Anzahl Anhänger. Ich wünsche mir nichts anderes, als Dir grundlos und voller Hingabe — Geburt auf Geburt — dienen zu dürfen.

ayi nanda-tanuja kiṅkaraṁ
patitaṁ māṁ viṣame bhavāmbudhau

kṛpayā tava pāda-paṅkaja-
sthita-dhūlī-sadṛśaṁ vicintaya

O Sohn des Mahārāja Nanda [Kṛṣṇa], ich bin Dein ewiger Diener, aber dennoch bin ich auf irgendeine Weise in den Ozean der Geburten und Tode gefallen. Bitte, hebe mich aus diesem Ozean des Todes, und gib mir als Staubkörnchen einen Platz bei Deinen Lotosfüßen.

nayanaṁ galad-aśru-dhārayā
vadanaṁ gadgada-ruddhayā girā
pulakair nicitaṁ vapuḥ kadā,
tava nāma-grahaṇe bhaviṣyati

O mein Herr, wann werden meine Augen mit Tränen der Liebe geschmückt sein, die unaufhaltsam fließen, wenn ich Deinen Heiligen Namen chante? Wann wird mir die Stimme ersticken, wenn ich Deinen Heiligen Namen ausspreche, und wann werden sich beim Sprechen Deines Namens alle Härchen auf meinem Körper sträuben?

yugāyitaṁ nimeṣeṇa
cakṣuṣā prāvṛṣāyitam
śūnyāyitaṁ jagat sarvaṁ
govinda-viraheṇa me

O Govinda, die Trennung von Dir läßt mir einen Augenblick wie zwölf Jahre und mehr erscheinen, und Tränen strömen aus meinen Augen wie Regengüsse. In Deiner Abwesenheit fühle ich mich in dieser Welt verloren und leer.

āśliṣya vā pāda-ratāṁ pinaṣṭu mām
adarśanān marma-hatāṁ karotu vā
yathā tathā vā vidadhātu lampaṭo
mat-prāṇa-nāthas tu sa eva nāparaḥ

Außer Kṛṣṇa kenne ich keinen anderen Herrn, und Er wird es immer bleiben – auch wenn Seine Umarmung rauh ist oder Er mir das Herz bricht, da Er nicht vor mir gegenwärtig ist. Ihm steht es gänzlich frei, zu tun, was Ihm beliebt, doch immer wird Er mein angebeteter Herr bleiben – geschehe, was da will.

1. Kapitel

Fragen der Weisen

VERS 1

ॐ नमो भगवते वासुदेवाय

जन्माद्यस्य यतोऽन्वयादितरतश्चार्थेष्वभिज्ञः स्वराट्
तेने ब्रह्म हृदा य आदिकवये मुह्यन्ति यत्सूरयः ।
तेजोवारिमृदां यथा विनिमयो यत्र त्रिसर्गोऽमृषा
धाम्ना स्वेन सदा निरस्तकुहकं सत्यं परं धीमहि ॥ १ ॥

oṁ namo bhagavate vāsudevāya
janmādy asya yato 'nvayād itarataś cārtheṣv abhijñaḥ svarāṭ
tene brahma hṛdā ya ādi-kavaye muhyanti yat sūrayaḥ
tejo-vāri-mṛdāṁ yathā vinimayo yatra tri-sargo 'mṛṣā
dhāmnā svena sadā nirasta-kuhakaṁ satyaṁ paraṁ dhīmahi

oṁ—o mein Herr; *namaḥ*—meine Ehrerbietungen erweisend; *bhagavate*—der Persönlichkeit Gottes; *vāsudevāya*—Vāsudeva (dem Sohn Vasudevas), das heißt Śrī Kṛṣṇa, dem urersten Herrn; *janma-ādi*—Erschaffung, Erhaltung und Vernichtung; *asya*—der manifestierten Universen; *yataḥ*—von dem; *anvayāt*—direkt; *itarataḥ*—indirekt; *ca*—und; *artheṣu*—Absichten; *abhijñaḥ*—völlig wissend; *sva-rāṭ*—völlig unabhängig; *tene*—teilte mit; *brahma*—das vedische Wissen; *hṛdā*—Bewußtsein des Herzens; *yaḥ*—einer, der; *ādi-kavaye*—dem ersterschaffenen Lebewesen; *muhyanti*—werden getäuscht; *yat*—über den; *sūrayaḥ*—große Weise und Halbgötter; *tejaḥ*—Feuer; *vāri*—Wasser; *mṛdām*—Erde; *yathā*—so viel wie; *vinimayaḥ*—Aktion und Reaktion; *yatra*—wozu; *tri-sargaḥ*—die drei Erscheinungsformen der Schöpfung, die schöpferischen Fähigkeiten; *amṛṣā*—beinahe wirklich; *dhāmnā*—mit aller transzendentalen Ausstattung; *svena*—selbstgenügsam; *sadā*—immer; *nirasta*—Verleugnung durch Fernbleiben; *kuhakam*—Illusion; *satyam*—Wahrheit; *param*—absolute; *dhīmahi*—ich meditiere über.

ÜBERSETZUNG

O Śrī Kṛṣṇa, Sohn Vasudevas, o alldurchdringende Persönlichkeit Gottes, ich bringe Dir meine achtungsvollen Ehrerbietungen dar. Ich meditiere über Śrī Kṛṣṇa, weil Er die Absolute Wahrheit, die urerste Ursache aller Ursachen, ist. Aus Ihm gehen alle manifestierten Universen hervor; Er ist es, der sie erhält, und von Ihm werden sie vernichtet. Er ist Sich direkt und indirekt aller Manifestationen bewußt, und dennoch ist Er völlig unabhängig von jeder anderen Ursache außer Sich Selbst. Er ist es, der das vedische Wis-

sen zuerst in das Herz Brahmās, des ersterschaffenen Lebewesens, eingab. Über Ihn sind selbst die großen Weisen und Halbgötter in Illusion — ähnlich wie es eine illusorische Vorspiegelung von Wasser im Feuer oder Land auf dem Wasser gibt. Nur durch Ihn scheint die zeitweilige Manifestation der materiellen Universen, geschaffen durch die Wechselwirkung der drei Erscheinungsweisen der Natur, Wirklichkeit zu sein, obgleich sie unwirklich ist. Ich meditiere daher über Ihn, der ewig in Seinem transzendentalen Reich weilt, das für immer von der illusorischen Vorspiegelung der materiellen Welt frei ist. Er ist somit die Absolute Wahrheit.

ERLÄUTERUNG

Wenn der Persönlichkeit Gottes, Vāsudeva, Ehrerbietungen dargebracht werden, ist damit direkt Śrī Kṛṣṇa, der göttliche Sohn Vasudevas und Devakīs, gemeint. Diese Tatsache wird in dem vorliegenden Werk noch ausführlicher erklärt werden. Śrīla Vyāsadeva verdeutlicht hier, daß Śrī Kṛṣṇa die ursprüngliche Persönlichkeit Gottes ist und daß alles andere Seine direkten oder indirekten vollständigen Teilerweiterungen oder Teile der Teilerweiterungen sind. Śrīla Jīva Gosvāmī hat diesen Sachverhalt noch ausführlicher in seinem *Kṛṣṇa-sandarbha* erklärt. Brahmā, das ersterschaffene Lebewesen, hat die Wahrheit über Śrī Kṛṣṇa in seiner *Brahma-saṁhitā* weitgehend dargelegt. In der *Sāma-veda Upaniṣad* wird ebenfalls festgestellt, daß Śrī Kṛṣṇa der göttliche Sohn Devakīs ist. Deshalb besagt die erste Aussage in diesem Gebet, daß Śrī Kṛṣṇa der urerste Herr ist, und wenn man die Absolute Persönlichkeit Gottes mit irgendeinem Namen bezeichnen will, so muß dies der Name „Kṛṣṇa" sein, was „der Allanziehende" bedeutet. In der *Bhagavad-gītā* macht der Herr an vielen Stellen deutlich, daß Er die ursprüngliche Persönlichkeit Gottes ist, und dies wird von Arjuna wie auch von großen Weisen wie Nārada, Vyāsa und vielen anderen bestätigt. Auch im *Padma Purāṇa* wird festgestellt, daß von den unzähligen Namen des Herrn der Name „Kṛṣṇa" der Hauptname ist. Der Name „Vāsudeva" bezeichnet die vollständige Teilerweiterung der Persönlichkeit Gottes, und da die verschiedenen Formen des Herrn mit Vāsudeva identisch sind, bezieht sich dieser Vers auch auf sie. Der Name „Vāsudeva" bezeichnet insbesondere den göttlichen Sohn Vasudevas und Devakīs. Die *paramahaṁsas*, die Vollkommenen unter denen, die im Lebensstand der Entsagung stehen, meditieren ständig über Śrī Kṛṣṇa.

Vāsudeva, Śrī Kṛṣṇa, ist die Ursache aller Ursachen. Alles Existierende geht vom Herrn aus. Wie es sich hiermit verhält, wird in späteren Kapiteln dieses Werkes erklärt. Das *Śrīmad-Bhāgavatam* wird von Śrī Caitanya Mahāprabhu als das makellose *Purāṇa* bezeichnet, weil es die transzendentale Geschichte von der Persönlichkeit Gottes, Śrī Kṛṣṇa, enthält. Auch die Entstehungsgeschichte des *Śrīmad-Bhāgavatam* ist sehr ruhmreich. Es wurde von Śrī Vyāsadeva verfaßt, als er auf dem Gebiet des transzendentalen Wissens die Reife erlangt hatte. Er schrieb das *Bhāgavatam* nach den Unterweisungen Śrī Nāradajīs, seines spirituellen Meisters, nieder. Vyāsadeva stellte das gesamte vedische Schrifttum zusammen, wozu die vier Teile der *Veden* sowie die *Vedānta-sūtras* oder *Brahma-sūtras*, die *Purāṇas*, das *Mahābhārata* und so fort gehören. Aber trotzdem war er nicht zufrieden. Diese Unzufriedenheit wurde von seinem spirituellen Meister bemerkt, und so wies Nārada ihn an, über die transzendentalen Taten Śrī Kṛṣṇas zu schreiben. Diese transzendentalen Taten werden besonders im Zehnten Canto dieses Werkes beschrieben. Um jedoch zum eigentlichen Kern vordringen zu können, muß man allmählich vorwärtsschreiten, indem man die in den vorangegangenen Kapiteln dargelegten Kenntnisse in sich aufnimmt.

Es ist nur natürlich, daß ein philosophischer Geist etwas über den Ursprung der Schöpfung erfahren möchte. Nachts sieht er den Himmel voller Sterne und beginnt, über ihre Bewohner nachzudenken. Solche Fragen sind für den Menschen ganz natürlich, weil er ein entwickeltes Bewußtsein hat, das höher ist als das der Tiere. Der Verfasser des *Śrīmad-Bhāgavatam* gibt eine direkte Antwort auf solche Fragen. Er sagt, daß Śrī Kṛṣṇa, der Herr, der Ursprung aller Schöpfungen ist. Śrī Kṛṣṇa ist nicht nur der Schöpfer des Universums, sondern auch der Vernichter. Die manifestierte kosmische Natur wird durch den Willen des Herrn zu einem bestimmten Zeitpunkt erschaffen, bleibt eine Zeitlang bestehen und wird dann durch Seinen Willen wieder vernichtet. Deshalb steht Sein höchster Wille hinter allen kosmischen Geschehnissen. Natürlich gibt es Atheisten verschiedener Kategorien, die nicht an einen Schöpfer glauben, aber eine solche Haltung ist auf ein geringes Maß an Wissen zurückzuführen. Der moderne Wissenschaftler zum Beispiel hat Weltraumsatelliten geschaffen, und auf irgendeine Weise werden diese Satelliten in den Weltraum geschossen, um dort unter der Kontrolle des Wissenschaftlers, der sich in weiter Entfernung davon befindet, einige Zeit umherzufliegen. In ähnlicher Weise werden alle Universen mit ihren unzähligen Sternen und Planeten von der Intelligenz der Persönlichkeit Gottes kontrolliert.

Im vedischen Schrifttum wird gesagt, daß die Absolute Wahrheit, die Persönlichkeit Gottes, das Oberhaupt unter allen lebenden Persönlichkeiten ist. Alle Lebewesen, angefangen mit dem ersterschaffenen Wesen, Brahmā, bis hinunter zur kleinsten Ameise, sind individuelle Lebewesen. Über Brahmā gibt es sogar noch andere Lebewesen mit individuellen Fähigkeiten, und in ähnlicher Weise ist auch der Höchste Herr ein solches Lebewesen. Er ist ebenso individuell, wie es die anderen Lebewesen sind. Aber der Höchste Herr, das höchste Lebewesen, verfügt über die größte Intelligenz, und Er besitzt eine unbegrenzte Vielfalt an Energien und unfaßbaren Kräften. Wenn schon ein menschliches Gehirn einen Weltraumsatelliten zu schaffen vermag, kann man sich sehr leicht vorstellen, daß Gehirne, die höher entwickelt sind als die der Menschen, in ähnlicher Weise wunderbare Dinge erschaffen können, die die der Menschen weit übertreffen. Wer einsichtig ist, wird dieses Argument sofort bejahen, doch es gibt starrsinnige Atheisten, die dem niemals zustimmen würden. Śrīla Vyāsadeva indessen erkennt die höchste Intelligenz sogleich als den *parameśvara* an. Er bringt der höchsten Intelligenz, die als *para* oder *parameśvara* oder die Höchste Persönlichkeit Gottes angesprochen wird, seine achtungsvollen Ehrerbietungen dar. Dieser *parameśvara* ist Śrī Kṛṣṇa, wie es in der *Bhagavad-gītā* und anderen von Śrī Vyāsadeva überlieferten Schriften, namentlich im *Śrīmad-Bhāgavatam*, bestätigt wird. In der *Bhagavad-gītā* sagt der Herr, daß es außer Ihm keinen anderen *para-tattva* (*summum bonum*) gibt. Deshalb verehrt Śrī Vyāsadeva spontan den *para-tattva*, Śrī Kṛṣṇa, dessen transzendentale Taten im Zehnten Canto beschrieben werden.

Bedenkenlose Menschen gehen sofort zum Zehnten Canto über, besonders zu den fünf Kapiteln, die den *rāsa*-Tanz des Herrn beschreiben. Dieser Abschnitt des *Śrīmad-Bhāgavatam* ist der vertraulichste Teil dieses großen Schriftwerkes. Solange man nicht die völlig vervollkommnete Stufe im transzendentalen Wissen vom Herrn erreicht hat, ist es sicher, daß man die verehrungswürdigen transzendentalen Spiele des Herrn, nämlich den *rāsa*-Tanz und die Liebesbeziehungen des Herrn zu den *gopīs*, mißversteht. Dieses Thema ist in höchstem Maße spirituell, und nur die befreiten Seelen, die allmählich die Stufe des *paramahaṁsa* erreicht haben, können sich an diesem *rāsa*-Tanz auf transzendentaler Ebene erfreuen. Śrīla Vyāsadeva gibt dem Leser deshalb die Möglichkeit, nach und nach spirituelle Erkenntnis zu entwikkeln, damit er die Essenz der Spiele des Herrn wirklich kosten kann. Er führt daher absichtlich einen Gāyatrī-*mantra* an, und zwar *dhīmahi*. Dieser Gāyatrī-*mantra* ist für spirituell fortgeschrittene Menschen bestimmt. Wenn man beim Chanten des Gāyatrī-*mantra* Erfolg hat, kann man die transzendentale Stellung des Herrn begreifen. Man muß deshalb brahmanische Eigenschaften anstreben, das heißt sich vollkommen in der Erscheinungsweise der Tugend befinden, um den Gāyatrī-*mantra* erfolgreich chanten zu können und dann die Stufe zu erreichen, auf der man den Herrn, Seinen Namen, Seinen Ruhm, Seine Eigenschaften und so fort transzendental erkennt.

Das *Śrīmad-Bhāgavatam* ist die Erzählung von der *svarūpa* des Herrn und wurde durch Seine innere Kraft hervorgebracht. Diese innere Kraft wird von der äußeren Kraft unterschieden, die die innerhalb unseres Erfahrungsbereiches befindliche kosmische Welt hervorgebracht hat. Śrīla Vyāsadeva trifft in diesem *śloka* eine klare Unterscheidung zwischen diesen beiden Kräften. Śrī Vyāsadeva sagt hier, daß die manifestierte innere Kraft wirklich ist, wohingegen die äußere manifestierte Energie, die materielle Existenz, wie die Luftspiegelung in der Wüste nur zeitweilig und illusorisch ist. Bei einer Fata Morgana handelt es sich nicht um echtes Wasser, sondern nur um eine Spiegelung, während sich das wirkliche Wasser woanders befindet. Ebenso scheint die manifestierte kosmische Welt Wirklichkeit zu sein, obwohl sie unwirklich ist. Die Wirklichkeit, von der die materielle Welt nur ein Schatten ist, ist in der spirituellen Welt zu finden. Die Absolute Wahrheit ist in der spirituellen und nicht in der materiellen Welt. In der materiellen Welt ist alles relative Wahrheit, das heißt Wahrheit, die von etwas anderem abhängt. Die kosmische Schöpfung hat ihren Ursprung in der Wechselwirkung der drei Erscheinungsweisen der Natur. Die zeitweiligen Manifestationen sind so geschaffen, daß sie dem verwirrten Geist der bedingten Seele, die in so vielen Arten des Lebens, einschließlich der höheren Halbgötter wie Brahmā, Indra und Candra, erscheint, die Illusion einer Wirklichkeit vorspiegeln. Tatsächlich gibt es in der manifestierten Welt keine Wirklichkeit. Jedoch scheint es so, als gäbe es Wirklichkeit, weil die eigentliche Wirklichkeit in der spirituellen Welt existiert, wo Sich die Persönlichkeit Gottes mit allem, was mit Ihr in transzendentaler Verbindung steht, in Ewigkeit aufhält.

Der Chefingenieur einer komplizierten Maschine nimmt nicht persönlich am Bau teil, kennt aber dennoch jeden Winkel der Maschine, denn sie wird genau nach seinen Weisungen gebaut. Er weiß alles über die Konstruktion, sowohl direkt wie auch indirekt. In ähnlicher Weise kennt die Persönlichkeit Gottes, die der höchste Ingenieur der kosmischen Schöpfung ist, jeden Winkel und jede Ecke dieser Schöpfung, obwohl die Verwaltung Halbgöttern überlassen bleibt. Angefangen mit Brahmā bis hinunter zur unbedeutenden Ameise, ist in der materiellen Schöpfung niemand unabhängig. Der Herr steht hinter allem. Alle materiellen Elemente sowie alle spirituellen Funken gehen allein von Ihm aus. Was immer in der materiellen Welt geschaffen wird, ist nichts anderes als die Wechselwirkung zweier Energien, der spirituellen und der materiellen Energie, die von der Absoluten Wahrheit, der Persönlichkeit Gottes, Śrī Kṛṣṇa, ausgehen. Ein Chemiker kann im Labor Wasser herstellen, indem er Wasserstoff und Sauerstoff vermischt; doch in Wirklichkeit arbeitet das Lebewesen im Labor unter der Anleitung des Höchsten Herrn, und auch die Materialien, mit denen es arbeitet, werden vom Höchsten Herrn geliefert. Der Herr weiß alles – direkt und indirekt –, Er kennt alle winzigen Einzelheiten, und Er ist völlig unabhängig. Er wird mit der Goldmine verglichen, und die kosmischen Schöpfungen in zahllosen verschiedenen Formen werden mit den Gegenständen verglichen, die aus dem Gold gefertigt sind, wie Goldringe, Halsketten usw. Der Goldring und die goldene Kette sind qualitativ eins mit dem Gold in der Mine, aber quantitativ ist das Gold in der Mine verschieden. Deshalb ist die Absolute Wahrheit gleichzeitig Einheit und Vielfalt. Nichts kommt der Absoluten Wahrheit absolut gleich, aber zugleich ist nichts von der Absoluten Wahrheit unabhängig.

Bedingte Seelen, angefangen mit Brahmā, der das gesamte Universum erschuf, bis hinunter zur unbedeutenden Ameise, erzeugen alle etwas, aber niemand ist unabhängig vom Höchsten Herrn. Der Materialist denkt fälschlich, es gebe keinen anderen Schöpfer als ihn selbst. Das wird *māyā*, Illusion, genannt. Der Materialist kann, da er nur ein begrenztes Maß an Wissen besitzt, nicht weiter blicken, als es seine unvollkommenen Sinne zulassen, und deshalb denkt er, Materie nehme von selbst, ohne die Hilfe einer höheren Intelligenz, Gestalt an. Dies wird in diesem ersten *śloka* von Śrīla Vyāsadeva widerlegt: „Da das vollständige Ganze, die Absolute Wahrheit, die Quelle aller Dinge, ist, kann nichts vom Körper der Absoluten Wahrheit unabhängig sein." Was immer mit dem Körper geschieht, wird dem Verkörperten schnell bekannt. Da in ähnlicher Weise die Schöpfung der Körper des absoluten Ganzen ist, weiß der Absolute direkt und indirekt alles, was in der Schöpfung geschieht.

Im *śruti-mantra* wird ebenfalls erwähnt, daß das absolute Ganze, das Brahman, die ursprüngliche Quelle aller Dinge ist. Alles geht von Ihm aus, alles wird von Ihm erhalten, und schließlich geht alles wieder in Ihn ein. Das ist das Gesetz der Natur. Im *smṛti-mantra* wird das gleiche bestätigt. Es wird dort gesagt, daß die Quelle, von der zu Beginn von Brahmās Leben alles ausgeht, und der Speicher, in den letztlich alles wieder eingeht, die Absolute Wahrheit, das Brahman, ist. Materialistische Wissenschaftler halten es für erwiesen, daß der endgültige Ursprung des Planetensystems die Sonne ist; den Ursprung der Sonne jedoch können sie nicht erklären. In diesem Vers wird die ursprüngliche Quelle erklärt. Nach den vedischen Schriften ist Brahmā, der mit der Sonne verglichen werden kann, nicht der ursprüngliche Schöpfer. In diesem *śloka* wird gesagt, daß Brahmā von der Persönlichkeit Gottes im vedischen Wissen unterwiesen wurde. Man könnte einwenden, daß Brahmā, der das erste Lebewesen ist, von niemandem habe erleuchtet werden können, da zu dieser Zeit kein anderes Lebewesen außer ihm existierte. Hierzu sei gesagt, daß der Höchste Herr den untergeordneten Schöpfer, Brahmā, erleuchtete, damit dieser seine schöpferischen Aufgaben durchführen konnte. Daher ist die höchste Intelligenz hinter allen Schöpfungen die Absolute Persönlichkeit Gottes, Śrī Kṛṣṇa. In der *Bhagavad-gītā* versichert der Herr, Śrī Kṛṣṇa, daß Er allein es ist, der die schöpferische Energie, *prakṛti*, beaufsichtigt, die die gesamte Materie bildet. Aus diesem Grund verehrt Śrī Vyāsadeva nicht Brahmā, sondern den Höchsten Herrn, der Brahmā in seiner schöpferischen Tätigkeit anleitet. In diesem *śloka* sind insbesondere die Wörter *abhijñaḥ* und *svarāṭ* bedeutsam. Diese beiden Wörter unterscheiden den Höchsten Herrn von allen anderen Lebewesen. Kein anderes Lebewesen ist *abhijñaḥ* oder *svarāṭ*, das heißt, niemand weiß alles oder ist völlig unabhängig. Sogar Brahmā muß über den Höchsten Herrn meditieren, um etwas erschaffen zu können — ganz zu schweigen von großen Wissenschaftlern wie Einstein! Das Gehirn eines solchen Wissenschaftlers ist zweifellos nicht die Schöpfung eines Menschen. Die Wissenschaftler können ein solches Gehirn nicht herstellen, ganz zu schweigen von den verblendeten Atheisten, die die Autorität des Herrn herausfordern. Selbst die Māyāvādī-Unpersönlichkeitsanhänger, die sich gegenseitig einreden, daß sie mit dem Herrn eins werden könnten, sind weder *abhijñaḥ* noch *svarāṭ*. Sie unterziehen sich vielmehr strengen Bußen, um zu erfahren, wie man mit dem Herrn eins werden kann, aber letzten Endes geraten sie in die Abhängigkeit einiger reicher Schüler, die sie mit Geld versorgen, damit sie Klöster und Tempel bauen können. Atheisten wie Rāvaṇa und Hiraṇyakaśipu unterzogen sich strengen Bußen, ehe sie es wagten, über die Autorität des Herrn zu spotten. Doch sie waren hilflos und konnten sich nicht retten, als der Herr als der grausame Tod vor ihnen erschien. Das gleiche trifft auf die heutigen Atheisten zu, die es wagen, die Autorität des Herrn zu verspotten. Diesen Atheisten wird es zweifelsohne ähnlich ergehen, denn die Geschichte hat die Eigenart, sich zu wiederholen. Wann immer Menschen die Autorität des Herrn verneinen, sind die Natur und ihre Gesetze da, um sie zu bestrafen. Dies wird in der *Bhagavad-gītā* in dem folgenden bekannten Vers bestätigt: *yadā yadā hi dharmasya glāniḥ*. „Wann immer *dharma* abnimmt und *adharma* zunimmt, o Arjuna, zu der Zeit erscheine Ich" (*Bg*. 4.7).

Daß der Höchste Herr absolut vollkommen ist, wird in allen *śruti-mantras* bestätigt. Es heißt dort, daß der absolut vollkommene Herr einen Blick über die Materie warf und auf diese Weise alle Lebewesen erschuf. Die Lebewesen sind Teile des Herrn, der die unermeßliche materielle Schöpfung mit unzähligen Samen spiritueller Funken befruchtet, worauf die schöpferischen Energien, die zahllose wundervolle Schöpfungen hervorbringen, in Gang gesetzt werden. Ein Atheist könnte argumentieren, Gott besitze nicht mehr Fähigkeiten als ein Uhrmacher, doch ohne Zweifel ist Gott bedeutender, denn Er vermag Maschinen in zweifacher Ausführung, nämlich männliche und weibliche, zu erschaffen, die ohne Sein weiteres Zutun ihrerseits unzählige ähnliche Maschinen erzeugen können. Wäre ein Mensch fähig, ein solches Paar von Maschinen herzustellen, das ohne seine Beaufsichtigung weitere Maschinen produziert, dann würde er der Intelligenz Gottes nahekommen. Aber das ist nicht möglich, da jede Maschine einzeln gebaut werden muß. Deshalb kann niemand so gut erschaffen wie Gott. Ein anderer Name Gottes ist *asamaurdhva*, was bedeutet, daß Ihm niemand gleichkommt oder größer ist als Er. *Paraṁ satyam*, die Höchste Wahrheit, ist derjenige, dem niemand ebenbürtig ist und über dem kein Höherer steht. Dies wird in den *śruti-mantras* bestätigt. Es wird gesagt, daß vor der Schöpfung des materiellen Universums nur der Herr existierte, der der Meister eines jeden ist. Dieser Herr unterwies Brahmā im vedischen Wissen. Diesem Herrn muß in jeder Hinsicht gehorcht werden. Jeder, der von der materiellen Verstrickung frei werden will, muß sich Ihm hingeben. Dies wird auch in der *Bhagavad-gītā* bestätigt.

Solange man sich nicht den Lotosfüßen des Höchsten Herrn hingibt, ist es sicher, daß man irregeleitet wird. Wenn sich ein intelligenter Mensch den Lotosfüßen Kṛṣṇas ergibt, in dem Bewußtsein, daß Kṛṣṇa die Ursache aller Ursachen ist, kann er, wie es in der *Bhagavad-gītā* bestätigt wird, ein *mahātmā*, eine große Seele, werden, und auf keine andere Weise. Aber solch eine große Seele ist selten zu finden. Nur die *mahātmās* können verstehen, daß der Höchste Herr die urerste Ursache aller Schöpfungen ist. Er ist *parama* oder die endgültige Wahrheit, weil alle Wahrheiten von Ihm abhängig sind. Er ist allwissend, für Ihn gibt es keine Illusion.

Einige Māyāvādī-Gelehrte behaupten, das *Śrīmad-Bhāgavatam* sei nicht von Śrī Vyāsadeva zusammengestellt worden. Manche von ihnen vertreten sogar die Ansicht, dieses Werk sei eine neuzeitliche Schöpfung, die von einem gewissen Vopadeva geschrieben worden sei. Um an sich bedeutungslose Einwände dieser Art zu widerlegen, weist Śrī Śrīdhara Svāmī darauf hin, daß das *Bhāgavatam* in vielen der ältesten *Purāṇas* erwähnt wird. Der erste *śloka* des *Bhāgavatam* beginnt mit dem Gāyatrī-*mantra*. Auf diesen Umstand wird im *Matsya Purāṇa*, dem ältesten aller *Purāṇas*, hingewiesen. In diesem *Purāṇa* wird in bezug auf den Gāyatrī-*mantra* im *Śrīmad-Bhāgavatam* gesagt, daß es viele spirituell lehrreiche Erzählungen gibt, die mit dem Gāyatrī-*mantra* beginnen. Des weiteren findet man dort auch die Geschichte von Vṛtrāsura. Jeder, der dieses großartige Werk an einem Vollmondtag verschenkt, erreicht die höchste Vollkommenheit des Lebens, indem er zu Gott zurückkehrt. In anderen *Purāṇas* sind ebenfalls Hinweise auf das *Bhāgavatam* zu finden, in denen ganz klar festgestellt wird, daß dieses Werk in zwölf Cantos abgefaßt wurde, die 18 000 *ślokas* enthalten. Im *Padma Purāṇa* wird in einem Gespräch zwischen Gautama und Mahārāja Ambarīṣa auf das *Bhāgavatam* hingewiesen. Dem König wird darin geraten, regelmäßig im *Śrīmad-Bhāgavatam* zu lesen, wenn er sich Befreiung von der Fessel der Materie wünsche. Unter diesen Umständen gibt es keinen Zweifel über die Autorität des *Bhāgavatam*. Innerhalb der letzten 500 Jahre haben viele große Gelehrte und *ācāryas*, wie Jīva Gosvāmī, Sanātana Gosvāmī, Viśvanātha Cakravartī Ṭhākura, Vallabhācārya und viele andere hervorragende Gelehrte, selbst nach der Zeit Śrī Caitanyas, ausführliche Kommentare zum *Bhāgavatam* geschrieben. Der ernsthaft Studierende tut gut daran, sich mit diesen Kommentaren eingehend zu befassen, denn so wird er einen besseren Einblick in die transzendentalen Botschaften bekommen.

Śrīla Viśvanātha Cakravartī Ṭhākura behandelt besonders die ursprüngliche und reine Sexualpsychologie (*ādi-rasa*), die frei von aller weltlichen Unzulänglichkeit ist. Die gesamte materielle Welt bewegt sich unter dem Prinzip der Sexualität. In der modernen Zivilisation ist Sexualität der Brennpunkt aller Tätigkeiten. Wo immer man auch hinschaut, findet man die Vorherrschaft des Geschlechtlichen. Deshalb ist Geschlechtsleben nicht unwirklich. Seine Wirklichkeit wird in der spirituellen Welt erfahren. Das materielle Geschlechtsleben ist nichts anderes als eine verzerrte Spiegelung der ursprünglichen Sexualität. Die ursprüngliche Sexualität liegt in der Absoluten Wahrheit, und daher kann die Absolute Wahrheit nicht unpersönlich sein. Es ist nicht möglich, daß etwas unpersönlich ist und reine Sexualität beinhaltet. Die Philosophen der Unpersönlichkeitslehre haben indirekt zum abscheulichen weltlichen Geschlechtsleben angeregt, weil sie die Unpersönlichkeit der endgültigen Wahrheit zu sehr betont haben. Infolgedessen betrachtet der Mensch, der von der wahren, spirituellen Form der Sexualität nichts weiß, das widernatürliche, materielle Geschlechtsleben als das ein und alles. Es gibt einen Unterschied zwischen dem Geschlechtsleben im krankhaften materiellen Zustand und spiritueller Geschlechtlichkeit.

Das *Śrīmad-Bhāgavatam* wird den unvoreingenommenen Leser nach und nach zur höchsten, vollkommenen Stufe der Transzendenz erheben. Es wird ihn befähigen, die drei Erscheinungsformen materieller Tätigkeiten zu transzendieren: fruchtbringende Handlungen, spekulative Philosophie und die Verehrung der Halbgötter, wie sie in den vedischen Versen vorgeschrieben wird.

VERS 2

धर्मः प्रोज्झितकैतवोऽत्र परमो निर्मत्सराणां सतां
वेद्यं वास्तवमत्र वस्तु शिवदं तापत्रयोन्मूलनम् ।
श्रीमद्भागवते महामुनिकृते किं वा परैरीश्वरः
सद्यो हृद्यवरुध्यतेऽत्र कृतिभिः शुश्रूषुभिस्तत्क्षणात् ॥ २ ॥

dharmaḥ projjhita-kaitavo 'tra paramo nirmatsarāṇāṁ satāṁ
vedyaṁ vāstavam atra vastu śivadaṁ tāpa-trayonmūlanam
śrīmad bhāgavate mahā-muni-kṛte kiṁ vā parair īśvaraḥ
sadyo hṛdy avarudhyate 'tra kṛtibhiḥ śuśrūṣubhis tat-kṣaṇāt

dharmaḥ—Religiosität; *projjhita*—gänzlich abgelehnt; *kaitavaḥ*—vom Streben nach materiellen Ergebnissen bedeckt; *atra*—hierin; *paramaḥ*—die höchste; *nirmatsarāṇām*—von denen, die vollkommen rein im Herzen sind; *satām*—Gottgeweihte; *vedyam*—verstehbar; *vāstavam*—tatsächlich; *atra*—hierin; *vastu*—Substanz; *śivadam*—Wohlergehen; *tāpa-traya*—dreifache Leiden; *unmūlanam*—verursacht die Beseitigung der; *śrīmat*—wunderschön; *bhāgavate*—das *Bhāgavata Purāṇa*; *mahā-muni*—der große Weise (Vyāsadeva); *kṛte*—verfaßt haben; *kim*—was ist; *vā*—die Notwendigkeit; *paraiḥ*—andere; *īśvaraḥ*—der Höchste Herr; *sadyaḥ*—sofort; *hṛdi*—im Herzen; *avarudhyate*—wird gefestigt; *atra*—hierin; *kṛtibhiḥ*—von den frommen Menschen; *śuśrūṣubhiḥ*—durch Pflegen; *tat-kṣaṇāt*—ohne Verzögerung.

ÜBERSETZUNG

In diesem Bhāgavata Purāṇa wird jede sogenannte religiöse Aktivität, die materiellen Motiven entspringt, entschieden abgelehnt, und es wird die höchste Wahrheit vermittelt, die von jenen Gottgeweihten verstanden werden kann, die im Herzen vollkommen rein sind. Die höchste Wahrheit ist

die Wirklichkeit, die zum Wohle aller von der Illusion unterschieden wird. Diese Wahrheit beseitigt die dreifachen Leiden. Das herrliche Bhāgavatam, das vom großen Weisen Vyāsadeva [auf der Stufe seiner Reife] verfaßt wurde, genügt allein schon, um Gotteserkenntnis zu vermitteln. Wozu braucht man also noch irgendwelche anderen Schriften? Wenn man die Botschaft des Bhāgavatam aufmerksam und ergeben hört, wird durch diese Entwicklung von Wissen der Höchste Herr im Herzen offenbar.

ERLÄUTERUNG

Religion beinhaltet vier Hauptthemen: frommes Handeln, wirtschaftliche Entwicklung, Befriedigung der Sinne und schließlich Befreiung von der Fessel der Materie. Ein irreligiöses Leben zu führen ist ein barbarischer Zustand. Im Grunde beginnt das menschliche Leben erst da, wo Religion beginnt. Essen, Schlafen, Fortpflanzung und Angst oder Verteidigung sind die vier Prinzipien des tierischen Lebens. Sie sind dem Tier und dem Menschen gemeinsam. Doch eines hat der Mensch dem Tier voraus – er kann Religion praktizieren. Ohne Religion ist ein menschliches Leben nicht besser als ein tierisches. Deshalb gibt es in der menschlichen Gesellschaft in der einen oder anderen Form Religion, die auf Selbstverwirklichung hinzielt und auf die ewige Beziehung des Menschen zu Gott hinweist.

Auf den unteren Stufen der menschlichen Zivilisation herrscht ein ständiger Wettstreit um die Herrschaft über die materielle Natur, das heißt, es herrscht eine ständige Konkurrenz, um die Sinne zu befriedigen. Von diesem Bewußtsein getrieben, wendet sich der Mensch der Religion zu. Er tut fromme Werke oder führt religiöse Handlungen aus, um etwas Materielles zu erlangen. Wenn aber diese materiellen Vorteile auf andere Weise erreicht werden können, wird die sogenannte Religion vernachlässigt. Das ist heute weitgehend der Fall. In der modernen Zivilisation geht es dem Menschen wirtschaftlich gut, und daher ist er an Religion nicht sonderlich interessiert. Die Kirchen, Moscheen und Tempel stehen so gut wie leer. Die Menschen sind mehr an Fabriken, Geschäften und Kinos interessiert als an religiösen Stätten, die von ihren Vorfahren errichtet wurden. Dies zeigt praktisch, daß Religion um materieller Vorteile willen ausgeübt wird. Wirtschaftliche Vorteile sind für die Befriedigung der Sinne nötig. Oft sucht jemand, wenn er im Streben nach Sinnenbefriedigung enttäuscht worden ist, nach Erlösung und versucht, mit dem Höchsten Herrn eins zu werden. Somit sind alle diese Zustände nichts weiter als verschiedene Arten von Sinnenbefriedigung.

In den *Veden* wird vorgeschrieben, die oben erwähnten vier Tätigkeiten in regulierter Weise auszuführen, damit es keinen übertriebenen Wettstreit um die Befriedigung der Sinne gibt. Aber das *Śrīmad-Bhāgavatam* ist transzendental zu all diesen auf Sinnenbefriedigung ausgerichteten Tätigkeiten. Es ist völlig transzendentale Literatur, die nur von den reinen Geweihten des Herrn verstanden werden kann, die transzendental zur streitbringenden Sinnenbefriedigung stehen. In der materiellen Welt herrscht ein harter Wettkampf zwischen Tier und Tier, Mensch und Mensch, Gemeinschaft und Gemeinschaft, Nation und Nation. Aber die Gottgeweihten erheben sich über solchen Wettstreit. Sie konkurrieren nicht mit den Materialisten, weil sie sich auf dem Pfad zurück zu Gott befinden, wo das Leben ewig und glückselig ist. Diese Transzendentalisten sind neidlos und reinen Herzens. In der materiellen Welt ist jeder auf den anderen neidisch, und deshalb herrscht dort Streit. Aber die transzendentalen Geweihten des Herrn sind nicht nur frei vom materiellen Neid, sondern sie sind darüber hinaus wohlwollende Freunde eines jeden, und sie streben danach, eine streitlose Gesellschaft mit Gott im Mittelpunkt zu schaffen. Die Vorstellung der zeitgenössischen Sozialisten von einer wettbewerbslosen Gesellschaft ist künstlich, weil es im sozialistischen Staat immer noch den Kampf um den Posten des Diktators gibt. Aus dem Blickwinkel der *Veden* wie auch aus dem Blickwinkel gewöhnlicher menschlicher Tätigkeiten gesehen, bildet die Befriedigung der Sinne die Grundlage des materiellen Lebens. Es gibt drei in den *Veden* erwähnte Pfade. Der erste umfaßt fruchtbringende Tätigkeiten, durch die man zu besseren Planeten gelangt; der zweite umfaßt die Verehrung verschiedener Halbgötter, durch die man auf deren Planeten gelangen kann, und der dritte befaßt sich mit der Erkenntnis der Absoluten Wahrheit und ihres unpersönlichen Aspektes sowie dem Einswerden mit ihr.

Der unpersönliche Aspekt der Absoluten Wahrheit ist nicht der höchste. Über dem unpersönlichen Aspekt steht der Paramātmā-Aspekt und über diesem der persönliche Aspekt der Absoluten Wahrheit, Bhagavān. Das *Śrīmad-Bhāgavatam* vermittelt Wissen über die Absolute Wahrheit in ihrem persönlichen Aspekt. Es steht höher als die Literatur der Unpersönlichkeitsanhänger und höher als der *jñāna-kāṇḍa*-Abschnitt der *Veden*. Es steht über dem *karma-kāṇḍa*-Abschnitt und selbst über dem *upāsanā-kāṇḍa*-Abschnitt, weil es die Verehrung der Höchsten Persönlichkeit Gottes Śrī Kṛṣṇa empfiehlt. Im *karma-kāṇḍa* herrscht Wettstreit um das Erreichen himmlischer Planeten zur besseren Sinnenbefriedigung, und einen ähnlichen Wettstreit findet man im *jñāna-kāṇḍa* und im *upāsanā-kāṇḍa*. Das *Śrīmad-Bhāgavatam* überragt sie alle, weil es auf die Höchste Wahrheit hinzielt, die die Substanz oder Wurzel alles Existierenden ist. Durch das *Śrīmad-Bhāgavatam* kann man die Substanz wie auch die gesamte Existenz kennenlernen. Die Substanz ist die Absolute Wahrheit, der Höchste Herr, und alle Emanationen sind relative Formen von Energie.

Nichts ist von der Substanz getrennt, aber zur gleichen Zeit sind die Energien von der Substanz verschieden. Diese Auffassung ist nicht widersprüchlich. Das *Śrīmad-Bhāgavatam* verkündet deutlich die Philosophie des gleichzeitigen Eins- und Verschiedenseins, die auch im *Vedānta-sūtra* vertreten wird, das mit dem „*janmādy asya*"-*sūtra* beginnt.

Diese Erkenntnis, daß die Energie des Herrn gleichzeitig eins und verschieden von Ihm ist, ist eine Entgegnung auf den Versuch der intellektuellen Spekulanten, die Energie als das Absolute darzustellen. Wenn man diese Erkenntnis tatsächlich versteht, erkennt man, daß die Auffassungen des Monismus und Dualismus unvollkommen sind. Die Entwicklung dieses transzendentalen Bewußtseins, die auf dem Wissen vom gleichzeitigen Eins- und Verschiedensein beruht, führt uns augenblicklich zur Stufe des Freiseins von den dreifachen Leiden. Die dreifachen Leiden sind: (1) die Leiden, die durch den Geist und den Körper entstehen, (2) die Leiden, die uns von anderen Lebewesen zugefügt werden, und (3) die Leiden, die durch Naturkatastrophen entstehen, über die wir keine Macht haben. Das *Śrīmad-Bhāgavatam* beginnt mit der Hingabe des Gottgeweihten an die Absolute Person. Der Gottgeweihte ist sich völlig bewußt, daß er mit dem Absoluten eins ist und gleichzeitig in der ewigen Position als Diener des Absoluten steht. In der materiellen Auffassung hält man sich fälschlich für den Herrn über alles, was man wahrnehmen kann, und wird daher ständig von den dreifachen Leiden des Lebens gequält. Aber sobald man seine wirkliche Position als transzendentaler Diener erkennt, wird man von allen Leiden frei. Solange das Lebewesen versucht, über die materielle Natur zu herrschen, gibt es keine Möglichkeit, Diener des Höchsten zu werden. Der Dienst für den Herrn wird im reinen Bewußtsein der spirituellen Identität ausgeführt; durch diesen Dienst wird man augenblicklich von materiellen Problemen befreit.

Darüber hinaus ist das *Śrīmad-Bhāgavatam* ein persönlicher Kommentar Śrī Vyāsadevas zum *Vedānta-sūtra.* Er verfaßte es durch die Gnade Nāradas auf dem Höhepunkt seines spirituellen Lebens. Śrī Vyāsadeva ist die autorisierte Inkarnation Nārāyaṇas, der Persönlichkeit Gottes. Deshalb gibt es keinen Zweifel an seiner Autorität. Er ist der Verfasser aller vedischen Schriften, doch er selbst empfiehlt das Studium des *Śrīmad-Bhāgavatam* vor allen anderen Schriften. In anderen *Purāṇas* werden verschiedene Methoden dargelegt, mit denen man die Halbgötter verehren kann. Aber im *Bhāgavatam* wird nur vom Höchsten Herrn gesprochen. Der Höchste Herr ist der ganze Körper, und die Halbgötter sind die verschiedenen Teile dieses Körpers. Infolgedessen braucht man, wenn man den Höchsten Herrn verehrt, die Halbgötter nicht zu verehren, da der Höchste Herr Sich augenblicklich im Herzen des Gottgeweihten niederläßt. Śrī Caitanya Mahāprabhu hat das *Śrīmad-Bhāgavatam* als das makellose *Purāṇa* empfohlen und gesagt, daß es alle anderen *Purāṇas* übertrifft.

Die geeignete Methode, diese transzendentale Botschaft zu empfangen, besteht darin, sie in ergebener Haltung zu hören. Eine herausfordernde Haltung kann einem nicht helfen, diese transzendentale Botschaft zu verwirklichen. Um den Leser auf den richtigen Weg aufmerksam zu machen, wird hier ein ganz bestimmtes Wort gebraucht, nämlich *śuśrūṣu.* Man muß begierig sein, diese transzendentale Botschaft zu vernehmen. Der Wunsch, aufrichtig zu hören, ist die erste Voraussetzung.

Weniger vom Glück begünstigte Menschen sind überhaupt nicht daran interessiert, das *Śrīmad-Bhāgavatam* zu hören. Der Vorgang ist einfach, aber die Anwendung ist schwierig. Unglückselige Menschen finden genügend Zeit, nutzlosen Reden über soziale oder politische Themen zuzuhören, aber wenn sie eingeladen werden, einer Zusammenkunft von Gottgeweihten beizuwohnen, um aus dem *Śrīmad-Bhāgavatam* zu hören, sind sie plötzlich uninteressiert. Manchmal stürzen sich berufsmäßige Vorleser des *Bhāgavatam* sofort in die vertraulichen Erzählungen über die Spiele des Höchsten Herrn, die sie als „Sexgeschichten" auslegen. Das *Śrīmad-Bhāgavatam* sollte jedoch von Anfang an gehört werden. Diejenigen, die fähig sind, dieses Werk in sich aufzunehmen, werden in folgendem *śloka* erwähnt: „Nach vielen frommen Taten erlangt man die Eignung, das *Śrīmad-Bhāgavatam* zu hören." Dem intelligenten, besonnen suchenden Menschen kann von dem großen Weisen Vyāsadeva versichert werden, daß er unmittelbar die Höchste Persönlichkeit erkennen kann, wenn er das *Śrīmad-Bhāgavatam* hört. Ohne sich den verschiedenen Stufen der Verwirklichung, die in den *Veden* dargelegt werden, zu unterziehen, kann man unmittelbar zur Position eines *paramahaṁsa* erhoben werden, wenn man nur bereit ist, diese Botschaft zu empfangen.

VERS 3

निगमकल्पतरोर्गलितं फलं
शुकमुखादमृतद्रवसंयुतम् ।
पिबत भागवतं रसमालयं
मुहुरहो रसिका भुवि भावुकाः ॥ ३ ॥

nigama-kalpa-taror galitaṁ phalaṁ
śuka-mukhād amṛta-drava-saṁyutam
pibata bhāgavataṁ rasam ālayam
muhur aho rasikā bhuvi bhāvukāḥ

nigama—die vedischen Schriften; *kalpa-taroḥ*—der Wunschbaum; *galitam*—voll ausgereift; *phalam*—Frucht; *śuka*—Śrīla Śukadeva Gosvāmī, der ursprüngliche Sprecher des *Śrīmad-Bhāgavatam*; *mukhāt*—von den Lippen von; *amṛta*—Nektar; *drava*—halbfest und weich und daher leicht zu schlucken; *saṁyutam*—in jeder Hinsicht vollkommen; *pibata*—genießen es; *bhāgavatam*—das Buch, das die Wissenschaft von der ewigen Beziehung zum Herrn behandelt; *rasam*—Saft (das, was gut schmeckt); *ālayam*—bis zur Befreiung und selbst im befreiten Zustand; *muhuḥ*—immer; *aho*—o; *rasikāḥ*—diejenigen, die wirkliche Kenner der Geschmäcke sind; *bhuvi*—auf der Erde; *bhāvukāḥ*—erfahren und umsichtig.

ÜBERSETZUNG

Wisset, o gelehrte und nachdenkliche Menschen, das Śrīmad-Bhāgavatam ist die reife Frucht am Baum der vedischen Schriften. Es kam von den Lippen Śrī Śukadeva Gosvāmīs, und daher ist diese Frucht sogar noch köstlicher geworden, obwohl ihr nektargleicher Saft schon vorher allen — auch den befreiten Seelen — vortrefflich mundete.

ERLÄUTERUNG

In den beiden vorherigen *ślokas* ist unmißverständlich aufgezeigt worden, daß das *Śrīmad-Bhāgavatam* die erhabene Schrift ist, die wegen ihrer transzendentalen Eigenschaften alle anderen vedischen Schriften übertrifft. Es ist zu allen Arten weltlicher Tätigkeiten und weltlichen Wissens transzendental. In diesem *śloka* wird festgestellt, daß das *Śrīmad-Bhāgavatam* nicht nur eine erhabene Schrift, sondern die reife Frucht aller vedischen Schriften ist. Mit anderen Worten, es ist die Essenz allen vedischen Wissens. Wenn man all dies in Betracht zieht, ist geduldiges und ergebenes Hören zweifellos unbedingt erforderlich. Man sollte die Botschaft und die Lehren, die vom *Śrīmad-Bhāgavatam* überbracht werden, mit großer Achtung und Aufmerksamkeit aufnehmen.

Die *Veden* werden mit einem Wunschbaum verglichen, weil sie alle Dinge enthalten, die für den Menschen erfahrbar sind. Sie behandeln sowohl weltliche Notwendigkeiten als auch spirituelle Verwirklichung. Die *Veden* enthalten regulierende

Prinzipien des Wissens, einschließlich sozialer, politischer, religiöser, wirtschaftlicher, militärischer, medizinischer, chemischer, physikalischer und metaphysischer Themen, und all das ist ohne Zweifel notwendig, um Körper und Seele zusammenzuhalten. Darüber hinaus gibt es besondere Anleitungen zur spirituellen Verwirklichung. Reguliertes Wissen bewirkt ein allmähliches Emporsteigen des Lebewesens zur spirituellen Ebene, und die höchste spirituelle Verwirklichung wird erreicht, wenn man erkennt, daß die Persönlichkeit Gottes der Speicher aller Arten des spirituellen Geschmacks (*rasa*) ist.

Jedes Lebewesen, angefangen mit Brahmā, dem erstgeborenen Lebewesen in der materiellen Welt, bis hinunter zur unbedeutenden Ameise, trachtet danach, bestimmte Arten des Geschmacks zu genießen, die aus Sinneswahrnehmungen gewonnen werden. Solche Sinnenfreuden werden auch *rasas* genannt. Es gibt verschiedene Arten von *rasas*. In den offenbarten Schriften werden folgende zwölf Arten von *rasas* aufgezählt: (1) *raudra* – Zorn, (2) *adbhuta* – Verwunderung, (3) *śṛṅgāra* – eheliche Liebe, (4) *hāsya* – Schauspiel, (5) *vīra* – Ritterlichkeit, (6) *dayā* – Barmherzigkeit, (7) *dāsya* – Dienen, (8) *sakhya* – Freundschaft, (9) *bhayānaka* – Entsetzen, (10) *bībhatsa* – Schock, (11) *śānta* – Neutralität und (12) *vātsalya* – Elternschaft.

Die Gesamtsumme dieser *rasas* wird Zuneigung oder Liebe genannt. In erster Linie zeigt sich diese Liebe in Verehrung, Dienst, Freundschaft, elterlicher Zuneigung und ehelicher Liebe. Wenn aber diese fünf Beziehungen nicht manifestiert sind, kommt Liebe indirekt durch Zorn, Verwunderung, Schauspiel, Ritterlichkeit, Angst, Schock usw. zum Ausdruck. Wenn zum Beispiel ein Mann in eine Frau verliebt ist, wird dieser *rasa* intime Liebe genannt. Wird aber diese Liebesbeziehung gestört, können Verwunderung, Zorn, Aufregung und sogar Entsetzen auftreten. Manchmal gipfelt eine Liebesaffäre zwischen Mann und Frau in einer gräßlichen Mordszene. Diese *rasas* kann man zwischen Mensch und Mensch sowie zwischen Tier und Tier beobachten. Es besteht jedoch nicht die Möglichkeit eines *rasa*-Austausches zwischen Mensch und Tier oder zwischen einem Menschen und einer anderen Art von Lebewesen in der materiellen Welt. Die *rasas* werden zwischen den Angehörigen derselben Art ausgetauscht. Aber was die Seelen betrifft, so sind sie qualitativ eins mit dem Höchsten Herrn. Daher werden die *rasas* ursprünglich zwischen den spirituellen Lebewesen und dem spirituellen Ganzen, der Höchsten Persönlichkeit Gottes, ausgetauscht. Der spirituelle Austausch (*rasa*) findet in vollendeter Form im spirituellen Dasein statt – zwischen den Lebewesen und dem Höchsten Herrn.

Die Höchste Persönlichkeit Gottes wird daher in den vedischen Hymnen, den *śruti-mantras*, auch als „die Quelle aller *rasas*" bezeichnet. Wenn man die Gemeinschaft mit dem Höchsten Herrn aufnimmt und seinen wesenseigenen *rasa* mit dem Herrn austauscht, ist man wirklich glücklich.

Die *śruti-mantras* weisen darauf hin, daß jedes Lebewesen eine wesenseigene Position hat, die mit einer besonderen Art von *rasa* ausgestattet ist. Nur im befreiten Zustand wird dieser ursprüngliche *rasa* in seiner ganzen Fülle erfahren. Im materiellen Dasein wird der *rasa* in verzerrter, zeitweiliger Form erfahren. Daher werden die *rasas* der materiellen Welt in der Form von *raudra* (Zorn) usw. erlebt.

Wer vollständige Kenntnis von diesen verschiedenen *rasas* hat, die die grundlegenden Prinzipien des Handelns darstellen, kann die falschen Formen der ursprünglichen *rasas* verstehen, die in der materiellen Welt widergespiegelt werden. Der bewanderte Gelehrte strebt danach, den wirklichen *rasa* in der spirituellen Form zu kosten. Am Anfang trachtet er danach, mit dem Höchsten eins zu werden; daher können intelligente Transzendentalisten über diese Vorstellung, mit dem spirituellen Ganzen eins zu werden, nicht hinausgehen, ohne die verschiedenen *rasas* zu kennen.

In diesem *śloka* wird deutlich erklärt, daß der spirituelle *rasa*, der selbst im befreiten Zustand gekostet wird, im *Śrīmad-Bhāgavatam* erfahren werden kann, da es die reife Frucht allen vedischen Wissens ist. Durch ergebenes Hören aus dieser transzendentalen Schrift kann man seinen Herzenswunsch zur vollsten Freude erfüllt bekommen. Aber man muß sehr bedacht sein, die Botschaft aus der richtigen Quelle zu empfangen. Das *Śrīmad-Bhāgavatam* wurde ursprünglich aus der richtigen Quelle empfangen. Nārada Muni reichte es aus der spirituellen Welt herunter und gab es seinem Schüler Śrī Vyāsadeva. Dieser wiederum übergab die Botschaft seinem Sohn, Śrīla Śukadeva Gosvāmī, und Śrīla Śukadeva Gosvāmī gab diese Botschaft an Mahārāja Parīkṣit weiter, nur sieben Tage bevor der König starb. Śrīla Śukadeva Gosvāmī war von Geburt an eine befreite Seele. Er war sogar schon im Leib seiner Mutter befreit und unterzog sich nach seiner Geburt keinerlei spiritueller Schulung mehr. Nach der Geburt besitzt niemand irgendwelche Eignungen, weder im weltlichen noch im spirituellen Sinne. Aber Śrī Śukadeva Gosvāmī brauchte sich, da er eine vollkommen befreite Seele war, nicht einem allmählichen Vorgang zur spirituellen Verwirklichung zu unterziehen. Doch obwohl er sich im völlig befreiten Zustand befand und in der transzendentalen Position jenseits der drei materiellen Erscheinungsweisen gefestigt war, fühlte er sich zum transzendentalen *rasa* der Höchsten Persönlichkeit Gottes, die von befreiten Seelen mit vedischen Hymnen verehrt wird, hingezogen. Die Spiele des Höchsten Herrn sind für befreite Seelen noch anziehender als für weltliche Menschen. Es ist also nicht möglich, daß Gott unpersönlich ist, denn nur mit einer Person kann man transzendentale *rasas* austauschen.

Im *Śrīmad-Bhāgavatam* werden die transzendentalen Spiele des Herrn erzählt, und die Schilderung Śrīla Śukadeva Gosvāmīs ist systematisch aufgebaut. Der Inhalt spricht alle Klassen von Menschen an, einschließlich derer, die nach Befreiung streben, und derer, die danach streben, mit dem höchsten Ganzen eins zu werden.

Das Sanskritwort für „Papagei" lautet *śuka*. Wenn eine reife Frucht von den roten Schnäbeln dieser Vögel angepickt wird, wird sie noch süßer, als sie vorher schon war. Die vedische Frucht, die im Wissen ausgereift ist, wurde von den Lippen Śrīla Śukadeva Gosvāmīs berührt, der mit dem Papagei verglichen wird; nicht wegen seiner Fähigkeit, das *Bhāgavatam* genauso vorzutragen, wie er es von seinem gelehrten Vater gehört hatte, sondern weil er es verstand, das Werk in einer Weise zu präsentieren, daß es alle Klassen von Menschen anspricht.

Der Inhalt wird durch die Lippen Śrīla Śukadeva Gosvāmīs so dargelegt, daß jeder aufmerksame Zuhörer, der in ergebener Haltung lauscht, sofort transzendentale Geschmäcke kosten kann, die anders sind als die widernatürlichen Geschmäcke der materiellen Welt. Diese reife Frucht wird nicht unvermittelt vom höchsten Planeten Kṛṣṇaloka fallengelassen; vielmehr ist sie sorgsam, ohne Veränderungen oder Störungen, durch die Kette der Schülernachfolge herabgereicht worden. Törichte Menschen, die nicht der transzendentalen Schülernachfolge angehören, begehen einen großen Fehler, wenn sie versuchen, den höchsten transzendentalen *rasa*, den *rāsa*-Tanz, zu verstehen, ohne den Fußstapfen Śukadeva Gosvāmīs zu folgen, der diese Frucht sehr behutsam über die verschiedenen Stufen der transzendentalen Verwirklichung überbringt. Man sollte so intelligent sein, sich die Stellung des *Śrīmad-Bhāgavatam* zu vergegenwärtigen, indem man Persönlichkeiten wie Śukadeva Gosvāmī betrachtet, der mit dem Inhalt sehr vorsichtig verfährt. Die Einrichtung der *Bhāgavatam*-Schule, die Schülernachfolge, sieht vor, daß das *Śrīmad-Bhāgavatam* auch in Zukunft von einer Person empfangen werden muß, die ein echter Repräsentant Śrīla Śukadeva Gosvāmīs ist. Ein berufsmäßiger Vorleser, der ein Geschäft daraus macht, das *Bhāgavatam* unbefugt vorzutragen, ist sicherlich kein echter Repräsentant Śukadeva Gosvāmīs. Das einzige Bestreben eines solchen Menschen ist es, seinen Lebensunterhalt zu verdienen. Daher sollte man es ablehnen, Vorlesungen von solchen berufsmäßigen Vortragskünstlern zu hören. Solche Leute gehen gewöhnlich zum vertraulichsten Teil des *Śrīmad-Bhāgavatam* über, ohne sich dem allmählichen Vorgang zu unterziehen, der zum Verstehen dieses tiefgründigen Themas führt. Sie stürzen sich gewöhnlich unvorbereitet in die Darstellung des *rāsa*-Tanzes, der vom törichten Teil der Menschheit mißverstanden wird. Einige halten ihn für unmoralisch, während andere versuchen, ihn durch ihre eigenen, stumpfsinnigen Interpretationen zu verfälschen. Sie haben nicht den Wunsch, Śrīla Śukadeva Gosvāmī zu folgen.

Die Schlußfolgerung lautet daher, daß der ernsthaft Studierende des *rasa* die Botschaft des *Bhāgavatam* in der von Śrīla Śukadeva Gosvāmī ausgehenden Schülernachfolge empfangen sollte, die das *Bhāgavatam* von Anfang an erklärt; jedoch darf er es nicht launenhaft interpretieren, bloß um die weltlichen Menschen, die nur wenig in der transzendentalen Wissenschaft bewandert sind, zu befriedigen. Das *Śrīmad-Bhāgavatam* wird so sorgfältig überliefert, daß jemand, der aufrichtig und ernsthaft ist, augenblicklich in den Genuß der reifen Frucht vedischen Wissens kommen kann, indem er einfach den nektargleichen Saft durch den Mund Śukadeva Gosvāmīs oder seines echten Repräsentanten trinkt.

VERS 4

नैमिषेऽनिमिषक्षेत्रे ऋषयः शौनकादयः ।
सत्रं स्वर्गायलोकाय सहस्रसममासत ॥ ४ ॥

naimiṣe 'nimiṣa-kṣetre
ṛṣayaḥ śaunakādayaḥ
satraṁ svargāya lokāya
sahasra-samam āsata

naimiṣe—im Wald, der als Naimiṣāraṇya bekannt ist; *animiṣa-kṣetre*—der Ort, der besonders von Viṣṇu bevorzugt wird (der Seine Augenlider nicht schließt); *ṛṣayaḥ*—Weise; *śaunaka-ādayaḥ*—angeführt von dem Weisen Śaunaka; *satram*—Opferhandlung; *svargāya*—der Herr, der im Himmel gepriesen wird; *lokāya*—und für die Gottgeweihten, die immer in Berührung mit dem Herrn sind; *sahasra*—tausend; *samam*—Jahre; *āsata*—führten aus.

ÜBERSETZUNG

Einst versammelten sich große Weise, angeführt von dem Weisen Śaunaka, an einem heiligen Ort im Wald von Naimiṣāraṇya, um zur Zufriedenstellung des Herrn und Seiner Geweihten ein großes, tausendjähriges Opfer darzubringen.

ERLÄUTERUNG

Die Einführung ins *Śrīmad-Bhāgavatam* wurde in den vorangegangenen drei *ślokas* gegeben. Nun wird das Hauptthema dieses großen Werkes präsentiert. Das *Śrīmad-Bhāgavatam* wurde, nachdem es zum ersten Mal von Śrīla Śukadeva Gosvāmī gesprochen worden war, ein zweites Mal im Wald von Naimiṣāraṇya wiederholt.

Im *Vāyavīya Tantra* wird gesagt, daß sich Brahmā, der Schöpfer unseres Universums, ein großes Rad vorstellte, das das Universum umschloß. Als Mittelpunkt dieses großen Kreises wurde ein besonderer Ort bestimmt, der als Naimiṣāraṇya bekannt ist. Im *Varāha Purāṇa* findet man einen anderen Hinweis auf den Naimiṣāraṇya-Wald, wobei festgestellt wird, daß durch das Ausführen einer Opferung an diesem Ort die Stärke dämonischer Menschen eingeschränkt wird. Daher bevorzugen *brāhmaṇas* Naimiṣāraṇya für solche Opferhandlungen.

Die Geweihten Śrī Viṣṇus bringen Ihm zur Freude vielerlei Opfer dar. Die Gottgeweihten hängen am Dienst für den Herrn, wohingegen gefallene Seelen den Freuden des materiellen Daseins verhaftet sind. In der *Bhagavad-gītā* wird gesagt, daß alles, was in der materiellen Welt zu irgendeinem anderen Zweck als zur Freude Śrī Viṣṇus getan wird, weitere Verstrickung für den Handelnden bedeutet. Es wird daher nachdrücklich darauf hingewiesen, daß alle Handlungen als Opfer zur Zufriedenstellung Viṣṇus und Seiner Geweihten ausgeführt werden müssen. Das wird jedem Frieden und Wohlstand bringen.

Die großen Weisen sind immer darauf bedacht, zum Wohl der Allgemeinheit zu handeln, und daher versammelten sich die Weisen, angeführt von Śaunaka und anderen, an dem heiligen Ort Naimiṣāraṇya, in der Absicht, eine lange und fortlaufende Reihe von Opferzeremonien abzuhalten. Vergeßliche Menschen kennen den rechten Pfad zu Frieden und Wohlstand nicht. Die Weisen jedoch kennen ihn gut, und zum Wohl der rechtschaffenen Menschen sind sie stets darauf bedacht, so zu handeln, daß Frieden in der Welt herbeigeführt werden kann. Sie sind aufrichtige Freunde aller Lebewesen, und selbst auf die Gefahr hin, persönlich großen Unannehmlichkeiten ausgesetzt zu werden, sind sie zum Wohl aller Menschen immer im Dienst des Herrn beschäftigt. Śrī Viṣṇu ist wie ein großer Baum, und alle anderen Lebewesen, einschließlich der Halbgötter, Menschen, Siddhas, Cāraṇas, Vidyādharas und anderer, sind wie die Äste, Zweige und Blätter des Baumes. Wenn man die Wurzel mit Wasser begießt, werden alle Teile des Baumes von selbst versorgt. Die Äste und Blätter jedoch, die losgelöst sind, können nicht zufriedengestellt werden.

Abgetrennte Äste und Zweige trocknen trotz aller Versuche, sie mit Wasser zu versorgen, allmählich aus. In ähnlicher Weise kann eine menschliche Gesellschaft nicht zufriedengestellt und versorgt werden, wenn sie, wie die losgelösten Äste und Blätter, von der Höchsten Persönlichkeit Gottes getrennt ist. Wer dies trotzdem versucht, verschwendet nur seine Energie und seine Mittel.

Die moderne materialistische Gesellschaft ist von ihrer Beziehung zum Höchsten Herrn getrennt, und alle ihre Pläne, die von atheistischen Führern gemacht werden, sind dazu bestimmt, mit jedem Schritt vereitelt zu werden; doch niemand wacht auf und wird sich dessen bewußt.

Im gegenwärtigen Zeitalter ist das gemeinsame Chanten der Heiligen Namen des Herrn die vorgeschriebene Methode, die zum Erwachen führt. Die Wege und Mittel sind auf wissenschaftliche Weise von Śrī Caitanya Mahāprabhu gezeigt worden, und intelligente Menschen sollten aus Seinen Lehren Nutzen ziehen, um wirklichen Frieden und Wohlstand herbeizuführen. Auch das *Śrīmad-Bhāgavatam* wird zu demselben Zweck vorgelegt, was später noch genauer erklärt wird.

VERS 5

त एकदा तु मुनयः प्रातर्हुतहुताग्नयः ।
सत्कृतं सूतमासीनं पप्रच्छुरिदमादरात् ॥ ५ ॥

ta ekadā tu munayaḥ
prātar huta-hutāgnayaḥ
satkṛtaṁ sūtam āsīnaṁ
papracchur idam ādarāt

te—die Weisen; *ekadā*—eines Tages; *tu*—aber; *munayaḥ*—Weise; *prātaḥ*—morgens; *huta*—brennend; *huta-agnayaḥ*—das Opferfeuer; *sat-kṛtam*—aus Respekt; *sūtam*—Śrī Śuta Gosvāmī; *āsīnam*—sitzend auf; *papracchuḥ*—stellten Fragen; *idam*—über dieses (wie folgt); *ādarāt*—mit gebührender Achtung.

ÜBERSETZUNG

Eines Tages, nachdem die Weisen ihre Morgenpflichten erfüllt hatten, indem sie ein Opferfeuer entzündeten und Śrīla Sūta Gosvāmī achtungsvoll einen Sitz anboten, stellten sie ernste Fragen über folgende Angelegenheiten.

ERLÄUTERUNG

Der Morgen ist die beste Zeit, spirituelle Dienste zu verrichten. Die großen Weisen boten dem Sprecher des *Bhāgavatam* achtungsvoll einen erhöhten Sitz an, der *vyāsāsana* oder der Sitz Śrī Vyāsadevas genannt wird. Śrī Vyāsadeva ist der ursprüngliche spirituelle Lehrer aller Menschen. Alle anderen Lehrer werden als seine Repräsentanten angesehen. Ein solcher Repräsentant ist jemand, der die Betrachtungsweise Śrī Vyāsadevas genau wiedergeben kann. Śrī Vyāsadeva teilte die Botschaft des *Bhāgavatam* Śrīla Śukadeva Gosvāmī mit, und von diesem hörte sie Śrī

Sūta Gosvāmī. Alle echten Vertreter Śrī Vyāsadevas in der Kette der Schülernachfolge müssen als Gosvāmīs angesehen werden. Diese Gosvāmīs beherrschen alle ihre Sinne und halten sich an den Pfad, der von den vorangegangenen *ācāryas* beschritten wurde. Die Gosvāmīs halten keine launenhaften Vorlesungen über das *Bhāgavatam*, sondern führen vielmehr ihre Dienste sehr sorgfältig aus, wobei sie ihren Vorgängern folgen, die ihnen die spirituelle Botschaft unverfälscht mitteilten.

Diejenigen, die aus dem *Bhāgavatam* hören, können Fragen an den Sprecher richten, um die klare Bedeutung ans Licht zu bringen; aber dies sollte nicht in herausfordernder Haltung geschehen. Man muß Fragen mit großer Achtung vor dem Sprecher und dem Thema stellen. Dies ist auch der in der *Bhagavad-gītā* empfohlene Weg. Man muß das transzendentale Thema mit einer ergebenen Bereitschaft zum Hören aus den richtigen Quellen empfangen. Daher wandten sich diese Weisen mit großer Achtung an den Sprecher, Sūta Gosvāmī.

VERS 6

ऋषय ऊचुः
त्वया खलु पुराणानि सेतिहासानि चानघ ।
आख्यातान्यप्यधीतानि धर्मशास्त्राणि यान्युत ॥ ६ ॥

ṛṣaya ūcuḥ
tvayā khalu purāṇāni
setihāsāni cānagha
ākhyātāny apy adhītāni
dharma-śāstrāṇi yāny uta

ṛṣayaḥ—die Weisen; *ūcuḥ*—sagten; *tvayā*—von dir; *khalu*—zweifellos; *purāṇāni*—die Ergänzungen zu den *Veden* mit veranschaulichenden Erzählungen; *sa-itihāsāni*—zusammen mit den Geschichten; *ca*—und; *anagha*—frei von allen Lastern; *ākhyātāni*—erklärt; *api*—obwohl; *adhītāni*—wohlbelesen; *dharma-śāstrāṇi*—Schriften, die richtige Anleitungen zu einem fortschrittlichen Dasein geben; *yāni*—all diese; *uta*—sagte.

ÜBERSETZUNG

Die Weisen sagten: Verehrter Sūta Gosvāmī, du bist völlig frei von allen Lastern. Du bist sowohl mit allen religiösen Schriften als auch mit den Purāṇas und der Geschichtsschreibung wohlvertraut, da du dich unter richtiger Anleitung mit ihnen befaßt und sie auch erklärt hast.

ERLÄUTERUNG

Ein Gosvāmī, ein echter Repräsentant Śrī Vyāsadevas, muß von allen Arten von Lastern frei sein. Die vier Hauptlaster des Kali-yuga sind: (1) unzulässige Beziehungen zu Frauen, (2) das Schlachten von Tieren, (3) Berauschung und (4) spekulatives

Glücksspiel aller Art. Ein Gosvāmī muß von all diesen Lastern frei sein, ehe er es wagen darf, auf dem *vyāsāsana* zu sitzen. Niemandem sollte es erlaubt werden, auf dem *vyāsāsana* zu sitzen, der nicht einen einwandfreien Charakter besitzt und von den oben erwähnten Lastern frei ist. Man sollte nicht nur von allen Lastern dieser Art frei sein, sondern man muß auch mit allen offenbarten Schriften, das heißt mit den *Veden*, wohlvertraut sein. Die *Purāṇas* sind auch ein Teil der *Veden*, und geschichtliche Erzählungen, wie das *Mahābhārata* und das *Rāmāyaṇa*, sind ebenfalls Teile der *Veden*. Der *ācārya* oder *gosvāmī* muß all diese Schriften genauestens kennen. Man kann sich nur durch das Hören und Erklären der offenbarten Schriften Wissen aneignen. Hören wird *śravaṇa* genannt und Erklären *kīrtana*. Diese beiden Vorgänge, *śravaṇa* und *kīrtana*, sind von vorrangiger Bedeutung, um im spirituellen Leben Fortschritte machen zu können. Nur jemand, der das transzendentale Wissen aus der richtigen Quelle durch ergebenes Hören empfangen hat, kann das Thema richtig erklären.

VERS 7

यानि वेदविदां श्रेष्ठो भगवान् बादरायणः ।
अन्ये च मुनयः सूत परावरविदो विदुः ॥ ७ ॥

yāni veda-vidāṁ śreṣṭho
bhagavān bādarāyaṇaḥ
anye ca munayaḥ sūta
parāvara-vido viduḥ

yāni—all diese; *veda-vidām*—Gelehrte der *Veden*; *śreṣṭhaḥ*—ältester; *bhagavān*—Inkarnation Gottes; *bādarāyaṇaḥ*—Vyāsadeva; *anye*—andere; *ca*—und; *munayaḥ*—die Weisen; *sūta*—o Sūta Gosvāmī; *parāvara-vidaḥ*—einer von den großen Gelehrten, der im physischen und metaphysischen Wissen kundig ist; *viduḥ*—jemand, der weiß.

ÜBERSETZUNG

Als der älteste Vedānta-Gelehrte, o Sūta Gosvāmī, verfügst du über das Wissen Vyāsadevas, der eine Inkarnation Gottes ist, und auch das anderer Weiser, die mit allen Arten des physischen und metaphysischen Wissens vertraut sind.

ERLÄUTERUNG

Das *Śrīmad-Bhāgavatam* ist der natürliche Kommentar zum *Brahma-sūtra*, auch die *Bādarāyaṇi Vedānta-sūtras* genannt. Es wird als natürlich bezeichnet, weil Vyāsadeva der Verfasser sowohl der *Vedānta-sūtras* als auch des *Śrīmad-Bhāgavatam*, der Essenz aller vedischen Schriften, ist. Neben Vyāsadeva gibt es andere Weise, die die Begründer sechs verschiedener philosophischer Systeme sind, nämlich Gautama, Kaṇāda, Kapila, Patañjali, Jaimini und Aṣṭāvakra. Der Theismus wird im *Vedānta-sūtra* vollständig erklärt, während in den Systemen philosophischer Spekulation so gut wie nichts von der ursprünglichen Ursache aller Ursachen erwähnt wird. Man darf nur auf dem *vyāsāsana* sitzen, wenn man alle philosophischen Systeme gut kennt, so daß man, all diesen Systemen zum Trotz, die theistische Sicht des *Bhāgavatam* voll und ganz vertreten kann. Śrīla Sūta Gosvāmī war der geeignete Lehrer, und deshalb erhoben ihn die Weisen von Naimiṣāraṇya auf den *vyāsāsana*. Śrīla Vyāsadeva wird in diesem Vers als die Persönlichkeit Gottes bezeichnet, weil er eine autorisierte, ermächtigte Inkarnation ist.

VERS 8

वेत्थ त्वं सौम्य तत्सर्वं तत्त्वतस्तदनुग्रहात् ।
ब्रूयुः स्निग्धस्य शिष्यस्य गुरवो गुह्यमप्युत ॥ ८ ॥

vettha tvaṁ saumya tat-sarvaṁ
tattvatas tad-anugrahāt
brūyuḥ snigdhasya śiṣyasya
guravo guhyam apy uta

vettha—du bist wohlbewandert; *tvam*—o Würdiger; *saumya*—einer, der rein und einfach ist; *tat*—jene; *sarvam*—alle; *tattvataḥ*—in Wahrheit; *tat*—ihr; *anugrahāt* —durch die Gunst von; *brūyuḥ*—wird erzählen; *snigdhasya*—desjenigen, der ergeben ist; *śiṣyasya*—des Schülers; *guravaḥ*—die spirituellen Meister; *guhyam*—geheim; *api uta*—ausgestattet mit.

ÜBERSETZUNG

Und weil du ergeben bist, haben dich deine spirituellen Meister mit all der Gunst gesegnet, die spirituelle Meister ihren edlen Schülern zuteil werden lassen. Daher kannst du uns alles mitteilen, was du von ihnen wissenschaftlich gelernt hast.

ERLÄUTERUNG

Das Geheimnis des Erfolges im spirituellen Leben liegt darin, den spirituellen Meister zufriedenzustellen und dadurch seine aufrichtigen Segnungen zu bekommen. Śrīla Viśvanātha Cakravartī Ṭhākura schreibt in den acht Strophen seines berühmten Liedes zum Ruhm des spirituellen Meisters: „Ich bringe den Lotosfüßen meines spirituellen Meisters meine achtungsvollen Ehrerbietungen dar. Nur durch die Zufriedenstellung des spirituellen Meisters kann man die Persönlichkeit Gottes erfreuen, und wenn der spirituelle Meister unzufrieden ist, kann einem das nur großen Schaden auf dem Pfad spiritueller Verwirklichung einbringen." Es ist deshalb unbedingt erforderlich, daß ein Schüler dem spirituellen Meister sehr gehorsam und ergeben ist. Śrīla Sūta Gosvāmī besaß alle diese Eignungen, und deshalb war er von seinen gelehrten und selbstverwirklichten spirituellen Meistern, wie Śrīla Vyāsadeva und anderen, mit allen Segnungen ausgestattet worden. Den Weisen von

Naimiṣāraṇya war bekannt, daß Śrīla Sūta Gosvāmī ein echter spiritueller Meister war. Deshalb waren sie begierig, von ihm zu hören.

VERS 9

तत्र तत्राञ्जसाऽऽयुष्मन् भवता यद्विनिश्चितम् ।
पुंसामेकान्ततः श्रेयस्तन्नः शंसितुमर्हसि ॥ ९ ॥

tatra tatrāñjasāyuṣman
bhavatā yad viniścitam
puṁsām ekāntataḥ śreyas
tan naḥ śaṁsituṁ arhasi

tatra—davon; *tatra*—davon; *añjasā*—leicht gemacht; *āyuṣman*—mit einem langen Leben gesegnet; *bhavatā*—durch dich, o Herr; *yat*—was immer; *viniścitam*—festgestellt; *puṁsām*—für die Allgemeinheit; *ekāntataḥ*—absolut; *śreyaḥ*—das letztlich Gute; *tat*—jenes; *naḥ*—uns; *śaṁsitum*—erklären; *arhasi*—verdienen.

ÜBERSETZUNG

Erkläre uns daher bitte auf leicht verständliche Weise, was du, der du mit vielen Lebensjahren gesegnet bist, als das absolute, endgültige Gute für die Allgemeinheit bezeichnen würdest.

ERLÄUTERUNG

In der *Bhagavad-gītā* wird die Verehrung des *ācārya* empfohlen. Die *ācāryas* und die *gosvāmīs* sind immer wohlwollende Freunde der Allgemeinheit, besonders in spiritueller Hinsicht. Auf spirituelles Wohlergehen folgt materielles Wohlergehen ganz von selbst. Die *ācāryas* geben daher Anleitungen für das spirituelle Wohlergehen der Allgemeinheit. Da die Weisen die Unfähigkeit der Menschen im jetzigen Zeitalter des Kali, dem eisernen Zeitalter des Zankes, voraussehen konnten, baten sie Sūta Gosvāmī, eine Zusammenfassung aller offenbarten Schriften zu geben, da die Menschen dieses Zeitalters in jeder Hinsicht im Banne der Verdammnis stehen. Die Weisen fragten ihn daher nach dem absoluten, endgültigen Guten für den Menschen. Die aussichtslose Situation in diesem Zeitalter wird im nächsten Vers beschrieben.

VERS 10

प्रायेणाल्पायुषः सभ्य कलावस्मिन् युगे जनाः ।
मन्दाः सुमन्दमतयो मन्दभाग्या ह्युपद्रुताः ॥१०॥

prāyeṇālpāyuṣaḥ sabhya
kalāv asmin yuge janāḥ

mandāḥ sumanda-matayo
manda-bhāgyā hy upadrutāḥ

prāyeṇa—fast immer; *alpa*—kurz; *āyuṣaḥ*—Lebensdauer; *sabhya*—Angehöriger einer Versammlung von Gelehrten; *kalau*—im Zeitalter des Kali (Zank); *asmin*—hier; *yuge*—Zeitalter; *janāḥ*—die Öffentlichkeit; *mandāḥ*—faul; *sumanda-matayaḥ*—irregeführt; *manda-bhāgyāḥ*—unglücklich; *hi*—und vor allem; *upadrutāḥ*—gestört.

ÜBERSETZUNG

O Gelehrter, in diesem eisernen Zeitalter des Kali leben die Menschen nur noch ein kurzes Leben. Sie sind streitsüchtig, träge, irregeführt, unglücklich und vor allem immer gestört.

ERLÄUTERUNG

Die Geweihten des Herrn sind stets um den spirituellen Fortschritt der Allgemeinheit besorgt. Als die Weisen von Naimiṣāraṇya die Situation der Menschen im Zeitalter des Kali untersuchten, konnten sie voraussehen, daß die Menschen nur noch ein kurzes Leben haben würden. Im Kali-yuga ist die Lebensdauer nicht so sehr aus Mangel an Nahrung kürzer, sondern aufgrund unregulierter Gewohnheiten. Jeder Mensch kann seine Gesundheit erhalten, wenn er ein geregeltes Leben führt und einfache Nahrung zu sich nimmt. Doch übermäßiges Essen, übermäßige Befriedigung der Sinne, übermäßige Abhängigkeit von der Barmherzigkeit eines anderen und künstliche Wertvorstellungen zersetzen die Vitalität menschlicher Energie, und so verkürzt sich die Lebensdauer.

Die Menschen dieses Zeitalters sind sehr träge, nicht nur hinsichtlich ihrer Selbstverwirklichung, sondern auch in bezug auf materiellen Wohlstand. Das menschliche Leben ist besonders zur Selbstverwirklichung bestimmt. Das heißt, der Mensch sollte erkennen, was er ist, was die Welt ist und was die höchste Wahrheit ist. Das menschliche Leben bietet dem Lebewesen die Möglichkeit, alle Leiden des materiellen Daseins, die im harten Existenzkampf entstehen, zu beenden und zu Gott, unserer ewigen Heimat, zurückzukehren. Aber aufgrund eines schlechten Bildungssystems hegen die Menschen kein Verlangen nach Selbstverwirklichung. Selbst wenn sie die Gelegenheit haben, etwas darüber zu erfahren, werden sie unglücklicherweise die Opfer irregeführter Lehrer.

In diesem Zeitalter sind die Menschen nicht nur Opfer verschiedener politischer Anschauungen und Parteien, sondern auch vieler verschiedener Arten sinnenbefriedigender Ablenkungen, wie Kinos, Sportveranstaltungen, Glücksspiele, Bars, weltliche Bibliotheken, schlechte Gesellschaft, Rauchen, Trinken, Betrügen, Diebereien und Streitereien. Ihr Geist ist aufgrund von zahllosen verschiedenen Verpflichtungen ständig verwirrt und voller Sorgen. In diesem Zeitalter erfinden viele gewissenlose Menschen ihre eigenen religiösen Anschauungen, die nicht auf den offenbarten Schriften beruhen, und sehr oft fühlen sich Menschen, die der Sinnenbefriedigung ergeben sind, zu solchen Lehren hingezogen. Infolgedessen werden im Namen der Religion viele sündhafte Handlungen begangen, und die meisten Menschen kennen weder geistigen Frieden noch körperliche Gesundheit. Die Gemeinschaften der Studenten (*brahmacārīs*) gibt es nicht mehr, und die Haushälter beachten die Regeln und Regulierungen des *gṛhastha-āśrama* nicht. Dies hat zur Folge, daß die sogenannten *vānaprasthas* und *sannyāsīs*, die aus diesen *gṛhastha-āśramas* kommen, leicht vom strikten Weg abkommen. Im Kali-yuga ist alles mit Unglauben durchsetzt. Die Menschheit ist nicht mehr an spirituellen Werten interessiert. Materielle Sinnenbefriedigung ist der Maßstab der Zivilisation. Zur Erhaltung solch materieller Zivilisationen hat der Mensch komplizierte Nationen und Gemeinschaften gebildet, und es herrscht zwischen diesen verschiedenen Gruppen eine ständige Spannung in Form von heißen und kalten Kriegen. Es ist daher durch die gegenwärtigen verzerrten Wertvorstellungen der menschlichen Gesellschaft sehr schwierig geworden, den spirituellen Standard zu heben. Die Weisen von Naimiṣāraṇya sind darauf bedacht, alle gefallenen Seelen zu befreien, und sie suchen hier den Beistand Śrīla Sūta Gosvāmīs.

VERS 11

भूरीणि भूरिकर्माणि श्रोतव्यानि विभागशः ।
अतः साधोऽत्र यत्सारं समुद्धृत्य मनीषया ।
ब्रूहि भद्राय भूतानां येनात्मा सुप्रसीदति ॥११॥

bhūrīṇi bhūri-karmāṇi
śrotavyāni vibhāgaśaḥ
ataḥ sādho 'tra yat sāraṁ
samuddhṛtya manīṣayā
brūhi bhadrāya bhūtānām
yenātmā suprasīdati

bhūrīṇi—mannigfaltig; *bhūri*—viele; *karmāṇi*—Pflichten; *śrotavyāni*—gelernt zu werden; *vibhāgaśaḥ*—durch Gliederung der Thematik; *ataḥ*—daher; *sādho*—o Weiser; *atra*—hier; *yat*—was immer; *sāram*—Essenz; *samuddhṛtya*—durch Auswahl; *manīṣayā*—soviel du weißt; *brūhi*—bitte teile uns mit; *bhadrāya*—zum Wohl; *bhūtānām*—der Lebewesen; *yena*—durch welches; *ātmā*—Selbst; *suprasīdati*—wird völlig zufrieden.

ÜBERSETZUNG

Es gibt viele verschiedene Arten von Schriften, und in allen werden viele vorgeschriebene Pflichten aufgeführt, die man nur nach Jahren des Studiums erlernen kann. Deshalb, o Weiser, wähle bitte die Essenz all dieser Schriften aus, und erkläre sie zum Wohl aller Lebewesen, damit ihr Herz durch diese Unterweisung volle Zufriedenheit finden kann.

ERLÄUTERUNG

Der *ātmā*, das Selbst, ist von anderer Natur als Materie und materielle Elemente. Er ist seiner Beschaffenheit nach spirituell und wird daher niemals durch eine noch so große Anzahl von Plänen im materiellen Bereich zufriedengestellt. Alle Schriften und Unterweisungen hinsichtlich spiritueller Werte sind dazu bestimmt, dieses Selbst, den *ātmā*, zufriedenzustellen. Hierbei gibt es viele Methoden, die für verschiedene Arten von Lebewesen zu verschiedenen Zeiten und an verschiedenen Orten empfohlen werden. Infolgedessen ist die Anzahl von offenbarten Schriften unschätzbar groß. Es gibt verschiedene Methoden und vorgeschriebene Pflichten, die in diesen verschiedenen Schriften empfohlen werden. In Anbetracht des gefallenen Zustandes der Menschheit im Zeitalter des Kali schlugen die Weisen von Naimiṣāraṇya vor, Śrī Sūta Gosvāmī solle die Essenz all dieser Schriften wiedergeben, da es in diesem Zeitalter für die gefallenen Seelen nicht möglich sei, alle Lehren der verschiedenen Schriften in einem *varṇāśrama*-System zu verstehen und anzuwenden.

Die *varṇāśrama*-Gesellschaft galt als die beste Einrichtung, den Menschen zur spirituellen Ebene zu erheben, aber aufgrund des Einflusses des Kali-yuga ist es nicht möglich, die Regeln und Regulierungen dieser Institution zu befolgen. Auch ist es den meisten Menschen nicht möglich, die Bindung an ihre Familie völlig zu lösen, wie es die *varṇāśrama*-Institution vorschreibt. Die ganze menschliche Gesellschaft ist von Uneinigkeit durchdrungen. In Anbetracht dieser Lage ist spirituelle Befreiung für den gewöhnlichen Menschen in diesem Zeitalter zweifellos etwas sehr Schwieriges. Der Grund, weshalb die Weisen mit ihren Fragen dieses Thema anschnitten, wird in den folgenden Versen erklärt.

VERS 12

सूत जानासि भद्रं ते भगवान् सात्वतां पतिः ।
देवक्यां वसुदेवस्य जातो यस्य चिकीर्षया ॥१२॥

sūta jānāsi bhadraṁ te
bhagavān sātvatāṁ patiḥ
devakyāṁ vasudevasya
jāto yasya cikīrṣayā

sūta—o Sūta Gosvāmī; *jānāsi*—du weißt; *bhadram te*—alle Segnungen seien mit dir; *bhagavān*—die Persönlichkeit Gottes; *sātvatām*—der reinen Gottgeweihten; *patiḥ*—Beschützer; *devakyām*—im Leib Devakīs; *vasudevasya*—von Vasudeva; *jātaḥ*—geboren von; *yasya*—mit der Absicht; *cikīrṣayā*—ausführend.

ÜBERSETZUNG

O Sūta Gosvāmī, alle Segnungen seien mit dir. Du weißt, mit welcher Absicht die Persönlichkeit Gottes im Leib Devakīs als der Sohn Vasudevas erschien.

ERLÄUTERUNG

Das Wort *bhagavān* bezeichnet den Allmächtigen Gott, der der Beherrscher aller Füllen ist: Macht, Reichtum, Ruhm, Schönheit, Wissen und Entsagung. Er ist der Beschützer Seiner reinen Geweihten. Obwohl Gott jedem gleichgesinnt ist, empfindet Er besondere Zuneigung zu Seinen Geweihten. *Sat* bedeutet „Absolute Wahrheit“, und diejenigen, die Diener der Absoluten Wahrheit sind, werden *sātvatas* genannt. Die Persönlichkeit Gottes, die solche reinen Gottgeweihten beschützt, ist als der Beschützer der *sātvatas* bekannt. Die Worte *bhadraṁ te* („Segen sei mit dir“) deuten auf das Verlangen der Weisen hin, die Absolute Wahrheit vom Sprecher zu erfahren. Śrī Kṛṣṇa, die Höchste Persönlichkeit Gottes, erschien Devakī, der Frau Vasudevas. Vasudeva ist das Symbol der transzendentalen Position, in der der Herr erscheint.

VERS 13

तन्नः शुश्रूषमाणानामर्हस्यङ्गानुवर्णितुम् ।
यस्यावतारो भूतानां क्षेमाय च भवाय च ॥१३॥

tan naḥ śuśrūṣamāṇānām
arhasy aṅgānuvarṇitum
yasyāvatāro bhūtānāṁ
kṣemāya ca bhavāya ca

tat—jene; *naḥ*—zu uns; *śuśrūṣamāṇānām*—diejenigen, die danach streben; *arhasi*—sollten es tun; *aṅga*—o Sūta Gosvāmī; *anuvarṇitum*—zu erklären, indem man in die Fußstapfen früherer *ācāryas* tritt; *yasya*—dessen; *avatāraḥ*—Inkarnation; *bhūtānām*—der Lebewesen; *kṣemāya*—zum Wohl; *ca*—und; *bhavāya*—Erhebung; *ca*—und.

ÜBERSETZUNG

O Sūta, erleuchte uns im Wissen über die Persönlichkeit Gottes und Ihre Inkarnationen. Wir sind begierig, jene Lehren zu erfahren, die von vorangegangenen Meistern [ācāryas] übermittelt wurden, da man erhoben wird, wenn man sie hört.

ERLÄUTERUNG

Die Voraussetzungen zum Hören der transzendentalen Botschaft der Absoluten Wahrheit werden hier weiter aufgeführt. Die erste Voraussetzung ist, daß die Zuhörerschaft sehr aufrichtig und begierig sein muß, zuzuhören, und der Sprecher muß der Schülernachfolge eines anerkannten *ācārya* angehören. Die transzendentale Botschaft des Absoluten ist denjenigen, die in materielle Tätigkeiten vertieft sind, nicht verständlich. Unter der Anleitung eines echten spirituellen Meisters wird man jedoch allmählich geläutert. Deshalb muß man sich in der Schülernachfolge befinden und die spirituelle Kunst durch ergebenes Hören erlernen. Im Falle Sūta Gosvāmīs und der Weisen von Naimiṣāraṇya sind alle diese Voraussetzungen erfüllt, da Śrīla Sūta Gosvāmī sich in der Nachfolge Śrīla Vyāsadevas befindet und die Weisen von Naimiṣāraṇya alle aufrichtige Seelen sind und das Bestreben haben, die Wahrheit zu erfahren. Aus diesem Grund sind die transzendentalen Schilderungen von Śrī Kṛṣṇas übermenschlichen Taten, Seinen Inkarnationen, Seinem Erscheinen und

Fortgehen, Seinen Formen, Seinen Namen usw. alle leicht zu verstehen, denn alle Erfordernisse sind erfüllt. Solche Gespräche helfen allen Menschen auf dem Pfad der spirituellen Verwirklichung.

VERS 14

आपन्नः संसृतिं घोरां यन्नाम विवशो गृणन् ।
ततः सद्यो विमुच्येत यद्बिभेति स्वयं भयम् ॥१४॥

āpannaḥ saṁsṛtiṁ ghorāṁ
yan-nāma vivaśo gṛṇan
tataḥ sadyo vimucyeta
yad bibheti svayaṁ bhayam

āpannaḥ—verstrickt sein; *saṁsṛtim*—in die Fangnetze von Geburt und Tod; *ghorām*—zu kompliziert; *yat*—was; *nāma*—der absolute Name; *vivaśaḥ*—unbewußt; *gṛṇan*—chanten; *tataḥ*—von dem; *sadyaḥ*—sofort; *vimucyeta*—erlangt Freiheit; *yat*—das, welches; *bibheti*—fürchtet; *svayam*—persönlich; *bhayam*—die Furcht selbst.

ÜBERSETZUNG

Lebewesen, die in die Fangmaschen von Geburt und Tod verstrickt sind, können selbst durch das unbewußte Chanten von Kṛṣṇas Heiligem Namen, der von der Furcht in Person gefürchtet wird, sofort befreit werden.

ERLÄUTERUNG

Vāsudeva, Śrī Kṛṣṇa, die Absolute Persönlichkeit Gottes, ist der höchste Beherrscher aller Dinge. Es gibt niemanden in der Schöpfung, der sich nicht vor dem Zorn des Allmächtigen fürchtet. Große *asuras*, wie Rāvaṇa, Hiraṇyakaśipu, Kaṁsa und andere, die sehr mächtige Lebewesen waren, wurden alle von der Persönlichkeit Gottes getötet, und der allmächtige Vāsudeva hat Seinen Namen mit Seinen persönlichen Kräften ausgestattet. Alles ist mit Ihm verbunden, und alles hat seine Identität in Ihm. Hier wird erklärt, daß der Name „Kṛṣṇa" sogar von der Furcht in Person gefürchtet wird. Das weist darauf hin, daß der Name „Kṛṣṇa" von Kṛṣṇa nicht verschieden ist. Deshalb ist der Name „Kṛṣṇa" so mächtig wie Śrī Kṛṣṇa Selbst. Es gibt überhaupt keinen Unterschied. Jeder kann deshalb beim Heiligen Namen Śrī Kṛṣṇas Zuflucht suchen, selbst wenn er in der größten Gefahr schwebt. Der transzendentale Name Kṛṣṇas kann einem, selbst wenn er unbewußt oder durch den Zwang der Umstände ausgesprochen wird, helfen, aus der Verstrickung in Geburt und Tod befreit zu werden.

VERS 15

यत्पादसंश्रयाः सूत मुनयः प्रशमायनाः ।
सद्यः पुनन्त्युपस्पृष्टाः स्वर्धुन्यापोऽनुसेवया ॥१५॥

yat pāda-saṁśrayāḥ sūta
munayaḥ praśamāyanāḥ
sadyaḥ punanty upaspṛṣṭāḥ
svardhuny-āpo 'nusevayā

yat—dessen; *pāda*—Lotosfüße; *saṁśrayāḥ*—diejenigen, die Zuflucht gesucht haben bei; *sūta*—o Sūta Gosvāmī; *munayaḥ*—große Weise; *praśamāyanāḥ*—in Hingabe an den Höchsten vertieft; *sadyaḥ*—sofort; *punanti*—läutern; *upaspṛṣṭāḥ*—einfach durch Gemeinschaft; *svar-dhunī*—der heiligen Gaṅgā; *āpaḥ*—Wasser; *anusevayā*—zur Anwendung bringen.

ÜBERSETZUNG

O Sūta, jene großen Weisen, die völlig bei den Lotosfüßen des Herrn Zuflucht gesucht haben, können diejenigen, die mit ihnen in Berührung kommen, sofort läutern, wohingegen das Wasser der Gaṅgā nur nach längerer Anwendung läutert.

ERLÄUTERUNG

Reine Geweihte des Herrn sind mächtiger als das Wasser des heiligen Flusses Gaṅgā. Aus längerer Anwendung des Gaṅgā-Wassers kann man spirituellen Nutzen ziehen; aber durch die Barmherzigkeit eines reinen Gottgeweihten kann man sofort geläutert werden. In der *Bhagavad-gītā* wird gesagt, daß jeder Mensch, ungeachtet seiner Geburt als *śūdra*, Frau oder Händler, bei den Lotosfüßen des Herrn Zuflucht suchen und dadurch zu Gott zurückkehren kann. Zuflucht bei den Lotosfüßen des Herrn zu suchen heißt, Zuflucht bei den reinen Gottgeweihten zu suchen. Die reinen Gottgeweihten, deren einzige Beschäftigung es ist, zu dienen, werden mit dem Namen Prabhupāda oder Viṣṇupāda geehrt, der diese Gottgeweihten als Repräsentanten der Lotosfüße des Herrn kennzeichnet. Deshalb kann jeder, der bei den Lotosfüßen eines reinen Gottgeweihten Zuflucht sucht, indem er ihn als spirituellen Meister annimmt, sofort geläutert werden. Solche Gottgeweihten werden wie der Herr geehrt, weil sie im vertraulichsten Dienst des Herrn beschäftigt sind, indem sie die gefallenen Seelen aus der materiellen Welt befreien, von denen der Herr möchte, daß sie zu Ihm nach Hause zurückkehren. Solche reinen Gottgeweihten sind nach den offenbarten Schriften Stellvertreter des Herrn zu nennen. Der aufrichtige Schüler eines reinen Gottgeweihten betrachtet den spirituellen Meister als gleich gut wie den Herrn, aber der reine Gottgeweihte betrachtet sich selbst immer als einen demütigen Diener des Dieners des Herrn. Das ist der Pfad des reinen hingebungsvollen Dienens.

VERS 16

को वा भगवतस्तस्य पुण्यश्लोकेड्यकर्मणः ।
शुद्धिकामो न शृणुयाद्यशः कलिमलापहम् ॥१६॥

ko vā bhagavatas tasya
puṇya-ślokeḍyo-karmaṇaḥ
śuddhi-kāmo na śṛṇuyād
yaśaḥ kali-malāpaham

kaḥ—wer; *vā*—vielmehr; *bhagavataḥ*—des Herrn; *tasya*—seine; *puṇya*—vortrefflich; *ślokeḍya*—durch Gebete zu verehren; *karmaṇaḥ*—Taten; *śuddhi-kāmaḥ*—Befreiung von allen Sünden begehrend; *na*—nicht; *śṛṇuyāt*—hört; *yaśaḥ*—Herrlichkeit; *kali*—des Zeitalters des Zankes; *malāpaham*—die Kraft zu heiligen.

ÜBERSETZUNG

Wo ist derjenige, der sich zwar nach Befreiung von den Lastern des Kali-yuga sehnt, der aber nicht gewillt ist, von der Herrlichkeit des Herrn zu hören?

ERLÄUTERUNG

Das Zeitalter des Kali, das durch viele Auseinandersetzungen charakterisiert wird, ist das dunkelste Zeitalter. Das Kali-yuga ist dermaßen von schlechten Sitten erfüllt, daß aus dem geringsten Mißverständnis ein großer Streit entsteht. Diejenigen, die im reinen hingebungsvollen Dienst des Herrn beschäftigt sind, ohne jeden Wunsch nach Selbsterhöhung und frei von den Folgen fruchtbringender Handlungen und trockener philosophischer Spekulation, können der Entartung dieses verwickelten Zeitalters entkommen. Die Führer der Menschen sind sehr darum bemüht, in Frieden und Freundschaft zu leben, aber sie wissen nichts von der einfachen Methode, über die Herrlichkeit des Herrn zu hören. Im Gegenteil, solche Führer arbeiten gegen die Verbreitung der Herrlichkeit des Herrn. Mit anderen Worten, die verblendeten Führer wollen die Existenz des Herrn völlig verleugnen. Im Namen der Säkularisierung entwerfen solche Führer jedes Jahr neue Pläne. Aber durch die unüberwindlichen Hindernisse der materiellen Natur des Herrn werden alle diese Pläne des Fortschritts jedesmal vereitelt. Sie können nicht sehen, daß ihre Versuche, Frieden und Freundschaft herbeizuführen, fehlschlagen. In diesem Vers nun finden wir den Hinweis, wie man die Schwierigkeiten überwinden kann. Wenn wir wirklichen Frieden wollen, müssen wir den Weg zum Verständnis des Höchsten Herrn, Śrī Kṛṣṇa, beschreiten und Ihn für Seine tugendhaften Taten, wie sie in den Versen des *Śrīmad-Bhāgavatam* beschrieben werden, ruhmpreisen.

VERS 17

तस्य कर्माण्युदाराणि परिगीतानि सूरिभिः ।
ब्रूहि नः श्रद्दधानानां लीलया दधतः कलाः ॥१७॥

tasya karmāṇy udārāṇi
parigītāni sūribhiḥ

brūhi naḥ śraddadhānānāṁ
līlayā dadhataḥ kalāḥ

tasya—Seine; *karmāṇi*—transzendentale Taten; *udārāṇi*—großmütig; *parigītāni*—verbreitet; *sūribhiḥ*—von den großen Seelen; *brūhi*—bitte sprich; *naḥ*—zu uns; *śraddadhānānām*—bereit, mit Achtung zu empfangen; *līlayā*—Spiele; *dadhataḥ*—erschienene; *kalāḥ*—Inkarnationen.

ÜBERSETZUNG

Seine transzendentalen Taten sind großmütig und wunderbar, und große Weise wie Nārada besingen sie. Bitte sprich deshalb zu uns, die wir begierig danach sind, von Seinen Abenteuern zu hören, die Er in Seinen verschiedenen Inkarnationen erlebte.

ERLÄUTERUNG

Die Persönlichkeit Gottes ist niemals untätig, wie manche weniger intelligente Menschen annehmen. Seine Werke sind großartig und glorreich. Seine Schöpfungen, die materiellen wie auch die spirituellen, sind alle wunderbar und voller Vielfalt. Sie werden von befreiten Seelen wie Śrīla Nārada, Vyāsa, Vālmīki, Devala, Asita, Madhva, Śrī Caitanya, Rāmānuja, Viṣṇusvāmī, Nimbārka, Śrīdhara, Viśvanātha, Baladeva, Bhaktivinoda, Siddhānta Sarasvatī und vielen anderen gelehrten und selbstverwirklichten Seelen vollendet beschrieben. Sowohl die materielle als auch die spirituelle Schöpfung ist voller Reichtum, Schönheit und Wissen, aber das spirituelle Reich ist noch prachtvoller, weil es voller Wissen, Glückseligkeit und Ewigkeit ist. Die materiellen Schöpfungen sind eine Zeitlang als verzerrte Schatten des spirituellen Königreichs manifestiert und können mit Kinofilmen verglichen werden. Sie ziehen weniger intelligente Menschen an, die leicht von falschen Dingen fasziniert werden. Diese verblendeten Menschen haben keine Vorstellung von der Wirklichkeit, und sie halten es für erwiesen, daß die trügerische materielle Manifestation das ein und alles ist. Aber intelligente Menschen, angeführt von Weisen wie Vyāsa und Nārada, wissen, daß das ewige Königreich Gottes herrlicher, größer und ewig voller Glückseligkeit und Wissen ist. Diejenigen, die nichts von den Tätigkeiten des Herrn und Seinem transzendentalen Reich wissen, werden von Ihm in Seinen Abenteuern, die Er als Inkarnation besteht, manchmal begünstigt. In diesen Abenteuern offenbart Er die ewige Glückseligkeit Seiner Gemeinschaft im transzendentalen Königreich. Durch solche Taten wirkt Er auf die bedingten Seelen der materiellen Welt anziehend. Einige dieser bedingten Seelen sind mit dem falschen Genuß materieller Sinne beschäftigt und andere einfach damit, ihr wirkliches Dasein in der spirituellen Welt zu verneinen. Diese weniger intelligenten Menschen werden *karmīs* (fruchtbringende Arbeiter) und *jñānīs* (trockene mentale Spekulanten) genannt. Aber über diesen zwei Arten von Menschen steht der Transzendentalist, auch *sātvata* oder Gottgeweihter genannt, der weder mit zügellosen materiellen Tätigkeiten noch mit mentaler Spekulation etwas zu tun hat. Er ist im positiven Dienst des Herrn beschäftigt, und dadurch erhält er den höchsten spirituellen Segen, der den *karmīs* und *jñānīs* unbekannt ist.

Als der höchste Beherrscher der materiellen und der spirituellen Welt erscheint der Herr in einer unbegrenzten Anzahl von Inkarnationen. Inkarnationen wie Brahmā, Rudra, Manu, Pṛthu und Vyāsa sind Seine materiellen, qualitativen Inkarnationen, aber Seine Inkarnationen wie Rāma, Narasiṁha, Varāha und Vāmana sind Seine transzendentalen Inkarnationen. Śrī Kṛṣṇa, der Herr, ist die Quelle aller Inkarnationen, und Er ist deshalb die Ursache aller Ursachen.

VERS 18

अथाख्याहि हरेर्धीमन्नवतारकथाः शुभाः ।
लीला विदधतः स्वैरमीश्वरस्यात्ममायया ॥१८॥

athākhyāhi harer dhīmann
avatāra-kathāḥ śubhāḥ
līlā vidadhataḥ svairam
īśvarasyātma-māyayā

atha—deshalb; *ākhyāhi*—beschreibe; *hareḥ*—des Herrn; *dhīman*—o Scharfsinniger; *avatāra*—Inkarnationen; *kathāḥ*—Erzählungen; *śubhāḥ*—glückverheißend; *līlā*—Abenteuer; *vidadhataḥ*—führte aus; *svairam*—Spiele; *īśvarasya*—des höchsten Herrschers; *ātma*—persönlich; *māyayā*—Energien.

ÜBERSETZUNG

O weiser Sūta, bitte beschreibe die transzendentalen Spiele der vielgestaltigen Inkarnationen des Höchsten Gottes. Diese glückverheißenden Abenteuer und Spiele des Herrn werden durch Seine inneren Kräfte vollbracht.

ERLÄUTERUNG

Zur Erschaffung, Erhaltung und Vernichtung der materiellen Welten erscheint der Höchste Herr, die Persönlichkeit Gottes Selbst, in vielen Tausenden von Inkarnationen, und die besonderen Abenteuer, die Er in diesen transzendentalen Formen erlebt, sind alle glückverheißend. Sowohl diejenigen, die während solcher Spiele zugegen sind, als auch diejenigen, die die transzendentalen Erzählungen über diese Taten hören, ziehen ihren Nutzen daraus.

VERS 19

वयं तु न वितृप्याम उत्तमश्लोकविक्रमे ।
यच्छृण्वतां रसज्ञानां स्वादु स्वादु पदे पदे ॥१९॥

vayaṁ tu na vitṛpyāma
uttama-śloka-vikrame

yac chṛṇvatāṁ rasa-jñānāṁ
svādu svādu pade pade

vayam—wir; *tu*—aber; *na*—nicht; *vitṛpyāma*—werden aufhören; *uttama-śloka*—die Persönlichkeit Gottes, die mit transzendentalen Gebeten gepriesen wird; *vikrame*—Abenteuer; *yat*—welche; *śṛṇvatām*—durch ununterbrochenes Hören; *rasa*—Geschmack; *jñānām*—diejenigen, die vertraut sind mit; *svādu*—genießend; *svādu*—schmackhaft; *pade pade*—bei jedem Schritt.

ÜBERSETZUNG

Wir werden es niemals müde, von den transzendentalen Spielen des Herrn, der Persönlichkeit Gottes, zu hören, der mit Hymnen und Gebeten gepriesen wird. Diejenigen, die den besonderen Geschmack [rasa] ihrer transzendentalen Beziehung zu Ihm entwickelt haben, genießen es jeden Augenblick, den Erzählungen von Seinen Spielen zu lauschen.

ERLÄUTERUNG

Es besteht ein großer Unterschied zwischen weltlichen Erzählungen, Dichtungen oder Geschichtsdarstellungen und den transzendentalen Spielen des Herrn. Im ganzen Universum gibt es Geschichten, die Hinweise auf die Spiele der Inkarnationen des Herrn enthalten. Das *Rāmāyaṇa*, das *Mahābhārata* und die *Purāṇas* schildern Ereignisse vergangener Zeitalter, die in Verbindung mit den Spielen der Inkarnationen des Herrn aufgezeichnet wurden und daher auch nach wiederholtem Lesen frisch bleiben. Zum Beispiel kann jeder die *Bhagavad-gītā* oder das *Śrīmad-Bhāgavatam* sein ganzes Leben lang wiederholt lesen und immer wieder neue Erkenntnisse aus ihnen ziehen. Weltliche Berichte sind statisch, wohingegen transzendentale Berichte dynamisch sind, da die spirituelle Natur dynamisch ist und die Materie statisch. Diejenigen, die einen Geschmack für das Verständnis transzendentaler Themen entwickelt haben, werden es niemals müde, solche Erzählungen zu hören. Weltlicher Tätigkeiten wird man schnell überdrüssig, aber von transzendentalen oder hingebungsvollen Tätigkeiten wird man niemals genug haben. Das Wort *uttama-śloka* weist auf jene Literatur hin, die nichts mit Unwissenheit zu tun hat. Weltliche Literatur befindet sich in der Erscheinungsweise der Finsternis oder Unwissenheit; transzendentale Literatur dagegen ist von ganz anderer Art. Transzendentale Literatur steht jenseits der Erscheinungsweise der Dunkelheit, und ihr Licht wird umso strahlender, je mehr man den transzendentalen Inhalt liest und verwirklicht. Die sogenannten befreiten Seelen finden durch das Wiederholen der Worte *ahaṁ brahmāsmi* niemals Befriedigung. Solch künstliche Erkenntnis des Brahmans wird eintönig, und so wenden sie sich, um wirkliche Freude zu erfahren, den Erzählungen des *Śrīmad-Bhāgavatam* zu. Diejenigen, die nicht so vom Glück begünstigt sind, befassen sich mit Altruismus und weltlicher Philanthropie. Das bedeutet, daß die Māyāvāda-Philosophie weltlich ist, wohingegen die Philosophie der *Bhagavad-gītā* und des *Śrīmad-Bhāgavatam* transzendental ist.

VERS 20

कृतवान् किल कर्माणि सह रामेण केशवः ।
अतिमर्त्यानि भगवान् गूढः कपटमानुषः ॥२०॥

kṛtavān kila karmāṇi
saha rāmeṇa keśavaḥ
atimartyāni bhagavān
gūḍhaḥ kapaṭa-mānuṣaḥ

kṛtavān—getan von; *kila*—was und welche; *karmāṇi*—Taten; *saha*—zusammen mit; *rāmeṇa*—Balarāma; *keśavaḥ*—Śrī Kṛṣṇa; *atimartyāni*—übermenschlich; *bhagavān*—die Persönlichkeit Gottes; *gūḍhaḥ*—maskiert als; *kapaṭa*—scheinbar; *mānuṣaḥ*—Mensch.

ÜBERSETZUNG

Śrī Kṛṣṇa, die Persönlichkeit Gottes, spielte zusammen mit Balarāma die Rolle eines menschlichen Wesens, und so verschleiert, vollbrachte Er viele übermenschliche Taten.

ERLÄUTERUNG

Die Lehren des Anthropomorphismus oder die des Zoomorphismus läßt sich niemals auf Śrī Kṛṣṇa, die Persönlichkeit Gottes, anwenden. Die Theorie, daß ein Mensch durch Bußen und Entsagungen Gott werden kann, ist heute weit verbreitet, besonders in Indien. Seitdem Śrī Rāma, Śrī Kṛṣṇa und Śrī Caitanya Mahāprabhu von den Weisen und Heiligen als die Persönlichkeit Gottes erkannt wurden, wie es auch in den offenbarten Schriften vorhergesagt worden war, haben viele gewissenlose Menschen ihre eigenen Inkarnationen geschaffen. Dieser Vorgang, eine Inkarnation Gottes herzustellen, ist besonders in Bengalen ein alltägliches Geschäft geworden. Jede bekannte Persönlichkeit, die einige mystische Kräfte besitzt, führt ein paar gaukelhafte Kunststücke vor und wird durch die Stimme des Volkes leicht zu einer Inkarnation Gottes. Śrī Kṛṣṇa, der Herr, ist nicht von dieser Art. Er war vom Beginn Seines Erscheinens an ohne Zweifel die Persönlichkeit Gottes. Er erschien Seiner Mutter als vierarmiger Viṣṇu. Dann nahm Er auf Bitten Seiner Mutter die Gestalt eines Menschenkindes an und verließ sie sogleich, um zu einem anderen Gottgeweihten nach Gokula gebracht zu werden, wo Er als der Sohn Nanda Mahārājas und Yaśodā Mātās angesehen wurde. Ebenso wurde Śrī Baladeva, das Ebenbild Śrī Kṛṣṇas, als Menschenkind angesehen, das von einer anderen Frau Śrī Vasudevas geboren worden war. In der *Bhagavad-gītā* sagt der Herr, daß Seine Geburt und Seine Taten transzendental sind und daß jeder, der so glücklich ist, die transzendentale Natur Seiner Geburt und Seiner Taten zu kennen, sofort befreit wird und die Möglichkeit bekommt, zum Königreich Gottes zurückzukehren. Somit reicht also die Erkenntnis der transzendentalen Natur der Geburt und der Taten Śrī Kṛṣṇas aus, um befreit zu werden. Im *Bhāgavatam* wird die transzendentale Natur des Herrn in neun Cantos beschrieben, und im Zehnten Canto werden Seine besonderen Spiele behandelt. All dies erfährt man, je weiter man im Lesen dieser transzendentalen Schrift fortschreitet. Es ist an dieser Stelle wichtig, zu bemerken, daß der Herr Seine Göttlichkeit bereits zeigte, als Er noch auf dem Schoß Seiner Mutter saß. Er bewies, daß Seine Taten alle übermenschlich sind (Er hob den Govardhana-Hügel im Alter von sieben Jahren hoch), und all diese Handlungen zeigen deutlich, daß Er wahrhaftig die Höchste Persönlichkeit Gottes ist. Dennoch hielten Ihn Seine Eltern und Seine anderen Verwandten aufgrund des mystischen Schleiers, der Seine wahre Identität verdeckte, stets für einen gewöhnlichen Menschen. Immer wenn Er eine herkulische Tat vollbrachte, faßten der Vater und die Mutter es anders auf. Und sie blieben mit ihrer unerschütterlichen elterlichen Liebe zu ihrem Sohn zufrieden. Deshalb beschreiben Ihn die Weisen von Naimiṣāraṇya als „scheinbar einem Menschen ähnelnd", aber in Wirklichkeit ist Er die allmächtige Höchste Persönlichkeit Gottes.

VERS 21

कलिमागतमाज्ञाय क्षेत्रेऽस्मिन् वैष्णवे वयम् ।
आसीना दीर्घसत्रेण कथायां सक्षणा हरेः ॥२१॥

kalim āgatam ājñāya
kṣetre 'smin vaiṣṇave vayam
āsīnā dīrgha-satreṇa
kathāyāṁ sakṣaṇā hareḥ

kalim—das Zeitalter des Kali (eisernes Zeitalter des Zankes); *āgatam*—erreicht habend; *ājñāya*—dieses wissend; *kṣetre*—in dieser Landesgegend; *asmin*—in diesem; *vaiṣṇave*—besonders für den Geweihten des Herrn bestimmt; *vayam*—wir; *āsīnāḥ*—gesetzt; *dīrgha*—verlängert; *satreṇa*—zur Ausführung von Opferungen; *kathāyām*—mit den Worten; *sa-kṣaṇā*—mit frei verfügbarer Zeit; *hareḥ*—die Persönlichkeit Gottes.

ÜBERSETZUNG

Da wir wohl wissen, daß das Zeitalter des Kali bereits begonnen hat, haben wir uns hier an diesem heiligen Ort versammelt, um ein ausgedehntes Opferprogramm in Form des Hörens der transzendentalen Botschaft Gottes durchzuführen.

ERLÄUTERUNG

Das Zeitalter des Kali ist in keiner Weise zur Selbstverwirklichung geeignet, wie es das Satya-yuga, das goldene Zeitalter, oder das Tretā- oder Dvāpara-yuga, das Silber- bzw. Kupferzeitalter, waren. Um selbstverwirklicht zu werden, war es den Menschen im Satya-yuga, die für eine Zeit von 100 000 Jahren lebten, möglich, für lange Zeit zu meditieren. Im Tretā-yuga, als die Lebensdauer 10 000 Jahre betrug, wurde Selbstverwirklichung durch die Darbringung großer Opfer erlangt, und im Dvāpara-yuga, als der Mensch für 1000 Jahre lebte, wurde man durch die Verehrung des Herrn selbstverwirklicht. Im Kali-yuga, in dem die Lebensdauer höchstens noch 100 Jahre beträgt und wo selbst das mit einer Vielzahl von Beschwerlichkeiten verbunden ist, wird als Vorgang zur Selbstverwirklichung empfohlen, über den Heiligen Namen, den Ruhm und die Spiele des Herrn zu hören und zu chanten. Die Weisen von Naimiṣāraṇya begannen diesen Vorgang an einem Ort, der besonders für die Geweihten des Herrn bestimmt ist, und so bereiteten sie sich darauf vor, über einen Zeitraum von tausend Jahren über die transzendentalen Spiele des Herrn zu hören. Aus dem Beispiel dieser Weisen sollte man lernen, daß regelmäßiges Hören und Vortragen des *Bhāgavatam* der einzige Weg zur Selbstverwirklichung ist. Andere Versuche sind nur Zeitverschwendung, da sie keine merklichen Ergebnisse bringen. Śrī Caitanya Mahāprabhu verkündete dieses System des *Bhāgavata-dharma*, und Er empfahl, daß alle diejenigen, die in Indien geboren sind, es sich zur Pflicht machen sollten, die Botschaft Śrī Kṛṣṇas, insbesondere die Botschaft der *Bhagavad-gītā*, zu verbreiten. Und wenn jemand die Lehren der *Bhagavad-gītā* gut kennt, kann er das Studium des *Śrīmad-Bhāgavatam* aufnehmen, um weitere Erleuchtung in der Selbstverwirklichung zu erlangen.

VERS 22

त्वं नः संदर्शितो धात्रा दुस्तरं निस्तितीर्षताम् ।
कलिं सत्त्वहरं पुंसां कर्णधार इवार्णवम् ॥२२॥

tvaṁ naḥ sandarśito dhātrā
dustaraṁ nistitīrṣatām
kaliṁ sattva-haraṁ puṁsāṁ
karṇa-dhāra ivārṇavam

tvam—o Gnadenreicher; *naḥ*—uns; *sandarśitaḥ*—treffen; *dhātrā*—durch Vorsehung; *dustaram*—unüberwindlich; *nistitīrṣatām*—für diejenigen, die überqueren möchten; *kalim*—das Zeitalter des Kali; *sattva-haram*—das, was die guten Eigenschaften verdirbt; *puṁsām*—des Menschen; *karṇa-dhāraḥ*—Kapitän; *iva*—wie; *arṇavam*—der Ozean.

ÜBERSETZUNG

O Gnadenreicher, wir glauben, daß wir dich durch den Willen der Vorsehung getroffen haben, damit wir dich als den Kapitän des Schiffes annehmen können, das für diejenigen bestimmt ist, die den gefährlichen Ozean des Kali-yuga, das alle guten Eigenschaften des Menschen zerstört, überqueren möchten.

ERLÄUTERUNG

Das Zeitalter des Kali ist für den Menschen sehr gefährlich. Das menschliche Leben ist nur zur Selbstverwirklichung bestimmt, aber aufgrund dieses gefährlichen Zeitalters haben die Menschen das Ziel des Lebens völlig vergessen. In diesem Zeitalter wird sich die Lebensdauer allmählich immer mehr verringern, und die Menschen werden nach und nach ihr Erinnerungsvermögen, ihre feineren Empfindungen, ihre Stärke und ihre guten Eigenschaften verlieren. Eine Liste der anomalen Erscheinungen dieses Zeitalters ist im Zwölften Canto des *Śrīmad-Bhāgavatam* zu finden. Für diejenigen, die ihr Leben zur Selbstverwirklichung nutzen möchten, ist das Kali-yuga eine sehr schwere Zeit. Die Menschen sind so sehr mit der Befriedigung ihrer Sinne beschäftigt, daß sie Selbstverwirklichung völlig vergessen. In ihrer Verblendung sagen sie ganz offen, Selbstverwirklichung sei nicht wichtig, denn sie begreifen nicht, daß dieses kurze Leben nichts weiter ist als ein Augenblick auf unserer langen Reise zur Selbstverwirklichung. Das gesamte Erziehungssystem ist auf Sinnenbefriedigung ausgerichtet, und wenn ein gebildeter Mensch einmal darüber nachdenkt, wird er erkennen, daß die Kinder dieses Zeitalters absichtlich in die Schlachthäuser sogenannter Erziehung geschickt werden. Intelligente Menschen müssen sich daher vor diesem gefährlichen Zeitalter vorsehen, und wenn sie überhaupt den Wunsch haben, den gefährlichen Ozean des Kali zu überqueren, müssen sie den Fußstapfen der Weisen von Naimiṣāraṇya folgen und Śrī Sūta Gosvāmī oder seinen echten Vertreter als den Kapitän des Schiffes annehmen. Das Schiff ist die Botschaft Śrī Kṛṣṇas in Form der *Bhagavad-gītā* und des *Śrīmad-Bhāgavatam*.

VERS 23

ब्रूहि योगेश्वरे कृष्णे ब्रह्मण्ये धर्मवर्मणि ।
स्वां काष्ठामधुनोपेते धर्मः कं शरणं गतः ॥२३॥

brūhi yogeśvare kṛṣṇe
brahmaṇye dharma-varmaṇi
svāṁ kāṣṭhām adhunopete
dharmaḥ kaṁ śaraṇaṁ gataḥ

brūhi—bitte erzähle; *yoga-īśvare*—der Herr aller mystischen Kräfte; *kṛṣṇe*—Śrī Kṛṣṇa; *brahmaṇye*—die Absolute Wahrheit; *dharma*—Religion; *varmaṇi*—Beschützer; *svām*—eigenes; *kāṣṭhām*—Reich; *adhunā*—heutzutage; *upete*—weggegangen seiend; *dharmaḥ*—Religion; *kam*—zu wem; *śaraṇam*—Zuflucht; *gataḥ*—gegangen.

ÜBERSETZUNG

Śrī Kṛṣṇa, die Absolute Wahrheit, der Meister aller mystischen Kräfte, ist in Sein persönliches Reich zurückgekehrt; sage uns daher bitte, bei wem die religiösen Prinzipien jetzt Zuflucht gesucht haben.

ERLÄUTERUNG

Religion ist im Grunde nichts anderes als die Gesetze, die von der Persönlichkeit Gottes Selbst festgesetzt und verkündet wurden. Wann immer die religiösen Prinzipien mißachtet oder auf grobe Weise mißbraucht werden, erscheint der Höchste Herr Selbst, um die Prinzipien der Religion wiederherzustellen. Dies wird in der

Bhagavad-gītā bestätigt. Die Weisen von Naimiṣāraṇya erkundigen sich hier nach diesen Prinzipien. Die Antwort auf diese Frage wird später gegeben. Das *Śrīmad-Bhāgavatam* ist die transzendentale Klangrepräsentation der Persönlichkeit Gottes, und daher ist es die vollständige Repräsentation transzendentalen Wissens und religiöser Prinzipien.

Hiermit enden die Bhaktivedanta-Erläuterungen zum 1. Kapitel im Ersten Canto des Śrīmad-Bhāgavatam *mit dem Titel: „Fragen der Weisen".*

2. Kapitel

Göttlichkeit und göttlicher Dienst

VERS 1

व्यास उवाच

इति सम्प्रश्नसंहृष्टो विप्राणां रौमहर्षणिः ।
प्रतिपूज्य वचस्तेषां प्रवक्तुमुपचक्रमे ॥ १ ॥

vyāsa uvāca
iti sampraśna-saṁhṛṣṭo
viprāṇāṁ raumaharṣaṇiḥ
pratipūjya vacas teṣāṁ
pravaktum upacakrame

vyāsaḥ uvāca—Vyāsa sprach; *iti*—so; *sampraśna*—vorbildliche Fragen; *saṁhṛṣṭaḥ*—völlig zufriedengestellt; *viprāṇām*—der versammelten Weisen; *raumaharṣaṇiḥ*—der Sohn Romaharṣaṇas, genannt Ugraśravā; *pratipūjya*—nachdem er ihnen gedankt hatte; *vacaḥ*—Worte; *teṣām*—ihr; *pravaktum*—um ihnen zu antworten; *upacakrame*—versuchte.

ÜBERSETZUNG

Ugraśravā [Sūta Gosvāmī], der Sohn Romaharṣaṇas, dem die Fragen der brāhmaṇas gefielen, dankte ihnen und machte sich bereit zu antworten.

ERLÄUTERUNG

Die Weisen von Naimiṣāraṇya stellten Sūta Gosvāmī sechs Fragen, die er nun eine nach der anderen beantwortet.

VERS 2

सूत उवाच

यं प्रव्रजन्तमनुपेतमपेतकृत्यं
द्वैपायनो विरहकातर आजुहाव ।
पुत्रेति तन्मयतया तरवोऽभिनेदु-
स्तं सर्वभूतहृदयं मुनिमानतोऽस्मि ॥ २ ॥

sūta uvāca
yaṁ pravrajantam anupetam apeta-kṛtyaṁ
dvaipāyano viraha-kātara ājuhāva
putreti tan-mayatayā taravo 'bhinedus
taṁ sarva-bhūta-hṛdayaṁ munim ānato 'smi

sūtaḥ—Sūta Gosvāmī; *uvāca*—sprach; *yam*—wem; *pravrajantam*—während er sich in den Lebensstand der Entsagung zurückzog; *anupetam*— ohne durch die heilige Schnur eingeweiht zu sein; *apeta*—ohne sich Zeremonien zu unterziehen; *kṛtyam*—vorgeschriebene Pflichten; *dvaipāyanaḥ*—Vyāsadeva; *viraha*—Trennung; *kātaraḥ*—Angst haben vor; *ājuhāva*—rief aus; *putra iti*—o mein Sohn; *tat-mayatayā* —auf diese Weise in Anspruch genommen; *taravaḥ*—alle Bäume; *abhineduḥ*—antworteten; *tam*—ihm; *sarva*—alle; *bhūta*—Lebewesen; *hṛdayam*—Herz; *munim* —Weiser; *ānataḥ asmi*—bringe Ehrerbietungen dar.

ÜBERSETZUNG

Śrīla Sūta Gosvāmī sagte: Ich bringe dem großen Weisen [Śukadeva Gosvāmī], der in das Herz eines jeden eindringen kann, meine achtungsvollen Ehrerbietungen dar. Als er, ohne sich der Zeremonie der heiligen Schnur zu unterziehen, sein Zuhause verließ, um in den Lebensstand der Entsagung [sannyāsa] zu treten, rief ihm sein Vater Vyāsadeva nach: „O mein Sohn!" Doch nur das Echo der Bäume, die in die gleichen Trennungsgefühle vertieft waren, antwortete dem betrübten Vater.

ERLÄUTERUNG

Die Einrichtung des *varṇa* und *āśrama* schreibt viele regulierende Pflichten vor, die die Anhänger dieses Systems befolgen müssen. Solche Pflichten ordnen an, daß jemand, der die *Veden* studieren möchte, einen echten spirituellen Meister annehmen und ihn um Aufnahme als Schüler bitten muß. Die heilige Schnur ist das Zeichen derer, die berechtigt sind, die *Veden* unter der Anleitung eines *ācārya*, eines echten spirituellen Meisters, zu studieren. Śrī Śukadeva Gosvāmī unterzog sich nicht einer solchen Reinigungszeremonie, da er von Geburt an eine befreite Seele war.

Normalerweise wird ein Mensch als gewöhnliches Wesen zur Welt gebracht und durch Reinigungsvorgänge ein zweites Mal geboren. Wenn er sich diesem neuen Leben zuwendet und nach einer Führung für spirituellen Fortschritt sucht, sucht er einen spirituellen Meister auf, um sich von ihm in den *Veden* unterweisen zu lassen. Der spirituelle Meister nimmt nur einen aufrichtig Suchenden als Schüler an und verleiht ihm die heilige Schnur. Auf diese Weise wird ein Mann zum zweiten Mal geboren und somit als *dvija* bezeichnet. Nachdem man sich als *dvija* qualifiziert hat, kann man die *Veden* studieren, und nachdem man in den *Veden* bewandert ist, wird man ein *vipra*. Ein *vipra*, ein befähigter *brāhmaṇa*, erkennt auf diese Weise das Absolute und macht weitere Fortschritte im spirituellen Leben, bis er die Vaiṣṇava-Stufe erreicht. Die Vaiṣṇava-Stufe ist die fortgeschrittene Stufe des *brāhmaṇa*. Ein *brāhmaṇa*, der Fortschritte macht, muß notwendigerweise ein Vaiṣṇava werden, denn ein Vaiṣṇava ist ein selbstverwirklichter, gelehrter *brāhmaṇa*.

Śrīla Śukadeva Gosvāmī war von Anfang an ein Vaiṣṇava; deshalb bestand für ihn keine Notwendigkeit, sich allen Vorgängen der *varṇāśrama-dharma*-Einrichtung zu unterziehen. Das eigentliche Ziel des *varṇāśrama-dharma* ist es, einen ungebildeteten Menschen in einen reinen Geweihten des Herrn, einen Vaiṣṇava, zu verwandeln. Deshalb ist jeder, der von einem erstrangigen Vaiṣṇava (*uttama-adhikārī*-Vaiṣṇava) als Vaiṣṇava anerkannt wird, ungeachtet seiner Geburt oder seiner früheren Handlungen bereits als *brāhmaṇa* anzusehen. Śrī Caitanya Mahāprabhu hielt Sich an dieses Prinzip und erkannte Śrīla Haridāsa Ṭhākura als *ācārya* des Heiligen Namens an, obwohl Ṭhākura Haridāsa in einer mohammedanischen Familie erschienen war. Zum Abschluß sei noch einmal gesagt, daß Śrīla Śūkadeva Gosvāmī als Vaiṣṇava geboren wurde und daß er deshalb die brahmanischen Eigenschaften bereits alle besaß. Er brauchte sich daher keiner Zeremonie zu unterziehen. Jeder Mensch von niedriger Geburt — sei er ein Kirāta, Hūṇa, Āndhra, Pulinda, Pulkaśa, Ābhīra, Śumbha, Yavana, Khasa oder noch niedriger — kann durch die Gnade von Vaiṣṇavas auf die höchste transzendentale Ebene erhoben werden. Śrīla Śukadeva Gosvāmī war der spirituelle Meister Śrī Sūta Gosvāmīs, und daher bringt dieser ihm seine achtungsvollen Ehrerbietungen dar, ehe er beginnt, die Frage der Weisen von Naimiṣāraṇya zu beantworten.

VERS 3

यः स्वानुभावमखिलश्रुतिसारमेक-
मध्यात्मदीपमतितितीर्षतां तमोऽन्धम् ।
संसारिणां करुणयाऽऽह पुराणगुह्यं
तं व्याससूनुमुपयामि गुरुं मुनीनाम्॥ ३ ॥

yaḥ svānubhāvam akhila-śruti-sāram ekam
adhyātma-dīpam atititīrṣatāṁ tamo 'ndham
saṁsāriṇāṁ karuṇayāha purāṇa-guhyaṁ
taṁ vyāsa-sūnum upayāmi guruṁ munīnām

yaḥ—derjenige, der; *sva-anubhāvam*—selbst aufgenommen (erfahren); *akhila*—(überall) ringsumher; *śruti*—*Veden*; *sāram*—Creme; *ekam*—der einzige; *adhyātma*—transzendentale; *dīpam*—Fackelschein; *atititīrṣatām*—wünschen zu überwinden; *tamaḥ andham*—tiefste Dunkelheit der materiellen Existenz; *saṁsāriṇām*—der materialistischen Menschen; *karuṇayā*—aus grundloser Barmherzigkeit; *āha*—sagte; *purāṇa*—Ergänzung zu den *Veden*; *guhyam*—sehr vertraulich; *tam*—ihm; *vyāsa sūnum*—der Sohn Vyāsadevas; *upayāmi*—laß mich meine Ehrerbietungen darbringen; *gurum*—spiritueller Meister; *munīnām*—der großen Weisen.

ÜBERSETZUNG

Ich möchte ihm [Śuka], dem spirituellen Meister aller Weisen, dem Sohn Vyāsadevas, meine achtungsvollen Ehrerbietungen darbringen. Aus seinem großen Mitleid mit den groben Materialisten, die sich abmühen, den dun-

kelsten Bereich des materiellen Daseins zu überqueren, sprach er dieses Purāṇa [Ergänzung zu den Veden], das die Creme des vedischen Wissens ist, nachdem er es persönlich durch Erfahrung in sich aufgenommen hatte.

ERLÄUTERUNG

In diesem Gebet faßt Śrīla Sūta Gosvāmī nahezu die ganze Einleitung des *Śrīmad-Bhāgavatam* zusammen. Das *Śrīmad-Bhāgavatam* ist der natürliche, ergänzende Kommentar zu den *Vedānta-sūtras.* Die *Vedānta-sūtras* oder *Brahma-sūtras* wurden von Vyāsadeva in der Absicht zusammengestellt, nur die Essenz des vedischen Wissens vorzulegen, und das *Śrīmad-Bhāgavatam* ist der natürliche Kommentar zu dieser Essenz. Śrīla Śukadeva Gosvāmī war ein völlig verwirklichter Lehrer des *Vedānta-sūtra* und verwirklichte folglich auch den Kommentar, das *Śrīmad-Bhāgavatam.* Nur um den verwirrten Materialisten, die den Ozean der Unwissenheit überqueren wollen, seine grenzenlose Barmherzigkeit zuteil werden zu lassen, verkündete er zum ersten Mal dieses vertrauliche Wissen.

Es hat keinen Sinn zu behaupten, daß ein materialistischer Mensch glücklich sein kann. Kein materialistisches Geschöpf, sei es der bedeutende Brahmā oder eine unwichtige Ameise, kann glücklich sein. Jeder versucht, einen dauerhaften Glücksplan zu entwickeln, aber jeder Plan wird durch die Gesetze der materiellen Natur zunichte gemacht. Deshalb wird die materialistische Welt als die dunkelste Region in Gottes Schöpfung bezeichnet. Jedoch können die unglücklichen Materialisten ganz einfach davon befreit werden, indem sie sich wünschen, befreit zu werden. Leider sind sie jedoch so verblendet, daß sie gar nicht entkommen wollen. Aus diesem Grunde werden sie mit Kamelen verglichen, denen dornige Zweige sehr gut schmekken, weil sie den Geschmack der mit dem Blut vermischten Zweige lieben. Sie merken gar nicht, daß es ihr eigenes Blut ist und daß die Dornen ihre Zungen zerstechen. In ähnlicher Weise erscheint den Materialisten ihr eigenes Blut so süß wie Honig, und obwohl ihre eigenen materiellen Schöpfungen sie ständig verfolgen, wollen sie nicht davon befreit werden. Solche Materialisten werden *karmīs* genannt. Von Hunderttausenden solcher *karmīs* werden nur wenige der materiellen Verpflichtungen müde und wünschen sich, aus diesem Labyrinth zu entkommen. Solch intelligente Menschen werden *jñānīs* genannt. Das *Vedānta-sūtra* ist für diese *jñānīs* gedacht. Aber Śrīla Vyāsadeva, der eine Inkarnation des Höchsten Herrn ist, konnte den Mißbrauch des *Vedānta-sūtra* durch gewissenlose Menschen voraussehen, und deshalb ergänzte er persönlich das *Vedānta-sūtra* durch das *Bhāgavata Purāṇa.* Es wird eindeutig gesagt, daß dieses *Bhāgavatam* der ursprüngliche Kommentar zu den *Brahma-sūtras* ist. Śrīla Vyāsadeva lehrte das *Bhāgavatam* auch seinen Sohn, Śrīla Śukadeva Gosvāmī, der sich schon auf der befreiten Stufe der Transzendenz befand. Śrīla Śukadeva Gosvāmī verwirklichte das *Bhāgavatam* persönlich und erklärte es dann. Durch die Gnade Śrīla Śukadevas ist das *Bhāgavata-vedānta-sūtra* all jenen aufrichtigen Seelen zugänglich, die aus dem materiellen Dasein herauskommen wollen.

Das *Śrīmad-Bhāgavatam* ist der einzigartige und unvergleichliche Kommentar zum *Vedānta-sūtra.* Śrīpāda Śaṅkarācārya beschäftigte sich absichtlich nicht damit, weil er wußte, daß es schwierig sein würde, den natürlichen Kommentar zu übertreffen. Er schrieb seinen *Śārīraka-bhāṣya*, und seine sogenannten Anhänger setzten das *Bhāgavatam* als eine „neue" Darstellung herab. Man sollte sich durch solche Propaganda der Māyāvāda-Schule gegen das *Bhāgavatam* nicht irreführen lassen. Der beginnende Schüler erfährt aus diesem einleitenden *śloka*, daß das *Śrīmad-Bhāgavatam* die einzige transzendentale Schrift ist, die für diejenigen bestimmt ist, die *paramahaṁsas* sind und völlig von der materiellen Krankheit, der Boshaftigkeit, befreit sind. Die Māyāvādīs beneiden die Persönlichkeit Gottes, obwohl Śrīpāda Śaṅkarācārya das Zugeständnis gemacht hat, daß Nārāyaṇa, die Persönlichkeit Gottes, über der materiellen Schöpfung steht. Die neidischen Māyāvādīs haben keinen Zugang zum *Bhāgavatam*; nur diejenigen, die wirklich den Wunsch haben, aus dem materiellen Dasein herauszukommen, können beim *Bhāgavatam* Zuflucht finden, weil es vom befreiten Śrīla Śukadeva gesprochen wurde. Es ist der transzendentale Fackelschein, durch den man die transzendentale Absolute Wahrheit, unterteilt in Brahman, Paramātmā und Bhagavān, vollkommen erkennen kann.

VERS 4

नारायणं नमस्कृत्य नरं चैव नरोत्तमम् ।
देवीं सरस्वतीं व्यासं ततो जयमुदीरयेत् ॥ ४ ॥

nārāyaṇaṁ namaskṛtya
naraṁ caiva narottamam
devīṁ sarasvatīṁ vyāsaṁ
tato jayam udīrayet

nārāyaṇam—die Persönlichkeit Gottes; *namaḥ-kṛtya*—nachdem achtungsvolle Ehrerbietungen dargebracht wurden; *naram ca eva*—und Nārāyaṇa Ṛṣi; *nara-uttamam*—das allerhöchste menschliche Wesen; *devīm*—die Göttin; *sarasvatīm*—die Herrin des Lernens; *vyāsam*—Vyāsadeva; *tataḥ*—danach; *jayam*—alles, was für den Sieg bestimmt ist; *udīrayet*—sei angekündigt.

ÜBERSETZUNG

Bevor man dieses Śrīmad-Bhāgavatam vorträgt, das das wahre Mittel zum Sieg ist, sollte man Nārāyaṇa, der Persönlichkeit Gottes, Nara-nārāyaṇa Ṛṣi, dem allerhöchsten menschlichen Wesen, Mutter Sarasvatī, der Göttin des Lernens, und Śrīla Vyāsadeva, dem Verfasser, seine achtungsvollen Ehrerbietungen darbringen.

ERLÄUTERUNG

Alle vedischen Schriften und die *Purāṇas* sind dazu bestimmt, die dunkelste Region des materiellen Daseins zu überwinden. Das Lebewesen hat seine Beziehung zu Gott vergessen, was auf seine seit unvordenklichen Zeiten bestehende, übermäßige Anziehung zu materieller Sinnenbefriedigung zurückzuführen ist. Sein Existenzkampf in der materiellen Welt ist ohne Ende, und es ist ihm nicht möglich, diesem durch Pläneschmieden zu entkommen. Wenn jemand überhaupt aus diesem endlosen Kampf ums Dasein siegreich hervorgehen will, muß er seine ewige Beziehung zu Gott wiederherstellen. Wer solche Maßnahmen der Abhilfe ergreifen will, muß bei Schriften wie den *Veden* und *Purāṇas* Zuflucht suchen. Törichte Menschen sagen, die *Purāṇas* hätten mit den *Veden* nichts zu tun, doch in Wirklichkeit sind die *Purāṇas* ergänzende Erklärungen zu den *Veden*. Sie sind für bestimmte Arten von Menschen bestimmt, denn nicht alle Menschen sind gleich. Es gibt Menschen, die sich in der Erscheinungsweise der Tugend befinden; andere befinden sich in der Erscheinungsweise der Leidenschaft, und wieder andere befinden sich in der Erscheinungsweise der Unwissenheit. Die *Purāṇas* sind so unterteilt, daß jede Menschengruppe Nutzen aus ihnen ziehen, schrittweise ihre verlorene Position wiedererlangen und so dem harten Existenzkampf entkommen kann. Śrīla Sūta Gosvāmī zeigt, wie man die *Purāṇas* chantet, und diejenigen, die danach streben, Prediger der vedischen Schriften und der *Purāṇas* zu werden, müssen seinem Beispiel folgen. Das *Śrīmad-Bhāgavatam* ist das fleckenlose *Purāṇa*, und es ist besonders für diejenigen bestimmt, die den Wunsch haben, für immer aus der materiellen Verstrickung befreit zu werden.

VERS 5

मुनयः साधु पृष्टोऽहं भवद्भिर्लोकमङ्गलम् ।
यत्कृतः कृष्णसंप्रश्नो येनात्मा सुप्रसीदति ॥ ५ ॥

munayaḥ sādhu pṛṣṭo 'haṁ
bhavadbhir loka-maṅgalam
yat kṛtaḥ kṛṣṇa-sampraśno
yenātmā suprasīdati

munayaḥ—von den Weisen; *sādhu*—das ist wichtig; *pṛṣṭaḥ*—gefragt; *aham*—mich; *bhavadbhiḥ*—von euch allen; *loka*—die Welt; *maṅgalam*—Wohlergehen; *yat*—weil; *kṛtaḥ*—machten; *kṛṣṇa*—die Persönlichkeit Gottes; *sampraśnah*—wichtige Fragen; *yena*—durch die; *ātmā*—das Selbst; *suprasīdati*—völlig zufriedengestellt.

ÜBERSETZUNG

O ihr Weisen, ihr habt mich zu Recht gefragt. Eure Fragen sind wertvoll, weil sie sich auf Śrī Kṛṣṇa beziehen und daher für das Wohlergehen der ganzen Welt von Bedeutung sind. Nur Fragen dieser Art sind geeignet, das Selbst völlig zufriedenzustellen.

ERLÄUTERUNG

Wie bereits zuvor beschrieben wurde, kann die Absolute Wahrheit durch das *Bhāgavatam* erkannt werden; daher sind die Fragen der Weisen von Naimiṣāraṇya angebracht, denn sie stehen in Beziehung zu Kṛṣṇa, der die Höchste Persönlichkeit Gottes, die Absolute Wahrheit, ist. In der *Bhagavad-gītā* sagt die Persönlichkeit

Gottes, daß es in all den *Veden* nichts anderes gibt als den Drang, nach Ihm, Śrī Kṛṣṇa, zu suchen (*Bg.* 15.15). Infolgedessen sind die Fragen, die sich auf Kṛṣṇa beziehen, der Kern aller vedischen Erkundigungen.

Die ganze Welt ist voller Fragen und Antworten. Die Vögel, Landtiere und Menschen sind alle mit endlosem Fragen und Antworten beschäftigt. Schon frühmorgens beginnen die Vögel im Nest eifrig mit Fragen und Antworten, und abends kommen die gleichen Vögel zurück und fangen wieder an, Fragen zu stellen und Antworten zu geben. Auch der Mensch ist, wenn er nicht gerade nachts im Schlaf liegt, damit beschäftigt, Fragen zu stellen und Antworten zu geben. Der Geschäftsmann auf dem Markt ist mit Fragen und Antworten beschäftigt, ebenso wie die Anwälte im Gericht und die Schüler und Studenten in den Schulen und Universitäten. Die Gesetzgeber im Parlament stellen Fragen und geben Antworten; die Politiker und die Pressevertreter sind alle mit Fragen und Antworten beschäftigt. Aber obwohl sie ihr ganzes Leben Fragen stellen und Antworten geben, sind sie in keiner Weise zufrieden. Die Zufriedenheit der Seele kann nur durch Fragen und Antworten über Kṛṣṇa erreicht werden.

Kṛṣṇa kann unser vertrautester Meister, Freund, Vater, Sohn oder Partner ehelicher Liebe sein. Indem wir Kṛṣṇa vergaßen, haben wir so viele Objekte für Fragen und Antworten geschaffen, aber keines von ihnen ist imstande, uns völlige Zufriedenheit zu geben. Alle Dinge — außer Kṛṣṇa — verschaffen uns nur zeitweilige Befriedigung, und deshalb müssen wir uns, wenn wir völlig zufrieden werden wollen, mit Fragen und Antworten über Kṛṣṇa beschäftigen. Wir können nicht leben, ohne gefragt zu werden oder zu antworten. Da das *Śrīmad-Bhāgavatam* von Fragen und Antworten über Kṛṣṇa handelt, können wir einfach durch das Lesen und Hören dieser transzendentalen Schrift die höchste Zufriedenheit erlangen. Man sollte das *Śrīmad-Bhāgavatam* studieren und eine umfassende Lösung aller Probleme finden, die sich auf soziale, politische und religiöse Angelegenheiten beziehen. Das *Śrīmad-Bhāgavatam* und Kṛṣṇa stellen die Gesamtheit aller Dinge dar.

VERS 6

स वै पुंसां परो धर्मो यतो भक्तिरधोक्षजे ।
अहैतुक्यप्रतिहता ययाऽऽत्मा सुप्रसीदति ॥ ६ ॥

sa vai puṁsāṁ paro dharmo
yato bhaktir adhokṣaje
ahaituky apratihatā
yayātmā suprasīdati

saḥ—das; *vai*—gewiß; *puṁsām*—für die Menschheit; *paraḥ*—erhaben; *dharmaḥ*—Beschäftigung; *yataḥ*—durch die; *bhaktiḥ*—liebevoller Dienst; *adhokṣaje*—zu der Transzendenz; *ahaitukī*—motivlos; *apratihatā*—ununterbrochen; *yayā*—wodurch; *ātmā*—das Selbst; *suprasīdati*—völlig zufriedengestellt.

ÜBERSETZUNG

Die höchste Beschäftigung [dharma] für die gesamte Menschheit ist die, durch welche der Mensch liebenden hingebungsvollen Dienst für den transzendentalen Herrn erlangt. Solch hingebungsvoller Dienst muß motivlos und ununterbrochen ausgeführt werden, um das Selbst völlig zufriedenzustellen.

ERLÄUTERUNG

In dieser Feststellung beantwortet Śrī Sūta Gosvāmī die erste Frage der Weisen von Naimiṣāraṇya. Sie baten ihn, alle offenbarten Schriften zusammenzufassen und den wichtigsten Teil darzulegen, damit er von den gefallenen Menschen, das heißt von der Allgemeinheit, leicht aufgenommen werden könnte. Die *Veden* schreiben dem Menschen zwei Arten von Beschäftigungen vor. Die eine wird *pravṛtti-mārga*, der Weg des Sinnengenusses, genannt, und die andere heißt *nivṛtti-mārga*, der Weg der Entsagung. Der Weg des Genusses ist dem Weg des Opfers für den höchsten Ursprung untergeordnet. Die materielle Existenz des Lebewesens ist eine krankhafte Form des wirklichen Lebens. Wirkliches Leben bedeutet spirituelle Existenz, die *brahma-bhūta*-Existenz, in der das Leben ewig, glückselig und voller Wissen ist. Materielles Dasein ist zeitweilig, illusorisch und voller Leid. Da gibt es keinerlei Glück. Da gibt es nur den nutzlosen Versuch, von den Leiden frei zu werden, und das zeitweilige Aufhören des Leides wird irrtümlicherweise Glück genannt. Deshalb ist der Weg des fortschreitenden materiellen Genusses, der zeitweilig, voller Leid und illusorisch ist, von niederer Natur. Hingebungsvoller Dienst für den Höchsten Herrn dagegen, der zu ewigem, glückseligem und allwissendem Leben führt, ist die höhere Art der Beschäftigung. Dieser Dienst wird manchmal verunreinigt, wenn er mit der niederen Beschäftigung vermischt wird. Zum Beispiel ist das Ausführen hingebungsvollen Dienstes um materiellen Gewinnes willen gewiß ein Hindernis auf dem Weg der Entsagung. Entsagung oder Verzicht für das höchste Gute ist gewiß eine bessere Beschäftigung als der Genuß in krankhaften Lebensformen. Solcher Genuß verschlimmert die Symptome des Leidens nur und verlängert ihre Dauer. Deshalb muß hingebungsvoller Dienst für den Herrn von reiner Natur sein, das heißt ohne den geringsten Wunsch nach materiellem Genuß. Man sollte daher die höhere Art der Beschäftigung in der Form von hingebungsvollem Dienst für den Herrn ohne den geringsten Anflug unnötiger Wünsche, fruchtbringender Arbeit und philosophischer Spekulation wählen. Das allein kann uns zu dauerndem Trost in Seinem Dienst führen.

Wir haben das Wort *dharma* absichtlich mit Beschäftigung übersetzt, denn die Grundbedeutung dieses Wortes lautet: „das, was die Existenz erhält". Die Lebensgrundlage eines Lebewesens besteht darin, sein Tun mit seiner ewigen Beziehung zum Höchsten Herrn, Śrī Kṛṣṇa, zu verbinden. Kṛṣṇa ist der Ausgangspunkt aller Lebewesen, und Er ist das allanziehende Wesen. Er ist die ewige Gestalt unter allen anderen Wesen oder ewigen Gestalten. Jedes Lebewesen hat seine ewige Gestalt im spirituellen Leben, und Kṛṣṇa ist für sie alle der ewig Anziehende. Kṛṣṇa ist das vollkommene Ganze, und alles andere ist ein Teil von Ihm. Die Beziehung zu Ihm ist die eines Dieners zum Meister, und sie ist transzendental und völlig verschieden von unserer Erfahrung im materiellen Dasein. Die Beziehung des Dieners zum Meister ist die angenehmste Form von Vertrautheit. Man kann diese Beziehung durch Fortschritt im hingebungsvollen Dienst erkennen. Jeder sollte sich in diesem transzendentalen liebevollen Dienst für den Herrn betätigen, selbst auf der gegenwärtigen bedingten Stufe der materiellen Existenz. Das wird einem allmählich den Schlüssel zum wirklichen Leben geben und einen zu völliger Zufriedenheit führen.

VERS 7

वासुदेवे भगवति भक्तियोगः प्रयोजितः ।
जनयत्याशु वैराग्यं ज्ञानं च यदहैतुकम् ॥ ७ ॥

vāsudeve bhagavati
bhakti-yogaḥ prayojitaḥ
janayaty āśu vairāgyaṁ
jñānaṁ ca yad ahaitukam

vāsudeve—Kṛṣṇa; *bhagavati*—der Persönlichkeit Gottes; *bhakti-yogaḥ*—Berührung mit hingebungsvollem Dienst; *prayojitaḥ*—angewendet werden; *janayati*—bewirkt; *āśu*—sehr bald; *vairāgyam*—Loslösung; *jñānam*—Wissen; *ca*—und; *yat*—das, welches; *ahaitukam*—ursprungslos.

ÜBERSETZUNG

Indem man der Persönlichkeit Gottes Śrī Kṛṣṇa in Hingabe dient, erlangt man durch Seine grundlose Barmherzigkeit sofort Wissen und Loslösung von der Welt.

ERLÄUTERUNG

Diejenigen, die den hingebungsvollen Dienst für den Höchsten Herrn Śrī Kṛṣṇa für etwas Materielles und Gefühlsmäßiges halten, mögen einwenden, in den offenbarten Schriften würden Opfer, Wohltätigkeit, Entsagung, Wissen, mystische Kräfte und ähnliche andere Vorgänge zur transzendentalen Verwirklichung empfohlen. Ihrer Ansicht nach ist *bhakti* oder hingebungsvoller Dienst für den Herrn für diejenigen bestimmt, die die hochwertigen Tätigkeiten nicht ausführen können. Im allgemeinen wird gesagt, daß der *bhakti*-Pfad für die *śūdras, vaiśyas* und die weniger intelligente Klasse der Frauen bestimmt ist; doch das entspricht nicht den Tatsachen. Der *bhakti*-Pfad ist die höchste aller transzendentalen Tätigkeiten, und deshalb ist er erhaben und einfach zugleich. Er ist erhaben für die reinen Gottgeweihten, die den ernsthaften Wunsch haben, mit dem Höchsten Herrn in Verbindung zu kommen, und er ist einfach für die Neulinge, die gerade an der Schwelle des *bhakti*-Hauses stehen. Es ist eine große Wissenschaft, die Verbindung mit der Höchsten Persönlichkeit Gottes Śrī Kṛṣṇa aufzunehmen, und sie steht jedem Lebewesen offen, auch den *śūdras, vaiśyas* und Frauen oder sogar denen, die noch niedriger sind als die *śūdras*, ganz zu schweigen also von den Menschen ersten Ranges, wie den qualifizierten *brāhmaṇas* und den großen selbstverwirklichten Königen. Die anderen erhabenen Tätigkeiten, beschrieben als Opfer, Wohltätigkeit, Entsagung usw., folgen beim reinen und wissenschaftlichen *bhakti*-Vorgang von allein.

Wissen und Loslösung sind zwei wichtige Faktoren auf dem Pfad der transzendentalen Verwirklichung. Der gesamte spirituelle Vorgang führt zu vollkommenem Wissen, materiell wie auch spirituell, und das Ergebnis solch vollkommenen Wissens ist, daß man von materieller Zuneigung losgelöst und von spirituellen Tätigkeiten angezogen wird. Von materiellen Dingen frei zu werden bedeutet nicht, völlig untätig zu werden, wie Menschen mit geringem Wissen annehmen. *Naiṣkarma* bedeutet, nichts zu tun, was gute oder schlechte Ergebnisse nach sich zieht. Negation bedeutet nicht Negation des Positiven. Ablehnung des Unwesentlichen bedeutet nicht Ablehnung des Wesentlichen. In ähnlicher Weise bedeutet Loslösung von materiellen Formen nicht, die positive Form aufzulösen. Der *bhakti*-Pfad ist zur Erkenntnis der positiven Form bestimmt. Wenn die positive Form erkannt wird, sind die negativen Formen von selbst beseitigt. Mit der Entwicklung des *bhakti*-Pfads, das heißt mit der Anwendung des positiven Dienstes für die positive Form, wird man auf ganz natürliche Weise von niedrigen Dingen losgelöst und höheren Dingen zugetan. In ähnlicher Weise führt der *bhakti*-Pfad, der die allerhöchste Beschäftigung des Lebewesens ist, es aus dem materiellen Sinnengenuß heraus. Das ist das Zeichen eines reinen Gottgeweihten. Weder ist er ein Narr, noch beschäftigt er sich mit den niederen Energien, noch besitzt er materielle Werte. Dies ist durch trockenes Nachdenken nicht möglich. Es geschieht tatsächlich durch die Gnade des Allmächtigen. Die Schlußfolgerung lautet, daß ein reiner Gottgeweihter alle guten Eigenschaften besitzt, nämlich Wissen, Loslösung usw., aber jemand, der nur Wissen und Loslösung besitzt, ist nicht notwendigerweise mit den Prinzipien des *bhakti*-Vorgangs vertraut. *Bhakti* ist die allerhöchste Beschäftigung des Menschen.

VERS 8

धर्मः स्वनुष्ठितः पुंसां विष्वक्सेनकथासु यः ।
नोत्पादयेद्यदि रतिं श्रम एव हि केवलम् ॥ ८ ॥

dharmaḥ svanuṣṭhitaḥ puṁsāṁ
viṣvaksena-kathāsu yaḥ
notpādayed yadi ratiṁ
śrama eva hi kevalam

dharmaḥ—Beschäftigung; *svanuṣṭhitaḥ*—ausgeführt in Entsprechung zu seiner Position; *puṁsām*—der Menschheit; *viṣvaksena*—Persönlichkeit Gottes (vollständiger Teil); *kathāsu*—in der Botschaft von; *yaḥ*—was ist; *na*—nicht; *utpādayet*—erzeugt; *yadi*—wenn; *ratim*—Anziehung; *śramaḥ*—nutzlose Arbeit; *eva*—nur; *hi*—gewiß; *kevalam*—völlig.

ÜBERSETZUNG

Pflichten [dharma], die von den Menschen erfüllt werden, sind, ganz gleich welcher Art die Beschäftigung ist, nutzlose Arbeit, wenn sie keine Zuneigung zur Botschaft des Höchsten Herrn erwecken.

ERLÄUTERUNG

Es gibt entsprechend den verschiedenen Lebensauffassungen der Menschen verschiedene pflichtgemäße Tätigkeiten. Für den abgestumpften Materialisten, der lediglich den grobstofflichen Körper zu sehen vermag, gibt es nichts jenseits der Sinne. Deshalb beschränken sich seine vorgeschriebenen Tätigkeiten auf konzentrierte und ausgedehnte Selbstsucht. Konzentrierte Selbstsucht sieht den eigenen Körper im Mittelpunkt – diese Haltung findet man gewöhnlich unter den niederen Tieren –, und ausgedehnte Selbstsucht findet man in der menschlichen Gesellschaft, in der die Familie, die Gemeinschaft, der Staat, das Volk und die Welt im Mittelpunkt stehen, mit dem Ziel, das körperliche Dasein angenehm zu gestalten. Über diesen groben Materialisten stehen die intellektuellen Spekulanten, die in höheren geistigen Sphären schweben, und ihre vorgeschriebenen Pflichten schließen Dichtkunst, Philosophie oder das Verbreiten von *Ismen* mit ein, wobei sie das gleiche Ziel verfolgen, nämlich die auf Körper und Geist beschränkte Selbstsucht. Doch über dem Körper und dem Geist befindet sich die schlafende Seele, deren Abwesenheit vom Körper jegliche körperliche und geistige Selbstsucht null und nichtig macht. Weniger intelligente Menschen wissen leider nichts von den Bedürfnissen der Seele.

Weil törichte Menschen keine Kenntnis von der Seele haben und weil sie nicht wissen, daß sie sich jenseits des Bereichs von Körper und Geist befindet, befriedigt sie die Erfüllung ihrer vorgeschriebenen Pflichten nicht. In diesem Vers nun wird die Frage nach der Zufriedenstellung des Selbst gestellt. Das Selbst befindet sich jenseits des grobstofflichen Körpers und des feinstofflichen Geistes. Es ist das aktivwirksame Prinzip des Körpers und des Geistes. Wenn man das Bedürfnis der schlafenden Seele nicht kennt und lediglich den Körper und den Geist befriedigt, kann man nicht glücklich sein. Körper und Geist sind nichts weiter als überflüssige äußere Bedeckungen der spirituellen Seele; vielmehr müssen die Bedürfnisse der spirituellen Seele erfüllt werden. Wenn man nur den Käfig des Vogels reinigt, stellt man den Vogel nicht zufrieden. Man muß die Bedürfnisse des Vogels kennen.

Das Bedürfnis der Seele ist es, aus der begrenzten Sphäre der materiellen Unfreiheit herauszukommen und ihren Wunsch nach völliger Freiheit zu erfüllen. Sie möchte die Umhüllung des Universums durchdringen und das freie Licht und die spirituelle Natur sehen. Diese völlige Freiheit erreicht sie, wenn sie dem vollkommenen spirituellen Wesen, der Persönlichkeit Gottes, begegnet. In jedem ruht Zuneigung zu Gott; das spirituelle Dasein manifestiert sich durch den groben Körper und den feinen Geist in Form von verzerrter Zuneigung zu grober und feiner Materie. Deshalb müssen wir vorgeschriebenen Tätigkeiten nachgehen, die unser göttliches Bewußtsein wiedererwecken. Dies wird nur durch das Hören und Chanten über die göttlichen Tätigkeiten des Höchsten Herrn möglich. Eine pflichtgemäße Tätigkeit, die nicht dazu verhilft, Neigung zum Hören und Chanten der transzendentalen Botschaft Gottes zu erlangen, ist, wie hier gesagt wird, nur Zeitverschwendung. Dies ist so, weil andere vorgeschriebene Pflichten (zu welchem *Ismus* sie auch gehören mögen) der Seele nicht zur Befreiung verhelfen können. Sogar die Bemühungen der nach Befreiung Strebenden werden als nutzlos angesehen, weil sie es versäumen, sich dem Quell aller Freiheit zuzuwenden. Auch der grobe Materialist muß – entweder in diesem oder im nächsten Leben – erkennen, daß sein materieller Gewinn von Zeit und Raum begrenzt ist. Selbst wenn er nach Svargaloka aufsteigt, wird er keinen beständigen Aufenthaltsort für seine verlangende Seele finden. Die verlangende Seele muß durch die wissenschaftliche Methode vollkommenen hingebungsvollen Dienstes befriedigt werden.

VERS 9

धर्मस्य ह्यापवर्ग्यस्य नार्थोऽर्थायोपकल्पते ।
नार्थस्य धर्मैकान्तस्य कामो लाभाय हि स्मृतः ॥ ९ ॥

dharmasya hy āpavargyasya
nārtho 'rthāyopakalpate
nārthasya dharmaikāntasya
kāmo lābhāya hi smṛtaḥ

dharmasya—pflichtgemäße Tätigkeit; *hi*—gewiß; *āpavargyasya*—endgültige Befreiung; *na*—nicht; *arthaḥ*—Ende; *arthāya*—für materiellen Gewinn; *upakalpate*—bestimmt zu; *na*—noch; *arthasya*—der materiellen Vorteile; *dharma-eka-antasya*—für jemanden, der im endgültigen pflichtgemäßen Dienst beschäftigt ist; *kāmaḥ*—Sinnenbefriedigung; *lābhāya*—Erlangung von; *hi*—genau; *smṛtaḥ*—wird von den großen Weisen beschrieben.

ÜBERSETZUNG

Alle pflichtgemäßen Tätigkeiten [dharmas] sind zweifellos zur endgültigen Befreiung bestimmt. Sie sollten niemals um materiellen Gewinns willen ausgeführt werden. Darüber hinaus sollte niemand, der im endgültigen pflichtgemäßen Dienst [dharma] beschäftigt ist, materiellen Gewinn zur Sinnenbefriedigung benutzen.

ERLÄUTERUNG

Wir haben bereits besprochen, daß reiner hingebungsvoller Dienst für den Herrn ganz von selbst von vollkommenem Wissen und der Loslösung vom materiellen Dasein begleitet wird. Aber es gibt auch andere, die der Ansicht sind, daß alle Arten von pflichtgemäßen Beschäftigungen, einschließlich der religiösen, dazu bestimmt sind, materiellen Gewinn zu erlangen. Die allgemeine Neigung eines gewöhnlichen Menschen in irgendeinem Teil der Welt ist es, materiellen Gewinn im Austausch gegen religiöse oder andere pflichtgemäße Dienste zu erlangen. Sogar in den vedischen Schriften wird für alle Arten von religiösen Werken ein verlockender materieller Gewinn angeboten, und die meisten Menschen werden von solchen Verlockungen oder Segnungen der Religiosität angezogen. Warum werden solche angeblich religiösen Menschen von materiellem Gewinn verführt? Weil materieller Gewinn die Möglichkeit bietet, Wünsche zu erfüllen, wodurch die Sinne befriedigt werden. Dieser Kreislauf der pflichtgemäßen Beschäftigung umfaßt sogenannte Religiosität, gefolgt von materiellem Gewinn, der wiederum die Erfüllung der Wünsche nach sich zieht. Sinnenbefriedigung ist der übliche Weg aller Arten von Menschen, die von ihrer Arbeit völlig in Anspruch genommen werden, doch Sūta Gosvāmī erklärt diesen Weg in dem obigen *śloka* des *Śrīmad-Bhāgavatam* für nichtig.

Man sollte sich mit keiner Art pflichtgemäßen Dienstes beschäftigen, die nur auf materiellen Gewinn ausgerichtet ist; ebenso sollte materieller Gewinn nicht für Sinnengenuß benutzt werden. Wie materieller Gewinn benutzt werden soll, wird im nächsten *śloka* beschrieben.

VERS 10

कामस्य नेन्द्रियप्रीतिर्लाभो जीवेत यावता ।
जीवस्य तत्त्वजिज्ञासा नार्थो यश्चेह कर्मभिः ॥१०॥

kāmasya nendriya-prītir
lābho jīveta yāvatā
jīvasya tattva-jijñāsā
nārtho yaś ceha karmabhiḥ

kāmasya—der Wünsche; *na*—nicht; *indriya*—Sinne; *prītiḥ*—Befriedigung; *lābhaḥ*—Gewinn; *jīveta*—Selbsterhaltung; *yāvatā*—so viel wie; *jīvasya*—des Lebewesens; *tattva*—Absolute Wahrheit; *jijñāsā*—Fragen; *na*—nicht; *arthaḥ*—Ende; *yaḥ ca iha*—was auch immer noch; *karmabhiḥ*—durch pflichtgemäße Tätigkeiten.

ÜBERSETZUNG

Die Wünsche des Lebens sollten sich nie auf die Befriedigung der Sinne richten. Man sollte nur nach einem gesunden Leben und nach Selbsterhaltung streben, denn das menschliche Leben ist dafür bestimmt, Fragen nach der Absoluten Wahrheit zu stellen. Das sollte das Ziel aller Werke sein.

ERLÄUTERUNG

Die völlig verwirrte materielle Zivilisation wandelt irregeführt auf einem Pfad, der zur Erfüllung von Wünschen durch Sinnenbefriedigung führen soll. In einer solchen Zivilisation ist in allen Bereichen des Lebens Sinnenbefriedigung das endgültige Ziel. In der Politik, im Sozialdienst, im Altruismus, in der Philanthropie und schließlich in der Religion oder sogar im Streben nach Befreiung ist der gleiche Hang zur Befriedigung der Sinne in zunehmendem Maße vorherrschend. Im Bereich der Politik kämpfen die Führer der Menschen um ihrer persönlichen Sinnenbefriedigung willen gegeneinander. Die Wähler verehren die sogenannten Führer nur, wenn diese ihnen Sinnenbefriedigung versprechen, und sobald die Wähler mit ihrem persönlichen Sinnengenuß unzufrieden sind, setzen sie die Führer ab. Die Führer enttäuschen die Wähler fast immer, da sie deren Sinne nicht zufriedenstellen. Das gleiche trifft auch auf alle anderen Bereiche zu; keiner nimmt die Probleme des Lebens ernst. Selbst diejenigen, die auf dem Pfad der Befreiung wandern, wünschen, mit der Absoluten Wahrheit eins zu werden und spirituellen Selbstmord um der Sinnenbefriedigung willen zu begehen. Aber das *Bhāgavatam* sagt, daß man nicht für Sinnengenuß leben soll. Man soll seine Sinne nur so weit befriedigen, als dies zur Selbsterhaltung nötig ist, aber nicht um der Sinnenbefriedigung willen. Weil der Körper aus Sinnen besteht, die nun einmal eine gewisse Menge Befriedigung brauchen, gibt es regulierende Prinzipien, nach denen man die Sinne befriedigen kann. Jedoch sind die Sinne nicht zum uneingeschränkten Genuß bestimmt. So ist zum Beispiel die Heirat oder die Verbindung eines Mannes mit einer Frau für den Nachwuchs nötig, aber sie ist nicht zum Sinnengenuß gedacht. Weil solch freiwillige Einschränkung fehlt, wird Propaganda für Familienplanung gemacht, aber die törichten Menschen wissen nicht, daß Familienplanung von selbst durchgeführt wird, sobald man nach der Absoluten Wahrheit forscht. Sucher der Absoluten Wahrheit werden niemals zu unnötigen Beschäftigungen mit dem Ziel der Sinnenbefriedigung verleitet, weil die ernsthaft Lernenden, die nach der Absoluten Wahrheit suchen, immer von diesem Streben ausgefüllt sind. In jedem Lebensbereich muß es das endgültige Ziel sein, nach der Absoluten Wahrheit zu suchen, und diese Art der Beschäftigung wird jeden glücklich machen, weil er dadurch weniger mit den verschiedenen Arten der Sinnenbefriedigung beschäftigt ist. Was die Absolute Wahrheit ist, wird wie folgt erklärt.

VERS 11

वदन्ति तत्तत्त्वविदस्तत्त्वं यज्ज्ञानमद्वयम् ।
ब्रह्मेति परमात्मेति भगवानिति शब्द्यते ॥११॥

vadanti tat tattva-vidas
tattvaṁ yaj jñānam advayam
brahmeti paramātmeti
bhagavān iti śabdyate

vadanti—sie sagen; *tat*—das; *tattva-vidaḥ*—die erfahrenen Seelen; *tattvam*—die Absolute Wahrheit; *yat*—welche; *jñānam*—Wissen; *advayam*—nichtdual; *brahma iti*—genannt Brahman; *paramātmā iti*—genannt Paramātmā; *bhagavān iti*—genannt Bhagavān; *śabdyate*—es klang so.

ÜBERSETZUNG

Gelehrte Transzendentalisten, die die Absolute Wahrheit kennen, bezeichnen diese nichtdualistische Substanz als Brahman, Paramātmā oder Bhagavān.

ERLÄUTERUNG

Die Absolute Wahrheit ist sowohl Subjekt als auch Objekt, und zwischen beiden besteht kein qualitativer Unterschied. Daher sind Brahman, Paramātmā und Bhagavān qualitativ ein und dasselbe. Dieselbe Substanz wird von denen, die die *Upaniṣaden* studieren, als unpersönliches Brahman erkannt, von den Hiraṇyagarbhas oder *yogīs* als lokalisierter Paramātmā und von den Gottgeweihten als Bhagavān. Mit anderen Worten, Bhagavān oder die Persönlichkeit Gottes ist der höchste Aspekt der Absoluten Wahrheit; Paramātmā ist die Teilrepräsentation der Persönlichkeit Gottes, und das unpersönliche Brahman ist die leuchtende Ausstrahlung der Persönlichkeit Gottes, so, wie das Sonnenlicht die Ausstrahlung des Sonnengottes ist. Weniger intelligente Schüler, ganz gleich welcher der oben genannten Schulen sie angehören, argumentieren manchmal zugunsten ihrer eigenen jeweiligen Verwirklichung, aber diejenigen, die vollkommene Seher der Absoluten Wahrheit sind, wissen sehr wohl, daß die drei obigen Aspekte der einen Absoluten Wahrheit verschiedene Betrachtungsweisen darstellen, die sich aus den verschiedenen Blickwinkeln ergeben.

Wie im ersten *śloka* des Ersten Kapitels des *Bhāgavatam* erklärt wird, ist die Absolute Wahrheit unabhängig, voller Wissen und frei von der Illusion der Relativität. In der bedingten Welt ist der Wissende vom Wissen verschieden, aber in der Absoluten Wahrheit sind der Wissende und der Gegenstand des Wissens ein und dasselbe. In der bedingten Welt ist der Wissende die lebendige spirituelle Seele oder die übergeordnete Energie, wohingegen der Gegenstand des Wissens die inaktive Materie, untergeordnete Energie, ist. Deshalb gibt es Dualität zwischen niederer und höherer Energie. Im absoluten Reich hingegen gehören der Wissende und der Gegenstand des Wissens zur selben höheren Energie. Es gibt drei Arten von Energien, die vom höchsten Energieursprung stammen, und es besteht kein Unterschied zwischen diesen Energien und ihrem Ursprung. Die Energien unterscheiden sich jedoch den Eigenschaften nach. Das absolute Reich und die Lebewesen sind von derselben höheren Energie, während die materielle Energie von niederer Natur ist. Durch die Berührung mit der niederen Energie in Illusion versetzt, denkt das Lebewesen, es gehöre zu dieser untergeordneten Energie. Deshalb gibt es die Erfahrung von Relativität in der materiellen Welt. In der absoluten Welt gibt es keine solche Erfahrung eines Unterschieds zwischen dem Wissenden und dem Gegenstand des Wissens, und deshalb ist dort alles absolut.

VERS 12

तच्छ्रद्दधाना मुनयो ज्ञानवैराग्ययुक्तया ।
पश्यन्त्यात्मनि चात्मानं भक्त्या श्रुतगृहीतया ॥१२॥

tac chraddadhānāḥ munayo
jñāna-vairāgya-yuktayā
paśyanty ātmani cātmānaṁ
bhaktyā śruta-gṛhītayā

tat—das; *śraddadhānāḥ*—ernsthaft fragend; *munayaḥ*—Weise; *jñāna*—Wissen; *vairāgya*—Losgelöstheit; *yuktayā*—wohlversehen mit; *paśyanti*—sehen; *ātmani*—in sich; *ca*—und; *ātmānam*—den Paramātmā; *bhaktyā*—im hingebungsvollen Dienst; *śruta*—die *Veden*; *gṛhītayā*—gut aufgenommen.

ÜBERSETZUNG

Diese Absolute Wahrheit wird von dem aufrichtig suchenden Schüler oder Weisen erkannt, der im Wissen bewandert ist und durch hingebungsvollen Dienst und Hören der Vedānta-śruti alle Anhaftung aufgegeben hat.

ERLÄUTERUNG

Die Absolute Wahrheit erkennt man in ihrer ganzen Fülle durch den Vorgang des hingebungsvollen Dienstes für Vāsudeva, die Persönlichkeit Gottes, der die völlig unabhängige Absolute Wahrheit ist. Das Brahman ist Seine transzendentale körperliche Ausstrahlung, und der Paramātmā ist Seine Teilrepräsentation. Somit ist die Brahman- und Paramātmā-Erkenntnis der Absoluten Wahrheit nur eine Teilerkenntnis. Es gibt vier verschiedene Arten von Lebewesen: *karmīs, jñānīs, yogīs* und Gottgeweihte. Die *karmīs* sind materialistisch, wohingegen die anderen drei transzendental sind. Die erstrangigen Transzendentalisten sind die Gottgeweihten, die die Höchste Person erkannt haben. Die zweitrangigen Transzendentalisten sind diejenigen, die den vollständigen Teil der absoluten Person zum Teil erkannt haben, und die drittrangigen Transzendentalisten sind diejenigen, die nur mit Mühe die spirituelle Natur der absoluten Person erkannt haben. Wie in der *Bhagavad-gītā* und anderen vedischen Schriften gesagt wird, kann man die Höchste Person durch hingebungsvollen Dienst erkennen, der durch vollkommenes Wissen und Loslösung von der materiellen Verbindung gestützt wird. Wir haben bereits besprochen, daß auf hingebungsvollen Dienst Wissen und Loslösung von der materiellen Verbindung folgen. Da die Brahman- und die Paramātmā-Erkenntnis unvollkommene Erkenntnisse der Absoluten Wahrheit darstellen, sind die Mittel zur Brahman- und Paramātmā-Erkenntnis, das heißt die *jñāna*- und *yoga*-Pfade, ebenfalls unvollkommene Mittel, die Absolute Wahrheit zu erkennen. Hingebungsvoller Dienst, bei dem vollkommenes Wissen zusammen mit Loslösung von der materiellen Verbindung im Vordergrund stehen und der auf das Hören der *Vedānta-śruti* ausgerichtet ist, bildet für den ernsthaft suchenden Schüler die einzig vollkommene Methode, die Absolute Wahrheit zu erkennen. Hingebungsvoller Dienst ist daher nicht für die weniger intelligente Gruppe der Transzendentalisten bestimmt. Es gibt drei Arten von Gottgeweihten, nämlich die Gottgeweihten ersten, zweiten und dritten Ranges. Die drittrangigen Gottgeweihten, das heißt die Neulinge, die weder Wissen besitzen noch von der materiellen Verbindung losgelöst sind, sondern sich nur zu dem vorbereitenden Vorgang der Bildgestaltenverehrung im Tempel hingezogen fühlen, werden materialistische Gottgeweihte genannt. Materialistische Gottgeweihte haften mehr an materiellem Gewinn als an transzendentalem Nutzen. Daher muß man von der materiellen Stufe des hingebungsvollen Dienstes aus zweifellos Fortschritte machen, um die hingebungsvolle Stufe zweiten Ranges zu erreichen. In der zweitrangigen Stellung kann der Gottgeweihte vier Grundsätze auf dem hingebungsvollen Pfad erkennen, nämlich die Persönlichkeit Gottes, Seine Geweihten, die Unwissenden und die Neidischen. Man muß sich zumindest zur Stufe eines Gottgeweihten zweiten Ranges erheben und somit geeignet werden, die Absolute Wahrheit zu erkennen.

Ein Gottgeweihter dritten Ranges muß daher die Anweisungen für den hingebungsvollen Dienst aus den autoritativen Quellen des *Bhāgavata* empfangen. Mit *Bhāgavata* ist einmal der gefestigte, selbstverwirklichte Gottgeweihte gemeint und zum anderen die Botschaft Gottes, das *Bhāgavatam.* Der drittrangige Gottgeweihte muß sich deshalb an einen selbstverwirklichten Gottgeweihten wenden, um die Anweisungen für den hingebungsvollen Dienst zu erlernen. Solch ein reiner Gottgeweihter ist nicht jemand, der mit dem *Śrīmad-Bhāgavatam* seinen Lebensunterhalt verdient. Ein solcher Gottgeweihter muß, wie Sūta Gosvāmī, ein Vertreter Śukadeva Gosvāmīs sein und den Pfad des hingebungsvollen Dienstes zum Wohl aller Menschen predigen. Ein neuer Gottgeweihter findet kaum Geschmack daran, von den Autoritäten zu hören. Er hört oft lieber einem berufsmäßigen Sprecher zu, um seine Sinne zu befriedigen. Diese Art des Chantens und Hörens verdirbt alles; deshalb sollte man sich vor dieser falschen Übung sehr hüten. Die heiligen Botschaften Gottes, wie sie in der *Bhagavad-gītā* und im *Śrīmad-Bhāgavatam* verkündet werden, sind zweifellos transzendentale Themen; nichtsdestoweniger dürfen solche transzendentalen Themen nicht aus dem Mund eines berufsmäßigen Sprechers gehört werden, der sie vergiftet wie eine Schlange, die Milch schon durch die Berührung mit ihrer Zunge vergiftet.

Ein aufrichtiger Gottgeweihter muß deshalb bereit sein, aus den vedischen Schriften zu hören, wie den *Upaniṣaden*, dem *Vedānta* und anderen Schriften, die von den früheren Autoritäten oder Gosvāmīs zur Förderung seines Fortschritts hinterlassen wurden. Ohne aus solchen Schriften zu hören, kann man keinen wirklichen Fortschritt erzielen. Wenn man die Unterweisungen nicht anhört und befolgt, wird der hingebungsvolle Dienst zum wertlosen Schauspiel und deshalb zu einer Art Störung auf dem Pfad des hingebungsvollen Dienstes. Sogenannter hingebungsvoller Dienst, der nicht auf den Prinzipien der Autorität von *śruti, smṛti, purāṇa* oder *pañcarātra* aufgebaut ist, muß als Zurschaustellung hingebungsvollen Dienstes abgelehnt werden. Ein unautorisierter Gottgeweihter darf niemals als reiner Gottgeweihter anerkannt werden. Wenn man die Botschaft der vedischen Schriften aufnimmt, kann man den alldurchdringenden lokalisierten Aspekt der Persönlichkeit Gottes in seinem eigenen Selbst ständig wahrnehmen. Das wird *samādhi* genannt.

VERS 13

अतः पुम्भिर्द्विजश्रेष्ठा वर्णाश्रमविभागशः ।
स्वनुष्ठितस्य धर्मस्य संसिद्धिर्हरितोषणम् ॥१३॥

ataḥ pumbhir dvija-śreṣṭhā
varṇāśrama-vibhāgaśaḥ
svanuṣṭhitasya dharmasya
saṃsiddhir hari-toṣaṇam

ataḥ—so; *pumbhiḥ*—von Menschen; *dvija-śreṣṭāḥ*—o bester unter den Zweimalgeborenen; *varṇa-āśrama*—Institution der vier Kasten und Stufen des Lebens; *vibhāgaśaḥ*—durch die Unterteilung von; *svanuṣṭhitasya*—seiner eigenen vorgeschriebenen Pflichten; *dharmasya*—beschäftigend; *saṁsiddhiḥ*—höchste Vollkommenheit; *hari*—der Persönlichkeit Gottes; *toṣaṇam*—erfreuend.

ÜBERSETZUNG

O bester unter den Zweimalgeborenen, man kann hieraus schließen, daß die höchste Vollkommenheit, die man durch die Erfüllung seiner vorgeschriebenen Pflichten [dharma] gemäß den Kastenunterteilungen und Ordnungen des Lebens erlangen kann, darin besteht, den Herrn Hari zu erfreuen.

ERLÄUTERUNG

Die menschliche Gesellschaft ist überall auf der Welt in vier Kasten und vier Ordnungen des Lebens unterteilt. Die vier Kasten sind: die gebildete Kaste, die Krieger-Kaste, die produzierende Kaste und die Arbeiter-Kaste. Diese Kasten werden nicht entsprechend der Geburt, sondern entsprechend der Betätigung und Befähigung festgelegt. Dann gibt es wiederum vier Ordnungen des Lebens, nämlich das Leben als Lernender und dann als Haushälter, das zurückgezogene und dann das gottgeweihte Dasein. Weil es der menschlichen Gesellschaft zum größten Nutzen gereicht, muß es solche Unterteilungen des Lebens geben; sonst kann keine soziale Einrichtung zu einem gesunden Dasein kommen. Und in jeder einzelnen der oben erwähnten Unterteilungen des Lebens muß es das Ziel sein, die höchste Autorität, die Persönlichkeit Gottes, zu erfreuen. Diese institutionelle Funktion der menschlichen Gesellschaft ist als das System des *varṇāśrama-dharma* bekannt, das für ein zivilisiertes Dasein ganz natürlich ist. Die *varṇāśrama*-Einrichtung ist dazu gedacht, jeden zu befähigen, die Absolute Wahrheit zu erkennen. Sie ist nicht dazu da, die eine Gesellschaftsschicht künstlich über die andere herrschen zu lassen. Wenn das Ziel des Lebens, das heißt die Erkenntnis der Absoluten Wahrheit, durch zu große Anhaftung an Sinnenbefriedigung (*indriya-prīti*) verfehlt wird, benutzen selbstsüchtige Menschen, wie bereits zuvor erörtert wurde, die Einrichtung des *varṇāśrama* dazu, eine künstliche Herrschaft über den schwächeren Teil der Gesellschaft zu errichten. Im Kali-yuga, im Zeitalter des Zankes, ist diese künstliche Vorherrschaft schon allgemein üblich, aber der einsichtigere Teil der Bevölkerung weiß wohl, daß die Einteilung der Kasten und Ordnungen des Lebens zu keinem anderen Zweck bestimmt ist als für einen reibungslosen sozialen Austausch und ein hochentwickeltes Denken, das zur Selbstverwirklichung führt.

Die Erklärung des *Bhāgavatam* lautet an dieser Stelle, daß das höchste Ziel des Lebens oder die höchste Vollkommenheit der *varṇāśrama-dharma*-Einrichtung darin besteht, geschlossen an der Zufriedenstellung des Herrn mitzuarbeiten, was auch in der *Bhagavad-gītā* (4.13) bestätigt wird.

VERS 14

तस्मादेकेन मनसा भगवान् सात्वतां पतिः ।
श्रोतव्यः कीर्तितव्यश्च ध्येयः पूज्यश्च नित्यदा ॥१४॥

tasmād ekena manasā
bhagavān sātvatāṁ patiḥ
śrotavyaḥ kīrtitavyaś ca
dhyeyaḥ pūjyaś ca nityadā

tasmāt—daher; *ekena*—von einem; *manasā*—Aufmerksamkeit des Geistes; *bhagavān*—die Persönlichkeit Gottes; *sātvatām*—der Gottgeweihten; *patiḥ*—Beschützer; *śrotavyaḥ*—soll gehört werden; *kīrtitavyaḥ*—soll gepriesen werden; *ca*—und; *dhyeyaḥ*—man soll sich an Ihn erinnern; *pūjyaḥ*—soll verehrt werden; *ca*—und; *nityadā*—ständig.

ÜBERSETZUNG

Deshalb sollten die Gottgeweihten ständig über die Persönlichkeit Gottes [Bhagavān], ihren Beschützer, hören, Ihn ruhmpreisen, sich an Ihn erinnern und Ihn verehren.

ERLÄUTERUNG

Wenn die Erkenntnis der Absoluten Wahrheit das endgültige Ziel des Lebens ist, muß diese Erkenntnis unter allen Umständen erlangt werden. In jeder der oben erwähnten Kasten und Ordnungen des Lebens sind die vier Vorgänge, nämlich Ruhmpreisen, Hören, Sicherinnern und Verehren, die allgemeinen Beschäftigungen. Ohne diese Grundsätze des Lebens kann niemand existieren. Die Tätigkeiten des Lebewesens umfassen Beschäftigungen innerhalb dieser vier Prinzipien. Besonders in der modernen Gesellschaft sind alle Tätigkeiten mehr oder weniger vom Hören und Ruhmpreisen abhängig. Menschen jeder beliebigen Gesellschaftsschicht werden innerhalb kürzester Zeit in der menschlichen Gesellschaft wohlbekannt, wenn sie einfach in den Tageszeitungen zu Recht oder zu Unrecht gepriesen werden. Manchmal werden politische Führer bestimmter Parteien durch Zeitungspropaganda bekannt gemacht, und durch diese Methode der Ruhmpreisung wird ein unbedeutender Mann in kurzer Zeit eine bedeutende Persönlichkeit. Doch solche Propaganda, nämlich fälschliche Ruhmpreisung eines ungeeigneten Mannes, kann nichts Gutes zur Folge haben, weder für den einzelnen noch für die Gesellschaft. Es mag einige zeitweilige Reaktionen auf solche Propaganda geben, aber es ergeben sich keine bleibenden Folgen. Deshalb sind solche Tätigkeiten Zeitverschwendung. Das eigentliche Objekt der Lobpreisung ist die Höchste Persönlichkeit Gottes, die alles Manifestierte um uns geschaffen hat. Wir haben diese Tatsache vom Anfang des „*janmādy asya*"-*śloka* in diesem *Bhāgavatam* an ausführlich erörtert. Die Neigung, andere zu preisen oder von anderen zu hören, muß auf das wirkliche Objekt der Ruhmpreisung gelenkt werden — das Höchste Wesen. Das wird zu wirklichem Glück führen.

VERS 15

यदनुध्यासिना युक्ताः कर्मग्रन्थिनिबन्धनम् ।
छिन्दन्ति कोविदास्तस्य को न कुर्यात्कथारतिम् ।१५।

yad-anudhyāsinā yuktāḥ
karma-granthi-nibandhanam
chindanti kovidās tasya
ko na kuryāt kathā-ratim

yat—welche; *anudhyā*—Erinnerung; *asinā*—Schwert; *yuktāḥ*—mit Personen versehen; *karma*—reaktionenbringendes Tun; *granthi*—Knoten; *nibandhanam*—verknüpft; *chindanti*—zu schneiden; *kovidāḥ*—intelligent; *tasya*—Sein; *kaḥ*—wer; *na*—nicht; *kuryāt*—soll tun; *kathā*—Botschaften; *ratim*—Aufmerksamkeit.

ÜBERSETZUNG

Mit dem Schwert in der Hand durchschlagen intelligente Menschen den festen Knoten des reaktionenbringenden Tuns [karma], indem sie sich an den Herrn erinnern. Wer wird also Seiner Botschaft kein Gehör schenken?

ERLÄUTERUNG

Der spirituelle Funken erzeugt, wenn er mit Materie in Berührung kommt, einen Knoten, der durchschnitten werden muß, wenn man von den Aktionen und Reaktionen des fruchtbringenden Tuns befreit werden will. Befreiung bedeutet, vom Kreislauf des reaktionenbringenden Tuns befreit zu werden. Wer sich ständig an die transzendentalen Spiele der Persönlichkeit Gottes erinnert, erreicht diese Befreiung automatisch, denn alle Taten des Höchsten Herrn (Seine *līlās*) sind transzendental zu den Erscheinungsweisen der materiellen Energie. Es sind allanziehende spirituelle Taten, und deshalb wird die bedingte Seele durch ständigen Kontakt mit diesen spirituellen Taten des Höchsten Herrn allmählich spiritualisiert und durchtrennt schließlich den Knoten materieller Fesselung.

Befreiung von der Fessel der Materie ist deshalb eine Nebenerscheinung des hingebungsvollen Dienstes. Die Erlangung spirituellen Wissens reicht nicht aus, Befreiung sicherzustellen. Solches Wissen muß mit hingebungsvollem Dienst überzogen werden, so daß letztlich der hingebungsvolle Dienst allein überwiegt. Dann wird Befreiung möglich. Selbst das reaktionenbringende Tun eines fruchtbringenden Arbeiters kann zur Befreiung führen, wenn es mit hingebungsvollem Dienst überzogen wird. *Karma*, das mit hingebungsvollem Dienst überzogen ist, wird *karma-yoga* genannt. In ähnlicher Weise wird empirisches Wissen, das mit hingebungsvollem Dienst überzogen ist, *jñāna-yoga* genannt. Reiner *bhakti-yoga* indessen ist von solchem *karma* und *jñāna* unabhängig, denn er allein kann nicht nur Befreiung vom bedingten Dasein gewähren, sondern auch transzendentalen liebevollen Dienst für den Herrn schenken.

Deshalb muß sich jeder einsichtige Mensch, der über dem Durchschnittsmenschen steht, der nur ein geringes Wissen hat, ständig an die Persönlichkeit Gottes erinnern, indem er über Ihn hört, Ihn lobpreist, sich an Ihn erinnert und Ihn immer, ohne Unterlaß, verehrt. Das ist der vollkommene Weg des hingebungsvollen Dienstes. Die Gosvāmīs von Vṛndāvana, die von Śrī Caitanya Mahāprabhu dazu ermächtigt waren, den Vorgang des *bhakti-yoga* zu predigen, folgten streng dieser Regel und verfaßten zu unserem Nutzen unzählige Schriften über die transzendentale Wissenschaft. In Anlehnung an die Lehren des *Śrīmad-Bhāgavatam* und ähnlicher autoritativer Schriften haben sie einen Weg gezeigt, der – entsprechend den verschiedenen Kasten und Ordnungen des Lebens – für alle offen ist.

VERS 16

शुश्रूषोः श्रद्दधानस्य वासुदेवकथारुचिः ।
स्यान्महत्सेवया विप्राः पुण्यतीर्थनिषेवणात् ॥१६॥

śuśrūṣoḥ śraddadhānasya
vāsudeva-kathā-ruciḥ
syān mahat-sevayā viprāḥ
puṇya-tīrtha-niṣevaṇāt

śuśrūṣoḥ—einer, der mit Hören beschäftigt ist; *śraddadhānasya*—mit Sorgfalt und Aufmerksamkeit; *vāsudeva*—in bezug auf Vāsudeva; *kathā*—Botschaft; *ruciḥ*—Neigung; *syāt*—wird ermöglicht; *mahat-sevayā*—durch Dienste für reine Gottgeweihte; *viprāḥ*—o Zweimalgeborene; *puṇya-tīrtha*—diejenigen, die von allen Lastern befreit sind; *niṣevaṇāt*—durch Dienst.

ÜBERSETZUNG

O zweimalgeborene Weise, wenn man jenen Gottgeweihten dient, die völlig frei von allen Lastern sind, erweist man einen großen Dienst. Durch solches Dienen entwickelt man die Neigung, die Botschaften Vāsudevas zu hören.

ERLÄUTERUNG

Das bedingte Dasein eines Lebewesens hat seine Ursache darin, daß sich das Lebewesen gegen den Herrn auflehnt. Es gibt Menschen, die *devas* (göttliche Lebewesen) genannt werden, und es gibt Menschen, die *asuras* oder Dämonen genannt werden. Die letzteren lehnen sich gegen die Autorität des Höchsten Herrn auf. In der *Bhagavad-gītā* (16. Kapitel) wird eine lebendige Darstellung der *asuras* gegeben, wobei gesagt wird, daß die *asuras* Leben für Leben in immer niedrigere Zustände der Unwissenheit versetzt werden und so zu den niedrigsten tierischen Lebensformen hinabsinken und nichts von der Absoluten Wahrheit, der Persönlichkeit Gottes, wissen. Diese *asuras* werden nach dem Willen des Höchsten Herrn durch die Barmherzigkeit Seiner befreiten Diener in verschiedenen Ländern allmählich zum Gottesbewußtsein zurückgebracht. Solche Diener oder Geweihte Gottes sind sehr vertrauliche Gefährten des Herrn, und wenn sie kommen, um die menschliche Gesellschaft vor den Gefahren der Gottlosigkeit zu retten, sind sie als mächtige Inkarnationen des Herrn, als Söhne des Herrn, als Diener des Herrn oder als Gefährten des Herrn bekannt. Aber keiner von ihnen behauptet fälschlich, selbst Gott zu sein. Das ist eine von den *asuras* verkündete Gotteslästerung, und auch die dämonischen Anhänger solcher *asuras* erkennen Betrüger als Gott oder Seine Inkarnation an. Die offenbarten Schriften geben uns klare Auskunft über die Inkarnationen Gottes. Niemand sollte als Gott oder als Inkarnation Gottes anerkannt werden, wenn dies nicht von den offenbarten Schriften bestätigt wird.

Die Diener Gottes sollten von den Gottgeweihten, die wirklich zu Gott zurückkehren wollen, wie Gott geachtet werden. Solche Diener Gottes werden *mahātmās* oder *tīrthas* genannt, und sie predigen gemäß der Zeit und dem jeweiligen Ort. Die Diener Gottes drängen die Menschen dazu, Geweihte des Herrn zu werden. Sie dulden es niemals, selbst Gott genannt zu werden. Śrī Caitanya Mahāprabhu war nach den Hinweisen der offenbarten Schriften Gott Selbst, aber Er spielte die Rolle eines Gottgeweihten. Menschen, die Ihn als Gott erkannten, sprachen Ihn als Gott an, aber Er hielt Sich immer die Ohren zu und chantete den Namen des Herrn, Śrī Viṣṇu. Er protestierte heftig dagegen, Gott genannt zu werden, obwohl Er zweifellos Gott Selbst war. Der Herr verhielt Sich so, um uns vor gewissenlosen Menschen zu warnen, die Freude daran finden, als Gott angeredet zu werden.

Die Diener Gottes kommen, um Gottesbewußtsein zu verbreiten, und intelligente Menschen sollten in jeder Hinsicht mit ihnen zusammenarbeiten. Wenn man dem Diener Gottes dient, kann man Gott mehr erfreuen, als wenn man dem Herrn direkt dient. Der Herr freut Sich mehr, wenn Er sieht, daß Seine Diener gebührend verehrt werden, weil solche Diener für den Dienst des Herrn alles wagen und deshalb dem Herrn sehr lieb sind. Der Herr erklärt in der *Bhagavad-gītā* (18.69), daß Ihm keiner lieber ist als der, der alles wagt, um Seinen Ruhm zu verkünden. Wenn man den Dienern des Herrn dient, nimmt man allmählich die Eigenschaften dieser Diener an und wird dadurch geeignet, über die Herrlichkeit des Herrn zu hören. Die Begierde, über Gott zu hören, ist für einen Gottgeweihten die erste Qualifikation, um in das Königreich Gottes einzutreten.

VERS 17

शृण्वतां स्वकथाः कृष्णः पुण्यश्रवणकीर्तनः ।
हृद्यन्तःस्थो ह्यभद्राणि विधुनोति सुहृत्सताम् ॥१७॥

śṛṇvatāṁ sva-kathāḥ kṛṣṇaḥ
puṇya-śravaṇa-kīrtanaḥ
hṛdy antaḥ-stho hy abhadrāṇi
vidhunoti suhṛt-satām

śṛṇvatām—diejenigen, die das Verlangen entwickelt haben, die Botschaft zu hören; *sva-kathāḥ*—Seiner eigenen Worte; *kṛṣṇaḥ*—die Persönlichkeit Gottes; *puṇya*—Tugenden; *śravaṇa*—hörend; *kīrtanaḥ*—chantend; *hṛdi antaḥsthaḥ*—in jedem Herzen; *hi*—gewiß; *abhadrāṇi*—das Verlangen, Materie zu genießen; *vidhunoti*—reinigt; *suhṛt*—Wohltäter; *satām*—des Aufrichtigen.

ÜBERSETZUNG

Die Persönlichkeit Gottes, Śrī Kṛṣṇa, der der Paramātmā [Überseele] im Herzen eines jeden und der Wohltäter des aufrichtigen Gottgeweihten ist, entfernt den Wunsch nach materiellem Genuß aus dem Herzen des Gottgeweihten, der sich an Seinen Botschaften erfreut. Diese Botschaften sind in sich selbst tugendhaft, wenn sie richtig gehört und gechantet werden.

ERLÄUTERUNG

Botschaften über die Persönlichkeit Gottes Śrī Kṛṣṇa sind nicht von Ihm verschieden. Wann immer man deshalb Gott ohne Vergehen lobpreist und über Ihn hört, sollte man verstehen, daß Śrī Kṛṣṇa Sich dort in Form von transzendentaler Klangschwingung aufhält, die so mächtig ist wie der Herr persönlich. Śrī Caitanya Mahāprabhu erklärt in Seinem *Śikṣāṣṭaka* deutlich, daß der Heilige Name des Herrn alle Kräfte des Herrn besitzt und daß der Herr Seine unzähligen Namen mit derselben Kraft ausgestattet hat. Jeder kann den Heiligen Namen mit Aufmerksamkeit und Ehrfurcht chanten, wann immer er die Möglichkeit dazu hat — die Zeit ist nicht fest vorgeschrieben. Der Herr ist so barmherzig, daß Er vor uns in der Form transzendentalen Klanges gegenwärtig sein kann, aber unglücklicherweise haben wir keinen Geschmack für das Hören und Ruhmpreisen des Namens und der Taten des Herrn. Wir haben bereits erörtert, wie man einen Geschmack für das Hören und Chanten des Heiligen Klanges entwickelt. Das geschieht, wenn man dem reinen Geweihten des Herrn Dienste darbringt.

Der Herr steht zu Seinen Geweihten in einer Beziehung gegenseitigen Austausches. Wenn Er sieht, daß ein Gottgeweihter völlig aufrichtig danach verlangt, Zutritt zum transzendentalen Dienst des Herrn zu erlangen, und daher beginnt, ernsthaft über Ihn zu hören, handelt der Herr vom Innern des Gottgeweihten aus in solcher Weise, daß der Gottgeweihte leicht zu Ihm zurückkehren kann. Dem Herrn ist mehr daran gelegen, uns in Sein Königreich zurückzuholen, als wir es uns wünschen können. Die meisten von uns wünschen sich gar nicht, zu Gott zurückzukehren. Nur einige wenige Menschen wollen überhaupt zu Gott zurückkehren. Doch jedem, der wirklich diesen Wunsch hat, hilft Śrī Kṛṣṇa in jeder Hinsicht.

Man kann nicht in das Königreich Gottes eintreten, solange man nicht völlig von allen Sünden gereinigt ist. Die materiellen Sünden sind Folgen unseres Begehrens, über die materielle Natur zu herrschen. Es ist schwierig, dieses Verlangen abzuschütteln. Frauen und Reichtum sind sehr schwer zu überwindende Probleme für den Gottgeweihten, der sich auf dem Pfad zurück zu Gott befindet. Viele entschlossene Anhänger des hingebungsvollen Dienstes fielen diesen Verlockungen zum Opfer und kamen somit vom Pfad der Befreiung ab. Aber wenn einem der Herr Selbst hilft, wird der ganze Vorgang durch die göttliche Gnade des Herrn so einfach wie nur irgend etwas.

Es ist nichts Erstaunliches, daß man in Berührung mit Frauen und Reichtum unruhig wird, denn jedes Lebewesen ist seit undenklichen Zeiten — niemand kann sich erinnern, seit wann — mit solchen Dingen verbunden, und es erfordert Zeit, sich von dieser fremden Natur zu lösen. Aber wenn man damit beschäftigt ist, von der Herrlichkeit des Herrn zu hören, erkennt man allmählich seine wirkliche Position.

Durch die Gnade Gottes erlangt ein solcher Gottgeweihter genügend Kraft, um sich gegen den Zustand der Verwirrung zu wehren, und allmählich werden alle störenden Elemente aus seinem Geist beseitigt.

VERS 18

नष्टप्रायेष्वभद्रेषु नित्यं भागवतसेवया ।
भगवत्युत्तमश्लोके भक्तिर्भवति नैष्ठिकी ॥१८॥

naṣṭa-prāyeṣv abhadreṣu
nityaṁ bhāgavata-sevayā
bhagavaty uttama-śloke
bhaktir bhavati naiṣṭhikī

naṣṭa—zerstört; *prāyeṣu*—fast zu nichts; *abhadreṣu*—alles, was unheilvoll ist; *nityam*—regelmäßig; *bhāgavata*—*Śrīmad-Bhāgavatam* oder der reine Gottgeweihte; *sevayā*—durch Dienst; *bhagavati*—der Persönlichkeit Gottes; *uttama*—transzendental; *śloke*—Gebete; *bhaktiḥ*—liebevoller Dienst; *bhavati*—kommt dazu; *naiṣṭhikī*—unwiderruflich.

ÜBERSETZUNG

Wenn man regelmäßig aus dem Bhāgavatam hört und dem reinen Geweihten dient, wird alles, was für das Herz leidvoll ist, fast gänzlich vernichtet, und liebevoller Dienst für den glorreichen Herrn, der mit transzendentalen Liedern gepriesen wird, wird zu einer unwiderruflichen Tatsache.

ERLÄUTERUNG

Hier wird das Mittel beschrieben, das alle unglückverheißenden Dinge im Herzen, die als Hindernisse auf dem Pfad der Selbstverwirklichung angesehen werden, beseitigen kann. Das Mittel ist die Gemeinschaft mit den *bhāgavatas*. Es gibt zwei Arten von *bhāgavatas*, nämlich das Buch *bhāgavata* und den Gottgeweihten *bhāgavata*. Beide *bhāgavatas* sind wirksame Mittel, und beide, oder auch schon eines von beiden, haben die Fähigkeit, diese Hindernisse zu beseitigen. Ein *bhāgavata*-Gottgeweihter ist so gut wie das Buch *bhāgavata*, weil der *bhāgavata*-Gottgeweihte sein Leben im Sinne des Buches führt, das voller Wissen über die Persönlichkeit Gottes und Ihre reinen Geweihten ist, die ebenfalls *bhāgavatas* sind. Das Buch *bhāgavata* und die Person *bhāgavata* sind somit identisch.

Der *bhāgavata*-Gottgeweihte ist ein direkter Repräsentant Bhagavāns, der Persönlichkeit Gottes. So kann man die Segnungen des Buches *bhāgavata* empfangen, wenn man den *bhāgavata*-Gottgeweihten erfreut. Menschliche Einsicht reicht nicht aus zu verstehen, daß man allmählich auf den Pfad der Hingabe gebracht wird, wenn man den *bhāgavata*-Gottgeweihten oder dem Buch *bhāgavata* dient. Aber das sind wirkliche Tatsachen, wie sie von Śrīla Nāradadeva erläutert werden, der in seinem letzten Leben der Sohn einer Dienerin gewesen war. Diese Dienerin war im

Dienst einiger Weisen beschäftigt, und so kam Nārada mit ihnen in Berührung. Einfach durch ihre Gemeinschaft und indem er die Reste ihrer Mahlzeiten verzehrte, bekam der Sohn der Magd die Gelegenheit, der große Gottgeweihte und die große Persönlichkeit Śrīla Nāradadeva zu werden. Dies sind die wunderbaren Folgen der Gemeinschaft mit *bhāgavatas.* Um diese Wirkungen tatsächlich zu begreifen, soll hier bemerkt werden, daß man durch solch aufrichtigen Umgang mit *bhāgavatas* sicher sein kann, sehr leicht transzendentales Wissen zu erlangen, und als Ergebnis davon wird man im hingebungsvollen Dienst des Herrn gefestigt. Die Botschaften des Buches *bhāgavata* müssen deshalb vom *bhāgavata*-Gottgeweihten empfangen werden, und das Zusammenwirken dieser beiden *bhāgavatas* wird dem beginnenden Gottgeweihten helfen, mehr und mehr Fortschritte zu machen.

VERS 19

तदा रजस्तमोभावाः कामलोभादयश्च ये ।
चेत एतैरनाविद्धं स्थितं सत्त्वे प्रसीदति ॥१९॥

tadā rajas-tamo-bhāvāḥ
kāma-lobhādayaś ca ye
ceta etair anāviddhaṁ
sthitaṁ sattve prasīdati

tadā—zu der Zeit; *rajaḥ*—in der Erscheinungsweise der Leidenschaft; *tamaḥ*—die Erscheinungsweise der Unwissenheit; *bhāvāḥ*—die Situation; *kāma*—Lust und materielle Wünsche; *lobha*—Verlangen; *ādayaḥ*—andere; *ca*—und; *ye*—was immer sie sind; *cetaḥ*—der Geist; *etaiḥ*—durch diese; *anāviddham*—ohne beeinträchtigt zu werden; *sthitam*—gefestigt sein; *sattve*—in der Erscheinungsweise der Tugend; *prasīdati*—wird auf diese Weise völlig zufriedengestellt.

ÜBERSETZUNG

Sobald der unwiderrufliche liebevolle Dienst im Herzen erwacht ist, weichen die Auswirkungen der Erscheinungsweisen der Leidenschaft [rajas] und Unwissenheit [tamas], wie Lust, materielle Wünsche und Verlangen, aus dem Herzen. Dann ist der Gottgeweihte in Tugend verankert und wird glücklich.

ERLÄUTERUNG

Ein Lebewesen ist in seiner normalen, wesenseigenen Position völlig in spiritueller Glückseligkeit zufrieden. Dieser Daseinszustand wird *brahma-bhūta* oder *ātmānandī* genannt, das heißt die Stufe innerer Zufriedenheit. Der Zustand innerer Zufriedenheit ist nicht mit der Zufriedenheit des untätigen Narren zu vergleichen. Der untätige Narr befindet sich im Zustand törichter Unwissenheit, wohingegen der in sich selbst zufriedene *ātmānandī* transzendental zum materiellen Zustand des Daseins ist. Diese Stufe der Vollkommenheit erreicht man, sobald man unwiderruflich im hingebungsvollen Dienst gefestigt ist. Hingebungsvoller Dienst bedeutet nicht Untätigkeit, sondern die ungetrübte Tätigkeit der Seele.

Die Tätigkeit der Seele wird durch den Kontakt mit der Materie getrübt, und somit drücken sich die krankhaften Tätigkeiten in Form von Lust, Begierde, Verlangen, Untätigkeit, Dummheit und Schlaf aus. Die Wirkung von hingebungsvollem Dienst wird in der völligen Beseitigung dieser Folgen von Leidenschaft und Unwissenheit sichtbar. Der Gottgeweihte wird sofort in der Erscheinungsweise der Tugend gefestigt, und er macht weiteren Fortschritt bis zur *vāsudeva*-Ebene, der Stufe ungetrübter *sattva* (*śuddha-sattva*-Stufe). Nur auf der *śuddha-sattva*-Stufe kann man Kṛṣṇa durch reine Zuneigung fortwährend von Angesicht zu Angesicht sehen.

Ein Gottgeweihter befindet sich immer in der Erscheinungsweise der Tugend; deshalb fügt er niemandem Schaden zu. Ein Nichtgottgeweihter dagegen richtet nur Schaden an – ganz gleich, wie gebildet er sein mag. Ein Gottgeweihter ist weder töricht noch leidenschaftlich. Die Menschen, die andern Leid zufügen, wie auch diejenigen, die töricht oder leidenschaftlich sind, können keine Geweihten des Herrn sein, auch wenn sie sich durch äußeres Gehabe als Gottgeweihte ausgeben. Ein Gottgeweihter besitzt immer all die guten Eigenschaften Gottes. Das Ausmaß dieser Eigenschaften mag verschieden sein, doch der Qualität nach sind es dieselben.

VERS 20

एवं प्रसन्नमनसो भगवद्भक्तियोगतः ।
भगवत्तत्त्वविज्ञानं मुक्तसङ्गस्य जायते ॥२०॥

evaṁ prasanna-manaso
bhagavad-bhakti-yogataḥ
bhagavat-tattva-vijñānaṁ
mukta-saṅgasya jāyate

evam—so; *prasanna*—belebt; *manasaḥ*—des Geistes; *bhagavad-bhakti*—hingebungsvoller Dienst für den Herrn; *yogataḥ*—durch Verbindung mit; *bhagavat*—auf die Persönlichkeit Gottes bezogen; *tattva*—Wissen; *vijñānam*—wissenschaftlich; *mukta*—befreit; *saṅgasya*—der Gemeinschaft; *jāyate*—wird wirksam.

ÜBERSETZUNG

Auf diese Weise in der Erscheinungsweise der unvermischten Tugend verankert, erlangt der Mensch, beseelt durch den hingebungsvollen Dienst für den Herrn, Freiheit von der Verbindung mit Materie [mukti] und entwikkelt positives, wissenschaftliches Wissen über die Persönlichkeit Gottes.

ERLÄUTERUNG

In der *Bhagavad-gītā* (7.3) wird gesagt, daß unter vielen Tausenden von gewöhnlichen Menschen ein vom Glück begünstigter Mensch nach der Vollkommenheit des Lebens strebt. Die meisten Menschen werden von den Erscheinungsweisen der Leidenschaft und Unwissenheit geleitet, und daher befinden sie sich immer unter dem Einfluß von Lust, Begierde, Verlangen, Unwissenheit und Schlaflust. Unter vielen solchen menschenähnlichen Tieren gibt es vielleicht einen, der die Verantwortung des menschlichen Lebens erkennt und daher versucht, das Leben zur Vollkommenheit zu bringen, indem er die vorgeschriebenen Pflichten erfüllt. Und von vielen Tausenden solcher Personen, die auf diese Weise das menschliche Leben zum Erfolg geführt haben, besitzt einer vielleicht wissenschaftliches Wissen über die Persönlichkeit Gottes, Śrī Kṛṣṇa. In derselben *Bhagavad-gītā* (18.55) wird auch gesagt, daß wissenschaftliches Wissen über Śrī Kṛṣṇa nur durch den Vorgang des hingebungsvollen Dienstes (*bhakti-yoga*) erlangt werden kann.

Das gleiche wird hier mit den obenstehenden Worten bestätigt. Kein gewöhnlicher Mensch, nicht einmal einer, der das menschliche Leben zum Erfolg geführt hat, kann die Persönlichkeit Gottes wissenschaftlich und vollkommen kennen. Die Vollkommenheit des menschlichen Lebens wird erreicht, wenn man versteht, daß man keine Schöpfung der Materie, sondern in Wirklichkeit ein spirituelles Wesen ist. Und sobald jemand versteht, daß er nichts mit Materie zu tun hat, läßt er von seinen materiellen Wünschen ab und wird augenblicklich als spirituelles Wesen belebt. Dieser Erfolg ist nur möglich, wenn man über den Erscheinungsweisen der Leidenschaft und Unwissenheit steht, oder, mit anderen Worten, wenn man aufgrund seiner Eigenschaften tatsächlich ein *brāhmaṇa* ist. Ein *brāhmaṇa* ist das Sinnbild der *sattva-guṇa*, der Erscheinungsweise der Tugend. Andere, die sich nicht in der Erscheinungsweise der Tugend befinden, sind entweder *kṣatriyas, vaiśyas, śūdras* oder niedriger als *śūdras*. Der *brāhmaṇa* steht daher wegen seiner guten Eigenschaften auf der höchsten Stufe des menschlichen Lebens. Man kann daher kein Gottgeweihter sein, wenn man sich nicht zumindest als *brāhmaṇa* qualifiziert. Ein Gottgeweihter ist durch sein Verhalten schon ein *brāhmaṇa*. Aber das ist nicht alles. Wie bereits zuvor gesagt, muß ein solcher *brāhmaṇa* ein wirklicher Vaiṣṇava werden, um tatsächlich auf die transzendentale Stufe zu kommen. Ein reiner Vaiṣṇava hingegen ist eine befreite Seele und ist sogar zur Position des *brāhmaṇa* transzendental. Auf der materiellen Stufe ist selbst ein *brāhmaṇa* eine bedingte Seele, denn obwohl er auf der brahmanischen Stufe die Auffassung vom Brahman, das heißt von der Transzendenz, verwirklicht hat, besitzt er kein wissenschaftliches Wissen über den Höchsten Herrn. Man muß sich über die brahmanische Stufe erheben und die *vāsudeva*-Ebene erreichen, um die Persönlichkeit Gottes Śrī Kṛṣṇa zu verstehen. Die Wissenschaft von der Persönlichkeit Gottes ist das Thema des Studiums der fortgeschrittenen Schüler der spirituellen Nachfolge. Törichte Menschen oder vielmehr Menschen mit geringem Wissensumfang können den Höchsten Herrn nicht verstehen, und so interpretieren sie Kṛṣṇa nach ihren jeweiligen Launen. Es ist jedoch eine Tatsache, daß man selbst auf der Stufe eines *brāhmaṇa* die Wissenschaft von der Persönlichkeit Gottes nicht verstehen kann, wenn man nicht von der Verunreinigung durch die materiellen Erscheinungsweisen befreit ist. Wenn ein befähigter *brāhmaṇa* ein wirklicher Vaiṣṇava wird, kann er im beseelten Zustand der Befreiung erkennen, was der Höchste Herr tatsächlich ist.

VERS 21

भिद्यते हृदयग्रन्थिश्छिद्यन्ते सर्वसंशयाः ।
क्षीयन्ते चास्य कर्माणि दृष्ट एवात्मनीश्वरे ॥२१॥

bhidyate hṛdaya-granthiś
chidyante sarva-saṁśayāḥ
kṣīyante cāsya karmāṇi
dṛṣṭa evātmanīśvare

bhidyate—durchbohrt; *hṛdaya*—Herz; *granthiḥ*—Knoten; *chidyante*—in Stücke geschnitten; *sarva*—alle; *saṁśayāḥ*—Zweifel; *kṣīyante*—beendet; *ca*—und; *asya*—sein; *karmāṇi*—Kette der fruchtbringenden Handlungen; *dṛṣṭe*—nachdem man gesehen hat; *eva*—gewiß; *ātmani*—das Selbst; *īśvare*—beherrschender Faktor.

ÜBERSETZUNG

So wird der Knoten im Herzen gesprengt, und alle Zweifel zerfallen in Stücke. Die Kette der fruchtbringenden Handlungen [karma] hat ein Ende, wenn man das Selbst als Meister erkennt.

ERLÄUTERUNG

Wissenschaftliches Wissen über die Persönlichkeit Gottes zu erlangen bedeutet, daß man gleichzeitig auch sein eigenes Selbst sieht. Was die Identität der Lebewesen als spirituelles Selbst betrifft, so gibt es eine Menge Spekulationen und Zweifel. Der Materialist glaubt nicht an die Existenz des spirituellen Selbst, und die empirischen Philosophen halten die Unpersönlichkeit des spirituellen Ganzen ohne jede Individualität des Lebewesens für wahr. Aber die Transzendentalisten bestätigen, daß die Seele und die Überseele zwei verschiedene Identitäten sind, qualitativ gleich, aber quantitativ verschieden. Es gibt viele andere Theorien, doch all diese Spekulationen klären sich auf, sobald Śrī Kṛṣṇa durch den Vorgang des *bhakti-yoga* wahrhaftig erkannt wird. Śrī Kṛṣṇa ist wie die Sonne, und die materialistischen Spekulationen über die Absolute Wahrheit sind wie die tiefste Mitternacht. Sobald die Sonne Kṛṣṇas im Herzen aufgeht, klärt sich die Dunkelheit materieller Spekulation über die Absolute Wahrheit und die Lebewesen sofort auf. In der Gegenwart der Sonne kann die Dunkelheit nicht standhalten, und die relativen Wahrheiten, die in der tiefen Dunkelheit der Unwissenheit verborgen waren, werden durch die Barmherzigkeit Kṛṣṇas, der als Überseele im Herzen eines jeden weilt, deutlich erkennbar.

In der *Bhagavad-gītā* (10.11) sagt der Herr, daß Er, um Seinen reinen Geweihten eine besondere Gunst zu erweisen, persönlich die tiefe Dunkelheit der Zweifel aufhellt, indem Er das Licht reinen Wissens im Herzen des Gottgeweihten leuchten läßt. Weil der Höchste Herr für die Erleuchtung Seiner Geweihten sorgt, kann gewiß kein Gottgeweihter, der mit transzendentaler Liebe in Seinem Dienst beschäftigt ist, in Dunkelheit bleiben. Er kann die absoluten und die relativen Wahrheiten aufs genaueste erkennen. Ein Gottgeweihter kann nicht in Dunkelheit bleiben, und weil der Gottgeweihte von der Persönlichkeit Gottes erleuchtet wird, ist sein Wissen mit Sicherheit vollkommen. Dies trifft nicht auf diejenigen zu, die mit Hilfe ihres eigenen begrenzten Begriffsvermögens über die Absolute Wahrheit spekulieren. Perfektes Wissen wird *paramparā* genannt oder deduktives Wissen, das von der Autorität zu dem demütig hörenden Empfänger, der sich durch Dienst und Hingabe qualifiziert hat, herabkommt. Man kann nicht die Autorität des Höchsten herausfordern und Ihn zur gleichen Zeit erkennen wollen. Er behält Sich das Recht vor, Sich einem solch herausfordernden Geist nicht zu offenbaren, der nur ein unbedeutender Funke des Ganzen ist und sich dazu noch unter der Herrschaft der illusionierenden Energie befindet. Die Gottgeweihten sind hingegeben, und deshalb wird das transzendentale Wissen von der Persönlichkeit Gottes an Brahmā weitergegeben und von Brahmā an seine Söhne und Schüler in der Traditionsfolge. Dieser Vorgang wird von der Überseele im Innern solcher Gottgeweihten unterstützt. Das ist der vollkommene Weg, transzendentales Wissen zu erlangen.

Diese Erleuchtung befähigt den Gottgeweihten in vollkommener Weise, Spirituelles von Materiellem zu unterscheiden, weil der Herr den Knoten von spiritueller Natur und Materie gelöst hat. Dieser Knoten wird *ahaṅkāra* genannt, und er zwingt ein Lebewesen, sich irrtümlicherweise mit der Materie zu identifizieren. Sobald dieser Knoten gelöst ist, klären sich augenblicklich alle Wolken des Zweifels auf. Man erkennt seinen Meister und beschäftigt sich völlig im transzendentalen liebevollen Dienst des Herrn, wodurch man der Kette fruchtbringender Handlungen ein Ende bereitet. Im materiellen Dasein schafft sich ein Lebewesen seine eigene Kette fruchtbringender Arbeit und genießt die guten und schlechten Auswirkungen seines Handelns Leben für Leben. Aber sobald man sich im liebevollen Dienst des Herrn beschäftigt, wird man von der Kette des *karma* frei. Alle im hingebungsvollen Dienst ausgeführten Handlungen erzeugen dann keine Reaktionen mehr.

VERS 22

अतो वै कवयो नित्यं भक्तिं परमया मुदा ।
वासुदेवे भगवति कुर्वन्त्यात्मप्रसादनीम् ॥२२॥

ato vai kavayo nityaṁ
bhaktiṁ paramayā mudā
vāsudeve bhagavati
kurvanty ātma-prasādanīm

ataḥ—deshalb; *vai*—gewiß; *kavayaḥ*—alle Transzendentalisten; *nityam*—seit unvordenklicher Zeit; *bhaktim*—Dienst für den Herrn; *paramayā*—Höchster; *mudā*—mit großer Freude; *vāsudeve*—Śrī Kṛṣṇa; *bhagavati*—die Persönlichkeit Gottes; *kurvanti*—darbringen; *ātma*—Selbst; *prasādanīm*—das, was belebt.

ÜBERSETZUNG

Deshalb haben sich seit unvordenklichen Zeiten alle Transzendentalisten mit großer Freude im liebevollen Dienst Śrī Kṛṣṇas, der Persönlichkeit Gottes, beschäftigt, denn solch hingebungsvoller Dienst belebt das Selbst.

ERLÄUTERUNG

Die Besonderheit des hingebungsvollen Dienstes für die Persönlichkeit Gottes, Śrī Kṛṣṇa, wird hier besonders hervorgehoben. Śrī Kṛṣṇa, der Herr, ist die *svayaṁ-rūpa*-Persönlichkeit Gottes, und alle anderen Formen Gottes, angefangen mit Śrī Baladeva, Saṅkarṣaṇa, Vāsudeva, Aniruddha, Pradyumna, Nārāyaṇa bis hin zu den *puruṣa-avatāras, guṇa-avatāras, līlā-avatāras, yuga-avatāras* und vielen tausend anderen Manifestationen der Persönlichkeit Gottes, sind Śrī Kṛṣṇas vollständige Teilerweiterungen und integrierte Bestandteile. Die Lebewesen sind abgesonderte Teile Gottes. Deshalb ist Śrī Kṛṣṇa, der Herr, die ursprüngliche Gestalt Gottes, und Er ist der höchste Aspekt der Transzendenz. Aus diesem Grund übt Er auf die fortgeschrittenen Transzendentalisten, die an den ewigen Spielen des Herrn teilnehmen, große Anziehung aus. Bei anderen Formen der Persönlichkeit Gottes (ausgenommen Śrī Kṛṣṇa und Baladeva) gibt es keine Möglichkeit einer engen persönlichen Beziehung, wie sie bei den transzendentalen Spielen des Herrn in Vrajabhūmi gegeben ist. Die transzendentalen Spiele Śrī Kṛṣṇas sind nicht neu erfunden, wie von weniger intelligenten Menschen behauptet wird, sondern Seine Spiele sind ewig und werden während eines jeden Brahmā-Tages einmal offenbart, ähnlich wie die Sonne, die jedesmal nach Ablauf von vierundzwanzig Stunden am östlichen Horizont aufgeht.

VERS 23

सत्त्वं रजस्तम इति प्रकृतेर्गुणास्तै-
युक्तः परः पुरुष एक इहास्य धत्ते ।
स्थित्यादये हरिविरिञ्चिहरेति संज्ञाः
श्रेयांसि तत्र खलु सत्त्वतनोर्नृणां स्युः ।२३।

sattvaṁ rajas tama iti prakṛter guṇās tair
yuktaḥ paraḥ puruṣa eka ihāsya dhatte
sthity-ādaye hari-viriñci-hareti saṁjñāḥ
śreyāṁsi tatra khalu sattva-tanor nṛṇāṁ syuḥ

sattvam—Tugend; *rajaḥ*—Leidenschaft; *tamaḥ*—Dunkelheit der Unwissenheit; *iti*—so; *prakṛteḥ*—der materiellen Natur; *guṇāḥ*—Eigenschaften; *taiḥ*—von ihnen; *yuktaḥ*—in Gemeinschaft mit; *paraḥ*—transzendental; *puruṣaḥ*—die Persönlichkeit; *ekaḥ*—eine; *iha asya*—der materiellen Welt; *dhatte*—nimmt an; *sthiti-ādaye*—zur Schöpfung, Erhaltung und Vernichtung usw.; *hari*—Viṣṇu, die Persönlichkeit Gottes; *viriñci*—Brahmā; *hara*—Śiva; *iti*—somit; *saṁjñāḥ*—verschiedene Aspekte; *śre-*

yāṁsi—endgültiges Wohl; *tatra*—darin; *khalu*—selbstverständlich; *sattva*—Tugend; *tanoḥ*—Gestalt; *nṛṇām*—des Menschen; *syuḥ*—hergeleitet.

ÜBERSETZUNG

Die transzendentale Persönlichkeit Gottes ist indirekt mit den drei Erscheinungsweisen der materiellen Natur, nämlich Tugend, Leidenschaft und Unwissenheit, verbunden, und nur zur Schöpfung, Erhaltung und Vernichtung der materiellen Welt nimmt Er die drei qualitativen Formen von Brahmā, Viṣṇu und Śiva an. Von diesen drei Formen ist es Viṣṇu, die Gestalt der Erscheinungsweise der Tugend, von der alle Lebewesen Nutzen gewinnen können.

ERLÄUTERUNG

Dieser Vers bestätigt, daß man dem Herrn, Śrī Kṛṣṇa, wie bereits früher erwähnt wurde, durch Seine vollständigen Teilerweiterungen hingebungsvollen Dienst darbringen muß. Śrī Kṛṣṇa und all Seine vollständigen Teile sind *viṣṇu-tattva*, die Persönlichkeit Gottes Selbst. Die erste Manifestation, die aus Śrī Kṛṣṇa hervorgeht, ist Baladeva. Von Baladeva stammt Saṅkarṣaṇa, von Saṅkarṣaṇa kommt Nārāyaṇa, aus Nārāyaṇa geht der zweite Saṅkarṣaṇa hervor, und von diesem Saṅkarṣaṇa kommen die Viṣṇu-*puruṣa-avatāras*. Viṣṇu, die Gottheit der Erscheinungsweise der Tugend in der materiellen Welt, ist der *puruṣa-avatāra*, bekannt als Kṣīrodakaśāyī Viṣṇu oder Paramātmā. Brahmā ist die Gottheit der *rajas* (Leidenschaft) und Śiva die der Unwissenheit. Diese drei sind die Oberhäupter der drei Eigenschaften der materiellen Welt. Die Schöpfung wird durch die Güte Viṣṇus ermöglicht, und wenn etwas zerstört werden muß, macht dies Śiva durch den *tāṇḍava-nṛtya*. Die Materialisten und törichten Menschen verehren sowohl Brahmā als auch Śiva, aber die reinen Transzendentalisten verehren die Gestalt der Tugend, Viṣṇu, in Seinen mannigfachen Formen. Viṣṇu manifestiert Sich in Millionen und Milliarden von integrierten und abgesonderten Formen. Die integrierten Formen werden alle als Gott Selbst bezeichnet, und die abgesonderten Formen werden Lebewesen oder *jīvas* genannt. Sowohl die *jīvas* als auch diejenigen, die zur selben Kategorie wie Gott gezählt werden, haben ihre ursprünglichen spirituellen Formen. Die *jīvas* sind manchmal der Herrschaft der materiellen Energie ausgesetzt, doch die Viṣṇu-Formen sind immer Beherrschende dieser Energie. Wenn Viṣṇu, die Persönlichkeit Gottes, in der materiellen Welt erscheint, kommt Er, um die bedingten Lebewesen, die unter dem Einfluß der materiellen Energie stehen, zu befreien. Die bedingten Lebewesen erscheinen in der materiellen Welt, weil sie herrschen wollen, und somit werden sie von den drei Erscheinungsweisen der Natur gefangengenommen. In dieser Position müssen die Lebewesen die materiellen Bedeckungen wechseln, um sich verschiedenen Formen des Gefangenseins zu unterziehen. Das Gefängnis der materiellen Welt wird von Brahmā unter der Anleitung der Persönlichkeit Gottes erschaffen, und am Ende eines *kalpa* wird die ganze Schöpfung von Śiva zerstört. Für die Erhaltung des Gefängnisses sorgt Viṣṇu, ähnlich wie das staatliche Gefängnis vom Staat unterhalten wird. Jeder, der aus dem Gefängnis des materiellen Daseins entkommen will, das voller Leiden ist — wie die Wiederholung von Geburt, Tod, Krankheit und Alter –, muß daher Śrī Viṣṇu erfreuen, um diese Befreiung zu erlangen. Śrī Viṣṇu kann nur durch hingebungsvollen Dienst verehrt werden; wenn jemand das Dasein im Gefängnis der materiellen Welt fortsetzen muß, mag er zur zeitweiligen Erleichterung die verschiedenen Halbgötter, wie Śiva, Brahmā, Indra und Varuṇa, um relative Vorteile bitten, doch kein Halbgott kann das eingekerkerte Lebewesen aus dem bedingten Leben im materiellen Dasein erlösen; das kann nur Viṣṇu. Deshalb kann man die höchste Segnung nur von Viṣṇu, der Persönlichkeit Gottes, erlangen.

VERS 24

पार्थिवाद्दारुणो धूमस्तस्मादग्निस्त्रयीमयः ।
तमसस्तु रजस्तस्मात्सत्त्वं यद्ब्रह्मदर्शनम् ॥२४॥

pārthivād dāruṇo dhūmas
tasmād agnis trayīmayaḥ
tamasas tu rajas tasmāt
sattvaṁ yad brahma-darśanam

pārthivāt—aus Erde; *dāruṇaḥ*—Feuerholz; *dhūmaḥ*—Rauch; *tasmāt*—von jenem; *agniḥ*—Feuer; *trayī*—vedische Opfer; *mayaḥ*—gemacht von; *tamasaḥ*—in der Erscheinungsweise der Unwissenheit; *tu*—aber; *rajaḥ*—die Erscheinungsweise der Leidenschaft; *tasmāt*—von jenem; *sattvam*—die Erscheinungsweise der Tugend; *yat*—welche; *brahma*—die Absolute Wahrheit; *darśanam*—Erkenntnis.

ÜBERSETZUNG

Feuerholz ist eine Umformung der Erde, doch Rauch ist besser als rohes Holz. Das Feuer jedoch ist noch besser, denn durch das Feuer bekommen wir den Nutzen des höheren Wissens [durch vedische Opfer]. In ähnlicher Weise ist Leidenschaft [rajas] besser als Unwissenheit [tamas], doch Tugend [sattva] ist am besten, denn durch Tugend kann man die Absolute Wahrheit [Brahman] erkennen.

ERLÄUTERUNG

Wie oben erklärt, kann man durch hingebungsvollen Dienst für die Persönlichkeit Gottes Befreiung vom bedingten Leben des materiellen Daseins erlangen. Eine weitere hier enthaltene Aussage ist, daß man zur Ebene der Erscheinungsweise der Tugend (*sattva*) aufsteigen muß, so daß man zum hingebungsvollen Dienst für den Herrn befähigt wird. Es mögen zuweilen Hindernisse auf dem Pfad des Fortschritts auftreten, doch man kann selbst von der Ebene der *tamas* durch die kundige Führung eines echten spirituellen Meisters allmählich zur *sattva*-Ebene aufsteigen. Aufrichtig Suchende müssen sich deshalb an einen kundigen spirituellen Meister wenden, um den Pfad des Fortschritts betreten zu können, und der echte, kundige spirituelle Meister ist fähig, den Schüler von jeder Stufe des Lebens aus zu führen – sei es *tamas, rajas* oder *sattva.*

Es ist deshalb ein Irrtum anzunehmen, die Verehrung einer jeden Eigenschaft oder Form der Höchsten Persönlichkeit Gottes sei gleichermaßen segensreich. Außer Viṣṇu werden alle abgesonderten Formen unter den Bedingungen der materiellen Energie manifestiert, und deshalb können die Formen der materiellen Energie niemandem helfen, zur Ebene der *sattva* emporzusteigen, auf der allein es möglich ist, sich von der Fessel der Materie zu befreien.

Der unzivilisierte Zustand des Lebens, das heißt das Leben der niederen Tiere, wird von der Erscheinungsweise der *tamas* beherrscht. Das zivilisierte Leben des Menschen mit einer Leidenschaft für verschiedene Arten materieller Annehmlichkeiten ist die Stufe der *rajas*. Die *rajas*-Stufe des Lebens gibt einen kleinen Schlüssel zur Erkenntnis der Absoluten Wahrheit in Form feiner Empfindungen wie Philosophie, Kunst und Kultur mit moralischen und ethischen Prinzipien. Die Erscheinungsweise der *sattva* ist eine noch höhere Stufe materieller Eigenschaft, die einem tatsächlich hilft, die Absolute Wahrheit zu erkennen. Mit anderen Worten, es besteht ein qualitativer Unterschied zwischen den verschiedenen Arten von Verehrungsmethoden wie auch zwischen den jeweiligen Ergebnissen, die man von den drei vorherrschenden Gottheiten, nämlich Brahmā, Viṣṇu und Śiva, erhält.

VERS 25

भेजिरे मुनयोऽथाग्रे भगवन्तमधोक्षजम् ।
सत्त्वं विशुद्धं क्षेमाय कल्पन्ते येऽनु तानिह ॥२५॥

bhejire munayo 'thāgre
bhagavantam adhokṣajam
sattvaṁ viśuddhaṁ kṣemāya
kalpante ye 'nu tān iha

bhejire—brachten Dienste dar; *munayaḥ atha agre*—so vor allen Weisen; *bhagavantam*—der Persönlichkeit Gottes; *adhokṣajam*—die Transzendenz; *sattvam*—Existenz; *viśuddham*—über den drei Erscheinungsweisen der Natur; *kṣemāya*—um den höchsten Nutzen zu erhalten; *kalpante*—verdienen; *ye*—diejenigen, die; *anu*—folgen; *tān*—diejenigen, die; *iha*—in der materiellen Welt.

ÜBERSETZUNG

Ehemals brachten alle großen Weisen der transzendentalen Persönlichkeit Gottes [Bhagavān] Dienste dar, denn Er existiert über den drei Erscheinungsweisen der materiellen Natur. Sie verehrten Ihn, um von der materiellen Bedingtheit frei zu werden und so den höchsten Segen zu erlangen. Wer immer solchen Weisen folgt, hat ebenfalls die Möglichkeit, Befreiung aus der materiellen Welt zu erlangen.

ERLÄUTERUNG

Der Zweck der Ausübung von Religion ist weder der Gewinn materieller Vorteile noch die Entwicklung der Fähigkeit, die materielle von der spirituellen Natur zu unterscheiden. Das höchste Ziel religiöser Handlungen ist es, sich von der Fessel der Materie zu lösen und das Leben der Freiheit in der transzendentalen Welt wiederzugewinnen, wo die Persönlichkeit Gottes die Höchste Person ist. Die Gesetze der Religion werden daher direkt von der Persönlichkeit Gottes erlassen, und außer den *mahājanas*, den autorisierten Bevollmächtigten des Herrn, kennt niemand das Ziel der Religion. Es gibt zwölf besondere Beauftragte des Herrn, die den Zweck der Religion kennen, und sie alle dienen dem Herrn in transzendentaler Hingabe. Menschen, die auf ihr eigenes Wohl bedacht sind, müssen diesen *mahājanas* folgen, um so den höchsten Segen zu erlangen.

VERS 26

मुमुक्षवो घोररूपान् हित्वा भूतपतीनथ ।
नारायणकलाः शान्ता भजन्ति ह्यनसूयवः ॥२६॥

mumukṣavo ghora-rūpān
hitvā bhūta-patīn atha
nārāyaṇa-kalāḥ śāntā
bhajanti hy anasūyavaḥ

mumukṣavaḥ—Menschen, die nach Befreiung streben; *ghora*—fürchterlich, entsetzlich; *rūpān*—Formen wie diese; *hitvā*—weisen zurück; *bhūta-patīn*—Halbgötter; *atha*—aus diesem Grund; *nārāyaṇa*—die Persönlichkeit Gottes; *kalāḥ*—vollständige Teile; *śāntāḥ*—allglückselig; *bhajanti*—verehren; *hi*—gewiß; *anasūyavaḥ*—nicht neidisch.

ÜBERSETZUNG

Diejenigen, die ernsthaft nach Befreiung streben, sind gewiß nicht neidisch, und sie achten jeden. Dennoch lehnen sie die gräßlichen und abscheulichen Formen der Halbgötter ab und verehren einzig und allein die allglückseligen Formen Śrī Viṣṇus sowie Seine vollständigen Teile.

ERLÄUTERUNG

Die Höchste Persönlichkeit Gottes Śrī Kṛṣṇa, die ursprüngliche Person in allen Viṣṇu-Kategorien, erweitert Sich in zwei verschiedene Kategorien, und zwar in integrierte, vollständige Teile und in abgesonderte Teile. Die abgesonderten Teile sind die Diener, und die integrierten, vollständigen Teile der *viṣṇu-tattvas* sind die zu verehrenden Objekte des Dienstes.

Alle vom Höchsten Herrn ermächtigten Halbgötter sind ebenfalls abgesonderte Teile. Sie gehören nicht zu den Kategorien des *viṣṇu-tattva*. Die *viṣṇu-tattvas* sind ebenso mächtige Lebewesen wie die ursprüngliche Gestalt der Persönlichkeit Gottes; sie offenbaren nur, entsprechend den verschiedenen Zeiten und Umständen, unterschiedliche Arten von Kräften. Die abgesonderten Teile besitzen begrenzte Macht. Sie verfügen nicht über unbegrenzte Kräfte wie die *viṣṇu-tattvas*. Deshalb werden die *viṣṇu-tattvas*, die vollständigen Teile Nārāyaṇas, der Persönlichkeit Gottes, niemals den gleichen Kategorien zugeordnet wie die abgesonderten Teile. Wenn jemand dies dennoch tut, wird er dadurch zu einem Frevler, der die Bezeichnung *pāṣaṇḍī* verdient. Im Zeitalter des Kali begehen viele törichte Menschen dieses Vergehen und setzen die beiden Kategorien gleich.

Die abgesonderten Teile nehmen, an materiellen Kräften gemessen, verschiedene Positionen ein; einige von ihnen sind Kāla-bhairava, Śmaśāna-bhairava, Śani, Mahākālī und Caṇḍikā. Diese Halbgötter werden meist von denen verehrt, die den niedrigsten Sufen angehören und sich in der Erscheinungsweise der Dunkelheit und Unwissenheit befinden. Andere, die sich in der Erscheinungsweise der Leidenschaft befinden und von dem Verlangen nach materiellem Genuß getrieben werden, verehren Halbgötter wie Brahmā, Śiva, Sūrya, Gaṇeśa und viele ähnliche Gottheiten. Doch diejenigen, die sich wirklich in der Erscheinungsweise der Tugend (*sattva-guṇa*) der materiellen Natur befinden, verehren nur die *viṣṇu-tattvas*. Die *viṣṇu-tattvas* haben verschiedene Namen und Formen wie Nārāyaṇa, Dāmodara, Vāmana, Govinda und Adhokṣaja. Die qualifizierten *brāhmaṇas* verehren die *viṣṇu-tattvas* in der Form des *śālagrāma-śilā*, und so verehren im allgemeinen auch die Angehörigen der höheren Kasten, wie die *kṣatriyas* und *vaiśyas*, die *viṣṇu-tattvas*.

Hochqualifizierte *brāhmaṇas* in der Erscheinungsweise der Tugend haben nichts gegen die Verehrungsweise anderer einzuwenden. Sie wahren alle Hochachtung vor den Halbgöttern, selbst wenn sie von so abstoßendem Äußeren sind wie Kāla-bhairava oder Mahākālī. Sie sind sich bewußt, daß all diese furchterregenden Erscheinungen des Höchsten Herrn ebenfalls Diener des Herrn sind, bloß unter verschiedenen Umständen; trotzdem lehnen sie die Verehrung sowohl der schrecklichen wie auch der anziehenden Formen der Halbgötter ab und richten ihren Geist nur auf die Formen Viṣṇus, weil sie ernsthaft nach Befreiung von den materiellen Umständen streben. Die Halbgötter können, selbst wenn sie auf der Stufe Brahmās, des höchsten aller Halbgötter, stehen, niemandem Befreiung gewähren. Hiraṇyakaśipu nahm strenge Bußen auf sich, um ewiges Leben zu erlangen, doch der von ihm verehrte Halbgott Brahmā konnte ihm diese Segnung nicht geben. Deshalb wird Viṣṇu auch *mukti-pāda* genannt, die Persönlichkeit Gottes, die uns *mukti* (Befreiung) gewähren kann. Niemand außer Ihm vermag dies zu tun. Da sich die Halbgötter, wie viele andere Lebewesen, in der materiellen Welt aufhalten, werden sie alle zur Zeit der Auflösung der materiellen Manifestation vernichtet. Sie sind nicht einmal imstande, für sich selbst Befreiung zu erlangen – wie sollten sie dann ihren Geweihten Befreiung gewähren können? Die Halbgötter können ihren Verehrern nur zeitweilige Vorteile zukommen lassen, jedoch nicht die höchste Segnung.

Aus diesem Grunde nur lehnen diejenigen, die nach Befreiung streben, bewußt die Verehrung der Halbgötter ab, obwohl sie sich gegenüber keinem von diesen respektlos verhalten.

VERS 27

रजस्तमःप्रकृतयः समशीला भजन्ति वै ।
पितृभूतप्रजेशादीन् श्रियैश्वर्यप्रजेप्सवः ॥२७॥

rajas tamaḥ prakṛtayaḥ
sama-śīlā bhajanti vai
pitṛ-bhūta-prajeśādīn
śriyaiśvarya-prajepsavaḥ

rajaḥ—die Erscheinungsweise der Leidenschaft; *tamaḥ*—die Erscheinungsweise der Unwissenheit; *prakṛtayaḥ*—von dieser Gesinnung; *sama-śīlāḥ*—derselben Kategorien; *bhajanti*—verehren; *vai*—tatsächlich; *pitṛ*—Vorfahren; *bhūta*—andere Lebewesen; *prajeśa-ādīn*—Beherrscher der kosmischen Verwaltung; *śriyā*—Bereicherung; *aiśvarya*—Reichtum und Macht; *prajā*—Adel; *īpsavaḥ*—so begehrend.

ÜBERSETZUNG

Diejenigen, die sich in den Erscheinungsweisen der Leidenschaft und Unwissenheit befinden, verehren die Vorfahren, andere Lebewesen und die Halbgötter, die für die kosmischen Geschehnisse verantwortlich sind, denn sie werden von dem Verlangen nach materiellem Gewinn in Form von Frauen, Reichtum, Macht und Geburt in einer aristokratischen Familie getrieben.

ERLÄUTERUNG

Es ist niemals notwendig, Halbgötter, ganz gleich welcher Art, zu verehren, wenn man den ernsthaften Wunsch hat, zu Gott zurückzugehen. In der *Bhagavad-gītā* (7.20, 23) wird deutlich erklärt, daß diejenigen, die auf materielle Genüsse versessen sind, sich an die verschiedenen Halbgötter wenden, um zeitweilige Vorteile zu erlangen, die für Menschen mit einem geringen Maß an Wissen bestimmt sind. Wir sollten uns niemals wünschen, den Umfang materiellen Genusses zu erweitern. Materiellen Genuß sollte man nur bis zu dem Punkt der unbedingten Lebensnotwendigkeit annehmen, und nicht mehr und nicht weniger als das. Mehr materiellen Genuß anzunehmen bedeutet, sich mehr und mehr an die Leiden des materiellen Daseins zu binden. Mehr Reichtum, mehr Frauen und falsche Aristokratie sind einige der Wünsche des materiell gesinnten Menschen, weil er nichts von dem Nutzen weiß, den er aus der Verehrung Viṣṇus gewinnen kann. Durch die Verehrung Viṣṇus kann man sowohl in diesem Leben als auch im Leben nach dem Tode Vorteile genießen. Dies vergessend, verehren törichte Menschen, die nach mehr Reichtum, mehr Frauen und mehr Kindern streben, verschiedene Halbgötter. Das Ziel des Lebens ist es jedoch, die Leiden des Lebens zu beenden, und nicht, sie zu vermehren.

Es ist überhaupt nicht nötig, sich materiellen Genusses wegen an die Halbgötter zu wenden. Die Halbgötter sind nichts weiter als Diener des Herrn. Als solche sind sie verpflichtet, für das zum Leben Notwendige in Form von Wasser, Licht, Luft usw. zu sorgen. Man sollte hart arbeiten und den Höchsten Herrn mit den Früchten seiner harten Arbeit für den Lebensunterhalt verehren; das sollte man sich zum Lebensgrundsatz machen. Man sollte darauf bedacht sein, seine vorgeschriebenen Dienste mit Vertrauen in Gott einwandfrei auszuführen, und das wird einen allmählich auf den Weg des Fortschritts, zurück zu Gott, führen.

Als Śrī Kṛṣṇa persönlich in Vrajadhāma anwesend war, bereitete Er der Verehrung des Halbgottes Indra ein Ende und riet den Bewohnern Vrajas, ihre Verehrung

Gottes durch die Ausübung ihrer pflichtgemäßen Tätigkeit zum Ausdruck zu bringen und auf Gott zu vertrauen. Die Verehrung der vielen Halbgötter, um materielle Gewinne zu erzielen, ist eine Verzerrung der Religion. Diese Art der Religiosität wurde schon zu Anfang des *Bhāgavatam* als *kaitava-dharma* verurteilt. Es gibt nur eine Religion auf der Welt, die von allen gemeinsam zu befolgen ist, und das ist der *bhāgavata-dharma*, das heißt die Religion, die einen lehrt, die Höchste Persönlichkeit Gottes, und niemanden sonst, zu verehren.

VERS 28-29

वासुदेवपरा वेदा वासुदेवपरा मखाः ।
वासुदेवपरा योगा वासुदेवपराः क्रियाः ॥२८॥
वासुदेवपरं ज्ञानं वासुदेवपरं तपः ।
वासुदेवपरो धर्मो वासुदेवपरा गतिः ॥२९॥

vāsudeva-parā vedā
vāsudeva-parā makhāḥ
vāsudeva-parā yogā
vāsudeva-parāḥ kriyāḥ

vāsudeva-paraṁ jñānaṁ
vāsudeva-paraṁ tapaḥ
vāsudeva-paro dharmo
vāsudeva-parā gatiḥ

vāsudeva—die Persönlichkeit Gottes; *parāḥ*—das endgültige Ziel; *vedāḥ*—der offenbarten Schriften; *vāsudeva*—die Persönlichkeit Gottes; *parāḥ*—zur Verehrung; *makhāḥ*—Opferungen; *vāsudeva*—die Persönlichkeit Gottes; *parāḥ*—Mittel zur Erreichung; *yogāḥ*—mystische Übungen; *vāsudeva*—die Persönlichkeit Gottes; *parāḥ*—unter Seiner Aufsicht; *kriyāḥ*—fruchtbringende Tätigkeiten; *vāsudeva*—die Persönlichkeit Gottes; *param*—das höchste; *jñānam*—Wissen; *vāsudeva*—die Persönlichkeit Gottes; *param*—das beste; *tapaḥ*—Entsagung; *vāsudeva*—die Persönlichkeit Gottes; *paraḥ*—höhere Qualität; *dharmaḥ*—Religion; *vāsudeva*—die Persönlichkeit Gottes; *parāḥ*—das höchste; *gatiḥ*—Ziel des Lebens.

ÜBERSETZUNG

In den offenbarten Schriften ist Śrī Kṛṣṇa, die Persönlichkeit Gottes, das endgültige Ziel des Wissens. Der Zweck der Ausführung von Opferungen ist es, Ihn zu erfreuen. Yoga ist ein Mittel, Ihn zu erkennen. Alle fruchtbringenden Handlungen werden letzten Endes von Ihm allein belohnt. Er ist das höchste Wissen, und alle strengen Entsagungen nimmt man auf sich, um Ihn zu erkennen. Religion [dharma] heißt, Ihm in Liebe zu dienen. Er ist das höchste Ziel des Lebens.

ERLÄUTERUNG

Daß Śrī Kṛṣṇa, die Persönlichkeit Gottes, der einzige ist, dem Verehrung gebührt, wird in diesen beiden *ślokas* bestätigt. Alle vedischen Schriften haben das gleiche Ziel, nämlich unsere Beziehung zu Ihm wiederaufzunehmen und schließlich unseren verlorengegangenen liebevollen Dienst für Ihn wiederzubeleben. Das ist der Kern der *Veden.* In der *Bhagavad-gītā* (15.15) bestätigt der Herr das gleiche mit eigenen Worten: „Das höchste Ziel der *Veden* ist es, Mich zu erkennen." Alle offenbarten Schriften wurden vom Herrn durch Seine Inkarnation in der Gestalt Śrīla Vyāsadevas nur dazu geschaffen, die durch die materielle Natur bedingten, gefallenen Seelen an Śrī Kṛṣṇa, die Persönlichkeit Gottes, zu erinnern. Nur die Höchste Persönlichkeit Gottes, kein Halbgott, kann Freiheit von der Fessel der Materie gewähren. Das ist die Aussage aller vedischen Schriften. Die Unpersönlichkeitsanhänger, die kein Wissen von der Persönlichkeit Gottes besitzen, setzen die Allmacht des Höchsten Herrn herab und stellen Ihn mit allen anderen Lebewesen auf die gleiche Stufe. Durch diese Einstellung erlangen solche Unpersönlichkeitsanhänger nur unter größten Schwierigkeiten Freiheit von der Fessel der Materie. Erst wenn sie nach vielen, vielen Geburten transzendentales Wissen entwickelt haben, können sie sich dem Herrn ergeben.

Man könnte vielleicht einwenden, die vedischen Tätigkeiten seien auf rituelle Opferungen gegründet, und das ist wahr. Aber all diese Opferungen ermöglichen es einem auch, die Wahrheit über Vāsudeva zu erkennen. Ein anderer Name Vāsudevas ist Yajña (Opfer), und in der *Bhagavad-gītā* wird deutlich erklärt, daß alle Opfer und alle Tätigkeiten zur Freude Yajñas, das heißt Viṣṇus, der Persönlichkeit Gottes, ausgeführt werden sollten. So verhält es sich auch mit den *yoga*-Systemen. *Yoga* bedeutet, mit dem Höchsten Herrn in Verbindung zu treten. Dieser Vorgang schließt verschiedene körperliche Übungen, wie *āsana, dhyāna, prāṇāyāma* und Meditation, mit ein, und all diese Vorgänge helfen einem, sich auf den lokalisierten Aspekt Vāsudevas, der als Paramātmā gegenwärtig ist, zu konzentrieren. Die Paramātmā-Erkenntnis ist nichts anderes als eine Teilerkenntnis Vāsudevas, und wenn man in diesem Bemühen erfolgreich ist, erkennt man Vāsudeva vollständig. Doch zu ihrem Unglück scheitern die meisten *yogīs* an den mystischen Kräften, die sie sich durch ihre körperlichen Übungen erworben haben. Solchen unglückseligen *yogīs* wird mit einer Geburt in Familien hochgelehrter *brāhmaṇas* oder reicher Kaufleute die Möglichkeit gegeben, die unbewältigte Aufgabe, die Erkenntnis Vāsudevas, zu vollenden. Wenn solche vom Glück begünstigten *brāhmaṇas* oder Söhne reicher Eltern diese Gelegenheit richtig nutzen, können sie Vāsudeva durch die förderliche Gemeinschaft mit Heiligen leicht erkennen. Unglücklicherweise werden solche bevorzugten Menschen oft wieder von materiellem Reichtum und Ansehen verlockt und vergessen das Ziel des Lebens.

Ebenso verhält es sich auch mit der Entwicklung von Wissen. Die *Bhagavad-gītā* spricht von achtzehn Punkten bei der Entwicklung von Wissen. Durch das Entwickeln von Wissen wird man allmählich frei von Stolz und Eitelkeit, man wird gewaltlos, nachsichtig, bescheiden, den großen spirituellen Meistern ergeben und selbstbeherrscht. Durch die Entwicklung von Wissen verliert man die Anhaftung an Heim und Herd und wird sich der durch Tod, Geburt, Alter und Krankheit verursachten Leiden bewußt, und alles Entwickeln von Wissen findet im hingebungsvollen Dienst für die Persönlichkeit Gottes, Vāsudeva, seinen Höhepunkt. Deshalb ist Vāsudeva das endgültige Ziel aller verschiedenen Arten des Wissens. Wenn man das Wissen entwickelt, das einen auf die transzendentale Ebene erhebt, auf der man mit Vāsudeva zusammenkommt, besitzt man wahres Wissen. Naturwissenschaftliches Wissen in seinen verschiedenen Zweigen wird in der *Bhagavad-gītā* als *ajñāna*, das Gegenteil wirklichen Wissens, verurteilt. Das Ziel des materiellen Wissens besteht letztlich darin, die Sinne zu befriedigen, und das bedeutet eine Verlängerung der materiellen Existenz und dadurch eine Fortsetzung der dreifachen Leiden. Die Verlängerung des leidvollen Lebens in der materiellen Welt ist gleichbedeutend mit Unwissenheit. Aber wenn das gleiche materielle Wissen den Weg des spirituellen Verstehens fördert, hilft es einem, das leidvolle Leben des physischen Daseins zu beenden und das neue Leben des spirituellen Daseins auf der *vāsudeva*-Ebene zu beginnen.

Das gleiche trifft auf alle Arten von Entsagungen zu. *Tapasya* ist die freiwillige Hinnahme körperlicher Unannehmlichkeiten, um ein höheres Lebensziel zu erreichen. Rāvaṇa und Hiraṇyakaśipu nahmen schwere körperliche Qualen auf sich, um ihr Ziel, ein Äußerstes an Sinnenbefriedigung, zu erreichen. Auch Politiker unserer Tage nehmen manchmal große Entbehrungen auf sich, um ein politisches Ziel zu erreichen. Das alles ist jedoch keine wirkliche *tapasya.* Man sollte freiwillig körperliche Unannehmlichkeiten auf sich nehmen, wenn sie dazu dienen, Vāsudeva zu erkennen, denn das ist der Weg wirklicher Entsagung. Alle anderen Arten der Entsagung werden den Erscheinungsweisen der Leidenschaft und Unwissenheit zugeordnet. Leidenschaft und Unwissenheit können die Leiden des Lebens nicht beenden. Nur die Erscheinungsweise der Tugend kann die dreifachen Leiden des Lebens beenden. Vasudeva und Devakī, die sogenannten Eltern Śrī Kṛṣṇas, nahmen Bußen auf sich, um Vāsudeva als ihren Sohn zu bekommen. Śrī Kṛṣṇa ist der Herr aller Lebewesen (*Bg.* 14.4). Deshalb ist Er das ursprüngliche Lebewesen unter allen anderen Lebewesen; Er ist der ursprüngliche, ewige Genießer unter allen anderen Genießern, und deshalb kann niemand Sein Ihn zeugender Vater sein, wie der Unwissende vielleicht denken mag. Śrī Kṛṣṇa, der Herr, willigte ein, der Sohn Vasudevas und Devakīs zu werden, nachdem sie Ihn durch ihre großen Entsagungen erfreut hatten. Wenn man also Entsagungen auf sich nimmt, sollte man dies tun, um das Ziel des Wissens, Vāsudeva, zu erreichen.

Vāsudeva ist die ursprüngliche Persönlichkeit Gottes, Śrī Kṛṣṇa. Wie schon früher erklärt wurde, erweitert Sich die Persönlichkeit Gottes in unzählige Formen. Diese Erweiterungen in Formen werden durch Seine verschiedenen Energien ermöglicht. Seine Energien sind ebenfalls mannigfaltig, wobei Seine inneren Energien der Qualität nach von höherer und Seine äußeren Energien von niederer Natur sind. Sie werden in der *Bhagavad-gītā* (7.4-6) als die *parā-* und *aparā-prakṛtis* bezeichnet. Somit sind Seine Erweiterungen, die durch die inneren Energien in verschiedenen Formen entstehen, höhere Formen, während jene Erweiterungen, die durch die äußeren Energien auftreten, niedere Formen sind. Ebenso sind auch die Lebewesen Seine Erweiterungen – die Lebewesen, die unter dem Einfluß Seiner inneren Kraft stehen, sind ewig befreite Seelen, wohingegen diejenigen, die mit der materiellen Energie verbunden sind, ewig bedingte Seelen sind. Deshalb sollte man all seine Entsagungen, Opfer, Tätigkeiten und Bemühungen um Wissen darauf richten, den qualitativen Einfluß, der auf uns wirkt, zu wechseln. Gegenwärtig werden wir von der äußeren Energie des Herrn beherrscht, und um einen qualitativ anderen Einfluß auf uns wirken zu lassen, müssen wir darum bemüht sein, spirituelle Energie in uns zu entwickeln. In der *Bhagavad-gītā* wird gesagt, daß die *mahātmās*, das heißt diejenigen, deren Geist so weit entwickelt ist, daß sie sich im Dienst Śrī Kṛṣṇas beschäftigen, unter dem Einfluß der inneren Energie stehen, und das zeigt sich dadurch, daß solche weitherzigen Lebewesen ständig, ohne Unterlaß, im Dienst des Herrn beschäftigt sind. Das sollte das Ziel des Lebens sein, wie alle vedischen Schriften bestätigen. Niemand sollte sich mit fruchtbringenden Handlungen oder trockenen Spekulationen über transzendentales Wissen abplagen. Jeder sollte sich im transzendentalen liebevollen Dienst für den Herrn beschäftigen. Ebenso sollte man nicht die verschiedenen Halbgötter verehren, die sich – als die Hände des Herrn – um die Schöpfung, Erhaltung und Vernichtung der materiellen Welt kümmern. Es gibt unzählige mächtige Halbgötter, die für die äußere Verwaltung der materiellen Welt sorgen. Sie alle sind verschiedene helfende Hände Vāsudevas, des Herrn. Selbst Śiva und Brahmā werden zu den Halbgöttern gezählt, doch Śrī Viṣṇu, Vāsudeva, ist stets transzendental dazu. Selbst wenn Er die Erscheinungsweise der Tugend in der materiellen Welt annimmt, ist Er transzendental zu allen materiellen Erscheinungsweisen. Das folgende Beispiel wird den Sachverhalt deutlicher machen: In einem Gefängnis befinden sich sowohl die Gefangenen als auch die Verwalter des Gefängnisses. Die Gefängniswärter sowie die Gefangenen sind an die Gesetze des Königs gebunden, aber der König ist, selbst wenn er manchmal das Gefängnis besucht, nicht an die Gesetze des Gefängnisses gebunden. Der König ist deshalb stets transzendental zu den Gesetzen des Gefängnisses, so, wie der Herr stets transzendental zu den Gesetzen der materiellen Welt ist.

VERS 30

स एवेदं ससर्जाग्रे भगवानात्ममायया ।
सदसद्रूपया चासौ गुणमय्यागुणो विभुः ॥३०॥

sa evedaṁ sasarjāgre
bhagavān ātma-māyayā
sad-asad-rūpayā cāsau
guṇamayāguṇo vibhuḥ

saḥ—das; *eva*—gewiß; *idam*—dies; *sasarja*—erschaffen; *agre*—vor; *bhagavān*—der Persönlichkeit Gottes; *ātma-māyayā*—durch Seine persönliche Kraft; *sat*—die Ursache; *asat*—die Wirkung; *rūpayā*—durch Formen; *ca*—und; *asau*—derselbe Herr; *guṇa-mayā*—in den Erscheinungsweisen der materiellen Natur; *aguṇaḥ*—transzendental; *vibhuḥ*—der Absolute.

ÜBERSETZUNG

Am Anfang der materiellen Schöpfung schuf der Absolute Herr in Seiner transzendentalen Position durch Seine innere Energie die Kräfte von Ursache und Wirkung.

ERLÄUTERUNG

Die Position des Herrn ist immer transzendental, denn auch die Energien von Ursache und Wirkung, die zur Schöpfung der materiellen Welt nötig sind, wurden von Ihm geschaffen. Er bleibt daher von den Eigenschaften der materiellen Erscheinungsweisen unberührt. Seine Existenz, Seine Gestalt, Seine Tätigkeiten und Seine Umgebung – das alles existierte bereits vor der materiellen Schöpfung*. Er ist völlig spirituell und hat nichts mit den Eigenschaften der materiellen Welt zu tun, die dem Wesen nach von den spirituellen Eigenschaften des Herrn verschieden sind.

VERS 31

तया विलसितेष्वेषु गुणेषु गुणवानिव ।
अन्तःप्रविष्ट आभाति विज्ञानेन विजृम्भितः ॥३१॥

tayā vilasiteṣv eṣu
guṇeṣu guṇavān iva
antaḥ-praviṣṭa ābhāti
vijñānena vijṛmbhitaḥ

tayā—von ihnen; *vilasiteṣu*—obwohl in Betrieb; *eṣu*—diese; *guṇeṣu*—die Erscheinungsweisen der materiellen Natur; *guṇavān*—berührt durch Erscheinungsweisen; *iva*—als ob; *antaḥ*—innerhalb; *praviṣṭaḥ*—eingetreten in; *ābhāti*—scheint zu sein; *vijñānena*—durch transzendentales Bewußtsein; *vijṛmbhitaḥ*—völlig erleuchtet.

ÜBERSETZUNG

Nachdem der Herr die materielle Substanz geschaffen hat, erweitert Er Sich und geht in sie ein. Obwohl Er Sich auf diese Weise in den materiellen Erscheinungsweisen der Natur befindet und eines der geschaffenen Wesen zu sein scheint, ist Er in Seiner transzendentalen Position immer völlig erleuchtet.

---

* In seinem Kommentar zur *Bhagavad-gītā* bestätigt auch Śrīpāda Śaṅkarācārya, der Hauptvertreter der Māyāvāda-Schule, daß Sich Śrī Kṛṣṇa in einer transzendentalen Stellung befindet.

ERLÄUTERUNG

Die Lebewesen sind abgesonderte Teile des Herrn, und die bedingten Lebewesen, die für das spirituelle Königreich ungeeignet sind, werden über die materielle Welt verstreut, in der sie Materie in vollstem Ausmaß genießen können. Der Herr in Seiner vollständigen Erweiterung begleitet die Lebewesen als Paramātmā und ewiger Freund, um sie bei ihrem materiellen Genuß anzuleiten und gleichzeitig Zeuge aller Handlungen zu sein. Während die Lebewesen versuchen, die materiellen Umstände zu genießen, behält der Herr Seine transzendentale Position, ohne von der materiellen Atmosphäre beeinträchtigt zu werden. In den vedischen Schriften (*śruti*) wird das Beispiel von zwei Vögeln gegeben, die auf einem Baum sitzen*. Einer von ihnen ißt die Früchte des Baumes, während der andere als Zeuge die Handlungen beobachtet. Der Zeuge ist der Herr, und der Früchteesser ist das Lebewesen. Der Esser der Früchte, das Lebewesen, hat seine wirkliche Identität vergessen und ist von den fruchtbringenden Tätigkeiten des materiellen Lebens überwältigt, aber der Herr (Paramātmā) ist immer von transzendentalem Wissen erfüllt. Das ist der Unterschied zwischen der Überseele und der bedingten Seele. Die bedingte Seele, das Lebewesen, wird durch die Gesetze der Natur beherrscht, wohingegen der Paramātmā, die Überseele, die materielle Energie beherrscht.

VERS 32

यथा ह्यवहितो वह्निर्दारुष्वेकः स्वयोनिषु ।
नानेव भाति विश्वात्मा भूतेषु च तथा पुमान् ॥३२॥

yathā hy avahito vahnir
dāruṣv ekaḥ sva-yoniṣu
nāneva bhāti viśvātmā
bhūteṣu ca tathā pumān

yathā—soviel wie; *hi*—genau wie; *avahitaḥ*—durchdrungen von; *vahniḥ*—Feuer; *dāruṣu*—im Holz; *ekaḥ*—eins; *sva-yoniṣu*—der Ursprung der Manifestation; *nānā iva*—wie verschiedene Wesen; *bhāti*—leuchtet; *viśvātmā*—der Herr als Paramātmā; *bhūteṣu*—in den Lebewesen; *ca*—und; *tathā*—in gleicher Weise; *pumān*—die Absolute Person.

ÜBERSETZUNG

Der Herr durchdringt als Überseele alle Dinge, ebenso, wie Feuer Holz durchdringt, und so scheint Er von verschiedenartiger Gestalt zu sein, obwohl Er als der Absolute einer ohne einen zweiten ist.

---

* *dvā suparṇā sayujā sakhāyā samānaṁ vṛkṣaṁ pariṣasvajāte tayor anyaḥ pippalam svādv atty anaśnann anye 'bhicākaśīti* (*Muṇḍaka Upaniṣad* 3.1.1)

ERLÄUTERUNG

Vāsudeva, die Höchste Persönlichkeit Gottes, erweitert Sich durch einen Seiner vollständigen Teile über die ganze materielle Welt, und Seine Gegenwart kann selbst in der Atomenergie wahrgenommen werden. Materie, Antimaterie, Proton, Neutron usw. sind alles verschiedene Wirkungen des Paramātmā-Aspekts des Herrn. Ähnlich wie man aus Holz Feuer erzeugen oder aus Milch Butter kirnen kann, so kann man auch die Gegenwart des Herrn als Paramātmā wahrnehmen, und zwar durch den Vorgang des einwandfreien Hörens und Chantens der transzendentalen Erzählungen, die vor allem in den vedischen Schriften, wie den *Upaniṣaden* und dem *Vedānta*, behandelt werden. Das *Śrīmad-Bhāgavatam* ist die autorisierte Erläuterung dieser vedischen Schriften. Der Herr kann durch das Hören der transzendentalen Botschaft erkannt werden, und das ist auch der einzige Weg, das transzendentale Thema wirklich zu begreifen. So, wie das Feuer im Holz durch ein anderes Feuer entzündet werden kann, so kann das göttliche Bewußtsein des Menschen durch göttliche Gnade erweckt werden. Seine Göttliche Gnade, der spirituelle Meister, kann das spirituelle Feuer im „holzähnlichen" Lebewesen erwecken, indem er ihm die richtigen spirituellen Botschaften überbringt, die er durch das empfängliche Ohr vermittelt. Deshalb ist es erforderlich, daß man sich dem echten spirituellen Meister mit offenen Ohren nähert; nur dann kann man das göttliche Dasein allmählich erkennen. Der Unterschied zwischen Tiersein und Menschsein liegt allein in diesem Vorgang. Ein Mensch vermag richtig zu hören, aber ein Tier besitzt diese Fähigkeit nicht.

VERS 33

असौ गुणमयैर्भावैर्भूतसूक्ष्मेन्द्रियात्मभिः ।
स्वनिर्मितेषु निर्विष्टो भुङ्क्ते भूतेषु तद्गुणान् ॥३३॥

asau guṇamayair bhāvair
bhūta-sūkṣmendriyātmabhiḥ
sva-nirmiteṣu nirviṣṭo
bhuṅkte bhūteṣu tad-guṇān

asau—der Paramātmā; *guṇamayaiḥ*—beeinflußt von der Erscheinungsweise der Natur; *bhāvaiḥ*—natürlich; *bhūta*—geschaffen; *sūkṣma*—feinstofflich; *indriya*—Sinne; *ātmabhiḥ*—von den Lebewesen; *sva-nirmiteṣu*—in Seine eigene Schöpfung; *nirviṣṭaḥ*—eintretend; *bhuṅkte*—veranlaßt zu genießen; *bhūteṣu*—in den Lebewesen; *tat-guṇān*—die Erscheinungsweisen der Natur.

ÜBERSETZUNG

Die Überseele geht in die Körper der erschaffenen Wesen ein, die von den Erscheinungsweisen der materiellen Natur beeinflußt werden, und veranlaßt die Lebewesen, die Wirkungen der Erscheinungsweisen mit dem feinstofflichen Geist zu genießen.

ERLÄUTERUNG

Es gibt 8 400 000 Arten von Lebensformen, angefangen mit dem intelligentesten Geschöpf, Brahmā, bis hinunter zur unbedeutenden Ameise, und sie alle genießen die materielle Welt entsprechend den Wünschen ihres feinstofflichen Geistes und grobstofflichen materiellen Körpers. Der grobe materielle Körper ist abhängig vom Zustand des feinen Geistes, und die Sinne werden gemäß dem Verlangen des Lebewesens geschaffen. Der Herr hilft als Paramātmā dem Lebewesen, materielles Glück zu erlangen, denn das Lebewesen ist in seinem Versuch, das von ihm Begehrte zu erreichen, in jeder Hinsicht hilflos. Es denkt, und der Herr lenkt. Auf der anderen Seite sind die Lebewesen Teile des Herrn, und daher sind sie, in diesem Sinne, eins mit dem Herrn. In der *Bhagavad-gītā* erklärt der Herr, daß die Lebewesen in all den verschiedenartigen Körpern Seine Kinder sind. Die Leiden und Genüsse der Kinder sind indirekt die Leiden und Genüsse des Vaters. Dennoch wird der Vater in keiner Weise durch die Leiden und Genüsse der Kinder unmittelbar betroffen. Er ist so gütig, daß Er als Paramātmā das Lebewesen überallhin begleitet und immer wieder versucht, es zur Rückkehr zu bewegen – wirklichem Glück entgegen.

VERS 34

भावयत्येष सत्त्वेन लोकान् वै लोकभावनः ।
लीलावतारानुरतो देवतिर्यङ्नरादिषु ॥३४॥

bhāvayaty eṣa sattvena
lokān vai loka-bhāvanaḥ
līlāvatārānurato
deva-tiryaṅ-narādiṣu

bhāvayati—erhält; *eṣaḥ*—all diese; *sattvena*—in der Erscheinungsweise der Tugend; *lokān*—im ganzen Universum; *vai*—allgemein; *loka-bhāvanaḥ*—der Herr aller Universen; *līlā*—Spiele; *avatāra*—Inkarnation; *anurataḥ*—die Rolle annehmend; *deva*—die Halbgötter; *tiryak*—niedere Tiere; *narādiṣu*—inmitten der Menschen.

ÜBERSETZUNG

So erhält der Herr der Universen all die von den Halbgöttern, Menschen und niederen Tieren bewohnten Planeten, und in Seinen Spielen nimmt Er die Rolle verschiedener Inkarnationen an, um diejenigen zurückzurufen, die sich in der Erscheinungsweise der reinen Tugend befinden.

ERLÄUTERUNG

Es gibt unzählige materielle Universen, und in jedem einzelnen Universum gibt es unzählige Planeten, die von verschiedenen Gattungen von Lebewesen in verschiedenen Erscheinungsweisen der Natur bewohnt werden. Der Herr (Viṣṇu) erscheint in jedem einzelnen von ihnen und in jeder einzelnen Lebensgesellschaft. Er offenbart Seine transzendentalen Spiele unter den Lebewesen, nur um in ihnen das Verlangen zu wecken, zu Gott zurückzukehren. Der Herr ändert Seine ursprüngliche transzendentale Position nicht, und doch scheint Er, entsprechend der jeweiligen Zeit, den Umständen und der Gesellschaft, unterschiedlich manifestiert zu sein.

Manchmal erscheint Er Selbst, oder Er ermächtigt ein geeignetes Lebewesen, für Ihn zu handeln; doch in jedem Fall ist die Absicht dieselbe. Der Herr wünscht, daß die leidenden Lebewesen nach Hause, zu Gott, zurückkehren. Das Glück, nach dem sich die Lebewesen sehnen, ist nicht in einem Winkel der unzähligen Universen und materiellen Planeten zu finden. Das ersehnte ewige Glück erwartet sie im Königreich Gottes, doch die vergeßlichen Lebewesen wissen unter dem Einfluß der materiellen Erscheinungsweisen nichts vom Königreich Gottes. Um die Botschaft von diesem Königreich zu verkünden, erscheint der Herr deshalb entweder persönlich, als Inkarnation, oder durch Seinen echten Repräsentanten als der vorbildliche Sohn Gottes. Diese Inkarnationen und Söhne Gottes laden nicht nur in der menschlichen Gesellschaft zur Rückkehr zu Gott ein; ihre Arbeit erstreckt sich auch auf alle anderen Arten von Gesellschaften: auf die der Halbgötter und auf die solcher Lebewesen, die keine Menschen sind.

Hiermit enden die Bhaktivedanta-Erläuterungen zum 2. Kapitel im Ersten Canto des Śrīmad-Bhāgavatam *mit dem Titel: „Göttlichkeit und göttlicher Dienst".*

3. Kapitel

Kṛṣṇa ist der Ursprung aller Inkarnationen

VERS 1

सूत उवाच
जगृहे पौरुषं रूपं भगवान्महदादिभिः ।
सम्भूतं षोडशकलमादौ लोकसिसृक्षया ॥ १ ॥

sūta uvāca
jagṛhe pauruṣaṁ rūpaṁ
bhagavān mahad-ādibhiḥ
sambhūtaṁ ṣoḍaśa-kalam
ādau loka-sisṛkṣayā

sūtaḥ uvāca—Sūta sagte; *jagṛhe*—nahm an; *pauruṣam*—vollständiger Teil als die *puruṣa*-Inkarnation; *rūpam*—Form; *bhagavān*—die Persönlichkeit Gottes; *mahat-ādibhiḥ*—mit den Bestandteilen der materiellen Welt; *sambhūtam*—somit geschah die Erschaffung von; *ṣoḍaśa-kalam*—sechzehn Hauptprinzipien; *ādau*—am Anfang; *loka*—die Universen; *sisṛkṣayā*—in der Absicht, zu erschaffen.

ÜBERSETZUNG

Sūta sagte: Am Anfang der Schöpfung erweiterte Sich der Herr zuerst in die universale Form der puruṣa-Inkarnation und manifestierte alle Bestandteile für die materielle Schöpfung. Dabei entstanden zuerst die sechzehn Prinzipien materieller Aktion, damit das materielle Universum erschaffen werden konnte.

ERLÄUTERUNG

In der *Bhagavad-gītā* wird erklärt, daß die Persönlichkeit Gottes Śrī Kṛṣṇa die materiellen Universen erhält, indem Er Seine vollständigen Erweiterungen ausdehnt. Mit der *puruṣa*-Form finden wir dieses Prinzip bestätigt. Die ursprüngliche Persönlichkeit Gottes Vāsudeva, Śrī Kṛṣṇa, der als der Sohn König Vasudevas und König Nandas bekannt ist, verfügt über allen Reichtum, alle Kräfte, allen Ruhm, alle Schönheit, alles Wissen und alle Entsagung. Ein Teil Seines Reichtums ist als unpersönliches Brahman manifestiert und ein anderer Teil als Paramātmā. Die *puruṣa*-Erscheinung derselben Persönlichkeit Gottes Śrī Kṛṣṇa ist die ursprüngliche Paramātmā-Manifestation des Herrn. Es gibt drei *puruṣa*-Erscheinungen in der materiellen Schöpfung, und die Form, die als Kāraṇodakaśāyī Viṣṇu bekannt ist, ist die erste dieser drei. Die anderen sind als Garbhodakaśāyī Viṣṇu und als Kṣīrodakaśāyī Viṣṇu bekannt, die wir einen nach dem anderen näher beschreiben werden. Die unzähligen Universen gehen aus den Poren Kāraṇodakaśāyī Viṣṇus hervor, und in jedes dieser Universen geht der Herr als Garbhodakaśāyī Viṣṇu ein.

In der *Bhagavad-gītā* wird auch erwähnt, daß die materielle Welt in bestimmten Zeitabschnitten erschaffen und dann wieder vernichtet wird. Diese Schöpfung und Vernichtung geschieht auf Anordnung des Höchsten, und zwar nur um der bedingten Seelen oder *nitya-baddha*-Lebewesen willen. Die *nitya-baddhas*, die ewig bedingten Seelen, fühlen sich als unabhängige Wesen (*ahaṅkāra*), was sie zum Sinnengenuß treibt, wozu sie eigentlich, von ihrem Wesen her, nicht die Fähigkeit besitzen. Der Herr ist der einzige Genießer, und alle anderen werden von Ihm genossen. Die Lebewesen sind beherrschte Genießer. Doch die ewig bedingten Seelen, die diese wesenseigene Position vergessen haben, verlangen stark danach zu genießen. In der materiellen Welt wird den bedingten Seelen die Gelegenheit gegeben, Materie zu genießen, und gleichzeitig bekommen sie die Möglichkeit, ihre wirkliche, wesenseigene Identität zu erkennen. Jene glücklichen Lebewesen, die die Wahrheit begreifen und sich nach vielen, vielen Geburten in der materiellen Welt den Lotosfüßen Vāsudevas ergeben, gesellen sich zu den ewig befreiten Seelen und können somit in das Königreich Gottes zurückkehren. Solche glücklichen Lebewesen brauchen danach nicht wieder in die zeitweilige materielle Schöpfung zurückzukehren. Diejenigen jedoch, die die ursprüngliche Wahrheit nicht begreifen können, gehen zur Zeit der Auflösung der materiellen Schöpfung wieder in das *mahat-tattva* ein. Wenn die Schöpfung wieder stattfindet, wird das *mahat-tattva* wieder freigesetzt. Das *mahat-tattva* enthält alle Bestandteile der materiellen Manifestation, einschließlich der bedingten Seelen. Grundsätzlich wird das *mahat-tattva* in sechzehn Teile gegliedert, nämlich in fünf grobe materielle Elemente und in elf Werkzeuge oder Sinne. Es ist mit einer Wolke am klaren Himmel vergleichbar. Im spirituellen Himmel ist die Ausstrahlung des Brahmans überallhin verbreitet, und das ganze System erstrahlt in spirituellem Licht. Das *mahat-tattva* befindet sich in einem Winkel des riesigen, unbegrenzten spirituellen Himmels, und der Teil, der somit vom *mahat-tattva* bedeckt ist, wird der materielle Himmel genannt. Dieser Teil des spirituellen Himmels, *mahat-tattva* genannt, macht nur einen unbedeutenden Teil des ganzen spirituellen Himmels aus. Im *mahat-tattva* schweben unzählige Universen, die alle aus Kāraṇodakaśāyī Viṣṇu hervorgehen, der auch Mahā-Viṣṇu genannt wird und der den gesamten materiellen Himmel befruchtet, indem Er einfach nur Seinen Blick über ihn schweifen läßt.

VERS 2

यस्याम्भसि शयानस्य योगनिद्रां वितन्वतः ।
नाभिह्रदाम्बुजादासीद्ब्रह्मा विश्वसृजां पतिः ॥ २ ॥

yasyāmbhasi śayānasya
yoga-nidrāṁ vitanvataḥ

nābhi-hradāmbujād āsīd
brahmā viśva-sṛjāṁ patiḥ

yasya—wessen; *ambhasi*—im Wasser; *śayānasya*—daliegend; *yoga-nidrām*—schlafend in Meditation; *vitanvataḥ*—darbietend; *nābhi*—Nabel; *hrada*—aus dem See; *ambujāt*—vom Lotos; *āsīt*—wurde manifestiert; *brahmā*—der Großvater der Lebewesen; *viśva*—das Universum; *sṛjām*—die Ingenieure; *patiḥ*—Meister.

ÜBERSETZUNG

Ein Teil des puruṣa legt Sich im Wasser des Universums nieder. Aus dem Nabelsee Seines Körpers sprießt ein Lotosstengel, und auf der Lotosblüte am Ende des Stengels erscheint Brahmā, der Meister aller Ingenieure im Universum.

ERLÄUTERUNG

Der erste *puruṣa* ist Kāraṇodakaśāyī Viṣṇu, aus dessen Poren unzählige Universen hervorgehen. In jedes einzelne dieser Universen geht der *puruṣa* als Garbhodakaśāyī Viṣṇu ein. Er liegt in einer Hälfte des Universums, die mit Wasser von Seinem Körper angefüllt ist, und von Seinem Nabel sprießt die Lotosblume, die der Geburtsort Brahmās ist. Brahmā ist der Vater aller Lebewesen und der Meister aller Ingenieure unter den Halbgöttern, die mit der vollkommenen Ausarbeitung und Instandhaltung der universalen Ordnung betraut sind. Im Stengel der Lotosblume befinden sich vierzehn verschiedene Planetensysteme, von denen das irdische in der Mitte liegt. Über diesem liegen andere, höhere Planetensysteme, und das höchste Planetensystem wird Brahmaloka oder auch Satyaloka genannt. Unterhalb der irdischen Planeten gibt es sieben niedere Planetensysteme, die von *asuras* und ähnlichen materialistischen Lebewesen bewohnt werden.

Garbhodakaśāyī Viṣṇu erweitert Sich in Kṣīrodakaśāyī Viṣṇu, welcher der gemeinsame Paramātmā aller Lebewesen ist. Er wird Hari genannt, und von Ihm gehen alle Inkarnationen im Universum aus.

Der *puruṣa-avatāra* manifestiert Sich also in drei Erscheinungen: zuerst als Kāraṇodakaśāyī Viṣṇu, der die materiellen Bestandteile im *mahat-tattva* hervorbringt; dann als Garbhodakaśāyī Viṣṇu, der in jedes einzelne Universum eingeht, und drittens als Kṣīrodakaśāyī Viṣṇu, welcher der Paramātmā eines jeden materiellen Objektes ist, sei es organisch oder anorganisch. Wer diese vollständigen Erscheinungen der Höchsten Persönlichkeit Gottes kennt, kennt auch Ihn Selbst, und so wird der Wissende, wie es in der *Bhagavad-gītā* bestätigt wird, frei von aller materiellen Bedingtheit, nämlich Geburt, Tod, Alter und Krankheit. In diesem *śloka* wird die Funktion Mahā-Viṣṇus zusammenfassend dargestellt. Mahā-Viṣṇu legt Sich aus Seinem eigenen freien Willen in einem Teil des spirituellen Himmels, dem Kāraṇa-Ozean, nieder, von wo aus Er einen Blick auf Seine materielle Natur wirft und dadurch sofort das *mahat-tattva* erschafft. Aufgeladen durch die Kraft des Herrn, bringt die materielle Natur augenblicklich unzählige Universen hervor, so, wie sich zu gegebener Zeit ein Baum mit einer Vielzahl von reifen Früchten schmückt. Der Same des Baumes wird vom Gärtner gesät, und im Laufe der Zeit manifestiert sich der Baum oder die Pflanze mit all ihren Früchten. Nichts kann ohne Ursache geschehen. Der Kāraṇa-Ozean wird deshalb auch „Ozean der Ursachen" genannt. *Kāraṇa* bedeutet „ursächlich". Wir sollten nicht so töricht sein, die Schöpfungstheorie der Atheisten anzuerkennen. Im Sechzehnten Kapitel der *Bhagavad-gītā* werden solche Atheisten beschrieben. Sie glauben nicht an einen Schöpfer, aber sie können auch keine plausible Erklärung für die Schöpfung geben. *Prakṛti*, die materielle Natur, hat ohne die Kraft des *puruṣa* keine Kraft zur Schöpfung, ähnlich wie eine Frau (*prakṛti*) ohne die Verbindung mit einem Mann (*puruṣa*) kein Kind hervorbringen kann. Der *puruṣa* befruchtet, und die *prakṛti* gebärt. Von den fleischigen Säcken am Hals der Ziege sollten wir keine Milch erwarten, obwohl sie wie Zitzen aussehen. Ebenso sollten wir von den materiellen Bestandteilen keine schöpferische Kraft erwarten — wir müssen an die Macht des *puruṣa* glauben, der die *prakṛti*, die Natur, befruchtet. Und weil Sich der Herr in Meditation niederzulegen wünschte, erschuf die materielle Energie augenblicklich unzählige Universen, und der Herr legte Sich in jedes nieder, worauf durch Seinen Willen sogleich alle Planeten mit allem Dazugehörenden geschaffen wurden. Der Herr verfügt über unbegrenzte Kräfte, und deshalb kann Er Seinem vollkommenen Plan gemäß nach Belieben verfahren, obwohl Er persönlich nichts zu tun braucht. Niemand ist größer als Er, und niemand kommt Ihm gleich. Das ist das Urteil der *Veden*.

VERS 3

यस्यावयवसंस्थानैः कल्पितो लोकविस्तरः ।
तद्वै भगवतो रूपं विशुद्धं सत्त्वमूर्जितम् ॥ ३ ॥

yasyāvayava-saṁsthānaiḥ
kalpito loka-vistaraḥ
tad vai bhagavato rūpaṁ
viśuddhaṁ sattvam ūrjitam

yasya—dessen; *avayava*—körperliche Erweiterung; *saṁsthānaiḥ*—liegt in; *kalpitaḥ*—stellt man sich vor; *loka*—Planeten der Bewohner; *vistaraḥ*—verschieden; *tat vai*—aber das ist; *bhagavataḥ*—der Persönlichkeit Gottes; *rūpam*—Form; *viśuddham*—rein; *sattvam*—Existenz; *ūrjitam*—Vortrefflichkeit.

ÜBERSETZUNG

Es besteht die Vorstellung, daß alle Planetensysteme im Universum auf dem weiten Körper des puruṣa liegen, doch Er hat mit den geschaffenen materiellen Bestandteilen nichts zu tun. Sein Körper befindet sich ewig in unbeeinträchtigter spiritueller Existenz.

ERLÄUTERUNG

Die Vorstellung der *virāṭ-rūpa* oder *viśva-rūpa* der Höchsten Absoluten Wahrheit ist besonders für den Neuling gedacht, der sich die transzendentale Gestalt der Persönlichkeit Gottes nur schwer vorstellen kann. Für ihn bedeutet eine Gestalt etwas zur materiellen Welt Gehörendes, und deshalb ist am Anfang eine entgegengesetzte Auffassung vom Absoluten nötig, damit der Geist auf die umfassende Macht des Herrn gerichtet werden kann. Wie oben beschrieben wurde, weitet der Herr Seine Energie in Form des *mahat-tattva* aus, das alle materiellen Bestandteile enthält. Die Erweiterung der Energie des Herrn und der Herr Selbst sind in gewissem Sinne eins, aber gleichzeitig ist das *mahat-tattva* verschieden vom Herrn. Deshalb sind die Energie des Herrn und der Herr Selbst gleichzeitig verschieden und nicht verschieden. Die Vorstellung der *virāṭ-rūpa*, die besonders für die Unpersönlichkeitsanhänger geeignet ist, ist somit nicht verschieden von der ewigen Gestalt des Herrn. Diese ewige Gestalt des Herrn existierte schon vor der Schöpfung des *mahat-tattva*, und es wird hier betont, daß die ewige Gestalt völlig spirituell und transzendental zu den Erscheinungsweisen der materiellen Natur ist. Diese transzendentale Gestalt des Herrn wird durch Seine innere Kraft manifestiert, und die Manifestation Seiner mannigfachen Inkarnationen ist stets von gleicher transzendentaler Eigenschaft, das heißt ohne die geringste Berührung mit dem *mahat-tattva*.

VERS 4

पश्यन्त्यदो रूपमदभ्रचक्षुषा
सहस्रपादोरुभुजाननाद्भुतम् ।
सहस्रमूर्धश्रवणाक्षिनासिकं
सहस्रमौल्यम्बरकुण्डलोल्लसत् ॥ ४ ॥

paśyanty ado rūpam adabhra-cakṣuṣā
sahasra-pādoru-bhujānanādbhutam
sahasra-mūrdha-śravaṇākṣi-nāsikaṁ
sahasra-mauly-ambara-kuṇḍalollasat

paśyanti—sehen; *adaḥ*—die Gestalt des *puruṣa*; *rūpam*—Form; *adabhra*—vollkommen; *cakṣuṣā*—mit den Augen; *sahasra-pāda*—Tausende von Beinen; *ūru*—Schenkel; *bhuja-ānana*—Hände und Gesichter; *adbhutam*—wundervoll; *sahasra*—Tausende von; *mūrdha*—Köpfe; *śravaṇa*—Ohren; *akṣi*—Augen; *nāsikam*—Nasen; *sahasra*—Tausende; *mauli*—Girlanden; *ambara*—Kleider; *kuṇḍala*—Ohrringe; *ullasat*—alle glänzend.

ÜBERSETZUNG

Die Gottgeweihten sehen mit ihren vollkommenen Augen die transzendentale Gestalt des puruṣa, der Tausende von Beinen, Schenkeln, Armen und Gesichtern hat, die alle von außergewöhnlicher Art sind. Diese von Blumengirlanden bekränzte Gestalt besitzt Tausende von Köpfen, die Helme schmücken, Tausende von Ohren, an denen Ohrringe glänzen, sowie Tausende von Augen und Nasen.

ERLÄUTERUNG

Mit unseren gegenwärtigen materiell beeinflußten Sinnen können wir nichts vom transzendentalen Herrn wahrnehmen. Unsere gegenwärtigen Sinne müssen durch den Vorgang des hingebungsvollen Dienstes geläutert werden — dann wird Sich der Herr uns offenbaren. In der *Bhagavad-gītā* wird bestätigt, daß der transzendentale Herr nur durch reinen hingebungsvollen Dienst wahrgenommen werden kann. Diese Wahrheit, daß allein hingebungsvoller Dienst uns zum Herrn führt und daß einzig und allein hingebungsvoller Dienst Ihn offenbaren kann, wird in allen vedischen Schriften bestätigt. So wird zum Beispiel in der *Brahma-saṁhitā* gesagt, daß der Herr jenen Gottgeweihten immer sichtbar ist, deren Augen mit dem Balsam des hingebungsvollen Dienstes gesalbt sind. Wir müssen also das Wissen über die transzendentale Gestalt des Herrn von Personen empfangen, die Ihn tatsächlich mit vollkommenen, durch hingebungsvollen Dienst gesalbten Augen gesehen haben. Auch in der materiellen Welt sehen wir viele Dinge nicht mit eigenen Augen, sondern stützen uns auf die Erfahrung derer, die etwas tatsächlich gesehen oder getan haben. Wenn das der Vorgang ist, etwas über ein materielles Objekt zu erfahren, so läßt er sich in transzendentalen Angelegenheiten noch vollkommener anwenden. Das heißt, wir können nur mit Geduld und Bedachtsamkeit das transzendentale Thema der Absoluten Wahrheit und Seiner verschiedenen Formen verstehen. Er ist gestaltlos für den Anfänger, doch der erfahrene Diener kennt Ihn in Seiner transzendentalen Gestalt.

VERS 5

एतन्नानावताराणां निधानं बीजमव्ययम् ।
यस्यांशांशेन सृज्यन्ते देवतिर्यङ्नरादयः ॥ ५ ॥

etan nānāvatārāṇāṁ
nidhānaṁ bījam avyayam
yasyāṁśāṁśena sṛjyante
deva-tiryaṅ-narādayaḥ

etat—diese (Gestalt); *nānā*—mannigfach; *avatārāṇām*—der Inkarnationen; *nidhānam*—Quelle; *bījam*—Same; *avyayam*—unzerstörbar; *yasya*—dessen; *aṁśa*—vollständiger Teil; *aṁśena*—Teil des vollständigen Teils; *sṛjyante*—erschaffen; *deva*—Halbgötter; *tiryak*—Tiere; *nara-ādayaḥ*—Menschen und andere Lebewesen.

ÜBERSETZUNG

Diese Gestalt [die zweite Manifestation des puruṣa] ist der Ursprung und der unzerstörbare Same mannigfacher Inkarnationen im Universum, und von den Teilen und Teilerweiterungen dieser Gestalt werden verschiedene Lebewesen, wie Halbgötter, Menschen und andere, erschaffen.

ERLÄUTERUNG

Nachdem der *puruṣa* unzählige Universen im *mahat-tattva* erschaffen hatte, ging Er in jedes einzelne Universum als der zweite *puruṣa*, Garbhodakaśāyī Viṣṇu, ein.

Als Er sah, daß im Universum völlige Dunkelheit und Leere herrschte und kein Ruheplatz vorhanden war, füllte Er die Hälfte des Universums mit Wasser aus Seinem eigenen Schweiß und legte Sich auf dasselbe Wasser nieder. Dieses Wasser wird Garbhodaka genannt. Dann entsproß aus Seinem Nabel die Lotosblume, auf deren Blütenblättern Brahmās Geburt stattfand. Brahmā wurde der Ingenieur des Universums, und der Herr Selbst als Viṣṇu nahm Sich der Erhaltung des Universums an. Brahmā wurde aus der *rajo-guṇa* der *prakṛti*, das heißt aus der Erscheinungsweise der Leidenschaft der Natur, erzeugt, und Viṣṇu wurde der Herr über die Erscheinungsweise der Tugend. Viṣṇu, der transzendental zu allen Erscheinungsweisen ist, steht immer über jeglicher Zuneigung zur Materie. Dies wurde bereits früher erklärt. Von Brahmā stammt Rudra (Śiva) ab, der die Erscheinungsweise der Unwissenheit oder Dunkelheit verwaltet. Er vernichtet die gesamte Schöpfung nach dem Willen des Herrn. Somit sind alle drei, nämlich Brahmā, Viṣṇu und Śiva, Inkarnationen Garbhodakaśāyī Viṣṇus. Von Brahmā werden die anderen Halbgötter, wie Dakṣa, Marīci, Manu und viele andere, erzeugt, um das ganze Universum mit Lebewesen zu bevölkern. Garbhodakaśāyī Viṣṇu wird in den vedischen Hymnen des *Garbha-stuti* gepriesen, die mit einer Beschreibung des Herrn beginnen, wo es unter anderem heißt, daß Er Tausende von Köpfen besitzt. Garbhodakaśāyī Viṣṇu ist der Herr des Universums, und obgleich Er im Universum zu liegen scheint, ist Er stets transzendental dazu. Dies wurde ebenfalls bereits erklärt. Viṣṇu, ein vollständiger Teil Garbhodakaśāyī Viṣṇus, ist die Überseele allen Lebens im Universum, und Er ist unter dem Namen Kṣīrodakaśāyī Viṣṇu als der Erhalter des Universums bekannt. So sind die drei Aspekte des ursprünglichen *puruṣa* zu verstehen. Alle Inkarnationen im Universum sind Erweiterungen Kṣīrodakaśāyī Viṣṇus.

In verschiedenen Zeitaltern erscheinen verschiedene Inkarnationen; es sind unzählige, obwohl einige von ihnen besondere Berühmtheit besitzen, wie Matsya, Kūrma, Varāha, Rāma, Nṛsiṁha, Vāmana und viele andere. Diese Inkarnationen werden *līlā*-Inkarnationen genannt. Außer ihnen gibt es noch qualitative Inkarnationen, wie Brahmā, Viṣṇu und Śiva bzw. Rudra, die für die verschiedenen Erscheinungsweisen der materiellen Natur zuständig sind.

Śrī Viṣṇu ist nicht verschieden von der Persönlichkeit Gottes. Śiva nimmt eine Zwischenposition zwischen der Persönlichkeit Gottes und den Lebewesen, den *jīvas*, ein. Brahmā dagegen ist immer ein *jīva-tattva*. Das frömmste Lebewesen, das heißt der größte Geweihte des Herrn, wird durch die Macht des Herrn zur Schöpfung ermächtigt, und es wird als Brahmā bezeichnet. Seine Macht ist vergleichbar mit der von wertvollen Steinen und Juwelen reflektierten Kraft der Sonne. Wenn kein Lebewesen die Eignung besitzt, das Amt Brahmās zu übernehmen, wird der Herr Selbst zu einem Brahmā und nimmt Sich des Amtes an.

Śiva ist kein gewöhnliches Lebewesen; er ist ein vollständiger Teil des Herrn, doch weil Śiva in direkter Berührung mit der materiellen Natur steht, befindet er sich nicht in genau derselben transzendentalen Position wie Śrī Viṣṇu. Der Unterschied ist wie der zwischen Milch und Quark. Quark ist nichts anderes als Milch, aber man kann ihn nicht für dasselbe wie Milch verwenden.

Die nächsten Inkarnationen sind die Manus. Während der Dauer eines Tages im Leben Brahmās (das nach unseren Sonnenjahren berechnet 4 300 000 x 1000 Jahre währt) gibt es vierzehn Manus. Es gibt also 420 Manus in einem Monat Brahmās und 5040 Manus in einem Jahr. Brahmā lebt nach seiner Zeitrechnung einhundert Jahre, und so gibt es während Brahmās Leben 5040 x 100 bzw. 504 000 Manus. Es gibt unzählige Universen, in denen jeweils ein Brahmā lebt, und sie alle werden während der Dauer eines Atemzuges des *puruṣa* Mahā-Viṣṇu erschaffen und vernichtet. Somit kann man sich leicht vorstellen, wie viele Millionen Manus während eines Atemzuges des *puruṣa* entstehen.

Die Manus, die in unserem Universum vorherrschen, sind folgende: Yajña als Svāyambhuva Manu, Vibhu als Svārociṣa Manu, Satyasena als Uttama Manu, Hari als Tāmasa Manu, Vaikuṇṭha als Raivata Manu, Ajita als Cākṣuṣa Manu, Vāmana als Vaivasvata Manu (das gegenwärtige Zeitalter steht unter der Herrschaft des Vaivasvata Manu), Sārvabhauma als Sāvarṇi Manu, Ṛṣabha als Dakṣa-sāvarṇi Manu, Viṣvaksena als Brahma-sāvarṇi Manu, Dharmasetu als Dharma-sāvarṇi Manu, Sudhāmā als Rudra-sārvaṇi Manu, Yogeśvara als Deva-sāvarṇi Manu und Bṛhadbhānu als Indra-sāvarṇi Manu. Das sind die Namen einer Reihe von vierzehn Manus, die, wie oben beschrieben, in einem Zeitraum von 4 300 000 000 Sonnenjahren leben.

Sodann gibt es die *yugāvatāras*, die Inkarnationen der einzelnen Zeitalter. Die *yugas* werden als Satya-yuga, Tretā-yuga, Dvāpara-yuga und Kali-yuga bezeichnet. Die Inkarnation eines jeden *yuga* ist von anderer Hautfarbe. Die Farben sind weiß, rot, schwarz und gelb. Im Dvāpara-yuga zum Beispiel erschien Śrī Kṛṣṇa in schwarzer Färbung, und im Kali-yuga erschien Śrī Caitanya mit gelber Hautfarbe.

Alle Inkarnationen des Herrn werden in den offenbarten Schriften erwähnt. Somit ist Betrügern die Möglichkeit genommen, sich als Inkarnation auszugeben, denn diese müßte in den *śāstras* erwähnt werden. Eine Inkarnation erklärt sich nicht selbst für eine Inkarnation des Herrn, sondern große Weise erkennen sie aufgrund der in den offenbarten Schriften erwähnten Merkmale für die Identifizierung einer Inkarnation. Die Merkmale der jeweiligen Inkarnation und die besondere Art Ihrer Mission werden in den offenbarten Schriften angegeben.

Neben den direkten Inkarnationen gibt es unzählige ermächtigte Inkarnationen, die ebenfalls in den offenbarten Schriften erwähnt werden. Solche Inkarnationen sind entweder direkt oder indirekt ermächtigt. Wenn sie direkt ermächtigt sind, werden sie Inkarnationen genannt, und wenn sie indirekt ermächtigt sind, werden sie *vibhūtis* genannt. Direkt ermächtigte Inkarnationen sind die Kumāras, Nārada, Pṛthu, Śeṣa, Ananta usw. Was die *vibhūtis* angeht, so werden sie in der *Bhagavad-gītā* im Kapitel über *vibhūti-yoga* ausführlich beschrieben. Die Quelle all dieser verschiedenen Arten von Inkarnationen ist Garbhodakaśāyī Viṣṇu.

VERS 6

स एव प्रथमं देवः कौमारं सर्गमाश्रितः ।
चचार दुश्चरं ब्रह्मा ब्रह्मचर्यमखण्डितम् ॥ ६ ॥

sa eva prathamaṁ devaḥ
kaumāraṁ sargam āśritaḥ

cacāra duścaraṁ brahmā
brahmacaryam akhaṇḍitam

saḥ—jene; *eva*—gewiß; *prathamam*—ersten; *devaḥ*—der Höchste Herr; *kaumā-ram*—genannt die Kumāras (die Unverheirateten); *sargam*—Schöpfung; *āśritaḥ*—unter; *cacāra*—durchgeführt; *duścaram*—sehr schwierig zu tun; *brahmā*—auf der Stufe von Brahman; *brahmacaryam*—nach strengen Regeln, um das Absolute (das Brahman) zu erkennen; *akhaṇḍitam*—ununterbrochen.

ÜBERSETZUNG

Als erste erschienen am Anfang der Schöpfung die vier unverheirateten Söhne Brahmās [die Kumāras], die das Gelübde der Ehelosigkeit ablegten und sich in der Folge harten Bußen unterzogen, um die Absolute Wahrheit zu erkennen.

ERLÄUTERUNG

Die materielle Welt wird in bestimmten Zeitabständen erschaffen, erhalten und wieder vernichtet. Jede der Schöpfungen hat einen bestimmten Namen, der sich nach dem Namen des jeweiligen Brahmā, des Vaters der Lebewesen innerhalb der Schöpfung, richtet. Die Kumāras erschienen, wie oben erwähnt, in der Kumāra-Schöpfung der materiellen Welt, und um uns den Vorgang der Brahman-Erkenntnis zu lehren, lebten sie ein strenges, diszipliniertes Leben in Ehelosigkeit. Die Kumāras sind ermächtigte Inkarnationen, doch ehe sie das strenge Leben des *brahmacarya* begannen, wurden sie alle qualifizierte *brāhmaṇas*. Dieses Beispiel soll zeigen, daß man zuerst ein *brāhmaṇa* werden muß — jedoch nicht durch Geburt, sondern durch Eigenschaften —, um sich dann dem Vorgang der Brahman-Erkenntnis zu unterziehen.

VERS 7

द्वितीयं तु भवायास्य रसातलगतां महीम् ।
उद्धरिष्यन्नुपादत्त यज्ञेशः सौकरं वपुः ॥ ७ ॥

dvitīyaṁ tu bhavāyāsya
rasātala-gatāṁ mahīm
uddhariṣyann upādatta
yajñeśaḥ saukaraṁ vapuḥ

dvitīyam—die zweite Inkarnation; *tu*—aber; *bhavāya*—zum Segen; *asya*—der Erde; *rasātala*—zur niedrigsten Region; *gatām*—gesunken; *mahīm*—die Erde; *ud-dhariṣyan*—aufhebend; *upādatta*—festgesetzt; *yajñeśaḥ*—der Besitzer oder der höchste Genießer; *saukaram*—in der Gestalt eines Ebers; *vapuḥ*—Inkarnation.

ÜBERSETZUNG

Der höchste Genießer aller Opfer nahm die Gestalt eines Ebers an [die zweite Inkarnation] und hob die Erde zu ihrem Segen aus den niederen Regionen des Universums.

ERLÄUTERUNG

Der Hinweis, daß für jede einzelne Inkarnation der Persönlichkeit Gottes auch die besondere Aufgabe ihres Erscheinens angegeben sein muß, bestätigt sich hier. Niemals erscheint eine Inkarnation ohne eine besondere Aufgabe, und derartige Aufgaben sind stets von außergewöhnlicher Art. Sie können nicht von einem gewöhnlichen Lebewesen durchgeführt werden. Die Inkarnation des Ebers war nötig, um die Erde aus dem unreinen materiellen Bereich des Pluto herauszuheben. Etwas von einem schmutzigen Ort aufzuheben ist für einen Eber ganz natürlich, und die allmächtige Persönlichkeit Gottes offenbarte den *asuras*, die die Erde an einem schmutzigen Ort verborgen hatten, dieses Wunder. Nichts ist Ihm unmöglich, und obwohl der Höchste Herr die Rolle eines Ebers spielte, wird Er von Seinen Geweihten verehrt, da Er immer in der Transzendenz weilt.

VERS 8

तृतीयमृषिसर्गं वै देवर्षित्वमुपेत्य सः ।
तन्त्रं सात्वतमाचष्ट नैष्कर्म्यं कर्मणां यतः ॥ ८ ॥

tṛtīyam ṛṣi-sargaṁ vai
devarṣitvam upetya saḥ
tantraṁ sātvatam ācaṣṭa
naiṣkarmyaṁ karmaṇāṁ yataḥ

tṛtīyam—die dritte; *ṛṣi-sargam*—das Zeitalter der *ṛṣis*; *vai*—gewiß; *devarṣitvam*—Inkarnationen des *ṛṣi* unter den Halbgöttern; *upetya*—angenommen haben; *saḥ*—er; *tantram*—Darlegung der *Veden*; *sātvatam*—die besonders für den hingebungsvollen Dienst bestimmt ist; *ācaṣṭa*—gesammelt; *naiṣkarmyam*—ohne Reaktionen; *karmaṇām*—des Tuns; *yataḥ*—von welchem.

ÜBERSETZUNG

Im Zeitalter der ṛṣis nahm die Persönlichkeit Gottes die dritte ermächtigte Inkarnation in der Gestalt Devarṣi Nāradas an, der ein großer Weiser unter den Halbgöttern ist. Er stellte Darlegungen der Veden zusammen, die über den hingebungsvollen Dienst handeln und zu reaktionsfreiem Handeln anregen.

ERLÄUTERUNG

Der große Ṛṣi Nārada, der eine ermächtigte Inkarnation der Persönlichkeit Gottes ist, verbreitet den Vorgang des hingebungsvollen Dienstes im ganzen Universum. Alle großen Geweihten des Herrn überall im Universum, auf verschiedenen Planeten und in verschiedenen Arten des Lebens, sind seine Schüler. Auch Śrīla Vyāsadeva, der Verfasser des *Śrīmad-Bhāgavatam*, ist einer seiner Schüler. Nārada ist der Autor des *Nārada-pañcarātra*, das die *Veden* insbesondere in bezug auf den hingebungsvollen Dienst für den Herrn näher erläutert. Das *Nārada-pañcarātra* befähigt die *karmīs*, die fruchtbringenden Arbeiter, Freiheit von der Fessel der fruchtbringenden Arbeit zu erlangen. Die bedingten Seelen sind meist vom fruchtbringenden Tun angezogen, weil sie das Leben im Schweiße ihres Angesichts genießen wollen. Das ganze Universum ist voll von fruchtbringenden Arbeitern in allen Arten des Lebens. Fruchtbringende Arbeit beinhaltet alle möglichen Pläne, die der wirtschaftlichen Entwicklung dienen sollen. Aber das Gesetz der Natur sorgt dafür, daß auf jede Aktion eine Reaktion folgt, und der Ausführende der Handlung ist durch diese guten und schlechten Reaktionen gebunden. Die Reaktion auf gutes Tun ist entsprechender materieller Wohlstand und die auf schlechtes Tun entsprechendes materielles Elend. Aber materielle Bedingungen, ob sogenanntes Glück oder sogenanntes Leid, bringen letzten Endes nur Leid. Die törichten Materialisten haben keinerlei Ahnung, wie ewiges Glück im befreiten Zustand zu erlangen ist. Śrī Nārada lehrt diese verblendeten fruchtbringenden Arbeiter, wie man die Realität wahren Glücks verwirklicht. Er zeigt der kranken Menschheit, wie ihre gegenwärtige Beschäftigung sie auf den Pfad spiritueller Befreiung führen kann. Er ist wie der Arzt, der den Patienten anweist, gegen seine Verdauungsstörungen, die durch ein Milchprodukt verursacht wurden, umgewandelte Milch in Form von Quark zu sich zu nehmen. Die Ursache der Krankheit und das Mittel gegen diese mögen wohl gleich sein, doch die Krankheit muß von einem erfahrenen Arzt wie Nārada behandelt werden. Die *Bhagavad-gītā* bietet die gleiche Lösung an, nämlich dem Herrn durch die Früchte seiner Arbeit zu dienen. Das wird einen auf den Pfad des *naiṣkarmya*, den Pfad der Befreiung, führen.

VERS 9

तुर्ये धर्मकलासर्गे नरनारायणावृषी ।
भूत्वाऽऽत्मोपशमोपेतमकरोद् दुश्चरं तपः ॥ ९ ॥

turye dharma-kalā-sarge
nara-nārāyaṇāv ṛṣī
bhūtvātmopaśamopetam
akarot duścaraṁ tapaḥ

turye—in der vierten Inkarnation; *dharma-kalā*—Frau des Dharmarāja; *sarge*—geboren sein von; *nara-nārāyaṇau*—genannt Nara und Nārāyaṇa; *ṛṣi*—Weise;

bhūtvā—werdend; *ātma-upaśama*—die Sinne beherrschend; *upetam*—zur Erlangung von; *akarot*—unternahmen; *duścaram*—sehr strenge; *tapaḥ*—Buße.

ÜBERSETZUNG

In der vierten Inkarnation wurde der Herr zu Nara und Nārāyaṇa, den Zwillingssöhnen der Ehefrau König Dharmas, und nahm schwere und beispielhafte Bußen zur Beherrschung der Sinne auf Sich.

ERLÄUTERUNG

Wie König Ṛṣabha Seine Söhne lehrte, ist *tapasya*, das freiwillige Aufsichnehmen von Bußen zur Erkenntnis der Transzendenz, die einzige Pflicht des Menschen. Als Nara und Nārāyaṇa praktizierte dies der Herr Selbst auf eine beispielhafte Weise, um uns zu lehren. Der Herr ist den vergeßlichen Seelen gegenüber sehr barmherzig. Er kommt deshalb Selbst und läßt die notwendigen Unterweisungen zurück, oder Er sendet auch Seine vorbildlichen Söhne als Repräsentanten, um alle bedingten Seelen zurück zu Gott zu rufen. Vor nicht langer Zeit erschien auch, allen in Erinnerung, Śrī Caitanya mit derselben Absicht, nämlich den gefallenen Seelen des gegenwärtigen Zeitalters eiserner Industrie eine besondere Gunst zu erweisen. Die Inkarnation Nara und Nārāyaṇas wird immer noch in dem heiligen Ort Badarīnārāyaṇa, in den Bergen des Himalaya, verehrt.

VERS 10

पञ्चमः कपिलो नाम सिद्धेशः कालविप्लुतम् ।
प्रोवाचासुरये सांख्यं तत्त्वग्रामविनिर्णयम् ॥१०॥

pañcamaḥ kapilo nāma
siddheśaḥ kāla-viplutam
provācāsuraye sāṅkhyaṁ
tattva-grāma-vinirṇayam

pañcamaḥ—die fünfte; *kapilaḥ*—Kapila; *nāma*—mit Namen; *siddheśaḥ*—der erste unter den Vollkommenen; *kāla*—Zeit; *viplutam*—verloren; *provāca*—sagte; *āsuraye*—zu dem *brāhmaṇa* mit Namen Āsuri; *sāṅkhyam*—Metaphysik; *tattva-grāma*—die Gesamtheit der Schöpfungselemente; *vinirṇayam*—Darlegung.

ÜBERSETZUNG

Die fünfte Inkarnation, Kapila genannt, ist das höchste unter den vollkommenen Wesen. Er gab Āsuri Brāhmaṇa eine Erklärung zu den Schöpfungselementen und der Metaphysik, da dieses Wissen im Laufe der Zeit verlorengegangen war.

ERLÄUTERUNG

Insgesamt gibt es vierundzwanzig Schöpfungselemente. Jedes einzelne davon wird durch das System der *sāṅkhya*-Philosophie ausführlich erläutert. *Sāṅkhya*-Philosophie wird von den europäischen Gelehrten im allgemeinen Metaphysik genannt. Im etymologischen Sinne bedeutet *sāṅkhya* „der Weg, wie man durch das Analysieren der materiellen Elemente zu Wissen gelangt". Zum ersten Mal wurde dies von Kapila getan, von dem hier gesagt wird, daß Er die fünfte Inkarnation in der Reihe der Inkarnationen ist.

VERS 11

षष्ठम् अत्रेरपत्यत्वं वृतः प्राप्तोऽनसूयया ।
आन्वीक्षिकीमलर्काय प्रह्लादादिभ्य ऊचिवान् ॥११॥

ṣaṣṭham atrer apatyatvaṁ
vṛtaḥ prāpto 'nasūyayā
ānvīkṣikīm alarkāya
prahlādādibhya ūcivān

ṣaṣṭham—die sechste; *atreḥ*—von Atri; *apatyatvam*—Sohn; *vṛtaḥ*—um den gebetet wurde; *prāptaḥ*—erhielt; *anasūyayā*—von Anasūyā; *ānvīkṣikīm*—über das Thema der Transzendenz; *alarkāya*—zu Alarka; *prahlāda-ādibhyaḥ*—zu Prahlāda usw.; *ūcivān*—sprach.

ÜBERSETZUNG

Die sechste Inkarnation des puruṣa war der Sohn des Weisen Atri. Er wurde aus dem Schoß Anasūyās geboren, die um eine Inkarnation gebetet hatte. Er sprach zu Alarka, Prahlāda und anderen [Yadu, Haihaya usw.] über das Thema der Transzendenz.

ERLÄUTERUNG

Der Herr erschien als Dattātreya, der Sohn des Ṛṣi Atri und seiner Frau Anasūyā. Von der Geburt Dattātreyas als Inkarnation des Herrn wird im *Brahmāṇḍa Purāṇa* in Verbindung mit der Erzählung von der ergebenen Frau berichtet. Es wird dort gesagt, daß Anasūyā, die Frau Atri Ṛṣis, zu Brahmā, Viṣṇu und Śiva auf folgende Weise betete: „Meine Gebieter, wenn ihr mit mir zufrieden seid und nun wünscht, mir eine Segnung zuteil werden zu lassen, dann bete ich darum, daß ihr euch verbindet und mein Sohn werden möget." Das wurde von den Göttlichen gewährt, und so erläuterte der Herr als Dattātreya die Philosophie der spirituellen Seele und unterwies insbesondere Alarka, Prahlāda, Yadu, Haihaya usw.

VERS 12

ततः सप्तम आकूत्यां रुचेर्यज्ञोऽभ्यजायत ।
स यामाद्यैः सुरगणैरपात्स्वायम्भुवान्तरम् ॥१२॥

tataḥ saptama ākūtyām
rucer yajño 'bhyajāyata

sa yāmādyaiḥ sura-gaṇair
apāt svāyambhuvāntaram

tataḥ—danach; *saptame*—die siebte in der Reihe; *ākūtyām*—im Leib Ākūtis; *ruceḥ*—vom Prajāpati Ruci; *yajñaḥ*—die Inkarnation des Herrn als Yajña; *abhyajāyata*—erschien; *saḥ*—Er; *yāmā-ādyaiḥ*—mit Yāma usw.; *sura-gaṇaiḥ*—mit Halbgöttern; *apāt*—herrschte; *svāyambhuva-antaram*—der Wechsel der Periode des Svāyambhuva Manu.

ÜBERSETZUNG

Die siebte Inkarnation war Yajña, der Sohn des Prajāpati Ruci und seiner Frau Ākūti. Er herrschte in der Zeit während des Wechsels des Svāyambhuva Manu und wurde von Halbgöttern, wie Seinem Sohn Yama und anderen, dabei unterstützt.

ERLÄUTERUNG

Die Ämter, die von den Halbgöttern verwaltet werden, um die Ordnung in der materiellen Welt aufrechtzuerhalten, werden frommen Lebewesen von hohem Rang anvertraut. Wenn es an solchen frommen Lebewesen mangelt, erscheint der Herr Selbst als Brahmā, Prajāpati, Indra usw. und übernimmt die Verantwortung. Während der Periode des Svāyambhuva Manu (die gegenwärtige Periode ist die des Vaivasvata Manu) gab es kein geeignetes Lebewesen, das das Amt von Indra, dem König Indralokas (des Himmels), übernehmen konnte. Der Herr wurde zu dieser Zeit Selbst Indra. Mit Hilfe Seiner Söhne, wie Yama und anderen Halbgöttern, leitete Yajña die Verwaltungsangelegenheiten im Universum.

VERS 13

अष्टमे मेरुदेव्यां तु नाभेर्जात उरुक्रमः ।
दर्शयन् वर्त्म धीराणां सर्वाश्रमनमस्कृतम् ॥१३॥

aṣṭame merudevyāṁ tu
nābher jāta urukramaḥ
darśayan vartma dhīrāṇāṁ
sarvāśrama-namaskṛtam

aṣṭame—die achte der Inkarnationen; *merudevyām tu*—im Leib Merudevīs, der Frau von; *nābheḥ*—König Nābhi; *jātaḥ*—wurde geboren; *urukramaḥ*—der allmächtige Herr; *darśayan*—zeigte; *vartma*—der Weg; *dhīrāṇām*—der vollkommenen Wesen; *sarva*—allen; *āśrama*—Ständen des Lebens; *namaskṛtam*—geehrt von.

ÜBERSETZUNG

Die achte Inkarnation war König Ṛṣabha, der Sohn König Nābhis und seiner Frau Merudevī. Mit dieser Inkarnation zeigte der Herr den Pfad der Vollkommenheit, dem jene folgen, die gelernt haben, ihre Sinne völlig zu beherrschen, und denen von allen Stufen der menschlichen Gesellschaft Achtung entgegengebracht wird.

ERLÄUTERUNG

Die menschliche Gesellschaft ist von Natur aus achtfach unterteilt, und zwar in vier berufliche Gruppen und vier Lebensstufen innerer Entwicklung. Es gibt demnach folgende Unterteilungen: die intelligente Klasse, die verwaltende Klasse, die produzierende Klasse und die Arbeiterklasse als die vier Unterteilungen beruflicher Tätigkeit, und das Leben des Schülers und Studierenden, das Leben des Haushälters, das Leben in Zurückgezogenheit und den Lebensstand der Entsagung als die vier Ordnungen des inneren Fortschritts, die zum Pfad spiritueller Erkenntnis führen. Von diesen wird die Stufe der Entsagung, *sannyāsa*, als die höchste angesehen, und ein *sannyāsī* ist seiner Eigenschaft nach der spirituelle Meister aller anderen Stufen und Unterteilungen. Innerhalb des *sannyāsa*-Standes bestehen vier weitere Stufen des Aufstiegs zur Vollkommenheit. Diese Stufen werden *kuṭīcaka, bahūdaka, parivrājakācārya* und *paramahaṁsa* genannt. Die *paramahaṁsa*-Stufe des Lebens ist die höchste Stufe der Vollkommenheit; diejenigen, die sie erreicht haben, werden von allen anderen Mitgliedern der Gesellschaft bewundert und geachtet. Mahārāja Ṛṣabha, der Sohn König Nābhis und seiner Frau Merudevī, war eine Inkarnation des Herrn, und Er wies Seine Söhne an, dem Pfad der Vollkommenheit durch *tapasya* zu folgen, denn *tapasya* reinigt die Existenz und ermöglicht es einem, auf die Stufe höchsten spirituellen Glücks zu gelangen, das ewig ist und ständig zunimmt. Jedes Lebewesen sucht nach Glück, doch niemand weiß, wo ewiges und unbegrenztes Glück zu finden ist. Törichte Menschen trachten nach materieller Sinnenfreude als Ersatz für wirkliches Glück, aber solche verblendeten Menschen vergessen, daß zeitweiliges sogenanntes Glück, das man aus Sinnenfreude gewinnt, auch den Hunden und Schweinen zuteil wird. Keinem Tier, ob es nun im Wasser, am Land oder in der Luft lebt, fehlt es an Sinnenfreude. In allen Arten des Lebens, auch in der menschlichen Form, ist solches Glück zur Genüge erhältlich. Die menschliche Form des Lebens ist jedoch nicht für den Genuß solch billigen Glückes gedacht. Das menschliche Leben ist dazu bestimmt, ewiges und unbegrenztes Glück durch spirituelle Erkenntnis zu erlangen. Diese spirituelle Erkenntnis wird durch *tapasya*, das freiwillige Aufsichnehmen von Bußen und Entsagungen materieller Annehmlichkeiten, erreicht. Diejenigen, die es gelernt haben, sich materiellen Annehmlichkeiten zu enthalten, werden *dhīra* genannt, das heißt Menschen, die nicht durch die Sinne gestört werden können. Diese *dhīras* können in den *sannyāsa*-Stand eintreten und allmählich auf die Ebene des *paramahaṁsa* gelangen, der von allen Mitgliedern der Gesellschaft geehrt wird. König Ṛṣabha verkündete diese Lehre, und auf der letzten Stufe Seines Lebens blieb Er völlig ungestört von den Forderungen des Körpers. Dieses seltene Stadium sollte von allen verehrt werden, und törichte Menschen müssen sich davor hüten, sie nachzuahmen.

VERS 14

ऋषिभिर्याचितो भेजे नवमं पार्थिवं वपुः ।
दुग्धेमामोषधीर्विप्रास्तेनायं स उशत्तमः ॥१४॥

ṛṣibhir yācito bheje
navamaṁ pārthivaṁ vapuḥ
dugdhemām oṣadhīr viprās
tenāyaṁ sa uśattamaḥ

ṛṣibhiḥ—von den Weisen; *yācitaḥ*—gebetet worden um; *bheje*—nahm an; *navamam*—die neunte Inkarnation; *pārthivam*—der Herrscher der Erde; *vapuḥ*—Körper; *dugdha*—melkend; *imām*—all diese; *oṣadhīḥ*—Erzeugnisse der Erde; *viprāḥ*—o *brāhmaṇas*; *tena*—von; *ayam*—dies; *saḥ*—er; *uśattamaḥ*—schön und anziehend.

ÜBERSETZUNG

O brāhmaṇas, die neunte Inkarnation des Herrn, deren Erscheinen von Weisen erfleht worden war, ist als König Pṛthu bekannt, der das Land kultivierte, um verschiedene Naturprodukte hervorzubringen. Aus diesem Grund sah die Erde schön und anziehend aus.

ERLÄUTERUNG

Vor dem Erscheinen König Pṛthus war durch Mißwirtschaft eine große Verwüstung entstanden, die auf das lasterhafte Leben des vorangegangenen Königs, des Vaters von Mahārāja Pṛthu, zurückzuführen war. Die intelligente Klasse der Menschen (die Weisen und die *brāhmaṇas*) beteten nicht nur zum Herrn, daß Er herabkommen möge, sondern sie entthronten auch den vorhergehenden König. Es ist die Pflicht des Königs, fromm zu sein und für das Wohlergehen der Bürger zu sorgen. Wann immer der König seine Pflichten vernachlässigt, muß die intelligente Klasse der Menschen ihn absetzen. Die Intelligentia nimmt den Königsthron jedoch nicht für sich in Anspruch, denn sie hat zum Wohl der Allgemeinheit wichtigere Pflichten zu erfüllen. Statt selbst den Königsthron zu besetzen, beteten somit die Weisen zum Herrn, Er möge erscheinen, und der Herr erschien als Mahārāja Pṛthu. Wirklich intelligente Menschen, das heißt qualifizierte *brāhmaṇas*, streben niemals nach politischen Ämtern. Mahārāja Pṛthu erreichte, daß die Erde viele Bodenschätze und Nahrungsmittel hervorbrachte, und dadurch wurde nicht nur bewirkt, daß die Bürger glücklich waren, solch einen guten König zu haben, sondern auch, daß die gesamte Erde wunderschön und prachtvoll anzusehen war.

VERS 15

रूपं स जगृहे मात्स्यं चाक्षुषोदधिसम्प्लवे ।
नाव्यारोप्य महीमय्यामपाद्वैवस्वतं मनुम् ॥१५॥

rūpaṁ sa jagṛhe mātsyaṁ
cākṣuṣodadhi-samplave
nāvy āropya mahī-mayyām
apād vaivasvataṁ manum

rūpam—Gestalt; *saḥ*—Er; *jagṛhe*—nahm an; *mātsyam*—eines Fisches; *cākṣuṣa*—Cākṣuṣa; *udadhi*—Wasser; *samplave*—Überschwemmung; *nāvi*—auf dem Boot; *āropya*—hochhaltend; *mahī*—die Erde; *mayyām*—überflutete mit; *apāt*—beschützt; *vaivasvatam*—Vaivasvata; *manum*—Manu, den Vater der Menschheit.

ÜBERSETZUNG

Als während einer völligen Überschwemmung nach der Zeit des Cākṣuṣa Manu die ganze Welt tief unter Wasser stand, nahm der Herr die Gestalt eines Fisches an und beschützte Vaivasvata Manu, indem Er ihn auf ein Boot steigen ließ.

ERLÄUTERUNG

Nach Śrīpāda Śrīdhara Svāmī, der den ursprünglichen Kommentar zum *Bhāgavatam* verfaßt hat, findet nicht jedesmal nach dem Wechsel eines Manus eine Verwüstung statt. Die oben erwähnte Überschwemmung nach der Zeit des Cākṣuṣa Manu geschah, um Satyavrata einige Wunder zu offenbaren. Śrī Jīva Gosvāmī erbrachte indessen eindeutige Beweise aus autoritativen Schriften (wie dem *Viṣṇu-dharmottara*, dem *Mārkaṇḍeya Purāṇa* und dem *Harivaṁśa*), daß nach dem Tod eines jeden Manus eine Verwüstung stattfindet. Śrīla Viśvanātha Cakravartī stimmte Śrīla Jīva Gosvāmī zu und führte auch ein Zitat aus dem *Bhāgavatāmṛta* an, das sich auf diese Überschwemmung nach jedem Manu bezieht. Wie dem auch sei, der Herr erschien jedenfalls zu jener gewissen Zeit, um Satyavrata, einem Geweihten des Herrn, eine besondere Gunst zu erweisen.

VERS 16

सुरासुराणामुदधिं मथ्नतां मन्दराचलम् ।
दध्रे कमठरूपेण पृष्ठ एकादशे विभुः ॥१६॥

surāsurāṇām udadhiṁ
mathnatāṁ mandarācalam
dadhre kamaṭha-rūpeṇa
pṛṣṭha ekādaśe vibhuḥ

sura—die Theisten; *asurāṇām*—der Atheisten; *udadhim*—im Ozean; *mathnatām*—quirlend; *mandarācalam*—den Mandarācala-Berg; *dadhre*—trug; *kamaṭha*—Schildkröte; *rūpeṇa*—in der Gestalt einer; *pṛṣṭhe*—Panzer; *ekādaśe*—die elfte Inkarnation in der Reihe; *vibhuḥ*—der Erhabene.

ÜBERSETZUNG

Die elfte Inkarnation des Herrn erschien in der Gestalt einer Schildkröte [Kūrma], deren Panzer als Drehpunkt für den Mandarācala-Berg diente. Diesen Berg benutzten die Halbgötter und die Dämonen des Universums als Quirl.

ERLÄUTERUNG

Einst waren Theisten wie auch Atheisten damit beschäftigt, Nektar aus dem Ozean zu gewinnen, damit sie alle unsterblich würden, wenn sie ihn tränken. Zu jener Zeit wurde der Mandarācala-Berg als Quirl benutzt, und der Panzer der Schildkröten-Inkarnation Gottes diente dem Hügel als Drehpunkt im Meer.

VERS 17

धान्वन्तरं द्वादशमं त्रयोदशममेव च ।
अपाययत्सुरानन्यान्मोहिन्या मोहयन् स्त्रिया ॥१७॥

dhānvantaraṁ dvādaśamaṁ
trayodaśamam eva ca
apāyayat surān anyān
mohinyā mohayan striyā

dhānvantaram—die Inkarnation Gottes namens Dhanvantari; *dvādaśamam*—die zwölfte in der Reihe; *trayodaśamam*—die dreizehnte in der Reihe; *eva*—gewiß; *ca*—und; *apāyayat*—gab zu trinken; *surān*—den Halbgöttern; *anyān*—anderen; *mohinyā*—durch bezaubernde Schönheit; *mohayan*—verlockend; *striyā*—in der Gestalt einer Frau.

ÜBERSETZUNG

In der zwölften Inkarnation erschien der Herr als Dhanvantari, und in der dreizehnten überlistete Er die Dämonen in der Gestalt einer betörend schönen Frau [Mohinī] und gab den Halbgöttern Nektar zu trinken.

VERS 18

चतुर्दशं नारसिंहं बिभ्रद्दैत्येन्द्रमूर्जितम् ।
ददार करजैरूरावेरकां कटकृद्यथा ॥१८॥

caturdaśaṁ nārasiṁhaṁ
bibhrad daityendram ūrjitam
dadāra karajair ūrāv
erakāṁ kaṭa-kṛd yathā

caturdaśam—die vierzehnte (Inkarnation) in der Reihe; *nāra-siṁham*—die Inkarnation des Herrn in Seiner halb-Mensch-halb-Löwe-Form; *bibhrat*—erschien; *daitya-indram*—der König der Atheisten; *ūrjitam*—von mächtigem Körperbau; *dadāra*—zerfetzte; *karajaiḥ*—mit den Fingernägeln; *ūrau*—auf dem Schoß; *erakām*—Stück Rohr; *kaṭa-kṛt*—Zimmermann; *yathā*—wie.

ÜBERSETZUNG

In der vierzehnten Inkarnation erschien der Herr als Nṛsiṁha und zerriß den starken Körper des Atheisten Hiraṇyakaśipu mit Seinen Fingernägeln, genauso, wie ein Zimmermann Schilfrohr auseinanderreißt.

VERS 19

पञ्चदशं वामनकं कृत्वागादध्वरं बलेः ।
पदत्रयं याचमानः प्रत्यादित्सुस्त्रिपिष्टपम् ॥१९॥

pañcadaśaṁ vāmanakaṁ
kṛtvāgād adhvaraṁ baleḥ
pada-trayaṁ yācamānaḥ
pratyāditsus tri-piṣṭapam

pañcadaśam—die fünfzehnte (Inkarnation) in der Reihe; *vāmanakam*—der *brāhmaṇa* in Zwergengestalt; *kṛtvā*—indem Er annahm; *agāt*—ging; *adhvaram*—Opferstätte; *baleḥ*—des Königs Bali; *pada-trayam*—drei Schritte nur; *yācamānaḥ*—bittend; *pratyāditsuḥ*—insgeheim wünschend, es wiederzubekommen; *tri-piṣṭapam*—das Königreich der drei Planetensysteme.

ÜBERSETZUNG

In der fünfzehnten Inkarnation nahm der Herr die Gestalt eines Zwerg-brāhmaṇa [Vāmana] an und besuchte die von Mahārāja Bali errichtete Opferstätte. Obwohl es Seine Absicht war, das Königreich der drei Planetensysteme wiederzuerlangen, bat Er nur um eine Gabe von drei Schritt Land.

ERLÄUTERUNG

Der Allmächtige Gott kann jedem das Königreich des Universums gewähren, auch wenn Er zunächst nur wenig gibt, und ebenso kann Er einem das Königreich des Universums unter dem Vorwand, nur um ein kleines Stück Land zu bitten, wieder wegnehmen.

VERS 20

अवतारे षोडशमे पश्यन् ब्रह्मद्रुहो नृपान् ।
त्रिःसप्तकृत्वः कुपितो निःक्षत्रामकरोन्महीम् ॥२०॥

avatāre ṣoḍaśame
paśyan brahma-druho nṛpān
triḥ-sapta-kṛtvaḥ kupito
niḥ-kṣatrām akaron mahīm

avatāre—in der Inkarnation des Herrn; *ṣoḍaśame*—sechzehnte; *paśyan*—sehend; *brahma-druhaḥ*—den Anweisungen der *brāhmaṇas* nicht folgend; *nṛpān*—der königliche Stand; *triḥ-sapta*—dreimal siebenmal; *kṛtvaḥ*—hat getan; *kupitaḥ*—beschäftigt seiend; *niḥ*—Vernichtung; *kṣatrām*—die verwaltende Klasse; *akarot*—führte durch; *mahīm*—die Erde.

ÜBERSETZUNG

In der sechzehnten Inkarnation Gottes [als Bhṛgupati] vernichtete der Herr die kṣatriyas [die verwaltende Klasse] einundzwanzigmal, da Er zornig auf sie war, weil sie sich gegen die brāhmaṇas [die intelligente Klasse] aufgelehnt hatten.

ERLÄUTERUNG

Von den *kṣatriyas*, der verwaltenden Klasse der Menschen, wird erwartet, daß sie den Planeten unter der Anleitung der *brāhmaṇas*, der intelligenten Menschenklasse, regieren, die den Herrschern entsprechend den Richtlinien der Bücher offenbarten Wissens (*śāstras*) Unterweisungen geben. Die Herrscher führen die Verwaltung nach diesen Anordnungen durch. Wann immer die *kṣatriyas* den Anordnungen der gelehrten und intelligenten *brāhmaṇas* gegenüber unfolgsam sind, werden die Verwalter gewaltsam ihrer Ämter enthoben, und es werden Vorbereitungen für eine bessere Verwaltung getroffen.

VERS 21

ततः सप्तदशे जातः सत्यवत्यां पराशरात् ।
चक्रे वेदतरोः शाखा दृष्ट्वा पुंसोऽल्पमेधसः ॥२१॥

tataḥ saptadaśe jātaḥ
satyavatyāṁ parāśarāt
cakre veda-taroḥ śākhā
dṛṣṭvā puṁso 'lpa-medhasaḥ

tataḥ—danach; *saptadaśe*—in der siebzehnten Inkarnation; *jātaḥ*—erschien; *satyavatyām*—im Leib Satyavatīs; *parāśarāt*—von Parāśara Muni; *cakre*—bereitet; *veda-taroḥ*—des Wunschbaumes der *Veden*; *śākhāḥ*—Zweige; *dṛṣṭvā*—voraussehend; *puṁsaḥ*—die meisten Menschen; *alpa-medhasaḥ*—weniger intelligent.

ÜBERSETZUNG

Danach, in der siebzehnten Inkarnation Gottes, erschien Śrī Vyāsadeva als Sohn Satyavatīs, der Frau Parāśara Munis, und er unterteilte den einen Veda

in mehrere Zweige und Nebenzweige, da er sah, daß die Menschen von geringer Intelligenz waren.

ERLÄUTERUNG

Ursprünglich gibt es nur einen *Veda*. Doch Śrīla Vyāsadeva gliederte den ursprünglichen *Veda* in vier Teile, nämlich *Sāma, Yajur, Ṛg* und *Atharva*, die er weiter in verschiedenen Zweigen, wie den *Purāṇas* und dem *Mahābhārata*, erläuterte. Sprache und Inhalt der *Veden* sind für den gewöhnlichen Menschen sehr schwer zu verstehen. Sie werden nur von den hochintelligenten und selbstverwirklichten *brāhmaṇas* verstanden. Aber das gegenwärtige Zeitalter des Kali ist voll unwissender Menschen. Selbst diejenigen, die einen *brāhmaṇa* zum Vater haben, sind im gegenwärtigen Zeitalter nicht besser als die *śūdras* oder die Frauen. Die Zweimalgeborenen, nämlich die *brāhmaṇas*, die *kṣatriyas* und die *vaiśyas*, sollten sich eigentlich einem inneren Reinigungsvorgang, der als *saṁskāra* bezeichnet wird, unterziehen, aber durch den schlechten Einfluß des gegenwärtigen Zeitalters sind die sogenannten Angehörigen der *brāhmaṇa*- und anderen hochgestellten Familien nicht mehr wirklich gebildet. Sie werden *dvija-bandhu*, die Freunde oder Familienangehörigen von Zweimalgeborenen, genannt. Aber diese *dvija-bandhus* werden den *śūdras* und den Frauen zugeordnet. Śrīla Vyāsadeva unterteilte die *Veden* zum Vorteil der weniger intelligenten Klassen wie der *dvija-bandhus, śūdras* und Frauen in verschiedene Zweige und Nebenzweige.

VERS 22

नरदेवत्वमापन्नः सुरकार्यचिकीर्षया ।
समुद्रनिग्रहादीनि चक्रे वीर्याण्यतः परम् ॥२२॥

nara-devatvam āpannaḥ
sura-kārya-cikīrṣayā
samudra-nigrahādīni
cakre vīryāṇy ataḥ param

nara—Mensch; *devatvam*—Göttlichkeit; *āpannaḥ*—die Gestalt angenommen haben; *sura*—die Halbgötter; *kārya*—Tätigkeiten; *cikīrṣayā*—zum Zwecke der Durchführung; *samudra*—der Indische Ozean; *nigrahā-ādīni*—beherrschen usw.; *cakre*—führte aus; *vīryāṇi*—übermenschliche Taten; *ataḥ param*—danach.

ÜBERSETZUNG

In der achtzehnten Inkarnation erschien der Herr als König Rāma. In der Absicht, Taten zu vollbringen, die zur Freude der Halbgötter gereichen sollten, entfaltete Er übermenschliche Kräfte, indem Er den Indischen Ozean bezwang und dann den atheistischen König Rāvaṇa tötete, der auf der anderen Seite des Meeres lebte.

ERLÄUTERUNG

Die Persönlichkeit Gottes Śrī Rāma erschien in der Gestalt eines Menschen und offenbarte auf der Erde Seine Taten, um dadurch die Halbgötter, denen die Verwaltung des Universums obliegt, zu erfreuen. Manchmal werden große Dämonen und Atheisten, wie Rāvaṇa, Hiraṇyakaśipu und viele andere, sehr berühmt, weil sie materialistische Zivilisationen vorantreiben und dazu in einer Haltung, die die Gesetze Gottes herausfordert, materielle Wissenschaft und viele andere Mittel einsetzen. So ist zum Beispiel der Versuch, mit materiellen Hilfsmitteln zu anderen Planeten zu fliegen, eine Herausforderung an die festgesetzte Ordnung. Die Lebensbedingungen auf jedem einzelnen Planeten sind unterschiedlich, und verschiedene Arten von Menschen werden dort für bestimmte Zwecke, die in den Gesetzestexten des Herrn verzeichnet sind, mit allem zum Leben Notwendigen versorgt. Doch manchmal wagen es gottlose Materialisten, die durch geringfügige Erfolge im materiellen Fortschritt hochmütig geworden sind, die Existenz Gottes zu bestreiten. Rāvaṇa war einer von ihnen. Sein Ziel war es, gewöhnliche Menschen mit materiellen Hilfsmitteln zu den Planeten Indras, den himmlischen Planeten, zu befördern, ohne die notwendigen Voraussetzungen zu erfüllen. Er wollte eine Treppe bauen, die direkt bis zu den himmlischen Planeten führen sollte, so daß die Menschen es nicht mehr nötig haben würden, die erforderlichen, üblichen frommen Werke zu tun, um diese Planeten zu erreichen. Er wollte auch noch auf andere Art gegen die Gesetze des Herrn verstoßen. Er stellte sogar die Autorität Śrī Rāmas, der Persönlichkeit Gottes, in Frage und entführte Seine Gemahlin Sītā. Śrī Rāma war als Antwort auf die Gebete und den Wunsch der Halbgötter erschienen, um diesen Atheisten zu bestrafen, und so nahm Er die Herausforderung Rāvaṇas an. Dieses Geschehen bildet den Inhalt des *Rāmāyaṇa*. Da Śrī Rāmacandra die Persönlichkeit Gottes ist, offenbarte Er übermenschliche Taten, die kein Mensch, auch nicht der in materieller Hinsicht so fortgeschrittene Rāvaṇa, vollbringen konnte. So baute Rāmacandra aus Steinen, die auf dem Wasser schwammen, eine königliche Straße über den Indischen Ozean. Die modernen Wissenschaftler haben zwar auf dem Gebiet der Schwerelosigkeit Forschungen betrieben, doch ist es ihnen nicht möglich, Schwerelosigkeit überall und in allen Dingen zu erzeugen. Weil Schwerelosigkeit eine Schöpfung des Herrn ist, durch die Er zum Beispiel gewaltige Planeten im All in der Schwebe hält, konnte Er daher selbst auf der Erde Steine schwerelos machen und so ohne Pfeiler und Stützen eine Steinbrücke über das Meer bauen. Das ist die Machtentfaltung Gottes.

VERS 23

एकोनविंशे विंशतिमे वृष्णिषु प्राप्य जन्मनी ।
रामकृष्णाविति भुवो भगवानहरद्भरम् ॥२३॥

ekonaviṁśe viṁśatime
vṛṣṇiṣu prāpya janmanī
rāma-kṛṣṇāv iti bhuvo
bhagavān aharad bharam

ekonaviṁśe—in der neunzehnten (Inkarnation); *viṁśatime*—und in der zwanzigsten; *vṛṣṇiṣu*—in der Vṛṣṇi-Dynastie; *prāpya*—erlangt habend; *janmanī*—Geburten; *rāma*—Balarāma; *kṛṣṇau*—Śrī Kṛṣṇa; *iti*—somit; *bhuvaḥ*—der Welt; *bhagavān*—der Persönlichkeit Gottes; *aharat*—entfernte; *bharam*—Last.

ÜBERSETZUNG

In der neunzehnten und zwanzigsten Inkarnation erschien der Herr persönlich als Śrī Balarāma und Śrī Kṛṣṇa in der Familie Vṛṣṇis [Yadu-Dynastie] und befreite die Welt von ihrer Last.

ERLÄUTERUNG

Die besondere Erwähnung des Wortes *bhagavān* in diesem Vers weist darauf hin, daß Kṛṣṇa und Balarāma ursprüngliche Gestalten des Herrn sind. Dies wird später noch ausführlich erklärt werden. Śrī Kṛṣṇa ist, wie wir bereits zu Beginn dieses Kapitels erfahren haben, keine *puruṣa*-Inkarnation; Er ist unmittelbar die ursprüngliche Persönlichkeit Gottes, und Balarāma ist die erste vollständige Erweiterung des Herrn. Von Baladeva geht die erste Reihe vollständiger Erweiterungen aus: Vāsudeva, Saṅkarṣaṇa, Aniruddha und Pradyumna. Śrī Kṛṣṇa ist Vāsudeva, und Baladeva ist Saṅkarṣaṇa.

VERS 24

ततः कलौ सम्प्रवृत्ते सम्मोहाय सुरद्विषाम् ।
बुद्धो नाम्नाजनसुतः कीकटेषु भविष्यति ॥२४॥

tataḥ kalau sampravṛtte
sammohāya sura-dviṣām
buddho nāmnāñjana-sutaḥ
kīkaṭeṣu bhaviṣyati

tataḥ—danach; *kalau*—das Zeitalter des Kali; *sampravṛtte*—gefolgt; *sammohāya*—mit der Absicht irrezuführen; *sura*—die Theisten; *dviṣām*—diejenigen, die neidisch sind; *buddhaḥ*—Buddha; *nāmnā*—mit Namen; *añjana-sutaḥ*—der Sohn Añjanās (Buddha); *kīkaṭeṣu*—in der Provinz Gayā (Bihar); *bhaviṣyati*—wird stattfinden.

ÜBERSETZUNG

Am Anfang des Kali-yuga wird der Herr als Buddha, der Sohn Añjanās, in der Provinz Gayā erscheinen, um diejenigen irrezuführen, die die gläubigen Theisten beneiden.

ERLÄUTERUNG

Buddha, eine mächtige Inkarnation der Persönlichkeit Gottes, erschien in der Provinz Gayā (Bihar) als der Sohn Añjanās. Er predigte seine eigene Auffassung der Gewaltlosigkeit und verurteilte sogar die in den *Veden* gebilligten Tieropfer. Zu der

Zeit, da Buddha erschien, waren die meisten Menschen atheistisch und zogen Tierfleisch jeder anderen Nahrung vor. Unter dem Vorwand, vedische Opferungen auszuführen, verwandelten sie nahezu jeden Ort in ein Schlachthaus, in dem ohne Einschränkung Tiere getötet wurden. Buddha predigte Gewaltlosigkeit, weil er Mitleid mit den hilflosen Tieren hatte. Er verkündete, daß er nicht an die Lehren der *Veden* glaube, und wies auf die psychisch schädigenden Folgen des Tiereschlachtens hin. Menschen von geringer Intelligenz im Zeitalter des Kali, die keinen Glauben an Gott besaßen, folgten seinem Grundsatz und wurden so zunächst einmal zu moralischer Disziplin und Gewaltlosigkeit erzogen — die ersten Schritte auf dem Pfad der Gotteserkenntnis. Auf diese Weise täuschte er die Atheisten, denn die Atheisten, die seinen Prinzipien folgten, glaubten zwar nicht an Gott, aber sie setzten ihren ganzen Glauben in ihn, der er doch eine Inkarnation Gottes war. Dadurch wurden die Ungläubigen dazu gebracht, an Gott in der Gestalt Buddhas zu glauben. Das war die Barmherzigkeit Buddhas: Er bekehrte die Ungläubigen dazu, an ihn zu glauben.

Das Töten von Tieren war vor dem Erscheinen Buddhas das auffälligste Merkmal der Gesellschaft; die Menschen behaupteten, vedische Opferungen auszuführen. Wenn die *Veden* nicht durch spirituelle Meister in autorisierter Nachfolge empfangen werden, werden die gelegentlichen Leser der *Veden* durch die blumige Sprache dieses Wissenssystems irregeführt. In der *Bhagavad-gītā* wird von solchen verblendeten Gelehrten gesprochen. Die törichten Gelehrten vedischer Schriften, die die transzendentale Botschaft nicht aus den transzendental verwirklichten Quellen der Nachfolge der spirituellen Meister empfangen, geraten zweifellos in Verwirrung. Sie sehen die rituellen Zeremonien als das ein und alles an. Gemäß der *Bhagavad-gītā* besitzen sie kein tiefgehendes Wissen. Alle vedischen Schriften haben das Ziel, den Leser allmählich zum Höchsten Herrn zurückzuführen. Das einzige Thema der vedischen Schriften ist es, Wissen über den Höchsten Herrn, die individuelle Seele, die kosmische Situation und die Beziehung all dieser Faktoren zueinander zu erlangen. Wenn man seine Beziehung zu all diesen Dingen kennt, beginnt man, dementsprechend zu handeln, und als Ergebnis solchen Handelns wird das höchste Ziel des Lebens, die Rückkehr zu Gott, auf einfachste Weise erreicht. Leider werden unautorisierte Gelehrte der *Veden* oft von den Reinigungsvorgängen fasziniert, und dadurch wird ein wirkliches Fortschreiten unmöglich.

Für solche verwirrten Menschen mit atheistischen Neigungen ist Buddha die Verkörperung des Theismus. Er wollte deshalb als erstes der Gewohnheit des Tiereschlachtens Einhalt gebieten. Die Tiermörder sind gefährliche Elemente auf dem Pfad der Rückkehr zu Gott. Es gibt zwei Arten von Tiermördern: Manchmal wird auch die Seele als „Tier" oder „Lebewesen" bezeichnet; deshalb können sowohl die Schlächter von Tieren als auch diejenigen, die ihre Identität mit der Seele vergessen haben, als „Tiermörder" bezeichnet werden.

Mahārāja Parīkṣit sagte, daß nur ein Tiermörder keinen Geschmack an der transzendentalen Botschaft des Höchsten Herrn finden könne. Wie bereits erwähnt wurde, muß deshalb den Menschen, wenn sie nach Gottes Richtlinien leben sollen, als erstes beigebracht werden, dem Tiereschlachten Einhalt zu gebieten. Es ist unsinnig zu sagen, Tiereschlachten habe nichts mit spiritueller Verwirklichung zu tun. Aufgrund dieser gefährlichen Theorie und des Einflusses des Kali-yuga sind viele sogenannte *sannyāsīs* aufgetreten, die unter dem Deckmantel der *Veden* das Töten von Tieren predigen. Dieses Thema wurde auch schon in dem Gespräch zwischen Śrī Caitanya und Maulana Chand Kazi Shaheb erörtert. Die Tieropfer, die in den *Veden* beschrieben werden, unterscheiden sich vom uneingeschränkten Tiermorden in den Schlachthäusern. Da die *asuras*, das heißt die sogenannten Gelehrten vedischer Schriften, die in den *Veden* gegebenen Hinweise auf das Töten von Tieren zum Vorwand nahmen, tat Buddha, als verleugne er die Autorität der *Veden*. Buddha verführte die Menschen nur deshalb dazu, die *Veden* abzulehnen, um die Menschen vom Laster des Tiereschlachtens zu befreien und die hilflosen Tiere vor dem Abschlachten seitens ihrer großen Brüder zu retten, die doch sonst so sehr nach Brüderlichkeit, Frieden, Recht und Ordnung schreien. Es kann keine Gerechtigkeit geben, solange es allgemein üblich ist, Tiere zu töten. Diesen üblen Zustand wollte Buddha beseitigen, und deshalb wurde seine Lehre der *ahiṁsā* (Gewaltlosigkeit) nicht nur in Indien, sondern auch in vielen Ländern außerhalb Indiens verbreitet.

Genaugenommen muß Buddhas Philosophie als atheistisch bezeichnet werden, weil sie den Höchsten Herrn nicht anerkennt und weil dieses philosophische System die Autorität der *Veden* leugnet. Aber es war nur ein Täuschungsmanöver des Herrn, denn Buddha ist eine Inkarnation Gottes, und als solche ist er der ursprüngliche Sprecher vedischen Wissens. Er konnte deshalb die vedische Philosophie gar nicht ablehnen. Er lehnte sie nur dem Schein nach ab, da die *sura-dviṣas*, die Dämonen, die stets auf die Geweihten Gottes neidisch sind, versuchten, das Töten von Kühen und anderen Tieren mit Hilfe der vedischen Schriften zu belegen, wie es heute von den „modernen *sannyāsīs*" getan wird. So mußte Buddha zwar die Autorität der *Veden* völlig verleugnen, doch wir können verstehen, daß es sich dabei nur um eine Taktik handelte, denn wäre es nicht so, dann wäre er weder als Inkarnation Gottes anerkannt worden, noch wäre er in den transzendentalen Liedern des Poeten Jayadeva, der ein Vaiṣṇava-*ācārya* ist, verehrt worden. Buddha verkündete die vorbereitenden Prinzipien der *Veden* in einer für die damalige Zeit geeigneten Weise (wie später auch Śaṅkarācārya verfuhr), um die Autorität der *Veden* wiederherzustellen. Sowohl Buddha als auch Ācārya Śaṅkara ebneten somit den Weg zum Theismus, und Vaiṣṇava-*ācāryas*, besonders Śrī Caitanya Mahāprabhu, führten die Menschen wieder auf den Weg der Rückkehr zu Gott.

Wir freuen uns, daß viele Menschen an der gewaltlosen Bewegung Buddhas Interesse finden. Aber wann werden sie die Angelegenheit wirklich ernst nehmen und alle Schlachthäuser ausnahmslos schließen? Wenn das nicht geschieht, hat der *ahiṁsa*-Pfad keine Bedeutung.

Das *Śrīmad-Bhāgavatam* wurde kurz vor dem Beginn des Kali-yuga verfaßt (vor ungefähr 5000 Jahren), und Buddha erschien vor etwa 2600 Jahren. Das Erscheinen Buddhas wird daher im *Śrīmad-Bhāgavatam* vorhergesagt. Das ist ein Beispiel für die Autorität dieser reinen Schrift. Es gibt noch viele solcher Prophezeiungen, und sie erfüllen sich alle, eine nach der andern. Sie werden die autorisierte Stellung des *Śrīmad-Bhāgavatam* bestätigen, in dem keine Spur von Fehlern, Illusion, Betrug und Unvollkommenheit, den vier Mängeln aller bedingten Seelen, zu finden ist. Die befreiten Seelen stehen über diesen Fehlern; deshalb können sie Dinge sehen und voraussagen, die in ferner Zukunft liegen.

VERS 25

अथासौ युगसंध्यायां दस्युप्रायेषु राजसु ।
जनिता विष्णुयशसो नाम्ना कल्किर्जगत्पतिः ॥२५॥

athāsau yuga-sandhyāyāṁ
dasyu-prāyeṣu rājasu
janitā viṣṇu-yaśaso
nāmnā kalkir jagat-patiḥ

atha—danach; *asau*—derselbe Herr; *yuga-sandhyāyām*—während der *yuga*-Wende; *dasyu*—Plünderer; *prāyeṣu*—fast alle; *rājasu*—die regierenden Persönlichkeiten; *janitā*—wird geboren werden; *viṣṇu*—mit Namen Viṣṇu; *yaśasaḥ*—mit Beinamen Yaśā; *nāmnā*—im Namen von; *kalkiḥ*—die Inkarnation des Herrn; *jagat-patiḥ*—der Herr der Schöpfung.

ÜBERSETZUNG

Danach, während der Wende der zwei yugas, wird der Herr der Schöpfung als die Kalki-Inkarnation erscheinen und der Sohn Viṣṇu Yaśās werden. Zu jener Zeit werden die Herrscher der Erde auf die Stufe von Plünderern herabgesunken sein.

ERLÄUTERUNG

Hier findet sich eine Vorhersage in bezug auf das Erscheinen Kalkis, der Inkarnation Gottes. Er soll während der *yuga*-Wende, nämlich am Ende des Kali-yuga und am Anfang des Satya-yuga, erscheinen. Der Kreislauf der vier *yugas* Satya, Tretā, Dvāpara und Kali ähnelt dem Kreislauf der vier Jahreszeiten. Das gegenwärtige Kali-yuga dauert 432 000 Jahre, von denen seit der Schlacht von Kurukṣetra und dem Ende der Regierungszeit König Parīkṣits erst 5000 Jahre verstrichen sind. Somit sind noch 427 000 Jahre ausstehend. Am Ende dieses Zeitraums wird die Inkarnation Kalkis erscheinen, wie in diesem Vers vorhergesagt wird. Der Name seines Vaters, Viṣṇu Yaśā, ein gelehrter *brāhmaṇa*, und das Dorf Śambhala werden auch erwähnt. Alle Voraussagen werden sich, wie bereits gesagt wurde, in chronologischer Reihenfolge als wahr erweisen. Das beweist die Autorität des *Śrīmad-Bhāgavatam.*

VERS 26

अवतारा ह्यसंख्येया हरेः सत्त्वनिधेर्द्विजाः ।
यथाविदासिनः कुल्याः सरसः स्युः सहस्रशः ॥२६॥

avatārā hy asaṅkhyeyā
hareḥ sattva-nidher dvijāḥ

yathāvidāsinaḥ kulyāḥ
sarasaḥ syuḥ sahasraśaḥ

avatārāḥ—Inkarnation; *hi*—gewiß; *asaṅkhyeyāḥ*—unzählige; *hareḥ*—Haris, des Herrn; *sattva-nidheḥ*—des Ozeans der Tugend; *dvijāḥ*—die *brāhmaṇas*; *yathā*—wie es ist; *avidāsinaḥ*—unerschöpflich; *kulyāḥ*—Bäche; *sarasaḥ*—der unermeßlichen Seen; *syuḥ*—sind; *sahasraśaḥ*—Tausende von.

ÜBERSETZUNG

O brāhmaṇas, die Inkarnationen des Herrn sind wie unzählige Bäche, die aus unerschöpflichen Quellen fließen.

ERLÄUTERUNG

Die Aufzählung der Inkarnationen der Persönlichkeit Gottes, die hier gegeben wird, ist nicht vollständig. Es ist nur eine Teilübersicht aller Inkarnationen, denn es gibt noch viele andere, wie Śrī Hayagrīva, Hari, Haṁsa, Pṛśnigarbha, Vibhu, Satyasena, Vaikuṇṭha, Sārvabhauma, Viśvaksena, Dharmasetu, Sudhāmā, Yogeśvara, Bṛhadbhānu usw., die in vorangegangenen Zeitaltern erschienen. Śrī Prahlāda Mahārāja sagte in einem seiner Gebete: „Mein Herr, Du offenbarst Dich in so vielen Inkarnationen, wie es Lebensformen gibt, nämlich die Lebewesen des Wassers, die Pflanzen, die Reptilien, die Vögel, die Landtiere, die Menschen, die Halbgötter und so fort, und Du erscheinst nur zum Wohl der Gläubigen und zur Vernichtung der Ungläubigen. Du kommst in den verschiedenen *yugas*, wann immer es erforderlich ist. Im Kali-yuga erscheinst Du in der Gestalt eines Gottgeweihten." Diese Inkarnation des Herrn im Kali-yuga ist Śrī Caitanya Mahāprabhu. Es gibt noch viele andere Stellen, sowohl im *Bhāgavatam* als auch in andern Schriften, in denen die Inkarnation des Herrn als Śrī Caitanya Mahāprabhu eindeutig erwähnt wird. Auch in der *Brahma-saṁhitā* wird indirekt gesagt, daß der Herr, obwohl Er in vielen Inkarnationen erscheint, wie Rāma, Nṛsiṁha, Varāha, Matsya, Kūrma und vielen anderen, manchmal persönlich kommt. Śrī Kṛṣṇa und Śrī Caitanya Mahāprabhu sind deshalb eigentlich keine Inkarnationen, sondern die ursprüngliche Quelle aller Inkarnationen. Im nächsten *śloka* wird dies deutlich erklärt.

Der Herr ist also die unerschöpfliche Quelle unzähliger Inkarnationen, die nicht immer erwähnt werden. Doch all diese Inkarnationen sind an besonderen, außergewöhnlichen Merkmalen zu erkennen, die unmöglich von einem anderen Lebewesen nachgeahmt werden können. Das ist das allgemeine Kriterium einer Inkarnation des Herrn, sei Sie direkt oder indirekt ermächtigt. Einige der in diesem Kapitel erwähnten Inkarnationen sind nahezu vollständige Teilerweiterungen des Herrn. Die Kumāras zum Beispiel sind mit transzendentalem Wissen ermächtigt. Śrī Nārada ist mit hingebungsvollem Dienst ermächtigt. Mahārāja Pṛthu ist eine ermächtigte Inkarnation in der Rolle eines Herrschers. Die Matsya-Inkarnation ist direkt eine vollständige Teilerweiterung. Die unzähligen Inkarnationen des Herrn offenbaren sich somit ohne Unterlaß in den Universen, gleich dem Wasser, das ohne Unterlaß von einem Wasserfall strömt.

VERS 27

ऋषयो मनवो देवा मनुपुत्रा महौजसः ।
कलाः सर्वे हरेरेव सप्रजापतयः स्मृताः ॥२७॥

ṛṣayo manavo devā
manu-putrā mahaujasaḥ
kalāḥ sarve harer eva
sa-prajāpatayaḥ smṛtāḥ

ṛṣayaḥ—alle Weisen; *manavaḥ*—alle Manus; *devāḥ*—alle Halbgötter; *manu-putrāḥ*—alle Nachkommen Manus; *mahā-ojasaḥ*—sehr mächtig; *kalāḥ*—Teil der vollständigen Teilerweiterung; *sarve*—alle zusammen; *hareḥ*—des Herrn; *eva*—gewiß; *sa-prajāpatayaḥ*—zusammen mit den Prajāpatis; *smṛtāḥ*—sind bekannt.

ÜBERSETZUNG

All die ṛṣis, Manus, Halbgötter und Nachkommen Manus, die besondere Macht besitzen, sind vollständige Teilerweiterungen oder Teile der vollständigen Teilerweiterungen des Herrn. Dies schließt auch die Prajāpatis mit ein.

ERLÄUTERUNG

Diejenigen, die vergleichsweise weniger mächtig sind, werden *vibhūti* genannt, und diejenigen, die vergleichsweise mehr Macht besitzen, heißen *aveśa*-Inkarnationen.

VERS 28

एते चांशकलाः पुंसः कृष्णस्तु भगवान् स्वयम्।
इन्द्रारिव्याकुलं लोकं मृडयन्ति युगे युगे ॥२८॥

ete cāṁśa-kalāḥ puṁsaḥ
kṛṣṇas tu bhagavān svayam
indrāri-vyākulaṁ lokaṁ
mṛḍayanti yuge yuge

ete—all diese; *ca*—und; *aṁśa*—vollständigen Teile; *kalāḥ*—Teile der vollständigen Teile; *puṁsaḥ*—des Höchsten; *kṛṣṇaḥ*—Śrī Kṛṣṇa; *tu*—aber; *bhagavān*—die Persönlichkeit Gottes; *svayam*—in Person; *indra-ari*—die Feinde Indras; *vyākulam*—störten; *lokam*—alle Planeten; *mṛḍayanti*—gewährt Schutz; *yuge yuge*—in verschiedenen Zeitaltern.

ÜBERSETZUNG

Alle soeben angeführten Inkarnationen sind entweder vollständige Teilerweiterungen oder Teile der vollständigen Teilerweiterungen des Herrn;

Śrī Kṛṣṇa aber ist die ursprüngliche Persönlichkeit Gottes. Sie alle erscheinen, wann immer von den Atheisten eine Störung verursacht wird, denn der Herr erscheint, um die Gläubigen zu beschützen.

ERLÄUTERUNG

In diesem besonderen Vers wird Śrī Kṛṣṇa, die Persönlichkeit Gottes, von anderen Inkarnationen unterschieden. Der Herr wird nur deshalb zu den *avatāras* (Inkarnationen) gezählt, weil Er aus Seiner grundlosen Barmherzigkeit aus Seinem transzendentalen Reich herabkommt. *Avatāra* bedeutet „einer, der herabkommt". Alle Inkarnationen des Herrn, einschließlich des Herrn Selbst, kommen in verschiedenen Lebensformen auf die verschiedenen Planeten der materiellen Welt herab, um bestimmte Aufgaben zu erfüllen. Manchmal erscheint Er Selbst, und manchmal kommen Seine verschiedenen vollständigen Teilerweiterungen oder die Teile Seiner vollständigen Teilerweiterungen, Seine abgesonderten Teile, die direkt oder indirekt ermächtigt sind, in die materielle Welt, um bestimmte Aufgaben zu erfüllen. Ursprünglich besitzt der Herr allen Reichtum, alle Macht, allen Ruhm, alle Schönheit, alles Wissen und alle Entsagung. Wenn solche Reichtümer von den vollständigen Teilerweiterungen oder den Teilen der vollständigen Teilerweiterungen nur zum Teil offenbart werden, sollte man sich darüber bewußt sein, daß für die bestimmten Aufgaben der jeweiligen Inkarnationen nur gewisse Manifestationen der verschiedenen Kräfte nötig sind. Wenn zum Beispiel in einem Raum kleine Glühbirnen ihr spärliches Licht verbreiten, bedeutet dies nicht, daß das Elektrizitätswerk auf die kleinen Glühbirnen begrenzt ist. Dasselbe Werk kann genügend elektrischen Strom erzeugen, um gigantische Fabrikgeneratoren mit hohen Voltzahlen zu betreiben. In ähnlicher Weise offenbaren die Inkarnationen des Herrn nur gewisse Energien, weil zu bestimmten Zeiten nur ein gewisses Maß an Energie benötigt wird.

So zeigte zum Beispiel Śrī Paraśurāma außergewöhnliche Fähigkeiten, als er die ungehorsamen *kṣatriyas* einundzwanzigmal vernichtend schlug, und ebenso zeigte auch Śrī Nṛsiṁha außergewöhnliche Kraft, als Er den großen, mächtigen Atheisten Hiraṇyakaśipu tötete. Hiraṇyakaśipu war so mächtig, daß selbst die Halbgötter auf den höheren Planeten zitterten, wenn er nur schon mißmutig die Brauen hob. Die Halbgötter, die auf einer höheren Stufe des materiellen Daseins stehen, überragen sogar die wohlhabendsten Menschen in jeder Hinsicht, wie zum Beispiel in bezug auf Lebensdauer, Schönheit, Reichtum und Besitz; dennoch fürchteten sie sich vor Hiraṇyakaśipu. Wir können uns also leicht vorstellen, wie mächtig Hiraṇyakaśipu in dieser materiellen Welt war. Doch selbst Hiraṇyakaśipu wurde von den Fingernägeln Nṛsiṁhas zerrissen. Daran kann man sehen, daß keine materiell mächtige Person der Stärke der Nägel des Herrn widerstehen kann. Ebenso offenbarte Jāmadagnya die Macht des Herrn, als er die ungehorsamen Könige tötete, die sich in ihren jeweiligen mächtigen Staaten verschanzt hatten. Seine ermächtigte Inkarnation Nārada, Seine vollständige Inkarnation Varāha sowie der indirekt ermächtigte Buddha erzeugten unter den Menschen wieder Glauben. Die Inkarnation Rāmas und Dhanvantaris offenbarten Seinen Ruhm, und Balarāma, Mohinī und Vāmana offenbarten Seine Schönheit. Dattātreya, Matsya, Kumāra und Kapila offenbarten Sein transzendentales Wissen, und die *ṛṣis* Nara und Nārāyaṇa offenbarten Seine Fähigkeit der

Entsagung. So zeigten all die verschiedenen Inkarnationen auf mittel- oder unmittelbare Weise verschiedene Aspekte Gottes, aber Śrī Kṛṣṇa, der urerste Herr, weist alle Aspekte Gottes auf, und das bestätigt, daß Er die Quelle aller anderen Inkarnationen ist. Den einzigartigsten, Ihm eigenen Aspekt zeigte Śrī Kṛṣṇa während der Manifestation Seiner inneren Energie in Seinen Spielen mit den Kuhhirtenmädchen. All Seine Spiele mit den *gopīs* sind Entfaltungen transzendentaler Existenz, Glückseligkeit und transzendentalen Wissens, obwohl sie auf den ersten Blick wie weltliche Liebesbeziehungen anmuten. Die besondere Anziehungskraft Seiner Spiele mit den *gopīs* sollte niemals mißverstanden werden. Das *Bhāgavatam* beschreibt diese transzendentalen Spiele im Zehnten Canto. Um den Lernenden auf die Ebene zu bringen, auf der er die transzendentale Natur der Spiele Śrī Kṛṣṇas mit den *gopīs* verstehen kann, erhebt ihn das *Bhāgavatam* allmählich durch die neun vorhergehenden Cantos.

Wie Śrīla Jīva Gosvāmī in Übereinstimmung mit den maßgeblichen Quellen erklärt, ist Śrī Kṛṣṇa der Ursprung aller Inkarnationen – Er Selbst hat keinen Ursprung, und Er ist auch keine Inkarnation. Alle Merkmale der Höchsten Wahrheit sind vollständig in der Person Śrī Kṛṣṇas vorhanden, und in der *Bhagavad-gītā* (7.7) erklärt der Herr nachdrücklich, daß keine Wahrheit Ihn übertrifft oder Ihm gleichkommt. Im obigen Vers ist das Wort *svayam* von besonderer Bedeutung; es bestätigt, daß Śrī Kṛṣṇa keinen anderen Ursprung hat als Sich Selbst. Obwohl die Inkarnationen an manchen Stellen als *bhagavān* bezeichnet werden, werden sie doch nie als die Höchste Persönlichkeit bezeichnet. Das Wort *svayam* in diesem Vers bezeichnet Śrī Kṛṣṇas Oberherrschaft über alles als das *summum bonum.*

Kṛṣṇa, der das *summum bonum* ist, ist einer ohne einen zweiten. Er erweitert Sich in verschiedene Erweiterungen, Teilerweiterungen und Teilchen, wie zum Beispiel als *svayaṁ-rūpa, svayam-prakāśa, tad-ekātmā, prābhava, vaibhava, vilāsa, avatāra, āveśa* und die *jīvas*, die alle mit zahllosen Energien ausgestattet sind, die genau zu den jeweiligen Personen und Persönlichkeiten passen. Große Weise, die sich in transzendentalen Themen auskennen, haben das *summum bonum*, Kṛṣṇa, sorgfältig analysiert und festgestellt, daß Kṛṣṇa vierundsechzig Haupteigenschaften besitzt. Alle Erweiterungen oder Kategorien des Herrn besitzen nur einen bestimmten Teil dieser Eigenschaften; Śrī Kṛṣṇa jedoch ist der Besitzer all dieser Eigenschaften. Seine persönlichen Erweiterungen, wie *svayam-prakāśa* und *tad-ekātmā*, bis zu den Kategorien der *avatāras*, die alle *viṣṇu-tattva* sind, besitzen bis zu 93 Prozent dieser transzendentalen Eigenschaften. Śiva, der weder ein *avatāra* noch ein *aveśa* ist, noch eine Zwischenstufe darstellt, besitzt nahezu 84 Prozent dieser Eigenschaften. Und die *jīvas*, die individuellen Lebewesen auf verschiedenen Lebensstufen, besitzen bis zu 78 Prozent dieser Eigenschaften. Im bedingten Zustand materiellen Daseins besitzt das Lebewesen diese Eigenschaften nur in sehr geringem Maße, welches je nach der Frömmigkeit des Lebewesens variiert. Das vollkommenste Lebewesen ist Brahmā, der höchste Verwalter im Universum. Er besitzt 78 Prozent aller Eigenschaften in vollem Ausmaß. Alle anderen Halbgötter haben dieselben Eigenschaften in einem geringeren Maße, während Menschen sie nur in winzigem Maße besitzen. Der Maßstab für die Vollkommenheit eines Menschen ist der, diese Eigenschaften bis zu 78 Prozent vollständig zu entwickeln. Das Lebewesen kann nie alle Eigenschaften Śivas, Viṣṇus oder Kṛṣṇas besitzen, doch es kann göttlich werden, indem es

78 Prozent dieser transzendentalen Eigenschaften in vollem Ausmaß entwickelt, auch wenn es niemals auf die Stufen Śivas, Viṣṇus oder Kṛṣṇas gelangen kann. Im Laufe der Zeit jedoch kann es die Stellung Brahmās erlangen. Die göttlichen Lebewesen, die alle auf den Planeten im spirituellen Himmel wohnen, sind ewige Gefährten des Herrn, und ihre verschiedenen spirituellen Planeten werden als Hari-dhāma und Maheśa-dhāma bezeichnet. Das Reich Kṛṣṇas über allen spirituellen Planeten wird Kṛṣṇaloka oder Goloka Vṛndāvana genannt, und die vollkommenen Lebewesen, die 78 Prozent der obigen Eigenschaften in vollem Ausmaß entwickelt haben, können nach dem Verlassen ihres gegenwärtigen materiellen Körpers den Planeten Kṛṣṇaloka erreichen.

VERS 29

जन्म गुह्यं भगवतो य एतत्प्रयतो नरः ।
सायं प्रातर्गृणन् भक्त्या दुःखग्रामाद्विमुच्यते ॥२९॥

janma guhyaṁ bhagavato
ya etat prayato naraḥ
sāyaṁ prātar gṛṇan bhaktyā
duḥkha-grāmād vimucyate

janma—Geburt; *guhyam*—geheimnisvoll; *bhagavataḥ*—des Herrn; *yaḥ*—ein; *etat*—all diese; *prayataḥ*—sorgsam; *naraḥ*—Mensch; *sāyam*—Abend; *prātaḥ*—Morgen; *gṛṇan*—vorträgt; *bhaktyā*—mit Hingabe; *duḥkha-grāmāt*—von allen Leiden; *vimucyate*—wird befreit.

ÜBERSETZUNG

Wer auch immer die geheimnisvollen Erscheinungen des Herrn morgens und abends bedachtsam und voller Hingabe besingt, erlangt Befreiung von allen Leiden des Lebens.

ERLÄUTERUNG

In der *Bhagavad-gītā* (4.9) erklärt die Persönlichkeit Gottes, daß jeder, der das Wesen der transzendentalen Geburt und Tätigkeiten des Herrn kennt, zurück zu Gott gehen wird, nachdem er von der materiellen Fessel befreit worden ist. Wenn man deshalb einfach nur das geheimnisvolle Wesen der Inkarnationen des Herrn in der materiellen Welt versteht, kann man sehr leicht von der Fessel der Materie befreit werden. Die Geburt und die Tätigkeiten, die der Herr zum Nutzen aller Menschen offenbart, sind also nicht von gewöhnlicher Natur. Sie sind geheimnisvoll, und nur von denen, die versuchen, vorsichtig tief in den Gegenstand der spirituellen Hingabe einzudringen, wird das Geheimnis entschleiert. Dadurch erlangt man Befreiung von der materiellen Fessel. Es wird daher empfohlen, das Kapitel des *Bhāgavatam*, das das Erscheinen des Herrn in verschiedenen Inkarnationen beschreibt, aufrichtig und mit Hingabe vorzutragen, wodurch man einen Einblick in die Geburten und Tätigkeiten des Herrn bekommen kann. Das Wort *vimukti* (Befreiung) weist darauf hin, daß die Geburten und die Tätigkeiten des Herrn alle transzendental sind; sonst würde man nur durch ihr alleiniges Vortragen nicht Befreiung erlangen können. Sie sind daher geheimnisvoll, und diejenigen, die nicht den regulierenden Prinzipien des hingebungsvollen Dienstes folgen, sind nicht befähigt, in die Geheimnisse Seiner Geburten und Inkarnationen einzudringen.

VERS 30

एतद्रूपं भगवतो ह्यरूपस्य चिदात्मनः ।
मायागुणैर्विरचितं महदादिभिरात्मनि ॥३०॥

etad rūpaṁ bhagavato
hy arūpasya cid-ātmanaḥ
māyā-guṇair viracitaṁ
mahadādibhir ātmani

etat—all diese; *rūpam*—Formen; *bhagavataḥ*—des Herrn; *hi*—gewiß; *arūpasya*—von einem, der keine materielle Form hat; *cit-ātmanaḥ*—der Transzendenz; *māyā*—materielle Energie; *guṇaiḥ*—durch die Erscheinungsweisen; *viracitam*—erzeugt; *mahat-ādibhiḥ*—mit den Bestandteilen der Materie; *ātmani*—im Selbst.

ÜBERSETZUNG

Die Vorstellung der virāṭ-rūpa, der universalen Form des Herrn, wie sie in der materiellen Welt erscheint, ist eine Illusion. Sie ist dazu da, den weniger Intelligenten [und Neulingen] zu ermöglichen, sich an die Vorstellung zu gewöhnen, daß der Herr eine Gestalt hat. In Wirklichkeit jedoch hat der Herr keine materielle Form.

ERLÄUTERUNG

Die Vorstellung von der Gestalt des Herrn, die als *viśva-rūpa* oder *virāṭ-rūpa* bekannt ist, wird ausdrücklich nicht zusammen mit den verschiedenen Inkarnationen des Herrn erwähnt, da alle oben erwähnten Inkarnationen transzendental sind und da sich in ihren Körpern keine Spur des Materiellen befindet. Bei ihnen gibt es keinen Unterschied zwischen dem Körper und dem Selbst, wie dies bei den bedingten Seelen der Fall ist. Die *virāṭ-rūpa* ist für diejenigen bestimmt, die gerade neue Verehrer sind. Für sie wird die materielle *virāṭ-rūpa* beschrieben, wobei Näheres im Zweiten Canto erklärt wird. In der *virāṭ-rūpa* werden die materiellen Manifestationen der verschiedenen Planeten als Seine Beine, Hände usw. wahrgenommen. Im Grunde sind all diese Beschreibungen für die Neulinge gedacht. Die Neulinge können sich nämlich nichts jenseits der Materie vorstellen. Die materielle Vorstellung von der Gestalt des Herrn wird nicht zu der Reihe Seiner wirklichen Formen gezählt. Der Herr ist als Paramātmā oder Überseele in jeder materiellen Form, sogar im Atom, anwesend. Aber die äußere, materielle Form ist nichts weiter als eine Vorstellung — für den Herrn wie für das Lebewesen. Die gegenwärtigen Formen der bedingten Seelen sind ebenfalls nicht wirklich. Die Schlußfolgerung lautet, daß die materielle Vorstellung vom Körper des Herrn als *virāṭ* unwirklich ist. Der Herr sowie die Lebewesen sind lebendige spirituelle Wesen und haben ursprünglich spirituelle Körper.

VERS 31

यथा नभसि मेघौघो रेणुर्वा पार्थिवोऽनिले ।
एवं द्रष्टरि दृश्यत्वमारोपितमबुद्धिभिः ॥३१॥

yathā nabhasi meghaugho
reṇur vā pārthivo 'nile
evaṁ draṣṭari dṛśyatvam
āropitam abuddhibhiḥ

yathā—wie es ist; *nabhasi*—im Himmel; *megha-oghaḥ*—eine Anhäufung von Wolken; *reṇuḥ*—Staub; *vā*—wie auch; *pārthivaḥ*—Trübung; *anile*—in der Luft; *evam*—auf diese Weise; *draṣṭari*—für den Seher; *dṛśyatvam*—um zu sehen; *āropitam*—ist selbstverständlich; *abuddhibhiḥ*—von den weniger intelligenten Menschen.

ÜBERSETZUNG

Wolken und Staub werden von der Luft getragen, aber weniger intelligente Menschen sagen, der Himmel sei wolkig und die Luft staubig. So übertragen sie auch materielle körperliche Auffassungen auf das spirituelle Selbst.

ERLÄUTERUNG

Es wird hier weiter bestätigt, daß wir mit unseren materiellen Augen und Sinnen den Herrn, der völlig spirituell ist, nicht sehen können. Wir können nicht einmal den spirituellen Funken, der im materiellen Körper des Lebewesens existiert, entdekken. Wir sehen die äußere Hülle des Körpers oder werden bestenfalls der feinstofflichen Substanz des Geistes gewahr, doch den spirituellen Funken im Körper können wir nicht erkennen. Daher haben wir die Gegenwart des Lebewesens durch die Gegenwart seines grobstofflichen Körpers zu akzeptieren. In ähnlicher Weise wird denjenigen, die den Herrn mit ihren gegenwärtigen materiellen Augen oder Sinnen sehen wollen, geraten, über die gigantische äußere Form, genannt *virāṭ-rūpa*, zu meditieren. Wenn zum Beispiel, was leicht zu erkennen ist, ein bestimmter Herr in seinen Wagen steigt, identifizieren wir den Wagen mit dem Mann im Wagen. Wenn der Präsident in seinem besonderen Wagen ausfährt, sagen wir: „Da ist der Präsident." Im Moment identifizieren wir den Wagen mit dem Präsidenten. In ähnlicher Weise sollte man weniger intelligenten Menschen, die Gott unmittelbar, jedoch ohne notwendige Qualifikation, sehen wollen, zunächst den gigantischen materiellen Kosmos als Form des Herrn zeigen, obwohl der Herr innerhalb und außerhalb von ihm ist. Die Wolken am Himmel und das Blau des Himmels können in diesem Zusammenhang als weiteres Beispiel dienen. Obwohl die bläuliche Färbung des Himmels und der Himmel selbst voneinander verschieden sind, stellen wir uns die Farbe des Himmels immer noch als blau vor. Das ist jedoch die Vorstellung des Laien.

VERS 32

अतः परं यदव्यक्तमव्यूढगुणबृंहितम् ।
अदृष्टाश्रुतवस्तुत्वात्स जीवो यत्पुनर्भवः ॥३२॥

ataḥ paraṁ yad avyaktam
avyūḍha-guṇa-bṛṁhitam
adṛṣṭāśruta-vastutvāt
sa jīvo yat punar-bhavaḥ

ataḥ—dieser; *param*—jenseits; *yat*—welche; *avyaktam*—unmanifestiert; *avyūḍha*—ohne äußere Gestalt; *guṇa-bṛṁhitam*—beeinflußt durch die Erscheinungsweisen; *adṛṣṭa*—nicht zu sehen; *aśruta*—nicht zu hören; *vastutvāt*—so beschaffen; *saḥ*—das; *jīvaḥ*—Lebewesen; *yat*—das, welches; *punaḥ-bhavaḥ*—wird wiederholt geboren.

ÜBERSETZUNG

Jenseits dieser groben Vorstellung von Form gibt es noch eine andere, feine Auffassung von Form, die keine äußere Gestalt besitzt und die unsichtbar, unhörbar und die unmanifestiert ist. Die Gestalt des Lebewesens befindet sich jenseits dieser feinstofflichen Ebene — wie sonst könnte es wiedergeboren werden?

ERLÄUTERUNG

Ähnlich wie die grobstoffliche kosmische Manifestation für den gewaltigen Körper des Herrn gehalten wird, so gibt es auch eine Vorstellung von Seiner feinstofflichen Form, die wahrgenommen werden kann, auch wenn sie weder sichtbar noch hörbar, noch in irgendeiner anderen Weise manifestiert ist. Aber all diese grob- und feinstofflichen Vorstellungen Seines Körpers existieren nur in Beziehung zum Lebewesen. Das Lebewesen besitzt eine spirituelle Gestalt jenseits der grobstofflich-körperlichen und feinstofflich-psychischen Existenz. Der grobstoffliche Körper und die psychischen Funktionen hören auf zu wirken, sobald das Lebewesen den sichtbaren materiellen Körper verläßt. In der Tat sagen wir, das Lebewesen sei fortgegangen, obwohl es weder zu sehen noch zu hören ist. Selbst wenn der grobstoffliche Körper nicht handelt, das heißt, wenn das Lebewesen in tiefem Schlaf liegt, wissen wir durch den Atem, daß es sich im Körper befindet. Wenn das Lebewesen den Körper verläßt, bedeutet das daher nicht, daß die lebendige Seele nicht mehr existiert. Sie existiert immer noch — wie sonst könnte sie immer wieder geboren werden?

Hieraus geht hervor, daß der Herr ewig in Seinem transzendentalen Körper existiert, der im Gegensatz zu dem des Lebewesens weder grob- noch feinstofflich ist; Sein Körper läßt sich niemals mit dem grobstofflichen oder feinstofflichen Körper des Lebewesens vergleichen. Alle Vorstellungen dieser Art vom Körper Gottes sind Täuschungen. Auch das Lebewesen besitzt eine ewige spirituelle Gestalt, doch sie wird zur Zeit durch materielle Verunreinigung bedeckt.

VERS 33

यत्रेमे सदसद्रूपे प्रतिषिद्धे स्वसंविदा ।
अविद्ययाऽऽत्मनि कृते इति तद्ब्रह्मदर्शनम् ॥३३॥

yatreme sad-asad-rūpe
pratiṣiddhe sva-saṁvidā
avidyayātmani kṛte
iti tad brahma-darśanam

yatra—wann immer; *ime*—in all diesen; *sat-asat*—grobstoffliche und feinstoffliche; *rūpe*—in den Formen von; *pratiṣiddhe*—vernichtet sein; *sva-saṁvidā*—durch Selbstverwirklichung; *avidyayā*—durch Unwissenheit; *ātmani*—im Selbst; *kṛte*—auferlegt worden sein; *iti*—so; *tat*—das ist; *brahma-darśanam*—der Vorgang, den Absoluten zu erkennen.

ÜBERSETZUNG

Wann immer jemand durch Selbstverwirklichung erkennt, daß der grobstoffliche und der feinstoffliche Körper nichts mit dem reinen Selbst zu tun hat, sieht er sich selbst wie auch den Herrn.

ERLÄUTERUNG

Der Unterschied zwischen Selbstverwirklichung und materieller Illusion besteht in der Erkenntnis, daß die zeitweiligen bzw. illusorischen Täuschungen der materiellen Energie in Form des grobstofflichen und feinstofflichen Körpers äußerliche Bedeckungen des Selbst sind. Diese Bedeckungen entstehen durch Unwissenheit, doch sie betreffen niemals die Persönlichkeit Gottes. Davon überzeugt zu sein bedeutet Befreiung oder, mit anderen Worten, den Absoluten zu sehen. Hieraus folgt, daß vollkommene Selbstverwirklichung möglich wird, wenn man sich dem göttlichen, spirituellen Leben zuwendet. Selbstverwirklichung bedeutet, den Forderungen des grobstofflichen und feinstofflichen Körpers gegenüber gleichgültig zu werden und sich ernsthaft den Tätigkeiten des Selbst zuzuwenden. Der Anstoß zu Tätigkeiten geht vom Selbst aus, doch wenn diese Tätigkeiten durch die Unwissenheit über die wirkliche Position des Selbst bedeckt werden, nehmen sie eine illusorische Natur an. Aufgrund von Unwissenheit sieht man sein Selbstinteresse lediglich im grobstofflichen und feinstofflichen Körper, und daher werden so viele Tätigkeiten Leben für Leben für nichts ausgeführt. Wenn man jedoch das Selbst durch den rechten Vorgang findet, beginnen die Tätigkeiten des Selbst. Daher wird ein Mensch, der in den Tätigkeiten des Selbst beschäftigt ist, *jīvan-mukta*, eine schon im bedingten Dasein befreite Person, genannt.

Diese vollkommene Stufe der Selbstverwirklichung wird nicht durch künstliche Mittel erreicht, sondern nur unter den Lotosfüßen des Herrn, der immer transzendental ist. In der *Bhagavad-gītā* (15.15) sagt der Herr, daß Er in jedem Herzen gegenwärtig ist und daß von Ihm allein alles Wissen, alle Erinnerung und alles Vergessen kommt. Wenn das Lebewesen die materielle Energie, das heißt die illusorischen Erscheinungen, genießen will, bedeckt der Herr es mit dem Dunkel des Vergessens, und dadurch hält das Lebewesen fälschlich den grobstofflichen Körper und den feinstofflichen Geist für das Selbst. Wenn das Lebewesen transzendentales Wissen zu entwickeln beginnt und wenn es zum Herrn um Befreiung aus der Gewalt des Vergessens betet, entfernt der Herr in Seiner grundlosen Barmherzigkeit den illusorischen Schleier des Lebewesens, so daß es sein Selbst erkennen kann. Dann beschäftigt es sich in seiner ewigen, wesenseigenen Position im Dienst des Herrn und wird dadurch vom bedingten Leben befreit. Dies alles wird vom Herrn entweder durch Seine äußere Kraft oder direkt durch die innere Kraft bewirkt.

VERS 34

यद्येषोपरता देवी माया वैशारदी मतिः ।
सम्पन्न एवेति विदुर्महिम्नि स्वे महीयते ॥३४॥

yady eṣoparatā devī
māyā vaiśāradī matiḥ
sampanna eveti vidur
mahimni sve mahīyate

yadi—wenn jedoch; *eṣā*—sie; *uparatā*—nachläßt; *devī māyā*—illusionierende Energie; *vaiśāradī*—voller Wissen; *matiḥ*—Erleuchtung; *sampannaḥ*—ausgestattet mit; *eva*—gewiß; *iti*—so; *viduḥ*—sich bewußt sein; *mahimni*—in der Herrlichkeit; *sve*—des eigenen Selbst; *mahīyate*—verankert werden.

ÜBERSETZUNG

Wenn die illusionierende Energie nachläßt und das Lebewesen durch die Gnade des Herrn vollkommenes Wissen erlangt, wird es sogleich durch Selbstverwirklichung erleuchtet und dadurch in der eigenen Herrlichkeit gefestigt.

ERLÄUTERUNG

Da der Herr die Absolute Transzendenz ist, sind all Seine Formen, Namen, Spiele, Eigenschaften, Gefährten und Energien mit Ihm identisch. Seine transzendentale Energie wirkt gemäß Seiner Allmacht. Dieselbe Energie wirkt als Seine äußere, innere und marginale Energie, und weil Er allmächtig ist, kann Er mit Hilfe dieser Energien alles tun, was Ihm beliebt. Durch Seinen Willen kann Er die äußere Energie in innere Energie umwandeln. Daher ist es durch Seine Gnade und Seinen Willen möglich, daß der Einfluß der äußeren Energie — die dazu verwendet wird, diejenigen Lebewesen, die es wünschen, in Illusion zu versetzen —, in dem Maße nachläßt, wie die bedingte Seele Reue und Buße zeigt. Die gleiche Energie hilft dann dem geläuterten Lebewesen, auf dem Pfad der Selbstverwirklichung Fortschritte zu machen. Das Beispiel von der elektrischen Energie paßt sehr gut in diesen Zusammenhang. Der sachkundige Elektriker kann die elektrische Energie sowohl zum Heizen als auch zum Kühlen verwenden. In ähnlicher Weise kann die äußere Energie, die das Lebewesen gegenwärtig so verwirrt, daß es immer wieder den Kreislauf von Geburt und Tod wiederholt, durch den Willen des Herrn in innere Energie umgewandelt werden, um das Lebewesen zum ewigen Leben zu führen. Wenn ein Lebewesen so vom Herrn begnadet wird, wird es in seine eigentliche, wesenseigene Lage versetzt und kann sich des ewigen spirituellen Lebens erfreuen.

VERS 35

एवं जन्मानि कर्माणि ह्यकर्तुरजनस्य च ।
वर्णयन्ति स्म कवयो वेदगुह्यानि हृत्पतेः ॥३५॥

evaṁ janmāni karmāṇi
hy akartur ajanasya ca
varṇayanti sma kavayo
veda-guhyāni hṛt-pateḥ

evam—so; *janmāni*—Geburt; *karmāṇi*—Tätigkeiten; *hi*—gewiß; *akartuḥ*—des Untätigen; *ajanasya*—des Ungeborenen; *ca*—und; *varṇayanti*—beschreiben; *sma*—in der Vergangenheit; *kavayaḥ*—die Gelehrten; *veda-guhyāni*—durch die *Veden* nicht zu erkennen; *hṛt-pateḥ*—der Herr des Herzens.

ÜBERSETZUNG

So beschreiben die Gelehrten die Geburten und Tätigkeiten des Ungeborenen und Untätigen, der selbst durch die Veden nicht zu erkennen ist. Er ist der Herr des Herzens.

ERLÄUTERUNG

Der Herr wie auch die Lebewesen sind dem Wesen nach völlig spirituell. Daher sind beide ewig, und keiner von ihnen muß geboren werden oder sterben. Der Unterschied ist, daß das sogenannte Erscheinen und Fortgehen des Herrn nicht mit dem der Lebewesen zu vergleichen ist. Die Lebewesen, die geboren werden und dann wieder sterben, sind an die Gesetze der materiellen Natur gebunden. Das sogenannte Erscheinen und Fortgehen des Herrn geschieht jedoch nicht durch den Einfluß der materiellen Natur, sondern durch das Wirken der inneren Energie des Herrn. Dies wird alles von den großen Weisen erklärt, weil dieses Wissen Selbstverwirklichung ermöglicht. Der Herr sagt in der *Bhagavad-gītā* (4.9), daß Seine sogenannte Geburt in der materiellen Welt und Seine Taten alle transzendental sind. Allein durch Meditation über solche Taten kann man schon die Brahman-Erkenntnis erreichen und so von der Fessel des Materiellen befreit werden. In den *śrutis* wird gesagt, daß der Geburtlose geboren zu werden scheint. Der Höchste braucht nichts zu tun, aber da Er allmächtig ist, wird von Ihm alles auf eine solche Art und Weise ausgeführt, daß es aussieht, als geschehe dies alles von selbst. Tatsächlich sind das Erscheinen und Fortgehen der Höchsten Persönlichkeit Gottes und Seine verschiedenen Taten alle vertraulich – sogar für die vedischen Schriften. Trotzdem werden sie vom Herrn offenbart, um den bedingten Seelen Gnade zu erweisen. Wir sollten aus den Erzählungen von den Taten des Herrn immer Nutzen ziehen, was die einfachste und angenehmste Art der Meditation über das Brahman darstellt.

VERS 36

स वा इदं विश्वममोघलीलः
सृजत्यवत्यत्ति न सज्जतेऽस्मिन् ।
भूतेषु चान्तर्हित आत्मतन्त्रः
षाड्वर्गिकं जिघ्रति षड्गुणेशः ॥३६॥

sa vā idaṁ viśvam amogha-līlaḥ
sṛjaty avaty atti na sajjate 'smin
bhūteṣu cāntarhita ātma-tantraḥ
ṣāḍ-vargikaṁ jighrati ṣaḍ-guṇeśaḥ

saḥ—der Höchste Herr; *vā*—abwechselnd; *idam*—dies; *viśvam*—manifestierte Universen; *amogha-līlaḥ*—einer, dessen Tätigkeiten makellos sind; *sṛjati*—erschafft; *avati atti*—erhält und zerstört; *na*—nicht; *sajjate*—ist beeinflußt durch; *asmin*—in ihnen; *bhūteṣu*—in allen Lebewesen; *ca*—auch; *antarhitaḥ*—lebt in; *ātma-tantraḥ*—unabhängig; *ṣāṭ-vargikam*—ausgestattet mit aller Macht der sechs Füllen; *jighrati*—flüchtig angehaftet, wie das Wahrnehmen eines Duftes; *ṣaṭ-guṇa-īśaḥ*—Meister der sechs Sinne.

ÜBERSETZUNG

Der Herr, dessen Tätigkeiten stets makellos sind, ist der Meister der sechs Sinne; Er ist allmächtig und besitzt alle sechs Füllen. Er erschafft die manifestierten Universen, erhält sie und zerstört sie, ohne im geringsten beeinflußt zu werden. Er weilt in jedem Lebewesen und ist immer unabhängig.

ERLÄUTERUNG

Der Hauptunterschied zwischen dem Herrn und den Lebewesen ist der, daß der Herr der Schöpfer und die Lebewesen die Geschöpfe sind. Hier wird der Herr *amogha-līlaḥ* genannt, was darauf hindeutet, daß es in Seiner Schöpfung nichts Beklagenswertes gibt. Diejenigen, die Störungen in Seiner Schöpfung verursachen, erleiden selbst Störungen. Er ist zu allen materiellen Leiden transzendental, da Er alle sechs Füllen besitzt, nämlich Reichtum, Macht, Ruhm, Schönheit, Wissen und Entsagung, und daher ist Er der Meister der Sinne. Er erschafft die manifestierten Universen, um die Lebewesen, die in ihnen die dreifachen Leiden ertragen, zur Rückkehr zu bewegen. Er erhält sie und vernichtet sie zu gegebener Zeit, ohne im geringsten durch solche Handlungen beeinflußt zu werden. Er ist mit der materiellen Schöpfung nur oberflächlich verbunden, etwa so, wie man einen Duft wahrnimmt, ohne mit dem duftenden Gegenstand in Berührung zu kommen. Nichtgöttliche Elemente können sich Ihm daher, trotz aller Anstrengungen, niemals nähern.

VERS 37

न चास्य कश्चिन्निपुणेन धातु-
रवैति जन्तुः कुमनीष ऊतीः ।
नामानि रूपाणि मनोवचोभिः
सन्तन्वतो नटचर्यामिवाज्ञः ॥३७॥

na cāsya kaścin nipuṇena dhātur
avaiti jantuḥ kumanīṣa ūtīḥ
nāmāni rūpāṇi mano-vacobhiḥ
santanvato naṭa-caryām ivājñaḥ

na—nicht; *ca*—und; *asya*—von Ihm; *kaścit*—irgend jemand; *nipuṇena*—durch Geschicklichkeit; *dhātuḥ*—des Schöpfers; *avaiti*—kann wissen; *jantuḥ*—das Lebewesen; *kumanīṣaḥ*—mit einem geringen Maß an Wissen; *ūtīḥ*—Tätigkeiten des Herrn; *nāmāni*—Seine Namen; *rūpāṇi*—Seine Formen; *manaḥ-vacobhiḥ*—kraft mentaler Spekulationen oder Äußerungen; *santanvataḥ*—offenbaren; *naṭa-caryām*—eine dramatische Handlung; *iva*—wie; *ajñaḥ*—die Toren.

ÜBERSETZUNG

Die Toren mit geringem Wissen können die transzendentale Natur der Formen, Namen und Taten des Herrn nicht verstehen, der wie ein Schauspieler in einem Theaterstück spielt. Sie können solche Dinge weder durch mentale Spekulationen noch durch viele Worte zum Ausdruck bringen.

ERLÄUTERUNG

Niemand kann die transzendentale Natur der Absoluten Wahrheit richtig beschreiben. Daher wird gesagt, daß sie sich jenseits der Ausdruckskraft von Geist und Sprache befindet. Trotzdem gibt es einige Menschen mit einem geringen Maß an Wissen, die versuchen, die Absolute Wahrheit durch unvollkommene mentale Spekulation und ungenaue Beschreibungen Seiner Taten zu begreifen. Für einen Laien sind Seine Taten, Sein Erscheinen und Fortgehen, Seine Namen, Seine Formen und Seine Umgebung, Seine persönlichen Erweiterungen und alle Dinge, die in Beziehung zu Ihm stehen, etwas Geheimnisvolles. Es gibt zwei Arten von Materialisten: die fruchtbringenden Arbeiter und die empirischen Philosophen. Die fruchtbringenden Arbeiter besitzen so gut wie kein Wissen über die Absolute Wahrheit, und die mentalen Spekulanten wenden sich, nachdem sie durch fruchtbringende Arbeit enttäuscht worden sind, der Absoluten Wahrheit zu und versuchen, sie durch mentale Spekulation zu verstehen. Für all diese Menschen ist die Absolute Wahrheit ein Geheimnis, so, wie die Gaukelei des Taschenspielers ein Geheimnis für Kinder ist. Durch das Gaukelspiel des Höchsten Wesens getäuscht, verbleiben die Nichtgottgeweihten, die in fruchtbringender Arbeit und mentaler Spekulation sehr geschickt sein mögen, immer in Unwissenheit. Mit solch begrenztem Wissen ist es ihnen unmöglich, in die geheimnisvollen Bereiche der Transzendenz vorzudringen. Die mentalen Spekulanten sind ein wenig fortgeschrittener als die groben Materialisten oder fruchtbringenden Arbeiter, aber da auch sie unter der Herrschaft der Illusion stehen, halten sie es für erwiesen, daß alles, was Namen und Form hat und Tätigkeiten ausführt, nichts anderes sein kann als ein Produkt der materiellen Energie. Für sie ist das höchste spirituelle Ganze gestaltlos, namenlos und untätig. Und weil solche mentalen Spekulanten den Namen und die Gestalt des Herrn mit weltlichen Namen und Formen gleichstellen, leben sie tatsächlich in Unwissenheit. Bei solch geringem Maß an Wissen gibt es keinen Zugang zur wahren Natur des Höchsten Wesens. Wie in der *Bhagavad-gītā* gesagt wird, befindet Sich der Herr immer in einer transzendentalen Position, selbst wenn Er in der materiellen Welt erscheint. Unwissende Menschen jedoch halten den Herrn für eine der großen Persönlichkeiten dieser Welt; sie wurden durch die illusionierende Energie in die Irre geführt.

VERS 38

स वेद धातुः पदवीं परस्य
दुरन्तवीर्यस्य रथाङ्गपाणेः ।
योऽमायया संततयानुवृत्त्या
भजेत तत्पादसरोजगन्धम् ॥३८॥

sa veda dhātuḥ padavīṁ parasya
duranta-vīryasya rathāṅga-pāṇeḥ
yo 'māyayā santatayānuvṛttyā
bhajeta tat-pāda-saroja-gandham

saḥ—Er allein; *veda*—kann wissen; *dhātuḥ*—des Schöpfers; *padavīm*—Herrlichkeiten; *parasya*—der Transzendenz; *duranta-vīryasya*—des überaus Mächtigen; *ratha-aṅga-pāṇeḥ*—Śrī Kṛṣṇas, der ein Wagenrad in der Hand hält; *yaḥ*—jemand, der; *amāyayā*—ohne Einschränkung; *santatayā*—ohne Unterlaß; *anuvṛttyā*—zugeneigt; *bhajeta*—bringt Dienste dar; *tat-pāda*—Seinen Füßen; *saroja-gandham*—Duft des Lotos.

ÜBERSETZUNG

Nur diejenigen, die den Lotosfüßen Śrī Kṛṣṇas, der ein Wagenrad in der Hand hält, vorbehaltlos, ohne Unterlaß und mit Zuneigung dienen, können

den Schöpfer des Universums in Seiner ganzen Herrlichkeit, Macht und Transzendenz verstehen.

ERLÄUTERUNG

Nur die reinen Gottgeweihten können die transzendentalen Namen, Formen und Taten des Herrn, Śrī Kṛṣṇas, verstehen, da sie völlig frei sind von den Reaktionen, die die fruchtbringenden Arbeiter und mentalen Spekulanten erwarten. Die reinen Gottgeweihten ziehen keinen persönlichen Nutzen aus ihrem selbstlosen Dienst für den Herrn. Sie bringen dem Herrn spontan, ohne jeden Vorbehalt, unablässig und mit Zuneigung Dienste dar. Jeder in der Schöpfung des Herrn bringt Ihm, direkt oder indirekt, Dienste dar. Niemand macht in diesem Gesetz des Herrn eine Ausnahme. Solche, die Ihm indirekte Dienste darbringen, da sie durch den illusionierenden Repräsentanten des Herrn dazu gezwungen werden, dienen Ihm nur widerwillig. Aber diejenigen, die Ihm direkt und unter der Führung Seines geliebten Repräsentanten dienen, tun dies aus Zuneigung. Solche wohlgesonnenen Diener sind Geweihte des Herrn, und durch die Gnade des Herrn können sie in die geheimnisvollen Bereiche der Transzendenz eindringen. Die mentalen Spekulanten befinden sich jedoch immer in Dunkelheit. Wie in der *Bhagavad-gītā* gesagt wird, bringt der Herr Seine reinen Geweihten persönlich auf den Pfad der Erkenntnis, da sie unentwegt aus spontaner Zuneigung in Seinem liebevollen Dienst tätig sind. Das ist das Geheimnis des Eingehens in das Königreich Gottes. Fruchtbringende Tätigkeiten und Spekulationen befähigen nicht zum Eintritt in das Reich Gottes.

VERS 39

अथेह धन्या भगवन्त इत्थं
यद्वासुदेवेऽखिललोकनाथे ।
कुर्वन्ति सर्वात्मकमात्मभावं
न यत्र भूयः परिवर्त उग्रः ॥३९॥

atheha dhanyā bhagavanta ittham
yad vāsudeve 'khila-loka-nāthe
kurvanti sarvātmakam ātma-bhāvam
na yatra bhūyaḥ parivarta ugraḥ

atha—so; *iha*—in dieser Welt; *dhanyāḥ*—erfolgreich; *bhagavantaḥ*—vollkommen wissend; *ittham*—solche; *yat*—was; *vāsudeve*—für die Persönlichkeit Gottes; *akhila*—allumfassend; *loka-nāthe*—dem Besitzer aller Universen; *kurvanti*—ruft hervor; *sarva-ātmakam*—hundertprozentig; *ātma*—spirituelle Seele; *bhāvam*—Ekstase; *na*—niemals; *yatra*—worin; *bhūyaḥ*—wieder; *parivartaḥ*—Kreislauf; *ugraḥ*—furchtbar.

ÜBERSETZUNG

Nur durch das Stellen solcher Fragen kann man in dieser Welt erfolgreich und völlig wissend werden, denn solche Fragen erwecken transzendentale ekstatische Liebe zur Persönlichkeit Gottes, dem Besitzer aller Universen, und sie garantieren völlige Freiheit vom schrecklichen Kreislauf der Geburten und Tode.

ERLÄUTERUNG

Die Fragen der von Śaunaka angeführten Weisen werden hier von Sūta Gosvāmī wegen ihrer transzendentalen Natur gerühmt. Wie bereits gesagt wurde, können nur die Gottgeweihten den Herrn verstehen, und dies bis zu einem beträchtlichen Umfang, während andere nicht das geringste Wissen über Ihn bekommen können. Daher sind die Gottgeweihten mit allem spirituellen Wissen wohlvertraut. Die Persönlichkeit Gottes ist der höchste Aspekt der Absoluten Wahrheit. Das unpersönliche Brahman und die lokalisierte Paramātmā-Überseele sind in dem Wissen über die Höchste Persönlichkeit Gottes mit eingeschlossen. Daher weiß jemand, der den Herrn, die Persönlichkeit Gottes, kennt, ganz von selbst alles über Ihn und Seine vielfältigen Energien und Erweiterungen. Über die Gottgeweihten heißt es daher, daß sie in jeder Beziehung erfolgreich sind. Einem hundertprozentigen Geweihten des Herrn können die schrecklichen materiellen Leiden der wiederholten Geburten und Tode nichts anhaben.

VERS 40

इदं भागवतं नाम पुराणं ब्रह्मसम्मितम् ।
उत्तमश्लोकचरितं चकार भगवानृषिः ।
निःश्रेयसाय लोकस्य धन्यं स्वस्त्ययनं महत् ॥४०॥

idaṁ bhāgavataṁ nāma
purāṇaṁ brahma-sammitam
uttama-śloka-caritaṁ
cakāra bhagavān ṛṣiḥ
niḥśreyasāya lokasya
dhanyaṁ svasty-ayanaṁ mahat

idam—dies; *bhāgavatam*—das Buch, das die Erzählungen über die Persönlichkeit Gottes und Seine reinen Geweihten enthält; *nāma*—mit Namen; *purāṇam*—die *Veden* ergänzend; *brahma-sammitam*—Inkarnation Śrī Kṛṣṇas; *uttama-śloka*—der Persönlichkeit Gottes; *caritam*—Tätigkeiten; *cakāra*—zusammengestellt; *bhagavān*—Inkarnation der Persönlichkeit Gottes; *ṛṣiḥ*—Śrī Vyāsadeva; *niḥśresyasāya*—für das höchste Wohl; *lokasya*—aller Menschen; *dhanyam*—völlig erfolgreich; *svasti-ayanam*—allglückselig; *mahat*—vollkommen.

ÜBERSETZUNG

Das Śrīmad-Bhāgavatam ist die Schrift-Inkarnation Gottes, und es ist von Śrīla Vyāsadeva, einer Inkarnation Gottes, zusammengestellt worden. Es ist für das höchste Wohl aller Menschen bestimmt, und es ist in jeder Hinsicht glorreich, glückselig und vollkommen.

ERLÄUTERUNG

Śrī Caitanya Mahāprabhu erklärte, daß das *Śrīmad-Bhāgavatam* die makellose Klangrepräsentation allen vedischen Wissens und aller vedischen Geschichtsschreibung ist. Es enthält ausgesuchte Berichte über große Gottgeweihte, die in direkter Verbindung mit der Persönlichkeit Gottes stehen. Das *Śrīmad-Bhāgavatam* ist die Schrift-Inkarnation Śrī Kṛṣṇas, und es ist daher nicht verschieden von Ihm. Das *Śrīmad-Bhāgavatam* sollte mit der gleichen Achtung wie der Herr verehrt werden. So können wir durch sorgfältiges und geduldiges Studieren die höchsten Segnungen des Herrn erhalten. Wie Gott voller Licht, Glückseligkeit und Vollkommenheit ist, so ist es auch das *Śrīmad-Bhāgavatam.* Wir können durch das Vortragen des *Śrīmad-Bhāgavatam* alles transzendentale Licht des Höchsten Brahmans, Śrī Kṛṣṇa, bekommen, wenn es durch das Medium des transparenten spirituellen Meisters empfangen wird. Śrī Caitanyas Privatsekretär, Śrīla Svarūpa Dāmodara Gosvāmī, riet allen interessierten Besuchern, die gekommen waren, um den Herrn in Purī zu sehen, das *Bhāgavatam* von der Person *Bhāgavatam* zu studieren. Die Person *Bhāgavatam* ist der selbstverwirklichte, echte spirituelle Meister, und nur durch ihn kann man die Unterweisung des *Bhāgavatam* verstehen und so zum gewünschten Ergebnis kommen. Man kann aus dem Studium des *Bhāgavatam* genau denselben Nutzen ziehen, wie er durch die persönliche Anwesenheit des Herrn erreicht werden könnte. Es beinhaltet alle transzendentalen Segnungen Śrī Kṛṣṇas, die wir von Seiner persönlichen Gegenwart erwarten können.

VERS 41

तदिदं ग्राहयामास सुतमात्मवतां वरम् ।
सर्ववेदेतिहासानां सारं सारं समुद्धृतम् ॥४१॥

tad idaṁ grāhayām āsa
sutam ātmavatāṁ varam
sarva-vedetihāsānāṁ
sāraṁ sāraṁ samuddhṛtam

tat—das; *idam*—dies; *grāhayām āsa*—veranlaßte, es anzunehmen; *sutam*—seinen Sohn; *ātmavatām*—unter den Selbstverwirklichten; *varam*—am höchsten geachtet; *sarva*—alle; *veda*—vedische Schriften (Bücher des Wissens); *itihāsānām*—aller Geschichten; *sāram*—Rahm; *sāram*—Rahm; *samuddhṛtam*—herausgenommen.

ÜBERSETZUNG

Śrī Vyāsadeva gab es an seinen Sohn, der unter den Selbstverwirklichten am höchsten geachtet wurde, weiter, nachdem er von allen vedischen Schriften und Geschichtsdarstellungen des Universums den Rahm abgeschöpft hatte.

ERLÄUTERUNG

Menschen mit geringem Wissensumfang akzeptieren die Geschichte der Welt erst seit der Zeit Buddhas, das heißt seit 600 v. Chr., und alle Ereignisse, die vor dieser Zeit in den Schriften erwähnt werden, halten sie für legendäre Erzählungen. Das entspricht jedoch nicht den Tatsachen. Alle Geschichten, die in Schriften wie den *Purāṇas* und dem *Mahābhārata* erwähnt werden, sind Aufzeichnungen von Ereignissen, die sich nicht nur auf unserem Planeten, sondern auch auf Millionen von anderen Planeten im Universum wirklich zugetragen haben. Manchmal erscheinen die Geschichten von den Planeten jenseits unserer Welt den Menschen unglaubwürdig, denn sie wissen nicht, daß die verschiedenen Planeten nicht in jeder Hinsicht gleich sind und daß daher einige geschichtliche Tatsachen von anderen Planeten nicht mit den uns bekannten Erfahrungen auf dem Planeten Erde übereinstimmen. Wenn man die Situationen auf den verschiedenen Planeten und auch die Zeit und die Umstände in Betracht zieht, gibt es in der Geschichtsdarstellung der *Purāṇas* nichts, was nicht glaubwürdig wäre oder irgendwelcher Erfindung entsprungen ist. Wir sollten uns an den Grundsatz erinnern: „Des einen Nahrung ist des anderen Gift." Wir sollten daher die Geschichten und Erzählungen der *Purāṇas* nicht als Phantastereien abtun. Die großen *ṛṣis* wie Vyāsa hatten kein Interesse, erdichtete Erzählungen in ihre Schriften aufzunehmen.

Im *Śrīmad-Bhāgavatam* werden bestimmte historische Tatsachen aus der Geschichte verschiedener Planeten beschrieben. Es wird daher von allen spirituellen Autoritäten als das *Mahā-Purāṇa* anerkannt. Die besondere Bedeutung dieser Geschichten besteht darin, daß sie alle mit den Taten des Herrn zu verschiedenen Zeiten und unter verschiedenen Umständen in Verbindung stehen. Śrīla Śukadeva Gosvāmī ist die höchste Persönlichkeit unter allen selbstverwirklichten Seelen, und er lernte das *Śrīmad-Bhāgavatam* von seinem Vater Vyāsadeva. Śrīla Vyāsadeva ist eine große Autorität, und die Thematik des *Śrīmad-Bhāgavatam* ist so wichtig, daß er die Botschaft, die mit dem Rahm der Milch verglichen wird, zuerst an seinen bedeutenden Sohn, Śrīla Śukadeva Gosvāmī, weitergab. Die vedischen Schriften sind wie der Milchozean des Wissens. Rahm und Butter sind die überaus wohlschmekkende Essenz der Milch, und so verhält es sich auch mit dem *Śrīmad-Bhāgavatam*, da es alle angenehmen, belehrenden und authentischen Darstellungen der Taten des Herrn und Seiner Geweihten enthält. Es bringt keinen Gewinn, die Botschaft des *Śrīmad-Bhāgavatam* von Ungläubigen, Atheisten und berufsmäßigen Vortragskünstlern zu empfangen, die aus dem Vortrag des *Bhāgavatam* für Laien ein Geschäft machen. Es wurde ursprünglich an Śrīla Śukadeva Gosvāmī weitergegeben, der mit dem *Bhāgavata*-Geschäft nichts zu tun hatte. Er brauchte keine Familie durch ein solches Gewerbe zu unterhalten. Das *Śrīmad-Bhāgavatam* sollte deshalb von einem Repräsentanten Śukadevas empfangen werden, der sich auf der Lebensstufe der Entsagung befindet und nicht von Familienangelegenheiten belastet wird. Milch ist zweifellos sehr wertvoll und nahrhaft, aber wenn sie von der Zunge einer Schlange berührt wird, wird sie ungenießbar, und ihr Genuß führt zum Tode. In ähnlicher Weise sollten diejenigen, die sich nicht strikt in der Vaiṣṇava-Nachfolge befinden, kein Geschäft aus dem *Bhāgavatam* machen und den spirituellen Tod so vieler Zuhörer verursachen. In der *Bhagavad-gītā* (15.15) sagt der Herr, daß es das Ziel aller *Veden* ist, Ihn (Śrī Kṛṣṇa) zu erkennen. Das *Śrīmad-Bhāgavatam* ist der Herr, Śrī Kṛṣṇa Selbst, in der Gestalt niedergeschriebenen Wissens, und daher ist es der „Rahm aller *Veden*", und es enthält die historischen Tatsachen aller Zeiten, die in Beziehung zu Śrī Kṛṣṇa stehen. Es ist wahrlich die Essenz aller Geschichtsdarstellungen.

VERS 42

स तु संश्रावयामास महाराजं परीक्षितम् ।
प्रायोपविष्टं गङ्गायां परीतं परमर्षिभिः ॥४२॥

sa tu saṁśrāvayām āsa
mahārājaṁ parīkṣitam
prāyopaviṣṭaṁ gaṅgāyāṁ
parītaṁ paramarṣibhiḥ

saḥ—der Sohn Vyāsadevas; *tu*—wieder; *saṁśrāvayām āsa*—machte ihnen hörbar; *mahā-rājam*—dem König; *parīkṣitam*—mit Namen Parīkṣit; *prāya-upaviṣṭam*—der, ohne zu essen oder zu trinken, auf den Tod wartete; *gaṅgāyām*—am Ufer der Gaṅgā; *parītam*—umgeben von; *parama-ṛṣibhiḥ*—großen Weisen.

ÜBERSETZUNG

Śukadeva Gosvāmī, der Sohn Vyāsadevas, gab das Bhāgavatam an den großen König Parīkṣit weiter, der in Erwartung seines Todes, ohne zu essen oder zu trinken, am Ufer der Gaṅgā saß und von vielen Weisen umgeben war.

ERLÄUTERUNG

Transzendentale Botschaften werden nur in der Kette der Schülernachfolge richtig empfangen. Diese Schülernachfolge wird *paramparā* genannt. Wenn das *Bhāgavatam* oder irgendeine andere vedische Schrift nicht durch das *paramparā*-System empfangen wird, ist der Empfang des Wissens nicht authentisch. Vyāsadeva gab die Botschaft an Śukadeva Gosvāmī weiter, und von Śukadeva Gosvāmī erhielt Sūta Gosvāmī die Botschaft. Man sollte daher die Botschaft des *Bhāgavatam* von Sūta Gosvāmī oder von seinem Repräsentanten empfangen, jedoch nicht von einem unbedeutenden Interpreten.

Als König Parīkṣit die Kunde erhielt, daß er bald sterben werde, verließ er sofort sein Königreich und seine Familie und setzte sich ans Ufer der Gaṅgā, um bis zum Tode zu fasten. Seiner hohen Stellung entsprechend kamen alle großen Weisen, *ṛṣis*,

Mystiker und Philosophen zu ihm und äußerten viele Vorschläge hinsichtlich seiner nächstliegenden Pflichten. Schließlich kam man überein, daß er von Śukadeva Gosvāmī über Śrī Kṛṣṇa hören solle, und so wurde ihm das *Bhāgavatam* vorgetragen.

Śrīpāda Śaṅkarācārya, der die Māyāvāda-Philosophie predigte und den unpersönlichen Aspekt des Absoluten hervorhob, empfahl ebenfalls, unter den Lotosfüßen Śrī Kṛṣṇas Zuflucht zu suchen, da durch Debattieren keine Hoffnung auf Gewinn zu erwarten sei. Śrīpāda Śaṅkarācārya gab zu, daß einem das, was er selbst in den blumigen grammatischen Interpretationen des *Vedānta-sūtra* gepredigt hatte, zur Zeit des Todes nicht helfen könne. Zur kritischen Stunde des Todes muß man den Namen Govindas aussprechen. So lautet die Empfehlung aller großen Transzendentalisten. Śukadeva Gosvāmī hatte schon lange die gleiche Wahrheit verkündet, nämlich, daß man sich am Ende des Lebens an Nārāyaṇa erinnern muß. Dies ist die Essenz aller spirituellen Tätigkeiten. Auf der Suche nach dieser ewigen Wahrheit vernahm Mahārāja Parīkṣit das *Śrīmad-Bhāgavatam* von Śukadeva Gosvāmī, dem geeigneten Sprecher. Sowohl der Sprecher als auch der Empfänger der Botschaften des *Bhāgavatam* erlangten durch diese transzendentale Schrift Befreiung.

VERS 43

कृष्णे स्वधामोपगते धर्मज्ञानादिभिः सह ।
कलौ नष्टदृशामेष पुराणार्कोऽधुनोदितः ॥४३॥

kṛṣṇe sva-dhāmopagate
dharma-jñānādibhiḥ saha
kalau naṣṭa-dṛśām eṣa
purāṇārko 'dhunoditaḥ

kṛṣṇe—in Kṛṣṇas; *sva-dhāma*—eigenes Reich; *upagate*—zurückgekehrt sein; *dharma*—Religion; *jñāna*—Wissen; *ādibhiḥ*—verbunden mit; *saha*—zusammen mit; *kalau*—im Kali-yuga; *naṣṭa-dṛśām*—derjenigen, die ihre Orientierung verloren haben; *eṣaḥ*—all diese; *purāṇa-arkaḥ*—das *Purāṇa*, das wie die Sonne leuchtet; *adhunā*—sofort; *uditaḥ*—ist aufgegangen.

ÜBERSETZUNG

Das Bhāgavata Purāṇa ist leuchtend wie die Sonne, und es ging auf, begleitet von Religion, Wissen und so weiter, gleich nachdem Śrī Kṛṣṇa in Sein Reich zurückgekehrt war. Menschen, die durch die tiefe Finsternis der Unwissenheit im Zeitalter des Kali die Orientierung verloren haben, sollen von diesem Purāṇa Licht empfangen.

ERLÄUTERUNG

Śrī Kṛṣṇa hat Sein ewiges Reich (*dhāma*), in dem Er ewig mit Seinen ewigen Gefährten und allem, was Ihn ewiglich umgibt, in Freude weilt. Sein ewiges Reich ist eine Manifestation Seiner inneren Energie, wohingegen die materielle Welt eine

Manifestation Seiner äußeren Energie ist. Wenn Er in die materielle Welt herabsteigt und Sich in Seiner inneren Macht, die *ātma-māyā* genannt wird, offenbart, wird Er von allem, was ewiglich zu Ihm gehört, umgeben. In der *Bhagavad-gītā* (4.6) sagt der Herr, daß Er durch Seine eigene Macht (*ātma-māyā*) erscheint. Seine Gestalt, Sein Name, Sein Ruhm, Seine Umgebung, Sein Reich usw. sind daher keine Schöpfungen der Materie. Er kommt herab, um die gefallenen Seelen zurückzugewinnen und um die Gesetze der Religion, die direkt von Ihm ausgehen, wiederherzustellen. Außer Gott kann niemand die Prinzipien der Religion errichten. Nur Er oder eine durch Ihn ermächtigte Person kann die Gesetze der Religion erlassen. Wirkliche Religion bedeutet, Gott, unsere Beziehung zu Ihm, unsere Pflichten in Beziehung zu Ihm und schließlich unseren Bestimmungsort nach Verlassen des materiellen Körpers zu kennen. Kaum eine der bedingten Seelen, die von der materiellen Energie gefangen sind, kennt all diese Prinzipien des Lebens. Die meisten sind, wie die Tiere, nur mit Essen, Schlafen, Verteidigung und Fortpflanzung beschäftigt. Unter dem Deckmantel von Religiosität, Wissen oder Befreiung trachten sie fast nur nach Sinnengenuß. Im gegenwärtigen Zeitalter des Streites, dem Kali-yuga, sind die Menschen noch verblendeter. Im Kali-yuga ist die Bevölkerung nichts weiter als eine königliche Abart der Tiere. Sie hat nichts mit spirituellem Wissen oder göttlichem, religiösem Leben zu tun. Sie ist so verblendet, daß sie nichts sehen kann, was jenseits des Bereiches des feinen Geistes, der Intelligenz oder des Ego liegt, aber sie sind sehr stolz auf ihren Fortschritt in den Wissenschaften und im materiellen Wohlstand. Sie laufen Gefahr, nach dem Verlassen des gegenwärtigen Körpers ein Hund oder ein Schwein zu werden, da sie in bezug auf das eigentliche Ziel des Lebens völlig die Orientierung verloren haben. Die Persönlichkeit Gottes Śrī Kṛṣṇa erschien kurz vor Beginn des Kali-yuga, und Er kehrte praktisch am Anfang des Kali-yuga in Sein ewiges Reich zurück. Als Er in dieser Welt anwesend war, offenbarte Er alles durch Seine verschiedenen Taten. Er sprach die *Bhagavad-gītā* gemäß Seinem Plan und machte allen heuchlerischen religiösen Prinzipien ein Ende. Kurz vor Seinem Fortgang aus der materiellen Welt ermächtigte Er Śrī Vyāsadeva durch Nārada, die Botschaften des *Śrīmad-Bhāgavatam* zusammenzustellen, und daher sind die *Bhagavad-gītā* und das *Śrīmad-Bhāgavatam* wie Fackelträger für die blinden Menschen dieses Zeitalters. Mit anderen Worten, wenn Menschen im gegenwärtigen Zeitalter des Kali das wirkliche Licht des Lebens sehen sollen, brauchen sie nur zu diesen beiden Büchern zu greifen, und ihr Lebensziel wird erfüllt. Die *Bhagavad-gītā* ist die einleitende Studie zum *Bhāgavatam*. Das *Śrīmad-Bhāgavatam* ist das *summum bonum* des Lebens; es ist Śrī Kṛṣṇa in Person. Wir müssen daher das *Śrīmad-Bhāgavatam* als die direkte Repräsentation Śrī Kṛṣṇas annehmen. Wer das *Śrīmad-Bhāgavatam* sehen kann, kann auch Śrī Kṛṣṇa in Person sehen. Sie sind miteinander identisch.

VERS 44

तत्र कीर्तयतो विप्रा विप्रर्षेर्भूरितेजसः ।
अहं चाध्यगमं तत्र निविष्टस्तदनुग्रहात् ।
सोऽहं वः श्रावयिष्यामि यथाधीतं यथामति ॥४४॥

tatra kīrtayato viprā
viprarṣer bhūri-tejasaḥ
ahaṁ cādhyagamaṁ tatra
niviṣṭas tad anugrahāt
so 'haṁ vaḥ śrāvayiṣyāmi
yathādhītaṁ yathā-mati

tatra—dort; *kīrtayataḥ*—während er vortrug; *viprāḥ*—o *brāhmaṇas*; *vipra-ṛṣeḥ* —vom großen *brāhmaṇa-ṛṣi*; *bhūri*—groß; *tejasaḥ*—mächtig; *aham*—ich; *ca*—auch; *adhyagamam*—konnte verstehen; *tatra*—bei diesem Treffen; *niviṣṭaḥ*—ganz aufmerksam sein; *tat-anugrahāt*—durch seine Gnade; *saḥ*—genau dasselbe; *aham*—ich; *vaḥ*—euch; *śrāvayiṣyāmi*—werde hören lassen; *yathā-adhītam yathā-mati*—soweit ich es verwirklicht habe.

ÜBERSETZUNG

O gelehrte brāhmaṇas, als Śukadeva Gosvāmī das Śrīmad-Bhāgavatam dort [in der Gegenwart König Parīkṣits] vortrug, hörte ich ihm mit gespannter Aufmerksamkeit zu, und so erlernte ich das Bhāgavatam durch die Barmherzigkeit dieses großen und mächtigen Weisen. Jetzt werde ich versuchen, euch das gleiche so weiterzugeben, wie ich es von ihm gelernt und wie ich es verwirklicht habe.

ERLÄUTERUNG

Man kann in den Seiten des *Bhāgavatam* ohne Zweifel die Gegenwart Śrī Kṛṣṇas erfahren, wenn man die Botschaft von einer selbstverwirklichten großen Seele wie Śukadeva Gosvāmī gehört hat. Man kann das *Bhāgavatam* jedoch nicht von einem betrügerischen, bezahlten Sprecher erlernen, dessen Lebensziel darin besteht, durch solches Vortragen Geld zu verdienen und dieses in sexuelle Genüsse umzusetzen. Niemand kann das *Śrīmad-Bhāgavatam* erlernen, wenn er mit Menschen zusammen ist, die der Sexualität ergeben sind. Das ist das Geheimnis beim Erlernen des *Bhāgavatam.* Auch kann man das *Bhāgavatam* nicht von jemandem erlernen, der die Verse mit seiner weltlichen Gelehrsamkeit interpretiert. Man muß das *Bhāgavatam* von dem Repräsentanten Śukadeva Gosvāmīs, und von niemandem sonst, erlernen, vorausgesetzt natürlich, daß man Śrī Kṛṣṇa in den Seiten sehen möchte. Das ist der Vorgang, und es gibt keine andere Möglichkeit. Sūta Gosvāmī ist ein echter Repräsentant Śukadeva Gosvāmīs, da er die Botschaft, die er von dem großen Gelehrten *brāhmaṇa* empfangen hat, weitergeben möchte. Śukadeva Gosvāmī seinerseits trug das *Bhāgavatam* so vor, wie er es von seinem bedeutenden Vater gehört hatte, und daher gibt auch Sūta Gosvāmī das *Bhāgavatam* so weiter, wie er es von Śukadeva Gosvāmī gehört hat. Nur Zuhören reicht jedoch nicht aus. Man muß den Text durch strikte Aufmerksamkeit verwirklichen. Das Wort *niviṣṭa* bedeutet, daß Sūta Gosvāmī den Nektar des *Bhāgavatam* durch seine Ohren trank. Das ist der wirkliche Vorgang, das *Bhāgavatam* zu empfangen. Man sollte mit gespannter Aufmerksamkeit von der richtigen Person hören, dann kann man sofort die Gegenwart Śrī Kṛṣṇas auf jeder Seite erkennen. Das Geheimnis, das *Bhāgavatam* zu kennen, wird hier erwähnt. Niemand kann gespannte Aufmerksamkeit entwickeln, der nicht rein im Geist ist. Niemand kann rein im Geist sein, der nicht rein im Handeln ist, und niemand kann rein im Handeln sein, wenn er nicht im Essen, Schlafen, Verteidigen und Fortpflanzen rein ist. Aber wenn man aus irgendeinem Grund mit gespannter Aufmerksamkeit von der richtigen Person hört, kann man ganz gewiß schon ganz am Anfang Śrī Kṛṣṇa persönlich in den Seiten des *Bhāgavatam* sehen.

Hiermit enden die Bhaktivedanta-Erläuterungen zum 3. Kapitel im Ersten Canto des Śrīmad-Bhāgavatam *mit dem Titel: „Kṛṣṇa ist der Ursprung aller Inkarnationen“.*

4. Kapitel

Das Erscheinen Śrī Nāradas

VERS 1

व्यास उवाच
इति ब्रुवाणं संस्तूय मुनीनां दीर्घसत्रिणाम् ।
वृद्धः कुलपतिः सूतं बह्वृचः शौनकोऽब्रवीत् ॥ १ ॥

vyāsa uvāca
iti bruvāṇaṁ saṁstūya
munīnām dīrgha-satriṇām
vṛddhaḥ kula-patiḥ sūtaṁ
bahvṛcaḥ śaunako 'bravīt

vyāsaḥ—Vyāsadeva; *uvāca*—sagte; *iti*—so; *bruvāṇam*—sprechend; *saṁstūya*—beglückwünschend; *munīnām*—der großen Weisen; *dīrgha*—ausgedehnt; *satriṇām*—derjenigen, die mit der Darbringung von Opfern beschäftigt sind; *vṛddha*—älterer; *kula-patiḥ*—Führer der Versammlung; *sūtam*—zu Sūta Gosvāmī; *bahu-ṛcaḥ*—gelehrt; *śaunakaḥ*—mit Namen Śaunaka; *abravīt*—sprach an.

ÜBERSETZUNG

Vyāsadeva sagte: Als Śaunaka Muni, der ältere, gelehrte Führer all der mit dieser ausgedehnten Opferzeremonie beschäftigten ṛṣis, Sūta Gosvāmī so sprechen hörte, beglückwünschte er ihn wie folgt.

ERLÄUTERUNG

Wenn in einer Zusammenkunft gelehrter Männer dem Redner Glückwünsche ausgesprochen oder ihm zu Ehren Ansprachen gehalten werden, sollte der Gratulierende die folgenden Voraussetzungen erfüllen: Er muß der Hausherr und ein älterer Mann sein. Außerdem muß er sehr gelehrt sein. Śrī Śaunaka Ṛṣi besaß all diese Eigenschaften, und daher stand er auf, um Śrī Sūta Gosvāmī zu beglückwünschen, als dieser den Wunsch äußerte, das *Śrīmad-Bhāgavatam* genauso vorzutragen, wie er es von Śukadeva Gosvāmī gehört und danach selbst verwirklicht hatte. Persönliche Verwirklichung bedeutet nicht, daß man aus Eitelkeit der Versuchung erliegen sollte, sein Wissen zu zeigen, indem man versucht, den vorangegangenen *ācārya* zu übertreffen. Man muß volles Vertrauen in den vorangegangenen *ācārya* haben und zur gleichen Zeit das Thema so gut verwirklichen, daß man es, den besonderen Umständen Rechnung tragend, in geeigneter Weise darlegen kann. Der ursprüngliche Zweck des Textes muß erhalten bleiben. Es darf keine unklare Bedeutung hineingelegt werden, jedoch sollte man den Text in einer dem Verständnis der Zuhörerschaft angemessenen Weise präsentieren. Das wird Verwirklichung genannt. Der Leiter der Versammlung, Śaunaka, wußte die Bedeutsamkeit des Sprechers, Śrī Sūta Gosvāmī, zu würdigen, als dieser die Worte *yathādhītam* und *yathā-mati* gebrauchte, und er beglückwünschte ihn in Ekstase. Kein Mensch mit Bildung sollte gewillt sein, einer Person zuzuhören, die nicht den ursprünglichen *ācārya* repräsentiert. Sowohl der Sprecher als auch die Zuhörerschaft in diesem Treffen, in dem das *Bhāgavatam* zum zweiten Mal vorgetragen wurde, waren aufrichtig. Das sollte der Maßstab für das Vortragen des *Bhāgavatam* sein, so daß der eigentliche Zweck erfüllt und Śrī Kṛṣṇa ohne Schwierigkeit erkannt werden kann. Solange diese Voraussetzung nicht geschaffen ist, ist das Vortragen des *Bhāgavatam* sowohl für den Sprecher als auch für die Zuhörer ein nutzloses Unterfangen.

VERS 2

शौनक उवाच
सूत सूत महाभाग वद नो वदतां वर ।
कथां भागवतीं पुण्यां यदाह भगवाञ्छुकः ॥ २ ॥

śaunaka uvāca
sūta sūta mahā-bhāga
vada no vadatāṁ vara
kathāṁ bhāgavatīṁ puṇyāṁ
yad āha bhagavāñ chukaḥ

śaunakaḥ—Śaunaka; *uvāca*—sagte; *sūta sūta*—o Sūta Gosvāmī; *mahā-bhāga*—der Glücklichste; *vada*—bitte sprich; *naḥ*—zu uns; *vadatām*—von denjenigen, die sprechen können; *vara*—achtungsvoll; *kathām*—Botschaft; *bhāgavatīm*—des *Bhāgavatam*; *puṇyām*—fromm; *yat*—die; *āha*—sprach; *bhagavān*—der sehr mächtige; *śukaḥ*—Śrī Śukadeva Gosvāmī.

ÜBERSETZUNG

Śaunaka sagte: O Sūta Gosvāmī, du bist der glücklichste und am höchsten geachtete unter denjenigen, die sprechen und vortragen können. Verkünde uns bitte die fromme Botschaft des Śrīmad-Bhāgavatam, die von dem großen, mächtigen Weisen Śukadeva Gosvāmī gesprochen wurde.

ERLÄUTERUNG

Sūta Gosvāmī wird hier von Śaunaka Gosvāmī aus großer Freude gleich zweimal angesprochen; denn Śaunaka und die Mitglieder der Versammlung waren sehr gespannt, das *Bhāgavatam* so zu hören, wie es von Śukadeva gesprochen worden war. Ihnen lag nichts daran, es von einem Betrüger zu hören, der es auf eigene

Weise interpretiert, um seinen Zwecken zu entsprechen. Gewöhnlich sind die sogenannten *Bhāgavatam*-Sprecher entweder berufliche Vorleser oder sogenannte gelehrte Unpersönlichkeitsanhänger, die nicht in die transzendentalen persönlichen Tätigkeiten des Höchsten Herrn eindringen können. Solche Unpersönlichkeitsanhänger umgehen manche Stellen des *Bhāgavatam*, um der unpersönlichen Betrachtungsweise zu entsprechen oder sie zu unterstützen, und die beruflichen Vorleser gehen sofort zum Zehnten Canto über und stellen den vertraulichsten Teil der Spiele des Herrn falsch dar. Keiner dieser Sprecher ist geeignet, das *Bhāgavatam* richtig vorzutragen. Nur derjenige, der bereit ist, das *Bhāgavatam* aus der Sicht Śukadeva Gosvāmīs vorzutragen, und nur diejenigen, die bereit sind, Śukadeva Gosvāmī und seinem Repräsentanten zuzuhören, sind aufrichtige Teilnehmer an der transzendentalen Erörterung über das *Śrīmad-Bhāgavatam*.

VERS 3

कस्मिन् युगे प्रवृत्तेयं स्थाने वा केन हेतुना ।
कुतः सञ्चोदितः कृष्णः कृतवान् संहितां मुनिः॥ ३ ॥

kasmin yuge pravṛtteyaṁ
sthāne vā kena hetunā
kutaḥ sañcoditaḥ kṛṣṇaḥ
kṛtavān saṁhitāṁ muniḥ

kasmin—in welcher; *yuge*—Periode; *pravṛttā*—war dieser Anfang; *iyam*—dies; *sthāne*—an dem Ort; *vā*—oder; *kena*—auf dem; *hetunā*—Boden; *kutaḥ*—woher; *sañcoditaḥ*—inspiriert von; *kṛṣṇaḥ*—Kṛṣṇa-dvaipāyana Vyāsa; *kṛtavān*—zusammengestellt; *saṁhitām*—vedische Schriften; *muniḥ*—Gelehrte.

ÜBERSETZUNG

Zu welcher Zeit, an welchem Ort und aus welchem Grunde wurde dies vorgenommen? Woher erhielt der große Weise Kṛṣṇa-dvaipāyana Vyāsa die Inspiration, diese Schrift zu verfassen?

ERLÄUTERUNG

Weil das *Śrīmad-Bhāgavatam* der besondere Beitrag Śrīla Vyāsadevas ist, stellt der gelehrte Śaunaka Muni viele Fragen. Den Weisen war bekannt, daß Śrīla Vyāsadeva den Text der *Veden* bereits auf verschiedene Weise erklärt hatte – bis hin zum *Mahābhārata*, das für die weniger intelligenten Frauen, die *śudras* und die gefallenen Angehörigen der Familien Zweimalgeborener bestimmt ist. Das *Śrīmad-Bhāgavatam* ist transzendental zu all diesen Schriften, da es mit weltlichen Dingen nichts zu tun hat. Die Fragen Śaunaka Munis sind aus diesem Grund sehr intelligent und wichtig.

VERS 4

तस्य पुत्रो महायोगी समदृङ् निर्विकल्पकः ।
एकान्तमतिरुन्निद्रो गूढो मूढ इवेयते ॥ ४ ॥

tasya putro mahā-yogī
sama-dṛṅ nirvikalpakaḥ
ekānta-matir unnidro
gūḍho mūḍha iveyate

tasya—sein; *putraḥ*—Sohn; *mahā-yogī*—ein großer Gottgeweihter; *sama-dṛk*—ausgeglichen; *nirvikalpakaḥ*—absoluter Monist; *ekānta-matiḥ*—ausgerichtet auf Monismus oder Einssein des Geistes; *unnidraḥ*—überwand Unwissenheit; *gūḍhaḥ*—nicht offen; *mūḍhaḥ*—verkümmert; *iva*—wie; *iyate*—erscheint wie.

ÜBERSETZUNG

Sein [Vyāsadevas] Sohn war ein großer Gottgeweihter, ein ausgeglichener Monist, dessen Geist stets im Monismus verankert war. Er war transzendental zu weltlichem Tun, aber da er dies nach außen hin nicht zeigte, hielt man ihn für einen Unwissenden.

ERLÄUTERUNG

Śrīla Śukadeva Gosvāmī war eine befreite Seele, und daher achtete er stets darauf, nicht von der illusionierenden Energie eingefangen zu werden. In der *Bhagavad-gītā* wird diese Art der Aufmerksamkeit der befreiten Seele sehr anschaulich erklärt. Die befreite Seele und die bedingte Seele gehen verschiedenen Beschäftigungen nach. Die befreite Seele bewegt sich stets auf dem Pfad der spirituellen Erkenntnis, der für die bedingte Seele so etwas wie ein Traum ist. Die bedingte Seele kann sich nicht vorstellen, was die befreite Seele eigentlich tut. Während die bedingte Seele somit von spirituellen Tätigkeiten träumt, ist die befreite Seele wach. In ähnlicher Weise erscheint das Tun einer bedingten Seele der befreiten Seele wie ein Traum. Auf den ersten Blick mag es scheinen, als befänden sich eine bedingte und eine befreite Seele auf der gleichen Ebene, aber in Wirklichkeit gehen sie Beschäftigungen von unterschiedlicher Art nach. Die Aufmerksamkeit beider ist immer wach, entweder mit dem Ziel, die Sinne zu befriedigen, oder mit dem Ziel der Selbstverwirklichung. Die bedingte Seele ist in die Materie versunken, wohingegen die befreite Seele der Materie völlig gleichgültig gegenübersteht. Diese Gleichgültigkeit wird im nächsten Vers näher erläutert.

VERS 5

दृष्ट्वानुयान्तमृषिमात्मजमप्यनग्नं
देव्यो ह्रिया परिदधुर्न सुतस्य चित्रम् ।

तद्वीक्ष्य पृच्छति मुनौ जगदुस्तवास्ति
स्त्रीपुम्भिदा न तु सुतस्य विविक्तदृष्टेः॥ ५ ॥

dṛṣṭvānuyāntam ṛṣim ātmajam apy anagnaṁ
devyo hriyā paridadhur na sutasya citram
tad vīkṣya pṛcchati munau jagadus tavāsti
strī-pum-bhidā na tu sutasya vivikta-dṛṣṭeḥ

dṛṣṭvā—durch Sehen; *anuyāntam*—folgend; *ṛṣim*—der Weise; *ātmajam*—sein Sohn; *api*—trotz; *anagnam*—nicht nackt; *devyaḥ*—schöne Mädchen; *hriyā*—aus Scheu; *paridadhuḥ*—bedeckten den Körper; *na*—nicht; *sutasya*—vor dem Sohn; *citram*—erstaunt; *tat vīkṣya*—als er dies sah; *pṛcchati*—fragte; *munau*—dem *muni* (Vyāsa); *jagaduḥ*—antworteten; *tava*—dein; *asti*—es gibt; *strī-pum*—männlich und weiblich; *bhidā*—Unterschiede; *na*—nicht; *tu*—jedoch; *sutasya*—vom Sohn; *vivikta*—gereinigt; *dṛṣṭeḥ*—von jemandem, der schaut.

ÜBERSETZUNG

Als Śrī Vyāsadeva seinem Sohn folgte, bedeckten schöne, junge Mädchen, die nackt badeten, ihren Körper mit Tüchern, obwohl Śrī Vyāsadeva selbst nicht nackt war. Aber sie hatten dies nicht getan, als sein Sohn vorbeiging. Der Weise fragte nach dem Grund, und die jungen Mädchen antworteten, daß sein Sohn geläutert sei und bei ihrem Anblick nicht zwischen männlich und weiblich unterscheide. Der Weise jedoch sehe solche Unterschiede.

ERLÄUTERUNG

In der *Bhagavad-gītā* (5.18) wird gesagt, daß in den Augen eines großen Weisen aufgrund spiritueller Sicht ein gelehrter und freundlicher *brāhmaṇa*, ein *caṇḍāla* (Hundeesser), ein Hund und eine Kuh gleich sind. Śrīla Śukadeva Gosvāmī hatte diese Stufe erreicht, und daher sah er keine männlichen oder weiblichen Lebewesen, sondern Lebewesen in unterschiedlichen Kleidern. Die badenden Mädchen besaßen die besondere Gabe, den Geist eines Mannes an seinem Blick zu erkennen, ebenso, wie man an den Augen eines Kindes sehen kann, wie unschuldig es ist. Śukadeva Gosvāmī war ein Knabe von sechzehn Jahren, und daher waren alle Teile seines Körpers voll entwickelt. Er war nackt wie die Mädchen, doch weil er zu geschlechtlichen Beziehungen transzendental war, erschien er sehr unschuldig, weit entfernt von weltlichen Dingen. Die Mädchen konnten dies durch ihre besondere Fähigkeit verstehen, und daher beachteten sie ihn nicht weiter. Als jedoch sein Vater vorbeikam, bedeckten sie rasch ihre Blöße. Vyāsadeva war ein alter Mann, und zudem war er bekleidet. Die Mädchen hätten Vyāsadevas Töchter oder Enkelinnen sein können; trotzdem reagierten sie in seiner Gegenwart, wie es sich geziemte; denn Śrīla Vyāsadeva spielte die Rolle eines Haushälters. Ein Haushälter muß zwischen dem männlichen und dem weiblichen Geschlecht unterscheiden, sonst kann er kein Haushälter sein. Man sollte indes versuchen, den Unterschied zwischen spiritueller Seele und Materie ohne Anhaftung an das Männliche oder Weibliche zu verstehen. Solange man noch zwischen Mann und Frau unterscheidet, sollte man nicht versuchen, ein *sannyāsī* wie Śukadeva Gosvāmī zu werden. Zumindest theoretisch muß man davon überzeugt sein, daß ein Lebewesen weder männlich noch weiblich ist. Das äußere Gewand ist von der materiellen Natur aus Materie geschaffen worden, um das andere Geschlecht anzuziehen und einen dadurch im materiellen Dasein gefangenzuhalten. Eine befreite Seele steht über dieser widernatürlichen Unterscheidung. Sie macht zwischen einem Lebewesen und einem anderen keinen Unterschied. Für sie sind alle von der gleichen spirituellen Natur. Die Vollkommenheit dieser spirituellen Betrachtungsweise ist die Stufe der Befreiung; Śrīla Śukadeva Gosvāmī erreichte diese Stufe. Śrīla Vyāsadeva befand sich ebenfalls auf der transzendentalen Stufe, aber weil er als Haushälter lebte und die Sitten und Gebräuche wahren wollte, erhob er nicht den Anspruch, eine befreite Seele zu sein.

VERS 6

कथमालक्षितः पौरैः सम्प्राप्तः कुरुजाङ्गलान् ।
उन्मत्तमूकजडवद्विचरन् गजसाह्वये ॥ ६ ॥

katham ālakṣitaḥ pauraiḥ
samprāptaḥ kuru-jāṅgalān
unmatta-mūka-jaḍavad
vicaran gaja-sāhvaye

katham—wie; *ālakṣitaḥ*—angesehen; *pauraiḥ*—von den Bürgern; *samprāptaḥ*—erreichte; *kuru-jāṅgalān*—die Kuru-jāṅgala-Provinzen; *unmatta*—geistesgestört; *mūka*—stumm; *jaḍavat*—verkümmert; *vicaran*—wandernd; *gaja-sāhvaye*—Hastināpura.

ÜBERSETZUNG

Wie wurde er [Śrīla Śukadeva Gosvāmī, der Sohn Vyāsas] von den Bürgern angesehen, als er die Stadt Hastināpura [das heutige Delhi] erreichte, nachdem er, scheinbar wie ein Geistesgestörter, schweigend und langsam durch die Provinzen Kuru und Jāṅgala gewandert war?

ERLÄUTERUNG

Die heutige Stadt Delhi war früher als Hastināpura bekannt, da sie von König Hastī gegründet wurde. Śukadeva Gosvāmī wanderte, nachdem er sein Heim verlassen hatte, wie ein Geistesgestörter umher, und daher war es für die Bürger recht schwer, seine erhabene Stellung zu erkennen. Einen Weisen erkennt man also nicht mit den Augen, sondern mit den Ohren. Man sollte sich einem *sādhu* oder großen Weisen nicht nähern, um ihn zu sehen, sondern um ihn zu hören. Wenn man nicht bereit ist, den Worten eines *sādhu* Gehör zu schenken, kann man aus dem Zusammensein mit einem solchen Heiligen keinen Nutzen ziehen. Śukadeva Gosvāmī war ein *sādhu*, der über die transzendentalen Tätigkeiten des Herrn sprechen konnte; er war nicht jemand, der die Launen gewöhnlicher Bürger befriedigte. Er wurde als das erkannt, was er wirklich war, als er das *Bhāgavatam* vortrug; niemals versuchte er sich in der Zurschaustellung von Schwindeleien, wie Zauberkünstler es tun. Nach außen hin erschien er wie ein zurückgebliebener, stummer Verrückter, doch in Wirklichkeit war er die fortgeschrittenste transzendentale Persönlichkeit.

VERS 7

कथं वा पाण्डवेयस्य राजर्षेर्मुनिना सह ।
संवादः समभूत्तात यत्रैषा सात्वती श्रुतिः ॥ ७ ॥

katham vā pāṇḍaveyasya
rājarṣer muninā saha
saṁvādaḥ samabhūt tāta
yatraiṣā sātvatī śrutiḥ

katham—wie es ist; *vā*—auch; *pāṇḍaveyasya*—vom Nachkommen Pāṇḍus (Parīkṣit); *rājarṣeḥ*—vom König, der ein Weiser war; *muninā*—mit dem *muni*; *saha*—mit; *saṁvādaḥ*—Gespräch; *samabhūt*—geschah; *tāta*—o Liebling; *yatra*—worauf; *eṣā*—wie dies; *sātvatī*—transzendental; *śrutiḥ*— Essenz der *Veden*.

ÜBERSETZUNG

Wie kam es, daß König Parīkṣit diesen großen Weisen traf und es so möglich machte, daß ihm die herrliche transzendentale Essenz der Veden [Bhāgavatam] vorgetragen wurde?

ERLÄUTERUNG

Das *Śrīmad-Bhāgavatam* wird hier als die Essenz der *Veden* bezeichnet. Es ist keine ersonnene Geschichte, wie es manchmal Menschen behaupten, die unautorisierten Pfaden folgen. Es wird auch *Śuka-saṁhitā* genannt, die von Śrī Śukadeva Gosvāmī, dem großen befreiten Weisen, vorgetragene vedische Hymne.

VERS 8

स गोदोहनमात्रं हि गृहेषु गृहमेधिनाम् ।
अवेक्षते महाभागस्तीर्थीकुर्वंस्तदाश्रमम् ॥ ८ ॥

sa go-dohana-mātraṁ hi
gṛheṣu gṛha-medhinām
avekṣate mahā-bhāgas
tīrthī-kurvaṁs tad āśramam

saḥ—er (Śukadeva Gosvāmī); *go-dohana-mātram*—nur solange man zum Melken einer Kuh braucht; *hi*—gewiß; *gṛheṣu*—im Haus; *gṛha-medhinām*—der Haushälter; *avekṣate*—wartet; *mahā-bhāgaḥ*—der glücklichste; *tīrthī*—Pilgerfahrt; *kurvan*—verwandelnd; *tat āśramam*—den Wohnort.

ÜBERSETZUNG

Er [Śukadeva Gosvāmī] war es gewohnt, nur so lange an der Tür eines Haushälters zu bleiben, wie man zum Melken einer Kuh braucht. Dies tat er nur, um den Wohnort zu heiligen.

ERLÄUTERUNG

Śukadeva Gosvāmī traf Kaiser Parīkṣit und erklärte den Text des *Śrīmad-Bhāgavatam.* Er pflegte bei keinem Haushälter länger als eine halbe Stunde zu bleiben (zu der Zeit, als gerade die Kuh gemolken wurde), und seine Absicht war es, den vom Glück begünstigten Haushälter um ein Almosen zu bitten und durch seine segensreiche Gegenwart dessen Heim zu heiligen. Śukadeva Gosvāmī ist daher ein vorbildlicher, in der Transzendenz verankerter Prediger. Diejenigen, die sich im Lebensstand der Entsagung befinden und sich der Aufgabe geweiht haben, die Botschaft Gottes zu verbreiten, sollten von seinem Beispiel lernen, daß sie mit Haushältern nichts zu tun haben, es sei denn, um sie mit transzendentalem Wissen zu erleuchten. Einen Haushälter um Almosen zu bitten sollte mit dem Ziel geschehen, sein Heim zu heiligen. Wer sich im Lebensstand der Entsagung befindet, sollte sich nicht vom Glanz der weltlichen Besitztümer eines Haushälters verlocken lassen und den weltlichen Menschen dienlich werden. Für jemanden, der sich auf der Stufe der Entsagung befindet, ist dies gefährlicher als Selbstmord oder das Trinken von Gift.

VERS 9

अभिमन्युसुतं सूत प्राहुर्भागवतोत्तमम् ।
तस्य जन्म महाश्चर्यं कर्माणि च गृणीहि नः ॥ ९ ॥

abhimanyu-sutaṁ sūta
prāhur bhāgavatottamam
tasya janma mahāścaryaṁ
karmāṇi ca gṛṇīhi naḥ

abhimanyu-sutam—der Sohn Abhimanyus; *sūta*—o Sūta; *prāhuḥ*—man sagt, er sei; *bhāgavata-uttamam*—der Gottgeweihte ersten Ranges; *tasya*—seine; *janma*—Geburt; *mahā-āścaryam*—überaus wunderbar; *karmāṇi*—Tätigkeiten; *ca*—und; *gṛṇīhi*—bitte sprich zu; *naḥ*—uns.

ÜBERSETZUNG

Es wird gesagt, daß Mahārāja Parīkṣit ein großer, erstrangiger Geweihter des Herrn ist und daß seine Geburt und seine Taten sehr außergewöhnlich sind. Erzähle uns bitte von ihm.

ERLÄUTERUNG

Die Geburt Mahārāja Parīkṣits ist außergewöhnlich, weil er im Leib Seiner Mutter von der Persönlichkeit Gottes, Śrī Kṛṣṇa, beschützt wurde. Seine Taten sind ebenfalls wunderbar, da er Kali strafte, der versuchte, eine Kuh zu töten. Kühe zu töten bedeutet, der menschlichen Zivilisation den Todesstoß zu versetzen. Mahārāja Parīkṣit wollte die Kuh davor bewahren, von dem großen Vertreter der Sünde getötet zu werden. Auch sein Tod ist außergewöhnlich, da ihm dieser angekündigt wurde, was für jedes sterbliche Wesen außergewöhnlich ist. Er bereitete sich auf seine Todesstunde vor, indem er sich ans Ufer der Gaṅgā setzte und über die transzendentalen Taten und Spiele des Herrn hörte. Während all der Tage, da er das *Bhāgavatam* hörte, aß und trank er nicht, und auch das Schlafen stellte er völlig ein. Alles, was mit ihm zu tun hat, ist somit wunderbar, und es lohnt sich, den Erzählungen über seine Taten aufmerksam zuzuhören. Śaunaka Muni drückt in diesem Vers den Wunsch aus, Näheres über Mahārāja Parīkṣit zu erfahren.

VERS 10

स सम्राट् कस्य वा हेतोः पाण्डूनां मानवर्धनः ।
प्रायोपविष्टो गङ्गायामनादृत्याधिराट्श्रियम् ॥१०॥

sa samrāṭ kasya vā hetoḥ
pāṇḍūnāṁ māna-vardhanaḥ
prāyopaviṣṭo gaṅgāyām
anādṛtyādhirāṭ-śriyam

saḥ—er; *samrāṭ*—der König; *kasya*—aus welchem; *vā*—oder; *hetoḥ*—Grund; *pāṇḍūnām*—von den Söhnen Pāṇḍus; *māna-vardhanaḥ*—einer, der die Familie bereichert; *prāya-upaviṣṭaḥ*—sitzend und fastend; *gaṅgāyām*—am Ufer der Gaṅgā; *anādṛtya*—vernachlässigend; *adhirāṭ*—das erworbene Königreich; *śrīyam*—Reichtümer.

ÜBERSETZUNG

Er war ein großer König und besaß alle Reichtümer seines erworbenen Königreiches. Er war so erhaben, daß er das Ansehen der Pāṇḍu-Dynastie vergrößerte. Warum gab er alles auf, um sich am Ufer der Gaṅgā niederzusetzen und bis zum Ende seines Lebens zu fasten?

ERLÄUTERUNG

Mahārāja Parīkṣit war der Herrscher der Erde, einschließlich aller Meere und Ozeane. Er brauchte nicht die Schwierigkeit auf sich zu nehmen, ein solches Königreich durch eigene Anstrengungen zu erlangen; er erbte es von seinen Großvätern, Mahārāja Yudhiṣṭhira und dessen Brüdern. Davon abgesehen übte er eine gute Herrschaft aus und war somit des Ruhmes seiner Vorväter würdig. Es gab folglich nichts, was seinem Reichtum und seiner Herrschaft hätte abträglich sein können. Warum hätte er also, unter solch günstigen Umständen, seine Stellung aufgeben und sich ans Ufer der Gaṅgā setzen sollen, um bis zum Tode zu fasten? Dies ist verwunderlich, und daher waren alle gespannt, den Grund zu erfahren.

VERS 11

नमन्ति यत्पादनिकेतमात्मनः
शिवाय हानीय धनानि शत्रवः ।
कथं स वीरः श्रियमङ्ग दुस्त्यजां
युवैषतोत्स्रष्टुमहो सहासुभिः ॥११॥

namanti yat-pāda-niketam ātmanaḥ
śivāya hānīya dhanāni śatravaḥ
kathaṁ sa vīraḥ śriyam aṅga dustyajāṁ
yuvaiṣatotsraṣṭum aho sahāsubhiḥ

namanti—niederknien; *yat-pāda*—wessen Füße; *niketam*—unter; *ātmanaḥ*—eigene; *śivāya*—Wohl; *hānīya*—pflegte zu übergeben; *dhanāni*—Reichtum; *śatravaḥ*—Feinde; *katham*—aus welchem Grund; *saḥ*—er; *vīraḥ*—der Tapfere; *śriyam*—Reichtümer; *aṅga*—o; *dustyajām*—unvergleichliche; *yuvā*—gerade in voller Jugend; *aiṣata*—wünschte; *utsraṣṭum*—aufzugeben; *aho*—Ausruf; *saha*—mit; *asubhiḥ*—Leben.

ÜBERSETZUNG

Er war solch ein Herrscher, daß alle seine Feinde kamen, sich ihm zu Füßen verneigten und ihm all ihren Reichtum zu ihrem eigenen Wohl übergaben. Er war voller Jugend und Kraft, und er besaß unvergleichliche königliche Reichtümer. Was war der Grund, daß er den Wunsch hatte, alles aufzugeben, selbst sein Leben?

ERLÄUTERUNG

Es gab nichts Unangenehmes im Leben Mahārāja Parīkṣits. Er war jung, und da er Macht und Ruhm besaß, konnte er das Leben genießen. Es stand für ihn also außer Frage, sich vom aktiven Leben zurückzuziehen. Er hatte keine Schwierigkeiten, die Steuern einzutreiben, da er so mächtig und tapfer war, daß selbst seine Feinde zu ihm kamen, um sich zu seinen Füßen zu verneigen und ihm allen Reichtum zu ihrem eigenen Wohl zu übergeben. Mahārāja Parīkṣit war ein frommer König. Er unterwarf seine Feinde, und daher herrschte im ganzen Königreich großer Wohlstand. Es gab genügend Milch, Getreide und Metalle, und alle Flüsse und Berge waren voller Kraft. In materieller Hinsicht war alles zufriedenstellend, und so konnte eigentlich keine Rede davon sein, solch ein blühendes Königreich zu verlassen und das Leben frühzeitig aufzugeben. Die Weisen waren deshalb gespannt, über diese Dinge im einzelnen zu hören.

VERS 12

शिवाय लोकस्य भवाय भूतये
य उत्तमश्लोकपरायणा जनाः ।
जीवन्ति नात्मार्थमसौ पराश्रयं
मुमोच निर्विद्य कुतः कलेवरम् ॥१२॥

śivāya lokasya bhavāya bhūtaye
ya uttama-śloka-parāyaṇā janāḥ
jīvanti nātmārtham asau parāśrayaṁ
mumoca nirvidya kutaḥ kalevaram

śivāya—Wohl; *lokasya*—aller Lebewesen; *bhavāya*—für die Blüte; *bhūtaye*—für wirtschaftliche Entwicklung; *ye*—einer, der; *uttama-śloka-parāyaṇāḥ*—der Mission der Persönlichkeit Gottes hingegeben; *janāḥ*—Menschen; *jīvanti*—leben; *na*—aber nicht; *ātma-artham*—selbstisches Interesse; *asau*—das; *parāśrayam*—Zuflucht für andere; *mumoca*—gab auf; *nirvidya*—von aller Anhaftung befreit; *kutaḥ*—aus welchem Grund; *kalevaram*—sterblicher Körper.

ÜBERSETZUNG

Diejenigen, die sich der Persönlichkeit Gottes geweiht haben, leben nur für das Wohl, den Fortschritt und das Glück anderer. Sie leben nicht für ein selbstisches Interesse. Wie konnte also der König [Parīkṣit], auch wenn er von aller Anhaftung an weltliche Güter frei war, seinen sterblichen Körper aufgeben, der anderen eine Zuflucht war?

ERLÄUTERUNG

Parīkṣit Mahārāja war ein vorbildlicher König und Haushälter, denn er war ein Geweihter der Persönlichkeit Gottes. Ein Geweihter des Herrn besitzt ganz von selbst alle guten Eigenschaften, und der König war ein typisches Beispiel für einen solchen Geweihten. Er haftete nicht an all den weltlichen Gütern, die er besaß; aber weil er als König für das Wohl der Bürger verantwortlich war, bemühte er sich ständig um das Wohl der Öffentlichkeit – nicht nur in Hinblick auf dieses Leben, sondern auch auf das nächste. Er erlaubte keine Schlachthäuser zum Töten von Kühen. Er war kein törichter und voreingenommener Verwalter, der *einer* Gruppe von Lebewesen Schutz gewährt und es zuläßt, daß eine andere getötet wird. Da er ein Geweihter des Herrn war, wußte er die Verwaltung so zu führen, daß alle lebenden Geschöpfe – Menschen, Tiere und auch Pflanzen – glücklich waren. Er verfolgte keine eigenen Interessen. Selbstsucht ist entweder ichbezogen oder auf andere ausgedehnt, doch Mahārāja Parīkṣit war in keiner Weise selbstsüchtig. Sein Interesse war es, die Höchste Wahrheit, die Persönlichkeit Gottes, zu erfreuen. Der König ist der Stellvertreter des Höchsten Herrn, und daher müssen die Interessen des Königs mit denen des Höchsten Herrn übereinstimmen. Der Höchste Herr möchte, daß alle Lebewesen Ihm gehorsam sind und dadurch glücklich werden. Es muß daher das Interesse des Königs sein, alle Untertanen zum Königreich Gottes zurückzuführen, und deshalb sollten die Tätigkeiten der Bürger so aufeinander abgestimmt sein, daß sie schließlich nach Hause, zu Gott, zurückkehren. Unter der Herrschaft eines solchen, den Höchsten Herrn repräsentierenden Königs blüht das Königreich. In solchen Zeiten haben es die Menschen nicht nötig, Tiere zu essen. Es gibt genügend Getreide, Milch, Früchte und Gemüse, so daß die Menschen wie auch die Tiere reichlich und nach Herzenslust davon nehmen können. Wenn alle Lebewesen in bezug auf Nahrung und Schutz zufriedengestellt sind und die vorgeschriebenen Regeln befolgen, kann es keine Zwistigkeiten unter ihnen geben. Mahārāja Parīkṣit war ein würdiger König, und daher waren alle Lebewesen während seiner Regierungszeit glücklich.

VERS 13

तत्सर्वं नः समाचक्ष्व पृष्टो यदिह किञ्चन ।
मन्ये त्वां विषये वाचां स्नातमन्यत्र छान्दसात् ॥१३॥

tat sarvaṁ naḥ samācakṣva
pṛṣṭo yad iha kiñcana
manye tvāṁ viṣaye vācāṁ
snātam anyatra chāndasāt

tat—das; *sarvam*—alle; *naḥ*—uns; *samācakṣva*—deutlich erklären; *pṛṣṭaḥ*—fragend; *yat iha*—hier; *kiñcana*—all das; *manye*—wir denken; *tvām*—du; *viṣaye*—in allen Themen; *vācām*—Bedeutungen von Wörtern; *snātam*—völlig vertraut; *anyatra*—außer; *chāndasāt*—Teil der *Veden.*

ÜBERSETZUNG

Wir wissen, daß du die Bedeutung aller Themen, mit Ausnahme einiger Teile der Veden, sehr genau kennst. Somit kannst du die Antworten auf alle Fragen, die wir gerade gestellt haben, deutlich erklären.

ERLÄUTERUNG

Der Unterschied zwischen den *Veden* und den *Purāṇas* ist mit dem Unterschied zwischen den *brāhmaṇas* und den *parivrājakas* (Wanderprediger) zu vergleichen. Die *brāhmaṇas* sind für die Durchführung der in den *Veden* beschriebenen fruchtbringenden Opfer zuständig, wohingegen die *parivrājakācāryas* oder gelehrten Prediger die Aufgabe haben, jeden auf allgemein verständliche Weise mit transzendentalem Wissen zu erleuchten. Die *parivrājakācāryas* sind daher nicht sehr geschickt darin, die vedischen *mantras* korrekt auszusprechen, die von den für die Durchführung der vedischen Rituale verantwortlichen *brāhmaṇas* im Hinblick auf Betonung und Versmaß systematisch geübt werden. Dennoch sollten die *brāhmaṇas* nicht für wichtiger erachtet werden als die Wanderprediger. Beide sind gleichzeitig eins und verschieden, da sie, nur auf verschiedene Weise, dem gleichen Zweck dienen.

In ähnlicher Weise gibt es keinen Unterschied zwischen den vedischen *mantras* und dem, was in den *Purāṇas* und im *Itihāsa* erklärt wird. Nach Śrīla Jīva Gosvāmī wird in der *Mādhyandina-śruti* erwähnt, daß alle *Veden*, wie der *Sāma, Atharva, Ṛg, Yajur*, die *Purāṇas*, die *Itihāsas*, die *Upaniṣaden* usw., aus dem Atem des Höchsten Wesens hervorgehen. Der einzige Unterschied besteht darin, daß die meisten vedischen *mantras* mit *praṇava oṁkāra* beginnen und daß es einige Übung erfordert, bis man die reimgerechte Aussprache der vedischen *mantras* beherrscht, ohne die sie keine Wirkung haben. Das bedeutet jedoch nicht, daß das *Śrīmad-Bhāgavatam* weniger wichtig ist als die vedischen *mantras*. Wie bereits früher erwähnt wurde, ist es die reife Frucht aller *Veden*. Davon abgesehen ist die vollkommenste befreite Seele, Śrīla Śukadeva Gosvāmī, in das Studium des *Bhāgavatam* vertieft, obwohl er bereits selbstverwirklicht ist. Śrīla Sūta Gosvāmī folgt seinen Fußstapfen, und daher ist seine Stellung nicht weniger wichtig, nur weil er im Chanten vedischer *mantras* mit metrischer Betonung nicht erfahren war, was mehr auf Übung als auf tatsächlicher Verwirklichung beruht. Verwirklichung ist wichtiger als papageienhaftes Chanten.

VERS 14

सूत उवाच
द्वापरे समनुप्राप्ते तृतीये युगपर्यये ।
जातः पराशराद्योगी वासव्यां कलया हरेः ॥१४॥

sūta uvāca
dvāpare samanuprāpte
tṛtīye yuga-paryaye
jātaḥ parāśarād yogī
vāsavyāṁ kalayā hareḥ

sūtaḥ—Sūta Gosvāmī; *uvāca*—sagte; *dvāpare*—im zweiten Zeitalter; *samanuprāpte*—beim Erscheinen des; *tṛtīye*—dritten; *yuga*—Zeitalters; *paryaye*—zu der Zeit; *jātaḥ*—wurde gezeugt; *parāśarāt*—von Parāśara; *yogī*—dem großen Weisen; *vāsavyām*—im Leib der Tochter Vasus; *kalayā*—als vollständiger Teil; *hareḥ*—der Persönlichkeit Gottes.

ÜBERSETZUNG

Sūta Gosvāmī sagte: Als das zweite Zeitalter das dritte überschnitt, wurde der große Weise [Vyāsadeva] von Parāśara mit Satyavatī, der Tochter Vasus, gezeugt.

ERLÄUTERUNG

Es gibt eine zeitliche Reihenfolge der vier Zeitalter Satya, Dvāpara, Tretā und Kali; doch manchmal überschneiden sie sich. Während der Herrschaft Vaivasvata

Manus ergab sich eine solche Überschneidung im achtundzwanzigsten Zyklus der vier Zeitalter, und so kam das dritte Zeitalter vor dem zweiten. In diesem besonderen Zeitalter erschien auch Śrī Kṛṣṇa, und das war der Grund für diese Abweichung. Die Mutter des großen Weisen war Satyavatī, die Tochter Vasus, des Fischers, und der Vater war der große Parāśara Muni. Das ist die Geschichte von Vyāsadevas Geburt. Jedes Zeitalter ist in drei Abschnitte unterteilt, und jeder Abschnitt wird *sandhyā* genannt. Vyāsadeva erschien im dritten *sandhyā* dieses besonderen zweiten Zeitalters.

VERS 15

स कदाचित्सरस्वत्या उपस्पृश्य जलं शुचिः ।
विविक्त एक आसीन उदिते रविमण्डले ॥१५॥

sa kadācit sarasvatyā
upaspṛśya jalaṁ śuciḥ
vivikta eka āsīna
udite ravi-maṇḍale

saḥ—er; *kadācit*—einst; *sarasvatyāḥ*—am Ufer der Sarasvatī; *upaspṛśya*—nach dem Beenden der Morgenwaschungen; *jalam*—Wasser; *śuciḥ*—gereinigt sein; *vivikte*—Konzentration; *ekaḥ*—allein; *āsīnaḥ*—so sitzend; *udite*—beim Aufgang; *ravi-maṇḍale*—der Sonnenscheibe.

ÜBERSETZUNG

Eines Tages nahm er [Vyāsadeva], während die Sonne aufging, sein morgendliches Bad in den Wassern der Sarasvatī vor und setzte sich dann allein zum Meditieren nieder.

ERLÄUTERUNG

Der Fluß Sarasvatī fließt im Badarikāśrama-Gebiet des Himalaya. Der hier genannte Ort ist Śamyāprāsa in Badarikāśrama, dem Aufenthaltsort Śrī Vyāsadevas.

VERS 16

परावरज्ञः स ऋषिः कालेनाव्यक्तरंहसा ।
युगधर्मव्यतिकरं प्राप्तं भुवि युगे युगे ॥१६॥

parāvara-jñaḥ sa ṛṣiḥ
kālenāvyakta-raṁhasā
yuga-dharma-vyatikaraṁ
prāptaṁ bhuvi yuge yuge

parāvara—Vergangenheit und Zukunft; *jñaḥ*—einer, der kennt; *saḥ*—er; *ṛṣiḥ*—Vyāsadeva; *kālena*—im Laufe der Zeit; *avyakta*—unmanifestiert; *raṁhasā*—durch große Kräfte; *yuga-dharma*—Handlungen entsprechend dem Zeitalter; *vyatikaram* —Anomalien; *prāptam*—entstanden seiend; *bhuvi*—auf der Erde; *yuge yuge*—verschiedene Zeitalter.

ÜBERSETZUNG

Der große Weise Vyāsadeva sah die Mängel des gegenwärtigen Zeitalters voraus, die auf der Erde in verschiedenen Zeitaltern im Laufe der Zeit durch unsichtbare Kräfte auftreten.

ERLÄUTERUNG

Große Weise wie Vyāsadeva sind befreite Seelen und können Gegenwart und Zukunft deutlich sehen. Vyāsadeva konnte daher die zukünftige Fehlentwicklung im Kali-yuga voraussehen, und dementsprechend traf er Vorbereitungen für die gewöhnlichen Menschen, damit sie in diesem Zeitalter der Dunkelheit ein fortschrittliches Leben führen könnten. Die meisten Menschen im gegenwärtigen Zeitalter des Kali sind zu sehr an der Materie interessiert, die zeitweilig ist. Aus Unwissenheit ist es ihnen nicht möglich, den Wert des Lebens zu erkennen und das Licht des spirituellen Wissens zu empfangen.

VERS 17-18

भौतिकानां च भावानां शक्तिह्रासं च तत्कृतम् ।
अश्रद्दधानान्निःसत्त्वान्दुर्मेधान् ह्रसितायुषः ॥१७॥
दुर्भगांश्च जनान् वीक्ष्य मुनिर्दिव्येन चक्षुषा ।
सर्ववर्णाश्रमाणां यद्दध्यौ हितममोघदृक् ॥१८॥

bhautikānāṁ ca bhāvānāṁ
śakti-hrāsaṁ ca tat-kṛtam
aśraddadhānān niḥsattvān
durmedhān hrasitāyuṣaḥ

durbhagāṁś ca janān vīkṣya
munir divyena cakṣuṣā
sarva-varṇāśramāṇāṁ yad
dadhyau hitam amogha-dṛk

bhautikānām ca—auch aus allem, was aus Materie besteht; *bhāvānām*—Aktionen; *śakti-hrāsam ca*—die Abnahme der Naturkräfte; *tat-kṛtam*—verursacht durch dies (den Einfluß des Zeitalters); *aśraddadhānān*—der Ungläubigen; *niḥsattvān*—ungeduldig, aus Mangel an der Erscheinungsweise der Tugend; *durmedhān* —von geringer Intelligenz; *hrasita*—verkürzt; *āyuṣaḥ*—Lebensdauer; *durbhagān ca*—auch die Unglückseligen; *janān*—der Großteil der Menschen; *vīkṣya*—durch Sehen; *muniḥ*—der Weise; *divyena*—durch transzendentale; *cakṣuṣā*—Sicht; *sarva*—

aller; *varṇa-āśramāṇām*—Einteilungen und Stufen des Lebens; *yat*—was; *dadhyau* —dachte nach; *hitam*—Wohl; *amogha-dṛk*—der völlig mit Wissen ausgestattete.

ÜBERSETZUNG

Der große Weise, der vollkommenes Wissen besaß, konnte mit seinen transzendentalen Augen die durch den Einfluß des Zeitalters bedingte Verschlechterung alles Materiellen erkennen. Er konnte auch sehen, daß die ungläubigen Menschen im allgemeinen eine kürzere Lebensdauer haben und aufgrund von mangelnder Tugend ungeduldig sein würden. Daher meditierte er zum Wohl der Menschen aller Einteilungen und Stände des Lebens.

ERLÄUTERUNG

Die unsichtbaren Kräfte der Zeit sind so mächtig, daß sie alles Materielle im Laufe der Zeit verfallen lassen. Im Kali-yuga, dem letzten Zeitalter eines Zyklus von vier Zeitaltern, verringert sich durch den Einfluß der Zeit die Kraft aller materiellen Gegenstände. In diesem Zeitalter ist im allgemeinen ein starkes Schwinden der Lebensdauer des materiellen Körpers und des Erinnerungsvermögens der Menschen zu bemerken. Die Aktivität der Materie ist ebenfalls nicht mehr so ergiebig wie zuvor. Der Boden erzeugt nicht mehr die gleiche Menge Getreide, wie er es in früheren Zeiten tat; die Kuh gibt nicht mehr so viel Milch wie früher, und auch der Ertrag an Gemüse und Früchten ist geringer als in vergangenen Zeiten. Allen Lebewesen, Menschen wie Tieren, fehlt es daher an reichhaltigen, kräftigen Nahrungsmitteln. Aus Mangel an so vielen lebensnotwendigen Dingen schwindet naturgemäß die Lebensdauer, das Erinnerungsvermögen nimmt ab, die Intelligenz wird schwach, und zwischenmenschliche Beziehungen sind voller Heuchelei, und so fort.

Da der große Weise Vyāsadeva eine befreite Seele war, konnte er all dies mit seinen transzendentalen Augen sehen. In ähnlicher Weise, wie ein Astrologe in der Lage ist, das zukünftige Schicksal eines Menschen zu prophezeien, oder wie ein Astronom die zukünftigen Sonnen- und Mondfinsternisse vorauszusagen vermag, vermögen die befreiten Seelen, die durch die Schriften sehen können, die Zukunft der gesamten Menschheit vorherzusehen. Diese Fähigkeit besitzen sie, weil sie mit spirituellem Wissen erleuchtet sind.

Solche Transzendentalisten, die naturgemäß Geweihte des Herrn sind, bemühen sich stets, dem Wohl der gewöhnlichen Menschen zu dienen. Sie sind wahre Freunde der Menschen, im Gegensatz zu den sogenannten Staatsführern, die nicht einmal überblicken können, was in den nächsten fünf Minuten geschehen wird. Im gegenwärtigen Zeitalter sind die meisten Menschen, ebenso wie ihre sogenannten Führer, bemitleidenswerte Geschöpfe, die kein Vertrauen in spirituelles Wissen haben und vom Zeitalter des Kali beeinflußt werden. Sie werden ständig von allen möglichen Krankheiten und anderen Störungen heimgesucht. Zum Beispiel gibt es heute so viele Tuberkulosepatienten und Tuberkulosekrankenhäuser; früher war dies nicht der Fall, da die Zeit noch nicht so ungünstig war. Die unglückseligen Menschen des gegenwärtigen Zeitalters haben kein Interesse, den Transzendentalisten, den Vertretern Vyāsadevas, zuzuhören, die, ohne an ihren eigenen Vorteil zu denken, ständig über Mittel und Wege nachsinnen, um jedem Menschen zu helfen, ungeachtet seiner sozialen oder gesellschaftlichen Stellung. Die größten Menschenfreunde sind jene Transzendentalisten, die die Botschaft Vyāsas, Nāradas, Madhvas, Caitanyas, Rūpas, Sarasvatīs usw. weitergeben. Diese Botschaft ist immer die gleiche. Die Persönlichkeiten mögen verschieden sein, aber das Ziel der Botschaft ist ein und dasselbe, nämlich die gefallenen Seelen nach Hause, zu Gott, zurückzubringen.

VERS 19

चातुर्होत्रं कर्म शुद्धं प्रजानां वीक्ष्य वैदिकम् ।
व्यदधाद्यज्ञसन्तत्यै वेदमेकं चतुर्विधम् ॥१९॥

cātur-hotraṁ karma śuddhaṁ
prajānāṁ vīkṣya vaidikam
vyadadhād yajña-santatyai
vedam ekaṁ catur-vidham

cātuḥ—vier; *hotram*—Opferfeuer; *karma śuddham*—Läuterung der Arbeit; *prajānām*—der gewöhnlichen Menschen; *vīkṣya*—als er sah; *vaidikam*—entsprechend den vedischen Riten; *vyadadhāt*—gliedern in; *yajña*—Opfer; *santatyai*—verbreiten; *vedam ekam*—nur ein *Veda*; *catuḥ-vidham*—in vier Teile.

ÜBERSETZUNG

Er sah, daß die in den Veden erwähnten Opfer Mittel sind, durch die die Handlungen der Menschen geläutert werden können. Um den Vorgang zu vereinfachen und das vedische Wissen unter den Menschen zu verbreiten, gliederte er den einen Veda in vier Teile.

ERLÄUTERUNG

Vormals gab es nur einen *Veda*, den *Yajur Veda*. Er behandelte vornehmlich vier Arten von Opfern, und um die Durchführung dieser Opfer zu vereinfachen und so den pflichtgemäßen Dienst der vier Kasten zu läutern, wurde der *Veda* in vier Teile gegliedert. Neben den vier *Veden* – *Ṛg, Yajur, Sāma* und *Atharva* – gibt es noch die *Purāṇas*, das *Mahābhārata*, die *Saṁhitās* usw., die als der fünfte *Veda* bekannt sind. Śrī Vyāsadeva und seine zahlreichen Schüler sind alle geschichtliche Persönlichkeiten, und sie waren den gefallenen Seelen des gegenwärtigen Zeitalters des Kali sehr gütig und wohlwollend gesinnt. Die *Purāṇas* und das *Mahābhārata* wurden aus überlieferten historischen Tatsachen zusammengestellt, die die Lehren der vier *Veden* näher erläutern. Es gibt keinen Grund, an der Autorität der *Purāṇas* und des *Mahābhārata* und ihrer Zugehörigkeit zu den *Veden* zu zweifeln. In der *Chāndogya Upaniṣad* werden die *Purāṇas* und das *Mahābhārata*, die gewöhnlich als historische Tatsachenberichte bekannt sind, als der fünfte *Veda* erwähnt. Nach Śrīla Jīva Gosvāmī ist das der Weg, den Wert einer offenbarten Schrift festzustellen.

VERS 20

ऋग्यजुःसामाथर्वाख्या वेदाश्चत्वार उद्धृताः ।
इतिहासपुराणं च पञ्चमो वेद उच्यते ॥२०॥

ṛg-yajuḥ-sāmātharvākhyā
vedāś catvāra uddhṛtāḥ
itihāsa-purāṇaṁ ca
pañcamo veda ucyate

ṛg-yajuḥ-sāma-atharva-ākhyāḥ—die Namen der vier *Veden*; *vedāḥ*—die *Veden*; *catvāraḥ*—vier; *uddhṛtāḥ*—in einzelne Teile gegliedert; *itihāsa*—historische Aufzeichnungen (*Mahābhārata*); *purāṇam ca*—und die *Purāṇas*; *pañcamaḥ*—der fünfte; *vedaḥ*—die ursprüngliche Quelle des Wissens; *ucyate*—es wird gesagt, es sei.

ÜBERSETZUNG

Die ursprüngliche Quelle des Wissens [der Veda] wurde in vier gesonderte Teile gegliedert. Die in den Purāṇas erwähnten historischen Tatsachen und authentischen Geschichten werden der fünfte Veda genannt.

VERS 21

तत्रर्ग्वेदधरः पैलः सामगो जैमिनिः कविः ।
वैशम्पायन एवैको निष्णातो यजुषामुत ॥२१॥

tatrarg-veda-dharaḥ pailaḥ
sāmago jaiminiḥ kaviḥ
vaiśampāyana evaiko
niṣṇāto yajuṣām uta

tatra—daraufhin; *ṛg-veda-dharaḥ*—Lehrer des *Ṛg Veda*; *pailaḥ*—der *ṛṣi* namens Paila; *sāmagaḥ*—der des *Sāma Veda*; *jaiminiḥ*—der *ṛṣi* namens Jaimini; *kaviḥ*— sehr befähigt; *vaiśampāyanaḥ*—der *ṛṣi* namens Vaiśampāyana; *eva*—nur; *ekaḥ*—allein; *niṣṇātaḥ*—sehr erfahren; *yajuṣām*—des *Yajur Veda*; *uta*—ruhmreich.

ÜBERSETZUNG

Nachdem der Veda in vier Teile gegliedert worden war, wurde Paila Ṛṣi der Meister des Ṛg Veda, Jaimini der Meister des Sāma Veda, und Vaiśampāyana wurde durch den Yajur Veda ruhmreich.

ERLÄUTERUNG

Die einzelnen *Veden* wurden verschiedenen großen Gelehrten anvertraut, die sie auf vielfache Weise weiterentwickeln sollten.

VERS 22

अथर्वाङ्गिरसामासीत्सुमन्तुर्दारुणो मुनिः ।
इतिहासपुराणानां पिता मे रोमहर्षणः ॥२२॥

atharvāṅgirasām āsīt
sumantur dāruṇo muniḥ
itihāsa-purāṇānām
pitā me romaharṣaṇaḥ

artharva—der *Atharva Veda*; *aṅgirasām*—dem *ṛṣi* namens Aṅgirā; *āsīt*—wurde anvertraut; *sumantuḥ*—auch als Sumantu Muni bekannt; *dāruṇaḥ*—dem *Atharva Veda* ernsthaft hingegeben; *muniḥ*—der Weise; *itihāsa-purāṇānām*—von den historischen Aufzeichnungen wie den *Purāṇas*; *pitā*—Vater; *me*—mein; *romaharṣaṇaḥ*—der *ṛṣi* namens Romaharṣaṇa.

ÜBERSETZUNG

Dem sehr hingegebenen Ṛṣi Aṅgirā, der auch als Sumantu Muni bekannt ist, wurde der Atharva Veda anvertraut und meinem Vater, Romaharṣaṇa, die Purāṇas und die historischen Aufzeichnungen.

ERLÄUTERUNG

Auch in den *śruti-mantras* wird gesagt, daß Aṅgirā Muni, der den strengen Prinzipien des *Atharva Veda* genau folgte, der Führer der Nachfolger des *Atharva Veda* war.

VERS 23

त एत ऋषयो वेदं स्वं स्वं व्यस्यन्ननेकधा ।
शिष्यैः प्रशिष्यैस्तच्छिष्यैर्वेदास्ते शाखिनोऽभवन् ॥२३॥

ta eta ṛṣayo vedaṁ
svaṁ svaṁ vyasyann anekadhā
śiṣyaiḥ praśiṣyais tac-chiṣyair
vedās te śākhino 'bhavan

te—sie; *ete*—all diese; *ṛṣayaḥ*—großen Gelehrten; *vedam*—die jeweiligen *Veden*; *svam svam*—in den ihnen anvertrauten Angelegenheiten; *vyasyan*—gaben weiter; *anekadhā*—viele; *śiṣyaiḥ*—Schüler; *praśiṣyaiḥ*—bedeutende Schüler; *tat-śiṣyaiḥ*—sehr bedeutende Schüler; *vedāḥ te*—Nachfolger der jeweiligen *Veden*; *śākhinaḥ*—verschiedene Zweige; *abhavan*—wurden dadurch.

ÜBERSETZUNG

All diese großen Gelehrten gaben die ihnen anvertrauten Veden an ihre Schüler weiter, die sie wiederum an ihre Schüler weitergaben, welche sie

wiederum an ihre Schüler weiterreichten. Auf diese Weise entstanden die verschiedenen Zweige der Nachfolger der Veden.

ERLÄUTERUNG

Die ursprüngliche Quelle des Wissens sind die *Veden.* Es gibt keine Wissenszweige, weder weltliche noch transzendentale, die nicht zum ursprünglichen Text der *Veden* gehören. Die ursprünglichen Texte sind lediglich in verschiedene Zweige unterteilt worden. Am Anfang wurden sie von den großen, angesehenen und gelehrten Meistern überliefert, deren Schüler später das vedische Wissen in verschiedene Zweige unterteilten und über die ganze Welt verbreiteten. Niemand kann daher behaupten, von den *Veden* unabhängiges Wissen zu besitzen.

VERS 24

त एव वेदा दुर्मेधैर्धार्यन्ते पुरुषैर्यथा ।
एवं चकार भगवान् व्यासः कृपणवत्सलः ॥२४॥

ta eva vedā durmedhair
dhāryante puruṣair yathā
evaṁ cakāra bhagavān
vyāsaḥ kṛpaṇa-vatsalaḥ

te—das; *eva*—gewiß; *vedāḥ*—das Buch des Wissens; *durmedhaiḥ*—von den weniger Intelligenten; *dhāryante*—kann aufgenommen werden; *puruṣaiḥ*—von den Menschen; *yathā*—so viel wie; *evam*—so; *cakāra*—stellte zusammen; *bhagavān*—der mächtige; *vyāsaḥ*—der große Weise Vyāsa; *kṛpaṇa-vatsalaḥ*—sehr gütig zu den unwissenden Massen.

ÜBERSETZUNG

Somit überarbeitete der große Weise Vyāsadeva, in seiner Güte mit den unwissenden Menschen, das Buch des Wissens [Veda], damit dieses auch von den weniger intelligenten Menschen aufgenommen werden konnte.

ERLÄUTERUNG

Der *Veda* ist ursprünglich einer, und die Gründe für seine Gliederung in viele Teile werden in diesem Vers angegeben. Der Same allen Wissens, der *Veda*, ist kein Thema, das von einem gewöhnlichen Menschen ohne weiteres verstanden werden kann. Es gibt eine Einschränkung, die besagt, daß niemand außer einem qualifizierten *brāhmaṇa* versuchen sollte, die *Veden* zu studieren. Diese Einschränkung ist leider auf viele Arten falsch ausgelegt worden. Eine Gruppe von Menschen zum Beispiel, die behaupten, die brahmanischen Eigenschaften zu besitzen, nur weil sie in der Familie eines *brāhmaṇa* geboren wurden, machen die Forderung geltend, daß das Studium der *Veden* das Alleinrecht der *brāhmaṇa*-Kaste sei. Eine andere Gruppe hält dies für ungerecht gegenüber den Angehörigen der anderen Kasten, die nicht in einer *brāhmaṇa*-Familie geboren wurden. Beide sind jedoch im Irrtum. Die *Veden* behandeln Themen, die sogar Brahmājī vom Höchsten Herrn erklärt werden mußten. Nur Lebewesen mit außergewöhnlichen Eigenschaften der Tugend können daher diese Schriften verstehen. Diejenigen, die sich in den Erscheinungsweisen der Leidenschaft und Unwissenheit befinden, sind unfähig, das Thema der *Veden* zu begreifen. Das endgültige Ziel vedischen Wissens ist Śrī Kṛṣṇa, die Persönlichkeit Gottes. Diese Persönlichkeit wird sehr selten von denen verstanden, die unter dem Einfluß der Erscheinungsweisen der Leidenschaft und Unwissenheit stehen. Im Satya-yuga befand sich jeder in der Erscheinungsweise der Tugend. Während des Tretā- und Dvāpara-yuga nahm die Erscheinungsweise der Tugend allmählich ab, und die Masse der Menschen degenerierte immer mehr. Im gegenwärtigen Zeitalter ist der Einfluß der Erscheinungsweise der Tugend fast verloschen, und deshalb unterteilte der gutherzige, mächtige Weise Śrīla Vyāsadeva die *Veden* für die Masse der Menschen auf verschiedene Weise, so daß die in diesen Schriften gegebenen Anweisungen auch von den weniger intelligenten Menschen in den Erscheinungsweisen der Leidenschaft und Unwissenheit befolgt werden konnten. Wie er dies tat, wird im nächsten *śloka* erklärt.

VERS 25

स्त्रीशूद्रद्विजबन्धूनां त्रयी न श्रुतिगोचरा ।
कर्मश्रेयसि मूढानां श्रेय एवं भवेदिह ।
इति भारतमाख्यानं कृपया मुनिना कृतम् ॥२५॥

strī-śūdra-dvijabandhūnāṁ
trayī na śruti-gocarā
karma-śreyasi mūḍhānāṁ
śreya evaṁ bhaved iha
iti bhāratam ākhyānaṁ
kṛpayā muninā kṛtam

strī—die Frauen; *śūdra*—die Arbeiter; *dvija-bandhūnām*—der Freunde der Zweimalgeborenen; *trayī*—drei; *na*—nicht; *śruti-gocarā*—für das Verständnis; *karma*—in Tätigkeiten; *śreyasi*—zum Nutzen; *mūḍhānām*—der Narren; *śreyaḥ*—höchste Gunst; *evam*—so; *bhavet*—erreichen; *iha*—durch dies; *iti*—so denkend; *bhāratam*—das große *Mahābhārata*; *ākhyānam*—historische Tatsachen; *kṛpayā*—aus großer Barmherzigkeit; *muninā*—durch den *muni*; *kṛtam*—fertiggestellt.

ÜBERSETZUNG

Aus Mitleid hielt der große Weise es für klug, die Veden zu unterteilen, um so den Menschen die Möglichkeit zu geben, das endgültige Ziel des Lebens zu erreichen. Er verfaßte deshalb die große historische Erzählung, Mahābhārata genannt, für die Frauen, Arbeiter und Freunde der Zweimalgeborenen.

ERLÄUTERUNG

Die Freunde der zweimalgeborenen Familien sind diejenigen, die in Familien von *brāhmaṇas, kṣatriyas* und *vaiśyas*, also in spirituell gebildeten Familien, geboren wurden, jedoch selbst ihren Vorvätern nicht ebenbürtig sind. Diese Nachkommen werden aus Mangel an Läuterung nicht als Zweimalgeborene anerkannt. Die Läuterungsvorgänge beginnen schon vor der Geburt des Kindes, und der samengebende Erneuerungsvorgang wird *garbhādhāna-saṁskāra* genannt. Wer sich keinem solchen *garbhādhāna-saṁskāra*, das heißt spiritueller Familienplanung, unterzogen hat, wird nicht als wahrer Zweimalgeborener anerkannt. Dem *garbhādhāna-saṁskāra* folgen andere Läuterungsvorgänge, von denen die zur Zeit der spirituellen Einweihung vollzogene Heilige-Schnur-Zeremonie einer ist. Nach diesem besonderen *saṁskāra* wird man mit Recht als zweimalgeboren bezeichnet. Die erste Geburt findet während des *saṁskāra* vor der Zeugung statt und die zweite während der spirituellen Einweihung. Jemand, dem es möglich war, sich diesen wichtigen *saṁskāras* zu unterziehen, kann als echter Zweimalgeborener bezeichnet werden.

Wenn der Vater und die Mutter den Vorgang der spirituellen Familienplanung (*garbhādhāna-saṁskāra*) nicht beachten, sondern nur aus Leidenschaft heraus Kinder zeugen, werden diese *dvija-bandhu* genannt. Diese *dvija-bandhus* sind zweifellos nicht so intelligent wie die Kinder aus Familien echter Zweimalgeborener. Als *dvija-bandhus* werden die *śūdras* und Frauen bezeichnet, die von Natur aus weniger intelligent sind. Die *śūdras* und Frauen brauchen sich keinem *saṁskāra*, mit Ausnahme der Hochzeitszeremonie, zu unterziehen.

Den weniger Intelligenten, nämlich den Frauen, *śūdras* und unqualifizierten Söhnen der höheren Kasten, fehlen die Voraussetzungen, die nötig sind, um das Ziel der transzendentalen *Veden* zu verstehen. Für sie wurde das *Mahābhārata* verfaßt. Es soll das Ziel der *Veden* deutlich machen, und deshalb ist im *Mahābhārata* der zusammenfassende *Veda*, die *Bhagavad-gītā*, enthalten. Der Herr, Śrī Kṛṣṇa, sprach die Philosophie der *Veden* in der Form der *Bhagavad-gītā*, weil weniger intelligente Menschen mehr an Geschichten als an Philosophie interessiert sind. Vyāsadeva wie auch Śrī Kṛṣṇa befinden sich auf der transzendentalen Ebene, und daher arbeiten sie zusammen, um für die gefallenen Seelen des gegenwärtigen Zeitalters Gutes zu tun. Die *Bhagavad-gītā* ist die Essenz allen vedischen Wissens. Sie ist das vorrangigste Buch spiritueller Werte, wie sie auch in den *Upaniṣaden* aufgezeigt sind. Die *Vedānta*-Philosophie ist der Studiengegenstand für spirituell fortgeschrittene Menschen, und nur wer noch weiter fortgeschritten ist, kann in den spirituellen oder hingebungsvollen Dienst des Herrn eintreten. Der hingebungsvolle Dienst ist eine große Wissenschaft, und der große Lehrer ist der Herr Selbst in der Gestalt Śrī Kṛṣṇa Caitanya Mahāprabhus, und diejenigen, die von Ihm ermächtigt sind, können andere in den transzendentalen liebevollen Dienst des Herrn einführen.

VERS 26

एवं प्रवृत्तस्य सदा भूतानां श्रेयसि द्विजाः ।
सर्वात्मकेनापि यदा नातुष्यद्धृदयं ततः ॥२६॥

evaṁ pravṛttasya sadā
bhūtānāṁ śreyasi dvijāḥ
sarvātmakenāpi yadā
nātuṣyad dhṛdayaṁ tataḥ

evam—so; *pravṛttasya*—jemand, der beschäftigt ist mit; *sadā*—immer; *bhūtānām*—der Lebewesen; *śreyasi*—für das endgültige Wohl; *dvijāḥ*—o Zweimalgeborene; *sarvātmakena api*—mit allen Mitteln; *yadā*—als; *na*—nicht; *atuṣyat*—wurde zufrieden; *hṛdayam*—Geist; *tataḥ*—zu dieser Zeit.

ÜBERSETZUNG

O zweimalgeborene brāhmaṇas, obwohl er für das höchste Wohl aller Menschen arbeitete, war er innerlich immer noch nicht zufrieden.

ERLÄUTERUNG

Śrī Vyāsadeva war nicht zufrieden mit sich, obwohl er nichts Geringeres als die vedischen Schriften verfaßt hatte, die der gesamten Menschheit zum höchsten Wohl gereichen. Man sollte meinen, daß ihn eine solche Tätigkeit befriedigt habe, aber in seinem Innersten war er nicht zufrieden.

VERS 27

नातिप्रसीदद्धृदयः सरस्वत्यास्तटे शुचौ ।
वितर्कयन् विविक्तस्थ इदं चोवाच धर्मवित् ॥२७॥

nātiprasīdad dhṛdayaḥ
sarasvatyās taṭe śucau
vitarkayan vivikta-stha
idaṁ covāca dharma-vit

na—nicht; *atiprasīdat*—sehr zufrieden; *hṛdayaḥ*—im Herzen; *sarasvatyāḥ*—des Flusses Sarasvatī; *taṭe*—am Ufer; *śucau*—geläutert sein; *vitarkayan*—nachdenkend; *vivikta-sthaḥ*—an einem einsamen Ort befindlich; *idam ca*—auch dies; *uvāca*—sagte; *dharma-vit*—einer, der weiß, was Religion ist.

ÜBERSETZUNG

Da der Weise im Herzen unzufrieden war, begann er sogleich nachzudenken, denn er kannte die Essenz der Religion, und er sagte zu sich:

ERLÄUTERUNG

Der Weise begann nach der Ursache seiner Unzufriedenheit zu forschen. Vollkommenheit wird nur erreicht, wenn man im Herzen zufrieden ist. Diese Zufriedenheit des Herzens ist jenseits der Materie zu suchen.

VERS 28-29

धृतव्रतेन हि मया छन्दांसि गुरवोऽग्नयः ।
मानिता निर्व्यलीकेन गृहीतं चानुशासनम् ॥२८॥
भारतव्यपदेशेन ह्याम्नायार्थश्च प्रदर्शितः ।
दृश्यते यत्र धर्मादि स्त्रीशूद्रादिभिरप्युत ॥२९॥

dhṛta-vratena hi mayā
chandāṁsi guravo 'gnayaḥ
mānitā nirvyalīkena
gṛhītaṁ cānuśāsanam

bhārata-vyapadeśena
hy āmnāyārthaś ca pradarśitaḥ
dṛśyate yatra dharmādi
strī-śūdrādibhir apy uta

dhṛta-vratena—unter strengen erzieherischen Gelübden; *hi*—zweifelsohne; *mayā*—durch mich; *chandāṁsi*—die vedischen Hymnen; *guravaḥ*—die spirituellen Meister; *agnayaḥ*—das Opferfeuer; *mānitāḥ*—vorschriftsmäßig verehrt; *nirvyalīkena*—nicht anmaßend; *gṛhītam ca*—nahm auch an; *anuśāsanam*—Schülernachfolge; *bhārata*—das *Mahābhārata*; *vyapadeśena*—durch Zusammenstellung von; *hi*—zweifelsohne; *āmnāya-arthaḥ*—Wichtigkeit der Schülernachfolge; *ca*—und; *pradarśitaḥ*—richtig erklärt; *dṛśyate*—durch das, was nötig war; *yatra*—wo; *dharma-ādiḥ*—der Pfad der Religion; *strī-śūdra-ādibhiḥ api*—sogar von Frauen, *śūdras* usw.; *uta*—gesprochen.

ÜBERSETZUNG

Ich habe unter strengen Gelübden der Selbstdisziplin die Veden, den spirituellen Meister und den Opferaltar verehrt. Auch habe ich mich an die Richtlinien gehalten und die Wichtigkeit der Schülernachfolge aufgezeigt, indem ich das Mahābhārata erklärte, durch das selbst Frauen, śūdras und andere [Freunde der Zweimalgeborenen] den Pfad der Religion erkennen können.

ERLÄUTERUNG

Niemand kann die Bedeutung der *Veden* verstehen, ohne sich ein strenges Gelübde der Selbstdisziplin aufzuerlegen und die Schülernachfolge anzuerkennen. Auch muß der angehende Gottgeweihte die *Veden*, die spirituellen Meister und das Opferfeuer verehren. All diese Kompliziertheiten des vedischen Wissens werden systematisch im *Mahābhārata* erklärt, so daß auch die Frauen, die Arbeiter und die unqualifizierten Angehörigen der *brāhmaṇa-*, *kṣatriya-* und *vaiśya*-Familien diese Themen verstehen können. Im heutigen Zeitalter ist daher das *Mahābhārata* wesentlicher als die ursprünglichen *Veden*.

VERS 30

तथापि बत मे दैह्यो ह्यात्मा चैवात्मना विभुः ।
असम्पन्न इवाभाति ब्रह्मवर्चस्यसत्तमः ॥३०॥

tathāpi bata me daihyo
hy ātmā caivātmanā vibhuḥ
asampanna ivābhāti
brahma-varcasya sattamaḥ

tathāpi—obwohl; *bata*—Fehler; *me*—mein; *daihyaḥ*—im Körper befindlich; *hi*—gewiß; *ātmā*—Lebewesen; *ca*—und; *eva*—sogar; *ātmanā*—ich selbst; *vibhuḥ*—genügend; *asampannaḥ*—mangelnd an; *iva ābhāti*— es scheint zu sein; *brahma-varcasya* —der *Vedānta*-Gelehrten; *sattamaḥ*—das höchste.

ÜBERSETZUNG

Ich fühle mich unvollkommen, obwohl ich mit allem versehen bin, was hinsichtlich vedischer Prinzipien nötig ist.

ERLÄUTERUNG

Zweifellos hatte Śrīla Vyāsadeva die in den *Veden* dargelegten Vollkommenheiten bis in alle Einzelheiten erreicht. Das in Materie eingetauchte Lebewesen kann zwar durch die in den *Veden* vorgeschriebenen Tätigkeiten geläutert werden, doch die höchste Vollkommenheit ist von anderer Art. Solange sie nicht erreicht wird, kann das Lebewesen, auch wenn es in so vieler anderer Hinsicht vollkommen sein mag, nicht auf der transzendentalen, natürlichen Stufe verankert werden. Śrīla Vyāsadeva hatte diesen Punkt offenbar verfehlt und war deshalb unzufrieden.

VERS 31

किं वा भागवता धर्मा न प्रायेण निरूपिताः ।
प्रियाः परमहंसानां त एव ह्यच्युतप्रियाः ॥३१॥

kiṁ vā bhāgavatā dharmā
na prāyeṇa nirūpitāḥ
priyāḥ paramahaṁsānāṁ
ta eva hy acyuta-priyāḥ

kim vā—oder; *bhāgavatāḥ dharmāḥ*—hingebungsvolle Handlungen der Lebewesen; *na*—nicht; *prāyeṇa*—meistens; *nirūpitāḥ*—gerichtet; *priyāḥ*—lieb; *paramahaṁsānām*—der vollkommenen Wesen; *te eva*—das auch; *hi*—gewiß; *acyuta*—der Unfehlbare; *priyāḥ*—anziehend.

ÜBERSETZUNG

Die Ursache hierfür mag darin liegen, daß ich auf den hingebungsvollen Dienst für den Herrn nicht näher eingegangen bin, der sowohl den vollkommenen Wesen als auch dem unfehlbaren Herrn lieb ist.

ERLÄUTERUNG

Die Unzufriedenheit, die Śrīla Vyāsadeva empfand, drückt er hier mit seinen eigenen Worten aus. Er war nicht zufrieden, weil er es versäumt hatte, näher auf den natürlichen Zustand des Lebewesens im hingebungsvollen Dienst des Herrn einzugehen. Solange man nicht im normalen Zustand dieses Dienstes verankert ist, können weder der Herr noch das Lebewesen völlig zufrieden werden. Dieser Fehler wurde ihm klar, weil Nārada Muni, sein spiritueller Meister, zu ihm gekommen war. Das wird im Folgenden beschrieben.

VERS 32

तस्यैवं खिलमात्मानं मन्यमानस्य खिद्यतः ।
कृष्णस्य नारदोऽभ्यागादाश्रमं प्रागुदाहृतम् ॥३२॥

tasyaivaṁ khilam ātmānaṁ
manyamānasya khidyataḥ
kṛṣṇasya nārado 'bhyāgād
āśramaṁ prāg-udāhṛtam

tasya—sein; *evam*—so; *khilam*—niedrig; *ātmānam*—Seele; *manyamānasya*—in sich gekehrt nachsinnend; *khidyataḥ*—bedauernd; *kṛṣṇasya*—von Kṛṣṇa-dvaipāyana Vyāsa; *nāradaḥ abhyāgāt*—Nārada kam dorthin; *āśramam*—die Hütte; *prāg*—zuvor; *udāhṛtam*—gesagt.

ÜBERSETZUNG

Wie bereits erwähnt wurde, erreichte Nārada die Hütte Kṛṣṇa-dvaipāyana Vyāsas am Ufer der Sarasvatī gerade zu dem Zeitpunkt, als dieser seine Minderwertigkeit bedauerte.

ERLÄUTERUNG

Die Leere, die Vyāsadeva empfand, war nicht auf einen Mangel an Wissen zurückzuführen. *Bhāgavata-dharma* ist reiner hingebungsvoller Dienst für den Herrn, zu dem die Monisten keinen Zugang haben. Die Monisten werden nicht zu den *paramahaṁsas* (die vollkommensten unter denen im Lebensstand der Entsagung) gezählt. Das *Śrīmad-Bhāgavatam* ist voller Geschichten über die transzendentalen Spiele und Taten der Persönlichkeit Gottes. Obwohl Vyāsadeva eine ermächtigte Inkarnation Gottes war, empfand er immer noch Unzufriedenheit, da in keiner seiner Arbeiten die transzendentalen Taten und Spiele des Herrn richtig erklärt worden waren. Diese Erkenntnis wurde ihm von Śrī Kṛṣṇa direkt ins Herz eingegeben, und daher empfand er die oben erwähnte Leere. Hiermit wird zweifellos ausgedrückt, daß ohne den transzendentalen liebevollen Dienst für den Herrn alles leer ist. Im transzendentalen Dienst für den Herrn dagegen ist alles direkt erreichbar, ohne daß man sich extra um fruchtbringende Arbeit oder empirische philosophische Spekulation kümmern müßte.

VERS 33

तमभिज्ञाय सहसा प्रत्युत्थायागतं मुनिः ।
पूजयामास विधिवन्नारदं सुरपूजितम् ॥३३॥

tam abhijñāya sahasā
pratyutthāyāgataṁ muniḥ
pūjayām āsa vidhivan
nāradaṁ sura-pūjitam

tam abhijñāya—das Glückbringende seiner (Nāradas) Ankunft erkennend; *sahasā*—unerwartet; *pratyutthāya*—stand auf; *āgatam*—kam an; *muniḥ*—Vyāsadeva; *pūjayām āsa*—Verehrung; *vidhi-vat*—mit der gleichen Achtung, wie sie Vidhi (Brahmā) erwiesen wird; *nāradam*—Nārada gegenüber; *sura-pūjitam*—von den Halbgöttern verehrt.

ÜBERSETZUNG

Bei der verheißungsvollen Ankunft Śrī Nāradas erhob sich Śrī Vyāsadeva respektvoll und bezeigte ihm seine Verehrung, indem er ihm die gleiche Hochachtung entgegenbrachte, wie sie Brahmājī, dem Schöpfer, erwiesen wird.

ERLÄUTERUNG

Vidhi bedeutet Brahmā, das ersterschaffene Lebewesen. Er ist der ursprüngliche Schüler und zugleich auch der ursprüngliche Lehrer der *Veden*. Er lernte sie von Śrī Kṛṣṇa und unterrichtete als erstes Nārada. Nārada ist daher der zweite *ācārya* in der Linie der spirituellen Schülernachfolge. Er ist der Vertreter Brahmās, und daher wird er wie Brahmā, der Vater aller *vidhis* (Vorschriften), geachtet. In ähnlicher Weise wird allen weiteren nachfolgenden Schülern in dieser Linie als Vertretern des ursprünglichen spirituellen Meisters die gleiche Achtung erwiesen.

Hiermit enden die Bhaktivedanta-Erläuterungen zum 4. Kapitel im Ersten Canto des Śrīmad-Bhāgavatam *mit dem Titel: „Das Erscheinen Śrī Nāradas".*

5. Kapitel

Nārada unterweist Vyāsadeva im Śrīmad-Bhāgavatam

VERS 1

सूत उवाच

अथ तं सुखमासीन उपासीनं बृहच्छ्रवाः ।
देवर्षिः प्राह विप्रर्षिं वीणापाणिः स्मयन्निव ॥ १ ॥

sūta uvāca
atha taṁ sukham āsīna
upāsīnaṁ bṛhac-chravāḥ
devarṣiḥ prāha viprarṣiṁ
vīṇā-pāṇiḥ smayann iva

sūtaḥ—Sūta; *uvāca*—sagte; *atha*—deshalb; *tam*—ihm; *sukham āsīnaḥ*—bequem sitzend; *upāsīnam*—jemandem, der in der Nähe sitzt; *bṛhat-śravāḥ*—sehr geachtet; *devarṣiḥ*—der große *ṛṣi* unter den Halbgöttern; *prāha*—sagte; *viprarṣim*—zu dem *ṛṣi* unter den *brāhmaṇas*; *vīṇā-pāṇiḥ*—jemand, der eine *vīṇā* in der Hand hält; *smayan iva*—offenbar lächelnd.

ÜBERSETZUNG

Sūta Gosvāmī sagte: Als der Weise unter den Halbgöttern [Nārada] bequem saß, wandte er sich lächelnd an den ṛṣi unter den brāhmaṇas [Vedavyāsa].

ERLÄUTERUNG

Nārada lächelte, weil er den Weisen Vedavyāsa und den Grund seiner Enttäuschung sehr wohl kannte. Wie er nach und nach erklären wird, war Vyāsadevas Enttäuschung auf dessen mangelnde Darlegung der Wissenschaft des hingebungsvollen Dienstes zurückzuführen. Nārada wußte, wo der Fehler lag, und seine Erkenntnis wurde durch den Zustand Vyāsas bestätigt.

VERS 2

नारद उवाच

पाराशर्य महाभाग भवतः कच्चिदात्मना ।
परितुष्यति शारीर आत्मा मानस एव वा ॥ २ ॥

nārada uvāca
pārāśarya mahā-bhāga
bhavataḥ kaccid ātmanā
parituṣyati śārīra
ātmā mānasa eva vā

nāradaḥ—Nārada; *uvāca*—sagte; *pārāśarya*—o Sohn Parāśaras; *mahā-bhāga*—der sehr vom Glück Begünstigte; *bhavataḥ*—dein; *kaccit*—wenn es ist; *ātmanā*—durch Selbstverwirklichung von; *parituṣyati*—befriedigt es; *śārīraḥ*—Identifizierung mit dem Körper; *ātmā*—Selbst; *mānasaḥ*—mit dem Geist identifizierend; *eva*—gewiß; *vā*—und.

ÜBERSETZUNG

Nārada fragt Vyāsadeva, den Sohn Parāśaras: Bist du damit zufrieden, dich mit dem Körper oder Geist als Objekten der Selbsterkenntnis zu identifizieren?

ERLÄUTERUNG

Dies war ein Hinweis Nāradas, mit dem er Vyāsadeva auf den Grund seiner Niedergeschlagenheit aufmerksam machen wollte. Vyāsadeva besaß, als Nachkomme Parāśaras, eines sehr mächtigen Weisen, das Privileg einer hohen Herkunft, und deshalb hatte er eigentlich keinen Grund, niedergeschlagen zu sein. Als bedeutender Sohn eines bedeutenden Vaters hätte Vyāsadeva das Selbst nicht mit dem Körper oder dem Geist gleichsetzen dürfen. Gewöhnliche Menschen mit einem geringen Maß an Wissen mögen den Körper oder den Geist für das Selbst halten, aber Vyāsadeva hätte dies nicht tun sollen. Man kann von Natur aus nicht fröhlich sein, solange man nicht wahre Selbsterkenntnis besitzt, die transzendental zum materiellen Körper und Geist ist.

VERS 3

जिज्ञासितं सुसम्पन्नमपि ते महदद्भुतम् ।
कृतवान् भारतं यस्त्वं सर्वार्थपरिबृंहितम् ॥ ३ ॥

jijñāsitaṁ susampannam
api te mahad-adbhutam
kṛtavān bhārataṁ yas tvaṁ
sarvārtha-paribṛṁhitam

jijñāsitam—in jeder Hinsicht nachgeforscht; *susampannam*—sehr bewandert; *api*—trotz; *te*—deine; *mahat-adbhutam*—bedeutend und wunderbar; *kṛtavān*—verfaßt; *bhāratam*—das *Mahābhārata*; *yaḥ tvam*—was du getan hast; *sarva-artha*—einschließlich aller Bedeutungen; *paribṛṁhitam*—ausführlich erklärt.

ÜBERSETZUNG

Deine Nachforschungen waren ausführlich und deine Studien sehr gewissenhaft. Darüber besteht kein Zweifel, denn du hast ein bedeutendes und wunderbares Werk geschaffen, das Mahābhārata, in dem alle vedischen Lehren ausführlich erklärt werden.

ERLÄUTERUNG

Die Niedergeschlagenheit Vyāsadevas war gewiß nicht auf einen Mangel an ausreichendem Wissen zurückzuführen, denn als Studierender hatte er sich eingehend mit den vedischen Schriften befaßt, und als Ergebnis seiner Studien war das *Mahābhārata* mit einer vollständigen Erklärung der *Veden* entstanden.

VERS 4

जिज्ञासितमधीतं च ब्रह्म यत्तत् सनातनम् ।
तथापि शोचस्यात्मानमकृतार्थ इव प्रभो ॥ ४ ॥

jijñāsitam adhītaṁ ca
brahma yat tat sanātanam
tathāpi śocasy ātmānam
akṛtārtha iva prabho

jijñāsitam—wohlüberlegt; *adhītam*—das erfahrene Wissen; *ca*—und; *brahma*—das Absolute; *yat*—was; *tat*—das; *sanātanam*—ewig; *tathāpi*—trotzdem; *śocasi*—klagend; *ātmānam*—das Selbst; *akṛta-artha*—zugrunde gerichtet; *iva*—wie; *prabho*—mein lieber Herr.

ÜBERSETZUNG

Du hast das Thema des unpersönlichen Brahmans sowie das davon abgeleitete Wissen ausführlich dargelegt. Warum solltest du also niedergeschlagen sein, in dem Glauben, du seist zugrunde gerichtet, mein lieber prabhu?

ERLÄUTERUNG

Im *Vedānta-sūtra* (*Brahma-sūtra*) beschreibt Śrīla Vyāsadeva sehr ausführlich den unpersönlichen Aspekt des Absoluten. Das *Vedānta-sūtra* gilt als die erhabenste philosophische Abhandlung der Welt. Es befaßt sich mit dem Thema Ewigkeit, und die dort angewandten Verständnismethoden sind wissenschaftlich. Es kann daher keinen Zweifel über die transzendentale Gelehrsamkeit Vyāsadevas geben. Aus welchem Grunde klagte er also?

VERS 5

व्यास उवाच
अस्त्येव मे सर्वमिदं त्वयोक्तं
तथापि नात्मा परितुष्यते मे ।

तन्मूलमव्यक्तमगाधबोधं
पृच्छामहे त्वाऽऽत्मभवात्मभूतम् ॥ ५ ॥

vyāsa uvāca
asty eva me sarvam idaṁ tvayoktaṁ
tathāpi nātmā parituṣyate me
tan-mūlam avyaktam agādha-bodhaṁ
pṛcchāmahe tvātma-bhavātma-bhūtam

vyāsaḥ—Vyāsa; *uvāca*—sagte; *asti*—es gibt; *eva*—gewiß; *me*—mich; *sarvam*—alles; *idam*—dies; *tvayā*—von dir; *uktam*—gesprochen; *tathāpi*—und trotzdem; *na*—nicht; *ātmā*—Selbst; *parituṣyate*—beruhigt; *me*—mich; *tat*—von welcher; *mūlam*—Wurzel; *avyaktam*—unentdeckt; *agādha-bodham*—jemand, der unbegrenztes Wissen besitzt; *pṛcchāmahe*—fragen; *tvā*—dich; *ātma-bhava*—des Selbstgeborenen; *ātma-bhūtam*—Nachkomme.

ÜBERSETZUNG

Śrī Vyāsadeva sagte: Alles, was du über mich gesagt hast, ist völlig richtig. Trotzdem bin ich nicht beruhigt. Daher frage ich dich nach der eigentlichen Ursache meiner Unzufriedenheit, denn als Nachkomme desjenigen, der selbstgeboren [ohne weltliche Eltern] ist [Brahmā], bist du ein Mann mit unbegrenztem Wissen.

ERLÄUTERUNG

In der materiellen Welt ist jeder von der beschränkten Vorstellung gefangen, der Körper oder der Geist sei das Selbst. Alles Wissen, das in der materiellen Welt vermittelt wird, bezieht sich daher entweder auf den Körper oder den Geist, und das ist die eigentliche Ursache aller Verzweiflung. Dies wird kaum von jemandem erkannt, nicht einmal von den größten Gelehrten auf dem Gebiet materialistischer Erkenntnis. Es ist daher gut, sich an eine Persönlichkeit wie Nārada zu wenden, um die eigentliche Ursache aller Verzweiflung zu beseitigen. Warum man sich an jemanden wie Nārada wenden soll, wird im nächsten Vers erklärt.

VERS 6

स वै भवान् वेद समस्तगुह्य-
मुपासितो यत्पुरुषः पुराणः ।
परावरेशो मनसैव विश्वं
सृजत्यवत्यत्ति गुणैरसङ्गः ॥ ६ ॥

sa vai bhavān veda samasta-guhyam
upāsito yat puruṣaḥ purāṇaḥ

parāvareśo manasaiva viśvaṁ
sṛjaty avaty atti guṇair asaṅgaḥ

saḥ—so; *vai*—gewiß; *bhavān*—du; *veda*—weißt; *samasta*—alles; *guhyam*—vertraulich; *upāsitaḥ*—Geweihter von; *yat*—weil; *puruṣaḥ*—der Persönlichkeit Gottes; *purāṇaḥ*—der Älteste; *parāvareśaḥ*—der Herrscher der materiellen und spirituellen Welt; *manasā*—Geist; *eva*—nur; *viśvam*—das Universum; *sṛjati*—erschafft; *avati atti*—vernichtet; *guṇaiḥ*—durch die Erscheinungsweisen der materiellen Natur; *asaṅgaḥ*—losgelöst.

ÜBERSETZUNG

Mein Herr, alles Geheimnisvolle ist dir bekannt, denn du verehrst den Schöpfer und Vernichter der materiellen Welt und Erhalter der spirituellen Welt, die ursprüngliche Persönlichkeit Gottes, die zu den drei Erscheinungsweisen der materiellen Natur transzendental ist.

ERLÄUTERUNG

Wer ganz im Dienst des Herrn beschäftigt ist, ist das Sinnbild allen Wissens. Ein solcher Geweihter des Herrn, der im hingebungsvollen Dienst die Vollkommenheit erlangt hat, ist auch in den Augen der Persönlichkeit Gottes vollkommen. Die acht Vollkommenheiten in der Entfaltung mystischer Kräfte (*aṣṭa-siddhi*) bilden daher nur einen geringfügigen Teil seiner göttlichen Fülle. Ein Gottgeweihter wie Nārada kann durch seine spirituelle Vollkommenheit, die jedes Individuum zu erreichen sucht, Wunderbares vollbringen. Śrīla Nārada ist ein in jeder Hinsicht vollkommenes Lebewesen, obwohl er nicht der Persönlichkeit Gottes gleichkommt.

VERS 7

त्वं पर्यटन्नर्क इव त्रिलोकी-
मन्तश्चरो वायुरिवात्मसाक्षी ।
परावरे ब्रह्मणि धर्मतो व्रतैः
स्नातस्य मे न्यूनमलं विचक्ष्व ॥ ७ ॥

tvaṁ paryaṭann arka iva tri-lokīm
antaś-caro vāyur ivātma-sākṣī
parāvare brahmaṇi dharmato vrataiḥ
snātasya me nyūnam alaṁ vicakṣva

tvam—o Gütiger; *paryaṭan*—reisen; *arkaḥ*—die Sonne; *iva*—wie; *tri-lokīm*—drei Welten; *antaḥ-caraḥ*—kann in das Herz eines jeden eindringen; *vāyuḥ-iva*—wie die alldurchdringende Luft; *ātma*—selbstverwirklicht; *sākṣī*—Zeuge; *parāvare*—im Hinblick auf Ursache und Wirkung; *brahmaṇi*—im Absoluten; *dharmataḥ*—unter erzieherischen Regulierungen; *vrataiḥ*—Gelübde; *snātasya*—vertieft gewesen seiend in; *me*—mein; *nyūnam*—Mangel; *alam*—klar; *vicakṣva*—finde heraus.

ÜBERSETZUNG

O Gütiger, wie die Sonne kannst du überall in den drei Welten umherreisen, und wie die Luft vermagst du in das Innerste eines jeden einzudringen. Du kommst daher der alldurchdringenden Überseele gleich. Finde also bitte heraus, woran es mir mangelt, obwohl ich durch Regulierungen und Gelübde der Selbstdisziplin in der Transzendenz verankert bin.

ERLÄUTERUNG

Transzendentale Verwirklichung, fromme Werke, die Verehrung der Bildgestalten Gottes, Barmherzigkeit, Gewaltlosigkeit und das Studieren der Schriften unter strengen Regulierungen der Selbstdisziplin sind stets hilfreich.

VERS 8

श्रीनारद उवाच

भवतानुदितप्रायं यशो भगवतोऽमलम् ।
येनैवासौ न तुष्येत मन्ये तद्दर्शनं खिलम् ॥ ८ ॥

śrī nārada uvāca
bhavatānudita-prāyaṁ
yaśo bhagavato 'malam
yenaivāsau na tuṣyeta
manye tad-darśanaṁ khilam

śrī-nāradaḥ—Śrī Nārada; *uvāca*—sagte; *bhavatā*—durch dich; *anudita-prāyam*—fast nicht gepriesen; *yaśaḥ*—Ruhm; *bhagavataḥ*—der Persönlichkeit Gottes; *amalam*—makellos; *yena*—durch die; *eva*—gewiß; *asau*—Er, die Persönlichkeit Gottes; *na*—nicht; *tuṣyeta*—erfreut; *manye*—ich denke; *tat*—diese; *darśanam*—Philosophie; *khilam*—niedrig.

ÜBERSETZUNG

Śrī Nārada sagte: Du hast es versäumt, den erhabenen und makellosen Ruhm der Höchsten Persönlichkeit Gottes unmittelbar zu verbreiten. Eine Philosophie, die nicht die transzendentalen Sinne des Herrn erfreut, wird als wertlos angesehen.

ERLÄUTERUNG

Die ewige Beziehung der individuellen Seele zur Höchsten Seele, der Persönlichkeit Gottes, ist dem Wesen nach die Beziehung des ewigen Dieners zum ewigen Meister. Der Herr hat Sich Selbst in die Lebewesen erweitert, um liebevollen Dienst von ihnen entgegenzunehmen, und allein dieser dienende Austausch kann den Herrn wie auch die Lebewesen zufriedenstellen. Vyāsadeva, der große Gelehrte, hatte zahlreiche, die *Veden* erläuternde Schriften zusammengestellt — den Abschluß bildete die

Vedānta-Philosophie –, aber keines dieser Werke war direkt zum Lobpreis der Persönlichkeit Gottes geschrieben worden. Trockene philosophische Spekulationen haben, auch wenn sie das transzendentale Thema des Absoluten behandeln, sehr wenig Anziehungskraft, da sie nicht unmittelbar der Ruhmpreisung des Herrn dienen. Der persönliche Aspekt Gottes ist die höchste Stufe der transzendentalen Erkenntnis. Die Erkenntnis des Absoluten als unpersönliches Brahman oder lokalisierte Überseele, Paramātmā, ist mit weniger transzendentaler Glückseligkeit verbunden als die Erkenntnis Seiner Herrlichkeit als Höchste Person.

Vyāsadeva selbst ist der Verfasser des *Vedānta-darśana*, und obwohl er der Autor ist, ist er beunruhigt. Welche Art transzendentaler Glückseligkeit können also Menschen erfahren, die das *Vedānta-sūtra* lesen oder aus ihm hören, ohne daß sie die Erläuterung des Autors, Vyāsadevas, zu Hilfe nehmen? Hier zeigt sich die Notwendigkeit, daß das *Vedānta-sūtra* in der Form des *Śrīmad-Bhāgavatam* vom gleichen Verfasser erklärt wird.

VERS 9

यथा धर्मादयश्चार्था मुनिवर्यानुकीर्तिताः ।
न तथा वासुदेवस्य महिमा ह्यनुवर्णितः ॥ ९ ॥

yathā dharmādayaś cārthā
muni-varyānukīrtitāḥ
na tathā vāsudevasya
mahimā hy anuvarṇitaḥ

yathā—soviel wie; *dharma-ādayaḥ*—alle vier Prinzipien religiösen Verhaltens; *ca*—und; *arthāḥ*—Ziele; *muni-varya*—von dir, dem großen Weisen; *anukīrtitāḥ*—wiederholt beschrieben; *na*—nicht; *tathā*—auf diese Weise; *vāsudevasya*—der Persönlichkeit Gottes, Śrī Kṛṣṇa; *mahimā*—Ruhm; *hi*—gewiß; *anuvarṇitaḥ*—ständig beschrieben.

ÜBERSETZUNG

O großer Weiser, du hast zwar die vier Prinzipien, die mit religiösen Werken beginnen, sehr ausführlich erläutert, doch die Herrlichkeit der Höchsten Persönlichkeit, Vāsudeva, hast du nicht beschrieben.

ERLÄUTERUNG

Sogleich gibt Śrī Nārada sein Urteil ab. Die Ursache für Vyāsadevas Verzweiflung lag darin, daß er es bewußt vermieden hatte, die Herrlichkeit des Herrn (Śrī Kṛṣṇa) in seinen verschiedenen *Purāṇas* zu preisen. Er hatte selbstverständlich auch die Herrlichkeit des Herrn beschrieben, aber nicht in dem Maße wie Religiosität, wirtschaftliche Entwicklung, Sinnenbefriedigung und Befreiung. Diese vier Dinge sind der Beschäftigung im hingebungsvollen Dienst des Herrn weit unterlegen. Śrī Vyāsadeva kannte diesen Unterschied als autorisierter Gelehrter sehr gut; doch statt der besseren Art von Betätigung, nämlich dem hingebungsvollen Dienst für den Herrn, mehr Bedeutung beizumessen, hatte er sozusagen seine kostbare Zeit nicht richtig verwendet und war deshalb verzweifelt. Hier wird ganz deutlich darauf hingewiesen, daß niemand wahrhaft zufrieden sein kann, ohne im hingebungsvollen Dienst des Herrn beschäftigt zu sein. Auch in der *Bhagavad-gītā* wird diese Tatsache klar zum Ausdruck gebracht.

Nach der Befreiung, der letzten Stufe in der Entwicklung von Religiosität usw., beschäftigt man sich im reinen hingebungsvollen Dienst. Man befindet sich dann auf der Stufe der Selbsterkenntnis, auch *brahma-bhūta*-Stufe genannt. Nachdem man diese *brahma-bhūta*-Stufe erreicht hat, ist man wahrhaft zufriedengestellt. Diese Zufriedenheit ist jedoch erst der Beginn der transzendentalen Glückseligkeit. Man sollte weiter fortschreiten, indem man die Stufe der Neutralität und Gleichheit in der bedingten Welt erreicht. Wenn man die Stufe der Ausgeglichenheit hinter sich läßt, ist man im transzendentalen liebevollen Dienst des Herrn gefestigt. So lautet die Unterweisung der Persönlichkeit Gottes in der *Bhagavad-gītā*. Nārada rät Vyāsadeva, er solle jetzt, um den Status quo der *brahma-bhūta*-Stufe aufrechtzuerhalten, wie auch, um das Maß an transzendentaler Verwirklichung zu vergrößern, eifrig und wiederholt den Pfad des hingebungsvollen Dienens beschreiben. Dies werde ihn von seiner großen Verzweiflung heilen.

VERS 10

न यद्वचश्चित्रपदं हरेर्यशो
जगत्पवित्रं प्रगृणीत कर्हिचित् ।
तद्वायसं तीर्थमुशन्ति मानसा
न यत्र हंसा निरमन्त्युशिक्क्षयाः ॥१०॥

na yad vacaś citra-padaṁ harer yaśo
jagat-pavitraṁ pragṛṇīta karhicit
tad vāyasaṁ tīrthaṁ uśanti mānasā
na yatra haṁsā niramanty uśik-kṣayāḥ

na—nicht; *yat*—das; *vacaḥ*—Wortschatz; *citra-padam*—schmückend; *hareḥ*—des Herrn; *yaśaḥ*—Herrlichkeit; *jagat*—Universum; *pavitram*—geheiligt; *pragṛṇīta*—beschrieben; *karhicit*—kaum; *tat*—das; *vāyasam*—Krähen; *tīrtham*—Pilgerstätte; *uśanti*—denken; *mānasāḥ*—heilige Menschen; *na*—nicht; *yatra*—wo; *haṁsāḥ*—vollkommene Wesen; *niramanti*—erfreuen sich; *uśik-kṣayāḥ*—diejenigen, die sich im transzendentalen Reich aufhalten.

ÜBERSETZUNG

Worte, die nicht die Herrlichkeit des Herrn beschreiben, der allein das ganze Universum heiligen kann, werden von heiligen Menschen als Pilgerstätten für Krähen angesehen. Da die vollkommenen Menschen Bewohner des transzendentalen Reiches sind, ziehen sie keine Freude aus solchen Worten.

ERLÄUTERUNG

Krähen und Schwäne gehören nicht zur gleichen Kategorie von Vögeln, denn ihre Geisteshaltung ist verschieden. Die fruchtbringenden Arbeiter oder leidenschaftlichen Menschen werden mit Krähen verglichen, wohingegen die vollkommenen, heiligen Menschen mit Schwänen verglichen werden. Die Krähen erfreuen sich an Orten, wo Abfälle hingeworfen werden; in ähnlicher Weise lieben die leidenschaftlichen fruchtbringenden Arbeiter Wein und Frauen und Orte grober Sinnenfreude. Die Schwäne finden keine Freude an Orten, wo sich Krähen versammeln, um Konferenzen und Zusammenkünfte abzuhalten. Sie sind statt dessen in Gegenden von natürlicher landschaftlicher Schönheit zu finden, wo die kristallklaren Gewässer mit vielfarbigen Lotosblüten von natürlicher Schönheit geschmückt sind. Das ist der Unterschied zwischen diesen beiden Arten von Vögeln.

Die Natur beeinflußt die verschiedenen Lebensformen durch unterschiedliche Geisteshaltungen, und es ist nicht möglich, all diese Arten des Lebens in ein und dieselbe Kategorie einzuordnen.

In ähnlicher Weise gibt es verschiedene Arten von Literatur für verschiedene Menschentypen mit unterschiedlichen Geisteshaltungen. Die auf dem Buchmarkt angebotene Literatur, die die krähengleichen Menschen anlockt, enthält zum größten Teil literarischen Abfall in Form von sinnlichen Texten. Es sind im allgemeinen weltliche Gespräche in Beziehung zum groben Körper und feinen Geist, die in ausschmückender, an weltlichen Gleichnissen und bildlichen Vergleichen reicher Sprache verfaßt sind. Trotz alledem verherrlichen sie jedoch nicht den Herrn. Solch blumige Poesie und Prosa, ganz gleich über welches Thema, wird als Schmuck eines toten Körpers angesehen. Spirituell fortgeschrittene Menschen, die mit den Schwänen verglichen werden, finden keine Freude an solch toten Schriften, die nur für spirituell tote Menschen Quellen der Freude sind. Solche Schriftwerke in den Erscheinungsweisen der Leidenschaft und Unwissenheit werden unter verschiedenen Bezeichnungen angeboten, doch sie können das spirituelle Bedürfnis des Menschen schwerlich befriedigen, und daher haben die schwanengleichen, spirituell fortgeschrittenen Menschen nichts mit ihnen zu tun. Solche spirituell fortgeschrittenen Menschen werden auch *mānasa* genannt, weil sie stets ein Beispiel für spontanen hingebungsvollen Dienst auf der spirituellen Ebene geben. Dies verbietet ihnen gänzlich fruchtbringende Tätigkeiten zur grobstofflich-körperlichen Sinnenbefriedigung oder feinstoffliche Spekulation des materiell-egoistischen Geistes.

Sozialkritische Schriftsteller, Wissenschaftler, weltliche Dichter, theoretisierende Philosophen und Politiker, die ganz in die Verbesserung der Möglichkeiten zur materiellen Sinnenfreude vertieft sind, sind alle Puppen der materiellen Energie. Sie finden Freude an einem Ort, wo zurückgewiesene Themen hingeworfen werden. Nach Svāmī Śrīdhara ist das der Genuß der Dirnenjäger. Die *paramahaṁsas* dagegen, die die Essenz der menschlichen Tätigkeiten verstanden haben, erfreuen sich an Schriften, die die Herrlichkeit des Herrn beschreiben.

VERS 11

तद्वाग्विसर्गो जनताघविप्लवो
यस्मिन् प्रतिश्लोकमबद्धवत्यपि ।

नामान्यनन्तस्य यशोऽङ्कितानि यत्
शृण्वन्ति गायन्ति गृणन्ति साधवः ॥११॥

tad-vāg-visargo janatāgha-viplavo
yasmin prati-ślokam abaddhavaty api
nāmāny anantasya yaśo 'ṅkitāni yat
śṛṇvanti gāyanti gṛṇanti sādhavaḥ

tat—der; *vāk*—Wortschatz; *visargaḥ*—Schöpfung; *janatā*—die gewöhnlichen Menschen; *agha*—Sünden; *viplavaḥ*—umwälzend; *yasmin*—in welchen; *prati-ślokam*—in jedem Vers; *abaddhavati*—unregelmäßig abgefaßt; *api*—trotzdem; *nāmāni*—transzendentale Namen usw.; *anantasya*—des unbegrenzten Herrn; *yaśaḥ*—Herrlichkeit; *aṅkitāni*—schildern; *yat*—was; *śṛṇvanti*—hören; *gāyanti*—singen; *gṛṇanti*—nehmen an; *sādhavaḥ*—die gereinigten Menschen, die aufrichtig sind.

ÜBERSETZUNG

Literatur hingegen, die die transzendentale Herrlichkeit des Namens, des Ruhms, der Gestalt, der Spiele usw. des unbegrenzten Höchsten Herrn beschreibt, ist eine transzendentale Schöpfung, die entstand, um eine Revolution im gottlosen Dasein einer irregeleiteten Zivilisation einzuleiten. Solche transzendentalen Schriften werden, selbst wenn sie nicht ganz korrekt verfaßt sind, von geläuterten, völlig rechtschaffenen Menschen gehört, gesungen und angenommen.

ERLÄUTERUNG

Es ist eine Fähigkeit großer Denker, selbst aus dem Schlechtesten das Beste herauszuziehen. Es wird gesagt, daß der intelligente Mensch nicht zögern sollte, aus einer Mischung von Gift und Nektar den Nektar herauszuziehen, Gold selbst von einem schmutzigen Ort aufzuheben, eine gute und qualifizierte Frau auch aus einer zwielichtigen Familie anzunehmen und eine gute Lehre selbst von einem Menschen oder Lehrer entgegenzunehmen, der zu den Unberührbaren gehört. Dies sind einige der ethischen Unterweisungen, die für jedermann überall und ohne Ausnahme gelten. Ein Heiliger steht jedoch weit über der Ebene des gewöhnlichen Menschen. Er ist ständig darin vertieft, den Höchsten Herrn zu verherrlichen, denn durch das Verbreiten des Heiligen Namens und Ruhms des Höchsten Herrn wird sich die verunreinigte Lage der Welt wandeln. Als Folge der Verbreitung transzendentaler Schriften wie des *Śrīmad-Bhāgavatam* werden die Menschen zur Besinnung kommen und in ihren Handlungen ehrlich und gewissenhaft werden. Während wir den vorliegenden Kommentar zu diesem Vers des *Śrīmad-Bhāgavatam* verfassen, steht uns eine Krise bevor. Unser benachbarter Freund China hat die Grenzen Indiens mit militärischen Aktionen angegriffen. Wir haben mit Politik im Grunde nichts zu tun, aber wir stellen einfach fest, daß es schon früher China und Indien gab und daß beide Nationen jahrhundertelang friedlich und ohne Haßgefühle nebeneinander lebten. Der Grund hierfür liegt darin, daß die Völker in jenen Tagen in einer gottesbewußten Gesellschaft lebten. In nahezu jedem Land auf der Erde waren die Menschen zu dieser Zeit gottesfürchtig, reinen Herzens und von einfachem Wesen, und es war ausgeschlossen, daß wegen Nichtigkeiten diplomatische Verhandlungen geführt wurden. Für China und Indien besteht im Grunde kein Anlaß, um Land zu streiten, das zur Besiedlung nicht besonders geeignet ist, und gewiß gibt es auch keinen Grund, wegen dieser Angelegenheit zu kämpfen. Doch durch den Einfluß des Kali-yuga, des Zeitalters des Streites, das wir an früherer Stelle bereits erörtert haben, besteht schon beim geringsten Anlaß die Gefahr des Streites. Dies liegt nicht am Streitobjekt, sondern an dem verunreinigten Bewußtsein in diesem Zeitalter: Systematisch treibt eine Gruppe von Menschen Propaganda, um die Lobpreisung des Namens und Ruhms des Höchsten Herrn zu unterbinden. Es besteht daher eine große Notwendigkeit, die Botschaft des *Śrīmad-Bhāgavatam* auf der ganzen Welt zu verbreiten. Es ist die Pflicht jedes verantwortungsbewußten Inders, die transzendentale Botschaft des *Śrīmad-Bhāgavatam* zum höchsten Wohl aller, wie auch, um der Welt den ersehnten Frieden zu bringen, auf der ganzen Erde zu verbreiten. Weil Indien seine Pflicht nicht erfüllt hat, sondern diese verantwortungsvolle Arbeit vernachlässigte, gibt es so viele Unruhen und Auseinandersetzungen auf der Welt. Wir sind davon überzeugt, daß sich ein Gesinnungswandel in den Führern der Welt vollziehen wird, wenn sie die transzendentale Botschaft des *Śrīmad-Bhāgavatam* empfangen, und naturgemäß wird die Allgemeinheit ihnen folgen. Die Masse der gewöhnlichen Menschen ist gleichsam ein Werkzeug in den Händen der Politiker und Führer. Wenn sich nur die Herzen der Führer wandeln, wird zweifellos eine grundlegende Wandlung der Weltlage die Folge sein. Wir sind uns bewußt, daß uns bei der aufrichtigen Bemühung, diese bedeutende Schrift vorzulegen, viele Schwierigkeiten erwarten, da diese Schrift die transzendentale Botschaft zur Wiederbelebung des Gottesbewußtseins der Menschen und zur Respiritualisierung der Welt überbringt. Der Versuch, diesen Themenkreis in einer angemessenen Sprache darzulegen — inbesondere, wenn es sich um eine Fremdsprache handelt —, wird gewiß scheitern, und es wird trotz unserer aufrichtigen Bemühung um Korrektheit viele literarische Schwächen geben, aber dennoch sind wir sicher, daß trotz all unserer Fehler die Ernsthaftigkeit des Themas in Betracht gezogen werden wird und die Führer der Gesellschaft es trotzdem annehmen werden, da es eine aufrichtige Bemühung ist, den Allmächtigen Gott zu verherrlichen. Wenn in einem Haus Feuer ausbricht, laufen die Bewohner aus dem Haus, um die Nachbarn um Hilfe zu bitten. Auch wenn diese Ausländer sind und die vom Feuer Betroffenen ihre Sprache nicht kennen, werden sie sich doch irgendwie so auszudrücken wissen, daß die Nachbarn die Notlage begreifen, obwohl sie eine andere Sprache sprechen. Der gleiche Geist der Zusammenarbeit ist erforderlich, um die transzendentale Botschaft des *Śrīmad-Bhāgavatam* in der gegenwärtigen verunreinigten Welt zu verbreiten. Im Grunde ist es eine methodische Wissenschaft spiritueller Werte, und deshalb geht es uns vor allem um den Inhalt und die praktische Anwendung, und nicht so sehr um die Sprache. Wenn die Techniken, die in dieser bedeutenden Schrift dargelegt sind, von den Menschen der Welt verstanden werden, wird uns Erfolg beschieden sein.

Wenn der Großteil der Menschheit allzu vielen materialistischen Tätigkeiten nachgeht, ist es kein Wunder, daß eine Person oder Nation eine andere Person oder Nation wegen einer Geringfügigkeit angreift. Das ist das Gesetz des Zeitalters des Streites. Die Menschheit ist bereits mit Verdorbenheit aller Art verunreinigt, und jeder ist sich dessen bewußt. Es gibt so viele unerwünschte Schriften voll materialistischer Ideen zur Sinnenbefriedigung. Die Menschen wollen lesen – das ist ein natürliches Bedürfnis –, aber weil ihr Geist verunreinigt ist, verlangen sie nach Schriften obengenannter Art. Unter diesen Umständen werden transzendentale Schriften wie das *Śrīmad-Bhāgavatam* nicht nur die Tätigkeiten des verdorbenen Geistes der Menschen verringern, sondern auch ihrem Wunsch nach interessanter Lektüre gerecht werden. Zu Beginn wird ihnen dies nicht besonders zusagen, denn ein Gelbsuchtkranker ißt nur ungern Kandiszucker; aber wir sollten wissen, daß Kandiszucker das einzige Mittel gegen Gelbsucht ist. Das Lesen der *Bhagavad-gītā* und des *Śrīmad-Bhāgavatam* ist mit dem Essen von Kandiszucker vergleichbar, und es sollte systematisch Propaganda zur Verbreitung dieser Bücher entfaltet werden, denn sie wirken wie Kandiszucker gegen den gelbsuchtähnlichen, krankhaften Daseinszustand der Sucht nach Sinnenbefriedigung. Wenn die Menschen einen Geschmack für diese Schriften entwickelt haben, werden die anderen Schriften, die die Gesellschaft vergiften, ganz von selbst uninteressant werden.

Wir sind sicher, daß jeder in der menschlichen Gesellschaft das *Śrīmad-Bhāgavatam* willkommen heißen wird, auch wenn es jetzt mit so vielen Fehlern vorgelegt wird, denn es wurde von Śrī Nārada befürwortet, der in seiner Güte in diesem Kapitel erschien.

VERS 12

नैष्कर्म्यमप्यच्युतभाववर्जितं
न शोभते ज्ञानमलं निरञ्जनम् ।
कुतः पुनः शश्वदभद्रमीश्वरे
न चार्पितं कर्म यदप्यकारणम् ॥१२॥

naiṣkarmyam apy acyuta-bhāva-varjitaṁ
na śobhate jñānam alaṁ nirañjanam
kutaḥ punaḥ śaśvad abhadram īśvare
na cārpitaṁ karma yad apy akāraṇam

naiṣkarmyam—Selbstverwirklichung, von den Reaktionen fruchtbringender Arbeit befreit; *api*—obwohl; *acyuta*—der unfehlbare Herr; *bhāva*—Vorstellung; *varjitam*—ohne; *na*—tut nicht; *śobhate*—sieht gut aus; *jñānam*—transzendentales Wissen; *alam*—nach und nach; *nirañjanam*—frei von Bestimmungen; *kutaḥ*—wo ist; *punaḥ*—wieder; *śaśvat*—immer; *abhadram*—ungünstig; *īśvare*—für den Herrn; *na*—nicht; *ca*—und; *arpitam*—geopfert; *karma*—fruchtbringendes Tun; *yat api*—was ist; *akāraṇam*—nicht fruchtbringend.

ÜBERSETZUNG

Wissen über Selbstverwirklichung, wenn auch von allem Materiellen frei, hat keinen besonderen Wert, wenn es keine Vorstellung vom Unfehlbaren [Gott] vermittelt. Welchen Nutzen haben dann fruchtbringende Handlungen, die naturgemäß von Anfang an schmerzvoll und vergänglich sind, wenn sie nicht für den hingebungsvollen Dienst des Herrn benutzt werden?

ERLÄUTERUNG

Wie aus dem obigen Vers zu ersehen ist, werden nicht nur gewöhnliche Schriftwerke, in denen nicht der transzendentale Herr gepriesen wird, verworfen, sondern auch vedische Schriften und Spekulationen über das unpersönliche Brahman, in denen nichts von hingebungsvollem Dienst erwähnt wird. Wenn Spekulationen über das unpersönliche Brahman aus dem oben genannten Grund verurteilt werden, wie steht es dann erst mit gewöhnlicher fruchtbringender Arbeit, die nicht dazu bestimmt ist, das Ziel des hingebungsvollen Dienstes zu erfüllen? Solch spekulatives Wissen und fruchtbringende Arbeit können nicht zum Ziel der Vollkommenheit führen. Fruchtbringende Arbeit, der die meisten Menschen nachgehen, ist zu jeder Zeit, sowohl am Anfang als auch am Ende, leidvoll. Sie kann nur fruchtbar sein, wenn sie im hingebungsvollen Dienst des Herrn benutzt wird. Auch in der *Bhagavad-gītā* wird gesagt, daß das Ergebnis solch fruchtbringender Arbeit für den Dienst des Herrn geopfert werden soll, da es sonst an die materielle Welt bindet. Der rechtmäßige Genießer der fruchtbringenden Arbeit ist die Persönlichkeit Gottes; fruchtbringende Arbeit wird daher, wenn sie für die Befriedigung der Sinne des Lebewesens benutzt wird, zu einer bedenklichen Quelle des Leids.

VERS 13

अथो महाभाग भवानमोघदृक्
शुचिश्रवाः सत्यरतो धृतव्रतः ।
उरुक्रमस्याखिलबन्धमुक्तये
समाधिनानुस्मर तद्विचेष्टितम् ॥१३॥

atho mahā-bhāga bhavān amogha-dṛk
śuci-śravāḥ satya-rato dhṛta-vrataḥ
urukramasyākhila-bandha-muktaye
samādhinānusmara tad-viceṣṭitam

atho—daher; *mahā-bhāga*—sehr vom Glück begünstigt; *bhavān*—du; *amogha-dṛk*—der vollkommene Seher; *śuci*—makellos; *śravāḥ*—berühmt; *satya-rataḥ*—das Gelübde der Ehrlichkeit auf sich genommen; *dhṛta-vrataḥ*—in spirituellen Eigenschaften gefestigt; *urukramasya*—desjenigen, der übernatürliche Taten vollbringt (Gott); *akhila*—universal; *bandha*—Bindung; *muktaye*—für die Befreiung von; *sa-*

mādhinā—in Trance; *anusmara*—denke wiederholt und beschreibe sie dann; *tat-viceṣṭitam*—verschiedene Spiele des Herrn.

ÜBERSETZUNG

O Vyāsadeva, deine Sicht ist vollkommen, dein Ruhm makellos. Du bist in deinem Gelübde standhaft und stets um die Wahrheit bemüht. Daher ist es dir möglich, in Trance über die Spiele des Herrn nachzusinnen, um die Allgemeinheit von allen materiellen Fesseln zu befreien.

ERLÄUTERUNG

Die Allgemeinheit hat von Natur aus einen Geschmack für Literatur. Die Menschen möchten von Autoritäten etwas über das Unbekannte hören und lesen, doch ihr Geschmack ist durch unheilvolle Lektüre, deren Themen allein der Befriedigung der materiellen Sinne dienen sollen, mißbraucht worden. Solche Schriften enthalten allerlei weltliche Gedichte und philosophische Spekulationen, die unter dem mehr oder weniger starken Einfluß *māyās* in Sinnenbefriedigung enden. Solche Schriften sind, obwohl im wahrsten Sinne des Wortes wertlos, in vielfacher Weise ausgeschmückt, um die Aufmerksamkeit der weniger intelligenten Menschen zu erregen. Auf diese Weise werden die verführten Lebewesen immer mehr in die materielle Gefangenschaft verstrickt, ohne, für Tausende und Abertausende von Generationen, auf Befreiung hoffen zu können. Śrī Nārada Ṛṣi, der beste unter den Vaiṣṇavas, hat mit solch unglücklichen Opfern wertloser Literatur Mitleid und weist daher Śrī Vyāsadeva an, transzendentale Literatur zusammenzustellen, die nicht nur anziehend ist, sondern auch Befreiung von allen Arten des Gebundenseins bringen kann. Śrīla Vyāsadeva und seine Repräsentanten besitzen die notwendigen Eigenschaften, da sie genau darin unterwiesen wurden, alles im richtigen Licht zu sehen. Śrī Vyāsadeva und seine Repräsentanten besitzen aufgrund ihrer spirituellen Erleuchtung ein reines Herz; aufgrund ihres hingebungsvollen Dienstes sind sie fest in ihren Gelübden verankert und dazu entschlossen, die gefallenen Seelen, die in materiellen Handlungen verderben, zu befreien. Die gefallenen Seelen sind sehr begierig, jeden Tag neue Informationen aufzunehmen, und Transzendentalisten wie Vyāsadeva oder Nārada können solch begierige Menschen unbegrenzt mit Neuigkeiten aus der spirituellen Welt versorgen. In der *Bhagavad-gītā* wird gesagt, daß die materielle Welt nur ein Teil der gesamten Schöpfung ist und daß unsere Erde nur ein Bruchstück der gesamten materiellen Welt ist.

Es gibt Tausende und Abertausende von Schriftstellern auf der ganzen Welt, und sie haben in Tausenden und Abertausenden von Jahren viele, viele tausend literarische Werke geschaffen, um den Menschen Kenntnisse und Erkenntnisse zu vermitteln. Unglücklicherweise hat jedoch keiner von ihnen Frieden und Eintracht auf die Erde gebracht. Die Ursache hierfür liegt in der spirituellen Leere solcher Schriftwerke. Deshalb werden die vedischen Schriften, besonders die *Bhagavad-gītā* und das *Śrīmad-Bhāgavatam*, der leidenden Menschheit dringend empfohlen, um die ersehnte Befreiung von den Qualen der materiellen Zivilisation zu bringen, die den lebenswichtigen Teil der menschlichen Energie aufzehrt. Die *Bhagavad-gītā* ist die vom Herrn Selbst gesprochene und von Vyāsadeva aufgeschriebene Botschaft, und das *Śrīmad-Bhāgavatam* ist die transzendentale Erzählung der Spiele und Taten des gleichen Śrī Kṛṣṇa, die allein die sehnsüchtigen Wünsche der Lebewesen nach ewigem Frieden und vollkommener Befreiung von allen Leiden erfüllen kann. Das *Śrīmad-Bhāgavatam* ist daher dazu bestimmt, allen Lebewesen im Universum völlige Befreiung von allen Arten des materiellen Gefangenseins zu bringen. Solch transzendentale Erzählungen der Spiele des Herrn können nur von befreiten Seelen wie Vyāsadeva und seinen echten Vertretern, die völlig im transzendentalen liebevollen Dienst des Herrn aufgehen, aufgeschrieben werden. Nur solchen Gottgeweihten werden die Spiele des Herrn und ihre transzendentale Natur ganz von selbst durch das Tätigsein im hingebungsvollen Dienst offenbar. Niemand sonst kann die Spiele und Taten des Herrn kennen oder beschreiben – selbst wenn er viele, viele Jahre darüber spekuliert. Die Beschreibungen des *Bhāgavatam* sind so genau und fehlerlos, daß all das, was in diesem bedeutenden Werk vor 5000 Jahren vorhergesagt wurde, jetzt eintrifft. Die visionäre Kraft des Autors erfaßt daher Vergangenheit, Gegenwart und Zukunft. Befreite Seelen wie Vyāsadeva sind nicht nur durch die Macht ihrer visionären Kraft und Weisheit vollkommen, sondern auch hinsichtlich ihres Hörens, Denkens, Fühlens und Wollens und aller anderen Sinnestätigkeiten. Eine befreite Seele besitzt vollkommene Sinne, und nur mit vollkommenen Sinnen kann man dem Besitzer der Sinne, Hṛṣīkeśa, Śrī Kṛṣṇa, der Persönlichkeit Gottes, dienen. Das *Śrīmad-Bhāgavatam* ist daher die vollkommene Beschreibung der vollkommenen Persönlichkeit Gottes durch die vollkommene Persönlichkeit, Śrīla Vyāsadeva, den Verfasser der *Veden*.

VERS 14

ततोऽन्यथा किंचन यद्विवक्षतः
पृथग्दृशस्तत्कृतरूपनामभिः
न कर्हिचित्क्वापि च दुःस्थिता मति-
र्लभेत वाताहतनौरिवास्पदम् ॥१४॥

tato 'nyathā kiñcana yad vivakṣataḥ
pṛthag dṛśas tat-kṛta-rūpa-nāmabhiḥ
na karhicit kvāpi ca duḥsthitā matir
labheta vātāhata-naur ivāspadam

tataḥ—davon; *anyathā*—getrennt; *kiñcana*—etwas; *yat*—was auch immer; *vivakṣataḥ*—wünschen zu beschreiben; *pṛthak*—getrennt; *dṛśaḥ*—Vorstellung; *tat-kṛta*—reaktionsbringend; *rūpa*—Form; *nāmabhiḥ*—durch Namen; *na karhicit*—niemals; *kvāpi*—überhaupt; *ca*—und; *duḥsthitā matiḥ*—unentschlossener Geist; *labheta*—Gewinne; *vāta-āhata*—durch den Wind hin- und hergeworfen; *nauḥ*—Boot; *iva*—wie; *āspadam*—ohne festen Platz.

ÜBERSETZUNG

Was immer du getrennt vom Herrn zu beschreiben versuchst, wird verschiedene Namen und Formen zur Folge haben und den Geist verwirren, ebenso, wie der Wind ein Boot ohne Ankerplatz hin- und herwirft.

ERLÄUTERUNG

Śrī Vyāsadeva ist der Verfasser aller Beschreibungen in den vedischen Schriften, und als solcher hat er die transzendentale Verwirklichung auf verschiedene Weise dargelegt, nämlich durch fruchtbringende Handlungen, spekulatives Wissen, mystische Kräfte und hingebungsvollen Dienst. Darüber hinaus hat er in den *Purāṇas* die Verehrung zahlloser Halbgötter empfohlen, die alle verschiedene Formen haben und mit verschiedenen Namen angerufen werden. Als Folge davon sind die gewöhnlichen Menschen verwirrt und wissen nicht, wie sie ihren Geist auf den hingebungsvollen Dienst des Herrn richten können; sie sind stets unsicher, wenn sie versuchen, den wahren Pfad der Selbstverwirklichung herauszufinden. Śrīla Nāradadeva weist mit Nachdruck auf diesen Mangel in den von Vyāsadeva verfaßten vedischen Schriften hin und versucht deutlich zu machen, daß alles in Beziehung zum Höchsten Herrn, und zu niemand anderem, beschrieben werden muß. In der Tat gibt es nichts außer dem Herrn. Der Herr manifestiert Sich in verschiedenen Erweiterungen. Er ist die Wurzel des ganzen Baumes; Er ist der Magen des gesamten Körpers. Wasser auf die Wurzel zu gießen ist der richtige Vorgang, den Baum zu bewässern, ebenso, wie die Versorgung des Magens der richtige Weg ist, Energie an alle Teile des Körpers zu verteilen. Śrīla Vyāsadeva hätte keine anderen *Purāṇas* als das *Bhāgavata Purāṇa* verfassen sollen, da eine kleine Abweichung von den Lehren des *Bhāgavata Purāṇa* sich verheerend auf den Vorgang der Selbstverwirklichung auswirken kann. Wenn eine kleine Abweichung bereits solche Folgen haben kann, um wieviel mehr dann erst die bewußte Ausweitung der Vorstellungen, die von der Absoluten Wahrheit getrennt sind. Der größte Nachteil bei der Halbgötterverehrung ist die Tatsache, daß diese Art der Verehrung eine feste pantheistische Vorstellung schafft, die in vielen religiösen Sekten verhängnisvoll endet, da sie dem Fortschritt der Prinzipien des *Bhāgavatam* entgegensteht, die allein die genaue Richtung zur Selbstverwirklichung in ewiger Beziehung zur Persönlichkeit Gottes durch hingebungsvollen Dienst in transzendentaler Liebe weisen können. Das Beispiel vom Boot, das durch starken Wind hin- und hergeworfen wird, ist in diesem Zusammenhang sehr zutreffend. Der vielverzweigte Geist des Pantheisten kann niemals die Vollkommenheit der Selbstverwirklichung erreichen, da die Auswahl des Gegenstandes der Verehrung eine sehr verwirrende Angelegenheit ist.

VERS 15

जुगुप्सितं धर्मकृतेऽनुशासतः
स्वभावरक्तस्य महान् व्यतिक्रमः ।

यद्वाक्यतो धर्म इतीतरः स्थितो
न मन्यते तस्य निवारणं जनः ॥१५॥

jugupsitaṁ dharma-kṛte 'nuśāsataḥ
svabhāva-raktasya mahān vyatikramaḥ
yad-vākyato dharma itītaraḥ sthito
na manyate tasya nivāraṇaṁ janaḥ

jugupsitam—wahrlich zu verurteilen; *dharma-kṛte*—im Namen der Religion; *anuśāsataḥ*—Unterweisung; *svabhāva-raktasya*—naturgemäß dazu geneigt; *mahān*—groß; *vyatikramaḥ*—unsinnig; *yat-vākyataḥ*—unter dessen Unterweisung; *dharmaḥ*—Religion; *iti*—es ist so; *itaraḥ*—die Masse der Menschen; *sthitaḥ*—fixiert; *na*—nicht; *manyate*—denken; *tasya*—darüber; *nivāraṇam*—Verbot; *janaḥ*—sie.

ÜBERSETZUNG

Die Masse der Menschen hat die natürliche Neigung zu genießen, und du hast sie im Namen der Religion dazu ermutigt. Das war recht unbesonnen und ist wahrlich zu verurteilen. Da sie sich nach deinen Anweisungen richten, werden sie diese Handlungsweise im Namen der Religion annehmen und Verbote schwerlich beachten.

ERLÄUTERUNG

Śrīla Vyāsadevas Zusammenstellung der verschiedenen vedischen Schriften auf der Grundlage geregelter Ausführung fruchtbringender Handlungen, wie sie im *Mahābhārata* und anderen Schriften dargelegt sind, wird hiermit von Śrīla Nārada verurteilt. Die Menschen haben durch die lange Gemeinschaft mit materiellen Dingen, Leben für Leben, eine natürliche Neigung, durch ihr Handeln nach Herrschaft über die materielle Energie zu streben. Sie haben keinen Sinn für die Verantwortung des menschlichen Lebens. Die menschliche Form des Lebens ist eine Möglichkeit, der Gewalt der illusionierenden Materie zu entkommen. Der Zweck der *Veden* ist es, einen nach Hause, zu Gott, zurückzuführen. Sich im Kreislauf der Seelenwanderung in einer Folge von 8 400 000 Lebensformen zu drehen ist ein Gefangenendasein für die verurteilten bedingten Seelen. Die menschliche Lebensform ist eine Möglichkeit, diesem Leben der Gefangenschaft zu entkommen, und daher ist es die einzige Aufgabe des Menschen, seine verlorene Beziehung zu Gott wiederherzustellen. Unter diesen Umständen sollte man niemals dazu ermutigt werden, im Namen religiöser Tätigkeiten Pläne zur Befriedigung der Sinne zu schmieden. Ein solcher Mißbrauch der menschlichen Energie endet in einer fehlgeleiteten Zivilisation. Śrīla Vyāsadeva ist die Autorität auf dem Gebiet der vedischen Erklärungen im *Mahābhārata* usw., und seine Ermunterung zum Sinnengenuß in dieser oder jener Form ist ein großes Hindernis für spirituellen Fortschritt, da die meisten Menschen nicht zustimmen werden, materiellen Tätigkeiten, die sie im materiellen Dasein gefangenhalten, zu entsagen. Auf einer gewissen Stufe der menschlichen Zivilisation werden solch materielle Handlungen im Namen der Religion (wie das Opfern von Tieren im Namen von *yajña*) überhandnehmen. Der Herr erschien Selbst als Buddha und verneinte die

Autorität der *Veden*, um Tieropfer im Namen der Religion zu unterbinden. Das war von Nārada vorausgesehen worden, und deshalb verurteilte er solche Schriften. Die Fleischesser fahren immer noch fort, im Namen von Religion vor Halbgöttern oder -göttinnen Tieropfer darzubringen, da in einigen der vedischen Schriften Opfer dieser Art unter gewissen Regulierungen empfohlen werden. Der Gedanke dabei ist, einen vom Fleischessen fortzuführen, aber im Laufe der Zeit geriet das Ziel solcher religiösen Handlungen in Vergessenheit, und Schlachthäuser wurden eröffnet. Die Ursache hierfür liegt darin, daß törichte materialistische Menschen kein Interesse haben, auf diejenigen zu hören, die tatsächlich in der Position sind, die vedischen Rituale zu erklären.

In den *Veden* wird deutlich gesagt, daß die Vollkommenheit des Lebens niemals durch umfangreiche Arbeit, durch Anhäufen von Reichtum oder durch Vergrößern der Bevölkerung erreicht werden kann, sondern nur durch Verzicht. Die materialistischen Menschen legen keinen Wert darauf, solchen Unterweisungen Gehör zu schenken. Ihrer Ansicht nach ist der sogenannte Lebensstand der Entsagung für diejenigen gedacht, die wegen körperlicher Mängel unfähig sind, ihren Lebensunterhalt zu verdienen, oder denen es nicht gelungen ist, Wohlstand im Familienleben zu erreichen.

In geschichtlichen Erzählungen wie dem *Mahābhārata* gibt es natürlich neben materiellen Themen auch Themen transzendentalen Inhalts. Die *Bhagavad-gītā* ist ein Teil des *Mahābhārata*. Der Grundgedanke des *Mahābhārata* findet seinen Höhepunkt in den letzten Unterweisungen der *Bhagavad-gītā*, die dazu auffordern, alle anderen Beschäftigungen aufzugeben und sich einzig und allein den Lotosfüßen des Herrn, Śrī Kṛṣṇa, zu ergeben. Menschen mit materialistischen Neigungen sind jedoch mehr an den im *Mahābhārata* erwähnten politischen, wirtschaftlichen und philanthropischen Tätigkeiten interessiert als am Hauptthema, der *Bhagavad-gītā*. Diese kompromißvolle Haltung Vyāsadevas wird von Nārada eindeutig verurteilt, und er rät ihm, direkt zu erklären, daß die größte Notwendigkeit des menschlichen Lebens darin besteht, seine ewige Beziehung zum Herrn zu erkennen und sich Ihm auf der Stelle zu ergeben.

Ein Patient, der an einer bestimmten Krankheit leidet, neigt fast immer dazu, Speisen zu essen, die ihm verboten sind. Der fachkundige Arzt schließt jedoch keinen Kompromiß mit dem Patienten, indem er ihm erlaubt, in kleinen Mengen von dem zu nehmen, was er auf keinen Fall essen sollte. In der *Bhagavad-gītā* (3.26) wird ebenfalls gesagt, daß ein Mensch, der fruchtbringender Arbeit verhaftet ist, in seiner Beschäftigung nicht entmutigt werden sollte; denn nach und nach kann er zur Stufe der Selbstverwirklichung erhoben werden. Dies trifft bisweilen auf solche Menschen zu, die nur trockene, empirische Philosophen ohne spirituelle Verwirklichung sind. Diejenigen, die sich in der Linie des hingebungsvollen Dienstes befinden, brauchen nicht immer so unterwiesen zu werden.

VERS 16

विचक्षणोऽस्यार्हति वेदितुं विभो-
रनन्तपारस्य निवृत्तितः सुखम् ।

प्रवर्तमानस्य गुणैरनात्मन-
स्ततो भवान्दर्शय चेष्टितं विभोः ॥१६॥

vicakṣaṇo 'syārhati veditum̐ vibhor
ananta-pārasya nivṛttitaḥ sukham
pravartamānasya guṇair anātmanas
tato bhavān darśaya ceṣṭitam̐ vibhoḥ

vicakṣaṇaḥ—sehr erfahren; *asya*—von ihm; *arhati*—wert sein; *veditum*—verstehen; *vibhoḥ*—des Herrn; *ananta-pārasya*—des Unbegrenzten; *nivṛttitaḥ*—zurückgezogen von; *sukham*—materielles Glück; *pravartamānasya*—diejenigen, die angehaftet sind; *guṇaiḥ*—durch die materiellen Erscheinungsweisen; *anātmanaḥ*—ohne Wissen über spirituelle Werte; *tataḥ*—daher; *bhavān*—o Gütiger; *darśaya*—zeige die Wege; *ceṣṭitam*—Tätigkeiten; *vibhoḥ*—des Herrn.

ÜBERSETZUNG

Der Höchste Herr ist unbegrenzt. Nur eine sehr erfahrene, dem materiellen Glück abgekehrte Persönlichkeit hat Anspruch darauf, dieses Wissen über spirituelle Werte zu verstehen. Deshalb solltest du, o Güte in Person, denen, die aufgrund materieller Anhaftung nicht so gut gestellt sind, die Wege transzendentaler Erkenntnis zeigen, indem du die transzendentalen Taten und Spiele des Herrn schilderst.

ERLÄUTERUNG

Die theologische Wissenschaft ist ein schwieriges Thema, besonders wenn sie die transzendentale Natur Gottes behandelt. Es ist kein Thema, das von Menschen verstanden werden kann, die zu sehr materiellen Tätigkeiten verhaftet sind. Nur die sehr Erfahrenen, die sich durch Pflege spirituellen Wissens von materialistischen Tätigkeiten fast zurückgezogen haben, können zum Studium dieser großen Wissenschaft zugelassen werden. In der *Bhagavad-gītā* (7.3) wird deutlich gesagt, daß es unter vielen Hunderten und Tausenden von Menschen vielleicht einem gelingt, transzendentale Erkenntnis zu erlangen, und unter vielen Tausenden solcher transzendental Verwirklichten können nur einige die theologische Wissenschaft verstehen, die von Gott als Person handelt. Śrī Vyāsadeva wird daher von Nārada geraten, die Wissenschaft von Gott unmittelbar durch Schilderung Seiner transzendentalen Taten und Spiele darzulegen. Vyāsadeva selbst ist eine Persönlichkeit, die in dieser Wissenschaft erfahren ist, und er ist dem materiellen Genuß nicht verhaftet. Er ist daher die richtige Person, diese Wissenschaft zu vermitteln, und Śukadeva Gosvāmī, der Sohn Vyāsadevas, ist die richtige Person, sie zu empfangen. Das *Śrīmad-Bhāgavatam* ist die höchste theologische Wissenschaft und kann daher auf den Laien wie die Verabreichung eines Medikaments wirken. Da es die transzendentalen Taten und Spiele des Herrn schildert, besteht kein Unterschied zwischen dem Herrn und der Schrift. Diese Schrift ist die literarische Inkarnation des Herrn. Wenn der Laie die Schilderung der Taten und Spiele des Herrn hört, wird es ihm möglich, mit dem Herrn zusammenzukommen und so allmählich von materiellen Krankheiten frei zu werden. Die erfahrenen Gottgeweihten können auch neue Wege und Mittel entdecken, um die Nichtgottgeweihten entsprechend der jeweiligen Zeit und den Umständen zu bekehren. Hingebungsvoller Dienst ist eine dynamische Tätigkeit, und die erfahrenen Gottgeweihten können geeignete Mittel finden, um es in die abgestumpften Gehirne der materialistischen Bevölkerung zu injizieren. Solche transzendentalen Handlungen der Gottgeweihten für den Dienst des Herrn können der törichten Gesellschaft materialistischer Menschen eine neue Lebensweise bringen. Śrī Caitanya Mahāprabhu und Seine späteren Nachfolger zeigten in dieser Beziehung außerordentliche Geschicklichkeit. Indem man der gleichen Methode folgt, kann man die materialistischen Menschen dieses Zeitalters des Zankes dahin bringen, ein friedfertiges Leben zu führen und transzendentale Erkenntnis zu erlangen.

VERS 17

त्यक्त्वा स्वधर्मं चरणाम्बुजं हरे-
र्भजन्नपक्वोऽथ पतेत्ततो यदि ।
यत्र क्व वाभद्रमभूदमुष्य किं
को वार्थ आप्तोऽभजतां स्वधर्मतः ॥१७॥

tyaktvā sva-dharmaṁ caraṇāmbujaṁ harer
bhajann apakvo 'tha patet tato yadi
yatra kva vābhadram abhūd amuṣya kiṁ
ko vārtha āpto 'bhajatāṁ sva-dharmataḥ

tyaktvā—aufgegeben haben; *sva-dharmam*—seine pflichtgemäße Beschäftigung; *caraṇa-ambujam*—die Lotosfüße; *hareḥ*—Haris (des Herrn); *bhajan*—im Verlauf des hingebungsvollen Dienstes; *apakvaḥ*—unreif; *atha*—aufgrund dessen; *patet*—fällt herunter; *tataḥ*—von dieser Stufe; *yadi*—wenn; *yatra*—worauf; *kva*—welche Art von; *vā*—oder (sarkastisch gebraucht); *abhadram*—ungünstig; *abhūt*—wird geschehen; *amuṣya*—von ihm; *kim*—nichts; *kaḥ vā arthaḥ*—welches Interesse; *āptaḥ*—erhält; *abhajatām*—des Nichtgottgeweihten; *sva-dharmataḥ*—in pflichtgemäßem Dienst beschäftigt sein.

ÜBERSETZUNG

Wer seinen materiellen Tätigkeiten entsagt hat, um sich im hingebungsvollen Dienst des Herrn zu beschäftigen, mag manchmal, während er sich noch auf einer unreifen Stufe befindet, herunterfallen; jedoch besteht keine Gefahr, daß er nicht erfolgreich ist. Ein Nichtgottgeweihter dagegen gewinnt, auch wenn er gewissenhaft seine vorgeschriebenen Pflichten erfüllt, überhaupt nichts.

ERLÄUTERUNG

Was die Pflichten der Menschheit betrifft, so gibt es ihrer unzählige. Jeder ist pflichtgebunden — nicht nur an seine Eltern, Familienangehörigen, die Gesellschaft, sein Land, die Menschheit, andere Lebewesen, die Halbgötter usw., sondern auch an die großen Philosophen, Dichter und Wissenschaftler. Es wird in den Schriften die Anweisung gegeben, all diesen Pflichten zu entsagen und sich dem Dienst für den Herrn zu weihen. Wenn man so handelt und in der Erfüllung seines hingebungsvollen Dienstes für den Herrn Erfolg hat, ist es gut. Jedoch geschieht es zuweilen, daß man sich dem Dienst des Herrn aufgrund zeitweiliger Gefühle hingibt und im Laufe der Zeit aus vielerlei Gründen, zum Beispiel durch schlechten Umgang, vom Pfad des Dienstes abkommt. Hierfür gibt es in der Geschichte viele Beispiele: Bharata Mahārāja mußte als Hirsch geboren werden, weil er eine innige Zuneigung zu einem Hirsch entwickelt hatte. Als er starb, dachte er an diesen Hirsch und wurde deshalb im nächsten Leben im Körper eines Hirsches geboren, wobei er indessen sein vorheriges Leben nicht vergaß. Ebenso kam auch Citraketu wegen seiner Vergehen gegen die Füße Śivas zu Fall. Aber trotz alledem wird hier die Bedeutsamkeit der Hingabe an die Lotosfüße des Herrn hervorgehoben, auch wenn die Möglichkeit besteht zu fallen; denn selbst wenn man fällt und die vorgeschriebenen Pflichten des hingebungsvollen Dienstes vernachlässigt, wird man die Lotosfüße des Herrn niemals vergessen. Wenn man einmal im hingebungsvollen Dienst des Herrn tätig gewesen ist, wird man den Dienst unter allen Umständen fortsetzen. In der *Bhagavad-gītā* (2.40) wird gesagt, daß selbst ein wenig hingebungsvoller Dienst einen vor der größten Gefahr bewahren kann. Für solche Fälle gibt es viele Beispiele in der Geschichte. Ajāmila ist eines von ihnen. Ajāmila war in seiner Kindheit ein Gottgeweihter gewesen, doch in seiner Jugend kam er vom rechten Weg ab. Trotzdem wurde er am Ende seines Lebens vom Herrn gerettet.

VERS 18

तस्यैव हेतोः प्रयतेत कोविदो
न लभ्यते यद्भ्रमतामुपर्यधः ।
तल्लभ्यते दुःखवदन्यतः सुखं
कालेन सर्वत्र गभीररंहसा ॥१८॥

tasyaiva hetoḥ prayateta kovido
na labhyate yad-bhramatām upary adhaḥ
tal-labhyate duḥkhavad anyataḥ sukhaṁ
kālena sarvatra gabhīra-raṁhasā

tasya—zu diesem Zweck; *eva*—nur; *hetoḥ*—Grund; *prayateta*—sollten streben; *kovidaḥ*—einer, der philosophische Neigungen hat; *na*—nicht; *labhyate*—ist nicht erhältlich; *yat*—was; *bhramatām*—wandernd; *upari adhaḥ*—von oben bis unten; *tat*—das; *labhyate*—kann erlangt werden; *duḥkhavat*—wie die Leiden; *anyataḥ*—als Ergebnis früherer Handlungen; *sukham*—Sinnengenuß; *kālena*—im Laufe der Zeit; *sarvatra*—überall; *gabhīra*—unmerklicher; *raṁhasā*—Fortschritt.

ÜBERSETZUNG

Wirklich intelligente Menschen mit philosophischen Neigungen sollten nur nach dem wichtigen Ziel streben, das selbst auf einer Wanderung vom höchsten Planeten [Brahmaloka] bis hinunter zum niedrigsten Planeten [Pātāla] nicht zu erlangen ist. Das aus Sinnengenuß gewonnene Glück erlangt man im Laufe der Zeit ganz von selbst, ebenso, wie man im Laufe der Zeit Krankheiten bekommt, obwohl man sie sich gar nicht wünscht.

ERLÄUTERUNG

Jedermann versucht überall, durch verschiedene Bestrebungen, die größtmögliche Menge an Sinnengenuß zu erlangen. Manche treiben eifrig Handel, beschäftigen sich in der Industrie, in wirtschaftlicher Entwicklung, üben politische Vorherrschaft aus, und einige gehen fruchtbringender Arbeit nach, um im nächsten Leben höhere Planeten zu erreichen und dort glücklich zu werden. Es wird zum Beispiel gesagt, daß die Bewohner des Mondes größere Sinnenfreude genießen können, da es ihnen vergönnt ist, *soma-rasa* zu trinken. Den Pitṛloka, ebenfalls ein höherer Planet, erreicht man durch Wohlfahrtsarbeit. Es gibt also vielerlei Möglichkeiten, die Sinne zu genießen – entweder in diesem Leben oder in dem Leben nach dem Tod. Einige versuchen, den Mond oder andere Planeten mit mechanischen Hilfsmitteln zu erreichen, da sie sehr begierig sind, zu solchen Planeten zu gelangen, ohne gute Werke zu tun. Aber das ist nicht möglich. Durch das Gesetz des Höchsten sind verschiedene Orte für verschiedene Arten von Lebewesen bestimmt, entsprechend den Werken, die sie getan haben. Nur durch gute Werke kann man, wie in den Schriften gesagt wird, Geburt in einer guten Familie, Reichtum, gute Erziehung und einen wohlgestalteten Körper erlangen. Wir sehen auch, daß jemand bereits im jetzigen Leben eine gute Erziehung, Geld oder körperliche Schönheit bekommt. In ähnlicher Weise können wir nur durch gute Werke in unserem nächsten Leben solch wünschenswerte Eigenschaften und Füllen bekommen. Andernfalls wäre es nicht möglich, daß zwei Menschen, die am selben Ort und zur selben Zeit geboren werden, völlig verschiedenen Bedingungen ausgesetzt sind. Dies geschieht in Entsprechung zu ihren früheren Handlungen. All diese materiellen Umstände sind jedoch nicht von Dauer. Auch die Positionen auf dem höchsten Planeten, Brahmaloka, und dem niedrigsten, Pātāla, sind entsprechend unserem Tun veränderlich. Der philosophisch geneigte Mensch darf sich durch solch wandelbare Positionen nicht verleiten lassen. Er sollte versuchen, das immerwährende Leben der Glückseligkeit und des Wissens zu erlangen, in welchem er niemals dazu gezwungen ist, wieder in die leidvolle materielle Welt, auf diesen oder jenen Planeten, zurückzukehren. Leiden und gemischtes Glück sind zwei Erscheinungen des materiellen Lebens, die sowohl auf Brahmaloka als auch auf anderen *lokas* auftreten. Sie werden im Leben der Halbgötter wie auch im Leben der Hunde und Schweine erfahren. Die Leiden und das gemischte Glück der Lebewesen sind von unterschiedlichem Grad und verschiedener Qualität, doch niemand ist von den Leiden Geburt, Tod, Alter und Krankheit frei. In ähnlicher Weise ist jedem ein gewisses Maß an Glück bestimmt. Niemand kann mehr oder weniger von diesen Dingen durch persönliches Streben erlangen. Selbst wenn man sie erlangt, können sie doch wieder verlorengehen. Man sollte daher nicht seine Zeit mit solch belanglosen Dingen verschwenden, sondern nur danach streben, zurück zu Gott zu gehen. Das sollte die Lebensaufgabe eines jeden sein.

VERS 19

न वै जनो जातु कथंचनाव्रजे-
न्मुकुन्दसेव्यन्यवदङ्ग संसृतिम् ।
स्मरन्मुकुन्दाङ्घ्र्युपगूहनं पुन-
र्विहातुमिच्छेन्न रसग्रहो जनः ॥१९॥

na vai jano jātu kathañcanāvrajen
mukunda-sevy anyavad aṅga saṁsṛtim
smaran mukundāṅghry-upagūhanaṁ punar
vihātum icchen na rasa-graho janaḥ

na—niemals; *vai*—gewiß; *janaḥ*—ein Mensch; *jātu*—zu jeder Zeit; *kathañcana*—irgendwie; *āvrajet*—unterzieht sich nicht; *mukunda-sevī*—der Geweihte des Herrn; *anyavat*—wie andere; *aṅga*—o mein lieber; *saṁsṛtim*—materielle Existenz; *smaran*—sich erinnernd an; *mukunda-aṅghri*—die Lotosfüße des Herrn; *upagūhanam*—umarmend; *punaḥ*—wieder; *vihātum*—gewillt aufzugeben; *icchet*—Wunsch; *na*—niemals; *rasa-grahaḥ*—jemand, der den Geschmack gekostet hat; *janaḥ*—Mensch.

ÜBERSETZUNG

Mein lieber Vyāsa, selbst wenn ein Geweihter Śrī Kṛṣṇas aus irgendeinem Grund fällt, erleidet er gewiß nicht das materielle Dasein wie andere [fruchtbringende Arbeiter usw.], denn ein Mensch, der einmal den Geschmack der Lotosfüße des Herrn gekostet hat, kann nichts anderes tun, als sich immer und immer wieder an diese Ekstase zu erinnern.

ERLÄUTERUNG

Ein Geweihter des Herrn wird ganz von selbst den Verlockungen des materiellen Daseins gegenüber gleichgültig, weil er *rasa-graha* ist, das heißt jemand, der die Süße der Lotosfüße Śrī Kṛṣṇas gekostet hat. Es gibt ohne Zweifel viele Beispiele von Geweihten des Herrn, die durch schlechten Umgang gefallen sind wie die fruchtbringenden Arbeiter, die stets für Entartung anfällig sind. Aber selbst wenn ein Gottgeweihter zu Fall kommt, darf er nie wie ein gefallener *karmī* angesehen werden. Ein *karmī* erleidet die Reaktionen auf seine fruchtbringenden Handlungen, wohingegen ein Gottgeweihter durch vom Herrn Selbst gesandte Strafen gebessert wird. Die Leiden eines Waisenkindes und die des geliebten Kindes eines Königs sind nicht die gleichen. Ein Waisenkind ist wirklich arm, da es niemanden hat, der sich um es kümmert, aber der geliebte Sohn eines reichen Mannes steht immer, obwohl es so scheint, als befände er sich auf der gleichen Ebene wie der Waise, unter der Obhut seines mächtigen Vaters. Ein Geweihter des Herrn ahmt bisweilen, aufgrund falschen Umgangs, die fruchtbringenden Arbeiter nach. Die fruchtbringenden Arbeiter wollen über die materielle Welt herrschen. In ähnlicher Weise denkt ein neuer Gottgeweihter in seiner Torheit daran, materielle Macht im Austausch für hingebungsvollen Dienst zu erlangen. Ein solch törichter Gottgeweihter wird manchmal durch den Herrn Selbst in Schwierigkeiten gebracht. Wenn der Herr ihm eine besondere Gunst erweisen will, kann es sein, daß Er ihm alle materiellen Güter fortnimmt, worauf den verwirrten Gottgeweihten alle Freunde, Verwandten und Bekannten verlassen. Er besinnt sich dann durch die Gnade des Herrn und wird wieder auf den richtigen Weg gebracht, um seinen hingebungsvollen Dienst weiter ausführen zu können.

In der *Bhagavad-gītā* (6.41) wird auch gesagt, daß solch gefallenen Gottgeweihten die Möglichkeit gegeben wird, in einer Familie hochqualifizierter *brāhmaṇas* oder in einer reichen Kaufmannsfamilie wiedergeboren zu werden. Ein solcher Gottgeweihter ist nicht so vom Glück begünstigt wie einer, der vom Herrn bestraft und offensichtlich in eine Lage der Hilflosigkeit versetzt wird. Der Gottgeweihte, der durch den Willen des Herrn hilflos wird, ist in einer glücklicheren Lage als diejenigen, die in guten Familien geboren werden. Die gefallenen Gottgeweihten, die in guten Familien geboren werden, vergessen leicht die Lotosfüße des Herrn, da sie weniger vom Glück begünstigt sind. Der Gottgeweihte, der in eine hoffnungslose Lage versetzt wird, ist mehr vom Glück begünstigt, denn er kehrt sehr schnell zu den Lotosfüßen des Herrn zurück, da er sich völlig hilflos fühlt.

Reiner hingebungsvoller Dienst ist spirituell so genußreich, daß ein Gottgeweihter ganz von selbst das Interesse an materiellen Sinnenfreuden verliert. Das ist das Zeichen der Vollkommenheit im fortgeschrittenen hingebungsvollen Dienst. Ein reiner Gottgeweihter erinnert sich ständig an die Lotosfüße Śrī Kṛṣṇas und vergißt Ihn nicht einmal für einen Augenblick – nicht einmal, wenn ihm dafür aller Reichtum der drei Welten angeboten würde.

VERS 20

इदं हि विश्वं भगवानिवेतरो
यतो जगत्स्थाननिरोधसम्भवाः ।
तद्धि स्वयं वेद भवांस्तथापि ते
प्रादेशमात्रं भवतः प्रदर्शितम् ॥२०॥

idaṁ hi viśvaṁ bhagavān ivetaro
yato jagat-sthāna-nirodha-sambhavāḥ
tad dhi svayaṁ veda bhavāṁs tathāpi te
prādeśa-mātraṁ bhavataḥ pradarśitam

idam—dies; *hi*—alles; *viśvam*—Kosmos; *bhagavān*—der Höchste Herr; *iva*—fast derselbe; *itaraḥ*—verschieden von; *yataḥ*—von dem; *jagat*—die Welten; *sthāna*—bestehen; *nirodha*—Vernichtung; *sambhavāḥ*—Schöpfung; *tat hi*—über all dies; *sva*-

yam—persönlich; *veda*—weißt; *bhavān*—du; *tathā api*—noch; *te*—dein; *prādeśa-mātram*—nur eine Zusammenfassung; *bhavataḥ*—dir; *pradarśitam*—erklärt.

ÜBERSETZUNG

Der Höchste Herr, die Persönlichkeit Gottes, ist Selbst der Kosmos, und dennoch ist Er weit entfernt davon. Von Ihm allein ging die kosmische Manifestation aus, in Ihm ruht sie, und in Ihn geht sie nach der Vernichtung wieder ein. Du weißt alles darüber. Ich habe nur eine Zusammenfassung gegeben.

ERLÄUTERUNG

Für einen reinen Gottgeweihten ist die Vorstellung von Mukunda, Śrī Kṛṣṇa, sowohl persönlich als auch unpersönlich. Die unpersönliche kosmische Situation ist ebenfalls Mukunda, da sie die Emanation der Energie Mukundas ist. Zum Beispiel ist ein Baum eine vollständige Einheit, wohingegen die Blätter und Zweige von ihm vollständige Teile sind. Die Blätter und Zweige des Baumes sind auch der Baum, jedoch ist der Baum selbst weder die Blätter noch die Zweige. Die vedische Darstellung, nach der die gesamte kosmische Schöpfung nichts anderes ist als Brahman, bedeutet, daß nichts vom Höchsten Brahman getrennt ist, da alles von Ihm ausgeht. In ähnlicher Weise werden die Arme und Beine Körper genannt. Der Körper als gesamte Einheit ist jedoch weder die Arme noch die Beine. Der Herr ist die transzendentale Gestalt der Ewigkeit, Erkenntnis und Schönheit, und daher erscheint auch die Schöpfung der Energie des Herrn zum Teil als ewig, voller Wissen und voller Schönheit. Aus diesem Grund sind die bezauberten bedingten Seelen unter dem Einfluß der äußeren Energie *māyā* im Netzwerk der materiellen Natur gefangen. Sie halten diesen Zustand für das ein und alles, da sie keine Kenntnis vom Herrn haben, der die urerste Ursache ist. Auch wissen sie nicht, daß die Teile des Körpers, wenn sie vom gesamten Körper getrennt sind, nicht länger derselbe Arm oder dasselbe Bein sind, das sie waren, als sie mit dem Körper eine Einheit bildeten. Ebenso ist eine gottlose Zivilisation, die sich vom transzendentalen liebevollen Dienst für die Höchste Persönlichkeit Gottes losgesagt hat, wie ein abgetrennter Arm oder ein abgetrenntes Bein. Diese Teile mögen wie Arme und Beine erscheinen, doch sind sie nicht als solche zu gebrauchen. Der Geweihte des Herrn, Śrīla Vyāsadeva, weiß dies sehr gut. Er wird von Śrīla Nārada nunmehr angewiesen, diesen Gedanken weiter fortzuführen, so daß die gefangenen bedingten Seelen von Vyāsadeva lernen und den Höchsten Herrn als die urerste Ursache verstehen können.

Nach der vedischen Darstellung ist der Herr von Natur aus voller Macht, und daher sind Seine höchsten Energien immer vollkommen und mit Ihm identisch. Die spirituellen und materiellen Welten und ihre Manifestationen sind Erweiterungen der inneren und äußeren Energien des Herrn. Die äußere Energie ist untergeordnet, wohingegen die innere Kraft übergeordnet ist. Die höhere Energie ist die Lebenskraft und ist daher völlig identisch mit Ihm; die äußere, inaktive Energie dagegen ist nur zum Teil mit dem Herrn identisch. Beide Energien jedoch kommen dem Herrn weder gleich, noch sind sie größer als Er, der der Ursprung aller Energien ist. Solche Energien unterstehen immer Seiner Aufsicht.

Der Mensch und alle anderen Lebewesen sind Schöpfungen Seiner inneren Energie. Somit ist das Lebewesen ebenfalls mit dem Herrn identisch. Jedoch kommt es der Persönlichkeit Gottes niemals gleich oder überragt Ihn. Der Herr und die Lebewesen sind alle individuelle Personen. Mit Hilfe der materiellen Energie können sich die Lebewesen etwas erschaffen, doch keine ihrer Schöpfungen kommt den Schöpfungen des Herrn gleich oder übertrifft sie. Der Mensch mag einen kleinen, spielzeugähnlichen Satelliten erschaffen und ins All schießen, aber das bedeutet nicht, daß er, wie der Herr, einen Planeten wie die Erde oder den Mond erschaffen und im Weltraum schweben lassen kann. Menschen mit dürftigem Wissensumfang erheben den Anspruch, dem Herrn ebenbürtig zu sein. Sie sind dem Herrn niemals ebenbürtig, und auch in der Zukunft wird dies niemals der Fall sein. Der Mensch kann, nachdem er die Vollkommenheit ganz erreicht hat, ein hohes Maß der Eigenschaften des Herrn (bis zu 78 Prozent) erreichen, jedoch ist es niemals möglich, den Herrn zu übertreffen oder Ihm ebenbürtig zu werden. In ihrem kranken Zustand behaupten nur die törichten Wesen, mit dem Herrn eins zu sein, und werden so von der illusionierenden Energie irregeführt. Die fehlgeleiteten Lebewesen sollten die Überlegenheit des Herrn anerkennen und damit einverstanden sein, Ihm liebevollen Dienst darzubringen. Dafür sind sie geschaffen worden. Ohne das kann es keinen Frieden und keine Eintracht auf der Welt geben. Śrīla Vyāsadeva wird von Śrīla Nārada angewiesen, diesen Gedanken im *Bhāgavatam* fortzuführen. In der *Bhagavad-gītā* (18.66) wird die gleiche Idee gegeben: „Gib dich völlig den Lotosfüßen des Herrn hin.“ Das ist die einzige Pflicht des vollkommenen Menschen.

VERS 21

त्वमात्मनाऽऽत्मानमवेह्यमोघदृक्
परस्य पुंसः परमात्मनः कलाम् ।
अजं प्रजातं जगतः शिवाय त-
न्महानुभावाभ्युदयोऽधिगण्यताम् ॥२१॥

tvam ātmanātmānam avehy amogha-dṛk
parasya puṁsaḥ paramātmanaḥ kalām
ajaṁ prajātaṁ jagataḥ śivāya tan
mahānubhāvābhyudayo 'dhigaṇyatām

tvam—du; *ātmanā*—durch dein Selbst; *ātmānam*—die Überseele; *avehi*—finde heraus; *amogha-dṛk*—einer, der über vollkommene visionäre Kraft verfügt; *parasya*—der Transzendenz; *puṁsaḥ*—Persönlichkeit Gottes; *paramātmanaḥ*—des Höchsten Herrn; *kalām*—vollständiger Teil; *ajam*—ungeboren; *prajātam*—geboren worden sein; *jagataḥ*—der Welt; *śivāya*—für das Wohl; *tat*—das; *mahānubhāva*—der Persönlichkeit Gottes, Śrī Kṛṣṇa; *abhyudayaḥ*—Spiele; *adhigaṇyatām*—beschreibe sehr lebendig.

ÜBERSETZUNG

O Güte in Person, du besitzt vollkommene visionäre Kraft. Du kannst die Überseele, die Persönlichkeit Gottes, erkennen, da du als vollständiger Teil des Herrn gegenwärtig bist. Obwohl ungeboren, bist du zum Wohl aller Menschen auf der Erde erschienen. Bitte beschreibe daher die transzendentalen Spiele der Höchsten Persönlichkeit Gottes, Śrī Kṛṣṇa, noch lebendiger.

ERLÄUTERUNG

Śrīla Vyāsadeva ist eine ermächtigte vollständige Teilerweiterung der Persönlichkeit Gottes, Śrī Kṛṣṇa. Er stieg aus seiner grundlosen Gnade herab, um die gefallenen Seelen der materiellen Welt zu befreien, die vom transzendentalen liebevollen Dienst für den Herrn getrennt sind. Die Lebewesen sind Teile des Herrn, und sie sind Seine ewigen Diener. Alle vedischen Schriften sind daher, zum Segen der gefallenen Seelen, systematisch geordnet worden, und es ist die Pflicht der gefallenen Seelen, diese Schriften zu nutzen und dadurch von der Fessel des materiellen Daseins befreit zu werden. Obwohl Śrī Nārada Ṛṣi formal der spirituelle Meister Śrīla Vyāsadevas ist, ist dieser nicht im geringsten auf einen spirituellen Meister angewiesen, da er im Grunde der spirituelle Meister eines jeden anderen ist. Aber weil er als *ācārya* tätig ist, hat er uns durch sein eigenes Verhalten gelehrt, daß man einen spirituellen Meister annehmen muß, auch wenn man Gott Selbst ist. Auch Śrī Kṛṣṇa, Śrī Rāma und Śrī Caitanya Mahāprabhu nahmen offiziell einen spirituellen Meister an, obwohl Sie aufgrund Ihres transzendentalen Wesens über alles Wissen verfügten. Um die Masse der Menschen zu den Lotosfüßen Śrī Kṛṣṇas zu führen, beschrieb Śrī Kṛṣṇa Selbst, in der Inkarnation Vyāsadevas, die transzendentalen Spiele des Herrn.

VERS 22

इदं हि पुंसस्तपसः श्रुतस्य वा
स्विष्टस्य सूक्तस्य च बुद्धिदत्तयोः ।
अविच्युतोऽर्थः कविभिर्निरूपितो
यदुत्तमश्लोकगुणानुवर्णनम् ॥२२॥

idaṁ hi puṁsas tapasaḥ śrutasya vā
sviṣṭasya sūktasya ca buddhi-dattayoḥ
avicyuto 'rthaḥ kavibhir nirūpito
yad-uttamaśloka-guṇānuvarṇanam

idam—dies; *hi*—gewiß; *puṁsaḥ*—von jedem; *tapasaḥ*—durch Bußen; *śrutasya*—durch das Studieren der *Veden*; *vā*—oder; *sviṣṭasya*—Opfer; *sūktasya*—spirituelle Erziehung; *ca*—und; *buddhi*—Aneignung von Wissen; *dattayoḥ*—Spende; *avicyutaḥ*—unfehlbar; *arthaḥ*—Sinn; *kavibhiḥ*—von bekannten Gelehrten; *nirūpitaḥ*—geschlußfolgert; *yat*—was; *uttamaśloka*—der Herr, der in ausgewählten Dichtungen beschrieben wird; *guṇa-anuvarṇanam*—Beschreibung der transzendentalen Eigenschaften von.

ÜBERSETZUNG

Große Gelehrte sind zu der positiven Schlußfolgerung gekommen, daß der eigentliche Zweck der Vervollkommnung des Wissens, bestehend aus Bußen, dem Studium der Veden, Opfern, Spenden und dem Chanten von Hymnen, in der transzendentalen Beschreibung des Höchsten Herrn gipfelt, der mit erlesener Dichtung gepriesen wird.

ERLÄUTERUNG

Der Mensch besitzt eine solch hochentwickelte Intelligenz, daß es ihm möglich ist, sich Wissen über Kunst, Musik, Philosophie, Physik, Chemie, Psychologie, Politik usw. anzueignen. Werden diese Erkenntnisse richtig angewandt, kann der Mensch die Vollkommenheit des Lebens erreichen, die in der Erkenntnis Kṛṣṇas, des Höchsten Wesens, gipfelt. Die *śruti* empfiehlt daher allen, die wirklich intelligent und gebildet sind, sich im Dienste Śrī Viṣṇus zu beschäftigen. Unglücklicherweise sind jedoch gerade in der heutigen Zeit die meisten Menschen, auch die Intelligenten und Gebildeten, von der Schönheit *viṣṇu-māyās*, der äußeren, materiellen Energie Gottes, bezaubert und verstehen daher nicht, daß die höchste Vollkommenheit des Lebens, das heißt Selbsterkenntnis, von Viṣṇu abhängig ist. *Viṣṇu-māyā* bedeutet „Sinnengenuß", welcher letzten Endes vergänglich und leidvoll ist. Wer von *viṣṇu-māyā* betört wird, benutzt seine Intelligenz und sein Wissen nur dazu, die Möglichkeiten zum Genuß der Sinne zu verbessern. Śrī Nārada Muni hat erklärt, daß die gesamte kosmische Schöpfung eine Emanation der verschiedenen Energien des Herrn ist, denn durch Seine unfaßbare Energie hat der Herr die Aktionen und Reaktionen der manifestierten Schöpfung in Bewegung gesetzt. Alle Manifestationen gehen aus Seiner Energie hervor, ruhen in ihr und gehen nach der Vernichtung wieder in Ihn ein. Nichts ist daher verschieden von Ihm, doch zur gleichen Zeit ist der Herr verschieden von allem.

Wenn Intelligenz und Wissen im Dienst des Herrn benutzt werden, wird der ganze Vorgang absolut, denn die Höchste Persönlichkeit Gottes Selbst ist absolut, und Sein transzendentaler Name, Sein Ruhm, Seine Taten, Seine Eigenschaften usw. sind nicht von Ihm verschieden. Alle großen Weisen und Gottgeweihten haben deshalb empfohlen, Kunst, Musik, Philosophie, Physik, Chemie, Psychologie, Politik und alle anderen Wissenszweige einzig und allein im Dienst des Herrn zu verwenden. Kunst, Literatur, Dichtung, Malerei usw. können dazu benutzt werden, den Herrn zu verherrlichen. Die Schriftsteller, Dichter und gefeierten Literaten schreiben im allgemeinen über sinnliche Themen, aber wenn sie sich dem Dienst des Herrn zuwenden, können sie Seine transzendentalen Spiele beschreiben. Vālmīki Muni, ein berühmter Dichter, und auch Śrīla Vyāsadeva, ein großer Schriftsteller, beschäftigten sich ausschließlich damit, die transzendentalen Taten und Spiele des Herrn zu beschreiben, und indem sie dies taten, wurden sie unsterblich. Neben den schönen Künsten können natürlich auch Wissenschaft und Philosophie dazu benutzt werden, Gott zu preisen. Es ist wertlos, spekulative Theorien aufzustellen, die doch nur Sinnenfreude zum Ziel haben. Wissenschaft und Philosophie sollten den Ruhm des Herrn verkünden. Intelligente Menschen wollen die Absolute Wahrheit im allgemeinen durch das Medium der Wissenschaft verstehen, und deshalb sollte sich ein großer Wissenschaftler darum bemühen, die Existenz Gottes auf wissenschaftlicher Basis zu beweisen. In ähnlicher Weise sollten philosophische Überlegungen dazu beitragen, die Höchste Wahrheit als empfindend und allmächtig zu verstehen. Auf diese Weise sollten alle Zweige des Wissens in den Dienst des Herrn gestellt werden. In der *Bhagavad-gītā* (13.8-12) finden wir die gleiche Tatsache bestätigt. „Wissen", das nicht im Dienst des Herrn benutzt wird, ist nichts weiter als Unwissenheit. Wirkliches Wissen bedeutet, den Ruhm des Herrn zu preisen. Somit sind wissenschaftliches Wissen und alle sonstigen Tätigkeiten, die in den Dienst des Herrn gestellt werden, *hari-kīrtana* (Ruhmpreisung des Herrn).

VERS 23

अहं पुरातीतभवेऽभवं मुने
दास्यास्तु कस्याश्चन वेदवादिनाम् ।
निरूपितो बालक एव योगिनां
शुश्रूषणे प्रावृषि निर्विविक्षताम् ॥२३॥

ahaṁ purātīta-bhave 'bhavaṁ mune
dāsyās tu kasyāścana veda-vādinām
nirūpito bālaka eva yogināṁ
śuśrūṣaṇe prāvṛṣi nirvivikṣatām

aham—ich; *purā*—früher; *atīta-bhave*—im vorangegangenen Zeitalter; *abhavam*—wurde; *mune*—o *muni*; *dāsyāḥ*—einer Dienerin; *tu*—aber; *kasyāścana*—gewiß; *veda-vādinām*—der Befolger des *Vedānta*; *nirūpitaḥ*—beschäftigt; *bālakaḥ*—Diener; *eva*—nur; *yoginām*—Gottgeweihten; *śuśrūṣaṇe*—im Dienst von; *prāvṛṣi*—während der vier Monate der Regenzeit; *nirvivikṣatām*—zusammenlebend.

ÜBERSETZUNG

O Muni, im letzten Zeitalter wurde ich als Sohn einer Dienerin geboren, die im Dienst von brāhmaṇas stand, die den Prinzipien des Vedānta folgten. Als sie während der vier Monate der Regenzeit zusammenlebten, war auch ich in ihrem persönlichen Dienst beschäftigt.

ERLÄUTERUNG

Das Wunder einer Atmosphäre, die mit hingebungsvollem Dienst für den Herrn erfüllt ist, wird hier in ein paar Sätzen von Śrī Nārada Muni beschrieben. Er war der Sohn völlig unbedeutender Eltern und hatte keine gute Erziehung genossen. Dennoch wurde er, weil er seine ganze Kraft in den Dienst des Herrn stellte, ein unsterblicher Weiser. Das ist die Macht des hingebungsvollen Dienstes. Die Lebewesen sind die mittlere Energie des Herrn, und daher sind sie dafür bestimmt, in rechter Weise im transzendentalen liebevollen Dienst des Herrn eingesetzt zu werden. Wenn dies nicht geschieht, stehen sie unter dem Einfluß *māyās*. Die von *māyā* bewirkte Täuschung verschwindet, sobald man seine ganze Kraft in den Dienst des Herrn stellt, statt sie für Sinnenfreuden zu vergeuden. An dem persönlichen Beispiel Śrī Nārada Munis aus seinem vorherigen Leben wird deutlich, daß der Dienst für den Herrn mit dem Dienst für die echten Diener des Herrn beginnt. Der Herr sagt, daß der Dienst für Seine Diener bedeutsamer ist als der Dienst für Ihn Selbst. Der Dienst für die Gottgeweihten ist mehr wert als der Dienst für den Herrn. Man sollte daher einen echten Diener Gottes ausfindig machen, der ständig im Dienst des Herrn beschäftigt ist, und einen solchen Diener als spirituellen Meister annehmen und sich in seinem Dienst betätigen. Der spirituelle Meister ist das transparente Medium, durch das man den Herrn sehen kann, der Sich jenseits der Reichweite der materiellen Sinne befindet. Wenn man dem spirituellen Meister dient, ist der Herr bereit, sich in dem Maße zu offenbaren, wie Dienste dargebracht werden. Die Verwendung der menschlichen Energie im Dienst des Herrn führt zu raschem Fortschritt auf dem Pfad der Erlösung. Die gesamte kosmische Schöpfung wird augenblicklich mit dem Herrn identisch, sobald Dienste in Beziehung zum Herrn unter der Führung eines echten spirituellen Meisters dargebracht werden. Der erfahrene spirituelle Meister kennt die Kunst, alles zur Verherrlichung des Herrn zu benutzen, und daher kann durch die göttliche Gnade des Dieners des Herrn und unter seiner Führung die ganze Welt in das spirituelle Reich verwandelt werden.

VERS 24

ते मय्यपेताखिलचापलेऽर्भके
दान्तेऽधृतक्रीडनकेऽनुवर्तिनि ।
चक्रुः कृपां यद्यपि तुल्यदर्शनाः
शुश्रूषमाणे मुनयोऽल्पभाषिणि ॥२४॥

te mayy apetākhila-cāpale 'rbhake
dānte 'dhṛta-krīḍanake 'nuvartini
cakruḥ kṛpāṁ yadyapi tulya-darśanāḥ
śuśrūṣamāṇe munayo 'lpa-bhāṣiṇi

te—sie; *mayi*—mich; *apeta*—sich nicht unterzogen habend; *akhila*—alle Arten von; *cāpale*—Neigungen; *arbhake*—ein Junge; *dānte*—die Sinne beherrscht habend; *adhṛta-krīḍanake*—ohne Neigungen zum Spielen; *anuvartini*—gehorsam; *cakruḥ*—schenkten; *kṛpām*—grundlose Gnade; *yadyapi*—obwohl; *tulya-darśanāḥ*—von

Natur aus unvoreingenommen; *śuśrūṣamāṇe*—dem Gläubigen; *munayaḥ*—die *muni*-Nachfolger des *Vedānta*; *alpa-bhāṣiṇi*—jemand, der nicht mehr spricht, als nötig ist.

ÜBERSETZUNG

Diese Nachfolger des Vedānta, obwohl von Natur aus unvoreingenommen, segneten mich mit ihrer grundlosen Gnade. Was mich betrifft, so war ich, obwohl ein Knabe, selbstbeherrscht und fand keine Freude am Spielen. Auch war ich nicht ungezogen und sprach nicht mehr als nötig.

ERLÄUTERUNG

In der *Bhagavad-gītā* (15.15) sagt der Herr: „Alle *Veden* suchen nach Mir." Śrī Caitanya sagt, daß es in den *Veden* nur drei Themen gibt, nämlich: wie die Lebewesen ihre Beziehung zur Persönlichkeit Gottes wiederherstelllen können, welche entsprechenden Pflichten im hingebungsvollen Dienst auszuführen sind und wie sie dadurch das endgültige Ziel, die Rückkehr zu Gott, erreichen können. Die Bezeichnung *vedānta-vādī*, Nachfolger des *Vedānta*, deutet auf die reinen Geweihten der Persönlichkeit Gottes hin. Solche *vedānta-vādīs* oder *bhakti-vedāntas* verteilen das transzendentale Wissen vom hingebungsvollen Dienst unvoreingenommen. Für sie ist niemand Freund oder Feind, gebildet oder ungebildet; niemand erscheint ihnen besonders gewogen oder übelgesinnt. Die *bhakti-vedāntas* sehen, daß die meisten Menschen ihre Zeit mit falschen, der Sinnenfreude dienenden Dingen verschwenden. Ihre Aufgabe besteht darin, die unwissende Masse der Menschen dazu zu bringen, die verlorene Beziehung zur Persönlichkeit Gottes wiederaufzunehmen. Durch solche Bemühung wird selbst die unbedeutendste Seele zur Stufe des spirituellen Lebens erhoben, und wenn die Menschen von den *bhakti-vedāntas* eingeweiht worden sind, machen sie allmählich Fortschritt auf dem Pfad transzendentaler Erkenntnis.

Die *vedānta-vādīs* weihten den Knaben sogar ein, bevor er selbstbeherrscht war und keine Freude mehr an kindlichen Spielen usw. fand. Vor der Einweihung jedoch wurde der Knabe, was Selbstzucht anbetraf, immer fortgeschrittener. Selbstzucht ist für jemanden, der in dieser Richtung Fortschritte zu machen wünscht, von großer Bedeutung. Im *varṇāśrama-dharma*-System, das den Beginn wahren menschlichen Lebens darstellt, wurden die Knaben mit fünf Jahren zum *āśrama* des *guru* geschickt, um *brahmacārīs* zu werden. Als *brahmacārīs* wurden sie, ganz gleich, ob es Königssöhne oder Söhne gewöhnlicher Bürger waren, in all diesen Dingen unterwiesen. Die Ausbildung war nicht nur darauf ausgerichtet, gute Bürger zu schaffen, sondern auch darauf, die Knaben auf spirituelle Verwirklichung vorzubereiten. Das unverantwortliche Leben der Sinnenfreude war den Kindern der Angehörigen des *varṇāśrama-dharma*-Systems unbekannt. Der Knabe wurde sogar schon, ehe er vom Vater in den Leib der Mutter gezeugt wurde, mit spiritueller Urteilskraft versehen. Vater und Mutter waren für den Erfolg ihres Kindes verantwortlich, der sich darin zeigte, daß es von der materiellen Fessel frei wurde. So sieht erfolgreiche Familienplanung aus. Sie ist dazu gedacht, vollkommene Kinder hervorzubringen. Ohne selbstbeherrscht, diszipliniert und unbedingt gehorsam zu sein, kann man die Unterweisungen des spirituellen Meisters nicht mit Erfolg einhalten, und ohne dies zu tun, ist es nicht möglich, zu Gott zurückzukehren.

VERS 25

उच्छिष्टलेपाननुमोदितो द्विजैः
सकृत्स्म भुञ्जे तदपास्तकिल्बिषः ।
एवं प्रवृत्तस्य विशुद्धचेतस-
स्तद्धर्म एवात्मरुचिः प्रजायते ॥२५॥

ucchiṣṭa-lepān anumodito dvijaiḥ
sakṛt sma bhuñje tad-apāsta-kilbiṣaḥ
evaṁ pravṛttasya viśuddha-cetasas
tad-dharma evātma-ruciḥ prajāyate

ucchiṣṭa-lepān—die Reste der Speisen; *anumoditaḥ*—mit Erlaubnis; *dvijaiḥ*—der *Vedānta-brāhmaṇas*; *sakṛt*—eines Tages; *sma*—in der Vergangenheit; *bhuñje*—nahm; *tat*—durch diese Handlung; *apāsta*—beseitigt; *kilbiṣaḥ*—alle Sünden; *evam*—so; *pravṛttasya*—beschäftigt sein; *viśuddha-cetasaḥ*—von jemandem, dessen Geist geläutert ist; *tat*—diese bestimmte; *dharma*—Natur; *eva*—gewiß; *ātma-ruciḥ*—transzendentale Anziehung; *prajāyate*—zeigte sich.

ÜBERSETZUNG

Einmal nur nahm ich mit Erlaubnis der großen Weisen die Reste ihrer Speisen zu mir, und so wurden alle meine Sünden sogleich ausgelöscht. Auf diese Weise wurde ich im Herzen geläutert und entwickelte den Wunsch, selbst ein Transzendentalist zu werden.

ERLÄUTERUNG

Reine Hingabe ist ebenso ansteckend, wie Krankheiten es sind, jedoch im guten Sinne. Ein reiner Gottgeweihter ist frei von allen Arten von Sünden. Die Persönlichkeit Gottes ist das reinste Wesen, und solange man nicht ebenso rein ist, frei vom Einfluß der materiellen Erscheinungsweisen, kann man kein reiner Geweihter des Herrn werden. Die *bhakti-vedāntas* waren, wie oben erwähnt, reine Gottgeweihte, und der Knabe wurde durch ihre Gemeinschaft und dadurch, daß er die Überreste ihrer Speisen zu sich nahm, von ihren reinen Eigenschaften angesteckt. Solche Überreste darf man sogar ohne die Erlaubnis der reinen Gottgeweihten essen. An dieser Stelle sei angemerkt, daß es leider auch Pseudo-Gottgeweihte gibt, vor denen man sich sehr vorsehen sollte. Es gibt viele Dinge, die einen daran hindern, in den hingebungsvollen Dienst einzutreten. Durch die Gemeinschaft reiner Gottgeweihter jedoch werden alle diese Hindernisse beseitigt, und der neue Gottgeweihte wird gleichsam mit den transzendentalen Eigenschaften des reinen Gottgeweihten bereichert, was bedeutet, daß er eine Zuneigung zum Namen, Ruhm, zu den Eigenschaften, Spielen usw. der Persönlichkeit Gottes verspürt. Mit den Eigenschaften des reinen Gottgeweihten angesteckt zu werden bedeutet, ständig den Geschmack der Hingabe in den transzendentalen Taten und Spielen der Persönlichkeit Gottes zu kosten. Dieser transzendentale Geschmack macht augenblicklich alle materiellen Dinge widerwärtig. Ein reiner Gottgeweihter fühlt sich deshalb nicht im geringsten zu materiellen Tätigkeiten hingezogen. Nachdem alle Hindernisse oder Sünden auf dem Pfad des hingebungsvollen Dienstes beseitigt sind, kann man Zuneigung verspüren, Beständigkeit entwickeln, einen vollkommenen Geschmack erfahren, transzendentale Empfindungen haben und schließlich auf der Ebene des liebevollen Dienstes für den Herrn verankert werden. Alle diese Stufen entwickeln sich durch die Gemeinschaft mit reinen Gottgeweihten. Das ist die Bedeutung dieses Verses.

VERS 26

तत्रान्वहं कृष्णकथाः प्रगायता-
मनुग्रहेणाशृणवं मनोहराः ।
ताः श्रद्धया मेऽनुपदं विशृण्वतः
प्रियश्रवस्यङ्ग ममाभवद्रुचिः ॥२६॥

tatrānvahaṁ kṛṣṇa-kathāḥ pragāyatām
anugraheṇāśṛṇavaṁ manoharāḥ
tāḥ śraddhayā me 'nupadaṁ viśṛṇvataḥ
priyaśravasy aṅga mamābhavad ruciḥ

tatra—demnach; *anu*—jeden Tag; *aham*—ich; *kṛṣṇa-kathāḥ*—Erzählung über die Taten und die Spiele Śrī Kṛṣṇas; *pragāyatām*—beschreibend; *anugraheṇa*—durch grundlose Barmherzigkeit; *aśṛṇavam*—zuhörend; *manaḥ-harāḥ*—anziehend; *tāḥ*—diese; *śraddhayā*—respektvoll; *me*—mir; *anupadam*—jeder Schritt; *viśṛṇvataḥ*—aufmerksam hörend; *priyaśravasi*—über die Persönlichkeit Gottes; *aṅga*—o Vyāsadeva; *mama*—mein; *abhavat*—wurde dadurch; *ruciḥ*—Geschmack.

ÜBERSETZUNG

O Vyāsadeva, in der Gemeinschaft dieser großen Vedānta-Gelehrten durfte ich dank ihrer Gnade zuhören, wenn sie die anziehenden Taten und Spiele Śrī Kṛṣṇas beschrieben. Als ich so aufmerksam zuhörte, wurde mein Geschmack für das Hören über die Persönlichkeit Gottes von Mal zu Mal stärker.

ERLÄUTERUNG

Śrī Kṛṣṇa, die Absolute Persönlichkeit Gottes, ist nicht nur in Form Seiner persönlichen Gestalten anziehend, sondern auch in Seinen transzendentalen Taten und Spielen. Das ist so, weil der Absolute in Seinem Namen, Seinem Ruhm, Seiner Gestalt, Seinen Spielen, Seiner Umgebung und allem sonst noch zu Ihm Gehörenden absolut ist.

Der Herr steigt aus Seiner grundlosen Gnade in die materielle Welt herab und offenbart Seine vielfältigen transzendentalen Spiele als Mensch, so daß die Menschen, die sich zu Ihm hingezogen fühlen, befähigt werden, zu Gott zurückzukehren. Jeder ist von Natur aus dazu geneigt, Geschichten und Erzählungen über Persönlichkeiten zu hören, die weltliche Taten vollbringen, ohne zu wissen, daß er auf diese Weise nur wertvolle Zeit verschwendet und außerdem dem Einfluß der drei Erscheinungsweisen der materiellen Natur verfällt. Anstatt Zeit zu verschwenden, kann man spirituellen Erfolg erzielen, indem man seine Aufmerksamkeit auf die transzendentalen Spiele des Herrn richtet. Wenn man Erzählungen über die Spiele des Herrn zuhört, tritt man mit der Persönlichkeit Gottes unmittelbar in Verbindung, und wie zuvor erklärt wurde, werden durch Hören über die Persönlichkeit Gottes alle angesammelten Sünden des weltlichen Geschöpfs von innen her ausgelöscht. Auf diese Weise von allen Sünden befreit, kann sich der Hörer allmählich von allem weltlichen Umgang lösen und fühlt sich zur Gestalt des Herrn hingezogen. Nārada Muni hat dies in diesem Vers am Beispiel seiner eigenen Erfahrung erklärt. Das Wichtige in diesem Zusammenhang ist die Tatsache, daß man nur durch Hören über die Spiele des Herrn einer der Gefährten des Herrn werden kann. Nārada Muni besitzt ewiges Leben und unbegrenztes Wissen und erfreut sich unermeßlicher Glückseligkeit; außerdem kann er ohne Einschränkung überall in den materiellen und spirituellen Welten reisen. Man kann die höchste Vollkommenheit des Lebens erreichen, indem man einfach aufmerksam über die transzendentalen Spiele des Herrn aus richtigen Quellen hört, ebenso, wie Śrī Nārada über sie von den reinen Gottgeweihten (*bhakti-vedāntas*) in seinem vorherigen Leben hörte. Dieser Vorgang des Hörens und der Gemeinschaft mit Gottgeweihten wird besonders für dieses Zeitalter des Zankes (Kali) empfohlen.

VERS 27

तस्मिंस्तदा लब्धरुचेर्महामते
प्रियश्रवस्यस्खलिता मतिर्मम ।
ययाहमेतत्सदसत्स्वमायया
पश्ये मयि ब्रह्मणि कल्पितं परे ॥२७॥

tasmiṁs tadā labdha-rucer mahā-mate
priyaśravasy askhalitā matir mama
yayāham etat sad-asat sva-māyayā
paśye mayi brahmaṇi kalpitaṁ pare

tasmin—da es sich so verhielt; *tadā*—zu dieser Zeit; *labdha*—erreichte; *ruceḥ*—Geschmack; *mahā-mate*—großer Weiser; *priyaśravasi*—über den Herrn; *askhalitā matiḥ*—ununterbrochene Aufmerksamkeit; *mama*—meine; *yayā*—durch die; *aham*—ich; *etat*—all diese; *sat-asat*—grob und fein; *sva-māyayā*—seine eigene Unwissenheit; *paśye*—sehe; *mayi*—in mir; *brahmaṇi*—der Höchste; *kalpitam*—ist anerkannt; *pare*—in der Transzendenz.

ÜBERSETZUNG

O großer Weiser, sobald ich für die Persönlichkeit Gottes einen Geschmack bekam, wurde meine Aufmerksamkeit, über den Herrn zu hören, unerschütterlich. Und als sich mein Geschmack entwickelte, erkannte ich, daß ich nur aus Unwissenheit grobe und feine Bedeckungen angenommen hatte, denn sowohl der Herr als auch ich sind transzendental.

ERLÄUTERUNG

Unwissenheit im materiellen Dasein wird mit Dunkelheit gleichgesetzt, und in allen vedischen Schriften wird die Persönlichkeit Gottes mit der Sonne verglichen. Wo immer Licht ist, kann es keine Dunkelheit geben. Über die Spiele des Herrn zu hören ist bereits transzendentale Gemeinschaft mit dem Herrn, da zwischen dem Herrn und Seinen transzendentalen Spielen kein Unterschied besteht. Mit dem höchsten Licht verbunden zu sein bedeutet, alle Unwissenheit aufzulösen. Nur weil die bedingte Seele unwissend ist, denkt sie fälschlich, sowohl sie als auch der Herr seien Geschöpfe der materiellen Natur. In Wirklichkeit jedoch sind die Persönlichkeit Gottes und die Lebewesen transzendental und haben mit der materiellen Natur nichts zu tun. Wenn die Unwissenheit beseitigt ist und man völlig erkennt, daß nichts ohne die Persönlichkeit Gottes besteht, verschwindet diese falsche Auffassung. Da der grobe und feine materielle Körper Emanationen der Persönlichkeit Gottes sind, erlaubt es einem das Wissen über das Licht, beide in den Dienst des Herrn zu stellen. Der grobe Körper sollte darin beschäftigt werden, dem Herrn Dienste zu leisten (wie Wasser zu bringen, den Tempel zu reinigen oder Ehrerbietungen darzubringen). Der *arcanā*-Pfad, das heißt die Verehrung des Herrn im Tempel, schließt die Beschäftigung des groben Körpers im Dienst des Herrn mit ein. In ähnlicher Weise sollte der feinmaterielle Geist damit beschäftigt werden, über die transzendentalen Spiele des Herrn zu hören, über sie nachzudenken, Seinen Namen zu chanten usw. All solche Tätigkeiten sind transzendental. Keiner der grob- und feinmateriellen Sinne sollte in anderer Weise tätig sein. Diese Verwirklichung transzendentaler Handlungen ist durch viele, viele Lehrjahre im transzendentalen Dienst des Herrn möglich; doch bereits die liebevolle Anziehung zur Persönlichkeit Gottes, wie sie von Nārada Muni durch Hören entwickelt wurde, ist überaus wirkungsvoll.

VERS 28

इत्थं शरत्प्रावृषिकावृतू हरे-
विशृण्वतो मेऽनुसवं यशोऽमलम् ।
संकीर्त्यमानं मुनिभिर्महात्मभि-
र्भक्तिः प्रवृत्ताऽऽत्मरजस्तमोपहा ॥२८॥

itthaṁ śarat-prāvṛṣikāv ṛtū harer
viśṛṇvato me nusavaṁ yaśo 'malam

saṅkīrtyamānaṁ munibhir mahātmabhir
bhaktiḥ pravṛttātma-rajas-tamopahā

ittham—so; *śarat*—Herbst; *prāvṛṣikau*—Regenzeit; *ṛtū*—zwei Jahreszeiten; *hareḥ*—des Herrn; *viśṛṇvataḥ*—fortlaufend hörend; *me*—ich; *anusavam*—ständig; *yaśaḥ amalam*—ungetrübte Herrlichkeit; *saṅkīrtyamānam*—gechantet von; *munibhiḥ*—den großen Weisen; *mahā-ātmabhiḥ*—große Seelen; *bhaktiḥ*—hingebungsvoller Dienst; *pravṛttā*—begann zu fließen; *ātma*—Lebewesen; *rajaḥ*—Erscheinungsweise der Leidenschaft; *tama*—Erscheinungsweise der Unwissenheit; *apahā*—verschwindend.

ÜBERSETZUNG

So bot sich mir während zweier Jahreszeiten — der Regenzeit und des Herbstes — die Gelegenheit, diese großen Weisen und großen Seelen ständig über die ungetrübte Herrlichkeit des Herrn, Hari, chanten zu hören. Als der Fluß meines hingebungsvollen Dienstes begann, verschwanden die Bedeckungen der Erscheinungsweisen der Leidenschaft und Unwissenheit.

ERLÄUTERUNG

Dem Höchsten Herrn in transzendentaler Liebe zu dienen ist die natürliche Neigung eines jeden Lebewesens. Dieser Instinkt ruht in jedem, aber durch die Gemeinschaft mit der materiellen Natur überlagern die Erscheinungsweisen der Leidenschaft und Unwissenheit diesen Instinkt seit unvordenklichen Zeiten. Wenn ein Lebewesen durch die Gnade des Herrn und der Geweihten des Herrn, der großen Seelen, das Glück hat, mit den ungetrübten Geweihten des Herrn Gemeinschaft zu haben, und eine Möglichkeit bekommt, über die reine Herrlichkeit des Herrn zu hören, beginnt mit Sicherheit der hingebungsvolle Dienst, einem Flusse gleich, zu strömen. Wie der Fluß so lange strömt, bis er den Ozean erreicht, so strömt reiner hingebungsvoller Dienst durch die Gemeinschaft reiner Gottgeweihter so lange, bis er das endgültige Ziel, transzendentale Liebe zu Gott, erreicht. Solches Strömen des hingebungsvollen Dienstes kann nicht aufhören. Im Gegenteil, es schwillt ohne Begrenzung immer mehr an. Der Strom des hingebungsvollen Dienstes ist so mächtig, daß auch jeder Zuschauer von dem Einfluß der Erscheinungsweisen der Leidenschaft und Unwissenheit befreit wird. Wenn diese beiden Eigenschaften der Natur beseitigt sind, ist das Lebewesen befreit und in seiner ursprünglichen Stellung verankert.

VERS 29

तस्यैवं मेऽनुरक्तस्य प्रश्रितस्य हतैनसः ।
श्रद्दधानस्य बालस्य दान्तस्यानुचरस्य च ॥२९॥

tasyaivaṁ me 'nuraktasya
praśritasya hatainasaḥ
śraddadhānasya bālasya
dāntasyānucarasya ca

tasya—sein; *evam*—so; *me*—meine; *anuraktasya*—hing an ihnen; *praśritasya*—gehorsam; *hata*—befreit von; *enasaḥ*—Sünden; *śraddadhānasya*—der Gläubigen; *bālasya*—des Knaben; *dāntasya*—bezwungen; *anucarasya*—streng den Anweisungen folgend; *ca*—und.

ÜBERSETZUNG

Ich hing sehr an diesen Weisen und war freundlich zu ihnen, und so wurden alle meine Sünden in ihrem Dienst ausgelöscht. Ich hatte in meinem Herzen großes Vertrauen zu ihnen, hatte die Sinne bezwungen und folgte ihnen streng mit Körper und Geist.

ERLÄUTERUNG

Dies sind die notwendigen Qualifikationen eines Anwärters, der damit rechnen kann, in die Stellung eines reinen, ungetrübten Gottgeweihten erhoben zu werden. Ein solcher Anwärter muß die Gemeinschaft reiner Gottgeweihter suchen. Er sollte sich nicht von einem Pseudo-Gottgeweihten irreführen lassen. Er muß einfach und freundlich sein, um die Anweisungen eines reinen Gottgeweihten zu empfangen. Ein reiner Gottgeweihter ist eine der Persönlichkeit Gottes völlig ergebene Seele. Er weiß, daß die Persönlichkeit Gottes der höchste Besitzer und alle anderen Seine Diener sind. Und nur durch die Gemeinschaft mit reinen Gottgeweihten kann man von allen durch weltlichen Umgang angesammelten Sünden frei werden. Ein neuer Gottgeweihter muß dem reinen Gottgeweihten mit Vertrauen dienen, und er sollte sehr gehorsam sein und alle Unterweisungen genau befolgen. Dies sind die Merkmale eines Gottgeweihten, der entschlossen ist, noch im gegenwärtigen Leben erfolgreich zu sein.

VERS 30

ज्ञानं गुह्यतमं यत्तत्साक्षाद्भगवतोदितम् ।
अन्ववोचन् गमिष्यन्तः कृपया दीनवत्सलाः ॥३०॥

jñānaṁ guhyatamaṁ yat tat
sākṣād bhagavatoditam
anvavocan gamiṣyantaḥ
kṛpayā dīna-vatsalāḥ

jñānam—Wissen; *guhyatamam*—das vertraulichste; *yat*—was ist; *tat*—das; *sākṣāt*—direkt; *bhagavatā uditam*—vom Herrn Selbst gelehrt; *anvavocan*—gaben Unterweisungen; *gamiṣyantaḥ*—während sie aufbrachen von; *kṛpayā*—durch grundlose Gnade; *dīna-vatsalāḥ*—diejenigen, die zu den Armen und Bescheidenen sehr gütig sind.

ÜBERSETZUNG

Als sie aufbrachen, unterwiesen mich die bhakti-vedāntas, die sehr gütig zu den armen bedingten Seelen sind, im vertraulichsten Wissen, das von der Persönlichkeit Gottes Selbst gelehrt wird.

ERLÄUTERUNG

Ein reiner *Vedānta*-Gelehrter, ein *bhakti-vedānta*, unterweist seine Schüler genau nach den Anweisungen des Herrn. Die Persönlichkeit Gottes hat in der *Bhagavad-gītā* wie auch in allen anderen Schriften den Menschen die klare Anweisung gegeben, Ihm allein zu folgen. Der Herr ist der Schöpfer, Erhalter und Vernichter aller Dinge. Die gesamte manifestierte Schöpfung besteht durch Seinen Willen, und durch Seinen Willen wird Er, wenn das ganze Schauspiel vorbei ist, in Seinem ewigen Reich mit allem zu Ihm Gehörenden fortbestehen. Vor der Schöpfung weilte Er in Seinem ewigen Reich, und nach der Vernichtung wird Er dort weiterbestehen. Daher ist Er keines der geschaffenen Wesen. Er ist transzendental. In der *Bhagavad-gītā* (4.1-3) sagt der Herr, daß dieses Wissen vor langer, langer Zeit Arjuna und auch dem Sonnengott offenbart wurde und daß es im Laufe der Zeit verfälscht weitergegeben und die Überlieferung unterbrochen wurde, weshalb es Arjuna erneut mitgeteilt wurde, weil dieser Sein vollkommener Geweihter und Freund war. Die Unterweisungen des Herrn können daher nur von den Gottgeweihten, und niemandem sonst, verstanden werden. Der Unpersönlichkeitsanhänger, der keine Vorstellung von der transzendentalen Gestalt des Herrn hat, kann diese vertraulichste Botschaft des Herrn nicht verstehen. Das Wort „vertraulichste" ist hier bedeutsam, denn das Wissen vom hingebungsvollen Dienst steht weit über dem Wissen vom unpersönlichen Brahman. *Jñānam* bezieht sich auf gewöhnliches Wissen oder einen beliebigen Wissenszweig. Dieses Wissen entwickelt sich bis hin zum Wissen vom unpersönlichen Brahman. Wenn solches Wissen mit ein wenig Hingabe vermischt wird, entwickelt es sich zum Wissen über Paramātmā oder den alldurchdringenden Aspekt Gottes. Dieses Wissen ist noch vertraulicher. Wenn es schließlich in reinen hingebungsvollen Dienst verwandelt wird und der vertrauliche Teil des transzendentalen Wissens erreicht ist, wird es das vertraulichste Wissen genannt. Dieses vertraulichste Wissen wurde vom Herrn Brahmā, Arjuna, Uddhava usw. offenbart.

VERS 31

येनैवाहं भगवतो वासुदेवस्य वेधसः ।
मायानुभावमविदं येन गच्छन्ति तत्पदम् ॥३१॥

yenaivāhaṁ bhagavato
vāsudevasya vedhasaḥ
māyānubhāvam avidaṁ
yena gacchanti tat-padam

yena—durch dieses (Wissen); *eva*—gewiß; *aham*—ich; *bhagavataḥ*—der Persönlichkeit Gottes; *vāsudevasya*—vom Herrn, Śrī Kṛṣṇa; *vedhasaḥ*—des höchsten Schöpfers; *māyā*—Energie; *anubhāvam*—Einfluß; *avidam*—leicht verstanden; *yena*—durch dieses; *gacchanti*—gehen sie (die *bhakti-vedāntas*); *tat-padam*—zu den Lotosfüßen des Herrn.

ÜBERSETZUNG

Durch dieses vertrauliche Wissen konnte ich den Einfluß der Energie des Herrn, Śrī Kṛṣṇa, des Schöpfers, Erhalters und Vernichters aller Dinge, genau verstehen, und durch dieses Wissen konnte ich zu Ihm zurückkehren und Ihn persönlich treffen.

ERLÄUTERUNG

Durch hingebungsvollen Dienst oder vielmehr durch das vertraulichste Wissen kann man sehr leicht verstehen, wie die verschiedenen Energien des Herrn wirken. Ein Teil der Energie manifestiert die materielle Welt; der andere (höhere) Teil Seiner Energie manifestiert die spirituelle Welt. Die mittlere Energie manifestiert die Lebewesen, die einer der beiden oben genannten Energien dienen. Die Lebewesen, die der materiellen Energie dienen, müssen schwer um ein traumhaftes Dasein und trügerisches Glück kämpfen. Diejenigen jedoch, die sich in der spirituellen Energie befinden, erfahren im direkten Dienst des Herrn ewiges Leben, vollkommenes Wissen und immerwährende Glückseligkeit. Der Herr wünscht, wie Er es direkt in der *Bhagavad-gītā* (18.66) sagt, daß alle bedingten Seelen, die im Königreich der materiellen Energie verderben, zu Ihm zurückkommen, indem sie alle Beschäftigungen in der materiellen Welt aufgeben. Dies ist der vertraulichste Teil des Wissens. Es kann jedoch nur von den reinen Gottgeweihten verstanden werden, und nur sie gehen in das Königreich Gottes ein, um mit Ihm persönlich zusammenzukommen und Ihm persönlich zu dienen. Ein anschauliches Beispiel ist Nārada selbst, der diese Stufe ewigen Wissens und ewiger Glückseligkeit erreichte. Die Wege und Mittel stehen jedem offen, vorausgesetzt, man ist bereit, den Fußstapfen Śrī Nārada Munis zu folgen. Nach der *śruti* besitzt der Höchste Herr unbegrenzte Energien (ohne eine Anstrengung unternehmen zu müssen), und diese werden, wie oben erwähnt, in drei Hauptkategorien unterteilt.

VERS 32

एतत्संसूचितं ब्रह्मंस्तापत्रयचिकित्सितम् ।
यदीश्वरे भगवति कर्म ब्रह्मणि भावितम् ॥३२॥

etat saṁsūcitaṁ brahmaṁs
tāpa-traya-cikitsitam
yad īśvare bhagavati
karma brahmaṇi bhāvitam

etat—so viel; *saṁsūcitam*—von den Gelehrten entschieden; *brahman*—o *brāhmaṇa* Vyāsa; *tāpa-traya*—drei Arten von Leiden; *cikitsitam*—Heilmittel; *yat*—was; *īśvare*—der höchste Herrscher; *bhagavati*—für die Persönlichkeit Gottes; *karma*—seine vorgeschriebenen Tätigkeiten; *brahmaṇi*—für den Großen; *bhāvitam*—geweiht.

ÜBERSETZUNG

O brāhmaṇa Vyāsadeva, es ist von den Gelehrten entschieden worden, daß das beste Heilmittel gegen alle Qualen und Leiden darin besteht, seine Tätigkeiten dem Dienst der Höchsten Persönlichkeit Gottes [Śrī Kṛṣṇa] zu weihen.

ERLÄUTERUNG

Śrī Nārada Muni machte persönlich die Erfahrung, daß der brauchbarste und praktischste Weg zum Pfad der Erlösung oder vielmehr zur Befreiung von allen Leiden des materiellen Lebens darin besteht, aus den richtigen und echten Quellen ergeben über die transzendentalen Taten und Spiele des Herrn zu hören. Das ist die einzige Heilmethode. Das gesamte materielle Dasein ist voller Leiden. Törichte Menschen haben mit Hilfe ihres winzigen Gehirnes vielerlei Heilmittel erfunden, um die dreifachen Leiden zu beseitigen, die ihre Ursache in Körper und Geist, Einflüssen der Natur und anderen Lebewesen haben. Die ganze Welt kämpft schwer darum, ohne diese Leiden zu leben, aber der Mensch weiß nicht, daß ohne die Billigung des Herrn kein Plan oder Heilmittel den ersehnten Frieden und die erhoffte Ruhe bringen kann. Das Medikament, das einen Patienten heilen soll, ist nutzlos, wenn die Heilung nicht vom Herrn bewilligt ist. Daß das Boot, mit dem man einen Fluß oder das Meer überqueren will, sehr seetüchtig ist, wird nichts nützen, wenn der Herr nicht Seine Zustimmung gegeben hat. Die Eltern können ihre Kinder nicht beschützen, ohne daß der Herr es sanktioniert. Wir sollten ohne Zweifel wissen, daß der Herr der endgültig sanktionierende Kontrollierende ist, und daher müssen wir, um letztlich Erfolg zu haben oder vielmehr die Hindernisse auf dem Pfad des Erfolges zu beseitigen, das Gelingen unserer Versuche von der Gnade des Herrn abhängig machen. Der Herr ist allmächtig, alldurchdringend, allwissend und allgegenwärtig. Er ist der letztlich sanktionierende Urheber aller guten oder schlechten Wirkungen. Wir sollten daher lernen, unsere Handlungen der Gnade des Herrn zu weihen, und Ihn entweder als unpersönliches Brahman, lokalisierten Paramātmā oder die Höchste Persönlichkeit Gottes anerkennen. Es ist ganz gleich, wer oder was Sie sind — Sie sollten alles in den Dienst des Herrn stellen. Wenn Sie ein großer Gelehrter, Wissenschaftler, Philosoph, Dichter oder dergleichen sind, sollten Sie Ihr Wissen dazu benutzen, die überragende Stellung des Herrn zu begründen und zu beweisen. Versuchen Sie, die Energie des Herrn in jedem Bereich des Lebens zu studieren. Setzen Sie Ihn nicht herab, und versuchen Sie nicht, wie Er zu werden oder kraft Ihres bruchstückhaften Wissens Seine Stellung einzunehmen. Wenn Sie Verwalter, Staatsmann, Soldat, Politiker oder ähnliches sind, sollten Sie versuchen, die überragende Stellung des Herrn in der Staatskunst sichtbar werden zu lassen. Kämpfen Sie für die Sache des Herrn, wie Śrī Arjuna es tat. Anfangs weigerte sich Śrī Arjuna, der große Krieger, doch als er schließlich vom Herrn davon überzeugt worden war, daß der Kampf nötig sei, erklärte sich Śrī Arjuna bereit, für die Sache des Herrn zu kämpfen. In ähnlicher Weise sollten Sie, wenn Sie Geschäftsmann, Industrieller, Landwirt oder etwas ähnliches sind, Ihr schwerverdientes Geld für die Sache des Herrn verwenden. Denken Sie immer daran, daß das Geld, das Sie angesammelt haben, der Reichtum des Herrn ist. Reichtum wird als die Glücksgöttin (Lakṣmī) angesehen. Der Herr ist Nārāyaṇa, der Gemahl Lakṣmīs. Versuchen Sie, Lakṣmī im Dienst Śrī Nārāyaṇas zu beschäftigen, und werden Sie glücklich. Das ist der Weg, den Herrn in jedem Lebensbereich zu erkennen. Das beste ist jedoch, sich von allen materiellen Tätigkeiten zu lösen und sich völlig dem Anhören der transzendentalen Spiele des Herrn zu widmen. Wenn sich indes die Gelegenheit hierzu nicht bietet, sollten wir versuchen, alles, wozu wir eine besondere Neigung haben, in den Dienst des Herrn zu stellen. Das ist der Weg zu Frieden und Wohlstand und das Heilmittel gegen alle Leiden des materiellen Daseins. Das Wort *saṁsūcitam* in diesem Vers ist von besonderer Bedeutung. Wir sollten niemals denken, die Verwirklichung Nāradas sei nur eine kindliche Vorstellung gewesen. Dem ist nicht so. Diese Verwirklichung wird von erfahrenen und belesenen Gelehrten bestätigt; das ist die wirkliche Bedeutung des Wortes *saṁsūcitam.*

VERS 33

आमयो यश्च भूतानां जायते येन सुव्रत ।
तदेव ह्यामयं द्रव्यं न पुनाति चिकित्सितम् ॥३३॥

āmayo yaś ca bhūtānāṁ
jāyate yena suvrata
tad eva hy āmayaṁ dravyaṁ
na punāti cikitsitam

āmayaḥ—Krankheiten; *yaḥ ca*—welche auch immer; *bhūtānām*—des Lebewesens; *jāyate*—werden möglich; *yena*—durch die Kraft; *suvrata*—o gute Seele; *tat*—das; *eva*—sehr; *hi*—gewiß; *āmayam*—Krankheit; *dravyam*—Sache; *na*—nicht; *punāti*—heilt; *cikitsitam*—behandelt mit.

ÜBERSETZUNG

O gute Seele, heilt nicht eine Sache, als Medizin angewandt, ein Leiden, das aus dieser gleichen Sache entstand?

ERLÄUTERUNG

Ein erfahrener Arzt behandelt seinen Patienten mit einer therapeutischen Diät. Zum Beispiel rufen Milchzubereitungen manchmal Darmstörungen hervor, aber die gleiche Milch, in Quark verwandelt und mit einigen anderen heilenden Zutaten vermischt, heilt solche Störungen. In ähnlicher Weise können die dreifachen Leiden des materiellen Daseins nicht einfach durch materielle Tätigkeiten gelindert werden. Solche Tätigkeiten müssen spiritualisiert und somit in spirituelle Kraft verwandelt werden, ebenso, wie Eisen durch Feuer rotglühend gemacht wird und dadurch die gleichen Eigenschaften wie Feuer annimmt. In ähnlicher Weise wird die materielle Vorstellung von einer Sache sogleich umgewandelt, sobald diese in den Dienst des Herrn gestellt wird. Das ist das Geheimnis spirituellen Erfolges. Wir sollten weder versuchen, über die materielle Natur zu herrschen, noch sollten wir materielle Dinge ablehnen. Der beste Weg, das Beste aus einem schlechten Geschäft zu machen, besteht darin, alles in Beziehung zum höchsten spirituellen Wesen zu benutzen. Alles geht vom Höchsten aus, und durch Seine unbegreifliche Kraft kann Er Spirituelles in Materielles und Materielles in Spirituelles umwandeln. Daher kann eine (sogenannte) materielle Sache durch den erhabenen Willen des Herrn ohne weiteres in spirituelle Kraft verwandelt werden. Die notwendige Voraussetzung für einen solchen Wandel ist die Verwendung sogenannter Materie im Dienst des spirituellen Wesens. Das ist der Weg, unsere materiellen Leiden zu behandeln und uns auf die spirituelle Ebene zu erheben, auf der es keine Not, keine Klagen und keine Angst gibt. Wenn wir auf diese Weise alles in den Dienst des Herrn stellen, werden wir erfahren, daß es nichts außerhalb des Höchsten Brahmans gibt. Der vedische *mantra* „Alles ist Brahman" kann so von uns verwirklicht werden.

VERS 34

एवं नृणां क्रियायोगाः सर्वे संसृतिहेतवः ।
त एवात्मविनाशाय कल्पन्ते कल्पिताः परे ॥३४॥

evaṁ nṛṇāṁ kriyā-yogāḥ
sarve saṁsṛti-hetavaḥ
ta evātma-vināśāya
kalpante kalpitāḥ pare

evam—auf diese Weise; *nṛṇām*—des Menschen; *kriyā-yogāḥ*—alle Tätigkeiten; *sarve*—alles; *saṁsṛti*—materielles Dasein; *hetavaḥ*—verursachen; *te*—das; *eva*—gewiß; *ātma*—der Baum der Arbeit; *vināśāya*—töten; *kalpante*—werden befähigt; *kalpitāḥ*—geweiht; *pare*—der Transzendenz.

ÜBERSETZUNG

Wenn auf diese Weise alle Tätigkeiten des Menschen dem Dienst des Herrn geweiht sind, werden die gleichen Tätigkeiten, die sein Gebundensein verursachten, zum Vernichter des Baumes der Arbeit.

ERLÄUTERUNG

Fruchtbringende Arbeit, die das Lebewesen immerzu darin beschäftigt hält, den Baum der Arbeit wachsen zu lassen, der in der *Bhagavad-gītā* (15.1-2) mit einem Banyanbaum verglichen wird, ist zweifellos tief verwurzelt. Solange die Neigung besteht, die Frucht der Arbeit zu genießen, muß man die Wanderung der Seele von einem Körper oder Ort zum nächsten Körper oder Ort, entsprechend der Natur seiner Arbeit, fortsetzen. Die Neigung zu genießen sollte in den Wunsch verwandelt werden, der Mission des Herrn zu dienen. Handelt man so, wird die Tätigkeit, der man nachgeht, zu *karma-yoga* oder dem Weg, auf dem man die spirituelle Vollkommenheit erreichen kann, während man der Arbeit nachgeht, zu der man eine natürliche Neigung hat. Hier bedeutet das Wort *ātmā* die verschiedenen Arten fruchtbringender Arbeit. Die Schlußfolgerung lautet: Wenn das Ergebnis aller fruchtbringenden und anderen Arbeit mit dem Dienst des Herrn in Verbindung gebracht wird, ruft solche Arbeit kein weiteres *karma* hervor, sondern entwickelt sich allmählich zu transzendentalem hingebungsvollem Dienst, der nicht nur die Wurzel des Banyanbaumes der Arbeit abtrennt, sondern den Handelnden auch zu den Lotosfüßen des Herrn bringt.

Zusammenfassend läßt sich sagen, daß man als erstes die Gemeinschaft reiner Gottgeweihter suchen muß, die nicht nur Kenner des *Vedānta*, sondern auch selbstverwirklichte Seelen und ungetrübte Geweihte Śrī Kṛṣṇas, der Persönlichkeit Gottes, sind. In dieser Gemeinschaft muß der neue Gottgeweihte ohne Vorbehalt körperlich und geistig liebevollen Dienst darbringen. Diese dienende Haltung wird die großen Seelen veranlassen, noch großzügiger ihre Gnade zu gewähren, die den Neuling mit allen transzendentalen Eigenschaften der reinen Gottgeweihten ausstattet. Nach und nach entwickelt er dann eine starke Zuneigung zum Hören über die transzendentalen Spiele des Herrn, was ihn befähigt, die wesenseigene Stellung der groben und feinen Körper zu erkennen und darüber hinaus das Wissen der reinen Seele und ihrer ewigen Beziehung zur Höchsten Seele, der Persönlichkeit Gottes. Nachdem man die Art dieser Beziehung durch die Wiederaufnahme der ewigen Beziehung herausgefunden hat, beginnt sich der reine hingebungsvolle Dienst für den Herrn allmählich in vollkommenes Wissen über die Persönlichkeit Gottes zu entwickeln, das jenseits der Erkenntnis des unpersönlichen Brahmans und des lokalisierten Paramātmās liegt. Durch solchen *puruṣottama-yoga* erlangt man, wie es in der *Bhagavad-gītā* heißt, noch während des gegenwärtigen körperlichen Daseins die Vollkommenheit und entfaltet alle guten Eigenschaften des Herrn in höchstem Maße. Das ist die allmähliche Entwicklung durch die Gemeinschaft reiner Gottgeweihter.

VERS 35

यदत्र क्रियते कर्म भगवत्परितोषणम् ।
ज्ञानं यत्तदधीनं हि भक्तियोगसमन्वितम् ॥३५॥

yad atra kriyate karma
bhagavat-paritoṣaṇam
jñānaṁ yat tad adhīnaṁ hi
bhakti-yoga-samanvitam

yat—welche (Arbeit) auch immer; *atra*—in diesem Leben oder dieser Welt; *kriyate*—führt aus; *karma*—Arbeit; *bhagavat*—der Persönlichkeit Gottes; *paritoṣaṇam*—Zufriedenstellung; *jñānam*—Wissen; *yat tat*—was so genannt wird; *adhīnam*—abhängig; *hi*—gewiß; *bhakti-yoga*—hingebungsvoll; *samanvitam*—verbunden mit *bhakti-yoga*.

ÜBERSETZUNG

Welche Arbeit auch immer man in diesem Leben zur zufriedenstellenden Erfüllung der Botschaft des Herrn ausführt, wird als bhakti-yoga oder tran-

szendentaler liebevoller Dienst für den Herrn bezeichnet, und was man Wissen nennt, wird zu einem Begleitfaktor.

ERLÄUTERUNG

Eine allgemein verbreitete Auffassung besagt, daß es durch fruchtbringende Arbeit im Sinne der Anweisung der Schriften in vollkommener Weise möglich ist, das zur spirituellen Verwirklichung nötige transzendentale Wissen zu erlangen. *Bhakti-yoga* wird deshalb von manchen als eine andere Form des *karma-yoga* angesehen. In Wirklichkeit jedoch steht *bhakti-yoga* über *karma-* und auch *jñāna-yoga*. *Bhakti-yoga* ist von *jñāna* oder *karma* unabhängig, wohingegen *jñāna* und *karma* von *bhakti-yoga* abhängig sind. *Karma-yoga*, auch *kriyā-yoga* genannt, wird von Śrī Nārada besonders empfohlen, weil das Prinzip darin besteht, den Herrn zu erfreuen. Der Herr möchte nicht, daß Seine Söhne, die Lebewesen, die dreifachen Leiden des Lebens ertragen müssen. Er wünscht, daß sie alle zu Ihm zurückkommen und mit Ihm zusammen leben; zu Gott zurückzukehren bedeutet jedoch, daß man sich von allen materiellen Einflüssen reinigen muß. Wenn man seine Arbeit zur Zufriedenstellung des Herrn ausführt, wird man allmählich von allen materiellen Neigungen gereinigt. Diese Läuterung bedeutet, daß man spirituelles Wissen erlangt. Spirituelles Wissen ist daher von solcher Arbeit (*karma*) abhängig, die für den Herrn verrichtet wird. Wissen anderer Art, dem es an *bhakti-yoga* oder, mit anderen Worten, der Zufriedenstellung des Herrn gänzlich mangelt, kann einen nicht zum Königreich Gottes zurückführen, ja es kann einem nicht einmal, wie bereits im 12. Vers dieses Kapitels (*naiṣkarmyam apy acyuta-bhāva-varjitam*) erklärt wurde, zur Befreiung verhelfen. Hieraus ist zu schließen, daß ein Gottgeweihter, der im ungetrübten Dienst des Herrn beschäftigt ist, besonders indem Er über Seine transzendentale Herrlichkeit hört und chantet, durch die göttliche Gnade zugleich spirituell erleuchtet wird. Dies wird auch in der *Bhagavad-gītā* bestätigt.

VERS 36

कुर्वाणा यत्र कर्माणि भगवच्छिक्षयासकृत् ।
गृणन्ति गुणनामानि कृष्णस्यानुस्मरन्ति च ॥३६॥

kurvāṇā yatra karmāṇi
bhagavac-chikṣayāsakṛt
gṛṇanti guṇa-nāmāni
kṛṣṇasyānusmaranti ca

kurvāṇāḥ—während man erfüllt; *yatra*—daraufhin; *karmāṇi*—Pflichten; *bhagavat*—die Persönlichkeit Gottes; *śikṣayā*—durch den Willen der; *asakṛt*—ununterbrochen; *gṛṇanti*—nimmt an; *guṇa*—Eigenschaften; *nāmāni*—Namen; *kṛṣṇasya*—Kṛṣṇas; *anusmaranti*—erinnert sich ständig an; *ca*—und.

ÜBERSETZUNG

Während man seine Pflichten auf Anweisung Śrī Kṛṣṇas, der Höchsten Persönlichkeit Gottes, erfüllt, erinnert man sich ständig an Ihn, an Seine Namen und Seine Eigenschaften.

ERLÄUTERUNG

Ein erfahrener Geweihter des Herrn vermag sein Leben in solcher Weise zu gestalten, daß er, während er die verschiedensten Pflichten, entweder für dieses oder für das nächste Leben, erfüllt, sich ständig an den Namen, den Ruhm, die Eigenschaften usw. des Herrn erinnern kann. Die Anweisung des Herrn wird in der *Bhagavad-gītā* (9.27) klar gegeben: Man sollte in allen Lebensbereichen nur für den Herrn arbeiten. In allen Bereichen des Lebens sollte der Herr als der Besitzer aller Dinge angesehen werden. Nach den vedischen Ritualen gilt selbst bei der Verehrung einiger Halbgötter, wie Indra, Brahmā, Sarasvatī und Gaṇeśa, die Bestimmung, daß unter allen Umständen die Repräsentation Viṣṇus als Yajñeśvara, die beherrschende Macht solcher Opfer, zugegen sein muß. Es wird zwar empfohlen, einen bestimmten Halbgott für einen bestimmten Zweck zu verehren, doch ist die Gegenwart Viṣṇus unbedingt erforderlich, um das Opfer vorschriftsmäßig durchzuführen.

Abgesehen von solchen vedischen Pflichten, müssen wir auch in unseren gewöhnlichen Handlungen (zum Beispiel im Haushalt, im Geschäftsleben oder im Beruf) bedenken, daß das Ergebnis aller Handlungen dem höchsten Genießer, Śrī Kṛṣṇa, gegeben werden muß. In der *Bhagavad-gītā* erklärt der Herr Sich Selbst als den höchsten Genießer aller Dinge, den höchsten Besitzer aller Planeten und den höchsten Freund aller Wesen. Außer Śrī Kṛṣṇa kann niemand behaupten, er sei der Besitzer aller Dinge innerhalb Seiner Schöpfung. Ein reiner Gottgeweihter ist sich ständig dieser Tatsache bewußt und wiederholt daher immer wieder den transzendentalen Namen, den transzendentalen Ruhm und die transzendentalen Eigenschaften des Herrn. Auf diese Weise ist er ständig mit dem Herrn in Berührung. Der Herr ist mit Seinem Namen, Ruhm usw. identisch, und daher bedeutet die ständige Verbindung mit Seinem Namen, Ruhm usw., daß man in der Tat mit dem Herrn zusammen ist.

Der größere Teil unseres Einkommens, nicht weniger als fünfzig Prozent, muß verwendet werden, um der Anweisung Śrī Kṛṣṇas nachzukommen. Wir sollten nicht nur einen Teil unseres Verdienstes für diesen Zweck abgeben, sondern wir müssen auch dafür sorgen, daß diese Philosophie der Hingabe zu anderen gepredigt wird, da dies ebenfalls eine der Anweisungen des Herrn ist. Der Herr sagt unmißverständlich, daß Ihm niemand lieber ist als jemand, der ständig den Namen und Ruhm des Herrn auf der ganzen Welt predigt. Die wissenschaftlichen Entdeckungen der materiellen Welt können ebenfalls benutzt werden, um Seine Anordnungen auszuführen. Er möchte, daß die Botschaft der *Bhagavad-gītā* unter Seinen Geweihten gepredigt wird. Dies sollte jedoch nicht unter denen geschehen, die keine Entsagung üben, die nicht wohltätig und nicht gebildet sind. Es muß daher weiterhin versucht werden, abgeneigte Menschen dazu zu bringen, Seine Geweihten zu werden. Śrī Caitanya hat in diesem Zusammenhang eine sehr einfache Methode gelehrt. Er lehrte, wie man die transzendentale Botschaft durch Singen, Tanzen und Erfrischungen predigt. Daher sollten fünfzig Prozent unseres Einkommens für diesen Zweck gespendet werden. Wenn im gegenwärtigen, gefallenen Zeitalter des Streites und der Uneinigkeit nur die führenden und wohlhabenden Mitglieder der Gesellschaft bereit wären, fünfzig Prozent ihres Einkommens in den Dienst des Herrn zu stellen, wie es von Śrī Caitanya Mahāprabhu gelehrt wurde, wäre es absolut sicher, daß diese Hölle der Dämonen in das transzendentale Reich des Herrn verwandelt werden könnte. Niemand wird es ablehnen, an einer Veranstaltung teilzunehmen, auf der getanzt und gesungen wird und Erfrischungen gereicht werden. Jeder wird an einer solchen Veranstaltung teilnehmen, und jeder wird bei dieser glückverheißenden, spirituellen Gelegenheit mit Sicherheit individuell die transzendentale Gegenwart des Herrn spüren. Dies allein wird den Teilnehmern helfen, mit dem Herrn in Verbindung zu treten und sich durch spirituelle Erkenntnis zu läutern. Die einzige Voraussetzung für die erfolgreiche Durchführung solch spiritueller Programme besteht darin, daß sie unter der Leitung eines reinen Gottgeweihten stattfinden, der von allen weltlichen Wünschen, fruchtbringenden Handlungen und trockenen Spekulationen über die Natur des Herrn völlig frei ist. Niemand braucht die Natur des Herrn zu entdecken. Der Herr Selbst hat über sie im besonderen in der *Bhagavad-gītā* und ganz allgemein in allen anderen vedischen Schriften gesprochen. Wir brauchen nur diese Information *in toto* anzuerkennen und den Anweisungen des Herrn nachzukommen. Das wird uns auf den Pfad der Vollkommenheit führen. Jeder kann an seinem Platz bleiben. Niemand braucht seine Position aufzugeben, vor allem nicht im gegenwärtigen Zeitalter der vielfachen Schwierigkeiten. Die einzige Bedingung ist, daß man die Angewohnheit, trockenen Spekulationen nachzugehen, um mit dem Herrn eins zu werden, aufgeben muß. Nachdem man solche Eitelkeit und solchen Hochmut aufgegeben hat, sollte man aufmerksam die vom Herrn in der *Bhagavad-gītā* und im *Śrīmad-Bhāgavatam* gegebenen Anweisungen von den Lippen eines echten Gottgeweihten empfangen, dessen Qualifikationen oben erwähnt wurden. Das wird ohne Zweifel zum Erfolg führen.

VERS 37

ॐ नमो भगवते तुभ्यं वासुदेवाय धीमहि ।
प्रद्युम्नायानिरुद्धाय नमः सङ्कर्षणाय च ॥३७॥

oṁ namo bhagavate tubhyaṁ
vāsudevāya dhīmahi
pradyumnāyāniruddhāya
namaḥ saṅkarṣaṇāya ca

oṁ—das Zeichen für das Chanten über die transzendentale Herrlichkeit des Herrn; *namaḥ*—dem Herrn Ehrerbietungen darbringend; *bhagavate*—der Persönlichkeit Gottes; *tubhyam*—Dir; *vāsudevāya*—dem Herrn, dem Sohn Vasudevas; *dhīmahi*—laßt uns chanten; *pradyumnāya, aniruddhāya* und *saṅkarṣaṇāya*—vollständige Erweiterungen Vāsudevas; *namaḥ*—Ehrerbietungen; *ca*—und.

ÜBERSETZUNG

Laßt uns alle über die Herrlichkeit Vāsudevas und Seiner vollständigen Erweiterungen Pradyumna, Aniruddha und Saṅkarṣaṇa chanten.

ERLÄUTERUNG

Nach dem *Pañcarātra* ist Nārāyaṇa oder Kṛṣṇa die urerste Ursache aller Erweiterungen Gottes. Diese Erweiterungen sind Vāsudeva, Saṅkarṣaṇa, Pradyumna und Aniruddha. Vāsudeva und Saṅkarṣaṇa befinden Sich links und rechts neben Śrī Kṛṣṇa; Pradyumna befindet Sich rechts neben Saṅkarṣaṇa und Aniruddha links von Vāsudeva. Sie sind deshalb auch als die vier Flügeladjutanten des Herrn, Śrī Kṛṣṇa, bekannt.

Der obige Vers ist eine vedische Hymne oder vielmehr ein *mantra*, der mit *oṁkāra praṇava* beginnt, das heißt mit dem transzendentalen Vorgang des Chantens von *oṁ namo dhīmahi* usw.

Die Bedeutung ist, daß jede Tätigkeit – sowohl auf dem Gebiet fruchtbringender Arbeit als auch auf dem empirischer Philosophie –, die nicht letztlich die transzendentale Erkenntnis des Herrn zum Ziel hat, als nutzlos angesehen wird. Nāradajī hat daher die Natur ungetrübten hingebungsvollen Dienstes an seinem eigenen Beispiel erklärt, und zwar am Beispiel seiner persönlichen Erfahrung in der Entwicklung einer vertrauten Beziehung zum Herrn durch den allmählichen Vorgang fortschreitender hingebungsvoller Tätigkeiten. Eine solche fortschreitende Entwicklung transzendentaler Hingabe an den Herrn findet ihren Höhepunkt in der Erlangung liebenden Dienstes für den Herrn, der als *premā* oder reine Liebe in verschiedenen transzendentalen *rasas* oder Geschmäcken bezeichnet wird. Solch hingebungsvoller Dienst wird auch in gemischter Form durchgeführt, nämlich vermischt mit fruchtbringender Arbeit oder empirisch-philosophischen Spekulationen.

Nun wird die Frage der von Śaunaka angeführten *ṛṣis* nach dem vertraulichen Teil dessen, was Sūta durch den spirituellen Meister verwirklicht hatte, durch das Chanten dieser aus dreiunddreißig Buchstaben bestehenden Hymne geklärt. Dieser *mantra* ist an den Herrn mit Seinen vier vollständigen Erweiterungen gerichtet. Śrī Kṛṣṇa, der Herr, ist die Hauptfigur, und die vollständigen Erweiterungen sind Seine Flügeladjutanten. Der vertraulichste Teil der Unterweisungen besagt, daß man ständig über die Herrlichkeit Śrī Kṛṣṇas, der Persönlichkeit Gottes, und Seine vollständigen, als Vāsudeva, Saṅkarṣaṇa, Pradyumna und Aniruddha erweiterten Teile chanten und sich an sie erinnern soll. Diese Erweiterungen sind die ursprünglichen Gottheiten für alle anderen Wahrheiten, nämlich entweder *viṣṇu-tattva* oder *śakti-tattva*.

VERS 38

इति मूर्त्यभिधानेन मन्त्रमूर्तिममूर्तिकम् ।
यजते यज्ञपुरुषं स सम्यग्दर्शनः पुमान् ॥३८॥

iti mūrty-abhidhānena
mantra-mūrtim amūrtikam

yajate yajña-puruṣaṁ
sa samyag darśanaḥ pumān

iti—so; *mūrti*—Verkörperung; *abhidhānena*—im Klang; *mantra-mūrtim*—Gestalt transzendentalen Klangs; *amūrtikam*—der Herr, der keine materielle Gestalt hat; *yajate*—Verehrung; *yajña*—Viṣṇu; *puruṣam*—die Persönlichkeit Gottes; *saḥ*—Er allein; *samyak*—vollkommen; *darśanaḥ*—jemand, der gesehen hat; *pumān*—Mensch.

ÜBERSETZUNG

Daher verehrt der wirklich Sehende die Höchste Persönlichkeit Gottes, Viṣṇu, der keine materielle Gestalt hat, in der Form transzendentaler Klangrepräsentation.

ERLÄUTERUNG

Unsere gegenwärtigen Sinne sind aus materiellen Elementen gemacht und deshalb unvollkommen und unfähig, die transzendentale Gestalt Viṣṇus wahrzunehmen. Er wird aus diesem Grund mit Hilfe der transzendentalen Methode des Chantens in der Form von Klangrepräsentation verehrt. Alles, was den Erfahrungsbereich unserer unvollkommenen Sinne übersteigt, kann in seiner ganzen Fülle durch Klangrepräsentation wahrgenommen werden. Jemand, der von einem weit entfernten Ort Klang übermittelt, kann tatsächlich erfahren werden. Wenn dies materiell möglich ist, warum dann nicht auch spirituell? Diese Erfahrung ist keine vage unpersönliche Erfahrung, sondern in der Tat eine Erfahrung der transzendentalen Persönlichkeit Gottes, der die reine Gestalt der Ewigkeit, Glückseligkeit und des Wissens besitzt.

In dem als *Amarakośa* bekannten Sanskritwörterbuch werden für das Wort *mūrti* zwei Bedeutungen angegeben, nämlich „Gestalt" und „Schwierigkeit". Das Wort *amūrtikam* wird daher von Ācārya Śrī Viśvanātha Cakravartī Ṭhākura mit „ohne Schwierigkeiten" übersetzt. Die transzendentale Gestalt ewiger Glückseligkeit und ewigen Wissens können wir mit unseren ursprünglichen, spirituellen Sinnen erfahren, die durch das Chanten der heiligen *mantras* oder transzendentalen Klangrepräsentationen wiederbelebt werden können. Solche Klänge sollten von dem transparenten Medium des echten spirituellen Meisters empfangen werden, und das Chanten sollte unter seiner Anleitung praktiziert werden. Das wird uns dem Herrn allmählich näherbringen. Diese Methode der Verehrung wird im *pāñcarātrika*-System empfohlen, was sowohl anerkannt als auch autorisiert ist. Das *pāñcarātrika*-System enthält die autorisierten Regeln für transzendentalen hingebungsvollen Dienst. Ohne die Hilfe solcher Regeln kann man den Herrn nicht erreichen, ganz sicher nicht durch trockene philosophische Spekulationen. Das *pāñcarātrika*-System ist für das gegenwärtige Zeitalter des Zankes ein gleichermaßen praktischer wie auch durchführbarer Vorgang. Es ist für die heutige Zeit wichtiger als der *Vedānta*.

VERS 39

इमं स्वनिगमं ब्रह्मन्नवेत्य मदनुष्ठितम् ।
अदान्मे ज्ञानमैश्वर्यं स्वस्मिन् भावं च केशवः ।।३९।।

imaṁ sva-nigamaṁ brahmann
avetya mad-anuṣṭhitam
adān me jñānam aiśvaryaṁ
svasmin bhāvaṁ ca keśavaḥ

imam—so; *sva-nigamam*—vertrauliches Wissen der *Veden* in Beziehung zur Höchsten Persönlichkeit Gottes; *brahman*—o *brāhmaṇa* (Vyāsadeva); *avetya*—es wohl wissend; *mat*—durch mich; *anuṣṭhitam*—ausgeführt; *adāt*—beschenkte mich; *me*—mich; *jñānam*—transzendentales Wissen; *aiśvaryam*—Reichtum; *svasmin*—persönlich; *bhāvam*—Zuneigung und Liebe; *ca*—und; *keśavaḥ*—Śrī Kṛṣṇa.

ÜBERSETZUNG

O brāhmaṇa, so wurde ich vom Höchsten Herrn, Śrī Kṛṣṇa, als erstes mit dem in den vertraulichen Teilen der Veden enthaltenen transzendentalen Wissen über den Herrn gesegnet, dann mit spirituellem Reichtum und schließlich mit Seinem innigen liebevollen Dienst.

ERLÄUTERUNG

Die Verbindung mit dem Herrn durch transzendentalen Klang ist nicht verschieden von dem gesamten spirituellen Wesen Śrī Kṛṣṇas. Sie ist daher eine in jeder Hinsicht vollkommene Methode, sich dem Herrn zu nähern. Durch solch reine Verbindung mit dem Herrn kann sich der Gottgeweihte, wenn er die zehn Vergehen materieller Vorstellungen beim Chanten vermeidet, über die materielle Ebene erheben und die tiefere Bedeutung der vedischen Schriften, einschließlich der Existenz des Herrn im transzendentalen Reich, verstehen. Jemandem, der vollkommenes Vertrauen sowohl in den spirituellen Meister als auch in den Herrn hat, offenbart der Herr nach und nach Seine Identität. Danach wird der Gottgeweihte mit mystischen Vollkommenheiten ausgestattet, von denen es acht gibt, und schließlich wird er in die vertrauliche Umgebung des Herrn aufgenommen und durch das Medium des spirituellen Meisters mit besonderem Dienst für den Herrn betraut. Einem reinen Gottgeweihten ist mehr daran gelegen, dem Herrn zu dienen, als seine in ihm ruhenden mystischen Kräfte zur Schau zu stellen. Śrī Nārada hat all dies aus persönlicher Erfahrung erklärt, und man kann alle Möglichkeiten Śrī Nāradas bekommen, wenn man den Vorgang des Chantens der Klangrepräsentation des Herrn vervollkommnet. Es gibt für niemanden einen Hinderungsgrund, diese transzendentale Klangschwingung zu chanten, vorausgesetzt, sie wird durch den Repräsentanten Śrī Nāradas empfangen, der der Schülernachfolge oder dem *paramparā*-System angehört.

VERS 40

त्वमप्यदभ्रश्रुत विश्रुतं विभोः
समाप्यते येन विदां बुभुत्सितम् ।
प्राख्याहि दुःखैर्मुहुरर्दितात्मनां
संक्लेशनिर्वाणमुशन्ति नान्यथा ॥४०॥

tvam apy adabhra-śruta viśrutaṁ vibhoḥ
samāpyate yena vidāṁ bubhutsitam
prākhyāhi duḥkhair muhur arditātmanāṁ
saṅkleśa-nirvāṇam uśanti nānyathā

tvam—du, o gute Seele; *api*—auch; *adabhra*—umfassend; *śruta*—vedische Schriften; *viśrutam*—auch gehört habend; *vibhoḥ*—des Allmächtigen; *samāpyate*—befriedigt; *yena*—durch das; *vidām*—der Gelehrten; *bubhutsitam*—die sich immer wünschen, transzendentales Wissen zu erlangen; *prākhyāhi*—beschreiben; *duḥkhaiḥ* —durch Leiden; *muhuḥ*—immer; *ardita-ātmanām*—leidende Masse der Menschen; *saṅkleśa*—Leiden; *nirvāṇam*—Linderung; *uśanti na*—kommen nicht heraus; *anyathā*—durch andere Mittel.

ÜBERSETZUNG

Bitte beschreibe daher die Taten und Spiele des Allmächtigen Herrn, von denen du durch dein weitreichendes Studium der Veden erfahren hast, denn solche Schilderung wird die Wünsche großer Gelehrter befriedigen und zugleich die Nöte der Masse der gewöhnlichen Menschen lindern, die ständig unter materiellen Qualen leiden. In der Tat gibt es keinen anderen Weg, von solchen Leiden frei zu werden.

ERLÄUTERUNG

Śrī Nārada Muni stellt aus praktischer Erfahrung unzweifelhaft fest, daß die beste Lösung aller Probleme materieller Arbeit darin besteht, die transzendentale Herrlichkeit des Herrn überall zu verkünden. Es gibt vier Arten guter Menschen und vier Arten schlechter Menschen. Die vier Arten guter Menschen erkennen die Autorität des Allmächtigen Gottes an, und daher suchen solche guten Menschen, (1) wenn sie in Schwierigkeiten sind, (2) wenn sie Geld benötigen, (3) wenn sie fortgeschrittenes Wissen besitzen und (4) wenn sie begierig sind, mehr und mehr über Gott zu erfahren, intuitiv Zuflucht beim Herrn. Nārada weist Vyāsadeva daher an, das transzendentale Wissen über Gott in Form des weitreichenden vedischen Wissens, das er bereits erworben hat, zu verbreiten.

Was die schlechten Menschen betrifft, so gibt es ihrer ebenfalls vier Arten: (1) diejenigen, die um materiellen Fortschritts willen ausgeführter fruchtbringender Arbeit verhaftet und den damit verbundenen Leiden unterworfen sind, (2) diejenigen, die um der Befriedigung der Sinne willen ausgeführter lasterhafter Arbeit verhaftet sind und die Folgen erleiden, (3) diejenigen, die im materiellen Wissen weit fortgeschritten sind, jedoch die Autorität des Allmächtigen Herrn nicht anerkennen und deshalb viel leiden, und (4) die Atheisten, die den Namen Gottes bewußt hassen, obwohl sie immer in Schwierigkeiten sind.

Śrī Nāradajī weist Vyāsadeva an, die Herrlichkeit des Herrn zum Wohl aller acht Arten von Menschen, der guten sowie der schlechten, zu beschreiben. Das *Śrīmad-Bhāgavatam* ist daher nicht für eine bestimmte Klasse von Menschen oder eine Sekte gedacht. Es ist für die aufrichtige Seele bestimmt, die tatsächlich ihr eigenes Wohlergehen wünscht und sich nach innerem Frieden sehnt.

Hiermit enden die Bhaktivedanta-Erläuterungen zum 5. Kapitel im Ersten Canto des Śrīmad-Bhāgavatam *mit dem Titel: „Nārada unterweist Vyāsadeva im* Śrīmad-Bhāgavatam".

6. Kapitel

Das Gespräch zwischen Nārada und Vyāsadeva

VERS 1

सूत उवाच

एवं निशम्य भगवान्देवर्षेर्जन्म कर्म च ।

भूयः पप्रच्छ तं ब्रह्मन् व्यासः सत्यवतीसुतः ॥ १ ॥

sūta uvāca
evaṁ niśamya bhagavān
devarṣer janma karma ca
bhūyaḥ papraccha taṁ brahman
vyāsaḥ satyavatī-sutaḥ

sūtaḥ uvāca—Sūta sagte; *evam*—so; *niśamya*—hörend; *bhagavān*—die mächtige Inkarnation Gottes; *devarṣeḥ*—des großen Weisen unter den Halbgöttern; *janma*—Geburt; *karma*—Arbeit; *ca*—und; *bhūyaḥ*—wieder; *papraccha*—fragte; *tam*—ihn; *brahman*—o *brāhmaṇas*; *vyāsaḥ*—Vyāsadeva; *satyavatī-sutaḥ*—der Sohn Satyavatīs.

ÜBERSETZUNG

Sūta sagte: O brāhmaṇas, nachdem Vyāsadeva, die Inkarnation Gottes und der Sohn Satyavatīs, alles über die Geburt und die Taten Śrī Nāradas gehört hatte, begann er Fragen zu stellen.

ERLÄUTERUNG

Vyāsadeva war weiterhin begierig, über die Vollkommenheit Nāradajīs zu erfahren, und deshalb wollte er mehr über ihn hören. In diesem Kapitel wird Nāradajī beschreiben, wie es ihm möglich war, dem Herrn kurz zu begegnen, während er in den transzendentalen Gedanken der für ihn sehr schmerzlichen Trennung vom Herrn vertieft war.

VERS 2

व्यास उवाच

भिक्षुभिर्विप्रवसिते विज्ञानादेष्टृभिस्तव ।

वर्तमानो वयस्याद्ये ततः किमकरोद्भवान् ॥ २ ॥

vyāsa uvāca
bhikṣubhir vipravasite
vijñānādeṣṭṛbhis tava
vartamāno vayasy ādye
tataḥ kim akarod bhavān

vyāsaḥ uvāca—Śrī Vyāsadeva sagte; *bhikṣubhiḥ*—von den großen Bettelmönchen; *vipravasite*—nachdem sie nach anderen Orten aufgebrochen waren; *vijñāna*—wissenschaftliches Wissen von der Transzendenz; *ādeṣṭṛbhiḥ*—diejenigen, die unterwiesen hatten; *tava*—deiner; *vartamānaḥ*—gegenwärtig; *vayasi*—der Lebensdauer; *ādye*—vor dem Beginn; *tataḥ*—danach; *kim*—was; *akarot*—tatest; *bhavān*—du selbst.

ÜBERSETZUNG

Śrī Vyāsadeva sagte: Was tatest du [Nārada], nachdem die großen Weisen weitergezogen waren, die dich in deinem letzten Leben in wissenschaftlichem transzendentalem Wissen unterrichtet hatten?

ERLÄUTERUNG

Vyāsadeva war der Schüler Nāradajīs, und daher ist es nur natürlich, daß er gespannt war, was Nārada nach der Einweihung durch die spirituellen Meister tat. Er wollte in die Fußstapfen Nāradas treten, um die gleiche vollkommene Stufe des Lebens zu erreichen. Dieser Wunsch, an den spirituellen Meister Fragen zu richten, ist ein wesentlicher Faktor für den Fortschritt auf dem spirituellen Pfad. Dieser Vorgang wird *sad-dharma-pṛcchā* genannt.

VERS 3

स्वायम्भुव कया वृत्त्या वर्तितं ते परं वयः ।
कथं चेदमुदस्राक्षीः काले प्राप्ते कलेवरम् ॥ ३ ॥

svāyambhuva kayā vṛttyā
vartitaṁ te paraṁ vayaḥ
kathaṁ cedam udasrākṣīḥ
kāle prāpte kalevaram

svāyambhuva—o Sohn Brahmās; *kayā*—unter welchen Bedingungen; *vṛttyā*—Beschäftigung; *vartitam*—verbrachtest; *te*—du; *param*—nach der Einweihung; *vayaḥ*—Lebensdauer; *katham*—wie; *ca*—und; *idam*—dieses; *udasrākṣīḥ*—gabst du auf; *kāle*—im Laufe der Zeit; *prāpte*—erreicht haben; *kalevaram*—Körper.

ÜBERSETZUNG

O Sohn Brahmās, wie verbrachtest du dein Leben nach der Einweihung, und wie erhieltest du deinen jetzigen Körper, nachdem du den alten schließlich aufgegeben hattest?

ERLÄUTERUNG

Śrī Nārada Muni war in seinem vorangegangenen Leben der Sohn einer gewöhnlichen Dienerin gewesen; wie er trotzdem in so vollkommener Weise den spirituellen Körper ewigen Lebens, ewiger Glückseligkeit und ewigen Wissens erlangte, ist zweifellos eine wichtige Frage. Śrī Vyāsadeva bat ihn, dieses zur Zufriedenstellung eines jeden zu enthüllen.

VERS 4

प्राक्कल्पविषयामेतां स्मृतिं ते मुनिसत्तम ।
न ह्येष व्यवधात्काल एष सर्वनिराकृतिः ॥ ४ ॥

prāk-kalpa-viṣayām etāṁ
smṛtiṁ te muni-sattama
na hy eṣa vyavadhāt kāla
eṣa sarva-nirākṛtiḥ

prāk—vor; *kalpa*—der Dauer eines Tages Brahmās; *viṣayām*—Thema; *etām*—all diese; *smṛtim*—Erinnerung; *te*—deine; *muni-sattama*—o großer Weiser; *na*—nicht; *hi*—gewiß; *eṣaḥ*—all diese; *vyavadhāt*—machen keinen Unterschied; *kālaḥ*—im Laufe der Zeit; *eṣaḥ*—all diese; *sarva*—alle; *nirākṛtiḥ*—Vernichtung.

ÜBERSETZUNG

O großer Weiser, die Zeit vernichtet alles in ihrem Lauf. Wie ist es also möglich, daß dieses Ereignis, das vor dem gegenwärtigen Tag Brahmās stattfand, noch frisch in deinem Gedächtnis ist, unbeeinflußt von der Zeit?

ERLÄUTERUNG

So, wie die spirituelle Seele selbst nach der Vernichtung des materiellen Körpers nicht vernichtet wird, so wird auch spirituelles Bewußtsein nicht vernichtet. Śrī Nārada hatte dieses spirituelle Bewußtsein im vorangegangenen *kalpa*, während er sich noch in seinem materiellen Körper befand, entwickelt. Bewußtsein des materiellen Körpers bedeutet spirituelles Bewußtsein, das durch das Medium des materiellen Körpers ausgedrückt wird. Dieses Bewußtsein ist von niederer Natur, zerstörbar und verzerrt. Das höhere Bewußtsein des übergeordneten Geistes auf der spirituellen Ebene dagegen ist ebenso gut wie die spirituelle Seele und wird niemals vernichtet.

VERS 5

नारद उवाच

भिक्षुभिर्विप्रवसिते विज्ञानादेष्टृभिर्मम ।
वर्तमानो वयस्याद्ये तत एतदकारषम् ॥ ५ ॥

nārada uvāca
bhikṣubhir vipravasite
vijñānādeṣṭṛbhir mama
vartamāno vayasy ādye
tata etad akāraṣam

nāradaḥ uvāca—Śrī Nārada sagte; *bhikṣubhiḥ*—von den großen Weisen; *vipravasite*—nach anderen Orten aufgebrochen; *vijñāna*—wissenschaftliches spirituelles Wissen; *ādeṣṭṛbhiḥ*—diejenigen, die es mir mitteilten; *mama*—mein; *vartamānaḥ*—gegenwärtig; *vayasi ādye*—vor diesem Leben; *tataḥ*—danach; *etat*—so viel; *akāraṣam*—führte aus.

ÜBERSETZUNG

Śrī Nārada sagte: Die großen Weisen, die mich im wissenschaftlichen Wissen von der Transzendenz unterwiesen hatten, setzten ihre Reise fort, und ich mußte mein Leben wie folgt führen.

ERLÄUTERUNG

In seinem letzten Leben, als Nāradajī durch die Gnade der großen Weisen mit spirituellem Wissen gesegnet wurde, fand ein spürbarer Wandel in seinem Leben statt, obwohl er erst fünf Jahre alt war. Das ist ein wichtiges Merkmal, das nach der Einweihung durch den echten spirituellen Meister sichtbar wird. Wirkliche Gemeinschaft mit Gottgeweihten bewirkt eine rasche Wandlung im Leben zugunsten spiritueller Verwirklichung. Wie sich Nāradas Gemeinschaft mit den Weisen in seinem vorangegangenen Leben auswirkte, wird nach und nach in diesem Kapitel beschrieben.

VERS 6

एकात्मजा मे जननी योषिन्मूढा च किंकरी ।
मय्यात्मजेऽनन्यगतौ चक्रे स्नेहानुबन्धनम् ॥ ६ ॥

ekātmajā me jananī
yoṣin mūḍhā ca kiṅkarī
mayy ātmaje 'nanya-gatau
cakre snehānubandhanam

eka-ātmajā—nur einen Sohn habend; *me*—meine; *jananī*—Mutter; *yoṣit*—einfache Frau; *mūḍhā*—dumm; *ca*—und; *kiṅkarī*—Dienerin; *mayi*—mir; *ātmaje*—da ich ihr Nachkomme war; *ananya-gatau*—jemand, der keinen anderen Schutz hat; *cakre*—tat es; *sneha-anubandhanam*—gebunden durch die Fessel der Zuneigung.

ÜBERSETZUNG

Ich war der einzige Sohn meiner Mutter, die nicht nur eine einfache Frau, sondern auch eine Dienerin war. Da ich ihr einziges Kind war, hatte sie keinen anderen Schutz, und so band sie mich mit der Fessel der Zuneigung.

VERS 7

सास्वतन्त्रा न कल्पाऽऽसीद्योगक्षेमं ममेच्छती ।
ईशस्य हि वशे लोको योषा दारुमयी यथा ॥ ७ ॥

sāsvatantrā na kalpāsīd
yoga-kṣemaṁ mamecchatī
īśasya hi vaśe loko
yoṣā dārumayī yathā

sā—sie; *asvatantrā*—war abhängig; *na*—nicht; *kalpā*—fähig; *āsīt*—war; *yoga-kṣemam*—Lebensunterhalt; *mama*—mein; *icchatī*—obwohl wünschend; *īśasya*—des Schicksals; *hi*—für; *vaśe*—unter der Macht von; *lokaḥ*—jeder; *yoṣā*—Puppe; *dārumayī*—aus Holz gemacht; *yathā*—so viel wie.

ÜBERSETZUNG

Sie wollte zwar in jeder Beziehung für meinen Lebensunterhalt sorgen, doch weil sie nicht unabhängig war, war es ihr nicht möglich, irgend etwas für mich zu tun. Die Welt steht unter der Oberaufsicht des Höchsten Herrn; daher ist jeder wie eine Holzpuppe in den Händen des Puppenspielers.

VERS 8

अहं च तद्ब्रह्मकुले ऊषिवांस्तदपेक्षया ।
दिग्देशकालाव्युत्पन्नो बालकः पञ्चहायनः ॥ ८ ॥

ahaṁ ca tad-brahma-kule
ūṣivāṁs tad-upekṣayā
dig-deśa-kālāvyutpanno
bālakaḥ pañca-hāyanaḥ

aham—ich; *ca*—auch; *tat*—das; *brahma-kule*—in der Schule der *brāhmaṇas*; *ūṣivān*—lebte; *tat*—ihr; *upekṣayā*—abhängig sein von; *dik-deśa*—Richtung und Land; *kāla*—Zeit; *avyutpannaḥ*—keine Erfahrung habend; *bālakaḥ*—nur ein Kind; *pañca*—fünf; *hāyanaḥ*—Jahre alt.

ÜBERSETZUNG

Als ich ein Kind von nur fünf Jahren war, lebte ich in einer brāhmaṇa-Schule. Ich war von der Zuneigung meiner Mutter abhängig und hatte keine Erfahrung von anderen Ländern.

VERS 9

एकदा निर्गतां गेहाद्दुहन्तीं निशि गां पथि ।
सर्पोऽदशत्पदा स्पृष्टः कृपणां कालचोदितः ॥ ९ ॥

ekadā nirgatāṁ gehād
duhantīṁ niśi gāṁ pathi
sarpo 'daśat padā spṛṣṭaḥ
kṛpaṇāṁ kāla-coditaḥ

ekadā—eines Tages; *nirgatām*—fortgegangen sein; *gehāt*—aus dem Haus; *duhantīm*—um zu melken; *niśi*—nachts; *gām*—die Kuh; *pathi*—auf dem Weg; *sarpaḥ*—Schlange; *adaśat*—gebissen; *padā*—ins Bein; *spṛṣṭaḥ*—so verwundet; *kṛpaṇām*—die arme Frau; *kāla-coditaḥ*—von der erhabenen Zeit beeinflußt.

ÜBERSETZUNG

Eines Nachts, als meine arme Mutter aus dem Haus ging, um eine Kuh zu melken, wurde sie, unter dem Einfluß der erhabenen Zeit, von einer Schlange ins Bein gebissen.

ERLÄUTERUNG

Das ist der Weg, eine aufrichtige Seele näher zu Gott hinzuziehen. Um den armen Knaben kümmerte sich nur seine zärtliche Mutter, und trotzdem wurde sie durch den höchsten Willen von dieser Welt genommen, um ihn ganz von der Gnade des Herrn abhängig zu machen.

VERS 10

तदा तदहमीशस्य भक्तानां शमभीप्सतः ।
अनुग्रहं मन्यमानः प्रातिष्ठं दिशमुत्तराम् ॥१०॥

tadā tad aham īśasya
bhaktānāṁ śam abhīpsataḥ
anugrahaṁ manyamānaḥ
prātiṣṭhaṁ diśam uttarām

tadā—zu dieser Zeit; *tat*—das; *aham*—ich; *īśasya*—des Herrn; *bhaktānām*—der Gottgeweihten; *śam*—Gnade; *abhīpsataḥ*—wünschend; *anugraham*—besonderer Segen; *manyamānaḥ*—so denkend; *prātiṣṭham*—ging weg; *diśam uttarām*—nach Norden.

ÜBERSETZUNG

Ich sah das als besondere Gnade des Herrn an, der Seinen Geweihten stets Segen wünscht, und mit diesen Gedanken machte ich mich auf nach Norden.

ERLÄUTERUNG

Vertraute Geweihte des Herrn sehen bei jedem Schritt eine segenspendende Weisung des Höchsten. Was im materiellen Sinne ein seltsamer oder schwieriger Augenblick ist, sieht der Gottgeweihte als besondere Gnade des Herrn an. Weltlicher Wohlstand ist eine Art materielles Fieber, doch durch die Gnade des Herrn wird die Temperatur dieses materiellen Fiebers allmählich verringert, und Schritt für Schritt erlangt der Gottgeweihte spirituelle Gesundheit. Weltliche Menschen mißverstehen dies.

VERS 11

स्फीताञ्जनपदांस्तत्र पुरग्रामव्रजाकरान् ।
खेटखर्वटवाटीश्च वनान्युपवनानि च ॥११॥

sphītāñ janapadāṁs tatra
pura-grāma-vrajākarān
kheṭa-kharvaṭa-vāṭīś ca
vanāny-upavanāni ca

sphītān—blühend; *jana-padān*—Metropolen; *tatra*—dort; *pura*—Städte; *grāma*—Dörfer; *vraja*—große Bauernhöfe; *ākarān*—Bergbaugebiete (Minen); *kheṭa*—landwirtschaftliche Gebiete; *kharvaṭa*—Täler; *vāṭīḥ*—Blumengärten; *ca*—und; *vanāni*—Wälder; *upavanāni*—Schonungen; *ca*—und.

ÜBERSETZUNG

Ich kam durch viele blühende Großstädte, Städte und Dörfer; ich sah Gehöfte, Minen, Wiesen und Felder und durchwanderte Täler, Blumengärten, Schonungen und Wälder.

ERLÄUTERUNG

Die Tätigkeiten des Menschen in Bereichen wie Ackerbau, Bergbau, Landwirtschaft, Industrie und Gartenarbeit waren damals wie heute die gleichen — dies war selbst vor der gegenwärtigen Schöpfung der Fall, und die gleichen Tätigkeiten werden auch in der nächsten Schöpfung beibehalten werden. Nach vielen Hundertmillionen von Jahren wird die gegenwärtige Schöpfung vernichtet werden, und nach weiteren vielen Hundertmillionen von Jahren wird durch das Gesetz der Natur eine neue Schöpfung stattfinden, worauf sich die Geschichte des Universums praktisch auf gleiche Weise wiederholen wird. Trotzdem verschwenden die weltlichen Rechthaber ihre Zeit mit archäologischen Ausgrabungen, ohne nach den wesentlichen Notwendigkeiten des Lebens zu forschen. Nachdem Śrī Nārada Muni Antrieb im spirituellen Leben bekommen hatte, verschwendete er, obwohl er nur ein Kind war, nicht einmal einen einzigen Augenblick mit wirtschaftlicher Entwicklung, obwohl er durch Städte und Dörfer wanderte und an Minen und Industriegebieten vorbeizog. Er setzte seinen Weg in Richtung spirituelle Befreiung ohne Unterbrechung fort. Das *Śrīmad-Bhāgavatam* ist eine Aufzeichnung geschichtlicher Ereignisse, die vor einigen Hundertmillionen von Jahren stattfanden; jedoch wurden, wie durch diesen Vers angedeutet wird, nur die wichtigsten historischen Fakten in diese transzendentale Schrift aufgenommen.

VERS 12

चित्रधातुविचित्राद्रीनिभभग्नभुजद्रुमान् ।
जलाशयाञ्छिवजलान्नलिनीः सुरसेविताः ।
चित्रस्वनैः पत्ररथैर्विभ्रमद्भ्रमरश्रियः ॥१२॥

citra-dhātu-vicitrādrīn
ibha-bhagna-bhuja-drumān
jalāśayāñ chiva-jalān
nalinīḥ sura-sevitāḥ
citra-svanaiḥ patra-rathair
vibhramad bhramara-śriyaḥ

citra-dhātu—wertvolle Bodenschätze wie Gold, Silber und Kupfer; *vicitra*—voller Vielfalt; *adrīn*—Hügel und Berge; *ibha-bhagna*—von gigantischen Elefanten zerbrochen; *bhuja*—Zweige; *drumān*—Bäume; *jalāśayān śiva*—gesundheitsfördernd; *jalān*—Gewässer; *nalinīḥ*—Lotosblüten; *sura-sevitāḥ*— von den Bewohnern des Himmels erstrebt; *citra-svanaiḥ*—das Herz erfreuend; *patra-rathaiḥ*—durch die Vögel; *vibhramat*—verwirrend; *bhramara-śriyaḥ*—durch Bienen geschmückt.

ÜBERSETZUNG

Ich wanderte über Hügel und Berge, die voller Bodenschätze wie Gold, Silber und Kupfer waren, und zog durch Landstriche mit Gewässern voller herrlicher Lotosblüten, geschmückt mit umhersummenden Bienen und zwitschernden Vögeln. Dies alles war wie geschaffen für die Bewohner des Himmels.

VERS 13

नलवेणुशरस्तन्बकुशकीचकगह्वरम्
एक एवातियातोऽहमद्राक्षं विपिनं महत् ।
घोरं प्रतिभयाकारं व्यालोलूकशिवाजिरम् ॥१३॥

nala-veṇu-śaras-tanba-
kuśa-kīcaka-gahvaram
eka evātiyāto 'ham
adrākṣaṁ vipinaṁ mahat
ghoraṁ pratibhayākāraṁ
vyālolūka-śivājiram

nala—Rohr; *veṇu*—Bambus; *śaraḥ*—Schilf; *tanba*—voller; *kuśa*—scharfes Gras; *kīcaka*—Unkraut; *gahvaram*—Höhlen; *ekaḥ*—allein; *eva*—nur; *atiyātaḥ*—schwierig zu durchwandern; *aham*—ich; *adrākṣam*—besuchte; *vipinam*—tiefe Wälder; *mahat*—groß; *ghoram*—unheimlich; *pratibhaya-ākāram*—gefährlich; *vyāla*—Schlangen; *ulūka*—Eulen; *śiva*—Schakale; *ajiram*—Tummelplätze.

ÜBERSETZUNG

Dann wanderte ich allein durch viele Wälder, wo es Binsen, Bambus, Schilfrohr, scharfes Gras, Unkraut und Höhlen gab, die sehr schwer allein zu durchqueren waren. Ich kam auch durch tiefe, dunkle und gefährlich anmutende, unheimliche Wälder, in denen Schlangen, Eulen und Schakale zu sehen waren.

ERLÄUTERUNG

Es ist die Pflicht eines Bettelmönchs (*parivrājakācārya*), die ganze Vielfalt der Schöpfung Gottes zu erfahren, indem er allein durch Wälder, über Hügel, durch Städte, Dörfer usw. zieht – sowohl, um Vertrauen in Gott und Stärke des Geistes zu gewinnen, als auch, um die Menschen mit der Botschaft Gottes zu erleuchten. Es ist die Pflicht eines *sannyāsī*, allen dabei auftretenden Gefahren ohne Angst ins Auge zu sehen. Der vorbildlichste *sannyāsī* des gegenwärtigen Zeitalters ist Śrī Caitanya, der auf diese Weise durch die Dschungel Zentralindiens wanderte und sogar die Tiger, Bären, Schlangen, Hirsche, Elefanten und viele andere Urwaldtiere erleuchtete. Im heutigen Zeitalter des Kali ist *sannyāsa* für gewöhnliche Menschen verboten. Wer nur sein Gewand wechselt, um Propaganda zu machen, hat nichts mit dem ursprünglichen, vorbildlichen *sannyāsī* gemein. Man sollte trotzdem das Gelübde auf sich nehmen, gesellschaftliche Beziehungen ganz abzubrechen und sein Leben ausschließlich dem Dienst des Herrn zu weihen. Der Wechsel der Kleidung ist nur eine Äußerlichkeit. Śrī Caitanya nahm nicht den Namen eines *sannyāsī* an, und deshalb sollten im jetzigen Zeitalter des Kali die sogenannten *sannyāsīs* Seinem Beispiel folgen und ebenfalls ihre früheren Namen nicht verändern. In diesem Zeitalter wird hingebungsvoller Dienst durch Hören und Wiederholen des heiligen Ruhms des Herrn dringend empfohlen, und jemand, der das Gelübde der Entsagung des Familienlebens ablegt, braucht nicht *parivrājakācāryas* wie Nārada oder Śrī Caitanya nachzuahmen, sondern kann sich an einem heiligen Ort niederlassen und seine ganze Zeit und Energie dazu verwenden, aus den heiligen Schriften, die von den großen *ācāryas*, wie den sechs Gosvāmīs von Vṛndāvana, zurückgelassen wurden, wiederholt zu hören und zu chanten.

VERS 14

परिश्रान्तेन्द्रियात्माहं तृट्परीतो बुभुक्षितः ।
स्नात्वा पीत्वा ह्रदे नद्या उपस्पृष्टो गतश्रमः ॥१४॥

pariśrāntendriyātmāhaṁ
tṛṭ-parīto bubhukṣitaḥ
snātvā pītvā hrade nadyā
upaspṛṣṭo gata-śramaḥ

pariśrānta—müde; *indriya*—körperlich; *ātmā*—geistig; *aham*—ich; *tṛṭ-parītaḥ*—durstig seiend; *bubhukṣitaḥ*—und hungrig; *snātvā*—ein Bad nehmend; *pītvā*—und auch Wasser trinkend; *hrade*—im See; *nadyāḥ*—eines Flusses; *upaspṛṣṭaḥ*—in Verbindung seiend mit; *gata*—erfuhr Erleichterung; *śramaḥ*—Müdigkeit.

ÜBERSETZUNG

Als ich so wanderte, fühlte ich mich körperlich wie auch geistig ermattet, und ich war durstig und hungrig. So badete ich in einem See und trank auch etwas Wasser. Durch die Berührung mit dem Wasser wurde ich von meiner Erschöpfung befreit.

ERLÄUTERUNG

Ein umherziehender Bettelmönch kann die Bedürfnisse des Körpers, wie Essen und Trinken, durch die Gaben der Natur befriedigen; er braucht nicht an den Türen der Haushälter zu betteln. Ein Bettelmönch geht daher nicht zu einem Haushälter, um zu betteln, sondern um ihn mit spirituellem Wissen zu erleuchten.

VERS 15

तस्मिन्निर्मनुजेऽरण्ये पिप्पलोपस्थ आश्रितः ।
आत्मनाऽऽत्मानमात्मस्थं यथाश्रुतमचिन्तयम् ॥१५॥

tasmin nirmanuje 'raṇye
pippalopastha āśritaḥ
ātmanātmānam ātmasthaṁ
yathā-śrutam acintayam

tasmin—dort; *nirmanuje*—ohne menschliche Wohnstätten; *araṇye*—im Wald; *pippala*—Banyanbaum; *upasthe*—unter ihm sitzend; *āśritaḥ*—Zuflucht nehmend bei; *ātmanā*—durch Intelligenz; *ātmānam*—der Überseele; *ātma-stham*—in meinem Innern weilend; *yathā-śrutam*—wie ich es von den befreiten Seelen gehört hatte; *acintayam*—überdachte.

ÜBERSETZUNG

Danach setzte ich mich im Schatten eines Banyanbaumes in einem unbewohnten Wald nieder und meditierte über die Überseele in meinem Innern, indem ich meine Intelligenz benutzte, wie ich es von den befreiten Seelen gelernt hatte.

ERLÄUTERUNG

Man sollte nicht nach eigenem Gutdünken meditieren; vielmehr sollte man aus den maßgeblichen Quellen der Schriften sowie durch das transparente Medium des echten spirituellen Meisters und durch den richtigen Gebrauch seiner geübten Intelligenz genau wissen, wie man über die Überseele meditieren soll, die in jedem Lebewesen weilt. Dieses Bewußtsein kann von einem Gottgeweihten, der dem Herrn liebevollen Dienst dargebracht hat, indem er die Anweisungen des spirituellen Meisters ausführte, bleibend entwickelt werden. Śrī Nāradajī kam mit echten spirituellen Meistern zusammen, diente ihnen aufrichtig und wurde somit spirituell erleuchtet. Daher begann er nun zu meditieren.

VERS 16

ध्यायतश्चरणाम्भोजं भावनिर्जितचेतसा ।
औत्कण्ठ्याश्रुकलाक्षस्य हृद्यासीन्मे शनैर्हरिः ॥१६॥

dhyāyataś caraṇāmbhojaṁ
bhāva-nirjita-cetasā
autkaṇṭhyāśru-kalākṣasya
hṛdy āsīn me śanair hariḥ

dhyāyataḥ—auf diese Weise meditierend über; *caraṇa-ambhojam*—die Lotosfüße der lokalisierten Persönlichkeit Gottes; *bhāva-nirjita*—Geist verwandelt in transzendentale Liebe zum Herrn; *cetasā*—alle geistigen Tätigkeiten (Denken, Fühlen, Wollen); *autkaṇṭhya*—Eifer; *aśru-kala*—Tränen rollten herunter; *akṣasya*—aus den Augen; *hṛdi*—in meinem Herzen; *āsīt*—erschien; *me*—mir; *śanaiḥ*—ohne Verzögerung; *hariḥ*—die Persönlichkeit Gottes.

ÜBERSETZUNG

Sobald ich mit meinem Geist, der durch transzendentale Liebe gewandelt war, über die Lotosfüße der Persönlichkeit Gottes zu meditieren begann, rollten Tränen aus meinen Augen, und sogleich erschien die Persönlichkeit Gottes, Śrī Kṛṣṇa, auf dem Lotos meines Herzens.

ERLÄUTERUNG

Das Wort *bhāva* ist hier bedeutsam. Die Stufe der *bhāva* wird erreicht, nachdem man transzendentale Zuneigung zum Herrn entwickelt hat. Die erste, anfängliche Stufe wird *śraddhā* oder Gefallen am Höchsten Herrn genannt, und um dieses Gefallen zu vergrößern, muß man mit reinen Geweihten des Herrn Gemeinschaft haben; das ist die zweite Stufe. Die dritte Stufe ist das Befolgen der vorgeschriebenen Regeln und Vorschriften des hingebungsvollen Dienstes. Auf diese Weise werden alle Arten von Befürchtungen zerstreut und alle persönlichen Unzulänglichkeiten, die das Fortschreiten im hingebungsvollen Dienst hemmen, behoben.

Wenn alle Befürchtungen und persönlichen Unzulänglichkeiten beseitigt sind, entsteht fester Glaube an die Transzendenz, und der Geschmack für sie wächst in größerem Maße. Diese Stufe führt zur Zuneigung, und danach kommt *bhāva* oder die Vorstufe ungetrübter Liebe zu Gott. Alle oben genannten Stufen sind nichts anderes als verschiedene Stufen in der Entwicklung transzendentaler Liebe. Wenn man von transzendentaler Liebe erfüllt wird, entsteht ein starkes Gefühl der Trennung, das zu acht verschiedenen Arten der Ekstase führt. Tränen aus den Augen eines Gottgeweihten sind eine unwillkürliche Reaktion, und da Śrī Nārada Muni in seinem vorangegangenen Leben diese Stufe sehr schnell erreichte, nachdem er seine Heimat verlassen hatte, war es für ihn durchaus möglich, die Gegenwart des Herrn durch seine entwickelten, von materiellen Einflüssen freien spirituellen Sinne spürbar zu erfahren.

VERS 17

प्रेमातिभरनिर्भिन्नपुलकाङ्गोऽतिनिर्वृतः ।
आनन्दसम्प्लवे लीनो नापश्यमुभयं मुने ॥१७॥

premātibhara-nirbhinna-
pulakāṅgo 'tinirvṛtaḥ
ānanda-samplave līno
nāpaśyam ubhayaṁ mune

premā—Liebe; *atibhara*—übermäßig; *nirbhinna*—besonders unterschieden; *pulaka*—Gefühle des Glücks; *aṅgaḥ*—verschiedene Körperteile; *ati-nirvṛtaḥ*—völlig überwältigt sein; *ānanda*—Ekstase; *samplave*—im Ozean der; *līnaḥ*—versunken in; *na*—nicht; *apaśyam*—konnte sehen; *ubhayam*—beide; *mune*—o Vyāsadeva.

ÜBERSETZUNG

O Vyāsadeva, als ich so von Glücksgefühlen ganz überwältigt war, wurde jeder Teil meines Körpers belebt. In einen Ozean der Ekstase versunken, konnte ich weder mich selbst noch den Herrn sehen.

ERLÄUTERUNG

Spirituelle Glücksgefühle und tiefe Ekstase haben keinen weltlichen Vergleich. Es ist deshalb sehr schwierig, solche Gefühle auszudrücken, und so können wir durch die Worte Śrī Nārada Munis nur einen schwachen Eindruck von solcher Ekstase bekommen. Jeder einzelne Teil des Körpers oder vielmehr jedes Sinnesorgan hat seine besondere Funktion. Nachdem man den Herrn gesehen hat, werden alle Sinne hellwach, um dem Herrn zu dienen, denn im befreiten Zustand sind die Sinne im Dienst des Herrn voll leistungsfähig. In solch transzendentaler Ekstase kann es geschehen, daß die Sinne gesondert belebt werden, um dem Herrn zu dienen. Da dies bei Nārada Muni der Fall war, konnte er sich selbst und den Herrn nicht mehr sehen.

VERS 18

रूपं भगवतो यत्तन्मनःकान्तं शुचापहम् ।
अपश्यन् सहसोत्तस्थे वैक्लव्याद्दुर्मना इव ॥१८॥

rūpaṁ bhagavato yat tan
manaḥ-kāntaṁ śucāpaham

apaśyan sahosottasthe
vaiklavyād durmanā iva

rūpam—Gestalt; *bhagavataḥ*—der Persönlichkeit Gottes; *yat*—wie sie ist; *tat*—das; *manaḥ*—des Geistes; *kāntam*—wie er es wünscht; *śuca-apaham*—alle Widersinnigkeiten auflösend; *apaśyan*—ohne zu sehen; *sahasā*—ganz plötzlich; *uttasthe*—stand auf; *vaiklavyāt*—da ich verwirrt war; *durmanāḥ*—weil ich das Ersehnte verloren hatte; *iva*—wie es war.

ÜBERSETZUNG

Die transzendentale Gestalt des Herrn, wie sie ist, stellt den Wunsch des Geistes zufrieden und löst sogleich alle widersinnigen Vorstellungen auf. Als ich diese Gestalt aus den Augen verlor, stand ich unvermittelt auf, da ich verwirrt war, wie es der Fall ist, wenn man etwas Ersehntes verliert.

ERLÄUTERUNG

Nārada Muni machte die Erfahrung, daß der Herr nicht gestaltlos ist. Seine Gestalt unterscheidet sich jedoch völlig von allen Formen, die wir in der materiellen Welt kennen. Während unseres ganzen Lebens sehen wir verschiedene Formen in der materiellen Welt, aber keine von ihnen ist geeignet, den Geist zufriedenzustellen, und ebenso kann keine dieser Formen alle Verwirrungen des Geistes auflösen. Diese Fähigkeiten gehören zu den besonderen Merkmalen der transzendentalen Gestalt des Herrn, und jemand, der einmal diese Gestalt gesehen hat, wird durch nichts anderes mehr zufriedengestellt, und keine Form in der materiellen Welt kann ihn mehr befriedigen. Daß der Herr als gestaltlos bezeichnet wird, bedeutet nichts anderes, als daß Er keine materielle Gestalt hat; auch ist Er mit keiner materiellen Persönlichkeit zu vergleichen.

Als spirituelle Wesen, die ewige Beziehungen zur transzendentalen Gestalt des Herrn haben, suchen wir Leben für Leben nach dieser Gestalt des Herrn, und wir sind mit keiner Art materieller Beschwichtigung zufrieden. Nārada Muni sah die transzendentale Gestalt des Herrn nur einen kurzen Augenblick, und da er sie darauf nicht mehr sehen konnte, geriet er in Verwirrung und stand ganz plötzlich auf, um nach ihr zu suchen. Nārada Muni erlangte das, wonach wir uns Leben für Leben sehnen; doch daß er den Herrn wieder aus den Augen verlor, war gewiß ein schwerer Schlag für ihn.

VERS 19

दिदृक्षुस्तदहं भूयः प्रणिधाय मनो हृदि ।
वीक्षमाणोऽपि नापश्यमवितृप्त इवातुरः ॥१९॥

didṛkṣus tad ahaṁ bhūyaḥ
praṇidhāya mano hṛdi
vīkṣamāṇo 'pi nāpaśyam
avitṛpta ivāturaḥ

didṛkṣuḥ—wünschend zu sehen; *tat*—das; *aham*—ich; *bhūyaḥ*—wieder; *praṇidhāya*—den Geist konzentriert habend; *manaḥ*—Geist; *hṛdi*—auf das Herz; *vīkṣamāṇaḥ*—erwartend zu sehen; *api*—trotzdem; *na*—niemals; *apasyam*—sah Ihn; *avitṛptaḥ*—ohne zufriedengestellt zu sein; *iva*—wie; *āturaḥ*—traurig.

ÜBERSETZUNG

Ich wünsche mir, diese transzendentale Gestalt des Herrn wiederzusehen, aber trotz meiner ungeduldigen Versuche, den Geist auf das Herz zu richten, um diese Gestalt erneut zu erblicken, konnte ich Ihn nicht mehr sehen, und so war ich unzufrieden und sehr traurig.

ERLÄUTERUNG

Es gibt keinen mechanischen Vorgang, die Gestalt des Herrn zu sehen. Dies hängt völlig von der grundlosen Gnade des Herrn ab. Wir können dem Herrn nicht befehlen, vor uns zu erscheinen, ebenso, wie wir der Sonne nicht befehlen können, nach unserem Wunsch aufzugehen. Die Sonne geht ganz nach ihrem eigenen Gesetz auf, und ebenso erscheint der Herr nur dann, wenn es Ihm in Seiner grundlosen Barmherzigkeit gefällt. Man sollte einfach einen geeigneten Augenblick abwarten und weiterhin seine vorgeschriebene Pflicht im hingebungsvollen Dienst des Herrn erfüllen.

Nārada Muni dachte, er könne den Herrn noch einmal durch den gleichen mechanischen Vorgang sehen, der beim ersten Mal erfolgreich gewesen war; doch trotz äußerster Anstrengung hatte er beim zweiten Versuch keinen Erfolg. Der Herr ist völlig unabhängig von allen Verpflichtungen. Er kann nur durch die Fessel ungetrübter Hingabe gebunden werden; auch können wir Ihn nicht mit unseren materiellen Sinnen sehen oder wahrnehmen. Wenn es Ihm beliebt, da Er mit der aufrichtigen Bemühung unseres hingebungsvollen Dienstes, der völlig von Seiner Gnade abhängig ist, zufrieden ist, mag Er uns, aus Seinem eigenen Willen heraus, sichtbar werden.

VERS 20

एवं यतन्तं विजने मामाहागोचरो गिराम् ।
गम्भीरश्लक्ष्णया वाचा शुचः प्रशमयन्निव ॥२०॥

evaṁ yatantaṁ vijane
mām āhāgocaro girām
gambhīra-ślakṣṇayā vācā
śucaḥ praśamayann iva

evam—so; *yatantam*—jemand, der wiederholt versucht; *vijane*—an diesem verlassenen Ort; *mām*—zu mir; *āha*—sagte; *agocaraḥ*—außerhalb der Hörweite materiellen Klanges; *girām*—Äußerungen; *gambhīra*—ernsthaft; *ślakṣṇayā*—angenehm zu hören; *vācā*—Worte; *śucaḥ*—Leid; *praśamayan*—lindernd; *iva*—wie.

ÜBERSETZUNG

Als der Herr, die Persönlichkeit Gottes, der zu allen weltlichen Beschreibungen transzendental ist, meine Bemühungen an diesem verlassenen Ort sah, sprach Er zu mir mit ernsten und wohltuenden Worten, um mein Leid zu lindern.

ERLÄUTERUNG

In den *Veden* wird gesagt, daß Sich Gott jenseits der Reichweite weltlicher Worte und weltlicher Intelligenz befindet. Und doch kann man durch Seine grundlose Gnade geeignete Sinne bekommen, mit denen man Ihn hören oder mit Ihm sprechen kann. So wirkt die unbegreifliche Energie des Herrn. Wem Er Seine Gnade schenkt, der kann Ihn hören. Der Herr war mit Nārada Muni sehr zufrieden, und deshalb gab Er ihm die nötige Kraft, Ihn zu hören. Anderen jedoch, die noch auf der Stufe der Bewährung im hingebungsvollen Dienst stehen, ist es nicht möglich, die Berührung des Herrn direkt wahrzunehmen. Dies war ein besonderes Geschenk für Nārada. Als er die wohltuenden Worte des Herrn hörte, wurden seine Trennungsgefühle ein wenig gemildert. Ein Geweihter, der Gott liebt, fühlt ständig die Schmerzen der Trennung und ist daher immer in transzendentale Ekstase versunken.

VERS 21

हन्तास्मिञ्जन्मनि भवान्मा मां द्रष्टुमिहार्हति ।
अविपक्वकषायाणां दुर्दर्शोऽहं कुयोगिनाम् ॥२१॥

hantāsmiñ janmani bhavān
mā māṁ draṣṭum ihārhati
avipakva-kaṣāyāṇāṁ
durdarśo 'haṁ kuyoginām

hanta—o Nārada; *asmin*—in diesem; *janmani*—Leben; *bhavān*—du; *mā*—nicht; *mām*—Mich; *draṣṭum*—sehen; *iha*—hier; *arhati*—verdienst; *avipakva*—unreif; *kaṣāyāṇām*—materielle Unreinheit; *durdarśaḥ*—schwierig zu sehen; *aham*—Ich; *kuyoginām*—im Dienst unvollkommen.

ÜBERSETZUNG

O Nārada [sprach der Herr], Ich bedaure, daß du während dieses Lebens nicht mehr fähig sein wirst, Mich noch einmal zu sehen. Diejenigen, die in ihrem Dienst unvollkommen und nicht völlig frei von allen materiellen Unreinheiten sind, können Mich schwerlich sehen.

ERLÄUTERUNG

Die Persönlichkeit Gottes wird in der *Bhagavad-gītā* als der Reinste, der Höchste und die Absolute Wahrheit beschrieben. Es gibt keine Spur von Stofflichkeit in Seiner Person, und daher kann jemand, der die geringste Spur von materieller Neigung hat, Ihn nicht erreichen. Hingebungsvoller Dienst beginnt von dem Punkt, an dem man von mindestens zwei oder drei materiellen Erscheinungsweisen befreit ist, nämlich von der Erscheinungsweise der Leidenschaft und der Erscheinungsweise der Unwissenheit. Dies zeigt sich daran, daß man von *kāma* (Lust) und *lobha* (Habsucht) frei ist. Das bedeutet, daß man von den Wünschen nach Befriedigung der Sinne und der Gier nach Sinnenbefriedigung befreit sein muß. Die ausgeglichene Erscheinungsweise der Natur ist Tugend. Um jedoch von allen Spuren materieller Unreinheit frei zu sein, muß man auch von der Erscheinungsweise der Tugend frei werden. Die Gegenwart Gottes in einem einsamen Wald zu suchen gilt als Handlung in der Erscheinungsweise der Tugend. Man kann zwar in den Wald hinausgehen, um spirituelle Vollkommenheit zu erreichen, aber das bedeutet nicht, daß man den Herrn dort persönlich sehen kann. Man muß von aller materiellen Anhaftung gänzlich frei und auf der transzendentalen Ebene verankert sein, denn nur so ist es dem Gottgeweihten möglich, mit dem Herrn persönlich in Verbindung zu treten. Es ist daher am besten, an einem Ort zu leben, wo die transzendentale Gestalt des Herrn verehrt wird. Der Tempel des Herrn ist ein solch transzendentaler Ort, wohingegen der Wald, materiell gesehen, ein guter Aufenthaltsort ist. Einem neuen Gottgeweihten wird immer empfohlen, die Bildgestalt des Herrn zu verehren (*arcanā*), statt in den Wald zu gehen, um den Herrn dort zu suchen. Hingebungsvoller Dienst beginnt mit dem Vorgang der *arcanā*-Verehrung, der besser ist, als in den Wald zu gehen. In seinem gegenwärtigen Leben, das von allen materiellen Wünschen völlig frei ist, geht Śrī Nārada Muni nicht in den Wald, obwohl er jeden Ort allein durch seine Gegenwart in Vaikuṇṭha verwandeln kann. Er reist von Planet zu Planet, um Menschen, Halbgötter, Kinnaras, Gandharvas, *ṛṣis, munis* und alle anderen dazu zu bringen, Geweihte des Herrn zu werden. Durch seine Tätigkeit hat er schon viele Gottgeweihte, wie Prahlāda Mahārāja, Dhruva Mahārāja und andere, im transzendentalen Dienst des Herrn beschäftigt. Ein reiner Geweihter des Herrn folgt daher dem Beispiel großer Geweihter wie Nārada und Prahlāda und verwendet seine ganze Zeit dazu, den Herrn durch *kīrtana* zu verherrlichen. Ein solches Predigen ist transzendental zu allen materiellen Erscheinungsweisen.

VERS 22

सकृद्यद् दर्शितं रूपमेतत्कामाय तेऽनघ ।
मत्कामः शनकैः साधु सर्वान्मुञ्चति हृच्छयान् ॥२२॥

sakṛd yad darśitaṃ rūpam
etat kāmāya te 'nagha
mat-kāmaḥ śanakaiḥ sādhu
sarvān muñcati hṛc-chayān

sakṛt—einmal nur; *yat*—das; *darśitam*—gezeigt; *rūpam*—Gestalt; *etat*—dies ist; *kāmāya*—um der Wünsche willen; *te*—deine; *anagha*—o Tugendhafter; *mat*—Mein; *kāmaḥ*—Wunsch; *śanakaiḥ*—durch Vergrößern; *sādhuḥ*—Gottgeweihter; *sarvān*—alle; *muñcati*—gibt auf; *hṛt-śayān*—materielle Wünsche.

ÜBERSETZUNG

O Tugendhafter, du hast Meine Gestalt nur einmal gesehen, und dies nur, damit deine Sehnsucht nach Mir stärker wird, denn je mehr du dich nach Mir sehnst, desto schneller wirst du von allen materiellen Wünschen befreit werden.

ERLÄUTERUNG

Ein Lebewesen kann nicht ohne Wünsche sein. Es ist kein toter Stein. Es muß handeln, denken, fühlen und wollen. Wenn es materielle Gedanken, Gefühle und Wünsche hat, wird es verstrickt, und umgekehrt, wenn es für den Dienst des Herrn denkt, fühlt und wünscht, wird es allmählich von aller Verstrickung befreit. Je mehr jemand im transzendentalen liebevollen Dienst des Herrn beschäftigt ist, desto mehr entwickelt er ein Verlangen danach. Das ist die transzendentale Natur des göttlichen Dienstes. Im materiellen Dienst gibt es einen Punkt der Sättigung, während der spirituelle Dienst für den Herrn weder Sättigung noch Ende kennt. Man kann fortfahren, sein Verlangen nach dem transzendentalen liebevollen Dienst des Herrn immer mehr zu vergrößern, und man wird weder Sättigung noch ein Ende finden. Durch intensiven Dienst für den Herrn kann man die Gegenwart des Herrn transzendental erfahren. Den Herrn zu sehen bedeutet daher, in Seinem Dienst beschäftigt zu sein, denn Sein Dienst und Seine Person sind identisch. Der aufrichtige Gottgeweihte sollte mit aufrichtigem Dienst für den Herrn fortfahren. Der Herr wird schon die richtige Anweisung geben, wie und wo der Dienst ausgeführt werden soll. Nārada hegte kein materielles Verlangen, und doch sprach der Herr so zu ihm, nur um seine starke Sehnsucht nach dem Herrn zu vergrößern.

VERS 23

सत्सेवयादीर्घयापि जाता मयि दृढा मतिः ।
हित्वावद्यमिमं लोकं गन्ता मज्जनतामसि ॥२३॥

sat-sevayādīrghayāpi
jātā mayi dṛḍhā matiḥ
hitvāvadyam imaṁ lokaṁ
gantā maj-janatām asi

sat-sevayā—durch Dienst für die Absolute Wahrheit; *adīrghayā*—einige Tage lang; *api*—sogar; *jātā*—erreicht habend; *mayi*—in Mir; *dṛḍhā*—fest; *matiḥ*—Intelligenz; *hitvā*—aufgegeben habend; *avadyam*—jämmerlich; *imam*—diese; *lokam*—materiellen Welten; *gantā*—im Begriff; *mat-janatām*—Meine Gefährten; *asi*—werden.

ÜBERSETZUNG

Wenn ein Gottgeweihter der Absoluten Wahrheit dient — auch nur für einige Tage —, richtet sich seine Intelligenz fest und entschlossen auf Mich. Er beschreitet diesen Pfad daher weiter und wird, nachdem er die gegen-

wärtigen, beklagenswerten materiellen Welten aufgegeben hat, Mein Gefährte in der transzendentalen Welt.

ERLÄUTERUNG

Dienst für die Absolute Wahrheit bedeutet, der Absoluten Persönlichkeit Gottes unter der Anleitung eines echten spirituellen Meisters zu dienen, der ein transparenter Vermittler zwischen dem Herrn und dem Gottgeweihten ist. Der neue Gottgeweihte hat nicht die Fähigkeit, sich der Absoluten Persönlichkeit Gottes durch die Kraft seiner gegenwärtigen, unvollkommenen materiellen Sinne zu nähern, und daher wird er unter der Führung des spirituellen Meisters im transzendentalen Dienst des Herrn geschult. Durch solche Schulung, selbst wenn sie nur einige Tage währt, bekommt der neue Gottgeweihte Intelligenz in solch transzendentalem Dienst, was ihn letztlich dahin führt, von dem fortgesetzten Aufenthalt in der materiellen Welt frei zu werden, um dort einer der befreiten Gefährten des Herrn im Königreich Gottes zu werden.

VERS 24

मतिर्मयि निबद्धेयं न विपद्येत कर्हिचित् ।
प्रजासर्गनिरोधेऽपि स्मृतिश्च मदनुग्रहात् ॥२४॥

matir mayi nibaddheyaṁ
na vipadyeta karhicit
prajā-sarga-nirodhe 'pi
smṛtiś ca mad-anugrahāt

matiḥ—Intelligenz; *mayi*—Mir hingegeben; *nibaddhā*—beschäftigt; *iyam*—so; *na*—nie; *vipadyeta*—getrennt; *karhicit*—zu irgendeiner Zeit; *prajā*—Lebewesen; *sarga*—zur Zeit der Schöpfung; *nirodhe*—auch zur Zeit der Vernichtung; *api*—selbst; *smṛtiḥ*—Erinnerung; *ca*—und; *mat*—Meine; *anugrahāt*—durch die Gnade von.

ÜBERSETZUNG

Mir hingegebene Intelligenz kann zu keiner Zeit verlorengehen. Selbst zur Zeit der Schöpfung und auch zur Zeit der Vernichtung wird dein Erinnerungsvermögen durch Meine Gnade fortbestehen.

ERLÄUTERUNG

Der Persönlichkeit Gottes dargebrachter hingebungsvoller Dienst ist niemals vergebens. Da die Persönlichkeit Gottes ewig ist, ist Intelligenz, die in Seinem Dienst benutzt wird — ja alles in Beziehung zu Ihm Getane —, ebenfalls ewig. In der *Bhagavad-gītā* wird gesagt, daß sich solch transzendentaler Dienst für die Persönlichkeit Gottes Leben für Leben ansammelt, und wenn der Gottgeweihte völlig ausgereift ist, befähigt ihn der insgesamt geleistete Dienst, in die Gemeinschaft der Persönlichkeit Gottes einzutreten. Eine solche Ansammlung von Dienst für Gott geht niemals verloren, sondern wächst an, bis der Gottgeweihte die Stufe der Reife erreicht hat.

VERS 25

एतावदुक्त्वोपरराम तन्महद्
भूतं नभोलिङ्गमलिङ्गमीश्वरम् ।
अहं च तस्मै महतां महीयसे
शीर्ष्णावनामं विदधेऽनुकम्पितः ॥२५॥

etāvad uktvopararāma tan mahad
bhūtaṁ nabho-liṅgam aliṅgam īśvaram
ahaṁ ca tasmai mahatāṁ mahīyase
śīrṣṇāvanāmaṁ vidadhe 'nukampitaḥ

etāvat—so; *uktvā*—gesprochen; *upararāma*—verstummte; *tat*—diese; *mahat*—große; *bhūtam*—wunderbare; *nabhaḥ-liṅgam*—durch Klang verkörpert; *aliṅgam*—den Augen nicht sichtbar; *īśvaram*—die höchste Autorität; *aham*—ich; *ca*—auch; *tasmai*—Ihm; *mahatām*—der Große; *mahīyase*—dem Gepriesenen; *śīrṣṇā*—mit dem Haupt; *avanāmam*—Ehrerbietungen; *vidadhe*—erwies; *anukampitaḥ*—da von Ihm begünstigt.

ÜBERSETZUNG

Dann verstummte diese höchste Autorität, die durch Klang verkörpert wurde und höchst wundervoll war, obwohl sie den Augen nicht sichtbar war. Und mit einem Gefühl der Dankbarkeit brachte ich Ihm meine Ehrerbietungen dar, indem ich mich verneigte.

ERLÄUTERUNG

Daß die Persönlichkeit Gottes nicht zu sehen war, sondern nur gehört werden konnte, macht keinen Unterschied. Der Herr schuf die vier *Veden* durch Seinen Atem, und Er kann durch den transzendentalen Klang der *Veden* gesehen und erkannt werden. In ähnlicher Weise ist die *Bhagavad-gītā* die Klangrepräsentation des Herrn, und es gibt keinen Unterschied in der Identität. Die Schlußfolgerung lautet, daß der Herr durch beharrliches Chanten des transzendentalen Klanges gesehen und gehört werden kann.

VERS 26

नामान्यनन्तस्य हतत्रपः पठन्
गुह्यानि भद्राणि कृतानि च स्मरन् ।

गां पर्यटंस्तुष्टमना गतस्पृहः
कालं प्रतीक्षन् विमदो विमत्सरः ॥२६॥

nāmāny anantasya hata-trapaḥ paṭhan
guhyāni bhadrāṇi kṛtāni ca smaran
gāṁ paryaṭaṁs tuṣṭa-manā gata-spṛhaḥ
kālaṁ pratīkṣan vimado vimatsaraḥ

nāmāni—der Heilige Name, Ruhm usw.; *anantasya*—des Unbegrenzten; *hata-trapaḥ*—von allen Äußerlichkeiten der materiellen Welt befreit seiend; *paṭhan*—durch Vortragen, wiederholtes Lesen usw.; *guhyāni*—geheimnisvoll; *bhadrāṇi*—allsegnend; *kṛtāni*—Taten und Spiele; *ca*—und; *smaran*—sich ständig erinnernd; *gām*—auf der Erde; *paryaṭan*—überall hinreisend; *tuṣṭa-manāḥ*—völlig zufrieden; *gata-spṛhaḥ*—von allen materiellen Wünschen völlig befreit; *kālam*—Zeit; *pratīkṣan*—erwartend; *vimadaḥ*—ohne stolz zu sein; *vimatsaraḥ*—ohne neidisch zu sein.

ÜBERSETZUNG

Darauf begann ich den Heiligen Namen und Ruhm des Herrn durch wiederholtes Vortragen zu chanten und schenkte den Äußerlichkeiten der materiellen Welt keine Beachtung mehr. Es ist sehr segensreich, auf diese Weise über die transzendentalen Spiele des Herrn zu chanten und sich an sie zu erinnern. So wanderte ich über die ganze Erde, völlig zufrieden, demütig und nicht neidisch.

ERLÄUTERUNG

In geraffter Form schildert hier Nārada Muni an seinem eigenen Beispiel das Leben eines aufrichtigen Geweihten des Herrn. Ein solcher Gottgeweihter widmet sich, nachdem er vom Herrn oder dessen echtem Vertreter eingeweiht worden ist, sehr ernsthaft dem Chanten über die Herrlichkeit des Herrn und wandert über die ganze Welt, damit auch andere vom Ruhm des Herrn hören können. Solche Gottgeweihten hegen kein Verlangen nach materiellem Gewinn. Sie werden nur von einem einzigen Wunsch geleitet: zu Gott zurückzukehren. Dies erwartet sie zu gegebener Zeit, dann nämlich, wenn sie den materiellen Körper verlassen. Da sie stets das höchste Ziel des Lebens – die Rückkehr zu Gott – vor Augen haben, beneiden sie niemals jemanden und sind auch nicht stolz darauf, daß sie befähigt sind, zu Gott zurückzugehen. Ihre einzige Beschäftigung besteht darin, zu chanten und sich an den Heiligen Namen, den Ruhm und die Spiele des Herrn zu erinnern und ganz nach ihrer persönlichen Befähigung die Botschaft zum Segen anderer zu verbreiten, ohne dabei materiellen Gewinn im Auge zu haben.

VERS 27

एवं कृष्णमतेर्ब्रह्मन्नासक्तस्यामलात्मनः ।
कालः प्रादुरभूत्काले तडित्सौदामनी यथा ॥२७॥

His Divine Grace
A.C. Bhaktivedanta Swami Prabhupāda
Gründer-Ācārya der Internationalen Gesellschaft für Krischna-Bewußtsein

Śrī Caitanya Mahāprabhu mit Seinen engsten Gefährten. Śrī Caitanya erschien vor fünfhundert Jahren und lehrte die Menschen, wie man in unserem Zeitalter das höchste Ziel des Lebens, reine Liebe zu Kṛṣṇa, erreichen kann: durch das gemeinsame Lobpreisen der Heiligen Namen des Herrn. (S.8/9)

Der Jagannātha-Tempel in Purī. Dort verbrachte Śrī Caitanya die letzten achtzehn Jahre, bevor Er in die spirituelle Welt zurückkehrte.

Der Wald von Naimiṣāraṇya. Hier trug Sūta Gosvāmī vor fünftausend Jahren den Weisen das *Śrīmad-Bhāgavatam* vor.

In Naimiṣāraṇya versammelten sich viele erhabene Weise, um ein Opfer durchzuführen. Sie wandten sich in ergebener Haltung an Śrīla Sūta Gosvāmī, um von ihm die Essenz der vedischen Schriften zu erfahren. So kam es, daß Sūta Gosvāmī das *Śrīmad-Bhāgavatam* vortrug. (1.1.4-23)

Kṛṣṇas vollständige Erweiterungen erschaffen und erhalten die materielle Welt. Auf dem Ozean der Ursachen liegt Mahā-Viṣṇu; aus Seinen Poren gehen unzählige Universen hervor, und in jedes dieser Universen geht der Herr als Garbhodakaśāyī Viṣṇu ein. (1.3.1-5)

Eine der Inkarnationen des Höchsten Herrn auf der Erde war König Rāma. Seine Taten werden im *Rāmāyaṇa* beschrieben. (1.3.22)

Kṛṣṇa ist Gott, der Höchste Herr, und alle Inkarnationen gehen von Ihm aus. Vor fünftausend Jahren erschien Er auf der Erde zusammen mit Seinem Bruder Balarāma. Balarāma ist die erste vollständige Erweiterung des Herrn. (1.3.23)

Die niederträchtigen Kurus versuchten, Draupadī in aller Öffentlichkeit zu entwürdigen. Doch Kṛṣṇa rettete Draupadī, indem Er ihr Gewand unendlich lang werden ließ. (1.8.24)

Duryodhana und seine arglistigen Freunde hatten für Kuntīdevī und die fünf Pāṇḍava-Brüder ein Haus aus hochbrennbarem Material bauen lassen, um sie zu töten. Doch ihr Onkel Vidura warnte sie, und so konnten sie entkommen. (1.8.24)

Kṛṣṇa, den Höchsten Herrn, fürchtet selbst die Furcht in Person. Doch als Mutter Yaśodā Kṛṣṇa bestrafen wollte, weil Er ungezogen war, füllten sich Seine Augen mit Tränen der Angst. Diese Vorstellung verwirrt selbst erhabene Weise. (1.8.31)

Als Königin Kuntī Kṛṣṇa vor Seiner Abreise nach Dvārakā aus tiefstem Herzen ihre Gebete darbrachte, lächelte der Herr sanft und voller Mitgefühl. (1.8.44)

Entgegen Seinem Versprechen, nicht persönlich in die Schlacht einzugreifen, sprang Kṛṣṇa vom Streitwagen, ergriff ein Wagenrad und stürmte auf Bhīṣmadeva zu – wie ein Löwe, der einen Elefanten töten will. (1.9.37)

Beim *rājasūya*-Opfer König Yudhiṣṭhiras waren die erhabensten Persönlichkeiten der Welt zugegen. In dieser Versammlung wurde Śrī Kṛṣṇa als die Höchste Persönlichkeit Gottes verehrt. (1.9.41)

evaṁ kṛṣṇa-mater brahman
nāsaktasyāmalātmanaḥ
kālaḥ prādurabhūt kāle
taḍit saudāmanī yathā

evam—so; *kṛṣṇa-mateḥ*—jemand, der völlig in Gedanken an Kṛṣṇa versunken ist; *brahman*—o Vyāsadeva; *na*—nicht; *āsaktasya*—jemand, der angehaftet ist; *amala-ātmanaḥ*—von jemandem, der von aller materiellen Unreinheit völlig frei ist; *kālaḥ*—Tod; *prādurabhūt*—sichtbar werden; *kāle*—im Laufe der Zeit; *taḍit*—Blitz; *saudāmanī*—erleuchtend; *yathā*—wie es ist.

ÜBERSETZUNG

O Brāhmaṇa Vyāsadeva, ich war völlig in Gedanken an Kṛṣṇa versunken und hatte deshalb keinerlei Anhaftung mehr. Ich war von allen materiellen Unreinheiten vollständig befreit, und so fand ich zu gegebener Zeit den Tod, genau wie Blitz und Helligkeit gleichzeitig erscheinen.

ERLÄUTERUNG

In Gedanken ganz bei Kṛṣṇa zu sein bedeutet, von materiellen Unreinheiten oder Begehren frei zu sein. Ebenso, wie ein reicher Mann kein Verlangen nach unbedeutenden Dingen hegt, begehrt ein Geweihter Śrī Kṛṣṇas, dem es gewiß ist, das Königreich Gottes zu erreichen, wo das Leben ewig, voller Wissen und voller Glückseligkeit ist, natürlich keine unbedeutenden materiellen Dinge, die wie Puppen oder Schatten der Wirklichkeit sind und keinen bleibenden Wert haben. Das ist das Merkmal eines spirituell bereicherten Menschen. Zu gegebener Zeit, wenn der reine Gottgeweihte in jeder Hinsicht vorbereitet ist, findet ganz plötzlich der Wechsel des Körpers statt, der für gewöhnlich Tod genannt wird. Für einen reinen Gottgeweihten ist ein solcher Wechsel wie ein Blitz, dem gleichzeitig das Aufleuchten folgt. Das heißt, ein Gottgeweihter verläßt seinen materiellen Körper und entwickelt gleichzeitig, durch den Willen des Höchsten, einen spirituellen Körper. Schon vor dem Tod wirkt auf einen reinen Gottgeweihten nichts Materielles mehr anziehend, da sein Körper spiritualisiert ist — wie Eisen, das durch ständige Berührung mit Feuer rotglühend geworden ist und die Eigenschaft des Feuers besitzt.

VERS 28

प्रयुज्यमाने मयि तां शुद्धां भागवतीं तनुम् ।
आरब्धकर्मनिर्वाणो न्यपतत् पाञ्चभौतिकः ॥२८॥

prayujyamāne mayi tām
śuddhāṁ bhāgavatīṁ tanum
ārabdha-karma-nirvāṇo
nyapatat pāñca-bhautikaḥ

prayujyamāne—nachdem gewährt worden war; *mayi*—mir; *tām*—dieser; *śuddhām*—transzendentale; *bhāgavatīm*—geeignet, um mit der Persönlichkeit Gottes zusammenzusein; *tanum*—Körper; *ārabdha*—angesammeltes; *karma*—fruchtbringendes Tun; *nirvāṇaḥ*—beendet; *nyapatat*—gab auf; *pāñca-bhautikaḥ*—den Körper, der aus fünf materiellen Elementen geschaffen ist.

ÜBERSETZUNG

Nachdem ich einen transzendentalen Körper erhalten hatte, der einem Gefährten der Höchsten Persönlichkeit Gottes würdig war, verließ ich den aus fünf materiellen Elementen geschaffenen Leib, und alle angehäuften fruchtbringenden Reaktionen meiner Handlungen [karma] hatten keinen Einfluß mehr auf mich.

ERLÄUTERUNG

Nārada, der von der Persönlichkeit Gottes davon in Kenntnis gesetzt worden war, daß er einen transzendentalen, der Gemeinschaft des Herrn würdigen Körper erhalten werde, bekam seinen spirituellen Körper in dem Augenblick, als er den materiellen Körper verließ. Der transzendentale Körper ist frei von materiellen Beziehungen und mit drei grundlegenden transzendentalen Eigenschaften ausgestattet: (1) Er ist ewig; (2) er ist frei vom Einfluß der materiellen Erscheinungsweisen, und (3) er ist frei von den Reaktionen auf fruchtbringendes Tun. Der materielle Körper dagegen weist immer drei Unzulänglichkeiten auf: (1) Er ist nicht ewig, sondern vergänglich; (2) er untersteht dem Einfluß der materiellen Erscheinungsweisen, und (3) er ist den Reaktionen auf fruchtbringende Handlungen unterworfen. Der Körper eines Gottgeweihten wird mit transzendentalen Eigenschaften erfüllt, sobald dieser im hingebungsvollen Dienst des Herrn beschäftigt ist. Transzendentaler hingebungsvoller Dienst wirkt auf den materiellen Körper wie der magnetische Einfluß des Steins der Weisen auf Eisen. Für den reinen Gottgeweihten bedeutet daher der Wechsel des Körpers die Beendigung des Einflusses der drei Erscheinungsweisen der materiellen Natur. In den offenbarten Schriften gibt es hierfür viele Beispiele: Dhruva Mahārāja, Prahlāda Mahārāja und vielen anderen Gottgeweihten war es, offensichtlich noch im selben Körper, möglich, die Persönlichkeit Gottes von Angesicht zu Angesicht zu sehen. Dies bedeutet, daß sich die materiellen Eigenschaften des Körpers eines Gottgeweihten in transzendentale wandeln. Dies ist sowohl die Ansicht der autorisierten Gosvāmīs als auch der authentischen Schriften. In der *Brahma-saṁhitā* wird gesagt, daß vom *indra-gopa* bis hinauf zum mächtigen Indra, dem König des Himmels, alle Lebewesen dem Gesetz des *karma* unterworfen und damit gezwungen sind, die fruchtbringenden Reaktionen auf ihr Tun zu erleiden oder zu genießen. Nur der Gottgeweihte ist durch die grundlose Gnade der höchsten Autorität, der Persönlichkeit Gottes, von diesen Reaktionen ausgenommen.

VERS 29

कल्पान्त इदमादाय शयानेऽम्भस्युदन्वतः ।
शिशयिषोरनुप्राणं विविशेऽन्तरहं विभोः ॥२९॥

kalpānta idam ādāya
śayāne 'mbhasy udanvataḥ
śiśayiṣor anuprāṇaṁ
viviśe 'ntar ahaṁ vibhoḥ

kalpa-ante—am Ende eines Tages Brahmās; *idam*—dies; *ādāya*—zusammennehmend; *śayāne*—gegangen sein, um Sich niederzulegen; *ambhasi*—auf das Wasser der Ursachen; *udanvataḥ*—der Vernichtung; *śiśayiṣoḥ*—die Persönlichkeit Gottes (Nārāyaṇa) legte Sich; *anuprāṇam*—Atem; *viviśe*—ging ein in; *antaḥ*—in; *aham*—ich; *vibhoḥ*—Brahmās.

ÜBERSETZUNG

Am Ende des Zeitalters, als die Persönlichkeit Gottes, Nārāyaṇa, Sich auf das Wasser der Vernichtung niederlegte, gingen sowohl Brahmā, zusammen mit allen Schöpfungselementen, als auch ich durch Seinen Atem in Ihn ein.

ERLÄUTERUNG

Nārada ist als der Sohn Brahmās bekannt, ebenso, wie Śrī Kṛṣṇa als der Sohn Vasudevas bekannt ist. Die Persönlichkeit Gottes und Seine befreiten Geweihten, wie Nārada, erscheinen in der materiellen Welt auf ähnliche Weise. Wie in der *Bhagavad-gītā* gesagt wird, sind die Geburt, die Taten und die Spiele des Herrn alle transzendental. Die Geburt Nāradas als Sohn Brahmās ist daher, nach maßgeblicher Ansicht, ebenfalls ein transzendentales Spiel. Sein Erscheinen und Fortgehen befinden sich praktisch auf der gleichen Ebene wie das Erscheinen und Fortgehen des Herrn. Der Herr und Seine Geweihten sind daher als spirituelle Wesen gleichzeitig eins und verschieden. Sie gehören zur gleichen Kategorie der Transzendenz.

VERS 30

सहस्रयुगपर्यन्ते उत्थायेदं सिसृक्षतः ।
मरीचिमिश्रा ऋषयः प्राणेभ्योऽहं च जज्ञिरे ॥३०॥

sahasra-yuga-paryante
utthāyedaṁ sisṛkṣataḥ
marīci-miśrā ṛṣayaḥ
prāṇebhyo 'haṁ ca jajñire

sahasra—eintausend; *yuga*—4 300 000 Jahre; *paryante*—am Ende des Zeitraums; *utthāya*—ausgeatmet habend; *idam*—dies; *sisṛkṣataḥ*—wünschte, erneut zu schaffen; *marīci-miśrāḥ*—*ṛṣis* wie Marīci; *ṛṣayaḥ*—alle *ṛṣis*; *prāṇebhyaḥ*—aus Seinen Sinnen heraus; *aham*—ich; *ca*—auch; *jajñire*—erschien.

ÜBERSETZUNG

Nach 4 300 000 000 Sonnenjahren, als durch den Willen des Herrn Brahmā erwachte, um erneut zu schaffen, und alle ṛṣis, wie Marīci, Aṅgirā,

Atri und andere, aus dem transzendentalen Körper des Herrn hervorgingen, erschien mit ihnen auch ich.

ERLÄUTERUNG

Die Dauer eines Tages im Leben Brahmās beträgt 4 320 000 000 Sonnenjahre. Diese Angabe finden wir in der *Bhagavad-gītā* bestätigt. Die Nacht Brahmās währt ebensolange, und während dieser Zeit ruht Brahmājī im *yoga-nidrā*-Schlaf im Körper Garbhodakaśāyī Viṣṇus, seines Erzeugers.

Als nun die Nacht Brahmās vorüber war und nach dem Willen des Herrn mit Brahmās Hilfe eine neue Schöpfung stattfinden sollte, erschienen die großen Weisen (*ṛṣis*) aus verschiedenen Teilen des transzendentalen Körpers, und mit ihnen erschien auch Nārada. Nārada erschien in dem gleichen transzendentalen Körper, den er, wie beschrieben wurde, nach Verlassen seines letzten materiellen Leibes erhalten hatte. Sein Erscheinen glich dem Erwachen eines Menschen, der in dem gleichen Körper aufwacht, in dem er sich zur Ruhe gelegt hat. Śrī Nārada steht es ewig frei, sich nach Belieben in den transzendentalen und materiellen Schöpfungen des Allmächtigen überallhin zu bewegen. Er erscheint und geht in seinem ihm eigenen transzendentalen Körper, bei dem, im Gegensatz zu bedingten Wesen, kein Unterschied zwischen Körper und Seele besteht.

VERS 31

अन्तर्बहिश्च लोकांस्त्रीन् पर्येम्यस्कन्दितव्रतः ।
अनुग्रहान्महाविष्णोरविघातगतिः क्वचित् ॥३१॥

antar bahiś ca lokāṁs trīn
paryemy askandita-vrataḥ
anugrahān mahā-viṣṇor
avighāta-gatiḥ kvacit

antaḥ—in der transzendentalen Welt; *bahiḥ*—in der materiellen Welt; *ca*—und; *lokān*—Planeten; *trīn*—drei (Unterteilungen); *paryemi*—reisen; *askandita*—ununterbrochen; *vrataḥ*—Gelübde; *anugrahāt*—durch die grundlose Gnade; *mahā-viṣṇoḥ*—Mahā-Viṣṇus (Kāraṇodakaśāyī Viṣṇu); *avighāta*—ohne Einschränkung; *gatiḥ*—Eintritt; *kvacit*—zu jeder Zeit.

ÜBERSETZUNG

Seitdem reise ich durch die Gnade des allmächtigen Viṣṇu ohne Einschränkung überall umher — sowohl in der transzendentalen Welt als auch in den drei Bereichen der materiellen Welt. Dies vermag ich nur, weil ich unablässig im hingebungsvollen Dienst des Herrn gefestigt bin.

ERLÄUTERUNG

Wie in der *Bhagavad-gītā* erklärt wird, gibt es drei Unterteilungen der materiellen Sphären, nämlich *ūrdhva-loka* (die oberen Planeten), *madhya-loka* (die mittleren

Planeten) und *adho-loka* (die unteren Planeten). Über dem höchsten der *ūrdhva-loka*-Planeten, Brahmaloka, beginnen die materiellen Umhüllungen der Universen, und darüber liegt der spirituelle Himmel, der sich unbegrenzt ausdehnt und in dem unzählige selbstleuchtende Vaikuṇṭha-Planeten schweben. Auf diesen Planeten residiert Gott Selbst zusammen mit Seinen Gefährten, die alle ewig befreite Lebewesen sind. Śrī Nārada Muni war befähigt, all diese Planeten in den materiellen und spirituellen Sphären ohne Einschränkung zu betreten, ebenso, wie es dem allmächtigen Herrn freisteht, in Seiner Schöpfung überall hinzugehen. In der materiellen Welt werden die Lebewesen von den drei Erscheinungsweisen der Natur – Tugend, Leidenschaft und Unwissenheit – beeinflußt. Śrī Nārada Muni jedoch ist transzendental zu all diesen materiellen Erscheinungsweisen, und daher kann er uneingeschränkt überall hinreisen. Er ist ein befreiter Raumfahrer. Die grundlose Gnade des Herrn ist unvergleichlich, und solche Gnade wird von den Gottgeweihten nur durch die Barmherzigkeit des Herrn erfahren. Aus diesem Grund fallen die Gottgeweihten niemals, wohingegen die Materialisten, das heißt die fruchtbringenden Arbeiter und spekulierenden Philosophen, zu Fall kommen, da sie unter dem Zwang der jeweiligen Erscheinungsweisen der Natur stehen. Wie oben erwähnt wurde, ist es den *ṛṣis* nicht möglich, wie Nārada die transzendentale Welt zu betreten. Diese Tatsache wird im *Narasiṁha Purāṇa* mitgeteilt. *Ṛṣis* wie Marīci sind Autoritäten auf dem Gebiet fruchtbringender Handlungen, und *ṛṣis* wie Sanaka und Sanātana sind Autoritäten auf dem Gebiet philosophischer Spekulationen. Śrī Nārada Muni aber ist die größte Autorität im Bereich transzendentalen hingebungsvollen Dienstes für den Herrn. Alle großen Autoritäten im hingebungsvollen Dienst des Herrn folgen den Fußstapfen Nārada Munis, wobei sie sich vom *Nārada-bhakti-sūtra* anleiten lassen, und daher sind alle Geweihten des Herrn ohne weiteres geeignet, in das Königreich Gottes, Vaikuṇṭha, einzutreten.

VERS 32

देवदत्तामिमां वीणां स्वरब्रह्मविभूषिताम् ।
मूर्च्छयित्वा हरिकथां गायमानश्चराम्यहम् ॥३२॥

deva-dattām imāṁ vīṇāṁ
svara-brahma-vibhūṣitām
mūrcchayitvā hari-kathāṁ
gāyamānaś carāmy aham

deva—die Höchste Persönlichkeit Gottes (Śrī Kṛṣṇa); *dattām*—gegeben von; *imām*—dies; *vīṇām*—ein Saiteninstrument; *svara*—Tonleiter; *brahma*—transzendental; *vibhūṣitām*—geschmückt mit; *mūrcchayitvā*—spielend; *hari-kathām*—transzendentale Botschaft; *gāyamānaḥ*—ständig singend; *carāmi*—bewege mich; *aham*—ich.

ÜBERSETZUNG

Während ich so umherreise, singe ich ständig die transzendentale Botschaft der Herrlichkeit des Herrn, indem ich auf meinem Instrument, der

vīṇā, spiele, das mit transzendentalem Klang erfüllt ist und das mir von Śrī Kṛṣṇa gegeben wurde.

ERLÄUTERUNG

Das hier erwähnte Saiteninstrument, *vīṇā* genannt, das Nārada von Śrī Kṛṣṇa zum Geschenk erhielt, wird, wie Śrīla Jīva Gosvāmī bestätigt, im *Liṅga Purāṇa* näher beschrieben. Dieses transzendentale Instrument ist mit Śrī Kṛṣṇa und auch mit Nārada identisch, da beide zur gleichen transzendentalen Kategorie gehören. Der durch dieses Instrument erzeugte Klang kann nicht materiell sein, und daher sind der Ruhm und die Spiele, die durch dieses Instrument von Nārada verbreitet werden, ebenfalls transzendental, ohne die geringste Spur materieller Unzulänglichkeit. Auch die sieben Töne — *ṣa* (*ṣaḍja*), *ṛ* (*ṛṣabha*), *gā* (*gāndhāra*), *ma* (*madhyama*), *pa* (*pañcama*), *dha* (*dhaivata*) und *ni* (*niṣāda*) — sind transzendental und besonders für transzendentale Lieder bestimmt. Als reiner Gottgeweihter erfüllt Śrī Nārada stets seine Verpflichtungen gegenüber dem Herrn — da dieser ihm ja das Instrument geschenkt hat —, indem er ständig Seine transzendentale Herrlichkeit besingt, und daher ist er in seiner erhabenen Stellung unfehlbar. Eine selbstverwirklichte Seele in der materiellen Welt, die dem Beispiel Nārada Munis folgt, sollte ebenfalls die Töne *ṣa, ṛ, gā, mā* usw. im Dienst des Herrn richtig verwenden, indem sie, wie es in der *Bhagavad-gītā* bestätigt wird, ständig von der Herrlichkeit des Herrn singt.

VERS 33

प्रगायतः स्ववीर्याणि तीर्थपादः प्रियश्रवाः ।
आहूत इव मे शीघ्रं दर्शनं याति चेतसि ॥३३॥

pragāyataḥ sva-vīryāṇi
tīrtha-pādaḥ priya-śravāḥ
āhūta iva me śīghraṁ
darśanaṁ yāti cetasi

pragāyataḥ—so singend; *sva-vīryāṇi*—eigene Handlungen; *tīrtha-pādaḥ*—der Herr, dessen Lotosfüße die Quelle aller Tugend oder Heiligkeit sind; *priya-śravāḥ*—angenehm zu hören; *āhūtaḥ*—gerufen nach; *iva*—ebenso wie; *me*—mir; *śīghram*—sehr bald; *darśanam*—Sicht; *yāti*—erscheint; *cetasi*—auf dem Sitz des Herzens.

ÜBERSETZUNG

Der Höchste Herr, Śrī Kṛṣṇa, über dessen Herrlichkeit und Taten zu hören große Freude bereitet, erscheint — als sei Er gerufen worden — auf dem Sitz meines Herzens, sobald ich beginne, über Seine heiligen Taten und Spiele zu chanten.

ERLÄUTERUNG

Der Herr, die Absolute Persönlichkeit Gottes, ist von Seinen transzendentalen Namen, Formen, Spielen und den Klangschwingungen, die deren Verherrlichung dienen, nicht verschieden. Sobald sich ein reiner Gottgeweihter im reinen hingebungsvollen Dienst betätigt, indem er über den Ruhm, den Namen sowie die Taten und Spiele des Herrn hört, chantet und sich an sie erinnert, wird der Herr den transzendentalen Augen des reinen Gottgeweihten sichtbar, indem Er Sich im Spiegel seines Herzens durch spirituelle Übertragung reflektiert. Ein reiner Gottgeweihter, der mit dem Herrn durch liebenden transzendentalen Dienst verbunden ist, kann daher die Gegenwart des Herrn in jedem Augenblick erfahren. Es ist ein natürliches psychologisches Phänomen, daß jedes Individuum es liebt, über sich zu hören, und es genießt, von anderen gerühmt zu werden. Das ist eine ganz natürliche Neigung, und der Herr, der ebenfalls eine individuelle Persönlichkeit ist wie jeder andere auch, bildet in dieser Psychologie keine Ausnahme, da die psychologischen Merkmale der individuellen winzigen Seelen nichts anderes sind als Spiegelungen derselben Psychologie des Absoluten Herrn. Der einzige Unterschied besteht darin, daß der Herr die größte Persönlichkeit von allen ist und daß sich Seine Handlungen alle auf der absoluten Ebene befinden. Es ist daher nicht weiter verwunderlich, daß es auf den Herrn anziehend wirkt, wenn ein reiner Gottgeweihter über Seinen Ruhm chantet. Weil Er absolut ist, kann Er in der Beschreibung Seines Ruhmes persönlich erscheinen, denn Er ist von Seiner Ruhmpreisung nicht verschieden. Śrīla Nārada chantet nicht zu seinem persönlichen Vorteil über die Herrlichkeit des Herrn, sondern nur, weil solches Chanten mit dem Herrn identisch ist. Deshalb erlangt Nārada Muni durch sein transzendentales Chanten die Gemeinschaft des Herrn.

VERS 34

एतद्ध्यातुरचित्तानां मात्रास्पर्शेच्छया मुहुः ।
भवसिन्धुप्लवो दृष्टो हरिचर्यानुवर्णनम् ॥३४॥

etad dhy ātura-cittānāṁ
mātrā-sparśecchayā muhuḥ
bhava-sindhu-plavo dṛṣṭo
hari-caryānuvarṇanam

etat—dies; *hi*—gewiß; *ātura-cittānām*—von denen, deren Geist immer voller Sorgen und Ängste ist; *mātrā*—Objekte des Sinnengenusses; *sparśa*—Sinne; *icchayā*—durch Wünsche; *muhuḥ*—immer; *bhava-sindhu*—der Ozean der Unwissenheit; *plavaḥ*—Boot; *dṛṣṭaḥ*—erfahren; *hari-carya*—Taten und Spiele Haris; *anuvarṇanam*—ständiges Vortragen.

ÜBERSETZUNG

Ich habe selbst die Erfahrung gemacht, daß diejenigen, die immerzu voller Sorgen und Ängste sind, weil sie sich nach der Berührung der Sinne mit ihren Objekten sehnen, den Ozean der Unwissenheit in einem geeigneten Boot überqueren können — dem ständigen Chanten über die transzendentalen Taten und Spiele der Persönlichkeit Gottes [Hari].

ERLÄUTERUNG

Es ist das Merkmal eines Lebewesens, daß es nicht einmal für kurze Zeit untätig sein kann. Es muß etwas tun, an etwas denken oder über etwas sprechen. Für gewöhnlich denken und diskutieren materialistische Menschen über Themen, die ihre Sinne befriedigen. Weil aber solche Themen unter dem Einfluß der äußeren, illusionierenden Energie stehen, geben sie ihnen keine wirkliche Befriedigung. Im Gegenteil, diejenigen, die sich mit ihnen befassen, werden von Sorgen und Ängsten erfüllt. Dies wird *māyā* („das, was nicht ist") genannt, denn sie suchen bei etwas Befriedigung, das ihnen keine Befriedigung verschaffen kann. Nārada Muni sagt nun aus eigener Erfahrung, daß solche enttäuschten Wesen, die Zufriedenheit durch Befriedigung der Sinne zu erlangen suchen, wahre Befriedigung erfahren können, wenn sie ständig über die Taten und Spiele des Herrn chanten. Der entscheidende Punkt ist, daß nur das Thema gewechselt werden sollte. Niemand kann ein Lebewesen davon abhalten zu denken, und es kann auch nicht aufhören, zu fühlen, zu wollen und zu handeln. Wenn man jedoch wirkliches Glück wünscht, muß man das Thema wechseln. Statt über die Politik eines sterbenden Mannes zu reden, sollte man von der Staatskunst sprechen, die der Herr Selbst offenbarte. Statt die Heldentaten und Abenteuer von Filmschauspielern mit Spannung zu verfolgen, sollte man seine Aufmerksamkeit auf die Taten und Spiele des Herrn mit Seinen ewigen Gefährten, wie den *gopīs* und Lakṣmīs, richten. Der Herr, die allmächtige Persönlichkeit Gottes, kommt aus Seiner grundlosen Gnade auf die Erde herab und offenbart Spiele und Taten, die beinahe wie die weltlicher Menschen anmuten, jedoch zugleich außergewöhnlich sind, da Er allmächtig ist. Er erscheint zum Segen aller bedingten Seelen, damit sie ihre Aufmerksamkeit der Transzendenz zuwenden können. Tun sie dies, können sie allmählich auf die transzendentale Ebene erhoben werden und so den Ozean der Unwissenheit, die Ursache aller Leiden, mit Leichtigkeit überqueren. Śrī Nārada Muni, eine der großen Autoritäten, hat selbst die Erfahrung gemacht und bestätigt dies deshalb. Wir können die gleiche Erfahrung machen, wenn wir beginnen, den Fußstapfen des großen Weisen, des liebsten Geweihten des Herrn, zu folgen.

VERS 35

यमादिभिर्योगपथैः कामलोभहतो मुहुः ।
मुकुन्दसेवया यद्वत्तथाऽऽत्माद्धा न शाम्यति ॥३५॥

yamādibhir yoga-pathaiḥ
kāma-lobha-hato muhuḥ
mukunda-sevayā yadvat
tathātmāddhā na śāmyati

yama-ādibhiḥ—durch den Vorgang, sich selbst zu beherrschen; *yoga-pathaiḥ*—durch das System des *yoga* (mystische körperliche Macht, um die göttliche Stufe zu erreichen); *kāma*—Wünsche nach Befriedigung der Sinne; *lobha*—Lust nach Befriedigung der Sinne; *hataḥ*—gezügelt; *muhuḥ*—immer; *mukunda*—die Persönlichkeit Gottes; *sevayā*—durch Dienst für; *yadvat*—wie er ist; *tathā*—wie das; *ātmā*—die Seele; *addhā*—für alle praktischen Ziele; *na*—nicht; *śāmyati*—zufrieden sein.

ÜBERSETZUNG

Es ist wahr, daß man von den Störungen durch Wünsche und Lust frei werden kann, wenn man sich darin übt, die Sinne durch das yoga-System zu beherrschen; aber das reicht nicht aus, um die Seele zufriedenzustellen, denn solche Zufriedenheit wird durch hingebungsvollen Dienst für die Persönlichkeit Gottes erfahren.

ERLÄUTERUNG

Das Ziel des *yoga* ist es, die Sinne zu beherrschen. Durch den mystischen Vorgang körperlicher Übungen in bezug auf Sitzen, Denken, Fühlen, Wollen, Konzentrieren, Meditieren und schließlich Eingehen in die Transzendenz kann man die Sinne beherrschen. Die Sinne werden mit giftigen Schlangen verglichen, und das *yoga*-System ist dazu da, sie unter Kontrolle zu halten. Nārada Muni rät jedoch zu einer anderen Methode; er empfiehlt, die Sinne in den transzendentalen liebevollen Dienst Mukundas, der Persönlichkeit Gottes, zu stellen. Aus eigener Erfahrung sagt er, daß hingebungsvoller Dienst wirkungsvoller und praktischer ist als das System, die Sinne künstlich zu beherrschen. Im Dienst des Herrn, Mukunda, sind die Sinne transzendental beschäftigt. Es besteht daher keine Möglichkeit, daß sie zur materiellen Befriedigung verwendet werden. Die Sinne wollen tätig sein. Sie künstlich zurückzuhalten ist keine Lösung, denn sobald sich die Gelegenheit zum Genuß bietet, werden die schlangengleichen Sinne sie unzweifelhaft nutzen. Es gibt hierfür viele Beispiele in der Geschichte, wie Viśvāmitra Muni, der der Schönheit Menakās erlag. Haridāsa Ṭhākura wurde einmal um Mitternacht von der betörend gekleideten Māyā versucht, doch sie konnte den großen Gottgeweihten nicht dazu bringen, ihren Verführungskünsten zu erliegen.

Diese Beispiele sollen deutlich machen, daß man ohne hingebungsvollen Dienst für den Herrn weder das *yoga*-System noch trockene philosophische Spekulationen jemals erfolgreich sein können. Reiner hingebungsvoller Dienst ohne eine Spur fruchtbringenden Tuns, mystischen *yogas* oder spekulativer Philosophie ist der beste Vorgang zur Selbstverwirklichung. Solch reiner hingebungsvoller Dienst ist von Natur aus transzendental, und die *yoga*- und *jñāna*-Systeme sind diesem Vorgang untergeordnet. Wenn der transzendentale hingebungsvolle Dienst mit den anderen, untergeordneten Vorgängen vermischt wird, ist er nicht mehr transzendental, sondern wird als vermischter hingebungsvoller Dienst bezeichnet. Śrīla Vyāsadeva, der Verfasser des *Śrīmad-Bhāgavatam*, wird all diese verschiedenen Systeme transzendentaler Verwirklichung nach und nach darlegen.

VERS 36

सर्वं तदिदमाख्यातं यत्पृष्टोऽहं त्वयानघ ।
जन्मकर्मरहस्यं मे भवतश्चात्मतोषणम् ॥३६॥

sarvaṁ tad idam ākhyātaṁ
yat pṛṣṭo 'haṁ tvayānagha
janma-karma-rahasyaṁ me
bhavataś cātma-toṣaṇam

sarvam—alles; *tat*—das; *idam*—dies; *ākhyātam*—habe beschrieben; *yat*—was immer; *pṛṣṭaḥ*—gefragt von; *aham*—ich; *tvayā*—von dir; *anagha*—ohne irgendwelche Sünden; *janma*—Geburt; *karma*—Tätigkeiten; *rahasyam*—Geheimnisse; *me*—meine; *bhavataḥ*—deine; *ca*—und; *ātma*—selbst; *toṣaṇam*—Befriedigung.

ÜBERSETZUNG

O Vyāsadeva, du bist frei von allen Sünden. Ich habe dir somit, als Antwort auf deine Fragen, von meiner Geburt wie auch von meinem Weg zur Selbstverwirklichung berichtet. All dies wird auch für deine Zufriedenstellung von großem Nutzen sein.

ERLÄUTERUNG

Um die Fragen Vyāsadevas zufriedenstellend zu beantworten, beschrieb Nārada Muni den Vorgang des hingebungsvollen Dienstes von Anbeginn bis zur Stufe der Transzendenz. Er hat erklärt, wie der Same des hingebungsvollen Dienstes durch transzendentale Gemeinschaft gesät wurde und wie er sich durch Hören von den Weisen allmählich entwickelte. Das Ergebnis solchen Hörens ist Loslösung von Weltlichkeit, und zwar in solchem Maße, daß selbst ein kleiner Junge die Nachricht vom Tod seiner Mutter, seiner einzigen Beschützerin, als Segen Gottes betrachten konnte; und so nahm er sogleich die Gelegenheit wahr, den Herrn zu suchen. Der aufrichtige Wunsch nach einer Unterredung mit dem Herrn wurde ihm ebenfalls erfüllt, wenngleich es niemandem möglich ist, den Herrn mit weltlichen Augen zu sehen. Nārada erklärte auch, wie man durch die Verrichtung reinen hingebungsvollen Dienstes von der Reaktion auf frühere, fruchtbringende Handlungen frei werden kann und wie er seinen materiellen Körper in einen spirituellen verwandelte. Nur in einem spirituellen Körper ist es möglich, in das spirituelle Reich des Herrn einzugehen, und niemand außer einem reinen Gottgeweihten ist berechtigt, das Königreich Gottes zu betreten. Alle Geheimnisse transzendentaler Verwirklichung wurden Nārada Muni enthüllt, und daher kann man, wenn man einer solchen Autorität zuhört, eine Vorstellung von den Ergebnissen des hingebungsvollen Lebens bekommen, die selbst in den ursprünglichen Versen der *Veden* kaum beschrieben werden. In den *Veden* und *Upaniṣaden* findet man nur indirekte Hinweise; dort wird nichts unmittelbar erklärt, und daher ist das *Śrīmad-Bhāgavatam* die reife Frucht am Baum der vedischen Literatur.

VERS 37

सूत उवाच

एवं सम्भाष्य भगवान्नारदो वासवीसुतम् ।
आमन्त्र्य वीणां रणयन् ययौ यादृच्छिको मुनिः ॥३७॥

sūta uvāca
evaṁ sambhāṣya bhagavān
nārado vāsavī-sutam
āmantrya vīṇāṁ raṇayan
yayau yādṛcchiko muniḥ

sūtaḥ—Sūta Gosvāmī; *uvāca*—sagte; *evam*—so; *sambhāṣya*—ansprechend; *bhagavān*—transzendental mächtig; *nāradaḥ*—Nārada Muni; *vāsavī*—namens Vāsavī (Satyavatī); *sutam*—Sohn; *āmantrya*—einladend; *vīṇām*—Instrument; *raṇayan*—anschlagend; *yayau*—ging; *yādṛcchikaḥ*—wo immer wollend; *muniḥ*—Weiser.

ÜBERSETZUNG

Sūta Gosvāmī sagte: Nachdem Śrīla Nārada Muni so zu Vyāsadeva gesprochen hatte, verabschiedete er sich von ihm, und auf seiner vīṇā spielend, verließ er den Ort, um ganz nach seinem Willen umherzuwandern.

ERLÄUTERUNG

Jedes Lebewesen strebt nach vollkommener Freiheit, denn das ist seine transzendentale Natur. Diese Freiheit kann nur durch den transzendentalen Dienst für den Herrn erlangt werden. Durch die äußere Energie getäuscht, denkt jeder, er sei frei, aber in Wirklichkeit ist er durch die Gesetze der Natur gebunden. Eine bedingte Seele kann sich nicht einmal auf der Erde ungehindert von Ort zu Ort bewegen, ganz zu schweigen von einer Reise von Planet zu Planet. Einer befreiten Seele wie Nārada dagegen, die ständig über die Herrlichkeit des Herrn chantet, steht es frei, sich nicht nur auf der Erde, sondern in jedem Teil des Universums, ja auch überall im spirituellen Himmel, ganz nach Belieben zu bewegen. Machen wir uns nur einmal das Ausmaß oder vielmehr die Unbegrenztheit dieser Freiheit bewußt, die der des Höchsten Herrn gleichkommt. Eine befreite Seele hat keinen Grund für ihre Reisen und auch keine Verpflichtung, und niemand kann ihre freie Beweglichkeit beeinträchtigen. In ähnlicher Weise ist auch das transzendentale System des hingebungsvollen Dienstes frei. Es kann sein, daß es sich in dem einen entwickelt und in dem anderen nicht — auch wenn dieser alle Regeln und Vorschriften genau beachtet. Ebenso ist auch die Gemeinschaft eines reinen Gottgeweihten frei. Man kann so glücklich sein, sie zu haben, oder man hat sie selbst nach Tausenden von Bemühungen nicht. In allen Bereichen des hingebungsvollen Dienstes ist daher Freiheit die Hauptsache. Ohne Freiheit gibt es keinen hingebungsvollen Dienst. Daß der Geweihte dem Herrn seine Freiheit hingibt, bedeutet nicht, daß er in jeder Beziehung abhängig wird. Sich dem Herrn durch das transparente Medium des spirituellen Meisters hinzugeben bedeutet, die völlige Freiheit des Lebens zu erreichen.

VERS 38

अहो देवर्षिर्धन्योऽयं यत्कीर्तिं शार्ङ्गधन्वनः ।
गायन्माद्यन्निदं तन्त्र्या रमयत्यातुरं जगत् ॥३८॥

aho devarṣir dhanyo 'yaṁ
yat-kīrtiṁ śārṅgadhanvanaḥ
gāyan mādyann idaṁ tantryā
ramayaty āturaṁ jagat

aho—aller Ruhm; *devarṣiḥ*—dem Weisen der Götter; *dhanyaḥ*—aller Erfolg; *ayam yat*—jemand, der; *kīrtim*—Herrlichkeit; *śārṅga-dhanvanaḥ*—der Persönlichkeit Gottes; *gāyan*—singend; *mādyan*—Freude findend an; *idam*—dies; *tantryā*—mit Hilfe des Instrumentes; *ramayati*—belebt; *āturam*—unglücklich; *jagat*—Welt.

ÜBERSETZUNG

Aller Ruhm und Erfolg sei mit Śrīla Nārada Muni, der die Spiele und Taten der Persönlichkeit Gottes preist. Er selbst findet Freude daran und belebt auch all die unglücklichen Seelen im Universum.

ERLÄUTERUNG

Śrī Nārada Muni spielt auf seinem Instrument, um die transzendentalen Taten und Spiele des Herrn zu lobpreisen und allen unglücklichen Lebewesen im Universum Erleichterung zu verschaffen. Niemand hier im Universum ist glücklich, und das, was als Glück empfunden wird, ist in Wirklichkeit die Illusion *māyās*. Die illusionierende Energie des Herrn ist so stark, daß selbst das Schwein, das von abscheulichem Kot lebt, sich glücklich fühlt. Niemand kann in der materiellen Welt wahrhaft glücklich sein. Śrīla Nārada Muni reist überallhin, um die unglücklichen Seelen in der materiellen Welt zu erleuchten. Seine Mission besteht darin, sie nach Hause, zu Gott, zurückzubringen. Das ist die Aufgabe aller echten Geweihten des Herrn, die den Fußstapfen dieses großen Weisen folgen.

Hiermit enden die Erläuterungen zum 6. Kapitel im Ersten Canto des Śrīmad-Bhāgavatam *mit dem Titel: „Das Gespräch zwischen Nārada und Vyāsadeva".*

7. Kapitel

Der Sohn Droṇas wird bestraft

VERS 1

शौनक उवाच
निर्गते नारदे सूत भगवान् बादरायणः ।
श्रुतवांस्तदभिप्रेतं ततः किमकरोद्विभुः ॥ १ ॥

śaunaka uvāca
nirgate nārade sūta
bhagavān bādarāyaṇaḥ
śrutavāṁs tad-abhipretaṁ
tataḥ kim akarod vibhuḥ

śaunakaḥ—Śrī Śaunaka; *uvāca*—sagte; *nirgate*—gegangen sein; *nārade*—Nārada Muni; *sūta*—o Sūta; *bhagavān*—der transzendental mächtige; *bādarāyaṇaḥ*—Vedavyāsa; *śrutavān*—der hörte; *tat*—seinen; *abhipretam*—Wunsch des Geistes; *tataḥ*—danach; *kim*—was; *akarot*—tat er; *vibhuḥ*—der große.

ÜBERSETZUNG

Ṛṣi Śaunaka fragte: O Sūta, der große und transzendental mächtige Vyāsadeva hörte alles von Śrī Nārada Muni. Was tat er, nachdem Nārada ihn verlassen hatte?

ERLÄUTERUNG

In diesem Kapitel wird, mit Bezug auf Mahārāja Parīkṣits wundersame Rettung im Leib seiner Mutter, der Schlüssel zur Beschreibung des *Śrīmad-Bhāgavatam* aufgenommen. Mahārāja Parīkṣits Leben wurde von Drauṇi (Aśvatthāmā), dem Sohn Ācārya Droṇas, bedroht, der die fünf Söhne Draupadīs im Schlaf getötet hatte, wofür er von Arjuna bestraft wurde. Bevor Śrī Vyāsadeva das große Epos *Śrīmad-Bhāgavatam* begann, erfuhr er die ganze Wahrheit durch Trance in Hingabe.

VERS 2

सूत उवाच
ब्रह्मनद्यां सरस्वत्यामाश्रमः पश्चिमे तटे ।
शम्याप्रास इति प्रोक्त ऋषीणां सत्रवर्धनः ॥ २ ॥

sūta uvāca
brahma-nadyāṁ sarasvatyām
āśramaḥ paścime taṭe
śamyāprāsa iti prokta
ṛṣīṇāṁ satra-vardhanaḥ

sūtaḥ—Śrī Sūta; *uvāca*—sprach; *brahma-nadyām*—am Ufer des Flusses, der eng mit den *Veden, brāhmaṇas*, Heiligen und dem Herrn verbunden ist; *sarasvatyām*—Sarasvatī; *āśramaḥ*—Hütte zur Meditation; *paścime*—am westlichen; *taṭe*—Ufer; *śamyāprāsaḥ*—der Ort namens Śamyāprāsa; *iti*—so; *proktaḥ*—es gibt; *ṛṣīṇāṁ*—der Weisen; *satra-vardhanaḥ*—das, was Handlungen belebt.

ÜBERSETZUNG

Śrī Sūta sprach: Am westlichen Ufer der Sarasvatī, die mit den Veden eng verbunden ist, steht bei Śamyāprāsa, das die transzendentalen Werke der Weisen belebt, eine Hütte zum Meditieren.

ERLÄUTERUNG

Zur Förderung spirituellen Wissens bedarf es unbedingt eines geeigneten Ortes und einer guten Umgebung. Das westliche Ufer der Sarasvatī ist für diesen Zweck besonders geeignet. Dort, bei Śamyāprāsa, liegt der *āśrama* Vyāsadevas. Śrīla Vyāsadeva war ein Haushälter, und doch wird seine Hütte als *āśrama* bezeichnet. Ein *āśrama* ist ein Ort, an dem spirituelle Kultur stets im Vordergrund steht. Es ist gleich, ob der Ort einem Haushälter oder einem Bettelmönch gehört. Das ganze *varṇāśrama*-System ist so beschaffen, daß jede Lebensstufe *āśrama* genannt wird. Das bedeutet, daß spirituelle Kultur der gemeinsame Faktor aller ist. Die *brahmacārīs, gṛhasthas, vānaprasthas* und *sannyāsīs* verfolgen alle das gleiche Lebensziel, nämlich Erkenntnis des Höchsten. Im Hinblick auf spirituelle Kultur ist daher keiner von ihnen weniger wichtig als die anderen. Der Unterschied ist eine Äußerlichkeit, die nach der Stärke des Verzichts beurteilt wird. Die *sannyāsīs* werden aufgrund praktischer Entsagung am höchsten geachtet.

VERS 3

तस्मिन् स्व आश्रमे व्यासो बदरीषण्डमण्डिते ।
आसीनोऽप उपस्पृश्य प्रणिदध्यौ मनः स्वयम् ॥ ३ ॥

tasmin sva āśrame vyāso
badarī-ṣaṇḍa-maṇḍite
āsīno 'pa upaspṛśya
praṇidadhyau manaḥ svayam

tasmin—in diesem (*āśrama*); *sve*—eigene; *āśrame*—in der Hütte; *vyāsaḥ*—Vyāsadeva; *badarī*—Beere; *ṣaṇḍa*—Bäume; *maṇḍite*—umgeben von; *āsīnaḥ*—sitzend; *apaḥ upaspṛśya*—Wasser berührend; *praṇidadhyau*—sammelte; *manaḥ*—den Geist; *svayam*—selbst.

ÜBERSETZUNG

An diesem Ort, seinem eigenen āśrama, der von Beerenbäumen umgeben war, setzte sich Śrīla Vyāsadeva zur Meditation nieder, nachdem er Wasser zur Läuterung berührt hatte.

ERLÄUTERUNG

Unter der Anweisung seines spirituellen Meisters, Śrīla Nārada Muni, sammelte Vyāsadeva seinen Geist an diesem transzendentalen Ort der Meditation.

VERS 4

भक्तियोगेन मनसि सम्यक् प्रणिहितेऽमले ।
अपश्यत्पुरुषं पूर्णं मायां च तदपाश्रयम् ॥ ४ ॥

bhakti-yogena manasi
samyak praṇihite 'male
apaśyat puruṣaṁ pūrṇaṁ
māyāṃ ca tad-apāśrayam

bhakti—hingebungsvoller Dienst; *yogena*—durch den Vorgang des Sichverbindens; *manasi*—den Geist; *samyak*—vollkommen; *praṇihite*—beschäftigt in und gerichtet auf; *amale*—ohne eine Spur von Materialismus; *apaśyat*—sah; *puruṣam*—die Persönlichkeit Gottes; *pūrṇam*—die absolute; *māyām*—Energie; *ca*—auch; *tat*—Seine; *apāśrayam*—unter voller Aufsicht.

ÜBERSETZUNG

So sammelte er seinen Geist, indem er ihn durch den Verbindungsvorgang des hingebungsvollen Dienstes [bhakti-yoga] ohne eine Spur von Materialismus in vollendeter Form beschäftigte, und so sah er die Absolute Persönlichkeit Gottes zusammen mit Ihrer äußeren Energie, die völlig unter Ihrer Kontrolle stand.

ERLÄUTERUNG

Vollkommene Erkenntnis der Absoluten Wahrheit ist nur durch den Verbindungsvorgang des hingebungsvollen Dienstes möglich. Dies wird auch in der *Bhagavad-gītā* bestätigt. Man kann die Absolute Wahrheit, die Persönlichkeit Gottes, nur durch den Vorgang des hingebungsvollen Dienstes vollkommen erkennen, und durch solch vollkommenes Wissen kann man in das Königreich Gottes eintreten. Unvollkommene Erkenntnis des Absoluten, indem man sich Ihm durch Erkenntnis des unpersönlichen Brahmans oder des lokalisierten Paramātmā zu einem gewissen Grad nähert, erlaubt es niemandem, in das Königreich Gottes einzugehen. Śrī Nārada riet Śrīla Vyāsadeva, sich in transzendentale Meditation über die Persönlichkeit Gottes und Ihre Taten und Spiele zu versenken. Śrīla Vyāsadeva achtete nicht auf die Ausstrahlung des Brahmans, da diese Sicht nicht absolut ist. Die absolute Erkenntnis ist, wie wir in der *Bhagavad-gītā* (7.19) bestätigt finden, die Persönlichkeit Gottes: *vāsudevaḥ sarvam iti.* „Vāsudeva (Kṛṣṇa) ist alles." In den *Upaniṣaden* wird gesagt, daß Vāsudeva, die Persönlichkeit Gottes, durch den goldenen, leuchtenden *hiraṇmayena-pātreṇa*-Schleier des unpersönlichen Brahmans verhüllt ist, und wenn dieser Vorhang durch die Gnade des Herrn entfernt wird, ist das wahre Gesicht des Absoluten zu sehen. Der Absolute wird hier als *puruṣa*, als Person, bezeichnet. Von der Absoluten Persönlichkeit Gottes wird in vielen vedischen Schriften gesprochen; in der *Bhagavad-gītā* (10.12-13) wird der *puruṣa* als die ewige und ursprüngliche Person beschrieben. Die Absolute Persönlichkeit Gottes ist die vollkommene Person. Die Höchste Person besitzt mannigfaltige Energien, von denen die innere, die äußere und die marginale Energie besonders wichtig sind. Die hier erwähnte Energie ist die äußere Energie, wie aus den Feststellungen über ihre Tätigkeiten deutlich werden wird. Die innere Energie verhält sich zur Absoluten Person wie das Mondlicht zum Mond. Die äußere Energie wird mit Dunkelheit verglichen, da sie das Lebewesen in der Dunkelheit der Unwissenheit hält. Das Wort *apāśrayam* gibt zu verstehen, daß diese Energie des Herrn völlig unter Seiner Kontrolle steht. Die innere Kraft oder höhere Energie wird auch *māyā* genannt, aber es ist spirituelle *māyā* oder Energie, die im absoluten Reich offenbart wird. Wenn man unter dem Schutz dieser inneren Kraft steht, wird die Dunkelheit der materiellen Unwissenheit sofort aufgelöst. Selbst diejenigen, die in Trance gefestigt (*ātmārāma*) sind, suchen bei dieser *māyā*, der inneren Energie, Zuflucht. Hingebungsvoller Dienst oder *bhakti-yoga* ist die Tätigkeit der inneren Energie; daher ist dort kein Platz für die niedere, materielle Energie, ebenso, wie in der Ausstrahlung spirituellen Lichts kein Platz für Dunkelheit ist. Diese innere Energie ist sogar noch höher einzustufen als die spirituelle Glückseligkeit, die durch die Erkenntnis des unpersönlichen Brahmans zu erfahren ist. In der *Bhagavad-gītā* (14.27) heißt es, daß die unpersönliche Brahman-Ausstrahlung ebenfalls von der Absoluten Persönlichkeit Gottes, Śrī Kṛṣṇa, ausgeht. Wie in den folgenden *ślokas* erklärt wird, kann niemand anders der *parama-puruṣa* sein als Śrī Kṛṣṇa Selbst.

VERS 5

यया सम्मोहितो जीव आत्मानं त्रिगुणात्मकम् ।
परोऽपि मनुतेऽनर्थं तत्कृतं चाभिपद्यते ॥ ५ ॥

yayā sammohito jīva
ātmānaṁ tri-guṇātmakam
paro 'pi manute 'narthaṁ
tat-kṛtaṁ cābhipadyate

yayā—durch die; *sammohitaḥ*—getäuscht; *jīvaḥ*—die Lebewesen; *ātmānam*—das Selbst; *tri-guṇa-ātmakam*—bedingt durch die drei Erscheinungsweisen der Natur oder ein Produkt der Materie; *paraḥ*—transzendental; *api*—obwohl; *manute*—hält es für erwiesen; *anartham*—unerwünschte Dinge; *tat*—durch das; *kṛtam*—Reaktion; *ca*—und; *abhipadyate*—erleidet daher.

ÜBERSETZUNG

Durch den Einfluß dieser äußeren Energie denkt das Lebewesen, obwohl transzendental zu den drei Erscheinungsweisen der materiellen Natur, es sei ein Produkt der Materie, und erleidet daher die Reaktionen materieller Leiden.

ERLÄUTERUNG

In diesem Vers werden die Wurzeln des Leidens der materialistischen Lebewesen zusammen mit Hilfsmaßnahmen, die zu treffen sind, und auch die endgültige Vollkommenheit, die zu erlangen ist, aufgezeigt. Das Lebewesen steht seinem Wesen nach in transzendentaler Stellung zum materiellen Käfig, doch es ist zur Zeit durch die äußere Energie gefangen und hält sich daher für eines der materiellen Produkte. Aufgrund dieses unheiligen Kontaktes mit der Materie erleidet das reine spirituelle Wesen materielle Leiden unter dem Einfluß der Erscheinungsweisen der materiellen Natur. Das Lebewesen hält sich irrtümlicherweise für ein materielles Produkt. Dies bedeutet, daß die gegenwärtige, verzerrte Art und Weise zu denken, zu fühlen und zu wollen, nämlich unter materiellen Bedingungen, für das Lebewesen nicht natürlich ist. Das Lebewesen kann jedoch durchaus auf natürliche Weise denken, fühlen und wollen. In seinem ursprünglichen Zustand fehlt dem Lebewesen nicht die Kraft zu denken, zu wünschen und zu fühlen. Auch in der *Bhagavad-gītā* wird bestätigt, daß das wirkliche Wissen der bedingten Seele zur Zeit durch Unwissenheit bedeckt ist. Die Theorie, ein Lebewesen sei absolutes unpersönliches Brahman, wird hier also widerlegt. Dies kann nicht sein, weil das Lebewesen auch in seinem ursprünglichen, nicht bedingten Zustand seine eigene Art zu denken hat. Der gegenwärtige, bedingte Zustand besteht aufgrund des Einflusses der äußeren Energie, was bedeutet, daß die illusionierende Energie die Initiative übernimmt, während der Höchste Herr entfernt davon ist. Der Herr möchte nicht, daß ein Lebewesen durch die äußere Energie getäuscht wird. Die äußere Energie ist sich dieser Tatsache bewußt, aber trotzdem übernimmt sie die undankbare Aufgabe, die vergeßlichen Seelen durch ihren verwirrenden Einfluß in Illusion zu halten. Der Herr mischt Sich in das Wirken der illusionierenden Energie nicht ein, denn ihre Wirkungsweise ist ebenfalls notwendig, um die bedingte Seele wieder auf den richtigen Weg zu bringen. Ein liebevoller Vater möchte nicht, daß seine Kinder von einem anderen hart bestraft werden, und doch gibt er seine ungehorsamen Kinder in die Obhut eines strengen Lehrers, um sie zur Vernunft zu bringen. Der liebevolle Allmächtige Vater wünscht jedoch zur gleichen Zeit Befreiung für die bedingte Seele, Befreiung aus der Gewalt der illusionierenden Energie. Der König bringt die ungehorsamen Bürger hinter die Mauern des Gefängnisses, aber manchmal, wenn er die Befreiung der Gefangenen wünscht, geht er persönlich dorthin und bittet die Häftlinge, sich zu bessern, und wenn sie dies tun, werden sie freigelassen. In ähnlicher Weise kommt der Höchste Herr aus Seinem Königreich in das Königreich der illusionierenden Energie herab und sorgt persönlich für Erleichterung in Form der *Bhāgavad-gītā*, in der Er Selbst erklärt, daß die illusionierende Energie sehr schwer zu überwinden ist, daß aber jemand, der sich Seinen Lotosfüßen ergibt, auf Seine Anweisung hin freigelassen wird (*Bg.* 7.14). Dieses Sichergeben ist die Heilmethode, durch die man von den verwirrenden Einflüssen der illusionierenden Energie frei werden kann. Es wird durch den Einfluß der Gemeinschaft mit Heiligen vervollständigt. Der Herr gab daher zu verstehen, daß durch den Einfluß der Reden heiliger Persönlichkeiten, die den Höchsten wahrhaft erkannt haben, die Menschen in Seinem transzendentalen liebevollen Dienst beschäftigt werden. Die bedingte Seele entwickelt einen Geschmack dafür, über den Herrn zu hören, und nur durch solches Hören wird sie allmählich auf die Ebene der Achtung gegenüber dem Herrn, der Hingabe an Ihn und der Zuneigung zu Ihm erhoben. Das Ganze wird durch den Vorgang des Sichergebens vervollständigt. Hier nun wird die gleiche Andeutung vom Herrn in Seiner Inkarnation als Vyāsadeva gemacht. Dies bedeutet, daß die bedingten Seelen durch den Herrn sowohl mittels des Vorgangs der Bestrafung durch Seine äußere Energie als auch durch Ihn Selbst in der Gestalt des inneren und äußeren spirituellen Meisters zurückgerufen werden. Im Herzen jedes Lebewesens wird der Herr Selbst als Überseele (Paramātmā) der spirituelle Meister, und von außen wird Er der spirituelle Meister in Gestalt der Schriften, der Weisen und des einweihenden spirituellen Meisters. Dies wird noch ausführlicher im nächsten *śloka* erklärt.

Die persönliche Oberaufsicht der illusionierenden Energie wird in den *Veden* (*Kena Upaniṣad*) in Beziehung zur Herrschaftsgewalt der Halbgötter bestätigt. Hier wird ebenfalls deutlich gesagt, daß das Lebewesen von der äußeren Energie persönlich beherrscht wird. Die somit der Aufsicht der äußeren Energie unterworfenen Lebewesen befinden sich auf unterschiedlichen Daseinsstufen. Aus diesem Vers des *Śrīmad-Bhāgavatam* geht jedoch eindeutig hervor, daß dieselbe äußere Energie der Persönlichkeit Gottes, dem vollkommenen Wesen, untergeordnet ist. Die illusionierende Energie kann sich dem vollkommenen Wesen, dem Höchsten Herrn, nicht einmal nähern; sie vermag nur die winzigen Lebewesen zu beeinflussen. Es ist daher nichts als Einbildung zu glauben, der Höchste Herr werde durch die illusionierende Energie getäuscht und werde auf diese Weise zu einem gewöhnlichen Lebewesen. Wenn das Lebewesen und der Herr zur gleichen Kategorie gehörten, wäre es für Vyāsadeva durchaus möglich gewesen, dies zu erkennen, und es könnte keine Rede davon sein, daß das in Illusion befindliche Wesen materielles Leid erfährt, da ja das Höchste Wesen von Wissen erfüllt ist. Es gibt viele gewissenlose Theorien der Monisten, die sich bemühen, den Herrn und die Lebewesen gleichzusetzen. Śrīla Śukadeva Gosvāmī hätte sich gewiß nicht die Mühe gemacht, die transzendentalen Spiele des Herrn zu schildern, wenn sie Manifestationen der illusionierenden Energie wären.

Das *Śrīmad-Bhāgavatam* ist das *summum bonum* und das Heilmittel für die in der Gewalt *māyās* leidende Menschheit. Śrīla Vyāsadeva stellte daher zunächst die eigentliche Krankheit der bedingten Seelen fest, nämlich daß sie durch die äußere Energie getäuscht sind. Er sah auch, daß das vollkommene Höchste Wesen von der illusionierenden Energie weit entfernt ist, und er sah sowohl die kranken bedingten Seelen als auch die Ursache der Krankheit. Die Heilmaßnahmen werden im nächsten Vers beschrieben. Der Höchste Herr und die Lebewesen sind unzweifelhaft der Eigenschaft nach eins, doch der Herr beherrscht die illusionierende Energie, wohingegen die Lebewesen von der illusionierenden Energie beherrscht werden. Aus diesem Grund sind der Herr und die Lebewesen gleichzeitig eins und verschieden. Ein weiterer Punkt wird hier deutlich, und zwar, daß die ewige Beziehung zwischen dem

Herrn und den Lebewesen transzendental ist; andernfalls würde der Herr Sich nicht die Mühe machen, die bedingten Seelen aus der Gewalt *māyās* zurückzurufen. In derselben Weise muß auch das Lebewesen seine natürliche Liebe zum Herrn wiederbeleben. Das ist die höchste Vollkommenheit des Lebewesens. Ziel und Zweck des *Śrīmad-Bhāgavatam* ist es, die bedingten Seelen diesem Ziel des Lebens entgegenzuführen.

VERS 6

अनर्थोपशमं साक्षाद्भक्तियोगमधोक्षजे ।
लोकस्याजानतो विद्वांश्चक्रे सात्वतसंहिताम् ॥ ६ ॥

anarthopaśamaṁ sākṣād
bhakti-yogam adhokṣaje
lokasyājānato vidvāṁś
cakre sātvata-saṁhitām

anartha—Dinge, die überflüssig sind; *upaśamam*—Erleichterung; *sākṣāt*—direkt; *bhakti-yogam*—der verbindende Vorgang des hingebungsvollen Dienstes; *adhokṣaje*—mit der Transzendenz; *lokasya*—der allgemeinen Masse der Menschen; *ajānataḥ*—diejenigen, die sich dessen nicht bewußt sind; *vidvān*—der überaus Gelehrte; *cakre*—verfaßte; *sātvata*—in Beziehung zur Höchsten Wahrheit; *saṁhitām*—vedische Schrift.

ÜBERSETZUNG

Die materiellen Leiden, die für das Lebewesen eigentlich überflüssig sind, können durch den verbindenden Vorgang des hingebungsvollen Dienstes sogleich gelindert werden. Die Masse der Menschen weiß dies jedoch nicht, und daher verfaßte der gelehrte Vyāsadeva diese vedische Schrift, die in Beziehung zur Höchsten Wahrheit steht.

ERLÄUTERUNG

Śrīla Vyāsadeva sah die in jeder Hinsicht vollkommene Persönlichkeit Gottes. Diese Feststellung läßt darauf schließen, daß die „gesamte Einheit" der Persönlichkeit Gottes auch Seine Teile mit einschließt, und so sah Vyāsadeva auch die verschiedenen Energien des Herrn, und zwar die innere Energie, die marginale Energie und die äußere Energie. Weiter sah er Seine verschiedenen vollständigen Teilerweiterungen und Teile dieser vollständigen Teilerweiterungen, nämlich die verschiedenen Inkarnationen, und er sah insbesondere die unerwünschten Leiden der bedingten Seelen, die durch die äußere Energie verwirrt sind. Zum Schluß sah er das Heilmittel für die bedingten Seelen, nämlich den Vorgang des hingebungsvollen Dienstes. Dieser Vorgang ist eine große transzendentale Wissenschaft und beginnt mit Hören und Chanten über den Namen, den Ruhm, die Herrlichkeit usw. der Höchsten Persönlichkeit Gottes. Die Wiedererweckung der schlummernden Liebe zu Gott hängt jedoch nicht vom mechanischen Vorgang des Hörens und Chantens ab, sondern einzig und allein von der grundlosen Gnade des Herrn. Wenn der Herr mit den aufrichtigen Bemühungen des Gottgeweihten vollauf zufrieden ist, kann es sein, daß Er ihm Eintritt in Seinen liebevollen, transzendentalen Dienst gewährt. Aber auch schon durch das vorgeschriebene Hören und Chanten werden die unnötigen und unerwünschten Leiden des materiellen Daseins gemildert. Solche Linderung materieller Erkrankung ist nicht von der Entwicklung transzendentalen Wissens abhängig; vielmehr hängt Wissen von hingebungsvollem Dienst ab, der allein zur endgültigen Erkenntnis der Höchsten Wahrheit führt.

VERS 7

यस्यां वै श्रूयमाणायां कृष्णे परमपूरुषे ।
भक्तिरुत्पद्यते पुंसः शोकमोहभयापहा ॥ ७ ॥

yasyāṁ vai śrūyamāṇāyāṁ
kṛṣṇe parama-pūruṣe
bhaktir utpadyate puṁsaḥ
śoka-moha-bhayāpahā

yasyām—dieser vedischen Schrift; *vai*—gewiß; *śrūyamāṇāyām*—indem man einfach Gehör schenkt; *kṛṣṇe*—an den Herrn, Śrī Kṛṣṇa; *parama*—höchster; *pūruṣe*—an die Persönlichkeit Gottes; *bhaktiḥ*—Gefühle der Hingabe; *utpadyate*—entwickeln sich; *puṁsaḥ*—des Lebewesens; *śoka*—Klagen; *moha*—Illusion; *bhaya*—Furcht; *apahā*—das, was auslöscht.

ÜBERSETZUNG

Indem man einfach dieser vedischen Schrift Gehör schenkt, entsteht sogleich ein Gefühl für den liebevollen Dienst zu Śrī Kṛṣṇa, der Höchsten Persönlichkeit Gottes, was das Feuer des Klagens, der Illusion und der Angst löscht.

ERLÄUTERUNG

Es gibt verschiedene Sinnesorgane, von denen das Ohr am empfindsamsten ist. Der Hörsinn arbeitet, selbst wenn ein Mensch tief schläft. Wenn man wach ist, kann man sich vor einem Feind mit den Händen schützen, doch während man schläft, ist man nur durch das Ohr geschützt. Die Bedeutsamkeit des Hörens wird hier im Zusammenhang mit dem Erreichen der höchsten Vollkommenheit des Lebens erwähnt, die darin besteht, von den drei materiellen Leiden frei zu werden. Jeder ist jeden Augenblick voller Klagen; er jagt dem Phantom illusorischer Dinge nach und fürchtet sich ständig vor einem vermeintlichen Feind. Dies sind die Hauptmerkmale der materiellen Krankheit. Es wird hier unmißverständlich gesagt, daß man einfach dadurch, daß man die Botschaft des *Śrīmad-Bhāgavatam* anhört, Zuneigung zur Höchsten Persönlichkeit Gottes, Śrī Kṛṣṇa, entwickelt, und sobald dies geschehen ist, verschwinden die Symptome der materiellen Krankheit. Śrīla Vyāsadeva sah die allvollkommene Persönlichkeit Gottes, und in dieser Aussage wird die allvollkommene Persönlichkeit Gottes, Śrī Kṛṣṇa, deutlich bestätigt.

Das Endergebnis hingebungsvollen Dienstes ist die Entwicklung echter Liebe zur Höchsten Persönlichkeit. „Liebe" ist ein Wort, das vornehmlich in bezug auf Mann und Frau gebraucht wird. Und „Liebe" ist das einzige Wort, das zutrifft, um die Beziehung zwischen Śrī Kṛṣṇa und den Lebewesen zu kennzeichnen. In der *Bhagavad-gītā* (7.5) werden die Lebewesen *prakṛti* genannt, und im Sanskrit bezeichnet *prakṛti* das weibliche Geschlecht. Der Herr wird immer als *parama-puruṣa*, die höchste männliche Persönlichkeit, bezeichnet. Die zwischen dem Herrn und den Lebewesen wirkende Anziehungskraft ist daher mit der zwischen Mann und Frau wirkenden Zuneigung zu vergleichen. Der Ausdruck „Liebe zu Gott" ist daher durchaus zutreffend.

Liebender hingebungsvoller Dienst für den Herrn beginnt mit dem Hören über den Herrn. Es besteht kein Unterschied zwischen dem Herrn und dem, was man über Ihn hört. Der Herr ist in jeder Hinsicht absolut, und daher besteht kein Unterschied zwischen Ihm und dem, was man über Ihn hört. Hören über Ihn bedeutet somit direkte Verbindung mit Ihm durch transzendentale Klangschwingung. Transzendentaler Klang wiederum ist so mächtig, daß er sofort wirkt, indem er alle oben erwähnten materiellen Erkrankungen heilt. Wie bereits zuvor gesagt wurde, entwikkelt das Lebewesen durch die Gemeinschaft mit der Materie eine Art Verstrickung und hält deshalb den illusorischen Käfig des materiellen Körpers für wirklich. Durch diese Verstrickung werden die Lebewesen in verschiedenen Lebensarten auf unterschiedliche Weise getäuscht. Selbst auf der am höchsten entwickelten Stufe des Lebens setzt sich diese Illusion in Form vieler „Ismen" fort und spaltet die liebevolle Beziehung zum Herrn und damit die liebevolle Beziehung zwischen den einzelnen Menschen. Durch das Anhören des *Śrīmad-Bhāgavatam* wird diese falsche, materialistische Auffassung beseitigt, und wahrer Frieden, den die Politiker durch so viele politische Maßnahmen mit Eifer anstreben, beginnt in der Gesellschaft. Die Politiker wünschen ein friedliches Zusammenleben der Menschen und auch der Nationen, doch aufgrund zu großer Anhaftung an materielle Herrschaft regiert überall Illusion und Angst. Daher können die Friedenskonferenzen der Politiker keinen Frieden in der Gesellschaft herbeiführen. Frieden ist nur möglich, wenn die Menschen die im *Śrīmad-Bhāgavatam* gegebenen Schilderungen über die Höchste Persönlichkeit Gottes, Śrī Kṛṣṇa, hören. Die törichten Politiker können für Hunderte von Jahren fortfahren, Friedens- und Gipfelkonferenzen abzuhalten, aber dennoch werden ihre Bemühungen scheitern. Solange wir nicht dahin kommen, unsere verlorene Beziehung zu Kṛṣṇa wiederherzustellen, wird die Illusion, der Körper sei das Selbst, und damit auch unsere Angst fortbestehen. Um die Feststellung, daß Śrī Kṛṣṇa die Höchste Persönlichkeit Gottes ist, zu untermauern, gibt es in den offenbarten Schriften Hunderte und Tausende von Beweisen und darüber hinaus Hunderte und Tausende von Beweisen durch persönliche Erfahrungen von Gottgeweihten an verschiedenen Orten wie Vṛndāvana, Navadvīpa und Purī. Selbst im *Kaumudī*-Wörterbuch findet man als Synonyma für „Kṛṣṇa" „der Sohn Yaśodās" und „die Höchste Persönlichkeit Gottes, Parabrahman". Die Schlußfolgerung lautet, daß man einfach durch das Hören aus der vedischen Schrift *Śrīmad-Bhāgavatam* eine unmittelbare Beziehung zur Höchsten Persönlichkeit Gottes Śrī Kṛṣṇa aufnehmen und so die höchste Vollkommenheit des Lebens erreichen kann, indem man weltliche Leiden, Illusion und Angst überwindet. Daß sich diese Ergebnisse einstellen, ist der Prüfstein für die Ernsthaftigkeit, mit der jemand den Lesungen aus dem *Śrīmad-Bhāgavatam* zugehört hat.

VERS 8

स संहितां भागवतीं कृत्वानुक्रम्य चात्मजम् ।
शुकमध्यापयामास निवृत्तिनिरतं मुनिः ॥ ८ ॥

sa saṁhitāṁ bhāgavatīṁ
kṛtvānukramya cātma-jam
śukam adhyāpayām āsa
nivṛtti-niratam muniḥ

saḥ—diese; *saṁhitām*—vedische Schrift; *bhāgavatīm*—in Beziehung zur Persönlichkeit Gottes; *kṛtvā*—getan habend; *anukramya*—durch Berichtigung und Wiederholung; *ca*—und; *ātma-jam*—seinen eigenen Sohn; *śukam*—Śukadeva Gosvāmī; *adhyāpayām āsa*—lehrte; *nivṛtti*—Pfad der Selbsterkenntnis; *niratam*—beschritt; *muniḥ*—der Weise.

ÜBERSETZUNG

Nachdem der große Weise, Vyāsadeva, das Śrīmad-Bhāgavatam verfaßt und überarbeitet hatte, lehrte er es seinen Sohn, Śrī Śukadeva Gosvāmī, der sich bereits um Selbsterkenntnis bemühte.

ERLÄUTERUNG

Das *Śrīmad-Bhāgavatam* ist der natürliche Kommentar zu den vom gleichen Autor verfaßten *Brahma-sūtras.* Das *Brahma-sūtra* oder *Vedānta-sūtra* ist für diejenigen gedacht, die bereits um Selbsterkenntnis bemüht sind. Das *Śrīmad-Bhāgavatam* ist so gestaltet, daß man einfach durch das Hören der Inhalte dieses Werkes sogleich den Pfad der Selbsterkenntnis beschreitet. Wenngleich es besonders für die *paramahaṁsas* oder diejenigen bestimmt ist, die sich ganz der Selbsterkenntnis widmen, wirkt es auch bis tief in die Herzen derer, die man als weltliche Menschen bezeichnet. Weltliche Menschen kennen nur ein Ziel, die Befriedigung ihrer Sinne, aber auch solche Menschen werden in dieser vedischen Schrift ein Heilmittel gegen ihre materiellen Krankheiten finden. Śukadeva Gosvāmī war von Geburt an eine befreite Seele, und sein Vater lehrte ihn das *Śrīmad-Bhāgavatam.* Unter weltlichen Gelehrten gibt es Meinungsverschiedenheiten hinsichtlich des Zeitpunktes der Zusammenstellung des *Śrīmad-Bhāgavatam.* Es geht jedoch aus dem Text des *Bhāgavatam* unzweifelhaft hervor, daß es vor dem Fortgehen König Parīkṣits und nach dem Fortgehen Śrī Kṛṣṇas verfaßt wurde. Während Mahārāja Parīkṣit als König von Bhārata-varṣa die ganze Welt regierte, bestrafte er die Persönlichkeit des Kali. Nach den offenbarten Schriften und astrologischen Berechnungen herrscht das Zeitalter des Kali seit 5000 Jahren. Das *Śrīmad-Bhāgavatam* wurde also vor nicht weniger als 5000 Jahren verfaßt. Das *Mahābhārata* wurde noch vor dem *Śrīmad-Bhāgavatam* verfaßt und die *Purāṇas* vor dem *Mahābhārata.* Das ist in groben Zügen die Entstehungsgeschichte der verschiedenen vedischen Schriften. Eine Zusammenfassung des *Śrīmad-Bhāgavatam* existierte bereits vor der unter Anleitung von Nārada verfaßten ausführlichen Schilderung. Das *Śrīmad-Bhāgavatam* ist die Wissenschaft, die lehrt, den Pfad des *nivṛtti-mārga* zu beschreiten. Der *pravṛtti-mārga*-Pfad, dem aus einer natürlichen Neigung heraus alle bedingten Seelen folgen, wurde von Nārada verworfen. Das Thema des *Śrīmad-Bhāgavatam* ist das Heilverfahren gegen die materielle Krankheit des Menschen, das heißt die völlige Beseitigung der Leiden des materiellen Daseins.

VERS 9

शौनक उवाच
स वै निवृत्तिनिरतः सर्वत्रोपेक्षको मुनिः ।
कस्य वा बृहतीमेतामात्मारामः समभ्यसत् ॥ ९ ॥

śaunaka uvāca
sa vai nivṛtti-nirataḥ
sarvatropekṣako muniḥ
kasya vā bṛhatīm etām
ātmārāmaḥ samabhyasat

śaunakaḥ uvāca—Śrī Śaunaka fragte; *saḥ*—er; *vai*—natürlich; *nivṛtti*—auf dem Pfad der Selbsterkenntnis; *nirataḥ*—immer bemüht; *sarvatra*—in jeder Hinsicht; *upekṣakaḥ*—gleichgültig; *muniḥ*—der Weise; *kasya*—aus welchem Grund; *vā*—oder; *bṛhatīm*—umfangreich; *etām*—dies; *ātma-ārāmaḥ*—jemand, der in sich selbst zufrieden ist; *samabhyasat*—sich den Studien unterziehen.

ÜBERSETZUNG

Śrī Śaunaka fragte Sūta Gosvāmī: Śrī Śukadeva Gosvāmī beschritt bereits den Pfad der Selbsterkenntnis und war daher in sich selbst zufrieden. Warum nahm er also die Mühe auf sich, eine solch umfangreiche Schrift zu studieren?

ERLÄUTERUNG

Für die Allgemeinheit besteht die höchste Vollkommenheit des Lebens darin, mit materiellen Handlungen aufzuhören und den Pfad der Selbsterkenntnis mit fester Entschlossenheit zu beschreiten. Diejenigen, die am Genuß der Sinne Freude finden, und diejenigen, die materielle, körperliche Wohlfahrtsarbeit verrichten, werden *karmīs* genannt. Von Tausenden, ja Millionen solcher *karmīs* wird vielleicht einer durch Selbsterkenntnis zu einem *ātmārāma. Ātmā* bedeutet „Selbst", und *ārāma* bedeutet „Freude finden". Jeder sucht nach der höchsten Freude, aber der Maßstab der Freude des einen mag von dem des anderen verschieden sein. Daher ist der Maßstab der Freude, die die *karmīs* empfinden, ein anderer als der Maßstab der *ātmārāmas*. Die *ātmārāmas* stehen materiellem Genuß in jeder Hinsicht völlig gleichgültig gegenüber. Śrīla Śukadeva Gosvāmī hatte diese Stufe bereits erreicht, aber trotzdem reizte es ihn, sich die Mühe zu machen, diese bedeutende Schrift, das *Śrīmad-Bhāgavatam*, zu studieren. Das *Śrīmad-Bhāgavatam* ist also selbst für die *ātmārāmas*, die alle Studien des vedischen Wissens beendet haben, des Studierens wert.

VERS 10

सूत उवाच
आत्मारामाश्च मुनयो निर्ग्रन्था अप्युरुक्रमे ।
कुर्वन्त्यहैतुकीं भक्तिमित्थम्भूतगुणो हरिः ॥१०॥

sūta uvāca
ātmārāmāś ca munayo
nirgranthā apy urukrame
kurvanty ahaitukīṁ bhaktim
ittham-bhūta-guṇo hariḥ

sūtaḥ uvāca—Sūta Gosvāmī sagte; *ātmārāmāḥ*—diejenigen, die Freude im *ātmā*, dem spirituellen Selbst, finden; *ca*—auch; *munayaḥ*—Weise; *nirgranthāḥ*—von allen Bindungen befreit; *api*—obwohl; *urukrame*—für den großen Abenteurer; *kurvanti*—vollbringen; *ahaitukīm*—ungetrübten; *bhaktim*—hingebungsvollen Dienst; *ittham-bhūta*—solch herrliche; *guṇaḥ*—Eigenschaften; *hariḥ*—des Herrn.

ÜBERSETZUNG

Sūta Gosvāmī sagte: Alle verschiedenen Arten von ātmārāmas [diejenigen, die Freude im ātmā, dem spirituellen Selbst, finden], besonders diejenigen, die auf dem Pfad der Selbsterkenntnis gefestigt sind, möchten, obwohl von allen Arten materieller Bindung befreit, der Persönlichkeit Gottes ungetrübten hingebungsvollen Dienst darbringen. Dies bedeutet, daß der Herr transzendentale Eigenschaften besitzt und daher auf jeden, selbst auf befreite Seelen, anziehend wirkt.

ERLÄUTERUNG

Śrī Caitanya Mahāprabhu erklärte diesen *ātmārāma-śloka* Seinem Hauptgeweihten Śrīla Sanātana Gosvāmī sehr lebendig. Er hob elf Faktoren in diesem *śloka* heraus, und zwar: (1) *ātmārāma*, (2) *munayaḥ*, (3) *nirgrantha*, (4) *api*, (5) *ca*, (6) *urukrama*, (7) *kurvanti*, (8) *ahaitukīm*, (9) *bhaktim*, (10) *ittham-bhūta-guṇaḥ* und (11) *hariḥ*. Nach dem Sanskritwörterbuch *Viśva-prakāśa* hat das Wort *ātmārāma* sieben

Bedeutungen, die wie folgt lauten: (1) Brahman (die Absolute Wahrheit), (2) Körper, (3) Geist, (4) Bemühung, (5)Ausdauer, (6) Intelligenz und (7) persönliche Gewohnheiten.

Das Wort *munayaḥ* bezieht sich auf (1) diejenigen, die gedankenvoll sind, (2) diejenigen, die ernst oder schweigsam sind, (3) Asketen, (4) Ausdauernde, (5) Bettelmönche, (6) Weise und (7) Heilige.

Das Wort *nirgrantha* hat folgende Bedeutungen: (1) jemand, der von Unkenntnis befreit ist, (2) jemand, der zu den Anweisungen der Schriften keine Beziehung hat, das heißt, der sich von den Verpflichtungen der in den offenbarten Schriften niedergelegten Regeln und Vorschriften, wie Ethik, *Veden*, Philosophie, Psychologie und Metaphysik, losgesagt hat (mit anderen Worten, die Dummköpfe, Ungebildeten, Straßenkinder und andere, die von den regulierenden Prinzipien nichts wissen), (3) Geldmenschen und auch (4) jemand, der mittellos ist.

Nach dem *Śabda-kośa*-Wörterbuch wird die Beifügung *ni* im Sinne von (1) gewiß, (2) zählend, (3) bauend und (4) Verbot gebraucht und das Wort *grantha* im Sinne von (1) Wohlstand, (2) Behauptung und (3) Wortschatz.

Das Wort *urukrama* bezeichnet denjenigen, dessen Taten ruhmreich sind. *Krama* bedeutet „Schritt". *Urukrama* deutet besonders auf die Inkarnation des Herrn als Vāmana hin, der das gesamte Universum mit drei gewaltigen Schritten durchmaß. Viṣṇu ist so mächtig, und Seine Taten sind so glorreich, daß Er die spirituelle Welt durch Seine innere Kraft und die materielle Welt durch Seine äußere Kraft erschuf. Durch Seinen alldurchdringenden Aspekt ist Er überall als die Höchste Wahrheit gegenwärtig, und in Seiner persönlichen Gestalt weilt Er ewig in Seinem transzendentalen Reich Goloka Vṛndāvana, wo Er Seine transzendentalen Spiele in aller Mannigfaltigkeit offenbart. Seine Taten können nicht mit denen eines anderen Lebewesens verglichen werden, und daher ist das Wort *urukrama* auf Ihn allein zutreffend.

Gemäß den Regeln für Verbendungen im Sanskrit bedeutet *kurvanti* „im Interesse eines anderen handeln". Hier bedeutet es daher, daß die *ātmārāmas* dem Herrn, Urukrama, nicht aus persönlichem Interesse hingebungsvollen Dienst darbringen, sondern um Ihn zu erfreuen.

Hetu bedeutet „ursächlich". Es gibt viele Ursachen für die Befriedigung der Sinne, und sie können grundsätzlich in materiellen Genuß, mystische Kräfte und Befreiung unterteilt werden. Dies sind, allgemein gesagt, die Ziele derjenigen, die ihre eigene Existenz verbessern wollen. Was materielle Genüsse betrifft, so sind sie unzählbar, und die Materialisten sind begierig, ihre Zahl immer mehr zu vergrößern, da sie unter dem Einfluß der illusionierenden Energie stehen. Die Liste materieller Genüsse hat kein Ende, und niemand im materiellen Universum kann alle Genüsse erlangen. Was mystische Kräfte betrifft, so gibt es ihrer insgesamt acht, wie zum Beispiel die Macht, kleiner zu werden als das Kleinste, gewichtlos zu werden, alles zu bekommen, was man sich wünscht, die materielle Natur zu beherrschen, andere Lebewesen zu beherrschen und erdplanetengleiche Körper ins All zu schleudern. Diese mystischen Kräfte werden im *Bhāgavatam* näher erläutert. Darüber hinaus gibt es fünf Arten von Befreiung.

Reine Hingabe bedeutet daher Dienst für den Herrn ohne Verlangen nach den oben genannten persönlichen Vorteilen. Śrī Kṛṣṇa, die mächtige Persönlichkeit Gottes, kann nur von solch reinen Gottgeweihten, die von allen Arten von Wünschen nach persönlichem Gewinn frei sind, völlig zufriedengestellt werden.

Reiner hingebungsvoller Dienst für den Herrn entwickelt sich stufenweise. Auf der materiellen Ebene gibt es bei der Ausübung hingebungsvollen Dienstes einundachtzig verschiedene Eigenschaften. Darüber steht die transzendentale Ausübung des hingebungsvollen Dienstes, die nur eine ist und *sādhana-bhakti* genannt wird. Wenn die reine Ausführung der *sādhana-bhakti* zu transzendentaler Liebe zum Herrn heranreift, beginnt sich der transzendentale liebevolle Dienst für den Herrn allmählich in neun fortschreitenden Stufen zu entwickeln, und zwar heißen diese Stufen Anhaftung, Liebe, Zuneigung, Empfindungen, Verwandtschaft, Anhänglichkeit, Nachfolgen, Ekstase und heftige Gefühle der Trennung.

Die Anhaftung eines inaktiven Gottgeweihten entwickelt sich bis hin zur Stufe der transzendentalen Liebe zu Gott. Die Anhaftung eines aktiven Dieners entwickelt sich bis hin zur Stufe der Anhänglichkeit, und die Anhaftung eines Gottgeweihten in Freundschaft, und auch die eines Gottgeweihten in der Beziehung als Elternteil entwickelt sich bis hin zur Stufe des Nachfolgens. Die Gottgeweihten in ehelicher Liebe entwickeln Ekstase bis hin zur Stufe starker Trennungsgefühle. Dies sind einige der Eigenschaften ungetrübten hingebungsvollen Dienstes für den Herrn.

Nach dem *Hari-bhakti-sudhodaya* bedeutet das Wort *ittham-bhūta* „vollkommene Glückseligkeit". Transzendentale Glückseligkeit, die man durch die Erkenntnis des unpersönlichen Brahmans erfährt, wird mit der Wasserpfütze im Hufabdruck eines Kalbes verglichen. Sie ist nichts im Vergleich zu dem Meer von Glückseligkeit, das der Anblick der Persönlichkeit Gottes hervorruft. Die persönliche Gestalt Śrī Kṛṣṇas wirkt so anziehend, daß sie alle Anziehung, alle Glückseligkeit und alle Geschmäcke (*rasas*) umfaßt. Die Anziehungskraft dieser Seligkeit und dieser *rasas* ist so stark, daß niemand sie gegen materiellen Genuß, mystische Kräfte oder Befreiung eintauschen möchte. Es besteht keine Notwendigkeit, diese Aussage mit logischen Argumenten zu begründen, vielmehr wird man sich aus seiner eigenen Natur heraus zu den Eigenschaften Śrī Kṛṣṇas hingezogen fühlen. Wir sollten ohne Zweifel wissen, daß die Eigenschaften des Herrn nichts mit weltlichen Eigenschaften zu tun haben. Sie alle sind voller Glückseligkeit, Wissen und Ewigkeit. Der Herr hat unzählige Eigenschaften, und jeder fühlt sich zu einer anderen hingezogen.

Große Weise, wie die vier *brahmacārī*-Gottgeweihten Sanaka, Sanātana, Sananda und Sanat-kumāra, fühlten sich zu dem Duft der mit Sandelholzpaste bestrichenen Blumen und *tulasī*-Blätter, die den Lotosfüßen des Herrn geopfert waren, hingezogen. In ähnlicher Weise fühlte sich Śukadeva Gosvāmī zu den transzendentalen Spielen des Herrn hingezogen. Śukadeva Gosvāmī hatte bereits die Stufe der Befreiung erreicht, und trotzdem übten die Spiele des Herrn eine starke Anziehung auf ihn aus. Dies beweist, daß die Eigenschaften Seiner Spiele nichts mit materieller Anziehungskraft zu tun haben. In ähnlicher Weise fühlten sich die jungen Kuhhirtenmädchen zur körperlichen Erscheinung des Herrn hingezogen, und Rukmiṇī fühlte sich zum Herrn hingezogen, als sie über Seine Herrlichkeit hörte. Śrī Kṛṣṇa bezaubert sogar das Gemüt der Glücksgöttin. Er bezaubert, in besonderen Fällen, das Gemüt aller jungen Mädchen. Durch elterliche Zuneigung bezaubert Er das Gemüt der älteren Damen, und in der Beziehung als Diener und Freund wirkt Er auf das Gemüt des männlichen Geschlechts anziehend.

Das Wort *hari* trägt verschiedene Bedeutungen; in erster Linie drückt es aus, daß Er (der Herr) alles Unheilbringende vernichtet und durch das Geschenk reiner transzendentaler Liebe das Gemüt des Gottgeweihten mit Sich nimmt. Wenn man sich in großer Not an den Herrn erinnert, kann man von allen Leiden und Ängsten befreit werden. Nach und nach beseitigt der Herr alle Hindernisse auf dem Pfad des hingebungsvollen Dienstes eines reinen Gottgeweihten, und es zeigt sich das Ergebnis der neun hingebungsvollen Betätigungen, zu denen in erster Linie Hören und Chanten gehören.

Durch Seine persönlichen Erscheinungen und transzendentalen Merkmale bewirkt der Herr, daß sich die ganze Aufmerksamkeit eines reinen Gottgeweihten auf Ihn richtet. So stark ist die Anziehungskraft Śrī Kṛṣṇas. Diese Anziehungskraft ist so mächtig, daß ein reiner Gottgeweihter niemals nach einem der vier Grundsätze der Religion strebt. So beschaffen sind die anziehenden Eigenschaften der transzendentalen Merkmale des Herrn. Wenn man die Wörter *api* und *ca* noch hinzufügt, kann man die Bedeutungen ins unendliche steigern. Nach der Grammatik des Sanskrit gibt es für das Wort *api* sieben Synonyme.

Wenn man also jedes einzelne Wort dieses *śloka* interpretiert, kann man eine unbegrenzte Anzahl von transzendentalen Eigenschaften Śrī Kṛṣṇas erkennen, die auf das Gemüt eines reinen Gottgeweihten anziehend wirken.

VERS 11

हरेर्गुणाक्षिप्तमतिर्भगवान् बादरायणिः ।
अध्यगान्महदाख्यानं नित्यं विष्णुजनप्रियः ॥११॥

harer guṇākṣipta-matir
bhagavān bādarāyaṇiḥ
adhyagān mahad ākhyānaṁ
nityaṁ viṣṇu-jana-priyaḥ

hareḥ—Haris, der Persönlichkeit Gottes; *guṇa*—transzendentales Merkmal; *ākṣipta*—vertieft sein in; *matiḥ*—Geist; *bhagavān*—mächtig; *bādarāyaṇiḥ*—der Sohn Vyāsadevas; *adhyagāt*—betrieb Studien; *mahat*—bedeutende; *ākhyānam*—Erzählung; *nityam*—regelmäßig; *viṣṇu-jana*—Geweihte des Herrn; *priyaḥ*—geliebt.

ÜBERSETZUNG

Śrīla Śukadeva Gosvāmī, der Sohn Śrīla Vyāsadevas, war nicht nur von transzendentaler Kraft erfüllt; er war auch den Geweihten des Herrn sehr lieb, und so begann er, diese bedeutende Erzählung [Śrīmad-Bhāgavatam] zu studieren.

ERLÄUTERUNG

Nach dem *Brahma-vaivarta Purāṇa* war Śrīla Śukadeva Gosvāmī bereits im Leib seiner Mutter eine befreite Seele. Śrīla Vyāsadeva wußte, daß das Kind nach der Geburt nicht zu Hause bleiben würde, und so trug er ihm, noch während es sich im Mutterleib befand, die Zusammenfassung des *Bhāgavatam* vor, damit es Zuneigung zu den transzendentalen Spielen des Herrn gewinnen konnte. Nach der Geburt wurde das Kind durch das Vortragen der eigentlichen Verse weiter in das Verständnis des *Bhāgavatam* eingeführt. Im allgemeinen neigen die befreiten Seelen zur Auffassung vom unpersönlichen Brahman mit dem monistischen Ziel, mit dem höchsten Ganzen eins zu werden. Durch die Gemeinschaft reiner Gottgeweihter wie Vyāsadeva jedoch werden selbst befreite Seelen von den transzendentalen Eigenschaften des Herrn angezogen. Durch die Gnade Śrī Nāradas war es Śrīla Vyāsadeva möglich, das große Epos *Śrīmad-Bhāgavatam* vorzutragen, und durch die Gnade Vyāsadevas konnte Śrīla Śukadeva Gosvāmī die Bedeutung dieses Werkes begreifen. Die transzendentalen Eigenschaften des Herrn wirken so anziehend, daß Śrīla Śukadeva Gosvāmī sich von der völligen Versenkung in das unpersönliche Brahman löste und sich dem persönlichen, aktiven Aspekt des Herrn zuwandte.

Er kehrte der unpersönlichen Auffassung vom Absoluten den Rücken, als er erkannte, daß er mit der Hingabe an den unpersönlichen Aspekt des Höchsten nur viel Zeit verschwendet hatte. Mit anderen Worten, er erfuhr größere transzendentale Glückseligkeit durch den persönlichen Aspekt als durch den unpersönlichen. Von dieser Zeit an wurde nicht nur er den *viṣṇu-janas*, den Geweihten des Herrn, sehr lieb, sondern die *viṣṇu-janas* wurden auch ihm sehr lieb. Die Geweihten des Herrn, die die Individualität der Lebewesen nicht auslöschen wollen, sondern den Wunsch haben, persönliche Diener des Herrn zu werden, mögen die Unpersönlichkeitsanhänger nicht besonders, und in ähnlicher Weise hegen die Unpersönlichkeitsanhänger, die mit dem Höchsten eins werden wollen, eine Abneigung gegen die Geweihten des Herrn und wissen sie nicht zu würdigen. Aus diesem Grund liegen diese beiden Arten transzendentaler Pilger seit unvordenklichen Zeiten miteinander im Kampf. Mit anderen Worten, aufgrund der verschiedenen Endziele, nämlich Erkenntnis des Persönlichen und Erkenntnis des Unpersönlichen, gehen sie sich lieber aus dem Wege. Hieraus läßt sich schließen, daß auch Śrīla Śukadeva Gosvāmī für die Gottgeweihten nicht viel übrig hatte; aber seitdem er selbst ein reiner Gottgeweihter geworden war, wünschte er sich stets die transzendentale Gemeinschaft der *viṣṇu-janas*, und auch die *viṣṇu-janas* liebten seine Gemeinschaft, weil er ein Verehrer des Persönlichen, ein *Bhāgavata*, geworden war. Somit besaßen sowohl der Sohn wie auch der Vater vollkommene Kenntnis vom transzendentalen Wissen um das Brahman und wurden später zu Verehrern der persönlichen Gestalt des Höchsten Herrn. Die Frage, wie die Erzählung des *Bhāgavatam* auf Śukadeva Gosvāmī anziehend wirkte, ist somit durch diesen *śloka* beantwortet worden.

VERS 12

परीक्षितोऽथ राजर्षेर्जन्मकर्मविलापनम् ।
संस्थां च पाण्डुपुत्राणां वक्ष्ये कृष्णकथोदयम् ॥१२॥

parīkṣito 'tha rājarṣer
janma-karma-vilāpanam

saṁsthāṁ ca pāṇḍu-putrāṇāṁ
vakṣye kṛṣṇa-kathodayam

parīkṣitaḥ—von König Parīkṣit; *atha*—so; *rājarṣeḥ*—des Königs, welcher der *ṛṣi* unter den Königen war; *janma*—Geburt; *karma*—Handlungen; *vilāpanam*—Befreiung; *saṁsthām*—Entsagung der Welt; *ca*—und; *pāṇḍu-putrāṇām*—der Söhne Pāṇḍus; *vakṣye*—ich werde sprechen; *kṛṣṇa-kathā-udayam*—das, was Anlaß zur transzendentalen Erzählung über Kṛṣṇa, die Höchste Persönlichkeit Gottes, gibt.

ÜBERSETZUNG

Sūta Gosvāmī sprach zu den ṛṣis, die von Śaunaka angeführt wurden: Jetzt werde ich mit der transzendentalen Erzählung über Śrī Kṛṣṇa, den Herrn, beginnen. Ich werde über die Geburt, die Taten und die Befreiung von König Parīkṣit, dem Weisen unter den Königen, sprechen und berichten, wie die Söhne Pāṇḍus der Welt entsagten.

ERLÄUTERUNG

Śrī Kṛṣṇa ist so gütig zu den gefallenen Seelen, daß Er persönlich in den verschiedenen Arten des Lebens erscheint und an den täglichen Handlungen der Lebewesen teilnimmt. Jeder alte oder neue historische Tatsachenbericht, der in Beziehung zu den Taten des Herrn steht, ist als eine transzendentale Erzählung über den Herrn zu verstehen. Ohne Kṛṣṇa sind die ergänzenden Schriften, wie die *Purāṇas* und das *Mahābhārata*, nur Geschichten oder historische Berichte; doch sobald Kṛṣṇa hinzukommt, werden sie transzendental, und wenn wir sie hören, werden wir sogleich auf transzendentale Weise mit dem Herrn verbunden. Das *Śrīmad-Bhāgavatam* ist ebenfalls ein *Purāṇa*, aber die besondere Bedeutung dieses *Purāṇa* besteht darin, daß die Taten und Spiele des Herrn im Mittelpunkt stehen und nicht nur ergänzende historische Fakten sind. Das *Śrīmad-Bhāgavatam* wird daher von Śrī Caitanya Mahāprabhu als das makellose *Purāṇa* empfohlen. Es gibt eine Gruppe von weniger intelligenten Verehrern des *Bhāgavata Purāṇa*, die das Verlangen hegen, die im Zehnten Canto geschilderten Taten und Spiele des Herrn sofort zu kosten, ohne zuvor die vorangegangenen Cantos verstanden zu haben. Sie sind der falschen Auffassung, die anderen Cantos stünden nicht in Beziehung zu Kṛṣṇa, und gehen daher sofort zum Zehnten Canto über, was nicht gerade von großer Intelligenz zeugt. Diesen Lesern sei hiermit gesagt, daß die anderen Cantos des *Bhāgavatam* ebenso wichtig sind wie der Zehnte Canto. Niemand sollte versuchen, sich mit dem Zehnten Canto zu befassen, ohne die Bedeutung der anderen neun Cantos genau verstanden zu haben. Kṛṣṇa und Seine reinen Geweihten, wie die Pāṇḍavas, befinden sich auf der gleichen Ebene. Kṛṣṇa ist niemals ohne Seine Geweihten, in allen *rasas*, und die reinen Gottgeweihten, wie die Pāṇḍavas oder andere, sind niemals ohne Kṛṣṇa. Die Gottgeweihten und der Herr sind eng miteinander verbunden und können nicht voneinander getrennt werden. Daher stellen Gespräche über sie *kṛṣṇa-kathā* (Themen über den Herrn) dar.

VERS 13-14

यदा मृधे कौरवसृञ्जयानां
वीरेष्वथो वीरगतिं गतेषु ।
वृकोदराविद्धगदाभिमर्श-
भग्नोरुदण्डे धृतराष्ट्रपुत्रे ॥१३॥
भर्तुः प्रियं द्रौणिरिति स्म पश्यन्
कृष्णासुतानां स्वपतां शिरांसि ।
उपाहरद्विप्रियमेव तस्य
जुगुप्सितं कर्म विगर्हयन्ति ॥१४॥

yadā mṛdhe kaurava-sṛñjayānāṁ
vīreṣv atho vīra-gatiṁ gateṣu
vṛkodarāviddha-gadābhimarśa-
bhagnoru-daṇḍe dhṛtarāṣṭra-putre

bhartuḥ priyaṁ drauṇir iti sma paśyan
kṛṣṇā-sutānāṁ svapatāṁ śirāṁsi
upāharad vipriyam eva tasya
jugupsitaṁ karma vigarhayanti

yadā—als; *mṛdhe*—auf dem Schlachtfeld; *kaurava*—die Partei Dhṛtarāṣṭras; *sṛñjayānām*—der Partei der Pāṇḍavas; *vīreṣu*—der Krieger; *atho*—so; *vīra-gatim*—die Bestimmung, die die Krieger verdienten; *gateṣu*—erlangt habend; *vṛkodara*—Bhīma (der zweite Pāṇḍava); *āviddha*—geschlagen; *gadā*—mit der Keule; *abhimarśa*—stöhnend; *bhagna*—gebrochen; *uru-daṇḍe*—Rückgrat; *dhṛtarāṣṭra-putre*—der Sohn König Dhṛtarāṣṭras; *bhartuḥ*—des Meisters; *priyam*—erfreuend; *drauṇiḥ*—der Sohn von Droṇācārya; *iti*—so; *sma*—wird sein; *paśyan*—sehend; *kṛṣṇā*—Draupadī; *sutānām*—der Söhne; *svapatām*—während sie schliefen; *śirāṁsi*—Köpfe; *upāharat*—als Preis überbracht; *vipriyam*—erfreuend; *eva*—wie; *tasya*—seine; *jugupsitam*—überaus abscheuliche; *karma*—Tat; *vigarhayanti*—mißbilligend.

ÜBERSETZUNG

Nachdem die Kämpfer beider Lager, die Kauravas und die Pāṇḍavas, auf dem Schlachtfeld von Kurukṣetra gefallen waren und die toten Krieger ihre verdienten Bestimmungsorte erlangt hatten und nachdem der Sohn Dhṛtarāṣṭras, von der Keule Bhīmasenas getroffen, mit gebrochenem Rückgrat stöhnend zu Boden gestürzt war, enthauptete der Sohn Droṇācāryas [Aśvatthāmā] die fünf schlafenden Söhne Draupadīs und überbrachte die Köpfe seinem Herrn als Trophäe. Er glaubte in seiner Torheit, Duryodhana

damit zu erfreuen, doch dieser zeigte keine Spur von Freude, sondern mißbilligte die gräßliche Tat.

ERLÄUTERUNG

Die transzendentalen Berichte über die Taten und Spiele Śrī Kṛṣṇas im *Śrīmad-Bhāgavatam* setzen nach der Schlacht von Kurukṣetra ein, zu deren Beginn der Herr über Sich Selbst sprach; Seine Worte sind in der *Bhagavad-gītā* aufgezeichnet. Sowohl die *Bhagavad-gītā* als auch das *Śrīmad-Bhāgavatam* sind daher transzendentale Themen in Beziehung zu Kṛṣṇa. Die *Gītā* ist *kṛṣṇa-kathā* (Themen in Beziehung zu Kṛṣṇa), weil sie vom Herrn gesprochen wurde, und auch das *Bhāgavatam* ist *kṛṣṇa-kathā*, da es vom Herrn berichtet. Śrī Caitanya Mahāprabhu wünschte, daß jeder über beide Arten von *kṛṣṇa-kathā* Bescheid wisse. Śrī Kṛṣṇa Caitanya ist Kṛṣṇa Selbst in der Gestalt eines Geweihten Kṛṣṇas, und daher sind die Darstellungen Kṛṣṇas und Śrī Kṛṣṇa Caitanya Mahāprabhus identisch. Es war Śrī Caitanyas Wunsch, daß alle, die in Indien geboren werden, sich ernsthaft bemühen, solche *kṛṣṇa-kathā* zu verstehen, und nach vollkommener Verwirklichung die transzendentale Botschaft in allen Teilen der Welt predigen. Das wird der leidenden Welt den ersehnten Frieden und Wohlstand bringen.

VERS 15

माता शिशूनां निधनं सुतानां
निशम्य घोरं परितप्यमाना ।
तदारुदद्वाष्पकलाकुलाक्षी
तां सान्त्वयन्नाह किरीटमाली ॥१५॥

mātā śiśūnāṁ nidhanaṁ sutānāṁ
niśamya ghoraṁ paritapyamānā
tadārudad vāṣpa-kalākulākṣī
tāṁ sāntvayann āha kirīṭamālī

mātā—die Mutter; *śiśūnām*—der Kinder; *nidhanam*—Blutbad; *sutānām*—der Söhne; *niśamya*—als sie davon hörte; *ghoram*—entsetzlich; *paritapyamānā*—klagend; *tadā*—zu dieser Zeit; *arudat*—begann zu weinen; *vāṣpa-kala-ākula-akṣī*—mit Tränen in den Augen; *tām*—sie; *sāntvayan*—beruhigend; *āha*—sagte; *kirīṭamālī*—Arjuna.

ÜBERSETZUNG

Als Draupadī, die Mutter der fünf Pāṇḍava-Söhne, vom Blutbad an ihren Kindern erfuhr, begann sie in ihrem Schmerz mit tränenüberströmten Augen zu klagen. Arjuna versuchte sie zu beruhigen und sprach folgendes:

VERS 16

तदा शुचस्ते प्रमृजामि भद्रे
यद्ब्रह्मबन्धोः शिर आततायिनः ।
गाण्डीवमुक्तैर्विशिखैरुपाहरे
त्वाऽऽक्रम्य यत्स्नास्यसि दग्धपुत्रा ॥१६॥

tadā śucas te pramṛjāmi bhadre
yad brahma-bandhoḥ śira ātatāyinaḥ
gāṇḍīva-muktair viśikhair upāhare
tvākramya yat snāsyasi dagdha-putrā

tadā—nur dann; *śucaḥ*—Tränen der Trauer; *te*—deine; *pramṛjāmi*—ich werde trocknen; *bhadre*—o hohe Frau; *yat*—wenn; *brahma-bandhoḥ*—eines heruntergekommenen *brāhmaṇa*; *śiraḥ*—Kopf; *ātatāyinaḥ*—des Angreifers; *gāṇḍīva-muktaiḥ*—von dem Bogen namens Gāṇḍīva erschossen; *viśikhaiḥ*—durch die Pfeile; *upāhare*—werde dir übergeben; *tvā*—du; *ākramya*—auf ihm stehend; *yat*—das; *snāsyasi*—nimmst dein Bad; *dagdha-putrā*—nach der Verbrennung deiner Söhne.

ÜBERSETZUNG

O hohe Frau, wenn ich dir den Kopf dieses brāhmaṇa überreiche, nachdem ich ihn mit den Pfeilen von meinem Gāṇḍīva-Bogen enthauptet habe, werde ich deine Tränen trocknen und dich trösten. Wenn du dann die Körper deiner Söhne verbrannt hast, kannst du, auf seinem Kopf stehend, dein Bad nehmen.

ERLÄUTERUNG

Ein Feind, der das Haus in Brand setzt, Gift in das Essen mischt, unvermittelt mit tödlichen Waffen angreift, Reichtum stiehlt, Felder an sich reißt oder die Ehefrau verführt, wird als Angreifer bezeichnet. Ein solcher Angreifer, sei er ein *brāhmaṇa* oder ein sogenannter Sohn eines *brāhmaṇa*, muß unter allen Umständen bestraft werden. Als Arjuna versprach, den Angreifer namens Aśvatthāmā zu enthaupten, wußte er sehr wohl, daß Aśvatthāmā der Sohn eines *brāhmaṇa* war; aber weil der sogenannte *brāhmaṇa* sich wie ein Schlächter verhielt, wurde er als ein solcher betrachtet, und daher konnte von Sünde keine Rede sein, wenn man einen solchen *brāhmaṇa*-Sohn tötete, der sich als Schurke herausgestellt hatte.

VERS 17

इति प्रियां वल्गुविचित्रजल्पैः
स सान्त्वयित्वाच्युतमित्रसूतः ।
अन्वाद्रवद्दंशित उग्रधन्वा
कपिध्वजो गुरुपुत्रं रथेन ॥१७॥

iti priyāṁ valgu-vicitra-jalpaiḥ
sa sāntvayitvācyuta-mitra-sūtaḥ
anvādravad daṁśita ugra-dhanvā
kapi-dhvajo guru-putraṁ rathena

iti—so; *priyām*—der Lieben; *valgu*—süß; *vicitra*—verschiedene; *jalpaiḥ*—durch Worte; *saḥ*—er; *sāntvayitvā*—zufriedenstellend; *acyuta-mitra-sūtaḥ*—Arjuna, der vom unfehlbaren Herrn als Freund und Wagenlenker geleitet wird; *anvādravat*—verfolgte; *daṁśitaḥ*—von *kavaca* beschützt; *ugra-dhanvā*—mit furchtbaren Waffen ausgerüstet; *kapi-dhvajaḥ*—Arjuna; *guru-putram*—der Sohn des militärischen Lehrmeisters; *rathena*—auf den Wagen springend.

ÜBERSETZUNG

Arjuna, den der unfehlbare Herr als Freund und Wagenlenker leitet, besänftigte so seine liebe Frau mit schönen Worten. Darauf legte er seine Rüstung an, versah sich mit furchtbaren Waffen, sprang auf seinen Wagen und machte sich auf, Aśvatthāmā, den Sohn seines militärischen Lehrmeisters, zu verfolgen.

VERS 18

तमापतन्तं स विलक्ष्य दूरात्
कुमारहोद्विग्नमना रथेन ।
पराद्रवत्प्राणपरीप्सुरुर्व्यां
यावद्गमं रुद्रभयाद्यथार्कः ॥१८॥

tam āpatantaṁ sa vilakṣya dūrāt
kumāra-hodvigna-manā rathena
parādravat prāṇa-parīpsur urvyāṁ
yāvad-gamaṁ rudra-bhayād yathā kaḥ

tam—ihn; *āpatantam*—zornig sich nähernd; *saḥ*—er; *vilakṣya*—sehend; *dūrāt*—aus großer Entfernung; *kumāra-hā*—der Mörder der Prinzen; *udvigna-manāḥ*—bestürzt; *rathena*—auf dem Wagen; *parādravat*—ergriff die Flucht; *prāṇa*—Leben; *parīpsuḥ*—um zu retten; *urvyām*—mit großer Geschwindigkeit; *yāvat-gamam*—als er floh; *rudra-bhayāt*—aus Angst vor Śiva; *yathā*—wie; *kaḥ*—Brahmā (oder *arkaḥ*—Sūrya).

ÜBERSETZUNG

Als Aśvatthāmā, der Mörder der Prinzen, Arjuna aus einiger Entfernung mit großer Schnelligkeit auf sich zukommen sah, wurde er von Bestürzung ergriffen und floh auf seinem Wagen, nur um sein Leben zu retten, genauso, wie es Brahmā aus Angst vor Śiva tat.

ERLÄUTERUNG

In den verschiedenen Sanskritausgaben des *Bhāgavatam* heißt es entweder *kaḥ* oder *arka*; für beide Versionen findet man Erläuterungen in den *Purāṇas*. *Kaḥ* bedeutet Brahmā, der einmal von seiner Tochter verlockt wurde und ihr nachzustellen begann, was Śiva so rasend machte, daß er Brahmā darauf mit seinem Dreizack angriff. Brahmājī floh aus Angst um sein Leben. Was das Wort *arkaḥ* betrifft, so findet man einen Hinweis im *Vāmana Purāṇa*. Es lebte einmal ein Dämon namens Vidyunmālī, der ein leuchtend goldenes Flugzeug geschenkt bekommen hatte, das zur Rückseite der Sonne flog und durch seine helle Ausstrahlung die Nacht vertrieb. Der Sonnengott wurde darüber sehr zornig und schmolz das Flugzeug mit seinen tödlichen Strahlen. Dies empörte wiederum Śiva, der darauf den Sonnengott angriff, welcher floh und schließlich bei Kāśī (Vārāṇasī) auf die Erde stürzte. Der Ort wurde später als Lolārka bekannt.

VERS 19

यदाशरणमात्मानमैक्षत श्रान्तवाजिनम् ।
अस्त्रं ब्रह्मशिरो मेने आत्मत्राणं द्विजात्मजः ॥१९॥

yadāśaraṇam ātmānam
aikṣata śrānta-vājinam
astraṁ brahma-śiro mene
ātma-trāṇaṁ dvijātmajaḥ

yadā—als; *aśaraṇam*—ohne eine Möglichkeit des Schutzes zu haben; *ātmānam*—sein Selbst; *aikṣata*—sah; *śrānta-vājinam*—da die Pferde müde waren; *astram*—Waffe; *brahma-śiraḥ*—die stärkste oder letzte (atomare); *mene*—wandte an; *ātma-trāṇam*—um sich zu retten; *dvija-ātma-jaḥ*—der Sohn eines *brāhmaṇa*.

ÜBERSETZUNG

Als der brāhmaṇa-Sohn [Aśvatthāmā] bemerkte, daß seine Pferde müde wurden, sah er keine andere Möglichkeit, sich zu schützen, als die mächtigste Waffe, das brahmāstra [Kernwaffe], zu gebrauchen.

ERLÄUTERUNG

Nur in letzter Sekunde, wenn es keinen anderen Ausweg mehr gibt, findet die als *brahmāstra* bekannte Kernwaffe Anwendung. Das Wort *dvijātmajaḥ* ist hier bedeutsam, da Aśvatthāmā, obwohl der Sohn Droṇācāryas, eigentlich kein befähigter *brāhmaṇa* war. Nur die intelligentesten Menschen verdienen es, *brāhmaṇa* genannt zu werden; es ist kein erblicher Titel. Aśvatthāmā wurde zuvor auch als *brahma-bandhu*, „der Freund eines *brāhmaṇa*", bezeichnet. Der Freund eines *brāhmaṇa* zu sein bedeutet nicht, daß man auch die Fähigkeiten eines *brāhmaṇa* besitzt. Ein Freund oder Sohn eines *brāhmaṇa* darf nur als *brāhmaṇa* bezeichnet werden, wenn er alle nötigen Voraussetzungen erfüllt, sonst nicht. Da Aśvatthāmās Entscheidung von Unreife zeugte, wird er hier absichtlich als der „Sohn eines *brāhmaṇa*" bezeichnet.

VERS 20

अथोपस्पृश्य सलिलं संदधे तत्समाहितः ।
अजानन्नपि संहारं प्राणकृच्छ्र उपस्थिते ॥२०॥

athopaspṛśya salilaṁ
sandadhe tat samāhitaḥ
ajānann api saṁhāraṁ
prāṇa-kṛcchra upasthite

atha—so; *upaspṛśya*—zur Läuterung berührend; *salilam*—Wasser; *sandadhe*—chantete die Hymnen; *tat*—was; *samāhitaḥ*—sich sammelnd; *ajānan*—ohne zu wissen; *api*—obwohl; *saṁhāram*—Zurücknahme; *prāṇa-kṛcchre*—Leben, das in Gefahr ist; *upasthite*—in eine solche Lage gebracht.

ÜBERSETZUNG

Da sein Leben in Gefahr war, berührte er Wasser zur Läuterung und konzentrierte sich auf das Chanten der mantras, um die Kernwaffe zu schleudern, obwohl er nicht wußte, wie man eine solche Waffe wieder zurückzieht.

ERLÄUTERUNG

Die feinstofflichen Formen materieller Handlungen sind feiner als die grobstofflichen Methoden materieller Manipulation. Solch feinstoffliche Formen materieller Handlungen werden durch reinigende Klangschwingungen bewirkt. Die gleiche Methode wird hier durch das Chanten von *mantras* angewandt, die als Kernwaffe dienen sollen.

VERS 21

ततः प्रादुष्कृतं तेजः प्रचण्डं सर्वतोदिशम् ।
प्राणापदमभिप्रेक्ष्य विष्णुं जिष्णुरुवाच ह ॥२१॥

tataḥ prāduṣkṛtaṁ tejaḥ
pracaṇḍaṁ sarvato diśam
prāṇāpadam abhiprekṣya
viṣṇuṁ jiṣṇur uvāca ha

tataḥ—darauf; *prāduṣkṛtam*—breitete sich aus; *tejaḥ*—Glanz; *pracaṇḍam*—grell; *sarvataḥ*—in alle; *diśam*—Richtungen; *prāṇa-āpadam*—Leben angreifend; *abhiprek-*

ṣya—es bemerkt habend; *viṣṇum*—zum Herrn; *jiṣṇuḥ*—Arjuna; *uvāca*—sagte; *ha*—in der Vergangenheit.

ÜBERSETZUNG

Darauf breitete sich ein gleißendes Licht in alle Richtungen aus, und es war so grell, daß Arjuna sein Leben in Gefahr sah und sich an Śrī Kṛṣṇa, den Herrn, wandte.

VERS 22

अर्जुन उवाच
कृष्ण कृष्ण महाबाहो भक्तानामभयंकर ।
त्वमेको दह्यमानानामपवर्गोऽसि संसृतेः ॥२२॥

arjuna uvāca
kṛṣṇa kṛṣṇa mahā-bāho
bhaktānām abhayaṅkara
tvam eko dahyamānānām
apavargo 'si saṁsṛteḥ

arjunaḥ uvāca—Arjuna sagte; *kṛṣṇa*—o Śrī Kṛṣṇa; *kṛṣṇa*—o Śrī Kṛṣṇa; *mahā-bāho*—der Du allmächtig bist; *bhaktānām*—der Gottgeweihten; *abhayaṅkara*—ihre Ängste vernichtend; *tvam*—Du; *ekaḥ*—allein; *dahyamānānām*—diejenigen, die leiden unter; *apavargaḥ*—der Pfad der Befreiung; *asi*—sind; *saṁsṛteḥ*—inmitten materieller Leiden.

ÜBERSETZUNG

Arjuna sagte: Kṛṣṇa, o Herr, Du bist die allmächtige Persönlichkeit Gottes. Deine verschiedenen Energien kennen keine Grenzen. Daher bist nur Du fähig, die Herzen Deiner Geweihten furchtlos zu machen. Jeder, der von den Flammen der materiellen Leiden umgeben ist, kann den Pfad der Befreiung nur in Dir finden.

ERLÄUTERUNG

Arjuna ist sich der transzendentalen Eigenschaften Śrī Kṛṣṇas bewußt. Er hatte diese bereits während des Kurukṣetra-Krieges, an dem sie beide teilgenommen hatten, kennengelernt. Aus diesem Grund ist Arjunas Darstellung von Kṛṣṇa maßgeblich. Kṛṣṇa ist allmächtig, und Er ist besonders der Grund der Furchtlosigkeit Seiner Geweihten. Ein Geweihter des Herrn ist immer furchtlos, weil er weiß, daß er vom Herrn beschützt wird. Das materielle Dasein läßt sich mit einem lodernden Waldbrand vergleichen, der durch die Gnade Śrī Kṛṣṇas gelöscht werden kann. Der spirituelle Meister verkörpert die Gnade des Herrn. Ein Mensch, der in den Flammen des materiellen Daseins verbrennt, kann den Regen der Gnade des Herrn durch das transparente Medium des selbstverwirklichten spirituellen Meisters empfangen. Der spirituelle Meister kann durch seine Worte in das Herz des leidenden Menschen eindringen und transzendentales Wissen eingeben, das allein das Feuer des materiellen Daseins zu löschen vermag.

VERS 23

त्वमाद्यः पुरुषः साक्षादीश्वरः प्रकृतेः परः ।
मायां व्युदस्य चिच्छक्त्या कैवल्ये स्थित आत्मनि २३

tvam ādyaḥ puruṣaḥ sākṣād
īśvaraḥ prakṛteḥ paraḥ
māyāṁ vyudasya cic-chaktyā
kaivalye sthita ātmani

tvam ādyaḥ—Du bist der ursprüngliche; *puruṣaḥ*—die genießende Persönlichkeit; *sākṣāt*—direkt; *īśvaraḥ*—der Beherrscher; *prakṛteḥ*—der materiellen Natur; *paraḥ*—transzendental; *māyām*—die materielle Energie; *vyudasya*—jemand, der beiseite geworfen hat; *cit-śaktyā*—mit der Hilfe der inneren Kraft; *kaivalye*—in reinem, ewigem Wissen und reiner, ewiger Glückseligkeit; *sthitaḥ*—befindlich; *ātmani*—Selbst.

ÜBERSETZUNG

Du bist die ursprüngliche Persönlichkeit Gottes, die Sich über alle Schöpfungen erweitert und zur materiellen Energie in transzendentaler Stellung steht. Du bist vor den Auswirkungen der materiellen Energie durch Deine spirituelle Kraft geschützt, und Du bist immer in ewiger Glückseligkeit und transzendentalem Wissen verankert.

ERLÄUTERUNG

Der Herr erklärt in der *Bhagavad-gītā* (7.14), daß jemand, der sich Seinen Lotosfüßen ergibt, aus der Gewalt der Unwissenheit befreit werden kann. Kṛṣṇa ist wie die Sonne, und *māyā*, das materielle Dasein, wie die Dunkelheit. Wo immer das Sonnenlicht hinfällt, weichen Dunkelheit und Unwissenheit augenblicklich. Hier erfahren wir vom besten Mittel, aus der Welt der Unwissenheit herauszukommen. Der Herr wird in diesem Vers als die ursprüngliche Persönlichkeit Gottes angesprochen. Von Ihm gehen alle anderen Persönlichkeiten Gottes aus. Der alldurchdringende Viṣṇu ist Kṛṣṇas vollständige Teilerweiterung. Der Herr erweitert Sich, zusammen mit Seinen verschiedenen Energien, in unzählige Formen Gottes und unzählige Lebewesen. Śrī Kṛṣṇa jedoch ist der ursprüngliche urerste Herr, von dem alles ausgeht. Der alldurchdringende Aspekt des Herrn, der in der manifestierten Welt erfahren wird, ist ebenfalls eine Teilrepräsentation des Herrn. Paramātmā ist daher in Ihm enthalten. Er ist die Absolute Persönlichkeit Gottes. Er hat mit den Aktionen und Reaktionen der materiellen Manifestation nichts zu tun, denn Er weilt jenseits der materiellen Schöpfung. Dunkelheit ist eine verzerrte Repräsentation der

Sonne, und daher hängt das Vorhandensein von Dunkelheit von der Existenz der Sonne ab; in der Sonne selbst jedoch gibt es keine Spur von Dunkelheit. Ebenso, wie es auf der Sonne nur Licht gibt, gibt es in der Absoluten Persönlichkeit Gottes, die sich jenseits des materiellen Daseins befindet, nur Glückseligkeit. Aber der Herr, die Persönlichkeit Gottes, ist nicht nur voller Glückseligkeit, sondern auch voll transzendentaler Mannigfaltigkeit. Transzendenz ist keineswegs statisch, sondern voll dynamischer Vielfalt. Er ist von der materiellen Natur verschieden, die aufgrund der drei Erscheinungsweisen der materiellen Natur sehr schwer zu überwinden ist. Er ist *parama*, das Oberhaupt. Daher ist Er absolut. Er verfügt über mannigfache Energien, und durch Seine mannigfachen Energien erschafft, manifestiert, erhält und zerstört Er die materielle Welt. In Seinem Reich jedoch ist alles ewig und absolut. Die Welt wird nicht selbständig von den Energien oder mächtigen Hilfskräften geleitet, sondern vom Allmächtigen, der über alle Energien gebietet.

VERS 24

स एव जीवलोकस्य मायामोहितचेतसः ।
विधत्से स्वेन वीर्येण श्रेयो धर्मादिलक्षणम् ॥२४॥

sa eva jīva-lokasya
māyā-mohita-cetasaḥ
vidhatse svena vīryeṇa
śreyo dharmādi-lakṣaṇam

saḥ—diese Transzendenz; *eva*—gewiß; *jīva-lokasya*—der bedingten Lebewesen; *māyā-mohita*—von der illusionierenden Energie gefangen; *cetasaḥ*—durch das Herz; *vidhatse*—führt aus; *svena*—durch Deinen; *vīryeṇa*—Einfluß; *śreyaḥ*—das höchste Wohl; *dharma-ādi*—die vier Prinzipien der Befreiung; *lakṣaṇam*—charakterisiert durch.

ÜBERSETZUNG

Und dennoch, obwohl Du jenseits des Wirkungsbereiches der materiellen Energie weilst, führst Du zum höchsten Wohl der bedingten Seelen die vier Prinzipien der Befreiung aus, die durch Religiosität usw. gekennzeichnet sind.

ERLÄUTERUNG

Śrī Kṛṣṇa, die Persönlichkeit Gottes, kommt aus Seiner grundlosen Gnade in die manifestierte Welt herab, ohne durch die materiellen Erscheinungsweisen beeinflußt zu werden. Er weilt ewig jenseits der materiellen Manifestationen. Er kommt nur aus Seiner grundlosen Gnade, um die gefallenen Seelen zurückzurufen, die durch die illusionierende Energie im Herzen beeinflußt sind. Im Herzen allein greift sie der Einfluß der materiellen Energie an, und so möchten sie diese Energie unter falschen Vorwänden genießen, obwohl es dem Lebewesen im Grunde unmöglich ist zu genießen. Das Lebewesen ist ewig der Diener des Herrn, und wenn es seine Stellung vergißt, denkt es nur daran, die materielle Welt zu genießen; aber in Wirklichkeit befindet es sich in Illusion. Der Herr erscheint, um diese falsche Vorstellung des Genießens zu beseitigen und so die bedingten Seelen zu Sich zurückzurufen. Das ist das überaus gnadenvolle Wesen des Herrn gegenüber den gefallenen Seelen.

VERS 25

तथायं चावतारस्ते भुवो भारजिहीर्षया ।
स्वानां चानन्यभावानामनुध्यानाय चासकृत् ॥२५॥

tathāyaṁ cāvatāras te
bhuvo bhāra-jihīrṣayā
svānāṁ cānanya-bhāvānām
anudhyānāya cāsakṛt

tathā—so; *ayam*—dies; *ca*—und; *avatāraḥ*—Inkarnation; *te*—Deine; *bhuvaḥ*—der materiellen Welt; *bhāra*—Last; *jihīrṣayā*—um zu entfernen; *svānām*—der Freunde; *ca*—und; *ananya-bhāvānām*—der auserwählten Gottgeweihten; *anudhyānāya*—um sich wiederholt zu erinnern; *ca*—und; *asakṛt*—völlig zufrieden.

ÜBERSETZUNG

Du steigst als Inkarnation herab, um die Last von der Welt zu nehmen und Deine Freunde zu segnen, besonders diejenigen, die Deine auserwählten Geweihten sind und ständig über Dich meditieren.

ERLÄUTERUNG

Hieraus geht hervor, daß der Herr Seine Geweihten bevorzugt. Jeder hat eine Beziehung zum Herrn, und der Herr ist jedem gleichgesinnt; aber trotzdem hat Er eine Vorliebe für Seine „eigenen Leute“, die Gottgeweihten. Der Herr ist der Vater eines jeden. Niemand kann Sein Vater sein, aber auch niemand kann Sein Sohn sein. Doch Seine Geweihten können Seine Eltern und Seine Verwandten werden. Das ist Sein transzendentales Spiel. Es hat nichts mit weltlichen Vorstellungen von Verwandtschaft, Vaterschaft oder etwas ähnlichem zu tun. Wie oben erwähnt wurde, steht der Herr über den Erscheinungsweisen der materiellen Natur, und daher gibt es nichts, was an Seinen Angehörigen und Seinen Beziehungen im hingebungsvollen Dienst weltlich wäre.

VERS 26

किमिदं स्वित्कुतो वेति देवदेव न वेद्म्यहम् ।
सर्वतोमुखमायाति तेजः परमदारुणम् ॥२६॥

kim idaṁ svit kuto veti
deva-deva na vedmy aham

sarvato mukham āyāti
tejaḥ parama-dāruṇam

kim—was ist; *idam*—dies; *svit*—es kommt; *kutaḥ*—woher; *vā iti*—sei entweder; *deva-deva*—o Herr der Herren; *na*—nicht; *vedmi*—weiß; *aham*—ich; *sarvataḥ*—in allen; *mukham*—Richtungen; *āyāti*—kommend von; *tejaḥ*—Ausstrahlung; *parama*—sehr stark; *dāruṇam*—gefährlich.

ÜBERSETZUNG

O Herr der Herren [Kṛṣṇa], wie kommt es, daß diese gefährliche Ausstrahlung sich überallhin verbreitet? Woher kommt sie? Ich verstehe das nicht.

ERLÄUTERUNG

Man sollte sich erst dann an die Persönlichkeit Gottes wenden, wenn man Ihr achtungsvolle Gebete dargebracht hat. Das ist der übliche Vorgang, und Śrī Arjuna, obwohl ein vertrauter Freund des Herrn, beachtet diese Regel zur allgemeinen Belehrung.

VERS 27

श्रीभगवानुवाच

वेत्थेदं द्रोणपुत्रस्य ब्राह्ममस्त्रं प्रदर्शितम् ।
नैवासौ वेद संहारं प्राणबाध उपस्थिते ॥२७॥

śrī-bhagavān uvāca
vetthedaṁ droṇa-putrasya
brāhmam astraṁ pradarśitam
naivāsau veda saṁhāraṁ
prāṇa-bādha upasthite

śrī-bhagavān—die Höchste Persönlichkeit Gottes; *uvāca*—sprach; *vettha*—wisse von Mir; *idam*—diese; *droṇa-putrasya*—vom Sohn Droṇas; *brāhmam astram*—*mantras* der *brāhma* (Kern)-Waffe; *pradarśitam*—entfaltete; *na*—nicht; *eva*—sogar; *asau*—er; *veda*—weiß es; *saṁhāram*—Zurücknahme; *prāṇa-bādhe*—Auslöschung des Lebens; *upasthite*—da drohend.

ÜBERSETZUNG

Die Höchste Persönlichkeit Gottes sprach: Wisse von Mir, dies ist die Tat von Droṇas Sohn. Er hat dir die mantras der Kernenergie [brahmāstra] entgegengeschleudert, jedoch weiß er nicht, den grellen Glanz zurückzuziehen. Er hat dies aus Hilflosigkeit getan, aus Angst vor der drohenden Auslöschung seines Lebens.

ERLÄUTERUNG

Das *brāhmāstra* gleicht der modernen Kernwaffe, die durch Atomenergie wirkt. Die Atomwaffe basiert auf totaler Verbrennung, und so wirkt auch das *brahmāstra*; es erzeugt unerträgliche Hitze, ähnlich der atomaren Strahlung. Der Unterschied besteht darin, daß die Atombombe eine grobstoffliche Art von Kernwaffe ist, wohingegen das *brahmāstra* eine feinstoffliche Waffe ist, die durch das Chanten von *mantras* erzeugt wird. Es ist eine besondere Wissenschaft, und in vergangenen Zeiten wurde diese Wissenschaft im Land Bhārata-varṣa gepflegt. Die feinstoffliche Wissenschaft, *mantras* zu chanten, ist immer noch materiell, und doch ist sie den modernen materialistischen Wissenschaftlern bis jetzt unbekannt geblieben. Feinstoffliche materielle Wissenschaft ist nicht spirituell, aber sie steht in unmittelbarer Beziehung zur spirituellen Methode, die noch feinstofflicher ist.

Wer damals *mantras* chantete, wußte eine solche Waffe anzuwenden, und er kannte auch die Kunst, sie wieder zurückzuziehen. Das war vollkommenes Wissen. Der Sohn Droṇācāryas jedoch, der sich dieser feinstofflichen Wissenschaft bediente, wußte nicht, wie man ein *brahmāstra* zurückzieht. Dennoch machte er Gebrauch von ihm, da er sich vor dem nahenden Tod fürchtete, und deshalb war die Anwendung nicht nur unzulässig, sondern auch irreligiös. Als Sohn eines *brāhmaṇa* hätte er nicht so viele Fehler begehen dürfen, und für eine solch grobe Vernachlässigung der Pflicht verdiente er es, vom Herrn Selbst bestraft zu werden.

VERS 28

न ह्यस्यान्यतमं किञ्चिदस्त्रं प्रत्यवकर्शनम् ।
जह्यस्त्रतेज उन्नद्धमस्त्रज्ञो ह्यस्त्रतेजसा ॥२८॥

na hy asyānyatamaṁ kiñcid
astraṁ pratyavakarśanam
jahy astra-teja unnaddham
astra-jño hy astra-tejasā

na—nicht; *hi*—gewiß; *asya*—von ihr; *anyatamam*—andere; *kiñcit*—etwas; *astram*—Waffe; *prati*—entgegenwirken; *avakarśanam*—zurückwirkend; *jahi*—bezwinge sie; *astra-tejaḥ*—den grellen Glanz dieser Waffe; *unnaddham*—sehr mächtig; *astra-jñaḥ*—o Kenner der militärischen Wissenschaft; *hi*—als eindeutige Tatsache; *astra-tejasā*—durch den Einfluß deiner Waffe.

ÜBERSETZUNG

O Arjuna, nur ein zweites brahmāstra kann dieser Waffe entgegenwirken. Da du in der militärischen Wissenschaft erfahren bist, bezwinge den grellen Glanz dieser Waffe mit deiner eigenen Waffe.

ERLÄUTERUNG

Gegen Atombomben gibt es keine Waffen, die ihre Wirkung aufheben; aber einem *brahmāstra* konnte durch die feinstoffliche Wissenschaft entgegengewirkt werden, und diejenigen, die damals in der militärischen Wissenschaft geschult waren, wußten, wie ein *brahmāstra* unschädlich zu machen ist. Der Sohn Droṇācāryas kannte diese Kunst nicht, und daher wurde Arjuna aufgefordert, dem *brahmāstra* durch die Macht seiner eigenen Waffe entgegenzuwirken.

VERS 29

सूत उवाच

श्रुत्वा भगवता प्रोक्तं फाल्गुनः परवीरहा ।
स्पृष्ट्वापस्तं परिक्रम्य ब्राह्मं ब्राह्मास्त्रं संदधे ॥२९॥

sūta uvāca
śrutvā bhagavatā proktaṁ
phālgunaḥ para-vīra-hā
spṛṣṭvāpas taṁ parikramya
brāhmaṁ brāhmāstraṁ sandadhe

sūtaḥ—Sūta Gosvāmī; *uvāca*—fuhr fort; *śrutvā*—als er vernahm; *bhagavatā*—von der Persönlichkeit Gottes; *proktam*—was gesagt wurde; *phālgunaḥ*—ein anderer Name Śrī Arjunas; *para-vīra-hā*—der Töter des gegnerischen Kriegers; *spṛṣṭvā*—nachdem er berührt hatte; *āpaḥ*—Wasser; *tam*—Ihn; *parikramya*—umkreisend; *brāhmam*—den Höchsten Herrn; *brāhma-astram*—die schwerste Waffe; *sandadhe*—wirkte auf.

ÜBERSETZUNG

Śrī Sūta Gosvāmī fuhr fort: Als Arjuna dies von der Persönlichkeit Gottes vernommen hatte, berührte er Wasser zur Läuterung, und nachdem er Śrī Kṛṣṇa umkreist hatte, schleuderte er seine brahmāstra-Waffe, um dem anderen brahmāstra entgegenzuwirken.

VERS 30

संहत्यान्योन्यमुभयोस्तेजसी शरसंवृते ।
आवृत्य रोदसी खं च ववृधातेऽर्कवह्निवत् ॥३०॥

saṁhatyānyonyam ubhayos
tejasī śara-saṁvṛte
āvṛtya rodasī khaṁ ca
vavṛdhāte 'rka-vahnivat

saṁhatya—durch Verbindung von; *anyonyam*—einander; *ubhayoḥ*—beider; *tejasī*—die Ausstrahlungen; *śara*—Waffen; *saṁvṛte*—bedeckend; *āvṛtya*—bedeckend; *rodasī*—das ganze Firmament; *kham*—das Weltall; *ca*—auch; *vavṛdhāte*—anwachsend; *arka*—der Sonnenball; *vahni-vat*—wie Feuer.

ÜBERSETZUNG

Als die Strahlen der beiden brahmāstras sich vereinten, bedeckte ein großer Feuerkreis, der Sonnenscheibe gleich, den gesamten Himmel und das Weltall mit allen Planeten.

ERLÄUTERUNG

Die durch die Zündung eines *brahmāstra* entstehende Hitze gleicht dem Feuer der Sonne zur Zeit der kosmischen Vernichtung. Die Ausstrahlung der Atomenergie ist im Vergleich zur Hitze, die durch ein *brahmāstra* erzeugt wird, unbedeutend. Eine Atombombenexplosion kann höchstens einen Planeten vernichten; aber die durch ein *brahmāstra* erzeugte Hitze kann die gesamte kosmische Manifestation zerstören. Aus diesem Grund wird hier die von den beiden *brahmāstras* erzeugte Hitze mit der zur Zeit der Vernichtung auftretenden Hitze verglichen.

VERS 31

दृष्ट्वास्त्रतेजस्तु तयोस्त्रींल्लोकान् प्रदहन्महत् ।
दह्यमानाः प्रजाः सर्वाः सांवर्तकममंसत ॥३१॥

dṛṣṭvāstra-tejas tu tayos
trīl lokān pradahan mahat
dahyamānāḥ prajāḥ sarvāḥ
saṁvartakam amaṁsata

dṛṣṭva—dies sehend; *astra*—die Waffe; *tejaḥ*—Hitze; *tu*—aber; *tayoḥ*—beider; *trīn*—drei; *lokān*—Planeten; *pradahat*—versengend; *mahat*—schwer; *dahyamānāḥ*—brennend; *prajāḥ*—Bevölkerung; *sarvāḥ*—überall; *sāṁvartakam*—der Name des Feuers, das während der Vernichtung des Universums alles verwüstet; *amaṁsata*—begann zu denken.

ÜBERSETZUNG

Die gesamte Bevölkerung der drei Welten spürte die sengende Hitze der beiden Waffen. Jeder wurde an das sāṁvartaka-Feuer erinnert, das zur Zeit der Vernichtung alles verwüstet.

ERLÄUTERUNG

Mit den drei Welten sind die oberen, unteren und mittleren Planeten des Universums gemeint. Obwohl die beiden *brahmāstras* auf der Erde ausgelöst wurden, erfaßte die durch die Verbindung beider Waffen entstandene Hitze das gesamte Universum, und die Bewohner auf all den verschiedenen Planeten begannen die Hitze als unerträglich zu empfinden und verglichen sie mit der des *sāṁvartaka*-Feuers. Kein Planet ist also ohne Lebewesen, wie weniger intelligente, materialistische Menschen denken.

VERS 32

प्रजोपद्रवमालक्ष्य लोकव्यतिकरं च तम् ।
मतं च वासुदेवस्य संजहारार्जुनो द्वयम् ॥३२॥

prajopadravam ālakṣya
loka-vyatikaraṁ ca tam
mataṁ ca vāsudevasya
sañjahārārjuno dvayam

prajā—Bevölkerung; *upadravam*—Störung; *ālakṣya*—sie erkennend; *loka*—die Planeten; *vyatikaram*—Vernichtung; *ca*—auch; *tam*—das; *matam*—die Meinung; *ca*—und; *vāsudevasya*—Vāsudevas (Śrī Kṛṣṇas); *sañjahāra*—zog zurück; *arjunaḥ*—Arjuna; *dvayam*—beide.

ÜBERSETZUNG

Als Arjuna die Bestürzung der Bevölkerung und die unmittelbar bevorstehende Vernichtung der Planeten erkannte, zog er auf der Stelle, wie Śrī Kṛṣṇa es wünschte, beide brahmāstra-Waffen zurück.

ERLÄUTERUNG

Die Theorie, daß Atombombenexplosionen die Welt vernichten können, ist eine kindische Vorstellung. Erstens ist die Atomenergie nicht mächtig genug, die Welt zu zerstören, und zweitens hängt letzten Endes alles vom höchsten Willen des Höchsten Herrn ab; denn ohne Seine Zustimmung kann nichts aufgebaut oder zerstört werden. Es ist ebenfalls töricht zu denken, Naturgesetze besäßen endgültige Macht. Die Gesetze der materiellen Natur wirken, wie in der *Bhagavad-gītā* (9.10) bestätigt wird, unter der Führung des Herrn. Der Herr sagt dort, daß die Naturgesetze unter Seiner Aufsicht stehen. Die Welt kann nur durch den Willen des Herrn zerstört werden, und nicht durch die Launen unbedeutender Politiker. Es war Śrī Kṛṣṇas Wunsch, daß die Waffen, die von Drauṇi und Arjuna ausgelöst worden waren, zurückgezogen wurden, und Arjuna kam diesem Wunsch sogleich nach. In ähnlicher Weise gibt es viele ermächtigte Vertreter des allmächtigen Herrn, die Seinen Willen ausführen. Was immer Er wünscht, geschieht.

VERS 33

तत आसाद्य तरसा दारुणं गौतमीसुतम् ।
बबन्धामर्षताम्राक्षः पशुं रशनया यथा ॥३३॥

tata āsādya tarasā
dāruṇaṁ gautamī-sutam
babandhāmarṣa-tāmrākṣaḥ
paśuṁ raśanayā yathā

tataḥ—darauf; *āsādya*—nahm fest; *tarasā*—geschickt; *dāruṇam*—gefährlich; *gautamī-sutam*—den Sohn Gautamīs; *babandha*—fesselte; *amarṣa*—zornig; *tāmra-akṣaḥ*—mit kupferroten Augen; *paśum*—Tier; *raśanayā*—mit Stricken; *yathā*—wie.

ÜBERSETZUNG

Mit vor Zorn lodernden Augen, die zwei roten Kupferbällen glichen, nahm Arjuna den Sohn Gautamīs geschickt gefangen und band ihn mit Stricken wie ein Tier.

ERLÄUTERUNG

Aśvatthāmās Mutter, Kṛpī, war in der Familie Gautamas geboren worden. Entscheidend in diesem *śloka* ist die Tatsache, daß Aśvatthāmā gefangen und mit Stricken gefesselt wurde wie ein Tier. Nach Śrīdhara Svāmī war es Arjuna, als Teil seiner Pflicht (*dharma*), bestimmt, diesen Sohn eines *brāhmaṇa* wie ein Tier zu fangen. Diese Feststellung Śrīdhara Svāmīs wird durch eine spätere Erklärung Śrī Kṛṣṇas bestätigt. Aśvatthāmā war ein echter Sohn Droṇācāryas und Kṛpīs, doch weil er sich selbst zu einem niedrigen Lebensstand entwürdigt hatte, war es durchaus angebracht, ihn wie ein Tier, und nicht wie einen *brāhmaṇa*, zu behandeln.

VERS 34

शिबिराय निनीषन्तं रज्ज्वा बद्ध्वा रिपुं बलात्।
प्राहार्जुनं प्रकुपितो भगवानम्बुजेक्षणः ॥३४॥

śibirāya ninīṣantaṁ
rajjvā baddhvā ripuṁ balāt
prāhārjunaṁ prakupito
bhagavān ambujekṣaṇaḥ

śibirāya—auf dem Weg zum Heereslager; *ninīṣantam*—als er ihn fortbringen wollte; *rajjvā*—mit Stricken; *baddhvā*—gefesselt; *ripum*—den Feind; *balāt*—durch Gewalt; *prāha*—sagte; *arjunam*—zu Arjuna; *prakupitaḥ*—erzürnt; *bhagavān*—die Höchste Persönlichkeit Gottes; *ambuja-īkṣaṇaḥ*—der mit Lotosaugen ansieht.

ÜBERSETZUNG

Als Arjuna den Aśvatthāmā gefesselt hatte und ihn zum Heereslager bringen wollte, blickte die Persönlichkeit Gottes, Śrī Kṛṣṇa, Arjuna mit Seinen Lotosaugen an und sprach voller Zorn zu ihm.

ERLÄUTERUNG

Sowohl Arjuna als auch Śrī Kṛṣṇa werden hier als zornig beschrieben; jedoch glichen Arjunas Augen roten Kupferbällen, wohingegen die Augen des Herrn an Lotosblüten erinnerten. Dies bedeutet, daß sich der Zorn Arjunas und der des Herrn nicht auf der gleichen Ebene befinden. Der Herr ist transzendental, und daher ist Er in jedem Zustand absolut. Sein Zorn ist nicht mit dem Zorn eines bedingten, von den qualitativen Erscheinungsweisen der materiellen Natur beeinflußten Lebewesens zu vergleichen. Weil Er absolut ist, sind Sein Zorn und Seine Freude das gleiche. Sein Zorn äußert sich nicht in den drei Erscheinungsweisen der materiellen Natur. Dieser Zorn zeigt nur, wie viel Ihm an der Sache Seines Geweihten liegt, denn das ist Sein transzendentales Wesen. Daher ist, selbst wenn Er zornig wird, der Gegenstand Seines Zornes gesegnet. Der Herr bleibt unter allen Umständen der gleiche.

VERS 35

मैनं पार्थार्हसि त्रातुं ब्रह्मबन्धुमिमं जहि ।
योऽसावनागसः सुप्तानवधीन्निशि बालकान् ॥३५॥

mainaṁ pārthārhasi trātuṁ
brahma-bandhum imaṁ jahi
yo 'sāv anāgasaḥ suptān
avadhīn niśi bālakān

mā enam—ihn niemals; *pārtha*—o Arjuna; *arhasi*—du solltest; *trātum*—freilassen; *brahma-bandhum*—einen Verwandten eines *brāhmaṇa*; *imam*—ihn; *jahi*—töte; *yaḥ*—er (der hat); *asau*—jene; *anāgasaḥ*—unschuldige; *suptān*—während sie schliefen; *avadhīt*—tötete; *niśi*—des Nachts; *bālakān*—die Knaben.

ÜBERSETZUNG

Śrī Kṛṣṇa sagte: O Arjuna, du solltest keine Gnade walten lassen, indem du diesen Verwandten eines brāhmaṇa [brahma-bandhu] freigibst, denn er hat unschuldige Knaben im Schlaf getötet.

ERLÄUTERUNG

Das Wort *brahma-bandhu* ist bedeutsam. Ein Mensch, der in der Familie eines *brāhmaṇa* geboren wurde, aber nicht qualifiziert genug ist, als *brāhmaṇa* bezeichnet zu werden, wird als „Verwandter eines *brāhmaṇa*" angesprochen, und nicht als „*brāhmaṇa*". Der Sohn eines Oberrichters ist selbst kein Oberrichter, aber es ist nichts Falsches daran, ihn als Verwandten des Herrn Oberrichter zu bezeichnen. Ebenso, wie man durch Geburt in der Familie eines Richters noch kein Richter wird, so wird man allein durch Geburtsrecht noch kein *brāhmaṇa*. Man muß die Eigenschaften eines *brāhmaṇa* entwickeln, um als *brāhmaṇa* bezeichnet werden zu können. So, wie das hohe Richteramt eine Aufgabe für qualifizierte Menschen ist, so ist auch die Stellung eines *brāhmaṇa* nur durch Eignung zu erreichen. Die *śāstra* schreibt vor, daß jemand, der die notwendigen Eigenschaften besitzt — auch wenn er nicht in der Familie eines *brāhmaṇa* geboren wurde —, als *brāhmaṇa* anerkannt werden muß. In ähnlicher Weise muß jemand, der in der Familie eines *brāhmaṇa* geboren wurde, jedoch nicht die brahmanischen Eigenschaften besitzt, als Nicht-*brāhmaṇa* angesehen werden. Śrī Kṛṣṇa, die höchste Autorität in bezug auf die religiösen Prinzipien der *Veden*, hat persönlich auf diese Unterschiede hingewiesen, die Er in den folgenden *ślokas* näher erklären wird.

VERS 36

मत्तं प्रमत्तमुन्मत्तं सुप्तं बालं स्त्रियं जडम् ।
प्रपन्नं विरथं भीतं न रिपुं हन्ति धर्मवित् ॥३६॥

mattaṁ pramattam unmattaṁ
suptaṁ bālaṁ striyaṁ jaḍam
prapannaṁ virathaṁ bhītaṁ
na ripuṁ hanti dharma-vit

mattam—sorglos; *pramattam*—berauscht; *unmattam*—geisteskrank; *suptam*—schlafend; *bālam*—Knabe; *striyam*—Frau; *jaḍam*—töricht; *prapannam*—ergeben; *viratham*—jemand, der seinen Streitwagen verloren hat; *bhītam*—furchtsam; *na*—nicht; *ripum*—Feind; *hanti*—tötet; *dharma-vit*—jemand, der die Grundsätze der Religion kennt.

ÜBERSETZUNG

Ein Mensch, der die Grundsätze der Religion kennt, tötet keinen Feind, der ahnungslos, berauscht, geisteskrank, schlafend oder furchtsam ist oder seinen Streitwagen verloren hat. Ebenso tötet er nie einen Knaben, eine Frau, ein törichtes Geschöpf oder eine ergebene Seele.

ERLÄUTERUNG

Ein Feind, der keinen Widerstand leistet, wird von einem Krieger, der die Grundsätze der Religion kennt, niemals getötet. Früher wurden Schlachten nach den Grundsätzen der Religion gefochten, und nicht um der Befriedigung der Sinne willen. Wenn sich der Feind, wie oben erwähnt, in einem Zustand des Rausches, des Schlafes usw. befand, durfte er nicht getötet werden. Dies sind einige der Regeln eines religiösen Krieges. Vormals wurde ein Krieg nie aufgrund der Launen selbstsüchtiger politischer Führer erklärt, sondern auf der Grundlage religiöser Prinzipien, frei von allen Auswüchsen. Gewalt, die sich auf religiöse Grundsätze stützt, ist weitaus höher einzustufen als sogenannte Gewaltlosigkeit.

VERS 37

स्वप्राणान् यः परप्राणैः प्रपुष्णात्यघृणः खलः ।
तद्वधस्तस्य हि श्रेयो यद्दोषाद्यात्यधः पुमान् ॥३७॥

sva-prāṇān yaḥ para-prāṇaiḥ
prapaṣṇāty aghṛṇaḥ khalaḥ
tad-vadhas tasya hi śreyo
yad-doṣād yāty adhaḥ pumān

sva-prāṇān—sein eigenes Leben; *yaḥ*—jemand, der; *para-prāṇaiḥ*—auf Kosten der Leben anderer; *prapuṣṇāti*—erhält; *aghṛṇaḥ*—schamlos; *khalaḥ*—niederträchtig; *tat-vadhaḥ*—daß er getötet wird; *tasya*—zu seinem; *hi*—gewiß; *śreyaḥ*—Besten; *yat*—durch das; *doṣāt*—durch den Fehler; *yāti*—geht; *adhaḥ*—abwärts; *pumān*—ein Mensch.

ÜBERSETZUNG

Ein grausamer und niederträchtiger Mensch, der sich auf Kosten der Leben anderer am Leben erhält, verdient es, getötet zu werden. Dies ist das beste für ihn, da er sonst durch seine Handlungen sein eigenes Absinken verursachen würde.

ERLÄUTERUNG

„Leben um Leben" ist die geeignete Strafe für einen Menschen, der grausam und schamlos auf Kosten der Leben anderer lebt. Politische Moral bedeutet, die Todesstrafe zu verhängen, um einen grausamen Menschen vor dem Gang zur Hölle zu bewahren. Daß der Staat einen Mörder zum Tod verurteilt, ist für den Übeltäter nur gut, da er dann in seinem nächsten Leben für den begangenen Mord nicht zu leiden braucht. Die Todesstrafe ist für einen Mörder die mildeste Strafe, die möglich ist, und in den *smṛti-śāstras* heißt es, daß Menschen, die vom König nach dem Grundsatz „Leben um Leben" bestraft werden, in solchem Maße von ihren Sünden gereinigt werden, daß sie unter Umständen sogar zu den himmlischen Planeten erhoben werden können, zu denen sonst nur tugendhafte Lebewesen gelangen. Nach Manu, dem bedeutenden Verfasser bürgerlicher Gesetze und religiöser Prinzipien, ist selbst jemand, der ein Tier tötet, als Mörder anzusehen, da Tiernahrung niemals für den zivilisierten Menschen bestimmt ist, dessen vornehmste Pflicht es ist, sich auf die Rückkehr zu Gott vorzubereiten. Manu sagt, daß hinter der Tötung eines Tieres eine regelrechte Verschwörung von Sündern steht, die alle als Mörder bestraft werden müssen, ebenso wie eine Gruppe von Verschwörern, die gemeinsam einen Menschen umbringen. Derjenige, der die Erlaubnis gibt, ein Tier zu töten; derjenige, der das Tier tötet; derjenige, der das geschlachtete Tier verkauft; derjenige, der das Tier zubereitet; derjenige, der die Speise verteilt, und schließlich derjenige, der das Fleisch ißt — sie alle sind Mörder und unterliegen der Bestrafung durch die Gesetze der Natur. Trotz allen Fortschritts der materiellen Wissenschaft kann niemand ein Lebewesen erschaffen, und daher hat niemand das Recht, ein Lebewesen launenhaft zu töten. Denjenigen, die unbedingt Tiere essen wollen, gestatten die Schriften bestimmte Tieropfer, doch solche Einräumungen sind nur dazu da, um die Eröffnung von Schlachthäusern zu verhindern, und nicht, um zum Tiereschlachten zu ermutigen. Der Vorgang, nach dem in den Schriften Tieropfer erlaubt werden, ist sowohl für das geopferte Tier als auch für den Tieresser von Vorteil. Es ist für das Tier vorteilhaft, weil es, gleich nachdem es auf dem Altar geopfert wurde, zur menschlichen

Form des Lebens erhoben wird, und der Tieresser hat seinen Nutzen, weil er vor schwerer Sünde bewahrt wird, nämlich der Sünde, Fleisch zu essen, das von organisierten Schlachthäusern geliefert wird, die Orte des Schreckens sind und Brutstätten aller Art materiellen Elends für die Gesellschaft, das Land und die Menschen. Die materielle Welt ist an sich schon ein Ort der Angst, und durch das Ermutigen zum Tiereschlachten werden die Menschen aufgrund von Kriegen, Seuchen, Hungersnöten und vielen anderen unerwünschten Katastrophen nur noch größerem Verderben ausgesetzt.

VERS 38

प्रतिश्रुतं च भवता पाञ्चाल्यै शृण्वतो मम ।
आहरिष्ये शिरस्तस्य यस्ते मानिनि पुत्रहा ॥३८॥

pratiśrutaṁ ca bhavatā
pāñcālyai śṛṇvato mama
āhariṣye śiras tasya
yas te mānini putra-hā

pratiśrutam—es ist versprochen; *ca*—und; *bhavatā*—von dir; *pāñcālyai*—der Tochter des Königs von Pāñcāla (Draupadī); *śṛṇvataḥ*—was gehört wurde; *mama*—von Mir persönlich; *āhariṣye*—muß ich bringen; *śiraḥ*—den Kopf; *tasya*—von ihm; *yaḥ*—den; *te*—du; *mānini*—betrachtest; *putra-hā*—als den Mörder ihrer Söhne.

ÜBERSETZUNG

Darüber hinaus habe Ich Selbst gehört, wie du Draupadī versprachst, ihr den Kopf des Mörders ihrer Söhne zu bringen.

VERS 39

तदसौ वध्यतां पाप आततायात्मबन्धुहा ।
भर्तुश्च विप्रियं वीर कृतवान् कुलपांसनः ॥३९॥

tad asau vadhyatāṁ pāpa
ātatāyy ātma-bandhu-hā
bhartuś ca vipriyaṁ vīra
kṛtavān kula-pāṁsanaḥ

tat—daher; *asau*—dieser Mann; *vadhyatām*—wird getötet werden; *pāpaḥ*—der Sünder; *ātatāyi*—Angreifer; *ātma*—eigene; *bandhu-hā*—Mörder der Söhne; *bhartuḥ*—des Meisters; *ca*—auch; *vipriyam*—nicht zufriedengestellt habend; *vīra*—o Krieger; *kṛtavān*—jemand, der es getan hat; *kula-pāṁsanaḥ*—die verbrannten Überreste der Familie.

ÜBERSETZUNG

Dieser Mann ist ein Angreifer und der Meuchelmörder deiner eigenen Familienangehörigen. Und nicht nur das, er hat auch seinen Meister unzufrieden gemacht. Er ist nichts weiter als die verbrannten Überreste seiner Familie. Töte ihn auf der Stelle.

ERLÄUTERUNG

Der Sohn Droṇācāryas wird hier als „die verbrannten Überreste seiner Familie" verurteilt. Der gute Name Droṇācāryas wurde hoch geachtet. Obwohl sich Droṇācārya dem feindlichen Lager angeschlossen hatte, hielten ihn die Pāṇḍavas immer in Ehren, und Arjuna grüßte ihn vor dem Kampf. Daran war nichts Falsches. Aber sein Sohn erniedrigte sich durch Handlungen, die sich für die *dvijas*, die Zweimalgeborenen der höheren Kasten, niemals geziemten. Aśvatthāmā, der Sohn Droṇācāryas, wurde zum Mörder, als er die fünf schlafenden Söhne Draupadīs tötete, wodurch er seinen Herrn, Duryodhana, der diese Greueltat keineswegs billigte, unzufrieden machte. Dies bedeutet, daß Aśvatthāmā zu einem Angreifer der Angehörigen Arjunas geworden war und somit der Bestrafung durch Arjuna unterlag. Gemäß den *śāstras* muß jemand, der ohne Warnung angreift, hinterrücks tötet, das Haus in Brand setzt oder die Ehefrau entführt, zum Tode verurteilt werden. An all dies erinnert Kṛṣṇa Arjuna, damit dieser davon Kenntnis nehme und das Nötige tue.

VERS 40

सूत उवाच

एवं परीक्षता धर्मं पार्थः कृष्णेन चोदितः ।
नैच्छद्धन्तुं गुरुसुतं यद्यप्यात्महनं महान् ॥४०॥

sūta uvāca
evaṁ parīkṣatā dharmaṁ
pārthaḥ kṛṣṇena coditaḥ
naicchad dhantuṁ guru-sutaṁ
yadyapy ātma-hanaṁ mahān

sūtaḥ—Sūta Gosvāmī; *uvāca*—sprach; *evam*—so; *parīkṣatā*—geprüft worden sein; *dharmam*—hinsichtlich der Pflicht; *pārthaḥ*—Arjuna; *kṛṣṇena*—von Kṛṣṇa; *coditaḥ*—ermutigt sein; *na aicchat*—liebte es nicht; *hantum*—zu töten; *guru-sutam*—den Sohn seines Lehrers; *yadyapi*—obwohl; *ātma-hanam*—Mörder der Söhne; *mahān*—sehr groß.

ÜBERSETZUNG

Sūta Gosvāmī sprach: Śrī Kṛṣṇa ermutigte Arjuna, den Sohn Droṇācāryas zu töten, nur um sein religiöses Pflichtbewußtsein zu prüfen, doch Arjuna, eine große Seele, liebte diese Vorstellung nicht, obwohl Aśvatthāmā der schändliche Mörder seiner Familienangehörigen war.

ERLÄUTERUNG

Arjuna war, wie sich hier bestätigt, ohne Zweifel eine große Seele. Er wird vom Herrn persönlich dazu aufgefordert, den Sohn Droṇas zu töten, aber dennoch zögert er. Er ist der Ansicht, Aśvatthāmā solle verschont bleiben, denn schließlich war er der Sohn Droṇācāryas, seines großen Lehrers, wenngleich er ein unwürdiger Sohn war. Aśvatthāmā hatte launenhaft, ohne jemandem zu nützen, alle nur denkbaren abscheulichen Handlungen begangen.

Śrī Kṛṣṇa forderte Arjuna nach außen hin zu diesem Schritt auf, nur um Arjunas Pflichtbewußtsein zu prüfen. Ganz bestimmt mangelte es Arjuna nicht an Pflichtgefühl, und Śrī Kṛṣṇa war Sich dessen natürlich bewußt; aber Śrī Kṛṣṇa hat bereits viele Seiner Geweihten geprüft, nur um ihr Pflichtbewußtsein zu vergrößern. Die *gopīs* wurden ebenfalls solchen Prüfungen unterzogen. Auch Prahlāda Mahārāja wurde auf die Probe gestellt. Alle reinen Gottgeweihten gehen aus den jeweiligen Prüfungen des Herrn erfolgreich hervor.

VERS 41

अथोपेत्य स्वशिबिरं गोविन्दप्रियसारथिः ।
न्यवेदयत्तं प्रियायै शोचन्त्या आत्मजान् हतान् ॥४१॥

athopetya sva-śibiraṁ
govinda-priya-sārathiḥ
nyavedayat taṁ priyāyai
śocantyā ātma-jān hatān

atha—danach; *upetya*—erreicht habend; *sva*—eigenes; *śibiram*—Lager; *govinda*—jemand, der die Sinne belebt (Śrī Kṛṣṇa); *priya*—geliebt; *sārathiḥ*—der Wagenlenker; *nyavedayat*—übergab; *tam*—ihn; *priyāyai*—seiner geliebten (Frau); *śocantyai*—klagend um; *ātma-jān*—ihre Söhne; *hatān*—ermordet.

ÜBERSETZUNG

Nachdem sie das Lager erreicht hatten, übergab Arjuna, begleitet von seinem geliebten Freund und Wagenlenker [Śrī Kṛṣṇa], den Mörder seiner geliebten Frau, die um ihre ermordeten Söhne klagte.

ERLÄUTERUNG

Die transzendentale Beziehung zwischen Arjuna und Kṛṣṇa ist die der innigsten Freundschaft. In der *Bhagavad-gītā* hat der Herr Selbst gesagt, daß Arjuna Sein geliebter Freund ist. Jedes Lebewesen ist mit dem Höchsten Herrn durch eine bestimmte liebevolle Beziehung verbunden, entweder als Diener oder Freund, als Vater oder Mutter oder als vertraute Geliebte. Jeder kann sich der Gemeinschaft des Herrn im spirituellen Reich erfreuen, vorausgesetzt, daß er den Wunsch hat und sich durch den Vorgang des *bhakti-yoga* aufrichtig darum bemüht.

VERS 42

तथाऽऽहृतं पशुवत् पाशबद्ध-
मवाङ्मुखं कर्मजुगुप्सितेन ।
निरीक्ष्य कृष्णापकृतं गुरोः सुतं
वामस्वभावा कृपया ननाम च ॥४२॥

tathāhṛtaṁ paśuvat pāśa-baddham
avāṅ-mukhaṁ karma-jugupsitena
nirīkṣya kṛṣṇāpakṛtaṁ guroḥ sutaṁ
vāma-svabhāvā kṛpayā nanāma ca

tathā—so; *āhṛtam*—brachte herein; *paśu-vat*—wie ein Tier; *pāśa-baddham*—mit Stricken gebunden; *avāk-mukham*—ohne ein Wort zu sagen; *karma*—Handlungen; *jugupsitena*—da abscheulich; *nirīkṣya*—als sie erblickte; *kṛṣṇā*—Draupadī; *apakṛtam*—den für die erniedrigende Tat Verantwortlichen; *guroh*—des Lehrers; *sutam*—Sohn; *vāma*—schön; *svabhāvā*—Natur; *kṛpayā*—aus Mitleid; *nanāma*—brachte Ehrerbietungen dar; *ca*—und.

ÜBERSETZUNG

Śrī Sūta Gosvāmī sagte: Dann sah Draupadī Aśvatthāmā, der mit Stricken wie ein Tier gebunden war und schwieg, da er den schimpflichsten Mord verübt hatte. Aufgrund ihres weiblichen Wesens und da sie von Natur aus gütig und wohlerzogen war, erwies sie ihm die einem brāhmaṇa gebührende Achtung.

ERLÄUTERUNG

Aśvatthāmā war vom Herrn Selbst verurteilt worden, und Arjuna behandelte ihn wie einen Übeltäter, nicht wie den Sohn eines *brāhmaṇa* oder Lehrers. Als er jedoch vor Śrīmatī Draupadī, die um ihre ermordeten Söhne trauerte, gebracht wurde, vermochte sie es nicht, dem Mörder, der vor ihr stand, die Achtung zu verweigern, die einem *brāhmaṇa* oder dem Sohn eines *brāhmaṇa* gewöhnlich entgegengebracht wird. Die Ursache hierfür lag in ihrem sanften Wesen als Frau. Frauen sind im allgemeinen wie Kinder, und deshalb besitzen sie kein solches Unterscheidungsvermögen wie der Mann. Aśvatthāmā erwies sich als ein unwürdiger Sohn Droṇācāryas, eines *brāhmaṇa*, und aus diesem Grund wurde er von der höchsten Autorität, Śrī Kṛṣṇa, verurteilt. Dessen ungeachtet konnte eine sanftmütige Frau wie Draupadī ihre Höflichkeit gegenüber einem *brāhmaṇa* nicht ablegen.

Selbst heute noch erweist eine Hindu-Frau der *brāhmaṇa*-Kaste Achtung, ganz gleich wie gefallen und schändlich ein *brāhma-bandhu* auch sein mag. Die Männer aber beginnen allmählich gegen jene *brahma-bandhus* zu protestieren, die in Familien guter *brāhmaṇas* geboren wurden, jedoch nach ihren Handlungen zu urteilen weniger als *śūdras* sind.

Die besonderen Worte, die in diesem *śloka* gebraucht werden, lauten *vāma-svabhāvā*, „von Natur aus sanft und gütig." Ein gutmütiger Mann oder eine gutmütige Frau nehmen alles sehr leicht hin – nicht so jedoch ein Mensch von durchschnittlicher Intelligenz. Wir sollten unsere Vernunft und Unterscheidungskraft nicht aufgeben, nur um höflich zu sein. Man muß stets gutes Unterscheidungsvermögen besitzen, um eine Sache nach ihrem wirklichen Wert beurteilen zu können. Wir sollten uns nicht das sanfte Wesen einer Frau zum Vorbild nehmen und etwas annehmen, was nicht echt ist. Aśvatthāmā mag von einer gutmütigen Frau geachtet werden, aber das bedeutet nicht, daß er mit einem echten *brāhmaṇa* auf einer Stufe steht.

VERS 43

उवाच चासहन्त्यस्य बन्धनानयनं सती ।
मुच्यतां मुच्यतामेष ब्राह्मणो नितरां गुरुः ॥४३॥

uvāca cāsahanty asya
bandhanānayanaṁ satī
mucyatāṁ mucyatām eṣa
brāhmaṇo nitarāṁ guruḥ

uvāca—sagte; *ca*—und; *asahantī*—da es unerträglich war; *asya*—daß er; *bandhanā*—gebunden war; *ānayanam*—ihn bringend; *satī*—die Hingegebene; *mucyatām*—laß ihn nur frei; *mucyatām*—laß ihn nur frei; *eṣaḥ*—diesen; *brāhmaṇaḥ*—ein *brāhmaṇa*; *nitarām*—unser; *guruḥ*—Lehrer.

ÜBERSETZUNG

Sie konnte es nicht ertragen, Aśvatthāmā mit Stricken gebunden zu sehen, und weil sie eine hingegebene Frau war, sagte sie zu Arjuna: Laß ihn frei, denn er ist ein brāhmaṇa, unser spiritueller Meister.

ERLÄUTERUNG

Als Aśvatthāmā vor Draupadī gebracht wurde, hielt sie es für unerträglich, daß ein *brāhmaṇa* wie ein Verbrecher festgenommen und in diesem Zustand vor sie gebracht wurde, vor allem deshalb, weil der *brāhmaṇa* der Sohn eines Lehrers war.

Als Arjuna Aśvatthāmā gefangennahm, war er sich völlig im klaren darüber, daß Aśvatthāmā der Sohn Droṇācāryas war. Kṛṣṇa wußte dies ebenfalls, und dennoch verurteilten beide den Mörder, ohne sich darum zu kümmern, daß er der Sohn eines *brāhmaṇa* war. Nach den offenbarten Schriften muß ein *guru* (Lehrer oder spiritueller Meister), der sich seiner Stellung als unwürdig erweist, zurückgewiesen werden. Ein *guru* wird auch *ācārya* genannt, das heißt jemand, der die gesamte Essenz der *śāstras* in sich aufgenommen hat und seinen Schülern hilft, das gleiche zu tun. Aśvatthāmā versäumte es, die Pflichten eines *brāhmaṇa* oder Lehrers zu erfüllen, und daher konnte ihm die hohe Stellung eines *brāhmaṇa* nicht zuerkannt werden. Unter diesem Gesichtspunkt betrachtet, waren Śrī Kṛṣṇa und Arjuna durchaus im Recht, Aśvatthāmā zu verurteilen. Eine sanftmütige Frau wie Draupadī jedoch sah die Angelegenheit nicht aus dem Blickwinkel der *śāstras*, sondern im Hinblick auf Sitten und Gebräuche. So gesehen mußte Aśvatthāmā die gleiche Achtung erwiesen werden wie seinem Vater. Dieser Brauch bestand, weil die Menschen im allgemeinen den Sohn eines *brāhmaṇa* rein gefühlsmäßig ebenfalls als *brāhmaṇa* ansehen. In Wirklichkeit jedoch sieht die Sache anders aus. Ein *brāhmaṇa* wird man durch Eignung, nicht durch Geburt in der Familie eines *brāhmaṇa*.

Trotz alledem wünschte sich Draupadī in ihrer Güte, daß Aśvatthāmā auf der Stelle freigelassen werde. Hier zeigt sich, daß ein Geweihter des Herrn alle Arten persönlicher Drangsal ertragen kann, daß aber solche Gottgeweihten niemals anderen gegenüber unfreundlich sind, nicht einmal gegenüber einem Feind. Dies sind die Merkmale eines reinen Geweihten des Herrn.

VERS 44

सरहस्यो धनुर्वेदः सविसर्गोपसंयमः ।
अस्त्रग्रामश्च भवता शिक्षितो यदनुग्रहात् ॥४४॥

sarahasyo dhanur-vedaḥ
savisargopasaṁyamaḥ
astra-grāmaś ca bhavatā
śikṣito yad-anugrahāt

sa-rahasyaḥ—vertrauliches; *dhanuḥ-vedaḥ*—Wissen von der Kunst, mit Pfeil und Bogen umzugehen; *sa-visarga*—schießend; *upasaṁyamaḥ*—beherrschend; *astra*—Waffen; *grāmaḥ*—alle Arten von; *ca*—und; *bhavatā*—von dir; *śikṣitaḥ*—lerntest; *yat*—durch dessen; *anugrahāt*—Gnade.

ÜBERSETZUNG

Du verdankst es seiner [Droṇācāryas] Gnade, daß du die militärische Kunst erlerntest, mit Pfeilen zu schießen, und die vertrauliche Kunst, Waffen zu lenken.

ERLÄUTERUNG

Droṇācārya lehrte den *Dhanur Veda*, die militärische Wissenschaft, mit all ihren Geheimnissen wie zum Beispiel dem Abschießen und Lenken von Waffen durch vedische *mantras*. Die grobstoffliche militärische Wissenschaft behandelt den Umgang mit materiellen Waffen; feinstofflicher jedoch ist die Kunst, mit Pfeilen umzugehen, die mit vedischen *mantras* abgeschossen werden und wirkungsvoller sind als grobstofflich-materielle Waffen wie Maschinengewehre oder Atombomben. Im *Rāmāyaṇa* wird berichtet, daß Mahārāja Daśaratha, der Vater Śrī Rāmas, Pfeile einfach durch Klang zu lenken pflegte. Er vermochte mit seinen Pfeilen ein Ziel allein durch Hören zu treffen, ohne es zu sehen. Diese militärische Wissenschaft ist subtiler als die heutige, die sich nur grobstofflich-materieller Waffen zu bedienen weiß.

Arjuna lernte all dies von Droṇācārya, und deshalb wünschte Draupadī, daß Arjuna sich Ācārya Droṇa verpflichtet fühle. Da Droṇācārya nicht mehr lebte, vertrat ihn sein Sohn. Dieser Ansicht war die gutherzige Draupadī.

Man mag sich fragen, wie Droṇācārya, ein strikter *brāhmaṇa*, Lehrer der militärischen Wissenschaft werden konnte. Die Antwort lautet, daß ein *brāhmaṇa* einfach Lehrer sein soll, ganz gleich welcher Art sein Wissen ist. Ein gelehrter *brāhmaṇa* soll Lehrer, Priester und Empfänger von Spenden sein. Dazu ist ein wirklicher *brāhmaṇa* berechtigt.

VERS 45

स एव भगवान् द्रोणः प्रजारूपेण वर्तते ।
तस्यात्मनोऽर्धं पत्न्यास्ते नान्वगाद्वीरसूः कृपी ॥४५॥

sa eṣa bhagavān droṇaḥ
prajā-rūpeṇa vartate
tasyātmano 'rdhaṁ patny āste
nānvagād vīrasūḥ kṛpī

saḥ—er; *eṣaḥ*—gewiß; *bhagavān*—Herr; *droṇaḥ*—Droṇācārya; *prajā-rūpeṇa*—in der Gestalt seines Sohnes Aśvatthāmā; *vartate*—lebt; *tasya*—sein; *ātmanaḥ*—des Körpers; *ardham*—Hälfte; *patnī*—Frau; *āste*—lebend; *na*—nicht; *anvagāt*—unternahm; *vīrasūḥ*—den Sohn gegenwärtig habend; *kṛpī*—die Schwester Kṛpācāryas.

ÜBERSETZUNG

Er [Droṇācārya] lebt ohne Zweifel immer noch unter uns, da er durch seinen Sohn vertreten wird. Seine Frau Kṛpī vollzog keine satī mit ihm, da sie einen Sohn hatte.

ERLÄUTERUNG

Die Frau Droṇācāryas, Kṛpī, ist die Schwester Kṛpācāryas. Eine hingegebene Frau, die nach den offenbarten Schriften die bessere Hälfte ihres Gemahls ist, hat, wenn sie kinderlos ist, das Recht, ihrem Gatten freiwillig in den Tod zu folgen; doch Kṛpī, die Frau Droṇācāryas, kam dieser Sitte nicht nach, da sie ihren Sohn, den Vertreter ihres Mannes, hatte. Eine Witwe ist nur dem Namen nach Witwe, wenn ein Sohn ihres Mannes lebt. In jedem Falle war also Aśvatthāmā der Vertreter Droṇācāryas, und Aśvatthāmā zu töten hätte bedeutet, Droṇācārya zu töten. So lautete Draupadīs Einwand gegen die Tötung Aśvatthāmās.

VERS 46

तद् धर्मज्ञ महाभाग भवद्भिर्गौरवं कुलम् ।
वृजिनं नार्हति प्राप्तुं पूज्यं वन्द्यमभीक्ष्णशः ॥४६॥

tad dharmajña mahā-bhāga
bhavadbhir gauravaṁ kulam
vṛjinaṁ nārhati prāptuṁ
pūjyaṁ vandyam abhīkṣṇaśaḥ

tat—daher; *dharma-jña*—jemand, der sich der Grundsätze der Religion bewußt ist; *mahā-bhāga*—der überaus Begünstigte; *bhavadbhiḥ*—durch dein gutes Selbst; *gauravam*—gepriesen; *kulam*—die Familie; *vṛjinam*—das, was schmerzhaft ist; *na* —nicht; *arhati*—verdient; *prāptum*—um zu erhalten; *pūjyam*—der zu Verehrende; *vandyam*—achtbar; *abhīkṣṇaśaḥ*—ständig.

ÜBERSETZUNG

O überaus Glücklicher, der du die Grundsätze der Religion kennst, es ist nicht gut für dich, ruhmreiche Familienangehörige ins Elend zu stürzen, die stets angesehen und verehrenswert sind.

ERLÄUTERUNG

Schon eine geringfügige Beleidigung einer angesehenen Familie genügt, Kummer hervorzurufen. Ein gebildeter Mensch sollte daher im Umgang mit ehrwürdigen Familienangehörigen sehr bedachtsam sein.

VERS 47

मा रोदीदस्य जननी गौतमी पतिदेवता ।
यथाहं मृतवत्साऽऽर्ता रोदिम्यश्रुमुखी मुहुः ॥४७॥

mā rodīd asya jananī
gautamī pati-devatā
yathāhaṁ mṛta-vatsārtā
rodimy aśru-mukhī muhuḥ

mā—nicht; *rodīt*—bringe zum Weinen; *asya*—seine; *jananī*—Mutter; *gautamī* —die Frau Droṇas; *pati-devatā*—keusch; *yathā*—wie du hast; *aham*—mich; *mṛta-vatsā*—jemand, dessen Kind tot ist; *ārtā*—unglücklich; *rodimi*—weinend; *aśru-mukhī*—Tränen in den Augen; *muhuḥ*—ständig.

ÜBERSETZUNG

Mein Herr, laß es nicht zu, daß die Frau Droṇācāryas so weinen muß wie ich. Ich bin über den Tod meiner Söhne betrübt. Sie soll nicht immerzu weinen müssen wie ich.

ERLÄUTERUNG

Mitfühlend und gutherzig, wie sie war, wollte Śrīmatī Draupadī die Frau Droṇācāryas nicht in die gleiche Lage der Kinderlosigkeit bringen, in der sie sich selbst be-

befand. Diese Haltung entsprang sowohl mütterlichen Gefühlen als auch dem Bewußtsein der verehrungswürdigen Stellung Kṛpīs.

VERS 48

यैः कोपितं ब्रह्मकुलं राजन्यैरजितात्मभिः ।
तत् कुलं प्रदहत्याशु सानुबन्धं शुचार्पितम् ॥४८॥

yaiḥ kopitaṁ brahma-kulaṁ
rājanyair ajitātmabhiḥ
tat kulaṁ pradahaty āśu
sānubandhaṁ śucārpitam

yaiḥ—durch solche; *kopitam*—in Zorn versetzt; *brahma-kulam*—der Stand der *brāhmaṇas*; *rājanyaiḥ*—durch die verwaltende Schicht; *ajita*—uneingeschränkt; *ātmabhiḥ*—durch einen selbst; *tat*—diese; *kulam*—Familie; *pradahati*—ist verbrannt; *āśu*—innerhalb kurzer Zeit; *sa-anubandham*—zusammen mit den Familienangehörigen; *śucā-arpitam*—Leid zugefügt.

ÜBERSETZUNG

Wenn die königliche, verwaltende Schicht ihre Sinne nicht zu zügeln weiß und gegen den brāhmaṇa-Stand Vergehen begeht und ihn erzürnt, verbrennt das Feuer dieses Zorns den gesamten Körper der königlichen Familie und bringt allen Unglück.

ERLÄUTERUNG

Der *brāhmaṇa*-Stand, das heißt die spirituell fortgeschrittene Kaste oder Gemeinschaft in der Gesellschaft, und die Angehörigen solch hochgestellter Familien wurden von den anderen, untergeordneten Kasten, nämlich dem verwaltenden, königlichen Stand, den Kaufleuten und Bauern sowie den Arbeitern, stets sehr geachtet.

VERS 49

सूत उवाच
धर्म्यं न्याय्यं सकरुणं निर्व्यलीकं समं महत् ।
राजा धर्मसुतो राज्ञ्याः प्रत्यनन्दद्वचो द्विजाः ॥४९॥

sūta uvāca
dharmyaṁ nyāyyaṁ sakaruṇaṁ
nirvyalīkaṁ samaṁ mahat
rājā dharma-suto rājñyāḥ
pratyanandad vaco dvijāḥ

sūtaḥ—Sūta Gosvāmī; *uvāca*—sagte; *dharmyam*—nach den Grundsätzen der Religion; *nyāyyam*—Gerechtigkeit; *sa-karuṇam*—voll Barmherzigkeit; *nirvyalīkam*—ohne Falschheit im *dharma*; *samam*—Unvoreingenommenheit; *mahat*—ruhmreich; *rājā*—der König; *dharma-sutaḥ*—der Sohn Dharmarājas (Yamarājas); *rājñyāḥ*—der Königin; *pratyanandat*—unterstützte; *vacaḥ*—Erklärungen; *dvijāḥ*—o *brāhmaṇas*.

ÜBERSETZUNG

Sūta Gosvāmī sagte: O brāhmaṇas, König Yudhiṣṭhira unterstützte von ganzem Herzen die Erklärungen der Königin, die den Grundsätzen der Religion entsprachen und gerecht, ruhmreich, voll Barmherzigkeit und Unvoreingenommenheit und frei von Falschheit waren.

ERLÄUTERUNG

Mahārāja Yudhiṣṭhira, der Sohn Dharmarājas (Yamarājas), stimmte der Bitte Königin Draupadīs an Arjuna, Aśvatthāmā loszubinden, voll und ganz zu. Man darf nicht dulden, daß ein Mitglied einer bedeutenden Familie gedemütigt wird. Arjuna und seine Familie waren der Familie Droṇācāryas zu Dank verpflichtet, da Arjuna von Droṇācārya die Kriegskunst erlernt hatte. Sich einer solch wohlmeinenden Familie gegenüber undankbar zu zeigen war vom moralischen Standpunkt aus in keiner Weise zu rechtfertigen. Die Gattin Droṇācāryas, die der halbe Körper dieser großen Seele war, mußte mit Mitgefühl behandelt werden und durfte nicht durch den Tod ihres Sohnes ins Unglück gestürzt werden. Diese Überlegung zeugt von wahrem Mitgefühl. Die Worte Draupadīs waren frei von Falschheit, denn sie wurden in voller Kenntnis der Umstände ausgesprochen. Es bestand das Gefühl der Gleichheit, da Draupadī aus eigener Erfahrung sprach. Eine unfruchtbare Frau kann den Kummer einer Mutter nicht verstehen; doch Draupadī war selbst Mutter, und daher war ihre Einschätzung der Tiefe von Kṛpīs Schmerz durchaus zutreffend. Ihre Haltung ist rühmenswert, da sie einer angesehenen Familie gebührende Achtung entgegenbringen wollte.

VERS 50

नकुलः सहदेवश्च युयुधानो धनंजयः ।
भगवान् देवकीपुत्रो ये चान्ये याश्च योषितः ॥५०॥

nakulaḥ sahadevaś ca
yuyudhāno dhanañjayaḥ
bhagavān devakī-putro
ye cānye yāś ca yoṣitaḥ

nakulaḥ—Nakula; *sahadevaḥ*—Sahadeva; *ca*—und; *yuyudhānaḥ*—Sātyaki; *dhanañjayaḥ*—Arjuna; *bhagavān*—die Persönlichkeit Gottes; *devakī-putraḥ*—der Sohn Devakīs, Śrī Kṛṣṇa; *ye*—solche; *ca*—und; *anye*—andere; *yāḥ*—solche; *ca*—und; *yoṣitaḥ*—Frauen.

ÜBERSETZUNG

Nakula und Sahadeva [die jüngeren Brüder des Königs], Sātyaki, Arjuna und Śrī Kṛṣṇa, die Persönlichkeit Gottes, der Sohn Devakīs, sowie auch die Frauen und andere stimmten dem König einmütig zu.

VERS 51

तत्राहामर्षितो भीमस्तस्य श्रेयान् वधः स्मृतः ।
न भर्तुर्नात्मनश्चार्थे योऽहन् सुप्तान् शिशून् वृथा ॥५१॥

tatrāhāmarṣito bhīmas
tasya śreyān vadhaḥ smṛtaḥ
na bhartur nātmanaś cārthe
yo 'han suptān śiśūn vṛthā

tatra—darauf; *āha*—sagte; *amarṣitaḥ*—zornig; *bhīmaḥ*—Bhīma; *tasya*—sein; *śreyān*—höchstes Wohl; *vadhaḥ*—töten; *smṛtaḥ*—aufgezeichnet; *na*—nicht; *bhartuḥ*—des Meisters; *na*—auch nicht; *ātmanaḥ*—seines Selbst; *ca*—und; *arthe*—für; *yaḥ*—jemand, der; *ahan*—tötete; *suptān*—schlafende; *śiśūn*—Kinder; *vṛthā*—sinnlos.

ÜBERSETZUNG

Bhīma jedoch stimmte ihnen nicht zu, sondern schlug vor, den Übeltäter zu töten, der im Zorn und weder seinem eigenen Interesse noch dem Interesse seines Herrn dienend schlafende Kinder sinnlos ermordet hatte.

VERS 52

निशम्य भीमगदितं द्रौपद्याश्च चतुर्भुजः ।
आलोक्य वदनं सख्युरिदमाह हसन्निव ॥५२॥

niśamya bhīma-gaditaṁ
draupadyāś ca catur-bhujaḥ
ālokya vadanaṁ sakhyur
idam āha hasann iva

niśamya—gleich nachdem Er gehört hatte; *bhīma*—Bhīma; *gaditam*—gesprochen von; *draupadyāḥ*—von Draupadī; *ca*—und; *catuḥ-bhujaḥ*—der Vierarmige (die Persönlichkeit Gottes); *ālokya*—gesehen habend; *vadanam*—das Gesicht; *sakhyuḥ*—Seines Freundes; *idam*—dies; *āha*—sagte; *hasan*—lächelnd; *iva*—als ob.

ÜBERSETZUNG

Nachdem Caturbhuja [der Vierarmige], die Persönlichkeit Gottes, die Worte Bhīmas, Draupadīs und anderer vernommen hatte, sah Er in das Gesicht Seines geliebten Freundes Arjuna und begann lächelnd zu sprechen.

ERLÄUTERUNG

Śrī Kṛṣṇa hat zwei Arme, und warum Er hier als vierarmig beschrieben wird, erklärt Śrīdhara Svāmī wie folgt: Bhīma und Draupadī vertraten hinsichtlich der Frage, ob Aśvatthāmā getötet werden solle oder nicht, gegensätzliche Auffassungen. Bhīma wollte, daß er augenblicklich getötet werde, wohingegen Draupadī ihn retten wollte. Wir können uns vorstellen, wie Bhīma darauf drängte, ihn zu töten, während Draupadī ihn daran hinderte. Um beide vor weiteren Schritten zurückzuhalten, nahm der Herr zwei weitere Arme an. Ursprünglich hat Śrī Kṛṣṇa, der urerste Herr, nur zwei Arme, aber in Seiner Gestalt als Nārāyaṇa offenbart Er vier. Als Nārāyaṇa residiert Er mit Seinen Geweihten auf den Vaikuṇṭha-Planeten, während Er in Seiner ursprünglichen Gestalt als Śrī Kṛṣṇa auf dem Kṛṣṇaloka-Planeten weilt, weit über den Vaikuṇṭha-Planeten im spirituellen Himmel. Es ist also kein Widerspruch, wenn Śrī Kṛṣṇa als *caturbhuja* bezeichnet wird. Wenn nötig, kann Er Hunderte von Armen offenbaren, wie Er es in Seiner *viśva-rūpa* tat, die Er Arjuna zeigte. Wenn jemand Hunderte und Tausende von Armen entfalten kann, kann Er auch, wann immer es nötig ist, vier manifestieren.

Als Arjuna verwirrt war und nicht wußte, was mit Aśvatthāmā zu tun war, kam ihm Śrī Kṛṣṇa als sein geliebter Freund zu Hilfe. Er wollte endlich eine Lösung des Problems herbeiführen, und so begann Er lächelnd zu sprechen.

VERS 53-54

श्रीभगवानुवाच

ब्रह्मबन्धुर्न हन्तव्य आततायी वधार्हणः ।
मयैवोभयमाम्नातं परिपाह्यनुशासनम् ॥५३॥
कुरु प्रतिश्रुतं सत्यं यत्तत्सान्त्वयता प्रियाम् ।
प्रियं च भीमसेनस्य पाञ्चाल्या मह्यमेव च ॥५४॥

śrī-bhagavān uvāca
brahma-bandhur na hantavya
ātatāyī vadhārhaṇaḥ
mayaivobhayam āmnātaṁ
paripāhy anuśāsanam

kuru pratiśrutaṁ satyaṁ
yat tat sāntvayatā priyām
priyaṁ ca bhīmasenasya
pāñcālyā mahyam eva ca

śrī-bhagavān—die Persönlichkeit Gottes; *uvāca*—sprach; *brahma-bandhuḥ*—der Verwandte eines *brāhmaṇa*; *na*—nicht; *hantavyaḥ*—darf getötet werden; *ātatāyī*—der Angreifer; *vadha-arhaṇaḥ*—muß getötet werden; *mayā*—von Mir; *eva*—gewiß; *ubhayam*—beides; *āmnātam*—beschrieben nach den Regeln der Autorität;

paripāhi—befolge nur; *anuśāsanam*—Regeln; *kuru*—beachte nur; *pratiśrutam*—wie versprochen von; *satyam*—Wahrheit; *yat tat*—das, was; *sāntvayatā*—während du besänftigst; *priyām*—liebe Frau; *priyam*—Zufriedenstellung; *ca*—und; *bhīmasena-sya*—Śrī Bhīmasenas; *pāñcālyāḥ*—Draupadīs; *mahyam*—Mich auch; *eva*—gewiß; *ca*—und.

ÜBERSETZUNG

Śrī Kṛṣṇa, die Persönlichkeit Gottes, sprach: Ein Freund eines brāhmaṇa darf nicht getötet werden, aber wenn er ein Angreifer ist, muß er getötet werden. All diese Regeln findet man in den Schriften, und du solltest dich danach richten. Du mußt dein Versprechen gegenüber deiner Frau halten, und du mußt auch zu Bhīmasenas und Meiner Zufriedenheit handeln.

ERLÄUTERUNG

Arjuna war verwirrt, da nach der Aussage verschiedener Schriften, die von verschiedenen Personen zitiert wurden, Aśvatthāmā sowohl getötet als auch verschont werden mußte. Als *brahma-bandhu*, als unwürdiger Sohn eines *brāhmaṇa*, durfte Aśvatthāmā nicht getötet werden, aber er war zugleich ein Angreifer, und nach den Gesetzen Manus muß ein Angreifer, selbst wenn er ein *brāhmaṇa* ist (ganz zu schweigen von einem unwürdigen Sohn eines *brāhmaṇa*), getötet werden.

Droṇācārya war ohne Zweifel ein *brāhmaṇa* im wahrsten Sinne des Wortes, aber weil er auf dem Schlachtfeld stand, war er getötet worden. Aśvatthāmā dagegen war zwar ein Angreifer, aber er stand jetzt ohne Waffen vor Draupadī und den anderen. Das Gesetz lautet, daß ein Angreifer, wenn er ohne Waffen oder Streitwagen ist, nicht getötet werden darf. All dies war zweifellos verwirrend. Abgesehen davon mußte Arjuna sein Versprechen gegenüber Draupadī einlösen, um sie zu trösten; aber er mußte auch Bhīma und Kṛṣṇa zufriedenstellen, die ihm rieten, Aśvatthāmā zu töten. Arjuna war also in großer Verlegenheit. Schließlich führte Kṛṣṇa die Lösung herbei.

VERS 55

सूत उवाच
अर्जुनः सहसाऽऽज्ञाय हरेर्हार्दमथासिना ।
मणिं जहार मूर्धन्यं द्विजस्य सहमूर्धजम् ॥५५॥

sūta uvāca
arjunaḥ sahasājñāya
harer hārdam athāsinā
maṇiṁ jahāra mūrdhanyaṁ
dvijasya saha mūrdhajam

sūtaḥ—Sūta Gosvāmī; *uvāca*—sprach; *arjunaḥ*—Arjuna; *sahasā*—eben zu dieser Zeit; *ājñāya*—erkennend; *hareḥ*—des Herrn; *hārdam*—Absicht; *atha*—daher; *asinā*

—mit dem Schwert; *maṇim*—das Juwel; *jahāra*—trennte; *mūrdhanyam*—auf dem Kopf; *dvijasya*—des Zweimalgeborenen (Aśvatthāmā); *saha*—mit; *mūrdhajam*—Haare.

ÜBERSETZUNG

Sūta Gosvāmī sprach: Durch diese doppelsinnigen Anweisungen konnte Arjuna plötzlich die Absicht des Herrn verstehen und trennte mit dem Schwert Haar und Juwel vom Haupt Aśvatthāmās.

ERLÄUTERUNG

Arjuna sah sich außerstande, die gegensätzlichen Forderungen der beiden Seiten zu erfüllen. Kraft seiner scharfen Intelligenz fand er jedoch eine Kompromißlösung und trennte den Edelstein vom Kopf Aśvatthāmās, was einer Enthauptung gleichkam, ihn aber am Leben ließ. Hier wird Aśvatthāmā als Zweimalgeborener bezeichnet, was er gewiß war, doch er hatte sich seiner Stellung als unwürdig erwiesen und wurde daher gerecht bestraft.

VERS 56

विमुच्य रशनाबद्धं बालहत्याहतप्रभम् ।
तेजसा मणिना हीनं शिबिरान्निरयापयत् ॥५६॥

vimucya raśanā-baddhaṁ
bāla-hatyā-hata-prabham
tejasā maṇinā hīnaṁ
śibirān nirayāpayat

vimucya—nachdem man ihn freigelassen hatte; *raśanā-baddham*—aus der Fessel der Stricke; *bāla-hatyā*—Kindesmord; *hata-prabham*—Verlust körperlicher Ausstrahlung; *tejasā*—der Stärke; *maṇinā*—durch das Juwel; *hīnam*—beraubt sein; *śibirāt*—aus dem Lager; *nirayāpayat*—trieben ihn.

ÜBERSETZUNG

Wegen des Kindesmordes hatte er [Aśvatthāmā] bereits seine körperliche Ausstrahlung verloren, und jetzt, da er außerdem des Juwels auf seinem Haupte beraubt war, verlor er noch mehr an Stärke. Er wurde daher losgebunden und aus dem Lager getrieben.

ERLÄUTERUNG

Auf diese Weise erniedrigt, wurde der gedemütigte Aśvatthāmā durch die Intelligenz Kṛṣṇas und Arjunas gleichzeitig getötet und nicht getötet.

VERS 57

वपनं द्रविणादानं स्थानान्निर्यापणं तथा ।
एष हि ब्रह्मबन्धूनां वधो नान्योऽस्ति दैहिकः ॥५७॥

vapanaṁ draviṇādānaṁ
sthānān niryāpaṇaṁ tathā
eṣa hi brahma-bandhūnāṁ
vadho nānyo 'sti daihikaḥ

vapanam—die Haare vom Kopf trennen; *draviṇa*—Reichtum; *adānam*—fortnehmen; *sthānāt*—aus dem Ort; *niryāpaṇam*—vertreiben; *tathā*—auch; *eṣaḥ*—all diese; *hi*—gewiß; *brahma-bandhūnām*—der Verwandten des *brāhmaṇa*; *vadhaḥ*—das Töten; *na*—nicht; *anyaḥ*—eine andere Methode; *asti*—es gibt; *daihikaḥ*—in der Angelegenheit des Körpers.

ÜBERSETZUNG

Für den Verwandten eines brāhmaṇa sind als Strafen vorgeschrieben, ihm das Haupthaar zu scheren, ihm allen Reichtum zu nehmen und ihn fortzujagen. Die Anweisung, seinen Körper zu töten, gibt es jedoch nirgends.

VERS 58

पुत्रशोकातुराः सर्वे पाण्डवाः सह कृष्णया ।
स्वानां मृतानां यत्कृत्यं चक्रुर्निर्हरणादिकम् ॥५८॥

putra-śokāturāḥ sarve
pāṇḍavāḥ saha kṛṣṇayā
svānāṁ mṛtānāṁ yat kṛtyaṁ
cakrur nirharaṇādikam

putra—Sohn; *śoka*—Schmerz; *āturāḥ*—überwältigt von; *sarve*—sie alle; *pāṇḍavāḥ*—die Söhne des Pāṇḍu; *saha*—zusammen mit; *kṛṣṇayā*—Draupadī; *svānām*—der Verwandten; *mṛtānām*—der Toten; *yat*—was; *kṛtyam*—getan werden sollte; *cakruḥ*—vollzogen; *nirharaṇa-ādikam*—durchführbar.

ÜBERSETZUNG

Danach vollzogen die Söhne Pāṇḍus gemeinsam mit Draupadī, von Schmerz überwältigt, die Rituale für ihre toten Verwandten.

Hiermit enden die Bhaktivedanta-Erläuterungen zum 7. Kapitel im Ersten Canto des Śrīmad-Bhāgavatam *mit dem Titel: „Der Sohn Droṇas wird bestraft".*

8. Kapitel

Gebete der Königin Kuntī und Parīkṣits Rettung

VERS 1

सूत उवाच
अथ ते सम्परेतानां स्वानामुदकमिच्छताम् ।
दातुं सकृष्णा गङ्गायां पुरस्कृत्य ययुः स्त्रियः ॥ १ ॥

sūta uvāca
atha te samparetānāṁ
svānām udakam icchatām
dātuṁ sakṛṣṇā gaṅgāyāṁ
puraskṛtya yayuḥ striyaḥ

sūtaḥ uvāca—Sūta sprach; *atha*—danach; *te*—die Pāṇḍavas; *samparetānām*—der Toten; *svānām*—der Verwandten; *udakam*—Wasser; *icchatām*—gewillt zu haben; *dātum*—zu überbringen; *sa-kṛṣṇāḥ*—zusammen mit Draupadī; *gaṅgāyām*—an den Fluß Gaṅgā (Ganges); *puraskṛtya*—allen voran; *yayuḥ*—gingen; *striyaḥ*—die Frauen.

ÜBERSETZUNG

Sūta Gosvāmī sprach: Danach gingen die Pāṇḍavas, die den toten Verwandten, wie diese es sich gewünscht hatten, Wasser darbringen wollten, gemeinsam mit Draupadī zur Gaṅgā. Die Frauen gingen voran.

ERLÄUTERUNG

Bis zum heutigen Tage ist es in der Hindu-Gesellschaft Brauch, bei einem Todesfall in der Familie zur Gaṅgā oder an einen anderen heiligen Fluß zu gehen und dort ein Bad zu nehmen. Jeder der Familienangehörigen gießt einen Krug Wasser für die verschiedene Seele aus und schließt sich einer Prozession an, bei der die Frauen vorangehen. Auch die Pāṇḍavas folgten vor mehr als 5000 Jahren dieser Sitte. Śrī Kṛṣṇa befand Sich als Vetter der Pāṇḍavas gleichfalls unter den Familienangehörigen.

VERS 2

ते निनीयोदकं सर्वे विलप्य च भृशं पुनः ।
आप्लुता हरिपादाब्जरजःपूतसरिज्जले ॥ २ ॥

te ninīyodakaṁ sarve
vilapya ca bhṛśaṁ punaḥ
āplutā hari-pādābja-
rajaḥ-pūta-sarij-jale

te—sie alle; *ninīya*—geopfert habend; *udakam*—Wasser; *sarve*—jeder von ihnen; *vilapya*—geklagt habend; *ca*—und; *bhṛśam*—genügend; *punaḥ*—wieder; *āplutāḥ* —nahmen ein Bad; *hari-pādābja*—die Lotosfüße des Herrn; *rajaḥ*—Staub; *pūta*—gereinigt; *sarit*—der Gaṅgā; *jale*—im Wasser.

ÜBERSETZUNG

Nachdem sie die Toten beklagt und genügend Wasser geopfert hatten, badeten sie in der Gaṅgā, die heilig ist, da ihr Wasser mit dem Staub von den Lotosfüßen des Herrn vermischt ist.

VERS 3

तत्रासीनं कुरुपतिं धृतराष्ट्रं सहानुजम् ।
गान्धारीं पुत्रशोकार्तां पृथां कृष्णां च माधवः ॥ ३ ॥

tatrāsīnaṁ kuru-patiṁ
dhṛtarāṣṭraṁ sahānujam
gāndhārīṁ putra-śokārtāṁ
pṛthāṁ kṛṣṇāṁ ca mādhavaḥ

tatra—dort; *āsīnam*—sitzend; *kuru-patim*—der König der Kurus; *dhṛtarāṣṭram* —Dhṛtarāṣṭra; *saha-anujam*—zusammen mit seinen jüngeren Brüdern; *gāndhārīm*—Gāndhārī; *putra*—Sohn; *śoka-artām*—von Trauer überwältigt; *pṛthām*—Kuntī; *kṛṣṇām*—Draupadī; *ca*—auch; *mādhavaḥ*—Śrī Kṛṣṇa.

ÜBERSETZUNG

Darauf setzte sich der König der Kurus [Mahārāja Yudhiṣṭhira] zusammen mit seinen jüngeren Brüdern wie auch mit Dhṛtarāṣṭra, Gāndhārī, Kuntī und Draupadī, von Trauer überwältigt, nieder. Śrī Kṛṣṇa war ebenfalls anwesend.

ERLÄUTERUNG

Die Schlacht von Kurukṣetra wurde zwischen Angehörigen der gleichen Familie ausgetragen, und daher waren alle Betroffenen, wie Mahārāja Yudhiṣṭhira und seine Brüder, Kuntī, Draupadī, Subhadrā, Dhṛtarāṣṭra, Gāndhārī und ihre Schwiegertöchter, miteinander verwandt. Die vornehmsten Krieger, die gefallen waren, hatten auf die eine oder andere Weise eine verwandtschaftliche Beziehung zueinander, und daher trauerten die Hinterbliebenen beider Seiten gemeinsam. Śrī Kṛṣṇa war als Vetter der Pāṇḍavas und Neffe Kuntīs, als Bruder Subhadrās und durch andere Verwandte ebenfalls betroffen. Somit war der Herr ihnen allen gleichermaßen wohlgesinnt, und deshalb begann Er, ihnen Trost zuzusprechen.

VERS 4

सान्त्वयामास मुनिभिर्हतबन्धूञ् शुचार्पितान् ।
भूतेषु कालस्य गतिं दर्शयन्नप्रतिक्रियाम् ॥ ४ ॥

sāntvayām āsa munibhir
hata-bhandhūñ śucārpitān
bhūteṣu kālasya gatiṁ
darśayan na pratikriyām

sāntvayām āsa—trösteten; *munibhiḥ*—gemeinsam mit den dort anwesenden *munis*; *hata-bandhūn*—diejenigen, die ihre Freunde und Verwandten verloren hatten; *śucārpitān*—alle Bestürzten und Erschütterten; *bhūteṣu*—auf die Lebewesen; *kālasya*—des erhabenen Gesetzes des Allmächtigen; *gatim*—Reaktionen; *darśayan*—erklären; *na*—nicht; *pratikriyam*—Heilmittel.

ÜBERSETZUNG

Śrī Kṛṣṇa und die munis begannen, die erschütterten und bestürzten Anwesenden zu trösten, indem sie ihnen die strengen Gesetze des Allmächtigen und deren Wirkung auf die Lebewesen erklärten.

ERLÄUTERUNG

Die strengen Gesetze der Natur, die unter der Aufsicht der Höchsten Persönlichkeit Gottes stehen, können von keinem Lebewesen geändert werden. Die Lebewesen sind dem allmächtigen Herrn ewig untertan. Der Herr schafft alle Gesetze und alle Ordnungen, und diese Gesetze und Ordnungen werden allgemein als *dharma*, Religion, bezeichnet. Niemand kann irgendwelche religiösen Formeln schaffen. Echte Religion bedeutet, den Anordnungen des Herrn zu folgen. Die Anordnungen des Herrn werden in der *Bhagavad-gītā* unmißverständlich verkündet. Jeder sollte nur dem Herrn und Seinen Anweisungen folgen; das wird alle in materieller wie auch in spiritueller Hinsicht glücklich machen. Solange wir in der materiellen Welt leben, ist es unsere Pflicht, den Anweisungen des Herrn zu folgen, und wenn wir durch die Gnade des Herrn aus der Gewalt der materiellen Welt befreit sind, können wir Ihm in unserem befreiten Zustand ebenfalls transzendentale liebevolle Dienste darbringen. Wir können auf unserer materiellen Ebene weder uns selbst noch den Herrn sehen, da uns die spirituelle Sicht fehlt. Wenn wir aber von der materiellen Erkrankung befreit sind und unsere ursprüngliche, spirituelle Gestalt wieder angenommen haben, können wir sowohl uns selbst als auch den Herrn von Angesicht zu Angesicht sehen. *Mukti* bedeutet, wieder in den ursprünglichen, spirituellen Zustand versetzt zu werden, nachdem man die materielle Auffassung vom Leben aufgegeben hat. Das menschliche Leben ist daher vor allem dafür bestimmt, uns für diese spirituelle Freiheit zu qualifizieren. Unglücklicherweise halten wir unter dem Einfluß der verblendenden, materiellen Energie unser kurzes, nur ein paar Jahre währendes Leben für unser ständiges Dasein und lassen uns so durch unseren sogenannten Besitz wie Heimat, Haus, Grundstücke, Kinder, Frau, Gemeinschaft, Wohlstand usw.

täuschen, denn dies alles sind von *māyā*, der Illusion, geschaffene Trugbilder. Unter dem Gebot *māyās* kämpfen wir miteinander, um diese falschen Besitztümer zu bewahren. Durch die Kultivierung spirituellen Wissens können wir jedoch erkennen, daß wir mit all diesen materiellen Dingen nichts zu tun haben. Dann werden wir sogleich von materieller Anhaftung frei. Diese Loslösung von den Ängsten des materiellen Daseins geschieht augenblicklich durch das Zusammensein mit den Geweihten des Herrn, die fähig sind, den transzendentalen Klang in die Tiefe des verwirrten Herzens einzugeben und es so von allem Wehklagen und aller Illusion zu befreien. Dies ist eine Zusammenfassung der Linderungsmittel für all diejenigen, die von den Auswirkungen der unerbittlichen materiellen Gesetze betroffen sind, welche sich in Form von Geburt, Tod, Alter und Krankheit, den unabänderlichen Faktoren des materiellen Daseins, zeigen. Die Betroffenen des Krieges, die Angehörigen der Kurus, beklagten die Probleme des Todes, und der Herr beruhigte sie, indem Er sie mit Wissen erleuchtete.

VERS 5

साधयित्वाजातशत्रोः स्वं राज्यं कितवैर्हृतम् ।
घातयित्वासतो राज्ञः कचस्पर्शक्षतायुषः ॥ ५ ॥

sādhayitvājāta-śatroḥ
svaṁ rājyaṁ kitavair hṛtam
ghātayitvāsato rājñaḥ
kaca-sparśa-kṣatāyuṣaḥ

sādhayitvā—ausgeführt habend; *ajāta-śatroḥ*—von jemandem, der keinen Feind hat; *svam rājyam*—eigenes Königreich; *kitavaiḥ*—von dem Hinterhältigen (Duryodhana und seine Leute); *hṛtam*—bemächtigten sich; *ghātayitvā*—getötet habend; *asataḥ*—die Gewissenlosen; *rājñaḥ*—der Königin; *kaca*—Haar; *sparśa*—roh behandelt; *kṣata*—verringert; *āyuṣaḥ*—die Lebensdauer.

ÜBERSETZUNG

Der durchtriebene Duryodhana und seine Leute ergriffen mit List Besitz vom Königreich Yudhiṣṭhiras, der keine Feinde kannte. Durch die Gnade des Herrn wurde die Rückeroberung möglich, und die gewissenlosen Könige, die sich auf Duryodhanas Seite gestellt hatten, wurden von Ihm getötet. Auch andere starben, deren Lebensdauer sich verkürzt hatte, weil sie mit Königin Draupadīs Haar roh umgegangen waren.

ERLÄUTERUNG

In den ruhmreichen Tagen der Menschheit, das heißt vor dem Beginn des Kali-Zeitalters, wurden die *brāhmaṇas*, die Kühe, die Frauen, die Kinder und die Greise in rechter Weise beschützt.

1. Der Schutz der *brāhmaṇas* erhält die Einrichtung des *varṇa* und *āśrama* und damit die höchst wissenschaftliche Kultur, die dem Menschen hilft, das Ziel des Lebens zu erreichen.

2. Durch den Schutz der Kühe wird für die wunderbarste Art der Nahrung gesorgt, nämlich Milch. Milch erhält die feineren Gewebe des Gehirns, die zum Verstehen höherer Lebensziele notwendig sind.

3. Durch den Schutz der Frauen wird die Sittlichkeit der Gesellschaft bewahrt und folglich für gute Nachkommenschaft gesorgt, wodurch Frieden, Ausgeglichenheit und Fortschritt im Leben gewährleistet sind.

4. Der Schutz der Kinder bietet dem Menschen die beste Möglichkeit, den Weg der Befreiung aus der materiellen Knechtschaft zu ebnen. Dieser Schutz der Kinder beginnt schon am Tag der Zeugung mit der Läuterungszeremonie des *garbhādhāna-saṁskāra*, dem Beginn reinen Lebens.

5. Werden die alten Menschen beschützt, ist ihnen die Möglichkeit gegeben, sich auf ein besseres Leben nach dem Tode vorzubereiten.

Insgesamt beruht diese Übersicht auf Faktoren, die das Streben der Menschheit zum Erfolg führen und keine Zivilisation polierter Katzen und Hunde hervorbringt.

Das Töten dieser unschuldigen Lebewesen ist unter allen Umständen verboten, denn schon ihre bloße Beleidigung verkürzt die Lebensdauer. Im Zeitalter des Kali wird ihnen kein ausreichender Schutz gewährt, und deshalb hat sich die Lebensdauer der gegenwärtigen Generation beträchtlich verringert. Wie in der *Bhagavad-gītā* (1.40) gesagt wird, entstehen unerwünschte Nachkommen, *varṇa-saṅkara* genannt, wenn die Frauen aus Mangel an ausreichendem Schutz unkeusch werden. Eine keusche Frau zu beleidigen bedeutet, seine eigene Lebensdauer merklich zu verkürzen. Duḥśāsana, ein Bruder Duryodhanas, beleidigte Draupadī, ein Vorbild weiblicher Tugend, und so fanden er und seine schurkischen Anhänger frühzeitig den Tod. Hieran sehen wir, wie sich einige der strengen Gesetze des Herrn auswirken, von denen im letzten Vers gesprochen wurde.

VERS 6

याजयित्वाश्वमेधैस्तं त्रिभिरुत्तमकल्पकैः ।
तद्यशः पावनं दिक्षु शतमन्योरिवातनोत् ॥ ६ ॥

yājayitvāśvamedhais taṁ
tribhir uttama-kalpakaiḥ
tad-yaśaḥ pāvanaṁ dikṣu
śata-manyor ivātanot

yājayitvā—indem man ausführt; *aśvamedhaiḥ*—*yajña*, bei dem ein Pferd geopfert wird; *tam*—ihn (König Yudhiṣṭhira); *tribhiḥ*—drei; *uttama*—das Beste; *kalpakaiḥ*—mit den richtigen Zutaten versehen und von befähigten Priestern vollzogen; *tat*—das; *yaśaḥ*—Ruhm; *pāvanam*—edelmütig; *dikṣu*—alle Richtungen; *śata-manyoḥ*—wie derjenige, der hundert solche Opferungen vollzog; *iva*—wie; *atanot*—ausgeführt.

ÜBERSETZUNG

Śrī Kṛṣṇa veranlaßte, daß Mahārāja Yudhiṣṭhira drei aśvamedha-yajñas [Pferdeopfer] vollzog, und so sorgte der Herr dafür, daß der Ruhm seines königlichen Edelmutes in alle Richtungen getragen wurde, wie der Ruhm Indras, der einhundert solche Opfer darbrachte.

ERLÄUTERUNG

Hier hören wir von den von Mahārāja Yudhiṣṭhira vollzogenen *aśvamedha-yajñas*. Es ist ebenfalls bedeutungsvoll, daß Mahārāja Yudhiṣṭhira mit dem König des Himmels verglichen wird. Der König des Himmels ist viele tausend Male reicher als Mahārāja Yudhiṣṭhira, und dennoch war der Ruhm Mahārāja Yudhiṣṭhiras nicht geringer als der Indras. Der Grund hierfür ist, daß Mahārāja Yudhiṣṭhira ein reiner Geweihter des Herrn war, und nur durch die Gnade des Herrn befand er sich auf der gleichen Ebene wie der Himmelskönig, denn er vollzog nur drei solcher *yajñas*, während der König des Himmels deren hundert vollzog. Hier zeigt sich der Vorrang des Gottgeweihten. Der Herr ist jedem gleichgesinnt, doch ein Gottgeweihter wird mehr gepriesen, weil er immer mit dem absolut Großen in Verbindung steht. Das Sonnenlicht wird gleichmäßig ausgestrahlt, aber trotzdem gibt es Orte, an denen es immer dunkel ist. Dies liegt nicht an der Sonne, sondern an der Aufnahmefähigkeit des jeweiligen Ortes. Auf ähnliche Art und Weise wird den völlig ergebenen Gottgeweihten die uneingeschränkte Gnade des Herrn zuteil, die immer und überall allen gleichmäßig zukommt.

VERS 7

आमन्त्र्य पाण्डुपुत्रांश्च शैनेयोद्धवसंयुतः ।
द्वैपायनादिभिर्विप्रैः पूजितैः प्रतिपूजितः ॥ ७ ॥

āmantrya pāṇḍu-putrāṁś ca
śaineyoddhava-saṁyutaḥ
dvaipāyanādibhir vipraiḥ
pūjitaiḥ pratipūjitaḥ

āmantrya—einladend; *pāṇḍu-putrān*—alle Söhne Pāṇḍus; *ca*—auch; *śaineya*—Sātyaki; *uddhava*—Uddhava; *saṁyutaḥ*—begleitet; *dvaipāyana-ādibhiḥ*—von den *ṛṣis* wie Vedavyāsa und anderen; *vipraiḥ*—von den *brāhmaṇas*; *pūjitaiḥ*—verehrt werdend; *pratipūjitaḥ*—auch der Herr erwiderte in gleicher Weise.

ÜBERSETZUNG

Sodann traf Śrī Kṛṣṇa Vorbereitungen zur Abreise. Er lud die Söhne Paṇḍus ein, nachdem Er von den brāhmaṇas unter der Führung Śrīla Vyāsadevas geehrt worden war. Er Selbst erwies ihnen ebenfalls Ehre.

ERLÄUTERUNG

Dem äußeren Anschein nach war Śrī Kṛṣṇa ein *kṣatriya*, den die *brāhmaṇas* niemals verehren würden; aber die dort anwesenden *brāhmaṇas* unter der Führung Śrīla Vyāsadevas wußten alle, daß Er die Persönlichkeit Gottes ist, und deshalb verehrten sie Ihn. Der Herr erwiderte ihre Ehrbezeigungen nur aus Achtung vor der Gesellschaftsordnung, nach der ein *kṣatriya* den Anordnungen der *brāhmaṇas* gehorchen muß. Obwohl Śrī Kṛṣṇa von allen verantwortungsbewußten Seiten stets die dem Höchsten Herrn gebührende Achtung erwiesen wurde, wich Er niemals von den Umgangsformen ab, die zwischen den Angehörigen der vier Stände üblich sind. Der Herr beachtete absichtlich alle gesellschaftlichen Umgangsformen, damit in der Zukunft andere Seinem Beispiel folgen würden.

VERS 8

गन्तुं कृतमतिर्ब्रह्मन् द्वारकां रथमास्थितः ।
उपलेभेऽभिधावन्तीमुत्तरां भयविह्वलाम् ॥ ८ ॥

gantuṁ kṛtamatir brahman
dvārakāṁ ratham āsthitaḥ
upalebhe 'bhidhāvantīm
uttarāṁ bhaya-vihvalām

gantum—gerade aufbrechen wollend; *kṛtamatiḥ*—beschlossen habend; *brahman*—o *brāhmaṇa*; *dvārakām*—nach Dvārakā; *ratham*—auf dem Wagen; *āsthitaḥ*—sitzend; *upalebhe*—sah; *abhidhāvantīm*—heraneilend; *uttarām*—Uttarā; *bhaya-vihvalām*—sich fürchtend.

ÜBERSETZUNG

Eben als Er Sich auf dem Wagen niedergelassen hatte, um nach Dvārakā zu fahren, sah Er, wie Uttarā voller Angst auf Ihn zueilte.

ERLÄUTERUNG

Alle Angehörigen der Pāṇḍavas hatten sich völlig dem Schutz des Herrn anvertraut, und daher beschützte der Herr sie in jeder Lage. Der Herr beschützt zwar jeden, aber um jemanden, der sich ganz auf Ihn verläßt, kümmert Er Sich besonders. Der Vater schenkt seinem kleinen Sohn, der sich völlig von ihm abhängig gemacht hat, mehr Fürsorge als jemand anderem.

VERS 9

उत्तरोवाच

पाहि पाहि महायोगिन्देवदेव जगत्पते ।
नान्यं त्वदभयं पश्ये यत्र मृत्युः परस्परम् ॥ ९ ॥

uttarovāca
pāhi pāhi mahā-yogin
deva-deva jagat-pate
nānyaṁ tvad abhayaṁ paśye
yatra mṛtyuḥ parasparam

uttarā uvāca—Uttarā sagte; *pāhi pāhi*—beschütze, beschütze; *mahā-yogin*—der größte Mystiker; *deva-deva*—der Verehrenswerteste unter den Verehrten; *jagat-pate*—o Herr des Universums; *na*—nicht; *anyam*—kein anderer; *tvat*—Deine; *abhayam*—Furchtlosigkeit; *paśye*—sehe ich; *yatra*—wo es gibt; *mṛtyuḥ*—Tod; *parasparam*—in der Welt der Dualität.

ÜBERSETZUNG

Uttarā sagte: O Herr aller Herren, Herr des Universums! Du bist der größte Mystiker. Bitte beschütze mich, denn niemand sonst kann mich in dieser Welt der Dualität vor der Hand des Todes erretten.

ERLÄUTERUNG

Die materielle Welt ist eine Welt der Dualität und steht im Gegensatz zur Einheit des absoluten Reiches. Die Welt der Dualität setzt sich aus materieller und spiritueller Natur zusammen, wohingegen die absolute Welt völlig spirituell, ohne die geringste Spur materieller Eigenschaften, ist. In der dualistischen Welt versucht jeder fälschlich, Herr zu werden; in der absoluten Welt hingegen ist Śrī Kṛṣṇa der absolute Herr, und alle anderen sind Seine absoluten Diener. In der Welt der Dualität beneidet jeder jeden, und der Tod ist wegen des unvereinbaren Nebeneinanderbestehens von Materie und spiritueller Energie unvermeidlich. Für die ergebene Seele ist der Herr die einzige Zuflucht, die sie furchtlos werden läßt. Niemand kann sich in der materiellen Welt vor der grausamen Hand des Todes retten, ohne sich den Lotosfüßen des Herrn ergeben zu haben.

VERS 10

अभिद्रवति मामीश शरस्तप्तायसो विभो ।
कामं दहतु मां नाथ मा मे गर्भो निपात्यताम् ॥१०॥

abhidravati mām īśa
śaras taptāyaso vibho
kāmaṁ dahatu māṁ nātha
mā me garbho nipātyatām

abhidravati—zukommend auf; *mām*—mich; *īśa*—o Herr; *śaraḥ*—der Pfeil; *tapta*—glühend; *ayasaḥ*—Eisen; *vibho*—der große; *kāmam*—Wunsch; *dahatu*—laß ihn verbrennen; *mām*—mich; *nātha*—mein Beschützer; *mā*—nicht; *me*—meine; *garbhaḥ*—Leibesfrucht; *nipātyatām*—abgetrieben sein.

ÜBERSETZUNG

O Herr, Du bist allmächtig. Ein glühender Eisenpfeil fliegt mit großer Geschwindigkeit auf mich zu. Laß ihn mich selbst verbrennen, mein Herr, wenn Du es wünschst, aber laß ihn bitte nicht meine Leibesfrucht verbrennen und töten. Bitte gewähre mir diese Bitte.

ERLÄUTERUNG

Dieser Vorfall ereignete sich nach dem Tod von Uttarās Ehemann, Abhimanyu. Als Witwe Abhimanyus hätte Uttarā, obwohl noch sehr jung, ihrem Gemahl folgen sollen; aber sie war schwanger, und Mahārāja Parīkṣit, ein großer Geweihter des Herrn, lag als Embryo in ihrem Schoß. Sie war für seinen Schutz verantwortlich. Die Mutter eines Kindes trägt die große Verantwortung, dem Kind jeden Schutz zu bieten, und deshalb scheute sich Uttarā nicht, dies offen vor Śrī Kṛṣṇa zum Ausdruck zu bringen. Sie war die Tochter eines großen Königs, die Gattin eines großen Helden, die Schülerin eines großen Gottgeweihten und später die Mutter eines hervorragenden Königs. Sie war in jeder Hinsicht mit Glück gesegnet.

VERS 11

सूत उवाच
उपधार्य वचस्तस्या भगवान् भक्तवत्सलः ।
अपाण्डवमिदं कर्तुं द्रौणेरस्त्रमबुध्यत ॥११॥

sūta uvāca
upadhārya vacas tasyā
bhagavān bhakta-vatsalaḥ
apāṇḍavam idaṁ kartuṁ
drauṇer astram abudhyata

sūtaḥ uvāca—Sūta Gosvāmī sprach; *upadhārya*—indem Er sie geduldig anhörte; *vacaḥ*—Worte; *tasyāḥ*—ihre; *bhagavān*—die Persönlichkeit Gottes; *bhakta-vatsalaḥ*—Er, der Seinen Geweihten sehr zugetan ist; *apāṇḍavam*—ohne die Nachkommen der Pāṇḍavas; *idam*—dies; *kartum*—um es zu tun; *drauṇeḥ*—von Droṇācāryas Sohn; *astram*—Waffe; *abudhyata*—verstand es.

ÜBERSETZUNG

Sūta Gosvāmī sprach: Śrī Kṛṣṇa, der Seinen Geweihten stets sehr zugeneigt ist, hörte ihren Worten geduldig zu. Er wußte sogleich, daß Aśvatthāmā, der Sohn Droṇācāryas, das brahmāstra geschleudert hatte, um das letzte Leben der Familie der Pāṇḍavas auszulöschen.

ERLÄUTERUNG

Der Herr ist in jeder Beziehung unvoreingenommen, und dennoch zeigt Er besondere Zuneigung zu Seinen Geweihten, da dies für das Wohl eines jeden von großer Wichtigkeit ist. Die Pāṇḍava-Familie ist eine Familie von Gottgeweihten, weshalb der Herr wollte, daß sie die Welt regierten. Das war der Grund, warum Er die Regierung der Anhänger Duryodhanas zerschlug und Mahārāja Yudhiṣṭhira als König einsetzte. Aus dem gleichen Grund wollte Er auch Mahārāja Parīkṣit beschützen, der sich immer noch im Mutterleib befand. Ihm gefiel die Vorstellung nicht, daß die Welt ohne die Pāṇḍavas, diese vorbildliche Familie von Gottgeweihten, sein sollte.

VERS 12

तर्ह्येवाथ मुनिश्रेष्ठ पाण्डवाः पञ्च सायकान् ।
आत्मनोऽभिमुखान्दीप्तानालक्ष्यास्त्राण्युपाददुः॥१२॥

tarhy evātha muni-śreṣṭha
pāṇḍavāḥ pañca sāyakān
ātmano 'bhimukhān dīptān
ālakṣyāstrāṇy upādaduḥ

tarhi—dafür; *eva*—auch; *atha*—deshalb; *muni-śreṣṭha*—o Oberhaupt der *munis*; *pāṇḍavāḥ*—alle Söhne Pāṇḍus; *pañca*—fünf; *sāyakān*—Waffen; *ātmanaḥ*—sie selbst; *abhimukhān*—in Richtung; *dīptān*—gleißend; *ālakṣya*—es sehend; *astrāṇi*—Waffe; *upādaduḥ*—ergriffen.

ÜBERSETZUNG

O Vortrefflichster unter den großen Denkern [munis] [Śaunaka], als die fünf Pāṇḍavas das gleißende brahmāstra auf sich zukommen sahen, ergriff jeder von ihnen seine Waffe.

ERLÄUTERUNG

Brahmāstras sind feinstofflicher als Atomwaffen. Aśvatthāmā setzte sein *brahmāstra* nur ein, um die Pāṇḍavas zu töten, das heißt die fünf Pāṇḍava-Brüder, die von Mahārāja Yudhiṣṭhira angeführt wurden, und ihren einzigen Enkel, der im Leib Uttarās lag. Das *brahmāstra*, das feinstofflicher und stärker ist als eine Atomwaffe, wirkt nicht unkontrollierbar wie zum Beispiel eine Atombombe. Wenn eine Atombombe gezündet wird, unterscheidet sie nicht zwischen dem Ziel und anderen Objekten. Hauptsächlich verletzt eine Atombombe Unschuldige, da man sie nicht lenken kann. Das *brahmāstra* hingegen ist von anderer Art. Es richtet sich genau auf das Ziel und sucht sich demgemäß seinen Weg, ohne Unschuldige zu verletzen.

VERS 13

व्यसनं वीक्ष्य तत्तेषामनन्यविषयात्मनाम् ।
सुदर्शनेन स्वास्त्रेण स्वानां रक्षां व्यधाद्विभुः ॥१३॥

vyasanaṁ vīkṣya tat teṣām
ananya-viṣayātmanām
sudarśanena svāstreṇa
svānāṁ rakṣāṁ vyadhād vibhuḥ

vyasanam—große Gefahr; *vīkṣya*—es erkannt habend; *tat*—das; *teṣām*—ihr; *ananya*—kein anderes; *viṣaya*—Mittel; *ātmanām*—so geneigt; *sudarśanena*—durch das Rad Śrī Kṛṣṇas; *sva-astreṇa*—durch die Waffe; *svānām*—von Seinen Geweihten; *rakṣām*—Schutz; *vyadhāt*—tat es; *vibhuḥ*—der Allmächtige.

ÜBERSETZUNG

Als die allmächtige Persönlichkeit Gottes, Śrī Kṛṣṇa, erkannte, daß Seinen reinen Geweihten, die Ihm völlig ergebene Seelen waren, große Gefahr drohte, erhob Er augenblicklich Sein Feuerrad, das Sudarśana-cakra, um sie zu beschützen.

ERLÄUTERUNG

Das *brahmāstra*, die mächtige Waffe, deren sich Aśvatthāmā bediente, kann mit einer Atomwaffe verglichen werden, doch die Strahlung und die Hitze, die von ihm ausgingen, waren stärker. Dieses *brahmāstra* ist das Ergebnis einer Wissenschaft, die subtiler ist als die Atomwissenschaft, da es durch eine in den *Veden* aufgezeichnete Klangfolge, einen *mantra*, erzeugt wird. Ein anderer Vorzug dieser Waffe liegt darin, daß sie nicht unkontrollierbar wirkt wie eine Atomwaffe, da ein *brahmāstra* ausschließlich das Ziel trifft, und nichts anderes. Aśvatthāmā machte von dieser Waffe Gebrauch, um alle männlichen Angehörigen der Pāṇḍu-Familie zu vernichten; sie war also in gewissem Sinne gefährlicher als eine Atombombe, da sie sogar zum sichersten Ort vordringen konnte und niemals ihr Ziel verfehlte. Śrī Kṛṣṇa, der all dies wußte, erhob Seine persönliche Waffe, um Seine Geweihten zu beschützen, die keine andere Zuflucht außer Kṛṣṇa kannten. In der *Bhagavad-gītā* hat der Herr unmißverständlich versprochen, daß Seine Geweihten niemals besiegt werden. Er verhält Sich der Qualität oder dem Grad des liebevollen Dienstes der Gottgeweihten entsprechend. Hier ist nun das Wort *ananya-viṣayātmanām* von Bedeutung. Die Pāṇḍavas waren völlig vom Schutz des Herrn abhängig, obwohl sie selbst große Krieger waren. Für den Herrn aber sind selbst die größten Krieger unbedeutend, und Er bezwingt sie ohne weiteres. Als der Herr sah, daß den Pāṇḍavas keine Zeit mehr blieb, das *brahmāstra* Aśvatthāmās abzuwehren, hob Er Seine Waffe, obwohl Er damit Seinen Schwur brach. Die Schlacht von Kurukṣetra war zwar fast zu Ende, doch Er hätte Seinem Gelübde gemäß nicht zur Waffe greifen dürfen. Die Rettung Seiner Geweihten war Ihm indes wichtiger als das Gelübde. Der Herr ist als *bhakta-vatsala* bekannt oder „derjenige, der Seine Geweihten liebt“, und so zog Er es vor, *bhakta-vatsala* zu bleiben, statt ein weltlicher Moralist zu werden, der niemals seinen feierlichen Schwur bricht.

VERS 14

अन्तःस्थः सर्वभूतानामात्मा योगेश्वरो हरिः ।
स्वमाययावृणोद्गर्भं वैराट्याः कुरुतन्तवे ॥१४॥

antaḥsthaḥ sarva-bhūtānām
ātmā yogeśvaro hariḥ
sva-māyayāvṛṇod garbhaṁ
vairāṭyāḥ kuru-tantave

antaḥsthaḥ—Sich innen befindend; *sarva*—aller; *bhūtānām*—der Lebewesen; *ātmā*—Seele; *yoga-īśvaraḥ*—der Herr aller Mystik; *hariḥ*—der Höchste Herr; *sva-māyayā*—durch die persönliche Energie; *āvṛṇot*—umhüllte; *garbham*—Embryo; *vairāṭyāḥ*—Uttarās; *kuru-tantave*—um die Nachkommenschaft Mahārāja Kurus zu schützen.

ÜBERSETZUNG

Śrī Kṛṣṇa, der Herr höchster Mystik, weilt als Paramātmā im Herzen eines jeden. Als solcher umhüllte Er den Embryo Uttarās durch Seine persönliche Energie, um die Nachkommenschaft der Kuru-Dynastie zu schützen.

ERLÄUTERUNG

Der Herr höchster Mystik kann durch Seinen Paramātmā-Aspekt, Seine vollständige Teilerweiterung, gleichzeitig im Herzen aller Lebewesen und sogar in den Atomen weilen. Deshalb umhüllte Er von innen her den Embryo im Schoß Uttarās, um Mahārāja Parīkṣit zu retten und damit die Nachkommenschaft Mahārāja Kurus zu schützen, von dem auch König Pāṇḍu ein Abkömmling war. Sowohl die Söhne Dhṛtarāṣṭras als auch die Söhne Pāṇḍus gehörten der Dynastie Mahārāja Kurus an, weshalb sie gemeinhin als Kurus bekannt waren. Als es jedoch Streitigkeiten zwischen den Familien der beiden Brüder gab, nannte man nur noch die Söhne Dhṛtarāṣṭras „Kurus", während die Söhne Pāṇḍus als „Pāṇḍavas" bezeichnet wurden. Da die Söhne und Enkel Dhṛtarāṣṭras alle in der Schlacht von Kurukṣetra gefallen waren, wird der letzte Sohn der Dynastie hier als „der Sohn der Kurus" bezeichnet.

VERS 15

यद्यप्यस्त्रं ब्रह्मशिरस्त्वमोघं चाप्रतिक्रियम् ।
वैष्णवं तेज आसाद्य समशाम्यद् भृगूद्वह ॥१५॥

yadyapy astraṁ brahma-śiras
tv amoghaṁ cāpratikriyam

vaiṣṇavaṁ teja āsādya
samaśāmyad bhṛgūdvaha

yadyapi—obwohl; *astram*—Waffe; *brahma-śiraḥ*—höchste; *tu*—aber; *amogham*—nicht aufzuhalten; *ca*—und; *apratikriyam*—nichts entgegenzusetzen; *vaiṣṇavam*—in Beziehung zu Viṣṇu; *tejaḥ*—Stärke; *āsādya*—treffend auf; *samaśāmyat*—wurde neutralisiert; *bhṛgu-udvaha*—o Ruhm der Familie Bhṛgus (Śaunaka).

ÜBERSETZUNG

O Śaunaka, Ruhm der Familie Bhṛgus, obwohl die überragende brahmāstra-Waffe, deren sich Aśvatthāmā bediente, nicht abzuwehren war und obwohl keine Möglichkeit bestand, sie aufzuhalten oder ihr entgegenzuwirken, wurde sie unschädlich gemacht und vernichtet, als sie der Stärke Viṣṇus [Śrī Kṛṣṇas] begegnete.

ERLÄUTERUNG

In der *Bhagavad-gītā* wird erklärt, daß das *brahmajyoti*, die leuchtende transzendentale Ausstrahlung des Herrn, von Śrī Kṛṣṇa ausgeht. Diese leuchtende Strahlung, die auch als *brahma-tejas* bekannt ist, besteht also aus nichts anderem als den Strahlen des Herrn, ebenso, wie die Sonnenstrahlen aus den Strahlen des Sonnenplaneten bestehen. Somit konnte die *brahma*-Waffe, wenngleich sie materiell nicht abzuwehren war, die erhabene Kraft des Herrn nicht bezwingen. Die von Aśvatthāmā geschleuderte Waffe, die man auch als *brahma-śiras* bezeichnet, wurde von Śrī Kṛṣṇa durch Seine eigene Energie neutralisiert und vernichtet, das heißt, der Herr war auf keine fremde Hilfe angewiesen, da Er absolut ist.

VERS 16

मा मंस्था ह्येतदाश्चर्यं सर्वाश्चर्यमयेऽच्युते ।
य इदं मायया देव्या सृजत्यवति हन्त्यजः ॥१६॥

mā maṁsthā hy etad āścaryaṁ
sarvāścaryamaye 'cyute
ya idaṁ māyayā devyā
sṛjaty avati hanty ajaḥ

mā—nicht; *maṁsthāḥ*—denkt; *hi*—gewiß; *etat*—all diese; *āścaryam*—wunderbaren; *sarva*—alle; *āścarya-maye*—in dem Allgeheimnisvollen; *acyute*—der Unfehlbare; *yaḥ*—einer, der; *idam*—diese (Schöpfung); *māyayā*—durch Seine Energie; *devyā*—transzendental; *sṛjati*—erschafft; *avati*—erhält; *hanti*—vernichtet; *ajaḥ*—ungeboren.

ÜBERSETZUNG

O brāhmaṇas, denkt nicht etwa, dies sei eine besondere wunderbare Tat der geheimnisvollen und unfehlbaren Persönlichkeit Gottes. Der Herr er-

schafft, erhält und vernichtet durch Seine Ihm eigene transzendentale Energie alle materiellen Dinge, obwohl Er Selbst ungeboren ist.

ERLÄUTERUNG

Die Taten des Herrn sind für das winzige Gehirn der Lebewesen unfaßbar. Nichts ist dem Höchsten Herrn unmöglich, doch für uns sind alle Seine Taten wunderbar, und somit befindet Er Sich immer jenseits der Grenzen unseres Vorstellungsvermögens. Der Herr ist die allmächtige, absolut vollkommene Persönlichkeit Gottes. Der Herr ist zu einhundert Prozent vollkommen, wohingegen die anderen Lebewesen, nämlich Brahmā, Śiva, die übrigen Halbgötter und alle anderen Geschöpfe — ja selbst Nārāyaṇa —, jeweils nur einen bestimmten Prozentsatz dieser Vollkommenheit besitzen. Niemand kommt Ihm gleich oder ist größer als Er. Niemand kann sich mit Ihm messen.

VERS 17

ब्रह्मतेजोविनिर्मुक्तैरात्मजैः सह कृष्णया ।
प्रयाणाभिमुखं कृष्णमिदमाह पृथा सती ॥१७॥

brahma-tejo-vinirmuktair
ātmajaiḥ saha kṛṣṇayā
prayāṇābhimukhaṁ kṛṣṇam
idam āha pṛthā satī

brahma-tejaḥ—Strahlung des *brahmāstra*; *vinirmuktaiḥ*—gerettet vor; *ātma-jaiḥ*—zusammen mit ihren Söhnen; *saha*—mit; *kṛṣṇayā*—Draupadī; *prayāṇa*—hingehend; *abhimukham*—in Richtung; *kṛṣṇam*—zu Śrī Kṛṣṇa; *idam*—das; *āha*—sagten; *pṛthā*—Kuntī; *satī*—keusch, dem Herrn ergeben.

ÜBERSETZUNG

Auf diese Weise vor der Strahlung des brahmāstra gerettet, wandten sich Kuntī, die keusche Geweihte des Herrn, ihre fünf Söhne und Draupadī an Śrī Kṛṣṇa, als Er im Begriff war, Sich auf den Heimweg zu begeben.

ERLÄUTERUNG

Kuntī wird hier wegen ihrer lauteren Hingabe an Śrī Kṛṣṇa als *satī* oder keusch beschrieben. Ihre Gedanken werden in den nun folgenden Gebeten an Śrī Kṛṣṇa zum Ausdruck kommen. Ein reiner Geweihter des Herrn wendet sich nie — nicht einmal, um aus einer Gefahr gerettet zu werden — an ein anderes Lebewesen als den Herrn, auch nicht an einen Halbgott. Das war immer schon das Merkmal der gesamten Familie der Pāṇḍavas. Sie kannten niemanden und nichts außer Kṛṣṇa, und deshalb war auch der Herr immer bereit, ihnen in jeder Hinsicht und unter allen Umständen zu helfen. Solcher Art ist das transzendentale Wesen des Herrn. Er erwidert die Abhängigkeit des Gottgeweihten. Man sollte daher nicht bei unvollkommenen Lebewesen oder Halbgöttern Beistand suchen, sondern sich um alle Hilfe an Śrī Kṛṣṇa wenden, der die Fähigkeit besitzt, Seine Geweihten zu retten. Zwar bittet ein solch reiner Gottgeweihter den Herrn nie um Hilfe, doch der Herr ist von Sich aus stets bemüht, ihm diese Hilfe zu gewähren.

VERS 18

कुन्त्युवाच

नमस्ये पुरुषं त्वाद्यमीश्वरं प्रकृतेः परम् ।
अलक्ष्यं सर्वभूतानामन्तर्बहिरवस्थितम् ॥१८॥

kunty uvāca
namasye puruṣaṁ tvādyam
īśvaraṁ prakṛteḥ param
alakṣyaṁ sarva-bhūtānām
antar bahir avasthitam

kuntī uvāca—Śrīmatī Kuntī sprach; *namasye*—ich will mich verneigen; *puruṣam*—die Höchste Person; *tvā*—Du; *ādyam*—der ursprüngliche; *īśvaram*—der Herrscher; *prakṛteḥ*—des materiellen Kosmos; *param*—jenseits; *alakṣyam*—der unsichtbare; *sarva*—aller; *bhūtānām*—von den Lebewesen; *antaḥ*—innerhalb; *bahiḥ*—außerhalb; *avasthitam*—existierend.

ÜBERSETZUNG

Śrīmatī Kuntī sprach: O Kṛṣṇa, ich erweise Dir meine Ehrerbietungen, denn Du bist die ursprüngliche Persönlichkeit Gottes und wirst durch die Eigenschaften der materiellen Welt nicht beeinflußt. Du weilst sowohl innerhalb als auch außerhalb aller Dinge, und trotzdem bist Du allen unsichtbar.

ERLÄUTERUNG

Śrīmatī Kuntīdevī war sich durchaus bewußt, daß Kṛṣṇa die ursprüngliche Persönlichkeit Gottes ist, obwohl Er die Rolle ihres Neffen spielte. Eine solch erleuchtete Frau konnte keinen Fehler begehen, als sie ihrem Neffen Ehrerbietungen erwies. Sie nannte Ihn daher den ursprünglichen *puruṣa*, der über dem materiellen Kosmos steht. Obgleich die Lebewesen ebenfalls alle transzendental sind, sind sie weder ursprünglich noch unfehlbar. Den Lebewesen kann es geschehen, daß sie fallen und in die Gewalt der materiellen Natur geraten; dem Herrn aber droht niemals etwas derartiges. Deshalb wird Er in den *Veden* als das Oberhaupt aller Lebewesen beschrieben (*nityo nityānāṁ cetanaś cetanānām*). Weiter wird Er *īśvara*, der Herrscher, genannt. Die gewöhnlichen Lebewesen und die Halbgötter, wie Indra, Candra, Sūrya und andere, sind ebenfalls bis zu einem gewissen Grade *īśvara*, doch niemand von ihnen ist der höchste *īśvara* oder der endgültige Herrscher. Kṛṣṇa ist der *parameśvara*, die Überseele. Er befindet Sich sowohl innerhalb als auch außerhalb aller Dinge. Obwohl Er vor Śrīmatī Kuntī als ihr Neffe gegenwärtig war, weilte Er gleichzeitig in ihr und in allen anderen Lebewesen. In der *Bhagavad-gīta* (15.15) sagt der Herr: „Ich weile im Herzen eines jeden, und Ich bin die Ursache, daß jemand vergißt, sich erinnert und Wissen besitzt. Ich bin es, der durch alle *Veden* zu erkennen ist, da Ich der Verfasser der *Veden* bin, und Ich bin der Lehrer des *Vedānta.*" Königin Kuntī bestätigt, daß der Herr unsichtbar ist, obwohl Er innerhalb und außerhalb aller Lebewesen weilt. Der Herr ist dem gewöhnlichen Menschen gleichsam ein Rätsel. Königin Kuntī sah mit eigenen Augen, daß Śrī Kṛṣṇa vor ihr stand, und doch ging Er in den Leib Uttarās ein, um ihren Embryo vor der Bedrohung durch Aśvatthāmās *brahmāstra* zu beschützen. Kuntī fragte sich, ob Kṛṇṣa alldurchdringend sei oder an einem Ort weile. In der Tat ist beides der Fall, aber Er behält Sich das Recht vor, Sich denen nicht zu offenbaren, die keine Ihm ergebenen Seelen sind. Dieser verhüllende Vorhang wird als die *māyā*-Energie des Höchsten Herrn bezeichnet, und sie beherrscht die begrenzte Sicht der sich auflehnenden Seele. Im Folgenden wird dies näher erklärt.

VERS 19

मायाजवनिकाच्छन्नमज्ञाधोक्षजमव्ययम् ।
न लक्ष्यसे मूढदृशा नटो नाट्यधरो यथा ॥१९॥

māyā-javanikācchannam
ajñādhokṣajam avyayam
na lakṣyase mūḍha-dṛśā
naṭo nāṭyadharo yathā

māyā—täuschend; *javanikā*—Vorhang; *ācchannam*—verdeckt von; *ajñā*—unwissend; *adhokṣajam*—jenseits der Reichweite des materiellen Begriffsvermögens (transzendental); *avyayam*—unfehlbar; *na*—nicht; *lakṣyase*—wahrgenommen; *mūḍha-dṛśā*—vom törichten Beobachter; *naṭaḥ*—Künstler; *nāṭya-dharaḥ*—als Schauspieler verkleidet; *yathā*—wie.

ÜBERSETZUNG

Jenseits des Bereiches der begrenzten Sinneswahrnehmung bist Du der ewig unnahbare Faktor, der durch den Schleier der täuschenden Energie verhüllt wird. Du bist dem törichten Beobachter unsichtbar, ebenso, wie man [der weniger Intelligente] einen als Spieler verkleideten Mimen nicht erkennt.

ERLÄUTERUNG

In der *Bhagavad-gītā* erklärt Śrī Kṛṣṇa, daß weniger Intelligente Ihn für einen gewöhnlichen Menschen wie sich selbst halten und Ihn deshalb verspotten. Das gleiche wird hier von Königin Kuntī bestätigt. Die weniger Intelligenten sind diejenigen, die sich gegen die Autorität des Herrn auflehnen. Solche Personen nennt man *asu-*

ras. Die *asuras* wollen den Herrn trotz zahlloser autoritativer Nachweise nicht als den Höchsten anerkennen. Wenn der Herr als Rāma, Nṛsiṁha, Varāha oder in Seiner ursprünglichen Gestalt als Kṛṣṇa persönlich unter uns erscheint, vollbringt Er viele wunderbare Taten, die nach menschlichem Ermessen undurchführbar sind. Wie wir im Zehnten Canto dieses großartigen literarischen Werkes erfahren werden, vollführte Er Seine für menschliche Begriffe unmöglichen Taten schon, als Er noch auf dem Schoß Seiner Mutter lag. Zum Beispiel tötete Kṛṣṇa die Hexe Pūtanā, die ihre Brust mit Gift eingerieben hatte, um Ihn zu töten. Kṛṣṇa saugte an ihrer Brust wie ein gewöhnliches Kind, doch Er saugte ihr dabei zugleich das Leben aus. Etwas später hob Er den Govardhana-Hügel empor, wie ein Knabe einen Pilz in die Höhe hält, und so blieb Er sieben Tage lang stehen, um die Einwohner von Vṛndāvana zu schützen. Dies sind einige der übermenschlichen Taten des Herrn, die in den autoritativen vedischen Schriften, wie den *Purāṇas, Itihāsas* (Geschichtsschreibung) und *Upaniṣaden*, geschildert werden. Mit der *Bhagavad-gītā* schenkte Er uns wundervolle Unterweisungen. Er zeigte als Held, Familienvater, Lehrer und Entsagung-Übender unfaßbare Fähigkeiten. Er wird von solch maßgeblichen Persönlichkeiten wie Vyāsa, Devala, Asita, Nārada, Madhva, Śaṅkara, Rāmānuja, Śrī Caitanya Mahāprabhu, Jīva Gosvāmī, Viśvanātha Cakravartī, Bhaktisiddhānta Sarasvatī und allen anderen Autoritäten ihrer Nachfolge als die Höchste Persönlichkeit Gottes anerkannt. Auch Er Selbst hat Sich an vielen Stellen der authentischen Schriften als solcher kundgetan. Und dennoch gibt es Menschen mit dämonischem Denken, die es ablehnen, den Herrn als die Höchste Absolute Wahrheit anzuerkennen. Dies liegt zum einen an dem dürftigen Maß ihres Wissens und zum anderen an ihrem starren Eigensinn, der ein Ergebnis ihrer vielen sündhaften Handlungen der Vergangenheit und der Gegenwart ist. Solche Personen konnten Śrī Kṛṣṇa nicht einmal erkennen, als Er vor ihnen stand. Eine andere Schwierigkeit liegt darin, daß sie Ihn nicht als den Höchsten Herrn erkennen können, weil sie sich größtenteils auf ihre unvollkommenen Sinne verlassen. Zu ihnen gehören auch die neuzeitlichen Wissenschaftler. Sie wollen alles durch ihr experimentelles Wissen erkennen. Es ist jedoch nicht möglich, die Höchste Person durch unvollkommenes, experimentelles Wissen zu begreifen. In diesem Vers wird Er als *adhokṣaja* beschrieben, als „derjenige, der jenseits der Reichweite experimentellen Wissens steht". Alle unsere Sinne sind unvollkommen. Wir behaupten, alles wahrnehmen zu können, doch wir müssen zugeben, daß wir die Dinge nur unter bestimmten materiellen Bedingungen wahrnehmen können, auf die wir keinen Einfluß haben. Der Herr entzieht Sich unserer sinnlichen Wahrnehmung. Königin Kuntī erkannte diese Unzulänglichkeit der bedingten Seelen, insbesondere die der Frauen, da diese weniger intelligent sind. Für weniger intelligente Menschen muß es so etwas wie Tempel, Moscheen oder Kirchen geben, damit sie beginnen können, die Autorität des Herrn anzuerkennen und an solchen heiligen Orten von Autoritäten über Ihn zu hören. Für die weniger Intelligenten ist ein solcher Beginn des spirituellen Lebens notwendig, und nur törichte Menschen wenden sich gegen die Errichtung solcher Verehrungsstätten, die unerläßlich sind, um den spirituellen Standard der Allgemeinheit zu heben. Für weniger Intelligente ist das Sichverneigen vor der Autorität des Herrn, wie es in den Tempeln, Moscheen und Kirchen üblich ist, ebenso segensreich wie die Meditation der fortgeschrittenen Gottgeweihten über Ihn durch aktiven Dienst.

VERS 20

तथा परमहंसानां मुनीनाममलात्मनाम् ।
भक्तियोगविधानार्थं कथं पश्येम हि स्त्रियः ॥२०॥

tathā paramahaṁsānāṁ
munīnām amalātmanām
bhakti-yoga-vidhānārthaṁ
kathaṁ paśyema hi striyaḥ

tathā—außerdem; *paramahaṁsānām*—der fortgeschrittenen Transzendentalisten; *munīnām*—der großen Philosophen oder gedanklichen Spekulanten; *amala-ātmanām*—derjenigen, die geistig fähig sind, zwischen spiritueller und materieller Natur zu unterscheiden; *bhakti-yoga*—die Wissenschaft vom hingebungsvollen Dienst; *vidhāna-artham*—um auszuführen; *katham*—warum; *paśyema*—können wahrnehmen; *hi*—gewiß; *striyaḥ*—Frauen.

ÜBERSETZUNG

Du kommst persönlich, um die transzendentale Wissenschaft vom hingebungsvollen Dienst den Herzen der fortgeschrittenen Transzendentalisten und gedanklichen Spekulanten zu offenbaren, die durch das Vermögen, Materie von spiritueller Kraft zu unterscheiden, geläutert sind. Wie können dann aber wir Frauen Dich in Vollkommenheit kennen?

ERLÄUTERUNG

Selbst die größten spekulierenden Philosophen haben keinen Zugang zum Reich des Herrn. In den *Upaniṣaden* wird erklärt, daß die Höchste Wahrheit, die Absolute Persönlichkeit Gottes, Sich dem Denkvermögen der größten Philosophen entzieht. Selbst durch große Gelehrsamkeit oder mit Hilfe des fähigsten Gehirns ist Er nicht zu erkennen. Erkennen kann Ihn nur jemand, der mit Seiner Gnade gesegnet ist. Andere können jahrelang fortfahren, über Ihn nachzudenken, ohne Ihn kennenzulernen. Eben diese Wahrheit wird hier von der Königin hervorgehoben, die die Rolle einer unwissenden Frau spielt. Frauen besitzen für gewöhnlich nicht die Fähigkeit, wie Philosophen zu spekulieren, doch sie sind vom Herrn gesegnet, denn sie glauben sogleich an Seine Hoheit und Allmacht, und so bringen sie Ihm vorbehaltlos ihre Ehrerbietungen dar. Der Herr ist so gütig, daß Er nicht nur dem, der ein großer Philosoph ist, Seine Gunst erweist. Er kennt die Aufrichtigkeit des Herzens, und daher kommen Frauen für gewöhnlich in großer Zahl zu jeder Art religiöser Zeremonie oder Feier. In jedem Land und bei jeder Religionsrichtung kann man beobachten, daß die Frauen interessierter sind als die Männer. Ihre Einfachheit, wenn es darum geht, die Autorität des Herrn anzuerkennen, ist nutzbringender als die Zurschaustellung unaufrichtigen religiösen Eifers.

VERS 21

कृष्णाय वासुदेवाय देवकीनन्दनाय च ।
नन्दगोपकुमाराय गोविन्दाय नमो नमः ॥२१॥

kṛṣṇāya vāsudevāya
devakī-nandanāya ca
nanda-gopa-kumārāya
govindāya namo namaḥ

kṛṣṇāya—der Höchste Herr; *vāsudevāya*—dem Sohn Vasudevas; *devakī-nandanāya*—dem Sohn Devakīs; *ca*—und; *nanda-gopa*—Nanda und den Kuhhirten; *kumārāya*—deren Sohn; *govindāya*—der Persönlichkeit Gottes, die die Kühe und die Sinne erfreut; *namaḥ*—achtungsvolle Ehrerbietungen; *namaḥ*—Ehrerbietungen.

ÜBERSETZUNG

O Herr, der Du der Sohn Vasudevas, die Freude Devakīs und das Kind Nandas und der anderen Kuhhirten von Vṛndāvana geworden bist und der Du der Lebensquell der Kühe und der Sinne bist, ich erweise Dir meine achtungsvollen Ehrerbietungen.

ERLÄUTERUNG

Der Herr, dem man, wie bereits erklärt, durch keine materiellen Fähigkeiten näherkommen kann, erscheint aus Seiner unbegrenzten und grundlosen Barmherzigkeit in Seiner persönlichen Form auf der Erde, um Seinen reinen Geweihten Seine besondere Gnade zu erweisen und das Überhandnehmen der Dämonen zu verhindern. Königin Kuntī preist vor allem deshalb die Inkarnation, das heißt das Herabsteigen, Śrī Kṛṣṇas vor allen anderen Inkarnationen, weil der Herr in dieser Inkarnation besonders zugänglich ist. In Seiner Inkarnation als Rāma war Er von Kindheit an der Sohn eines Königs, wohingegen Er in der Inkarnation als Kṛṣṇa, obwohl Er auch dieses Mal ein Königssohn war, gleich nach Seinem Erscheinen die Obhut Seiner eigentlichen Eltern (König Vasudeva und Königin Devakī) verließ und Sich zum Schoß Yaśodāmāyīs bringen ließ, um die Rolle eines gewöhnlichen Kuhhirtenknaben im gesegneten Vrajabhūmi zu spielen, das durch Seine Kindheitsspiele ewig geheiligt ist. Śrī Kṛṣṇa ist also gnadenvoller als Rāma. Er war zu Kuntīs Bruder Vasudeva und dessen Familie zweifellos überaus gütig. Wäre Er nicht der Sohn Vasudevas und Devakīs geworden, hätte Königin Kuntī Ihn nicht ihren Neffen nennen und voll elterlicher Zuneigung zu Ihm sprechen können. Doch Nanda und Yaśodā sind noch gesegneter, denn sie durften sich an den Kindheitsspielen des Herrn erfreuen, die von größerer Anziehungskraft sind als all Seine anderen Spiele. Nichts läßt sich mit Seinen Kindheitsspielen, wie Er sie in Vrajabhūmi offenbarte, vergleichen; sie sind das Urbild Seiner ewigen Spiele auf dem ursprünglichen Kṛṣṇaloka, der in der *Brahma-saṁhitā* als *cintāmaṇi-dhāma* beschrieben wird. Śrī Kṛṣṇa erschien in Vrajabhūmi mit all Seinen transzendentalen Gefährten und Seinem ganzen Reich. Śrī Caitanya Mahāprabhu erklärte deshalb, daß niemand so gesegnet sei wie die Bewohner Vrajabhūmis, besonders die Kuhhirtenmädchen, die alles zur Zufriedenstellung des Herrn hingaben. Wegen Seiner Spiele mit Nanda und Yaśodā, Seiner Spiele mit den Kuhhirten und vor allem wegen Seiner Spiele mit den Kuhhirtenknaben und den Kühen ist Er als Govinda bekannt. Śrī Kṛṣṇa als Govinda ist insbesondere den *brāhmaṇas* und den Kühen zugetan, wodurch Er darauf hinweist, daß der Wohlstand der Menschen hauptsächlich von diesen beiden Dingen abhängt, nämlich der brahmanischen Kultur und dem Schutz der Kühe. Śrī Kṛṣṇa ist niemals zufrieden, wenn diese vernachlässigt werden.

VERS 22

नमः पङ्कजनाभाय नमः पङ्कजमालिने ।
नमः पङ्कजनेत्राय नमस्ते पङ्कजाङ्घ्रये ॥२२॥

namaḥ paṅkaja-nābhāya
namaḥ paṅkaja-māline
namaḥ paṅkaja-netrāya
namas te paṅkajāṅghraye

namaḥ—alle achtungsvollen Ehrerbietungen; *paṅkaja-nābhāya*—dem Herrn, der eine lotosblütengleiche Prägung auf der Mitte Seines Bauches trägt; *namaḥ*—Ehrerbietungen; *paṅkaja-māline*—einer, der immer mit einer Girlande aus Lotosblüten geschmückt ist; *namaḥ*—Ehrerbietungen; *paṅkaja-netrāya*—einer, dessen Blick so kühlend ist wie eine Lotosblüte; *namaḥ te*—Dir achtungsvolle Ehrerbietungen; *paṅkaja-aṅghraye*—Dir, in dessen Fußsohlen Lotosblüten abgezeichnet sind (und von dem es deshalb heißt, Er habe Lotosfüße).

ÜBERSETZUNG

Meine achtungsvollen Ehrerbietungen gelten Dir, o Herr, dessen Leib mit einem lotosgleichen Eindruck gezeichnet ist. Du wirst stets mit Girlanden aus Lotosblüten geschmückt, Dein Blick ist so kühlend wie ein Lotos, und auf Deinen Fußsohlen sind die Zeichen von Lotosblüten zu sehen.

ERLÄUTERUNG

Hier werden einige der besonderen Merkmale am spirituellen Körper der Persönlichkeit Gottes aufgeführt, die Seinen Körper von den Körpern aller anderen Lebewesen unterscheiden. Es handelt sich dabei um ganz besondere, dem Körper des Herrn eigene Merkmale. Der Herr mag wie einer von uns erscheinen, doch Er unterscheidet Sich immer durch Seine besonderen Körpermerkmale. Śrīmatī Kuntī sagt, sie fühle sich unfähig, den Herrn zu sehen, weil sie eine Frau sei. Das sagt sie, weil Frauen, *śūdras* (die Arbeiterklasse) und die *dvija-bandhus*, die gefallenen Abkömmlinge der höheren drei Klassen, intelligenzmäßig nicht in der Lage sind, transzendentales Wissen zu verstehen, das sich auf den spirituellen Namen, den Ruhm, die Merkmale, die Formen usw. der Höchsten Absoluten Wahrheit bezieht. Solche Menschen können, obwohl sie nicht imstande sind, in diese spirituellen Aspekte des Herrn einzudringen, Ihn als die *arcā-vigraha* wahrnehmen, in welcher Er in der materiellen Welt erscheint, um an die gefallenen Seelen, einschließlich der Frauen, *śūdras* und *dvija-bandhus*, Seine Gunst zu verschenken. Weil solch gefallene Seelen nichts außer Materie wahrnehmen können, erklärt Sich der Herr dazu bereit, in jedes einzelne der unzähligen Universen als Garbhodakaśāyī Viṣṇu einzugehen, der einen Lotosstengel aus dem lotosähnlichen Eindruck im Mittelpunkt Seines transzendentalen Leibes wachsen läßt, und auf der Blüte dieses Lotos wird Brahmā, das erste Lebewesen im Universum, geboren. Deshalb ist der Herr als Paṅkajanābhi bekannt. Die *arcā-vigraha*, die transzendentale Gestalt, die der Herr als Paṅkajanābhi annimmt, kann aus verschiedenen Elementen bestehen. Sie kann zum Beispiel eine gedankliche Form sein oder aus Holz, Erde, Metall oder Edelstein bestehen. Sie kann gemalt oder auch aus Sand geformt sein. All diese Formen sollten stets mit Girlanden aus Lotosblüten geschmückt werden, und in den Tempeln, in denen sie verehrt werden, sollte eine wohltuende Stimmung herrschen, die anziehend auf den aufgewühlten Geist der Nichtgottgeweihten wirkt, die sich ständig mit materiellen Sorgen abplagen. Die Meditierenden verehren eine gedankliche Form. Somit ist der Herr selbst den Frauen, *śūdras* und *dvija-bandhus* gnädig, vorausgesetzt, daß sie bereit sind, die Tempel zu besuchen, in denen die verschiedenen Gestalten Gottes, die eigens für sie gemacht sind, verehrt werden. Solche Tempelbesucher sind keine Götzendiener, wie einige Menschen behaupten, die nur über geringes Wissen verfügen. Alle großen *ācāryas* errichteten überall Tempel der Verehrung zum Wohl der weniger intelligenten Menschen, und man sollte nicht vorgeben, über der Stufe der Tempelverehrung zu stehen, während man in Wirklichkeit zu den *śūdras*, den Frauen oder einer noch niedrigeren Menschengruppe gehört. Wenn man den Herrn sieht, sollte man mit der Betrachtung bei Seinen Lotosfüßen beginnen und den Blick dann allmählich über Seine Beine, Seine Hüften und Seine Brust auf Sein Angesicht richten. Man sollte nicht versuchen, das Gesicht des Herrn zu betrachten, ohne mit dem Anblick Seiner Lotosfüße vertraut zu sein. Als Tante des Herrn richtete Śrīmatī Kuntī jedoch nicht als erstes ihren Blick auf die Lotosfüße des Herrn, da Sich der Herr hätte beschämt fühlen können, sondern begann, um Ihm eine peinliche Situation zu ersparen, etwas oberhalb Seiner Lotosfüße, das heißt bei Seiner Hüfte, hob den Blick dann nach und nach zu Seinem Antlitz und senkte ihn schließlich auf Seine Lotosfüße. Damit hatte alles trotzdem seine Richtigkeit.

VERS 23

यथा हृषीकेश खलेन देवकी
कंसेन रुद्धातिचिरं शुचार्पिता ।
विमोचिताहं च सहात्मजा विभो
त्वयैव नाथेन मुहुर्विपद्गणात् ॥२३॥

yathā hṛṣīkeśa khalena devakī
kaṁsena ruddhāticiraṁ śucārpitā
vimocitāhaṁ ca sahātmajā vibho
tvayaiva nāthena muhur vipad-gaṇāt

yathā—gleichsam; *hṛṣīkeśa*—der Meister der Sinne; *khalena*—von dem Neidischen; *devakī*—Devakī (die Mutter Śrī Kṛṣṇas); *kaṁsena*—von König Kaṁsa; *ruddhā*—eingekerkert; *ati-ciram*—für eine lange Zeit; *śuca-arpitā*—gepeinigt; *vimocitā*—befreit; *aham ca*—auch mich selbst; *saha-ātma-jā*—mit meinen Kindern; *vibho*—o Großer; *tvayā eva*—von Dir, o Herr; *nāthena*—als der Beschützer; *muhuḥ*—ständig; *vipat-gaṇāt*—vor einer Reihe von Gefahren.

ÜBERSETZUNG

O Hṛṣīkeśa, Meister der Sinne und Herr der Herren, Du befreitest Deine Mutter Devakī, die der neidische König Kaṁsa lange gefangengehalten und gepeinigt hatte, und Du bewahrtest mich und meine Kinder vor einer Reihe ständiger Gefahren.

ERLÄUTERUNG

Devakī, die Mutter Kṛṣṇas und Schwester König Kaṁsas, wurde zusammen mit ihrem Ehemann Vasudeva eingekerkert, weil der mißgünstige König befürchtete, von dem achten Sohn Devakīs (Kṛṣṇa) getötet zu werden. Aus diesem Grund tötete er alle Söhne Devakīs, die vor Kṛṣṇa geboren wurden, aber Kṛṣṇa entkam der Gefahr, ermordet zu werden, da Er zum Hause Nanda Mahārājas gebracht wurde, der Sein Pflegevater wurde. Auch Kuntīdevī wurde mit ihren Kindern aus vielen Gefahren gerettet. Kuntīdevī wurde jedoch mit größerer Gunst gesegnet, da Śrī Kṛṣṇa die anderen Kinder Devakīs nicht rettete, die Kinder Kuntīdevīs hingegen alle. Dies geschah, weil Vasudeva, der Ehemann Devakīs, noch lebte, Kuntīdevī aber eine Witwe war und somit niemanden außer Kṛṣṇa hatte, der ihr hätte helfen können. Einem Gottgeweihten, der sich in größter Gefahr befindet, gewährt Kṛṣṇa größere Gunst. Es kann daher zuweilen vorkommen, daß Kṛṣṇa Seine reinen Geweihten in gefahrvolle Lagen bringt, weil der Gottgeweihte in einem solchen Zustand der Hilflosigkeit noch mehr Anhaftung gewinnt. Je stärker die Anhaftung an den Herrn ist, desto größer ist der Erfolg des Gottgeweihten.

VERS 24

विषान्महाग्नेः पुरुषाददर्शना-
दसत्सभाया वनवासकृच्छ्रतः ।
मृधे मृधेऽनेकमहारथास्त्रतो
द्रौण्यस्त्रतश्चास्म हरेऽभिरक्षिताः ॥२४॥

viṣān mahāgneḥ puruṣāda-darśanād
asat-sabhāyā vana-vāsa-kṛcchrataḥ

mṛdhe mṛdhe 'neka-mahārathāstrato
drauṇy-astrataś cāsma hare 'bhirakṣitāḥ

viṣāt—vor Gift; *mahā-agneḥ*—vor großem Feuer; *puruṣa-ada*—die Menschenfresser; *darśanāt*—durch Kämpfen; *asat*—niederträchtig; *sabhāyāḥ*—Versammlung; *vana-vāsa*—in den Wald verbannt; *kṛcchrataḥ*—Leiden; *mṛdhe mṛdhe*—immer wieder in der Schlacht; *aneka*—viele; *mahā-ratha*—große Heerführer; *astrataḥ*—Waffen; *drauṇi*—der Sohn Droṇācāryas; *astrataḥ*—vor den Waffen des; *ca*—und; *āsma*—die Vergangenheitsform andeutend; *hare*—o mein Herr; *abhirakṣitāḥ*—vollständig beschützt.

ÜBERSETZUNG

Lieber Kṛṣṇa, Deine Herrlichkeit beschützte uns vor einem Giftkuchen, einem großen Feuer, Menschenfressern, der lasterhaften Versammlung [der Kurus] und den Leiden während unserer Verbannung im Wald; Du beschütztest uns auf dem Schlachtfeld, wo große Generäle kämpften, und jetzt hast Du uns vor Aśvatthāmās Waffe gerettet.

ERLÄUTERUNG

In diesem Vers werden die Gefahren aufgezählt, denen die Pāṇḍavas ausgesetzt waren. Devakī wurde nur einmal von ihrem neidischen Bruder in Schwierigkeiten gebracht; sonst war sie in Ruhe gelassen worden. Kuntīdevī und ihre Söhne hingegen hatten viele Jahre lang eine schwierige Lage nach der anderen durchzustehen. Um des Königreiches willen wurden sie von Duryodhana und seinen Anhängern immer wieder in Not gebracht, und jedesmal rettete der Herr die Söhne Kuntīs. Einmal gab man Bhīma einen vergifteten Kuchen; ein anderes Mal brachte man sie in ein Haus aus Schellack, das darauf in Brand gesetzt wurde, und wieder ein anderes Mal ergriff man Draupadī und wollte sie entwürdigen, indem man versuchte, sie in der Versammlung der niederträchtigen Kurus nackt auszuziehen. Der Herr rettete Draupadī, indem Er ihr Gewand unermeßlich lang werden ließ, so daß Duryodhanas Gefolgsleute vergeblich versuchten, ihre Blöße zu sehen. Als die Pāṇḍavas im Wald der Verbannung lebten, mußte Bhīma mit dem menschenfressenden Dämon Hiḍimba, einem Rākṣasa, kämpfen, aber der Herr rettete ihn. Doch damit war es noch nicht genug. Nach all diesen Nöten fand die große Schlacht von Kurukṣetra statt, in der Arjuna erfahrenen Heerführern wie Droṇa, Bhīṣma und Karṇa gegenübertreten mußte, die alle mächtige Krieger waren. Und schließlich, als alles überstanden war, drang das von Droṇācāryas Sohn gesandte *brahmāstra* in Uttarās Leib ein, und der Herr rettete Mahārāja Parīkṣit, den einzigen noch lebenden Abkömmling der Kurus.

VERS 25

विपदः सन्तु ताः शश्वत्तत्र तत्र जगद्गुरो ।
भवतो दर्शनं यत्स्यादपुनर्भवदर्शनम् ॥२५॥

vipadaḥ santu tāḥ śaśvat
tatra tatra jagad-guro
bhavato darśanaṁ yat syād
apunar bhava-darśanam

vipadaḥ—Nöte; *santu*—laß sie geschehen; *tāḥ*—alle; *śaśvat*—wieder und wieder; *tatra*—dort; *tatra*—und dort; *jagat-guro*—o Herr des Universums; *bhavataḥ*—Deine; *darśanam*—Begegnung; *yat*—das, was; *syāt*—ist; *apunaḥ*—nicht wieder; *bhava-darśanam*—Geburt und Tod sich wiederholen sehen.

ÜBERSETZUNG

Ich wünsche mir, all dieses Unglück bräche immer wieder über uns herein, auf daß wir Dich immer wieder sehen könnten, denn Dich zu sehen bedeutet, daß wir die Wiederholung von Geburt und Tod nicht mehr sehen müssen.

ERLÄUTERUNG

Für gewöhnlich ist es so, daß diejenigen unter den Leidenden, Bedürftigen, Intelligenten und Wißbegierigen, die fromme Werke vollbracht haben, den Herrn verehren oder beginnen, Ihn zu verehren. Diejenigen aber, die ihr Leben nur mit sündhaften Handlungen fristen, können sich, ungeachtet ihrer Stellung, dem Höchsten nicht nähern, da sie durch die verblendende Energie irregeführt werden. Für einen frommen Menschen, dem Übles widerfährt, gibt es daher keine andere Möglichkeit, als bei den Lotosfüßen des Herrn Zuflucht zu suchen. Sich ständig an die Lotosfüße des Herrn zu erinnern bedeutet, sich auf die Befreiung von Geburt und Tod vorzubereiten. Selbst sogenanntes Unheil ist also begrüßenswert, weil es uns die Gelegenheit gibt, uns an den Herrn zu erinnern, was Befreiung bedeutet.

Wer bei den Lotosfüßen des Herrn Zuflucht gesucht hat, die als das beste Boot zur Überquerung des Meeres der Unwissenheit gelten, kann so leicht Befreiung erlangen, wie man über das Wasser im Hufabdruck eines Kalbes springen kann. Solchen Seelen ist es bestimmt, im Reich des Herrn zu leben, und sie haben nichts mit einem Ort gemein, an dem bei jedem Schritt Gefahr lauert.

In der *Bhagavad-gītā* bezeichnet auch der Herr die materielle Welt als einen gefährlichen Ort voller Unheil. Weniger intelligente Menschen entwerfen Pläne, um sich diesem Unheil anzupassen, doch sie wissen nicht, daß es die Natur dieses Ortes ist, unheilvoll zu sein. Sie wissen nichts vom Reich des Herrn, das voller Glückseligkeit ist und in dem es nicht die geringste Spur von Leid gibt. Es ist also die Pflicht des vernünftigen Menschen, sich nicht durch weltliches Unglück stören zu lassen, das ohnehin unter allen Umständen auftritt, sondern er muß trotz aller unvermeidlichen Leiden Fortschritte in spiritueller Erkenntnis machen, denn dafür ist das menschliche Leben bestimmt. Die spirituelle Seele steht in transzendentaler Stellung zu allen materiellen Nöten; daher bezeichnet man die sogenannten Nöte als unwirklich. Es ist wie bei einem Mann, der im Traum sieht, wie ihn ein Tiger verschlingt, und der in seiner Not um Hilfe schreit. In Wirklichkeit gibt es den Tiger nicht, und der Mann leidet auch nicht wirklich, denn es handelt sich nur um einen Traum. In ähnlicher Weise sind auch alle Nöte des Lebens nichts anderes als Träume. Wenn jemand so glücklich ist, durch hingebungsvollen Dienst mit dem Herrn in Verbindung zu treten, ist für ihn alles gewonnen. Durch eine der neun Arten des hingebungsvollen Dienstes mit dem Herrn verbunden zu sein ist stets ein Schritt nach vorn auf dem Pfad, der zurück zu Gott führt.

VERS 26

जन्मैश्वर्यश्रुतश्रीभिरेधमानमदः पुमान् ।
नैवार्हत्यभिधातुं वै त्वामकिञ्चनगोचरम् ॥२६॥

janmaiśvarya-śruta-śrībhir
edhamāna-madaḥ pumān
naivārhaty abhidhātuṁ vai
tvām akiñcana-gocaram

janma—Geburt; *aiśvarya*—Reichtum; *śruta*—Bildung; *śrībhiḥ*—durch den Besitz von Schönheit; *edhamāna*—sich immer mehr steigernd; *madaḥ*—Berauschung; *pumān*—Mensch; *na*—niemals; *eva*—immer; *arhati*—verdienen; *abhidhātum*—sich mit Gefühl wenden an; *vai*—gewiß; *tvām*—Dich; *akiñcana-gocaram*—einer, dem sich der materiell erschöpfte Mensch leicht nähern kann.

ÜBERSETZUNG

Mein Herr, nur die materiell Erschöpften können sich Dir leicht nähern, denn wer dem Pfad des [materiellen] Fortschritts folgt und durch sein achtbares Elternhaus, durch großen Reichtum, gute Bildung und körperliche Schönheit höhere Positionen erreichen will, kann sich Dir nicht mit Aufrichtigkeit zuwenden.

ERLÄUTERUNG

Materiell fortgeschritten zu sein bedeutet, in einer adligen Familie geboren worden zu sein und großen Reichtum, eine gute Bildung und körperliche Schönheit zu besitzen. Alle materialistischen Menschen sind wie von Sinnen danach, diese materiellen Güter zu besitzen, und glauben dann, sie würden Fortschritte erzielen. Als Folge all dieser materiellen Vorteile wird man jedoch zu Unrecht hochmütig und läßt sich durch solch zeitweiligen Besitz betören. Infolgedessen sind Menschen, die sich auf ihre materiellen Errungenschaften etwas einbilden, nicht imstande, den Heiligen Namen des Herrn auszusprechen, indem sie Ihn voller Hingabe mit „o Govinda, o Kṛṣṇa" anrufen. In den *śāstras* heißt es, daß ein Sünder durch das einmalige Aussprechen des Heiligen Namens des Herrn von mehr Sünden befreit wird, als er jemals begehen kann. So gewaltig ist die Kraft, die dem Chanten des Heiligen Namens innewohnt. Es liegt nicht die geringste Übertreibung in dieser Feststellung. Der Heilige Name des Herrn ist tatsächlich so mächtig. Allerdings gibt es beim Chanten qualitative Unterschiede, die von der inneren Haltung abhängig sind. Ein hilfloser Mensch kann den Heiligen Namen des Herrn voller Hingabe chanten, wohingegen ein Mensch, der denselben Heiligen Namen in materieller Zufriedenheit von sich gibt, nicht so aufrichtig sein kann. Ein materiell eingebildeter Mensch kann deshalb den Heiligen Namen des Herrn vielleicht gelegentlich aussprechen, doch er ist nicht imstande, den Namen ernsthaft zu chanten. Die vier Prinzipien materiellen Fortschritts, nämlich (1) angesehene Herkunft, (2) großer Reichtum, (3) gute Bildung und (4) betörende Schönheit sind daher in gewissem Sinne Hindernisse für das Vorwärtsschreiten auf dem Pfad des spirituellen Fortschritts. Die materielle Bedekkung der reinen spirituellen Seele ist ein äußerliches Merkmal, ebenso, wie Fieber ein äußerliches Merkmal des ungesunden Körpers ist. Im allgemeinen versucht man, das Fieber zu senken, statt es durch eine falsche Behandlung zu erhöhen. Bisweilen kann man beobachten, daß spirituell fortgeschrittene Personen materiell verarmen. Dies ist jedoch kein Unglück. Vielmehr ist eine solche Verarmung ein gutes Zeichen, ebenso, wie das Sinken des Fiebers ein gutes Zeichen ist. Es soll das Prinzip des Lebens sein, die materielle Berauschung, die uns immer mehr über das eigentliche Lebensziel hinwegtäuscht, zu mindern. Menschen in tiefer Illusion sind nicht imstande, in das Königreich Gottes einzugehen.

VERS 27

नमोऽकिंचनवित्ताय निवृत्तगुणवृत्तये ।
आत्मारामाय शान्ताय कैवल्यपतये नमः ॥२७॥

namo 'kiñcana-vittāya
nivṛtta-guṇa-vṛttaye
ātmārāmāya śāntāya
kaivalya-pataye namaḥ

namaḥ—alle Ehrerbietungen gelten Dir; *akiñcana-vittāya*—dem Besitz der materiell Verarmten; *nivṛtta*—völlig transzendental zu den Vorgängen der materiellen Erscheinungsweisen; *guṇa*—materielle Erscheinungsweisen; *vṛttaye*—Zuneigung; *ātma-ārāmāya*—einer, der in sich selbst zufrieden ist; *śāntāya*—der Liebenswürdigste; *kaivalya-pataye*—dem Meister der Monisten; *namaḥ*—sich verneigend.

ÜBERSETZUNG

Meine Ehrerbietungen gelten Dir, der Du das Eigentum der materiell Verarmten bist. Du hast mit den Aktionen und Reaktionen der materiellen Erscheinungsweisen der Natur nichts zu tun. Du bist in Dir Selbst zufrieden, und daher bist Du der Liebenswerteste und der Meister aller Monisten.

ERLÄUTERUNG

Ein Lebewesen verzweifelt, sobald es nichts mehr besitzt. Daher kann ein Lebewesen nicht im eigentlichen Sinne des Wortes entsagungsvoll sein. Ein Lebewesen verzichtet nur dann auf eine Sache, wenn es etwas Wertvolleres dafür bekommt.

Ein Schüler zum Beispiel gibt seine kindlichen Neigungen auf, um eine höhere Bildung zu erwerben, und ein Diener gibt seine Stellung auf, um eine bessere Stellung zu bekommen. In ähnlicher Weise entsagt ein Gottgeweihter der materiellen Welt nur zu dem Zweck, einen erkennbaren spirituellen Wert zu erlangen. Śrīla Rūpa Gosvāmī, Śrīla Sanātana Gosvāmī, Śrīla Raghunātha dāsa Gosvāmī und andere gaben ihren weltlichen Prunk und Reichtum für den Dienst des Herrn auf. Vormals galten sie im weltlichen Sinne als bedeutende Männer, denn die Gosvāmīs waren Minister der damaligen Regierung Bengalens, und Śrīla Raghunātha dāsa Gosvāmī war der Sohn eines bekannten *zamindar* (eines bengalischen Großgrundbesitzers); trotz alledem ließen sie alles zurück, um etwas Höheres zu erreichen. Die Gottgeweihten leben für gewöhnlich ohne materiellen Reichtum, aber dennoch besitzen sie einen geheimen Schatz: die Lotosfüße des Herrn. Es gibt eine anschauliche Geschichte über Śrīla Sanātana Gosvāmī. Er besaß einen Stein der Weisen, den er auf einen Abfallhaufen warf. Ein armer Mann bat ihn um den Stein, und Sanātana sagte ihm, er möge ihn sich aus dem Abfall holen. Der Arme nahm den Stein der Weisen also an sich, wunderte sich aber später, warum der wertvolle Stein an einem solch schmutzigen Ort gelegen hatte. Er bat daher Sanātana Gosvāmī um das Wertvollste, was dieser besaß, worauf er den Heiligen Namen des Herrn erhielt. *Akiñcana* bedeutet „jemand, der nichts Materielles zu geben hat". Ein wahrer Gottgeweihter oder *mahātmā* gibt niemandem etwas Materielles, da er bereits alle materiellen Güter aufgegeben hat. Er kann uns jedoch das höchste Gut schenken, nämlich Śrī Kṛṣṇa, die Persönlichkeit Gottes, da Er der einzige Besitz eines wirklichen Gottgeweihten ist. Sanātana Gosvāmīs Stein der Weisen, den er auf den Abfall warf, war nicht der Besitz des Gosvāmī, denn sonst wäre er nicht an einem solchen Ort gelassen worden. Dieses Beispiel wird den beginnenden Gottgeweihten gegeben, damit sie einsehen, daß materielle Wünsche und spiritueller Fortschritt unvereinbar sind. Solange man nicht in der Lage ist, alles als spirituell, das heißt in Beziehung zum Höchsten Herrn, zu sehen, muß man zwischen Spirituellem und Materiellem unterscheiden. Ein spiritueller Meister wie Śrīla Sanātana Gosvāmī ist natürlich imstande, alles als spirituell wahrzunehmen. Er setzte dieses Beispiel nur für uns, weil uns diese spirituelle Sicht fehlt.

Der Fortschritt der materiellen Sicht und der materiellen Zivilisation ist ein großes Hindernis für spirituellen Fortschritt. Materieller Fortschritt verstrickt das Lebewesen in einen materiellen Körper, was mit vielerlei materiellen Leiden verbunden ist. Solcher Fortschritt wird *anartha* genannt, was soviel bedeutet wie „Dinge, die man eigentlich nicht möchte", und dies ist tatsächlich der Fall. Im gegenwärtigen Stadium materiellen Fortschritts benutzen die Menschen beispielsweise Lippenstifte, die im Grunde unnötig sind, jedoch viel Geld kosten, und noch viele ähnliche unerwünschte Dinge, die alles nur Produkte der materiellen Lebensauffassung sind. Wenn man seine Aufmerksamkeit solch unnützen Dingen widmet, verschwendet man seine menschliche Energie, ohne spirituelle Erkenntnis zu erlangen, die die größte Notwendigkeit für den Menschen darstellt. Der Versuch, den Mond zu erreichen, ist ein weiteres Beispiel der Verschwendung von Energie, da selbst mit der Erreichung des Mondes die Probleme des Lebens nicht gelöst werden. Die Geweihten des Herrn werden *akiñcana* genannt, weil sie so gut wie keine materiellen Güter besitzen. Materielle Güter sind stets Produkte der drei Erscheinungsweisen der materiellen Natur. Sie behindern die spirituelle Energie, und daher sind unsere Möglichkeiten zum spirituellen Fortschritt desto besser, je weniger wir solche Produkte der materiellen Natur besitzen.

Die Höchste Persönlichkeit Gottes steht nicht in direkter Verbindung mit materiellen Vorgängen. Alle Handlungen und Taten Śrī Kṛṣṇas, selbst wenn Er sie in der materiellen Welt vollbringt, sind spirituell und werden durch die Erscheinungsweisen der materiellen Natur nicht beeinträchtigt. In der *Bhagavad-gītā* sagt der Herr, daß alle Seine Taten, sogar Sein Erscheinen in der materiellen Welt und Sein Fortgehen, transzendental sind, und jemand, der dies in vollkommener Weise versteht, wird nicht wieder in der materiellen Welt geboren werden, sondern zu Gott zurückkehren.

Die materielle Krankheit ist der Wunsch, die materielle Natur zu beherrschen. Dieser Wunsch wiederum beruht auf dem Wechselspiel der drei Erscheinungsweisen der Natur. Sowohl der Herr als auch die Gottgeweihten trachten nicht nach solch falschem Genuß. Deshalb werden der Herr und auch Seine Geweihten als *nivṛtta-guṇa-vṛtti* bezeichnet. Der vollkommene *nivṛtta-guṇa-vṛtti* ist der Höchste Herr, weil Er Sich niemals zu den Erscheinungsweisen der materiellen Natur hingezogen fühlt, wohingegen die Lebewesen diese Neigung potentiell haben. Einige von ihnen sind auch tatsächlich von der trügerischen Anziehungskraft der materiellen Natur gefangen worden.

Weil der Herr der Besitz der Gottgeweihten ist und die Gottgeweihten der Besitz des Herrn sind, stehen die Gottgeweihten zweifelsohne in transzendentaler Stellung zu den Erscheinungsweisen der materiellen Natur. Dies ist die natürliche Schlußfolgerung. Die reinen Gottgeweihten unterscheiden sich von den vermischten Gottgeweihten, die sich zur Linderung von Leid und Armut oder auf ihrer Suche nach Wissen und im Verlauf ihrer Spekulationen an den Herrn wenden. Die reinen Gottgeweihten und der Herr fühlen sich transzendental zueinander hingezogen. Für andere hat der Herr im Austausch nichts zu geben, weshalb man Ihn auch *ātmārāma* („in Sich Selbst zufrieden") nennt. Und da Er in Sich Selbst zufrieden ist, ist Er der Meister aller Monisten, die danach streben, in das Dasein des Herrn einzugehen. Solche Monisten gehen in die persönliche Ausstrahlung des Herrn, das *brahmajyoti*, ein; die Gottgeweihten aber nehmen an den transzendentalen Spielen des Herrn teil, die man niemals irrtümlich für materiell halten sollte.

VERS 28

मन्ये त्वां कालमीशानमनादिनिधनं विभुम् ।
समं चरन्तं सर्वत्र भूतानां यन्मिथः कलिः ॥२८॥

manye tvāṁ kālam īśānam
anādi-nidhanaṁ vibhum
samaṁ carantaṁ sarvatra
bhūtānāṁ yan mithaḥ kaliḥ

manye—ich betrachte es; *tvām*—Dich, o Herr; *kālam*—die ewige Zeit; *īśānam*—der Höchste Herr; *anādi-nidhanam*—ohne Anfang und Ende; *vibhum*—alldurchdringend; *samam*—gleichermaßen gnadenvoll; *carantam*—verteilend; *sarvatra*—überall; *bhūtānām*—der Lebewesen; *yat mithaḥ*—durch Umgang; *kaliḥ*—Auseinandersetzung.

ÜBERSETZUNG

Mein Herr, ich sehe Dich als die ewige Zeit und als den höchsten Herrscher. Du hast weder Anfang noch Ende, und Du bist der Alldurchdringende. Du behandelst jeden gleich, indem Du Deine Barmherzigkeit an alle verteilst; Uneinigkeit unter den Lebewesen entsteht durch gesellschaftliche Beziehungen und Austäusche.

ERLÄUTERUNG

Kuntīdevī war sich bewußt, daß Kṛṣṇa weder ihr Neffe noch ein gewöhnlicher Familienangehöriger ihres Elternhauses war. Sie wußte sehr wohl, daß Kṛṣṇa der urerste Herr ist, der als Paramātmā, die Überseele, im Herzen eines jeden weilt. Ein anderer Name für den Paramātmā-Aspekt des Herrn ist *kāla* oder „ewige Zeit". Die ewige Zeit ist der Zeuge all unserer guten und schlechten Handlungen, und so werden uns die entsprechenden Reaktionen vom Herrn in Seinem Aspekt der ewigen Zeit zugeteilt. Es hat keinen Sinn zu sagen, wir wüßten nicht, wofür und weswegen wir litten. Wir selbst mögen die Missetaten, derentwegen wir gegenwärtig leiden, vergessen haben, doch wir müssen bedenken, daß Paramātmā unser ständiger Begleiter ist und daher alle Geschehnisse der Vergangenheit, Gegenwart und Zukunft kennt. Und weil der Paramātmā-Aspekt Śrī Kṛṣṇas alle Geschehnisse und ihre Folgen bestimmt, ist Er auch der höchste Herrscher. Ohne Seine Einwilligung kann sich kein Grashalm bewegen. Den Lebewesen wird so viel Freiheit gegeben, wie ihnen zusteht, und der Mißbrauch dieser Freiheit bildet die Ursache von Leid. Die Geweihten des Herrn mißbrauchen ihre Freiheit nicht und sind deshalb die guten Söhne des Herrn. Anderen, die ihre Freiheit mißbrauchen, teilt die ewige *kāla* Leiden zu. *Kāla* bringt den bedingten Seelen sowohl Glück als auch Leid. Alles wird von der ewigen Zeit festgelegt. Ebenso, wie wir ungewollte Leiden empfangen, können uns auch Freuden widerfahren, um die wir nicht gebeten haben, da all dies von *kāla* vorherbestimmt ist. Niemand ist also in den Augen des Herrn ein Feind oder ein Freund. Jeder genießt oder erleidet die Folgen seines eigenen Schicksals. Dieses Schicksal schaffen sich die Lebewesen, während sie gesellschaftlich miteinander in Berührung kommen. Jeder will die materielle Natur beherrschen, und dementsprechend schafft sich jeder unter der Aufsicht des Höchsten Herrn sein eigenes Schicksal. Der Herr ist alldurchdringend und kann daher die Handlungen eines jeden beobachten. Und weil der Herr weder Anfang noch Ende hat, kennt man Ihn auch als die ewige Zeit (*kāla*).

VERS 29

न वेद कश्चिद्भगवंश्चिकीर्षितं
तवेहमानस्य नृणां विडम्बनम् ।

न यस्य कश्चिद्दयितोऽस्ति कर्हिचिद्
द्वेष्यश्च यस्मिन् विषमा मतिर्नृणाम्॥२९॥

na veda kaścid bhagavaṁś cikīrṣitaṁ
tavehamānasya nṛṇāṁ viḍambanam
na yasya kaścid dayito 'sti karhicid
dveṣyaś ca yasmin viṣamā matir nṛṇām

na—tut nicht; *veda*—wissen; *kaścit*—wer auch immer; *bhagavan*—o Herr; *cikīrṣitam*—Spiele; *tava*—Deine; *īhamānasya*—wie die weltlichen Menschen; *nṛṇām*—der Leute im allgemeinen; *viḍambanam*—irreführend; *na*—niemals; *yasya*—Sein; *kaścit*—wer auch immer; *dayitaḥ*—Gegenstand besonderer Gunst; *asti*—es gibt; *karhicit*—wo auch immer; *dveṣyaḥ*—Gegenstand der Mißgunst; *ca*—und; *yasmin*—Ihm; *viṣamā*—Parteilichkeit; *matiḥ*—Auffassung; *nṛṇām*—der Menschen.

ÜBERSETZUNG

Niemand, o Herr, kann Deine transzendentalen Spiele begreifen, die menschlich erscheinen und daher irreführend sind. Niemandem schenkst Du besondere Gunst, und Du beneidest niemanden. Es ist nur eine Vorstellung der Menschen, daß Du voreingenommen seist.

ERLÄUTERUNG

Die Gnade des Herrn gegenüber den gefallenen Seelen wird gerecht verteilt. Niemandem ist Er besonders gnädig und niemandem ist Er feindlich gesinnt. Die bloße Vorstellung, die Persönlichkeit Gottes sei ein menschliches Wesen, führt einen schon in die Irre. Seine Spiele sind nur scheinbar wie die eines Menschen, denn in Wirklichkeit sind sie transzendental und frei von jeglicher Spur materieller Verunreinigung. Unzweifelhaft ist Er dafür bekannt, Seinen reinen Geweihten gegenüber voreingenommen zu sein, doch in Wahrheit ist Er niemals voreingenommen, ebenso, wie die Sonne niemals jemandem gegenüber voreingenommen ist. Durch die Nutzung der Sonnenstrahlen werden manchmal sogar Steine wertvoll, wohingegen ein Blinder die Sonne nicht sehen kann, obwohl sich genügend Sonnenstrahlen vor ihm befinden. Dunkelheit und Licht sind Gegensätze, jedoch bedeutet dies nicht, daß die Sonne bei der Verteilung ihrer Strahlen voreingenommen ist. Die Sonnenstrahlen sind für jeden da, doch das Vermögen der Empfänger ist nicht das gleiche. Törichte Menschen denken, hingebungsvoller Dienst bedeute, dem Herrn zu schmeicheln, um Seine besondere Gnade zu erlangen, doch die reinen Gottgeweihten, die sich dem transzendentalen liebevollen Dienst des Herrn widmen, sind keine Händler. Ein Unternehmen bietet jemandem als Gegenleistung für Geld seine Dienste an. Der reine Gottgeweihte dient dem Herrn nicht solcher Gegenleistung wegen, und daher steht ihm die volle Gnade des Herrn offen. Leidende und bedürftige Menschen, Neugierige und Philosophen gehen vorübergehend Verbindungen mit dem Herrn ein, um einen bestimmten Zweck zu erreichen. Wenn der Zweck erfüllt ist, wird die Beziehung zum Herrn abgebrochen. Wenn jemand zum Beispiel an einer

Krankheit leidet, so betet er zum Herrn um Genesung, vorausgesetzt, daß er wenigstens ein bißchen Frömmigkeit besitzt. Sobald diese Genesung dann eingetreten ist, denkt der ehemals Leidende meistens nicht mehr daran, eine Beziehung zum Herrn zu unterhalten. Die Gnade des Herrn ist zwar immer noch für ihn da, doch zögert er jetzt, sie zu empfangen. Hier zeigt sich der Unterschied zwischen einem reinen Gottgeweihten und einem vermischten Gottgeweihten. Diejenigen, die gänzlich gegen den Dienst des Herrn eingestellt sind, befinden sich in tiefster Finsternis; diejenigen, die den Herrn nur in Zeiten der Not um Gunst bitten, sind Teilempfänger der Gnade des Herrn, und diejenigen, die sich voll und ganz dem Dienst des Herrn widmen, empfangen die Gnade des Herrn in ihrer ganzen Fülle. Solche Ungleichheiten beim Empfangen der Gnade des Herrn hängen vom Empfänger ab, nicht von einer Parteilichkeit oder Voreingenommenheit des allbarmherzigen Herrn.

Wenn der Herr durch Seine allbarmherzige Energie in der materiellen Welt erscheint, verhält Er Sich in Seinen Spielen ähnlich wie ein Mensch, weshalb es manchmal so scheint, als sei der Herr nur Seinen Geweihten zugetan; doch dem ist nicht so. Trotz solch scheinbaren Zeichen der Ungleichheit verteilt Er Seine Gnade gleichmäßig. Auf dem Schlachtfeld von Kurukṣetra zum Beispiel wurden alle, die in der Gegenwart des Herrn im Kampf fielen, befreit, ohne die notwendigen Voraussetzungen dafür zu besitzen, da die bloße Gegenwart des Herrn die scheidende Seele von den Wirkungen aller Sünden läutert, und so erhält der Verscheidende einen Platz im transzendentalen Reich. Wenn man sich nur irgendwie den Sonnenstrahlen aussetzt, wird man sicherlich den benötigten Segen in Form von Wärme und ultravioletter Strahlung empfangen. Zusammenfassend kann man also sagen, daß der Herr niemals voreingenommen ist. Es ist ein Fehler der Menschen, Ihn für voreingenommen zu halten.

VERS 30

जन्म कर्म च विश्वात्मन्नजस्याकर्तुरात्मनः ।
तिर्यङ्नृषिषु यादःसु तदत्यन्तविडम्बनम् ॥३०॥

janma karma ca viśvātmann
ajasyākartur ātmanaḥ
tiryaṅ-nṛṣiṣu yādaḥsu
tad atyanta-viḍambanam

janma—Geburt; *karma*—Tätigkeit; *ca*—und; *viśva-ātman*—o Seele des Universums; *ajasya*—des Ungeborenen; *akartuḥ*—des Untätigen; *ātmanaḥ*—der Lebensenergie; *tiryak*—Tier; *nṛ*—Mensch; *ṛṣiṣu*—bei den Heiligen; *yādaḥsu*—im Wasser; *tat*—das; *atyanta*—wahrhaftig; *viḍambanam*—verwirrend.

ÜBERSETZUNG

Natürlich ist es verwirrend, o Seele des Universums, daß Du tätig bist, obwohl Du untätig bist, und daß Du geboren wirst, obwohl Du der Ungeborene und die Lebenskraft bist. Du erscheinst sowohl unter den Tieren als

auch unter den Menschen, den Weisen und den Wasserwesen. Wahrlich, dies ist verwirrend.

ERLÄUTERUNG

Die transzendentalen Spiele des Herrn sind nicht nur verwirrend, sondern auch offenbar widersprüchlich. Sie sind, mit anderen Worten, für das begrenzte Denkvermögen des Menschen unfaßbar. Der Herr ist die alldurchdringende Überseele allen Seins, und dennoch erscheint Er unter den Tieren in der Gestalt eines Ebers, in der Gestalt eines Menschen als Rāma, Kṛṣṇa und andere, in der Gestalt eines *ṛṣi* als Nārāyaṇa und in der Gestalt eines Wasserlebewesens als Fisch. Und doch heißt es, Er sei ungeboren und Er sei nicht gezwungen, etwas zu tun. Im *śruti-mantra* wird gesagt, daß Er, das Höchste Brahman, nicht tätig zu sein braucht. Niemand kommt Ihm gleich oder ist größer als Er. Er besitzt vielfältige Energien, und alles wird von Ihm durch Sein Ihm eigenes ursachloses Wissen und durch Seine Ihm innewohnende ursachlose Stärke und Tatkraft vollendet ausgeführt. Dies beweist zweifellos, daß die Handlungen, Formen und Taten des Herrn für unser begrenztes Denkvermögen unfaßbar sind. Weil Er aber unbegrenzt mächtig ist, ist Ihm alles möglich. Niemand kann Ihn daher genau einschätzen; jede Handlung des Herrn ist für den gewöhnlichen Menschen verwirrend. Man kann Ihn nicht mit Hilfe des vedischen Wissens begreifen, jedoch können Ihn die reinen Gottgeweihten leicht verstehen, da sie eine innige Beziehung zu Ihm haben. Die Gottgeweihten wissen somit auch, daß Er weder ein Tier noch ein Mensch, ein *ṛṣi* oder ein Fisch ist, obwohl Er unter den Tieren und Menschen erscheinen mag. Er ist unter allen Umständen ewig der Höchste Herr.

VERS 31

गोप्याददे त्वयि कृतागसि दाम तावद्
या ते दशाश्रुकलिलाञ्जनसम्भ्रमाक्षम् ।
वक्त्रं निनीय भयभावनया स्थितस्य
सा मां विमोहयति भीरपि यद्बिभेति ॥३१॥

gopy ādade tvayi kṛtāgasi dāma tāvad
yā te daśāśru-kalilāñjana-sambhramākṣam
vaktraṁ ninīya bhaya-bhāvanayā sthitasya
sā māṁ vimohayati bhīr api yad bibheti

gopī—die Kuhhirtin (Yaśodā); *ādade*—ergriff; *tvayi*—wegen Deines; *kṛtāgasi*—Stiftens von Aufregung (durch das Zerbrechen des Buttertopfes); *dāma*—Strick; *tāvat*—damals; *yā*—dasjenige, was; *te*—Deine; *daśā*—Lage; *aśru-kalila*—tränenüberströmt; *añjana*—Tusche; *sambhrama*—verstört; *akṣam*—Augen; *vaktram*—Gesicht; *ninīya*—nach unten; *bhaya-bhāvanayā*—durch angstvolle Gedanken; *sthitasya*—der Situation; *sā*—das; *mām*—mich; *vimohayati*—verwirrt; *bhīḥ api*—selbst die Furcht in Person; *yat*—wem; *bibheti*—sich fürchten vor.

ÜBERSETZUNG

Lieber Kṛṣṇa, Yaśodā nahm einen Strick, um Dich zu fesseln, als Du Unfug triebst, und Deine verstörten Augen füllten sich mit Tränen, von denen die Tusche Deiner Augen verwischt wurde. Du fürchtetest Dich, obwohl sich die Furcht in Person vor Dir fürchtet. Diese Vorstellung verwirrt mich.

ERLÄUTERUNG

Hier findet sich ein weiteres Beispiel für die Verwirrung, die die Spiele des Höchsten Herrn verursachen. Der Höchste Herr ist, wie bereits erklärt wurde, unter allen Umständen der Höchste. Das obige Beispiel zeigt besonders deutlich, wie der Herr gleichzeitig der Höchste und ein Spielzeug in den Händen Seines reinen Geweihten sein kann. Der reine Gottgeweihte dient dem Herrn nur aus unverfälschter Liebe, und während der reine Gottgeweihte sich so dem hingebungsvollen Dienst widmet, vergißt er die Stellung des Höchsten Herrn. Der Höchste Herr nimmt Seinerseits den liebevollen Dienst Seines Geweihten mit größerer Freude entgegen, wenn Ihm der Dienst spontan, das heißt aus reiner Zuneigung und ohne ehrfurchtsvolle Bewunderung, dargebracht wird. Im allgemeinen wird der Herr von den Gottgeweihten in ehrfurchtsvoller Haltung verehrt, doch der Herr freut Sich ganz besonders, wenn Ihn der Geweihte aus reiner Zuneigung und Liebe für weniger bedeutsam hält als sich selbst. Die Spiele des Herrn im ursprünglichen Reich von Goloka Vṛndāvana werden in diesem Bewußtsein ausgetauscht. Die Freunde Kṛṣṇas betrachten den Herrn als einen der Ihren. In ihren Augen ist Er nicht von ehrfurchtsgebietender Bedeutsamkeit. Die Eltern des Herrn (die reine Gottgeweihte sind) sehen in Ihm nur ein Kind. Dem Herrn bereiten die Bestrafungen Seiner Eltern mehr Freude als die Gebete der vedischen Hymnen, und Er genießt auch die Vorwürfe Seiner Geliebten mehr als die vedischen Hymnen. Als Śrī Kṛṣṇa in der materiellen Welt weilte, um Seine ewigen Spiele des transzendentalen Reiches von Goloka Vṛndāvana zu offenbaren, damit die Menschen sich zu Ihm hingezogen fühlten, bot Er Seiner Pflegemutter, Yaśodā, ein einzigartiges Bild der Unterordnung. In Seinen natürlichen Spielen pflegte der Herr den Buttervorrat Mutter Yaśodās zu verderben, indem Er die Töpfe zerbrach und den Inhalt an Seine Freunde und Spielgefährten, einschließlich der berühmten Affen von Vṛndāvana, verteilte, die die Freigebigkeit des Herrn genossen. Als Mutter Yaśodā dies sah, wollte sie aus ihrer reinen Liebe heraus so tun, als strafe sie ihr transzendentales Kind. So nahm sie einen Strick und drohte dem Herrn, Ihn festzubinden, wie es in gewöhnlichen Familien üblich ist. Der Herr senkte den Kopf, als Er den Strick in den Händen Mutter Yaśodās sah, und begann wie ein Kind zu weinen; Tränen rollten Ihm über die Wangen und verwischten die schwarze Bemalung, die um Seine schönen Augen aufgetragen war. Dieses Bildnis des Herrn wird von Kuntīdevī verehrt, weil sie sich der erhabenen Stellung des Herrn bewußt ist. Er wird oftmals von der Angst in Person gefürchtet, jedoch ängstigte Er Sich vor Seiner Mutter, die Ihn auf ganz gewöhnliche Weise bestrafen wollte. Kuntī war sich der hohen Stellung Kṛṣṇas bewußt, Yaśodā jedoch nicht. Deshalb befand sich Yaśodā auf einer höheren Stufe als Kuntī. Mutter Yaśodā bekam Kṛṣṇa als Kind, und Kṛṣṇa ließ sie ganz vergessen, daß ihr Kind der Herr Selbst war. Wäre sich Mutter Yaśodā der hohen Stellung Kṛṣṇas bewußt gewesen, hätte sie es bestimmt nicht gewagt, Ihn zu bestrafen. Doch Kṛṣṇa ließ sie diesen Umstand vergessen, weil Er Sich gegenüber der zuneigungsvollen Yaśodā wie ein Kind verhalten wollte. Dieser Liebesaustausch zwischen Mutter und Sohn geschah auf natürliche Weise, und Kuntī, die sich an jene Begebenheit erinnerte, war verwirrt; sie konnte nicht umhin, diese transzendentale kindliche Liebe zu preisen. Indirekt wird damit Mutter Yaśodā für ihre einzigartige Stufe der Liebe gerühmt, da sie sogar dem allmächtigen Herrn als ihrem geliebten Kind gebieten durfte.

VERS 32

केचिदाहुरजं जातं पुण्यश्लोकस्य कीर्तये ।
यदोः प्रियस्यान्ववाये मलयस्येव चन्दनम् ॥३२॥

kecid āhur ajaṁ jātaṁ
puṇya-ślokasya kīrtaye
yadoḥ priyasyānvavāye
malayasyeva candanam

kecit—jemand; *āhuḥ*—sagt; *ajam*—der Ungeborene; *jātam*—geboren; *puṇya-ślokasya*—der großen frommen Könige; *kīrtaye*—zum Ruhm; *yadoḥ*—König Yadus; *priyasya*—des geliebten; *anvavāye*—in der Familie des; *malayasya*—malaiische Berge; *iva*—wie; *candanam*—Sandelholz.

ÜBERSETZUNG

Manche sagen, Du, der Ungeborene, seist zum Ruhm frommer Könige geboren worden, und andere sagen, Du seist zur Freude König Yadus, eines Deiner liebsten Geweihten, geboren worden. Du erscheinst in seiner Familie so, wie Sandelholz in den Bergen Malaias erscheint.

ERLÄUTERUNG

Weil das Erscheinen des Herrn in der materiellen Welt verwirrend ist, gibt es unterschiedliche Meinungen über die Geburt des Ungeborenen. In der *Bhagavad-gītā* sagt der Herr, daß Er in der materiellen Welt geboren wird, obwohl Er nie geboren wird und der Herr aller fühlenden Wesen ist. Die Geburt des Ungeborenen ist also nicht zu leugnen, da Er diese Tatsache Selbst bestätigt; doch es gibt unterschiedliche Auffassungen, weshalb Er geboren wird. Auch das wird in der *Bhagavad-gītā* erklärt: Er erscheint durch Seine innere Kraft, um die Prinzipien der Religion wieder zu errichten, die Frommen zu beschützen und die Gottlosen zu vernichten. Dies ist die Absicht, die sich hinter dem Erscheinen des Ungeborenen verbirgt. Dennoch heißt es, der Herr sei zum Ruhm des frommen Königs Yudhiṣṭhira erschienen. In der Tat wollte Śrī Kṛṣṇa zum Wohl aller Lebewesen auf der Welt das Königreich der Pāṇḍavas errichten. Wenn ein frommer König die Welt regiert, sind die Menschen glücklich; wenn aber der Regierende gottlos ist, sind die Menschen unglücklich. Im Zeitalter des Kali sind die Regierenden zum größten Teil gottlos, und daher sind auch die Bürger stets unglücklich. Im Falle der Demokratie jedoch beauftragen die gottlosen Bürger selbst ihren Abgeordneten, sie zu regieren, und deshalb können sie niemandem wegen ihres Unglücks Vorwürfe machen.

Auch Mahārāja Nala war zwar als ein großer, frommer König berühmt, doch er hatte keine Beziehung zu Śrī Kṛṣṇa. Daher ist mit dem frommen König hier Mahārāja Yudhiṣṭhira gemeint, zu dessen Ruhm Śrī Kṛṣṇa erschien. Auch König Yadu verhalf Er zu Berühmtheit, da Er in Seiner Familie geboren wurde. Der Herr ist als Yādava, Yaduvīra, Yadunandana und so fort bekannt, wenngleich der Herr niemals durch solche Bindungen zu etwas verpflichtet ist. Es verhält sich wie mit dem Sandelholz, das in den malaiischen Bergen wächst. Bäume können überall wachsen, doch weil die Sandelholzbäume hauptsächlich im Gebiet der malaiischen Berge vorkommen, sind der Begriff „Sandelholz" und die malaiischen Berge miteinander verknüpft. Der Herr ist ewig ungeboren wie die Sonne, und dennoch erscheint Er, so, wie die Sonne am östlichen Horizont aufgeht. Wie die Sonne niemals eine östliche Sonne ist, so ist der Herr niemals der Sohn von jemandem; vielmehr ist Er der Vater aller Wesen.

VERS 33

अपरे वसुदेवस्य देवक्यां याचितोऽभ्यगात् ।
अजस्त्वमस्य क्षेमाय वधाय च सुरद्विषाम् ॥३३॥

apare vasudevasya
devakyāṁ yācito 'bhyagāt
ajas tvam asya kṣemāya
vadhāya ca sura-dviṣām

apare—andere; *vasudevasya*—von Vasudeva; *devakyām*—von Devakī; *yācitaḥ*—gebetet um; *abhyagāt*—wurde geboren; *ajaḥ*—ungeboren; *tvam*—Du bist; *asya*—von ihm; *kṣemāya*—zum Wohl; *vadhāya*—um zu töten; *ca*—und; *sura-dviṣām*—derjenigen, die gegen die Halbgötter Mißgunst hegen.

ÜBERSETZUNG

Andere sagen, weil Vasudeva und Devakī um Dich beteten, seist Du als ihr Sohn zur Welt gekommen. Zweifellos bist Du ungeboren; trotzdem erscheinst Du zu ihrem Wohl und um jene zu töten, die die Halbgötter beneiden.

ERLÄUTERUNG

Es steht geschrieben, daß sich Vasudeva und Devakī in ihrem vorangegangenen Leben als Sutapa und Pṛśni einer strengen Form der Buße unterzogen, um den Herrn als ihren Sohn zu bekommen, und daß der Herr aufgrund dieser Entsagung als ihr Sohn erschien. In der *Bhagavad-gītā* (4.8) wird ebenfalls erklärt, daß der Herr zum Wohl aller Menschen der Welt erscheint, wie auch, um die *asuras*, die materialistischen Atheisten, zu vernichten.

VERS 34

भारावतारणायान्ये भुवो नाव इवोदधौ ।
सीदन्त्या भूरिभारेण जातो ह्यात्मभुवार्थितः ॥३४॥

bhārāvatāraṇāyānye
bhuvo nāva ivodadhau
sīdantyā bhūri-bhāreṇa
jato hy ātma-bhuvārthitaḥ

bhāra-avatāraṇāya—nur, um die Last der Welt zu mindern; *anye*—andere; *bhuvaḥ*—der Welt; *nāvaḥ*—Boot; *iva*—wie das; *udadhau*—auf dem Meer; *sīdantyāḥ*—betrübt; *bhūri*—äußerst; *bhāreṇa*—von der Last; *jātaḥ*—Du wurdest geboren; *hi*—weil; *ātma-bhuvā*—Brahmā; *arthitaḥ*—betete um Dich.

ÜBERSETZUNG

Wieder andere sagen, die Welt, überladen wie ein Boot auf dem Meer, leide stark, und Brahmā, Dein Sohn, habe um Dich gebetet, weshalb Du erschienen seist, um die Not zu lindern.

ERLÄUTERUNG

Brahmā, das erste Lebewesen, das gleich nach der Schöpfung geboren wurde, ist der unmittelbare Sohn Nārāyaṇas. Am Anfang ging Nārāyaṇa als Garbhodakaśāyī Viṣṇu in das materielle Universum ein. Ohne Verbindung mit der spirituellen Natur kann die Materie nichts hervorbringen; dieses Prinzip gilt schon seit dem Beginn der Schöpfung. Nachdem das höchste spirituelle Wesen in das Universum eingegangen war, wurde Brahmā, das erste Lebewesen, auf einer Lotosblüte geboren, die aus dem transzendentalen Nabel Viṣṇus wuchs. Deshalb kennt man Viṣṇu auch als Padmanābha. Brahmā wird manchmal *ātma-bhū* genannt, weil er direkt von seinem Vater – ohne das Mitwirken der Mutter Lakṣmījī – gezeugt wurde. Lakṣmījī, die sich im Dienst des Herrn beschäftigte, saß unmittelbar bei Nārāyaṇa, und dennoch zeugte Nārāyaṇa Brahmā ohne jede Verbindung mit ihr. Das beweist die Allmacht des Herrn, und jemand, der törichterweise denkt, Nārāyaṇa sei wie andere Lebewesen, sollte sich hiermit eines Besseren belehren lassen. Nārāyaṇa ist kein gewöhnliches Lebewesen. Er ist die Persönlichkeit Gottes Selbst und birgt in jedem Teil Seines transzendentalen Körpers die gesamten Kräfte aller Sinne. Ein gewöhnliches Lebewesen zeugt ein Kind durch Geschlechtsverkehr, und es ist nicht imstande, ein Kind auf andere Weise zu zeugen als auf die ihm zugewiesene Art. Nārāyaṇa hingegen ist allmächtig, und Seine Energie ist an keine Bedingungen gebunden. Er ist in Sich Selbst vollkommen und so unabhängig, daß Er durch Seine vielfältigen Energien alles mit Leichtigkeit und in Vollkommenheit tun kann. Brahmā ist also der unmittelbare Sohn seines Vaters und befand sich nie in einem Mutterleib. Deshalb nennt man ihn *ātma-bhū*. Dieser Brahmā ist für weitere Schöpfungen im Universum zuständig, die Nebenwirkungen der Kraft des Allmächtigen darstellen. Innerhalb des Universums gibt es einen transzendentalen Planeten, Śvetadvīpa genannt, der das

Reich des Kṣīrodakaśāyī Viṣṇu, des Paramātmā-Aspektes des Höchsten Herrn, ist. Wenn im Universum eine Störung auftritt, die die verwaltenden Halbgötter nicht beseitigen können, ersuchen diese Brahmā um Hilfe, und wenn selbst Brahmājī keine Lösung findet, bittet er Kṣīrodakaśāyī Viṣṇu um Rat und betet zu Ihm, Er möge eine Inkarnation senden, um die Probleme zu lösen. Ein solches Problem ergab sich, als Kaṁsa und andere *asuras* die Erde regierten und sie durch ihre Missetaten aufs schwerste belasteten. Damals betete Brahmājī gemeinsam mit anderen Halbgöttern am Ufer des Kṣīrodaka-Ozeans, worauf ihnen das Erscheinen Kṛṣṇas als der Sohn Vasudevas und Devakīs angekündigt wurde. Deshalb wird manchmal gesagt, der Herr sei auf die Gebete Brahmājīs hin erschienen.

VERS 35

भवेऽस्मिन् क्लिश्यमानानामविद्याकामकर्मभिः ।
श्रवणस्मरणार्हाणि करिष्यन्निति केचन ॥३५॥

bhave 'smin kliśyamānānām
avidyā-kāma-karmabhiḥ
śravaṇa-smaraṇārhāṇi
kariṣyann iti kecana

bhave—in der materiellen Schöpfung; *asmin*—dies; *kliśyamānānām*—von denjenigen, die leiden an; *avidyā*—Unwissenheit; *kāma*—Begierde; *karmabhiḥ*—durch fruchtbringendes Tun; *śravaṇa*—hörend; *smaraṇa*—sich erinnernd; *arhāṇi*—verehrend; *kariṣyan*—ausführen mögen; *iti*—somit; *kecana*—andere.

ÜBERSETZUNG

Und wieder andere sagen, Du seist erschienen, um den hingebungsvollen Dienst des Hörens, Sicherinnerns, Verehrens usw. zu erneuern, damit die bedingten Seelen, die unter materiellen Qualen leiden, ihren Nutzen daraus ziehen und so befreit werden können.

ERLÄUTERUNG

In der *Śrīmad-Bhagavad-gītā* versichert der Herr, daß Er in jedem Zeitalter erscheint, um den Weg der Religion wiederherzustellen. Religion wird vom Höchsten Herrn geschaffen. Niemand kann einen neuen Pfad der Religion erfinden, wie es unter gewissen ehrsüchtigen Menschen üblich ist. Der wahre Weg der Religion besteht darin, den Herrn als die höchste Autorität anzuerkennen und Ihm in spontaner Liebe zu dienen. Ein Lebewesen kann nicht vermeiden, daß es dienen muß, weil es von seiner Natur her zu diesem Zweck geschaffen wurde. Die einzige Aufgabe des Lebewesens ist es, dem Herrn Dienst darzubringen. Der Herr ist groß, und die Lebewesen sind Ihm untertan. Deshalb ist es die Pflicht des Lebewesens, Ihm allein zu dienen. Unglücklicherweise werden die verblendeten Lebewesen aus einem falschen Verständnis heraus durch materielle Begierden zu Dienern der Sinne. Diese Begierden werden als *avidyā*, Unwissenheit, bezeichnet. Aus solchem Begehren heraus entwirft das Lebewesen vielerlei Pläne für materiellen Genuß, deren Mittelpunkt ein pervertiertes Geschlechtsleben bildet. So verfängt es sich in der Kette der Geburten und Tode und wandert unter der Führung des Höchsten Herrn auf verschiedenen Planeten von Körper zu Körper. Solange man daher die Begrenzungen dieser Unwissenheit nicht überschritten hat, kann man von den dreifachen Leiden des materiellen Lebens nicht frei werden. So lautet das Gesetz der Natur. Weil der Herr jedoch mit den leidenden Lebewesen mehr Erbarmen hat, als sie es verdienen, erscheint Er aus Seiner grundlosen Barmherzigkeit unter ihnen und erweckt die Prinzipien des hingebungsvollen Dienstes wieder, nämlich Hören, Chanten, Sicherinnern, Dienen, Verehren, Gebetedarbringen, Freundschaftschließen und völlige Hingabe. Die Ausübung all dieser Prinzipien oder auch nur eines einzigen kann einer bedingten Seele helfen, der Verstrickung in die Unwissenheit zu entkommen und so von allen materiellen Leiden frei zu werden, die sich das Lebewesen aufgrund seiner Verblendung durch die äußere Energie geschaffen hat. Diese besondere Art der Gnade erweist der Herr den Lebewesen in der Form Śrī Caitanya Mahāprabhus.

VERS 36

शृण्वन्ति गायन्ति गृणन्त्यभीक्ष्णशः
स्मरन्ति नन्दन्ति तवेहितं जनाः ।
त एव पश्यन्त्यचिरेण तावकं
भवप्रवाहोपरमं पदाम्बुजम् ॥३६॥

śṛṇvanti gāyanti gṛṇanty abhīkṣṇaśaḥ
smaranti nandanti tavehitaṁ janāḥ
ta eva paśyanty acireṇa tāvakaṁ
bhava-pravāhoparamaṁ padāmbujam

śṛṇvanti—hören; *gāyanti*—chanten; *gṛṇanti*—nehmen; *abhīkṣṇaśaḥ*—ständig; *smaranti*—erinnert; *nandanti*—findet Freude; *tava*—Deine; *īhitam*—Taten; *janāḥ*—Leute; *te*—sie; *eva*—gewiß; *paśyanti*—können sehen; *acireṇa*—sehr bald; *tāvakam*—Deine; *bhava-pravāha*—der Strom der Wiedergeburt; *uparamam*—Stillstand; *pada-ambujam*—Lotosfüße.

ÜBERSETZUNG

O Kṛṣṇa, diejenigen, die ständig von Deinen transzendentalen Taten hören, sie lobpreisen und immer wieder erzählen oder Freude daran haben, wenn andere dies tun, sehen gewiß Deine Lotosfüße, die allein die Wiederholung von Geburt und Tod beenden können.

ERLÄUTERUNG

Der Höchste Herr, Śrī Kṛṣṇa, kann aus unserer gegenwärtigen, bedingten Sicht nicht wahrgenommen werden. Um Ihn zu sehen, müssen wir unsere gegenwärtige

Sichtweise ändern und ein Dasein voller spontaner Liebe zu Gott entwickeln. Als Śrī Kṛṣṇa persönlich auf der Erde weilte, konnte Ihn nicht jeder als die Höchste Persönlichkeit Gottes erkennen. Materialisten wie Rāvaṇa, Hiraṇyakaśipu, Kaṁsa, Jarāsandha, Śiśupāla und andere waren, an ihren materiellen Fähigkeiten gemessen, fortgeschrittenste Persönlichkeiten, aber dennoch wußten sie die Gegenwart des Herrn nicht zu würdigen. Selbst wenn der Herr also vor unseren Augen gegenwärtig wäre, könnten wir Ihn nicht sehen, solange wir nicht die erforderliche Sicht besitzen. Diese notwendige Eignung wird nur durch den Vorgang des hingebungsvollen Dienstes entwickelt, der damit beginnt, daß man aus den richtigen Quellen über den Herrn hört. Die *Bhagavad-gītā* ist eines der bekannten Literaturwerke, die allgemein gehört, gechantet und zitiert werden, doch trotz solchen Hörens, Chantens und Zitierens kommt es manchmal vor, daß derjenige, der solch hingebungsvollen Dienst verrichtet, den Herrn nicht von Angesicht zu Angesicht sieht. Dies beruht darauf, daß der erste Faktor, *śravaṇa*, sehr wichtig ist. Wenn man aus den richtigen Quellen hört, zeigen sich rasch Ergebnisse. Meistens jedoch hören die Menschen von nichtbefugten Personen. Solch nichtbefugte Personen mögen vielleicht nach akademischen Gesichtspunkten sehr gelehrt sein, doch weil sie den Prinzipien des hingebungsvollen Dienstes nicht folgen, ist es nur Zeitverschwendung, ihnen zuzuhören. Oft legen sie die Texte dem Geschmack der Zeit entsprechend aus, um ihren persönlichen Absichten zu dienen. Man sollte daher zunächst einen befähigten und befugten Sprecher ausfindig machen und dann von ihm hören. Wenn der Vorgang des Hörens vollkommen und vollständig ist, werden die anderen Vorgänge von selbst auf ihre Weise vollkommen.

Es gibt vielfältige transzendentale Spiele des Herrn, und jedes einzelne von ihnen besitzt die Macht, das gewünschte Ergebnis herbeizuführen, sofern der Vorgang des Hörens vollkommen ist. Das *Śrīmad-Bhāgavatam* beginnt mit den Beschreibungen der Taten und Spiele des Herrn in Seiner Beziehung zu den Pāṇḍavas; es folgen noch viele andere Spiele des Herrn, wie zum Beispiel Seine Kämpfe mit den *asuras*. Im Zehnten Canto schließlich wird Seine erhabene Beziehung zu Seinen ehelichen Gefährtinnen, den *gopīs*, wie auch zu Seinen Ehefrauen in Dvārakā beschrieben. Da der Herr absolut ist, gibt es hinsichtlich der transzendentalen Natur zwischen keinem der Spiele des Herrn einen Unterschied; doch wenn der Hörvorgang nicht autorisiert ist, zeigen sich die Menschen bisweilen interessierter daran, von Seinen Spielen mit den *gopīs* zu hören. Diese Neigung verrät die lüsternen Gefühle des Zuhörers, und daher wird sich ein befugter Sprecher der Spiele des Herrn niemals mit solch unautorisiertem Hören abgeben. Man muß über den Herrn vom Beginn des *Śrīmad-Bhāgavatam* und anderer Schriften an hören; das wird uns helfen, durch allmählichen Fortschritt die Vollkommenheit zu erreichen. Man sollte nicht denken, Kṛṣṇas Erlebnisse mit den Pāṇḍavas seien weniger bedeutend als die mit den *gopīs*. Wir müssen uns immer der Tatsache bewußt sein, daß der Herr zu aller weltlichen Anhaftung stets in transzendentaler Stellung steht. Er allein ist der Held in all den oben erwähnten Spielen, und über Ihn wie auch über Seine Geweihten und Gegner zu hören ist für das spirituelle Leben förderlich. Es heißt, daß die *Veden*, die *Purāṇas* und andere Schriften nur verfaßt wurden, um unsere verlorene Beziehung zu Ihm wiederzubeleben. Daher ist es grundlegend, aus diesen Schriften zu hören.

VERS 37

अप्यद्य नस्त्वं स्वकृतेहित प्रभो
जिहाससि स्वित्सुहृदोऽनुजीविनः ।
येषां न चान्यद्भवतः पदाम्बुजात्
परायणं राजसु योजितांहसाम् ॥३७॥

apy adya nas tvaṁ sva-kṛtehita prabho
jihāsasi svit suhṛdo 'nujīvinaḥ
yeṣāṁ na cānyad bhavataḥ padāmbujāt
parāyaṇaṁ rājasu yojitāṁhasām

api—wenn; *adya*—heute; *naḥ*—uns; *tvam*—Du; *sva-kṛta*—durch Dich vollzogen; *īhita*—alle Pflichten; *prabho*—mein Herr; *jihāsasi*—aufgebend; *svit*—möglicherweise; *suhṛdaḥ*—enge Freunde; *anujīvinaḥ*—von der Gnade abhängig sein; *yeṣām*—von wem; *na*—weder; *ca*—und; *anyat*—irgend jemand sonst; *bhavataḥ*—Deine; *pada-ambujāt*—von den Lotosfüßen; *parāyaṇam*—abhängig; *rājasu*—den Königen; *yojita*—sich befassen mit; *aṁhasām*—Feindschaft.

ÜBERSETZUNG

O mein Herr, Du kamst persönlich allen Pflichten nach. Verläßt Du uns heute, obgleich wir völlig von Deiner Barmherzigkeit abhängig sind und niemanden sonst haben, der uns jetzt, wo uns alle Könige feindlich gegenüberstehen, beschützen würde?

ERLÄUTERUNG

Die Pāṇḍavas sind in höchstem Maße gesegnet, da sie das Glück hatten, völlig von der Gnade des Herrn abhängig zu sein. In der materiellen Welt gilt es als das schlimmste Mißgeschick, von der Gnade eines anderen abhängig zu sein; doch in unserer transzendentalen Beziehung zum Herrn ist es das höchste Glück, wenn wir in unserem Leben völlig von Ihm abhängig sind. Die materielle Krankheit entsteht aus dem Gedanken, von allem unabhängig zu werden, doch die grausame materielle Natur erlaubt uns keine Unabhängigkeit. Diesen irrigen Versuch, von den strengen Gesetzen der Natur unabhängig zu werden, bezeichnet man auch als den materiellen Fortschritt experimentellen Wissens. Die ganze materielle Welt bewegt sich auf der Grundlage dieses fruchtlosen Versuches, sich von den Gesetzen der Natur unabhängig zu machen. Angefangen mit Rāvaṇa, der eine Treppe zu den himmlischen Planeten bauen wollte, bis hin zum Menschen der heutigen Zeit, versucht die bedingte Seele, die Naturgesetze zu überwinden. Seit kurzem versucht man zum Beispiel, sich den entfernten Planetensystemen mit elektronisch-mechanischer Kraft zu nähern. Das höchste Ziel der menschlichen Zivilisation besteht jedoch darin, unter der Führung des Herrn schwer zu arbeiten und völlig von Ihm abhängig zu werden. Die höchste Errungenschaft einer vollkommenen Zivilisation ist es, nach bestem Vermögen zu arbeiten und gleichzeitig völlig von den Unterweisungen des Herrn abhängig zu sein. Die Pāṇḍavas gaben ein vollkommenes Beispiel für diesen Stand der Zivilisation. Sie vertrauten bedingungslos auf die Barmherzigkeit Śrī Kṛṣṇas; jedoch waren sie keine untätigen Schmarotzer. Sie alle zeichneten sich sowohl durch vorbildliche Charaktereigenschaften als auch durch großartige Taten aus. Trotzdem suchten sie stets die Gnade des Herrn, da sie wußten, daß jedes Lebewesen von seiner wesenseigenen Stellung her abhängig ist. Die Vollkommenheit des Lebens besteht also darin, vom Willen des Herrn abhängig zu werden, statt in der materiellen Welt scheinbar unabhängig zu sein. Diejenigen, die versuchen, vom Herrn scheinbar unabhängig zu werden, nennt man *anātha* oder „ohne jeden Behüter", wohingegen diejenigen, die sich völlig vom Willen des Herrn abhängig wissen, *sanātha* genannt werden oder „diejenigen, die einen Beschützer haben". Wir müssen uns also bemühen, *sanātha* zu sein, damit wir vor den widrigen Verhältnissen des materiellen Daseins beschützt werden. Durch die irreführende Kraft der äußeren, materiellen Natur vergessen wir, daß das materielle Dasein mit den unangenehmsten Schwierigkeiten verbunden ist. Die *Bhagavad-gītā* (7.19) lehrt uns daher, daß ein glücklicher Mensch nach vielen, vielen Geburten die Tatsache erkennt, daß Vāsudeva das ein und alles ist und daß man sein Leben in bester Weise nutzt, wenn man sich Ihm völlig ergibt. Das ist das Merkmal eines *mahātmā*. Daher waren alle Angehörigen der Pāṇḍava-Familie *mahātmās* im Lebensstand des Haushälters. Mahārāja Yudhiṣṭhira war das Oberhaupt dieser *mahātmās*, und Königin Kuntīdevī war die Mutter. Die Lehren der *Bhagavad-gītā* und aller *Purāṇas*, vor allem des *Bhāgavata Purāṇa*, sind daher untrennbar mit der Geschichte der Pāṇḍava-*mahātmās* verbunden. Für sie war die Trennung vom Herrn das gleiche wie für einen Fisch die Trennung vom Wasser. Śrīmatī Kuntīdevī empfand diese Trennung daher wie einen Blitzschlag, und das ganze Gebet der Königin ist ein Versuch, den Herrn zum Bleiben zu bewegen. Obwohl nach der Schlacht von Kurukṣetra die feindlichen Könige tot waren, lebten immer noch deren Söhne und Enkel, von denen die Pāṇḍavas bedrängt werden konnten. Es ist nicht so, daß nur die Pāṇḍavas solchen Feindseligkeiten ausgesetzt waren, vielmehr befinden wir uns alle ständig in einer solchen Lage, und die beste Art zu leben besteht darin, ganz vom Willen des Herrn abhängig zu werden und so alle Schwierigkeiten des materiellen Daseins zu überwinden.

VERS 38

के वयं नामरूपाभ्यां यदुभिः सह पाण्डवाः ।
भवतोऽदर्शनं यर्हि हृषीकाणामिवेशितुः ॥३८॥

ke vayaṁ nāma-rūpābhyāṁ
yadubhiḥ saha pāṇḍavāḥ
bhavato 'darśanaṁ yarhi
hṛṣīkāṇām iveśituḥ

ke—die sind; *vayam*—wir; *nāma-rūpābhyām*—ohne Ruhm und Fähigkeiten; *yadubhiḥ*—mit den Yadus; *saha*—zusammen mit; *pāṇḍavāḥ*—und die Pāṇḍavas; *bhavataḥ*—Deine; *adarśanam*—Abwesenheit; *yarhi*—als ob; *hṛṣīkāṇām*—der Sinne; *iva*—wie; *īśituḥ*—des Lebewesens.

ÜBERSETZUNG

So, wie Name und Ruhm eines bestimmten Körpers mit dem Fortgehen der lebendigen Seele ein Ende haben, so werden all unser Ruhm und unsere Taten zusammen mit den Pāṇḍavas und Yadus untergehen, wenn Du uns nicht mehr anblickst.

ERLÄUTERUNG

Kuntīdevī weiß wohl, daß die Pāṇḍavas ihr Dasein nur Śrī Kṛṣṇa verdanken. Die Pāṇḍavas besitzen zwar ohne Zweifel einen guten Namen und weitreichenden Ruhm, und ihr Oberhaupt ist der mächtige König Yudhiṣṭhira, die Verkörperung der Moral, und die Yadus sind zweifellos starke Bundesgenossen, doch ohne die Führung Śrī Kṛṣṇas sind sie alle bedeutungslos, ebenso, wie die Sinne des Körpers ohne die Führung des Lebewesens nutzlos sind. Niemand sollte auf seine bedeutende Stellung, seine Macht oder seinen Ruhm stolz sein, ohne sich durch die Gnade des Höchsten Herrn leiten zu lassen. Die Lebewesen sind immer abhängig, und das endgültige Ziel der Abhängigkeit ist der Herr Selbst. Wir mögen also durch unseren Fortschritt im materiellen Wissen alle möglichen materiellen Hilfsmittel erfinden, um unseren Schwierigkeiten entgegenzuwirken, doch ohne die Führung des Herrn enden all diese Erfindungen im Fiasko, gleichgültig, wie mächtig und nachhaltig unsere schützenden Maßnahmen sind.

VERS 39

नेयं शोभिष्यते तत्र यथेदानीं गदाधर ।
त्वत्पदैरङ्किता भाति स्वलक्षणविलक्षितैः ॥३९॥

neyaṁ śobhiṣyate tatra
yathedānīṁ gadādhara
tvat-padair aṅkitā bhāti
sva-lakṣaṇa-vilakṣitaiḥ

na—nicht; *iyam*—dieses Land unseres Königreiches; *śobhiṣyate*—wird schön erscheinen; *tatra*—dann; *yathā*—wie es jetzt ist; *idānīm*—jetzt; *gadādhara*—o Kṛṣṇa; *tvat*—Deine; *padaiḥ*—von den Füßen; *aṅkitā*—geprägt; *bhāti*—erstrahlt; *sva-lakṣaṇa*—Deine persönlichen Zeichen; *vilakṣitaiḥ*—von den Abdrücken.

ÜBERSETZUNG

O Gadādhara [Kṛṣṇa], die Zeichen auf Deinen Fußsohlen hinterließen im Land unseres Reiches Spuren, und deshalb erscheint es so schön. Doch wenn Du uns verläßt, wird dies nicht mehr so sein.

ERLÄUTERUNG

Es gibt bestimmte besondere Zeichen an den Füßen des Herrn, die den Herrn von allen anderen Lebewesen unterscheiden. Die Zeichen – eine Fahne, ein Blitz, ein

Stab zum Elefantentreiben, ein Schirm, ein Lotos, ein Rad usw. – befinden sich auf den Fußsohlen des Herrn. Diese Zeichen drücken sich in den weichen Staub des Bodens, über den der Herr schreitet. Auf diese Weise wurde das Land von Hastināpura mit Kṛṣṇas Fußabdrücken geschmückt, als Śrī Kṛṣṇa mit den Pāṇḍavas dort weilte, und das Königreich der Pāṇḍavas erblühte durch diese glückverheißenden Zeichen. Kuntīdevī wies auf diese einzigartigen Zeichen hin und befürchtete Unglück in der Abwesenheit des Herrn.

VERS 40

इमे जनपदाः स्वृद्धाः सुपक्कौषधिवीरुधः ।
वनाद्रिनद्युदन्वन्तो ह्येधन्ते तव वीक्षितैः ॥४०॥

ime jana-padāḥ svṛddhāḥ
supakkauṣadhi-vīrudhaḥ
vanādri-nady-udanvanto
hy edhante tava vīkṣitaiḥ

ime—all diese; *jana-padāḥ*—Städte und Dörfer; *svṛddhāḥ*—erblühen; *supakka*—Natur; *auṣadhi*—Kräuter; *vīrudhaḥ*—Gemüse; *vana*—Wälder; *adri*—Hügel; *nadī*—Flüsse; *udanvantaḥ*—Meere; *hi*—sicherlich; *edhante*—anwachsend; *tava*—Dein; *vīkṣitaiḥ*—Blick.

ÜBERSETZUNG

Alle Städte und Dörfer stehen in Blüte, denn die Gräser und Ähren wachsen in Fülle, die Bäume hängen voller Früchte, die Flüsse rauschen, die Berge sind voller Erze und die Meere voller Reichtum. Und dies ist so, weil Du Deinen Blick über sie schweifen läßt.

ERLÄUTERUNG

Menschlicher Wohlstand blüht durch Gaben der Natur, und nicht durch gigantische Industrieunternehmen. Die gigantischen Industrieunternehmen sind Produkte einer gottlosen Zivilisation, und sie führen zur Vernichtung der edlen Ziele des menschlichen Lebens. Je mehr wir solch unheilbringende Industrien fördern, um die Lebensenergie des Menschen auszupressen, desto mehr nimmt die Rastlosigkeit und Unzufriedenheit der Menschen zu, und nur einige wenige werden durch die Ausbeutung im Überfluß leben können. Die Gaben der Natur, wie Getreide, Gemüse und Früchte, Flüsse, Berge voller Juwelen und Erze und Meere voller Perlen, erhalten wir auf Anordnung des Höchsten Herrn, und nach Seinem Willen bringt die materielle Natur sie in Hülle und Fülle hervor oder hält sie zu bestimmten Zeiten zurück. Das Naturgesetz sieht es vor, daß der Mensch von diesen göttlichen Gaben Gebrauch machen und auf ihrer Grundlage ein zufriedenes Leben führen kann, ohne von dem ausbeuterischen Verlangen getrieben zu werden, die materielle Natur zu beherrschen. Je mehr wir versuchen, die materielle Natur nach unseren Launen auszubeuten, desto mehr werden wir in die Folgen solcher Ausbeutungsversuche verstrickt. Wenn wir genügend Getreide, Früchte, Gemüse und Kräuter haben, wozu ist es dann notwendig, Schlachthöfe zu unterhalten und unschuldige Tiere zu töten? Ein Mensch braucht kein Tier zu töten, wenn er genügend Getreide und Gemüse zu essen hat. Das Anschwellen des Wassers in den Flüssen macht die Felder fruchtbar, und es ist mehr vorhanden, als wir brauchen. Erze und Edelsteine entstehen in den Bergen und Perlen im Meer. Wenn die menschliche Zivilisation genügend Getreide, Erze, Edelsteine, Perlen, Wasser, Milch usw. besitzt, warum sollte sie dann auf Kosten der Arbeit einiger unglückseliger Menschen schreckliche Industrien errichten? Alle Gaben der Natur aber sind von der Gnade des Herrn abhängig. Es ist daher notwendig, daß wir den Gesetzen des Herrn gehorchen und durch hingebungsvollen Dienst die Vollkommenheit des menschlichen Lebens erreichen. Die Worte Kuntīdevīs weisen auf eben diesen Umstand hin. Sie wünscht sich, daß ihnen Gottes Gnade zuteil werde und daß durch Seine Gnade der natürliche Wohlstand erhalten bleiben möge.

VERS 41

अथ विश्वेश विश्वात्मन् विश्वमूर्ते स्वकेषु मे ।
स्नेहपाशमिमं छिन्धि दृढं पाण्डुषु वृष्णिषु ॥४१॥

atha viśveśa viśvātman
viśva-mūrte sva-keṣu me
sneha-pāśam imaṁ chindhi
dṛḍhaṁ pāṇḍuṣu vṛṣṇiṣu

atha—deshalb; *viśva-īśa*—o Herr des Universums; *viśva-ātman*—o Seele des Universums; *viśva-mūrte*—o Persönlichkeit der universalen Form; *sva-keṣu*—meinen eigenen Verwandten; *me*—meine; *sneha-pāśam*—Fessel der Zuneigung; *imam*—diese; *chindhi*—durchtrenne; *dṛḍham*—tief; *pāṇḍuṣu*—zu den Pāṇḍavas; *vṛṣṇiṣu*—auch zu den Vṛṣṇis.

ÜBERSETZUNG

O Herr des Universums, Seele des Universums, o Persönlichkeit der Form des Universums, durchtrenne daher bitte die Fessel der Zuneigung zu meinen Verwandten, den Pāṇḍavas und Vṛṣṇis.

ERLÄUTERUNG

Ein reiner Geweihter des Herrn schämt sich, vom Herrn etwas für sich selbst zu erbitten. Haushälter indes sind bisweilen genötigt, den Herrn um Gefälligkeiten zu bitten, da sie durch die Fessel familiärer Zuneigung gebunden sind. Śrīmatī Kuntīdevī war sich dieses Umstandes bewußt, und so betete sie zum Herrn, Er möge die Fessel der Zuneigung zu ihren Verwandten, den Pāṇḍavas und den Vṛṣṇis, durchtrennen. Die Pāṇḍavas waren ihre leiblichen Söhne, und die Vṛṣṇis waren Angehörige der Familie ihres Vaters. Kṛṣṇa war mit beiden verwandt. Die Angehörigen beider Familien bedurften der Hilfe des Herrn, da sie sich alle Ihm geweiht hatten und somit von Ihm abhängig waren. Śrīmatī Kuntīdevī wünschte sich, daß Śrī Kṛṣṇa bei ihren Söhnen, den Pāṇḍavas, bliebe, jedoch wäre dadurch ihr Elternhaus des Segens beraubt gewesen. All diese Gefühle der Zuneigung betrübten Kuntī, und daher wünschte sie sich, die Fessel der Zuneigung zu durchtrennen.

Ein reiner Gottgeweihter durchtrennt die einengende Fessel der Familienbeziehung und erweitert seine Tätigkeiten des hingebungsvollen Dienstes zum Wohl aller vergeßlichen Seelen. Das bezeichnende Beispiel sind die sechs Gosvāmīs, die dem Pfad Śrī Caitanyas folgten. Sie gehörten alle den vornehmsten und gebildetsten Familien der höheren Kasten an, doch zum Wohl der Allgemeinheit verließen sie ihr bequemes Heim und wurden Wanderprediger. Alle Familienanhaftung zu durchtrennen bedeutet, das Feld der Tätigkeiten zu erweitern. Ohne dies zu tun, kann sich niemand als *brāhmaṇa*, König, Staatsoberhaupt oder Geweihter des Herrn bezeichnen. Die Persönlichkeit Gottes gab als vorbildlicher König hierfür ein Beispiel. Śrī Rāmacandra löste die Fessel der Zuneigung zu Seiner geliebten Frau, um die Eigenschaften eines vorbildlichen Königs zu zeigen.

Persönlichkeiten wie ein *brāhmaṇa*, ein Gottgeweihter, ein König oder ein Staatsoberhaupt des Volkes müssen bei der Erfüllung ihrer jeweiligen Pflichten sehr weitsichtig sein. Schwach, wie sie war, war sich Śrīmatī Kuntīdevī dieses Umstandes bewußt, und sie betete, von solcher Bindung an die Familie frei zu werden. Der Herr wird hier als der Herr des Universums oder der Herr des universalen Geistes bezeichnet, was auf Seine allmächtige Fähigkeit hinweist, den festen Knoten der Familienfessel zu durchtrennen. Deshalb sieht man bisweilen, daß der Herr aus Seiner besonderen Zuneigung zu einem schwachen Gottgeweihten – unter Verwendung Seiner allmächtigen Energie – dessen Zuneigung zur Familie durch die Gewalt der Umstände zerbricht. Dadurch bringt Er den Gottgeweihten dazu, völlig von Ihm abhängig zu werden, und ebnet ihm so den Weg der Rückkehr zu Gott.

VERS 42

त्वयि मेऽनन्यविषया मतिर्मधुपतेऽसकृत् ।
रतिमुद्वहतादद्धा गङ्गेवौघमुदन्वति ॥४२॥

tvayi me 'nanya-viṣayā
matir madhu-pate 'sakṛt
ratim udvahatād addhā
gaṅgevaugham udanvati

tvayi—auf Dich; *me*—meine; *ananya-viṣayā*—unverfälscht; *matiḥ*—Aufmerksamkeit; *madhu-pate*—o Herr des Madhu; *asakṛt*—ständig; *ratim*—Zuneigung; *udvahatāt*—möge überfließen; *addhā*—direkt; *gaṅgā*—die Gaṅgā; *iva*—wie; *ogham*—strömt; *udanvati*—in die Meere.

ÜBERSETZUNG

O Herr des Madhu, so, wie die Gaṅgā für immer ungehindert ins Meer strömt, so laß meine Zuneigung ständig Dir entgegenstreben, ohne auf jemand anders abzuweichen.

ERLÄUTERUNG

Die Vollkommenheit reinen hingebungsvollen Dienstes ist erreicht, wenn alle Aufmerksamkeit auf den transzendentalen liebevollen Dienst des Herrn gerichtet ist. Die Fesseln aller anderen Neigungen zu durchtrennen bedeutet nicht völlige Verneinung feinerer Elemente wie Zuneigung zu jemand anders. Das ist nicht möglich. Ein Lebewesen, wer immer es auch sein mag, muß dieses Gefühl der Zuneigung zu anderen haben, denn dies ist ein Symptom des Lebens. Die Merkmale des Lebens, wie Wünsche, Zorn, Verlangen und Gefühle der Zuneigung, können nicht ausgelöscht werden. Nur das Ziel muß geändert werden. Wünsche kann man nicht aufgeben; doch durch den Vorgang des hingebungsvollen Dienstes werden die Wünsche nach Sinnenbefriedigung zu Wünschen für den Dienst des Herrn. Die sogenannte Zuneigung zu Familie, Gesellschaft, Heimat usw. stellt nichts weiter als verschiedene Stufen der Sinnenbefriedigung dar. Wenn diese Wünsche geändert werden und man sich nur noch die Befriedigung des Herrn wünscht, nennt man dies hingebungsvollen Dienst.

Aus der *Bhagavad-gītā* erfahren wir, daß Arjuna nicht mit seinen Brüdern und Verwandten kämpfen wollte, nur um seine persönlichen Wünsche zu befriedigen. Als er aber die Botschaft des Herrn in Form der *Śrīmad-Bhagavad-gītā* vernahm, änderte er seinen Entschluß und erfüllte die Wünsche des Herrn. Hierdurch wurde er ein berühmter Geweihter des Herrn, denn wie in allen Schriften erklärt wird, erreichte Arjuna die spirituelle Vollkommenheit, indem er dem Herrn in Freundschaft diente. Die Schlacht, die Freundschaft zwischen Arjuna und Kṛṣṇa, ihre Anwesenheit — nichts hatte sich geändert, nur Arjuna hatte sich durch seinen hingebungsvollen Dienst verändert. So wiesen auch die Gebete Kuntīs auf die gleiche unbedingte Umkehr ihres Handelns hin. Śrīmatī Kuntī wollte dem Herrn ohne Abweichung dienen; so lautet ihr Gebet. Diese reine Hingabe ist das endgültige Ziel des Lebens. Gewöhnlich stellen wir unsere Aufmerksamkeit in den Dienst einer Sache, die nicht göttlich ist oder nicht zum Plan des Herrn gehört. Wenn man es zu seinem Plan macht, dem Herrn zu dienen, das heißt, wenn die Sinne durch den Dienst für den Herrn geläutert sind, nennt man dies reinen hingebungsvollen Dienst. Śrīmatī Kuntīdevī strebte diese Vollkommenheit an und betete darum zum Herrn.

Ihre Zuneigung zu den Pāṇḍavas und den Vṛṣṇis befindet sich nicht außerhalb des hingebungsvollen Dienstes, denn der Dienst für den Herrn und der Dienst für den Gottgeweihten sind identisch. Manchmal ist der Dienst für die Gottgeweihten sogar wertvoller als der Dienst für den Herrn. Hier jedoch beruht die Zuneigung Kuntīdevīs zu den Pāṇḍavas und den Vṛṣṇis auf ihrem Verwandtschaftsverhältnis. Diese Fessel der Zuneigung auf materieller Ebene ist *māyā*, denn die Beziehungen des Körpers und des Geistes beruhen auf dem Einfluß der äußeren Energie. Die auf die Höchste Seele gerichteten Beziehungen der Seele sind wirkliche Beziehungen. Als Kuntīdevī die Verwandtschaftsbeziehung durchtrennen wollte, meinte sie damit die Durchtrennung der auf den Körper gerichteten Beziehung. Die auf den Körper gerichtete Beziehung ist die Ursache materieller Knechtschaft; die seelische Beziehung aber ist die Ursache von Freiheit. Diese Beziehung von Seele zu Seele kann durch die Beziehung zur Überseele hergestellt werden. Sehen in der Dunkelheit ist kein Sehen. Sehen im Licht der Sonne aber bedeutet, die Sonne zu sehen und auch alles andere, was man in der Dunkelheit nicht wahrnehmen konnte. Ebenso verhält es sich mit dem hingebungsvollen Dienst.

VERS 43

श्रीकृष्ण कृष्णसख वृष्ण्यृषभावनिध्रुग्
राजन्यवंशदहनानपवर्गवीर्य ।
गोविन्द गोद्विजसुरार्तिहरावतार
योगेश्वराखिलगुरो भगवन्नमस्ते ॥४३॥

śrī-kṛṣṇa kṛṣṇa-sakha vṛṣṇy-ṛṣabhāvani-dhrug-
rājanya-vaṁśa-dahanānapavarga-vīrya
govinda go-dvija-surārti-harāvatāra
yogeśvarākhila-guro bhagavan namas te

śrī-kṛṣṇa—o Śrī Kṛṣṇa; *kṛṣṇa-sakha*—o Freund Arjunas; *vṛṣṇi*—Nachkomme Vṛṣṇis; *ṛṣabha*—das Oberhaupt; *avani*—Erde; *dhruk*—rebellisch; *rājanya-vaṁśa*—Dynastien der Könige; *dahana*—Vernichter; *anapavarga*—ohne Nachlassen von; *vīrya*—überlegene Kraft; *govinda*—der Besitzer Golokadhāmas; *go*—Kuh; *dvija*—die *brāhmaṇas*; *sura*—die Halbgötter; *arti-hara*—Befreier von Not; *avatāra*—einer, der herabsteigt; *yoga-īśvara*—Meister aller mystischen Kräfte; *akhila*—universal; *guro*—o Lehrmeister; *bhagavan*—der Besitzer aller Füllen; *namaḥ te*—achtungsvolle Ehrerbietungen an Dich.

ÜBERSETZUNG

O Kṛṣṇa, o Freund Arjunas, o Haupt unter den Nachfahren Vṛṣṇis, Du bist der Vernichter jener politischen Parteien, die störende Elemente auf der Erde sind. Deine Kühnheit läßt niemals nach. Du bist der Besitzer des transzendentalen Reiches, und Du kommst von dort herab, um das Leid der Kühe, der brāhmaṇas und der Gottgeweihten zu lindern. Du besitzt alle mystischen Kräfte, und Du bist der Lehrmeister des gesamten Universums. Du bist der allmächtige Gott, und ich erweise Dir meine achtungsvollen Ehrerbietungen.

ERLÄUTERUNG

Hier zeichnet Śrīmatī Kuntīdevī ein Gesamtbild des Herrn, Śrī Kṛṣṇa. Der allmächtige Herr weilt in Seinem transzendentalen Reich, wo Er die *surabhi*-Kühe hütet und wo Ihm Hunderte und Tausende von Glücksgöttinnen dienen. Er kommt in die materielle Welt herab, um Seine Geweihten zurückzuholen und politische Parteien und Könige zu vernichten, die störende Elemente sind, statt sich pflichtbewußt ihrer Regierungsverantwortung anzunehmen. Er erschafft, erhält und vernichtet durch Seine unbegrenzten Energien, und dennoch ist Er stets voll überlegener Kraft und verliert nie an Macht. Die Kühe, die *brāhmaṇas* und die Gottgeweihten verdienen alle Seine besondere Aufmerksamkeit, da sie für das allgemeine Wohlergehen der Lebewesen sehr wichtig sind.

VERS 44

सूत उवाच
पृथयेत्थं कलपदैः परिणूताखिलोदयः ।
मन्दं जहास वैकुण्ठो मोहयन्निव मायया ॥४४॥

sūta uvāca
pṛthayetthaṁ kala-padaiḥ
pariṇūtākhilodayaḥ
mandaṁ jahāsa vaikuṇṭho
mohayann iva māyayā

sūtaḥ uvāca—Sūta sprach; *pṛthayā*—von Pṛthā (Kuntī); *ittham*—dieser; *kala-padaiḥ*—durch gewählte Worte; *pariṇūta*—verehrt sein; *akhila*—universaler; *udayaḥ*—Ruhm; *mandam*—sanft; *jahāsa*—lächelte; *vaikuṇṭhaḥ*—der Herr; *mohayan*—bezaubernd; *iva*—wie; *māyayā*—Seine mystische Kraft.

ÜBERSETZUNG

Sūta Gosvāmī sprach: Nachdem der Herr die Gebete Kuntīdevīs angehört hatte, die sie in erlesenen Worten zu Seiner Lobpreisung verfaßt hatte, lächelte Er sanft. Dieses Lächeln war so bezaubernd wie Seine mystische Kraft.

ERLÄUTERUNG

Alles Bezaubernde auf der Welt, so heißt es, ist eine Vertretung des Herrn. Die bedingten Seelen, die die materielle Welt zu beherrschen versuchen, werden ebenfalls durch Seine mystischen Kräfte bezaubert; aber Seine Geweihten werden in anderer Weise, nämlich von der Herrlichkeit des Herrn, bezaubert, und daher werden sie von Seinen gnadenvollen Segnungen begleitet. Seine Energie ist unterschiedlich manifestiert, ebenso, wie Elektrizität auf vielfältige Weise wirkt. Śrīmatī Kuntīdevī richtete ihr Gebet an den Herrn, um wenigstens einen Bruchteil Seiner Herrlichkeit zum Ausdruck zu bringen. Alle Seine Geweihten verehren Ihn auf diese Weise, nämlich mit erlesenen Worten, und daher ist der Herr auch als Uttamaśloka bekannt. Keine noch so große Anzahl erlesener Worte reicht aus, den Ruhm des Herrn zu beschreiben, und dennoch ist Er mit solchen Gebeten zufrieden, ebenso, wie der Vater schon mit den stammelnden Sprechversuchen des heranwachsenden Kindes zufrieden ist. Das Wort *māyā* wird sowohl im Sinne von „Verblendung" als auch im Sinne von „Gnade" benutzt. Hier bedeutet es „Gnade", nämlich die Gnade des Herrn gegenüber Kuntīdevī.

VERS 45

तां बाढमित्युपामन्त्र्य प्रविश्य गजसाह्वयम् ।
स्त्रियश्च स्वपुरं यास्यन् प्रेम्णा राज्ञा निवारितः ॥४५॥

tāṁ bāḍham ity upāmantrya
praviśya gajasāhvayam
striyaś ca sva-puraṁ yāsyan
premṇā rājñā nivāritaḥ

tām—all diejenigen; *bāḍham*—entgegengenommen; *iti*—so; *upāmantrya*—daraufhin mitgeteilt; *praviśya*—eintretend; *gajasāhvayam*—der Palast von Hastināpura; *striyaḥ ca*—andere Frauen; *sva-puram*—eigene Residenz; *yāsyan*—während der Abreise nach; *premṇā*—mit Liebe; *rājñā*—vom König; *nivāritaḥ*—aufgehalten.

ÜBERSETZUNG

Nachdem der Herr die Gebete Śrīmatī Kuntīdevīs entgegengenommen hatte, wollte Er auch die anderen Frauen von Seiner Abreise unterrichten und begab Sich in den Palast von Hastināpura. Doch eben als Er aufbrechen wollte, trat Ihm König Yudhiṣṭhira entgegen, der Ihn liebevoll anflehte.

ERLÄUTERUNG

Niemand hätte Śrī Kṛṣṇa dazu bringen können, in Hastināpura zu bleiben, nachdem Er beschlossen hatte, Sich nach Dvārakā zu begeben; doch die einfache Bitte König Yudhiṣṭhiras, Er möge ein paar Tage länger bei ihnen verweilen, hatte sogleich Erfolg. Dies bedeutet, daß die Macht des Königs in seinen liebevollen Empfindungen lag, denen der Herr nicht widerstehen konnte. Der allmächtige Gott wird also nur durch liebevollen Dienst bezwungen, durch nichts anderes. Er ist in all Seinem Tun völlig unabhängig, doch wenn Seine reinen Geweihten liebevolle Gefühle für Ihn hegen, geht Er bereitwillig Verpflichtungen ein.

VERS 46

व्यासाद्यैरीश्वरेहाज्ञैः कृष्णेनाद्भुतकर्मणा ।
प्रबोधितोऽपीतिहासैर्नाबुध्यत शुचार्पितः ॥४६॥

vyāsādyair īśvarehājñaiḥ
kṛṣṇenādbhuta-karmaṇā
prabodhito 'pītihāsair
nābudhyata śucārpitaḥ

vyāsa-ādyaiḥ—von großen Weisen unter der Führung Vyāsas; *īśvara*—der allmächtige Gott; *īhā*—durch den Willen von; *jñaiḥ*—von den Gelehrten; *kṛṣṇena*—von Kṛṣṇa Selbst; *adbhuta-karmaṇā*—von einem, der übermenschliche Taten vollbringt;

prabodhitaḥ—getröstet sein; *api*—obgleich; *itihāsaiḥ*—durch Beispiele aus der Geschichte; *na*—nicht; *abudhyata*—zufrieden; *śucā-arpitaḥ*—bekümmert.

ÜBERSETZUNG

König Yudhiṣṭhira, der sehr traurig war, konnte nicht überzeugt werden, obwohl ihn große Weise, angeführt von Vyāsa, und Śrī Kṛṣṇa Selbst, der Vollbringer übermenschlicher Taten, mit einer Fülle von Beispielen aus der Geschichte unterwiesen hatten.

ERLÄUTERUNG

Der fromme König Yudhiṣṭhira war untröstlich, weil das Massensterben der Menschen in der Schlacht von Kurukṣetra vor allem seinetwegen stattgefunden hatte. Duryodhana hatte den Thron innegehabt und seine Regierungsgeschäfte gut ausgeführt. Der Kampf wäre daher in gewissem Sinne nicht nötig gewesen; doch um des Grundsatzes der Gerechtigkeit willen mußte Yudhiṣṭhira wieder als König eingesetzt werden. Das gesamte politische Kräftespiel konzentrierte sich auf diese Angelegenheit, und alle Könige und Bewohner der Welt wurden in den Kampf zwischen den gegnerischen Brüdern verwickelt. Śrī Kṛṣṇa war auf seiten König Yudhiṣṭhiras ebenfalls zugegen. Im *Mahābhārata*, *Ādi-parva* (20) wird berichtet, daß bei der Schlacht von Kurukṣetra innerhalb von achtzehn Tagen 640 000 000 Menschen getötet und einige hunderttausend vermißt wurden. Zweifellos war dies in den letzten 5000 Jahren die größte Schlacht auf Erden.

Die Massenvernichtung — nur um Mahārāja Yudhiṣṭhira wieder auf den Thron zu setzen — machte den König untröstlich, und daher versuchte er, sich von den großen Weisen wie Vyāsa und dem Herrn Selbst anhand von Beispielen aus der Geschichte davon überzeugen zu lassen, daß der Kampf gerechtfertigt war, weil es um eine gerechte Sache ging. Mahārāja Yudhiṣṭhira fand indes keine Zufriedenheit, obwohl er von den größten Persönlichkeiten seiner Zeit unterwiesen wurde. Kṛṣṇa wird hier als der Vollbringer übermenschlicher Taten bezeichnet, aber in diesem Fall konnten weder Er noch Vyāsa König Yudhiṣṭhira überzeugen. Bedeutet dies nun, daß Kṛṣṇa versagte, übermenschliche Taten zu vollbringen? Gewiß nicht! Die Erklärung lautet, daß der Herr als *īśvara*, die Überseele im Herzen sowohl König Yudhiṣṭhiras als auch Vyāsas, eine noch übermenschlichere Tat vollbrachte, weil Er es so wünschte. Als Überseele König Yudhiṣṭhiras ließ Er es nämlich nicht zu, daß der König von den Worten Vyāsas und der anderen, einschließlich Seinerselbst, überzeugt wurde, da Er wünschte, daß der König von dem sterbenden Bhīṣmadeva, der ebenfalls ein großer Geweihter des Herrn war, unterwiesen wurde. Der Herr wollte, daß der große Krieger Bhīṣmadeva in den letzten Augenblicken seines materiellen Daseins sowohl den Herrn persönlich als auch seine geliebten Enkel sah — vor allem König Yudhiṣṭhira, der jetzt auf dem Thron saß — und so in Frieden verschied. Bhīṣmadeva hatte nur mit Widerwillen gegen die Pāṇḍavas gekämpft, die seine geliebten, vaterlosen Enkel waren; aber *kṣatriyas* machen keine Zugeständnisse, und so war er verpflichtet, sich auf Duryodhanas Seite zu stellen, denn Duryodhana kam für seinen Lebensunterhalt auf. Außerdem wünschte der Herr, daß König Yudhiṣṭhira durch die Worte Bhīṣmadevas Trost empfangen würde, damit alle Welt sehen konnte, daß Bhīṣmadeva jeden – sogar den Herrn Selbst – an Wissen übertraf.

VERS 47

आह राजा धर्मसुतश्चिन्तयन् सुहृदां वधम् ।
प्राकृतेनात्मना विप्राः स्नेहमोहवशं गतः ॥४७॥

āha rājā dharma-sutaś
cintayan suhṛdāṁ vadham
prākṛtenātmanā viprāḥ
sneha-moha-vaśaṁ gataḥ

āha—sagte; *rājā*—König Yudhiṣṭhira; *dharma-sutaḥ*—der Sohn Dharmas (Yamarājas); *cintayan*—denken an; *suhṛdām*—der Freunde; *vadham*—tötend; *prākṛtena*—nur durch materielle Vorstellungen; *ātmanā*—vom Selbst; *viprāḥ*—o *brāhmaṇas*; *sneha*—Zuneigung; *moha*—Täuschung; *vaśam*—hinweggetragen von; *gataḥ*—fortgegangen sein.

ÜBERSETZUNG

Überwältigt von dem Tod seiner Freunde, wurde König Yudhiṣṭhira, der Sohn Dharmas, wie ein gewöhnlicher, materialistischer Mensch bekümmert. O ihr Weisen, so von Zuneigung verwirrt, begann er zu sprechen.

ERLÄUTERUNG

Obwohl von König Yudhiṣṭhira nicht zu erwarten war, daß er wie ein gewöhnlicher Mensch von Trauer überwältigt wurde, verwirrte ihn durch den Willen des Herrn weltliche Zuneigung, ebenso, wie Arjuna augenscheinlich verwirrt wurde. Wer Augen hat, zu sehen, weiß sehr wohl, daß das Lebewesen weder Körper noch Geist ist, sondern in transzendentaler Stellung zur materiellen Lebensauffassung steht. Für den gewöhnlichen Menschen beziehen sich Gewalt und Gewaltlosigkeit auf den Körper, doch dies ist eine Art von Täuschung. Jeder ist an seine pflichtgemäßen Tätigkeiten gebunden. Ein *kṣatriya* ist verpflichtet, für die gerechte Sache zu kämpfen, ganz gleich, wer der Gegner ist. Bei solcher Pflichterfüllung darf man sich durch die Vernichtung des materiellen Körpers, der nichts als eine äußere Bekleidung der lebendigen Seele ist, nicht verwirren lassen. All das war Mahārāja Yudhiṣṭhira wohlbekannt, aber durch den Willen des Herrn benahm er sich wie ein gewöhnlicher Mensch, denn es verbarg sich eine bedeutungsvolle Absicht hinter dieser Täuschung: Der König sollte von Bhīṣma unterwiesen werden, ebenso, wie Arjuna vom Herrn Selbst unterwiesen worden war.

VERS 48

अहो मे पश्यताज्ञानं हृदि रूढं दुरात्मनः ।
पारक्यस्यैव देहस्य बह्व्यो मेऽक्षौहिणीर्हताः ॥४८॥

aho me paśyatājñānaṁ
hṛdi rūḍhaṁ durātmanaḥ
pārakyasyaiva dehasya
bahvyo me 'kṣauhiṇīr hatāḥ

aho—o; *me*—meine; *paśyata*—seht nur; *ajñānam*—Unwissenheit; *hṛdi*—im Herzen; *rūḍham*—sich befindend; *durātmanaḥ*—des Sündigen; *pārakyasya*—für andere bestimmt; *eva*—gewiß; *dehasya*—des Körpers; *bahvyaḥ*—viele, viele; *me*—von mir; *akṣauhiṇīḥ*—Verbindung von Schlachtreihen; *hatāḥ*—getötet.

ÜBERSETZUNG

König Yudhiṣṭhira klagte: Weh mir! Ich bin der sündigste unter den Menschen! Seht nur mein Herz, das von Unwissenheit erfüllt ist! Dieser Leib, der letztlich für andere bestimmt ist, hat zahllose Schlachtreihen von Männern vernichtet.

ERLÄUTERUNG

Eine vollständige Schlachtreihe, die aus 21 870 Streitwagen, 21 870 Elefanten, 109 650 Fußsoldaten und 65 600 Berittenen besteht, wird als *akṣauhiṇī* bezeichnet. Viele solcher *akṣauhiṇīs* wurden auf dem Schlachtfeld von Kurukṣetra vernichtet. Mahārāja Yudhiṣṭhira nimmt, als der frömmste König der Welt, die Schuld für das Sterben einer so großen Zahl von Lebewesen auf sich, weil die Schlacht nur durchgeführt worden war, um ihn wieder auf den Thron zu setzen. Der Körper ist im Grunde für andere bestimmt. Solange der Körper lebt, ist er dafür bestimmt, anderen zu dienen, und wenn er tot ist, so ist es ihm bestimmt, von Hunden, Schakalen oder Würmern gefressen zu werden. Mahārāja Yudhiṣṭhira ist betrübt, weil wegen eines solch vergänglichen Körpers ein gewaltiges Blutvergießen stattgefunden hatte.

VERS 49

बालद्विजसुहृन्मित्रपितृभ्रातृगुरुद्रुहः ।
न मे स्यान्निरयान्मोक्षो ह्यपि वर्षायुतायुतैः ॥४९॥

bāla-dvija-suhṛn-mitra-
pitṛ-bhrātṛ-guru-druhaḥ
na me syān nirayān mokṣo
hy api varṣāyutā-yutaiḥ

bāla—Knaben; *dvi-ja*—die Zweimalgeborenen; *suhṛt*—Gönner; *mitra*—Freunde; *pitṛ*—Eltern; *bhrātṛ*—Brüder; *guru*—Lehrer; *druhaḥ*—einer, der getötet hat; *na*—niemals; *me*—mein; *syāt*—soll sein; *nirayāt*—aus der Hölle; *mokṣaḥ*—Befreiung; *hi*—gewiß; *api*—obwohl; *varṣa*—Jahre; *ayutā*—Millionen; *yutaiḥ*—hinzugefügt.

ÜBERSETZUNG

Ich tötete viele Knaben, brāhmaṇas, Gönner, Freunde, Eltern, Lehrer und Brüder. Selbst wenn ich Millionen von Jahren lebte, würde ich aus der Hölle, die mich für all diese Sünden erwartet, nicht erlöst werden.

ERLÄUTERUNG

Wenn ein Krieg ausbricht, ist es kaum zu vermeiden, daß auch viele Unschuldige, wie Knaben, *brāhmaṇas* und Frauen, ermordet werden, die zu töten als die größte aller Sünden gilt. Sie alle sind unschuldige Geschöpfe, und es wird in den Schriften verboten, sie unter irgendwelchen Umständen zu töten. Mahārāja Yudhiṣṭhira war sich dieser Massenmorde bewußt. Auch standen auf beiden Seiten Freunde, Eltern und Lehrer, die alle ihr Leben ließen. Es war entsetzlich für ihn, an all dieses Blutvergießen zu denken, und er fürchtete, Millionen und Abermillionen von Jahren in der Hölle verbringen zu müssen.

VERS 50

नैनो राज्ञः प्रजाभर्तुर्धर्मयुद्धे वधो द्विषाम् ।
इति मे न तु बोधाय कल्पते शासनं वचः ॥५०॥

naino rājñaḥ prajā-bhartur
dharma-yuddhe vadho dviṣām
iti me na tu bodhāya
kalpate śāsanaṁ vacaḥ

na—niemals; *enaḥ*—Sünden; *rājñaḥ*—des Königs; *prajā-bhartuḥ*—von einem, der sich um die Erhaltung der Bürger bemüht; *dharma*—für die rechte Sache; *yuddhe*—im Kampf; *vadhaḥ*—Töten; *dviṣām*—der Feinde; *iti*—all diese; *me*—für mich; *na*—niemals; *tu*—aber; *bodhāya*—zur Zufriedenheit; *kalpate*—sie sind zum Regieren bestimmt; *śāsanam*—Anweisung; *vacaḥ*—Worte von.

ÜBERSETZUNG

Ein König, der sich um das Wohl seiner Bürger sorgt, begeht keine Sünde, wenn er für die gerechte Sache tötet. Diese Bestimmung aber gilt nicht für mich.

ERLÄUTERUNG

Mahārāja Yudhiṣṭhira war der Meinung, daß er mit der Führung des Königreiches eigentlich gar nichts zu tun gehabt hatte; vielmehr hatte es sich in Duryodhanas Händen befunden, der es gut und ohne Schaden für die Bürger verwaltete. Obwohl er also gar nicht König gewesen war, waren so viele Lebewesen getötet worden, nur damit er das Königreich aus Duryodhanas Händen zurückgewinnen konnte. Dieses Blutvergießen hatte nicht in der Erfüllung seiner Pflicht als Regierender stattgefunden, sondern nur um seiner Selbsterhöhung willen. Deshalb fühlte sich Mahārāja Yudhiṣṭhira für all diese Sünden verantwortlich.

VERS 51

स्त्रीणां मद्धतबन्धूनां द्रोहो योऽसाविहोत्थितः ।
कर्मभिर्गृहमेधीयैर्नाहं कल्पो व्यपोहितुम् ॥५१॥

strīṇāṁ mad-dhata-bandhūnāṁ
droho yo 'sāv ihotthitaḥ
karmabhir gṛhamedhīyair
nāhaṁ kalpo vyapohitum

strīṇām—der Frauen; *mat*—durch mich; *hata-bandhūnām*—der Freunde, die getötet wurden; *drohaḥ*—Feindschaft; *yaḥ*—das; *asau*—all solche; *iha*—hiermit; *utthitaḥ*—ist entstanden; *karmabhiḥ*—mit Hilfe von Arbeit; *gṛhamedhīyaiḥ*—von Menschen, die um ihr materielles Wohlergehen besorgt sind; *na*—niemals; *aham*—ich; *kalpaḥ*—kann erwarten; *vyapohitum*—dasselbe ungeschehen machen.

ÜBERSETZUNG

Ich habe viele Freunde von Frauen getötet und dadurch so viel Feindseligkeit gestiftet, daß es nicht möglich ist, dies durch materielle Wohltätigkeit ungeschehen zu machen.

ERLÄUTERUNG

Menschen, die wohltätige Werke nur ausführen, um materiellen Wohlstand zu erreichen, werden als *gṛhamedhīs* bezeichnet. Solch materieller Wohlstand wird bisweilen durch sündhafte Handlungen vermindert, und weil der Materialist bei der Erfüllung seiner materiellen Pflichten, wenn auch ungewollt, unvermeidlich Sünden begeht, schreiben die *Veden* verschiedene Arten von Opfern vor, durch die man von den Folgen solcher Sünden frei werden kann. Es heißt in den *Veden*, daß man durch ein *aśvamedha*-Opfer (Pferdeopfer) selbst von den Folgen eines *brahma-hatyā* (Mord an einem *brāhmaṇa*) befreit werden kann.

Yudhiṣṭhira Mahārāja führte diesen *aśvamedha-yajña* aus, doch er war der Meinung, daß es selbst durch solche *yajñas* nicht möglich sein werde, von den schweren Sünden, die er begangen habe, erlöst zu werden. Im Krieg zieht entweder der Ehemann, der Bruder oder selbst der Vater zusammen mit seinen Söhnen in den Kampf. Wenn sie getötet werden, kommt es zu neuen Feindseligkeiten, und so entsteht eine Kette von Aktionen und Reaktionen, die man durch Tausende von *aśvamedha-yajñas* unmöglich aufheben kann.

Das ist das Gesetz des *karma*. Es schafft eine Aktion und zugleich eine Reaktion, und so wächst die Kette materieller Tätigkeiten an, die den Ausführenden an die materielle Knechtschaft fesselt. In der *Bhagavad-gītā* (9.27-28) wird das Heilmittel vorgeschlagen, seine Tätigkeiten dem Höchsten Herrn zu widmen, denn so können die Aktionen und Reaktionen, die bei jeder Art von Tätigkeit entstehen, zum Stillstand gebracht werden. Die Schlacht von Kurukṣetra fand im Grunde durch den Willen des Höchsten Herrn, Śrī Kṛṣṇa, statt, wie aus Seinen eigenen Erklärungen deutlich werden wird, und durch Seinen Willen allein wurde Yudhiṣṭhira wieder auf den Thron von Hastināpura gesetzt. Die Pāṇḍavas, die nur die Befehle des Herrn ausführten, traf daher keine Schuld. Diejenigen jedoch, die aus Selbstinteresse heraus Krieg erklären, müssen auch die ganze Verantwortung dafür tragen.

VERS 52

यथा पङ्केन पङ्काम्भः सुरया वा सुराकृतम् ।
भूतहत्यां तथैवैकां न यज्ञैर्मार्ष्टुमर्हति ॥५२॥

yathā paṅkena paṅkāmbhaḥ
surayā vā surākṛtam
bhūta-hatyāṁ tathaivaikāṁ
na yajñair mārṣṭum arhati

yathā—so viel wie; *paṅkena*—durch Schlamm; *paṅka-ambhaḥ*—mit Schlamm vermischtes Wasser; *surayā*—durch Wein; *vā*—keines von beiden; *surākṛtam*—Unreinheit, die durch eine leichte Berührung mit Wein entsteht; *bhūta-hatyām*—das Töten von Tieren; *tathā*—wie das; *eva*—gewiß; *ekām*—einer; *na*—niemals; *yajñaiḥ*—durch die vorgeschriebenen Opfer; *mārṣṭum*—entgegenwirken; *arhati*—ist der Mühe wert.

ÜBERSETZUNG

Wie es nicht möglich ist, schlammiges Wasser mit Schlamm oder einen durch Wein verschmutzten Topf mit Wein zu reinigen, so ist es auch nicht möglich, das Töten von Menschen durch das Opfern von Tieren wiedergutzumachen.

ERLÄUTERUNG

Aśvamedha-yajñas oder *gomedha-yajñas*, das heißt Opfer, bei denen man ein Pferd oder einen Stier opfert, wurden natürlich nicht vollzogen, um Tiere zu töten. Śrī Caitanya erklärte, daß Tiere, die auf dem Altar des *yajña* geopfert wurden, wieder ein neues, junges Leben erhielten. Solche Opfer wurden nur durchgeführt, um die Wirksamkeit der vedischen *mantras* zu prüfen. Durch das richtige Vortragen der vedischen *mantras* wird der Ausführende mit Sicherheit von den Folgen sündhaften Handelns befreit. Wenn aber jemand ein solches Opfer nicht unter kundiger Anleitung richtig durchführt, trifft ihn die Verantwortung für das Tieropfer. Im gegenwärtigen Zeitalter des Streites und der Heuchelei ist es nicht möglich, die *yajñas* in vollendeter Form durchzuführen, da geeignete *brāhmaṇas* fehlen, die imstande sind, solche *yajñas* auszuführen. Mahārāja Yudhiṣṭhira gibt daher einen Hinweis auf das Durchführen von Opfern im Zeitalter des Kali. Das einzige Opfer, das im Kali-yuga empfohlen wird, ist der *hari-nāma-yajña*, der von Śrī Caitanya Mahāprabhu eingeführt wurde. Man sollte jedoch nicht etwa Tiere töten und den hieraus entstehenden Reaktionen durch den *hari-nāma-yajña* entgegenzuwirken versuchen. Die Geweihten des Herrn töten niemals ein Tier aus Selbstsucht, und sie zögern auch nie, auf Befehl des Herrn die Pflicht eines *kṣatriya* zu erfüllen, wie es Arjuna an seinem Beispiel zeigte. Dem Gesamtzweck ist daher gedient, wenn man sich in allem nach dem Willen des Herrn richtet. Dies ist jedoch nur den Gottgeweihten möglich.

Hiermit enden die Bhaktivedanta-Erläuterungen zum 8. Kapitel im Ersten Canto des Śrīmad-Bhāgavatam *mit dem Titel: „Gebete der Königin Kuntī und Parīkṣits Rettung".*

9. Kapitel

Bhīṣmas Verscheiden im Beisein Śrī Kṛṣṇas

VERS 1

सूत उवाच

इति भीतः प्रजाद्रोहात्सर्वधर्मविवित्सया ।
ततो विनशनं प्रागाद् यत्र देवव्रतोऽपतत् ॥ १ ॥

sūta uvāca
iti bhītaḥ prajā-drohāt
sarva-dharma vivitsayā
tato vinaśanaṁ prāgād
yatra deva-vrato 'patat

sūtaḥ uvāca—Śrī Sūta Gosvāmī sprach; *iti*—so; *bhītaḥ*—besorgt sein um; *prajā-drohāt*—weil er die Untertanen getötet hatte; *sarva*—alle; *dharma*—Handlungen der Religion; *vivitsayā*—um zu verstehen; *tataḥ*—danach; *vinaśanam*—der Ort, an dem der Kampf stattgefunden hatte; *prāgāt*—sie gingen alle; *yatra*—wo; *deva-vrataḥ*—Bhīṣmadeva; *apatat*—darniederlag, um zu sterben.

ÜBERSETZUNG

Sūta Gosvāmī sprach: Mahārāja Yudhiṣṭhira fürchtete sich, weil er so viele Untertanen auf dem Schlachtfeld von Kurukṣetra getötet hatte, und so begab er sich zum Schauplatz des Gemetzels. Dort lag Bhīṣmadeva kurz vor dem Verscheiden auf einem Bett aus Pfeilen.

ERLÄUTERUNG

Im folgenden Neunten Kapitel wird Bhīṣmadeva nach Śrī Kṛṣṇas Willen König Yudhiṣṭhira in den vorgeschriebenen Pflichten unterweisen. Außerdem wird Bhīṣmadeva dem Herrn auf der Schwelle des Scheidens von dieser vergänglichen Welt sein letztes Gebet darbringen und so von der Knechtschaft weiterer materieller Handlungen befreit werden. Bhīṣmadeva besaß die Macht, seinen materiellen Körper nach eigenem Willen verlassen zu können. Daß er auf einem Bett aus Pfeilen darniederlag, entsprach seinem eigenen Wunsch. Das Dahinscheiden des großen Kriegers erregte die Aufmerksamkeit aller damaligen bedeutenden Persönlichkeiten, und sie alle kamen an diesem Ort zusammen, um der großen Seele ihre Gefühle der Liebe, Achtung und Zuneigung zu zeigen.

VERS 2

तदा ते भ्रातरः सर्वे सदश्वैः स्वर्णभूषितैः ।
अन्वगच्छन् रथैर्विप्रा व्यासधौम्यादयस्तथा ॥ २ ॥

tadā te bhrātaraḥ sarve
sadaśvaiḥ svarṇa-bhūṣitaiḥ
anvagacchan rathair viprā
vyāsa-dhaumyādayas tathā

tadā—zu jener Zeit; *te*—sie alle; *bhrātaraḥ*—die Brüder; *sarve*—alle zusammen; *sat-aśvaiḥ*—von den prächtigen Pferden gezogen; *svarṇa*—Gold; *bhūṣitaiḥ*—geschmückt sein mit; *anvagacchan*—folgten einer nach dem anderen; *rathaiḥ*—auf dem Wagen; *viprāḥ*—o *brāhmaṇas*; *vyāsa*—der Weise Vyāsa; *dhaumya*—Dhaumya; *ādayaḥ*—und andere; *tathā*—auch.

ÜBERSETZUNG

Da folgten ihm [Mahārāja Yudhiṣṭhira] seine Brüder auf herrlichen Streitwagen, die von edlen, mit goldenem Geschmeide geschmückten Pferden gezogen wurden. Vyāsa und ṛṣis wie Dhaumya [der gelehrte Priester der Pāṇḍavas] und andere begleiteten sie.

VERS 3

भगवानपि विप्रर्षे रथेन सधनञ्जयः ।
स तैर्व्यरोचत नृपः कुवेर इव गुह्यकैः ॥ ३ ॥

bhagavān api viprarṣe
rathena sa-dhanañjayaḥ
sa tair vyarocata nṛpaḥ
kuvera iva guhyakaiḥ

bhagavān—die Persönlichkeit Gottes (Śrī Kṛṣṇa); *api*—auch; *vipra-ṛṣe*—o Weiser unter den *brāhmaṇas*; *rathena*—auf dem Wagen; *sa-dhanañjayaḥ*—mit Dhanañjaya (Arjuna); *saḥ*—Er; *taiḥ*—von ihnen; *vyarocata*—erschien höchst vornehm; *nṛpaḥ*—der König (Yudhiṣṭhira); *kuvera*—Kuvera, der Schatzmeister der Halbgötter; *iva*—wie; *guhyakaiḥ*—Begleiter, die als Guhyakas bekannt sind.

ÜBERSETZUNG

O Weiser unter den brāhmaṇas, auch Śrī Kṛṣṇa, die Persönlichkeit Gottes, folgte zusammen mit Arjuna auf einem Wagen. So sah König Yudhiṣṭhira überaus vornehm aus, wie Kuvera, der von seinen Gefährten, den Guhyakas, umgeben wird.

ERLÄUTERUNG

Śrī Kṛṣṇa wollte, daß sich die Pāṇḍavas Bhīṣmadeva so vornehm wie möglich zeigten, damit dieser sich freute, sie in seiner Todesstunde wohlauf zu sehen. Kuvera ist der reichste aller Halbgötter, und wie dieser erschien König Yudhiṣṭhira hier. Die Prozession, an der auch Śrī Kṛṣṇa teilnahm, war daher der Königswürde Mahārāja Yudhiṣṭhiras wahrhaft angemessen.

VERS 4

दृष्ट्वा निपतितं भूमौ दिवश्च्युतमिवामरम् ।
प्रणेमुः पाण्डवा भीष्मं सानुगाः सह चक्रिणा ॥ ४ ॥

dṛṣṭvā nipatitaṁ bhūmau
divaś cyutam ivāmaram
praṇemuḥ pāṇḍavā bhīṣmaṁ
sānugāḥ saha cakriṇā

dṛṣṭvā—so sehend; *nipatitam*—liegend; *bhūmau*—auf der Erde; *divaḥ*—vom Himmel; *cyutam*—gestürzt; *iva*—wie; *amaram*—Halbgott; *praṇemuḥ*—verneigten sich; *pāṇḍavāḥ*—die Söhne Pāṇḍus; *bhīṣmam*—vor Bhīṣma; *sa-anugāḥ*—mit den jüngeren Brüdern; *saha*—auch mit; *cakriṇā*—der Herr (der das Rad trägt).

ÜBERSETZUNG

Als der Pāṇḍava-König Yudhiṣṭhira, seine jüngeren Brüder und Śrī Kṛṣṇa ihn [Bhīṣma] am Boden liegen sahen wie einen vom Himmel gestürzten Halbgott, verneigten sie sich vor ihm.

ERLÄUTERUNG

Śrī Kṛṣṇa war ein jüngerer Vetter Mahārāja Yudhiṣṭhiras sowie der vertraute Freund Arjunas, doch alle Familienangehörigen der Pāṇḍavas wußten, daß Kṛṣṇa die Höchste Persönlichkeit Gottes ist. Obwohl Sich der Herr Seiner erhabenen Stellung bewußt war, verhielt Er Sich stets wie ein gewöhnlicher Mensch, und so verneigte auch Er Sich vor dem sterbenden Bhīṣmadeva, als sei Er einer von König Yudhiṣṭhiras jüngeren Brüdern.

VERS 5

तत्र ब्रह्मर्षयः सर्वे देवर्षयश्च सत्तम ।
राजर्षयश्च तत्रासन् द्रष्टुं भरतपुङ्गवम् ॥ ५ ॥

tatra brahmarṣayaḥ sarve
devarṣayaś ca sattama
rājarṣayaś ca tatrāsan
draṣṭuṁ bharata-puṅgavam

tatra—dort; *brahma-ṛṣayaḥ*—*ṛṣis* unter den *brāhmaṇas*; *sarve*—alle; *deva-ṛṣayaḥ*—unter den Halbgöttern; *ca*—und; *sattama*—in der Erscheinungsweise der Tugend gefestigt; *rāja-ṛṣayaḥ*—*ṛṣis* unter den Königen; *ca*—und; *tatra*—an diesem Ort; *āsan*—waren zugegen; *draṣṭum*—nur um zu sehen; *bharata*—die Nachkommen König Bharatas; *puṅgavam*—ihr Oberhaupt.

ÜBERSETZUNG

Um das Oberhaupt der Nachkommen König Bharatas [Bhīṣma] zu sehen, hatten sich dort alle großen Seelen des Universums versammelt, nämlich die ṛṣis unter den Halbgöttern, brāhmaṇas und Königen, die alle in der Erscheinungsweise der Tugend verankert waren.

ERLÄUTERUNG

Als *ṛṣi* bezeichnet man jemanden, der durch spirituelle Errungenschaften die Vollkommenheit erreicht hat. Solche spirituellen Errungenschaften kann jeder erwerben, sei er König oder Bettelmönch. Auch Bhīṣmadeva war einer der *brahmarṣis* und zudem das Oberhaupt der Nachkommen König Bharatas. Alle *ṛṣis* befinden sich in der Erscheinungsweise der Tugend. Sie alle versammelten sich dort, als sie erfuhren, daß der große Krieger sich zum Sterben niedergelegt hatte.

VERS 6-7

पर्वतो नारदो धौम्यो भगवान् बादरायणः ।
बृहदश्वो भरद्वाजः सशिष्यो रेणुकासुतः ॥ ६ ॥
वसिष्ठ इन्द्रप्रमदस्त्रितो गृत्समदोऽसितः ।
कक्षीवान् गौतमोऽत्रिश्च कौशिकोऽथ सुदर्शनः ॥ ७ ॥

parvato nārado dhaumyo
bhagavān bādarāyaṇaḥ
bṛhadaśvo bharadvājaḥ
saśiṣyo reṇukā-sutaḥ

vasiṣṭha indrapramadas
trito gṛtsamado 'sitaḥ
kakṣīvān gautamo 'triś ca
kauśiko 'tha sudarśanaḥ

parvataḥ—Parvata Muni; *nāradaḥ*—Nārada Muni; *dhaumyaḥ*—Dhaumya; *bhagavān*—Inkarnation Gottes; *bādarāyaṇaḥ*—Vyāsadeva; *bṛhadaśvaḥ*—Bṛhadaśva; *bharadvājaḥ*—Bharadvāja; *sa-śiṣyaḥ*—zusammen mit Schülern; *reṇukā-sutaḥ*—Paraśurāma; *vasiṣṭhaḥ*—Vasiṣṭha; *indrapramadaḥ*—Indrapramada; *tritaḥ*—Trita; *gṛtsamadaḥ*—Gṛtsamada; *asitaḥ*—Asita; *kakṣīvān*—Kakṣīvān; *gautamaḥ*—Gautama; *atriḥ*—Atri; *ca*—und; *kauśikaḥ*—Kauśika; *atha*—nun; *sudarśanaḥ*—Sudarśana.

ÜBERSETZUNG

Alle Weisen waren zugegen, unter ihnen Parvata Muni, Nārada, Dhaumya, die Inkarnation Gottes namens Vyāsa, Bṛhadaśva, Bharadvāja, Paraśurāma mit seinen Schülern, Vasiṣṭha, Indrapramada, Trita, Gṛtsamada, Asita, Kakṣīvān, Gautama, Atri, Kauśika und Sudarśana.

ERLÄUTERUNG

Parvata Muni gilt als einer der ältesten Weisen und begleitet fast immer Nārada Muni. Die beiden sind unter anderem auch Raumfahrer, die ohne die Hilfe eines materiellen Fahrzeuges durch die Lüfte reisen können. Auch Parvata Muni ist, genau wie Nārada, ein *devarṣi*, das heißt ein großer Weiser unter den Halbgöttern. Er war mit Nārada bei der Opferzeremonie Mahārāja Janamejayas, des Sohnes von Mahārāja Parīkṣit, zugegen. Bei diesem Opfer sollten alle Schlangen der Welt getötet werden. Parvata Muni und Nārada Muni werden auch Gandharvas genannt, weil sie, die Herrlichkeit des Herrn besingend, durch die Lüfte reisen. Da sie diese Kunst beherrschen, beobachteten sie auch die *svayaṁvara*-Zeremonie* Draupadīs aus der Luft. Parvata Muni pflegte, wie Nārada Muni, der königlichen Versammlung im himmlischen Reich König Indras beizuwohnen. In seiner Eigenschaft als Gandharva besuchte er zuweilen auch die königliche Versammlung Kuveras, eines der bedeutenden Halbgötter. Sowohl Nārada als auch Parvata wurden einst von der Tochter Mahārāja Sṛñjayas in Schwierigkeiten gebracht. Mahārāja Sṛñjaya erhielt von Parvata Muni die Segnung, einen Sohn zu bekommen.

Nārada Muni ist untrennbar mit den Erzählungen der *Purāṇas* verbunden, und seine Persönlichkeit wird im *Śrīmad-Bhāgavatam* beschrieben. In seinem vorangegangenen Leben war er der Sohn einer Dienerin gewesen, jedoch wurde er durch die segensreiche Gemeinschaft reiner Gottgeweihter im hingebungsvollen Dienst erleuchtet, und so wurde er in seinem nächsten Leben ein vollkommener Weiser, der mit niemandem außer sich selbst zu vergleichen ist. Im *Mahābhārata* wird sein Name an vielen Stellen erwähnt. Er ist der bedeutendste *devarṣi*, das heißt das Oberhaupt der Weisen unter den Halbgöttern. Er ist der Sohn und Schüler Brahmājīs, und von ihm wurde die Schülernachfolge Brahmās verbreitet. Prahlāda Mahārāja und Dhruva Mahārāja wie auch viele andere berühmte Geweihte des Herrn empfingen von ihm die Einweihung. Sogar den Verfasser der vedischen Schriften, Vyāsadeva, weihte er ein; von Vyāsadeva wurde Madhvācārya eingeweiht, und dann verbreitete sich die Madhva-sampradāya, zu der auch die Gauḍīya-sampradāya gehört, im gesamten Universum. Auch Śrī Caitanya Mahāprabhu ist ein Glied dieser Madhva-sampradāya, und somit gehören Brahmājī, Nārada, Vyāsa, Madhva und alle bis hin zu Śrī Caitanya und den sechs Gosvāmīs der gleichen Schülernachfolge an. Seit unvordenklichen Zeiten hat Nāradajī viele Könige unterwiesen. Aus dem *Bhāgavatam* erfahren wir, daß er Prāhlāda Mahārāja unterwies, während dieser noch im Schoß seiner Mutter lag, und daß er Vasudeva, dem Vater Kṛṣṇas, sowie Mahārāja Yudhiṣṭhira Unterweisungen erteilte.

Dhaumya ist ein großer Weiser, der sich in Utkocaka Tīrtha schwere Bußen

---

* Zeremonie, bei der sich die Frau ihren zukünftigen Gemahl selbst aussucht.

auferlegte und zum Hofpriester der Pāṇḍava-Könige ernannt wurde. Bei vielen religiösen Zeremonien der Pāṇḍavas waltete er als Priester, und er führte nicht nur die rituellen Läuterungszeremonien (*saṁskāra*) für die Pāṇḍavas durch, sondern war ihnen auch bei ihrer Heirat mit Draupadī behilflich. Selbst während der Verbannung der Pāṇḍavas war er dabei, um ihnen mit Ratschlägen zur Seite zu stehen, wenn sie sich nicht mehr zu helfen wußten. Er erklärte ihnen, wie sie ein Jahr lang unerkannt leben könnten, und die Pāṇḍavas richteten sich während jener Zeit genau nach seinen Weisungen. Sein Name wird auch im Zusammenhang mit der großen Bestattungszeremonie nach der Schlacht von Kurukṣetra erwähnt. Im *Anuśāsana-parva* des *Mahābhārata* (127.15-16) wird berichtet, daß er Mahārāja Yudhiṣṭhira sehr ausführlich religiöse Anweisungen erteilte. Er war der geeignete Priester für Haushälter, denn er konnte die Pāṇḍavas auf dem rechten Pfad der Religiosität führen. Der Priester sollte den Haushälter so anleiten, daß dieser auf dem rechten Pfad des *āśrama-dharma*, das heißt der vorgeschriebenen Pflicht seiner jeweiligen Kaste, Fortschritte macht. Es besteht im Grunde kein Unterschied zwischen dem Familienpriester und dem spirituellen Meister; vor allem die Weisen, Heiligen und *brāhmaṇas* waren für diese Aufgabe zuständig.

Bādarāyaṇa (Vyāsadeva) ist auch als Kṛṣṇa, Kṛṣṇa-dvaipāyana, Dvaipāyana, Satyavatī-suta, Pārāśarya, Parāśarātmaja, Vedavyāsa und so fort bekannt. Er ist der Sohn Mahāmuni Parāśaras und wurde von Satyavatī vor ihrer Heirat mit Mahārāja Śantanu, dem Vater des geachteten Generals, Großvater Bhīṣmadeva, geboren. Er ist eine machtvolle Inkarnation Nārāyaṇas, die erschienen ist, um das vedische Wissen in der Welt zu verkünden. Deshalb erweist man Vyāsadeva seine Ehrerbietungen, bevor man die vedischen Schriften chantet, vor allem, wenn es sich um die *Purāṇas* handelt. Śukadeva Gosvāmī war sein Sohn, und *ṛṣis* wie Vaiśampāyana waren seine Schüler, denen er die verschiedenen Zweige der *Veden* anvertraute. Er ist der Verfasser des bedeutenden Epos *Mahābhārata* und des großen transzendentalen Schriftwerkes *Śrīmad-Bhāgavatam*. Die *Brahma-sūtras*, die man auch *Vedānta-sūtras* oder *Bādarāyaṇa-sūtras* nennt, wurden ebenfalls von ihm verfaßt. Unter den Weisen ist er seiner schweren Bußen wegen der am höchsten geachtete Literat. Als er zum Wohl aller Menschen des Kali-Zeitalters das große Epos *Mahābhārata* zusammenstellen wollte, bemerkte er, daß er einen befähigten Schreiber benötigte, der seine Worte aufzeichnen konnte. Auf Anordnung Brahmājīs übernahm darauf Śrī Gaṇeśajī die Aufgabe, das Diktierte niederzuschreiben, und zwar unter der Bedingung, daß Vyāsadeva nicht für einen Augenblick zu diktieren aufhören würde. Auf diese Weise entstand durch die gemeinsame Bemühung Vyāsas und Gaṇeśas das *Mahābhārata*.

Auf Anweisung seiner Mutter Satyavatī, die später mit Mahārāja Śantanu vermählt wurde, und auf Bitten Bhīṣmadevas, des ältesten Sohnes von Mahārāja Śantanu und dessen erster Frau Gaṅgā-devī (Ganges), zeugte er drei hervorragende Söhne mit Namen Dhṛtarāṣṭra, Pāṇḍu und Vidura. Das *Mahābhārata* wurde von Vyāsadeva nach der Schlacht von Kurukṣetra und damit nach dem Tod aller Helden des *Mahābhārata* verfaßt. In der königlichen Versammlung Mahārāja Janamejayas, des Sohnes von Mahārāja Parīkṣit, wurde es zum ersten Mal vorgetragen.

Bṛhadaśva ist ein uralter Weiser, der sich hin und wieder mit Mahārāja Yudhiṣṭhira traf. Das erste Mal begegnete er Mahārāja Yudhiṣṭhira im Kāmyavana.

Dieser Weise erzählt die Geschichte von Mahārāja Nala. Es gibt noch einen anderen Bṛhadaśva, der ein Abkömmling der Dynastie Ikṣvākus ist (*Mahābhārata, Vana-parva* 209.4-5).

Bharadvāja ist einer der sieben großen *ṛṣis* und war bei der Geburtszeremonie Arjunas zugegen. Der mächtige *ṛṣi* unterzog sich manchmal am Ufer der Gaṅgā schweren Bußen, und noch heute wird sein *āśrama* bei Prayāgadhāma verehrt. Es wird berichtet, daß dieser *ṛṣi* einst, während er sein Bad in der Gaṅgā nahm, Ghṛtacī, einem der schönen Gesellschaftsmädchen des Himmels, begegnete und bei dieser Gelegenheit Samen ausströmen ließ, der in einem irdenen Topf aufgefangen und aufbewahrt wurde. Später wurde aus diesem Samen Droṇa geboren. Droṇācārya ist also der Sohn Bharadvāja Munis. Manche sagen auch, Bharadvāja, der Vater Droṇas, sei jemand anders als Maharṣi Bharadvāja. Maharṣi Bharadvāja war ein großer Verehrer Brahmās. Er begab sich auch einmal zu Droṇācārya und bat ihn, die Schlacht von Kurukṣetra zu beenden.

Paraśurāma oder **Reṇukāsuta** ist der Sohn Maharṣi Jamadagnis und Śrīmatī Reṇukās. Deshalb ist er auch als Reṇukāsuta bekannt. Er ist einer der machtvollen Inkarnationen Gottes und schlug den gesamten *kṣatriya*-Stand einundzwanzigmal vernichtend. Mit dem Blut der *kṣatriyas* befriedete er die Seelen seiner Vorfahren. Später unterzog er sich an dem Berg Mahendra Parvata schweren Bußen. Nachdem er den *kṣatriyas* die gesamte Erde genommen hatte, schenkte er sie Kaśyapa Muni. Paraśurāma lehrte Droṇācārya den *Dhanur Veda*, die Wissenschaft von der Kampfführung, weil er ein *brāhmaṇa* war. Er wohnte der Krönung Mahārāja Yudhiṣṭhiras bei und feierte das Ereignis zusammen mit anderen großen *ṛṣis*.

Paraśurāma ist so alt, daß er sowohl Rāma als auch Kṛṣṇa begegnete, als diese jeweils auf der Erde weilten. Mit Rāma kämpfte er, doch Kṛṣṇa erkannte er als die Höchste Persönlichkeit Gottes an. Auch Arjuna pries er, als er ihn zusammen mit Kṛṣṇa sah. Als Bhīṣma es ablehnte, Ambā zu heiraten, die ihn zum Gemahl begehrte, wandte sich Ambā an Paraśurāma, und nur auf ihr Bitten hin forderte dieser Bhīṣmadeva auf, sie zur Frau zu nehmen. Bhīṣma weigerte sich, seiner Anweisung zu folgen, obgleich Paraśurāma einer seiner spirituellen Meister war. Paraśurāma kämpfte mit Bhīṣmadeva, als dieser seine Anweisung mißachtete. Sie lieferten sich einen erbitterten Kampf, bis schließlich Paraśurāma mit Bhīṣma zufrieden war und ihm den Segen erteilte, der größte Kämpfer der Welt zu werden.

Vasiṣṭha: ein großer berühmter Weiser unter den *brāhmaṇas*, wohlbekannt als der Brahmarṣi Vasiṣṭhadeva. Sowohl zur Zeit des *Mahābhārata* als auch zur Zeit des *Ramāyaṇa* spielte er eine bedeutende Rolle. Er leitete die Krönungszeremonie Śrī Rāmas, der Persönlichkeit Gottes; auch war er auf dem Schlachtfeld von Kurukṣetra zugegen. Es stand in seiner Macht, alle oberen und unteren Planeten zu besuchen, und sein Name ist auch mit der Geschichte Hiraṇyakaśipus verknüpft. Zwischen ihm und Viśvāmitra, der seine *kāmadhenu*-Kuh begehrte, herrschte große Feindseligkeit. Vasiṣṭha Muni lehnte es ab, seine *kāmadhenu* abzugeben, weswegen Viśvāmitra dessen einhundert Söhne tötete.

Als vollkommener *brāhmaṇa* ertrug er alle Gehässigkeiten Viśvāmitras. Einst wollte er wegen der Qualen, die dieser ihm zufügte, in den Freitod gehen, doch all seine Versuche waren erfolglos. Er stürzte sich von einem Berg herunter, aber die Steine, auf die er fiel, wurden zu einem Haufen Baumwolle, und so wurde er gerettet. Er sprang ins Meer, doch die Wellen spülten ihn an den Strand. Er stürzte sich in einen Fluß, aber der Fluß schwemmte ihn ans Ufer. So wurden alle seine Versuche vereitelt. Er ist auch einer der sieben *ṛṣis* und der Gemahl Arundhatīs, des berühmten Sterns.

Indrapramada ist ein weiterer berühmter *ṛṣi.*

Trita ist einer der drei Söhne des Prajāpati Gautama. Er war der dritte Sohn, und seine beiden älteren Brüder hießen Ekat und Dvita. Alle drei Brüder waren große Weise und hielten sich streng an alle religiösen Prinzipien. Durch schwere Bußen gelangten sie nach Brahmaloka, dem Planeten, auf dem Brahmājī lebt. Einst fiel Trita Muni in einen Brunnen. Er bereitete viele Opferungen vor, und als einer der großen Weisen war er ebenfalls gekommen, um Bhīṣmajī an seinem Totenbett Ehre zu erweisen. Er gehörte zu den sieben Weisen von Varuṇaloka. Er stammte aus einem der westlichen Länder der Welt, höchstwahrscheinlich aus einem europäischen Land. Zur damaligen Zeit herrschte auf der ganzen Welt die vedische Kultur.

Gṛtsamada ist einer der Weisen des himmlischen Königreiches. Er war ein enger Freund des Himmelskönigs Indra und war ebenso bedeutend wie Bṛhaspati. Er pflegte die königliche Versammlung Mahārāja Yudhiṣṭhiras zu besuchen und kam ebenfalls an den Ort, wo Bhīṣmadeva seinen letzten Atemzug tat. Einmal beschrieb er Mahārāja Yudhiṣṭhira die Herrlichkeit Śivas. Er war der Sohn Vitahavyas und ähnelte in seiner körperlichen Erscheinung Indra. Die Feinde Indras hielten ihn einmal irrtümlich für Indra und nahmen ihn gefangen. Er war ein großer Gelehrter des *Ṛg Veda*, weshalb er bei der *brāhmaṇa*-Gemeinde in hohen Ehren stand. Er lebte im Zölibat und war in jeder Hinsicht ein mächtiger Weiser.

Asita: Es gab einen König gleichen Namens, aber der hier erwähnte Asita ist der Asita Devala Ṛṣi, ein bedeutender und mächtiger Weiser seiner Zeit. Er erklärte seinem Vater 1 500 000 Verse des *Mahābhārata.* Er war einer der Teilnehmer am Schlangenopfer Mahārāja Janamejayas. Zusammen mit anderen großen *ṛṣis* war er bei der Krönungszeremonie Mahārāja Yudhiṣṭhiras zugegen und belehrte ihn, als dieser sich auf dem Hügel Añjana aufhielt. Er war ebenfalls ein Geweihter Śivas.

Kakṣīvān ist einer der Söhne Gautama Munis und der Vater des großen Weisen Candakausika. Er war eines der Mitglieder der Regierung Mahārāja Yudhiṣṭhiras.

Atri Muni ist ein großer *brāhmaṇa* und Weiser und gehört zu denen, die aus Brahmājīs Geist geboren wurden. Brahmājī ist so mächtig, daß er einen Sohn bekommen kann, indem er einfach an ihn denkt. Solche Söhne nennt man *mānasa-putras* oder Geistessöhne. Atri war sowohl einer der sieben *mānasa-putras* Brahmājīs als auch einer der sieben großen *brāhmaṇa*-Weisen. In seiner Familie wurden auch die bedeutenden Pracetās geboren. Atri Muni hatte zwei *kṣatriya*-Söhne, die zu Königen gekrönt wurden; König Arthama ist einer von ihnen. Atri Muni gilt als einer der einundzwanzig *prajāpatis*; seine Frau hieß Anasūyā. Auch half er Mahārāja Parīkṣit bei seinen großen Opfern.

Kauśika ist ein *ṛṣi* und ein ständiges Mitglied der königlichen Versammlung Mahārāja Yudhiṣṭhiras. Er begegnete gelegentlich auch Śrī Kṛṣṇa. Es gibt mehrere andere Weise gleichen Namens.

Sudarśana: Dieses Rad ist die persönliche Waffe der Persönlichkeit Gottes (Viṣṇu, Kṛṣṇa). Das Sudarśana-*cakra* ist die mächtigste Waffe, denn es übertrifft an Stärke noch das *brahmāstra* und ähnliche andere verheerende Waffen. In einigen vedischen Schriften heißt es, daß Agnideva, der Feuergott, Śrī Kṛṣṇa diese Waffe schenkte, doch tatsächlich trägt der Herr sie ewig. Agnideva schenkte Kṛṣṇa diese Waffe im gleichen Sinn, wie Mahārāja Rukma seine Tochter Rukmiṇī dem Herrn zur Frau gab. Der Herr nimmt solche Geschenke von Seinen Geweihten entgegen, obwohl sie ewig Sein Besitz sind. Eine genaue Beschreibung dieser Waffe findet man im *Ādi-parva* des *Mahābhārata*. Śrī Kṛṣṇa bediente Sich dieser Waffe, um Śiśupāla, der Ihm Seinen Rang streitig machen wollte, zu töten. Auch Śālva tötete Er mit dem Sudarśana-*cakra*, und manchmal forderte Er Seinen Freund Arjuna auf, diese Waffe anzuwenden, um Feinde zu vernichten (*Mahābhārata, Virāṭa-parva* 56.3).

VERS 8

अन्ये च मुनयो ब्रह्मन् ब्रह्मरातादयोऽमलाः ।
शिष्यैरुपेता आजग्मुः कश्यपाङ्गिरसादयः ॥ ८ ॥

anye ca munayo brahman
brahmarātādayo 'malāḥ
śiṣyair upetā ājagmuḥ
kaśyapāṅgirasādayaḥ

anye—viele andere; *ca*—auch; *munayaḥ*—Weise; *brahman*—o *brāhmaṇas*; *brahmarāta*—Śukadeva Gosvāmī; *ādayaḥ*—und andere solche; *amalāḥ*—völlig geläutert; *śiṣyaiḥ*—von den Schülern; *upetāḥ*—begleitet von; *ājagmuḥ*—kamen an; *kaśyapa*—Kaśyapa; *āṅgirasa*—Āṅgirasa; *ādayaḥ*—und andere.

ÜBERSETZUNG

Außerdem trafen noch viele andere Weise dort ein, wie Śukadeva Gosvāmī, sowie geläuterte Seelen, wie Kaśyapa und Āṅgirasa, und noch andere, die alle von ihren jeweiligen Schülern begleitet wurden.

ERLÄUTERUNG

Śukadeva Gosvāmī (Brahmarāta) ist der berühmte Sohn und Schüler Śrī Vyāsadevas, von dem er zunächst das *Mahābhārata* und dann das *Śrīmad-Bhāgavatam* lernte. Śukadeva Gosvāmī trug bei den Versammlungen der Gandharvas, Yakṣas und Rākṣasas 1 400 000 Verse des *Mahābhārata* vor, und er erzählte das *Śrīmad-Bhāgavatam* erstmalig in der Gegenwart Mahārāja Parīkṣits. Er lernte eingehend alle vedischen Schriften von seinem großen Vater, und so war er kraft seines umfassenden Wissens über die Prinzipien der Religion eine völlig geläuterte Seele. Aus dem *Mahābhārata, Sabhā-parva* (4.11) erfahren wir, daß er auch bei der königlichen Versammlung Mahārāja Yudhiṣṭhiras und während der letzten Tage des fastenden Mahārāja Parīkṣit zugegen war. Als würdiger Schüler Śrī Vyāsadevas befragte er seinen Vater sehr ausführlich über religiöse Prinzipien und spirituelle Werte, und sein Vater antwortete ihm zufriedenstellend, indem er ihn zunächst den *yoga*-Vorgang lehrte, durch den man in das spirituelle Königreich gelangen kann;

darauf erklärte er ihm den Unterschied zwischen fruchtbringendem Tun und dem Streben nach empirischem Wissen; er erklärte ihm die Mittel und Wege, um spirituelle Erkenntnis zu gewinnen, sodann die vier *āśramas* – das Leben als Schüler, das Haushälterleben, das zurückgezogene und das entsagungsvolle Leben – sowie die erhabene Stellung der Höchsten Persönlichkeit Gottes. Des weiteren beschrieb er den Vorgang, Ihn von Angesicht zu Angesicht zu sehen, den Anwärter, der wirklich geeignet ist, Wissen zu empfangen, die Betrachtung der fünf Elemente, die einzigartige Bedeutung der Intelligenz, das Bewußtsein der materiellen Natur und des Lebewesens, die Merkmale der selbstverwirklichten Seele, die Funktionsprinzipien des materiellen Körpers, die Merkmale des Einflusses der Erscheinungsweisen der Natur, den Baum nicht endender Wünsche und psychische Vorgänge. Er begab sich auch von Zeit zu Zeit, mit Zustimmung seines Vaters und Nāradajīs, zum Sonnenplaneten. Beschreibungen seiner Reise durch das All findet man im *Śānti-parva* des *Mahābhārata* (332). Am Ende erreichte er das transzendentale Reich. Er ist unter verschiedenen Namen wie Araṇeya, Aruṇisuta, Vaiyāsaki und Vyāsātmaja bekannt.

Kaśyapa ist einer der *prajāpatis*, der Sohn Marīcis und einer der Schwiegersöhne Prajāpati Dakṣas. Er ist der Vater des gigantischen Vogels Garuḍa, dem Elefanten und Schildkröten als Nahrung gegeben werden. Er heiratete dreizehn Töchter Prajāpati Dakṣas; ihre Namen sind Aditi, Diti, Danu, Kāṣṭhā, Ariṣṭā, Surasā, Ilā, Muni, Krodhavaśā, Tāmrā, Surabhi, Saramā und Timi. Mit diesen Frauen zeugte er viele Kinder, sowohl Halbgötter als auch Dämonen. Seine erste Frau, Aditi, gebar alle zwölf Ādityas. Einer von ihnen ist Vāmana, eine Inkarnation Gottes. Der große Weise Kaśyapa war auch bei Arjunas Geburt zugegen. Paraśurāma schenkte ihm die gesamte Erde, und später bat er Paraśurāma, die Erde zu verlassen. Ein anderer Name Kaśyapas ist Ariṣṭanemi. Er lebt im nördlichen Teil des Universums.

Āṅgirasa: Er ist der Sohn des Maharṣi Aṅgirā und ist als Bṛhaspati, der Priester der Halbgötter, bekannt. Es heißt, Droṇācārya sei seine Teilinkarnation gewesen. Einst forderte Bṛhaspati den spirituellen Meister der Dämonen, Śukrācārya, heraus. Sein Sohn ist Kaca, und er gab Bharadvāja Muni als erstem die Feuerwaffe. Mit seiner Frau Candramāsī, einem der berühmten Sterne, zeugte er sechs Söhne, unter ihnen den Feuergott. Er konnte durch den Weltraum reisen und war daher in der Lage, sich sogar zu den Planeten Brahmaloka und Indraloka zu begeben. Indra, den König des Himmels, unterwies er darin, wie die Dämonen zu bezwingen seien. Ein anderes Mal verdammte er Indra, der darauf ein Schwein auf der Erde werden mußte und schließlich nicht mehr zum Himmel zurückkehren wollte. Hier zeigt sich die starke Anziehungskraft der täuschenden Energie. Selbst ein Schwein ist nicht gewillt, seine irdischen Besitztümer gegen ein himmlisches Königreich zu tauschen. Bṛhaspati war der religiöse Lehrer der Bewohner verschiedener Planeten.

VERS 9

तान् समेतान् महाभागानुपलभ्य वसूत्तमः ।
पूजयामास धर्मज्ञो देशकालविभागवित् ॥ ९ ॥

tān sametān mahā-bhāgān
upalabhya vasūttamaḥ
pūjayām āsa dharma-jño
deśa-kāla-vibhāgavit

tān—sie alle; *sametān*—gemeinsam versammelt; *mahā-bhāgān*—alle überaus mächtig; *upalabhya*—empfangen habend; *vasu-uttamaḥ*—der beste unter den Vasus (Bhīṣmadeva); *pūjayām āsa*—hieß willkommen; *dharma-jñaḥ*—jemand, der die religiösen Grundsätze kennt; *deśa*—Ort; *kāla*—Zeit; *vibhāga-vit*—jemand, der die Erfordernisse von Ort und Zeit kennt.

ÜBERSETZUNG

Bhīṣmadeva, der beste der acht Vasus, empfing und begrüßte all die dort versammelten großen und mächtigen ṛṣis, da er es auf vollkommene Weise verstand, alle religiösen Grundsätze je nach Zeit und Ort anzuwenden.

ERLÄUTERUNG

Erfahrene religiöse Menschen wissen genau, wie man religiöse Grundsätze der jeweiligen Zeit und dem jeweiligen Ort anpaßt. Alle großen *ācāryas*, das heißt alle religiösen Prediger oder Reformatoren der Welt, erfüllten ihre Mission durch Anpassung der religiösen Prinzipien an Zeit und Ort. In den verschiedenen Teilen der Welt findet man unterschiedliche Klimaverhältnisse und Gegebenheiten vor, und wenn man die Pflicht hat, die Botschaft des Herrn zu predigen, muß man es verstehen, das Predigen der Zeit und dem Ort anzupassen. Bhīṣmadeva gehört zu den zwölf großen Autoritäten, die den Pfad des hingebungsvollen Dienstes predigen, und daher wußte er die mächtigen Weisen aus allen Teilen des Universums, die sich an seinem Totenbett versammelt hatten, in rechter Weise zu empfangen und willkommen zu heißen. Er war zu jener Zeit natürlich nicht in der Lage, sie in der üblichen Weise zu begrüßen und zu empfangen, da er weder daheim weilte noch bei normaler Gesundheit war; aber sein Geist war immer noch unversehrt, und daher war er durchaus imstande, in herzlichem Ton einige liebenswürdige Worte an die Weisen zu richten, und so wurden alle gebührend begrüßt. Man kann seine Pflicht mit dem Körper, mit dem Geist oder durch Worte erfüllen, und Bhīṣmadeva verstand es, seiner Pflicht den Umständen entsprechend nachzukommen. Es fiel ihm daher nicht schwer, die Weisen geziemend zu empfangen, obwohl er körperlich nicht dazu in der Lage war.

VERS 10

कृष्णं च तत्प्रभावज्ञ आसीनं जगदीश्वरम् ।
हृदिस्थं पूजयामास माययोपात्तविग्रहम् ॥१०॥

kṛṣṇaṁ ca tat-prabhāva-jña
āsīnaṁ jagad-īśvaram

hṛdi-sthaṁ pūjayām āsa
māyayopātta-vigraham

kṛṣṇam—dem Herrn, Śrī Kṛṣṇa; *ca*—auch; *tat*—Seine; *prabhāva-jñaḥ*—der Kenner der Herrlichkeit (Bhīṣma); *āsīnam*—sitzend; *jagat-īśvaram*—der Herr des Universums; *hṛdi-stham*—im Herzen weilend; *pūjayām āsa*—verehrte; *māyayā*—durch innere Kraft; *upātta*—bestehend aus; *vigraham*—Gestalt.

ÜBERSETZUNG

Śrī Kṛṣṇa weilt im Herzen eines jeden, und doch erscheint Er durch Seine innere Kraft in Seiner transzendentalen Gestalt. Der gleiche Kṛṣṇa saß jetzt vor Bhīṣmadeva, und da dieser Seine Herrlichkeit kannte, verehrte er Ihn gebührend.

ERLÄUTERUNG

Die Allmacht des Herrn zeigt sich an Seiner gleichzeitigen Gegenwart an allen Orten. Er hält Sich immer in Seinem ewigen Königreich Goloka Vṛndāvana auf, und trotzdem weilt Er im Herzen eines jeden und sogar innerhalb der uns nicht sichtbaren Atome. Wenn Er Seine ewige transzendentale Gestalt in der materiellen Welt manifestiert, tut Er dies durch Seine innere Kraft. Die äußere Kraft, die materielle Energie, hat mit Seiner ewigen Gestalt nichts zu tun. All diese Wahrheiten waren Śrī Bhīṣmadeva bekannt, und daher verehrte er den Herrn entsprechend.

VERS 11

पाण्डुपुत्रानुपासीनान् प्रश्रयप्रेमसङ्गतान् ।
अभ्याचष्टानुरागाश्रैरन्धीभूतेन चक्षुषा ॥११॥

pāṇḍu-putrān upāsīnān
praśraya-prema-saṅgatān
abhyācaṣṭānurāgāśrair
andhībhūtena cakṣuṣā

pāṇḍu—Pāṇḍus, des verstorbenen Vaters von Mahārāja Yudhiṣṭhira und seinen Brüdern; *putrān*—die Söhne; *upāsīnān*—schweigend in der Nähe sitzend; *praśraya*—überwältigt; *prema*—von Gefühlen der Liebe; *saṅgatān*—sich versammelt habend; *abhyācaṣṭa*—beglückwünschte; *anurāga*—gefühlvoll; *aśraiḥ*—Tränen der Ekstase; *andhībhūtena*—überwältigt von; *cakṣuṣā*—mit seinen Augen.

ÜBERSETZUNG

Die Söhne Mahārāja Pāṇḍus saßen ehrerbietig und von Zuneigung zu ihrem sterbenden Großvater erfüllt in der Nähe. Als Bhīṣmadeva sie sah, wünschte er ihnen von Herzen Glück. Tränen der Ekstase standen in seinen Augen, und er war von Liebe und Zuneigung überwältigt.

ERLÄUTERUNG

Als Mahārāja Pāṇḍu starb, waren seine Söhne noch kleine Kinder, und so wurden sie von den älteren Angehörigen der Königsfamilie, insbesondere von Bhīṣmadeva, mit sehr viel Zuneigung aufgezogen. Später, als die Pāṇḍavas erwachsen waren, wurden sie von dem hinterlistigen Duryodhana und seinen Gefolgsleuten betrogen, und obwohl Bhīṣmadeva wußte, daß die Pāṇḍavas unschuldig waren und unnötig in Schwierigkeiten gebracht wurden, wagte er aus politischen Gründen nicht, für sie einzutreten. Im letzten Abschnitt seines Lebens, als er seine höchst erhabenen Enkel, angeführt von Mahārāja Yudhiṣṭhira, zuneigungsvoll an seiner Seite sitzen sah, konnte der gewaltige Krieger, Großvater Bhīṣmadeva, die liebevollen Tränen nicht zurückhalten, die ihm von selbst in die Augen traten. Er erinnerte sich an die großen Nöte, die seine frommen Enkel durchgestanden hatten. Gewiß gab es niemanden, der sich mehr darüber freute, daß Yudhiṣṭhira an Stelle von Duryodhana auf dem Thron saß, und so wünschte er ihnen Glück, wie es seiner Stellung entsprach.

VERS 12

अहो कष्टमहोऽन्याय्यं यद्यूयं धर्मनन्दनाः ।
जीवितुं नार्हथ क्लिष्टं विप्रधर्माच्युताश्रयाः ॥१२॥

aho kaṣṭam aho 'nyāyyaṁ
yad yūyaṁ dharma-nandanāḥ
jīvituṁ nārhatha kliṣṭaṁ
vipra-dharmācyutāśrayāḥ

aho—oh; *kaṣṭam*—welch schreckliche Leiden; *aho*—oh; *anyāyyam*—welch entsetzliches Unrecht; *yat*—weil; *yūyam*—all ihr guten Seelen; *dharma-nandanāḥ*—Söhne der Religion in Person; *jīvitum*—am Leben bleiben; *na*—niemals; *arhatha*—verdientet; *kliṣṭam*—Leiden; *vipra*—*brāhmaṇas*; *dharma*—Frömmigkeit; *acyuta*—der Unfehlbare (Gott); *āśrayāḥ*—beschützt sein von.

ÜBERSETZUNG

Bhīṣmadeva sprach: Oh, welch schreckliche Leiden und welch schreckliches Unrecht mußtet ihr guten Seelen erdulden, weil ihr die Söhne der Religion in Person seid. In solcher Drangsal wäret ihr sicher nicht am Leben geblieben, hättet euch nicht die brāhmaṇas, Gott und die Religion beschützt.

ERLÄUTERUNG

Mahārāja Yudhiṣṭhira betrübte das gewaltige Gemetzel der Schlacht von Kurukṣetra. Bhīṣmadeva war sich darüber im klaren, und daher sprach er zunächst von den schrecklichen Leiden, die Mahārāja Yudhiṣṭhira hatte erdulden müssen. Der König war zu Unrecht in Schwierigkeiten gebracht worden, und die Schlacht von Kurukṣetra wurde nur ausgetragen, um dieses Unrecht ungeschehen zu machen. Es gab daher bei dem großen Gemetzel nichts zu bedauern. Bhīṣmadeva wollte vor allem darauf hinweisen, daß die Pāṇḍavas von den *brāhmaṇas*, dem Herrn und den religiösen Grundsätzen stets beschützt wurden. Solange sie von diesen drei wichtigen Faktoren beschützt wurden, gab es keinen Grund, niedergeschlagen zu sein. Deshalb ermutigte Bhīṣmadeva Yudhiṣṭhira, seine Betrübnis abzulegen. Solange man völlig in Übereinstimmung mit den Wünschen des Herrn handelt, von echten *brāhmaṇas* und Vaiṣṇavas geführt wird und streng den religiösen Prinzipien folgt, besteht kein Grund zur Niedergeschlagenheit, ganz gleich wie schwer die Lebensumstände auch sein mögen. Als eine der Autoritäten in der Schülernachfolge wollte Bhīṣmadeva den Pāṇḍavas diese Tatsache klarmachen.

VERS 13

संस्थितेऽतिरथे पाण्डौ पृथा बालप्रजा वधूः ।
युष्मत्कृते बहून् क्लेशान् प्राप्ता तोकवती मुहुः ॥१३॥

saṁsthite 'tirathe pāṇḍau
pṛthā bāla-prajā vadhūḥ
yuṣmat kṛte bahūn kleśān
prāptā tokavatī muhuḥ

saṁsthite—nach dem Verscheiden von; *ati-rathe*—des großen Feldherrn; *pāṇḍau*—Pāṇḍu; *pṛthā*—Kuntī; *bāla-prajā*—kleine Kinder habend; *vadhūḥ*—Schwiegertochter; *yuṣmat-kṛte*—euretwegen; *bahūn*—vielfältige; *kleśān*—Leiden; *prāptā*—erduldete; *toka-vatī*—obwohl sie erwachsene Söhne hatte; *muhuḥ*—ständig.

ÜBERSETZUNG

Was meine Schwiegertochter Kuntī betrifft, so wurde sie durch den Tod des großen Feldherrn Pāṇḍu zu einer Witwe mit kleinen Kindern, und sie litt deswegen sehr. Als ihr dann erwachsen wart, mußte sie wegen eurer Handlungen ebenfalls schweren Kummer erdulden.

ERLÄUTERUNG

Die Leiden Kuntīdevīs werden in zweifacher Hinsicht beklagt. Sie litt sehr unter ihrer frühen Witwenschaft und der Sorge um die Erziehung ihrer Kinder in der Königsfamilie. Als ihre Kinder dann erwachsen waren, litt sie wegen der Handlungen ihrer Söhne noch mehr. So nahm ihr Leid kein Ende. Dies bedeutet, daß es ihr von der Vorsehung bestimmt war zu leiden, und ein solches Schicksal muß man erdulden, ohne sich verwirren zu lassen.

VERS 14

सर्वं कालकृतं मन्ये भवतां च यदप्रियम् ।
सपालो यद्वशे लोको वायोरिव घनावलिः ॥१४॥

sarvaṁ kāla-kṛtaṁ manye
bhavatāṁ ca yad-apriyam
sapālo yad-vaśe loko
vāyor iva ghanāvaliḥ

sarvam—all diese; *kāla-kṛtam*—durch die unausweichliche Zeit bewirkt; *manye*—ich denke; *bhavatām ca*—auch für euch; *yat*—was immer; *apriyam*—abscheulich; *sa-pālaḥ*—mit den Herrschern; *yat-vaśe*—unter der Herrschaft der Zeit; *lokaḥ*—jeder auf jedem Planeten; *vayoḥ*—wie von der Luft getragen; *iva*—wie; *ghana-āvaliḥ*—die Wolkenberge.

ÜBERSETZUNG

Meiner Ansicht nach liegt dies alles an der unausweichlichen Zeit, unter deren Herrschaft jeder auf jedem Planeten umhergetrieben wird wie die Wolken vom Wind.

ERLÄUTERUNG

Die Zeit beherrscht das gesamte Universum, ebenso, wie sie über alle Planeten herrscht. Die gigantischen Planeten, einschließlich der Sonne, werden von der Kraft der Luft beherrscht, wie auch die Wolken durch die Kraft der Luft getragen werden. In ähnlicher Weise beherrscht die unvermeidliche Zeit, *kāla*, sogar die Funktion der Luft und anderer Elemente. Alles wird von der höchsten *kāla*, der mächtigen Vertreterin des Herrn in der materiellen Welt, beherrscht. Das unbegreifliche Wirken der Zeit sollte Yudhiṣṭhira angesichts dieser Tatsache nicht betrüben. Jeder muß die Einflüsse und Auswirkungen der Zeit hinnehmen, solange er den Bedingungen der materiellen Welt unterworfen ist. Yudhiṣṭhira sollte nicht denken, er habe in seinem vorangegangenen Leben Sünden auf sich geladen, deren Folgen er nun erleiden müsse. Selbst der Frömmste muß die Bedingungen der materiellen Natur erleiden; aber ein frommer Mensch vertraut auf den Herrn und läßt sich von einem echten *brāhmaṇa*-Vaiṣṇava führen, der den religiösen Grundsätzen folgt. Diese drei Leitsätze sollten unser Lebensziel darstellen. Man sollte nicht durch die täuschende Kraft der ewigen Zeit in Verwirrung geraten. Selbst Brahmājī, der Verwalter des Universums, untersteht der Herrschaft der Zeit. Niemand sollte sich daher darüber beschweren, daß er von der Zeit beherrscht wird, obwohl er ein treuer Anhänger der religiösen Prinzipien ist.

VERS 15

यत्र धर्मसुतो राजा गदापाणिर्वृकोदरः ।
कृष्णोऽस्त्री गाण्डिवं चापं सुहृत्कृष्णस्ततो विपत् ॥१५॥

yatra dharma-suto rājā
gadā-pāṇir vṛkodaraḥ
kṛṣṇo 'strī gāṇḍivaṁ cāpaṁ
suhṛt kṛṣṇas tato vipat

yatra—wo es gibt; *dharma-sutaḥ*—der Sohn Dharmarājas; *rājā*—der König; *gadā-pāṇiḥ*—geht mit seiner mächtigen Keule um; *vṛkodaraḥ*—Bhīma; *kṛṣṇaḥ*—Arjuna; *astrī*—Träger der Waffe; *gāṇḍivam*—Gāṇḍīva; *cāpam*—Pfeile; *suhṛt*—Gönner; *kṛṣṇaḥ*—Śrī Kṛṣṇa, die Höchste Persönlichkeit Gottes; *tataḥ*—davon; *vipat*—Rückschlag.

ÜBERSETZUNG

Oh, wie wunderbar ist doch der Einfluß der unausweichlichen Zeit! Wie sonst hätte es Rückschläge geben können, wo doch solch große Persönlichkeiten anwesend waren wie König Yudhiṣṭhira, der Sohn des Halbgottes der Religion; Bhīma, der gewaltige Keulenkämpfer; Arjuna, der große Bogenschütze mit seiner mächtigen Waffe Gāṇḍīva, und vor allem Śrī Kṛṣṇa, der unmittelbare Gönner der Pāṇḍavas.

ERLÄUTERUNG

Materiell wie auch spirituell gesehen, mangelte es den Pāṇḍavas an nichts. Materiell waren sie gut ausgerüstet, da zwei große Kämpfer, nämlich Bhīma und Arjuna, in ihren Reihen standen. In spiritueller Hinsicht war der König selbst der Inbegriff der Religion, und vor allem kümmerte Sich Śrī Kṛṣṇa, der Höchste Herr, als wohlmeinender Freund persönlich um sie. Dennoch gab es für die Pāṇḍavas viele Rückschläge. Trotz der Macht frommer Werke, der Macht von Persönlichkeiten, der Macht kundiger Führung und der Macht von Waffen unter der persönlichen Leitung Śrī Kṛṣṇas erlitten die Pāṇḍavas viele Rückschläge, was nur durch den Einfluß *kālas*, der unausweichlichen Zeit, erklärt werden kann. *Kāla* ist mit dem Herrn Selbst identisch, und daher bringt der Einfluß *kālas* den unerklärlichen Wunsch des Herrn zum Ausdruck. Es besteht kein Grund zur Klage, wenn eine Sache sich der Macht des Menschen entzieht.

VERS 16

न ह्यस्य कर्हिचिद्राजन् पुमान् वेद विधित्सितम् ।
यद्विजिज्ञासया युक्ता मुह्यन्ति कवयोऽपि हि ॥१६॥

na hy asya karhicid rājan
pumān veda vidhitsitam
yad vijijñāsayā yuktā
muhyanti kavayo 'pi hi

na—niemals; *hi*—gewiß; *asya*—Seinen; *karhicit*—was auch immer; *rājan*—o König; *pumān*—niemand; *veda*—kennt; *vidhitsitam*—Plan; *yat*—welchen; *vijijñāsayā*—selbst nach eingehenden Fragen; *yuktāḥ*—beschäftigt sein mit; *muhyanti*—verwirrt; *kavayaḥ*—große Philosophen; *api*—sogar; *hi*—gewiß.

ÜBERSETZUNG

O König, niemand kann den Plan des Herrn [Śrī Kṛṣṇa] kennen. Obwohl große Philosophen eingehend danach forschen, sind sie verwirrt.

ERLÄUTERUNG

Mahārāja Yudhiṣṭhiras Verwirrung wegen seiner begangenen Sünden und den darauf folgenden Leiden usw. wird von der großen Autorität Bhīṣma, einer der zwölf ermächtigten Persönlichkeiten, nicht weiter beachtet. Bhīṣmajī wollte Mahārāja Yudhiṣṭhira klarmachen, daß seit unvordenklicher Zeit niemand, nicht einmal solch große Halbgötter wie Śiva und Brahmā, den wirklichen Plan des Herrn habe ergründen können. Was können also wir davon verstehen? Auch ist es zwecklos, danach zu forschen. Selbst große Weise waren nach erschöpfenden philosophischen Forschungen nicht in der Lage, den Plan des Herrn zu durchschauen. Es ist das beste, einfach ohne Einwand den Anweisungen des Herrn zu gehorchen. Die Leiden der Pāṇḍavas hatten ihren Ursprung nicht in ihren vergangenen Handlungen. Der Herr wollte den Plan verwirklichen, das Königreich der Tugend zu errichten, und daher litten Seine eigenen Geweihten vorübergehend, um dann den Sieg über die Sünde herbeizuführen. Bhīṣmadeva war zweifellos zufrieden, als er den Triumph der Rechtschaffenheit sah, und er freute sich, König Yudhiṣṭhira auf dem Thron zu sehen, obwohl er selbst gegen ihn gekämpft hatte. Sogar ein solch großer Kämpfer wie Bhīṣma konnte die Schlacht von Kurukṣetra nicht gewinnen, weil der Herr zeigen wollte, daß Lasterhaftigkeit die Rechtschaffenheit nicht überwältigen kann, ganz gleich, wer versucht, dies zu bewirken. Bhīṣmadeva war ein großer Geweihter des Herrn, doch durch den Willen des Herrn entschloß er sich, gegen die Pāṇḍavas zu kämpfen, weil der Herr zeigen wollte, daß auch ein Kämpfer wie Bhīṣma auf der falschen Seite nicht gewinnen kann.

VERS 17

तस्मादिदं दैवतन्त्रं व्यवस्य भरतर्षभ ।
तस्यानुविहितोऽनाथा नाथ पाहि प्रजाः प्रभो ॥१७॥

tasmād idaṁ daiva-tantraṁ
vyavasya bharatarṣabha
tasyānuvihito 'nāthā
nātha pāhi prajāḥ prabho

tasmāt—daher; *idam*—all diese; *daiva-tantram*—ist nur eine Verzauberung der Vorsehung; *vyavasya*—herausfindend; *bharata-ṛṣabha*—der beste unter den Nachkommen Bharatas; *tasya*—von Ihm; *anuvihitaḥ*—wie gewünscht; *anāthāḥ*—hilflos; *nātha*—o Meister; *pāhi*—bitte kümmere dich um; *prajāḥ*—die Untertanen; *prabho*—o Herr.

ÜBERSETZUNG

O bester unter den Nachkommen Bharatas [Yudhiṣṭhira], ich behaupte deshalb, daß all dies zum Plan des Herrn gehört. Dem unergründlichen Plan des Herrn mußt du dich fügen und ihm folgen. Du bist jetzt das eingesetzte Regierungsoberhaupt, und nun, o Herr, solltest du dich deiner Untertanen annehmen, die zur Zeit hilflos sich selbst überlassen sind.

ERLÄUTERUNG

Eine volkstümliche Redensart lautet, daß eine Mutter der Schwiegertochter eine Lehre erteilt, indem sie ihre eigene Tochter belehrt. In ähnlicher Weise möchte der Herr die Welt belehren, indem Er Seinen Geweihten eine Lehre erteilt. Der Gottgeweihte hat nichts Neues vom Herrn zu lernen, da der Herr den aufrichtigen Gottgeweihten stets von innen her leitet. Wann immer daher ein Gottgeweihter öffentlich belehrt wird, wie es bei den Lehren der *Bhagavad-gītā* der Fall war, geschieht dies in der Absicht, die weniger intelligenten Menschen zu belehren. Es ist daher die Pflicht des Gottgeweihten, schwere Prüfungen vom Herrn ohne Groll als Segnungen anzusehen. Die Pāṇḍavas wurden von Bhīṣmadeva angewiesen, die Regierungsverantwortung ohne Zögern zu übernehmen. Die armen Bürger standen nach der Schlacht von Kurukṣetra ohne Schutz da, und sie erwarteten die Machtübernahme Mahārāja Yudhiṣṭhiras. Ein reiner Geweihter des Herrn sieht die Leiden, die der Herr ihm zukommen läßt, als eine Gunst des Herrn an. Da der Herr absolut ist, besteht zwischen diesen beiden kein weltlicher Unterschied.

VERS 18

एष वै भगवान् साक्षादाद्यो नारायणः पुमान् ।
मोहयन्मायया लोकं गूढश्चरति वृष्णिषु ॥१८॥

eṣa vai bhagavān sākṣād
ādyo nārāyaṇaḥ pumān
mohayan māyayā lokaṁ
gūḍhaś carati vṛṣṇiṣu

eṣaḥ—dieser; *vai*—wirklich; *bhagavān*—die Persönlichkeit Gottes; *sākṣāt*—ursprünglich; *ādyaḥ*—der erste; *nārāyaṇaḥ*—der Höchste Herr (der Sich auf dem Wasser niederlegt); *pumān*—der höchste Genießer; *mohayan*—verwirrend; *māyayā*—durch Seine selbstgeschaffene Energie; *lokam*—die Planeten; *gūḍhaḥ*—unbegreiflich; *carati*—bewegt Sich; *vṛṣṇiṣu*—in der Vṛṣṇi-Familie.

ÜBERSETZUNG

Śrī Kṛṣṇa ist niemand anders als die unergründliche, ursprüngliche Persönlichkeit Gottes. Er ist der erste Nārāyaṇa, der höchste Genießer. Aber Er bewegt Sich unter den Nachkommen König Vṛṣṇis, als ob Er einer von uns wäre, und Er verwirrt uns durch Seine von Ihm Selbst geschaffene Energie.

ERLÄUTERUNG

Der vedische Weg, Wissen zu erlangen, ist die deduktive oder herabsteigende Methode. Das vedische Wissen wird durch die Schülernachfolge in vollkommener Form von Autoritäten überbracht. Solches Wissen ist niemals dogmatisch, wie irrtümlicherweise von weniger intelligenten Menschen angenommen wird. Die Mutter ist die Autorität, die die Identität des Vaters nachweisen kann. Sie ist die Autorität für solch vertrauliches Wissen. Autorität ist nicht unbedingt dogmatisch. Im Vierten Kapitel der *Bhagavad-gītā* (4.2) wird diese Wahrheit bestätigt, und der vollkommene Lernvorgang besteht darin, Wissen von der echten Autorität zu empfangen. Eben dieser Vorgang wird auf der ganzen Welt als wahr anerkannt, und nur eingebildete Besserwisser wenden sich dagegen. Es werden zum Beispiel Raumschiffe ins All geschossen, und man sagt, einige seien auch zur anderen Seite des Mondes geflogen. Die Menschen glauben solche Geschichten blindlings, weil sie die heutigen Wissenschaftler als Autoritäten anerkennen. Die sogenannten Autoritäten sprechen, und die Allgemeinheit glaubt ihnen. Was aber die vedischen Wahrheiten angeht, so ist den Menschen beigebracht worden, nicht an sie zu glauben. Und wenn sie diese Wahrheiten doch einmal anerkennen, legen sie sie falsch aus. Viele Menschen möchten das vedische Wissen unmittelbar bewiesen haben, und wenn sich diese Erwartung nicht erfüllt, weisen sie es in ihrer Torheit zurück. Die irregeführten Menschen schenken also der einen Autorität, dem Wissenschaftler, Glauben, lehnen aber andererseits die Autorität der *Veden* ab. Als Folge davon sind die Menschen heute so tief gesunken.

Hier spricht nun eine Autorität über Śrī Kṛṣṇa als die ursprüngliche Persönlichkeit Gottes und den ersten Nārāyaṇa. Sogar Ācārya Śaṅkara, ein Unpersönlichkeitsanhänger, sagt am Anfang seines Kommentars zur *Bhagavad-gītā*, daß Nārāyaṇa, die Persönlichkeit Gottes, über der materiellen Schöpfung steht*. Das Universum ist eine der materiellen Schöpfungen; Nārāyaṇa aber steht in transzendentaler Stellung zu solch materiellen Dingen.

Bhīṣmadeva ist einer der zwölf *mahājanas*, die die Grundsätze transzendentalen Wissens kennen. Seine Bestätigung, daß Śrī Kṛṣṇa die ursprüngliche Persönlichkeit Gottes ist, stimmt mit der Auffassung des Unpersönlichkeitsanhängers Ācārya Śaṅkara überein. Auch alle anderen *ācāryas* bestätigen diese Feststellung, und so gibt es keinen Grund, Śrī Kṛṣṇa nicht als die ursprüngliche Persönlichkeit Gottes anzuerkennen. Bhīṣmadeva sagt, daß Er der erste Nārāyaṇa ist. Dies wird auch von Brahmājī im *Bhāgavatam* (10.14.14) bestätigt. Kṛṣṇa ist der erste Nārāyaṇa, denn in der spirituellen Welt (Vaikuṇṭha) gibt es unzählige Nārāyaṇas, die alle die gleiche Persönlichkeit Gottes sind und als vollständige Erweiterungen Śrī Kṛṣṇas, der ursprünglichen Persönlichkeit Gottes, angesehen werden.

Die erste Form, die vom Herrn, Śrī Kṛṣṇa, ausgeht, ist Baladeva, und Baladeva

---

* *nārāyaṇaḥ paro 'vyaktād*
aṇḍam avyakta-sambhavam
aṇḍasyāntas tv ime lokāḥ
sapta dvīpā ca medinī
(*Bg. Bhāṣya* von Śaṅkara)

erweitert Sich in viele andere Formen, wie zum Beispiel Saṅkarṣaṇa, Pradyumna, Aniruddha, Vāsudeva, Nārāyaṇa, Puruṣa, Rāma und Nṛsiṁha. Alle Erweiterungen sind ein und dasselbe *viṣṇu-tattva*, und Śrī Kṛṣṇa ist der Ursprung all dieser vollständigen Erweiterungen. Deshalb ist Er die unmittelbare Persönlichkeit Gottes. Er ist der Schöpfer der materiellen Welt, und Er ist als Nārāyaṇa, die herrschende Gottheit auf allen Vaikuṇṭha-Planeten, bekannt. Sein Auftreten unter den Menschen ruft daher Verwirrung hervor. Aus diesem Grund sagt der Herr in der *Bhagavad-gītā*, daß törichte Menschen Ihn für einen der Ihren halten, ohne von der Feinheit Seines Wesens zu wissen.

Die Verwirrung über Śrī Kṛṣṇa beruht auf der Einwirkung Seiner inneren und Seiner äußeren Energie auf die dritte, die marginale Energie. Die Lebewesen sind Erweiterungen Seiner marginalen Energie, und daher werden sie manchmal durch die innere und manchmal durch die äußere Energie verwirrt. Die Verwirrung durch die innere Energie geschieht, indem Sich Śrī Kṛṣṇa in grenzenlos viele Nārāyaṇas erweitert und den transzendentalen liebevollen Dienst der Lebewesen in der transzendentalen Welt annimmt und erwidert. Und durch die äußeren Erweiterungen Seiner Energie erscheint Er Selbst in der materiellen Welt unter Menschen, Tieren und Halbgöttern, um Seine in Vergessenheit geratene Beziehung zu den Lebewesen in den verschiedenen Arten des Lebens wiederherzustellen. Große Autoritäten wie Bhīṣma jedoch befreien sich aus dieser Verwirrung durch die Gnade des Herrn.

VERS 19

अस्यानुभावं भगवान् वेद गुह्यतमं शिवः ।
देवर्षिर्नारदः साक्षाद्भगवान् कपिलो नृप ॥१९॥

asyānubhāvaṁ bhagavān
veda guhyatamaṁ śivaḥ
devarṣir nāradaḥ sākṣād
bhagavān kapilo nṛpa

asya—von Ihm; *anubhāvam*—Herrlichkeit; *bhagavān*—der Mächtigste; *veda*—kennt; *guhya-tamam*—sehr vertrauliche; *śivaḥ*—Śiva; *deva-ṛṣiḥ*—der große Weise unter den Halbgöttern; *nāradaḥ*—Nārada; *sākṣāt*—direkt; *bhagavān*—die Persönlichkeit Gottes; *kapilaḥ*—Kapila; *nṛpa*—o König.

ÜBERSETZUNG

O König, Śiva und Nārada, der Weise unter den Halbgöttern, wie auch Kapila, die Inkarnation Gottes, besitzen aufgrund unmittelbarer Gemeinschaft mit Ihm sehr vertrauliches Wissen über Seine Herrlichkeit.

ERLÄUTERUNG

Reine Geweihte des Herrn sind *bhāvas*, das heißt Persönlichkeiten, die die Herrlichkeit des Herrn erkannt haben, da sie Ihm auf verschiedene Arten transzendentalen liebevollen Dienst darbringen. Ebenso, wie es unzählige Erweiterungen der vollständigen Gestalt des Herrn gibt, gibt es unzählige reine Gottgeweihte, die sich dem dienenden Austausch mit dem Herrn in unterschiedlichen Stimmungen widmen. Es gibt vornehmlich zwölf große Geweihte des Herrn, nämlich Brahmā, Nārada, Śiva, die vier Kumāras, Kapila, Manu, Prahlāda, Bhīṣma, Janaka, Śukadeva Gosvāmī, Bali Mahārāja und Yamarāja. Obwohl Bhīṣmadeva einer von ihnen ist, nannte er nur die drei wichtigsten der zwölf, die die Herrlichkeit des Herrn kennen. Nach Śrīla Viśvanātha Cakravartī Ṭhākura, einem der großen *ācāryas* der neueren Zeit, erlebt der Gottgeweihte *anubhāva*, die Herrlichkeit des Herrn, zunächst in einer Art der Ekstase, wobei sich Merkmale wie Schweißausbruch, Zittern, Weinen und Erschauern des Körpers zeigen, die sich noch steigern, wenn der Gottgeweihte in seinem Verständnis der Herrlichkeit des Herrn stetig wird. Solche unterschiedlichen Erfahrungen von *bhāva* werden zum Beispiel zwischen Yaśodā und dem Herrn ausgetauscht (Yaśodā fesselte den Herrn mit Stricken) und mit Arjuna, dessen Streitwagen der Herr im liebenden Austausch lenkte. Diese Herrlichkeit des Herrn kommt zum Ausdruck, wenn Er Sich Seinen Geweihten unterordnet, denn dies ist ein weiterer Aspekt Seiner Herrlichkeit. Obwohl sich Śukadeva Gosvāmī und die Kumāras bereits auf der transzendentalen Ebene befanden, erfuhren sie durch einen der Aspekte der *bhāva* einen Wandel in ihrem Bewußtsein und wurden so zu reinen Geweihten des Herrn. Schwierigkeiten, die der Herr Seinen Geweihten bereitet, bilden eine weitere Form des Austausches transzendentaler *bhāva* zwischen dem Herrn und Seinen Geweihten. Der Herr sagt: „Ich bringe Meinen Geweihten in mißliche Lagen, damit er im Austausch transzendentaler *bhāva* mit Mir noch mehr geläutert wird." Den Gottgeweihten in materielle Schwierigkeiten zu versetzen bedeutet, ihn von den trügerischen materiellen Beziehungen zu befreien. Materielle Beziehungen beruhen auf dem Austausch materiellen Genusses, der wiederum hauptsächlich von materiellem Reichtum abhängt. Wenn der Herr daher den materiellen Reichtum fortnimmt, wird der Gottgeweihte völlig zum transzendentalen liebevollen Dienst hingezogen. So befreit der Herr die gefallene Seele aus dem Netz des materiellen Daseins. Schwierigkeiten, die der Herr Seinem Geweihten bereitet, unterscheiden sich von den Mißlichkeiten, die aus üblen Handlungen entstehen. All diese Herrlichkeiten des Herrn sind insbesondere den oben genannten großen *mahājanas*, wie Brahmā, Śiva, Nārada, Kapila, den vier Kumāras und Bhīṣma, bekannt, und durch ihre Gnade vermag man dies zu begreifen.

VERS 20

यं मन्यसे मातुलेयं प्रियं मित्रं सुहृत्तमम् ।
अकरोः सचिवं दूतं सौहृदादथ सारथिम् ॥२०॥

yaṁ manyase mātuleyaṁ
priyaṁ mitraṁ suhṛttamam
akaroḥ sacivaṁ dūtaṁ
sauhṛdād atha sārathim

yam—die Person; *manyase*—du denkst; *mātuleyam*—Vetter mütterlicherseits; *priyam*—sehr lieb; *mitram*—Freund; *suhṛt-tamam*—inniger wohlmeinender Freund; *akaroḥ*—führte aus; *sacivam*—Beratung; *dūtam*—Botschafter; *sauhṛdāt*—durch guten Willen; *atha*—darauf; *sārathim*—Wagenlenker.

ÜBERSETZUNG

O König, die Persönlichkeit, die du aus reiner Unwissenheit für deinen Vetter mütterlicherseits, deinen vertrauten Freund, Gönner, Ratgeber, Sendboten und Wohltäter hieltest, ist eben jene Persönlichkeit Gottes, Śrī Kṛṣṇa.

ERLÄUTERUNG

Obwohl Śrī Kṛṣṇa als der Vetter, Bruder, Freund, Gönner, Ratgeber, Sendbote und Wohltäter der Pāṇḍavas auftrat, war Er die Höchste Persönlichkeit Gottes. Aus Seiner grundlosen Barmherzigkeit und Seinem Wohlwollen gegenüber Seinen reinen Geweihten führt Er alle erdenklichen Dienste aus, doch dies bedeutet nicht, daß sich deshalb Seine Stellung als die Absolute Person geändert hat. Ihn für einen gewöhnlichen Menschen zu halten ist die gröbste Form der Unwissenheit.

VERS 21

सर्वात्मनः समदृशो ह्यद्वयस्यानहङ्कृतेः ।
तत्कृतं मतिवैषम्यं निरवद्यस्य न क्वचित् ॥२१॥

sarvātmanaḥ sama-dṛśo
hy advayasyānahaṅkṛteḥ
tat-kṛtaṁ mati vaiṣamyaṁ
niravadyasya na kvacit

sarva-ātmanaḥ—von dem, der im Herzen eines jeden gegenwärtig ist; *sama-dṛśaḥ*—von dem, der zu jedem gleichermaßen gütig ist; *hi*—gewiß; *advayasya*—des Absoluten; *anahaṅkṛteḥ*—frei von aller materiellen Identifizierung des falschen Ego; *tat-kṛtam*—alles von Ihm getan; *mati*—Bewußtsein; *vaiṣamyam*—Unterscheidung; *niravadyasya*—von aller Anhaftung befreit; *na*—niemals; *kvacit*—auf jeder Stufe.

ÜBERSETZUNG

Als die Absolute Persönlichkeit Gottes weilt Er im Herzen eines jeden. Er ist jedermann gleichgesinnt, und Er ist frei von den Unterscheidungen des falschen Ego. Daher ist alles, was Er tut, frei von materieller Trunkenheit. Er ist voller Gleichmut.

ERLÄUTERUNG

Da der Herr absolut ist, ist niemand von Ihm verschieden. Er ist *kaivalya*, das heißt, es gibt nichts außer Ihm Selbst. Alles Existierende ist eine Manifestation Seiner Energie, und so ist Er überall durch Seine Energie gegenwärtig, da Er nicht von ihr verschieden ist. Die Sonne ist anwesend, wo immer ihre Strahlen hinfallen, denn sie ist mit jedem Zentimeter und mit jedem Molekularteilchen ihrer Strahlen identisch. In ähnlicher Weise verbreitet Sich der Herr durch Seine verschiedenen Energien. Er ist Paramātmā, das heißt die Überseele, die in jedem als der höchste Lenker weilt, und daher ist Er bereits der Wagenlenker und Ratgeber aller Lebewesen. Wenn Er also als Arjunas Wagenlenker auftritt, ändert sich nichts an Seiner erhabenen Stellung. Nur die Macht des hingebungsvollen Dienstes ist es, die Ihn zum Wagenlenker oder Sendboten werden läßt. Da Er nichts mit der materiellen Auffassung des Lebens zu tun hat, weil Er ja von absoluter spiritueller Identität ist, gibt es für Ihn keine höhere oder geringere Qualität der Handlung. Da Er die Absolute Persönlichkeit Gottes ist, fehlt Ihm das falsche Ichgefühl, Sich mit etwas gleichzusetzen, das von Ihm verschieden ist. Die materielle Auffassung vom Selbst hat keinen Einfluß auf Ihn. Er fühlt Sich daher nicht erniedrigt, wenn Er der Wagenlenker Seines reinen Geweihten wird. Es zeugt nur von der Herrlichkeit des reinen Gottgeweihten, daß er den liebevollen Herrn dazu bringen kann, ihm zu dienen.

VERS 22

तथाप्येकान्तभक्तेषु पश्य भूपानुकम्पितम् ।
यन्मेऽसूंस्त्यजतः साक्षात्कृष्णो दर्शनमागतः ॥२२॥

tathāpy ekānta-bhakteṣu
paśya bhūpānukampitam
yan me 'sūṁs tyajataḥ sākṣāt
kṛṣṇo darśanam āgataḥ

tathāpi—dennoch; *ekānta*—unerschütterlich; *bhakteṣu*—den Gottgeweihten; *paśya*—sieh her; *bhū-pa*—o König; *anukampitam*—wie mitfühlend; *yat*—wofür; *me*—mein; *asūn*—Leben; *tyajataḥ*—endend; *sākṣāt*—direkt; *kṛṣṇaḥ*—die Persönlichkeit Gottes; *darśanam*—aus meiner Sicht; *āgataḥ*—ist in Seiner Güte gekommen.

ÜBERSETZUNG

Und dennoch ist Er, obwohl jedermann gleichgesinnt, in Seiner Gnade zu mir gekommen, während ich mein Leben beende, weil ich Sein unerschütterlicher Diener bin.

ERLÄUTERUNG

Der Höchste Herr, die Absolute Persönlichkeit Gottes, Śrī Kṛṣṇa, ist jedem gleichgesinnt; aber Seinem unerschütterlichen Geweihten, der Ihm völlig ergeben ist und niemanden sonst als seinen Beschützer und Meister kennt, ist Er dennoch stärker zugetan. Unerschütterliches Vertrauen in den Höchsten Herrn als Beschützer, Freund und Meister zu besitzen ist die natürliche Haltung des Lebewesens im ewigen Leben. Das Lebewesen ist durch den Willen des Allmächtigen so beschaffen, daß es am glücklichsten ist, wenn es sich in einen Zustand absoluter Abhängigkeit versetzt.

Die entgegengesetzte Neigung ist die Ursache für den Fall des Lebewesens. Das Lebewesen hat die Neigung zu fallen, weil es sich für völlig unabhängig halten kann, um über die materielle Welt zu herrschen. Die Hauptursache aller Probleme liegt im falschen Ichgefühl. Man muß dieses falsche Gefühl völliger Unabhängigkeit aufgeben und so sich unter allen Umständen vom Herrn abhängig machen.

Śrī Kṛṣṇas Gegenwart am Sterbebett Bhīṣmajīs ist darauf zurückzuführen, daß Bhīṣma ein unerschütterlicher Geweihter des Herrn ist. Arjuna war mit Kṛṣṇa blutsverwandt, da der Herr sein Vetter mütterlicherseits war. Bhīṣma indes hatte nicht eine solch körperliche Beziehung, und daher lag die Ursache seiner Zuneigung in der innigen Beziehung der Seele. Da aber die körperliche Beziehung sehr angenehm und natürlich ist, ist der Herr mehr erfreut, wenn Er als der Sohn Mahārāja Nandas, der Sohn Yaśodās oder als der Geliebte Rādhārāṇīs angesprochen wird. Die Zuneigung auf der Grundlage körperlicher Beziehung ist eine weitere Form, mit dem Herrn hingebungsvollen Dienst auszutauschen. Bhīṣmadeva ist sich der Süße dieser transzendentalen Empfindungen bewußt, und daher liebt er es, den Herrn als Vijaya Sakhe, Pārtha Sakhe usw. oder auch als Nandanandana oder Yaśodā-nandana anzusprechen. Wenn wir unsere Beziehung zum Herrn in transzendentaler Süße herstellen wollen, ist es das beste, wenn wir uns Ihm durch Seine anerkannten Geweihten nähern. Wir sollten nicht versuchen, die Beziehung unmittelbar herzustellen; vielmehr ist ein transparentes Medium vonnöten, das uns auf den richtigen Pfad führen kann.

VERS 23

भक्त्यावेश्य मनो यस्मिन् वाचा यन्नाम कीर्तयन् ।
त्यजन् कलेवरं योगी मुच्यते कामकर्मभिः ॥२३॥

bhaktyāveśya mano yasmin
vācā yan-nāma kīrtayan
tyajan kalevaraṁ yogī
mucyate kāma-karmabhiḥ

bhaktyā—mit andächtiger Aufmerksamkeit; *āveśya*—in Meditation versunken; *manaḥ*—Geist; *yasmin*—in wessen; *vācā*—durch Worte; *yat*—Kṛṣṇa; *nāma*—Heiliger Name; *kīrtayan*—durch Chanten; *tyajan*—verlassend; *kalevaram*—den materiellen Körper; *yogī*—der Gottgeweihte; *mucyate*—erlangt Befreiung; *kāma-karmabhiḥ*—von fruchtbringenden Handlungen.

ÜBERSETZUNG

Der Herr, die Persönlichkeit Gottes, der im Geiste Seines Geweihten durch dessen aufmerksame Hingabe und Meditation und das Chanten des

Heiligen Namens erscheint, befreit den Gottgeweihten von der Fessel fruchtbringender Handlungen, wenn die Zeit gekommen ist, den materiellen Körper zu verlassen.

ERLÄUTERUNG

Yoga bedeutet, den von allen Dingen losgelösten Geist zu sammeln. Solche Sammlung ist wirklicher *samādhi*, das heißt völlige Beschäftigung im hingebungsvollen Dienst des Herrn. Jemand, der seine Aufmerksamkeit auf diese Weise sammelt, wird als *yogī* bezeichnet. Ein solcher *yogī*-Geweihter des Herrn widmet sich vierundzwanzig Stunden am Tag dem Dienst des Herrn, damit seine ganze Aufmerksamkeit von Gedanken an den Herrn in Anspruch genommen ist, und zwar in den neun Formen des hingebungsvollen Dienstes, das heißt, indem man über den Herrn hört, chantet, sich an Ihn erinnert, Ihn verehrt, zu Ihm betet, freiwillig Sein Diener wird, Seine Anweisungen ausführt, eine freundschaftliche Beziehung zu Ihm herstellt und allen Besitz in Seinen Dienst stellt. Indem man auf diese Weise *yoga* ausübt, das heißt sich mit dem Dienst des Herrn verbindet, findet man die Anerkennung des Herrn, wie in der *Bhagavad-gītā* mit Bezug auf die höchste, vervollkommnete Stufe des *samādhi* erklärt wird. Der Herr nennt solch einen seltenen Gottgeweihten, der diese Stufe erreicht hat, den besten aller *yogīs*. Ein solch vollkommener *yogī* ist durch die göttliche Gnade des Herrn in der Lage, den Geist mit völlig klarem Bewußtsein auf den Herrn zu richten, und so wird das Chanten der Heiligen Namen vor dem Verlassen des Körpers leicht möglich. Wenn der *yogī* den Körper verläßt, wird er durch die innere Energie des Herrn sogleich auf einen der ewigen Planeten gebracht, auf denen es keine Spur des materiellen Lebens und seiner Begleiterscheinungen gibt. Nur im materiellen Dasein muß ein Lebewesen Leben für Leben, seinen fruchtbringenden Werken entsprechend, die materiellen Bedingungen in Form der drei Arten von Leiden ertragen. Dieses materielle Leben entsteht nur durch materielle Wünsche. Hingebungsvoller Dienst für den Herrn tötet nicht die natürlichen Wünsche des Lebewesens, vielmehr finden die Wünsche ihre Anwendung für die richtige Sache des hingebungsvollen Dienstes, und so entwickelt sich der Wunsch, in den spirituellen Himmel zu gelangen. General Bhīṣmadeva meinte eine bestimmte Art von *yoga*, die man als *bhakti-yoga* bezeichnet, und er war in der glücklichen Lage, den Herrn unmittelbar vor sich stehen zu sehen, als er seinen materiellen Körper verließ. Deshalb wünschte er sich in den folgenden Versen, daß der Herr in seinem Blickfeld verbleiben möge.

VERS 24

स देवदेवो भगवान् प्रतीक्षतां
कलेवरं यावदिदं हिनोम्यहम् ।
प्रसन्नहासारुणलोचनोल्लस-
न्मुखाम्बुजो ध्यानपथश्चतुर्भुजः ॥२४॥

sa deva-devo bhagavān pratīkṣatāṁ
kalevaraṁ yāvad idaṁ hinomy aham
prasanna-hāsāruṇa-locanollasan-
mukhāmbujo dhyāna-pathaś catur-bhujaḥ

saḥ—Er; *deva-devaḥ*—der Höchste Herr der Herren; *bhagavān*—die Persönlichkeit Gottes; *pratīkṣatām*—möge gütigerweise warten; *kalevaram*—Körper; *yāvat*—solange wie; *idam*—diesen materiellen Körper; *hinomi*—mag verlassen; *aham*—ich; *prasanna*—freudig; *hāsa*—lächelnd; *aruṇa-locana*—Augen so rot wie die Morgensonne; *ullasat*—wunderbar geschmückt; *mukha-ambujaḥ*—der Lotos Seines Antlitzes; *dhyāna-pathaḥ*—auf dem Pfad meiner Meditation; *catur-bhujaḥ*—die vierarmige Form Nārāyaṇas (die von Bhīṣmadeva verehrte Gottheit).

ÜBERSETZUNG

Möge mein Herr, der vier Arme besitzt und dessen wunderbar geschmücktes Lotosantlitz lächelt, mit Augen so rot wie die aufgehende Sonne, in Seiner Güte so lange warten, bis ich meinen materiellen Körper verlasse.

ERLÄUTERUNG

Bhīṣmadeva wußte sehr wohl, daß Śrī Kṛṣṇa der ursprüngliche Nārāyaṇa ist. Die von ihm verehrte Form Gottes war der vierarmige Nārāyaṇa, doch er wußte, daß der vierarmige Nārāyaṇa eine vollständige Erweiterung Śrī Kṛṣṇas ist. Indirekt hegte er den Wunsch, Śrī Kṛṣṇa möge Sich in Seinem vierarmigen Aspekt als Nārāyaṇa offenbaren. Ein Vaiṣṇava ist stets demütig. Obwohl es absolut sicher war, daß Bhīṣmadeva gleich nach dem Verlassen seines gegenwärtigen Körpers nach Vaikuṇṭha-dhāma gelangen würde, wünschte er sich als demütiger Vaiṣṇava, das schöne Angesicht des Herrn noch eine Weile anschauen zu dürfen, denn es mochte ja sein, daß er nach dem Verlassen seines materiellen Körpers nicht mehr in der Lage sein würde, den Herrn zu sehen. Ein Vaiṣṇava ist nicht eingebildet, obwohl der Herr Seinem reinen Geweihten versichert, daß dieser in Sein Reich gelangt. Hier nun sagt Bhīṣmadeva „so lange, wie ich meinen materiellen Körper nicht aufgebe", was bedeutet, daß der große Feldherr den Körper nach seinem Willen verlassen würde; er stand nicht unter dem Zwang der Naturgesetze. Er war so mächtig, daß er in seinem Körper so lange verbleiben konnte, wie es ihm beliebte. Diese Segnung hatte er von seinem Vater bekommen. Er wünschte sich, daß der Herr in Seiner vierarmigen Nārāyaṇa-Form vor ihm verweilen möge, so daß er seinen Geist auf Ihn richten konnte, um durch diese Meditation in Trance zu geraten. Dann würde sein Geist durch Gedanken an den Herrn geläutert werden, und so bliebe er gleichmütig, wohin auch immer er gelangen würde. Ein reiner Geweihter des Herrn ist niemals darauf bedacht, in das Königreich Gottes zurückzukehren. Er vertraut völlig auf das Wohlwollen des Herrn, und er ist sogar ebenso zufrieden, wenn der Herr wünscht, daß er in die Hölle geht. Der reine Gottgeweihte hat nur einen Wunsch, nämlich daß seine ganze Aufmerksamkeit ständig von Gedanken an die Lotosfüße des Herrn in Anspruch genommen sein möge, ganz gleich, wohin er geht. Bhīṣmadeva wollte nur, daß sein Geist in Gedanken an den Herrn vertieft sei und daß er in diesem Zustand verscheiden möge. Dies ist das höchste Bestreben eines reinen Gottgeweihten.

VERS 25

सूत उवाच
युधिष्ठिरस्तदाकर्ण्य शयानं शरपञ्जरे ।
अपृच्छद्विविधान्धर्मानृषीणां चानुशृण्वताम् ॥२५॥

sūta uvāca
yudhiṣṭhiras tad ākarṇya
śayānaṁ śara-pañjare
apṛcchad vividhān dharmān
ṛṣīṇāṁ cānuśṛṇvatām

sūtaḥ uvāca—Śrī Sūta Gosvāmī sagte; *yudhiṣṭhiraḥ*—König Yudhiṣṭhira; *tat*—das; *ākarṇya*—hörend; *śayānam*—liegend; *śara-pañjare*—auf dem Bett aus Pfeilen; *apṛcchat*—fragte; *vividhān*—vielfältige; *dharmān*—Pflichten; *ṛṣīṇām*—der *ṛṣiṣ*; *ca*—und; *anuśṛṇvatām*—ihnen zuhörend.

ÜBERSETZUNG

Sūta Gosvāmī sprach: Nachdem Mahārāja Yudhiṣṭhira Bhīṣmadeva so eindringlich hatte sprechen hören, befragte er ihn in Gegenwart aller großen ṛṣis über die wesentlichen Grundsätze verschiedener religiöser Pflichten.

ERLÄUTERUNG

Dadurch, daß Bhīṣmadeva so eindringlich sprach, ließ er Mahārāja Yudhiṣṭhira zu der Überzeugung kommen, daß er sehr bald verscheiden werde. Mahārāja Yudhiṣṭhira erhielt von Śrī Kṛṣṇa die Eingebung, Bhīṣma nach den Grundsätzen der Religion zu fragen. Śrī Kṛṣṇa regte Mahārāja Yudhiṣṭhira dazu an, Bhīṣmadeva in der Gegenwart vieler großer Weiser zu fragen, um zu zeigen, daß ein Geweihter des Herrn wie Bhīṣmadeva, obwohl er scheinbar wie ein weltlicher Mensch lebt, vielen großen Weisen, selbst Vyāsadeva, weit überlegen ist. Ein anderer Umstand ist, daß Bhīṣmadeva damals nicht nur auf einem Sterbebett aus Pfeilen lag, sondern daß er wegen seines körperlichen Zustandes auch große Leiden ertragen mußte. Man hätte ihm also zu diesem Zeitpunkt keine Fragen stellen sollen, doch Śrī Kṛṣṇa wollte aufzeigen, daß Seine reinen Geweihten kraft ihrer spirituellen Erleuchtung körperlich und geistig stets gesund sind und daß daher ein Geweihter des Herrn unter allen Umständen vollkommen in der Lage ist, über die richtige Lebensweise zu sprechen. Yudhiṣṭhira zog es auch vor, seine problematischen Fragen von Bhīṣmadeva klären zu lassen, als einen der übrigen Anwesenden zu fragen, von denen einige scheinbar gelehrter waren als Bhīṣmadeva. All dies beruhte auf der Fügung des großen Wagenradträgers Śrī Kṛṣṇa, der für den Ruhm Seines Geweihten sorgt, ebenso, wie ein Vater es gern sieht, wenn der Sohn berühmter wird als er selbst. Der Herr erklärt mit Nachdruck, daß die Verehrung Seines Geweihten wertvoller ist als die Verehrung Seinerselbst.

VERS 26

पुरुषस्वभावविहितान् यथावर्णं यथाश्रमम् ।
वैराग्यरागोपाधिभ्यामाम्नातोभयलक्षणान् ॥२६॥

puruṣa-sva-bhāva-vihitān
yathā-varṇaṁ yathāśramam
vairāgya-rāgopādhibhyām
āmnātobhaya-lakṣaṇān

puruṣa—der Mensch; *sva-bhāva*—durch seine selbsterworbenen Eigenschaften; *vihitān*—vorgeschrieben; *yathā*—wie es ist; *varṇam*—Einteilung der Kasten; *yathā*—wie es ist; *āśramam*—Lebensstände; *vairāgya*—Loslösung; *rāga*—Anhaftung; *upādhibhyām*—von solchen Bezeichnungen; *āmnāta*—systematisch; *ubhaya*—beide; *lakṣaṇān*—Merkmale.

ÜBERSETZUNG

Auf Mahārāja Yudhiṣṭhiras Frage hin nannte Bhīṣmadeva zunächst die Einteilung der Kasten und Lebensstände je nach der Befähigung des einzelnen. Sodann beschrieb er systematisch, in zwei Abschnitten, die Gegenwirkung durch Loslösung und die Wechselwirkung durch Anhaftung.

ERLÄUTERUNG

Das System der vier Kasten und vier Lebensstände, wie es vom Herrn Selbst entworfen wurde (*Bg.* 4.13), soll dem einzelnen helfen, transzendentale Eigenschaften zu erwerben, so daß er allmählich seine spirituelle Identität erkennen und dann dementsprechend handeln kann, um von der materiellen Knechtschaft, dem bedingten Leben, frei zu werden. In fast allen *Purāṇas* wird das Thema im gleichen Sinne dargelegt, und so auch im *Mahābhārata*, wo Bhīṣmadeva es im *Śānti-parva* vom 60. Kapitel an ausführlich behandelt.

Der *varṇāśrama-dharma* ist dem zivilisierten Menschen vorgeschrieben, um ihn zu schulen, das menschliche Leben zum Erfolg zu führen. Ein Leben der Selbsterkenntnis unterscheidet sich vom Dasein der niederen Tiere, die nur an Essen, Schlafen, Verteidigung und Sexualität denken. Bhīṣmadeva weist alle Menschen an, folgende neun Eigenschaften zu entwickeln: (1) nicht zornig zu werden, (2) nicht zu lügen, (3) Reichtum gleichmäßig zu verteilen, (4) zu verzeihen, (5) Kinder nur mit seiner rechtmäßigen Frau zu zeugen, (6) geistig rein und körperlich sauber zu sein, (7) niemandem feindlich gesinnt zu sein, (8) einfach zu sein und (9) für Bedienstete oder Untergebene gut zu sorgen. Man kann nicht als zivilisierter Mensch bezeichnet werden, ohne die obigen Grundeigenschaften erworben zu haben. Außerdem müssen die *brāhmaṇas* oder intelligenten Menschen, die Regierenden, die Kaufleute und die Arbeiterklasse besondere Eigenschaften, entsprechend den in allen vedischen Schriften angegebenen pflichtgemäßen Beschäftigungen, entwickeln. Für den intelligenten Menschen ist die Fähigkeit, seine Sinne zu beherrschen, die die Grundlage der Moral darstellt, die wichtigste Eigenschaft. Selbst der Geschlechtsverkehr mit der rechtmäßigen Frau muß reguliert sein, und daraus ergibt sich von selbst Familienplanung. Ein intelligenter Mensch mißbraucht seine wertvollen Fähigkeiten, wenn er nicht der vedischen Lebensweise folgt. Man muß also ernsthaft die vedischen Schriften studieren, vor allem das *Śrīmad-Bhāgavatam* und die *Bhagavad-gītā*. Um vedisches Wissen zu erlangen, muß man sich an eine Person wenden, die selbst ohne Abweichung im hingebungsvollen Dienst tätig ist. Diese Person darf nicht in einer Weise handeln, die in den *śāstras* verboten ist. Man kann kein Lehrer sein, wenn man trinkt oder raucht. Im heutigen Bildungswesen werden die akademischen Eignungen des Lehrers in Betracht gezogen, ohne daß man sein moralisches Leben bewertet. Deshalb ist das Ergebnis der Erziehung ein Mißbrauch hoher Intelligenz in so vielfältiger Weise.

Den *kṣatriyas*, den Angehörigen der regierenden Klasse, wird vor allem nahegelegt, Almosen zu geben und unter keinen Umständen Gaben anzunehmen. Die Regierenden von heute lassen sich für irgendeinen politischen Zweck Geld geben, doch niemals geben sie ihrerseits den Bürgern etwas. Solches Handeln steht genau im Widerspruch zu den Anweisungen der *śāstras*. Diejenigen, die der regierenden Klasse angehören, müssen in den *śāstras* wohlbewandert sein, dürfen sich jedoch nicht als Lehrer betätigen. Sie sollten ihre Energie darauf ausrichten, Diebe, Raubmörder, Schwarzmarkthändler und ähnliche unerwünschte Elemente auszumerzen. Die Regierenden sollten niemals vorgeblich gewaltlos werden und als Folge zur Hölle gehen. Als Arjuna auf dem Schlachtfeld von Kurukṣetra ein gewaltloser Feigling werden wollte, wurde er von Śrī Kṛṣṇa schwer getadelt. Der Herr bezeichnete ihn als einen unzivilisierten Menschen, weil Arjuna sich offen zur Gewaltlosigkeit bekannte. Die Angehörigen der regierenden Klasse müssen militärisch ausgebildet werden. Feiglingen soll man nicht – nur wegen einer Stimmenmehrheit – das Amt des Präsidenten übertragen. Die Monarchen waren durchweg ritterliche und tapfere Persönlichkeiten, und daher sollte die Monarchie aufrechterhalten werden, vorausgesetzt, daß der Monarch in den Pflichten, die die Stellung eines Königs mit sich bringt, richtig geschult ist. Der König bzw. Präsident sollte niemals aus dem Kampf heimkehren, ohne vom Feind verwundet worden zu sein. Der sogenannte heutige König besucht nie den Kriegsschauplatz. Er versteht sich nur sehr gut darauf, in der Hoffnung auf nationales Ansehen die Kampfkraft künstlich zu erhöhen. Sobald die regierende Klasse auf die Stufe einer Bande von Händlern und Arbeitern sinkt, verkommt der gesamte Regierungsapparat.

Die *vaiśyas* oder Kaufleute haben vor allem die Aufgabe, die Kühe zu beschützen. Der Schutz der Kühe bedeutet eine Steigerung der Milchprodukte wie vor allem Frischkäse und Butter. Landwirtschaft und Nahrungsmittelverteilung, gestützt auf eine Ausbildung im vedischen Wissen, sowie die Bereitschaft, von dem erworbenen Reichtum Almosen zu geben, bilden die Hauptpflichten der Kaufleute. So, wie den *kṣatriyas* der Schutz der Bürger anvertraut wurde, so wurden die *vaiśyas* mit dem

Schutz der Tiere betraut. Tiere sind auf keinen Fall dafür bestimmt, getötet zu werden. Das Töten von Tieren ist das Merkmal einer barbarischen Gesellschaft. Für den Menschen sind Feldfrüchte, Obst und Milch ausreichende und geeignete Nahrung. Die menschliche Gesellschaft sollte sich mehr den Schutz der Tiere zur Aufgabe machen als ihre Schlachtung. Die Kraft des Arbeiters wird mißbraucht, wenn sie für industrielle Vorhaben verwendet wird. Die vielen verschiedenen Industriezweige können die Grundnahrungsmittel des Menschen, nämlich Reis, Weizen und andere Getreidesorten sowie Milch, Früchte und Gemüse, nicht erzeugen. Die Herstellung von Maschinen und Maschinenzubehör steigert nur den künstlichen Lebensstil einer Klasse von Menschen mit eigennützigen Interessen und hält Tausende von Menschen in Hungersnot und Unruhe. Das sind nicht die Merkmale einer wirklichen Zivilisation.

Die Angehörigen der *śūdra*-Klasse sind weniger intelligent und sollten nicht unabhängig handeln dürfen. Ihre Aufgabe ist es, den höheren drei Klassen der Gesellschaft aufrichtig Dienst zu leisten. Die *śūdras* können alle Annehmlichkeiten des Lebens dadurch bekommen, daß sie den höheren Kasten dienen. Es wird besonders darauf hingewiesen, daß ein *śūdra* niemals Geld anhäufen sollte. Sobald *śūdras* zu Reichtum gelangen, werden sie ihn für sündhafte Handlungen mißbrauchen, indem sie ihr Geld für Wein, Frauen und Glücksspiel ausgeben. Wenn Wein, Frauen und Glücksspiel in einer Gesellschaft vorherrschend sind, ist dies das Zeichen dafür, daß die Bevölkerung auf eine niedrigere Ebene als die der *śūdras* gesunken ist. Die höheren Kasten müssen sich stets um den Unterhalt der *śūdras* kümmern und sie mit alter und gebrauchter Kleidung versorgen. Ein *śūdra* darf seinen Herrn nicht verlassen, wenn dieser alt und gebrechlich wird, und der Herr muß die Diener in jeder Hinsicht zufriedenstellen. Bevor eine Opferung durchgeführt wird, müssen zunächst die *śūdras* durch reichliche Speise und Kleidung zufriedengestellt werden. In der heutigen Zeit finden viele Veranstaltungen statt, für die Millionen ausgegeben werden, doch der arme Arbeiter wird nicht ausgiebig gespeist oder mit milden Gaben, Kleidung oder ähnlichem bedacht. Daher sind die Arbeiter unzufrieden und lehnen sich gegen ihre Herren auf.

Die *varṇas* sind Einteilungen gemäß den verschiedenen beruflichen Tätigkeiten, und der *āśrama-dharma* ist für den allmählichen Fortschritt auf dem Pfad der Selbstverwirklichung bestimmt. Beide sind miteinander verbunden, wobei das eine vom anderen abhängig ist. Der Hauptzweck des *āśrama-dharma* besteht darin, Wissen und Loslösung zu erwecken. Der *brahmacārī-āśrama* ist die vorbereitende Ausbildungsstufe für die zukünftigen Einteilungen. In diesem *āśrama* wird gelehrt, daß die materielle Welt nicht die eigentliche Heimat des Lebewesens ist. Die bedingten Seelen in der materiellen Knechtschaft sind Gefangene der Materie, und daher ist Selbsterkenntnis das eigentliche Ziel des Lebens. Das ganze System des *āśrama-dharma* dient als Mittel zur Loslösung. Demjenigen, dem es nicht gelingt, sich dieses Bewußtsein der Loslösung anzueignen, ist es erlaubt, mit dem gleichen Bewußtsein der Loslösung ins Familienleben einzutreten. Andererseits kann jemand, der Loslösung erreicht, sogleich in den vierten Lebensstand, nämlich den der Entsagung, eintreten und nur von Spenden leben — nicht um zu Wohlstand zu gelangen, sondern nur, um Körper und Seele für die höchste Erkenntnis zusammenzuhalten. Das Haushälterleben ist für denjenigen bestimmt, der am Materiellen haftet, und die Lebensstände des *vānaprastha* und *sannyāsa* sind für diejenigen gedacht, die vom materiellen Leben losgelöst sind. Der *brahmacārī-āśrama* ist sowohl für die Ausbildung der Angehafteten als auch der Nichtangehafteten bestimmt.

VERS 27

दानधर्मान् राजधर्मान् मोक्षधर्मान् विभागशः ।
स्त्रीधर्मान् भगवद्धर्मान् समासव्यासयोगतः ॥२७॥

dāna-dharmān rāja-dharmān
mokṣa-dharmān vibhāgaśaḥ
strī-dharmān bhagavad-dharmān
samāsa-vyāsa-yogataḥ

dāna-dharmān—die Handlungen der Mildtätigkeit; *rāja-dharmān*—pragmatische Tätigkeiten der Könige; *mokṣa-dharmān*—die Tätigkeiten zur Befreiung; *vibhāgaśaḥ*—durch Unterteilung; *strī-dharmān*—Pflichten der Frauen; *bhagavat-dharmān*—die Tätigkeiten der Gottgeweihten; *samāsa*—gemeinhin; *vyāsa*—ausführlich; *yogataḥ*—vermittels.

ÜBERSETZUNG

Als nächstes erläuterte er nacheinander Mildtätigkeit, pragmatische Tätigkeiten der Könige und Tätigkeiten zur Befreiung. Danach erklärte er sowohl in kurzer Form als auch ausführlich die Pflichten der Frauen und die der Gottgeweihten.

ERLÄUTERUNG

Spenden zu geben ist eine der Hauptpflichten des Haushälters, und er soll bereit sein, mindestens fünfzig Prozent seines schwerverdienten Geldes als Spende zu geben. Ein *brahmacārī* oder Lernender soll Opfer durchführen, ein Haushälter soll Spenden geben, und ein Mensch auf der Stufe der Zurückgezogenheit, das heißt im Lebensstand der Entsagung, soll sich Bußen und Entsagungen auferlegen. Dies sind die allgemeinen Pflichten für die *āśramas* oder Lebensstufen auf dem Pfad der Selbstverwirklichung. Während des Lebens als *brahmacārī* wird man ausreichend geschult, zu verstehen, daß die Welt das Eigentum des Höchsten Herrn, der Persönlichkeit Gottes, ist. Niemand kann daher den Anspruch erheben, der Besitzer von irgend etwas auf der Welt zu sein. Im Lebensstand des Haushälters, der eine Art Lizenz für sexuellen Genuß darstellt, muß man daher Spenden für den Dienst des Herrn geben. Die Energie eines jeden wird vom Energiespeicher des Herrn erzeugt oder entliehen; deshalb müssen die Ergebnisse solcher Energie dem Herrn in Form von transzendentalem liebevollem Dienst dargebracht werden. Ebenso, wie die Flüsse durch die Wolken aus dem Meer Wasser bekommen und wieder ins Meer zurückströmen, so ist unsere Energie der höchsten Quelle, der Energie des Herrn, entliehen und muß wieder zum Herrn zurückkehren. So verwenden wir unsere

Energie in vollkommener Weise. Deshalb sagt der Herr in der *Bhagavad-gītā* (9.27), daß alles, was wir tun, alles, was wir uns als Bußen auferlegen, alles, was wir opfern, alles, was wir essen, und alles, was wir als Spende fortgeben, Ihm, dem Herrn, als Opfer dargebracht werden muß. Das ist der Weg, die uns geliehene Energie richtig zu nutzen. Wenn unsere Energie auf diese Weise genutzt wird, wird sie von der Unreinheit materieller Unzulänglichkeit geläutert, und so qualifizieren wir uns für unser ursprüngliches, natürliches Leben im Dienst des Herrn.

Rāja-dharma ist eine große Wissenschaft, die nicht viel mit der heutigen Diplomatie gemein hat, die nur auf politische Vorherrschaft ausgerichtet ist. Die Könige wurden systematisch geschult, freigebig zu sein und nicht nur Steuern einzutreiben. Sie wurden gelehrt, einzig für den Wohlstand der Bürger Opferungen durchzuführen. Es war die vornehmste Pflicht des Königs, die *prajās* (Bürger) zur Erlösung zu führen. Der Vater, der spirituelle Meister und der König dürfen nicht verantwortungslos sein, wenn es darum geht, die ihnen Anbefohlenen auf den Pfad der endgültigen Befreiung von Geburt, Tod, Krankheit und Alter zu führen. Wenn diese vornehmlichen Pflichten des Königs in rechter Weise erfüllt werden, bedarf es keiner Regierung des Volkes durch das Volk. Heutzutage übernehmen gewöhnliche Bürger mittels manipulierter Wahlen die Regierung; doch niemals sind sie in den grundlegenden Pflichten des Königs geschult, was ohnehin nicht für jeden möglich ist. Unter diesen Umständen richten die ungeschulten Regierenden bei ihrem Versuch, die Bürger in jeder Hinsicht glücklich zu machen, alles zugrunde. Auf der anderen Seite werden diese ungeschulten Regierenden allmählich zu Schurken und Dieben und erhöhen die Steuern, um eine Verwaltung mit zuviel Personal an der Spitze zu finanzieren, die für alle Zwecke nutzlos ist. Eigentlich sind die befähigten *brāhmaṇas* dazu da, die Könige in Regierungsangelegenheiten anzuleiten, und zwar gemäß den Schriften wie der *Manu-saṁhitā* und den *Dharma-śāstras* von Parāśara. Ein echter König ist ein Vorbild für sein Volk, und wenn der König fromm, religiös, ritterlich, tapfer und freigebig ist, folgen ihm seine Untertanen. Ein solcher König ist kein träger Sinnengenießer, der auf Kosten der Untertanen lebt, sondern er ist stets wachsam, Diebe und Banditen zu töten. Die frommen Könige kannten mit Räubern und Banditen kein Erbarmen unter dem Vorwand unsinniger *ahiṁsa* (Gewaltlosigkeit). Solche Gesetzesbrecher wurden in exemplarischer Weise bestraft, damit es in der Zukunft niemand wagen würde, Verbrechen in organisierter Form zu verüben. Solche Diebe und Banditen waren auf keinen Fall dazu bestimmt, Regierungsämter zu bekleiden, wie es heutzutage der Fall ist.

Das Steuergesetz war einfach. Es gab weder Zwang noch Mißbrauch. Der König hatte das Recht, ein Viertel des vom Bürger Erzeugten einzuziehen. Dies galt auch für Reichtum, den man sich angesammelt hatte. Niemand hatte etwas dagegen, seinen Teil abzutreten, denn dank des frommen Königs und überall herrschender religiöser Harmonie gab es genug natürliche Reichtümer, wie Getreide, Früchte, Blumen, Seide, Baumwolle, Milch, Edelsteine und Bodenschätze, und daher war niemand in materieller Hinsicht unglücklich. Die Bürger betrieben in großem Maße Landwirtschaft und Tierhaltung und besaßen daher genügend Getreide, Früchte und Milch. Sie kannten keine künstlichen Bedürfnisse nach Seife und Waschzimmer, Kinos und Bars.

Der König hatte dafür zu sorgen, daß die überschüssige Energie des Menschen richtig genutzt wurde. Die menschliche Energie ist nicht ausschließlich für die Erfüllung tierischer Neigungen bestimmt, sondern in erster Linie zur Selbsterkenntnis. Die gesamte Regierung war so ausgerichtet, daß sie dieser besonderen Bestimmung des Staates gerecht wurde. Der König mußte daher auch seine Minister sorgfältig auswählen. Dies geschah nicht durch eine Abstimmung. Die Minister, die Heerführer und selbst die einfachen Soldaten wurden alle nach persönlicher Eignung ausgewählt, und der König mußte sie einer genauen Prüfung unterziehen, ehe er sie mit ihrem jeweiligen Amt betrauen durfte. Der König wachte besonders darüber, daß die *tapasvīs*, das heißt diejenigen, die alle materiellen Bequemlichkeiten der Verbreitung spirituellen Wissens opfern, niemals mißachtet wurden. Er wußte genau, daß der Höchste Herr, die Persönlichkeit Gottes, niemals ein Vergehen gegen Seine reinen Geweihten duldet. Solche *tapasvīs* fanden als Führer selbst das Vertrauen der Halunken und Diebe, die sich niemals den Anordnungen der *tapasvīs* widersetzten. Der König gewährte den Analphabeten, Hilflosen und Witwen im Staat besonderen Schutz. Verteidigungsmaßnahmen wurden bereits vor einem feindlichen Angriff getroffen. Das Steuersystem war einfach, und es war nicht für Verschwendung bestimmt, sondern für die Verstärkung der Vorräte. Die Soldaten wurden aus allen Teilen der Welt einberufen, und sie wurden für besondere Pflichten ausgebildet.

Um Erlösung zu erreichen, muß man Lust, Zorn, unrechtmäßige Wünsche, Habsucht und Verwirrung besiegen. Um von Zorn frei zu werden, sollte man lernen, wie man verzeiht. Um von unrechtmäßigen Wünschen frei zu werden, sollte man keine Pläne schmieden. Durch eine spirituelle Lebensgestaltung wird es möglich, den Schlaf zu bezwingen. Nur durch Duldsamkeit kann man Begierden und Habsucht überwinden. Störungen durch verschiedene Krankheiten können durch geregelte Kost vermieden werden. Durch Selbstbeherrschung kann man von falschen Hoffnungen frei werden, und Geld kann man dadurch sparen, daß man unerwünschten Umgang meidet. Durch die Ausübung von *yoga* kann man den Hunger beherrschen lernen, und Weltlichkeit vermeidet man durch Kultivierung des Wissens von der Vergänglichkeit der Welt. Schläfrigkeit kann man dadurch überwinden, daß man aufsteht, und falsche Argumente widerlegt man durch tatsachengerechte Feststellungen. Redseligkeit kann durch Ernsthaftigkeit und Schweigsamkeit vermieden werden, und durch Mut kann man Furchtsamkeit verhindern. Vollkommenes Wissen kann man durch Entfaltung des Selbst erlangen. Man muß von Lust, Habsucht, Zorn, Verträumtheit und so fort frei sein, um tatsächlich den Pfad der Befreiung zu erreichen.

Was die Frauen betrifft, so werden sie als Quelle der Inspiration des Mannes angesehen. Daher ist die Frau mächtiger als der Mann. Der mächtige Julius Cäsar zum Beispiel wurde von Kleopatra beherrscht. Solch mächtige Frauen ihrerseits werden von Keuschheit beherrscht. Deshalb ist Keuschheit für Frauen wichtig. Wenn dieses Ventil gelöst wird, können die Frauen in der Gesellschaft durch Ehebruch verheerenden Schaden anrichten. Ehebruch hat unerwünschte Kinder, *varṇa-saṅkara*, zur Folge, die der Welt so sehr zur Last fallen, daß sie für den vernünftigeren Teil der Bevölkerung unbewohnbar wird.

Schließlich erklärte Bhīṣmadeva, wie man den Herrn erfreuen kann. Wir sind alle ewige Diener des Herrn, und wenn wir diesen wichtigsten Teil unseres Wesens vergessen, werden wir den materiellen Lebensumständen ausgesetzt. Der einfache

Vorgang, den Herrn zu erfreuen, besteht, insbesondere für die Haushälter, darin, die Bildgestalt des Herrn zu Hause aufzustellen. Indem man seinen Geist auf die Bildgestalt Gottes richtet, kann man spirituellen Fortschritt machen, während man mit seiner alltäglichen Tätigkeit fortfährt. Die Bildgestalt Gottes daheim zu verehren, den Gottgeweihten Dienst darzubringen, das *Śrīmad-Bhāgavatam* zu hören, an einem heiligen Ort zu wohnen und die Heiligen Namen des Herrn zu chanten – all dies ist nicht sehr kostspielig, und man kann dadurch den Herrn erfreuen. So erläuterte Großvater Bhīṣma seinen Enkeln dieses Thema.

VERS 28

धर्मार्थकाममोक्षांश्च सहोपायान् यथा मुने ।
नानाख्यानेतिहासेषु वर्णयामास तत्त्ववित् ॥२८॥

dharmārtha-kāma-mokṣāṁś ca
sahopāyān yathā mune
nānākhyānetihāseṣu
varṇayām āsa tattvavit

dharma—stellungsgemäße Pflichten; *artha*—wirtschaftliche Entwicklung; *kāma*—Erfüllung von Wünschen; *mokṣān*—endgültige Erlösung; *ca*—und; *saha*—zusammen mit; *upāyān*—Mittel; *yathā*—wie es ist; *mune*—o Weiser; *nānā*—verschiedene; *ākhyāna*—durch das Vortragen historischer Erzählungen; *itihāseṣu*—in der Geschichtsschreibung; *varṇyām āsa*—beschrieben; *tattva-vit*—jemand, der die Wahrheit kennt.

ÜBERSETZUNG

Als nächstes beschrieb er die stellungsgemäßen Pflichten der verschiedenen Stände und Lebensstufen, indem er geschichtliche Begebenheiten anführte, denn er war mit der Wahrheit wohlvertraut.

ERLÄUTERUNG

Bei allen Begebenheiten, die in den vedischen Schriften, wie den *Purāṇas*, dem *Mahābhārata* und dem *Rāmāyaṇa*, erwähnt werden, handelt es sich um wahre geschichtliche Ereignisse, die irgendwann in der Vergangenheit stattgefunden haben, wenngleich sie nicht in zeitlicher Reihenfolge aufgeführt sind. Solche geschichtlichen Begebenheiten, die für gewöhnliche Menschen lehrreich sind, wurden ohne Berücksichtigung der Zeitfolge zusammengestellt. Außerdem handeln sie auf verschiedenen Planeten, ja sogar in verschiedenen Universen, und so müssen die Erzählungen manchmal in drei Dimensionen gemessen werden. Für uns sind nur die lehrreichen Schlußfolgerungen aus solchen Begebenheiten von Wichtigkeit, selbst wenn sie für unser begrenztes Begriffsvermögen ungeordnet sind. Bhīṣmadeva schilderte Mahārāja Yudhiṣṭhira diese Begebenheiten als Antwort auf dessen Fragen.

VERS 29

धर्मं प्रवदतस्तस्य स कालः प्रत्युपस्थितः ।
यो योगिनश्छन्दमृत्योर्वाञ्छितस्तूत्तरायणः ॥२९॥

dharmaṁ pravadatas tasya
sa kālaḥ pratyupasthitaḥ
yo yoginaś chanda-mṛtyor
vāñchitas tūttarāyaṇaḥ

dharmam—stellungsgemäße Pflichten; *pravadataḥ*—während des Beschreibens; *tasya*—sein; *saḥ*—das; *kālaḥ*—Zeit; *pratyupasthitaḥ*—erschien genau; *yaḥ*—das ist; *yoginaḥ*—für die Mystiker; *chanda-mṛtyoḥ*—von jemandem, der die Zeit seines Todes selbst wählt; *vāñchitaḥ*—wie gewünscht von; *tu*—aber; *uttarāyaṇaḥ*—die Zeit, wenn die Sonne am nördlichen Horizont wandert.

ÜBERSETZUNG

Während Bhīṣmadeva die stellungsgemäßen Pflichten erläuterte, erreichte der Lauf der Sonne die nördliche Erdhälfte. Nach dieser Zeit sehnen sich die Mystiker, die die Fähigkeit haben, den Zeitpunkt ihres Todes selbst zu bestimmen.

ERLÄUTERUNG

Die vollkommenen Mystiker oder *yogīs* können den materiellen Körper nach Belieben zu einer geeigneten Zeit verlassen und sich je nach Wunsch zu einem geeigneten Planeten begeben. In der *Bhagavad-gītā* (8.24) heißt es, daß selbstverwirklichte Seelen, die mit dem Willen des Höchsten Herrn in Einklang stehen, den materiellen Körper in der Regel zu der Zeit verlassen, da der Feuergott Strahlen aussendet und die Sonne am nördlichen Horizont steht, und so erreichen sie den transzendentalen Himmel. In den *Veden* werden diese Zeiten für das Verlassen des Körpers für günstig erachtet, und sie werden von den erfahrenen Mystikern genutzt, die den achtfachen *yoga*-Vorgang vervollkommnet haben. Die Vollkommenheit des *yoga* bedeutet das Erlangen einer solch übersinnlichen Stufe, daß man den materiellen Körper seinem Wunsch gemäß verlassen kann. Die *yogīs* können jeden Planeten innerhalb eines Augenblicks erreichen, ohne ein materielles Fahrzeug wie ein Raumschiff benutzen zu müssen, das von den weniger intelligenten, materialistischen Wissenschaftlern so sehr gepriesen wird. Sie können in kürzester Zeit zum höchsten Planetensystem gelangen, was den Materialisten unmöglich ist. Selbst der Versuch, den höchsten Planeten mit einer Geschwindigkeit von Millionen von Kilometern pro Stunde zu erreichen, würde Millionen von Jahren beanspruchen. Dies ist eine Wissenschaft für sich, und Bhīṣmadeva wußte sie anzuwenden. Er wartete nur auf den geeigneten Augenblick, seinen materiellen Körper zu verlassen, und die günstige Gelegenheit nahte, während er seine edlen Enkel, die Pāṇḍavas, unterwies. In der Gegenwart Śrī Kṛṣṇas, des erhabenen Herrn, der frommen Pāṇḍavas und der großen

ßen Weisen, die von Bhagavān Vyāsa und anderen angeführt wurden und die alle große Seelen waren, schickte er sich also an, seinen Körper zu verlassen.

VERS 30

तदोपसंहृत्य गिरः सहस्रणी-
विमुक्तसङ्गं मन आदिपूरुषे ।
कृष्णे लसत्पीतपटे चतुर्भुजे
पुरःस्थितेऽमीलितदृग्व्यधारयत् ॥३०॥

tadopasaṁhṛtya giraḥ sahasraṇīr
vimukta-saṅgaṁ mana ādi-pūruṣe
kṛṣṇe lasat-pīta-paṭe catur-bhuje
puraḥ sthite 'mīlita-dṛg vyadhārayat

tadā—zu dieser Zeit; *upasaṁhṛtya*—zurückziehend; *giraḥ*—Reden; *sahasraṇīḥ*—Bhīṣmadeva (kundig in Tausenden von Wissenschaften und Künsten); *vimukta-saṅgam*—völlig von allem anderen befreit; *manaḥ*—Geist; *ādi-pūruṣe*—auf die ursprüngliche Persönlichkeit Gottes; *kṛṣṇe*—auf Kṛṣṇa; *lasat-pīta-paṭe*—mit gelben Gewändern geschmückt; *catur-bhuje*—dem vierarmigen ursprünglichen Nārāyaṇa; *puraḥ*—gerade vor; *sthite*—danebenstehend; *amīlita*—weitgeöffneter; *dṛk*—Blick; *vyadhārayat*—gerichtet.

ÜBERSETZUNG

Darauf verstummte der Mann, der über vielerlei Themen mit tausenderlei Bedeutungen gesprochen hatte, der auf Tausenden von Schlachtfeldern gekämpft und der Tausende von Menschen beschützt hatte. Von aller Knechtschaft völlig befreit, zog er den Geist von allem anderen zurück und richtete seine weitgeöffneten Augen auf Śrī Kṛṣṇa, die Persönlichkeit Gottes, der vor ihm stand – vierarmig und in gelbe Gewänder gekleidet, die glänzten und leuchteten.

ERLÄUTERUNG

Das von Bhīṣmadeva gesetzte glorreiche Beispiel macht deutlich, wie man sich in der entscheidenden Stunde, da man den Körper verläßt, verhalten muß, um die wichtige Bestimmung der menschlichen Form des Lebens zu erreichen. Das, wozu sich der Sterbende hingezogen fühlt, bildet den Anfang seines nächsten Lebens. Wenn man daher in Gedanken bei Śrī Kṛṣṇa, dem Höchsten Herrn, weilt, kann man sicher sein, zu Gott zurückzukehren. Dies wird in der *Bhagavad-gītā* (8.5-15) bestätigt:

5: Jeder, der sich im Augenblick des Todes, wenn er den Körper verläßt, an Mich erinnert, gelangt augenblicklich in Mein Reich. Darüber besteht kein Zweifel.

6: Den Seinszustand, an den man sich beim Verlassen des Körpers erinnert, wird man ohne Zweifel erreichen.

7: Daher, o Arjuna, solltest du immer an Mich als Kṛṣṇa denken und zur gleichen Zeit deine vorgeschriebene Pflicht erfüllen und kämpfen. Wenn du dein Tun Mir weihst und deinen Geist und deine Intelligenz fest auf Mich richtest, wirst du ohne Zweifel zu Mir gelangen.

8: Wer über Mich, die Höchste Persönlichkeit Gottes, meditiert, indem er seinen Geist ständig darin übt, sich an Mich zu erinnern, und von diesem Pfad nicht abweicht, o Pārtha [Arjuna], wird Mich ohne Zweifel erreichen.

9: Man sollte über den Höchsten Herrn als den meditieren, der alles weiß, der der Älteste, der Herrschende und der Erhalter allen Seins ist und der Sich jenseits jeder materiellen Vorstellung befindet, der kleiner als das Kleinste und der unvorstellbar ist und der immer eine Person ist. Er ist leuchtend wie die Sonne, und da transzendental, befindet Er Sich jenseits der materiellen Natur.

10: Wer im Augenblick des Todes die Lebensluft zwischen den Augenbrauen sammelt und sich in völliger Hingabe an den Höchsten Herrn erinnert, wird ohne Zweifel zur Höchsten Persönlichkeit Gottes gelangen.

11: Die Weisen, die die *Veden* kennen, die das *oṁkāra* sprechen und die sich auf der Lebensstufe der Entsagung befinden, gehen in das Brahman ein. Wer diese Vollkommenheit ersehnt, lebt in geschlechtlicher Enthaltsamkeit. Ich werde dir nun diesen Vorgang erklären, durch den man Loslösung erlangen kann.

12: Sich im *yoga* zu üben bedeutet, sich von allen sinnlichen Tätigkeiten zu lösen. Indem man die Tore der Sinne schließt, den Geist auf das Herz richtet und die Lebensluft an der höchsten Stelle des Kopfes sammelt, verankert man sich im *yoga*.

13: Wer während seines Lebens diesen *yoga* praktiziert und die heilige Silbe *oṁ*, die höchste Folge von Buchstaben, vibriert hat und beim Verlassen des Körpers an die Höchste Persönlichkeit Gottes denkt, wird die spirituellen Planeten erreichen.

14: O Sohn Pṛthās, wer sich immerfort an Mich erinnert, kann Mich sehr leicht erreichen, da er Mir ständig in liebender Hingabe dient.

15: Nachdem die großen Seelen, die hingegebenen *yogīs*, Mich erreicht haben, kehren sie nie wieder in diese vergängliche Welt des Leids zurück, denn sie haben die höchste Vollkommenheit erlangt.

Śrī Bhīṣmadeva erreichte die Vollkommenheit, den Körper nach seinem Willen zu verlassen, und er war mit dem Glück gesegnet, Śrī Kṛṣṇa, das Ziel seiner Aufmerksamkeit, zur Zeit des Todes persönlich bei sich zu haben. Er richtete daher seine geöffneten Augen auf Ihn. Für lange Zeit hatte er aus spontaner Liebe den Wunsch gehegt, Śrī Kṛṣṇa zu sehen. Da er ein reiner Gottgeweihter war, hatte er sehr wenig mit der genauen Befolgung der *yoga*-Prinzipien zu tun. Einfacher *bhakti-yoga* genügt, um die Vollkommenheit zu erlangen. Deshalb war es der brennende Wunsch Bhīṣmadevas, die *Person* Śrī Kṛṣṇa, den höchsten Gegenstand der Liebe, zu sehen, und durch die Gnade des Herrn bot sich Śrī Bhīṣmadeva diese Gelegenheit während seiner letzten Atemzüge.

VERS 31

विशुद्धया धारणया हताशुभ-
स्तदीक्षयैवाशु गतायुधश्रमः ।

निवृत्तसर्वेन्द्रियवृत्तिविभ्रम-
स्तुष्टाव जन्यं विसृजञ्जनार्दनम् ॥३१॥

viśuddhayā dhāraṇayā hatāśubhas
tad-īkṣayaivāśu gatā-yudha-śramaḥ
nivṛtta-sarvendriya-vṛtti-vibhramas
tuṣṭāva janyaṁ visṛjañ janārdanam

viśuddhayā—durch gereinigte; *dhāraṇayā*—Meditation; *hata-aśubhaḥ*—jemand, der die unglückbringenden Eigenschaften des materiellen Daseins verringert hatte; *tat*—seine; *īkṣayā*—durch Anblicken; *eva*—einfach durch; *āśu*—sogleich; *gatā*—gewichen seiend; *yudha*—Pfeile; *śramaḥ*—Pein; *nivṛtta*—aufgehört habend; *sarva*—alle; *indriya*—Sinne; *vṛtti*—Tätigkeiten; *vibhramaḥ*—mit vielerlei Dingen beschäftigt; *tuṣṭāva*—betete für; *janyam*—der materielle Körper; *visṛjan*—während des Verlassens; *janārdanam*—der Beherrscher der Lebewesen.

ÜBERSETZUNG

Durch solch reine Meditation, indem er nur Śrī Kṛṣṇa anblickte, wurde er sogleich von allem materiell Unheilvollen und von allen durch die Pfeilwunden verursachten Schmerzen befreit. So kamen alle äußeren Tätigkeiten seiner Sinne augenblicklich zum Stillstand, und er richtete transzendentale Gebete an den Beherrscher aller Lebewesen, während er seinen materiellen Körper verließ.

ERLÄUTERUNG

Der materielle Körper ist ein Geschenk der materiellen Energie, die auch als „Täuschung" bezeichnet wird. Die Identifizierung mit dem materiellen Körper beruht auf dem Vergessen unserer ewigen Beziehung zum Herrn. Für einen reinen Geweihten des Herrn wie Bhīṣmadeva wich diese Täuschung sogleich, als der Herr zusammen mit Yudhiṣṭhira erschien. Śrī Kṛṣṇa ist wie die Sonne, und die täuschende äußere, materielle Energie gleicht der Dunkelheit. In der Gegenwart der Sonne kann die Dunkelheit nicht bestehen. Daher wich bei der Ankunft Śrī Kṛṣṇas alle materielle Verunreinigung, und so vermochte Bhīṣmadeva auf einer transzendentalen Ebene zu verweilen, indem er die Tätigkeiten der unreinen Sinne in Verbindung mit der Materie zum Stillstand brachte. Die Seele ist ursprünglich rein, und ebenso sind es die Sinne. Durch die Verbindung mit der materiellen Energie werden die Sinne unvollkommen und unrein. Durch die Wiederbelebung der Verbindung zum höchsten Reinen, Śrī Kṛṣṇa, werden die Sinne wieder von der materiellen Verunreinigung befreit. Bhīṣmadeva erreichte all diese transzendentalen Zustände durch die Gegenwart des Herrn, bevor er den materiellen Körper verließ. Der Herr ist der Beherrscher und der Wohltäter aller Lebewesen. So lautet die Aussage aller *Veden*. Er ist der höchste Ewige und das höchste Lebewesen unter allen ewigen Lebewesen, und Er allein versorgt all die verschiedenen Lebewesen mit allen Notwendigkeiten (*nityo nityānāṁ cetanaś cetanānām, eko bahūnāṁ yo vidadhāti kāmān; Kaṭ. U.*

2.2.13). So sorgte Er auch für alle Voraussetzungen, um die transzendentalen Wünsche Seines großen Geweihten Śrī Bhīṣmadeva zu erfüllen, der wie folgt zu beten begann.

VERS 32

श्रीभीष्म उवाच
इति मतिरुपकल्पिता वितृष्णा
भगवति सात्वतपुङ्गवे विभूम्नि ।
स्वसुखमुपगते क्वचिद्विहर्तुं
प्रकृतिमुपेयुषि यद्भवप्रवाहः ॥३२॥

śrī-bhīṣma uvāca
iti matir upakalpitā vitṛṣṇā
bhagavati sātvata-puṅgave vibhūmni
sva-sukham upagate kvacid vihartuṁ
prakṛtim upeyuṣi yad-bhava-pravāhaḥ

śrī-bhīṣmaḥ uvāca—Bhīṣmadeva sprach; *iti*—so; *matiḥ*—Denken, Fühlen und Wollen; *upakalpitā*—gewidmet; *vitṛṣṇā*—befreit von allen Sinnenbegierden; *bhagavati*—der Persönlichkeit Gottes; *sātvata-puṅgave*—dem Führer der Gottgeweihten; *vibhūmni*—dem Großen; *sva-sukham*—Selbstzufriedenheit; *upagate*—Ihm, der es erreicht hat; *kvacit*—manchmal; *vihartum*—aus transzendentaler Freude; *prakṛtim*—in der materiellen Welt; *upeyuṣi*—es annehmen; *yat-bhava*—von dem die Schöpfung; *pravāhaḥ*—erschaffen und vernichtet wird.

ÜBERSETZUNG

Bhīṣmadeva sprach: Jetzt will ich mein Denken, Fühlen und Wollen, das so lange mit verschiedenen Dingen und Pflichten beschäftigt war, auf den allmächtigen Herrn, Śrī Kṛṣṇa, richten. Er ist stets in Sich Selbst zufrieden, doch als der Herr und Meister der Gottgeweihten erfährt Er transzendentale Freude, indem Er manchmal in die materielle Welt hinabsteigt, obwohl diese Welt von Ihm allein erschaffen wurde.

ERLÄUTERUNG

Als Staatsmann, Oberhaupt der Kuru-Dynastie, großer Feldherr und Anführer der *kṣatriyas* mußte Bhīṣmadeva seinen Geist auf viele verschiedene Dinge richten, und sein Denken, Fühlen und Wollen beschäftigte sich mit all diesen Angelegenheiten. Jetzt aber möchte er all seine Kräfte des Denkens, Fühlens und Wollens nur noch dem Höchsten Wesen, Śrī Kṛṣṇa, widmen und so reinen hingebungsvollen Dienst erreichen. Śrī Kṛṣṇa wird hier als der Führer der Gottgeweihten und als Allmächtiger beschrieben. Obwohl Śrī Kṛṣṇa die ursprüngliche Persönlichkeit Gottes ist, kommt Er Selbst auf die Erde herab, um Seinen reinen Geweihten den Segen des hingebungsvollen Dienstes zu schenken. Manchmal kommt Er als Śrī Kṛṣṇa, wie Er ist, und manchmal als Śrī Caitanya. Beide sind die Führer der reinen Gottgeweihten. Reine Geweihte des Herrn hegen keinen anderen Wunsch, als dem Herrn zu dienen, und daher bezeichnet man sie als *sātvata.* Bhīṣmadeva wünschte sich also nur, dem Herrn zu dienen. Solange wir nicht von allen materiellen Wünschen geläutert sind, wird der Herr nicht unser Führer. Wünsche kann man nicht auslöschen, sie müssen nur geläutert werden. In der *Bhagavad-gītā* bestätigt der Herr Selbst, daß Er einem reinen Geweihten, der sich ständig in Seinem Dienst beschäftigt, vom Herzen her Anweisungen gibt. Solche Anweisungen werden nicht für materielle Zwecke gegeben, sondern nur, um die Rückkehr nach Hause, zu Gott, zu fördern. Im Falle eines gewöhnlichen Sterblichen, der über die materielle Natur herrschen will, gibt der Herr nur Einwilligungen und wird Zeuge der Handlungen, doch Er gibt dem Nichtgottgeweihten niemals Anweisungen, wie dieser zu Ihm zurückkehren kann. Hierin unterscheidet sich das Verhalten des Herrn gegenüber den verschiedenen Lebewesen, nämlich den Gottgeweihten und den Nichtgottgeweihten. Er ist der Führer aller Lebewesen, ebenso, wie der König des Staates sowohl die Gefängnisinsassen als auch die freien Bürger regiert; aber Sein Verhalten gegenüber den Gottgeweihten unterscheidet sich von dem Verhalten gegenüber den Nichtgottgeweihten. Nichtgottgeweihte denken niemals daran, Anweisungen vom Herrn entgegenzunehmen, und daher schweigt der Herr in ihrem Falle, obwohl Er all ihre Handlungen als Zeuge beobachtet und ihnen die guten bzw. schlechten Ergebnisse dieser Handlungen zukommen läßt. Die Gottgeweihten stehen über solch materiellem „gut“ und „schlecht“; sie folgen dem Pfad der Transzendenz und hegen daher keinen Wunsch nach materiellen Dingen. Der Gottgeweihte weiß auch, daß Śrī Kṛṣṇa der ursprüngliche Nārāyaṇa ist, da der Herr durch eine Seiner vollständigen Erweiterungen als der Kāraṇodakaśāyī Viṣṇu erscheint, die ursprüngliche Ursache aller materiellen Schöpfungen. Der Herr wünscht Sich die Gemeinschaft Seiner reinen Geweihten, und nur um ihretwillen kommt Er auf die Erde herab und schenkt ihnen Freude. Der Herr erscheint aus Seinem eigenen Willen. Er wird nicht durch die Bedingungen der materiellen Natur gezwungen. Weil er niemals durch die Gesetze der materiellen Natur bedingt ist, wird Er hier als der *vibhu,* das heißt der Allmächtige, bezeichnet.

VERS 33

त्रिभुवनकमनं तमालवर्णं
रविकरगौरवराम्बरं दधाने ।
वपुरलककुलावृताननाब्जं
विजयसखे रतिरस्तु मेऽनवद्या ॥३३॥

tri-bhuvana-kamanaṁ tamāla-varṇaṁ
ravi-kara-gaura-vara-ambaraṁ dadhāne

vapur alaka-kulāvṛtānanābjaṁ
vijaya-sakhe ratir astu me 'navadyā

tri-bhuvana—drei Ebenen von Planetensystemen; *kamanam*—der Begehrenswerteste; *tamāla-varṇam*—von blauschwarzer Färbung wie der *tamāla*-Baum; *ravi-kara*—Sonnenstrahlen; *gaura*—goldene Farbe; *varāmbaram*—Gewand, das glänzt wegen; *dadhāne*—jemand, der trägt; *vapuḥ*—Körper; *alaka-kula-āvṛta*—mit Ornamenten aus Sandelholzpaste bemalt; *anana-abjam*—lotosgleiches Antlitz; *vijaya-sakhe*—dem Freund Arjunas; *ratiḥ astu*—Zuneigung auf Ihn gerichtet; *me*—mein; *anavadyā*—ohne Wunsch nach fruchtbringenden Ergebnissen.

ÜBERSETZUNG

Śrī Kṛṣṇa, der vertraute Freund Arjunas, erschien auf der Erde in Seiner transzendentalen Gestalt, deren Tönung an die blauschwarze Färbung des tamāla-Baumes erinnert. Seine Gestalt wirkt auf jeden in den drei Planetensystemen [den oberen, mittleren und unteren] anziehend. Möge sich meine Zuneigung auf Sein glänzend gelbes Gewand und Sein Lotosgesicht richten, das mit Sandelholzpaste bemalt ist, und möge ich niemals die Früchte meines Tuns begehren.

ERLÄUTERUNG

Wenn Śrī Kṛṣṇa aus Seiner inneren Freude auf der Erde erscheint, geschieht dies durch Seine innere Kraft. In allen drei Welten, das heißt auf den Planeten der oberen, mittleren und unteren Planetensysteme, sehnen sich die Lebewesen nach dem betörenden Anblick Seiner transzendentalen Gestalt. Nirgendwo im Universum findet man jemanden, dessen Gestalt so schön ist wie die Śrī Kṛṣṇas. Sein transzendentaler Körper hat also nichts mit etwas aus Materie Geschaffenem zu tun. Arjuna wird hier als der Siegreiche bezeichnet und Kṛṣṇa als sein vertrauter Freund. Auf seinem Bett aus Pfeilen erinnert sich Bhīṣmadeva jetzt, nach der Schlacht von Kurukṣetra, an das besondere Gewand Śrī Kṛṣṇas, das Er als Arjunas Wagenlenker trug. Während des Kampfes gegen Arjuna hatte das glänzende Gewand Kṛṣṇas seine Aufmerksamkeit erregt, und im Grunde bewunderte er seinen sogenannten Feind Arjuna dafür, daß er den Herrn zum Freund hatte. Arjuna war immer siegreich, weil der Herr sein Freund war. Bhīṣmadeva nahm die Gelegenheit wahr, den Herrn *vijaya-sakhe* (Freund Arjunas) zu nennen, da es den Herrn freut, wenn Er zusammen mit Seinen Geweihten genannt wird, die in verschiedenen transzendentalen Gefühlsbeziehungen mit Ihm verbunden sind. Während Kṛṣṇa der Wagenlenker Arjunas war, fielen Sonnenstrahlen auf das Gewand des Herrn, und der einzigartige Farbton, der durch die Brechung der Sonnenstrahlen entstand, blieb Bhīṣmadeva unvergeßlich. Als großer Kämpfer erfreute er sich der Beziehung der Ritterlichkeit zu Kṛṣṇa. Die transzendentale Beziehung zum Herrn in einem der *rasas* (Gefühlsstimmungen) wird von den Gottgeweihten in höchster Ekstase genossen. Weniger intelligente weltliche Menschen, die zur Schau stellen wollen, daß sie transzendental mit dem Herrn verbunden sind, stürzen sich künstlich sogleich in die Beziehung der ehelichen Liebe, indem sie die Mädchen von Vrajadhāma nachahmen. Eine solch billige

Beziehung zum Herrn beweist nur die niedrige Denkart des weltlichen Nachahmers, denn jemand, der die eheliche Liebesbeziehung zum Herrn tatsächlich gekostet hat, wird niemals an weltlichem Liebes-*rasa* hängen, der selbst von der weltlichen Ethik verurteilt wird. Die ewige Beziehung der individuellen Seele zum Herrn entwickelt sich aus sich selbst. Eine echte Beziehung des Lebewesens zum Höchsten Herrn kann jede Form der fünf Haupt-*rasas* annehmen, wobei es für den echten Gottgeweihten hinsichtlich des transzendentalen Grades keinen Unterschied gibt. Bhīṣmadeva ist ein gutes Beispiel hierfür, und man sollte bedachtsam zur Kenntnis nehmen, auf welche Weise der große Heerführer mit dem Herrn transzendental verbunden ist.

VERS 34

युधि तुरगरजोविधूम्रविष्वक्-
कचलुलितश्रमवार्यलङ्कृतास्ये ।
मम निशितशरैर्विभिद्यमान-
त्वचि विलसत्कवचेऽस्तु कृष्ण आत्मा ॥३४॥

yudhi turaga-rajo-vidhūmra-viṣvak-
kaca-lulita-śramavāry-alaṅkṛtāsye
mama niśita-śarair vibhidyamāna-
tvaci vilasat-kavace 'stu kṛṣṇa ātmā

yudhi—auf dem Schlachtfeld; *turaga*—Pferde; *rajaḥ*—Staub; *vidhūmra*—nahm eine aschfarbene Tönung an; *viṣvak*—wehend; *kaca*—Haar; *lulita*—zerzaust; *śrama-vāri*—Schweiß; *alaṅkṛta*—geschmückt mit; *āsye*—auf dem Gesicht; *mama*—mein; *niśita*—spitz; *śaraiḥ*—von den Pfeilen; *vibhidyamāna*—getroffen von; *tvaci*—in die Haut; *vilasat*—Freude genießend; *kavace*—schützende Rüstung; *astu*—laß sein; *kṛṣṇe*—auf Śrī Kṛṣṇa; *ātmā*—Geist.

ÜBERSETZUNG

Auf dem Schlachtfeld [wo Śrī Kṛṣṇa dem Arjuna aus Freundschaft beistand] färbte der Staub, den die Hufe der Pferde hochwirbelten, das wehende Haar Śrī Kṛṣṇas aschgrau. Aufgrund Seiner Anstrengung traten Ihm Schweißperlen ins Gesicht. All diese Schmückungen, durch die Wunden verstärkt, die meine spitzen Pfeile in Seine Haut geschlagen hatten, schenkten Ihm Freude. Laß mich also meinen Geist auf Śrī Kṛṣṇa richten.

ERLÄUTERUNG

Der Herr ist die absolute Gestalt von Ewigkeit, Glückseligkeit und Wissen. In Seiner Güte nimmt Er transzendentalen liebevollen Dienst in einer der fünf Hauptbeziehungen entgegen — *śānta, dāsya, sakhya, vātsalya* und *mādhurya*, das heißt Neutralität, Dienertum, Brüderlichkeit, elterliche Zuneigung und eheliche Liebe —, wenn solcher Dienst Ihm mit echter Liebe und Hingabe dargebracht wird. Śrī Bhīṣmadeva ist ein großer Geweihter des Herrn in der dienenden Beziehung. Daher kommt es aufs gleiche hinaus, wenn er den transzendentalen Körper des Herrn mit Pfeilen beschießt und wenn ein anderer Gottgeweihter den Herrn verehrt, indem er Ihn mit zarten Rosen bewirft.

Offenbar bereute Bhīṣmadeva sein Verhalten gegenüber dem Herrn, doch in Wirklichkeit verspürte der Herr wegen der transzendentalen Natur Seines Körpers nicht die geringsten Schmerzen. Sein Körper besteht nicht aus Materie. Sowohl Er Selbst als auch Sein Körper sind von vollendeter spiritueller Identität. Spirituelles läßt sich niemals durchbohren, verbrennen, austrocknen, benetzen und so fort. Dies wird in der *Bhagavad-gītā* anschaulich erklärt, und so bestätigt es auch das *Skanda Purāṇa*, wo es heißt, daß das Spirituelle immer unbefleckt und unzerstörbar ist. Es kann nicht gequält werden, und es kann auch nicht austrocknen. Wenn Śrī Viṣṇu in Seiner Inkarnation vor uns erscheint, gleicht Er scheinbar einer bedingten Seele, die in der Materie gefangen ist, doch nur, damit die *asuras* oder Ungläubigen verwirrt werden, die stets, schon vom Beginn Seines Erscheinens an, alles versuchen, um den Herrn zu töten. Kaṁsa wollte Kṛṣṇa töten, und Rāvaṇa wollte Rāma töten. Solche Dämonen sind sich törichterweise nicht bewußt, daß der Herr nie getötet werden kann, da die spirituelle Natur unter keinen Umständen zu vernichten ist.

Für den nichtgottgeweihten Atheisten ist es daher ein verwirrendes Problem, daß Bhīṣmadeva den Körper Śrī Kṛṣṇas mit Pfeilen durchbohrte; doch die Gottgeweihten oder befreiten Seelen sind nicht verwirrt.

Bhīṣmadeva wußte die allgütige Haltung des Herrn zu schätzen, der Arjuna nicht allein ließ, obwohl Ihm die spitzen Pfeile Bhīṣmadevas zusetzten, und der es auch nicht ablehnte, an Bhīṣmas Totenbett zu kommen, obwohl Er auf dem Schlachtfeld von ihm wie ein Feind behandelt worden war. Bhīṣmas Reue und die barmherzige Haltung des Herrn sind beide einzigartig.

Śrī Viśvanātha Cakravartī Ṭhākura, ein großer *ācārya* und Gottgeweihter in der Gefühlsbeziehung ehelicher Liebe zum Herrn, erklärt in diesem Zusammenhang etwas sehr Bemerkenswertes. Er sagt, daß die Wunden, die dem Körper des Herrn durch die spitzen Pfeile Bhīṣmadevas zugefügt wurden, dem Herrn so angenehm waren wie die Bisse Seiner Braut, die den Körper des Herrn aus starkem Liebesbegehren beißt. Solche Bisse des anderen Geschlechts werden niemals als Zeichen der Feindseligkeit aufgefaßt, selbst wenn sie Wunden im Körper hinterlassen. Der Kampf zwischen dem Herrn und Seinem reinen Geweihten, Śrī Bhīṣmadeva, war daher als ein Austausch transzendentaler Freude nicht im geringsten etwas Weltliches. Außerdem waren Wunden an dem absoluten Körper gar nicht möglich, da der Körper des Herrn und der Herr identisch sind. Die scheinbaren, von den spitzen Pfeilen geschlagenen Wunden mögen den gewöhnlichen Menschen verwirren, doch jemand, der ein wenig absolutes Wissen besitzt, kann den transzendentalen Austausch in der ritterlichen Beziehung erkennen. Der Herr war glücklich über die Wunden, die Ihm die spitzen Pfeile Bhīṣmadevas zufügten. Das Wort *vibhidyamāna* ist bezeichnend, weil die Haut des Herrn nicht vom Herrn verschieden ist. Weil unsere Haut verschieden von unserer Seele ist, wäre bei uns das Wort *vibhidyamāna* („durchbohrt" oder „verletzt") durchaus zutreffend. Transzendentale Glückseligkeit ist mannigfaltig, und die Mannigfaltigkeit der Tätigkeiten in der materiellen Welt ist nichts als eine verzerrte Spiegelung solch transzendentaler Glückseligkeit. Weil alles in der materiellen Welt der Eigenschaft nach weltlich ist, ist diese Welt voller Rauschzustände, wohingegen es im absoluten Reich vielfältige Genüsse ohne Trunkenheit gibt, da alles dort von der gleichen absoluten Natur ist. Der Herr genoß die Wunden, die Ihm Sein großer Geweihter Bhīṣmadeva zugefügt hatte, und weil Bhīṣmadeva ein Gottgeweihter in der ritterlichen Beziehung ist, richtet er seinen Geist auf Kṛṣṇa als Verwundeten.

VERS 35

सपदि सखिवचो निशम्य मध्ये
निजपरयोर्बलयो रथं निवेश्य ।
स्थितवति परसैनिकायुरक्ष्णा
हृतवति पार्थसखे रतिर्ममास्तु ॥३५॥

sapadi-sakhi-vaco niśamya madhye
nija-parayor balayo rathaṁ niveśya
sthitavati para-sainikāyur akṣṇā
hṛtavati pārtha-sakhe ratir mamāstu

sapadi—auf dem Schlachtfeld; *sakhi-vacaḥ*—Anweisung des Freundes; *niśamya*—nach dem Hören; *madhye*—inmitten von; *nija*—eigene; *parayoḥ*—die Gegenseite; *balayoḥ*—Stärke; *ratham*—Streitwagen; *niveśya*—sich begeben habend; *sthitavati*—während des Verweilens dort; *para-sainika*—Soldaten auf der Gegenseite; *āyuḥ*—Lebensdauer; *akṣṇā*—durch Ansehen; *hṛtavati*—ein Akt der Verringerung; *pārtha*—Arjuna, der Sohn Pṛthās (Kuntīs); *sakhe*—dem Freund von; *ratiḥ*—enge Beziehung; *mama*—meine; *astu*—laß sein.

ÜBERSETZUNG

Dem Befehl Seines Freundes gehorsam, lenkte Śrī Kṛṣṇa den Streitwagen auf dem Schlachtfeld von Kurukṣetra zwischen die Soldaten Arjunas und Duryodhanas, und während Er dort stand, verkürzte Er die Lebenszeit der Gegner durch Seinen barmherzigen Blick, den Er über die Feinde schweifen ließ. Laß mich meinen Geist auf diesen Freund Arjunas [Kṛṣṇa] richten.

ERLÄUTERUNG

In der *Bhagavad-gītā* (1.21-25) befiehlt Arjuna dem unfehlbaren Śrī Kṛṣṇa, seinen Streitwagen zwischen die Schlachtreihen der Soldaten zu lenken. Er bittet Ihn, dort zu verweilen, bis er sich die Feinde, denen er in der Schlacht würde gegenübertreten müssen, genau angeschaut habe. Als der Herr so gebeten wurde, handelte Er sogleich wie ein Befehlsempfänger, und Er nannte Arjuna alle wichtigen Männer der Gegenseite, indem Er sagte: „Dort steht Bhīṣma, dort steht Droṇa", und so fort.

Der Herr ist als das höchste Lebewesen niemals jemandes Befehlsempfänger oder Diener – wer immer es sein mag –, doch aus Seiner grundlosen Gnade und Seiner Zuneigung zu Seinen Geweihten heraus gehorcht Er ihnen zuweilen wie ein folgsamer Diener. Es bereitet dem Herrn Freude, die Anweisungen eines Gottgeweihten auszuführen, ebenso, wie es einem Vater Freude bereitet, dem Befehl seines kleinen Kindes zu gehorchen. Dies ist nur durch die reine transzendentale Liebe des Herrn und Seiner reinen Geweihten möglich, und Bhīṣmadeva ist sich dieser Tatsache völlig bewußt. Aus diesem Grunde nennt er den Herrn hier „den Freund Arjunas".

Der Herr verringerte die Lebensdauer der Gegner durch Seinen gnadenreichen Blick. Es heißt, daß alle Krieger, die auf dem Schlachtfeld von Kurukṣetra zusammengekommen waren, dadurch Befreiung erlangten, daß sie zur Zeit des Todes den Herrn persönlich sahen. Der Umstand, daß Er die Lebensdauer der Feinde Arjunas verringerte, bedeutet daher nicht, daß Er für die Sache Arjunas Partei ergriff. Er war der Gegenseite in Wirklichkeit gnädig gestimmt, denn die gegnerischen Soldaten hätten keine Befreiung erlangt, wenn sie im gewöhnlichen Verlauf ihres Lebens daheim gestorben wären. Hier bot sich ihnen die Gelegenheit, den Herrn zur Zeit des Todes zu sehen und so Befreiung vom materiellen Leben zu erlangen. Der Herr ist also absolut gut, und was immer Er tut, gereicht jedem zum Besten. Scheinbar führte Sein Handeln den Sieg Arjunas, Seines vertrauten Freundes, herbei, aber in Wahrheit handelte er zum Wohl von Arjunas Feinden. Solcherart sind die transzendentalen Taten des Herrn, und jeder, der dies versteht, erlangt nach dem Verlassen des materiellen Körpers ebenfalls Befreiung. Der Herr handelt unter keinen Umständen falsch, denn Er ist zu jeder Zeit absolut und in jeder Hinsicht gut.

VERS 36

व्यवहितपृतनामुखं निरीक्ष्य
स्वजनवधाद्विमुखस्य दोषबुद्ध्या ।
कुमतिमहरदात्मविद्यया य-
श्चरणरतिः परमस्य तस्य मेऽस्तु ॥३६॥

vyavahita-pṛtanā-mukhaṁ nirikṣya
sva-jana-vadhād vimukhasya doṣa-buddhyā
kumatim aharad ātma-vidyayā yaś
caraṇa-ratiḥ paramasya tasya me 'stu

vyavahita—in einiger Entfernung stehend; *pṛtanā*—Soldaten; *mukham*—Gesichter; *nirīkṣya*—durch das Ansehen; *sva-jana*—Verwandte; *vadhāt*—von dem Akt des Tötens; *vimukhasya*—einer, der sich weigert; *doṣa-buddhyā*—durch verunreinigte Intelligenz; *kumatim*—geringes Wissen; *aharat*—beseitigt; *ātma-vidyayā*—durch transzendentales Wissen; *yaḥ*—die Person; *caraṇa*—Füße; *ratiḥ*—Zuneigung; *paramasya*—des Höchsten; *tasya*—zu Ihm; *me*—meine; *astu*—laß sein.

ÜBERSETZUNG

Als Arjuna die Soldaten und Befehlshaber vor sich auf dem Schlachtfeld sah und scheinbar von Unwissenheit verunreinigt wurde, beseitigte der Herr diese Unwissenheit, indem Er ihm transzendentales Wissen gab. Mögen Seine Lotosfüße stets das Ziel meiner Zuneigung bleiben.

ERLÄUTERUNG

Die Könige und Befehlshaber hatten vor der Front der kämpfenden Soldaten zu stehen. So lautete die Vorschrift für eine echte Kampfordnung. Die Könige und die Befehlshaber waren nicht nur dem Namen nach Präsident oder Verteidigungsminister, wie es heute der Fall ist. Sie blieben nie zu Hause, während die armen Soldaten und Söldner sich im Kampf gegenüberstanden. Dies mag bei der heutigen Demokratie üblich sein, doch als es noch wahres Königtum gab, waren die Monarchen keine Feiglinge, die ungeachtet ihrer Eignung gewählt wurden. Wie man bei der Schlacht von Kurukṣetra sieht, lagen alle leitenden Persönlichkeiten beider Seiten, wie Droṇa, Bhīṣma, Arjuna und Duryodhana, nicht schlafend im Bett, sondern nahmen aktiv am Kampf teil, zu dessen Austragung ein Ort gewählt wurde, der weit entfernt von den Wohngebieten der Bürger lag. Folglich waren die unschuldigen Bürger vor allen Auswirkungen des Kampfes zwischen den feindlichen königlichen Heeren sicher; auch brauchten sie sich nicht darum zu sorgen, was nach einem solchen Kampf geschah. Jeder mußte dem Herrscher, ob dieser Arjuna oder Duryodhana hieß, ein Viertel seines Einkommens abtreten. Als sich also die Befehlshaber beider Parteien auf dem Schlachtfeld von Kurukṣetra gegenüberstanden, betrachtete Arjuna sie voller Mitleid und beklagte, daß er um der Herrschaft willen seine Verwandten auf dem Schlachtfeld töten sollte. Er fürchtete sich nicht im geringsten vor dem gewaltigen Heer Duryodhanas. Als ein gütiger Geweihter des Herrn war der Verzicht auf weltliche Dinge nur natürlich für ihn, und so beschloß er, nicht um weltlicher Besitztümer willen zu kampfen. Diese Entscheidung beruhte indes auf mangelhaftem Wissen, und daher wird an dieser Stelle erklärt, daß seine Intelligenz verunreinigt war. Eigentlich konnte seine Intelligenz niemals verunreinigt werden, da er ein Geweihter und ständiger Gefährte des Herrn war, wie aus dem Vierten Kapitel der *Bhagavad-gītā* deutlich hervorgeht; doch scheinbar wurde Arjunas Intelligenz verunreinigt, weil es sonst nicht möglich gewesen wäre, zum Wohl aller bedingten Seelen, die in der materiellen Welt durch das falsche Verständnis vom materiellen Körper gefesselt sind, die Lehren der *Bhagavad-gītā* zu verkünden. Die *Bhagavad-gītā* wurde den bedingten Seelen der Welt verkündet, um sie von der falschen Vorstellung, der Körper sei mit der Seele identisch, zu befreien und um die ewige Beziehung der Seele zum Höchsten Herrn wiederherzustellen. Der Herr sprach also die *ātma-vidyā*, das transzendentale Wissen über Sich Selbst, insbesondere zum Segen aller bedingten Seelen in allen Teilen des Universums.

VERS 37

स्वनिगममपहाय मत्प्रतिज्ञा-
मृतमधिकर्तुमवप्लुतो रथस्थः ।

धृतरथचरणोऽभ्ययाच्चलद्गु-
र्हरिरिव हन्तुमिभं गतोत्तरीयः ॥३७॥

sva-nigamam apahāya mat-pratijñām
ṛtam adhikartum avapluto rathasthaḥ
dhṛta-ratha-caraṇo 'bhyayāc caladgur
harir iva hantum ibhaṁ gatottarīyaḥ

sva-nigamam—eigene Wahrheitsliebe; *apahāya*—zur Aufhebung; *mat-pratijñām*—mein eigenes Versprechen; *ṛtam*—tatsächlich; *adhi*—mehr; *kartum*—um es zu tun; *avaplutaḥ*—herabsteigend; *ratha-sthaḥ*—vom Wagen; *dhṛta*—ergreifend; *ratha*—Streitwagen; *caraṇaḥ*—Rad; *abhyayāt*—lief geschwind; *caladguḥ*—die Erde stampfend; *hariḥ*—Löwe; *iva*—wie; *hantum*—zu töten; *ibham*—Elefant; *gata*—zurücklassend; *uttarīyaḥ*—bedeckendes Kleidungsstück.

ÜBERSETZUNG

Meinem Wunsch nachkommend und Sein eigenes Versprechen brechend, sprang Er vom Streitwagen, ergriff ein Wagenrad und lief geschwind auf mich zu, wie ein Löwe, der einen Elefanten töten will. Dabei verlor Er sogar Sein Übergewand.

ERLÄUTERUNG

Die Schlacht von Kurukṣetra wurde nach militärischen Grundsätzen ausgetragen, doch zugleich mit fairen Mitteln, wie bei einem Kampf zwischen Freunden. Duryodhana tadelte Bhīṣmadeva, und er behauptete, er bringe es aus väterlicher Zuneigung nicht übers Herz, Arjuna zu töten. Ein *kṣatriya* darf Schmähungen, die sich auf die Grundsätze des Kampfes beziehen, nicht dulden. Bhīṣmadeva versprach daher, am nächsten Tag alle fünf Pāṇḍavas mit eigens für diesen Zweck angefertigten Pfeilen zu töten. Duryodhana war mit diesem Entschluß zufrieden und nahm die Pfeile an sich, um sie Bhīṣmadeva am nächsten Tag während des Kampfes zu geben. Durch eine List gelang es Arjuna jedoch, Duryodhana die Pfeile zu entwenden, und Bhīṣmadeva, der begriff, daß dies eine List Śrī Kṛṣṇas war, gelobte, daß Kṛṣṇa am nächsten Tag Selbst Waffen ergreifen müsse, andernfalls werde er Seinen Freund Arjuna töten. Am nächsten Tag kämpfte Bhīṣmadeva so ungestüm, daß sowohl Arjuna als auch Kṛṣṇa in Bedrängnis gerieten. Arjuna war nahezu besiegt, und die Lage war so bedrohlich, daß es aussah, als werde Bhīṣmadeva ihn im nächsten Augenblick töten. Da wollte Śrī Kṛṣṇa Seinen Geweihten Bhīṣma erfreuen, indem Er dafür sogte, daß dessen Versprechen erfüllt wurde, das Ihm wichtiger erschien als Sein eigenes. Vor dem Beginn der Schlacht von Kurukṣetra hatte Er nämlich gelobt, keine Waffe anzurühren und Sich für keine der beiden Seiten einzusetzen. Doch dann brach Er offensichtlich Sein Versprechen. Um Arjuna zu beschützen, sprang Er vom Streitwagen, ergriff ein Wagenrad und lief voll Zorn auf Bhīṣmadeva zu. Unterwegs verlor Er sogar Sein Übergewand, was Er jedoch in Seinem großen Zorn nicht bemerkte. Bhīṣmadeva senkte sofort die Waffen und war bereit, sich von Kṛṣṇa, seinem geliebten Herrn, töten zu lassen. In diesem Augenblick war der

Kampftag zu Ende, und Arjuna war gerettet. Natürlich wäre Arjunas Tod ohnehin nicht möglich gewesen, da der Herr persönlich auf seinem Wagen saß, doch weil Bhīṣmadeva sehen wollte, wie Śrī Kṛṣṇa zur Waffe griff, um Seinen Freund zu retten, führte der Herr diese Lage herbei, indem er Arjunas Tod bedrohlich nahe kommen ließ. Er stand vor Bhīṣmadeva, um ihm zu zeigen, daß Er das Rad erhoben hatte und daß somit Bhīṣmas Versprechen erfüllt worden war.

VERS 38

शितविशिखहतो विशीर्णदंशः
क्षतजपरिप्लुत आततायिनो मे ।
प्रसभमभिससार मद्वधार्थं
स भवतु मे भगवान् गतिर्मुकुन्दः॥३८॥

śita-viśikha-hato viśīrṇa-daṁśaḥ
kṣataja-paripluta ātatāyino me
prasabham abhisasāra mad-vadhārthaṁ
sa bhavatu me bhagavān gatir mukundaḥ

śita—spitze; *viśikha*—Pfeile; *hataḥ*—verwundet durch; *viśīrṇa-daṁśaḥ*—zerfetzter Schild; *kṣataja*—von Wunden; *pariplutaḥ*—blutbefleckt; *ātatāyinaḥ*—der große Angreifer; *me*—meine; *prasabham*—zornigen Gemütes; *abhisasāra*—begann, weiterzumachen; *mat-vadha-artham*—um mich zu töten; *saḥ*—Er; *bhavatu*—möge Er; *me*—mein; *bhagavān*—die Persönlichkeit Gottes; *gatiḥ*—Ziel; *mukundaḥ*—einer, der Befreiung gewährt.

ÜBERSETZUNG

Möge Er, Śrī Kṛṣṇa, die Persönlichkeit Gottes, der Erlösung gewährt, mein endgültiges Ziel sein. Auf dem Schlachtfeld kam Er auf mich zu, als sei Er zornig und als wolle Er mich angreifen, da meine spitzen Pfeile Ihn verwundet hatten. Sein Schild war zertrümmert und Sein Leib mit dem Blut Seiner Wunden befleckt.

ERLÄUTERUNG

Was sich zwischen Śrī Kṛṣṇa und Bhīṣmadeva auf dem Schlachtfeld von Kurukṣetra zutrug, ist von besonderer Bedeutung, da es schien, als stünde Śrī Kṛṣṇa auf seiten Arjunas und sei Bhīṣmadeva feindlich gesinnt. In Wahrheit aber zielte all dies darauf hin, Bhīṣmadeva, dem großen Geweihten des Herrn, eine besondere Gunst zu gewähren. Es ist das erstaunlichste Merkmal solcher Beziehungen, daß ein Gottgeweihter den Herrn erfreuen kann, indem er die Rolle eines Feindes spielt. Da der Herr absolut ist, kann Er sogar von einem reinen Gottgeweihten in der Gestalt eines Feindes Dienste entgegennehmen. Weder kann der Höchste Herr einen Feind haben, noch kann ein sogenannter Feind Ihm etwas antun, da Er *ajita* oder unüberwindlich ist. Trotzdem findet Er Freude daran, wenn Sein reiner Geweihter Ihn wie einen Feind angreift oder Ihn von einer höheren Stellung aus zurechtweist, obwohl niemand dem Herrn überlegen sein kann. Dies sind einige der transzendentalen Wechselbeziehungen zwischen dem Gottgeweihten und dem Herrn. Diejenigen, die nichts von reinem hingebungsvollen Dienst wissen, können in das Geheimnis solcher Beziehungen nicht eindringen. Bhīṣmadeva spielte die Rolle eines tapferen Kriegers, und absichtlich schoß er auf den Körper des Herrn, so daß es für gewöhnliche Augen so schien, als sei der Herr verwundet; in Wahrheit aber geschah dies, um die Nichtgottgeweihten zu verwirren. Der absolut spirituelle Körper des Herrn kann nicht verwundet werden, und ein Gottgeweihter kann kein Feind des Herrn sein. Andernfalls hätte sich Bhīṣmadeva den Herrn nicht als das endgültige Ziel seines Lebens gewünscht. Wäre Bhīṣmadeva ein Feind des Herrn gewesen, hätte dieser ihn, ohne Sich auch nur zu bewegen, vernichten können. Er war also nicht gezwungen, mit Blut und Wunden vor Bhīṣmadeva zu erscheinen, und doch tat Er es, weil der Krieger-Gottgeweihte die transzendentale Schönheit des Herrn mit Wunden geschmückt sehen wollte, die ein reiner Geweihter Ihm zugefügt hatte. So werden transzendentale *rasas* oder Beziehungen zwischen dem Herrn und Seinem Diener ausgetauscht. Solche Taten gereichen sowohl dem Gottgeweihten als auch dem Herrn in ihrer jeweiligen Stellung zu Ruhm. Der Herr war so zornig, als Er auf Bhīṣmadeva zustürzte, daß Arjuna Ihn aufzuhalten versuchte. Doch trotz Arjunas Versuch näherte Er Sich Bhīṣmadeva wie ein Liebender, der zu seiner Geliebten eilt, ohne sich um Hindernisse zu kümmern. Seine scheinbare Absicht war es, Bhīṣma zu töten, doch in Wirklichkeit wollte Er Seinem großen Geweihten Freude bereiten. Unzweifelhaft ist der Herr der Erlöser aller bedingten Seelen. Die Unpersönlichkeitsphilosophen wünschen sich Befreiung von Ihm, und Er gewährt ihnen, was sie begehren; doch Bhīṣmadeva verlangt hier danach, den Herrn in Seiner persönlichen Gestalt zu sehen. Alle reinen Gottgeweihten sehnen sich danach.

VERS 39

विजयरथकुटुम्ब आत्ततोत्रे
धृतहयरश्मिनि तच्छ्रियेक्षणीये ।
भगवति रतिरस्तु मे मुमूर्षो-
र्यमिह निरीक्ष्य हता गताः स्वरूपम् ॥३९॥

vijaya-ratha-kuṭumbha ātta-totre
dhṛta-haya-raśmini tac-chriyekṣaṇīye
bhagavati ratir astu me mumūrṣor
yam iha nirīkṣya hatā gatāḥ sva-rūpam

vijaya—Arjuna; *ratha*—Wagen; *kuṭumbe*—Gegenstand des Schutzes um jeden Preis; *ātta-totre*—mit einer Peitsche in der rechten Hand; *dhṛta-haya*—die Pferde bändigend; *raśmini*—Stricke; *tat-śriyā*—schön anzuschauen; *īkṣaṇīye*—betrachten; *bhagavati*—von der Persönlichkeit Gottes; *ratiḥ astu*—möge meine Zuneigung dort verweilen; *mumūrṣoḥ*—jemand, der im Sterben liegt; *yam*—wem; *iha*—in dieser Welt; *nirīkṣya*—durch Ansehen; *hatāḥ*—diejenigen, die starben; *gatāḥ*—erlangten; *sva-rūpam*—ursprüngliche Gestalt.

ÜBERSETZUNG

Möge sich im Augenblick des Todes meine ganze Zuneigung auf Śrī Kṛṣṇa, die Persönlichkeit Gottes, richten. Ich konzentriere meinen Geist auf den Wagenlenker Arjunas [Kṛṣṇa], der mit einer Peitsche in der Rechten und einem Zügel in der Linken auf dem Wagen stand und sehr darauf bedacht war, Arjunas Streitwagen mit allen Mitteln Schutz zu bieten. Diejenigen, die Ihn auf dem Schlachtfeld von Kurukṣetra sahen, nahmen nach dem Tode ihre ursprüngliche Form an.

ERLÄUTERUNG

Ein reiner Gottgeweihter sieht den Herrn ständig in seinem Inneren, da er durch liebevollen Dienst in einer transzendentalen Beziehung zu Ihm steht. Solch ein reiner Geweihter kann den Herrn nicht einen Augenblick lang vergessen. Man nennt dies Trance oder *samādhi*. Der Mystiker (*yogī*) versucht, seine Aufmerksamkeit auf die Überseele zu richten, indem er die Sinne von allen anderen Tätigkeiten zurückzieht, und erreicht dadurch letztlich *samādhi*. Ein Gottgeweihter erreicht auf einfachere Weise *samādhi*, indem er sich unablässig an die persönliche Erscheinung des Herrn und an Seinen Heiligen Namen, Seinen Ruhm, Seine Spiele und so fort erinnert. Die Konzentration des Geistes, in der sich der *yoga*-Mystiker übt, und die des Gottgeweihten befinden sich nicht auf der gleichen Ebene. Die Konzentration des Mystikers ist etwas Mechanisches, wohingegen die des reinen Gottgeweihten natürlich und von reiner Liebe und spontaner Zuneigung erfüllt ist. Bhīṣmadeva war ein reiner Gottgeweihter, und als Feldherr erinnerte er sich ständig an die Erscheinung des Herrn auf dem Schlachtfeld als Pārtha-sārathi, der Wagenlenker Arjunas. Das Spiel des Herrn als Pārtha-sārathi ist daher ebenfalls ewig. Alle Spiele des Herrn, angefangen mit Seiner Geburt in Kaṁsas Kerker bis hin zum *mauśala-līlā* am Ende, ereignen sich nacheinander in allen Universen, so, wie der Uhrzeiger von Ziffer zu Ziffer rückt. Bei diesen Spielen sind Seine Gefährten, wie die Pāṇḍavas und Bhīṣma, Seine ewigen ständigen Begleiter. Bhīṣmadeva vergaß also nie die herrliche Erscheinung des Herrn als Pārtha-sārathi, die selbst Arjuna nicht sehen konnte. Arjuna stand hinter dem schönen Pārtha-sārathi, während er sich genau vor dem Herrn befand. Was den kriegerischen Aspekt des Herrn anbelangt, betrachtete Bhīṣmadeva ihn mit größerem Genuß als Arjuna.

Alle Soldaten und Anwesenden auf dem Schlachtfeld von Kurukṣetra erlangten nach dem Tode ihre ursprüngliche, dem Herrn ähnliche Gestalt, denn durch Seine grundlose Gnade vermochten sie den Herrn bei dieser Gelegenheit von Angesicht zu Angesicht zu sehen. Die bedingten Seelen, die im Kreislauf der Evolution von den Wasserlebewesen bis hin zur Lebensform Brahmās wandern, befinden sich alle in den Formen *māyās*, das heißt in Formen, die man als Folge seiner eigenen Handlungen von der materiellen Natur bekommt. Die materiellen Formen der bedingten Seele sind nichts als fremde Gewänder, und wenn die bedingte Seele aus der Gewalt der materiellen Energie befreit wird, erlangt sie ihre ursprüngliche Form. Die Unpersönlichkeitsphilosophen wollen die unpersönliche Brahman-Ausstrahlung des Herrn erreichen, doch dies ist für die lebendigen Funken, die individuelle Teile des Herrn sind, ein widernatürlicher Zustand. Die Unpersönlichkeitsphilosophen fallen daher wieder herab und nehmen erneut einen Körper innerhalb jener materiellen Formen an, die nichts als Trugbilder für die spirituelle Seele sind. Eine spirituelle Form wie die des Herrn – entweder zweiarmig oder vierarmig, auf den Vaikuṇṭhas oder auf dem Goloka-Planeten – wird von den Geweihten des Herrn erlangt, je nachdem, wie das ursprüngliche Wesen der Seele beschaffen ist. Diese Form, die völlig spirituell ist, stellt die *svarūpa* des Lebewesens dar, und alle Lebewesen, die damals an der Schlacht von Kurukṣetra teilnahmen, das heißt die Kämpfer auf beiden Seiten, erlangten ihre *svarūpa*, wie Bhīṣmadeva hier bestätigt. Śrī Kṛṣṇa war also nicht nur den Pāṇḍavas barmherzig, sondern auch der anderen Seite, denn sie alle erreichten das gleiche Ziel. Auch Bhīṣmadeva wünschte sich diese Gunst, was er in seinem Gebet an den Herrn zum Ausdruck brachte, obwohl ihm seine Stellung als Gefährte des Herrn unter allen Umständen sicher war. Hieraus geht hervor, daß jeder, der stirbt, während er innerlich oder äußerlich die Höchste Persönlichkeit Gottes ansieht, seine *svarūpa* erlangt, und dies ist die höchste Vollkommenheit des Lebens.

VERS 40

ललितगतिविलासवल्गुहास-
प्रणयनिरीक्षणकल्पितोरुमानाः ।
कृतमनुकृतवत्य उन्मदान्धाः
प्रकृतिमगन् किल यस्य गोपवध्वः ॥४०॥

lalita-gati-vilāsa-valguhāsa-
praṇaya-nirīkṣaṇa-kalpitorumānāḥ
kṛta-manu-kṛta-vatya unmadāndhāḥ
prakṛtim agan kila yasya gopa-vadhvaḥ

lalita—anziehend wirkend; *gati*—Bewegungen; *vilāsa*—bezaubernde Handlungen; *valguhāsa*—liebliches Lächeln; *praṇaya*—liebevoll; *nirīkṣaṇa*—ansehend; *kalpita*—Geisteshaltung; *urumānāḥ*—sehr gepriesen; *kṛta-manu-kṛta-vatyaḥ*—bei der Beschäftigung, Bewegungen nachzuahmen; *unmada-andhāḥ*—vor Ekstase verrückt geworden; *prakṛtim*—Merkmale; *agan*—unterzogen sich; *kila*—bestimmt; *yasya*—dessen; *gopa-vadhvaḥ*—die Kuhhirtenmädchen.

ÜBERSETZUNG

Möge mein Geist auf Śrī Kṛṣṇa gerichtet sein, dessen Bewegungen und dessen liebevolles Lächeln die Mädchen von Vraja [die gopīs] bezauberten.

Die Mädchen ahmten die eigentümlichen Bewegungen des Herrn nach [als dieser aus dem rāsa-Tanz entschwunden war].

ERLÄUTERUNG

Durch tiefe Ekstase im hingebungsvollen Dienst erlangten die Mädchen von Vrajabhūmi qualitatives Einssein mit dem Herrn, indem sie auf gleicher Ebene mit Ihm tanzten, Ihn in ehelicher Liebe umarmten, Ihm scherzend zulächelten und Ihn liebevoll anschauten. Die Beziehung zwischen dem Herrn und Arjuna ist für Gottgeweihte wie Bhīṣmadeva zweifellos rühmenswert, doch die Beziehung der *gopīs* zum Herrn ist wegen ihres noch reineren liebevollen Dienstes noch rühmenswerter. Durch die Gnade des Herrn war Arjuna so glücklich, den brüderlichen Dienst des Herrn als Wagenlenker zu empfangen, doch gewährte der Herr Arjuna nicht die gleiche Stärke, die Er Selbst besaß. Die *gopīs* hingegen wurden gleichsam eins mit dem Herrn, da sie auf die gleiche Ebene mit Ihm gelangten. Bhīṣmadevas Bestreben, sich an die *gopīs* zu erinnern, gründet in seinem Wunsch, im letzten Abschnitt seines Lebens auch ihrer Gnade teilhaftig zu werden. Der Herr ist zufriedener, wenn Seine reinen Geweihten gepriesen werden; deshalb pries Bhīṣmadeva nicht nur die Taten Arjunas, dem unmittelbar seine Zuneigung galt, sondern er erinnerte sich auch an die *gopīs*, die unübertroffene Möglichkeiten erhielten, dem Herrn liebevolle Dienste zu erweisen. Die Gleichheit der *gopīs* mit dem Herrn darf man keinesfalls mit der *sāyujya*-Befreiung der Unpersönlichkeitsphilosophen verwechseln. Die Gleichheit der *gopīs* ist ein Zustand vollkommener Ekstase, in der alle Auffassungen von Unterschiedlichkeit völlig ausgelöscht werden. Mit anderen Worten, die Interessen des Liebenden und der Geliebten werden völlig identisch.

VERS 41

मुनिगणनृपवर्यसंकुलेऽन्तः-
सदसि युधिष्ठिरराजसूय एषाम् ।
अर्हणमुपपेद ईक्षणीयो
मम दृशिगोचर एष आविरात्मा ॥४१॥

muni gaṇa-nṛpa-varya-saṅkule 'ntaḥ-
sadasi yudhiṣṭhira-rājasūya eṣām
arhaṇam upapeda īkṣaṇīyo
mama dṛśi-gocara eṣa āvir ātmā

muni-gaṇa—die großen gelehrten Weisen; *nṛpa-varya*—die machtvollen regierenden Könige; *saṅkule*—in der großen Versammlung von; *antaḥ-sadasi*—Zusammenkunft; *yudhiṣṭhira*—König Yudhiṣṭhira; *rāja-sūye*—eine königliche Opferhandlung; *eṣām*—von allen großen, führenden Persönlichkeiten; *arhaṇam*—achtungsvolle Verehrung; *upapeda*—empfangen; *īkṣaṇīyaḥ*—Gegenstand der Zuneigung; *mama*—meine; *dṛśi*—Sicht; *gocaraḥ*—im Blickfeld von; *eṣaḥ āviḥ*—persönlich gegenwärtig; *ātmā*—die Seele.

ÜBERSETZUNG

Beim rājasūya-yajña [Opfer], das Mahārāja Yudhiṣṭhira vollzog, fand die größte Versammlung der Weltelite, der Könige und Weisen, statt, und in dieser großen Versammlung verehrten alle Śrī Kṛṣṇa als die höchst erhabene Persönlichkeit Gottes. Dies geschah in meiner Gegenwart, und ich gedenke dieser Begebenheit, um meinen Geist auf den Herrn gerichtet zu halten.

ERLÄUTERUNG

Nach seinem Sieg in der Schlacht von Kurukṣetra vollzog Mahārāja Yudhiṣṭhira, der Herrscher der Welt, die *rājasūya*-Opferzeremonie. Zur damaligen Zeit pflegte der Herrscher, nachdem er den Thron bestiegen hatte, Reiter um die ganze Welt zu schicken, um seine Oberhoheit verkünden zu lassen, und jedem herrschenden König oder Fürsten stand es frei, die Herausforderung anzunehmen und sich zu widersetzen oder sein stillschweigendes Einverständnis zu bekunden und sich der Hoheit des jeweiligen Herrschers zu fügen. Widersetzte er sich, mußte er mit dem Kaiser kämpfen und durch einen Sieg seine eigene Oberhoheit durchsetzen. Wurde er besiegt, mußte er sein Leben lassen, und ein anderer König oder Regierungsfürst nahm seinen Platz ein. Auch Yudhiṣṭhira sandte solche Boten um die ganze Welt. Jeder regierende König und Fürst beugte sich ihm als dem neuen Weltherrscher, worauf alle Regierenden der Welt, die jetzt der Oberhoheit Mahārāja Yudhiṣṭhiras unterstanden, zur Teilnahme an der großen *rājasūya*-Opferzeremonie eingeladen wurden.

Solche Festlichkeiten kosteten, gemessen an heutigem Geld, Milliarden von Mark und wären für einen kleinen König kein leichtes Unterfangen gewesen. Da eine Opferzeremonie dieser Art unter den gegenwärtigen Umständen zu kostspielig und aufwendig ist, ist ihre Durchführung im Zeitalter des Kali unmöglich geworden. Außerdem könnte niemand für die erforderlichen kundigen Priester sorgen, die die Zeremonie leiten müssen.

Auf die Einladung hin versammelten sich also alle Könige und großen Weisen der Welt in der Hauptstadt Mahārāja Yudhiṣṭhiras. Die gebildete Schicht, das heißt die großen Philosophen, Theologen, Ärzte, Wissenschaftler und alle großen Weisen, war eingeladen. Die *brāhmaṇas* und die *kṣatriyas* waren also, mit anderen Worten, die führenden Männer der Gesellschaft und wurden daher alle gebeten, an der Versammlung teilzunehmen. Weil die *vaiśyas* und *śūdras* keine solch bedeutende Rolle in der Gesellschaft spielen, werden sie an dieser Stelle nicht erwähnt. Im Zuge der gesellschaftlichen Veränderungen in der modernen Zeit hat sich auch die Bedeutung der verschiedenen sozialen Einteilungen verschoben.

Bei dieser großen Versammlung nun zog Śrī Kṛṣṇa die Augen aller auf Sich. Jeder wollte Śrī Kṛṣṇa sehen, und jeder wollte dem Herrn seine unterwürfige Achtung erweisen. Bhīṣmadeva erinnerte sich an all dies und war glücklich darüber, daß sein verehrungswürdiger Herr, die Persönlichkeit Gottes, vor ihm in Seiner tatsächlichen Gestalt gegenwärtig war. Über den Höchsten Herrn zu meditieren bedeutet nämlich, über die Taten, die Gestalt, die Spiele, den Namen und den Ruhm des Herrn zu meditieren. Dies ist leichter als das, was man sich unter Meditation über den unpersönlichen Aspekt des Höchsten vorstellt. In der *Bhagavad-gītā* (12.5) wird deutlich erklärt, daß es sehr schwierig ist, über den unpersönlichen Aspekt des Höchsten zu meditieren. Dies ist eigentlich gar keine wirkliche Meditation, sondern Zeitverschwendung, denn nur sehr selten wird das angestrebte Ziel erreicht. Die Gottgeweihten hingegen meditieren über die wahre Gestalt des Herrn und Seine Spiele und können sich daher dem Herrn leichter nähern als die intellektuellen Spekulanten. Dies wird ebenfalls in der *Bhagavad-gītā* (12.9) gesagt. Der Herr ist von Seinen transzendentalen Taten nicht verschieden, was bedeutet, daß man sich direkt an Ihn erinnern und das gewünschte Ergebnis ohne Schwierigkeiten erreichen kann. Weiter wird in diesem *śloka* (Vers) darauf hingewiesen, daß Śrī Kṛṣṇa während Seiner Anwesenheit in der menschlichen Gesellschaft, besonders im Zusammenhang mit der Schlacht von Kurukṣetra, als die größte Persönlichkeit Seiner Zeit galt, auch wenn man Ihn nicht immer als die Höchste Persönlichkeit Gottes erkannte. Der Versuch mancher Menschen, eine große Persönlichkeit nach ihrem Tod als Gott zu verehren, ist ein Irrtum, denn ein Mensch kann auch nach dem Tode nicht zu Gott werden. Umgekehrt ist die Persönlichkeit Gottes niemals ein Mensch, selbst wenn Er in einer menschenähnlichen Gestalt unter uns weilt. Beide Vorstellungen sind falsch. Die Vorstellung des Anthropomorphismus ist auf Śrī Kṛṣṇa nicht anwendbar.

VERS 42

तमिममहमजं शरीरभाजां
हृदि हृदि धिष्ठितमात्मकल्पितानाम् ।
प्रतिदृशमिव नैकधार्कमेकं
समधिगतोऽस्मि विधूतभेदमोहः ॥४२॥

tam imam aham ajaṁ śarīra-bhājāṁ
hṛdi hṛdi dhiṣṭhitam ātma-kalpitānām
pratidṛśam iva naikadhārkam ekaṁ
samadhi-gato 'smi vidhūta-bheda-mohaḥ

tam—diese Persönlichkeit Gottes; *imam*—jetzt vor mir gegenwärtig; *aham*—ich; *ajam*—der Ungeborene; *śarīra-bhājām*—der bedingten Seelen; *hṛdi*—im Herzen; *hṛdi*—im Herzen; *dhiṣṭhitam*—weilend; *ātma*—die Überseele; *kalpitānām*—der Spekulierenden; *pratidṛśam*—in jeder Richtung; *iva*—wie; *na ekadhā*—nicht eine; *arkam*—die Sonne; *ekam*—nur eine; *samadhi-gataḥ asmi*—ich habe in Meditation Trance erfahren; *vidhūta*—frei von; *bheda-mohaḥ*—falsche Auffassung von Dualität.

ÜBERSETZUNG

Jetzt, wo ich die Fehlauffassung der Dualität in bezug auf Śrī Kṛṣṇas Gegenwart in jedermanns Herzen — selbst in den Herzen der gedanklichen Spekulanten — überwunden habe, bin ich in der Lage, mit voller Konzentra-

tion über diesen einen Herrn, Śrī Kṛṣṇa, der jetzt vor mir steht, zu meditieren. Er weilt im Herzen eines jeden. Man mag die Sonne unterschiedlich wahrnehmen, doch die Sonne ist nur eine.

ERLÄUTERUNG

Śrī Kṛṣṇa ist die eine Absolute Persönlichkeit Gottes, doch Er hat Sich durch Seine unfaßbare Energie in viele vollständige Bestandteile erweitert. Die Auffassung der Dualität beruht auf der Unkenntnis Seiner unfaßbaren Energie. In der *Bhagavad-gītā* (9.11) sagt der Herr, daß nur die Toren Ihn für ein menschliches Wesen halten. Solche Narren sind sich Seiner unfaßbaren Energien nicht bewußt. Durch Seine unbegreifliche Energie weilt Er im Herzen eines jeden, so, wie die Sonne für jedermann auf der ganzen Welt sichtbar ist. Der Paramātmā-Aspekt des Herrn ist eine Erweiterung Seiner vollständigen Teilerweiterungen. Durch Seine unfaßbare Energie erweitert Sich der Herr als Paramātmā in jedes Herz, und Er erweitert Sich auch durch eine Ausweitung Seiner persönlichen Strahlungskraft zu den leuchtenden Strahlen des *brahmajyoti*. In der *Brahma-saṁhita* (5.40) heißt es, daß das *brahmajyoti* Seine persönliche Ausstrahlung ist. Es besteht also kein Unterschied zwischen Ihm und Seiner persönlichen Ausstrahlung, dem *brahmajyoti*, oder zwischen Ihm und Seinen vollständigen Paramātmā-Erweiterungen. Weniger intelligente Menschen, die diese Wahrheit nicht kennen, denken, das *brahmajyoti* und der Paramātmā seien von Śrī Kṛṣṇa verschieden. Diese falsche Vorstellung der Dualität ist aus Bhīṣmadevas Geist völlig gewichen, und er weiß nun, daß Śrī Kṛṣṇa das ein und alles in allem ist. Diese Erleuchtung, daß Vāsudeva das ein und alles in allem ist und daß ohne Vāsudeva nichts bestehen kann, wird den großen *mahātmās* oder großen Gottgeweihten zuteil, wie die *Bhagavad-gītā* (7.19) erklärt. Vāsudeva, Śrī Kṛṣṇa, ist die ursprüngliche Höchste Person, was an dieser Stelle von einem *mahājana* bestätigt wird, und deshalb müssen sowohl die Novizen als auch die reinen Gottgeweihten versuchen, seinen Fußspuren zu folgen. Das ist der Weg der Nachfolge der Gottgeweihten.

Für Bhīṣmadeva ist Śrī Kṛṣṇa als Pārtha-sārathi der Gegenstand der Verehrung, und für die *gopīs* ist es derselbe Kṛṣṇa in Vṛndāvana als der überaus betörende Śyāmasundara. Bisweilen unterliegen weniger intelligente Gelehrte einem Irrtum und denken, der Kṛṣṇa in Vṛndāvana und der des Schlachtfeldes von Kurukṣetra seien verschiedene Personen. Für Bhīṣmadeva ist ein solcher Irrtum undenkbar. Auch der Unpersönlichkeitsphilosoph hat Kṛṣṇa zum Ziel, wenn er das unpersönliche *jyoti* anstrebt, und der Paramātmā des *yogī* ist gleichfalls Kṛṣṇa. Kṛṣṇa ist zwar sowohl *brahmajyoti* als auch Paramātmā, doch beides sind keine vollständigen Repräsentationen Kṛṣṇas. Kṛṣṇa ist sowohl das *brahmajyoti* als auch der Paramātmā, doch weder im *brahmajyoti* noch im Paramātmā weilt Kṛṣṇa persönlich, und in diesen Aspekten besteht auch keine Möglichkeit zu einem liebevollen Austausch mit Kṛṣṇa. In Seiner persönlichen Erscheinung ist Kṛṣṇa sowohl Pārtha-sārathi als auch Śyāmasundara von Vṛndāvana, aber im *brahmajyoti*, Seinem unpersönlichen Aspekt, und im Paramātmā ist Er nicht persönlich gegenwärtig. Große *mahātmās* wie Bhīṣmadeva haben all diese unterschiedlichen Aspekte Śrī Kṛṣṇas erkannt, und daher verehren sie Kṛṣṇa mit unbeirrter Aufmerksamkeit, da sie Ihn als den Ursprung aller Aspekte kennen.

VERS 43

सूत उवाच
कृष्ण एवं भगवति मनोवाग्दृष्टिवृत्तिभिः ।
आत्मन्यात्मानमावेश्य सोऽन्तःश्वास उपारमत् ॥४३॥

sūta uvāca
kṛṣṇa evaṁ bhagavati
mano-vāg-dṛṣṭi-vṛttibhiḥ
ātmany ātmānam āveśya
so 'ntaḥśvāsa upāramat

sūtaḥ uvāca—Sūta Gosvāmī sprach; *kṛṣṇe*—Śrī Kṛṣṇa, die Höchste Persönlichkeit Gottes; *evam*—nur; *bhagavati*—Ihm; *manaḥ*—Geist; *vāk*—Rede; *dṛṣṭi*—Sicht; *vṛttibhiḥ*—Handlungen; *ātmani*—der Überseele; *ātmānam*—das Lebewesen; *āveśya*—eingegangen in; *saḥ*—er; *antaḥ-śvāsaḥ*—einatmend; *upāramat*—wurde still.

ÜBERSETZUNG

Sūta Gosvāmī sprach: So versenkte sich Bhīṣmadeva mit Geist, Worten, Augen und Handlungen in die Überseele, Śrī Kṛṣṇa, die Höchste Persönlichkeit Gottes. Bald darauf verstummte er, und sein Atem kam zum Stillstand.

ERLÄUTERUNG

Die Stufe, die Bhīṣmadeva erreichte, während er seinen materiellen Körper aufgab, wird als *nirvikalpa-samādhi* bezeichnet, das heißt, er ging völlig in Gedanken an den Herrn auf: Mit seinem Geist erinnerte er sich an die verschiedenen Taten des Herrn, mit seiner Zunge lobpries er den Ruhm des Herrn, und mit seinen Augen sah er den Herrn persönlich vor sich stehen; so richteten sich alle seine Tätigkeiten ohne Abweichung auf den Herrn. Dies ist die höchste Stufe der Vollkommenheit, und es ist jedem möglich, diese Stufe durch die Ausübung hingebungsvollen Dienstes zu erreichen. Der hingebungsvolle Dienst für den Herrn umfaßt neun grundlegende Dienste, und zwar (1) hören, (2) chanten, (3) sich erinnern, (4) den Lotosfüßen dienen, (5) verehren, (6) beten, (7) Anweisungen ausführen, (8) vertrauten Umgang pflegen und (9) sich völlig ergeben. Jeder einzelne dieser Vorgänge oder alle zusammen sind gleichermaßen geeignet, das ersehnte Ergebnis zu erreichen, doch man muß sie unablässig und unter der Leitung eines erfahrenen Geweihten des Herrn durchführen. Der erste Vorgang, nämlich Hören, ist von allen der wichtigste, und daher ist das Hören aus der *Bhagavad-gītā* und später aus dem *Śrīmad-Bhāgavatam* für den ernsthaften Anwärter, der am Ende die Stufe Bhīṣmadevas erreichen will, unbedingt notwendig. Den unvergleichlichen Zustand Bhīṣmadevas zur Zeit seines Todes kann man sogar erreichen, wenn Śrī Kṛṣṇa nicht persönlich anwesend ist. Die Worte der *Bhagavad-gītā* und des *Śrīmad-Bhāgavatam* sind mit Ihm identisch. Sie sind die Klanginkarnation des Herrn, und man kann sie voll nutzen, um die Stufe Śrī Bhīṣmadevas, der einer der acht Vasus war, zu erreichen. Jeder Mensch und jedes Tier muß zu einem bestimmten Zeitpunkt seines Lebens sterben, aber jemand, der wie Bhīṣmadeva stirbt, erreicht die Vollkommenheit, wohingegen jemand, der unter dem Zwang der Naturgesetze stirbt, wie ein Tier verendet. Dies unterscheidet den Menschen vom Tier. Die menschliche Form des Lebens ist dazu gedacht, wie Bhīṣmadeva zu sterben.

VERS 44

सम्पद्यमानमाज्ञाय भीष्मं ब्रह्मणि निष्कले ।
सर्वे बभूवुस्ते तूष्णीं वयांसीव दिनात्यये ॥४४॥

sampadyamānam ājñāya
bhīṣmaṁ brahmaṇi niṣkale
sarve babhūvus te tūṣṇīṁ
vayāṁsīva dinātyaye

sampadyamānam—eingegangen in; *ājñāya*—dieses erfahren habend; *bhīṣmam*—über Śrī Bhīṣmadeva; *brahmaṇi*—in den Höchsten Absoluten; *niṣkale*—grenzenlos; *sarve*—alle Anwesenden; *babhūvuḥ te*—sie alle wurden; *tūṣṇīm*—still; *vayāṁsi iva*—wie die Vögel; *dina-atyaye*—am Ende des Tages.

ÜBERSETZUNG

Da alle Anwesenden wußten, daß Bhīṣmadeva in die grenzenlose Ewigkeit des Höchsten Absoluten eingegangen war, verstummten sie wie Vögel am Ende des Tages.

ERLÄUTERUNG

In die grenzenlose Ewigkeit des Höchsten Absoluten einzugehen oder mit Ihm zu verschmelzen bedeutet für das Lebewesen, in seine ursprüngliche Heimat zurückzukehren. Die Lebewesen sind alle einzelne Teile der Absoluten Persönlichkeit Gottes und haben daher zu Ihm ewig die Beziehung der Diener zum Bedienten. Der Herr wird von all Seinen ewigen Teilen bedient, so, wie einer Maschine von ihren einzelnen Teilen gedient wird. Jedes Teil der Maschine, das aus dem Gesamtgefüge entfernt wird, verliert seine Bedeutung. Ebenso ist jeder Teil des Absoluten, der sich vom Dienst des Herrn entfernt, so nutzlos wie die oben erwähnten Maschinenteile. Die Lebewesen, die sich in der materiellen Welt aufhalten, sind alle losgelöste Teile des höchsten Ganzen, und sie sind nicht mehr so wichtig wie die ursprünglichen Teile. Die Zahl der in das Ganze eingefügten Lebewesen, die ewig befreit sind, ist jedoch weitaus größer. Die materielle Energie des Herrn, Durgā-śakti, die Aufseherin des Gefängnisses, nimmt sich der losgelösten Teile an, und so müssen sie nach den Gesetzen der materiellen Natur ein bedingtes Leben führen. Wenn sich das Lebewesen dieser Tatsache bewußt wird, versucht es, nach Hause, zu Gott, zurückzukehren, und damit beginnt das spirituelle Streben des Lebewesens. Dieses spirituelle Streben wird *brahma-jijñāsā* oder Fragen nach dem Brahman genannt. Dieses *brahma-jijñāsā* ist in erster Linie durch Wissen, Entsagung und hingebungsvollen Dienst für den Herrn erfolgreich. *Jñāna* (Wissen) bedeutet, alles über Brahman, den Höchsten, zu wissen; Entsagung bedeutet, von materiellen Neigungen losgelöst zu sein, und hingebungsvoller Dienst ist die Wiederbelebung der ursprünglichen Stellung des Lebewesens durch praktische Betätigung. Die erfolgreichen Lebewesen, die in das Reich des Absoluten gelangen können, bezeichnet man als *jñānīs, yogīs* und *bhaktas*. Während die *jñānīs* und *yogīs* in die unpersönliche Ausstrahlung des Höchsten eingehen, gelangen die *bhaktas* auf die spirituellen Planeten, die als Vaikuṇṭhas bekannt sind. Auf diesen spirituellen Planeten residiert der Höchste Herr als Nārāyaṇa, und die gesunden, nicht bedingten Lebewesen leben dort, indem sie dem Herrn in ihrer Eigenschaft als Diener, Freunde, Eltern oder Geliebte liebevoll dienen. Die nicht bedingten Lebewesen erfreuen sich dort in völliger Freiheit des Lebens mit dem Herrn, wohingegen die am Unpersönlichen haftenden *jñānīs* und *yogīs* in die unpersönliche, leuchtende Ausstrahlung der Vaikuṇṭha-Planeten eingehen. Die Vaikuṇṭha-Planeten leuchten, wie die Sonne, aus sich selbst heraus, und die Ausstrahlung dieser Vaikuṇṭha-Planeten bezeichnet man als das *brahmajyoti*. Das *brahmajyoti* erstreckt sich unendlich weit, und die materielle Welt ist nichts weiter als eine winzige Wolke in einem unbedeutenden Teil dieses *brahmajyoti*. Diese Bewölkung besteht nur vorübergehend und ist daher eine Art Täuschung.

Als reiner Geweihter des Herrn gelangte Bhīṣmadeva in das spirituelle Reich, und zwar auf den Vaikuṇṭha-Planeten, auf dem der Herr in Seiner ewigen Gestalt als Pārtha-sārathi über die Lebewesen herrscht, die sich unablässig dem Dienst des Herrn widmen. Die Liebe, die den Herrn und Seinen Geweihten bindet, kommt in Bhīṣmadeva voll zum Ausdruck. Bhīṣmadeva vergaß den Herrn in Seiner transzendentalen Gestalt als Pārtha-sārathi nie, und der Herr stand persönlich vor Bhīṣmadeva, während dieser verschied und in die transzendentale Welt einging. Dies stellt die höchste Vollkommenheit des Lebens dar.

VERS 45

तत्र दुन्दुभयो नेदुर्देवमानववादिताः ।
शशंसुः साधवो राज्ञां खात्पेतुः पुष्पवृष्टयः ॥४५॥

tatra dundubhayo nedur
deva-mānava-vāditāḥ
śaśaṁsuḥ sādhavo rājñāṁ
khāt petuḥ puṣpa-vṛṣṭayaḥ

tatra—danach; *dundubhayaḥ*—Trommeln; *neduḥ*—wurden geschlagen; *deva*—Halbgötter von anderen Planeten; *mānava*—Menschen aus allen Ländern; *vāditāḥ*—geschlagen von; *śaśaṁsuḥ*—gepriesen; *sādhavaḥ*—ehrenwert; *rājñām*—durch den königlichen Stand; *khāt*—vom Himmel; *petuḥ*—begann zu fallen; *puṣpa-vṛṣṭayaḥ*—Blumenregen.

ÜBERSETZUNG

Alsdann ließen sowohl Menschen als auch Halbgötter ihm zu Ehren Trommeln ertönen; der ehrenwerte Königsstand bekundete ihm Anerkennung und Achtung, und vom Himmel fiel ein Blumenregen.

ERLÄUTERUNG

Bhīṣmadeva wurde von Menschen und Halbgöttern gleichermaßen geachtet. Menschen leben sowohl auf der Erde als auch auf ähnlichen anderen Planeten der Bhūr- und Bhuvar-Gruppe, wohingegen Halbgötter auf den Svar-Planeten, den himmlischen Planeten, leben, und sie alle kannten Bhīṣmadeva als einen großen Krieger und Geweihten des Herrn. Als einer der *mahājanas* oder Autoritäten stand er, obwohl ein Mensch, mit Brahmā, Nārada und Śiva auf der gleichen Stufe. Eigenschaften wie die der großen Halbgötter kann man nur durch spirituelle Vollkommenheit erwerben. Bhīṣmadeva war daher überall im Universum bekannt. Zu seiner Zeit benutzte man für interplanetarische Reisen feinere Mittel als die der heutigen mechanischen Raumfahrt, die sich zudem vergeblich bemüht. Als auf den fernen oberen Planeten die Nachricht vom Dahinscheiden Bhīṣmadevas eintraf, ließen die Bewohner dort wie auch die auf der Erde Blumenschauer niedergehen, um der heimgegangenen großen Persönlichkeit gebührende Achtung zu erweisen. Solcher Blumenregen vom Himmel ist ein Zeichen der Anerkennung seitens der großen Halbgötter; man sollte nicht denken, dies gleiche dem Brauch, einen toten Körper zu schmücken. Der Körper Bhīṣmadevas war von materiellen Einflüssen frei, weil er von spiritueller Erkenntnis erfüllt war, und somit war sein Körper spiritualisiert, ebenso, wie Eisen rotglühend wird, wenn es lange genug mit Feuer in Berührung war. Der Körper einer völlig selbstverwirklichten Seele gilt also nicht als materiell. Für solche spirituellen Körper sind besondere Zeremonien vorgesehen. Die Würdigung und Anerkennung Bhīṣmadevas sollte niemals künstlich nachgeahmt werden, und doch ist es Mode geworden, die sogenannte *jayanti*-Zeremonie für jeden gewöhnlichen Menschen abzuhalten. Nach den autorisierten *śāstras* stellt eine solche *jayanti*-Zeremonie für gewöhnliche Menschen, wie hochstehend sie materiell gesehen auch sein mögen, einen Frevel gegen den Herrn dar, weil *jayanti* für den Tag vorbehalten ist, an dem der Herr auf der Erde erscheint. Bhīṣmadeva vollbrachte einzigartige Taten, und auch sein Heimgang in das Königreich Gottes ist unvergleichlich.

VERS 46

तस्य निर्हरणादीनि सम्परेतस्य भार्गव ।
युधिष्ठिरः कारयित्वा मुहूर्तं दुःखितोऽभवत् ॥४६॥

tasya nirharaṇādīni
samparetasya bhārgava
yudhiṣṭhiraḥ kārayitvā
muhūrtaṁ duḥkhito 'bhavat

tasya—seine; *nirharaṇa-ādīni*—Bestattungsriten; *samparetasya*—für den toten Körper; *bhārgava*—o Nachkomme Bhṛgus; *yudhiṣṭhiraḥ*—Mahārāja Yudhiṣṭhira; *kārayitvā*—sie vollzogen habend; *muhūrtam*—einen Augenblick lang; *duḥkhitaḥ*—traurig; *abhavat*—wurde.

ÜBERSETZUNG

O Nachkomme Bhṛgus [Śaunaka], nachdem Mahārāja Yudhiṣṭhira die Bestattungsriten für den toten Körper Bhīṣmadevas vollzogen hatte, wurde er für einen Augenblick von Trauer überwältigt.

ERLÄUTERUNG

Bhīṣmadeva war nicht nur das verehrte Oberhaupt der Familie Mahārāja Yudhiṣṭhiras, sondern auch ein großer Philosoph und ein Freund des Königs, seiner Brüder und seiner Mutter. Seit dem Tod Mahārāja Pāṇḍus, des Vaters der fünf Brüder, die von Mahārāja Yudhiṣṭhira angeführt wurden, hatte sich Bhīṣmadeva als liebevoller Großvater um die Pāṇḍavas sowie um die Versorgung seiner verwitweten Schwiegertochter Kuntīdevī gekümmert. Obgleich Mahārāja Dhṛtarāṣṭra, der ältere Onkel Mahārāja Yudhiṣṭhiras, sich um sie hätte kümmern müssen, galt seine Zuneigung mehr seinen hundert Söhnen, deren Anführer Duryodhana war. Zu guter Letzt wurde eine ungeheure Intrige gesponnen, durch welche die fünf Brüder um ihren rechtmäßigen Anspruch auf das Königreich von Hastināpura gebracht werden sollten. Es gab eine großangelegte Verschwörung, wie sie in Königspalästen üblich ist, und die fünf Brüder wurden in die Wildnis verbannt. Bhīṣmadeva indes war Mahārāja Yudhiṣṭhira bis zum letzten Augenblick seines Lebens stets ein aufrichtiger, wohlmeinender Gönner, Großvater, Freund und Philosoph gewesen. Er starb frohen Mutes, da er Mahārāja Yudhiṣṭhira auf dem Thron sah. Hätte er ihn früher auf dem Thron gesehen, hätte er schon längst seinen materiellen Körper aufgegeben, statt unter Qualen die ungerechten Leiden der Pāṇḍavas mitanzusehen. Er wartete nur auf einen geeigneten Zeitpunkt, denn er war sich sicher und davon überzeugt, daß die Söhne Pāṇḍus siegreich aus der Schlacht von Kurukṣetra hervorgehen würden, da ja der Herr, Śrī Kṛṣṇa, ihr Beschützer war. Als Geweihter des Herrn wußte er, daß ein Gottgeweihter niemals bezwungen werden kann.

Mahārāja Yudhiṣṭhira war sich all dieser guten Wünsche Bhīṣmadevas völlig bewußt, und daher ergriff ihn starker Trennungsschmerz. Er trauerte um die Trennung von einer großen Seele, nicht um den materiellen Körper, den Bhīṣmadeva verlassen hatte. Die Bestattungszeremonie war eine notwendige Pflicht, obwohl Bhīṣmadeva eine befreite Seele war. Da Bhīṣmadeva keine Kinder hatte, war der älteste Enkel, nämlich Mahārāja Yudhiṣṭhira, die rechtmäßige Person zur Durchführung dieser Zeremonie. Es war ein großer Segen für Bhīṣmadeva, daß er ein gleichermaßen erhabener Sohn der Familie diese letzten Riten für einen großen Mann wie ihn vollzog.

VERS 47

तुष्टुवुर्मुनयो हृष्टाः कृष्णं तद्गुह्यनामभिः ।
ततस्ते कृष्णहृदयाः स्वाश्रमान् प्रययुः पुनः ॥४७॥

tuṣṭuvur munayo hṛṣṭāḥ
kṛṣṇaṁ tad-guhya-nāmabhiḥ
tatas te kṛṣṇa-hṛdayāḥ
svāśramān prayayuḥ punaḥ

tuṣṭuvuḥ—befriedigt; *munayaḥ*—die großen Weisen unter der Führung Vyāsadevas; *hṛṣṭāḥ*—alle frohen Sinnes; *kṛṣṇam*—Śrī Kṛṣṇa, der Persönlichkeit Gottes; *tat*—Seine; *guhya*—vertrauliche; *nāmabhiḥ*—von Seinem Heiligen Namen und so fort; *tataḥ*—danach; *te*—sie; *kṛṣṇa-hṛdayāḥ*—Personen, die Śrī Kṛṣṇa stets in ihrem Herzen tragen; *svāśramān*—zu ihrer jeweiligen Einsiedelei; *prayayuḥ*—kehrten zurück; *punaḥ*—wieder.

ÜBERSETZUNG

Alle großen Weisen priesen darauf Śrī Kṛṣṇa, den Herrn, mit vertraulichen Hymnen. Sodann kehrten sie zu ihrer jeweiligen Einsiedelei zurück und trugen Śrī Kṛṣṇa stets in ihrem Herzen.

ERLÄUTERUNG

Die Geweihten des Herrn weilen stets im Herzen des Herrn, und der Herr weilt stets in den Herzen der Geweihten. Solcherart ist die liebevolle Beziehung zwischen dem Herrn und Seinen Geweihten. Aufgrund ihrer reinen Liebe und Hingabe zum Herrn sehen die reinen Gottgeweihten Ihn ständig in ihrem Innern, und auch der Herr kümmert Sich stets um das Wohl Seiner Geweihten, obwohl Er nichts zu tun braucht und nach nichts trachtet. Bei den gewöhnlichen Lebewesen ist für alle Handlungen und ihre Folgen das Gesetz der Natur zuständig; im Falle von Gottgeweihten aber ist der Herr stets persönlich darauf bedacht, sie auf den rechten Pfad zu führen. Die Gottgeweihten stehen daher unter der unmittelbaren Obhut des Herrn, und der Herr Seinerseits begibt Sich freiwillig in die Obhut Seiner Geweihten. Alle Weisen also, angeführt von Vyāsadeva, waren Geweihte des Herrn, und so chanteten sie nach der Bestattungszeremonie vedische Hymnen, um den Herrn, der dort persönlich zugegen war, zu erfreuen. Alle vedischen Hymnen sind dafür bestimmt, Śrī Kṛṣṇa Freude zu bereiten. Dies wird in der *Bhagavad-gītā* (15.15) bestätigt. Alle *Veden, Upaniṣaden*, der *Vedānta* usw. forschen nur nach Ihm, und alle Hymnen sind einzig zu Seinem Lobpreis bestimmt. Die Weisen taten daher genau, was diesem Zweck dienlich war, und brachen danach frohen Sinnes zu ihrer jeweiligen Einsiedelei auf.

VERS 48

ततो युधिष्ठिरो गत्वा सहकृष्णो गजाह्वयम् ।
पितरं सान्त्वयामास गान्धारीं च तपस्विनीम् ॥४८॥

tato yudhiṣṭhiro gatvā
saha-kṛṣṇo gajāhvayam
pitaraṁ sāntvayām āsa
gāndhārīṁ ca tapasvinīm

tataḥ—danach; *yudhiṣṭhiraḥ*—Mahārāja Yudhiṣṭhira; *gatvā*—sich dorthin begebend; *saha*—mit; *kṛṣṇaḥ*—dem Herrn; *gajāhvayam*—zur Hauptstadt, die den Namen Gajāhvaya Hastināpura trug; *pitaram*—seinem Onkel (Dhṛtarāṣṭra); *sāntvayām-āsa*—tröstete; *gāndhārīm*—Gāndhārī (die Frau Dhṛtarāṣṭras); *ca*—und; *tapasvinīm*—eine asketische Frau.

ÜBERSETZUNG

Darauf begab sich Mahārāja Yudhiṣṭhira, begleitet von Śrī Kṛṣṇa, sogleich in seine Hauptstadt Hastināpura, wo er seinen Onkel und seine Tante Gāndhārī, die eine Asketin war, tröstete.

ERLÄUTERUNG

Dhṛtarāṣṭra und Gāndhārī, die Eltern Duryodhanas und seiner Brüder, waren Mahārāja Yudhiṣṭhiras Onkel und Tante. Nach der Schlacht von Kurukṣetra lebte das berühmte Paar, das alle seine Söhne und Enkel verloren hatte, in der Obhut Mahārāja Yudhiṣṭhiras. Sie verbrachten ihre Tage in tiefem Schmerz über den schweren Verlust und führten gleichsam ein asketisches Leben. Die Nachricht vom Tode Bhīṣmadevas, der ein Onkel Dhṛtarāṣṭras war, bedeutete einen weiteren schweren Schlag für den König und die Königin, die daher Mahārāja Yudhiṣṭhiras Trostes bedurften. Mahārāja Yudhiṣṭhira war sich seiner Pflicht bewußt; er eilte daher sogleich mit Śrī Kṛṣṇa zu ihnen, um den trauernden Dhṛtarāṣṭra mit gütigen Worten zu beruhigen.

Gāndhārī war eine mächtige Asketin, obwohl sie das Leben einer treuen Frau und gütigen Mutter führte. Es heißt auch, daß Gāndhārī wegen der Blindheit ihres Mannes freiwillig ihre Augen verhüllte. Es ist die Pflicht einer Frau, dem Mann in jeder Beziehung zu folgen, und Gāndhārī war ihrem Mann so treu, daß sie ihm selbst in seine anhaltende Blindheit folgte. Sie war daher in ihren Handlungen eine große Asketin. Der Schock, den sie erlitt, weil ihre einhundert Söhne und sämtliche Enkel getötet worden waren, war für eine Frau zweifellos unüberwindlich, doch sie ertrug ihr Schicksal wie ein Asket. Obwohl Gāndhārī eine Frau war, stand sie Bhīṣmadeva charakterlich in nichts nach. Beide sind bemerkenswerte Persönlichkeiten des *Mahābhārata*.

VERS 49

पित्रा चानुमतो राजा वासुदेवानुमोदितः ।
चकार राज्यं धर्मेण पितृपैतामहं विभुः ॥४९॥

pitrā cānumato rājā
vāsudevānumoditaḥ
cakāra rājyaṁ dharmeṇa
pitṛ-paitāmahaṁ vibhuḥ

pitrā—von seinem Onkel Dhṛtarāṣṭra; *ca*—und; *anumataḥ*—mit seiner Billigung; *rājā*—König Yudhiṣṭhira; *vāsudeva-anumoditaḥ*—von Śrī Kṛṣṇa bestätigt; *cakāra*

—übte aus; *rājyam*—das Königreich; *dharmeṇa*—in Übereinstimmung mit den königlichen Grundsätzen; *pitṛ*—Vater; *paitāmaham*—Vorvater; *vibhuḥ*—so groß wie.

ÜBERSETZUNG

Danach übte der große religiöse König, Mahārāja Yudhiṣṭhira, die Herrschergewalt im Königreich streng nach den vorgeschriebenen Regeln und königlichen Grundsätzen aus, die sein Onkel billigte und die von Śrī Kṛṣṇa bestätigt wurden.

ERLÄUTERUNG

Mahārāja Yudhiṣṭhira war kein bloßer Steuereintreiber. Er war sich stets bewußt, daß seine Pflicht als König nicht geringer war als die eines Vaters oder spirituellen Meisters. Der König muß sich sowohl in gesellschaftlicher, politischer, wirtschaftlicher wie auch spiritueller Hinsicht um das Wohl und die Erhebung der Bürger kümmern. Er muß wissen, daß das menschliche Leben dafür bestimmt ist, die verkörperte Seele aus der Knechtschaft materieller Bindungen zu befreien. Es ist daher seine Pflicht, darauf zu achten, daß in rechter Weise für die Bürger gesorgt wird, damit diese die Stufe der Vollkommenheit erreichen können.

Mahārāja Yudhiṣṭhira hielt sich streng an diese Grundsätze, wie aus dem nächsten Kapitel hervorgeht. Er befolgte jedoch nicht nur solche Grundsätze, sondern fand auch die Zustimmung seines alten Onkels, der in politischen Angelegenheiten sehr erfahren war, und erhielt die Bestätigung Śrī Kṛṣṇas, des Sprechers der *Bhagavad-gītā*-Philosophie.

Mahārāja Yudhiṣṭhira ist der vorbildliche Monarch, und eine Monarchie unter einem geschulten König wie Mahārāja Yudhiṣṭhira ist zweifellos die beste Regierungsform, die den neuzeitlichen Republiken oder Regierungen des Volkes durch das Volk weit überlegen ist. Die Masse der Menschen wird, besonders im gegenwärtigen Zeitalter des Kali, als *śūdras* geboren, das heißt, sie sind grundsätzlich von niedriger Herkunft, schlecht erzogen, unglücklich und haben keinen guten Umgang. Sie wissen daher nicht, was das höchste, vollkommene Ziel des Lebens ist. Wahlen, bei denen sie ihre Stimmen abgeben, sind also praktisch wertlos, und Personen, die von solch verantwortungslosen Wählern gewählt werden, können keine verantwortungsbewußten Volksvertreter sein wie Mahārāja Yudhiṣṭhira.

Hiermit enden die Bhaktivedanta-Erläuterungen zum 9. Kapitel im Ersten Canto des Śrīmad-Bhāgavatam *mit dem Titel: „Bhīṣmas Verscheiden im Beisein Śrī Kṛṣṇas".*

ANHANG

Der Autor

His Divine Grace A.C. Bhaktivedanta Swami Prabhupāda kam im Jahre 1896 in Kalkutta (Indien) zur Welt. Im Jahre 1922 begegnete er zum ersten Mal seinem spirituellen Meister, Śrīla Bhaktisiddhānta Sarasvatī Gosvāmī. Bhaktisiddhānta Sarasvatī, ein herausragender Gelehrter und Gottgeweihter sowie der Gründer von vierundsechzig Gauḍīya Maṭhas (vedischen Instituten), fand Gefallen an dem gebildeten jungen Mann, und bereits bei ihrer ersten Begegnung bat er ihn, das vedische Wissen in englischer Sprache zu verbreiten. Śrīla Prabhupāda wurde sein Schüler, und elf Jahre später (1933) empfing er in Allahabad die formelle Einweihung.

In den nachfolgenden Jahren schrieb Śrīla Prabhupāda einen Kommentar zur *Bhagavad-gītā* und unterstützte die Gauḍīya Maṭha in ihrer Missionsarbeit. Im Jahre 1944 begann er eine englischsprachige Halbmonatsschrift mit dem Titel *Back to Godhead* herauszugeben, die er ohne fremde Hilfe verfaßte, produzierte, finanzierte und vertrieb. Heute wird diese Zeitschrift von Śrīla Prabhupādas Schülern weitergeführt und auch in vielen anderen Sprachen veröffentlicht.

Aufgrund von Śrīla Prabhupādas philosophischer Gelehrtheit und vorbildlicher Hingabe verlieh ihm die Gauḍīya-Vaiṣṇava-Gesellschaft im Jahre 1947 den Ehrentitel „Bhaktivedanta". Im Jahre 1950, im Alter von vierundfünfzig Jahren, zog sich Śrīla Prabhupāda vom Familienleben zurück und trat in den *vānaprastha*-Stand ein, um seinen Studien und seiner Schreibtätigkeit mehr Zeit widmen zu können. Er begab sich nach Vṛndāvana, dem berühmten Wallfahrtsort, an dem vor fünftausend Jahren Kṛṣṇa erschienen war. Dort fand er im mittelalterlichen Rādhā-Dāmodara-Tempel Unterkunft, wo er sich unter bescheidensten Verhältnissen für mehrere Jahre in eingehende Studien vertiefte. 1959 trat er in den Lebensstand der Entsagung (*sannyāsa*). Im Rādhā-Dāmodara-Tempel begann Śrīla Prabhupāda mit der Arbeit an seinem Lebenswerk – einer vielbändigen kommentierten Übersetzung des achtzehntausend Verse umfassenden *Śrīmad-Bhāgavatam* (*Bhāgavata Purāṇa*).

Als besitzlosem *sannyāsī* fiel es Śrīla Prabhupāda sehr schwer, die notwendigen Mittel für seine Publikationen aufzutreiben. Trotzdem gelang es ihm bis 1965, mit Hilfe von Spenden den Ersten Canto des *Śrīmad-Bhāgavatam* in drei Bänden zu veröffentlichen. Im Herbst des Jahres 1965 reiste Śrīla Prabhupāda an Bord des Frachtdampfers *Jaladuta* in die Vereinigten Staaten, um die Mission seines spirituellen Meisters zu erfüllen. Als Śrīla Prabhupāda mit dem Schiff im Hafen von New York ankam, war er allein und so gut wie mittellos. Im Juli 1966, nach einem Jahr voller Prüfungen und Schwierigkeiten, gründete er die *Internationale Gesellschaft für Krischna-Bewußtsein* (ISKCON), die sich unter seiner persönlichen Führung innerhalb eines Jahrzehnts von einem kleinen Kṛṣṇa-Tempel in New York zu einer weltweiten Bewegung entwickelte.

Im Jahre 1968 gründete Śrīla Prabhupāda in Amerika die erste spirituelle Farmgemeinschaft, nach deren Vorbild in der Folge auf allen fünf Kontinenten ähnliche Projekte entstanden. In vielen westlichen Städten führte er das traditionelle Ratha-yātrā-Wagenfest ein, und 1972 gründete er die erste *gurukula*-Schule in der westlichen Welt.

Auch in Indien rief Śrīla Prabhupāda viele Projekte ins Leben, wie zum Beispiel den Kṛṣṇa-Balarāma-Tempel in Vṛndāvana, den Tempel mit internationalem Gästehaus in Bombay und das ISKCON-Weltzentrum in Śrīdhāma Māyāpur (Westbengalen), wo der Bau einer Stadt nach vedischem Vorbild geplant ist.

Neben all seinen Tätigkeiten sah Śrīla Prabhupāda seine Hauptaufgabe jedoch immer in der Buchveröffentlichung, und so gründete er 1972 den Bhaktivedanta Book Trust (BBT), der heute der größte Verlag für die religiöse und philosophische Literatur Indiens ist.

Bis zu seinem Verscheiden am 14. November 1977 in Vṛndāvana war Śrīla Prabhupāda trotz seines hohen Alters auf seinen Vorlesungsreisen vierzehnmal um die Welt gereist. Ungeachtet dieses straffen Zeitplans erschienen fortlaufend neue Bücher, die heute in über siebzig Sprachen erhältlich sind.

Quellennachweis

Die Erläuterungen zum Śrīmad-Bhāgavatam *lassen sich mit autoritativen vedischen Quellen belegen. In diesem Buch werden die folgenden authentischen Schriften zitiert oder angeführt.*

Bhagavad-gītā — S.2, S.22, 1.1, 1.4, 1.5, 1.9, 1.15, 1.23, 2.5, 2.12, 2.13, 2.16, 2.20, 2.27, 2.28-29, 2.33, 3.1, 3.4, 3.8, 3.24, 3.28, 3.29, 3.33, 3.35, 3.38, 3.41, 3.43, 4.4, 4.5, 5.9, 5.12, 5.13, 5.15, 5.17, 5.19, 5.20, 5.22, 5.24, 5.30, 5.31, 5.34, 5.35, 5.36, 6.21, 6.24, 6.29, 6.31, 6.32, 7.4, 7.23, 8.4, 8.5, 8.13, 8.15, 8.18, 8.19, 8.25, 8.27, 8.32, 8.33, 8.35, 8.36, 8.37, 8.42, 8.51, 9.17, 9.18, 9.23, 9.26, 9.27, 9.29, 9.30, 9.32, 9.34, 9.35, 9.36, 9.41, 9.42, 9.43, 9.47

Bhakti-rasāmṛta-sindhu — S.31

Bramāṇḍa Purāṇa — 3.11

Brahma-saṁhitā — 1.1, 3.26, 6.28, 8.21, 9.42

Brahma-vaivarta Purāṇa — 7.11

Bṛhan-nāradīya Purāṇa — S.27

Caitanya-bhāgavata — S.4, S.12

Caitanya-caritāmṛta — S.4, S.13, S.29

Chāndogya Upaniṣad — 4.19

Dharma-śastras — 9.27

Hari-bhakti-sudhodaya — 7.10

Harivaṁśa — 3.15

Itihāsa — 8.19

Kaumudi (Wörterbuch) — 7.7

Kṛṣṇa-sandarbha — 1.1

Liṅga Purāṇa — 6.32

Mādhyandina-śruti — 4.13

Mahābhārata — S.4, S.17, 1.19, 4.3, 4.19, 4.25, 4.28-29, 5.15, 8.46, 9.6-7, 9.8, 9.26, 9.28

Manu-saṁhitā — 9.27

Markaṇḍeya Purāṇa — 3.15

Matsya Purāṇa — 1.1

Nārada-bhakti-sūtra — 6.31

Nārada-pañcarātra — 3.8, 5.37, 5.38

Narasiṁha Purāṇa — 6.31

Padma Purāṇa — S.20, 1.1

Purāṇas — S.4, S.5, S.17, 1.1, 1.19, 4.19, 5.9, 8.19, 8.37, 9.6-7, 9.26, 9.28

Rāmāyaṇa — S.4, 1.19, 3.22, 7.44, 9.6-7, 9.28

Śabda-kośa (Wörterbuch) — 7.10

Sāma-veda Upaniṣad — 1.1

Skanda Purāṇa — 9.34

Smṛti-mantra — 1.1

Śrīmad-Bhāgavatam — S.1, S.2, S.3, S.15, S.20, 2.10, 2.11, 3.26, 3.28, 4.32, 5.13, 7.10, 8.36, 9.6-7, 9.8, 9.18, 9.26, 9.43

Śruti-mantra — 1.1, 1.3, 2.31, 4.22, 5.22

Upaniṣaden — S.4, S.5, 2.11, 2.32, 4.25, 8.19, 8.20, 9.47

Vāmana Purāṇa — 7.18

Varāha Purāṇa — 1.4

Vāyavīya Tantra — 1.4

Vedānta-sūtras (Brahma-sūtras, Bādarāyaṇa-sūtras) — S.15f., 1.2, 1.7, 2.32, 5.4, 9.6-7, 9.47

Veden — S.4, S.8, S.16, S.17, S.20, 1.2, 1.3, 2.6, 3.2, 3.24, 4.23, 4.30, 5.15, 6.36, 8.18, 9.47

Viṣṇu-dharmottara — 3.15

Viṣṇu Purāṇa — S.18

Glossar

Abkürzungen

Bg.—*Bhagavad-gītā*
Bh.r.s.—*Bhakti-rasāmṛta-sindhu*
Bs.—*Brahma-saṁhitā*
Cc. A.—*Śrī Caitanya-caritāmṛta, Antya-līlā*
Cc. Ā.—*Śrī Caitanya-caritāmṛta, Ādi-līlā*
Cc. M.—*Śrī Caitanya-caritāmṛta, Madhya-līlā*
Kaṭ.U.—*Kaṭha Upaniṣad*
SB.—*Śrīmad-Bhāgavatam*
Śvet. U.—*Śvetāśvatara Upaniṣad*
Vs.—*Vedanta-sūtra*

A

Ācārya—spiritueller Meister, der durch sein Beispiel lehrt.

Acintya-bhedābheda—Śrī Caitanyas Philosophie des gleichzeitigen Eins- und Verschiedenseins, d. h. Gott und die Lebewesen sind eigenschaftsmäßig gleich oder eins, aber quantitativ verschieden.

Arjuna—Freund Kṛṣṇas; einer der fünf Pāṇḍava-Brüder, dem Kṛṣṇa die *Bhagavad-gītā* verkündete. Vgl. *SB.* 1.12.21.

Āśrama—1. die vier spirituellen Ordnungen des Lebens: Studierender im Zölibat (*brahmacārī*), Haushälter (*gṛhastha*), in Zurückgezogenheit Lebender (*vānaprastha*) und in Entsagung Lebender (*sannyāsī*). 2. Wohnstätte eines Heiligen.

Asuras—atheistische Dämonen.

B

Balarāma—(*bala*—spirituelle Stärke; *rāma*—das Behältnis spiritueller Freude) Kṛṣṇas älterer Bruder. Vgl. *SB.* 1.11.16-17.

Bhagavad-gītā—die von Kṛṣṇa Selbst dem Arjuna vor 5000 Jahren auf dem Schlachtfeld von Kurukṣetra verkündeten Grundunterweisungen in bezug auf spirituelles Leben.

Bhakti-yoga—Verbindung mit dem Höchsten Herrn durch hingebungsvollen Dienst.

Brahmacarya—Leben als Studierender im Zölibat; die erste Ordnung im vedischen spirituellen Leben.

Brāhmaṇa—jmd., der in den *Veden* bewandert ist und folglich der Gesellschaft spirituelle Führung zu geben vermag; die erste vedische Gesellschaftsschicht.

C

Caitanya Mahāprabhu—(1486-1534), *avatāra* Kṛṣṇas, der in Bengalen, Indien, erschien, um das Chanten der Heiligen Namen des Herrn als den Vorgang der Gotteserkenntnis im gegenwärtigen Zeitalter des Kali einzuführen.

D

Dharma—1. die ewige, tätigkeitsgemäße Pflicht; 2. religiöse Grundsätze.

G

Goloka (Kṛṣṇaloka)—der höchste spirituelle Planet, auf dem sich Kṛṣṇas persönliche Reiche Vṛndāvana, Mathurā und Dvārakā befinden. *Siehe auch*: Vṛndāvana (1).

Gṛhastha—reguliertes Haushälterleben; die zweite Ordnung des vedischen spirituellen Lebens.

Guṇa—eine der drei Erscheinungsweisen der materiellen Natur (Tugend, Leidenschaft und Unwissenheit).

Guru—spiritueller Meister.

K

Karma—fruchtbringendes Tun, auf das immer eine Reaktion folgt, entweder eine gute oder eine schlechte.

Kṛṣṇa—„der auf alles anziehend Wirkende"; der Herr, die Höchste Persönlichkeit Gottes, in Seiner ursprünglichen Gestalt als Kuhhirtenknabe mit zwei Händen und einer Flöte.

Kṣatriya—jmd., der unter der Anleitung der *brāhmaṇas* die Gesellschaft verwaltet und schützt; die zweite vedische Gesellschaftsschicht.

Kumāras—die vier Söhne Brahmās (Sanaka, Sanātana, Sananda und Sanat-kumāra), die aus seinem Geist geboren wurden. Sie sind im *brahmacarya* lebende große Weise in der Gestalt fünfjähriger Knaben, die ständig von Planet zu Planet reisen und Kṛṣṇa-Bewußtsein predigen. Vgl. *SB*. 3. Canto, 15.-16. Kap.; 4. Canto, 22. Kap.

M

Mahā-mantra—der große *mantra* der Befreiung: Hare Kṛṣṇa, Hare Kṛṣṇa, Kṛṣṇa Kṛṣṇa, Hare Hare / Hare Rāma, Hare Rāma, Rāma Rāma, Hare Hare.

Māyā—„das, was nicht ist"; Täuschung oder Illusion (die materielle Welt); das Vergessen der Beziehung zu Kṛṣṇa.

Māyāvādīs—Unpersönlichkeitsphilosophen, die behaupten, der Herr könne keinen transzendentalen Körper haben und sei deshalb formlos.

N

Nārada Muni—Sohn Brahmās und spiritueller Meister Vyāsadevas, Prahlāda Mahārājas und vieler anderer großer Gottgeweihter. Vgl. *SB*. 1.9.6-7.

P

Pāṇḍavas—„die Nachfolger Pāṇḍus", die fünf Söhne Mahārāja Pāṇḍus: Yudhiṣṭhira, Arjuna, Bhīma, Nakula und Sahadeva; siegten in der Schlacht von Kurukṣetra gegen die Kurus.

Paramātmā—wörtl.: „die Höchste Seele"; Bezeichnung für den Höchsten Herrn, der als Überseele im Herzen eines jeden weilt.

Paramparā—eine Kette spiritueller Meister, die zueinander in der Beziehung Meister-Schüler stehen.

Parīkṣit Mahārāja—Enkel der Pāṇḍavas; Weltherrscher nach Yudhiṣṭhira Mahārāja; hörte von Śukadeva Gosvāmī das *Śrīmad-Bhāgavatam* sieben Tage lang bis zu seinem Tod und erreichte so die Vollkommenheit.

Prasāda—„Barmherzigkeit"; Speise, die spiritualisiert ist, weil sie dem Herrn geopfert wurde.

R

Rādhārāṇī—(*rādhā*—eine, die verehrt; *rāṇī*—Königin) die Haupt-*gopī*; die Verkörperung der inneren Freudenkraft Kṛṣṇas und somit Seine erste und höchste Geweihte.

Rāma—„das Behältnis aller Freude", 1. Kurzform von Balarāma. 2. Kurzform von Rāmacandra.

Rasa—Wohlgeschmack oder liebevolle Stimmung oder Haltung, die der Gottgeweihte in Beziehung zum Höchsten Herrn kostet.

S

Sac-cid-ānanda-vigraha—(*sat*—ewig; *cit*—voller Wissen; *ānanda*—voller Glückseligkeit; *vigraha*—Gestalt); der Höchste Herr in Seiner ewigen Gestalt voll Wissen und Glückseligkeit.

Saṅkīrtana—das gemeinsame Chanten der Heiligen Namen des Herrn; der vorgeschriebene *yoga*-Vorgang für das gegenwärtige Zeitalter.

Śāstras—offenbarte Schriften.

Sannyāsa—Leben in Entsagung; die vierte Ordnung im vedischen spirituellen Leben.

Śiva—„der Glückspendende"; der Halbgott, der für die Erscheinungsweise der Unwissenheit und die Zerstörung des Universums zuständig ist. Vgl *SB*. 1.12.23.

Śūdras—Arbeiter; die vierte Schicht in der vedischen Gesellschaft.

V

Vaikuṇṭha—(*vai*—ohne; *kuṇṭha*—Angst) „frei von aller Angst"; die spirituelle Welt.
Vaiṣṇava—ein Geweihter Viṣṇus, Kṛṣṇas.
Vaiṣṇava-sampradāya(s)—eine der vier Schülernachfolgen der Vaiṣṇavas: 1. Brahma-sampradāya (von Brahmā ausgehend), bekannter als Madhva-sampradāya, Gauḍīya-Madhva-sampradāya oder Gauḍīya-Vaiṣṇava-sampradāya. 2. Rudra-sampradāya (von Śiva ausgehend), 3. Śrī-sampradāya (von Lakṣmī ausgehend) und 4. Kumāra-sampradāya (von den Kumāras ausgehend).
Vaiśyas—die Bauern und Kaufleute; die dritte Schicht der vedischen Gesellschaft.
Vānaprastha—das Leben in Zurückgezogenheit; die dritte Ordnung im vedischen spirituellen Leben.
Varṇāśrama-dharma—das vedische Gesellschaftssystem der vier sozialen Schichten und vier spirituellen Ordnungen.
Viṣṇu—„der Alldurchdringende"; Erweiterung Kṛṣṇas mit vier oder mehr Armen in vielfältigen Aspekten.
Vṛndāvana—wörtl. „der Wald Vṛndās" 1. Goloka (Vṛndāvana): Kṛṣṇas persönliches Reich in der spirituellen Welt. 2. Gokula (Vṛndāvana): Abbild Goloka Vṛndāvanas in der materiellen Welt, wenn Kṛṣṇa erscheint. Heute noch gelegen in Nordindien, etwa 145 Kilometer südöstlich von Neu Delhi.
Vyāsa(deva)—Inkarnation Kṛṣṇas; legte das bis vor 5000 Jahren mündlich überlieferte Wissen schriftlich nieder. Hauptwerke: die vier *Veden*, das *Mahābhārata* (*Bhagavad-gītā*), die *Purāṇas*, das *Vedānta-sūtra* und das *Śrīmad-Bhāgavatam*. Vgl. *SB*. 1.9.6-7.

Y

Yoga—„Verbindung"; Vorgang, sich mit Gott zu verbinden.
Yuga(s)—Zeitabschnitt im Universum. Die Dauer des materiellen Universums ist begrenzt. Es manifestiert sich in periodisch wiederkehrenden *kalpas*. Ein *kalpa* entspricht einem Tag Brahmās oder 4 320 000 mal 1000 Jahren irdischer Zeitrechnung, denn ein Tag Brahmās dauert 1000 Zyklen der vier *yugas* Satya, Tretā, Dvāpara und Kali. Das Satya-yuga ist durch Tugend, Weisheit und Religiosität gekennzeichnet; Unwissenheit und Laster sind praktisch nicht vorhanden. Dieses *yuga* dauert 1 728 000 Jahre; die Menschen leben 100 000 Jahre. Im Tretā-yuga nehmen Tugend und Religion zu 25 Prozent ab, und es treten Laster auf. Dieses *yuga* dauert 1 296 000 Jahre, und die Menschen leben 10 000 Jahre. Im Dvāpara-yuga nehmen die guten Eigenschaften zu 50 Prozent ab; dieses *yuga* dauert 864 000 Jahre, und die Menschen leben 1000 Jahre. Im Kali-yuga (das vor 5000 Jahren begann) sind die guten Eigenschaften zu 75 Prozent geschwunden; Streit, Heuchelei, Unwissenheit usw. nehmen immer mehr zu. Dieses *yuga* dauert 432 000 Jahre, und die Menschen leben noch höchstens 100 Jahre.

Anleitung zur Aussprache des Sanskrit

Die jahrtausendealte Sanskritsprache wurde zu verschiedenen Zeiten auf verschiedene Art geschrieben. Die heute gebräuchlichste Schreibweise ist das *devanāgarī* (wörtlich: die Schrift, die in den „Metropolen der Halbgötter" benutzt wird). Das *devanāgarī*-Alphabet besteht aus achtundvierzig Buchstaben – dreizehn Vokalen und fünfunddreißig Konsonanten. Dieses Alphabet wurde von Sanskrit-Grammatikern des antiken Indien zweckmäßig nach sprachwissenschaftlichen Regeln aufgestellt, und die gleiche Anordnung wird noch heute von den westlichen Gelehrten anerkannt. Die im vorliegenden Buch verwendete Umschrift entspricht dem seit fünfzig Jahren gültigen internationalen Standard.

Vokale

अ a आ ā इ i ई ī उ u ऊ ū ऋ ṛ ॠ ṝ

ऌ ḷ ए e ऐ ai ओ o औ au

Konsonanten

Gutturale:	क **ka**	ख **kha**	ग **ga**	घ **gha**	ङ **ṅa**
Palatale:	च **ca**	छ **cha**	ज **ja**	झ **jha**	ञ **ña**
Zerebrale:	ट **ṭa**	ठ **ṭha**	ड **ḍa**	ढ **ḍha**	ण **ṇa**
Dentale:	त **ta**	थ **tha**	द **da**	ध **dha**	न **na**
Labiale:	प **pa**	फ **pha**	ब **ba**	भ **bha**	म **ma**
Semivokale:	य **ya**	र **ra**	ल **la**	व **va**	
Sibilanten:	श **śa**	ष **ṣa**	स **sa**		

Aspirata: ह **ha** Anusvāra: ं **ṁ** Visarga: ः **ḥ**

Zahlen

० -0 १ -1 २ -2 ३ -3 ४ -4 ५ -5 ६ -6 ७ -7 ८ -8 ९ -9

Nach einem Konsonanten werden die Vokale wie folgt geschrieben:

ा ā ि i ी ī ु u ू ū ृ ṛ ॄ ṝ े e ै ai ो o ौ au

Zum Beispiel: क **ka** का **kā** कि **ki** की **kī** कु **ku** कू **kū**
कृ **kṛ** कॄ **kṝ** के **ke** कै **kai** को **ko** कौ **kau**

Wenn zwei oder mehr Konsonanten zusammentreffen, bilden sie nach bestimmten Regeln geformte Ligaturen, wie zum Beispiel: क्ष **kṣa** त्र **tra**

Der Vokal „a" ist nach einem Konsonanten ohne Vokalsymbol mitenthalten.

Das Symbol *virāma* (्) deutet an, daß kein Endvokal folgt: क्

ऽ ' (*avagraha*) – Apostroph

Die Vokale werden wie folgt ausgesprochen:

a – wie das **a** in h**a**t
ā – wie das **a** in h**a**ben (doppelt so lang wie das kurze **a**)
i – wie das **i** in K**i**nd
ī – wie das **i** in B**i**bel (doppelt so lang wie das kurze **i**)
u – wie das **u** in B**u**tter
ū – wie das **u** in H**u**t (doppelt so lang wie das kurze **u**)
ṛ – wie das **ri** in **ri**nnen
ṝ – wie das **rie** in **rie**seln
ḷ – wie **l** gefolgt von **ri**
e – wie das **e** in **e**del
ai – wie das **ei** in w**ei**se
o – wie das **o** in **o**der
au – wie das **au** in H**au**s

Die Konsonanten werden wie folgt ausgesprochen:

Gutturale
(spricht man, ähnlich wie im Deutschen, von der Kehle aus)
k – wie in **k**ann
kh – wie in Ec**kh**art
g – wie in **g**eben
gh – wie in we**gh**olen
ṅ – wie in si**ng**en

Palatale
(spricht man mit der Zungenmitte vom Gaumen aus)
c – wie in **Tsch**eche
ch – wie im engl. staun**ch-h**eart
j – wie in **Dsch**ungel
jh – wie im engl. he**dgeh**og
ñ – wie in Ca**ny**on

Zerebrale

ṭ, ṭh, ḍ, ḍh, ṇ

(spricht man, indem man die Zungenspitze gegen den oberen Teil des Gaumens drückt. Die englischen Dentale mit nachfolgendem „r" [**d**rive, **t**ruck] ähneln dem Klang der Zerebrale)

Labiale

p – wie in **p**ressen
ph – wie in Kna**pph**eit
b – wie in **B**utter
bh – wie in Gro**bh**eit
m – wie in **M**ilch

Visarga

ḥ – in der Mitte eines Wortes wie das **ch** in wa**ch**en; am Ende eines Wortes wird der vorausgehende Vokal wiederholt: also **iḥ** wie **ihi, aḥ** wie **aha** usw.

Dentale

(spricht man wie die Zerebrale, jedoch mit der Zungenspitze gegen die Zähne)

t – wie in **t**önen
th – wie in Sanf**th**eit
d – wie in **d**anken
dh – wie in Sü**dh**älfte
n – wie in **n**ehmen

Semivokale

y – wie in **y**oga
r – wie in **r**eden
l – wie in **l**ieben
v – wie in **V**ene

Sibilanten

ś – wie in **s**prechen
ṣ – wie in **sch**ön
s – wie in fa**s**ten

Anusvāra

ṁ – ein Nasal wie das **n** im franz. bo**n**

Aspirata

h – wie in **h**elfen

Beim Vortragen des Sanskrit muß man zwischen kurzen und langen Silben unterscheiden und das Versmaß beachten. Eine lange Silbe ist eine Silbe mit einem langen Vokal (ā, ī, ū, ṝ, e, ai, o, au) oder eine Silbe mit einem kurzen Vokal, dem mehr als ein Konsonant folgt (auch *anusvāra* und *visarga*). Konsonanten mit nachfolgendem Hauchlaut (wie kh und gh) gelten als einzelne Konsonanten.

Verzeichnis der Sanskritverse

Dieses Verzeichnis enthält alle ersten und dritten Zeilen der Sanskritverse dieses Bandes des Śrīmad-Bhāgavatam *in alphabetischer Reihenfolge mit entsprechender Kapitel- und Versangabe.*

abhidravati māṁ īśa	8.10
abhimanyu-sutaṁ sūta	4.9
abhyācaṣṭānurāgāśrair	9.11
adān me jñānam aiśvaryaṁ	5.39
adhyagān mahad ākhyānaṁ	7.11
adṛṣṭāśruta-vastutvāt	3.32
āha rājā dharma-sutaś	8.47
ahaituky apratihatā	2.6
ahaṁ ca tad-brahma-kule	6.8
ahaṁ ca tasmai mahatāṁ mahīyase	6.25
ahaṁ cādhyagamaṁ tatra	3.44
ahaṁ purātīta-bhave 'bhavaṁ mune	5.23
āhariṣye śiras tasya	7.38
aho devarṣir dhanyo 'yaṁ	6.38
aho kaṣṭam aho 'nyāyyaṁ	9.12
aho me paśyatājñānaṁ	8.48
āhūta iva me śīghraṁ	6.33
ajaṁ prajātaṁ jagataḥ śivāya tan	5.21
ajānann api saṁhāraṁ	7.20
ajas tvam asya kṣemāya	8.33
akaroḥ sacivaṁ dūtaṁ	9.20
ākhyātāny apy adhītāni	1.6
alakṣyaṁ sarva-bhūtānām	8.18
ālokya vadanaṁ sakhyur	7.52
āmantrya pāṇḍu-putrāṁś ca	8.7
āmantrya vīṇāṁ raṇayan	6.37
āmayo yaś ca bhūtānāṁ	5.33
ānanda-samplave līno	6.17
anarthopaśamaṁ sākṣād	7.6
antaḥ-praviṣṭa ābhāti	2.31
antaḥsthaḥ sarva-bhūtānām	8.14
antar bahiś ca lokāṁs trīn	6.31
anugrahaṁ manyamānaḥ	6.10
anugrahān mahā-viṣṇor	6.31
anvādravad daṁśita ugra-dhanvā	7.17
anvagacchan rathair viprā	9.2
anvavocan gamiṣyantaḥ	5.30
ānvīkṣikīm alarkāya	3.11
anye ca munayaḥ sūta	1.7
anye ca munayo brahman	9.8
apāṇḍavam idaṁ kartuṁ	8.11
āpannaḥ saṁsṛtiṁ ghorāṁ	1.14
apare vasudevasya	8.33
apaśyan sahasottasthe	6.18
apaśyat puruṣaṁ pūrṇaṁ	7.4
apāyayat surān anyān	3.17
āplutā hari-pādābja-	8.2
apṛcchad vividhān dharmān	9.25
apy adya nas tvaṁ sva-kṛtehita prabho	8.37
ārabdha-karma-nirvāṇo	6.28
arhaṇam upapeda īkṣaṇīyo	9.41
arjunaḥ sahasājñāya	7.55
asampanna ivābhāti	4.30
asau guṇamayair bhāvair	2.33
āsīnā dīrgha-satreṇa	1.21
āsīno 'pa upaspṛśya	7.3
aśraddadhānān niḥsattvān	4.17
aṣṭame merudevyāṁ tu	3.13
astra-grāmaś ca bhavatā	7.44
astraṁ brahma-śiro mene	7.19
asty eva me sarvam idaṁ tvayoktaṁ	5.5
asyānubhāvaṁ bhagavān	9.19
ataḥ paraṁ yad avyaktam	3.32
ataḥ pumbhir dvija-śreṣṭhā	2.13
ataḥ sādho 'tra yat sāraṁ	1.11
atha taṁ sukham āsīna	5.1
atha te sampaRetānāṁ	8.1
atha viśveśa viśvātman	8.41
athākhyāhi harer dhīmann	1.18
atharvāṅgirasām āsīt	4.22
athāsau yuga-sandhyāyāṁ	3.25
atheha dhanyā bhagavanta itthaṁ	3.39
atho mahā-bhāga bhavān amogha-dṛk	5.13
athopaspṛśya salilaṁ	7.20
athopetya sva-śibiraṁ	7.41
atimartyāni bhagavān	1.20
ātmanātmānam ātmasthaṁ	6.15
ātmano 'bhimukhān dīptān	8.12
ātmany ātmānam āveśya	9.43
ātmārāmāś ca munayo	7.10
ātmārāmāya śāntāya	8.27
ato vai kavayo nityaṁ	2.22
autkaṇṭhyāśru-kalākṣasya	6.16
avatārā hy asaṅkhyeyā	3.26
avatāre ṣoḍaśame	3.20
avekṣate mahā-bhāgas	4.8
avicyuto 'rthaḥ kavibhir nirūpito	5.22
avidyayātmani kṛte	3.33
avipakva-kaṣāyāṇāṁ	6.21
āvṛtya rodasī khaṁ ca	7.30

babandhāmarṣa-tāmrākṣaḥ 7.33
bāla-dvija-suhṛn-mitra- 8.49
bhagavān api viprarṣe 9.3
bhagavān devakī-putro 7.50
bhagavati ratir astu me mumūrṣor 9.39
bhagavat-tattva-vijñānaṁ 2.20
bhagavaty uttama-śloke 2.18
bhaktir utpadyate puṁsaḥ 7.7
bhakti-yoga-vidhānārthaṁ 8.20
bhakti-yogena manasi 7.4
bhaktyāveśya mano yasmin 9.23
bhārata-vyapadeśena 4.29
bhārāvatāraṇāyānye 8.34
bhartuḥ priyaṁ drauṇir iti sma paśyan 7.14
bhartuś ca vipriyaṁ vīra 7.39
bhautikānāṁ ca bhāvānāṁ 4.17
bhava-sindhu-plavo dṛṣṭo 6.34
bhavatānudita-prāyaṁ 5.8
bhavato 'darśanaṁ yarhi 8.38
bhavato darśanaṁ yat syād 8.25
bhāvayaty eṣa sattvena 2.34
bhave 'smin kliśyamānānām 8.35
bhejire munayo 'thāgre 2.25
bhidyate hṛdaya-granthiś 2.21
bhikṣubhir vipravasite 6.2
bhikṣubhir vipravasite 6.5
bhūrīṇi bhūri-karmāṇi 1.11
bhūta-hatyāṁ tathaivaikāṁ 8.52
bhūteṣu cāntarhita ātma-tantraḥ 3.36
bhūteṣu kālasya gatiṁ 8.4
bhūtvātmopaśamopetam 3.9
bhūyaḥ papraccha taṁ brahman 6.1
brahma-bandhur na hantavya 7.53
brahma-nadyāṁ sarasvatyām 7.2
brahma-tejo-vinirmuktair 8.17
brahmeti paramātmeti 2.11
bṛhadaśvo bharadvājaḥ 9.6
brūhi bhadrāya bhūtānām 1.11
brūhi naḥ śraddadhānānāṁ 1.17
brūhi yogeśvare kṛṣṇe 1.23
brūyuḥ snigdhasya śiṣyasya 1.8
buddho nāmnāñjana-sutaḥ 3.24

cacāra duścaraṁ brahmā 3.6
cakāra rājyaṁ dharmeṇa 9.49
cakre veda-taroḥ śākhā 3.21
cakruḥ kṛpāṁ yadyapi tulya-darśanāḥ 5.24
caturdaśaṁ nārasiṁhaṁ 3.18
cātur-hotraṁ karma śuddhaṁ 4.19
ceta etair anāviddhaṁ 2.19
chindanti kovidās tasya 2.15
citra-dhātu-vicitrādrīn 6.12
citra-svanaiḥ patra-rathair 6.12

dadāra karajair ūrāv 3.18
dadhre kamaṭha-rūpeṇa 3.16
dahyamānāḥ prajāḥ sarvāḥ 7.31
dāna-dharmān rāja-dharmān 9.27
darśayan vartma dhīrāṇāṁ 3.13
dātuṁ sakṛṣṇā gaṅgāyāṁ 8.1
deva-dattām imāṁ vīṇāṁ 6.32
devakyāṁ vasudevasya 1.12
devarṣiḥ prāha viprarṣiṁ 5.1
devarṣir nāradaḥ sākṣād 9.19
devīṁ sarasvatīṁ vyāsaṁ 2.4
dhānvantaraṁ dvādaśamaṁ 3.17
dharmaḥ projjhita-kaitavo 'tra paramo 1.2
dharmaḥ svanuṣṭhitaḥ puṁsāṁ 2.8
dharmaṁ pravadatas tasya 9.29
dharmārtha-kāma-mokṣāṁś ca 9.28
dharmasya hy āpavargyasya 2.9
dharmyaṁ nyāyyaṁ sakaruṇaṁ 7.49
dhṛta-ratha-caraṇo 'bhyayāc caladgur 9.37
dhṛta-vratena hi mayā 4.28
dhyāyataś caraṇāmbhojaṁ 6.16
didṛkṣus tad ahaṁ bhūyaḥ 6.19
dig-deśa-kālāvyutpanno 6.8
dṛṣṭvā nipatitaṁ bhūmau 9.4
dṛṣṭvānuyāntam ṛṣim ātmajam apy anagnaṁ 4.5
dṛṣṭvāstra-tejas tu tayos 7.31
dṛśyate yatra dharmādi 4.29
dugdhemām oṣadhīr viprās 3.14
durbhagāṁś ca janān vīkṣya 4.18
dvaipāyanādibhir vipraiḥ 8.7
dvāpare samanuprāpte 4.14
dvitīyaṁ tu bhavāyāsya 3.7

eka evātiyāto 'ham 6.13
ekadā nirgatāṁ gehād 6.9
ekānta-matir unnidro 4.4
ekātmajā me jananī 6.6
ekonaviṁśe viṁśatime 3.23
eṣa hi brahma-bandhūnāṁ 7.57
eṣa vai bhagavān sākṣād 9.18
etad dhy ātura-cittānāṁ 6.34
etad rūpaṁ bhagavato 3.30
etan nānāvatārāṇāṁ 3.5
etat saṁsūcitaṁ brahmaṁs 5.32
etāvad uktvopararāma tan mahad 6.25
ete cāṁśa-kalāḥ puṁsaḥ 3.28
evaṁ cakāra bhagavān 4.24
evaṁ draṣṭari dṛśyatvam 3.31
evaṁ janmāni karmāṇi 3.35
evaṁ kṛṣṇa-mater brahman 6.27
evaṁ niśamya bhagavān 6.1
evaṁ nṛṇāṁ kriyā-yogāḥ 5.34
evaṁ parīkṣatā dharmaṁ 7.40
evaṁ prasanna-manaso 2.20

evaṁ pravṛttasya sadā 4.26
evaṁ pravṛttasya viśuddha-cetasas 5.25
evaṁ sambhāṣya bhagavān 6.37
evaṁ yatantaṁ vijane 6.20

gāṁ paryaṭaṁs tuṣṭa-manā gata-spṛhaḥ 6.26
gambhīra-ślakṣṇayā vācā 6.20
gāndhārīṁ putra-śokārtāṁ 8.3
gāṇḍīva-muktair viśikhair upāhare 7.16
gantuṁ kṛtamatir brahman 8.8
gāyan mādyann idaṁ tantryā 6.38
ghātayitvāsato rājñaḥ 8.5
ghoraṁ pratibhayākāraṁ 6.13
gopy ādade tvayi kṛtāgasi dāma tāvad 8.31
govinda go-dvija-surārti-harāvatāra 8.43
gṛṇanti guṇa-nāmāni 5.36

hantāsmiñ janmani bhavān 6.21
harer guṇākṣipta-matir 7.11
hitvāvadyam imaṁ lokaṁ 6.23
hṛdi-sthaṁ pūjayām āsa 9.10
hṛdy antaḥ stho hy abhadrāṇi 2.17

idaṁ bhāgavataṁ nāma 3.40
idaṁ hi puṁsas tapasaḥ śrutasya vā 5.22
idaṁ hi viśvaṁ bhagavān ivetaro 5.20
imaṁ sva-nigamaṁ brahmann 5.39
ime jana-padāḥ svṛddhāḥ 8.40
indrāri-vyākulaṁ lokaṁ 3.28
īśasya hi vaśe loko 6.7
iti bhāratam ākhyānaṁ 4.25
iti bhītaḥ prajā-drohāt 9.1
iti bruvāṇaṁ saṁstūya 4.1
iti matir upakalpitā vitṛṣṇā 9.32
iti me na tu bodhāya 8.50
iti mūrty-abhidhānena 5.38
iti priyāṁ valgu-vicitra-jalpaiḥ 7.17
iti sampraśna-saṁhṛṣṭo 2.1
itihāsa-purāṇaṁ ca 4.20
itihāsa-purāṇānāṁ 4.22
itthaṁ śarat-prāvṛṣikāv ṛtū harer 5.28

jagṛhe pauruṣaṁ rūpaṁ 3.1
jahy astra-teja unnaddham 7.28
jalāśayāñ chiva-jalān 6.12
janayaty āśu vairāgyaṁ 2.7
janitā viṣṇu-yaśaso 3.25
janma guhyaṁ bhagavato 3.29
janma karma ca viśvātmann 8.30
janmādy asya yato 'nvayād itarataś 1.1
janmaiśvarya-śruta-śrībhir 8.26
janma-karma-rahasyaṁ me 6.36
jātaḥ parāśarād yogī 4.14
jijñāsitam adhītaṁ ca 5.4
jijñāsitaṁ susampannam 5.3
jīvanti nātmārtham asau parāśrayaṁ 4.12
jīvasya tattva-jijñāsā 2.10
jīvituṁ nārhatha kliṣṭaṁ 9.12
jñānaṁ guhyatamaṁ yat tat 5.30
jñānaṁ yat tad adhīnaṁ hi 5.35
jugupsitaṁ dharma-kṛte 'nuśāsataḥ 5.15

kakṣīvān gautamo 'triś ca 9.7
kālaḥ prādurabhūt kāle 6.27
kalāḥ sarve harer eva 3.27
kalau naṣṭa-dṛśām eṣa 3.43
kalim āgatam ājñāya 1.21
kaliṁ sattva-haraṁ puṁsāṁ 1.22
kalpānta idam ādāya 6.29
kāmaṁ dahatu māṁ nātha 8.10
kāmasya nendriya-prītir 2.10
karmabhir gṛhamedhīyair 8.51
karma-śreyasi mūḍhānāṁ 4.25
kasmin yuge pravṛtteyaṁ 4.3
kasya vā bṛhatīm etām 7.9
katham ālakṣitaḥ pauraiḥ 4.6
kathāṁ bhāgavatīṁ puṇyāṁ 4.2
kathaṁ cedam udasrākṣīḥ 6.3
kathaṁ sa vīraḥ śriyam aṅga dustyajāṁ 4.11
kathaṁ vā pāṇḍaveyasya 4.7
ke vayaṁ nāma-rūpābhyāṁ 8.38
kecid āhur ajaṁ jātaṁ 8.32
kheṭa-kharvaṭa-vāṭīś ca 6.11
kim idaṁ svit kuto veti 7.26
kiṁ vā bhāgavatā dharmā 4.31
ko vā bhagavatas tasya 1.16
kṛṣṇa evaṁ bhagavati 9.43
kṛṣṇa kṛṣṇa mahā-bāho 7.22
kṛṣṇaṁ ca tat-prabhāva-jña 9.10
kṛṣṇasya nārado 'bhyāgād 4.32
kṛṣṇāya vāsudevāya 8.21
kṛṣṇe lasat-pīta-paṭe catur-bhuje 9.30
kṛṣṇe sva-dhāmopagate 3.43
kṛṣṇo 'strī gāṇḍivaṁ cāpaṁ 9.15
kṛta-manu-kṛta-vatya unmadāndhāḥ 9.40
kṛtavān bhārataṁ yas tvaṁ 5.3
kṛtavān kila karmāṇi 1.20
kṣīyante cāsya karmāṇi 2.21
kumatim aharad ātma-vidyayā yaś 9.36
kuru pratiśrutaṁ satyaṁ 7.54
kurvāṇā yatra karmāṇi 5.36
kurvanti sarvātmakam ātma-bhāvaṁ 3.39
kurvanty ahaitukīṁ bhaktim 7.10

kutaḥ punaḥ śaśvad abhadram īśvare 5.12
kutaḥ sañcoditaḥ kṛṣṇaḥ 4.3

lalita-gati-vilāsa-valguhāsa- 9.40
līlā vidadhataḥ svairam 1.18
līlāvatārānurato 2.34
lokasyājānato vidvāṁś 7.6

mā maṁsthā hy etad āścaryaṁ 8.16
mā rodīd asya jananī 7.47
mainaṁ pārthārhasi trātuṁ 7.35
mama niśita-śarair vibhidyamāna- 9.34
mandāḥ sumanda-matayo 1.10
mandaṁ jahāsa vaikuṇṭho 8.44
maṇiṁ jahāra mūrdhanyaṁ 7.55
mānitā nirvyalīkena 4.28
manye tvāṁ kālam īśānam 8.28
manye tvāṁ viṣaye vācāṁ 4.13
marīci-miśrā ṛṣayaḥ 6.30
mātā śiśūnāṁ nidhanaṁ sutānāṁ 7.15
mataṁ ca vāsudevasya 7.32
matir mayi nibaddheyaṁ 6.24
mat-kāmaḥ śanakaiḥ sādhu 6.22
mattaṁ pramattam unmattaṁ 7.36
māyā-guṇair viracitaṁ 3.30
mayaivobhayam āmnātaṁ 7.53
māyā-javanikācchannam 8.19
māyāṁ vyudasya cic-chaktyā 7.23
māyānubhāvam avidaṁ 5.31
mayy ātmaje 'nanya-gatau 6.6
mohayan māyayā lokaṁ 9.18
mṛdhe mṛdhe 'neka-mahārathāstrato 8.24
mucyatāṁ mucyatām eṣa 7.43
mukunda-sevayā yadvat 6.35
mumukṣavo ghora-rūpān 2.26
munayaḥ sādhu pṛṣṭo 'haṁ 2.5
muni-gaṇa-nṛpa-varya-saṅkule 'ntaḥ- 9.41
mūrcchayitvā hari-kathāṁ 6.32

na bhartur nātmanaś cārthe 7.51
na cāsya kaścin nipuṇena dhātur 3.37
na hy asya karhicid rājan 9.16
na hy asyānyatamaṁ kiñcid 7.28
na hy eṣa vyavadhāt kāla 6.4
na karhicit kvāpi ca duḥsthitā matir 5.14
na lakṣyase mūḍha-dṛśā 8.19
na me syān nirayān mokṣo 8.49
na tathā vāsudevasya 5.9
na vai jano jātu kathañcanāvrajen 5.19
na veda kaścid bhagavaṁś cikīrṣitaṁ 8.29
na yad vacaś citra-padaṁ harer yaśo 5.10
na yasya kaścid dayito 'sti karhicid 8.29
nābhi-hradāmbujād āsīd 3.2
naicchad dhantuṁ guru-sutaṁ 7.40
naimiṣe 'nimiṣa-kṣetre 1.4
naino rājñaḥ prajā-bhartur 8.50
naiṣkarmyam apy acyuta-bhāva-varjitaṁ 5.12
naivārhaty abhidhātuṁ vai 8.26
naivāsau veda saṁhāraṁ 7.27
nakulaḥ sahadevaś ca 7.50
nala-veṇu-śaras-tanba- 6.13
namaḥ paṅkaja-nābhāya 8.22
namaḥ paṅkaja-netrāya 8.22
nāmāni rūpāṇi mano-vacobhiḥ 3.37
namanti yat-pāda-niketam ātmanaḥ 4.11
nāmāny anantasya hata-trapaḥ paṭhan 6.26
nāmāny anantasya yaśo 'ṅkitāni yat 5.11
namasye puruṣaṁ tvādyam 8.18
namo 'kiñcana-vittāya 8.27
nānākhyānetihāseṣu 9.28
nanda-gopa-kumārāya 8.21
nāneva bhāti viśvātmā 2.32
nānyaṁ tvad abhayaṁ paśye 8.9
nara-devatvam āpannaḥ 3.22
nārāyaṇa-kalāḥ śāntā 2.26
nārāyaṇaṁ namaskṛtya 2.4
nārthasya dharmaikāntasya 2.9
naṣṭa-prāyeṣv abhadreṣu 2.18
nātiprasīdad dhṛdayaḥ 4.27
nāvy āropya mahī-mayyām 3.15
neyaṁ śobhiṣyate tatra 8.39
nigama-kalpa-taror galitaṁ phalaṁ 1.3
niḥśreyasāya lokasya 3.40
nirgate nārade sūta 7.1
nirīkṣya kṛṣṇāpakṛtaṁ guroḥ sutaṁ 7.42
nirūpito bālaka eva yogināṁ 5.23
niśamya bhīma-gaditaṁ 7.52
nivṛtta-sarvendriya-vṛtti-vibhramas 9.31
notpādayed yadi ratiṁ 2.8
nyavedayat taṁ priyāyai 7.41

oṁ namo bhagavate tubhyaṁ 5.37

pada-trayaṁ yācamānaḥ 3.19
pāhi pāhi mahā-yogin 8.9
pañcadaśaṁ vāmanakaṁ 3.19
pañcamaḥ kapilo nāma 3.10
pāṇḍu-putrān upāsīnān 9.11
parādravat prāṇa-parīpsur urvyāṁ 7.18
pārakyasyaiva dehasya 8.48
pārāśarya mahā-bhāga 5.2
parāvara-jñaḥ sa ṛṣiḥ 4.16
parāvare brahmaṇi dharmato vrataiḥ 5.7
parāvareśo manasaiva viśvaṁ 5.6

parīkṣito 'tha rājarṣer 7.12
pariśrāntendriyātmāhaṁ 6.14
parituṣyati śārīra 5.2
paro 'pi manute 'narthaṁ 7.5
pārthivād dāruṇo dhūmas 2.24
parvato nārado dhaumyo 9.6
paśyanty ado rūpam adabhra-cakṣuṣā 3.4
paśyanty ātmani cātmānaṁ 2.12
pibata bhāgavataṁ rasam ālayam 1.3
pitaraṁ sāntvayām āsa 9.48
pitrā cānumato rājā 9.49
pitṛ-bhūta-prajeśādīn 2.27
prabodhito 'pītihāsair 8.46
pradyumnāyāniruddhāya 5.37
pragāyataḥ sva-vīryāṇi 6.33
prāhārjunaṁ prakupito 7.34
prajā-sarga-nirodhe 'pi 6.24
prajopadravam ālakṣya 7.32
prākhyāhi duḥkhair muhur arditātmanāṁ 5.40
prāk-kalpa-viṣayām etāṁ 6.4
prākṛtenātmanā viprāḥ 8.47
prāṇāpadam abhiprekṣya 7.21
praṇemuḥ pāṇḍavā bhīṣmaṁ 9.4
prapannaṁ virathaṁ bhītaṁ 7.36
prasabham abhisasāra mad-vadhārthaṁ 9.38
prasanna-hāsāruṇa-locanollasan- 9.24
pratidṛśam iva naikadhārkam ekaṁ 9.42
pratipūjya vacas teṣāṁ 2.1
pratiśrutaṁ ca bhavatā 7.38
pravartamānasya guṇair anātmanas 5.16
prayāṇābhimukhaṁ kṛṣṇam 8.17
prāyeṇālpāyuṣaḥ sabhya 1.10
prāyopaviṣṭaṁ gaṅgāyāṁ 3.42
prāyopaviṣṭo gaṅgāyām 4.10
prayujyamāne mayi tāṁ 6.28
premātibhara-nirbhinna- 6.17
priyāḥ paramahaṁsānāṁ 4.31
priyaṁ ca bhīmasenasya 7.54
provācāsuraye sāṅkhyaṁ 3.10
pṛthayetthaṁ kala-padaiḥ 8.44
pūjayām āsa dharma-jño 9.9
pūjayām āsa vidhivan 4.33
puṁsām ekāntataḥ śreyas 1.9
puruṣa-sva-bhāva-vihitān 9.26
putra-śokāturāḥ sarve 7.58
putreti tan-mayatayā taravo 'bhinedus 2.2

rājā dharma-suto rājñyāḥ 7.49
rājarṣayaś ca tatrāsan 9.5
rajas-tamaḥ-prakṛtayaḥ 2.27
rāma-kṛṣṇāv iti bhuvo 3.23
ratim udvahatād addhā 8.42
ṛg-yajuḥ-sāmātharvākhyā 4.20
ṛṣayo manavo devā 3.27
ṛṣibhir yācito bheje 3.14

rūpaṁ bhagavato yat tan 6.18
rūpaṁ sa jagṛhe mātsyaṁ 3.15

sa deva-devo bhagavān pratīkṣatāṁ 9.24
sa eṣa bhagavān droṇaḥ 7.45
sa eva jīva-lokasya 7.24
sa eva prathamaṁ devaḥ 3.6
sa evedaṁ sasarjāgre 2.30
sa go-dohana-mātraṁ hi 4.8
sa kadācit sarasvatyā 4.15
sa saṁhitāṁ bhāgavatīṁ 7.8
sa samrāṭ kasya vā hetoḥ 4.10
sa tair vyarocata nṛpaḥ 9.3
sa tu saṁśrāvayām āsa 3.42
sa vā idaṁ viśvam amogha-līlaḥ 3.36
sa vai bhavān veda samasta-guhyam 5.6
sa vai nivṛtti-nirataḥ 7.9
sa vai puṁsāṁ paro dharmo 2.6
sa veda dhātuḥ padavīṁ parasya 3.38
sa yāmādyaiḥ sura-gaṇair 3.12
sad-asad-rūpayā cāsau 2.30
sādhayitvājāta-śatroḥ 8.5
sadyaḥ punanty upaspṛṣṭāḥ 1.15
sahasra-mūrdha-śravaṇākṣi-nāsikaṁ 3.4
sahasra-yuga-paryante 6.30
sakṛd yad darśitaṁ rūpam 6.22
samaṁ carantaṁ sarvatra 8.28
sambhūtaṁ ṣoḍaśa-kalam 3.1
saṁhatyānyonyam ubhayos 7.30
sampadyamānam ājñāya 9.44
sampanna eveti vidur 3.34
saṁsāriṇāṁ karuṇayāha purāṇa-guhyaṁ 2.3
saṁsthāṁ ca pāṇḍu-putrāṇāṁ 7.12
saṁsthite 'tirathe pāṇḍau 9.13
samudra-nigrahādīni 3.22
saṁvādaḥ samabhūt tāta 4.7
śamyāprāsa iti prokta 7.2
saṅkīrtyamānaṁ munibhir mahātmabhir 5.28
sāntvayām āsa munibhir 8.4
sapadi sakhi-vaco niśamya madhye 9.35
sapālo yad-vaśe loko 9.14
sarahasyo dhanur-vedaḥ 7.44
sarpo 'daśat padā spṛṣṭaḥ 6.9
sarvaṁ kāla-kṛtaṁ manye 9.14
sarvaṁ tad idam ākhyātaṁ 6.36
sarvātmakenāpi yadā 4.26
sarvātmanaḥ sama-dṛśo 9.21
sarvato mukham āyāti 7.26
sarva-varṇāśramāṇāṁ yad 4.18
sarva-vedetihāsānāṁ 3.41
sarve babhūvus te tūṣṇīṁ 9.44
śaśaṁsuḥ sādhavo rājñāṁ 9.45
ṣaṣṭham atrer apatyatvaṁ 3.11
sāsvatantrā na kalpāsīd 6.7
sat-kṛtaṁ sūtam āsīnaṁ 1.5

satraṁ svargāya lokāya 1.4
sat-sevayādīrghayāpi 6.23
sattvaṁ rajas tama iti prakṛter guṇās 2.23
sattvaṁ viśuddhaṁ kṣemāya 2.25
sāyaṁ prātar gṛṇan bhaktyā 3.29
śibirāya ninīṣantaṁ 7.34
sīdantyā bhūri-bhāreṇa 8.34
śiśayiṣor anuprāṇaṁ 6.29
śiṣyaiḥ praśiṣyais tac-chiṣyair 4.23
śiṣyair upetā ājagmuḥ 9.8
śita-viśikha-hato viśīrṇa-daṁśaḥ 9.38
śivāya lokasya bhavāya bhūtaye 4.12
smaran mukundāṅghry-upagūhanaṁ punar 5.19
snātvā pītvā hrade nadyā 6.14
sneha-pāśam imaṁ chindhi 8.41
so 'haṁ vaḥ śrāvayiṣyāmi 3.44
sphītāñ janapadāṁs tatra 6.11
spṛṣṭvāpas taṁ parikramya 7.29
śraddadhānasya bālasya 5.29
śravaṇa-smaraṇārhāṇi 8.35
śrī-kṛṣṇa kṛṣṇa-sakha vṛṣṇy-ṛṣabhāvani- 8.43
śrīmad-bhāgavate mahā-muni-kṛte kiṁ vā 1.2
śṛṇvanti gāyanti gṛṇanty abhīkṣṇaśaḥ 8.36
śṛṇvatāṁ sva-kathāḥ kṛṣṇaḥ 2.17
śrotavyaḥ kīrtitavyaś ca 2.14
śrutavāṁs tad-abhipretaṁ 7.1
śrutvā bhagavatā proktaṁ 7.29
sthitavati para-sainikāyur akṣṇā 9.35
sthity-ādaye hari-viriñci-hareti 2.23
strī-dharmān bhagavad-dharmān 9.27
strīṇāṁ mad-dhata-bandhūnāṁ 8.51
strī-śūdra-dvijabandhūnāṁ 4.25
striyaś ca sva-puraṁ yāsyan 8.45
sudarśanena svāstreṇa 8.13
śuddhi-kāmo na śṛṇuyād 1.16
śukam adhyāpayām āsa 7.8
surāsurāṇām udadhiṁ 3.16
śuśrūṣoḥ śraddadhānasya 2.16
sūta jānāsi bhadraṁ te 1.12
sūta sūta mahā-bhāga 4.2
svāṁ kāṣṭhām adhunopete 1.23
sva-māyayāvṛṇod garbhaṁ 8.14
svānāṁ cānanya-bhāvānām 7.25
svānāṁ mṛtānāṁ yat kṛtyaṁ 7.58
sva-nigamam apahāya mat-pratijñām 9.37
sva-nirmiteṣu nirviṣṭo 2.33
svanuṣṭhitasya dharmasya 2.13
sva-prāṇān yaḥ para-prāṇaiḥ 7.37
sva-sukham upagate kvacid vihartuṁ 9.32
svāyambhuva kayā vṛttyā 6.3
syān mahat-sevayā viprāḥ 2.16

ta ekadā tu munayaḥ 1.5
ta eta ṛṣayo vedaṁ 4.23
ta eva paśyanty acireṇa tāvakaṁ 8.36
ta eva vedā durmedhair 4.24
ta evātma-vināśāya 5.34
tac chraddadhānā munayo 2.12
tad asau vadhyatāṁ pāpa 7.39
tad dharmajña mahā-bhāga 7.46
tad dhi svayaṁ veda bhavāṁs tathāpi te 5.20
tad eva hy āmayaṁ dravyaṁ 5.33
tad idaṁ grāhayām āsa 3.41
tad vai bhagavato rūpaṁ 3.3
tad vāyasaṁ tīrtham uśanti mānasā 5.10
tad vīkṣya pṛcchati munau jagadus 4.5
tadā rajas-tamo-bhāvāḥ 2.19
tadā śucas te pramṛjāmi bhadre 7.16
tadā tad aham īśasya 6.10
tadā te bhrātaraḥ sarve 9.2
tadārudad vāṣpa-kalākulākṣī 7.15
tadopasaṁhṛtya giraḥ sahasraṇīr 9.30
tad-vadhas tasya hi śreyo 7.37
tad-vāg-visargo janatāgha-viplavo 5.11
tad-yaśaḥ pāvanaṁ dikṣu 8.6
tāḥ śraddhayā me 'nupadaṁ viśṛṇvataḥ 5.26
tal labhyate duḥkhavad anyataḥ sukhaṁ 5.18
tam abhijñāya sahasā 4.33
tam āpatantaṁ sa vilakṣya dūrāt 7.18
tāṁ bāḍham ity upāmantrya 8.45
tam imam aham ajaṁ śarīra-bhājāṁ 9.42
tamasas tu rajas tasmāt 2.24
tan naḥ śuśrūṣamāṇānām 1.13
tān sametān mahā-bhāgān 9.9
tan-mūlam avyaktam agādha-bodhaṁ 5.5
tantraṁ sātvatam ācaṣṭa 3.8
tarhy evātha muni-śreṣṭha 8.12
tasmād ekena manasā 2.14
tasmād idaṁ daiva-tantraṁ 9.17
tasmiṁs tadā labdha-rucer mahā-mate 5.27
tasmin nirmanuje 'raṇye 6.15
tasmin sva āśrame vyāso 7.3
tasya janma mahāścaryaṁ 4.9
tasya karmāṇy udārāṇi 1.17
tasya nirharaṇādīni 9.46
tasya putro mahā-yogī 4.4
tasyaiva hetoḥ prayateta kovido 5.18
tasyaivaṁ khilam ātmānaṁ 4.32
tasyaivaṁ me 'nuraktasya 5.29
tasyānuvihito 'nāthā 9.17
tasyātmano 'rdhaṁ patny āste 7.45
tat kulaṁ pradahaty āśu 7.48
tat sarvaṁ naḥ samācakṣva 4.13
tata āsādya tarasā 7.33
tataḥ kalau sampravṛtte 3.24
tataḥ prāduṣkṛtaṁ tejaḥ 7.21
tataḥ sadyo vimucyeta 1.14
tataḥ saptadaśe jātaḥ 3.21
tataḥ saptama ākūtyāṁ 3.12
tatas te kṛṣṇa-hṛdayāḥ 9.47

tathā paramahaṁsānāṁ 8.20
tathāhṛtaṁ paśuvat pāśa-baddham 7.42
tathāpi bata me daihyo 4.30
tathāpi śocasy ātmānam 5.4
tathāpy ekānta-bhakteṣu 9.22
tathāyaṁ cāvatāras te 7.25
tat-kṛtaṁ mati-vaiṣamyaṁ 9.21
tato 'nyathā kiñcana yad vivakṣataḥ 5.14
tato vinaśanaṁ prāgād 9.1
tato yudhiṣṭhiro gatvā 9.48
tatra brahmarṣayaḥ sarve 9.5
tatra dundubhayo nedur 9.45
tatra kīrtayato viprā 3.44
tatra tatrāñjasāyuṣman 1.9
tatrāhāmarṣito bhīmas 7.51
tatrānvahaṁ kṛṣṇa-kathāḥ pragāyatām 5.26
tatrarg-veda-dharaḥ pailaḥ 4.21
tatrāsīnaṁ kuru-patiṁ 8.3
tayā vilasiteṣv eṣu 2.31
te mayy apetākhila-cāpale 'rbhake 5.24
te ninīyodakaṁ sarve 8.2
tejasā maṇinā hīnaṁ 7.56
tejo-vāri-mṛdāṁ yathā vinimayo yatra 1.1
tiryaṅ-nṛṣiṣu yādaḥsu 8.30
tri-bhuvana-kamanaṁ tamāla-varṇaṁ 9.33
triḥ-sapta-kṛtvaḥ kupito 3.20
tṛtīyam ṛṣi-sargaṁ vai 3.8
turye dharma-kalā-sarge 3.9
tuṣṭuvur munayo hṛṣṭāḥ 9.47
tvam ādyaḥ puruṣaḥ sākṣād 7.23
tvam apy adabhra-śruta viśrutaṁ vibhoḥ 5.40
tvam ātmanātmānam avehy amogha-dṛk 5.21
tvam eko dahyamānānām 7.22
tvaṁ naḥ sandarśito dhātrā 1.22
tvaṁ paryaṭann arka iva tri-lokīm 5.7
tvat-padair aṅkitā bhāti 8.39
tvayā khalu purāṇāni 1.6
tvayi me 'nanya-viṣayā 8.42
tyajan kalevaraṁ yogī 9.23
tyaktvā sva-dharmaṁ caraṇāmbujaṁ harer 5.17

ucchiṣṭa-lepān anumodito dvijaiḥ 5.25
uddhariṣyann upādatta 3.7
unmatta-mūka-jaḍavad 4.6
upadhārya vacas tasyā 8.11
upāharad vipriyam eva tasya 7.14
upalebhe 'bhidhāvantīm 8.8
urukramasyākhila-bandha-muktaye 5.13
uttama-śloka-caritaṁ 3.40
uvāca cāsahanty asya 7.43

vadanti tat tattva-vidas 2.11
vairāgya-rāgopādhibhyām 9.26
vaiśampāyana evaiko 4.21
vaiṣṇavaṁ teja āsādya 8.15
vaktraṁ ninīya bhaya-bhāvanayā 8.31
vanādri-nady-udanvanto 8.40
vapanaṁ draviṇādānaṁ 7.57
vapur alaka-kulāvṛtānanābjaṁ 9.33
varṇayanti sma kavayo 3.35
vartamāno vayasy ādye 6.5
vartamāno vayasy ādye 6.2
vasiṣṭha indrapramadas 9.7
vāsudeva-parā vedā 2.28
vāsudeva-parā yogā 2.28
vāsudeva-paraṁ jñānaṁ 2.29
vāsudeva-paro dharmo 2.29
vāsudeve bhagavati 2.22
vāsudeve bhagavati 2.7
vayaṁ tu na vitṛpyāma 1.19
vettha tvaṁ saumya tat sarvaṁ 1.8
vetthedaṁ droṇa-putrasya 7.27
vicakṣaṇo 'syārhatiördituṁ vibhor 5.16
vidhatse svena vīryeṇa 7.24
vijaya-ratha-kuṭumbha ātta-totre 9.39
vīkṣamāṇo 'pi nāpaśyam 6.19
vimocitāhaṁ ca sahātmajā vibho 8.23
vimucya raśanā-baddhaṁ 7.56
vipadaḥ santu tāḥ śaśvat 8.25
viṣān mahāgneḥ puruṣāda-darśanād 8.24
viśuddhayā dhāraṇayā hatāśubhas 9.31
vitarkayan vivikta-stha 4.27
vivikta eka āsīna 4.15
vṛddhaḥ kula-patiḥ sūtaṁ 4.1
vṛjinaṁ nārhati prāptuṁ 7.46
vṛkodarāviddha-gadābhimarśa- 7.13
vyadadhād yajña-santatyai 4.19
vyāsādyair īśvarehājñaiḥ 8.46
vyasanaṁ vīkṣya tat teṣām 8.13
vyavahita-pṛtanā-mukhaṁ nirīkṣya 9.36

ya idaṁ māyayā devyā 8.16
yac-chṛṇvatāṁ rasa-jñānāṁ 1.19
yad atra kriyate karma 5.35
yad īśvare bhagavati 5.32
yad vijijñāsayā yuktā 9.16
yadā mṛdhe kaurava-sṛñjayānāṁ 7.13
yad-anudhyāsinā yuktāḥ 2.15
yadāśaraṇam ātmānam 7.19
yadoḥ priyasyānvavāye 8.32
yad-vākyato dharma itītaraḥ sthito 5.15
yady eṣoparatā devī 3.34
yadyapy astraṁ brahma-śiras 8.15
yaḥ svānubhāvam akhila-śruti-sāram ekam 2.3
yaiḥ kopitaṁ brahma-kulaṁ 7.48
yajate yajña-puruṣaṁ 5.38
yājayitvāśvamedhais taṁ 8.6
yaṁ manyase mātuleyaṁ 9.20

yaṁ pravrajantam anupetam apeta-kṛtyaṁ 2.2
yamādibhir yoga-pathaiḥ 6.35
yan me 'sūṁs tyajataḥ sākṣāt 9.22
yāni veda-vidāṁ śreṣṭho 1.7
yasyāṁ vai śrūyamāṇāyāṁ 7.7
yasyāmbhasi śayānasya 3.2
yasyāṁśāṁśena sṛjyante 3.5
yasyāvatāro bhūtānāṁ 1.13
yasyāvayava-saṁsthānaiḥ 3.3
yat kṛtaḥ kṛṣṇa-sampraśno 2.5
yathā dharmādayaś cārthā 5.9
yathā hṛṣīkeśa khalena devakī 8.23
yathā hy avahito vahnir 2.32
yathā nabhasi meghaugho 3.31
yathā paṅkena paṅkāmbhaḥ 8.52
yathāhaṁ mṛta-vatsārtā 7.47
yathāvidāsinaḥ kulyāḥ 3.26
yat-pāda-saṁśrayāḥ sūta 1.15
yatra dharma-suto rājā 9.15
yatra kva vābhadram abhūd amuṣya kiṁ 5.17
yatreme sad-asad-rūpe 3.33
yayā sammohito jīva 7.5
yayāham etat sad-asat sva-māyayā 5.27
yenaivāhaṁ bhagavato 5.31
yenaivāsau na tuṣyeta 5.8
yeṣāṁ na cānyad bhavataḥ padāmbujāt 8.37
yo 'māyayā santatayānuvṛttyā 3.38
yo 'sāv anāgasaḥ suptān 7.35
yo yoginaś chanda-mṛtyor 9.29
yudhi turaga-rajo-vidhūmra-viṣvak- 9.34
yudhiṣṭhiraḥ kārayitvā 9.46
yudhiṣṭhiras tad ākarṇya 9.25
yuga-dharma-vyatikaraṁ 4.16
yuṣmat-kṛte bahūn kleśān 9.13

Stichwortverzeichnis

Zahlen in Halbfett geben die Übersetzung eines Verses an und beziehen sich meist auch auf die dazugehörige Erläuterung. Einträge in Normalschrift verweisen auf eine Erläuterung. Textstellen in der Einleitung und in sehr langen Erläuterungen sind mit der Seite vermerkt.

A

Abhijñaḥ, der Herr als, 1.1 (S.40)
Abhimanyu, als Ehemann Uttarās, 8.10
Absolute Wahrheit
  abgelehnt von Dämonen, 8.19
  Abhängigkeit aller von der, 1.1 (S.40)
  als allwissend, S.2
  Aspekte der
    drei, **2.11**-12, 9.42
    sind qualitativ eins, 2.11
  besitzt alle Füllen, S.18
  das *Bhāgavatam* offenbart die, **1.1**-2 (S.44)
  definiert, S.1
  eins mit und verschieden von allem, 1.1 (S.39)
  Energien der, 2.11
    Siehe auch: Energien des Höchsten Herrn
  Erkenntnis der, Hingabe zum Herrn als Weg zur, **2.12**
  Erkenntnis der, unvollkommene und vollkommene, 2.12, 7.4
  frei von Dualität, **2.11**
  frei von Relativität, 2.11
  als Grundlage der Wirklichkeit, S.1
  höchste Auffassung von der, 5.8
  Hören über, notwendige Voraussetzungen für das, 1.13
  Kṛṣṇa als, S.17, S.26, 2.5, 2.12, 9.42
  als *paraṁ satyam,* S.1
  Persönlicher Aspekt der, S.1f., S.17f., 1.1 (S.41), 1.2 (S.44), **2.11**-12, 5.8, 7.4
  als Quelle von allem, S.1f.
  Sexualität in der, 1.1 (S.41f.)
  als *summum bonum,* S.1
  Tugend als Voraussetzung ihrer Erkenntnis, **2.24**
  unpersönliche Vorstellung von der, S.17f.
  unpersönlicher Aspekt der, 1.2 (S.44), 2.12, 7.4
  als ursprüngliche Quelle, S.1
  Wissender und Gegenstand des Wissens identisch in der, 2.11
  als Ziel
    aller Tätigkeiten, **2.10**
    des Lebens, 1.10, 2.13-14
    des *varṇāśrama*-Systems, 2.13
    der vedischen Schriften, S.17
  Siehe auch: Kṛṣṇa; Höchster Herr
Ācārya(s). Siehe: Spirituelle(r) Meister
Achtung
  gegenüber bedeutenden Familien, 7.49
  gegenüber den *brāhmaṇas,* **7.48**
  gegenüber unqualifizierten *brāhmaṇas,* **7.42-43**
Adharma. Siehe: Irreligion
Ādi-rasa, 1.1 (S.41)
Advaita Prabhu, S.9, S.12, S.13
Afghane, S.29f.
Agni
  schenkte Kṛṣṇa das Sudarśana-*cakra,* 9.6-7 (S.395)
Ahaṁ brahmāsmi, 1.19
Ahaṅkāra, 2.21, 3.1
  Siehe auch: Körperliche Lebensauffassung; Ego, falsches
Ahiṁsā, Buddhas Lehre der, 3.24
Ajāmila, 5.17
Ajita und *jita,* der Herr als, S.23
Ajñāna, 2.28-29 (S.109)
Akrūra-ghāṭa, S.29
Akṣauhiṇī, militärische Abteilung, 8.48
Ākūti, **3.12**
Alarka, **3.11**
Amarakośa zitiert in bezug auf die Bedeutung von *mūrti,* 5.38
Ambā, 9.6-7 (S.393)
Ambarīṣa Mahārāja, 1.1 (S.41)
Amūrtikam, 5.38
Analogien. *Siehe:* Vergleiche
Ananta, 3.5
Anartha, definiert, 8.27

Anasūyā, **3.11**
Anātha, definiert, 8.37
Aṅgirā Muni, **4.22, 6.30,** 9.8
Āṅgirasa, **9.8**
Angreifer
  Regeln für das Töten von, **7.53-54**
  sechs Arten von, 7.16
Angst. *Siehe:* Furcht
Anhaftungen, materielle
  Befreiung von, 8.4
  der Herr
    durchtrennt, 8.41
    jenseits von, 8.36
  Siehe auch: Körperliche Lebensauffassung; Wünsche, materielle
Aniruddha (Kṛṣṇas Erweiterung), 2.22, 3.23, **5.37,** 9.18
Añjana, **3.24**
Anna-prāśana-Zeremonie, S.6
Anthropomorphismus, 1.20, 9.41
Antimaterie, 2.32
Anubhāva, definiert, 9.19
Anupama, S.25
Api, 7.10 (S.293)
Arbeit, fruchtbringende. *Siehe:* Fruchtbringende Arbeit
Arbeiter, fruchtbringende. *Siehe:* Fruchtbringende Arbeiter
Arcanā, 5.27
  Siehe auch: Bildgestaltenverehrung
Arcā-vigraha, Arcā-Inkarnation, S.13
  definiert, 8.22
  Siehe auch: Bildgestaltenverehrung
Archäologie, 6.11
Arjuna
  Aśvatthāmā gefangen von, **7.33**
  Aśvatthāmā verfolgt von, **7.17-19**
  brahmāstras beherrscht von, **7.29-32**
  Draupadī, beruhigt von, **7.15-17**
  ist Droṇācārya zu Dank verpflichtet, 7.49
  entwendete Duryodhanas Pfeile, 9.37
  sein Gāṇḍīva-Bogen, **9.15**
  geprüft von Kṛṣṇa, **7.40**
  durch hingebungsvollen Dienst verändert, 8.42
  als Kämpfer für Kṛṣṇa, 5.32
  Kṛṣṇa
    rettete, **8.24,** 9.37
    tadelte, 9.26 (S.415)
    als sein Wagenlenker, 9.19, 9.33, 9.35, **9.39**
  als Kṛṣṇas Freund, 7.41, 9.33-**34**
  als kühner Vaiṣṇava, S.9
  in der Rolle einer bedingten Seele, 9.36
  schneidet Aśvatthāmās Haare ab, **7.55**
  Schüler Droṇācāryas, **7.44**
  in „Unwissenheit", **9.36**
  verschont Aśvatthāmā, **7.40**
  wendet sich an Kṛṣṇa, **7.22-26**
  sein Zwiespalt, **7.52-55**
Arkaḥ, 7.18
Arthama, 9.6-7 (S.394)
Arzt, 3.8, 5.15, 5.33
Asamaurdhva, Höchster Herr als, 1.1 (S.40)
Āsana, 2.28-29 (S.108)
Asita, 1.17, **9.6-7**
  seine geschichtliche Rolle, 9.6-7 (S.394)
Āśrama(s)
  definiert, 7.2
  die vier, 9.8
  Siehe auch: Varṇāśrama-dharma; bestimmte āśramas
Aṣṭa-siddhi, 5.6
Aṣṭāvakra Muni, 1.7
Asura(s), definiert, 2.16, 8.19
  Siehe auch: Dämon(en)
Āsuri Brāhmaṇa, **3.10**
Aśvamedha-Opfer. *Siehe:* Pferdeopfer
Aśvatthāmā, **8.11,** 8.12-13, **8.15**
  Arjuna und. *Siehe:* Arjuna
  als *brāhmaṇa* ungeeignet, 7.16, 7.19, 7.33, 7.35, 7.42-43, 7.55
  seine *brahmāstra,* **7.19-21, 7.26-28**
  Draupadīs Achtung für, **7.42-43**
  enthauptet die Kinder der Pāṇḍavas, **7.13-14**
  als Vertreter Droṇācāryas, 7.44-**45**
  vertrieben, **7.56**
  Verwirrung hinsichtlich, 7.52, **7.53-55**
  als würdeloser Mörder, 7.16, 7.33, **7.39-40, 7.42**-43
Atharva Veda, 3.21, 4.19, **4.22**
Atheist(en)
  Arten von, 5.40
  Aussichtslosigkeit für, 1.4
  von Buddha irregeführt, **3.24**
  Buddhisten als, S.19
  erkennen Gestalt Gottes nicht an, S.18f.
  fordern den Herrn heraus, 3.22
  Führer der Gesellschaft als, 1.16
  der Herr vernichtet, 8.33
  vom hingebungsvollen Dienst getrennt, 5.20
  Inkarnationen des Herrn verwirren, 9.34
  von der Natur bestraft, 1.1 (S.40f.)
  Schöpfer nicht anerkannt von, 1.1 (S.37), 3.2

Siehe auch: Dämon(en)
Ātmā, 1.11
Siehe auch: Seele(n)
Ātmānandī, 2.19
Ātmārāma(s)
definiert, 7.90
vom Herrn angezogen, **7.10**
suchen Zuflucht bei der Energie des Herrn, 7.4
Ātmārāma-śloka des *Bhāgavatam,* S.20, **7.10**
Atom(e), 9.10
Atomwaffe(n). *Siehe:* Nuklearwaffen
Atri, **3.11, 6.30, 9.6-7**
seine geschichtliche Rolle, 9.6-7 (S.394)
Äußere Energie des Höchsten Herrn. *Siehe:* Energie(n) des Höchsten Herrn, materielle
Autorität(en)
Bhīṣma als, 9.16, 9.18
Erkenntnis des Herrn mit Hilfe von, 8.19
von Frauen anerkannt, 8.20
Gott als, 8.35
Hören von, 8.36
Wissen von, 9.18
Siehe auch: Schülernachfolge; *Mahājanas; bestimmte Autoritäten*
Avaiṣṇavas. Siehe: Atheist(en); Unpersönlichkeitsanhänger; Nichtgottgeweihte
Avatāra(s), 3.28
Siehe auch: Höchster Herr, Inkarnationen des
Āveśa-Inkarnationen Gottes, 3.27
Avidyā, definiert, 8.35
Siehe auch: Unwissenheit

B

Badarikāśrama, 4.15
Badarī-nārāyaṇa, 3.9
Bahūdaka, 3.13
Baladeva Vidyābhūṣaṇa, S.4, 1.17
Baladeva. *Siehe:* Balarāma
Balarāma
als Erweiterung Gottes, 2.22-23, 3.23
als Erweiterung Kṛṣṇas, 9.18
Seine Erweiterungen, 9.18
Persönlichkeit Gottes, 1.20, **3.23,** 3.28
als Saṅkarṣaṇa, 3.23
Ursprung der Viererweiterung, 3.23
Vertrautheit möglich mit, 2.22
Bali Mahārāja, **3.19**
als *mahājana,* 9.19
Baum
„der Arbeit“, **5.34**
der Herr verglichen mit einem, 1.4, 5.14, 5.20
Bedingte Seele(n)
abhängig vom Herrn, 1.1 (S.39)
Arjuna repräsentierte, 9.36
bedeckt
von Geist und Körper, 2.8, 3.33
von der materiellen Energie, 7.5
befreit von Geweihten des Herrn, **1.15,** 5.24
befreit vom Herrn, 3.33-34, 7.5
befreite Seelen verglichen mit, 4.4
Befreiung der. *Siehe:* Befreiung
bezaubert von Schöpfung, 5.20
Bhāgavatam stellt zufrieden, 5.11, 5.13
Bildgestaltenverehrung für, 8.22
Eigenschaften des Herrn in, 3.28, 5.20
als Erweiterungen der Energie des Herrn, 2.28-29 (S.109)
falscher Genuß der, 7.24
Freiheit der, 2.19-**20,** 6.37
als gefallene Diener, 9.44
gefangen in dieser Welt, 5.15, 7.5, 9.26 (S.416)
als Gefangene, 5.15, 7.5, 9.26
Glück der, 8.28
sind Gott niemals ebenbürtig, 2.26, 5.20, 7.5
der Herr
barmherzig zu den, 8.35
ihnen unsichtbar, 8.18
Hilfe von der Überseele für, 2.33
Inkarnationen des Herrn wirken anziehend auf, 1.17
karma bindet, **2.15**
„krankhafte“ Tätigkeiten der, sechs, 2.19
in allen Lebensarten, 1.1 (S.38)
als leidend, 2.6, **7.5**
im *mahat-tattva* während der Auflösung, 3.1
Mängel der, vier, 3.24
materielle Welt geschaffen für, 3.1
māyā
verblendet, 8.44
Natur beherrscht die, 9.44, 9.47
als *nitya-baddhas,* 3.1
normaler Zustand der, 7.5
Sinnenbefriedigung als Ziel der, 4.4
als Söhne des Herrn, 2.33

spirituelle Gestalt der, 2.6, 6.27-28
in „Traumzustand", 4.4
als unglücklich, 6.38
Verehrungsstätten nötig für, 8.19
Vergessen der, in der materiellen Welt, 2.31, 2.34, 3.1
verglichen mit
befreiten Seelen, 4.4
Gottgeweihten, 1.4
Wandel der, 7.5
Wanderung der, 8.35
von Zeit beherrscht, 8.28
ziehen Nutzen aus den Spielen des Herrn, 6.34
zwei Arten von, 1.17
Siehe auch: bestimmte bedingte Seelen

Befreite Seele(n)
angezogen vom Herrn, 1.3 (S.48), **7.10 (S.290,** S.292), 7.11
als aufmerksam, 4.4
am Nutzen der Allgemeinheit interessiert, 4.17-18
als unfehlbar, 3.24, 4.17-18
verglichen mit bedingten Seelen, 4.4
als vollkommen, 5.13

Befreiung
Anziehung zum Herrn auf der Stufe der, 1.3, **7.10 (S.290,** S.292)
der bedingten Seelen, 9.39
dem bedingten Zustand gegenübergestellt, 4.4
durch das Chanten der Heiligen Namen des Herrn, S.5, **1.14**
definiert, 2.15, 3.33
Eignungen für, 9.27
durch Erkenntnis des transzendentalen Selbst, 3.33
erreicht durch Verehrung Viṣṇus, 2.24-**26**
erreicht von Weisen, **2.25**
von fruchtbringenden Handlungen, **9.23**
von Geburt und Tod, **8.25**
durch die Gnade des Herrn, 3.33, **7.22**
durch die Gnade des spirituellen Meisters, 7.22
der Gottgeweihten, 9.39
kann von Halbgöttern nicht gewährt werden, 2.23, 2.26
der Herr gewährt, **9.38**
der Herr ist jenseits der, S.20, S.27
mit Hilfe der *Purāṇas* und *Veden,* 2.4
Hingabe zum Herrn als, 7.5
durch hingebungsvollen Dienst, 8.25, **8.35-36**
im hingebungsvollen Dienst, S.21, 2.15, **2.20,** 3.8, 5.13, 5.28, **6.23,** 7.4
hingebungsvoller Dienst verglichen mit, S.28, 5.9, 5.30
durch Hören über den Herrn, 5.26
vom *karma,* **2.15,** 3.8
Materialisten wünschen keine, 2.3
von materieller Anhaftung, 8.4
monistische, 2.10
Pflicht bestimmt für, **2.9**
rasa erfahren auf Stufe der, 1.3 (S.47-49)
rāsa-Tanz auf Ebene der, 1.1 (S.35)
bei der Schlacht von Kurukṣetra, 8.29, 9.35, 9.39
schwierig für Unpersönlichkeitsanhänger, 2.28-29 (S.108)
der Seele, 8.42
Śrīmad-Bhāgavatam als Grundlage der, 2.3
vom Tod, **8.9, 8.25**
transzendentale Sichtweise auf der Stufe der, 4.5
durch transzendentalen Klang, 8.4
Tugend nötig für, 2.24
Vollkommenheit der Sinne auf Ebene der, 5.13
durch Wissen vom Herrn, 1.20, **3.29,** 3.33
als Ziel der Intelligenten, **5.18**
als Zweck von Religion, 2.25
Siehe auch: Brahman-Erkenntnis; Selbstverwirklichung

Beleidigung von Gottgeweihten, S.9
Berauschung, 1.6, 8.26
Berufliche Pflicht. *Siehe:* Pflicht, berufliche; *Varṇāśrama-dharma*
Bescheidenheit, 2.28-29 (S.108)
Bettelmönch, 6.13
Bewässern der Baumwurzel, Vergleich, 1.4
Bewußtsein
des Herrn und der Lebewesen, S.1-2
höheres, der Menschen, 1.1 (S.37)
materielles und spirituelles, 6.4
Siehe auch: Kṛṣṇa-Bewußtsein
Beziehung(en)
mit Kṛṣṇa, 2.6, 7.25
Siehe auch: Rasa(s)
materielle
Grundlage der, 9.19
verglichen mit spirituellen, 8.42
von Seele zu Seele durch die Überseele, 8.42
Bhagavad-gītā
Arjuna hört die, 8.42
Befreiung durch, 5.13

berufsmäßiges Vortragen der, 2.12
Caitanya als Lehrer der, S.3
als Einführung ins *Śrīmad-Bhāgavatam,* S.2, 1.21
als Einführung in die Wissenschaft von Kṛṣṇa, S.2, 1.21, 3.43
als Essenz des *Mahābhārata,* 5.15
als Essenz der *Veden,* 4.25
falsches Hören der, 2.12
fehlinterpretiert durch Gelehrte, S.3f.
als Grundlage des Predigens, 1.21
als Heilmittel für den Materialismus, 5.13
als identisch mit dem Herrn, 6.25
Inder sollten sie verbreiten, 1.21
als Klanginkarnation des Herrn, 9.43
Kṛṣṇa beschrieben in der, S.3, 5.36
Kṛṣṇa als Sprecher der, 9.49
als *kṛṣṇa-kathā,* 7.13-14
als Licht für dieses Zeitalter, 3.43
Quintessenz der, S.3
als Religion, 8.4
als „Schiff" zum Überqueren des Kali-yuga, 1.22
transzendentale Natur der, 1.19, 6.25
als Unterweisung, 9.17
verglichen mit Kandiszucker, 5.11
als „vorrangigstes Buch spiritueller Werte", 4.25
weltliche Literatur verglichen mit, 5.11
Zweck der, 9.36
Siehe auch: Bhagavad-gītā, angeführt; *Bhagavad-gītā,* zitiert
Bhagavad-gītā, angeführt in bezug auf
Arjunas Befehle an Kṛṣṇa, 9.35
Arjunas Läuterung, 8.42
Eigenschaften des Spirituellen, 9.34
Erreichen der Transzendenz beim Tod, 9.29
falsches Verständnis von Kṛṣṇa, 8.19, 9.18, 9.42
Frauen, 8.5
den Herrn
als Beschützer der Gottgeweihten, 8.13
Sein Erscheinen, 8.32-33, 8.35
als Quelle des *brahmajyoti,* 8.15, 9.42
Seine Taten, 8.27
als das Ziel der *Veden,* 9.47
Hingabe an Kṛṣṇa, 8.37
karma, 8.51
die materielle Welt, 8.25
die Meditation eines Gottgeweihten, 9.41
Opfer für Kṛṣṇa, 9.27
reine Gottgeweihte, 9.32
unpersönliche Meditation, 9.41
die Ursache aller Ursachen, 9.42
varṇāśrama-dharma, 9.26
vedisches Wissen, 9.18
die Vollkommenheit des *yoga,* 9.23
Siehe auch: Bhagavad-gītā, zitiert
Bhagavad-gītā, zitiert in bezug auf
Erreichen der Tanszendenz zum Todeszeitpunkt, 9.30
den Herrn
Sein Erscheinen, 3.35, 3.43
im Herzen, 8.18
Siehe auch: Bhagavad-gītā, angeführt
Bhagavān
als Aspekt des Absoluten, 1.2 (S.44), **2.11**
definiert, 1.12
Kṛṣṇa als, 3.23
Siehe auch: Kṛṣṇa; Höchster Herr
Bhāgavata(s), 2.12
Buch und Person, 2.18
Siehe auch: Gottgeweihte(r); *Śrīmad-Bhāgavatam*
Bhāgavata Purāṇa. Siehe: Śrīmad-Bhāgavatam
Bhāgavata-dharma
definiert, S.23
Siehe auch: Hingebungsvoller Dienst
Bhāgavatam. Siehe: Śrīmad-Bhāgavatam
Bhakta(s). Siehe: Gottgeweihte(r)
Bhakti. Siehe: Hingebungsvoller Dienst; Kṛṣṇa-Bewußtsein
Bhakti-rasāmṛta-sindhu, S.31
Bhaktisiddhānta Sarasvatī Gosvāmī
erkennt Kṛṣṇa als Gott an, 8.19
als Prediger, S.31
als Verfasser transzendentaler Werke, S.4, 1.17
Bhakti-vedānta(s)
Sicht- und Handlungsweise der, 5.24
Siehe auch: Gottgeweihte(r)
Bhaktivinoda Ṭhākura, S.4
Bharadvāja, geschichtliche Rolle des, **9.6-7** (**S.391,** S.393)
Bharata Mahārāja, 5.17
Bhāva, 6.16
Bhīma, **7.51-52**
vom Herrn gerettet, 8.24
als Krieger, **9.15**
Siehe auch: Pāṇḍavas
Bhīṣmadeva
angeführt. *Siehe:* Bhīṣmadeva, angeführt
als Autorität, 9.16, 9.19
sein Bett aus Pfeilen, **9.1,** 9.25

erkannte Kṛṣṇa als Gott an, 9.18
erreichte die spirituelle Welt, 9.44
als „Feind" des Herrn, 9.38
als „Feind" der Pāṇḍavas, 8.46
sein Gebet, **9.32**
mit Halbgott verglichen, **9.4**
Halbgötter ehrten, **9.45**
Kṛṣṇa
begünstigt, 9.38, 9.44
am Sterbebett von, **9.22**
verehrt von, **9.10,** 9.24, 9.42
Kuru-Dynastie geführt von, 9.32
als *mahājana,* 9.19, 9.45
seine mystischen Kräfte, 9.1, 9.24, **9.29**
Pāṇḍavas an seinem Sterbebett, **9.11**
ist den Pāṇḍavas zugeneigt, 9.11, 9.46
von Paraśurāma gesegnet, 9.6-7 (S.393)
als Prediger, 9.9
seine Reue, 9.34
im ritterlichen *rasa,* 9.33-34
als *ṛṣi,* 9.5
schätzte die Güte des Herrn, 9.34
sein Tod, **9.30-44**
in der Trance der Hingabe, **9.30-43**
Weise verglichen mit, 9.25
die Weisen am Sterbebett von, **9.5, 9.9**
Yudhiṣṭhira betrauert seinen Tod, **9.46**
zitiert. *Siehe:* Bhīṣmadeva, zitiert
Siehe auch: Bhīṣmadeva, angeführt; Bhīṣmadeva zitiert
Bhīṣmadeva, angeführt in bezug auf
Bildgestaltenverehrung, 9.27 (S.420)
Erlösung, 9.27 (S.419)
Frauen, 9.27 (S.419)
menschliche Qualifikationen, 9.26 (S.414)
varṇāśrama-dharma, **9.26-28**
Siehe auch: Bhīṣmadeva, zitiert
Bhīṣmadeva, zitiert in bezug auf
den Herrn
wie Er Arjuna erleuchtete, **9.36**
als jedem gleichgesinnt, **9.21**
als Retter der Gottgeweihten, **9.23**
und Seinen Plan, **9.16-17**
Kṛṣṇa
beim *rājasūya-yajña,* **9.41**
und die *gopīs,* **9.40**
das Leid Kuntīs, **9.13**
das Leid der Pāṇḍavas, **9.12**
die Pflicht Yudhiṣṭhiras, **9.17**
Zeit, **9.14-15**
Siehe auch: Bhīṣmadeva, angeführt
Bhṛgupati, 3.20
Bhūr- und Bhuvar-Planeten, 9.45
Bildgestalt des Höchsten Herrn, S.13, 5.7, 6.21, 8.22
Bildgestaltenverehrung, 5.7, 6.21
Anweisungen zur, 8.22
Arten der, 8.22
der Herr ist erfreut durch, 9.27 (S.420)
notwendig für gefallene Seelen, 8.22
Bildung und Erziehung
moderne, 1.10, 1.22, 9.26 (S.415)
im *varṇāśrama*-System, 5.24
Bindu-mādhava-Tempel, S.30
Blumenregen für Bhīṣma, **9.45**
Boot ohne Anker, Vergleich mit verwirrtem Geist, **5.14**
Brahmā
abhängig vom Herrn, S.1, 1.1 (S.38f.)
angeführt in bezug auf Ergebenheit zum Herrn, S.23
Bhīṣma verglichen mit, 9.45
Eigenschaften Kṛṣṇas in, 3.28
erkennt Kṛṣṇa als Gott an, 9.18
seine Frömmigkeit, 3.5
seine Gebete, **8.34**
seine Geburt, **3.2,** 3.5, 8.22, 8.34
als Halbgott, 2.28-29 (S.110)
der Herr in der Stellung als, 3.5
als Inkarnation des Herrn, 1.17, **2.23,** 3.5
als *jīva-tattva,* 3.5
Kṛṣṇa
ihm gegenübergestellt, 8.16
unterwies, **1.1 (S.35,** S.39)
als *mahājana,* 9.19
seine mystischen Kräfte, 9.6-7 (S.394)
schläft im *yoga-nidrā,* 6.30
als Schöpfer untergeordnet, 1.1 (S.39)
Schöpfung benannt nach, 3.6
in der Schülernachfolge, 2.21, 9.6-7 (S.391)
Śiva erzürnt von, **7.18**
unterwiesen vom Höchsten Herrn, 1.1 (S.39), 4.24
als ursprünglicher Schüler und Lehrer der *Veden,* 4.33
Verehrung von, 2.23-24
verglichen mit
reflektiertem Sonnenlicht, 3.5
der Sonne, 1.1 (S.39)
Vernichtung und Schöpfung während des Tages von, **6.29-30**
von der Zeit beherrscht, 9.14
Zentrum des Universums durch ihn bestimmt, 1.4
Brahma-bandhus
definiert, 7.35

Siehe auch: Brāhmaṇa(s), unqualifizierte
Brahma-bhūta
definiert, 2.19
als Stufe der Selbsterkenntnis, 5.9
als wirkliches Leben, 2.6
Brahmacārī-āśrama in diesem Zeitalter, 1.10
Brahmacārī-Ausbildung, 9.26-27 (S.416f.)
Brahma-hatyā, definiert, 8.51
Brahma-jijñāsā, definiert, 9.44
Brahmajyoti
definiert, 8.15, 9.44
Monisten erreichen das, 8.27
nicht verschieden vom Herrn, 9.42
als Ziel der Unpersönlichkeitsanhänger, 9.42, 9.44
Siehe auch: Brahman
Brahmaloka, 3.2, 6.31
„Alles ist Brahman", 5.33
Brahman, 8.30, 9.39
als Aspekt der Absoluten Wahrheit, 1.2 (S.44), **2.11,** 3.39, 7.4
definiert, S.28
die drei Energien des, S.18
Glückseligkeit bei Erkenntnis des, 5.8
als Grundlage der materiellen Welt, S.1f.
der Herr als Ursprung des, 2.11-12, 3.1, 7.4
als Negation der Materie, S.17
als Persönlichkeit Gottes, S.17f., S.28, 2.12, 3.1, 3.35, 5.32
als Ursache aller Ursachen, S.17
Vedānta-sūtra beschreibt das, 5.4
verglichen mit Sonnenstrahlen, 2.11
Siehe auch: Absolute Wahrheit; *Brahmajyoti;* Brahman-Erkenntnis; Höchster Herr
Brāhmaṇa(s)
anerkannt nach allgemeinem Brauch, 7.43
beneiden Caitanya, S.8
beschützt vom Herrn, **8.43**
bewandert im Chanten und bei Opfern, 4.13
Brahman-Erkenntnis der, 2.20
Caitanya neckte, S.6
Caitanya offenbarte Sich einem, S.6
wenn er als Angreifer handelt, 7.16, 7.43, 7.53-54
geachtet von allen, 7.48
Geburt ist keine Qualifikation für, 2.2, 3.6, 4.24, 7.19, 7.35, 7.43
muß Geweihter des Herrn sein, 2.20
Gottgeweihte
als, 2.2, 2.20
geboren in Familien von, 5.19
höher als, 2.2
auf der höchsten Stufe menschlichen Lebens, 2.20
im Kali-yuga, S.8, 3.21, 8.52
keine qualifizierten in diesem Zeitalter, S.8, 3.21
kṣatriyas stehen unter den, 8.7
als Lehrer, 7.44
nicht politisch aktiv, 3.14
notwendige Eignungen für, 8.41, 9.26 (S.415)
den *parivrājakācāryas* gegenübergestellt, 4.13
ihre Pflichten, 7.44
qualifiziert sich durch sein Handeln, 3.6
Regierung beaufsichtigt von, 3.14, 3.20
als Sinnbild der Tugend, 2.20
unqualifizierte(r)
Aśvatthāmā als, 7.19, 7.33, **7.35,** 7.42-43, 7.55
aus Mangel an Läuterung, 4.25
darf nicht getötet werden, **7.53-54, 7.57**
definiert, 4.25, 7.35
können die *Veden* nicht verstehen, 4.24
Mahābhārata verfaßt für, 4.25, 4.28-29
studieren die *Veden,* 4.24
zeitgenössische *brāhmaṇas* als, 3.21
werden Vaiṣṇavas, 2.2
Veden nur verstanden von, 4.24
verehren Kṛṣṇa, **8.7**
verehren Viṣṇu, 2.26
Verfall ihrer Kultur in diesem Zeitalter, 3.21
Wert der, 8.5
wird man durch Eignung, 7.19, 7.35, 7.43
yogīs werden geboren in Familien von, 2.28-29 (S.108)
Siehe auch: Varṇāśrama-dharma; bestimmte brāhmaṇas
Brahman-Ausstrahlung. *Siehe: Brahmajyoti*
Brahmāṇḍa Purāṇa, angeführt in bezug auf Dattātreya, 3.11
Brahman-Erkenntnis
Glückseligkeit durch, 5.8, 7.10 (S.292)
ist der Hingabe zum Herrn untergeordnet, 2.20, 5.30, 7.4
durch hingebungsvollen Dienst, 5.33
Kumāras lehrten den Weg zur, 3.6
künstliche, 1.19
Brahma-saṁhitā
angeführt
in bezug auf die Inkarnationen Kṛṣṇas, 3.26

in bezug auf alle Lebewesen und *karma,* 6.28
in bezug auf das Wahrnehmen des Herrn, 3.4
als maßgebliche Schrift über Kṛṣṇa, 1.1 (S.36)
wiederentdeckt von Caitanya, S.24
Brahma-sāvarṇi Manu, 3.5
Brahmāstra(s), **7.27-32**
von Aśvatthāmā abgeschossen, **8.11**-15
als Atomwaffe, **7.19, 7.27,** 7.30
Atomwaffe verglichen mit, 8.12-13
die Kunst, mit ihnen umzugehen, **7.20,** 7.27
Pāṇḍavas
angegriffen von, **8.11-12**
gerettet vor, **8.17**
Parīkṣit
angegriffen von der, 8.11
gerettet vor der, **8.14,** 8.24
unschädlich gemacht vom Herrn, **8.15**
Brahma-sūtra. Siehe: Vedānta-sūtra
Brahma-tejas, definiert, 8.15
Brahma-vaivarta Purāṇa, angeführt
in bezug auf Śukadeva Gosvāmī, 7.11
Bṛhadaśva, geschichtliche Rolle des, 9.6-7 (S.392)
Bṛhadbhānu, 3.5, 3.26
Bṛhan-nāradīya Purāṇa, zitiert in bezug auf Chanten, S.27
Bṛhaspati, geschichtliche Rolle des, 9.8
Buddha
erweckte Glauben, 3.24, 3.28
fordert seine Anhänger heraus, 3.24
als Inkarnation Gottes, **3.24,** 3.28
Śrīmad-Bhāgavatam sagte sein Erscheinen vorher, 3.24
Veden abgelehnt von, S.16, S.19, 3.24, 5.15
verwirrt Atheisten, **3.24**
als Wegbereiter des Theismus, 3.24
sein Ziel, **3.24**
bürgerlicher Widerstand, S.8

C

Ca, 7.10 (S.290, 293)
Caitanya, angeführt in bezug auf
Befreiung, S.21
die Bewohner Vrajabhūmis, 8.21
das *bhakti*-Pflänzchen, S.30
Gemeinschaft mit Gottgeweihten, S.23
hingebungsvollen Dienst, S.19, S.20
Interpretationen der *Veden,* S.28
Kuhopfer, S.8
die Motive Śaṅkaras, S.20
den Namen des Herrn, 2.17
das Thema der *Veden,* S.19, 5.24
die Vollkommenheit des *Śrīmad-Bhāgavatam,* 1.1 (S.36), 3.40
die Voraussetzungen fürs Predigen, S.2
Siehe auch: Caitanya, zitiert
Caitanya Mahāprabhu
als *ācārya,* 3.24
ātmārāma-Vers erklärt von, S.20, 7.10 (S.290)
beauftragte die Inder zu predigen, 1.21
behauptete niemals, Gott zu sein, 2.16
besiegt Keśava Kāśmīri, S.7f.
Seine Bewußtlosigkeit, S.13f.
als das *Bhāgavatam* in Person, S.2
Seine Biographen, siebzehn aufgeführt, S.4
Biographien von, die zwei wichtigsten, S.4
brāhmaṇas beneiden, S.8
Bücher über, S.4f.
chantete die Namen der *gopīs,* S.11
wie ein „Verrückter" chantend, S.27
eingeweiht von Keśava Bhāratī, S.12
empfahl ergebenes Hören, S.23
empfahl Verehrung, S.4
erkannte Kṛṣṇa als Gott an, 8.19
ermächtigt andere, 4.25
Sein Erscheinen, S.3-5
Advaita trug dazu bei, S.9
Gründe für, S.4
Seine Frauen, S.3
Seine Gebete, S.31-33
als geschickter Prediger, 5.16
als Geweihter Kṛṣṇas, S.4, 2.16
als Gnade Kṛṣṇas, 8.35
Gopīnātha-Tempel besucht von, S.13
Gosvāmīs folgten Ihm nach, 8.41
Gottgeweihte als *brāhmaṇas* anerkannt von, 2.2
Haridāsa d.J. verbannt von, S.21
Seine Hauptquartiere, S.9
heiratete, S.8
Seine Helfer, S.12
als Inkarnation Gottes, S.4, S.21, 3.9, 3.26
Jagāi und Mādhāi von Ihm angenommen, S.13
Kastensystem nicht anerkannt von, S.10, S.21f.

Kazi spricht mit, S.8
Kindheit von, S.5-7
König Pratāparudra und, S.24f.
als Kṛṣṇa, S.4, S.6, S.21
als Lehrer der Wissenschaft des hingebungsvollen Dienstes, 4.25
lehrte hingebungsvollen Dienst, S.19f., S.31-33
in Mahārāṣṭra, S.24
Sein Mangobaum, S.11
Seine Maßstäbe, S.10, S.21f., 2.2
in Mathurā, S.29
Māyāvādī-*sannyāsīs* und, S.27f.
Seine Mission, S.10, S.21
Seine Namen, S.3, S.6
nicht zum *Vedānta*-Studium zugelassen, S.27
nimmt jeden an, S.10, S.21f., S.29
durch Nityānanda vom Weg abgebracht, S.12
Opfer des Kali-yuga eingeführt von, 8.52
Prahlādas Vorhersage von, 3.26
in Prayāga, S.30
als Prediger, S.2, S.3f., S.5, S.7, S.8f., S.12, S.21, 5.16
predigte Kṛṣṇas Stellung, S.4
predigte Liebe zu Kṛṣṇa, S.4
protestiert gegen die Unterbindung des *saṅkīrtana,* S.8
in Purī beim Ratha-yātrā, S.25
Rāmānanda Rāya und, S.21-24
Seine Reisen, S.12, S.13, S.21, S.24, S.25f., S.29-31, 6.13
Seine Rückkehr nach Purī, S.24
Sākṣi-gopāla-Tempel besucht von, S.13
saṅkīrtana
  gepriesen von, S.31f.
  von, S.5, S.8f., S.24, S.25, S.26f., S.40f.
sannyāsa angenommen von, S.11f.
Sein *sannyāsa*-Stab zerbrochen, S.13
Sārvabhauma
  trifft, S.15-21
  untersucht, S.14
Sārvabhaumas Verse für, S.21
von den Schriften vorhergesagt, 3.26
in der Schülernachfolge, S.391
als Schullehrer, S.7
Sekretär von, S.5
tadelte die törichten Schüler, S.11
Tiere chanten mit, S.25, 6.13
trifft Rūpa und Anupama, S.25
Seine Unterweisungen
  an Rūpa Gosvāmī, S.30f.
  an Sanātana Gosvāmī, S.29
als Ursprung aller Inkarnationen, 3.26
Vedānta erklärt von, S.15-20
verbreitete das Chanten, S.5, S.8f., S.24-27, S.31f.
als Verfechter des *Śrīmad-Bhāgavatam,* S.2, S.3, S.9, 1.2 (S.45)
Sein „Verscheiden“, S.3
Seine Vertreter, als Wohltäter, 4.17-18
verurteilt die Auslegung der *Veden,* S.16, S.28
Seine vierhändige Gestalt, S.21
weihte Tukārāma ein, S.24
wünschte die Verbreitung von *kṛṣṇa-kathā,* 7.13-14
als *yugāvatāra* mit gelber Hautfarbe, 3.5
zeigte die Wichtigkeit Vṛndāvanas, S.12
Seine zivile Widerstandsbewegung, S.8
zornig wegen der Verletzung Nityānandas, S.10
Siehe auch: Caitanya, angeführt; Caitanya, zitiert
Caitanya, zitiert in bezug auf
  das absolute Wesen Kṛṣṇas, Seines Namens usw., S.26f.
  das Auslegen der *Veden,* S.16
  Buddhisten, S.16, S.19
  das Chanten der Namen des Herrn, S.27f.
  die Einheit und Verschiedenheit des Herrn und der Seelen, S.18
  die Emanationstheorie, S.19
  die Energien des Brahman, S.18
  die Gestalt des Herrn, S.18
  Gottesliebe, S.28
  die Lebewesen als Energie des Herrn, S.18
  das *Mahābhārata* und die *Purāṇas,* S.17
  die Māyāvāda-Theorie, S.19
  Māyāvādīs als Gotteslästerer, S.27
  den Namen des Herrn, S.32
  oṁkāra, S.19
  die Persönlichkeit des Absoluten, S.17
  praṇava oṁkāra und *tat tvam asi,* S.19
  saṅkīrtana, S.27, S.32
  das transzendentale Wesen der Persönlichkeit Gottes, S.17f.
  die unpersönliche Absolute Wahrheit, S.17, S.18
  das *Vedānta-sūtra,* S.16f., S.27f.
  die *Veden* als unanfechtbar, S.16
  die Vollkommenheit des Herrn, S.18
  die Welt als „Illusion“, S.19
  Siehe auch: Caitanya, angeführt
Caitanya-bhāgavata, S.4, S.12

Caitanya-caritāmṛta, S.4, S.13
Cakravartī. *Siehe:* Viśvanātha Cakravartī Ṭhākura
Cākṣuṣa Manu, 3.5, **3.15**
Caṇḍakauśika, 9.6-7 (S.394)
Caṇḍikā, 2.26
Candra, 8.18
Candramāsī, 9.8
Candraśekhara Ācārya, S.12, S.26
Cāpala (*brāhmaṇa*), S.9
Cāraṇas, 1.4
Caturbhuja, Kṛṣṇa als, **7.52**
Chand Kazi. *Siehe:* Kazi
Chāndogya Upaniṣad, angeführt in bezug auf *Purāṇas* und *Mahābhārata,* 4.19
Chanten der Heiligen Namen des Herrn
  Befreiung durch, **1.14**
  Caitanya als Prediger des, S.5, S.8f., S.24, S.25, S.27f., S.32f., 1.4
  Caitanya wiederbelebt durch, S.14
  Demut nötig für das, S.32
  empfohlen vom *Pañcarātrika,* 5.38
  Erhebung durch, 5.39
  für Frieden, 1.4
  als Heilmittel gegen den Materialismus, 7.7
  Herr erkannt durch, S.27f., **5.38**-39, 6.25
  als identisch mit dem Herrn, 5.38-39, 6.33
  Kazi stoppte das, S.8
  der Materialisten, 8.26
  der materiell Erschöpften, 8.26
  für alle Menschen, S.5, S.8
  als nutzbringend von Beginn an, 7.6
  reinigende Kraft des, 8.26
  reinigt das Herz eines jeden, S.5
  richtige Weise des, 5.38-39
  Śaṅkarācārya empfiehlt, 3.42
  für *sannyāsīs,* 6.13
  Schülernachfolge nötig für das, 5.38-39
  spiritueller Meister leitet an, 8.38-39
  transzendentale Sinne wiederbelebt durch, 5.38
  unbewußt, **1.14**
  ist unkompliziert, 2.17
  Vedānta-Studium gegenüber, S.27
  während der Geburt Caitanyas, S.5
  Wert des, 8.27
  Wichtigkeit in diesem Zeitalter, S.6, S.27, 1.4, 1.21
  zum Zeitpunkt des Todes, 3.42, **9.23**
  Siehe auch: Hare-Kṛṣṇa-*mantra; Saṅkīrtana*-Bewegung; Verherrlichung des Höchsten Herrn
Chanten von *mantra(s)*
  als feinstoffliche Wissenschaft, 7.27, 7.44
  als vedische Militärwissenschaft, 7.44
Chemie im Dienst für den Herrn, 5.22
Chemiker, 1.1 (S.39)
Chinas Angriff auf Indien, 5.11
Cintāmaṇi-dhāma
  Kṛṣṇaloka als, 8.21
  Siehe auch: Spirituelle Welt
Citraketu, 5.17

D

Daiva. Siehe: Höchster Herr
Dakṣa, 3.5, 9.8
Dakṣa-sāvarṇi Manu, 3.5
Dāmodara (*Viṣṇu-tattva*), 2.26
Dāmodara Gosvāmī, S.5
Dämon(en)
  befreit durch Geweihte des Herrn, 2.16
  der Herr
    nicht anerkannt von, 8.19
    vernichtet, 8.43
  ihr Schicksal, 2.16
  von Kṛṣṇa getötet, 1.14
  Planeten der, 3.2
  Siehe auch: Atheisten
Daśaratha, Mahārāja, 7.44
Daśāśvamedha-ghāṭa, S.30
Dāsya-Stufe des hingebungsvollen Dienstes, S.31
Dattātreya, 3.11, 3.28 (S.145)
Deduktive Methode der Wissensaneignung, 9.18
Delhi, 4.6
Demokratie, 8.32
Demut, S.32
Deva(s), 2.16
  Siehe auch: Halbgötter; Gottgeweihte(r)
Devakī, 1.1 (S.36), **8.21, 8.23, 8.33**
  Kuntī verglichen mit, 8.23
  als Pṛśni, 8.33
  Yaśodā verglichen mit, 8.21
Devala, 1.17, 8.19
Deva-sāvarṇi Manu, 3.5
Dhanur-veda, 7.44
  definiert, 9.6-7 (S.393)
Dhanvantari, **3.17,** 3.28
Dharma
  definiert, 8.4

höchste Form des, **2.6**
nutzlos ohne Anziehung zum Herrn, **2.8**
Siehe auch: Pflicht; Religion(en); *Varṇāśrama-dharma*
Dharma, König, **3.9**
Dharmarāja, 7.49
Siehe auch: Yamarāja
Dharma-sāvarṇi Manu, 3.5
Dharmasetu, 3.5, 3.26
Dhaumya, geschichtliche Rolle des, 9.6-7 (S.391f.)
Dhīra, 3.13
Dhṛtarāṣṭra
als Asket, 9.48
Söhne von, 8.14, 9.46
Siehe auch: Duryodhana
in Trauer nach der Schlacht von Kurukṣetra, **8.3**
Vater von, 9.6-7 (S.392)
Yudhiṣṭhira tröstete, **9.48**
Dhruva Mahārāja, 6.21, 6.28, 9.6-7 (S.391)
Dhyāna, 2.28-29 (S.108)
Diener Gottes. *Siehe:* Gottgeweihte(r); Reine(r) Gottgeweihte(r)
Drauṇi. *Siehe:* Aśvatthāmā
Draupadī
Aśvatthāmā geachtet von, **7.42-43**
Bhīmas Konflikt mit, 7.52
gerettet vom Herrn, 8.24
gibt gute Erklärungen, **7.49**
Kurus beleidigten, **8.5**
Mitleid von, **7.46, 7.49**
setzt sich für Aśvatthāmās Leben ein, **7.43-48**
in Trauer durch die Schlacht von Kurukṣetra, 8.3
als trauernde Mutter, **7.15, 7.47,** 7.49
Drei Welten. *Siehe:* Universum
Droṇācārya
Arjuna in seiner Schuld, 7.49
als *brāhmaṇa,* 7.44, 7.53-54
geachtet von den Pāṇḍavas, 7.38
seine Geburt, 9.6-7 (S.393)
als Inkarnation Bṛhaspatis, 9.8
als Lehrer Arjunas, **7.44**
als Vater Aśvatthāmās, **8.11**
Duḥśāsana, 8.5
Dummheit, 2.19
Dunkelheit, Erscheinungsweise der. *Siehe:* Unwissenheit, Erscheinungsweise der
Dunkelheit, Materie verglichen mit, 7.4, 7.23
Durgā, Halbgöttin
als Gefängnisaufseherin, 9.44
Duryodhana, **7.13-14**
Arjuna entwendet seine Pfeile, 9.37
der Herr machte seine Pläne zunichte, 8.11, 8.24
Pāṇḍavas betrogen von, 9.11
Yudhiṣṭhira betrogen von, **8.5**
Dvāpara-yuga, 1.21, 3.25, 4.24
Siehe auch: Zeitalter
Dvārakā
Frauen des Herrn in, 8.36
der Herr im Begriff zur Abreise nach, **8.7-8**
Dvija(s), 2.2
Dvija-bandhus
definiert, 8.22
Siehe auch: Brāhmaṇa(s), unqualifizierte
Dvita, 9.6-7 (S.394)

E

Eber-Inkarnation Gottes. *Siehe:* Varāha
Ego, falsches, 9.22
der bedingten Seelen, 3.1
der Gottgeweihten verschwindet, 2.21
Siehe auch: Körperliche Lebensauffassung
Ehe
Pflicht der Frau in der, 9.48
Siehe auch: Familienleben; *Gṛhastha(s)*
Ehefrau
als „bessere Hälfte“, 7.45
Siehe auch: Frau(en)
Ehemann. *Siehe: Gṛhastha(s)*
Einheit der Menschen, S.5
Siehe auch: Frieden
Einheit und Verschiedenheit Gottes und Seiner Energien
Befreiung durch Erkenntnis der, 1.2 (S.44)
erklärt anhand von Goldmine und Schmuck, 1.1 (S.39)
Monismus und Dualismus widerlegt anhand der, S.18f., 1.2 (S.44)
Einheit. *Siehe:* Unpersönlichkeitslehre; Monismus
Einkommen. *Siehe:* Reichtum
Einstein, 1.1 (S.40)
Ekat, 9.6-7 (S.394)
Ekstase, transzendentale
der Liebe zu Gott, 6.16-**17**

Elektrische Energie
unterschiedlich genutzt, Vergleich, 3.34, 8.44
in verschiedener Stärke, Vergleich, 3.28
Empirische Philosophen. *Siehe:* Philosophen, spekulative
Empirische Philosophie. *Siehe: Jñāna-yoga;* Wissen; Philosophie, spekulative
Energie(n) des Höchsten Herrn
äußere Erweiterung der, 9.18
äußere. *Siehe:* Energie(n) des Höchsten Herrn, materielle
befreit die Lebewesen, 3.34
beherrscht vom Herrn, 5.20
brahmajyoti als, 9.42
Durgā als eine der, 9.44
als eins mit und verschieden vom Herrn, S.18, 1.2 (S.44)
Energie des Lebewesens als, 9.27 (S.417)
alles ist Erweiterung der, S.22, 5.22
Funktionen der, 8.43-44
der Herr als Quelle der, S.1f.
identisch mit dem Herrn, S.18, 5.20
für die Inkarnation des Herrn, 9.33
innere Erweiterung der, 9.18
innere. *Siehe:* Energie(n) des Höchsten Herrn, spirituelle
marginale Erweiterungen der, 9.18
materielle
aus der Betrachtungsweise Vyāsadevas, **7.4**
beherrscht vom Herrn, **7.4**-5
beherrscht uns gegenwärtig, 2.28-29 (S.110)
Bestandteile der, acht aufgeführt, S.18
als eins mit und verschieden vom Herrn, 1.2 (S.44), 3.3
Erweiterungen der, 2.28-29 (S.109)
Freiheit von der, 7.5
der Herr unbeeinflußt von, 7.5
als illusorisch, 1.1 (S.38), **7.5**
als niedere Energie, S.18, 5.20, 7.5
nötig zur Berichtigung der Seelen, 7.5
als teilweise identisch mit dem Herrn, 5.20
umgewandelt durch den Willen des Herrn, 3.34
verglichen mit Dunkelheit, 7.4
Siehe auch: Universum
māyā als, 8.18
als Schöpfung, 5.22
Sonnenstrahlen verglichen mit, 9.21
spirituelle
die drei Formen der, S.18
als eins mit und verschieden vom Herrn, S.18, 1.2 (S.44)
Erscheinen Kṛṣṇas durch, 3.35, 3.43
Erweiterungen der, 2.28-29 (S.109)
durch hingebungsvollen Dienst mit dem Herrn verbunden, S.18
als höhere Energie, S.18, 5.20
als identisch mit dem Herrn, 5.20
Lebewesen verglichen mit, 5.20
als *māyā,* 7.4
Reich Kṛṣṇas als Manifestation der, 3.43
verglichen mit Mondlicht, 7.4
als Zuflucht vor materieller Energie, 7.4
als Studiengegenstand, 5.31-32
als unbegreiflich, S.19
von Ursache und Wirkung, **2.30**
verglichen mit elektrischer Energie, 3.28, 3.34
verstanden durch hingebungsvollen Dienst, 5.31
wirken verschieden, 3.34, 5.20
Siehe auch: Māyā
Entsagte Lebenstufe. *Siehe: Sannyāsa*
Entsagung
abgelehnt von Materialisten, 5.15
Bedeutung von, 2.7
definiert, 2.28-29 (S.109), 3.9
Devakī und Vasudeva übten, 2.28-29 (S.109), 8.33
enthalten im hingebungsvollen Dienst, **2.7**
falsche und echte, 2.28-29 (S.109)
des Familienlebens, 8.41
als Folge des Dienstes für Kṛṣṇa, 2.7
Gāndhārīs, 9.48
gelehrt vom Herrn, **3.9**
gezeigt von Ṛṣabha, **3.13**
der Gosvāmīs, 8.27, 8.41
für hingebungsvollen Dienst, 8.27
ist höher als Genuß, 2.6
der Kumāras, **3.6**
der Māyāvādī-Monisten, 1.1 (S.40)
als menschliche Pflicht, 3.9
als nicht ausreichend, S.22
der reinen Gottgeweihten, 8.41
spirituelles Glück durch, 3.13
man kann unmöglich Gott werden durch, 1.20
der Unpersönlichkeitsanhänger, 1.1 (S.40)

durch *varṇāśrama-dharma,* 9.26 (S.416)
für das Verständnis der *Veden,* 4.28-29
als Vollkommenheit des Lebens, 5.15
Wissen führt zu, 2.7
Ziel von, 2.28-29 (S.109)
zugunsten des Herrn, S.22
Siehe auch: Sannyāsa; Sannyāsī(s)
Erde
gerettet von Varāha, **3.7**
der Herr
beschützt die, **8.43**
rettete die, **3.7**
kultiviert von Pṛthu, 3.14
Erinnerung an den Höchsten Herrn, **2.14-15,** 3.42, **5.36**
Befreiung durch, 8.25
samādhi durch, 9.39
Erinnerung, als menschliche Beschäftigung, 2.14
Erlösung. *Siehe:* Befreiung
Ermächtigte Inkarnationen Gottes, 3.27
Erschaffung des Universums
aus den Hautporen Viṣṇus, 3.2
aus dem Ozean der Ursachen, 3.2
um der bedingten Seelen willen, 3.1
am Beginn von Brahmās Tag, **6.30**
durch den Blick des Herrn, 1.1 (S.40)
der Herr als transzendental zur, S.19, **2.30-31, 3.36**
durch Kāraṇodakaśāyī Viṣṇu, 3.1-2
Kṛṣṇa als Ursache der, **1.1 (S.35**-37)
mahat-tattva als Grundlage der, 3.2
ohne Ursache nicht möglich, 3.2
puruṣa nötig für die, 3.2
verglichen mit Frucht an einem Baum, 3.2
Wirken des Herrn bei der, 1.1 (S.40), **2.30, 3.1**-2
zwei Ziele der, 3.1
zyklisch, 3.1
Erscheinen Kṛṣṇas. *Siehe:* Kṛṣṇa
Erscheinungsweisen der Natur
beherrschen Materialisten, 6.31
Gott als transzendental zu den, **2.31, 8.27**
Purāṇas ihnen entsprechend unterteilt, 2.4
reine Gottgeweihte frei von den, 6.28
Verehrung in den, **2.26**
Siehe auch: bestimmte Erscheinungsweisen
Erweiterungen des Höchsten Herrn. *Siehe:* Kṛṣṇa
Erziehung. *Siehe:* Bildung und Erziehung
Ethische Unterweisungen, 5.11

F

Falsches Ego. *Siehe:* Ego, falsches
Familienleben
Achtung für Höhergestellte im, **7.46**
Begräbnissitten der Hindus, 8.1
Familienplanung, natürliche und künstliche, 2.10, 5.24
Regulierung des Geschlechtsverkehrs im, 9.26 (S.415)
reiner Gottgeweihter entsagt dem, 8.41
als Sinnenbefriedigung, 8.42
spirituelle Kultur im, 7.2
unreguliert in diesem Zeitalter, 1.10
Siehe auch: Gṛhastha(s)
Familienplanung, 2.10, 9.26 (S.415)
Fata Morgana, materielle Welt verglichen mit, **1.1 (S.36,** S.38)
Feinde, sechs Arten, 7.16
Feinstofflicher Körper. *Siehe:* Ego, falsches; Geist; Intelligenz
Feuer
entzündet von anderem Feuer, Vergleich, 2.32
Feuergott. *Siehe:* Agni
Dringlichkeit im Falle eines, Vergleich, 5.11
durchdringt Holz, Vergleich, **2.32**
Erscheinungsweise der Tugend verglichen mit, **2.24**
macht Eisen rotglühend, Vergleich, 5.33
Opferfeuer, **4.28-29**
wichtig beim vedischen Opfer, **2.24**
Feuerholz, Erscheinungsweise der Leidenschaft verglichen mit, **2.24**
Fieber, Materialismus verglichen mit, 6.10
Fisch
der Herr inkarniert in Gestalt eines, 8.30
Fleischessen, 3.24, 7.37
Siehe auch: Tierschlachtungen
Flugzeug des Vidyunmālī, 7.18
Fluß
heiliger. *Siehe:* Gaṅgā
Strom eines, Hingabe verglichen mit, 5.28
Frau(en)
Bildgestaltenverehrung für, 8.22
Brauch des gemeinsamen Todes mit Ehemann, 7.45
Gottgeweihte und, 2.17
Heirat als *saṁskāra* für, 4.25
Intelligenz der, 4.25, 8.19
Keuschheit der, 9.27 (S.419)

Macht der, über den Mann, 9.27 (S.419)
Pflicht der, in der Ehe, 9.48
als religiös, 8.20
Schutz für die, 8.5
Strafe für Beleidigung der, 8.5
transzendentale. *Siehe: Gopī(s)*
Unterscheidungsvermögen der, 7.42
verglichen mit Kindern, 7.42
als Witwe, 7.45
Siehe auch: bestimmte Frauen
Freiheit
im hingebungsvollen Dienst, 2.8, 6.37
Seele benötigt, 2.8
Siehe auch: Befreiung
Freude, 7.9
materielle
Geschlechtsleben als hauptsächliche, 8.35
Gottgeweihte trachten nicht nach, 8.27
Siehe auch: Glück, der bedingten Seelen
spirituelle. *Siehe:* Kṛṣṇa-Bewußtsein
Siehe auch: Glück; Sinnenbefriedigung
„Freunde der Zweimalgeborenen". *Siehe: Brāhmaṇas,* unqualifizierte
Frieden
durch Arbeit für Gott, 5.32
fehlt in diesem Zeitalter, 1.4, 1.16, 5.11, 5.13, 7.7
durch Handeln zur Freude Viṣṇus und Seiner Geweihten, 1.4
Hingabe zu Gott für, 5.20
saṅkīrtana für, S.25
Śrīmad-Bhāgavatam bringt, 1.16, 5.11, 5.40, 7.7
Verherrlichung Gottes für, S.23, 1.4, 1.16
Fruchtbringende Arbeit
höhere Planeten erreicht durch, 5.18
Befreiung durch, 2.15, **5.34**
Bindung durch, 3.8
im Dienst für den Herrn, 5.32, 5.34
Ergebnisse der, von intelligenten Menschen nicht erstrebt, **5.18**
der Herr als rechtmäßiger Genießer der, 1.4, 5.12, 5.36
als *karma-yoga,* 2.15, 5.34
Marīci angeführt als Autorität für, 6.31
als Quelle von Leid, 5.12
als Ursache der materiellen Stellung, 5.18
verglichen mit Baum, **5.34**
verurteilt, wenn ohne Hingabe an den Herrn, **5.12**
Siehe auch: Pflicht, berufliche
Fruchtbringende(r) Arbeiter
Bindung der, 3.8
ermutigt zur Selbstverwirklichung, 5.15
als Gruppe von Materialisten, 3.37
der Herr ist ein Geheimnis für, 3.37
als Menschengruppe, 2.12, 5.40
Nārada als Befreier der, 3.8
verglichen mit
Krähen, 5.10
Waisen, 5.19
Furcht
Freiheit von, 8.9
Gottgeweihte frei von, S.3, **7.22**
in der körperlichen Lebensauffassung, 7.7
in Person fürchtet Kṛṣṇa, **8.31**
Śrīmad-Bhāgavatam beseitigt, **7.7**
verbreitet in diesem Zeitalter, 1.10

G

Gadādhara Paṇḍita, S.14
Gādhi-suta. *Siehe:* Viśvāmitra
Gāndhārī
als Asketin, 9.48
in Trauer durch die Schlacht von Kurukṣetra, **8.3**
Yudhiṣṭhira tröstete, **9.48**
Gandharvas, 9.6-7 (S.391)
Gāṇḍīva-Bogen, **9.15**
Gaṇeśa, 2.26, 9.6-7 (S.392)
Gaṅgā
Bedeutung der, bei Begräbnissen, **8.1-2**
als Frau Śantanus, 9.6-7 (S.392)
Gottgeweihter übertrifft Reinheit der, **1.15**
der Herr heiligt die, **8.2**
Keśava Kāśmīri verherrlicht die, S.7
Zuneigung zum Herrn verglichen mit, **8.42**
Garbhādhāna-saṁskāra, 4.25
Garbha-stuti, 3.5
Garbhodaka, 3.5
Garbhodakaśāyī Viṣṇu, 3.1-5, 8.22, 8.34
Brahmā schläft im Körper von, **6.30**
Inkarnationen von, Brahmā und Śiva als, 3.5
Garuḍa
als Sohn Kaśyapas, 9.8
Gauḍīya-sampradāya
Madhva-sampradāya umfaßt die, 9.6-7 (S.391)

Siehe auch: Schülernachfolge(n)
Gaukler, Gott verglichen mit, 3.37
Gautama, 1.1 (S.41), 1.7, **9.6-7 (S.391,** S.394)
Gāyatrī-*mantra* im *Bhāgavatam,* 1.1 (S.38)
Gebet(e)
Bhīṣmas, **9.32-42**
Brahmās, **8.34**
Kuntīs, **8.18-44**
Geburt(en)
Brahmās, 8.22, 8.34
Freiheit von, **8.25**
Kṛṣṇas. *Siehe:* Kṛṣṇa
Läuterung in Verbindung mit der, 4.25
zweite, 4.25
Siehe auch: Seelenwanderung
Geburtenkontrolle, 2.10
Gefangene, 7.5
Gefängnis, 2.23, 2.28-29 (S.110)
Geist
bedeckt das Selbst, 3.33
gestört im Kali-yuga, 1.10, 5.11
als Grundlage des Körpers, 2.33
im hingebungsvollen Dienst, 5.27
in *samādhi,* 9.23
Gelbsucht, Kandiszucker gegen, Vergleich, 5.11
Geld, 9.27 (S.416)
Gelübde der Selbstdisziplin, 4.28-29
Siehe auch: Entsagung
Gemeinschaft mit Gottgeweihten. *Siehe:* Gottgeweihte
Genuß, materieller, 2.6
Siehe auch: Glück; Freude; Sinnenbefriedigung
Gerechtigkeit, Grundsätze der, **7.36-37**
Geschäftsleute, 5.32
Geschlechtsleben, 1.1 (S.41f.), 1.2 (S.43)
für Haushälter, 9.27 (S.415)
materielles Leben basiert auf, 8.35
Siehe auch: Wünsche, materielle
Geschlechtslosigkeit der Seele, 4.5
Gesellschaft, menschliche
Ansehen der Schichten verändert sich in der, 9.41
Aussichtslosigkeit der materialistischen, 1.16
befreit von Gottgeweihten, 5.24, 5.36
blind, 3.43
falsche Verherrlichung in der, 2.14
falsche Ziele der, **2.10**
Führer der
Hoffnungen des Autors für die, S.2
geht immer denselben Tätigkeiten nach, 6.11
als getrennt vom Herrn, 1.4, 5.20
Gott setzte Beispiel für, 8.7, 9.4
Gottesliebe behindert in der, 7.7
Gottlosigkeit der, 8.40
ihr Niedergang im heutigen Zeitalter, **1.10,** 3.43
künstliche, verglichen mit natürlicher, 2.13
Literatur in der. *Siehe:* Literatur, weltliche
Schlüssel zum Frieden in der, S.23, 1.16, 7.7
Schutz in der, 8.5
sozialistische, ist künstlich, 1.2 (S.44)
Spiritualisierung der, 5.36
spirituelle Meister in der, 1.9
Śrīmad-Bhāgavatam für die, S.22-23, 1.16, 5.13
Unterteilungen der, 2.13, 3.13
Unwissenheit und Leidenschaft in der, 2.20, 2.24
varṇāśrama-dharma
notwendig für, 2.13
Siehe auch: varṇāśrama-dharma
Vollkommenheit der, 8.37
Wettkampf in der, 1.2 (S.44, 45)
Wohlergehen der, 8.43
Wohlstand der, 8.21, 8.40
Siehe auch: Kali-yuga; *Varṇāśrama-dharma*
Gesetz(e) der Natur
Lebewesen beherrscht von, 9.44, 9.47
Menschen beherrscht von, 8.40
Siehe auch: Karma
Gestalt des Höchsten Herrn. *Siehe:* Höchster Herr
Gewalt, S.30, 7.36
Gewaltlosigkeit, 3.24
falsches Verständnis von, 8.47
Ghṛtācī, 9.6-7 (S.393)
Gier, 6.21
Gift (und Nektar), 5.11
Glaube
Buddha erweckte, 3.24, 3.28
erweckt von Inkarnationen Gottes, 3.28
als Voraussetzung, um Gott zu sehen, 5.39
Gleichmut, 5.9
Glück
der bedingten Seelen, 8.28
Bhāgavatam als Quelle von, 5.13
Fragen und Antworten über Kṛṣṇa für, **2.5**
frommer König sorgt für, 4.12, 8.32

Grundlage des wirklichen, **2.5, 2.19,** 5.9, 6.34
hingebungsvoller Dienst als Ursache für, **2.19, 4.31**-32
kommt von selbst, **5.18**
materielles
ātmārāmas gleichgültig gegenüber, 7.9
als trügerisch, 2.3, 2.6, 3.1, 3.8, **5.18,** 6.38
Ursachen für, drei, 7.10
Siehe auch: Genuß, materieller; Glückseligkeit; Freude
der Seele als unabdingbar, 1.11, 2.8
Sinnenfreuden als Ersatz für, 3.13
spirituelle Wirklichkeit des, 2.34
verschiedene Maßstäbe des, 7.9
Glück, Göttin des. *Siehe:* Glücksgöttin(en)
Glückseligkeit
Beginn und Entwicklung der, 5.9
Beziehung zu Kṛṣṇa als höchste, S.26f., 5.8, 7.10-11
als normal, 2.19
saṅkīrtana als Quelle von, S.32
Siehe auch: Ekstase, transzendentale
Glücksgöttin(en), 5.32
als Diener des Herrn, 8.43
Glücksspiel, 1.6
Glühbirnen, Vergleich bezüglich der Inkarnationen Kṛṣṇas, 3.28 (S.145)
Gnade des Höchsten Herrn. *Siehe:* Höchster Herr, Gnade des
Godāvarī, S.21
Gokula. *Siehe:* Vṛndāvana
Gold aufheben, Vergleich, 5.11
Goldenes Flugzeug, 7.18
Goldmine, Vergleich, 1.1 (S.39)
Goloka Vṛndāvana, 3.28 (S.147)
Siehe auch: Spirituelle Welt; Vṛndāvana
Gomedha-yajña, 8.52
Gopāla Bhaṭṭa Gosvāmī, S.4, S.12
Gopāla (der *brāhmaṇa),* S.9
Gopī(s), 7.40, **9.40**
Caitanyas Wertschätzung der, S.4, S.11
auf gleicher Ebene wie Kṛṣṇa, 9.40
Kṛṣṇas Spiele mit den, 3.28 (S.148)
Unpersönlichkeitsanhänger verglichen mit, 9.40
Verehrung der, 9.42
Gopīnātha Ācārya, S.14f., S.21
Gopīnāthajī-Tempel, S.13
Gosvāmī(s)
Bildung erforderlich für, 1.6
definiert, 1.5
frei von Lastern, 1.6
Schülernachfolge anerkannt von, 1.5
als Vortragende des *Bhāgavatam,* 1.5
Siehe auch: Gosvāmīs, sechs
Gosvāmīs, sechs, S.12
angeführt in bezug auf Körper des Gottgeweihten, 6.28
als Autoritäten des Dienstes für Kṛṣṇa, S.31, 2.15
Entsagung der, 8.41
sannyāsīs sollten ihre Schriften hören und chanten, 6.13
Siehe auch: Jīva Gosvāmī; Raghunātha dāsa Gosvāmī; Rupa Gosvāmī; Sanātana Gosvāmī
Gott. *Siehe:* Kṛṣṇa; Spirituelle Welt; Höchster Herr
„Götter". *Siehe:* Halbgötter
Gottesbewußtsein. *Siehe:* Gotteserkenntis; Kṛṣṇa-Bewußtsein
Gotteserkenntnis
Arten von, drei, **2.11**
benötigte Atmosphäre für, 7.2
Beschäftigung muß führen zu, **2.8**
Brahman-Ausstrahlung behindert, 7.4
Caitanyas Predigen der, S.4, S.5, S.8f., S.23, S.25-27, S.31-33
Chanten von Hare Kṛṣṇa zur, S.5
Einheit und Verschiedenheit als Grundlage der, 1.2 (S.44)
Entsagung für, **5.16**
Entwicklung der, 5.34
Gesellschaftliche Unterteilungen für, 3.13
Hören aus dem *Śrīmad-Bhāgavatam* für, **1.2** (**S.43,** S.45)
Inder sollten sie predigen, 1.21
jenseits der Erscheinungsweisen, 2.20
ist kein mechanischer Vorgang, 6.19
Klangmedium für, 5.38-39, 6.25
für Materialisten, **5.16**
Methode für, zusammengefaßt, 5.34
Notwendigkeit für, 5.11
Prediger der. *Siehe:* Prediger, Kṛṣṇa-bewußte
rasas als Teil der, 1.3 (S.47f.)
Reinheit nötig für, **6.21**
Schülernachfolge nötig für, 2.21
Selbstverwirklichung einhergehend mit, 2.21
spiritueller Meister für, 2.32, 5.23
Töten von Tieren als Hindernis für, 3.24
unvollkommene, zwei Arten, 2.12

Vedische Schriften als Grundlage für, 2.12, 2.32
verbreitet von Gottgeweihten, 2.16
als Vollkommenheit des Wissens, **5.22**
Vorgang des Hörens für, S.5, S.23, **1.2** (**S.43,** S.45) 2.32, 5.34, 6.25
im Wald, 6.21
Siehe auch: Hingebungsvoller Dienst; Kṛṣṇa-Bewußtsein

Gottgeweihte(r)
angezogen von Kṛṣṇa, 7.10 (S.292)
als Anhänger des *Vedānta,* S.15, **5.24**
Augen des, um den Herrn zu sehen, 3.4
befreien alle Menschen, 2.2
als befreite Seelen, 9.39
befreite Seelen werden beeinflußt von, 7.11
begleiten Kṛṣṇa, 7.12
behaupten niemals, Gott zu sein, 2.16
beherrschen die Sinne, **6.35**
beherrscht von der inneren Energie des Herrn, 2.28-29 (S.110)
besitzen vollkommenes Wissen, 2.21, **5.6**
besitzt die guten Eigenschaften Gottes, 2.19
Betrüger als, S.14, 5.25, 5.29
als *bhakti-vedāntas,* 5.24
als *brāhmaṇas,* 2.2, 2.20
Charakter der, S.9
Demut eines, **6.26**
dienen dem Herrn wohlgesonnen, **3.38**
dienen vorbehaltlos, 3.38
Dienst für, **2.16,** 5.23, 8.42
drei Gruppen von, 2.12
dulden keine Schmähungen, S.11
Duldsamkeit der, 7.43
Eignung als, 2.19, 5.36
eins mit dem Herrn und gleichzeitig Sein Diener, 1.2 (S.45)
Ekstase des, 9.19
entfaltet Eigenschaften des Herrn, 5.34
Entsagung der, 8.27, 8.41
erfüllen den Willen des Herrn, 8.52
erinnern sich immer an den Herrn, **2.14, 5.36**
erlangen die Gemeinschaft des Herrn, **5.31, 5.39**
erleuchtet von Kṛṣṇa im Innern, 2.21
fähig, den Herrn zu sehen, **3.4**
als Familie des Herrn, 7.25
als „Feinde des Herrn", 9.38
frei vom Kali-yuga, 1.16
Freiheit der, **6.27**-28, 6.37
fühlen Trennung vom Herrn, 6.20
als furchtlos, S.9, **7.22**
Gaṅgā (Ganges) an Läuterungskraft übertroffen von, **1.15**
geachtet wie Gott selbst, 2.16
gefallener, **5.17,** 5.19
geführt vom Herrn, 3.38, 6.22
„geheimer Schatz" der, 8.27
gehen zurück zu Gott, 6.26-27
geläutert durch Dienst, **2.19**
Gemeinschaft mit
Caitanya empfiehlt, S.23
Hingabe zum Herrn durch, 2.18, 5.25, 5.28, 5.34, 6.16, 7.5
Hören über den Herrn in, S.23, 5.34, 7.5
Materialismus beendet durch, 8.4
Nāradas Geschichte von der, 2.18, **5.23-5.30**
Nutzen der, **2.18**
Wandlung durch, 5.25, 6.5
Wissen durch, 2.18
geprüft vom Herrn, **7.40**
Gnade des Herrn stützt die, 6.31
sind großzügiger als der Herr Selbst, S.25
als Gruppe von Menschen, 2.12
der Herr
Annäherung an Ihn über, 9.22
im Austausch mit, 2.17, 8.17, 8.27, 9.47
beschützt die, **8.13,** 8.17, **8.43**
ist ihnen besonders zugeneigt, **7.25,** 8.11, 8.13, 8.23, 8.27, 9.17, 9.22, 9.25, 9.44, 9.47
bezaubert die, 8.44
läutert die, 9.19, **9.31**
rühmt die, 9.25
wird wahrgenommen von den, 6.33
der Herr kann nur beschrieben werden von, 5.13
hervorgebracht durch *varṇāśrama*-System, 2.2
Hingabe aufgenommen von, 2.2, 5.25
Hören von, 2.12, 5.36, 7.5
Siehe auch: Hören über den Höchsten Herrn
hören über den Herrn, **2.14, 2.17**
Inkarnationen Gottes als, 2.16
sind im Innern zufrieden, 2.19
als Könige oder Herrscher, **4.12**
Körper der, ist transzendental, 6.27-28
Kṛṣṇa nur verstanden von, **3.38,** 5.13, 5.31, 8.30
läuternder Einfluß der, **1.15**

Loslösung (und Wissen) der, **2.7,** 5.19
als *mahātmās,* 2.16
Materialismus bezwungen von, 8.4
Meditation für, 6.15-16, 9.41
Mission der, 6.38
Monisten verglichen mit, 8.27
mystische Kräfte der, 5.6, 5.39
Nārada als Autorität für, 6.31
Nāradas Beispiel für, 6.21
Nichtgottgeweihte verglichen mit, 1.4, **5.17,** 5.19
pāñcarātrika-Methode nötig für, 5.38
Pflicht eines, 9.17
als Prediger
Auftrag für, 2.12, 5.36
Bhagavad-gītā als Grundlage für, 1.21
bhakti-vedāntas als, 5.24
Caitanyas Methode für, 5.36
Geschicklichkeit der, 5.16
dem Herrn sehr lieb, 2.16, 5.36
Mission der, 6.38
Nārada als, 6.21, **6.26, 6.38**
Notwendigkeit für die, 5.11, 5.36
im *sannyāsa*-Stand, 6.13
Tätigkeiten und Haltung der, 6.26
transzendentale Stellung der, 6.21
Verbreitung des *Śrīmad-Bhāgavatam* durch, 5.11, 5.13
reine. *Siehe:* Reine(r) Gottgeweihte(r)
repräsentieren Kṛṣṇas Lotosfüße, **1.15**
Ruhm des, 8.6
als *sātvatas,* 1.12
Schülernachfolge für die, 2.21
Schwierigkeiten für die, 5.19, 6.10
Seltenheit der, 5.16
Speisereste der, **5.25**
als spiritueller Meister, 5.23
Śrīmad-Bhāgavatam verstanden von, **1.2** (**S.42**-43)
stehen über
karmīs und *jñānīs,* 1.17
Wettstreit, 1.2 (S.43)
als Stellvertreter des Herrn, 1.15
Śukadeva Gosvāmī als, 2.2
svarūpa-Befreiung für, 9.39
als *tīrthas,* 2.16
Tod für, 6.27-28
als transzendental, 6.30
transzendental zu *karmīs* und *jñānīs,* 1.17
Tugend der, **2.19**
unautorisierte, 2.12
als ungefährlich, 2.19
unterstützt vom Herrn, 2.17
Unterweisungen des Herrn nur verstanden von, 5.30
als unvoreingenommen, 5.24
Vedānta studiert von, S.15
vedisches Wissen erlangt über, 9.26
Vergehen gegen
sind gefährlich, S.25, S.30
vergessen den Herrn niemals, 5.17, **5.36**
verglichen mit
Kind des Königs, 5.19
reichem Mann, 6.27
Schwänen, **5.10**
verherrlichen den Herrn, **2.14,** 5.11, 5.36, 6.21, 6.26, 6.33
vermeiden Vergehen gegen andere Gottgeweihte, S.25
vermeiden weltliche Literatur, **5.10**
„vermischter“, 8.27, 8.29
allen wohlgesinnt, 1.2 (S.44), 1.4, **4.12,** 4.17-18, 6.26
als Wohltäter, 4.17-18
wünschen nichts Materielles, 6.27
als *yogīs,* 9.23
Siehe auch: Ātmārāma(s); Gosvāmī(s); Neulinge im hingebungsvollen Dienst; *Paramahaṁsa(s);* Reine(r) Gottgeweihte(r); Weise(r); *bestimmte Gottgeweihte*
Siehe auch: Neulinge im hingebungsvollen Dienst
Govardhana-Hügel, 8.19
hochgehoben von Kṛṣṇa, 1.20
Gṛhastha(s)
Beziehung der *sannyāsīs* zu den, 4.8
geschlechtliche Unterscheidungen nötig für, 4.5
Geschlechtsleben für, 9.27 (S.417)
Loslösung als Ziel für, 9.26 (S.416)
Spenden der, 9.27 (S.417)
spiritueller Meister führt die, 9.6-7 (S.392)
Siehe auch: Familienleben
Gṛhastha-āśrama, 1.10
Menschen im. *Siehe: Gṛhastha(s)*
Siehe auch: Familienleben
Gṛtsamada, **9.6-7**
seine geschichtliche Rolle, 9.6-7 (S.394)
Guhyakas, **9.3**
Guṇa-avatāras, 2.22
Guṇas. Siehe: Erscheinungsweisen der Natur
Guṇḍicā-Tempel, S.23
Gurv-aṣṭaka, zitiert in bezug auf den spirituellen Meister, 1.8

H

Habsucht, 6.21
Haihaya, 3.11
Halbgötter
  abhängig vom Herrn, S.1
  abstoßendes Äußeres der, 2.26
  Bhīṣma geehrt von, 9.45
  Brahmā
    als Ursprung der, 3.5
  fürchteten Hiraṇyakaśipu, 3.28
  Garbhodakaśāyī Viṣṇu ist der Ursprung der, **3.5**
  mit Gefängniswärtern verglichen, 2.28-29 (S.110)
  als Helfer des Herrn, 2.27, 2.28-29 (S.110)
  der Herr
    erscheint zur Freude der, **3.22**
    nimmt deren Stellung ein, 3.12
  Inkarnationen Gottes als, **3.27**
  können keine Befreiung gewähren, 2.23, 2.26, 2.28-29 (S.108)
  niemals dem Herrn ebenbürtig, 2.26
  Priester der, 9.8
  quirlten den Ozean, um Nektar zu gewinnen, **3.16**
  als Teile des Herrn, 1.2 (S.45), 1.4, 2.26
  Tieropfer für die, 5.15
  Verehrung der. *Siehe:* Verehrung, der Halbgötter
  Wohlstand der, 3.28
  Wohnsitz der, 9.45
  Siehe auch: bestimmte Halbgötter
Halbgöttin des Lernens, S.7
Haṁsa-Inkarnation des Herrn, 3.26
Hanumān, S.9
Hara. *Siehe:* Śiva
Hare-Kṛṣṇa-*mantra,* S.5
  Siehe auch: Chanten der Heiligen Namen des Herrn; Verherrlichung des Höchsten Herrn; *Saṅkīrtana*-Bewegung
Hari, 3.2, 3.26
  Siehe auch: Höchster Herr
Hari, definiert, 7.10
Hari-bhakti-sudhodaya, angeführt zum *ātmārāma*-Vers, 7.10 (S.292)
Haridāsa der Jüngere, S.24
Haridāsa Ṭhākura, S.9, S.10, S.21, 2.2, 6.35
  als *nāmācārya,* 2.2
Hari-kīrtana, 5.22
  Siehe auch: Chanten der Heiligen Namen des Herrn; *Saṅkīrtana*-Bewegung
Hari-nāmāmṛta-vyākaraṇa, S.8
Hastī, König, 4.6
Hastināpura, **4.6**
  als Hauptstadt der Pāṇḍavas, 8.39, **9.48**
Haṭha-yoga, S.30
Haushälter. *Siehe: Gṛhastha(s)*
Hayagrīva, 3.26
Heilige, 5.10-11
  Siehe auch: Brāhmaṇas; Gottgeweihte(r); *Paramahaṁsa(s);* Weise(r)
Heiliger Name des Herrn. *Siehe:* Chanten der Heilgen Namen des Herrn; *bestimmte Namen des Herrn*
Heilige Schnur, Verleihung der, 2.2, 4.25
Herz
  gereinigt durch Dienst für den Herrn, **2.17-19**
  „Knoten" im, **2.21**
  Zufriedenheit im, 4.27
Heutiges Zeitalter. *Siehe:* Kali-yuga
Hiḍimba-Dämon, 8.24
Hindu(s)
  Bräuche der, S.5, S.7, 8.1
Hinduismus. *Siehe: Varṇāśrama-dharma;* Vedische Kultur
Hingabe zum Höchsten Herrn
  als Befreiung, 3.1
  als Botschaft der *Bhagavad-gītā,* S.3
  durch Gemeinschaft mit Gottgeweihten, 7.5
  Hören als Grundlage der, 7.5
  Notwendigkeit der, 1.1 (S.41), 5.15, 5.20
  steht über der weltlichen Pflicht, 5.17
  Tod überwunden durch, **8.9**
  und Freiheit, 6.37
  als Vollkommenheit, 8.37
  Siehe auch: Hingebungsvoller Dienst; Kṛṣṇa-Bewußtsein
Hingebungsvoller Dienst für den Höchsten Herrn
  Absolute Wahrheit erkannt durch, 2.12, 7.4
  Anhaftung in den Arten des, 7.10 (S.292)
  ist „ansteckend", 5.25
  seine Anziehung auf befreite Seelen, **7.10**
  Arjuna wandelte sich durch, 8.42
  Arten des
    fünf, S.31
    zwei, S.30f.
  als „Augen", um den Herrn zu sehen, 3.4

Bedeutsamkeit des, 2.28-29
im bedingten Leben, 2.6
Befreiung
verglichen mit, S.28, 5.9, 5.30
als Befreiung, S.21, 2.15, 2.20, 3.8, 5.28, 6.23
Befürchtungen beseitigt durch, 6.16
beginnt
mit Dienst für die Gottgeweihten, 5.23
mit Tempelverehrung, 6.21
belebt die Seele, **2.22**
als Beschäftigung der Seele, 2.19
Beschäftigungen im, vier genannt, 2.14
Besonderheit des, 2.22
als bester Weg zur Selbstverwirklichung, 6.35
als Bestimmung der Lebewesen, 5.8, 5.20, 5.23
Bewußtsein ist rein im, 1.2 (S.45)
Bhāgavatam läßt ihn entstehen, **7.7**
bhāva-Stufe des, 6.16
Bildgestaltenverehrung im, 6.21
auf der *brahma-bhūta*-Stufe, 5.9
Brahman-Erkenntnis ist ihm untergeordnet, 5.30
Caitanya als Lehrer des, S.19, S.20, S.21, S.31-33
dauernder Wert des, 2.6, **5.17**
definiert, 9.44
Demut im, S.32
dynamische Natur des, 6.22
ist einfach und erhaben, 2.7
ekstatische Liebe im, 6.16-17
Energien mit Gott verbunden durch, S.18
Entsagung im, 2.7
Entwicklung des, Stufen, 5.34
erhält unsere Existenz, 2.6
erhebt einen über materiellen Genuß, 2.7
Erhebung zum, 2.24
Erinnerung an Kṛṣṇa beim, **5.36**
Ewigkeit des, **6.23-24**
Fall vom, 5.17
Fehlauffassungen in bezug auf, 2.7
„Fluß" des, anschwellend, 5.28
als fortgeschrittenstes spirituelles Studium, 4.25
muß frei sein von den Erscheinungsweisen, **6.21**
Freiheit im, 1.2 (S.45), 5.32, 6.37
fruchtbringende Arbeit gewandelt zu, 5.34
Geduld im, 6.19
gegenübergestellt
materiellem Dienst, 6.22
der Unpersönlichkeitslehre, 7.11
Gemeinschaft mit Gottgeweihten zur Erlangung von, **2.16,** 2.18, 5.5, 5.28, 5.34, 6.16, 7.5
ist Gemeinschaft mit dem Herrn, 2.7, 6.22
Glaube als Stufe des, 6.16
Glück durch, **2.19**
Gosvāmīs weisen den Weg des, 2.15
Grundlage des
die Allmacht des Herrn als, 5.32
die Autortät als, 2.12
Hören über den Herrn als, 5.28, 7.5
als grundlose Gnade des Herrn, 7.6
Hemmnisse für, S.30, 2.17
der Herr bezwungen durch, 8.45
als höchste Pflicht, 2.8
höhere Stufen des, S.31
in jedem latent vorhanden, 5.28
für jeden, 2.6-7, 5.32
ist jenseits von Befreiung, S.28, 5.9, 5.30
karma beendet durch, **2.21**
ist kein mechanischer Vorgang, 6.19, 7.6
Könige im, 4.12
Körper und Geist in, 5.27, 6.28
Kṛṣṇa erreicht durch, 2.7, 2.20, 7.41
Künste und Wissenschaft als, 5.22
läuternde Kraft des, **2.19**
Leiden beendet durch, 1.2 (S.45), **5.32, 7.6**-7
Liebe im, 5.37, **6.16,** 7.7
Literatur im, 5.22
Loslösung durch, **2.7,** 2.12
im materiellen Leben, 2.6
māyā als Abwesenheit des, 5.23
Meditation im, **6.15**
für alle Menschen, 2.6, 2.7, 5.32
Menschengruppen gegen, S.11
Methode des Chantens im. *Siehe:* Chanten der Heiligen Namen des Herrn
Nārada als Autorität des, 3.8, 6.31
ist nötig für Zufriedenheit, **2.6,** 4.31-32, 5.8-9
notwendig in allem Tun, S.22
Nutzen des, **6.23-24, 7.6,** 8.25
nützt allen, 1.4
pāñcarātrika-System für, 5.38
„Pflänzchen" des, Schutz, S.30
Pflichten aufgeben für, 5.17
Philosophie im, 5.22
Platz der Wissenschaft im, 5.22, 5.32
Prediger des. *Siehe:* Gottgeweihte(r), als Prediger
als Quintessenz aller Schriften, **2.6**

Reichtum und Frauen als Hindernis für, 2.17
reiner. *Siehe:* Reiner hingebungsvoller Dienst
Reinheit nötig im, 2.6
Religiosität und, 5.9
sammelt sich in vielen Leben an, **6.24**
als Selbstverwirklichung, 2.21, 5.8-9
man sieht den Herrn durch, **8.36**
Sinne
  beherrscht im, 6.35
  geläutert durch, 3.4
Sinneskontrolle im, **6.35**
Spekulation geklärt durch, 2.21
spiritualisiert alles, 5.23, 5.33
spiritueller Meister benötigt im, 5.39, 6.23
als Störung, wenn nicht echt, 2.12
Stufen des, 2.12, 5.25, 6.16
Stufen des, fünf, S.31
Stufen und Anhaftung im, 7.10 (S.292)
als Tätigkeit der spirituellen Energie, 7.4
Tätigkeiten geläutert durch, 8.42
in allen Tätigkeiten, S.22
transzendentale Position des, S.21f., 2.6-7
Tugend benötigt für, **2.24**
Tugend geschaffen durch, **2.19**
unabhängig von *karma und jñāna,* 2.15
unautorisierter, 2.12
Unpersönlichkeitsanhänger abgeneigt gegen, 7.11
untermauert von Caitanya, S.19, S.20
ist unvergänglich, **6.23-24**
Unwissenheit und Leidenschaft beseitigt durch, **2.19, 5.28**
verglichen mit
  Quark, 3.8
  Stein der Weisen, 6.28
  Strom eines Flusses, 5.28
„vermischter" oder reiner, 2.6, 5.37, 6.35
vertrauliche Natur des, 2.6
vertraulicher
  spiritueller Meister gewährt, 5.39
Verwirrung beseitigt im, 2.17
völlige Zufriedenheit im, **2.6**
Vollkommenheit des, 8.42
als Vollkommenheit des Lebens, S.22
Vorgang des
  Arten des, aufgezählt, 9.43
  Befreiung durch, **8.35**
  als Vollkommenheit des *yoga,* 9.23
  wiederbelebt durch den Herrn, **8.35**
Vorgang des Hörens im, 2.12, 5.28, 7.5, 7.7
als einziger Weg zum Herrn, 3.4, 7.4
als Weg, den Herrn zu sehen, 3.4
als Weg zu Kṛṣṇa, 2.7, 2.20, 3.29, 7.41
wird niemals vergessen, **5.19**
Wissen
  im, 2.12, 5.12, **5.22,** 5.27, 5.35
  abhängig von, **2.7,** 2.15, 4.32
  das vertraulichste Wissen ist, 5.30-31
Wünsche im, 6.22
Wünsche als Hindernis für, S.30, 2.6
Wünsche verändert durch, 8.42, 9.23
yoga und *jñāna* hängen ab von, 6.35
zerstört das falsche Ego, **2.21**
als Ziel des Lebens, 2.28-29 (S.110), 8.42
Ziel des, *premā,* 5.37
als Ziel des *varṇāśrama*-Systems, 2.2
als Ziel des Wissens, 2.28-29 (S.108f.), **5.22,** 5.30
zufriedenstellende Kraft des, 2.5, **2.6,** 2.8, **2.22**
Zufriedenstellung des Herrn durch, S.9
Zweifel beseitigt durch, **2.21,** 6.16
Siehe auch: Gotteserkenntnis; Kṛṣṇa-Bewußtsein
Hiraṇyakaśipu, 1.1 (S.40), 1.14, 2.28-29 (S.109)
  als Herausforderer der Gesetze Gottes, 3.22
  Macht und Reichtum von, 3.28
  als Materialist, 8.36
  Nṛsiṁhadeva tötete, **3.18,** 3.28
Hlādinī-Kraft des Herrn, S.18
Höchste Persönlichkeit Gottes. *Siehe:* Kṛṣṇa; Höchster Herr; *bestimmte Namen des Herrn*
Höchster Herr
  Abhängigkeit aller vom, 1.1 (S.39f.), **8.37**-38, 9.22, 9.31
  als *abhijñaḥ* und *svarāṭ,* 1.1 (S.40)
  ist absolut und transzendental, 6.33, 7.34, 8.36, 9.20-21
  als Absolute Wahrheit, S.1, S.17f., 2.5, 3.1, 9.42
  als *adhokṣaja,* 8.19
  ahaṅkāra beseitigt vom, 2.21
  als *ajita,* 9.38
  als *ajita* und *jita,* S.23
  als allanziehend, 1.1 (S.36), 2.6, 2.22, 5.26, 7.10
  als alldurchdringend, **1.1, 2.31-32, 8.18, 8.28,** 9.10
  als allgütig, 9.35
  als allmächtig, **8.43**
  als allwissend, S.1f., 1.1 (S.38f.)

als *amogha-līlaḥ,* 3.36
Anthropomorphismus und der, 9.41
Anziehung zum
der befreiten Seelen, S.20, **7.10** (**S.290,** S.292), 7.11
erreicht durch Hören über Ihn, 5.26
der Gottgeweihten, 7.10 (S.292, 293)
Arbeit als Mittel, Ihn zu erreichen, 2.27, 5.34
Arjuna und. *Siehe:* Arjuna
Arme wenden sich an den, **8.26**
als *asamaurdhva,* 1.1 (S.40)
Atheisten
bestraft vom, 1.1 (S.40)
als Herausforderer des, 3.22
vernichtet vom, 8.33
im Atom, 9.10
äußere Energie des. *Siehe:* Energie(n) des Höchsten Herrn, materielle
äußere und innere Kräfte des, 1.1 (S.38)
hat Austausch mit den Gottgeweihten, 2.17
als Autorität, 8.19, 8.35
bedingte Seelen und der. *Siehe:* bedingte Seele(n)
als Befreier, **8.25, 9.39**
als Befreier der Gottgeweihten, 3.38, 7.10 (S.293)
befreit die Seelen auf zwei Arten, 7.5
Befreiung gewährt vom, 2.26
beschützt Gottgeweihte, 1.12
beseitigt Unwissenheit, 2.21
als Besitzer, **8.43,** 9.27 (S.417)
als Besitzer aller Füllen, S.17f., 1.12, 3.1, 3.28 (S.145)
ist Sich über alles bewußt, S.1-2
Seine Beziehung mit den Lebewesen, 2.6, 5.8, 7.5
Beziehungen mit dem. *Siehe: Rasa(s);* Beziehung(en), mit Kṛṣṇa
bezwungen durch Ergebenheit, S.23
Siehe auch: Gotteserkenntnis; Kṛṣṇa-Bewußtsein
in der *Bhagavad-gītā,* S.3
als *bhakta-vatsala,* 8.13
Seine Bildgestalt, 5.7, 6.21, 8.22
Brahmā und der. *Siehe:* Brahmā
Brahman als Seine Ausstrahlung, 2.11
als Brahman und Paramātmā, 3.1
brāhmaṇas
beschützt vom, **8.43**
verehren den, 8.7
Bücher über den
Caitanya wünschte Verbreitung der, 7.13-14
sind transzendental, 7.12
Siehe auch: Bhagavad-gītā; Śrīmad-Bhāgavatam
Caitanya Mahāprabhu als, S.4, S.6, S.21
Chanten der Namen des. *Siehe:* Chanten der Heiligen Namen des Herrn
Dämonen und. *Siehe:* Dämon(en)
definiert, S.1
Diener des. *Siehe:* Gottgeweihte(r)
Seine drei Aspekte, **2.11, 3.39, 5.32**
Seine drei Energien, S.18, 7.4
Seine drei qualitativen Inkarnationen, **2.23**
Eigenschaften des
sind erreichbar, 5.20, 5.34
als eins mit und verschieden von Seinen Energien, S.5, S.18, 1.1 (S.39), 1.2 (S.44), 3.3, **5.20,** 5.22
als der Energie übergeordnet, S.18
Energie des. *Siehe:* Energien des Höchsten Herrn
als Energieursprung, S.18f.
enthält alles, 1.1 (S.39)
Entsagung
des, 1.12, 3.1, 3.28 (S.145)
für den, S.22f.
Erde beschützt vom, **8.43**
erfreut über Dienst zu Seinem Geweihten, 2.16
Erinnerung an den. *Siehe:* Erinnerung an den Höchsten Herrn
erkannt durch transzendentalen Klang, **5.38**-39, 6.25
Erkenntnis des
bedeutet, alles zu kennen, 3.39
Befreiung durch, 1.20, 3.29
Entsagung für, **2.28-29** (**S.107,** S.109), **5.16**
über Gottgeweihte, 3.4, **3.38**
durch hingebungsvollen Dienst, 3.4, 7.4
über die Schülernachfolge, 2.21
als schwierig, S.26, 2.20, 5.16
Selbsterkenntnis parallel zur, 2.21
Seltenheit der, 2.20, 5.16
durch transzendentalen Klang, **5.38**-39
Tugend ist Voraussetzung für, 4.24
Vorgang für, 2.21
als Ziel allen Wissens, **2.28-29** (**S.107,** S.108f.)

Erkenntnis Seines Wesens. *Siehe:* Gotteserkenntnis; Kṛṣṇa-Bewußtsein;
Höchster Herr, Erkenntnis des
erreicht durch Arbeit ohne Anhaftung,
5.34
erreicht durch Gottgeweihte, 9.22
erreicht durch hingebungsvollen Dienst,
5.31, 6.24
erschafft, erhält und zerstört, **2.23**
erschafft mit Seinem Blick, 1.1 (S.40)
Erscheinen des
Befreiung durch Kenntnis vom Wesen
des, 1.20, 3.29
zur Befreiung der Seelen, 5.26, 7.5, 7.24
beweist, daß Er Gott ist, 1.20
im Gegensatz zu dem der
Lebewesen, 3.35
als Gnade für die bedingten Seelen,
3.35
durch Seine innere Energie, 3.35, 3.43
Religion wiedererrichtet mit dem, 1.23
zur Segnung der Gottgeweihten, **7.25**
transzendentale Stellung des, 1.12,
1.20, 3.35, 3.43, **7.24**
verglichen mit dem Besuch des Königs
im Gefängnis, 7.5
als vierarmiger Viṣṇu, 1.20
zeitliche Einordnung des, 2.22,
3.43, 4.14
um die Zuneigung der Seelen zu
erwecken, 5.26
Erweiterungen des, 9.18
Siehe auch: Kṛṣṇa, Seine Erweiterungen
Erweiterungen erschöpfen Ihn nicht,
S.19
erwidert die Haltung des einzelnen, 8.8,
8.13, 8.17, 8.27, 9.32, 9.38
Erzählungen über den, 7.12-14
Siehe auch: Śrīmad-Bhāgavatam
Fragen und Antworten über den, 2.5
frei von falschem Ego, **9.21**
Seine Geburt. *Siehe:* Höchster Herr,
Erscheinen des
Gemeinschaft mit dem
durch hingebungsvollen Dienst, 2.7,
5.31, 6.22, 7.41
Klang als Medium für, **5.38**-39
durch Seinen Namen, S.4, 1.14,
2.17, 5.36
Śrīmad-Bhāgavatam als Medium für,
3.40, 3.43-44, 7.7
durch Verherrlichung, 5.36, 6.33
durch den Vorgang des Hörens, **1.19,**
5.27, **5.38**-39, 7.7
als Genießer, 5.12
Geschlechtlichkeit im, 1.1 (S.41)
Gestalt(en) des
anziehende Macht der, **9.33**
besonderes Wesen der, 6.18
erkannt durch hingebungsvollen
Dienst, 3.4
Gottgeweihte meditieren über die, 9.24
jedes Wesen sucht nach der, 6.18
Kuntīs Meditation über die, 8.22
Nāradas Ansicht der, **6.16-18**
nicht wahrnehmbar für Neulinge, 3.3
als transzendental, S.17-19, 3.3, **5.38,**
9.10, 9.33
vierarmige, **7.52**
als völlig zufriedenstellend, 6.18
zeigt Sich nach Seinem Willen, 6.19-20
Siehe auch: Höchster Herr, Körper des;
Höchster Herr, Erweiterungen
des; Höchster Herr, Inkarna-
tion(en) des
Geweihte des. *Siehe:* Gottgeweihte(r)
Gnade des
für die bedingten Seelen, 8.35
als Befreiung der Seelen, **7.22,** 7.24
Caitanya Mahāprabhu als, 8.35
Gotteserkenntis nur durch die, 8.20
Gottgeweihte gestützt von der, 6.31
für die Gottgeweihten, 8.41
für jeden, **8.28-29**
bei der Schlacht von Kurukṣetra, **9.35**
Schwierigkeiten als, 6.10
Sonnenstrahlen verglichen mit der,
8.6, 8.29
Wohlstand als, **8.40**
Gottgeweihte und. *Siehe:* Gottgeweihte(r)
Gottgeweihte als Seine Verwandten, 7.25
ist Gottgeweihten besonders zugeneigt,
1.12, **7.25**
ist der größte, 1.1 (S.40)
Halbgötter und. *Siehe:* Halbgötter
ist den Halbgöttern übergeordnet, 2.29
als *hari,* 7.10 (S.293)
als Herrscher, S.1, S.17, 1.1 (S.38-41), 1.14,
3.22, 7.32
im Herzen eines jeden, 8.18, 8.28, **9.10,**
9.21, 9.42
hilft den Gottgeweihten bei der Rückkehr
zu Ihm, 2.17
Hingabe zum. *Siehe:* Hingabe zum
Höchsten Herrn

hingebungsvoller Dienst bezwingt den, 8.45
hingebungsvoller Dienst für. *Siehe:* Hingebungsvoller Dienst
als höchste Glückseligkeit, S.26f., 5.8, 7.10 (S.292)
als höchste Intelligenz, 1.1 (S.37)
als höchster Aspekt der Absoluten Wahrheit, 2.11, 3.39
als höchstes Lebewesen, 1.1 (S.37), 9.32
höhere Energie des. *Siehe:* Energie(n) des Höchsten Herrn, spirituelle
identisch
  mit dem Hören über Ihn, 2.17, 5.27, 5.39, 7.7
  mit den Seelen der Eigenschaft nach, 7.5
  mit Seinem Körper, Namen usw., S.4, S.26
  mit der Verherrlichung des, 2.17, 6.33
illusionierende Energie des. *Siehe:* Energie(n) des Höchsten Herrn, materielle
als individuell, 1.1 (S.37), 6.33
als Ingenieur des Universums, 1.1 (S.38)
Inkarnation(en) des
  Atheisten verwirrt von den, 9.34
  als Seine äußeren Erscheinungen, 9.18
  Notwendigkeit der, 8.34
  Taten der, sind unbegreiflich, **8.19, 8.30**
  Zweck der, **9.32**
Seine innere Energie. *Siehe:* Energie(n) des Höchsten Herrn, spirituelle
Seine Intelligenz, 1.1 (S.37, 40)
ist jedem gleichgesinnt, 1.12, 8.11, **8.28-29, 9.21-22,** 9.35
jeder dient dem, 3.38
  Siehe auch: Hingebungsvoller Dienst
jeder dient Ihm, 3.38
jenseits
  der grob- und feinstofflichen Formen, 3.32
  von Illusion, **1.1**
  der materiellen Erscheinungsweisen, **2.25**
Kämpfen für den, 5.32
Klangrepräsentation des, **5.38**-39
Körper des
  ist identisch mit dem Herrn, S.4, S.26
  als spirituell, S.4, S.26, S.28
  umfaßt alles, 1.1 (S.39), 1.2 (S.45)
  Siehe auch: Höchster Herr, Gestalt(en) des
Kṛṣṇa als, S.2, **1.1** (**S.35,** 36), 1.20, 2.22, 3.1, **3.23, 3.28,** 7.7, **7.23**
als Kṛṣṇa. *Siehe:* Kṛṣṇa
Kuntī und. *Siehe:* Kuntī
Lebewesen und. *Siehe:* Lebewesen
als Lehrer, 9.17
lehrt die Gesellschaft mit Seinem Beispiel, 8.7, 9.4
Liebe zum. *Siehe:* Liebe zu Gott
Literatur über den, 1.18-19
Lotosfüße des, S.26, **1.15,** 3.33, **8.36**
  als Boot in die Freiheit, 8.25
  Gaṅgā geheiligt von den, **8.2**
  von Gottgeweihten nicht vergessen, 5.17, **5.19**
  Zeichen an den, 8.39
  als Zuflucht, 1.15, 8.10, 8.25
mahājanas kennen Herrlichkeit des, 9.19, 9.42
mahātmās kennen den, 1.1 (S.41), 9.42
als männlich, 7.7
Materie spiritualisiert vom, 5.33
materielle Energie des. *Siehe:* Energie(n) des Höchsten Herrn, materielle
materielle Erscheinungsweisen Ihm untergeordnet, 2.24-**25**
Meditation über den, **1.1,** 3.35, 6.15, 6.19
Mißverständnisse über den, 9.18, 9.42
mukti als gleichbedeutend mit, S.21
Seine mystischen Kräfte, **8.14, 8.16, 8.44**
Nachahmer des, 1.20, 2.16, 2.26
Name(n) des
  als identisch mit und ebenso mächtig wie, S.4, S.26, S.32, **1.14,** 2.17, 5.36
  von Spekulanten für materiell gehalten, 3.37
  Siehe auch: Chanten der Heiligen Namen des Herrn; *bestimmte Namen des Herrn*
Nārada und. *Siehe:* Nārada
Natur Ihm untergeordnet, 8.18, 8.40, 9.32
Neigung zum Stehlen im, S.13
nicht erkannt von Nichtgottgeweihten, S.3f.
Nichtgottgeweihte und. *Siehe:* Nichtgottgeweihte(r)
niedere Energie des. *Siehe:* Energie(n) des Höchsten Herrn, materielle
als niemals in Illusion, **1.1,** 3.33, 7.5
niemals von Körper bedeckt, 3.33
niemals von Materie bedeckt, 3.33
ist niemals untätig, 1.17

Notwendigkeit, Ihn zu erfreuen, 1.4, **2.13**
offenbart Sich Gottgeweihten, 5.39
Pāṇḍavas und der. *Siehe:* Pāṇḍava(s)
als Paṅkajanābhi, 8.22
als *paraṁ satyam,* 1.1 (S.40)
als *parama-puruṣa,* 7.7
als Pārtha-sārathi, 9.39, 9.42, 9.44
als Person (*puruṣa*), 7.4
als persönlich und unpersönlich, 5.20
als persönliche Ursache der gesamten Existenz, S.1, S.17
Seine Persönlichkeit als höchster Aspekt der Absoluten Wahrheit, 2.11, 3.39
Philosophen als unfähig, Ihn zu erkennen, 8.20, **9.16**
Plan des, **9.16-17**
Psychologie des, 6.33
als *pūrṇa,* S.19
als qualitativ eins mit den Seelen, 7.5
als Quelle aller Dinge, S.17f., 1.1 (S.39), **5.20**
als Quelle der Zufriedenheit, 2.5, 6.18
als Rāma. *Siehe:* Rāmacandra
Sein Reich, S.4, 3.43, 7.52, **8.43**
reine Gottgeweihte und. *Siehe:* Reine(r) Gottgeweihte(r)
Religion
festgesetzt vom, 1.23, 2.25
wiedererrichtet vom, 8.35
Sein Ruhm, 3.28
Schlacht von Kurukṣetra und der, 8.3, 8.51
als Schöpfer
in transzendentaler Stellung, 1.1(S.39-41), **2.30-31**
Schutz durch den. *Siehe:* Schutz, durch den Herrn
schwer zu verstehen, S.26f., 2.20, **5.16**
Seelen kommen Ihm niemals gleich, 1.1 (S.40), 1.20, 2.26, 2.29, 7.5
Sehen des
durch Seine Gnade, 6.19-20
als nicht mechanisch, 6.19-20
nötige Augen für, 3.4
Reinheit für das, **6.21**
in der universalen Form, 3.31
durch den Vorgang der Hingabe, **3.4,** 6.16, 6.18, 6.20, 6.33
Śiva im Vergleich zum, 9.16
Seine Söhne, 2.34
Sonne verglichen mit dem, 8.6, 8.15, 8.29, 8.32, 9.21, 9.31
Spiele des
als anziehend, 1.3 (S.48), 5.25
als außergewöhnlich, 3.29, 7.10 (S.292)
bedingte Seelen haben Nutzen von den, 6.34
Befreiung durch die, 1.20, 2.15, 3.29, 6.34
Bhāgavatam als Beschreibung der, 1.3 (S.48)
geben mehr Freude als Brahman-Erkenntnis, S.27
als Gnade für bedingte Seelen, 3.35
hingebungsvoller Dienst als Weg zum Verständnis der, 3.29
für Materialisten, **5.16**
nur Gottgeweihte können sie beschreiben, 5.13
richtige Annäherung an die, 1.1 (S.46f.)
Śukadeva als Erzähler der, 1.3 (S.48f.)
Śukadeva hingezogen zu den, 7.10 (S.292)
als transzendental, 1.3 (S.48), 2.15, 3.29, **3.35,** 3.43, 7.10 (S.292), 7.25
verglichen mit der Sonne, 2.22
Weltlichkeit verglichen mit den, 1.19
Siehe auch: Kṛṣṇa, Seine Spiele
spiritualisiert Materie, 5.33
Seine spirituelle Energie. *Siehe:* Energie(n) des Höchsten Herrn, spirituelle
in der spirituellen Welt, 3.43, 7.52
als spiritueller Meister, 7.5
spiritueller Meister als Medium für den, 5.23
spricht zu Nārada Muni, **6.21-24**
Śrīmad-Bhāgavatam
ist die Wissenschaft vom, S.2
als Zugang zum, **1.2** (**S.43,** S.44), **3.40,** 3.43-44, **7.7**
Seine Stärke, 3.28
als *summum bonum,* S.1, 1.1 (S.37), 3.28
Sutapā und Pṛśni gesegnet vom, 8.33
Seine Taten. *Siehe:* Kṛṣṇa, Seine Spiele; Höchster Herr, Spiele des
dem Tod nicht unterworfen, 3.35
transzendentale Position des, S.17f., S.28, 1.3 (S.48), 2.15, 2.24-**25,** 2.28-29 (S.110), 2.30-32, **3.3-4,** 3.28-29, 3.32, **3.35-36,** 3.37, 3.43, 5.30, **5.38,** 7.10 (S.292), **7.23-24**
Seine Überlegenheit, 1.1 (S.40)
übernimmt Ämter der Halbgötter, 3.12
als Überseele. *Siehe:* Überseele
umgeben von Gottgeweihten, 7.12
ist unabhängig, S.1, 1.1 (S.39f.), **3.36**

ist unbeschreiblich, 3.37
als ungeboren, **8.30, 8.32**
universale Form des, 3.3, **3.30-32**
unpersönliche Auffassung des, S.17f.
von Unpersönlichkeitsanhängern herabgewürdigt, 2.28-29 (S.108)
ist unsichtbar, 3.31, **8.18**
unterliegt nicht Geburt und Tod, 3.35
ist unüberwindlich, 9.38
ist die Ursache aller Ursachen, S.17, **1.1 (S.35,** S.36, 39), 1.17, **2.30**
als Ursprung
aller Dinge, **1.1 (S.35,** S.39), 2.6, 7.23
des Brahman, 7.4
der materiellen Welt, **1.1 (S.35,** S.39), 5.20, 5.30
der Wirklichkeit, 1.1 (S.38)
als Ursprung des *brahmajyoti,* 8.15, 9.42
ist der Ursprung Nārāyaṇas, 9.18, 9.24, 9.32
ist die ursprüngliche Person, **9.18,** 9.42
als *urukrama,* 7.10 (S.291)
als Vāsudeva, S.2, 1.1 (S.36), 2.29, 9.42
ist der Vater aller Lebewesen, 2.33
Verehrer des, Gruppen, 8.25
Siehe auch: Gottgeweihte(r); Reine(r) Gottgeweihte(r)
Verehrung Seiner Bildgestalt. *Siehe:* Bildgestaltenverehrung
Verehrung des. *Siehe:* Verehrung, des Herrn
verglichen mit
König, der Gefangene freiläßt, 7.5
Körper als Ganzem, 5.20
Gaukler, 3.37
Lebewesen, S.1f., S.18, 2.26, 7.5
Licht, 5.27
Magen, 5.14
Puppenspieler, **6.7**
Regierungsoberhaupt, S.2
Schauspieler, **3.37**
Sonne, 2.21, 6.19, 7.23
Vater, 7.5
Wurzel eines Baumes, 5.14
Verherrlichung bestimmt für, 2.14
Verherrlichung des. *Siehe:* Verherrlichung des Höchsten Herrn
als Vernichter des Universums, 1.1 (S.37)
verwirrt und befreit Seelen, 3.33
als *vibhu,* 9.32
Seine Viererweiterung, **5.37**
Seine *virāṭ-rūpa,* **3.30-32**
voller Mannigfaltigkeit, 7.23
ist das vollständige Ganze, S.19, 1.1 (S.39), 1.4, 2.6, **5.20**
Vyāsadeva
ermächtigt vom, 3.43
als Seine Inkarnation, **9.6-7 (S.391,** S.392)
Seine Waffe(n)
Sudarśana, 9.6-7 (S.394f.)
von wenigen erkannt, S.26, 2.20
Sein Wissen, **2.31**
offenbart von Inkarnationen, 3.28
als Zeit, **8.28,** 9.14-15
als Ziel
von Entsagung, 2.28-29 (S.109)
jeder Bemühung, **2.28-29 (S.107**-110)
jedes Opfers, **2.28-29 (S.107,** S.108)
von Religion, 2.25
der *Veden,* 8.18, 9.47
Sein Zorn, 1.14
als Zuflucht vor dem Tod, 3.42
Zuneigung zum, 6.16
Höchstes Brahman. *Siehe:* Brahman; Höchster Herr
Holz, Erscheinungsweise der Unwissenheit verglichen mit, **2.24**
Holzpuppe, Vergleich, **6.7**
Hören über den Höchsten Herrn
als Anfang des hingebungsvollen Dienstes, 5.28, 7.7
als angenehme Art der Meditation, 3.35
Anziehung zum, 5.34
für Befreiung, **2.15**
als Befreiung von Leiden, 5.32
begonnen in Naimiṣāraṇya, **1.21**
„bezwingt" den Herrn, S.23
Caitanya empfiehlt, S.23
Dienst für Gottgeweihte erweckt Neigung für, **2.16**
als einer der Vorgänge des hingebungsvollen Dienstes, 9.43
empfohlen für dieses Zeitalter, 5.26
Ergebenheit nötig für, S.23, 1.2 (S.45)
Erhebung durch, 5.26
falsche und richtige Methoden des, 8.36
falsches, verglichen mit vergifteter Milch, 2.12
ist Gemeinschaft mit Ihm, 2.17, 5.26-27, **5.38**-39, 7.7
Gotteserkenntnis durch, 2.12
Gottgeweihte
benötigt für, S.23, **2.16,**
werden geläutert durch, **2.17**

müssen sich beschäftigen mit, 2.12
als Grundlage der Hingabe zum Herrn, 7.5
als Heilmittel gegen materielle Illusion, **7.7**
um sich dem Herrn hinzugeben, 7.5
für heutige *sannyāsīs,* 6.13
identisch mit dem Herrn, 2.17, 5.27, 5.39, 7.7
ist immer frisch, **1.19**
Inkarnationen als Gegenstand des, 1.18-19
Läuterung durch, 5.26
in Naimiṣāraṇya, **1.21**
nicht nachlassender Geschmack am, **1.19**
Notwendigkeit des, S.23, 1.21, **2.8,** 2.12
als nutzbringend sogar am Anfang, 7.6
Pflicht sollte führen zum, **2.8**
Schülernachfolge benötigt für, 1.13
vom spirituellen Meister, 1.13, 2.32
Störungen überwunden durch, 2.17
Überseele wahrgenommen durch, 2.32
und Seine Inkarnationen, **1.18**-19
Unwissenheit beseitigt durch, 2.21, **5.27**
verglichen
mit Buttergewinnung, 2.32
mit Feuer, 2.32
mit dem Hören weltlicher Dinge, 1.19, 5.26
vollkommene Methode des, S.23, 1.2 (S.48f.)
Vollkommenheit durch, 5.26
Voraussetzungen für, 1.13, **2.16**
Weise genießen das, **1.19**
weltliche Literatur und, 1.19
wirkt dem Kali-yuga entgegen, **1.16**
Wunsch als Grundlage für, 1.2 (S.45), 1.13, 2.16
Zuneigung zum Herrn durch, 5.26-**27**
Siehe auch: Śrīmad-Bhāgavatam, Empfangen der Botschaft des
Hören, Wichtigkeit des, 7.7
Hṛṣīkeśa, 5.13
Siehe auch: Höchster Herr
Hymnen, militärische Nutzung der, 7.27, 7.44

I

Illusion
Arjuna und, 9.36
Glück in der materiellen Welt als, 2.6, 6.38
der Körper als, 9.31
materielle Beziehungen als, 9.19
das materielle Leben als, 8.4
Māyāvāda-Theorie der, S.19f.
Selbstverwirklichung gegenüber, 3.33
unpersönliche Theorie der, S.19f.
Welt als, 9.44
Siehe auch: Körperliche Lebensauffassung; Energie(n) des Höchsten Herrn, materielle; Unwissenheit; *Māyā*
Illusionierende Energie des Höchsten Herrn. *Siehe:* Energie(n) des Höchsten Herrn, materielle; *Māyā*
Indien
Pflicht von, S.2, 5.11, 7.13-14
Ruhm von, S.4
Überfall Chinas auf, 5.11
Indischer Ozean, **3.22**
Indra, 3.12, 9.6-7 (S.394)
von Bṛhaspati verflucht, 9.8
seine Pferdeopfer, 8.6
Yudhiṣṭhira verglichen mit, 8.6
Indra-gopa-Mikrobe, 6.28
Indrapramada, **9.6-7 (S.391,** S.394)
Indra-sāvarṇi Manu, 3.5
Industrie, 6.11
moderne
Fehler der, 9.26 (S.416)
als gottlos, 8.40
Industrieller, 5.32
Ingenieur, Wissen des, Vergleich, 1.1 (S.38)
Inkarnation(en) des Höchsten Herrn
anerkannt auf Grundlage der Schriften, S.15, 2.16, 3.5, 3.7
Barmherzigkeit der, 3.9
Befreiung durch Verstehen der, 3.29
als der eine Gott in unterschiedlichen Erscheinungen, 2.34
erkennbar an Taten, 3.7, 3.26
ermächtigte Lebewesen als, 2.34, 3.5, 3.26
erwecken spirituelle Wünsche, 2.34
Geweihte des Herrn als, 2.16
als glückverheißend, **1.18**
Halbgötter erfreut durch, **3.22**
Kumāras als, **3.6**
in allen Lebensformen, 3.26
līlā-Inkarnationen, sechs aufgeführt, 3.5
als Manus, vierzehn aufgeführt, 3.5
„materielle“ und transzendentale, 1.17
Nachahmer von, S.15, 1.20, 3.5
Nutzen durch Besingen der, **3.29**
Nutzen durch Hören über die, 1.18
auf allen Planeten, **2.34**

qualitative, drei aufgeführt, 3.5
der Reihenfolge nach beschrieben, **3.6-28**
Śrīmad-Bhāgavatam als, **3.40**
transzendentale Position der, 3.7, 3.30
unterschiedlich ermächtigt, 3.5, 3.26-27, 3.28 (S.145f.)
unzählbar, 1.17, **3.26**
Ursprung der
Garbhodakaśāyī Viṣṇu als, 3.5
Kṛṣṇa als, 1.17, 3.23, **3.28**
Kṣīrodakaśāyī Viṣṇu als, 3.2, 3.5
verglichen mit
Bächen, **3.26**
Glühlampen, 3.28
wirken anziehend auf bedingte Seelen, 1.17
der Zeitalter, 3.5
Zweck der, **2.34,** 3.26, 3.28
Siehe auch: Kṛṣṇa, Sein Erscheinen; Nṛsiṁha; Varāha; *bestimmte Inkarnationen*
Innere Energie des Höchsten Herrn. *Siehe:* Energie(n) des Höchsten Herrn, spirituelle
Intelligenz, 7.42
Irreligion
als barbarisch, 1.2 (S.43)
Kṛṣṇa gebietet ihr Einhalt, 1.1 (S.40f.)
Siehe auch: Atheist(en)
Itihāsas, 8.19
Siehe auch: Mahābhārata; Rāmāyaṇa
Ittham-bhūta, 7.10 (S.290, 292)

J

Jagāi und Mādhāi, S.9f.
Jagannātha Miśra, S.3
Jagannātha Purī, S.3, S.13, S.23-25
Jaimini, 1.7, **4.21**
Jamadagni, 9.6-7 (S.393)
Jāmadagnya, 3.28 (S.145)
Janaka, König, als *mahājana,* 9.19
Janamejaya Mahārāja, 9.6-7 (S.392)
Janmādy asya, Bedeutung, S.1
Jarāsandha, 8.36
Jayadeva Gosvāmī, 3.24
Jayantī
als heilig, 9.45
Jhārikhaṇḍa-Wald, S.25
Jīva Gosvāmī, S.4, S.7, S.12, 1.1 (S.41)
angeführt in bezug auf
die Erweiterungen Kṛṣṇas, 1.1 (S.36)
Kṛṣṇa als Quelle der Inkarnationen, 3.28
Nāradas *vīṇā,* 6.32
die *Purāṇas* und das *Mahābhārata,* 4.19
die *Veden,* 4.13
die Vernichtungen nach den Manus, 3.15
erkennt Kṛṣṇa als Gott an, 8.19
Jīva(s). Siehe: Bedingte Seele(n); Lebewesen; Seele(n)
Jīvan-mukta, 3.33
Siehe auch: Befreiung
Jñāna-kāṇḍa, 1.2 (S.44)
Siehe auch: Wissen, spirituelles
Jñāna-yoga, 2.15
Jñānī(s), 1.17, 2.3, 2.12, 9.44
Siehe auch: Philosophen, spekulative

K

Kaca, 9.8
Kaḥ, 7.18
Kakṣīvān, **9.6-7** (**S.391,** S.394)
Kāla-bhairava, 2.26
Kali in Person, 4.9
Kali-yuga
Befreiung vom, **1.16, 1.22,** 5.36
Bevölkerung im, den Tieren gleich, 3.43
brāhmaṇas nicht vorhanden im, 3.21, 8.52
Buddha im, **3.24**
Caitanya als Inkarnation für das, 3.26
Chanten der Namen Kṛṣṇas im, S.5, S.27
China-Indien-Konflikt als Beispiel für, 5.11
Dauer des, 3.25
Dekadenz im, S.10, **1.22,** 3.43, 5.11
Führer der Gesellschaft und ihre Anhänger im, 4.17-18
als gefährlich, 1.22
Geist verwirrt im, 1.10, 5.11
Gesellschaftsschichten zerfallen im, 1.10, 1.11
Gottesbewußtsein fehlt im, 5.11
Gottgeweihte können ihm entkommen, 1.16
Gottlosigkeit herrscht im, 8.32

Hauptlaster des, vier aufgeführt, 1.6
Krankheit vorherrschend im, 4.17-18
Kṛṣṇa erschien vor Beginn des, 3.43
künstliches Kastensystem im, 2.13
Leben verkürzt im, **1.10**
Mahābhārata für das, 9.6-7 (S.392)
Masse der Menschen im, Eigenschaften, 9.49
Materialismus im, 1.10, 3.43
Merkmale der Menschen im, fünf, **1.10**
Nahrung ist knapp im, 4.17-18
Niedergang im, **1.22, 4.16-18**
Opfer
für das, 8.52
verboten im, S.8
pāñcarātrika-System für, 5.38
sannyāsa im, S.11, 6.13
Schutz nicht vorhanden im, 8.5
Schwierigkeiten im, **1.10,** 1.22, **4.16-18,** 5.11
Selbstverwirklichung im, 1.21
spirituelle Wandlung des, 5.16, 5.36
Śrīmad-Bhāgavatam
als Licht für, **3.43**
streitsüchtige Natur des, 5.11
Transzendentalisten nicht wertgeschätzt im, 4.17-18
Tugend fast verschwunden im, 4.24
als Zeitalter voller Mängel, **4.16-18**
Kalki, **3.25**
Kamel, genießt sein eigenes Blut, Vergleich, 2.3
Kämpfe. *Siehe:* Krieg(e)
Kaṁsa, 1.14
als Herrscher, 8.34
als Materialist, 8.36
tötete Devakīs Söhne, 8.23
Wesen des Herrn nicht verstanden von, 9.34
Kaṇāda, 1.7
Kandiszucker, 5.11
Kapila, **3.10,** 3.28, 9.19
Kāraṇa-Ozean, 3.2
Kāraṇodakaśāyī Viṣṇu, 3.1-2, 9.32
Karma
abhängig vom Dienst für den Herrn, 5.35
Befreiung vom, 2.15, **2.21,** 3.8, **9.23**
Fesselung im, 3.8, 8.51
Gottgeweihte frei von, 6.28
karma-yoga als mit *bhakti* überzogenes, 2.15
Siehe auch: Karma-yoga; Schicksal
Karma-kāṇḍa-Teil der *Veden,* 1.2 (S.44)
Karma-yoga, 2.15, 5.34
Siehe auch: Hingebungsvoller Dienst
Karmī(s), 1.17, 7.9
Siehe auch: Fruchtbringende(r) Arbeiter
Kāśī (Vārāṇasī), 7.18
Kāśī Miśra, S.14
Kaśyapa Muni
bekam die Erde geschenkt, 9.6-7 (S.393)
seine geschichtliche Rolle, 9.8
am Sterbebett Bhīṣmas, **9.8**
Kaṭha Upaniṣad, zitiert in bezug auf Kṛṣṇa, 9.31
Kaumudī-Wörterbuch angeführt in bezug auf Kṛṣṇa, 7.7
Kauśika, **9.6-7** (**S.391,** S.394)
Kavikarṇapūra, S.4
Kazi, Maulana Chand, S.8f.
Keṇa Upaniṣad, angeführt in bezug auf Halbgötter, 7.5
Keśava Bhāratī, S.12
Keśava Kāśmīri, S.7f.
Kinder, Schutz der, 8.5
Kinofilm, verglichen mit materieller Schöpfung, 1.17
Kīrtana, 1.6
Siehe auch: Chanten der Heiligen Namen des Herrn; *Saṅkīrtana*-Bewegung; Verherrlichung des Höchsten Herrn
Klagen
Gottgeweihte frei von, 8.4, 9.12
der Pāṇḍavas, **8.2,** 8.4
transzendentaler Klang vertreibt, 8.4
Yudhiṣṭhiras, **8.46-51**
Klang, transzendentaler, 8.4
Siehe auch: Chanten der Heiligen Namen des Herrn
Klang, Wissenschaft vom, 7.20
Kommunismus, spiritueller, S.*xv*
König(e)
angeleitet von *brāhmaṇas,* 3.14, 3.20
darf niemals *brāhmaṇas* beleidigen, **7.48**
Eignung für, 8.41, 9.26 (S.415), 9.27 (S.418), 9.36
fromme und gottlose, 8.32
Gefangene befreit vom, Vergleich, 7.5
Gefängnis besucht vom, Vergleich, 2.28-29 (S.110)
des Himmels. *Siehe:* Indra
Pflicht der, 3.14, 4.12, 9.27 (S.418), 9.49
repräsentieren Gott, 4.12
Schutz durch, 9.27 (S.418)
Todesstrafe verhängt von, **7.37**

viṣṇu-tattva verehrt von, 2.26
Wohlstand unter einem verantwortungsbewußten, 4.12
Siehe auch: Kṣatriya(s); bestimmte Könige
Königin Kuntī. *Siehe:* Kuntī
Königreich Gottes. *Siehe:* Goloka Vṛndāvana; Spirituelle Welt
Koran, S.8, S.30
Körper des Höchsten Herrn. *Siehe:* Höchster Herr, Körper des
Körper, materieller
bedeckt das Selbst, 3.33
als Ganzes, Vergleich, 5.20
Geist als Grundlage des grobstofflichen, 2.33
geschlechtlich orientiert, 4.5
Grundlage des, Seele als, S.2
Haupttätigkeiten des, 3.43
im hingebungsvollen Dienst für den Herrn, 5.27, 6.28
Identifizierung mit dem. *Siehe:* Körperliche Lebensauffassung
Schicksal des, **8.48**
Seele bedeckt von. *Siehe:* Bedingte Seele(n)
Tod des. *Siehe:* Tod(e)
Unzulänglichkeiten des, drei aufgeführt, 6.28
als Ursache von Knechtschaft, 8.42
Vollkommenheit im, 5.34
Wissen begrenzt durch, S.2
in diesem Zeitalter der Gesundheit beraubt, 1.10
Siehe auch: Körperliche Lebensauffassung
Körper der selbstverwirklichten Seele, 9.45
Körper, spiritueller. *Siehe:* Spiritueller Körper
Körperliche (materielle) Lebensauffassung, 8.47
Angst in der, 7.7
falsche Relativität unter Einfluß der, 2.11
Herrschaftsdenken unter der, 1.2 (S.45)
als Quelle von Leid, **7.5**
Selbstverwirklichung beseitigt, **3.33**
Śrīmad-Bhāgavatam beseitigt, 7.7
als Unwissenheit, **5.27**
als Ursache von Verzweiflung, 5.5
verschwindet für Gottgeweihte, 2.21
Vyāsadevas, 5.2
Kosmische Manifestation. *Siehe:* Schöpfung; Universum
Krähen, fruchtbringende Arbeiter verglichen mit, 5.10
Krankheit
Einschränkung durch Diät während, Vergleich, 5.15
Vorbeugung von, 9.27 (S.419)
Krieg(e)
heutzutage vorherrschend, 1.10
von Kurukṣetra. *Siehe:* Schlacht von Kurukṣetra
religiöse Regeln für, **7.36**
vedische Wissenschaft vom, 7.20, 7.27, 7.44
Kṛpācārya, 7.45
Kṛpī
Draupadīs Mitleid mit, **7.46-47,** 7.49
satī-Brauch nicht vollzogen von, **7.45**
war die Mutter Aśvatthāmās, 7.33, 7.45
Kṛṣṇa
als Absolute Wahrheit, S.17f., **1.1** (**S.35,** S.37, 39-42), 2.5
von *ācāryas* als Gott anerkannt, 9.18
ahaṅkāra aufgelöst von, 2.21
als allwissend, **1.1** (**S.35,** S.38f.)
anerkannt von Autoritäten, 8.19
Anthropomorphismus und, 9.41
Seine Anziehung, 2.6, 2.22, 7.10 (S.292)
Arjuna
als Sein Freund, **7.41, 9.33-34**
geprüft von, **7.40**
gerettet von, **8.24,** 9.37
unterwiesen von, **7.27-28, 7.35-39**
als Arjunas Wagenlenker, 9.19, 9.33, 9.35, **9.39**
Arjunas Zwiespalt geklärt von, **7.53-55**
Augen, um Ihn zu sehen, 3.4
Baladeva als Seine Erweiterung, 9.18
beendete Halbgottverehrung, 2.27
begleitet von Gottgeweihten, 7.12
als Beherrscher aller Füllen, 1.12
belohnt Handlungen, **2.28-29**
beseitigt falsches Ego, 2.21
beseitigt Furcht, **7.22**
beseitigt Unwissenheit, 2.21
als Besitzer von allem, 5.36
bevorzugt Gottgeweihte, **7.25**
bewies, daß Er Gott ist, **1.20,** 3.28
Beziehung der Lebewesen mit, 2.6
Beziehungen mit. *Siehe:* Beziehung(en), mit Kṛṣṇa
als Bhagavān, 1.12
Bhīma und Draupadī zurückgehalten von, 7.52
Brahmā erleuchtet von, **1.1** (**S.35f.,** S.39)
als Brahman und Paramātmā, 3.1
Bücher über, 7.12-14

Caitanya als, S.4, S.6, S.21
Chanten der Namen von. *Siehe:* Chanten der Heiligen Namen des Herrn
Dämonen
beherrscht von, 1.14
Dienst für. *Siehe:* Hingebungsvoller Dienst
Draupadīs Worte akzeptiert von, **7.50**
als Eber-Inkarnation, 8.30
Eigenschaften Seiner Erweiterungen, 3.28
Seine Einheit mit und Verschiedenheit von den Seelen, 1.1 (S.39)
Seine Eltern, 1.20, 8.31
Seine Energien, innere und äußere, 2.28-29 (S.109)
Siehe auch: Energie(n) des Höchsten Herrn, materielle; Energie(n) des Höchsten Herrn, spirituelle
Energien von. *Siehe:* Energie des Höchsten Herrn
zu erfreuen als Ziel des Lebens, **2.13**
Erinnerung an, **2.14-15,** 3.42
ermächtigte Vyāsadeva, 3.43
Sein Erscheinen
ausgeführt von Seiner inneren Energie, 3.43
Befreiung, wenn man es versteht, 1.20, 3.29
zur Befreiung der Seelen, **7.24**
bewies, daß Er Gott ist, 1.20
um die Gottgeweihten zu segnen, **7.25**
Religion wiedererrichtet durch, 1.1 (S.40), 1.23
ist transzendental, 1.12, 1.20, 3.43, **7.24**
zeitlich eingeordnet, 2.22, 3.43, 4.14
Seine Erweiterungen, 9.18
in äußerer und innerer Energie, 2.28-29 (S.109)
beschrieben, 2.26, 3.28
Eigenschaften Kṛṣṇas in, 3.28
haben Balarāma zum Ursprung, 2.23, 3.23
Lebewesen als, 2.28-29 (S.109), 3.28
für die Schöpfung, **3.1**-3, 3.5
als Seine Teile, 2.22
unterschiedlich ermächtigt, 3.28
verschiedene Arten, 2.26, 3.28
vierfache, 3.23, **5.37**
viṣṇu-tattva als, 2.22, **3.1**-3, 3.5
Siehe auch: Inkarnation(en) des Höchsten Herrn; *bestimmte Erweiterungen*
erwidert den Dienst des Geweihten, 2.17
Erzählungen über, 7.12-14
Seine Familie, Gottgeweihte als, 7.25
als Fisch-Inkarnation, 8.30
Fragen und Antworten über, **2.5**
Frevler gegen, Unpersönlichkeitsanhänger als, S.26
Seine Geburt. *Siehe:* Kṛṣṇa, Sein Erscheinen
Seine Geliebten, 8.31
Gemeinschaft mit
durch hingebungsvollen Dienst, 2.7, 6.22
durch Klang, **5.38**-39
durch Seinen Namen, S.4, S.26, 1.14, 2.17, 5.36
Seine Gestalt. *Siehe:* Kṛṣṇa, Sein Körper; Kṛṣṇa, Seine Erweiterungen
gestaltlos für den Anfänger, 3.4
Geweihte von. *Siehe:* Gottgeweihte(r)
Seine Gnade, 7.22, 7.24
gopīs auf gleicher Ebene mit, 9.40
als Gott, S.3f., 1.1 (S.44, 45), 1.20, 2.22, 3.1, **3.23, 3.28** (**S.145**-146), 7.7, **7.23**
als Govinda, 8.21
als Herrscher über alles, 1.1 (S.37-39), 1.14
Hexe Pūtanā getötet von, 8.19
hilft den Gottgeweihten bei Rückkehr zu Ihm, 2.17
Hingabe zu, S.3, 1.1 (S.41), 3.1
hingebungsvoller Dienst für. *Siehe:* Hingebungsvoller Dienst
hob den Govardhana-Hügel hoch, 8.19
als höchste Glückseligkeit, S.26, 7.10 (S.292)
als höchste Intelligenz, 1.1 (S.37)
als höchste Wahrheit, 3.28
als Höchster Herr, S.3f. 1.20, 2.22, 3.1, 3.23, **3.28,** 7.7, **7.22, 7.23**
Hören über. *Siehe:* Hören über den Höchsten Herrn
identisch mit Seinem Körper, Namen usw., S.4, S.26
als „Inkarnation" Gottes, **3.23,** 3.28
Seine Inkarnation(en). *Siehe:* Inkarnation(en) des Höchsten Herrn
Seine innere Energie, 3.28
Siehe auch: Energie(n) des Höchsten Herrn, spirituelle
jenseits von Illusion, **1.1**
hat keinen Vater, 2.28-29 (S.109)
Seine Klangrepräsentation, **5.38-**39
klärt Spekulation, 2.21
Sein Körper ist mit Ihm identisch, S.4, S.16
Seine kosmische Gestalt, 3.3, **3.30**-32

Liebe zu. *Siehe:* Liebe zu Gott
Literatur über, verglichen mit weltlicher Literatur, 1.19
Seine Lotosfüße. *Siehe:* Höchster Herr, Lotosfüße des
Seine Mannigfaltigkeit, 7.23
materielle Natur und, **8.18,** 8.40, 9.32
Meditation über, 3.35
als „Mensch", **1.20**
mißverstanden von Nichtgottgeweihten, S.3
Nachahmer von, 1.20
Seine Name(n)
  als Bezeichnung der Absoluten Wahrheit, 1.1 (S.36)
  erschienen mit Caitanya, S.5
  gefürchtet von der Furcht, **1.14**
  identisch mit Ihm, S.4, S.26, 1.14, 2.17, 5.36
  kann nicht ausgesprochen werden von Unpersönlichkeitsanhängern, S.26
  von Spekulanten als materiell angesehen, 3.37
  Siehe auch: Hare-Kṛṣṇa-*mantra;* Chanten der Heiligen Namen des Herrn
als Nārāyaṇa, 7.52
Nārāyaṇa ist Seine Erweiterung, 9.18, 9.24, 9.32
offenbart Sich einem herausfordernden Geist nicht, 2.21
Pāṇḍavas als Seine Verwandten, **9.20**
als *para-tattva,* 1.1 (S.37)
als persönlich und unpersönlich, 5.20
als Quelle von Zufriedenheit, 2.5
beim Rājasūya-yajña, **9.41**
rasas mit. *Siehe: Rasa(s)*
Sein Reich, S.4, 3.43, 7.52
reinigt das Herz des Gottgeweihten, **2.17**
Religion wiederhergestellt von, 1.23
als *ṛṣi,* 8.30
Seine Schöpfungen, materielle und spirituelle, 1.17
schwer zu kennen, S.26, 2.20
als Sohn Vasudevas und Devakīs, **1.1** (**S.35,** S.36)
Seine Spiele
  sind absolut, 8.27, 8.36
  attraktiver als das Brahman, S.27
  Befreiung durch, 1.20, **2.15, 3.29,** 9.35
  erwecken Zuneigung der befreiten Seelen, 1.3 (S.48)
  sind ewig, 2.22, 9.39
  hingebungsvoller Dienst als Zugang zu, 3.29
  richtige Annäherung an, 1.1 (S.37f.)
  Śukadeva angezogen von, 1.3 (S.48), 7.10 (S.292)
  Śukadeva als Erzähler, 1.3 (S.48)
  sind transzendental, 2.15, 3.28-29, 7.10, 8.27, 8.36
  übermenschliche Taten in, 8.19, 8.46
  sind unerklärlich, 8.16, 8.18-19, **8.30**-31
  verglichen mit der Sonne, 2.22
  Vertrautheit in, 2.22
  sind verwirrend, **9.18**
  in Vṛndāvana, 8.21, 8.31
  weltliche Geschichten verglichen mit, 1.19
  Siehe auch: Höchster Herr, Spiel(e) des
Spiele der *gopīs* mit, 3.28
in der spirituellen Welt, 3.43, 7.52
als Sprecher der *Bhagavad-gītā,* 9.49
Śrīmad-Bhāgavatam als Zugang zu, S.2, **3.40,** 3.43-44, **7.7**
am Sterbebett Bhīṣmas, 9.22
als *summum bonum,* 1.1 (S.37), 3.28 (S.146)
als *svayaṁ-rūpa* Gottes, 2.22, 3.28
Seine Taten. *Siehe:* Kṛṣṇa, Seine Spiele
Seine transzendentale Position, S.26, **1.1,** 3.29, 3.32, **6.30**-32, **7.23, 7.24**-25
Tugend zu Seiner Erkenntnis nötig, 4.24
als Überseele, **2.17,** 2.28-29 (S.108), 3.1
Seine universale Form, 3.3, **3.30**
als Ursache
  aller Ursachen, **1.1** (**S.35,** S.36, 39), 1.17
  des Universums, **1.1** (**S.36,** S.37), **5.20**
als Ursprung
  aller Dinge, **1.1** (**S.35,** S.36, 39), 2.6, 7.23
  von Inkarnationen, 1.17, 3.23, **3.28,** 3.28
  der Viererweiterung, 5.37
  Viṣṇus, 7.23
als Vāsudeva, **1.1** (**S.35,** S.36) 1.14, 2.28-29 (S.108-110), 3.23
Verehrung von. *Siehe:* Verehrung, des Herrn
verglichen mit
  Sandelholz, **8.32**
  der Sonne, 2.21, 7.23
Verherrlichung von, 1.16, **2.14**
  Siehe auch: Verherrlichung des Höchsten Herrn
als Vernichter des Universums, 1.1 (S.37)

Verstehen von
Befreiung durch das, 1.20, 3.29
durch Gottgeweihte, 3.4, **3.38**
durch hingebungsvollen Dienst, 2.12, 3.4, 3.29
durch die Schülernachfolge, 2.21
ist schwer, S.16, 2.20
Seltenheit des, 2.20
durch transzendentalen Klang, **5.38**-39
als Ziel von Wissen, **2.28-29** (**S.107**-109)
Vertrautheit mit, 2.22
Verwirklichung von. *Siehe:* Kṛṣṇa, Verstehen von; Kṛṣṇa-Bewußtsein
in der vierarmigen Gestalt, **7.52**
als vollständige Persönlichkeit Gottes, **3.28**
als vollständiges Ganzes, 2.6
Vyāsadeva ermächtigt von, 3.43, 4.25
wünscht unsere Rückkehr zu Ihm, 2.17
als Yajña, 2.28-29 (S.108)
Yaśodā bestrafte, **8.31,** 9.19
als *yugāvatāra* mit schwarzer Hautfarbe, 3.5
ist das Ziel aller Entsagung, 2.28-29 (S.109)
ist das Ziel aller Tätigkeiten, **2.28-29** (**S.107**-110)
ist das Ziel von Opfern, **2.28-29** (**S.107,** S.108)
Sein Zorn, 1.14, 7.34
als Zuflucht vor dem Tod, 3.42
Seine Zusammenarbeit mit Vyāsadeva, 4.25
Siehe auch: Caitanya Mahāprabhu; Überseele; Höchster Herr; Viṣṇu
Kṛṣṇa-Bewußtsein
berufliche Tätigkeit muß führen zu, **2.8**
Caitanyas Verbreitung des, S.4, S.5, S.8f., S.23, S.25-27, S.31f.
Chanten von Hare Kṛṣṇa für, S.5,
Hören im, S.23, 2.32, 6.25
Inder sollten verbreiten, 1.21
läuternde Wirkung des, **6.27-28**
Notwendigkeit für, S.2, 5.11
Prediger des. *Siehe:* Gottgeweihte(r), als Prediger
steht über den materiellen Erscheinungsweisen, 2.20
Siehe auch: Gotteserkenntnis; Hingebungsvoller Dienst
Kṛṣṇadāsa Kavirāja, S.4
Kṛṣṇadāsa Vipra, S.29
Kṛṣṇa-dvaipāyana Vyāsa. *Siehe:* Vyāsadeva
Kṛṣṇa-karṇāmṛta, S.24
Kṛṣṇa-kathā, 7.12, 7.13-14
Siehe auch: Hören über den Höchsten Herrn; Kṛṣṇa, Erzählungen über
Kṛṣṇaloka, 7.52, 8.21
Siehe auch: Goloka Vṛndāvana; Vṛndāvana
Kṛṣṇa-sandarbha, angeführt in bezug auf Kṛṣṇa, 1.1 (S.36)
Kṣatriya(s)
brāhmaṇas
Leiter der, 3.20
dürfen nicht beleidigt werden von, **7.48**
stehen höher als, 8.7
der Herr als, 8.7
notwendige Eignungen für, 9.26 (S.415)
Paraśurāma tötete, 9.6-7 (S.393)
Pflicht der, 3.20, 8.47, 9.26 (S.415)
Töten durch die, Grundsätze, **7.36**
viṣṇu-tattva(s) verehrt von, 2.26
Siehe auch: König(e); *Varṇāśrama-dharma*
Kṣetrajña-śakti, S.18
Kṣīra-corā-gopīnātha, S.13
Kṣīrodaka-Ozean, 8.34
Kṣīrodakaśāyī Viṣṇu, 2.23, 3.2, 3.5, 8.34
Kuhdung, S.16
Kühe
Dung der, S.16
Opfer von, S.8
Parīkṣits Schutz der, 4.9, 4.12
Schutz der
Sinn des, 9.26 (S.415f.)
sorgt für Milch, 8.5
surabhi, 8.43
Töten der
in den *Veden,* S.8
als Ende der Zivilisation, 4.9
Siehe auch: Tierschlachtungen
Kuhhirtenmädchen. *Siehe: Gopī(s)*
Kumāras, **3.6,** 3.26, 3.28, 7.10, 9.19
Kunst, 5.22
Kuntī, Königin
Devakī verglichen mit, 8.23
fürchtet Trennung vom Herrn, **8.37, 8.39**
ihre Gebete, **8.18-43**
ihre Keuschheit, 8.17
Kṛṣṇa
ihr Neffe, 8.18, 8.21, 8.28
rettete, **8.24**
ihre Leiden, **9.13**
in Trauer durch die Schlacht von Kurukṣetra, **8.3**
als unwissend, 8.20
Yaśodā verglichen mit, 8.31

Kūrma, 3.5, **3.16**
Kuru Mahārāja, 8.14
Kuru-Dynastie
geführt von Bhīṣma, 9.32
Pāṇḍavas gehören zur, 8.14
Kurukṣetra, Schlacht von. *Siehe:* Schlacht von Kurukṣetra
Kurvanti, 7.10 (S.290, 291)
Kuṭīcaka, 3.13
Kuvera, 9.3

L

Lakṣmī. *Siehe:* Glücksgöttin(en)
Lakṣmīpriyā, S.3
Landwirtschaft. *Siehe:* Kühe, Schutz der; *Vaiśya(s)*
Landwirt(e), 5.32
Siehe auch: Vaiśya(s)
Laster, 1.6, 9.16
Siehe auch: Sünde(n); Sündhafte Handlungen
Läuterung
durch Gottgeweihte und die Gaṅgā, **1.15**
der Gottgeweihten, 9.19, 9.31-32
durch die Heiligen Namen Gottes, 8.26
des Herzens durch *saṅkīrtana,* S.32
hingebungsvoller Dienst als, 5.35
durch Hören über Gott, 1.13, **2.17,** 5.26
des Schülers durch den spirituellen Meister, 1.13
Schwierigkeiten als, 9.19
für *śūdras* und Frauen, 4.25
vor der Geburt und danach, 4.25
der Wünsche, 9.32
Leben
āśramas des, 9.8
Dauer des, in verschieden Zeitaltern, 1.10, 1.21
materielles
als Illusion, 8.4
Statussymbole des, 8.26
Wünsche als Ursache für, 9.23
spirituelles. *Siehe:* Hingebungsvoller Dienst; Kṛṣṇa-Bewußtsein
Ziel des, 8.42, 9.26 (S.416), 9.27 (S.418), 9.39, 9.44
Siehe auch: Lebewesen; Mensch(en)
Lebewesen
sind abhängig, 8.37, 8.38, 9.22, 9.31
bedingte, verglichen mit befreiten, 9.44
beeinflußt von den Erscheinungsweisen, 8.27
befreit
durch die Gottgeweihten, 5.24
vom Herrn auf zwei Wegen, 7.5
begleitet von der Überseele, 2.31
als Diener des Herrn, 2.6, 3.38, 5.8, 5.20
als Diener des Herrn. *Siehe:* Gottgeweihte(r)
dient immer, 3.38, 8.35
Eigenschaften Kṛṣṇas in den, 3.28
als eins mit und verschieden vom Herrn, S.18, 1.1 (S.39), 1.2 (S.44f.), 5.20, 7.5
Energie der, 9.27 (S.17f.)
als Energie des Herrn, S.18, 2.11, 5.20, 5.31
erfahren *rasas,* 1.3 (S.47-49)
erleuchtet durch die Gnade des Herrn, 3.33-34
als Erweiterungen des Herrn, S.18, 2.28-29 (S.109), **3.5,** 5.8
als fehlbar, 9.22
Freiheit für, 6.37
Geburt für, 3.35
Siehe auch: Geburt(en)
geholfen von der Überseele, **2.33**
geschaffen durch den Blick des Herrn, 1.1 (S.40)
Gestalt des Herrn als Ziel der, 6.18
Gestalt der, materielle und spirituelle, 9.39
als getrennte Teile Viṣṇus, 2.23
Glück für, durch Verherrlichung des Herrn, 6.34
als Grundlage des materiellen Körpers, S.1
haben begrenztes Wissen, S.1f.
haben Nutzen durch Dienst für den Herrn, 1.4
der Herr
Seine Beziehung mit den, 5.8
als höchstes, 1.1 (S.37)
Seine Taten sind unbegreiflich für, 8.16
verglichen mit, 2.26, 3.28, 3.35, 5.20, 7.5, 8.4, 8.18, 8.35
dem Herrn untergeordnet, S.1, 2.26, 3.35, 5.20, 7.5
sind hilflos, 2.33
Hingabe zum Herrn ist Bestimmung des, 5.8, 5.20
Hingabe zum Herrn unabdingbar für, 5.20
identifizieren sich mit Materie, 2.11, **7.5,** 7.7

ihrem Wesen nach persönlich, S.17
immer aktiv, 6.34
als Individuen, 1.1 (S.37)
jenseits der groben und feinen Gestalt, **3.32-33**
Kampf der, 2.4
können Stellung Brahmās erreichen, 3.28 (S.147)
Kṛṣṇa als Mittelpunkt für, 2.6
Leid der, 1.2 (S.44), 5.18, 6.38, **7.5**
Leid der, als Zeichen, daß sie Gott nicht gleich sind, 7.5
als marginale Erweiterungen des Herrn, 9.18
materielle Natur bessert, 7.5
von der materiellen Energie bedeckt, S.18, 3.33, 7.5
in der materiellen und spirituellen Welt, 5.31
menschliche Lebensform etwas Besonderes für, 1.10
niemals dem Herrn gleich, 2.26, 3.28 (S.146), 5.20, 7.5
normalerweise glückselig, 2.19
auf allen Planeten, 2.34
relatives Dasein der, S.18, 2.11
schaffen ihr Schicksal selbst, 8.28
als Seele, 3.31-32
als Söhne des Herrn, 2.33
Symptome der, 8.42
als Teile des Herrn, S.17, S.18, 2.6, 2.23, 2.33
als Teile Viṣṇus, 1.4
als transzendental, 8.47
trügerischer Genuß der, 7.24
Unwissenheit der, S.1, S.18, 3.33
Ursprung der, **3.5**
Verdauungsvorgang nicht verstanden von, S.2
Vergeßlichkeit der, 2.31, 2.34, 3.33
im Vergleich zum Herrn, S.1f., 2.26, 3.35, 5.20, 7.5
verglichen mit Gefangenen, 7.5
verlieren niemals Individualität, 7.5
verschiedene Daseinsstufen der, S.18
Viṣṇu als Baum, Lebewesen als Teile, Vergleich, 1.4
Viṣṇu als Wohltäter für die, **2.23**
Vollkommenheit für, 3.28 (S.146f.)
als „weiblich", 7.7
Wünsche im, 6.22
Siehe auch: Bedingte Seele(n); Seele(n); *bestimmte Lebewesen*

Die Lehren Śrī Caitanyas, angeführt, S.5, S.19, S.23, S.29
Lehrer
der Herr als, 8.7, 9.4, 9.17
notwendige Eignung eines, 9.26 (S.415)
Siehe auch: Brāhmaṇa(s); Spirituelle(r) Meister; *bestimmte Lehrer*
Leid
als Beweis, daß die Seele Gott nicht ebenbürtig ist, 7.5
drei Arten des, 1.2 (S.44)
Freiheit von, 1.2 (S.45), **3.29,** 5.32, **6.38**
Grundlage von, **7.5**
Hingabe zum Herrn lindert, **7.6-7**
kommt von selbst, **5.18**
Kuntīs, **9.13**
als Läuterung, 9.19
der Lebewesen, 8.28
materielle Welt voller, 8.25, 9.14
der Pāṇḍavas, 9.16
Sinn des menschlichen Lebens ist Beendigung des, 1.10
Śrīmad-Bhāgavatam beseitigt, **1.2,** 5.13, **5.40, 7.6-7,** 7.7
unfrommer König als Ursache von, 8.32
unumgänglich in dieser Welt, 5.18
Leidenschaft, Erscheinungsweise der
Brahmā als Gottheit der, 2.23
Erhebung von der, 2.24
Hingabe zum Herrn vertreibt die, **2.19**
menschliche Gesellschaft in der, 2.20, 2.24
Veden nicht verstanden in der, 4.24
Verehrung in der, **2.27**
verglichen mit Rauch, **2.24**
Leidenschaft. *Siehe:* Leidenschaft, Erscheinungsweise der; Lust
Lesebedürfnis, 5.11, 5.13
Liebe zu Gott, 7.7
Caitanyas Lehre der, S.4, S.32f.
Caitanyas, S.31-33
Chanten erweckt, S.27f.
Ekstase durch, **6.16-17**
Entwicklung von, 6.16
fünf Stufen der, S.31
als fünfte Stufe spiritueller Verwirklichung, S.28
als Gesamtsumme aller *rasas,* 1.3 (S.47)
geschlechtliche Konnotation der, 7.7
Gott bezwungen von, 8.45
latent in jedem vorhanden, 2.8
Nāradas, **6.16-17**
ist nicht mechanisch, 7.6
Sārvabhaumas, S.21

schließt alles ein, S.21f.
Śrīmad-Bhāgavatam erweckt, **7.7**
als Ziel des hingebungsvollen Dienstes, S.19f., 5.37
Siehe auch: Hingebungsvoller Dienst; Kṛṣṇa-Bewußtsein
Līlā-avatāras, 2.22, 3.5
Liṅga Purāṇa, 6.32
Literatur, transzendentale, **5.11,** 5.13
Siehe auch: Bhagavad-gītā; Śrīmad-Bhāgavatam; Vedānta-sūtra; Veden; Vedische Schriften
Literatur, weltliche, 1.19, **5.10,** 5.13
Lobha, 6.21
Locana dāsa Ṭhākura, S.4
Lolārka, 7.18
Loslösung. *Siehe:* Entsagung
Lotosblume
Brahmā geboren auf, 8.34
der Herr verglichen mit, **8.22**
vom Nabel Viṣṇus, 3.2
Lotosfüße des Höchsten Herrn. *Siehe:* Höchster Herr, Lotosfüße des
Luft als „staubig", Vergleich **3.31**
Lust
Freiheit von, trügerische und echte, 6.35
als krankhafte Tätigkeit der Seele, 2.19-20
zerstört durch Hingabe zum Herrn, **2.19**
Siehe auch: Geschlechtsleben; Leidenschaft, Erscheinungsweise der

M

Macht
des Höchsten Herrn, 8.43
mystische. *Siehe:* Mystische Kräfte
der Zeit, **9.15**
Mādhavendra Purī, S.13
Mādhurya-Stufe des hingebungsvollen Dienstes, S.31
Madhvācārya, 1.17, 4.17-18, 8.19, 9.6-7 (S.391)
Madhva-sampradāya, 9.6-7 (S.391)
Mādhyandina-śruti, angeführt in bezug auf die *Veden,* 4.13
Magen, Gott verglichen mit, 5.14
Māgha Mela, S.29
Mahābhārata
Bhagavad-gītā als Essenz des, 4.25, 5.15
Gaṇeśa zeichnete auf, 9.6-7 (S.392)
Geschichte im, verglichen mit moderner Darstellung, 3.41
für das Kali-yuga, 9.6-7 (S.392)
Kastensystem erklärt im, 9.26 (S.414)
kritisiert von Nārada, 5.15
Kṛṣṇa spiritualisiert, 7.12
Menschen irregeführt vom, 5.15
spiritueller Meister muß es kennen, 1.6
als transzendentale Schrift, 1.19, 7.12
als vedische Schrift, 1.6, 3.21, 4.19
als vereinfachte *Veden,* S.17, 4.3, 4.25, 4.28-29
Verfasser des. *Siehe:* Vyāsadeva
verfaßt für gewöhnliche Menschen, **4.25, 4.28-29**
ist wichtiger als die *Veden,* 4.28-29
zeitliche Einordnung seiner Niederschrift, 7.8
zeitliche Ordnung im, 9.28
Zweck des, 4.25
Siehe auch: Mahābhārata, angeführt
Mahābhārata, angeführt in bezug auf
Bṛhadaśva, 9.6-7 (S.393)
Dhaumyas Unterweisungen an Yudhiṣṭhira, 9.6-7 (S.392)
die Schlacht von Kurukṣetra, 8.46
das Sudarśana-*cakra,* 9.6-7 (S.395)
Śukadeva Gosvāmī, 9.8
Mahājana(s), 2.25
aufgeführt, 9.19
Siehe auch: bestimmte mahājanas
Mahākālī, 2.26
Mahā-mantra. Siehe: Chanten der Heiligen Namen des Herrn
Mahātmā(s), 1.1 (S.41), 2.16
geben sich Kṛṣṇa hin, 8.37
Kṛṣṇa verstanden von, 9.42
Siehe auch: Gottgeweihte(r); *bestimmte mahātmās*
Mahat-tattva, 3.1-3
Mahendra Parvata, 9.6-7 (S.393)
Maheśa-dhāma, 3.28 (S.147)
Malaiisches Sandelholz, **8.32**
Mānasa, 5.10
Mandarācala-Berg, **3.16**
Mangosamen, Caitanyas Wunder mit, S.11
Männliche und weibliche Geschöpfe, 1.1 (S.40)
Mantra(s)
erhalten vom spirituellen Meister, 5.38
bei Kuhopfern, S.8
militärische Nutzung von, 7.20, 7.27, 7.44
oṁkāra praṇava, 5.37

spirituelle Sinne wiederbelebt von, 5.38
Siehe auch: Chanten der Heiligen Namen des Herrn
Manu(s), 3.5
Inkarnationen Gottes als, 1.17, 3.5, **3.27**
als *mahājana,* 9.19
vierzehn aufgeführt, 3.5
Manu(s), angeführt in bezug auf
brāhmaṇas als Angreifer, 7.53-54
Tiermörder, 7.37
Manu-saṁhitā, 9.27 (S.418)
Marginale Energie des Höchsten Herrn. *Siehe:* Lebewesen
Marīci, 3.5, **6.30**-31, 9.8
Maschinen, 1.1 (S.40)
Materialismus
drei Symptome des, 7.7
ermutigt von vedischen Schriften, 5.15
falsche Ausrichtung des, 2.27
Halbgottverehrung als, **2.27**
als Herausforderung der Ordnung Gottes, 3.22
im heutigen Zeitalter, 1.10, 3.43, 5.11
als Hindernis im Dienst für den Herrn, S.30
Religion
benutzt für, 1.2 (S.43), 2.9, 5.15
vernachlässigt durch, 1.2 (S.43)
spiritueller Fortschritt behindert durch, **8.26**-27
Śrīmad-Bhāgavatam
Heilmittel für, 5.11, 5.13, 7.7
weist ihn zurück, **1.2**
Streit als Ergebnis des, 5.11
als sündhaft, 8.51
„Unabhängigkeit" im, 8.37
vedische Schriften und, 5.15
verglichen mit Fieber, 6.10
Siehe auch: Anhaftungen, materielle; Körperliche Lebensauffassung; Leben, materielles
Materialist(en)
ihre Auffassung von der Schöpfung, 1.1 (S.39)
Aussichtslosigkeit für, 1.4
beherrscht von den Erscheinungsweisen, 6.31
Bindung der, 3.8
Chanten der Heiligen Namen durch, 8.26
Entsagung verachtet von, 5.15
Glück unerreichbar für, 2.3
Gotteserkenntnis für, **5.16**
Gruppen der, 5.40
haben Nutzen vom *Bhāgavatam,* 7.7
Halbgottverehrung durch die, 2.23, **2.27**
als Herausforderer der Ordnung Gottes, 3.22
der Herr
ist ihnen unsichtbar, 8.36
wird nicht verstanden von, 5.16
irregeführt von vedischen Schriften, **5.14-15**
lehnen Selbstverwirklichung ab, 1.22
Literatur der, **5.10**
Philosophen und Arbeiter als, 3.37
Sinnenbefriedigung als Ziel der, 2.9-10
Spiele des Herrn für, **5.16**
Tätigkeiten der, als konzentrierte oder erweiterte Selbstsucht, 2.8
als unglücklich, 1.2, 2.3, 6.34
verglichen
mit Gottgeweihten, **5.17**
mit Kamelen, 2.3
mit Krähen, 5.10
Wettkampf unter den, 1.2 (S.43)
Wünsche der, 2.27
Siehe auch: Atheist(en); Bedingte Seele(n); Dämon(en); Fruchtbringende(r) Arbeiter; Nichtgottgeweihte(r)
Materie
hervorgebracht durch spirituelle Energie, 8.34
als niedere Energie der Absoluten Wahrheit, 2.11
Seele als Grundlage der, S.1f.
Spiritualisierung der, 5.23, 5.33
trübt Tätigkeiten der Seele, 2.19
Siehe auch: Energie(n) des Höchsten Herrn, materielle
Materielle Anhaftungen. *Siehe:* Anhaftungen, materielle
Materielle Energie. *Siehe:* Energie(n) des Höchsten Herrn, materielle; *Māyā*
Materielle Natur
Atheisten bestraft von, 1.1 (S.40)
befruchtet vom Herrn, 3.2
beherrscht vom Herrn, 1.1 (S.40), 7.32
berichtigt die Lebewesen, 7.5
als enttäuschend, 1.16, 2.3
Erscheinungsweisen der. *Siehe:* Erscheinungsweisen der Natur
Gesetze der. *Siehe:* Gesetz(e) der Natur
irreführende Kraft der, 8.37
Kṛṣṇa steht über der, 8.18, 8.40, **9.32**
Leiden in der, 9.14

als *prakṛti,* 3.2
Sāṅkhya-Philosophie erklärt die, 3.10
Ursprung der, Gott als, 1.1 (S.39)
Siehe auch: Erscheinungsweisen der Natur; Gesetz(e) der Natur
Materielle Welt
Dualität der, 8.9
spirituelle Welt verglichen mit, 8.9
als Täuschung, 9.44
als Traum, 8.25
ist voller Leid, 8.25
Siehe auch: Schöpfung; Universum
Materieller Körper. *Siehe:* Körper, materieller
Mathurā, S.29
Matsya (Fisch-Inkarnation), 3.5, 3.26, 3.28, 8.30
Seine Taten, **3.15**
Matsya Purāṇa, 1.1 (S.41)
Māyā
definiert, 5.23
Doppelbedeutung des Wortes, 8.44
Familienanziehung als, 8.42
als Schleier des Herrn, **8.19**
spirituelles Wissen vertreibt, 8.4
verglichen mt Dunkelheit, 7.23
Zweck von, 8.44
Siehe auch: Illusion; Unwissenheit, Erscheinungsweise der
Māyāpura, S.3
Māyāvāda-Philosophie. *Siehe:* Unpersönlichkeitslehre
Māyāvādī(s). *Siehe:* Unpersönlichkeitsanhänger
Meditation
Bhīṣmas, **9.30-44**
der Gottgeweihten, 6.15
des Gottgeweihten zum Todeszeitpunkt, 9.23, 9.30
Kṛṣṇa als Gegenstand der, **1.1,** 3.35
von Nārada Muni, **6.15-19**
der *paramahaṁsas,* 1.1 (S.36)
persönliche, verglichen mit unpersönlicher, 9.41
in rechter Weise, 6.15
im Satya-yuga, 1.21
spiritueller Meister nötig für, 6.15
über die Überseele, **6.15-16**
über die universale Form Gottes, 3.30-31
Siehe auch: Chanten der Heiligen Namen des Herrn; *Samādhi*
Mensch(en)
abhängig vom Herrn, 1.1 (S.38f.)
Arten der, S.30, 2.12
befreit durch
Gnade des Herrn, 3.33
Gottgeweihte, 2.16, 5.24
Befreiung als Möglichkeit für, 1.10, 5.15
ihre Bekehrung zu Gottgeweihten, 5.36
Eigenschaften der, 9.26 (S.414)
Eigenschaften des Herrn in, 3.28, 5.20
ihre Energie, in diesem Zeitalter geschwächt, 1.10
Entsagung ist Pflicht für, 3.9
Fragen natürlich für, 1.1 (S.37)
Frieden für, 1.16, 5.32
Gefahr für, in diesem Zeitalter, 1.22
Genuß für. *Siehe:* Sinnenbefriedigung
Gesellschaft für. *Siehe:* Gesellschaft, menschliche
als getrennte Teile Gottes, 5.20
Glück der, trügerisches und wirkliches, 3.13
sind Gott niemals ebenbürtig, 2.26, 5.20
Gruppen von
vier gute, 5.40
vier schlechte, 5.40
dem Herrn untergeordnet, 1.1 (S.37), 5.20
heutige. *Siehe:* Kali-yuga
hingebungsvoller Dienst für, 2.15
Hören als herausragende Eignung der, 2.32
intellektuelle Vollkommenheit für, **5.22**
im Kali-yuga, **1.10,** 3.43
Lebensdauer der, in den Zeitaltern, 1.21
Leiden sollten beendet werden von den, 1.10
materielle Verstrickung der, 7.7
mißbraucht von weltlichen Autoren, 5.13
Nahrung für, 8.40, 9.26 (S.416)
Naturgesetze beherrschen die, 8.40
Pflicht der
Studieren der vedischen Schriften als, 5.21
Planeten der, 9.45
Religion für, 1.2 (S.43)
Schülernachfolge für, 1.22
Selbsterkenntnis für, 1.10, 1.22, 8.25
Śiva und Brahmā verehrt von törichten, 2.23
Spiritualisierung der, 5.36
Śrīmad-Bhāgavatam für, 5.11, 5.13
Tätigkeiten der, in allen Universen, 6.11
Tiere verglichen mit, 2.20, 3.43
Tod als Prüfung für, 9.30, 9.43
Unwissenheit und Leidenschaft der, 2.20
verwirrt von vedischen Schriften, 5.14-15

vier allgemeine Berufsgruppen für, 2.14
Vollkommenheit für, 2.20, 3.28 (S.146f.), **5.22**
als „Zweige" Viṣṇus, 1.4
Siehe auch: Bedingte Seele(n); Lebewesen
Menschliche Gesellschaft. *Siehe:* Gesellschaft, menschliche
Menschliches Leben. *Siehe:* Leben; Mensch(en)
Mentale Spekulanten. *Siehe:* Philosophen, spekulative
Mentale Spekulation. *Siehe:* Philosophie, spekulative
Merudevī, **3.13**
Metaphysik. *Siehe:* Śaṅkhya-Philosophie
Milch
vom Hals der Ziege, Vergleich, 3.2
therapeutische Nutzung der, Vergleich, 5.33
vergiftete, Vergleich, 2.12, 3.41
Wichtigkeit der, 8.5
Militärwissenschaft, 7.20, 7.27, 7.44
Mißgunst. *Siehe:* Neid
Mohinī-Inkarnation Gottes, **3.17,** 3.28
Monarch. *Siehe:* König(e)
Mond, Genuß auf dem, 5.18
Mondfinsternis, S.5
Mondgott. *Siehe:* Candra
Mondlicht, innere Energie des Herrn verglichen mit, 7.4
Monismus
Gottgeweihte befreien von, 7.11
ist Hindernis für hingebungsvollen Dienst, S.30
als Sinnenbefriedigung, 2.10
übertroffen vom Kṛṣṇa-Bewußtsein, S.27, 1.3 (S.48)
ist unvollkommen, 4.32
als vedischer Pfad 1.2 (S.44)
widerlegt
von der „Einheit und Verschiedenheit" der Absoluten Wahrheit, S.18f., 1.2 (S.44)
von Vyāsadeva, 7.5
Siehe auch: Brahman-Erkenntnis; Unpersönlichkeitslehre
Monist(en)
angezogen vom Herrn, 7.11
Bestimmung der, 8.27
Siehe auch: Unpersönlichkeitsanhänger
Moral, 3.24
Siehe auch: Religion(en)
Mörder, 7.37
Siehe auch: Tierschlachtungen; Krieg(e)
Mukti
definiert, 8.4
Siehe auch: Befreiung
Mukunda Datta, S.12
Mukunda. *Siehe:* Kṛṣṇa
Munayaḥ, 7.10 (S.291)
Murāri Gupta, S.5
Mūrti, 5.38
Muschelhorn, S.16
Musik, transzendentale Töne für, 6.32
Mutter
Verantwortung der, 8.10
Siehe auch: bestimmte Mütter
Mystik. *Siehe:* Kṛṣṇa-Bewußtsein
Mystische Kräfte, 1.20
Bhīṣmas, 9.1, 9.24, **9.29**
Brahmās, 9.6-7 (S.394)
der Gottgeweihten, 5.6, 5.39
des Herrn, **8.44**
als Hindernis für hingebungsvollen Dienst, S.30, 2.28-29 (S.108)
Kṛṣṇa als Herr der, **8.14**
sechs Arten der, 7.10 (S.291)
als Sinnenbefriedigung, 7.10 (S.291)
Tod und, 9.29-30

N

Nābhi, König, **3.13**
Nahrung
Mangel an, im Kali-yuga, 4.17-18
für Menschen, 9.26 (S.416)
Verdauung der, nicht zu verstehen, S.2
Naimiṣāraṇya, **1.4**
Naiṣkarma, 2.7
Naiṣkarmya, 3.8
Nakula, **7.50**
Nala Mahārāja, 8.32, 9.6-7 (S.393)
Nanda Mahārāja, 1.20, 9.22
Nārada Muni
seine alldurchdringende Macht, **5.7**
als Autorität im Dienst für den Herrn, **3.8,** 6.31
Bhīṣma verglichen mit, 9.45
Dhruva eingeweiht von, 9.6-7 (S.391)
Entwicklung seiner Hingabe, **5.25-31, 5.39,** 6.36
erweckt Glauben, 3.28

Freiheit von, **6.31, 6.37**
seine Geburt ist transzendental, 6.29
seine gereifte Verwirklichung, 5.32
seine Geschichte, **5.23-31**
seine geschichtliche Rolle, 9.6-7 (S.391)
Gnade des Herrn für, **6.10**
Gott erscheint ihm, **6.16-17**
hörte den Herrn, **6.20**
als Inkarnation Gottes, 3.5, 3.26, 3.28 (S.145)
sein Instrument (*vīṇā*), **6.32**
als Junge, **5.23-29,** 6.36
sein Körper ist transzendental, **6.28,** 6.30
kritisiert Vyāsadeva, **5.14-15**
lobpreist den Herrn, **6.38**
als *mahājana,* 9.19
seine Meditation, **6.15-20**
seine Mutter, **6.6-9**
seine mystische Kraft, 5.6
beim Opfer Janamejayas, 9.6-7 (S.391)
als Prediger, 3.8, 6.21, **6.38**
seine Reisen, **6.11-14, 6.26**
als Schüler Brahmās, 4.33
als Schüler der Weisen, **5.24, 5.29-30,** 6.5
als spiritueller Meister, 9.6-7 (S.391)
Śrīmad-Bhāgavatam von, 1.1 (S.36), 1.2 (S.45), 1.3 (S.48)
am Sterbebett Bhīṣmas, **9.6-7**
sein Tod, **6.27, 6.28**
ebenso transzendental wie der Herr, 6.29-30
unterwiesen vom Herrn, **6.21-24**
Verherrlichung des Herrn empfohlen von, **5.8-11, 5.16, 5.21**
seine Vertreter, als Wohltäter, 4.17-18
hat viele Schüler, 6.21
Vyāsadeva
gefragt von, **5.1-4**
kritisiert von, **5.14-15**
unterwiesen von, **5.11-13,** 5.15, **5.21, 5.40**
wendet sich an, **4.32-33**
sein Wissen, **5.5-6**
seine Zuneigung zum Herrn, 6.16-17
Nārada-bhakti-sūtras, 6.31
Nārada-pañcarātra, 3.8
Nara-Nārāyaṇa Ṛṣi, **2.4, 3.9,** 3.28
Narasiṁha Purāṇa, angeführt in bezug auf *ṛṣis,* 6.31
Narasiṁha. *Siehe:* Nṛsiṁha
Nārāyaṇa
Seine Allmacht, 8.34
Bhīṣma verehrte, 9.24
als Erweiterung Baladevas, 9.18
als Erweiterung Kṛṣṇas, 2.22-23, 2.26, 9.18, 9.24, 9.32
alles geht bei der Vernichtung in Ihn ein, **6.29**
als Herr Vaikuṇṭhas, 9.18, 9.44
Kṛṣṇa
als, **7.52**
verglichen mit, 8.16
Māyāvādī-*sannyāsīs* nennen sich gegenseitig, S.26
Reichtum im Dienst für, 5.32
ist transzendental, 9.18
ist der Ursprung der Erweiterungen Gottes, 5.37
als *viṣṇu-tattva,* 2.23, 2.26
Vyāsadeva als Seine Inkarnation, 1.2 (S.45)
Siehe auch: Höchster Herr
Narottama dāsa Ṭhākura, S.4
Narren, Gottgeweihte verglichen mit, 2.19
Nationen, 1.10
Navadvīpa, S.3
Nawab Hussain Shah, S.26
Neid
Gottgeweihte frei von, 1.2 (S.44)
in der materiellen Welt, 1.2 (S.44)
der Māyāvādīs, 2.3
Neigung zu stehlen, S.13
Nektar, 3.16, **3.17,** 5.11
Nektar der Hingabe, S.31
Neulinge in hingebungsvollen Dienst
Bhāgavatam muß gehört werden von, 2.12
Bildgestaltenverehrung für, 6.21
dienen den reinen Gottgeweihten, 5.34, 6.23
gefallene, 5.19
materialistisch, 2.12
spiritueller Meister für, 6.23
Neutron, 2.32
Nichtgottgeweihte(r)
der Herr
als Richter der, 9.32
verwirrt die, 9.38
Kṛṣṇa mißverstanden von, S.3f.
als schädlich, 2.19
Siehe auch: Atheist(en); Dämon(en); Unpersönlichkeitsanhänger
Niedere Energie des Höchsten Herrn. *Siehe:* Energie(n) des Höchsten Herrn, materielle

Nimāi Paṇḍita, Caitanya als, S.3, S.7f.
Nimbārka, 1.17
Nirgrantha, 7.10 (S.290, 291)
Nirvāṇa. Siehe: Befreiung
Nitya-baddha(s), 3.1
Siehe auch: Bedingte Seele(n)
Nityānanda
angegriffen von Jagāi und Mādhāi, S.9f.
als Geweihter Caitanyas, S.9, S.12
zerbrach den Stab Caitanyas, S.13
Nivṛtti-mārga, 2.6, 7.8
Nṛsiṁha, 1.17, 3.5, 8.19, 9.18
tötete Hiraṇyakaśipu, **3.18,** 3.28
Nuklearwaffen, 8.12-13
brahmāstra verglichen mit, 7.27-28, 7.30
nicht fähig, die Erde zu zerstören, 7.32

O

Ohr als wichtigster Sinn, 7.7
Oṁkāra (praṇava), S.19, 5.37
Opfer
im Kali-yuga, S.8, 8.52
für Kṛṣṇa, 9.27 (S.418)
von Kühen, S.8
von Pferden. *Siehe:* Pferdeopfer
Rājasūya. *Siehe:* Rājasūya-Opfer
rituelle
brāhmaṇas bewandert in, 4.13
Buddhas Ablehnung der, 3.24
von Geweihten Viṣṇus, 1.4
Gott als Ziel von, **1.4, 2.28-29** (**S.107,** S.108)
heutzutage verboten, S.8
Materialismus verfälscht, 5.15
in Naimiṣāraṇya, **1.4**
Tiere und Menschen haben Nutzen von, 7.37
Tierschlachtungen verwechselt mit, 3.24
im Tretā-yuga, 1.21
Viṣṇu beherrscht, 5.36
Siehe auch: Chanten der Heiligen Namen des Herrn; Rituale
Opferfeuer, **4.28-29**

P

Padma Purāṇa
angeführt in bezug auf den Namen Kṛṣṇas, 1.1 (S.36)
Echtheit des *Śrīmad-Bhāgavatam* belegt vom, 1.1 (S.41)
zitiert in bezug auf Śiva, S.20
Padmanābha, 8.34
Paila Ṛṣi, **4.21**
Pañcarātra, 2.12, 5.38
angeführt in bezug auf die Erweiterungen Gottes, 5.37
Pāṇḍavas, 7.12
angegriffen von *brahmāstra,* **8.11-12**
betrauern die toten Verwandten, **8.1-3**
betrogen von Duryodhana, 9.11
Bhīṣma
als Gegner der, 8.46, 9.11
kümmerte sich um die, 9.11, 9.46
frei von Sünde, 8.51
gehören zur Kuru-Dynastie, 8.14
Gottes Gnade und die, **8.37, 8.38**
Hastināpura als Hauptstadt der, **9.48**
der Herr
beschützte die, 8.8, **8.13,** 8.17, **8.24, 9.12**
Kṛṣṇas Verwandte, **9.20**
Leiden der, 9.16
als *mahātmās,* 8.37
Siehe auch: Arjuna; Bhīma; Nakula; Sahadeva; Yudhiṣṭhira
Pāṇḍu Mahārāja
seine Söhne. *Siehe:* Pāṇḍavas; *bestimmte Pāṇḍavas*
sein Vater, 9.6-7 (S.392)
Pantheismus, 5.14
Siehe auch: Monismus
Parā prakṛti, 2.28-29 (S.109)
Parabrahman. *Siehe:* Brahman; Höchster Herr; Kṛṣṇa
Paraṁ satyam, S.1, 1.1 (S.40)
Parama, 7.23
Paramahaṁsa(s)
achtenswerte Stellung der, 3.13
Kṛṣṇa als Meditation der, 1.1 (S.36)
Śrīmad-Bhāgavatam
bestimmt für, 7.8
als Mittel zur Erhebung auf die Stufe des, 1.2 (S.45)
verglichen mit Schwänen, 5.10
Siehe auch: Gottgeweihte(r); Reine(r) Gottgeweihte(r)

Paramātmā. *Siehe:* Überseele
Parameśvara, S.1, 1.1 (S.37)
Paramparā, definiert, 2.21
Siehe auch: Schülernachfolge(n)
Parāśara Muni, **3.21,** 4.14, 9.6-7 (S.392), 9.27 (S.418)
Paraśurāma, **3.20,** 3.28, **9.6-7**
seine geschichtliche Rolle, 9.6-7 (S.393)
Para-tattva, 1.1 (S.37)
Parīkṣit Mahārāja
angegriffen von *brahmāstra,* **8.11**
befreit durch das *Bhāgavatam,* 3.42
beschützt vom Herrn, 8.14, 8.24
bestrafte Kali, 4.9, 7.8
Bhāgavatam gehört von, 4.9, **4.10**
sein Charakter, **4.9-11**
erwartet den Tod, **3.42**
Fragen über, von Śaunaka Muni, **4.9-12**
gerettet von Kṛṣṇa, 4.9
als Gottgeweihter, **4.12**
als Herrscher, **4.10-12**
Kühe beschützt von, 4.9, 4.12
als Nachkomme der Pāṇḍavas, **4.10**
am Nutzen aller interessiert, **4.12**
sein Tod, 4.9
unterwiesen von Heiligen, 3.42
verurteilte das Töten von Tieren, 3.24
Wohlstand unter, 4.12
Parivrājakācāryas, 3.13, 4.13, 6.13
Siehe auch: Gottgeweihte(r), als Prediger; *Sannyāsa*
Parvata Muni, **9.6-7**
seine geschichtliche Rolle, 9.6-7 (S.391)
Pārvatī, S.7
Pāṣaṇḍī(s), 2.26
Patañjali, 1.7
Persönlichkeit Gottes
ist Herrscher über alles, S.1
ist der höchste Aspekt der Absoluten Wahrheit, 3.39, 5.8
ist höchste Glückseligkeit, 5.8, 7.11
ist der Ursprung des Brahman, S.17, 7.4
Siehe auch: Höchster Herr; Kṛṣṇa
Pfeil(e)
Arjuna entwendet Duryodhanas, 9.37
Bhīṣmas Bett aus, **9.1,** 9.25
Pferdeopfer
Indras, 8.6
reinigende Kraft der, 8.51
als Sühne, 8.51
Yudhiṣṭhiras, **8.6**
Zweck der, 8.52
Pflicht
berufliche
Aufgeben der, für den Herrn, **5.17**
für *brāhmaṇas,* drei, 7.44
entsprechend der Mentalität, 2.8
im hingebungsvollen Dienst, 2.27, 5.32, 5.34, 5.36-37
höchste: hingebungsvoller Dienst, 2.7
nicht zufriedenstellend, 2.8
Sinnengenuß als falsches Ziel der, **2.9-10**
vier Unterteilungen, 3.13
als *yoga,* 5.34
Ziel der: die Absolute Wahrheit, **2.10**
Ziel der: Befreiung, **2.9**
Ziel der: Freude des Herrn, **2.13,** 5.36
muß Zuneigung zum Herrn erwecken, **2.8**
Siehe auch: Fruchtbringende Arbeit
des *brahmacārīs,* 9.27 (S.417)
der *brāhmaṇas,* 7.44, 9.26 (S.415), 9.27 (S.418)
Erfüllung gemäß den Umständen, 9.9
der *gṛhasthas* (Haushälter), 9.27 (S.417)
der *kṣatriyas,* 9.26 (S.415), 9.27 (S.418f.)
der *sannyāsīs,* 9.27 (S.417)
der *śūdras,* 9.26 (S.416)
der *vaiśyas,* 9.26 (S.415f.)
Siehe auch: Dharma
Philosophen, spekulative
im Dienst des Herrn, 5.32
Gott nicht zu verstehen für, 8.20, 9.16
halten Gott für materiell, 3.37
als Materialisten, 3.37
als Menschengruppe, 5.40
Tätigkeiten der, sind selbstisch, 2.8
Philosophie
spekulative
Absolute Wahrheit, wie sie gesehen wird von, 3.37
Gott unerklärbar für, 3.37
hält Gott für materiell, 3.37
Notwendigkeit des Aufgebens der, 5.36
Schöpfung als Thema der, 1.1 (S.37)
Seele, wie sie gesehen wird von, 2.21
verglichen mit Dunkelheit, 2.21
verurteilt, wenn ihr Hingabe zum Herrn fehlt, 5.8, 5.12
Zweck der, 5.22
Physik, 5.22
Pitṛloka, 5.18
Planet(en)
Anordnung der, 3.2, 3.22

beherrscht von Gott, 3.22
sind bewohnt, 2.34, 5.18, 7.31
Erdplanet. *Siehe:* Erde
Geschichte der, gemäß vedischen Schriften, 3.41
im Lotos Viṣṇus, 3.2
materielle Wissenschaft in Beziehung zu den, 3.22
Schöpfung der, 3.2
unterscheiden sich, 3.41
Siehe auch: Universum; *bestimmte Planeten*
Planetensysteme, 3.2, 6.31, 7.31
Poeten, 5.10, 5.32
Politiker
im Dienst Gottes, 5.32
Friedensbemühungen der, 7.7
Propaganda der, 2.14
als „Puppen" der materiellen Energie, 5.10
Sinnenbefriedigung als Antrieb der, 2.10
Prabhupāda, definiert, 1.15
Prabodhānanda Sarasvatī, S.4
Pracetās, 9.6-7 (S.394)
Pradyumna, 2.22, 3.23, **5.37**
als Erweiterung Baladevas, 9.18
Prahlāda Mahārāja, **3.11,** 7.40
als *mahājana,* 9.19
Nārada unterwies, 9.6-7 (S.391)
hat spirituellen Körper, 6.28
Prahlāda Mahārāja, zitiert in bezug auf die Inkarnationen Gottes, 3.26
Prajāpati(s), **3.27**
Ruci, **3.12**
Prakāśānanda Sarasvatī, S.26-28
Praṇava oṁkāra, S.19, 4.13
Prāṇāyāma, 2.28-29 (S.108)
Siehe auch: Yoga
Präsident und sein Wagen, Vergleich, 3.31
Pratāparudra Mahārāja, S.13, S.24-25
Pravṛtti-mārga, 2.6, 7.8
Prayāga, S.29f., 9.6-7 (S.393)
Predigen des Kṛṣṇa-Bewußtseins entsprechend Zeit und Ort, **9.9**
Prediger, Kṛṣṇa-bewußte. *Siehe:* Gottgeweihte(r), als Prediger
Prema, S.19, 5.37
Siehe auch: Höchster Herr, Liebe zum
Priester. *Siehe: Brāhmaṇa(s)*
Propaganda, 2.14
Proton, 2.32
Pṛśni, 8.33
Pṛśnigarbha, 3.26
Pṛthā. *Siehe:* Kuntī
Pṛthu Mahārāja, 3.5, **3.14,** 3.26
Psychologie, 5.22
unsere und Gottes, 6.33
Purāṇa(s)
als Atem Gottes, 4.13
Autor der. *Siehe:* Vyāsadeva
Befreiung durch die, 2.4
beschreiben Gott, 8.19
Bhāgavata-Purāṇa. Siehe: Śrīmad-Bhāgavatam
Ehrerbietungen an Vyāsa vor dem Lesen der, 9.6-7 (S.392)
geeignet für jeden, 2.4
Geschichtsdarstellung der, 3.41
als Grundlage des Dienstes für den Herrn, 2.12
in ihrer Botschaft identisch mit den *Veden,* 4.13
kritisiert von Nārada, 5.14
Kṛṣṇa spiritualisiert die, 7.12
Nārada verbunden mit, 9.6-7 (S.391)
Romaharṣaṇa als Gelehrter der, **4.22**
Selbstverwirklichung beschrieben in den, 9.26
Śrīmad-Bhāgavatam unterschieden von den, 1.2, 5.14
als Teil der *Veden,* S.17, 1.6, 2.4, 3.21, 4.19-**20**
ist transzendentale Literatur, 1.19
verglichen mit den *Veden,* 4.13
Zeitfolge der Begebenheiten in den, 9.28
zeitliche Einordnung ihrer Niederschrift, 7.8
Zweck der, 8.36
Purī. *Siehe:* Jagannātha Purī
Puruṣa (Baladevas Erweiterung), 9.18
Puruṣa, 3.2, 7.4
Siehe auch: Höchster Herr
Puruṣa-avatāras, 2.22, **3.1-5**
Siehe auch: Garbhodakaśāyī Viṣṇu; Kāraṇodakaśāyī Viṣṇu; Kṣīrodakaśāyī Viṣṇu
Puruṣottama-yoga, 5.34
Pūtanā, 8.19

Q

Quark als Diät, Vergleich, 3.8, 5.33

R

Rādhārāṇī, 9.22
Raghunātha Bhaṭṭa Gosvāmī, S.4, S.12
Raghunātha dāsa Gosvāmī, S.4, S.12, 8.27
Raivata Manu, 3.5
Rājasūya-Opfer, **9.41**
Rajo-guṇa. Siehe: Leidenschaft, Erscheinungsweise der
Rāmacandra, 1.17, 3.5, 3.28
  Seine Entsagung, 8.41
  Kṛṣṇa erscheint als, 8.19
  Kṛṣṇas Inkarnation verglichen mit, 8.21
  Rāvaṇa wollte Ihn töten, 9.34
  tötete Rāvaṇa, **3.22**
Rāmānanda Rāya, S.21-24
Rāmānuja, 1.17, 8.19
Rāmāyaṇa, 1.6, 1.19, 9.28
  angeführt in bezug auf Rāmas Vater, 7.44
  Inhalt des, 3.22
Rasa(s), 1.3 (S.47f.)
  als absolut, 9.34
  Arjunas, 9.22, 9.33, **9.34,** 9.39-40
  Arten der, 9.34
  Bhīṣmas, 9.22, 9.33-34, 9.39
  ehelicher, nachgeahmt, 9.33
  der *gopīs,* 9.40
  mit Gott in untergeordneter Rolle, 9.19
  der Pāṇḍavas, **9.20**
  ritterlicher, 9.33-34
  Schwierigkeiten in den, 9.19
  auf den spirituellen Planeten, 9.44
  Siehe auch: Beziehung(en), mit Kṛṣṇa
Rasa-graha, 5.19
Rāsa-līlā, 1.1 (S.38), 1.3 (S.49), **9.40**
Raumfahrt, 3.22
  zu vedischer Zeit, 9.45
Rāvaṇa, 1.1 (S.40), 1.14, 2.28-29 (S.109)
  seine Dummheit, 9.34
  getötet von Rāma, **3.22**
  als Materialist, 8.36
Realität, Grundlage der, 1.1 (S.38)
Regenzeit, **5.23**
Regierung(en)
  heutige, 9.26-27 (S.415)
  vedische, im Vergleich zur heutigen, 9.26-27 (S.415), 9.36, 9.49
  Siehe auch: König(e); *Kṣatriya(s);* Politiker; *einzelne Personen*
Reich Gottes. *Siehe:* Goloka Vṛndāvana; Spirituelle Welt
Reichtum
  im Dienst Gottes, 5.32
  empfohlene Verteilung von, S.30, 5.36
  als Fieber, 6.10
  als Hindernis für Gottgeweihte, 2.17
  Rūpa Gosvāmīs, S.30
  als Unwissenheit, S.23
  Siehe auch: Geld
Reine(r) Gottgeweihte(r)
  angezogen von Kṛṣṇa, 7.10 (S.292)
  Annehmen ihrer Speisereste, **5.25**
  befreite Seelen beeinflußt von, 7.11
  begleiten Kṛṣṇa immer, 7.12
  Bhāgavatam verstanden von, **1.2** (**S.42,** S.43)
  definiert, S.23, 5.29
  Eigenschaften der, 5.24
  frei von den materiellen Erscheinungsweisen, 6.28
  Gaṅgā verglichen mit, **1.15**
  Gemeinschaft mit, 5.25, 5.28-29, 5.34, 6.16
  geprüft vom Herrn, 7.40
  Gott ist ihnen sichtbar, 6.33
  haben Familienbindung, 8.41
  der Herr
    bevorzugt, 8.23
    bezwungen von, 8.45
    dient den, 9.21, 9.35
    unterweist, 9.32
    verstanden von, 8.30, 9.19
  dem Herrn „gleich", 1.15
  Hören von den, 5.36
  Körper der, 6.27-28
  Kṛṣṇa nur von ihnen verstanden, **3.38**
  läuternder Einfluß der, **1.15**
  Loslösung und Wissen der, **2.7**
  Macht der, 9.25
  mystische Kräfte der, 5.39
  notwendige Eignung für Schüler eines, 5.29
  Qualifikationen eines, 5.36
  repräsentieren Kṛṣṇas Lotosfüße, 1.15
  Seltenheit der, S.30, 5.16
  sind spontan und vorbehaltlos, 3.38
  Tod der, 6.27, 6.28
  Toleranz der, 7.43
  Trance des, 9.39
  sind transzendental wie Gott, 7.12
  varṇāśrama schafft, 2.2
  „Vergeßlichkeit" der, 8.31
  verherrlichen Gott, 6.21, 6.33
  „vermischte" Gottgeweihte verglichen mit, 8.27, 8.29

Wünsche der, 9.24, 9.32, 9.38
Siehe auch: Gottgeweihte(r); *Mahājana(s); Mahātmā(s); bestimmte reine Gottgeweihte*
Reiner hingebungsvoller Dienst
Caitanyas Verse zur Darstellung des, S.31-33
definiert, 7.10 (S.291)
ist frei von materiellen Wünschen, S.30
Stufen und Anhaftungen des, 7.10 (S.292)
Vorgang zur Entwicklung von, 5.34, 7.10 (S.292)
Reinkarnation. *Siehe:* Seelenwanderung
Relative Welt, Unterschiede in der, 2.11
Religion(en)
Autoritäten der, 2.25
Befreiung als Ziel der, 2.25
definiert, 1.23, 3.43, 8.4
festgelegt von Gott, 1.23, 2.25, 3.43
Frauen und, 8.20
Gott bestimmt die, 8.35
Halbgottverehrung als Verzerrung der, 2.27
im Kali-yuga, 1.10, 3.43
kriegerische Auseinandersetzung reguliert von, 7.36
materialistische, verurteilt, **1.2, 2.9,** 2.27, **5.15**
ist Merkmal menschlichen Lebens, 1.2 (S.43)
Prinzipien der
Anwendung gemäß Zeit und Ort, **9.9**
Sinnenbefriedigung als ein Ziel der, 1.2 (S.43)
Tieropfer im Namen von, 5.15
universale, Grundlage der, S.5, S.31
die vier Hauptthemen der, 1.2 (S.43)
wiedererrichtet vom Herrn, 1.23
wirtschaftlicher Erfolg verdrängt, 1.2 (S.43)
Ziel der
Kṛṣṇa als, **2.28-29 (S.108,** S.109)
Zweck der, 2.25
Reṇukāsuta, geschichtliche Rolle des, 9.6-7 (S.393)
Ṛg Veda, 3.21, 4.19
Richtersohn und Sohn eines *brāhmaṇa,* Vergleich
Rituale
beim Todesfall in einer Hindufamilie, **8.1-2**
Siehe auch: Opfer
Romaharṣaṇa, **2.1, 4.22**
Ṛṣabha (Dakṣa-sāvarṇi Manu), 3.5
Ṛṣabha, König, 3.9, **3.13**
Ṛṣi(s), **6.30**
Bhīṣma als, 9.5
definiert, 9.5
Nārāyaṇa als, 8.30
beim Tod Bhīṣmas, **9.5, 9.9**
Siehe auch: Brāhmaṇa(s); Weise(r); *bestimmte ṛṣis*
Ruci, **3.12**
Rudra. *Siehe:* Śiva
Rudra-sāvarṇi Manu, 3.5
Rukma Mahārāja, 9.6-7 (S.395)
Rukmiṇī, 7.10 (S.292), 9.6-7 (S.395)
Rūpa Gosvāmī, 8.27
als Geweihter Caitanyas, S.4, S.12, S.30f.
traf Caitanya, S.25
unterwiesen von Caitanya, S.30f.
Verteilung seines Reichtums, S.30
seine Verteter, als Wohltäter, 4.17-18

S

Śabda-kośa-Wörterbuch, angeführt, 7.10 (S.291)
Śacīdevī, S.3, S.8, S.12
Sad-dharma-pṛcchā, 6.2
Sādhana-bhakti, 7.10 (S.292)
Sahadeva, **7.50**
Sakhya-Stufe des hingebungsvollen Dienstes, S.31
Sākṣi-gopāla-Tempel, S.13
Śakti-tattvas, 5.37
Śālagrāma-śilā, 2.26
Śālva, 9.6-7 (S.395)
Sāma Veda, 3.21, 4.19, **4.21**
Samādhi
Bhīṣmas, **9.30-44**
definiert, 2.12, 9.23
durch Erinnerung an Kṛṣṇa, 9.43
der Hingabe, verglichen mit mystischem, 9.39
durch hingebungsvollen Dienst, 9.43
Vollkommenheit des, 9.23
Sāma-veda Upaniṣad, angeführt in bezug auf Kṛṣṇa, 1.1 (S.36)
Śambhala, 3.25
Saṁhitās, 4.19
Sampradāya. Siehe: Schülernachfolge(n)
Saṁsāra. Siehe: Seelenwanderung

Saṁskāra(s), 4.25
fehlen im Kali-yuga, 3.21
Siehe auch: Läuterung
Saṁsūcitam, definiert, 5.32
Sāṁvartaka-Feuer, **7.31**
Saṁvit-Kraft Gottes, S.18
Śamyāprāsa, 4.15, **7.2**
Sanātana Gosvāmī, S.12, S.25f., 8.27
als Autor, S.4, 1.1 (S.41)
Caitanyas Unterweisungen an, S.29, 7.10 (S.290)
Sanātha, definiert, 8.37
Sanat-kumāra, 7.10 (S.292)
Sandelholz, Kṛṣṇa verglichen mit, **8.32**
Sandhinī-Kraft Gottes, S.18
Sandhyās, 4.14
Śani, 2.26
Śaṅkarācārya
beauftragt, die Menschen irrezuführen, S.20
erkennt Kṛṣṇa als Gott an, 8.19, 9.18
erkennt Kṛṣṇa als transzendental an, 2.30, 9.18
Gefahr, ihm zu folgen, S.28
seine Interpretation, verurteilt, S.28
Śrīmad-Bhāgavatam nicht berührt von, 2.3
als Wegbereiter des Theismus, 3.24
Śaṅkarācārya angeführt in bezug auf
das Brahman und das Universum, S.2
Kṛṣṇa, 3.42
Nārāyaṇa, 9.18
Śaṅkara-*sampradāya*
Anhänger sind Studenten des *Vedānta,* S.15
Caitanyas Warnung vor der, S.19
legt die *Veden* aus, S.16, S.19
Lehre von der Welt als Täuschung, S.19
Saṅkarṣaṇa, 2.22-23, 3.23, 5.37, 9.18
Sāṅkhya-Philosophie, 3.10
Saṅkīrtana-Bewegung Śrī Caitanyas
anziehendes Wesen der, S.26
Bedeutung der, S.5
für Erlangung von Frieden, 1.4
erläutert von Caitanya, S.27f., S.31-33
Gemeinschaft mit Gott durch die, 5.36
im gewaltfreien Widerstand, S.8
Kazi als Gegner der, S.8
in Mahārāṣṭra, S.24
für alle Menschen, S.5, S.25, 5.36
Prakāśānanda kritisierte die, S.26-27
reinigt das Herz, S.5, S.32
Tiere nehmen teil an der, S.25
Vedānta-Studium verglichen mit der, S.27f.
Siehe auch: Chanten der Heiligen Namen des Herrn; Verherrlichung des Höchsten Herrn
Sannyāsa, 9.26 (S.417)
Ansehen des, S.11
im heutigen Zeitalter, S.11f., 1.10, 6.13
als höchster Lebensstand, 3.13
im *varṇāśrama*-System, 7.2
vier Stufen des, 3.13
Siehe auch: Sannyāsī(s); Varṇāśrama-dharma
Sannyāsī(s)
betrügerische, lehren das Schlachten von Tieren, 3.24
Beziehung zu den Haushältern, 4.8
Caitanya als, S.3, S.12f., 6.13
sind frei von Angst, 6.13
geschlechtliche Unterschiede existieren nicht für, 4.5
kritisiert von Materialisten, 5.15
sind losgelöst, 9.26 (S.417)
Pflicht der, 6.13
als spirituelle Meister, S.29, 3.13
Śukadeva als Beispiel für, 4.8
Unpersönlichkeitsanhänger als, S.26
Verhalten der, S.24f.
Siehe auch: Sannyāsa; bestimmte sannyāsīs
Sanoḍiyā-*brāhmaṇas,* S.29
Śantanu Mahārāja, 9.6-7 (S.392)
Śānta-Stufe des hingebungsvollen Dienstes, S.31
Sarasvatī (Fluß), **4.15, 7.2**
Sarasvatī, Halbgöttin, S.7, **2.4**
Śārīraka-bhāṣya, 2.3
Sārvabhauma, 3.5, 3.26
Sārvabhauma Bhaṭṭācārya, S.13, S.14, S.15, S.21, S.24
unterwiesen von Caitanya, S.16-20
seine Verse zur Verherrlichung Caitanyas, S.21
zitiert in bezug auf die Mission Caitanyas, S.21
Śāstras. Siehe: Schriften
Sat, definiert, 1.12
Satelliten, 1.1 (S.37), 5.20
Satī-Brauch, **7.45**
Sattva-guṇa. Siehe: Tugend, Erscheinungsweise der
Sātvata(s), 1.12
definiert, 9.32
Sātyaki, **7.50**

Satyaloka, 3.2
Satyasena, 3.5, 3.26
Satyavatī, **3.21, 4.14,** 9.6-7 (S.392)
Satyavrata, 3.15
Satya-yuga, 1.21, 3.25, 4.24
Siehe auch: Zeitalter
Śaunaka Ṛṣi
beglückwünscht Sūta Gosvāmī, **4.1**
seine Fragen, **4.3-13**
als Oberhaupt der Weisen, **1.4**
seine Qualifikation, **4.1**
Sāvarṇi Manu, 3.5
Schicksal
Glück und Leid als, **5.18**
Lebewesen schaffen ihr eigenes, 8.28
Siehe auch: Karma
Schildkröten-Inkarnation des Herrn, 3.5, **3.16**
Schlacht von Kurukṣetra
Befreiung während, 8.29, 9.35, 9.39
als Massensterben, 8.46, 8.49
Nachkommen Dhṛtarāṣṭras getötet während, 8.14
Pāṇḍavas in Trauer durch, **8.3**
Poltik der, 8.46
Ritterlichkeit während, 9.37
als Wille des Herrn, 8.51
Yudhiṣṭhira in Trauer durch, **8.3,** 8.46, **8.51, 9.1,** 9.12
Zweck der, 9.12, 9.16
Schlaf, 2.19-20
Schlange
Caitanyas Spiel mit der, S.6
vergiftet Milch, Vergleich, 2.12, 3.41
Schmerz. *Siehe:* Leid
Schöpfer
Atheisten verneinen, 1.1 (S.37), 3.2
Schöpfung
Neugier bezüglich, 1.1 (S.37)
Siehe auch: Universum
Schriften
Essenz der, **1.11, 2.6**
Inkarnationen Gottes erwähnt in den, 3.5
unterscheiden sich ihrem Wesen nach, **1.11**
Siehe auch: Vedische Schriften; *bestimmte Schriften*
Schülernachfolge(n)
Absolute Wahrheit empfangen über, 1.13
Achtung für, **4.33**
Bhāgavatam empfangen durch, 1.3 (S.48), 3.42, 4.1-2
Brahmā in der, 9.6-7 (S.391)
Brahmā als Ursprung der, 4.33
Caitanya in der, 9.6-7 (S.391)
Gosvāmīs in der, 9.6-7 (S.391)
Gottgeweihte erleuchtet durch, 2.21
nicht anerkannt von den „vedischen Gelehrten", 3.24
Notwendigkeit, ihr zu folgen, 1.3 (S.48), 1.13, 1.22, 2.21, 3.42, 4.1, 4.28-29, 5.39
rāsa-Tanz nur verstanden über, 1.3
spirituelle Meister in der, erkennen Kṛṣṇa als Gott an, 9.18
spirituelles Wissen über, 9.18
transzendentaler Klang empfangen über, 5.39
vedische Schriften müssen empfangen werden über, 3.24, 3.42, 4.28-29
Verwirklichung auf Grundlage der, 4.1
Vyāsadeva repräsentiert von, 1.5
Wissen empfangen über, 2.21
Siehe auch: Autorität(en); Spirituelle(r) Meister
Schutz
der alten Menschen, 8.5
der *brāhmaṇas,* 8.5
der Frauen, 8.5
durch den Herrn
der Kühe, **8.43**
Parīkṣits, **8.14, 8.24**
der Kühe. *Siehe:* Kühe
der Pāṇḍavas, **9.12**
der Tiere, 8.5, 9.26 (S.415)
durch die vedischen Könige, 9.27 (S.418)
vor dem Tod, **8.9**
Schwäne
heilige Menschen verglichen mit, 5.10
Schwerelosigkeit, 3.22
Seele(n)
bedingte. *Siehe:* Bedingte Seele(n)
Caitanya beurteilte Menschen anhand der, S.21f.
als Diener Gottes, 5.8
als eins mit und doch verschieden von Gott, 1.1 (S.39), 2.21
als Erweiterungen Gottes, 2.28-29 (S.109), 5.8
Fehlauffassungen über die, 2.8, 2.21
Freiheit für die, 2.8, 2.21, 6.37, 8.41
glückselig von Natur aus, 2.19
ist Grundlage des Geistes und Körpers, 2.8, 3.32
jenseits grob- und feinstofflicher Formen, **3.32-33**
kommt Gott niemals gleich, 2.26

materiell bedeckt von Körper und Geist, 2.8, 3.33, 8.26
als Meister, **2.21**
rasas der, 1.3 (S.47-49)
Siehe auch: Rasa(s)
Reinkarnation der. *Siehe:* Seelenwanderung
spirituelle Gestalt der, 2.6, 6.28
spirituelles Verständnis von der, 2.20
Tätigkeiten der, getrübt durch Materie, 2.19
ist transzendental, 8.25
ist unsichtbar, 3.31
Unwissenheit bezüglich der, 2.8, 2.21
Vergeßlichkeit der bedingten, 2.31, 3.33
verglichen
mit Vogel im Baum, 2.31
mit Vogel im Käfig, 2.8
verglichen mit der Überseele, 2.31
Wissen über die, als Stufe der Gotteserkenntnis, 5.34
Zufriedenheit der, **1.11, 2.5-6,** 2.8
Siehe auch: Lebewesen; *Rasa(s)*
Seele(n), bedingte. *Siehe:* bedingte Seele(n)
Seele(n), befreite. *Siehe:* befreite Seele(n)
Seelenwanderung
beweist Existenz der Seele, **3.32**
Chanten der Namen Kṛṣṇas befreit von, S.32, **1.14**
Dämonen in der, 2.16
als Gefangenschaft, 2.23, 5.15
für gescheiterte Transzendentalisten, 2.28-29 (S.108), 5.19
Gottgeweihte frei von der, **3.39**
verursacht vom materiellem Genuß, 2.23, 5.34, 8.35
Selbst, das, **3.33**
Siehe auch: Selbstverwirklichung; Seele(n)
Selbstsucht
Gottgeweihte erheben sich über, **4.12**
konzentrierte und erweiterte, 2.8
Siehe auch: Lust; Sinnenbefriedigung; Wünsche, materielle
Selbstverwirklichung
„Bedeckungen" überwunden durch, **3.33**
benötigte Atmosphäre für, 7.2
Chanten und Hören als Mittel zur, 1.21
definiert, 1.10, 3.33
Fortschritt von der, zum hingebungsvollen Dienst, 5.9
im Gegensatz zur Illusion, 3.33, 4.4
Gemeinschaft mit *bhāgavatas* führt zur, 2.18
Gesellschaftsschichten für die, 3.13
durch die Gnade Gottes, 3.33-34
Gott wird sichtbar durch, **3.33**
im hingebungsvollen Dienst, **2.21,** 5.14, 6.35
durch Hören über den Höchsten Herrn, S.23, 1.21, **2.18,** 3.35
Loslösung und Wissen durch, **2.7**
durch materiellen Fortschritt behindert, **8.26**-27
schwierig im heutigen Zeitalter, 1.10-11, 1.21-22
Śrīmad-Bhāgavatam führt zur, 1.21, **2.18,** 7.8
Tieretöten als Hindernis zur, 3.24
Tugend nötig für, 2.20
als Unterschied zum tierischen Leben, 9.26
im *varṇāśrama*-System, **2.13**-14, 7.2
Vedānta-sūtra bestimmt zur, 7.8
in verschiedenen Zeitaltern, 1.21
verwirrend dargestellt in vedischen Schriften, **5.14**-15
als Ziel des (menschlichen) Lebens, 1.2 (S.43), 1.10, 1.22, 9.26 (S.416)
Siehe auch: Hingebungsvoller Dienst; Wissen; Kṛṣṇa-Bewußtsein; Befreiung
Selbstzufriedenheit, 2.19
Śeṣanāga, 3.5
Siddhas, 1.4
Śikhi Māhiti, S.24
Śikṣāṣṭaka, S.31-33
angeführt in bezug auf die Kraft des Heiligen Namens, 2.17
Sinn(e)
Beherrschung der. *Siehe:* Sinnesbeherrschung
in ekstatischer Gottesliebe, 6.17
geläutert durch hingebungsvollen Dienst, 3.4
geschaffen durch Verlangen, 2.33
als nicht ausreichend zur Gotteserkenntnis, 5.38
Ohr als wichtigster, 7.7
sind unvollkommen, 5.38, 8.19
ursprünglich rein, 9.31
verglichen mit Schlangen, 6.35
Siehe auch: Körper, materieller
Sinnenbefriedigung
als enttäuschend, 6.34
Erziehung ausgerichtet auf, 1.22
Familienanziehung als, 8.42

gefördert durch vedische Schriften, 5.15
Glück durch, 3.13, **5.18**
als Grundlage des materiellen Lebens, 1.2 (S.44)
als Hauptbeschäftigung, 3.43
als Hindernis im hingebungsvollen Dienst, S.30
Körper benötigt zur, 2.10
Niedergang des *varṇāśrama*-Systems durch, 2.13
auf anderen Planeten, 5.18
rasas der, zwölf, 1.3 (S.47)
Religion als Mittel zur, 1.2 (S.43), 2.9
Śrīmad-Bhāgavatam und, 1.2 (S.43), 5.11
als trügerisches Ziel, **2.10,** 2.28-29 (S.109), 5.15, 5.18
ist unnatürlich für die Seele, 3.1
verbraucht Lebensenergie, 1.10
verglichen mit
Freude am Abfall, 5.10
Gelbsucht, 5.11
Wissen mißbraucht für, 2.28-29 (S.109), 5.22
Siehe auch: Genuß, materieller; Wünsche, materielle
Sinnesbeherrschung (trügerische und echte), **6.35**
Siehe auch: Entsagung
Śiśupāla, 8.36, 9.6-7 (S.395)
Sītā, 3.22
Śiva
beauftragt, die Menschen irrezuführen, S.20
Bhīṣma verglichen mit, 9.45
Brahmā (und der Sonnengott) angegriffen von, **7.18**
Eigenschaften Kṛṣṇas in, 3.28
als Halbgott, 2.28-29 (S.110)
Kṛṣṇa steht über, 8.16, 9.16
als *mahājana,* 9.19
seine Position, 2.23, 3.5, 3.28
verehrt von Unintelligenten, 2.23
verglichen mit Quark, 3.5
wird von unverheirateten Mädchen verehrt, S.6-7
als Zerstörer des Universums, 2.23
Skanda Purāṇa, angeführt in bezug auf Spirituelles, 9.34
Śmaśāna-bhairava, 2.26
Smṛti, als Grundlage des hingebungsvollen Dienstes, 2.12
Smṛti-mantra, angeführt in bezug auf die Absolute Wahrheit, 1.1 (S.39)
Soma-rasa, 5.18
Sonne
Gottheit der. *Siehe:* Sonnengott
Kṛṣṇa verglichen mit, 6.19, 7.23, 8.6, 8.15, 8.29, 8.32, 9.21, 9.31
Spiegelung der, Brahmā verglichen mit, 3.5
Wissenschaftler verwirrt von der, 1.1 (S.39)
Siehe auch: Sonnengott
Sonnengott
verfolgt von Śiva, 7.18
Siehe auch: Sonne
Sozialistischer Staat, 1.2 (S.44)
Spekulation, mentale. *Siehe:* Philosophie, spekulative
Spekulative Philosophen. *Siehe:* Philosophen, spekulative
Spenden, von *gṛhasthas,* 9.27 (S.417)
Spiel(e) des Höchsten Herrn. *Siehe:* Höchster Herr, Spiel(e) des
Spiel(e) Kṛṣṇas. *Siehe:* Kṛṣṇa, Seine Spiele
Spiritualisierung der Welt, 5.23, 5.33
Spiritualist(en). *Siehe: Brāhmaṇa(s);* Gottgeweihte(r); Reine(r) Gottgeweihte(r); Spirituelle(r) Meister; Weise(r); *Yogī(s)*
Spirituelle Energie. *Siehe:* Energie(n) des Höchsten Herrn, spirituelle
Spirituelle(r) Meister
angenommen sogar von Gott Selbst, 5.21
Annahme, Notwendigkeit, 1.13, 1.15, 2.32, 4.28-29, 5.21, 5.23, 6.23
Ausbildung der Knaben durch den, 5.24
als äußere Erscheinung der Überseele, 7.5
betraut den Schüler mit Dienst für den Herrn, 5.39
definiert, 7.43
Dienst des Schülers für den, 1.8, 1.15, 5.23, 5.29
Einweihung vom, S.10f., 2.2
Erhebung durch, 2.24
Fragen an den, 6.2
muß frei von Lastern sein, 1.6
auf gleicher Ebene wie Gott, 1.15
Gottgeweihte als, 5.23
Haushälter angeleitet vom, 9.6-7 (S.392)
heilige Schnur verliehen von, 2.2
Hören vom, S.23, 1.5, 1.13, 2.32, 7.22
innerer und äußerer, 7.5
kommt in der Schülernachfolge, S.23, 1.5, 1.13, 4.28-29
mantras empfangen vom, 5.38
Meditation nach Anleitung des, 6.15

als Medium für Gotteserkenntnis, 1.13, 1.15, 2.32, 5.21, 5.23, 6.23, 7.22
Nārada Muni als, 9.6-7 (S.391)
nötig zum Verständnis der *Veden,* 4.28-29
notwendige Eignung des, 1.5-6, 1.13
ist Prediger entsprechend Zeit und Ort, 9.9
repräsentiert Vyāsadeva, 1.5
sannyāsīs als, 3.13
Studium des *Śrīmad-Bhāgavatam* unter dem, 3.40
im *varṇāśrama*-System, 2.2, 5.24
ist mit den vedischen Schriften vertraut, 1.6
als Verkörperung der Gnade Gottes, 7.22
Vertrauen in den, 4.1, 5.39
wandelt das Leben des Schülers, 6.5
Zurückweisung eines ungeeigneten, 7.43
Siehe auch: Schülernachfolge(n); *bestimmte spirituelle Meister*
Spirituelle Welt
absolute Gleichwertigkeit in der, S.36
ist Bestimmungsort der Gottgeweihten, 6.26, 6.31
Beziehungen in der, 9.44
erleuchtet vom Brahman, 3.1
materielle Welt
als Schatten der, 1.17
verglichen mit, 1.17, 6.31, 8.9
Nārada hat Zutritt zur, 6.31
ist Reich Kṛṣṇas, 3.28, 7.52
ist wirklich und ewig, 1.1 (S.38)
wirkliche Befreiung ist Erreichen der, 9.39
ist das Ziel von Religion, 2.25
Zutritt zur, 5.31, **6.23**
Siehe auch: Goloka Vṛndāvana; Vṛndāvana
Spiritueller Körper, **6.28**
Spirituelles Leben. *Siehe:* Brahman-Erkenntnis; Hingebungsvoller Dienst; Gotteserkenntnis; Kṛṣṇa-Bewußtsein; Selbstverwirklichung
Śraddhā, 6.16
Śravaṇam, Wichtigkeit von, 1.6
Siehe auch: Śrīmad-Bhāgavatam, Empfangen der Botschaft des; Hören über den Höchsten Herrn
Śrī Caitanya. *Siehe:* Caitanya Mahāprabhu
Śrī Kṛṣṇa. *Siehe:* Kṛṣṇa
Śrīdhara Svāmī, angeführt in bezug auf
die Echtheit des *Bhāgavatam,* 1.1 (S.41)
die Festnahme Aśvatthāmās durch Arjuna, 7.33
Kṛṣṇas vier Arme, 7.52
materialistische Freuden, 5.10
die Zerstörung des Universums, 3.15
Śrīmad-Bhāgavatam
als Anleitung für die Verherrlichung des Herrn, S.23
anziehend für jeden, 1.3 (S.48)
ātmārāma-śloka des, S.20, **7.10**
Aufbau des, 1.1 (S.41), 1.20
aufgenommen durch Hören und Erklären, 1.6
Auslegung verurteilt, 3.41, 3.44, 4.2
Autor des. *Siehe:* Vyāsadeva
ist Barmherzigkeit für die verwirrte Seele, 2.3-4
Befreiung durch das, 2.3-4, 5.13
beginnt mit Hingabe zum Herrn, 1.2 (S.44)
berufsmäßiger Vortrag des, 1.2 (S.45), 1.3 (S.49), 3.41, 3.44, 4.2
Bhagavad-gītā als Vorstudium zum, 1.21, 3.43
als *Bhāgavata,* **2.18**
bietet umfassende Lösungen der Probleme, 2.5
Buddha vorhergesagt vom, 3.24
Caitanya als Verfechter des, S.2, S.3, S.4
alle Cantos gleich wichtig, 7.12
ist der Drang der Seele, S.22
Echtheit des, 1.1 (S.41)
Empfangen der Botschaft des
Achtung und Ergebenheit beim, 1.3 (S.48)
Auslegung verhindert, 3.44, 4.2
von berufsmäßigen Sprechern, 1.2 (S.45), 1.3 (S.49), 2.12, 3.41, 3.44, 4.2
beseitigt Störungen, **2.18**
Erkenntnis der Überseele durch, 2.12, 2.32
Freiheit durch, 7.7
als Gemeinschaft mit dem Herrn, 3.40, 3.43, 5.16
gibt Freude, 1.3 (S.48)
Gotteserkenntnis durch, S.1, 1.2 (S.44), 2.12, 3.44
Hingabe zum Herrn durch, **2.18, 7.7**
Kṛṣṇa gesehen mittels, 3.44
notwendige Eignung für, 1.2 (S.45), 3.44, 4.1-2
nutzlos ohne die richtigen Voraussetzungen, 4.1
Person *Bhāgavatam* nötig zum, S.2, 3.40

hat positive Wirkung, 3.40
Prüfstein für Ergebnisse des, 7.7
rasas erfahren durch, 1.3 (S.48f.)
Reinheit für, 3.44
Schülernachfolge nötig für, 1.3, 1.5, 3.41-42, 3.44, 4.1-2
spiritueller Meister nötig für, 2.32, 3.40
von Unpersönlichkeitsanhängern, 4.2
als einziger Weg zur Selbstverwirklichung, 1.21
ist erhaben über materielle Tätigkeiten, **1.2**
Erkenntnis der Absoluten Wahrheit durch das, 1.2 (S.44, 45), 2.3
Essenz der *Veden,* **1.3, 2.3, 3.41,** 4.7, 6.36
als Fackel der Transzendenz, 2.3, **3.43**
falsches Studium des, 7.12
Geschichte des, 1.1 (S.36f.), 3.24, 7.8
als Geschichtsschreibung, 3.41, 6.11
gesprochen von Śukadeva Gosvāmī, **1.3,** 9.8
Gottesliebe erlangt mit Hilfe des, **2.18,** 7.5, **7.7**
Gottgeweihter identisch mit, 2.12, 2.18
als Heilmittel (für den Materialismus), 5.11, 5.13, 5.16, 7.7-8
Herrlichkeit des, 3.40
Hingabe zum Herrn durch das, **2.18,** 7.5, **7.7**
Hören des, 9.27
identisch mit Gott, 1.23, **3.40,** 3.43, 5.16
identisch mit Kṛṣṇa, 3.43
ist immer frisch, 1.19
für jeden bestimmt, **3.40, 5.40**
Klanginkarnation Kṛṣṇas, 9.43
Klangrepräsentation Gottes, 1.23
ist Kommentar zum *Vedānta-sūtra,* S.15, 1.2 (S.45), 1.7, 2.3, 5.8, 7.8
Kommentatoren des, 1.1 (S.41)
ist Kṛṣṇa Selbst, 1.23, **3.40**-41, 5.16
ist *Kṛṣṇa-kathā,* 7.12, 7.14
Kṛṣṇas Spiele im, 1.3 (S.48), 8.36
Leid gelindert durch das, **1.2,** 5.11, **5.40, 7.6**
ist Licht für dieses Zeitalter, **3.43**
als *Mahā-purāṇa,* 3.41
als makelloses *Purāṇa,* 1.1 (S.36), 1.2 (S.45)
Materialisten können Nutzen ziehen aus, 7.8
materialistische Religion zurückgewiesen vom, **1.2**
Māyāvādīs halten es für „neu", 2.3
als Medizin. *Siehe: Śrīmad-Bhāgavatam,* als Heilmittel
in Naimiṣāraṇya, 1.4
Nārada als erster Lehrer des, 1.3 (S.48)
Nārada riet zum Verfassen des, 1.1 (S.36), **5.11, 5.13,** 5.15, 5.20-**21, 5.40**
notwendige Eignung zum Lehren des, 1.5-6, 4.1-2
Notwendigkeit, es der Reihenfolge nach zu studieren, 1.2, 3.28, 7.12
für *paramahaṁsas,* 2.3
Reinheit des, **1.2**
repräsentiert Religion, 1.23
Śaṅkara vermied, 2.3
schafft Frieden, 1.16, 5.11, 7.7
als Schiff zum Überqueren des Kali-yuga, **1.22**
als Schriftinkarnation Gottes, **3.40**
Schülernachfolge nötig zum Verständnis des, 1.3 (S.48f.), 1.5, 3.42, 4.1-2
Selbstverwirklichung mit Hilfe des, 1.21, 7.8
spirituelle Position des, S.22, 1.2 (S.43), 1.19, 1.23, 2.3, 4.3
Sprache ist unwichtig für die Botschaft des, 5.11
Studium des
von selbstverwirklichten Seelen, 7.9
Śukadeva
angezogen zum, **7.11**
als Sprecher des, **1.3,** 9.8
als Student des, 1.3 (S.48), 2.3, **7.8, 7.11**
als *Śuka-saṁhitā,* 4.7
als theistische Wissenschaft, S.2
Unpersönlichkeitsanhänger haben keinen Zugang zum, 2.3
als allen vedischen Schriften übergeordnet, 1.2 (S.43-45), **1.3** (S.46), **3.41,** 6.36, 7.9
als Verbindung mit Gott, 3.41, 7.7
Verbreitung des, 5.11, 5.13, 5.16
Verehrungswürdigkeit des, 3.40
verglichen mit
Kandiszucker, 5.11
der Sonne, **3.43**
den *Veden,* 4.13
weltlicher Literatur, 5.11
Verwirklichung des, 4.1
vollkommen, **3.40,** 5.13
Voraussagen des, 3.24-25, 5.13
Vortrag des, von Gottgeweihten, 2.12

Vyāsadeva
als Autor des, **3.40-41,** 3.41, 9.6-7 (S.392)
unterwiesen im Verfassen des, 1.1 (S.36), **5.11, 5.13,** 5.15, 5.20-**21, 5.40**
weltliche Literatur verglichen mit, 5.11
Zehnter Canto des, 1.1 (S.37f.), 7.12
für die Zufriedenheit aller, 5.11, 5.13
Siehe auch: Śrīmad-Bhāgavatam, angeführt; *Śrīmad-Bhāgavatam,* zitiert
Śrīmad-Bhāgavatam, angeführt in bezug auf
die Allwissenheit Gottes, S.1f.
Brahmās Abhängigkeit von Kṛṣṇa, S.1
die innere Kraft Gottes, 1.1 (S.38)
Kṛṣṇa als *parameśvara,* 1.1 (S.37)
materialistische Religion, 2.27
mystische Kräfte, 7.10 (S.291)
die Persönlichkeit Gottes, S.1f.
Siehe auch: Śrīmad-Bhāgavatam, zitiert
Śrīmad-Bhāgavatam, zitiert in bezug auf
die Eignungen für das Hören des *Bhāgavatam,* 1.2 (S.45)
Sṛñjaya Mahārāja, 9.6-7 (S.391)
Śruti
als Grundlage des hingebungsvollen Dienstes, 2.12
Siehe auch: Veden; Vedische Schriften
Śruti-mantras, angeführt in bezug auf
das Brahman als Quelle aller Dinge, 1.1 (S.39)
die *rasas,* 1.3 (S.47)
den schaffenden Blick Gottes, 1.1 (S.40)
Staat(en). *Siehe:* Regierung(en)
Staatskunst, 5.32
„Staubige" Luft, Vergleich, **3.31**
Stein der Weisen, 8.27
Gott verglichen mit, S.19
seine Wirkung auf Eisen, Vergleich, 6.28
Stellvertreter des Höchsten Herrn. *Siehe:* Spirituelle(r) Meister
Streit, Zeitalter des. *Siehe:* Kali-yuga
Strom eines Flusses verglichen mit hingebungsvollem Dienst, 5.28
Subhadrā, 8.3
Sudarśana, **9.6-7 (S.391,** 394f.)
Pāṇḍavas beschützt vom, **8.13**
Śuddha-sattva, 2.19-20
Siehe auch: Tugend, Erscheinungsweise der
Sudhāmā, 3.5, 3.26
Śūdra(s), 2.7, 4.25
Bildgestaltenverehrung für die, 8.22
Eigenschaften der, 9.26 (S.416)
Kali-yuga-Bevölkerung als, 9.49
Pflicht der, 9.26 (S.416)
Schutz der, 9.26 (S.416)
Siehe auch: Varṇāśrama-dharma
Śukadeva Gosvāmī
angezogen vom *Bhāgavatam,* 1.3 (S.48), **7.11**
angezogen vom Herrn, 7.10 (S.292), 7.11
als *ātmārāma,* 7.9
befreit von Geburt an, 2.2, 7.11
befreit durch das Vortragen des, 3.42
befreiter Monist, **4.4-5**
als Beispiel des Lebensstandes der Entsagung, 4.8
Brahman-Erkenntnis von, 7.11
als ehemaliger Unpersönlichkeitsanhänger, 7.11
Fragen Śaunakas bezüglich, **4.4-8**
als geläuterte Seele, **9.8**
seine geschichtliche Rolle, 9.8
sein Gleichmut, **4.5**
als Gottgeweihter, 2.2, 7.10 (S.292), **7.11**
als *mahājana,* 9.19
nahm heilige Schnur nicht an, **2.2**
seine Qualifikation, 3.41, **3.44, 4.7**
in der Schülernachfolge des *Bhāgavatam,* 1.3, 1.5, 3.41-**42**
als Sohn Vyāsadevas, **4.4,** 9.7
als spiritueller Meister, 2.2-**3**
Śrīmad-Bhāgavatam aufgenommen von, **2.3,** 3.41, 7.11
als transzendental zum *varṇāśrama,* 2.2
seine Unschuld, **4.5**
verglichen mit Papagei, 1.3 (S.48)
verließ sein Zuhause, **2.2**
als „Verrückter", **4.6**
der Vortragende des *Bhāgavatam,* **1.3,** 3.41, **3.44,** 4.7
als wachsam gegenüber Illusion, 4.4
Śukrācārya, 9.8
Summum bonum, S.1, 1.1 (S.37), 3.28
Siehe auch: Ziel des Lebens
Sünde(n)
Chanten von Hare Kṛṣṇa befreit von, 8.26
Krieg als, 8.49
Materialisten begehen, 8.51
vedische Opfer befreien von, 8.51-52
Siehe auch: Sündhafte Handlungen
Sündhafte Handlungen
Gottgeweihte sind beschützt vor, S.3

Grundlage der, 2.17
im Kali-yuga, S.10, 1.6
spiritueller Meister muß frei sein von, 1.6
Siehe auch: Sünde(n)
Surabhi-Kühe, 8.43
Suras. Siehe: Gottgeweihte(r); Halbgötter
Sūrya, 2.26, 8.18
Śuśrūṣu, 1.2 (S.45)
Sūta Gosvāmī
ist der älteste Vedāntist, **1.7**
seine Ehrerbietungen, **2.2-4**
empfing das *Śrīmad-Bhāgavatam,* 3.42, **3.44**
faßt die Schriften zusammen, **2.6**
geachtet von den Weisen, **1.5-9**
seine Gelehrtheit, **1.6-7**
als „Kapitän", **1.22**
mit *mantras* der *Veden* nicht sehr vertraut, **4.13**
in der Schülernachfolge, 1.5, **1.8,** 1.13, 3.42, **3.44,** 4.13
Sohn Romaharṣaṇas, **2.1**
spirituelle Meister von, 1.5, 1.8, 2.2
als Sprecher des *Bhāgavatam,* 3.44, **4.2,** 4.13
vertaut mit Vyāsadevas Wissen, **1.7**
Sutapā, 8.33
Svāmīs(s). Siehe: Gosvāmī(s); Sannyāsī(s)
Svarāṭ, definiert, 1.1 (S.40)
Svargaloka. *Siehe:* Brahmaloka; Satyaloka
Svārociṣa Manu, 3.5
Svar-Planeten, 9.45
Svarūpa Dāmodara Gosvāmī
angeführt in bezug auf das Studium des *Bhāgavatam,* 3.40
als Biograph Śrī Caitanyas, S.4, S.24
Svarūpa, definiert, 9.39
Svarūpa des Höchsten Herrn. *Siehe:* Höchster Herr, Gestalt(en) des
Svayam, definiert, 3.28 (S.146)
Svāyambhuva Manu, 3.5, 3.12
Svayaṁvara-Zeremonie Draupdīs, 9.6-7 (S.391)
Śvetadvīpa (Planet), 8.34
Śyāmānanda Gosvāmī, S.4

T

Tāmasa Manu, 3.5
Tapaḥ. Siehe: Entsagung
Tapana Miśra, S.26
Tapasvīs, definiert, 9.27
Tapasya, 2.28-29 (S.109)
Siehe auch: Entsagung
Tat tvam asi, S.19
Tätigkeiten
absolute, verglichen mit weltlichen, 9.34
drei materielle Erscheinungsformen von, 1.1 (S.42)
Kṛṣṇas. *Siehe:* Kṛṣṇa, Seine Spiele; Höchster Herr, Spiel(e) des
Reinheit der, 3.44
umgewandelt durch hingebungvollen Dienst, 8.42
Ziel von, 1.4
Siehe auch: Fruchtbringende Arbeit; *Karma;* Pflicht
Tätigkeiten, materielle, 8.51
Siehe auch: Karma
Tempel des Höchsten Herrn, 6.21
Theismus. *Siehe:* Gotteserkenntnis; Hingebungsvoller Dienst; Kṛṣṇa-Bewußtsein
Tier(e)
Caitanya erleuchtete, 6.13
in der Erscheinungsweise der Unwissenheit, 2.24
Gott inkarniert in Gestalt von, **8.30**
haben Nutzen durch Opfer, 7.37
Opfer von, **8.52**
Schutz für, 9.26 (S.415f.)
Töten der. *Siehe:* Tierschlachtungen
vier Beschäftigungen der, 1.2 (S.43), 9.26 (S.414)
Siehe auch: bestimmte Tiere
Tierschlachtungen
sind barbarisch, 9.26 (S.416)
Buddhas Widerstand gegen, 3.24, 5.15
in diesem Zeitalter gepredigt, 3.24
eingeschränkt durch Schriften, 7.37
als Hauptlaster, 1.6
als Hindernis für spirituelles Leben, 3.24
im Koran und in den *Veden,* S.8
als Mord, 7.37
im Namen von Religion, 5.15
nicht zu rechtfertigen, 7.37
Tieropfer verglichen mit, 8.52
als Ursache von Katastrophen, 7.37
„vedische Opfer" als, 3.24
verurteilt, 8.40, 9.26 (S.416)
zwei Arten von, 3.24
Tīrthas, 2.16
Tod(e)
Bhīṣmas, 9.30, **9.31, 9.39, 9.43-44,** 9.45

eines Tieres, verglichen mit menschlichem, 9.43
Freiheit vom, 8.9, **8.25**
für Geweihte des Herrn, 6.27-28
Hindu-Bräuche beim, 8.1
Kṛṣṇa ist Zuflucht vor dem, **1.14,** 3.42
Meditationen des Gottgeweihten beim, 9.23
Nāradas in seinem letzten Leben, **6.27-28**
als Prüfung, 9.30, 9.43
Seele verläßt den Körper beim, 3.32
yogīs bestimmen die Zeit des, 9.29
Siehe auch: Seelenwanderung
Todesstrafe, **7.37**
Töten. *Siehe:* Tier(e), Opfer von; Tierschlachtungen
Transzendentale Literatur. *Siehe:* Literatur, transzendentale; *bestimmte Schriften*
Transzendentale Verwirklichung. *Siehe:* Gotteserkenntnis; Kṛṣṇa-Bewußtsein; Selbstverwirklichung
Transzendentaler Klang. *Siehe:* Chanten der Heiligen Namen des Herrn; Hören über den Höchsten Herrn
Transzendentales Wissen. *Siehe:* Wissen, spirituelles
Transzendentalist(en)
Gruppen von, 2.12
Seltenheit der, 5.16
spirituelle Neuigkeiten verbreitet von, 5.13
Siehe auch: Ātmārāma(s); Befreite Seelen; Gottgeweihte(r); *Jñānī(s);* Reine(r) Gottgeweihte(r); Weise(r); *Yogī(s)*
Traum
materielles Leben verglichen mit, 8.25
Trennungsgefühl vom Herrn, 6.16
Tretā-yuga, 3.25, 4.24
Selbstverwirklichung im, 1.21
Siehe auch: Zeitalter
Trinken. *Siehe:* Berauschung
Trita, **9.6-7**
seine geschichtliche Rolle, 9.6-7 (S.394)
Tugend, Erscheinungsweise der, 9.5
Abnahme der, 4.24
Brahman erkannt in der, 2.20
brāhmaṇa als Symbol der, 2.20
erforderlich, um den Gāyatrī zu chanten, 1.1 (S.38)
Gottesbewußtsein in der reinen, **2.34**
im hingebungsvollen Dienst, **2.19-20,** 2.24
Veden verstanden in der, 4.24
Verehrung in der, 2.24, 2.26
verglichen mit Feuer, **2.24**
Viṣṇu, Gestalt der, **2.23**
Voraussetzung für Befreiung, **2.24**
Voraussetzung für Dienst für den Herrn, 6.21
Tukārāma, S.24
Tulasī-Blätter, S.9, 7.10 (S.292)

U

Überseele (Paramātmā)
ist alldurchdringend, **2.32-33,** 3.2, 8.18
als Aspekt der Absoluten Wahrheit, 2.11-12
Atome als Wirkungen der, 2.32
Beziehungen der Seelen über die, 8.42
als eins mit und verschieden von der Seele, 2.21
erkannt durch Vorgang des Hörens, 2.12, 2.32
Erkenntis der, verglichen mit
Buttergewinnung aus Milch, 2.32
Feuererzeugung aus Holz, 2.32
Erkenntnis der
als unvollkommen, 2.12, 2.29, 7.4
Wissen führt zur, 5.30
erscheint in vielen Formen, **2.32**
Gottgeweihte erleuchtet von der, 2.21
als Gottheit der Tugend, 2.23
als Hari, 3.2
der Herr als, 9.21, 9.42
im Herzen, 8.28
Inkarnationen Gottes gehen aus von der, 3.2
Kṛṣṇa als, **2.17,** 2.21, 2.29, 3.1, 5.32, **8.14,** 9.42
Kṣīrodakaśāyī Viṣṇu als, 3.2, 8.34
als Lenker der Lebewesen, **2.33**
als lokalisiertes Brahman, S.17
Meditation über, **6.15,** 6.19
als *parameśvara,* 8.18
Parīkṣit gerettet von der, **8.14**
als Teilrepräsentation Gottes, 2.11-12
Ursprung der, 3.1-2, 3.5
verglichen mit
einem Vogel, 2.31
als Zeit, 8.28
als Zeuge, 2.31
als Ziel von *yoga,* 2.28-29 (S.108)
als Ziel der *yogīs,* 9.42

Uddhava, 5.30
Ugraśravā. *Siehe:* Sūta Gosvāmī
Uhrmacher, Gott verglichen mit, 1.1 (S.40)
Unberührbare, Lehrer aus den Reihen der, 5.11
Unglück. *Siehe:* Leid
Universale Form des Höchsten Herrn, 3.3, **3.30-32,** 7.52
Universum
  beherrscht von Gott, 1.1 (S.37), 3.22, 7.32
  ist dunkel, 2.3
  als eins mit und verschieden vom Herrn, **5.20**
  ist Energie Gottes, S.1f., S.19, 1.1 (S.39), 2.11, **5.20,** 5.22
  Garbhodakaśāyī Viṣṇu liegt im, 3.2
  geschaffen von Gott, 1.1 (S.40), 1.17, **2.30, 3.1**-2
  Geschichte in den, wiederholt sich, 6.11
  Geschichte des, zwei Anschauungen, 3.41
  Gesetze Gottes beherrschen das, 7.32
  Gestalt Kṛṣṇas anziehend für jeden im, **9.33**
  halbgefüllt mit Wasser, 3.2
  als illusorisch, **1.1 (S.36, S.38), 1.17, 6.27**
  im *mahat-tattva,* 3.1
  nicht unwirklich, aber zeitweilig, S.19
  Spiritualisierung des, 5.23, 5.33
  spirituelle Grundlage des, S.1f.
  Universen, unzählbar viele, 3.1
  Unterteilungen im, 6.31, 7.31
  Ursprung des, Gott als, S.1f., S.19, **1.1 (S.35,** S.36f.), **5.20,** 5.22, 5.30
  Vernichtung des. *Siehe:* Vernichtung des Universums
  yogīs reisen im, 9.29
  Zeit beherrscht das, 9.14
  Zentrum des, in Naimiṣāraṇya, 1.4
Unpersönlichkeitsanhänger
  sind abhängig, 1.1 (S.40)
  Alternativen für die, 1.19
  Befreiung für, schwierig, 2.28-29 (S.108)
  Bestimmung der, 9.42, 9.44
  Caitanya spricht zu den, S.27f.
  fördern weltliches Geschlechtsleben, 1.1 (S.42)
  als Frevler gegen Kṛṣṇa, S.26
  gopīs verglichen mit den, 9.40
  halten das *Bhāgavatam* für neuzeitlich, 1.1 (S.41), 2.3
  können Botschaft des Herrn nicht verstehen, 5.30
  können „Kṛṣṇa" nicht aussprechen, S.26
  Meditation der, 9.41
  sind neidisch auf den Herrn, 2.3
  nicht zufrieden durch Brahman-Erkenntnis, 1.19, 9.39
  würdigen den Herrn herab, 2.28-29 (S.108)
  Siehe auch: Monismus; Philosophen, spekulative; Prakāśānanda Sarasvatī; Śaṅkara-*sampradāya*
Unpersönlichkeitslehre
  auf Anweisung des Herrn von Śaṅkara gelehrt, S.20
  Illusionstheorie der, S.19
  als verhüllter Buddhismus, S.20
  verurteilt von Caitanya, S.15-17, S.19
  weltliches Geschlechtsleben gefördert durch, 1.1 (S.42)
  weltliches Wesen der, 1.19
Untätigkeit, 2.19
Unterscheidungsvermögen, 7.42
Unwissenheit
  asuras sind in, 2.16
  über Bedürfnisse der Seele, 2.8
  Begierden als, 8.35
  Erscheinungsweise der. *Siehe:* Unwissenheit, Erscheinungsweise der
  im heutigen Zeitalter, 3.43
  Hingabe zum Herrn befreit von, **2.19,** 5.28, 6.21
  Lebewesen überwältigt von, S.18
  Leid aufgrund von, 8.35
  naturwissenschaftliches Wissen als, 2.28-29 (S.109)
  über Religion, 3.43
  verglichen mit Dunkelheit, 5.27, 7.23
  zerstört durch Hören über den Herrn, 5.27
  Siehe auch: Illusion; *Māyā;* Unwissenheit, Erscheinungsweise der;
Unwissenheit, Erscheinungsweise der
  Erhebung von der, durch spirituellen Meister, 2.24
  Hingabe zum Herrn bedeckt von, 5.28
  Hingabe zum Herrn beseitigt, 5.28
  Menschen beeinflußt von der, 2.20
  Śiva als Gottheit der, 2.23
  Veden unverständlich in, 4.24
  Verehrung in, 2.26
  verglichen mit Feuerholz, **2.24**
Unzufriedenheit, **5.5**
Upaniṣad(en)
  angeführt. *Siehe: Upaniṣaden,* angeführt
  als Atem des Herrn, 4.13

Spiele des Herrn beschrieben in den, 8.19
Vedānta als Zusammenfassung der, S.16, S.28
Upaniṣaden, angeführt in bezug auf die Brahman-Ausstrahlung, 7.4
Gott, von Philosophen nicht erkennbar, 8.20
Upāsanā-kāṇḍa-Teil der *Veden,* 1.2 (S.44)
Ursprung, letztendlicher. *Siehe:* Absolute Wahrheit; Höchster Herr
Urukrama, 7.10 (S.290, 291)
Uttama Manu, 3.5
Uttama-adhikārī-Vaiṣṇava. *Siehe:* Reine(r) Gottgeweihte(r)
Uttama-śloka, definiert, 1.19
Uttamaśloka, der Herr als, 8.44
Uttarā
Abhimanyus Witwe, 8.10
Kṛṣṇa beschützte ihren Embryo, **8.14**
als Mutter Parīkṣits, 8.10, 8.14
wandte sich um Schutz an den Herrn, **8.8-10**

V

Vaikuṇṭha (Inkarnation Gottes), 3.5, 3.26
Vaikuṇṭha. *Siehe:* Spirituelle Welt
Vairāgya. Siehe: Entsagung
Vaiśampāyana, **4.21,** 9.6-7 (S.392)
Vaiṣṇava(s). *Siehe:* Gottgeweihte(r)
Vaiśya(s), 2.26, 9.26 (S.415f.)
Siehe auch: Varṇāśrama-dharma
Vaivasvata Manu, 3.5, 9.19
Vallabha Bhaṭṭa, S.30
Vallabhācārya, 1.1 (S.41)
Vālmīki, 1.17, 5.22
Vāmana, 1.17, 2.26, 3.5, **3.19,** 3.28
Seine Eltern, 9.8
Vāmana Purāṇa, angeführt zum Wort *arkaḥ,* 7.18
Vānaprastha, 1.10, 9.26 (S.417)
Siehe auch: Varṇāśrama-dharma
Varāha, 1.17, **3.7,** 3.28, 8.19, 8.30
Erde gerettet von, 3.7
Glaube geweckt von, 3.28
Varāha Purāṇa, angeführt in bezug auf Naimiṣāraṇya, 1.4
Vārāṇasī
Caitanya in, S.26-29
als Lolārka, 7.18
Varṇa-saṅkara, definiert, 8.5, 9.27
Varṇāśrama-dharma
Ausbildung der Jungen im, 5.24
brāhmaṇas erhalten das, 8.5
Entsagung des, S.22
Heilige-Schnur-Einweihung im, 2.2
hingebungsvoller Dienst transzendiert, S.22
im Kali-yuga, 1.10-11
Kastensystem des, 2.13
Notwendigkeit für das, 2.13
ist oberflächlich hinsichtlich spirituellen Fortschritts, S.22
sannyāsīs geachtet im, 7.2
spirituelle Kultur des, 7.2
spiritueller Meister im, 2.2, 5.24
viṣṇu-tattvas verehrt im, 2.26
Ziel des, 2.2, **2.13,** 9.26 (S.414)
Siehe auch: Vedische Kultur, *bestimmte varṇas und āśramas*
Varuṇa, 2.23
Vasiṣṭha Muni, **9.6-7**
seine geschichtliche Rolle, 9.6-7 (S.393)
Vasu, **4.14**
Vāsudeva, 2.19
Vāsudeva (*viṣṇu-tattva*), 1.1 (S.36), 2.22, 3.23, **5.37**
Vasudeva, **1.1** (**S.35,** S.36) 1.12
Erweiterung Baladevas, 9.18
Kṛṣṇa als, S.2, 1.1 (S.36), 2.28-29 (S.108)
Nanda verglichen mit, 8.21
Nārada unterwies, 9.6-7 (S.391)
als Sutapā, 8.33
Siehe auch: Kṛṣṇa; *Śuddha-sattva;* Überseele
Vāsudeva, Name Gottes, S.2, 1.14
Vasus, **9.9,** 9.43
Vātsalya-Stufe des hingebungsvollen Dienstes, S.31
Vāyavīya Tantra angeführt in bezug auf Naimiṣāraṇya, 1.4
Vedānta-sūtra, 9.6-7 (S.392)
angeführt in bezug auf Einheit und Verschiedenheit, 1.2 (S.44)
Auslegung des, verurteilt, S.16f., S.19, S.28
Autorität des, S.16
Bhāgavatam als Kommentar zum, S.15, 1.2, 1.7, 2.3, 5.8, 7.8
Brahman erläutert im, 5.4
Caitanyas Erklärung des, S.16-20
Emanationen, Erklärung im, S.19
erhabene Position des, S.28, 5.4
für *jñānīs,* 2.3

Mißbrauch vorhergesehen von Vyāsadeva, 2.3
Śaṅkaras Anhänger in Beziehung zum, S.15
studiert von
Gottgeweihten, S.15
unqualifizierten Menschen, S.27
Unpersönlichkeitsanhängern, S.15, S.26
als theistische Wissenschaft, 1.7
Unzulänglichkeit des, 5.8-9
verglichen mit der Sonne, S.17
Vyāsadevas Grund für das Verfassen des, 2.3
als Zusammenfassung der *Upaniṣaden,* S.16, S.28
Vedānta-vādī. Siehe: Bhakti-vedānta(s)
Vedāntisten, S.15
Veden
angeführt in bezug auf Entsagung, 5.15
als Atem des Herrn, 4.13
Autorität der, S.16
Bhagavad-gītā ist die Essenz der, 4.25
Brahmā empfing sie von Kṛṣṇa, S.1
brāhmaṇas sind bewandert in den, 4.13, 4.24
Buddhas Verhältnis zu den, 3.24, 5.15
Buddhisten verneinen, S.16
drei wichtige Themen der, S.20, 5.24
falsche Auslegung der, von Materialisten, 5.15
falsche „Gelehrte" der, 3.24
Fehlinterpretation der, S.16-19, 3.24, 4.1
der Herr
ist jenseits der, 8.30
wird erkannt durch die, 6.25
Mahābhārata
Teil der, 4.19, **4.20,** 4.25
wichtiger als die, 4.28-29
Pfade in den
drei, 1.2 (S.44)
zwei, 2.6
praṇava oṁkāra als urerste Hymne der, S.19
Purāṇas
Teil der, 4.19-**20**
verglichen mit, 4.13
als Quelle allen Wissens, 4.23
Schülernachfolge benötigt zum Verständnis der, 3.24, 3.42, 4.28-29
schwer zu verstehen, 3.21
Śrīmad-Bhāgavatam verglichen mit, 1.2 (S.43), **1.3**
Teile der, Meister der, **4.21**
Themen der, 1.3 (S.46f.)
Tieropfer in den, S.8, 3.24, 5.15
Tugend nötig für Verständnis der, 4.24
unpersönliche Darstellung in den, S.17
unterteilt (von Vyāsadeva), **3.21,** 4.3, 4.19-21, 4.24, **4.25**
unvollkommen, 4.30
verbreitet über die Welt, **4.23**
vereinfacht von Vyāsa, **3.21,** 4.3, 4.19-25
Voraussetzungen für das Studium der, 2.2
als Wunschbaum, 1.3 (S.36)
Ziel der, 2.4, 8.18, 9.47
Gott als das, S.19, 2.5, **2.28-29** (**S.107,** S.108), 3.24, 5.24, 8.36
zusammengefaßt von Sūta Gosvāmī, **2.6**
Siehe auch: Vedische Schriften; *bestimmte vedische Schriften*
Vedische Anweisung. *Siehe:* Autoritäten
Vedische Gesellschaft. *Siehe: Varṇāśrama-dharma;* Vedische Kultur
Vedische Kultur
ehemals weltweit, 9.6-7 (S.394)
Kriegsrecht der, 7.36
Militärwissenschaft der, **7.20,** 7.27, 7.36, 7.44
Schutz in der, 8.5
Siehe auch: Varṇāśrama-dharma
Vedische Rituale. *Siehe:* Rituale; Opfer
Vedische Schriften
aufgenommen durch Hören und Erklären, 1.6
Autor der. *Siehe:* Vyāsadeva
Befreiung durch die, 2.4, 5.13, 5.21
Bhāgavatam als höchste der, **1.3,** 3.41, 6.36
Chanten der Heiligen Namen in, S.5
Fehlinterpretation der, S.16-19, 3.24, 4.1
Geschichte gemäß den, 3.41
Gott nicht offenbart von, **3.35**
als Heilmittel für den Materialismus, 5.13
Hören aus
für Gottgeweihte, 2.12
spiritueller Meister für das, 2.32
verglichen mit Butterkirnen, 2.32
Inkarnationen Gottes erwähnt in, 2.16
kritisiert wegen mangelnder Hingabe zum Herrn, 5.8-9, 5.12
Leid gelindert von, 5.13, **7.6**
Notwendigkeit der Annahme der, 5.36
nutzt den gefallenen Seelen, 5.21
Schülernachfolge nötig zum Empfang der, 3.24, 3.42, 4.28-29
spiritueller Meister muß vertraut sein mit, 1.6, 2.2

Tieropfer in den, S.8, 3.24, 5.15
Überseele erkannt durch, 2.12
Verstehen der, 4.1, 5.39
als verwirrend, **5.14**
zeitliche Einordnung des Verfassens der, 7.8
Ziel der, Gott als, S.19, 2.5, **2.28-29** (**S.107,** S.108), 3.24, 5.20
Siehe auch: Bhagavad-gītā; Literatur, transzendentale; *Śrīmad-Bhāgavatam*
Vedisches Wissen, 9.18, 9.26
Siehe auch: Wissen, spirituelles
Veṇa Mahārāja, 3.14
Verdauungsvorgang, Mysterium des, S.2
Verehrung
als allgemein menschliche Beschäftigung, 2.14
Befreiung durch, 2.23-24, **2.25-26**
Bhīṣmas. *Siehe:* Bhīṣmadeva, seine Gebete
der Bildgestalt Gottes. *Siehe:* Bildgestaltenverehrung
der *brāhmaṇas,* 2.26, **8.7**
der *gopīs,* 9.42
der Gottgeweihten, 9.25
der Halbgötter 2.23, 5.14, 5.36
beendet von Kṛṣṇa, 2.27
führt zu Pantheismus, 5.14
ist materialistisch, 2.23, **2.27**
in Unwissenheit und Leidenschaft, 2.26-**27**
verurteilt, 8.17
Viṣṇu benötigt für, 5.36
zurückgewiesen von den *brāhmaṇas,* 2.26
des Herrn, S.4, S.13, S.22, **2.14**-15, 2.23-24, **2.25-26,** 2.27, 2.28-29 (S.108)
durch Arbeit, 2.27, 5.34
Caitanya empfiehlt, S.4
notwendig, S.22
pāñcarātrika-System für, 5.38
als einzige Religion, 2.27
schließt alles ein, 1.2 (S.45)
verglichen mit Halbgottverehruung, 2.23-24, **2.26,** 2.26-27
Siehe auch: Bildgestaltenverehrung; Hingebungsvoller Dienst; Kṛṣṇa-Bewußtsein
Kṛṣṇa als Ziel der, 2.27, **2.28-29** (**S.107,** S.108)
Kuntīs. *Siehe:* Kuntī, Königin, ihre Gebete
Orte der, 8.19
Śivas, 2.23
in Unwissenheit und Leidenschaft, 2.26-**27**
verschiedene Ergebnisse der, 2.24
Viṣṇus, 2.23-27
hingebungsvoller Dienst als einzige, 2.23
Materialisten nicht bewußt über, 2.27
durch transzendentalen Klang, 5.38-39
verglichen mit Verehrung anderer, 2.23-24, **2.26-27**
Yudhiṣṭhira und. *Siehe:* Yudhiṣṭhira Mahārāja
Siehe auch: Bildgestaltenverehrung; Hingebungsvoller Dienst
Vergehen
gegen Gottgeweihte. *Siehe:* Gottgeweihte(r), Vergehen gegen
gegen den Herrn, S.26, S.28
Vergleiche
Baum & Höchster Herr, 5.20
Baum & Viṣṇu, 1.4
Baumwurzel & Höchster Herr, 5.14
bewölkter Himmel & *virāṭ-rūpa,* **3.31**
„blauer“ Himmel & universale Form, 3.31
Buttergewinnen & Erkenntis der Überseele, 2.32
Feuer & göttliches Bewußtsein, 2.32
Frau & materielle Natur, 3.2
Gefängnis & materielle Welt, 2.23
geschmückter toter Körper & weltliche Poesie, 5.10
Glühbirnen & Gottes Inkarnationen, 3.28
Goldmine & Höchster Herr, 1.1 (S.39)
Kamel & Materialist, 2.3
Kandiszucker & *Bhāgavatam,* 5.11
Königssohn und Waise & Gottgeweihte und *karmīs,* 5.19
Körper & der Höchste Herr, 5.20
Magen & der Höchste Herr, 5.14
Quark & Hingabe zum Herrn, 3.8
reicher Mann & Gottgeweihter, 6.27
Richtersohn & *brahma-bandhus,* 7.35
Sandelholz & Kṛṣṇa, 8.32
Sonne & Kṛṣṇa, 7.23, 8.6, 8.15, 8.29, 8.32, 9.21, 9.31
Sonnenaufgang & Kṛṣṇas Erscheinen, 8.32
Sonnenstrahlen & Energie des Herrn, 9.21
Sonnenstrahlen & Gnade des Herrn, 8.6, 8.29
staubige Luft & *virāṭ-rūpa,* **3.31**
Stein der Weisen & hingebungsvoller Dienst, 6.28
verwirrter Geist & Boot ohne Ankerplatz, 5.14

Vögel im Baum & Seele und Überseele, 2.31
Vogel im Käfig & Seele, 2.8
Wagen & universale Form des Herrn, 3.31
Zimmermann & Nṛsiṁhadeva, **3.18**
Zitzen am Hals der Ziege & Schöpferkraft der Materie, 3.2

Verherrlichung des Höchsten Herrn
anziehend für den Herrn, 6.33
beseitigt Angst, **6.34**
beseitigt Leiden, **5.40**
in Gemeinschaft reiner Gottgeweihter, S.23
Glückseligkeit durch, 5.8
von Gottgeweihten, 6.21, 6.26, 6.32
Heilige beschäftigt mit, 5.11
identisch mit dem Herrn, 6.33
durch Kunst, Philosophie usw., 5.22
Kunst und Wissenschaft bei der, 5.22
läuternde Wirkung der, 5.11
Nārada Munis, **6.26, 6.32, 6.38**
Notwendigkeit für, **5.8-9,** 5.8-9
Śrīmad-Bhāgavatam als Anleitung für, S.23
ist unabdingbar für Frieden, 1.16
ist unabdingbar für Glück, 5.8-9
verglichen mit Boot, **6.34**
verglichen mit weltlicher Propaganda, 2.14, 6.34
versäumt von Vyāsa, 5.8-9
Versuche, sie zu stoppen, 1.16, 5.11
ist die Vollkommenheit des Lebens, S.23
Wissen benutzt für, **5.22**
als Ziel von Wissen, **5.22**
Siehe auch: Saṅkīrtana-Bewegung

Vernichtung des Universums
am Ende von Brahmās Tag, **6.29**
Feuer während der, verglichen mit *brahmāstras,* **7.31**
Herr nicht beeinflußt von, **3.36**
Kṛṣṇa ist Ursache der, 1.1 (S.37)
nach den Manus, 3.15
periodisch, 3.1
durch Śivas *tāṇḍava-nṛtya,* 2.23
Wille des Herrn bestimmt, 7.32

Verschmelzen mit dem Höchsten.
Siehe: Brahmajyoti; Monist(en); Unpersönlichkeitslehre

Verwalter, 5.32
Siehe auch: König(e); *Kṣatriya(s)*

Verwalter eines Gefängnisses, Halbgötter verglichen mit, 2.28-29

Verwirklichung, persönliche, 4.1, 4.13

Verwirklichung, transzendentale.
Siehe: Gotteserkenntnis; Kṛṣṇa-Bewußtsein; Selbstverwirklichung; Wissen

Verzweiflung, 5.5, 5.9

Vibhu, 3.5, 3.26

Vibhūti-Inkarnationen des Herrn, 3.27

Vibhūtimat sattva, definiert, S.1

Vidura, sein Vater, 9.6-7 (S.392)

Vidyā. Siehe: Wissen

Vidyādharas, 1.4

Vidyunmālī, 7.18

Vicrererweiterung des Höchsten Herrn.
Siehe: Kṛṣṇa, Seine Erweiterungen

Vimukti, 3.29

Vīṇā Nārada Munis, **6.32**

Vipra(s), 2.2
Siehe auch: Brāhmaṇa(s)

Virāṭ-rūpa, **3.30,** 3.30-31

Viṣṇu,
brāhmaṇas verehren nur, 2.26
Dienst für. *Siehe:* Hingebungsvoller Dienst
wie Er von Gottgeweihten gesehen wird, **3.4**
ist der Erhalter des Universums, 3.5
erschien als Dattātreya, 3.11
Seine Erweiterungen, 2.23, 3.2
als Garbhodakaśāyī, 3.1-2, 3.5, 8.22, 8.34
gewährt Befreiung, **2.23,** 2.26
als Gott, 3.5
Gottheit der Tugend, 2.23, 2.28-29 (S.110)
Halbgötter im Vergleich zu, 2.28-29 (S.110)
Seine Inkarnationen, Brahmā und Śiva als, 3.5
jenseits der Erscheinungsweisen, **2.23**-25
als Kāraṇodakaśāyī, 3.1-2, 3.5, 9.32
Seine Klangrepräsentation, **5.38**-39
Kṛṣṇa als Sein Ursprung, 7.23
als Kṣīrodakaśāyī, 3.1-2, 3.5, 8.34
Lebewesen als Seine Teile, 2.23
als *mukti-pāda,* 2.26
nützt allen, **2.23**
als qualitative Inkarnation, **2.23**
Seine transzendentale Gestalt, 5.38
Seine transzendentale Stellung, 2.23, 2.28-29 (S.110), **3.3,** 5.38
als *urukrama,* 7.10 (S.291)
Verehrung von. *Siehe:* Verehrung
verglichen mit Baum, 1.4
als Yajña, 2.28-29 (S.108)
als Yajñeśvara, 5.36

als Ziel von Opfern, **1.4,**
2.28-29 (**S.107,** S.108)
Siehe auch: Garbhodakaśāyī Viṣṇu;
Höchster Herr; Kṣīrodakaśāyī Viṣṇu
Viṣṇu Purāṇa, angeführt in bezug auf den
Herrn, S.18
Viṣṇu-jana, 7.11
Siehe auch: Gottgeweihte(r)
Viṣṇu-māyā. Siehe: Illusion; *Māyā*
Viṣṇupāda, 1.15
Viṣṇupriyā Devī, S.3
Viṣṇusvāmī, 1.17
Viṣṇu-tattva(s), 2.26, 3.28, 5.37
Viṣṇu Yaśā, **3.25**
Siehe auch: Höchster Herr,
Erweiterungen des
Viśva-dharma, S.31
Viśvaksena, 3.5, 3.26
Viśvambhara, Caitanya als, S.3
Viśvāmitra (Gādhi-suta)
Vasiṣṭha bekämpft von, 9.6-7 (S.393)
Viśvāmitra Muni, 6.35
Viśvanātha Cakravartī Ṭhākura,
angeführt in bezug auf
amūrtikam, 5.38
Bhīṣmas Kampf gegen Kṛṣṇa, 9.34
die Ekstase eines Gottgeweihten, 9.19
die Vernichtung nach den Manus, 3.15
als Autor, S.4, 1.1 (S.41), 1.17
erkennt Kṛṣṇa als Gott an, 8.19
zitiert in bezug auf die Zufriedenstellung
des spirituellen Meisters, 1.8
Viśvanātha-Tempel in Vārāṇasī, S.26
Viśva-prakāśa-Wörterbuch, angeführt in
bezug auf die Bedeutungen von
ātmārāma, 7.10 (S.290)
Viśva-rūpa, 3.30-31
Viśvarūpa, S.3
Vitahavya, 9.6-7 (S.394)
Vögel
im Baum, Seele und Überseele verglichen
mit, 2.31
Vogelkäfig, Reinigen des, 2.8
Vollkommenheit, 2.20
Vopadeva, 1.1 (S.41)
Vorhersage, 4.17-18, 5.13
Vrajabhūmi. *Siehe:* Vṛndāvana
Vrajadhāma. *Siehe:* Vṛndāvana
Vṛndāvana
Caitanya in, S.29
ist der ewige Aufenthaltsort des Herrn,
9.10
Gottgeweihte in, 8.31
identisch mit Kṛṣṇa, S.4
Kṛṣṇas Spiele in, 8.21, 8.31
Mädchen von. *Siehe: Gopī(s)*
Wichtigkeit von, gezeigt von Caitanya,
S.11
Siehe auch: Goloka Vṛndāvana
Vṛndāvana dāsa Ṭhākura, S.4
Vṛṣṇi, König, **9.18**
Vṛṣṇis Familie, **3.23**
Vṛtrāsura, 1.1 (S.41)
Vyāsadeva
Autor der gesamten *śāstra,* 2.28-29 (S.108)
Autor des *Śrīmad-Bhāgavatam,* 1.1 (S.36),
3.40-41, 3.41, 5.13, 5.16, 9.7
Seine Autorität, 1.2 (S.45)
Bhīṣma verglichen mit, 9.25
Ehrerbietungen an, vor Lesen aus
Bhāgavatam, **2.4**
seine Eltern, **4.14,** 5.2
ihm wird empfohlen, das *Bhāgavatam*
zu verfassen, 1.1 (S.36f.), **5.11-13,**
5.15, **5.40**
erkannte Kṛṣṇa als Gott an, 8.19
ermächtigt von Kṛṣṇa, 3.43, 4.25
ermutigte zur Sinnenfreude, **5.15**
erschien, um Seelen zu retten, **5.21**
seine falsche körperliche Identifikation,
5.2
folgt Śukadeva, **2.2, 4.5**
fragt über Nāradas Leben, **6.1-4**
seine Geburt, zeitliche Einordnung,
4.14
seine geschichtliche Rolle, 9.6-7 (S.392)
als Haushälter, 4.5, 7.2
seine Meditation und Schau Gottes,
7.3-4, 7.6
Mißbrauch des *Vedānta-sūtra* vorhergesehen von, 2.3
nahm spirituellen Meister an, 5.21
Nārada
befragt von, bezüglich Unzufriedenheit,
5.5-7
befragt von, bezüglich Vergangenheit
Nāradas, **6.1-4**
besucht, **4.32-33**
Niedergang vorhergesehen von, **4.16-20**
am Nutzen aller interessiert, 4.17-18, **4.26**
seine Qualifikationen, **5.13**
als Schüler Nāradas, 6.2
Śrīmad-Bhāgavatam empfohlen von,
1.2 (S.45)
Śukadeva als sein Sohn, **2.2, 4.4-5**
teilte die *Veden,* 3.21, **4.19-25**

seine Unzufriedenheit, **4.26-32,** 5.1-3, **5.4-5, 5.7,** 5.8-9
ist der ursprüngliche spirituelle Meister, 1.5, 5.21
verfaßte das *Mahābhārata,* 9.6-7 (S.392)
verfaßte vedische Schriften, 2.3, 5.13-15
seine Vertreter, 1.5-7, 4.17-18, 5.13
Siehe auch: Spirituelle(r) Meister
als vollständiger Teil des Herrn, **5.21**
war Inkarnation Gottes, 1.2 (S.45), **1.7,** 1.17, 2.29, **3.21,** 5.13, **5.21, 9.6-7**
war der spirituelle Meister Sūta Gosvāmīs, 1.8
sein Wissen, **5.3**-4, 5.13
sein Wohnort, **4.15, 7.2-3**
Yudhiṣṭhira nicht überzeugt von, **8.46**
Vyāsāsana, 1.6-7

W

Waffe(n)
Atom-. *Siehe:* Nuklearwaffe(n)
Siehe auch: Brahmāstra(s)
Wahrheit
Absolute. *Siehe:* Absolute Wahrheit
höchste, definiert, **1.2**
relative, definiert, 1.1 (S.38)
Wald, spirituelle Praxis im, 6.21
Wandermönch, 6.13-14
Weise(r)
Befreiung der, **2.25**
erkannt durch ihre Worte, 4.6
gehen aus Viṣṇu hervor, **6.30**
meiden weltliche Literatur, **5.10**
von Naimiṣāraṇya
achteten Sūta Gosvāmī, **1.5-8, 1.22**
sind begierig, über den Herrn zu hören, **1.13-14, 1.17-18, 1.21**
beschreiben Kṛṣṇa, **1.20**
an der Essenz der Schriften interessiert, **1.11**
rühmen Sūta Gosvāmī, **1.6-9**
sahen das heutige Zeitalter voraus, **1.10**
am Schutz der Religion interessiert, **1.23**
Vorgang des Hörens begonnen von, **1.21**
wertvolle Fragen der, **2.5**
am Nutzen aller interessiert, 1.4, 1.9-10, 4.17-18
verehren den Herrn, **2.25-26**
verglichen mit Schwänen, 5.10
Siehe auch: Autorität(en); Gottgeweihte(r); *Ṛṣi(s)*; Transzendentalist(en)
Weisheit. *Siehe:* Gotteserkenntnis; Selbstverwirklichung; Wissen
Weltgeschichte
moderne und vedische, 3.41
wiederholt sich in den Universen, 6.11
Wettkampf, 1.2 (S.43)
Wirtschaftliche Entwicklung
Religion und, 1.2 (S.43)
Wissen
abhängig von Dienst für den Herrn, **5.35,** 7.6
absolutes, Kṛṣṇa als, S.4
Brahmā empfing, vom Herrn, **1.1 (S.35,** S.39f.)
definiert, 5.30
Entwicklung von, 2.28-29 (S.108), 5.30, 5.34
Ergebnisse der Entwicklung von, 2.28-29 (S.108f.)
gesamtes, in den *Veden,* 1.3 (S.46f.)
Gottgeweihte empfangen, 2.21, 5.6
des Herrn und der Lebewesen, S.1f.
höchste Art des, 1.3 (S.47), 5.30-31
jñāna-yoga als mit *bhakti* überzogenes, 2.15
Kṛṣṇa als Ziel von, **2.28-29 (S.107,** S.109), **5.22**
Loslösung durch, **2.7,** 2.28-29 (S.108)
materielles
der Herr ist jenseits von, 8.19
ist unvollkommen, 2.11
als Unwissenheit, 2.28-29 (S.109), 5.22
menschliches Leben bestimmt für Entwicklung von, 1.10
mißbraucht von Materialisten, 5.22
nicht ausreichend für Befreiung, 2.15
Schülernachfolge nötig für, 2.21, 3.42, 4.28-29, 9.18
vom spirituellen Selbst, 2.20
spirituelles
Entsagung zur Entwicklung von, **5.16**
fehlt in diesem Zeitalter, 3.43
māyā beseitigt durch, 8.4
saṅkīrtana als, S.32
über Schülernachfolge, 9.18
Vorgang des Empfangens von, 2.21
trügerisches und wirkliches, 2.28-29 (S.109)

Überseele erfüllt von, 2.31
und Hingabe zum Herrn, 1.3, **2.7,** 2.15, **5.12, 5.22,** 5.30, **5.35,** 7.6
Veden als Quelle des, 4.23
verwirrend in den vedischen Schriften, 5.14-15
Ziel der Entwicklung von, 2.15, **5.12**
Siehe auch: Jñāna-yoga; Selbstverwirklichung
Wissenschaft
atheistische Nutzung der, 3.22
Chanten von *mantras* als feinstoffliche, 7.27
im hingebungsvollen Dienst, 5.22, 5.32, 5.36
militärische, 7.27, 7.44
Wissenschaftler, 8.19
sind abhängig vom Herrn, 1.1 (S.40)
ihre Ansicht über die Schöpfung, 1.1 (S.39)
fordern Gottes Ordnung heraus, 3.22
als „Puppen" der materiellen Energie, 5.10
Witwe, 7.45
Wohltätigkeit, 2.7
Wolken im Himmel, Vergleich, **3.31**
Wunschbaum
Veden verglichen mit, 1.3 (S.46)
Wünsche
materielle und spirituelle, 6.22
als Natur des Lebewesens, 6.22
richtige und falsche Ziele der, **2.10**
Wünsche, materielle
im Dienst für den Herrn, 2.6
hingebungsvoller Dienst reinigt, 8.42, 9.23, 9.32
materielles Leben durch, 9.23
Seelenwanderung aufgrund von, 8.35
als Unwissenheit, 8.35
Siehe auch: Anhaftungen, materielle
Wurzel eines Baumes, Gott verglichen mit, 5.14

Y

Yadu, König, **3.11, 8.32**
Yadu-Dynastie, **3.23**
Yajña, Śrī, 2.28-29 (S.108), 3.5, **3.12**
Yajña. Siehe: Opfer; Rituale; *bestimmte Opfer*
Yajur Veda, 3.21, 4.19, **4.21**
Yama, **3.12**
Yamarāja, 7.49, 9.19
Yaśodā, Mutter, 1.20
Devakī verglichen mit, 8.21
Kṛṣṇa angesprochen als Sohn von, 9.22
Kṛṣṇa bestraft von, **8.31,** 9.19
Kuntī verglichen mit, 8.31
Yoga
ist abhängig vom hingebungsvollen Dienst, 6.35
Abweichung vom, 2.28-29
definiert, 9.23
Hunger beherrscht durch, 9.27 (S.419)
Sinnesbeherrschung als Ziel des, **6.35**
ist unvollkommen, 2.12
Vollkommenheit des, 9.23, 9.29-30
Ziel des, **2.28-29** (**S.107,** S.108)
Siehe auch: Hingebungsvoller Dienst; Kṛṣṇa-Bewußtsein; *Yogī(s)*
Yogeśvara, 3.5, 3.26
Yogī(s), 2.12
bestimmen ihren Todeszeitpunkt, **9.29**
Bestimmung der, 9.42, 9.44
Gottgeweihter als höchster, 9.23
mystische, 9.39
Universum bereist von, 9.29
Siehe auch: Gottgeweihte(r); *bestimmte yogīs*
Yudhiṣṭhira Mahārāja, **7.49**
betrauerte Bhīṣmas Tod, **9.46**
der Herr
„bezwungen" von, **8.45**
konnte ihn nicht überzeugen, **8.46**
pries, 8.32
sorgte für Rückeroberung seines Königreichs, **8.5**
als idealer König, **9.49**
Indra verglichen mit, **8.6**
sein Klagen, **8.46-52**
Kuvera verglichen mit, 9.3
als *mahātmā,* 8.37
Nārada unterwies, 9.7
sein Pferdeopfer, **8.6**
sein *rājasūya-yajña,* **9.41**
ist religiös, 9.15
Schlacht von Kurukṣetra erschütterte, **8.3, 8.46-51,** 8.46-51, **9.1,** 9.12
tröstete Dhṛtarāṣṭra und Gāndhārī, **9.48**
verwirrt, **8.47**
Vyāsadeva und, **8.46**
Siehe auch: Pāṇḍavas
Yuga-avatāras, 2.22
Yuga-dharma, S.9

Z

Zeit, 4.17-18
  als Herrscher, **9.14**-15
  Kṛṣṇa als, **8.28,** 9.14-15
  Lebewesen unterstehen der, 8.28
  Macht der, **9.15**
  Überseele als, 8.28
Zeitalter
  Inkarnationen Gottes in den einzelnen, 3.5
  Reihenfolge der, 3.25, 4.14
Zeitalter des Kali. *Siehe:* Kali-yuga
Zeitungspropaganda, 2.14
Ziegenhals, Milch vom, Vergleich, 3.2
Ziel des Lebens, 8.42, 9.26 (S.416), 9.27 (S.418), 9.39, 9.44
Zivilisation, menschliche. *Siehe:* Gesellschaft, menschliche
Zoomorphismus, 1.20
Zorn, Freiheit von, 9.27 (S.419)
Zufriedenheit, des Herzens, 4.27
  Siehe auch: Glück
Zurückgezogener Lebensstand. *Siehe:* *Vānaprastha*
Zweite Geburt, 2.2, 4.25
Zwerg-*brāhmaṇa*-Inkarnation Gottes. *Siehe:* Vāmana

Seit Jahrtausenden ist Kṛṣṇas Lebensgeschichte ein unversiegbarer Quell der Inspiration für das spirituelle und kulturelle Leben Indiens. Das *Kṛṣṇa*-Buch gibt anhand von 90 Kurzgeschichten eine lebendige Beschreibung der unvergleichlichen Taten und Eigenschaften Śrī Kṛṣṇas, wie sie im Zehnten Canto des *Śrīmad-Bhāgavatam* überliefert werden. Es ist eines der seltenen Bücher, in denen sich fesselnde Erzählkunst, malerische Poesie und höchste Philosophie auf vollkommene Weise verbinden.

His Divine Grace
A.C. Bhaktivedanta Swami Prabhupāda/
Kṛṣṇa – die Quelle aller Freude

2 Bände, je Band ca. 380 Seiten und 16 Bildtafeln, geb.

Der Nektar der Hingabe ist eine zusammenfassende Studie des *Bhakti-rasāmṛita-sindhu*, einem Sanskritklassiker des 16. Jahrhunderts, der von Śrīla Rūpa Gosvāmī verfaßt wurde. *Der Nektar der Hingabe* beschreibt mit faszinierender Genauigkeit den Vorgang des hingebungsvollen Dienstes von seinen Anfangsstufen bis hin zur ekstatischen Gottesliebe. Dieses Buch überschreitet die Begrenztheit trockener philosophischer Spekulation und stößt das Tor zur Transzendenz auf, mit all ihren spirituellen Gefühlsregungen und Gedanken.

His Divine Grace
A.C. Bhaktivedanta Swami Prabhupāda/
Der Nektar der Hingabe

416 Seiten, 16 Bildtafeln, geb.

Im Laufe der Geschichte erschienen auf der Welt viele *avatāras* – göttlich inspirierte Lehrer und Inkarnationen Gottes –, doch keiner von ihnen hat jemals so großzügig spirituelle Liebe verteilt wie der Goldene Avatāra, Śrī Caitanya Mahāprabhu. Dieses Buch enthält die wichtigsten Gespräche Śrī Caitanyas mit den größten Gelehrten, Philosophen und Transzendentalisten Seiner Zeit. Die philosophische Auseinandersetzung zwischen dem Monismus Śaṅkaras und dem Monotheismus Rāmanujas, Madhvas und Śrī Caitanyas machen den Leser mit den zwei bedeutendsten spirituellen Traditionen Indiens bekannt.

His Divine Grace
A.C. Bhaktivedanta Swami Prabhupāda/
Die Lehren Śrī Caitanyas

320 Seiten, 16 Bildtafeln, geb.

Die Schönheit der Selbst ist eine gelungene Auswahl von Śrīla Prabhupādas Interviews, Essays, Vorlesungen und Briefen – eine ausgezeichnete Einführung in die Welt des Kṛṣṇa-Bewußtseins.

His Divine Grace
A.C. Bhaktivedanta Swami Prabhupāda/
Die Schönheit der Selbst

320 Seiten, 16 Bildtafeln, geb.

Śrīla Prabhupāda analysiert die grundlegenden Schwächen unserer materialistischen Gesellschaft und beschreibt eine ganzheitliche Lebensweise – von Mantrameditation und Yoga über Tanz und Musik bis hin zu spiritueller Ernährung.

His Divine Grace
A.C. Bhaktivedanta Swami Prabhupāda/ Bhakti-yoga, Der Pfad des spirituellen Lebens

320 Seiten, 16 Bildtafeln, geb.

Königin Kuntī war eine der Hauptfiguren in einem verwickelten politischen Drama, das in einem blutigen Bruderkrieg um die indische Thronfolge gipfelte. Dieses Buch enthält ihre tiefempfundenen Gebete an Śrī Kṛṣṇa.

His Divine Grace
A.C. Bhaktivedanta Swami Prabhupāda/
Die Lehren Königin Kuntīs

320 Seiten, 16 Bildtafeln, geb.

Die Lehren Śrī Kapilas – der Sohn Devahūtis ist eine Vortragsreihe über Śrī Kapila, den Begründer der *sāṅkhya*-Philosophie.

His Divine Grace
A.C. Bhaktivedanta Swami Prabhupāda/
Die Lehren Śrī Kapilas – der Sohn Devahūtis

320 Seiten, geb.

Diese Auswahl von Vorlesungen über die *Bhagavad-gītā* macht den Leser mit der Wissenschaft des *bhakti-yoga* bekannt.

His Divine Grace
A.C. Bhaktivedanta Swami Prabhupāda/
Bewußte Freude

320 Seiten, 16 Bildtafeln, geb.

Im Angesicht des Todes schildert das außergewöhnliche Sterbeerlebnis des großen Sünders Ajāmila, der – knapp dem Tode entronnen – ein neues, spirituelles Leben beginnt.

His Divine Grace
A.C. Bhaktivedanta Swami Prabhupāda/
Im Angesicht des Todes

320 Seiten, 16 Bildtafeln, geb.

Die faszinierende Biographie von His Divine Grace A.C. Bhaktivedanta Swami Prabhupāda und die Geschichte der ISKCON.

Satsvarūpa dāsa Goswami/ Prabhupāda – der Mensch, der Weise, sein Leben, sein Vermächtnis

400 Seiten, 16-seitiger Bildteil, geb.

Dieses Buch deckt kompromißlos die Ursachen der gegenwärtigen gesellschaftlichen Probleme auf und präsentiert eine realistische Alternative.

Harikeśa Swami/ Varṇāśrama-Manifest der sozialen Vernunft

288 Seiten, geb.

133 Rezepte für alle Freunde der indisch-vegetarischen Küche mit einer Abhandlung über Vegetarismus und spirituelle Ernährung.

Adirāja dāsa/ Vedische Kochkunst

304 Seiten, 35 Bildtafeln, geb.

Der Nektar der Unterweisung, eine Übersetzung von Śrīla Rūpa Gosvāmīs Sanskritklassiker *Śrī Upadeśāmṛita*, lehrt uns die praktischen Grundlagen des spirituellen Lebens.

His Divine Grace A.C. Bhaktivedanta Swami Prabhupāda/ Der Nektar der Unterweisung

144 Seiten, Taschenbuch

Ein fesselnder Dialog zwischen dem spirituellen Meister einer jahrtausendealten Tradition und seinem zukünftigen Schüler.

His Divine Grace A.C. Bhaktivedanta Swami Prabhupāda/ Vollkommene Fragen – vollkommene Antworten

128 Seiten, Taschenbuch

Die *Śrī Īśopaniṣad* ist die wichtigste der 108 *Upaniṣaden*. 19 zeitlose Weisheiten für inneren Frieden und Erfüllung.

His Divine Grace A.C. Bhaktivedanta Swami Prabhupāda/ Śrī Īśopaniṣad

160 Seiten, Taschenbuch

Jenseits von Raum und Zeit offenbart uns den Weg zu den spirituellen Planeten.

His Divine Grace A.C. Bhaktivedanta Swami Prabhupāda/ Jenseits von Raum und Zeit

64 Seiten, Taschenbuch